HÄUSER, STILE,
INTERIEURS

HÄUSER, STILE, INTERIEURS

Innenarchitektur in England und Amerika
Anregungen und Muster

Herausgegeben von Stephen Calloway
Unter Mitarbeit von Elizabeth Cromley

E.A. SEEMANN

Bibliografische Information Der Deutschen Bibliothek
Die Deutsche Bibliothek verzeichnet diese Publikation in der
Deutschen Nationalbibliografie; detaillierte bibliografische Daten sind
im Internet über http://dnb.ddb.de abrufbar.

ISBN 3-86502-118-2

Projektmanagement: Berliner Buchwerkstatt, Vera Olbricht
Übersetzung: Elisabeth Reschat
Lektorat: Susanne Müller-Wolff
Layout und Herstellung: Berliner Buchwerkstatt, Britta Dieterle
Umschlaggestaltung: Ingo Scheffler, Berlin

Druck und buchbinderische Verarbeitung:
Toppan Printing Company Limited, China

Gedruckt auf alterungsbeständigem Papier
mit chlorfrei gebleichtem Zellstoff.

Die Schreibweise folgt den Regeln der neuen Rechtschreibung.

*Dieser Stich zeigt den Ursprung des Korinthischen Kapitells.
Über den griechischen Bildhauer Callimachos heißt es, er habe einen
aus Stroh geflochtenen Korb gefunden, in dem sich die bescheidene
Habe eines auf tragische Weise umgekommenen armen Mädchens
aus Korinth befand. Der Korb war mit einer Platte abgedeckt,
Akanthusblätter wuchsen an ihm empor und rollten sich unter seinem
ausgestellten Rand. Bewegt von dem Pathos und dem schlichten
Zauber dieser Komposition habe Callimachos sie skizziert und später
so kunstfertig in Stein geschnitten, dass sie Teil der klassischen
Architektursprache wurde – als eine der fünf Säulenordnungen,
welche die Bauästhetik von der Renaissance bis heute geprägt haben.
(Aus John Evelyns Übersetzung von Roland Fréarts* A Parallel
of the Ancient Architecture with the Modern, *veröffentlicht
in England 1664, zweite Auflage 1707)*

INHALTSVERZEICHNIS

Vorwort von Stephen Calloway 8
Hinweise für den Benutzer 10

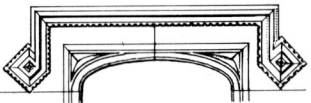

Tudorzeit und Zeit James' I. (1485–1625) von Simon Thurley

Einleitung 12
Türen 16
Fenster 20
Wände 24
Decken 27
Fußböden 30
Kamine 31
Treppen 35
Einbaumöbel 38
Installation 39

Barock (1625–1714) von Richard Hewlings

Einleitung 40
Türen 44
Fenster 50
Wände 54
Decken 57
Fußböden 59
Kamine 60
Treppen 65
Einbaumöbel 68
Installation 69
Beleuchtung 70
Metall 71

Frühgeorgianischer Stil (1714–1765) von Stephen Calloway

Einleitung 72
Türen 74
Fenster 81
Wände 85
Decken 88
Fußböden 91
Kamine 93
Treppen 98
Einbaumöbel 100
Installation 102
Beleuchtung 103
Metall 104

Kolonialstil (1607–1780) von William Macintire

Einleitung 106
Türen 108
Fenster 112
Wände 115
Decken 118
Fußböden 120
Kamine 121
Treppen 126
Einbaumöbel 129
Installation 131
Beleuchtung 132
Metall 133
Holz 134

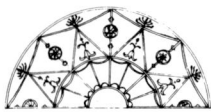

Spätgeorgianischer Stil (1765–1811) von Stephen Jones

Einleitung 136
Türen 138
Fenster 143
Wände 146
Decken 149
Fußböden 152
Kamine 154
Treppen 159
Einbaumöbel 162
Installation 165
Beleuchtung 166
Metall 167

Regency und frühes 19. Jahrhundert (1811–1837) von Stephen Calloway

Einleitung 170
Türen 174
Fenster 178
Wände 181
Decken 183
Fußböden 185
Kamine 187
Treppen 192
Einbaumöbel 195
Installation 196
Beleuchtung 197
Metall 198
Holz 202

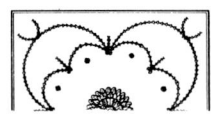

Föderalstil und Empire (1780–1850) von Jonathan Poston

Einleitung 204
Türen 207
Fenster 211
Wände 214
Decken 216
Fußböden 218
Kamine 219
Treppen 223
Einbaumöbel 225
Installation 227
Beleuchtung 228
Metall 229
Holz 231

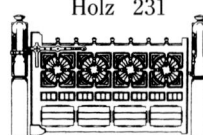

Britisch-viktorianischer Stil (1837–1901) von Robin Wyatt

Einleitung 232
Türen 236
Fenster 242
Wände 246
Decken 249
Fußböden 251
Kamine 253
Küchenherde 258
Treppen 259
Einbaumöbel 262
Installation 264
Beleuchtung 267
Metall 268
Holz 271

Amerikanisch-viktorianische Stile (1840–1910) von Thomas Jayne

Einleitung 272
Türen 276
Fenster 280
Wände 283
Decken 285
Fußböden 287
Kamine 289
Küchenherde 293
Treppen 294
Einbaumöbel 297
Installation 299
Beleuchtung 301
Metall 302
Holz 304

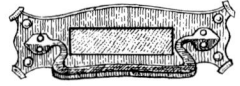

Arts and Crafts (1860–1925)
von Stephen Jones

Einleitung 306
Türen 308
Fenster 312
Wände 315
Decken 318
Fußböden 320
Kamine 321
Treppen 326
Einbaumöbel 329
Installation 331
Beleuchtung 332
Metall 333
Holz 334

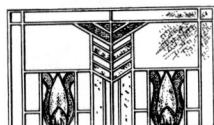

Art nouveau (1888–1905)
von Margaret Knight

Einleitung 336
Türen 338
Fenster 340
Wände 342
Decken 344
Fußböden 345
Kamine 346
Treppen 349
Einbaumöbel 350
Installation 351
Beleuchtung 352
Metall 353

Edwardianischer Stil (1901–1914)
von Robin Wyatt

Einleitung 354
Türen 356
Fenster 360
Wände 363
Decken 366
Fußböden 368
Kamine 370
Küchenherde 374
Treppen 375
Einbaumöbel 377
Installation 378
Beleuchtung 380
Metall 381
Holz 383

Amerikanische Beaux Arts (1870–1920)
von David Reese

Einleitung 384
Türen 387
Fenster 391
Wände 394
Decken 397
Fußböden 399
Kamine 401
Küchenherde 405
Treppen 406
Einbaumöbel 409
Installation 411
Beleuchtung 413
Metall 414
Holz 415

Die 20er und 30er Jahre
von Margaret Knight

Einleitung 416
Türen 418
Fenster 422
Wände 426
Decken 428
Fußböden 430
Kamine 432
Küchenherde 436
Treppen 437
Einbaumöbel 439
Installation 442
Beleuchtung 445
Metall 446
Holz 447

Moderne (1920–1950)
von Alan Powers

Einleitung 448
Türen 452
Fenster 454
Wände 456
Decken 457
Fußböden 458
Kamine 459
Küchenherde 461
Treppen 462
Einbaumöbel 464
Installation 466
Beleuchtung 467
Metall 468
Holz 469

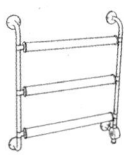

Von der Moderne zur Postmoderne
(1950–1975) von Alan Powers

Einleitung 470
Türen 478
Fenster 480
Wände 484
Decken 486
Fußböden 487
Kamine 488
Küchen 490
Treppen 492
Einbaumöbel 494
Installation 497
Beleuchtung 498
Holz und Metall 500

Gegenwart (1975 bis heute)
von Alan Powers

Einleitung 502
Türen 508
Fenster 510
Decken, Fußböden und Wände 512
Kamine 514
Küchen 516
Treppen 518
Aufbewahrungssysteme 520
Installation 522
Beleuchtung 524
Holz und Metall 525

Britische Volksbauweisen
von Anthony Quiney 526

Amerikanische Volksbauweisen
von Elizabeth Cromley 536

Restaurierung und Werterhaltung
von Peter Sutton 546

Biografien
von Valerie Clack 551

Glossar 566
Autoren 572
Weiterführende Adressen 573

Bibliografie 580
Bildnachweis 584
Index 588

VORWORT

Stephen Calloway

»For a man's house is his castle«, denn des Menschen Haus ist seine Burg, schrieb Sir Edward Coke zu Beginn des 17. Jahrhunderts. Diese Formulierung ist zu einem Eckpfeiler unserer Denk- und Lebensweise geworden. Und es ist eine Ironie der Geschichte, dass der große Jurist seine denkwürdige Zeile zur gleichen Zeit aufschrieb, als Inigo Jones das erste moderne Haus in England baute, Queen's House in Greenwich, jenes frühe Beispiel kultivierten Geschmacks und Denkmal für ein neues Ideal der Häuslichkeit. Seit dieser Zeit sahen die Menschen in ihren Häusern nicht mehr nur Festungen ihrer Sicherheit und ihres privaten Wohlstands, sondern liebten sie wegen ihrer Architektur. Die Erben eines Vermächtnisses edler Gebäude erleben heute die andauernde Faszination der architektonischen Details und Stilelemente, die den Charakter dieser Häuser ausmachen. In Großbritannien wie auch in den Vereinigten Staaten ist das Interesse an alten Häusern eine Art nationale Obsession geworden. Nie war das Verlangen größer, die Geschichte dieser Häuser zu kennen und zu verstehen. Die entscheidende Bedeutung großer Architekturtraditionen ist vielleicht mehr als je zuvor ins Bewusstsein gerückt und beansprucht einen zentralen Platz in dem, was wir unser Erbe nennen.

Der Kern dieses Erbebegriffs ist unser idealisiertes Bild von einem Haus im Stil einer Zeit, das, ob groß oder klein, prunkvoll oder schlicht, für so viele unserer Vorstellungen von Zivilisation

steht. Die Beschäftigung mit der architektonischen Entwicklung des Landsitzes in England und den Vereinigten Staaten sowie mit dörflichem und städtischem Bauen hat eine lange und bemerkenswerte Geschichte. In den letzten Jahren hat sich das akademische Interesse an der Planung, stilistischen Entwicklung und detaillierten Beschreibung historischer Häuser immer stärker mit der mehr leidenschaftlichen und praktischen Begeisterung der Denkmalschützer verbunden. Infolgedessen sind auch Wohnhäuser zum Gegenstand vielfältiger wissenschaftlicher Forschungen wie auch oftmals intensiver öffentlicher Diskussion und Auseinandersetzung geworden.

Einer der vornehmsten Verfechter traditioneller Werte in Gestaltung und Ausführung, der Prince of Wales, hat wiederholt betont, welch großen Einfluss gute Architektur auf unser tägliches Leben haben kann. Als Protagonist einer menschlichen Architektur, die auf menschlichem Maß sowie gesunden Techniken und Materialien beruht, hat er immer die Idee vertreten, dass gutes Bauen nicht nur ein Gradmesser für Zivilisation, sondern auch ein wichtiger Faktor unserer Lebensqualität ist.

Wer heute das gute Alte im architektonischen Erbe schätzt, ist von dessen Bedeutsamkeit für das Neue überzeugt. Es muss jedoch gesagt werden, dass es eine Menge zu lernen bzw. wieder zu lernen gilt. In den zurückliegenden Jahrzehnten haben modernere Trends vorgeherrscht, und wir sind gefährlich daran, viel von dem reichen Vokabular und sogar von der Grammatik zu verlieren, die unserer Architektursprache in der Vergangenheit Feinheit, Gewandtheit und Charme verliehen haben. Wir müssen jetzt das Sehen wieder schulen, das Verständnis all der Elemente und Details des Hauses in ihrer Entwicklung über fünf Jahrhunderte. Es ist eines der wichtigsten Ziele dieses Buches, ein solches Verständnis zu fördern, das allein die richtige Basis für Bewahrung, Restaurierung und sensible Gestaltung sein kann.

Wir haben versucht, in nur einem Band ein praktisches Nachschlagewerk für jeden zu schaffen, der sich für die historischen Wohnbauten in Großbritannien und den USA interessiert. Zum reichen Anschauungsmaterial dieses Buches gehören eigens angefertigte Fotos, Reproduktionen von Stichen aus den wichtigsten Architekturschriften der betreffenden Zeit und Zeichnungen auf der Grundlage verschiedener Archivmaterialien, wie alter Fotos und bemaßter Zeichnungen (oft von nicht mehr existenten Gebäuden), seltener Drucke und Musterbücher für Bauleute. Die Illustrationen zu jedem Kapitel wurden jeweils von den Verfassern – ausgewiesenen Fachleuten für den von ihnen behandelten Zeitraum – ausgewählt. Hauptanliegen jedes Kapitels ist es, die Entwicklung der Standardformen zu beleuchten, aber auch einige der einflussreichen Höhepunkte der Architektur sowie etwas von der für den Wohnbau charakteristischen Vielfalt zu zeigen.

In erster Linie soll *Häuser, Stile, Interieurs* ein anschauliches und dokumentarisches Nachschlagewerk für alle sein, denen es um Details von Häusern geht, gleich, ob sie Eigentümer, Konservatoren, Architekten, Innenarchitekten oder Designer sind. Auch Studenten und andere interessierte Leser können mit Hilfe dieses Buches die Geschichte des britischen und amerikanischen Hauses verfolgen. Der wissenschaftliche und der praktische Ansatz sind nicht wirklich verschieden: Ein Hauptanliegen ist in beiden Fällen die Liebe zum Detail, der Glaube an die Wichtigkeit größtmöglicher Genauigkeit.

Der rote Faden dieses Buches ist die Chronologie, in die alle Perioden und Stile eingeordnet werden. Die Hauptkapitel behandeln das, was man als Hocharchitektur bezeichnen kann: Gebäude, bei denen mehr oder weniger erfolgreich die Regeln der Architektur und der Mode befolgt wurden, bzw., in späteren Epochen, Gebäude, die den national vorherrschenden Typen entsprechen. Häuser, die nicht unter diese recht allgemeine Definition fallen – bescheidene ländliche Häuser, traditionelle, lange angewendete Bautypen sowie markante regionale Varianten von Standardformen – werden gesondert in Kapiteln über Volksbauweisen behandelt. Die britischen Volksbauweisen werden ab dem Ende der Tudorzeit gesondert betrachtet, denn bis dahin sind die Unterschiede zur Hocharchitektur so undeutlich, ja bedeutungslos, dass eine getrennte Behandlung missverständlich wäre. Bei den amerikanischen Volksbauweisen werden ländliche und regionale Merkmale von der Kolonialzeit bis in die Mitte des 19. Jahrhunderts erfasst. Unweigerlich sind diese Kapitel höchst selektiv; bei der Vielfalt lokaler Stile kann *Häuser, Stile, Interieurs* nicht mehr leisten, als einige der Glanzpunkte dieser Volksbauweisen zu beleuchten.

Großbritannien und die Vereinigten Staaten werden in der ersten Hälfte des Buches getrennt behandelt, aber in die Kapitel über Arts and Crafts, Art nouveau, die 20er und 30er Jahre, Moderne, Postmoderne und Gegenwart wurde Material von beiden Seiten des Atlantik aufgenommen, um die engen Verbindungen zu betonen, die es in einem Zeitalter internationaler Einflüsse gibt. Durch diesen Ansatz haben sich einige interessante Gegenüberstellungen ergeben, wie das Werk von Charles Rennie Mackintosh in Glasgow und die frühen Häuser von Frank Lloyd Wright.

Häuser, Stile, Interieurs ist kein Buch über große Architekten. Wenn auch ihre Namen und Werke auf diesen Seiten natürlich genannt werden, sind doch ihre Geschichten nicht enthalten, aber dem interessierten Leser wird es nicht schwer fallen, weitere Informationen ausfindig zu machen. Auch werden nicht nur prächtige Häuser betrachtet und die bescheideneren ausgeschlossen. Wir haben uns entschieden, das größte Gewicht auf die Kategorie zu legen, die von den Architekten des 18. Jahrhunderts und ihren Bauleuten als »die gute mittlere Sorte Haus« bezeichnet wurde; denn in solchen Häusern können wir nicht nur viel vom Geist einer jeden Epoche entdecken, sondern auch voll und ganz die Eigenschaften, die der erste englische Architekturautor, Sir Henry Wotton, für alle guten Bauten forderte: »Festigkeit, Gebrauchswert und Freude«.

Stephen Calloway

Gegenüberliegende Seite:
Der kleine Salon in Drayton Hall,
Charleston, South Carolina, um 1738.
Dies ist eines der schönsten Häuser
des amerikanischen Kolonialstils. DH

HINWEISE FÜR DEN BENUTZER

Häuser, Stile, Interieurs kann auf zweierlei Art benutzt werden: als Nachschlagewerk über Stile und als Nachschlagewerk zur Entwicklung einzelner Elemente eines Hauses im Lauf der Jahrhunderte. Letzteres wird durch die Farbfelder am Rand der rechten Seiten erleichtert. Jedes Feld ist durch Farbe und Lage einem der dreizehn behandelten Elemente zugeordnet, dadurch kann man die Elemente einer Epoche leicht mit denen einer früheren oder späteren Epoche vergleichen. Zum Beispiel hat jede Doppelseite über Fenster ein gelbes Feld an der zweiten Stelle

von oben; wenn man also beim schnellen Durchblättern überall nach den gelben Feldern schaut, kann man die Fenster der verschiedenen Epochen vergleichen. Wo auf einer Doppelseite zwei Elemente behandelt werden, eines auf jeder Seite, sind die beiden Farbfelder übereinander angeordnet. Auf Seite 11 sind alle Farbfelder zur Information aufgereiht, und zwar in der Position, in der sie im gesamten Buch zu finden sind. Die Buchstaben hinter den Bildunterschriften beziehen sich auf den Bildnachweis S. 584–587.

ARCHITEKTONISCHE FACHBEGRIFFE
Die beschrifteten Zeichnungen veranschaulichen einige der wichtigsten Fachbegriffe

LEISTEN Von den Klassischen Ordnungen abgeleitete Profile:

Torus Hohlkehle Viertelstab Echinus ionisches Kyma steigendes Karnies dorisches Kyma Viertelkehle Leiste Astragal

Im 17. bis 19. Jahrhundert für Tischlerarbeiten verwendete Leistenprofile:

Torus Hohlkehle Viertelstab Viertelstab Viertelkreis oder Perlstab fallendes Karnies (Architrav) Deckleisten Leiste Astragal

VERTÄFELTE INNENWÄNDE

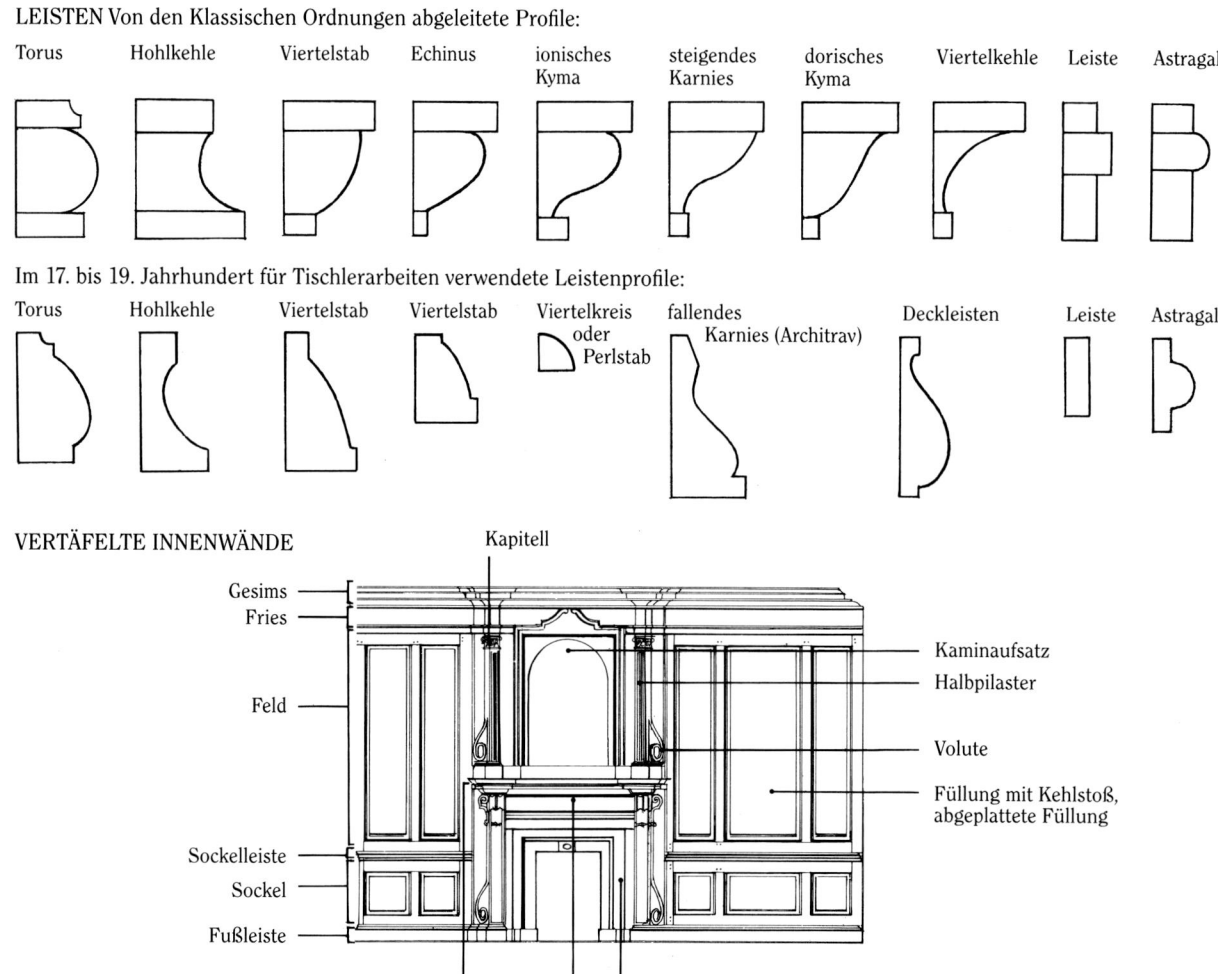

Kapitell / Gesims / Fries / Feld / Sockelleiste / Sockel / Fußleiste / Gesims / Fries / Umrahmung / Kaminaufsatz / Halbpilaster / Volute / Füllung mit Kehlstoß, abgeplattete Füllung

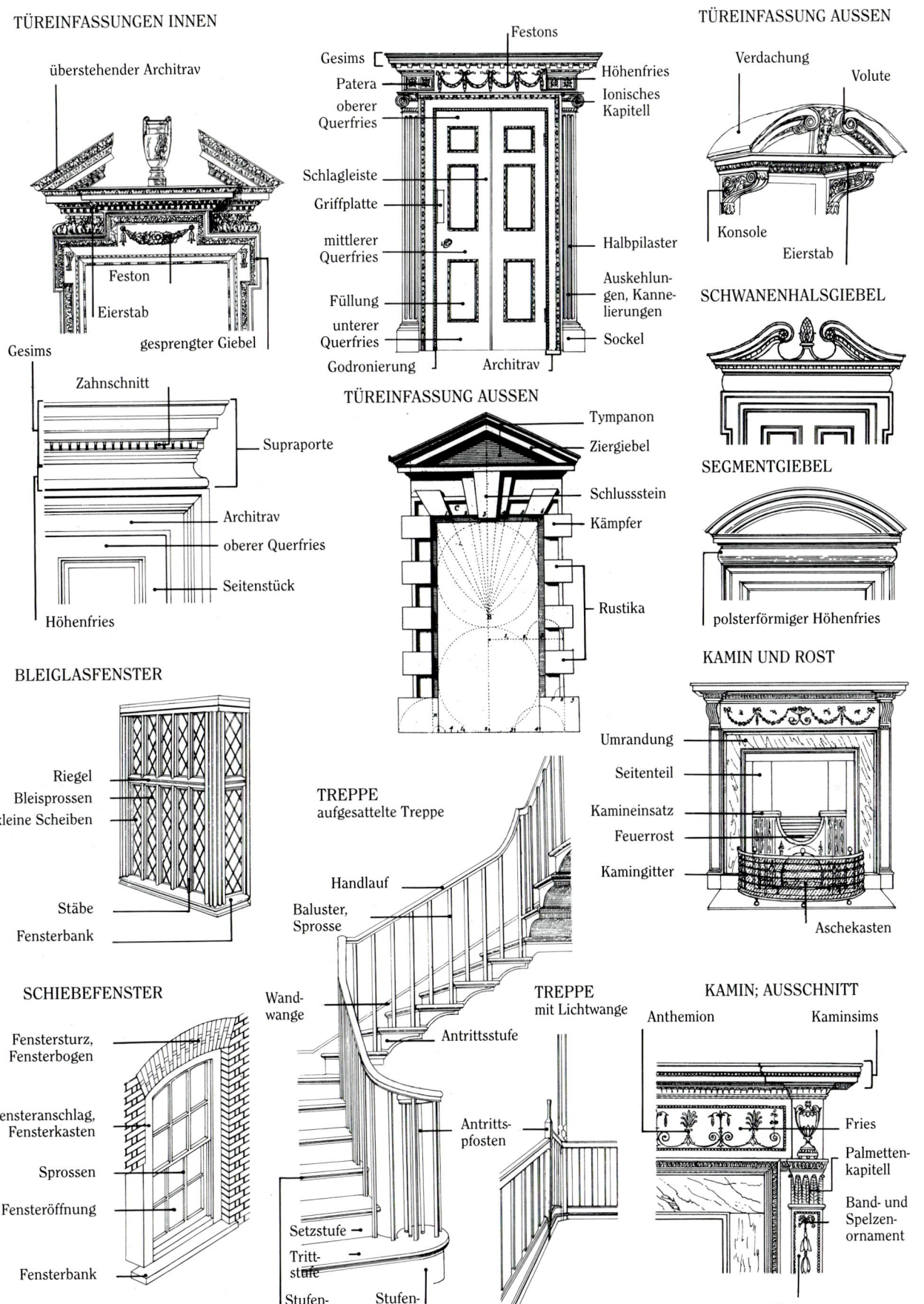

TÜREINFASSUNGEN INNEN

überstehender Architrav

Feston

Eierstab

gesprengter Giebel

Gesims

Zahnschnitt

Supraporte

Architrav

oberer Querfries

Seitenstück

Höhenfries

TÜREINFASSUNG AUSSEN

Festons

Gesims

Patera

oberer Querfries

Schlagleiste

Griffplatte

mittlerer Querfries

Füllung

unterer Querfries

Godronierung

Höhenfries

Ionisches Kapitell

Halbpilaster

Auskehlungen, Kannelierungen

Sockel

Architrav

TÜREINFASSUNG AUSSEN

Tympanon

Ziergiebel

Schlussstein

Kämpfer

Rustika

TÜREINFASSUNG AUSSEN

Verdachung

Volute

Konsole

Eierstab

SCHWANENHALSGIEBEL

SEGMENTGIEBEL

polsterförmiger Höhenfries

BLEIGLASFENSTER

Riegel

Bleisprossen

kleine Scheiben

Stäbe

Fensterbank

SCHIEBEFENSTER

Fenstersturz, Fensterbogen

Fensteranschlag, Fensterkasten

Sprossen

Fensteröffnung

Fensterbank

TREPPE
aufgesattelte Treppe

Handlauf

Baluster, Sprosse

Wandwange

Antrittsstufe

Setzstufe

Trittstufe

Stufenabschluss

Stufenkante

TREPPE
mit Lichtwange

Antrittspfosten

KAMIN UND ROST

Umrandung

Seitenteil

Kamineinsatz

Feuerrost

Kamingitter

Aschekasten

KAMIN; AUSSCHNITT

Anthemion

Kaminsims

Fries

Palmettenkapitell

Band- und Spelzenornament

Pilaster

TÜREN

FENSTER

WÄNDE

DECKEN

FUSSBÖDEN

KAMINE

KÜCHENHERDE

TREPPEN

EINBAUMÖBEL

INSTALLATION

BELEUCHTUNG

METALL

HOLZ

TUDORZEIT UND ZEIT JAMES' I.

1485–1625

1 Chastleton House in Oxfordshire, ca. 1602–1610, perfektes Beispiel für ein großes Steinhaus des niederen Adels am Ende der Epoche. Die solide, symmetrische Form des Hauses und die großen, horizontal und vertikal unterteilten Fenster sind typisch für bessere Häuser ab dem letzten Drittel des 16. Jhs. Wenig verändert. C
2 Erdgeschossgrundriss von Chastleton House. Quadratischer Hof, außen liegende Treppentürme auf beiden Sei-

ten. Die zwei symmetrischen Türme an der Eingangsfront bilden eine Vorhalle. Der Grundriss ist wohl von Robert Smythson beeinflusst, dem bedeutendsten elisabethanischen Architekten.
3 Erdgeschossgrundriss eines einfachen Hauses, in Stadt und Land gebräuchlich. Die Fläche wird durch zwei Rücken an Rücken angeordnete Feuerstellen mit gemeinsamem Schornstein in zwei Räume geteilt. An der Rückseite ein außenliegendes Treppenhaus. C

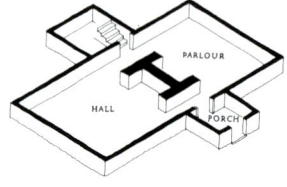

Die Zeit der Tudors und James' I. kann als Wendepunkt in der britischen Wohnarchitektur betrachtet werden. Modernes Bauen wandte sich allmählich vom Stil und Geschmack des Mittelalters ab, hin zu komplizierteren Baukörpern mit Dekorationen im klassischen Stil.

Nach den Rosenkriegen (1455–1485) leitete die Thronbesteigung der Tudors eine Ära der starken Regierung, politischen Stabilität und Prosperität ein und gleichzeitig eine neue Zeit des Bauens und Wiederaufbaus. Nicht nur die ersten beiden Tudorkönige Heinrich VII. und Heinrich VIII. waren eifrige Bauherren, sondern auch ihre Untertanen. Die Wohlhabenden und auch die weniger Wohlhabenden bauten ihre Häuser neu auf, veränderten oder vergrößerten sie. Fachwerkhäuser wurden rekonstruiert oder in Stein oder Ziegeln neu gebaut; mehr und bessere Wohnungen standen zur Verfügung.

Der Bau dauerhafterer Häuser hat dazu geführt, dass mehr erhalten blieb, und dank der großen Zahl gebauter Häuser gibt es noch genügend Beispiele, um verallgemeinern zu können. Mit dem Anbruch des 16. Jahrhunderts wird es erstmals möglich, die Geschichte der englischen Inneneinrichtung mit einiger Genauigkeit zu schreiben. Dieser große Vorteil relativiert sich durch die Tatsache, dass in den folgenden vier- bis fünfhundert Jahren Umbauten vorgenommen worden sein können und tatsächlich sind. Wichtige originale Elemente, wie Fußboden- und Wandschmuck, haben sich mit der Mode geändert. In Häusern des 18. oder 19. Jahrhunderts sind oft noch originale Wände, Decken und Fußböden zu finden, in denen des 16. und 17. Jahrhunderts sind solche ursprünglichen Bestandteile dagegen viel seltener anzutreffen. Eine weitere Schwierigkeit besteht da-

rin, dass sich einige Elemente des englischen Interieurs zwischen dem 17. und dem 19. Jahrhundert kaum geändert haben. Es ist oft unmöglich, z.B. Eisenwaren genau zu datieren, da praktische Formen, einmal entwickelt, Hunderte von Jahren beibehalten wurden.

Wenn originale Elemente aus einer Periode unverändert erhalten geblieben sind, ist das entweder ihrer außergewöhnlichen Qualität oder einem Liebhaber der Baugeschichte zu verdanken. Originale Fußböden kommen manchmal zum Vorschein, wo neue Dielen über die alten gelegt worden waren. Wanddekorationen finden sich unter jüngeren Vertäfelungen, Bespannungen oder Anstrichen. Unser Bild von alten Wohnungseinrichtungen ist demzufolge von den zusammengestoppelten Beispielen geprägt, die uns überkommen sind.

Bestimmte generelle Entwicklungen jener Zeit helfen uns, das Erscheinungsbild des Interieurs in der Tudorzeit und der Zeit James' I. zu entwirren. Die Häuser wurden im Vergleich zu denen des Mittelalters bedeutend komfortabler. Am Ende dieser Periode war die zentrale Feuerstelle, im mittelalterlichen Haus die einzige Möglichkeit, einen Raum zu erwärmen, in Häusern fast aller Größen dem Wandkamin gewichen. Für Bau und Innenausstattung bedeutete dies eine radikale Veränderung. Mit der Abwendung von der zentralen Feuerstelle mussten die Häuser nicht länger einstöckig sein und Öffnungen im Dach haben, und da die Decken nicht mehr vom Rauch verhüllt und verschmutzt wurden, konnte man sie dekorieren. Vielleicht noch wichtiger war, dass der Wandkamin selbst ein Objekt dekorativer Gestaltung wurde. Von der Tudorzeit bis in die Mitte des 20. Jahrhunderts galt der Kamin als stilbestimmendes Element eines Raumes.

Das Große Zimmer in Chastleton House, Oxfordshire, ca. 1602–1610. Sehr modernes Interieur der Zeit James' I.: Alle Oberflächen sind verziert. Der Aufsatz über dem raumbeherrschenden steinernen Kamin trägt das Wappen des ursprünglichen Besitzers. Stuckdecke mit Beschlagwerk verziert, u.a. Hängeknäufe und Schlusssteine.

Eine andere Entwicklung, die einen großen Einfluss auf die Form der Einrichtung haben sollte, war die immer bessere Verfügbarkeit von Glas. Am Ende der Epoche war Glas nicht mehr nur für große Häuser typisch, sondern auch in kleineren Häusern gebräuchlich. Das hatte Einfluss auf Größe, Zahl und Gestaltung der Fenster. Außerdem ließen größere Fenster und solche ohne Fensterläden mehr Licht ein, was einen Anreiz für schmückende Malerei und Schnitzerei im Raum bedeutete.

Eine ganz fundamentale Entwicklung lag in der zunehmenden Spezialisierung der Raumfunktionen innerhalb des Hauses. Im Mittelalter wohnte selbst der König in einem einzigen großen Raum, in dem er aß, schlief und die Staatsgeschäfte führte. Ab dem Beginn des 16. Jahrhunderts bildeten sich zuerst in den Königspalästen, dann in den Häusern der Höflinge und schließlich in denen des niederen Adels eine Reihe spezieller Räume heraus. Getrennte Salons, Speiseräume, Wohnräume, Schlafzimmer, Kammern und sogar Bibliotheken und Arbeitszimmer wurden üblich. Für jeden dieser Räume gab es besondere funktionale Erfordernisse und manchmal auch einen Code für die Dekoration. Stoffverkleidungen galten z.B. als ungeeignet für Räume, in denen gegessen wurde, da sie den Geruch der Speisen annahmen; Putz wurde hier für passender befunden.

Außerdem unterlag der Stil des Interieurs auch regionalen Einflüssen. Baumaterialien sind generell schwer und voluminös, und als es noch kein effizientes Straßen- oder Schienennetz gab, war ihr Transport sehr kostspielig. Daher gibt es in Stil und Form der Häuser große regionale Unterschiede. Die drei wichtigsten Baustoffe waren Holz, Ziegel und Stein. Häuser ganz aus Holz gab es nur in Gegenden ohne eigene

Vorkommen an Stein und Ziegelerde, wie z.B. in den West Midlands. Stein gab es fast überall in dem großen Kalksteingürtel, der sich von Bath bis Lincoln quer durch England erstreckt, und Stein war auch das übliche Baumaterial in ganz Schottland und Wales. Im Tal der Themse und in East Anglia gab es brauchbare Ziegelerde. Verschiedene Baumaterialien widerspiegeln sich in verschiedenen architektonischen Effekten. Obgleich bestimmte Formen, wie z.B. die von Fenstern und Türen, in Ziegeln, Stein oder Holz hergestellt werden konnten, wurden andere Elemente weitgehend von dem Material bestimmt, in dem sie ausgeführt wurden. Beispielsweise wiesen Steinhäuser in der Regel weniger Schmuck auf als Holzhäuser, denn die Bearbeitung von Stein war schwieriger und teurer. In Gegenden mit guten Bausteinen, wie den Cotswolds oder Northamptonshire, sind die Häuser meist zurückhaltender dekoriert als z.B. die stark verzierten Fachwerkhäuser in Lancashire oder Cheshire. Wo es keinen guten Stein gab, wurden zunehmend Ziegel verwendet, in deren Qualität und Farbe es ebenso große Unterschiede gab wie beim Stein – viel hing von der Qualität des Tones ab, aus dem sie gemacht waren, aber auch vom Hersteller. Sie konnten plastisch geformt werden, aber häufiger wurden sie in Mustern versetzt, die überall anders aussehen.

Einfluss auf den Stil hatte auch der Standort des Gebäudes, ob in einer Stadt oder auf dem Lande. Ein starker Anstieg der Bevölkerungszahlen führte zu einer Periode städtischer Expansion. Das ging so schnell, dass 1580 durch königliche Proklamation das Bauen in einer Dreimeilenzone um London verboten wurde. Die ersten Stuarts, James I. und Charles I., schränkten das Bauen in London weiter ein. Dies bedeutete, dass die im Zentrum der Hauptstadt gebauten

1 Städtisches Fachwerkhaus, gut gebaut und mit recht großen Fenstern: Anzeichen für ein komfortables, aber nicht außergewöhnliches Haus. (In den Rahmen Metallfenster aus dem 20. Jh.) LV

2 Kaufmannshaus aus dem späten 15. Jh. mit vorgebautem Oberstockwerk, damals ein modisches Detail von Stadthäusern. LV
3 Paycocke's in Coggeshall, Essex, ist ein Haus aus dem späten 15. Jh. mit schöner

Fensteranordnung; die Erkerfenster im Obergeschoss mit Stabwerk. P
4 Zwei Fachwerkhäuser aus dem 15. Jh. Tür und Fensterrahmen sind tragende Teile des Hauses. LV

Häuser (und andere Städte folgten diesem Beispiel) generell hoch und schmal waren und die äußeren Schmuckelemente, z.B. geschnitzte Balken und Verputz, sich auf der Fassade drängten. Auf dem Land, wo der Boden billiger war, konnten die Häuser in die Breite gebaut und die Schmuckelemente lockerer angeordnet werden.

Ausländische Anregungen kamen in jener Zeit meist aus den Niederlanden und Deutschland, aber im Laufe des 16. Jahrhunderts wurde auch italienischer Einfluss spürbar – wenn auch selten direkt aus Italien, sondern mehr durch nordeuropäische Länder vermittelt. Das führte zur allmäh-

lichen Übernahme klassischer Motive und der klassischen Ordnungen, d.h. der Ornamentsysteme, die aus der griechischen und römischen Antike abgeleitet waren und auf der dorischen, ionischen, korinthischen, toskanischen und Kompositordnung für Säulen und Gebälk beruhten. Das Verlangen der Kunden nach diesen Neuheiten war wahrscheinlich nicht so groß wie die Begeisterung der Handwerker, welche diese Designs verkauften. Ab etwa 1560 kam ein Strom von Büchern und Stichen von Antwerpen nach England, der das dekorative Vokabular der Handwerker erweiterte. Als Ende der 1560er Jahre in den Niederlanden die Protestantenverfol-

1 Drei Ziegelschornsteine, frühes 16. Jh. Schornsteine wurden oft zu mehreren auf einer Basis angeordnet, die Köpfe verbunden. Die Schornsteine im Bild haben achteckige Schäfte und relativ schlichte Köpfe. Vielfach waren sie stärker mit Profilziegeln verziert. DM

2 Haupteingang von Chastleton House, Oxfordshire, mit einer für das 17. Jh. typischen aufgesetzten Türeinfassung. Auch die flache Steintreppe mit Kugelknäufen ist repräsentativ. C

3 Ziereffekte konnten außen auf verschiedene Art und Weise erreicht werden. Dieses Haus in Puddletown, Dorset,

spätes 15. Jh., hat ein schwarzweißes Streifenmuster aus gehämmertem Flint und Quadersteinen. SP

4 Detail aus einem Abfangträger an der Außenkante eines vorgebauten Stockwerks, spätes 15. Jh. Die lebhafte Schnitzerei läuft über die ganze Breite des Hauses und ist ein Beispiel für effektive und konzentrierte Verwendung von Schmuck. P

5 Die Giebelabschlüsse vieler Häuser, gleich, ob Fachwerk oder nicht, wurden mit beschnitzten Gurtsimsen oder Winddielen verziert. Die hier abgebildete stammt von ca. 1621 und ist mit einem Diamantenoder Rautenmuster verziert. DM

gung durch Herzog Alba begann, kamen nicht mehr nur Bücher, sondern die Handwerker und Künstler selbst, die vor den Gefahren nach England flohen.

Einer der wichtigsten dekorativen Importe jener Zeit aus Antwerpen war das Beschlagwerk, eine dominierende Form der Verzierung von Decken, Kaminen und Holzteilen. Viele der neuesten Dekormoden wurden zuerst bei Hof bzw. in höfischen Kreisen eingeführt, aber die Vorstellungen durchdrangen mit bemerkenswerter Schnelligkeit die sozialen Schichten. Das musste unweigerlich Fehlinterpretationen dekorativer Motive durch weniger gebildete Handwerker nach sich ziehen.

Die Phantasie der örtlichen Handwerker spielte für den Stil von Wohnhäusern eine große Rolle. Bestimmte Merkmale waren universell – die Form von Tür- und Fensterstürzen, die grobe Form des Kamins, der schleichende Einfluss der italienischen Renaissance –, aber beim Endprodukt gab es viele Variationen. Hinzu kommt das regional unterschiedliche Materialangebot, so dass die Zeit von 1485–1625 eine Epoche relativ großer stilistischer Freiheit war. Dies wird besonders deutlich, wenn man sie mit der Epoche des Barock vergleicht, in der die Regeln der klassischen Architektur eingeführt wurden und auch die Massenproduktion begann.

Türen

Tür aus dem frühen 16. Jh. mit Tudorbogen und geschnitzten Zwickeln. Die Fenster über dem Türsturz wurden später anstelle der originalen Ausfachung eingesetzt. Man beachte den Laubdekor in den Zwickeln. LV

Maße und Lage der Tür wurden von den praktischen Erfordernissen des Zugangs und der Konstruktion diktiert. Gleich, ob aus Holz, Stein oder Ziegeln, waren die Türstürze der Tudorzeit meist gerade oder bildeten flache, zur Mitte ansteigende Bögen, so genannte Tudorbögen, die manchmal plastisch verzierte Zwickel aufwiesen. Die Türpfosten hatten oft unvollständige Auskehlungen als Schutz und Schmuck für den Rahmen. Verdachungen oder vorstehende Gesimse finden sich häufig über Eingangstüren, und im Laufe des 16. Jahrhunderts wurden Vorhallen sehr beliebt.

Die wettergeschützten Innentüren sind oft kunstvoller gefertigt als die Außentüren. Die Entwicklung ihrer Dekore war ähnlich wie bei den Kaminen. Klassische Details, wie Pfeiler und Gesimse, traten ab ca. 1550 auf, aber der spätmittelalterliche Stil blieb während der ganzen Epoche beherrschend.

Außentüren bestanden aus bis zu 65 cm breiten Planken, gewöhnlich aus Eiche. Die Planken wurden entweder mit horizontalen Latten an der Rückseite oder durch eine zweite Lage von Planken quer zur ersten stabilisiert (Doppelbrett- oder Kreuzbrett-Tür). Die Nagelköpfe blieben manchmal als Dekoration sichtbar. Einfache Innentüren hatten gewöhnlich Latten an der Rückseite. Vornehmere Türen waren oft leichter und bestanden aus Rahmen und Füllung. Türbeschläge waren unverzichtbar, sogar in den elegantesten Häusern.

Alle auf dieser Seite gezeigten Türen und Details von Türen, außer Nr. 8 sind Außentüren.
1 Eingangstür eines Kaufmannshauses in Stratford-upon-Avon, 1596. Holzeinfassung mit Tudor-

bogen und geschnitztem Laubmuster in den Zwickeln.
2 Vornehme steinerne Türeinfassung, ca. 1530, mit stark plastisch gestalteten Pfosten auf blockförmiger Basis, profilierter Verda-

chung und Zwickeln mit einem zierlichen plastischen Blattmuster. Eine solche Einfassung konnte eine Tür umgeben oder den Eingang einer Vorhalle bilden.
3 Eckige steinerne Türöffnung

aus dem frühen 17. Jh., Sturz und Pfosten ausgekehlt.
4 Ziegel waren ein vielseitiges Baumaterial und wurden oft mit Ornamenten versehen, Mitte des 16. Jhs.

5 Hölzerner Türsturz in Form eines Tudorbogens mit gotischen Vierpässen und Maßwerk, frühes 16. Jh.
6 Steinerner Türsturz mit

Verdachung, frühes 16. Jh.
7 Nur die vornehmsten Häuser hatten Terrakottaschmuck. Türsturz, Verdachung und Supraportenfries mit Verdachung aus

heller und dunkler Terrakotta. Gebaut ca. 1525 für Sutton Place in Guildford, Surrey.
8 Eine gebräuchliche Form im späten 16./frühen 17. Jh. waren

Türstürze mit Ziergiebel und Obelisk, Beispiel aus York. Motive und zurückhaltende Komposition zeigen den wachsenden Einfluss klassischer Formen.

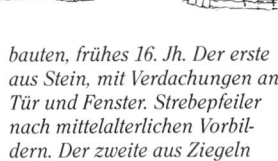

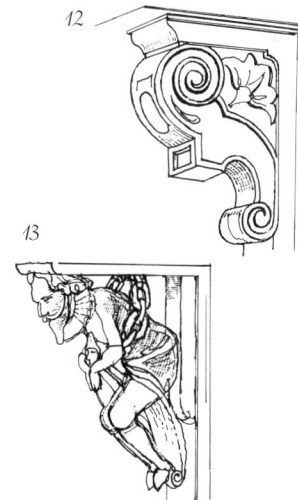

9 Eingeschossiger hölzerner Vorbau, typisch ab dem späten 16. Jh. Die Innenstützen gedrechselt, wie zeitgenössische Baluster.
10 und **11** Zweigeschossige Vor-

bauten, frühes 16. Jh. Der erste aus Stein, mit Verdachungen an Tür und Fenster. Strebepfeiler nach mittelalterlichen Vorbildern. Der zweite aus Ziegeln

gebaut, gestreckte Form mit Zinnen, fast in der gesamten Epoche gebräuchlich.
12 und **13** Vorstehende Türverdachungen ruhten oft auf Krag-

steinen. Beispiele aus dem späten 16./frühen 17. Jh., oben klassisch, unten volkstümlich, eine Herausforderung für den Handwerker.

1 Sehr kunstvolle Tür mit Einfassung aus dem 15. Jh. aus Lavenham, Suffolk. In der Tür eine Halbtür mit Kielbogen. Die Haupttür schließt dagegen mit einem Tudorbogen mit verzierten Zwickeln ab. LV

2 Diese Tür hat ein Rippenmuster in Form von Blendarkaden, wodurch die Ritzen zwischen den Planken verdeckt werden, aus denen die Tür besteht. LV

3 Steinerne Türeinfassung mit Tudorbogen und unvollständiger Profilierung an den Pfosten, Anfang des 17. Jhs. Die Tür ist jünger. C

4 Die Nagelreihen weisen auf fünf Latten an der Rückseite der Tür hin, welche die vertikalen Planken halten. Alternativ konnten die äußeren Bretter durch eine zweite Lage Planken, in voller Breite quer über die erste genagelt, gesichert werden. LV

5 Detail einer Innentür, Mitte 16. Jh. Der asymmetrische Dekor der Zwickel ist ungewöhnlich. Die meisten Schnitzer bekamen von ihren Auftraggebern freie Hand, was zu phantasievollen Lösungen führte. SU

6 Typischer Federriegel an der Innentür eines vornehmen Hauses, Anfang 17. Jh. C

1 *Innentür aus Brettern, fast für die gesamte Epoche typisch. Die Nägel weisen auf fünf Querhölzer auf der Rückseite hin.*

2 *Innentür mit steinerner Einfassung, frühes 16. Jh.*

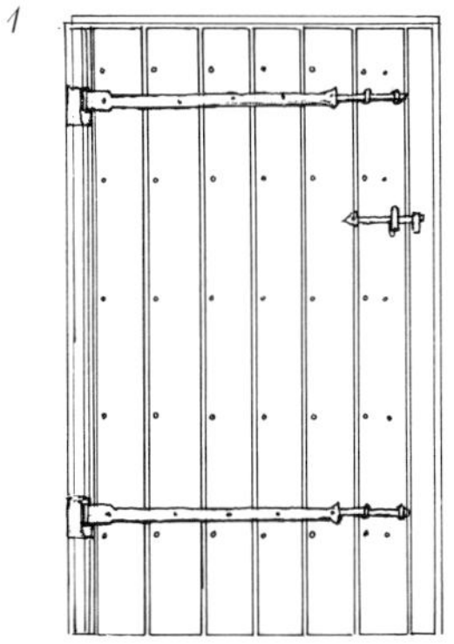

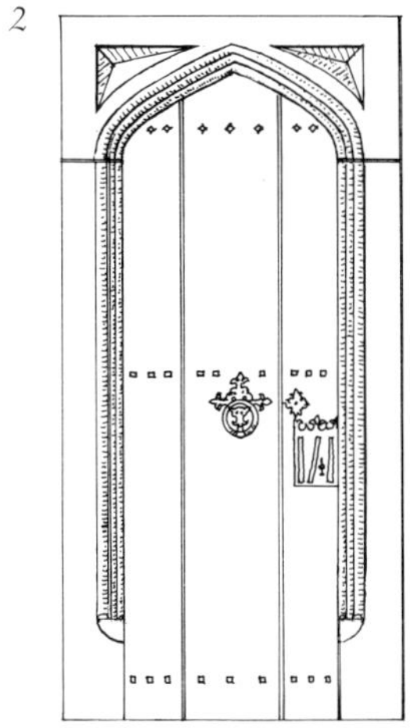

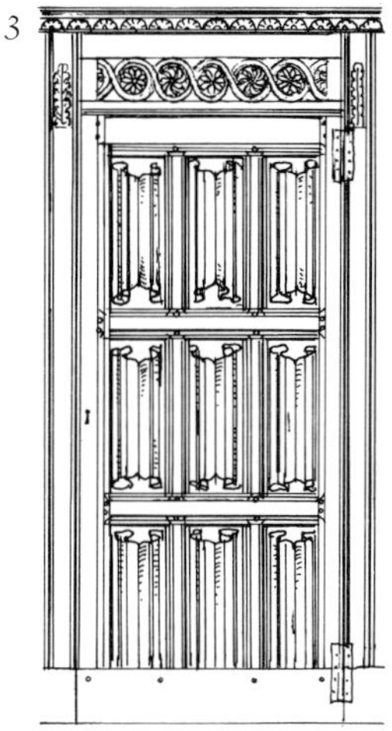

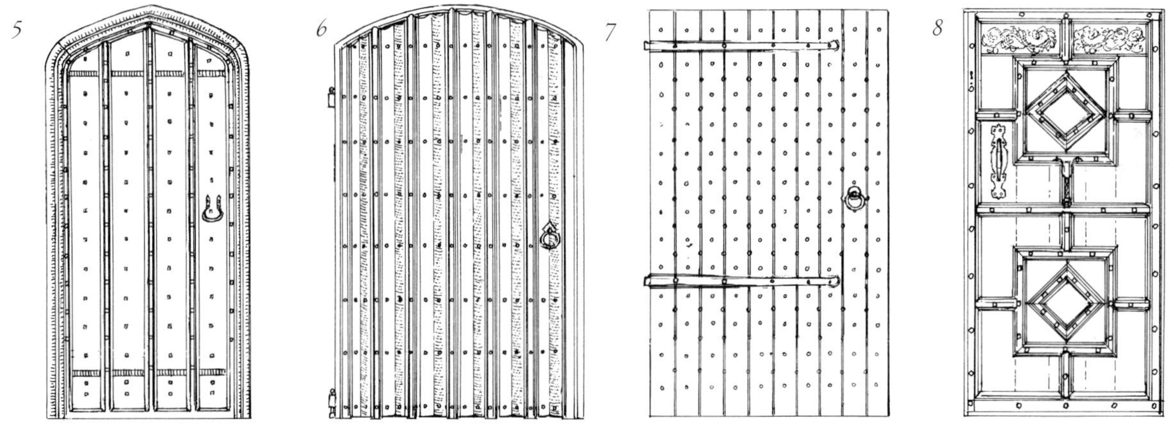

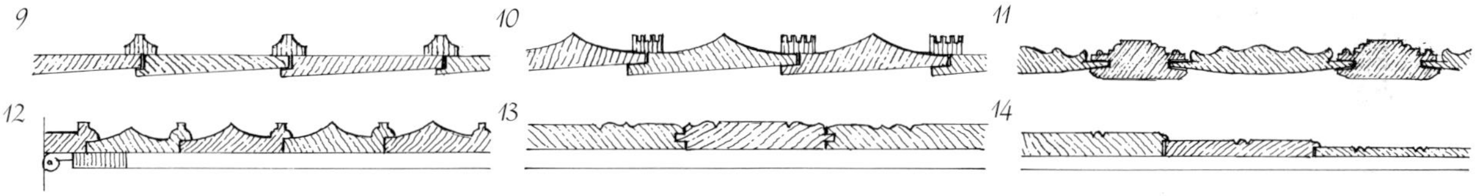

3 *Manche Innentüren von Anfang bis Mitte des 16. Jhs. hatten Faltwerk-Füllungen.*
4 *Türöffnung aus dem späten 16. Jh., vereint klassische Elemente mit traditionellen Details.*
5 bis 8 *Türblätter. Alle bis auf das letzte haben eine quer angeordnete zweite Bretterlage.*
5 und 6 *Große Außentüren mit gerippten und profilierten Blättern, im 16. Jh. in besseren Häusern gebräuchlich.*
7 *Einfache Eingangstür, durch versetzte Nägel belebt.*
8 *Außentür eines Stadthauses in York, Zeit James' I. Die Füllungen entstehen durch aufgesetzte Leisten.*
9 bis 14 *Querschnitte von Türblättern. 9 ist der Querschnitt der fünften Tür, 10 gehört zur sechsten und 11 zur dritten Tür. Diese und 12 sind kunstvoll, 13 und 14 dagegen typisch für Volksbauweise und Nebentüren.*
15 *Scharnierbänder wurden an einem in den Türpfosten eingelassenen Bolzen (Haken) oder, bei leichteren Türen, an einem Angelzapfen mit Platte befestigt, die an den Pfosten angenagelt wurde.*
16 *Hölzerner Riegel, Schloss und Bolzen, 17. Jh. Der Riegel wurde von außen mit einem Stück Strick betätigt.*
17 *Eiserner Riegel, während der ganzen Epoche und bis weit in das 19. Jh. sehr verbreitet.*
18 *Kastenschlösser aus Schmiedeeisen oder Messing waren Luxusgegenstände, frühes 16. Jh.*
19 bis 21 *Typische Griffe.*

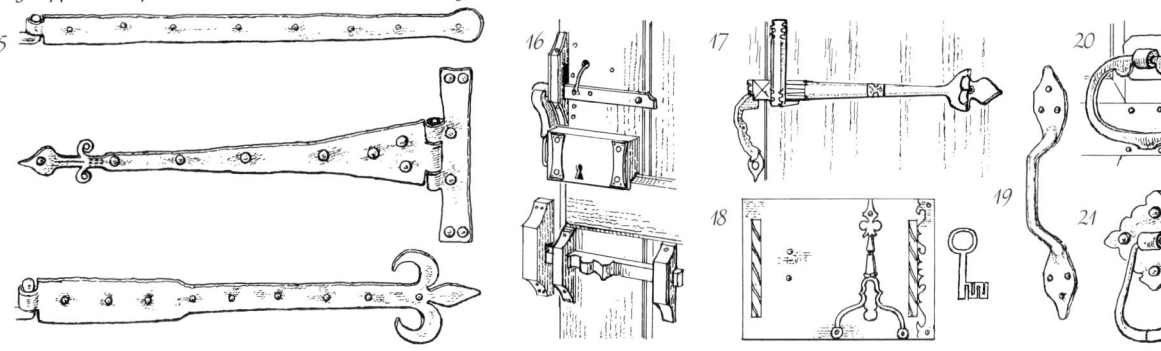

Fenster

1 Hölzernes Erkerfenster mit schmalen Stäben, Lavenham, Suffolk. Es befindet sich direkt unter dem Dachvorsprung eines Fachwerkhauses aus dem frühen 16. Jh. Die rechteckigen Scheiben sind jünger; die originalen Scheiben müssen rautenförmig gewesen sein. LV
2 Typisches städtisches Fachwerkhaus des frühen 16. Jhs. mit drei Gruppen senkrecht und waagerecht unterteilter Fenster. Der untere Teil der Wand muss ursprünglich aus Holz gewesen sein, ist aber vermodert und durch Ziegelmauerwerk ersetzt worden.

Die einfachsten Fenster waren unverglaste, durch eine Reihe von hölzernen oder steinernen Stäben unterteilte viereckige Öffnungen, meist mit Fensterläden im Inneren. Zunächst galten Fenster mit senkrechten Stäben als Standard, aber gegen Ende des 16. Jahrhunderts wurden in allen Arten von Gebäuden Fenster mit senkrechten Stäben und waagerechten Riegeln gebräuchlicher. Die Fensterstürze veränderten sich.

Vornehme Häuser hatten ab dem Beginn des Jahrhunderts Fensterstürze mit Maßwerk, aber fast durch das gesamte 16. Jahrhundert galt der Tudorbogen als Norm für alle Häuser – mit Ausnahme der allerärmsten. Zum Ende des Jahrhunderts setzten sich viereckige Stürze durch. Verdachungen aus Stein oder Ziegeln waren in der gesamten Periode gebräuchlich.

Die vornehmen Häuser waren immer mit verglasten Fenstern ausgestattet, doch für große Bauernhäuser und Stadthäuser gilt das erst ab dem späten 16. Jahrhundert, bei kleineren Häusern sogar erst ab dem späten 17. Jahrhundert. Das meist dünne und graue Glas wurde aus geblasenen Scheiben geschnitten (Kronglas). Im 16. Jahrhundert setzte man die kleinen Scheiben diagonal ein, im 17. Jahrhundert waren sie größer und rechteckig angeordnet. Falls die Fenster sich öffnen ließen, geschah es mit Hilfe hölzerner oder eiserner Fensterflügel, die mit Angeln an den gemauerten Stäben befestigt waren.

1 Einfacher Holzfensterrahmen mit Mittelpfosten und zwei eisernen Stützen, typisch für kleine Häuser ebenso wie für große Bauernhäuser.
2 Holzrahmen, frühes 16. Jh., mit stark profilierten Mittel- und Seitenpfosten.
3 Hölzernes Erkerfenster mit tief profilierten Stäben und Querriegel, um 1530.
4 Ausschnitt aus einem achtteiligen steinernen Fenster mit Tudorbögen, frühes 16. Jh.

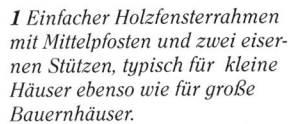

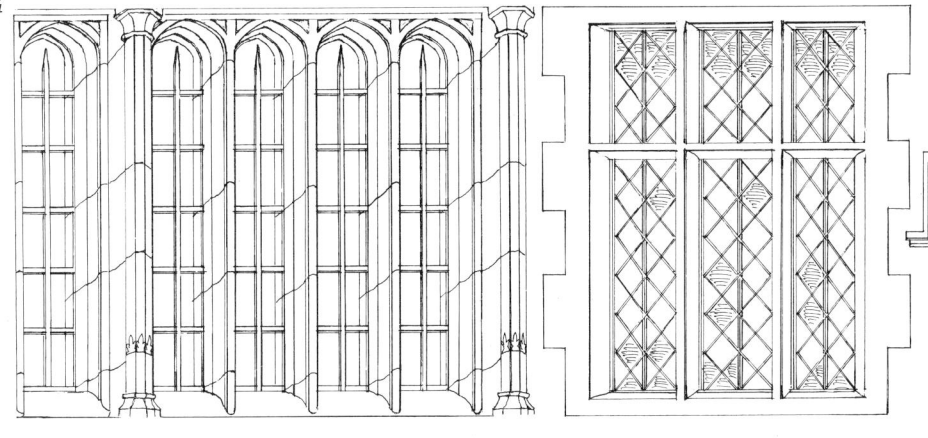
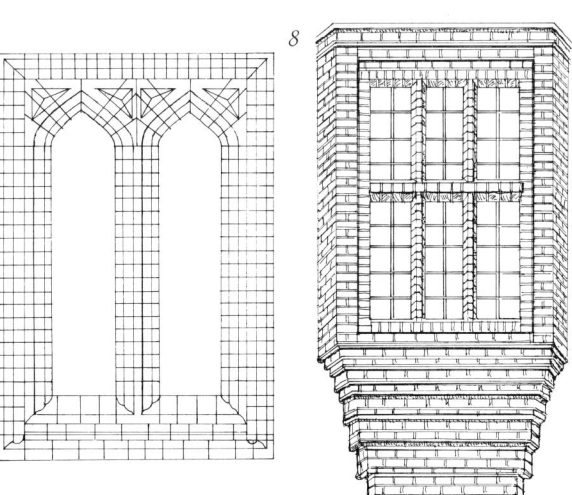

5 Typisches Steinfenster des späten 16./frühen 17. Jhs. Die Umrandung nimmt das Schmuckmotiv von den Kanten der Vorhalle auf, in der sich das Fenster befindet.
6 Sechsteiliges Fenster in Terrakotta aus Sutton Place, Guildford, Surrey, um 1525. Beide Reihen schließen mit Dreipässen ab, zu jener Zeit etwas altmodisch. Man beachte die Verdachung.
7 Zweiteiliges Fenster, Mitte des 16. Jhs. Die Wirkung geschnittenen Steins ließ sich mit Ziegeln reproduzieren.
8 Erkerfenster, spätes 16. Jh., aus geschnittenen und profilierten Ziegeln.

9 bis 11 Querschnitte
9 Einfaches Holzfenster, Glas und Stützen sind erkennbar.
10 Steinernes Erkerfenster, zeigt die verschiedene Dicke und Profilierung der Stäbe.
11 Erkerfenster aus Holz, ähnlich Nr. **3**, mit tragenden Eckpfosten und dünneren Glassprossen.

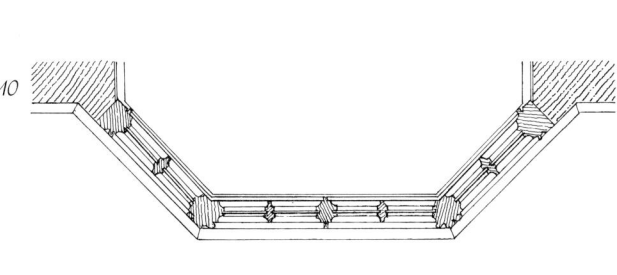
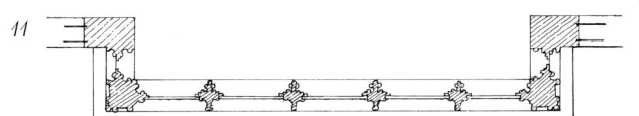
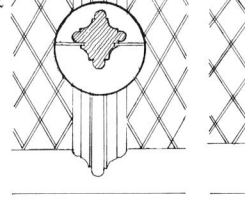
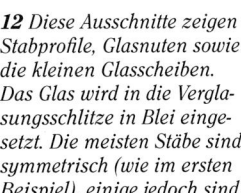
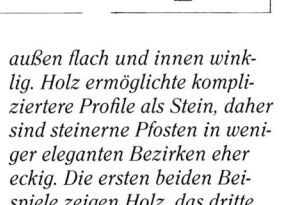

12 Diese Ausschnitte zeigen Stabprofile, Glasnuten sowie die kleinen Glasscheiben. Das Glas wird in die Verglasungsschlitze in Blei eingesetzt. Die meisten Stäbe sind symmetrisch (wie im ersten Beispiel), einige jedoch sind außen flach und innen winklig. Holz ermöglichte kompliz
iertere Profile als Stein, daher sind steinerne Pfosten in weniger eleganten Bezirken eher eckig. Die ersten beiden Beispiele zeigen Holz, das dritte Stein.

1 Vielfach restauriertes Fenster mit Stäben und Querriegel aus dem frühen 16. Jh. Das Fenster ruht auf hölzernen Konsolen und bildet einen Erker. P

2 In der Volksbauweise waren die einfachsten Fenster in Fachwerkhäusern durch die Bauteile des Hauses gerahmt und durch senkrechte Stäbe unterteilt. In ärmeren Häusern waren sie anfangs nicht verglast. LV

3 Fachwerkhaus mit Ziegelausfachung im Fischgrätmuster. Das Fenster ist von den Fachwerkbalken eingefasst, durch dünne Stäbe unterteilt und mit diagonalen Scheiben verglast. LV

4 Vorstehendes Erkerfenster, dessen Riegel und äußere Pfosten Fachwerkteile sind. Die Verglasung ist jünger als das Fachwerk aus dem späten 15. Jh. LV

5 Ausschnitt aus einem eisernen Fensterflügel. Er ist mit Angeln an Drehbolzen in einem steinernen Rahmen befestigt. Eine eiserne Schiene mit dekorativem Stopper verhindert, dass das Fenster zu weit aufschwingt. C

6 Prächtiges Fenster mit vertikaler und horizontaler Unterteilung und rechteckiger Verglasung, frühes 17. Jh. C

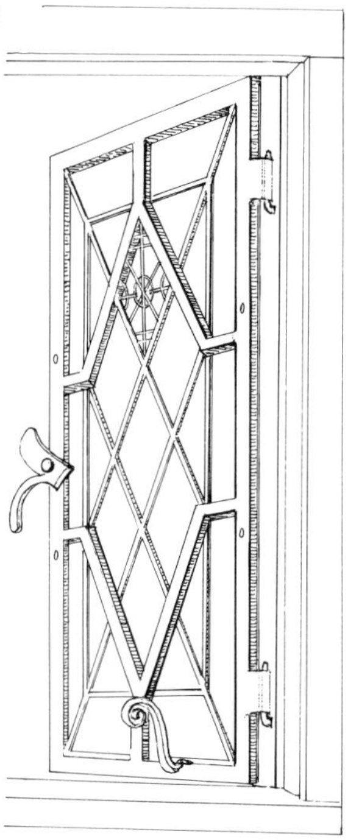

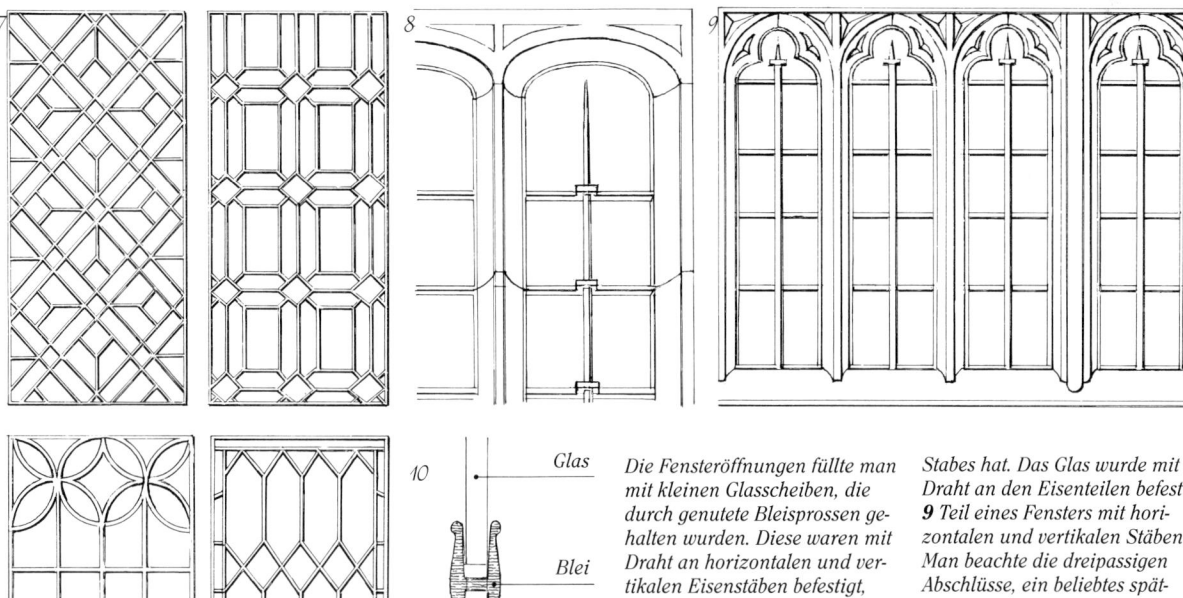

1 Eiserne Fensterflügel in steinerner Einfassung, 17. Jh. Sie öffnen nach außen und werden von festen Führungen gehalten. Man beachte die dekorativ gerollten Angeln.
2 Schmiedeeiserner Flügel mit Klinke, Griff, Bolzenangeln, kunstvoller Verglasung und Lüftungsscheibe.
3 Lüftungsscheiben mit Gittermuster aus Blei, rechts mit Initialen des früheren Besitzers.
4 bis 6 Schmiedeeisernes Zubehör für Fensterflügel aus der Tudorzeit.
4 Eisenstange zum Halten des offenen Fensters, am Fenster

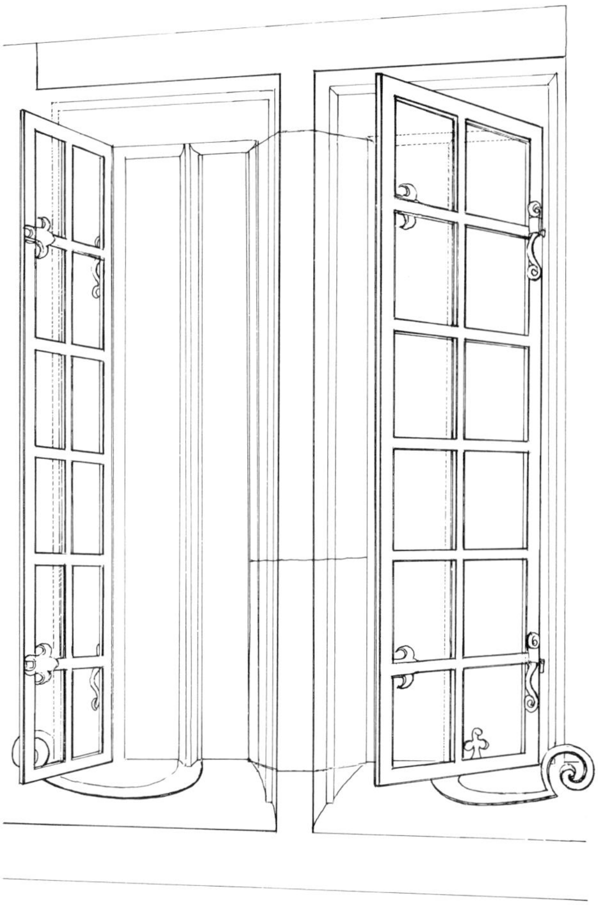

befestigt und an der Wand eingehakt oder umgekehrt.
5 Einfacher Griff.
6 Die Klinken der Flügel konnten sich drehen, einen Federmechanismus betätigen oder wie einfache Riegel funktionieren.
7 Die Verglasungsmuster waren vielfältig, insbesondere in vornehmeren Häusern. Im 16. Jh. waren die Scheiben meist rautenförmig und kaum größer als 14 x 8 cm. Im 17. Jh. wurden sie größer (bis ca. 20 x 14 cm) und meist rechteckig, oben spätes 16., unten 17. Jh.

Glas

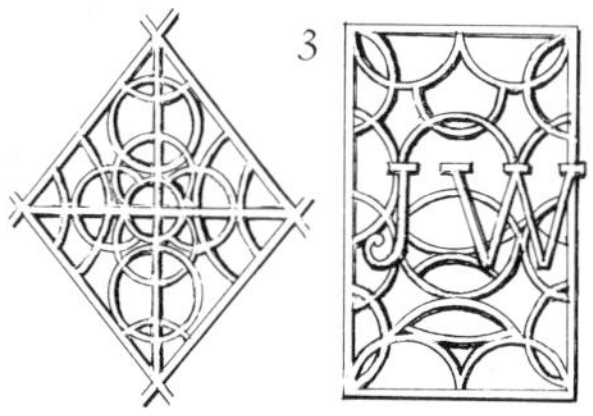

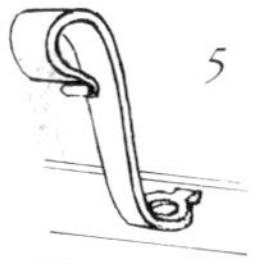

Blei

Die Fensteröffnungen füllte man mit kleinen Glasscheiben, die durch genutete Bleisprossen gehalten wurden. Diese waren mit Draht an horizontalen und vertikalen Eisenstäben befestigt, die man in Abständen in die Fenstereinfassung einließ.
8 Ausschnitt aus einem Fenstersturz mit Querstab, der eine Öse zum Aufnehmen des vertikalen Stabes hat. Das Glas wurde mit Draht an den Eisenteilen befestigt.
9 Teil eines Fensters mit horizontalen und vertikalen Stäben. Man beachte die dreipassigen Abschlüsse, ein beliebtes spätmittelalterliches Motiv in eleganteren Häusern.
10 Die Querschnittszeichnung einer Bleisprosse zeigt, wie das Glas darin liegt.

Wände

*Ein reich dekoriertes Interieur aus
Chastleton House, Oxfordshire, ca. 1602–
1610, mit einer vorzüglichen Täfelung.
Entsprechend der Mode in der Zeit James' I.
ist die Fläche durch Pilaster gegliedert.*

Die gebräuchlichste Gestaltungsweise für Innenwände war in dieser Epoche glatter, geweißter Putz auf Ziegeln, Stein oder Eichen- bzw. Kastanienlatten.

In wertvolleren Häusern dienten Holztäfelungen als Verkleidung für Ziegel- oder Steinwände, oder sie wurden auf die Riegelwände (das Fachwerk) aufgebracht und bildeten so selbst die Wände.

Täfelungen an vorhandenen Wänden konnten bis zur Decke oder zum Fries reichen oder nur sockelhoch sein. Über Sockeltäfelungen gab es meist Wandbehänge (Tapisserien oder bemalten Stoff), gelegentlich auch gemalte Dekorationen, mit denen Gewebe oder Täfelung imitiert wurden. Tapeten waren in dieser Zeit selten. Wenn die Täfelung frieshoch war, konnte sich darüber ein gemalter Fries oder einer aus Gips befinden.

Vertäfelungen bestanden aus dünnen Brettern, die man in Nuten in massiven senkrechten und waagerechten Hölzern einsetzte. Die Bretter waren meist aus Eiche, wurden so dünn wie möglich geschnitten und maßen höchstens 60 cm im Quadrat. Schnitzornamente waren beliebt; im frühen 16. Jahrhundert war Faltwerk modern, das man textilen Wandverkleidungen nachempfunden hatte. Später kamen Arabesken, Beschlagwerk und Laubmotive in Gebrauch, sowie Büsten in Rundfeldern. Leisten wurden in Form geometrischer Muster aufgesetzt. Es gab auch getäfelte Einfassungen für Kamine und Türen.

1 Vorderansicht und Schnitt einer Wand aus dem 17. Jh. mit hochwertiger Täfelung und Putzfries.
2 Typische Täfelung des 16. oder frühen 17. Jhs. Die Rahmen sind gegliedert und mit Stiften befestigt.
3 Faltwerktäfelung, die modischste Form des Schnitzornaments zu Beginn der Epoche.

4 Größere Tafeln mit aufgesetzten geometrischen Formen waren im frühen 17. Jh. populär.
5 Eher plump beschnitzte Tafeln wie diese waren im späten 16. Jh. sehr verbreitet.

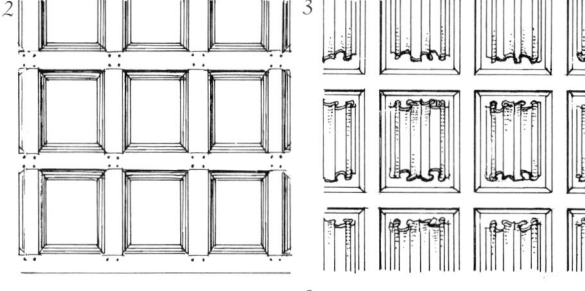

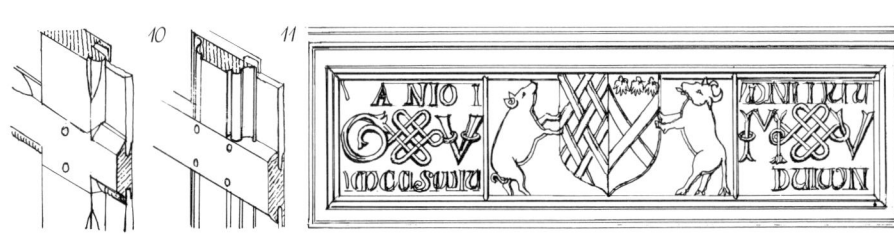

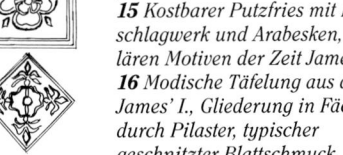

6 bis *9* Typische Querschnitte von Täfelungen
6 Querschnitt der ersten Wand (links) *7* zweite Wand *8* vierte Wand *9* Stülpschalung (Schindeln), wobei die überlappende oder die glatte Seite der konischen Bretter sichtbar sein kann.
10 Zwei Methoden, um die Tafeln im Rahmen zu befestigen. Die erste zeigt eine Gehrungsfuge, wobei die Querbretter abgeschrägt sind.

11 und *12* Geschnitzte Holzfriese
11 mit Wappen und Initialen, Haddon Hall, Derbyshire, *12* aus einem Bürgerhaus in Suffolk.
13 Ausschnitt aus einem großartigen Putzfries aus York, frühes 17. Jh.
14 Gerahmte Putzmotive sind typisch für einfachen Schmuck.
15 Kostbarer Putzfries mit Beschlagwerk und Arabesken, populären Motiven der Zeit James' I.
16 Modische Täfelung aus der Zeit James' I., Gliederung in Fächer durch Pilaster, typischer geschnitzter Blattschmuck.

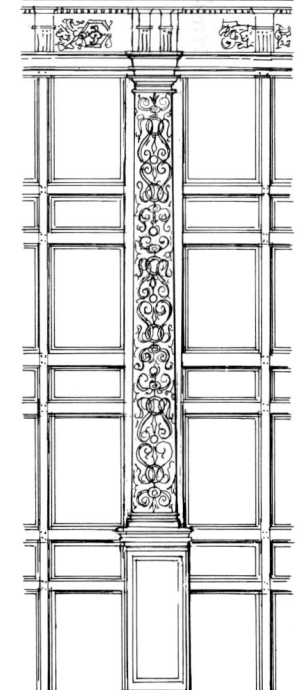

WÄNDE

1 Vor dieser Wand gab es vermutlich einen textilen Wandbehang. Gemälde tauchten in Kaufmannshäusern wie diesem erst viel später auf. P

2 Täfelungen wurden oft, anders geordnet, wiederverwendet. Diese sehr gut gearbeitete Faltwerktäfelung weist rechts von der Tür Spuren von Änderungen auf. P

3 Faltwerktäfelung, die geschnitzte Nachahmung textiler Wandbehänge, war im ganzen 16. Jh. als Wandgestaltung populär. P

4 Ausschnitt aus einem geschnitzten Balken, frühes 16. Jh. Holz war das vielseitigste Material für die Innenausstattung, denn es war billiger und leichter zu bearbeiten als Ziegel oder Stein. P

5 Der Anstrich dieser verputzten Wand aus dem späten 16. Jh. imitiert einen textilen Wandbehang. Er zeigt sehr deutlich, welch kunstvolle Effekte mit Farbe erreicht werden konnten. TY

6 Beschlagwerk war ein unendlich flexibles Motiv, das sich in verschiedenen Medien gestalten ließ. Diese gemalte Dekoration von ca. 1630 schmückt ein Treppenhaus. Oben rechts ein Hängeknauf in trompe l'oeil.

7 Wand mit Anstrich im Governor's House, Newark-on-Trent, Nottinghamshire, Mitte 16. Jh. Die an einen Wandbehang erinnernde Dekoration belebt eine Ständerwand. TY

Decken

WÄNDE

DECKEN

1 Diese Decke, ca. 1500, aus Paycocke's, Coggeshall, zeigt die dekorative Wirkung von Auskehlungen an den Dielenlagern des darüber liegenden Stockwerks. P
2 Detailaufnahme der Auskehlungen an den Hauptbalken und der eleganten blattförmigen Abschlüsse.

Im 15. Jahrhundert war die Decke schlicht die Unterseite des darüber liegenden Fußbodens, und in einfacheren Häusern blieb das auch noch lange so. Jedoch wurden die Bauteile des Fußbodens manchmal verziert. Im frühen 16. Jahrhundert begann man in den besseren Häusern, die Unterseiten der Dielenlager mit Brettern oder Latten zu verkleiden und diese zu verputzen. Eine solche Decke konnte unverziert bleiben oder mit Schnitzerei oder plastischen Putzornamenten versehen werden. Selbst in einfachen Häusern gab es Deckenschmuck, oft in Form von Auskehlungen und plastisch gestalteten Abschlüssen an den Dielenlagern.

Bei verzierten Decken teilen die Hauptbalken als wichtigste Bauteile die Decke in Kassetten, die unverziert blei-

ben, bemalt oder mit geschnitztem Holz oder Putzrippen gefüllt werden können. Frühe Kassettendecken sind gitterartig, im späteren 16. Jahrhundert zeigen sie fließendere Formen und oft organische Motive oder Beschlagwerk. Wo Rippen oder Bänder sich überschneiden, befinden sich vielfach Schlusssteine oder, in vornehmeren Häusern, Hängeknäufe. Plastische Putzornamente wurden zunächst an Ort und Stelle gefertigt, später wurden die kunstvolleren Motive in Formen aus Holz oder Wachs vorgeformt und dann an der Decke angebracht.

Decken waren nicht immer flach; in den oberen Stockwerken großer Häuser setzten sie oft in einer Hohlkehle an oder waren gewalmt.

1 bis 4 Querschnitte typischer Fachwerkdächer. Zu diesen Standardformen gibt es viele Varianten.

1 Einfaches, mit einem Bogen ausgesteiftes Dach.
2 Dach mit einsäuligem Hängewerk. Die Struktur

wird durch eine einzelne Säule auf dem Dachbalken gestützt und kommt daher ohne Kehlbalken aus.

3 Dach mit einsäuligem Hängewerk, gestützt durch einen Spannbalken auf einzelner Säule vom Dachbalken aus.

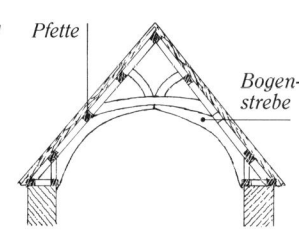

1 Pfette

Bogenstrebe

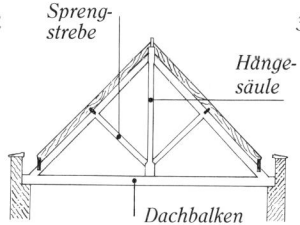

2 Sprengstrebe

Hängesäule

Dachbalken

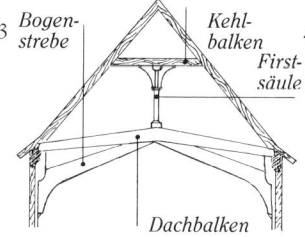

3 Bogenstrebe

Kehlbalken

Firstsäule

Dachbalken

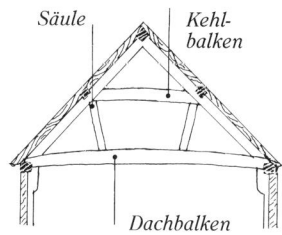

4 Säule

Kehlbalken

Dachbalken

5

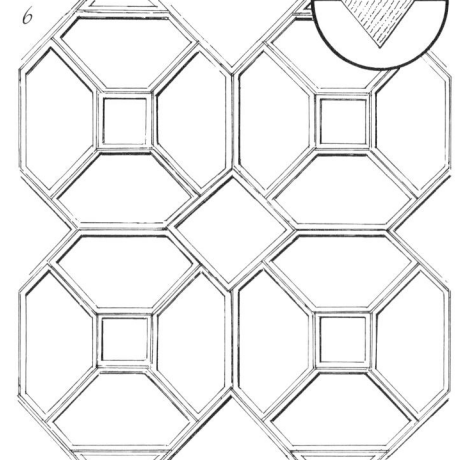

6

4 Dach mit zweisäuligem Hängewerk, gestützt durch zwei Säulen vom Dachbalken aus.
5 Stark plastisch gestaltete Decke aus dem frühen 16. Jh., aus tragenden Balken und Zierbalken, wie an den eingeblendeten Profilen zu erkennen ist.
6 Decke mit einfachem geometrischem Putzmuster aus einem Bürgerhaus in Stratford-upon-Avon, typisch für den Dekor in normalen Häusern der Zeit James' I. Die spitz zulaufenden Leisten wurden von den Handwerkern vor Ort gefertigt.

7 Putzdecke mit elegantem Flachrelief, um 1560, darin königlicher und persönlicher Wappenschmuck und Abzeichen. Das Profil der Hauptelemente ist dargestellt.
8 Ausschnitt aus einer sehr feinen Putzdecke aus Powys Castle, Wales, um 1592. In solchen komplizierten Designs wurden gern Naturmotive verwendet.
9 Putzdecke mit Beschlagwerk in Flachrelief, Aston Hall bei Birmingham, um 1630. Beschlagwerk war in den Jahren nach 1600 wohl der beliebteste Schmuck.
10 Weinranken waren ein sehr beliebtes Ziermotiv sowohl für Putz- als auch für Holzdecken.

7

8

9

10

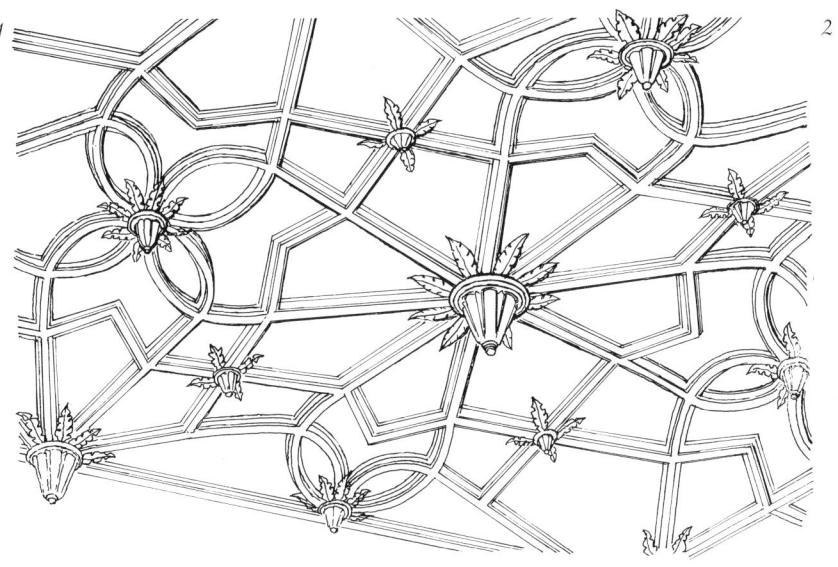

1 *Putzdecke, spätes 16. Jh., Hänge-knäufe und Schlusssteine an den Schnittpunkten der Rippen.*
2 *Hängeknäufe, seit den 1530er Jahren in vornehmen Häusern üblich, wurden auch in Herrenhäusern und großen Stadthäusern immer beliebter. Sie bestanden meist aus Gips mit Holzskelett. Die meisten waren massiv, obwohl durchbrochene Formen begehrt waren.*

3 *Übliche Profile für kunstvolle Hängedecken. Oben das früheste, ca. 1537. Die nächsten zwei sind aus den 1570er Jahren und lassen die Dachstruktur erkennen. Die letzte ist eine Tonnendecke, die in der gesamten Epoche gern gebaut wurde, wenn der Platz es erlaubte.*
4 *Decke, frühes 17. Jh., mit einigen der wichtigsten Schmuckelemente der Zeit von 1560–1610: Beschlagwerk, Weinranken, Hängeknäufe und organische Motive.* C
5 *Geschnitzter Eichensims von der Unterkante einer Decke mit Hohlkehle, frühes 16. Jh. (Das Profil genau darüber zeigt die Lage solcher Gesimse.) Die gewundenen, verflochtenen Motive sind typisch für spätmittelalterliche Dekorationen.*
6 *Deckenbalken, Mitte des 16. Jhs., Lavenham, Suffolk. Solche lebhaften Dekorationen sind typisch für Kaufmannshäuser.*
7 *Die einfachsten Decken waren die verzierten Unterseiten der Dielenlager für den darüber liegenden Raum.* P

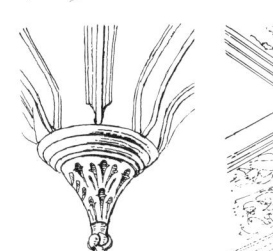

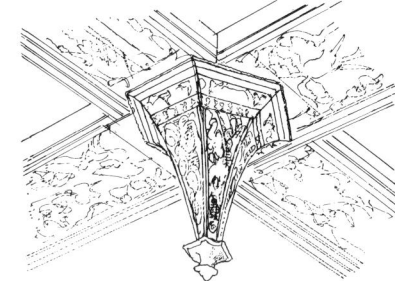

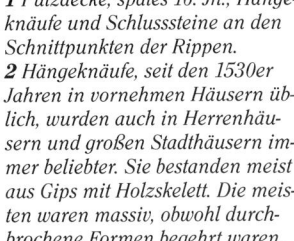

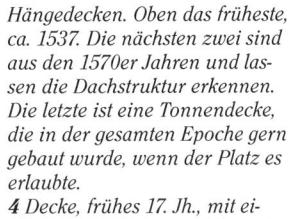

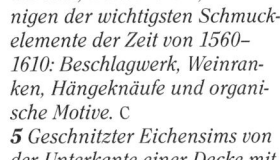

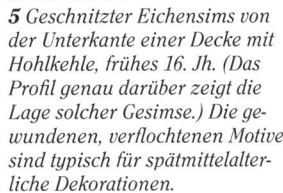

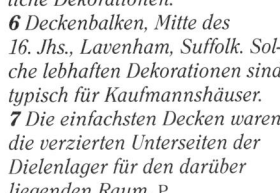

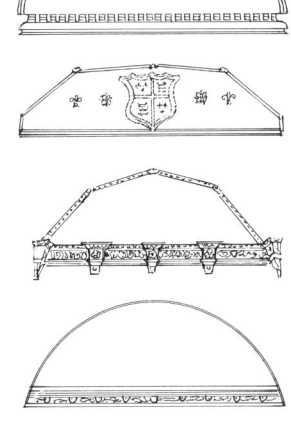

Fußböden

1 Steinplatten waren in der Zeit der Tudors und James' I. und noch lange danach überall auf den britischen Inseln in Häusern aller Klassen üblich. Diese Platten liegen im Durchgang eines Hauses in Devon. PS

2 Diese Schilfmatten in Hampton Court Palace, Surrey, haben 300 Jahre unter Dielenbrettern überdauert. Matten wurden in Häusern aller Kategorien verwendet, von den einfachsten Katen bis zu den vornehmsten Palästen. TY

Die einfachsten Fußböden im Erdgeschoss bestanden aus gestampfter Erde, bessere aus hochkant gestellten Ziegeln oder Fliesen, die besten waren mit Steinplatten ausgelegt. Ziegelfußböden waren verbreitet, aber da Ziegel weich sind, findet man sie nur noch selten im Original. In vornehmen Häusern gab es sie meist nur im Wirtschaftsbereich. Fliesen findet man in auffälligen Mustern, glasiert oder unverziert; Farben und Größen sind regional verschieden. Steinplatten bevorzugte man für Erdgeschossfußböden. Wenn sie ausgetreten waren, drehte man sie um und verlegte sie ein zweites Mal. Meist wurde der am Ort gefundene Stein verwendet; heute findet man vielfach York Stone, Granit, Schiefer, viele Sandsteinarten und sogar Marmor. Pflastersteine kommen in ländlichen Häusern vor, wo Tiere im Haus gehalten wurden.

In den Obergeschossen gibt es Holzfußböden, meist aus Eiche, aber auch aus Ulme. Die Dielen sind viel breiter als heute: 60 cm sind keine Seltenheit.

Viele Fußböden waren verputzt. Dem Putz mischte man einen hohen Anteil Stroh bei, um seine Konsistenz zu festigen. In vornehmen Häusern kamen Fußböden mit Anstrich vor, meist aber waren sie mit Schilfmatten belegt. Man legte die Matten auf den noch feuchten Putz, so dass sie sich mit dem Fußboden verbanden, oder lose auf die trockene Oberfläche. Oft wurden Längen zusammengeheftet und an den Ecken festgenagelt. Teppiche waren Luxus.

Kamine

Steinerner Kamin aus dem
frühen 16. Jh. mit Tudorbogen
und gemeißelten und bemalten
Zwickeln. Beim Entfernen der
Wandvertäfelung kam ein Ziegel-
bogen zum Vorschein, der einen
Teil der Last von dem ebenfalls aus
Ziegeln gemauerten Schornstein
abfing und einen breiteren Kamin-
sturz ermöglichte.

Im 16. Jahrhundert wurde die verbreitete zentrale Feuerstelle durch den Wandkamin abgelöst, der bald in den Mittelpunkt des Interesses der Architekten rückte. Die einfachsten Kamine wurden aus Ziegeln oder Steinen an einer Außenwand oder einer der zentralen Innenwände aufgemauert. Im letzteren Fall kamen mehrere Kamine mit einem Schornstein aus (Rücken an Rücken und auf mehreren Etagen übereinander gebaut). Diese Kamine hatten Stürze aus Holz oder Stein, die glatt bleiben oder mit Fase, Profil oder Schnitzerei verziert werden konnten. In vornehmeren Häusern wirkte die Kaminöffnung oft wie ein einziges Bauteil aus Holz, Ziegeln oder Stein. Im 16. Jahrhundert war sie meist von einem angefasten oder profilierten Tudorbogen über-

spannt. Darüber befand sich oft ein Fries. Ab den 1540er Jahren wiesen modische Kamine Renaissance-Details auf, z.B. Pfeiler in einer der klassischen Säulenordnungen. An Kaminaufsätzen gab es Nischen, Wappen, Zierpaneele oder Beschlagwerk.

Die Feuerstellen bestanden aus Stein oder Ziegeln; letztere mussten regelmäßig neu verlegt werden. Die Rückwand wurde oft mit dünnen Ziegeln oder hochkant gestellten Fliesen bedeckt oder mit einem schmiedeeisernen Feuerschild geschützt. In den einfachsten Feuerstellen lagen die brennenden Scheite auf kleinen Ziegelmauern, aber die meisten hatten eiserne Kaminböcke. Im 16. Jahrhundert wurde Holz teurer und man verbrannte zunehmend Kohle auf Feuerrosten.

1 Einfacher Kamin aus Ziegeln, mit Eichensturz und Schnitzerei, ein während der gesamten Epoche gebräuchlicher Typ.

2 Einfacher steinerner Kamin aus einem Stadthaus um 1600. Der tiefe Sturz ist typisch.

3 Anspruchsvollerer Kamin aus Stein, erste Hälfte des 16. Jhs., mit Tudorbogen, halb abgekanteten Stäben, Kaminaufsatz mit Laubmuster. Die Feuerstelle reicht in den Raum hinein.

4 Steineinfassung mit Tudorbogen, verzierten Zwickeln und Vierpässen am Sturz, frühes 16. Jh. In den Zwickeln befanden sich oft Abzeichen oder Mottos.

5 Einfassung aus den 1590er Jahren mit Tudorbogen und gemaltem geometrischem Dekor.

6 Marmoreinfassung, Anfang 16. Jh., mit korinthischer Säule, eingeritztem Laub und Beschlagwerk.

7 Dünne Ziegel oder Fliesen, hochkant verlegt, bedeckten oft die Kaminrückwand. Hier sind sie im Fischgrätenmuster verlegt.

8 Die Rückwände von Feuerstellen wurden oft mit eisernen Feuerschilden geschützt. Abgebildet ist der von Cowdray House, Sussex, frühes 16. Jh.

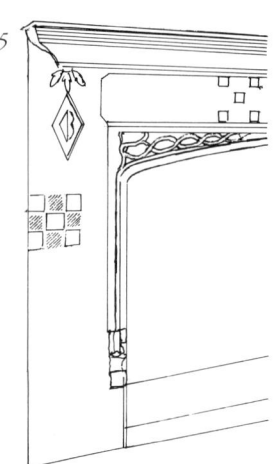

9 Zur Auskleidung des Kamins wurde einheimisches Baumaterial verwendet. Stein nahm man, wo er reichlich vorhanden war, ungeachtet seiner mangelnden Hitzebeständigkeit.

Eiserne Feuerschilde sprechen von der Arbeit der örtlichen Handwerker und in großem Stil vom Status und den Bindungen des Besitzers.

10 Einfacher Feuerschild aus Sussex, mit einem Muster aus Tauen.

11 Ausschnitt aus einem rechteckigen Feuerschild, 16. Jh.

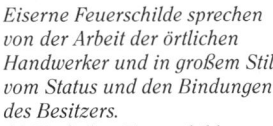

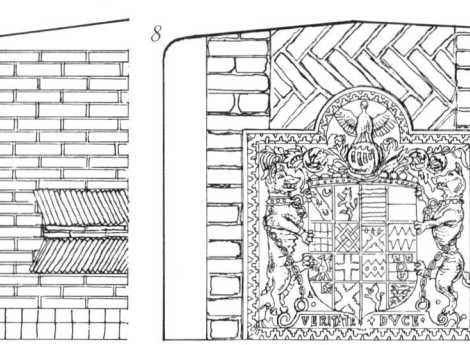

Die Vögel spielen wohl auf Fowles, den Namen einer Eisenfabrikantenfamilie, an (fowls = Geflügel).

12 Bessere Feuerschilde trugen stets das Herstellungsdatum, die Initialen des Besitzers sowie eine Wappenzier.

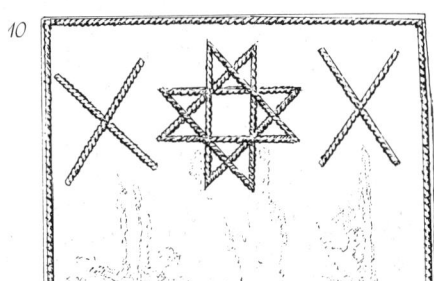

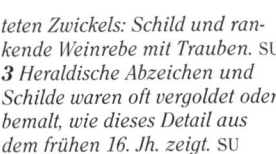

1 Der Kamin aus dem frühen 16. Jh. kombiniert auf unge- wöhnliche Weise Pfosten aus Profilziegeln und einen hölzer- nen Sturz mit Schnitzerei. P
2 Detail eines plastisch gestal- *teten Zwickels: Schild und ran- kende Weinrebe mit Trauben.* SU
3 Heraldische Abzeichen und Schilde waren oft vergoldet oder bemalt, wie dieses Detail aus dem frühen 16. Jh. zeigt. SU

4 Eine von Halbsäulen flan- kierte Einfassung und ein ähn- lich flankierter Kaminaufsatz mit Ziertafel bilden ein typi- sches Arrangement des späten 16./frühen 17. Jhs. C

5 Der untere Teil dieses Kamins stammt aus dem 18. Jh., doch der hölzerne Aufsatz mit Wappenschild und Figuren ist typisch für das späte 16. Jh. C

KAMINE

1 Ein sehr vornehmer Kamin aus vorreformatorischer Zeit mit typischen spätmittelalterlichen Motiven. Die gebrochene Form des Aufsatzes zeigt, dass er verändert worden ist.

2 Um 1600 war diese Kamineinfassung mit Tudorbogen konservativ, der Aufsatz mit Beschlagwerk und Pilastern dagegen sehr modern.

3 Säulen, Halbsäulen und Pilaster sind Merkmale vornehmer Kaminsimse der Zeit Elizabeths I. und James' I. Der Aufsatz nimmt das Kranzgesims der Wand auf. Holz, frühes 17. Jh.

4 Dieser modische hölzerne Kaminsims aus dem Bromley-by-Bow Palace, London, um 1603, hat Zierpilaster an den Pfosten und Halbsäulen sowie Nischen am Aufsatz.

5 Vornehmer Kaminsims aus Stein mit Karyatiden, Beschlagwerk und allegorischen Szenen als Relief. Gebaut für einen Höfling in Greenwich, ca. 1607–1612.

6 Kaminsims aus Stein und Eichenholz in einem Londoner Bürgerhaus, um 1620.

7 Alle Feuerroste waren aus Schmiedeeisen. Dieser aus dem späten 16. Jh. weist Halter für Weinkannen auf.

8 Speerspitzen-Feuerrost aus Haddon Hall, Derbyshire, frühes 16. Jh.

9 Schmiedeeiserner Kaminbock, 75 cm hoch, um 1610, mit weiblicher Büste auf einem Sockel.

10 Haken und Kaminböcke nahmen Querstäbe auf, welche die Scheite hielten.

11 Kaminbock mit Halterung für eine Weinkanne, spätes 16. Jh.

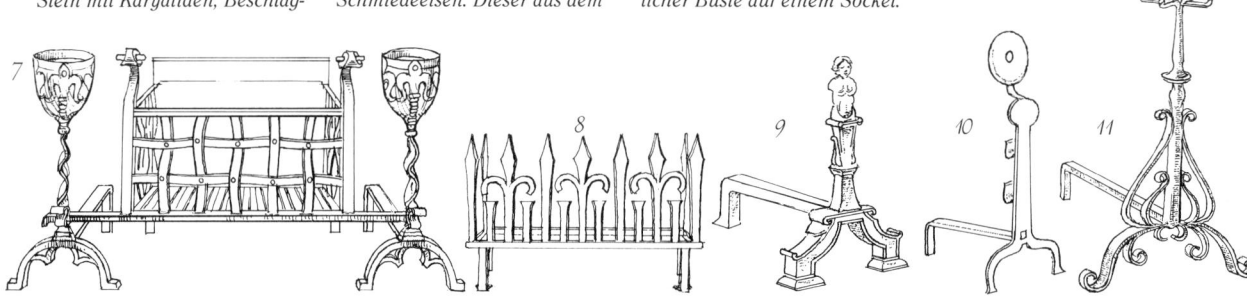

Treppen

Die Haupttreppe in Chastleton House, Oxfordshire, 1602. Es ist eine Treppe mit offener

Spindel. Antrittspfosten und Gegenknäufe haben die übliche Obeliskform. C

Die gebräuchlichste Treppenform dieser Epoche war der gerade Treppenlauf. In kleinen Häusern war die Treppe oft beengt und hinter einer Trennwand verborgen. Die Podesttreppe ist eine Variante, die aus zwei benachbarten Treppenläufen mit Balustraden auf gleicher vertikaler Ebene besteht. In besseren Häusern galt die Treppe als Statussymbol; sie befand sich oft an der Seite der Mittelhalle und war kunstvoll und gewichtig verziert. Viele Häuser, auch recht vornehme, hatten Außentreppen und Galerien.

Zu Beginn der Epoche gab es in besseren Häusern auch Wendeltreppen mit massiven, viereckigen Mittelsäulen aus Ziegeln oder Stein. Daraus war in der Mitte des 16. Jahrhunderts die Treppe ohne Mittelsäule geworden, bei der sich das Treppenhaus aus Ziegeln oder Stein um die offene Spindel herumzieht.

In elisabethanischer Zeit waren die Baluster meist eingeschnürt oder in Säulenform gedreht. Ab der Mitte des 16. Jahrhunderts finden sich auch flache, geschnitzte und durchbrochene Baluster, aber diese sind typischer für die Zeit James' I. Ihre geschwungenen oder konischen Formen sind meist von Beschlagwerk abgeleitet. Alle Treppen haben Lichtwangen, d.h., die Baluster stehen auf einer diagonalen Strebe und nicht direkt auf den Stufen. Für den Handlauf gab es verschiedene Profile. Der Antrittspfosten konnte selbst in bescheidenen Häusern kunstvoll gedrechselt und geschnitzt sein.

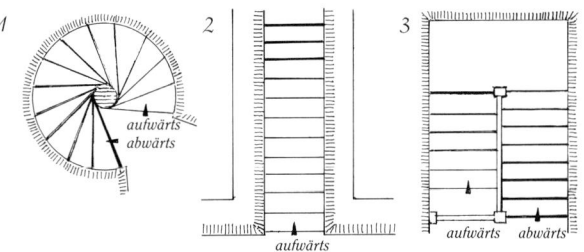

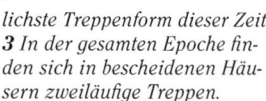

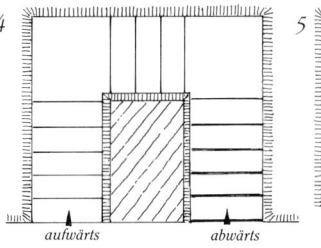

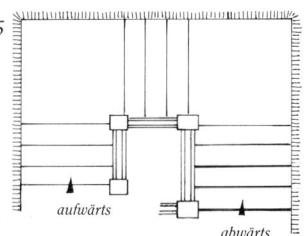

1 *Wendeltreppen aus Holz, Stein oder Ziegeln waren in der gesamten Epoche verbreitet.*
2 *Der gerade Treppenlauf war die einfachste und gebräuch-*

lichste Treppenform dieser Zeit.
3 *In der gesamten Epoche finden sich in bescheidenen Häusern zweiläufige Treppen.*
4 *Treppen mit massiver quadra-*

tischer Mittelsäule wurden ab Mitte des 16. Jhs. in vornehmeren Häusern üblich. Die Mittelsäule läuft von unten nach oben durch das gesamte Gebäude.

5 *Die Treppe ohne Mittelsäule eignete sich am besten zur Prachtentfaltung. Sie taucht ab Mitte des 16. Jhs. in vornehmen Häusern auf.*

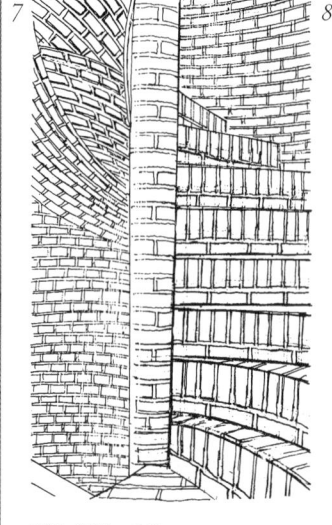

6 *bis* **8** *Wendeltreppen waren manchmal in dicke Wände eingebaut. Die feinsten sind aus Ziegeln, die meisten jedoch aus Stein oder Holz. Die Stufen*

konnten Teil der Mittelsäule sein, wie bei der steinernen Treppe links (um 1620), oder sie wurden in die massive Mittelsäule eingelassen.

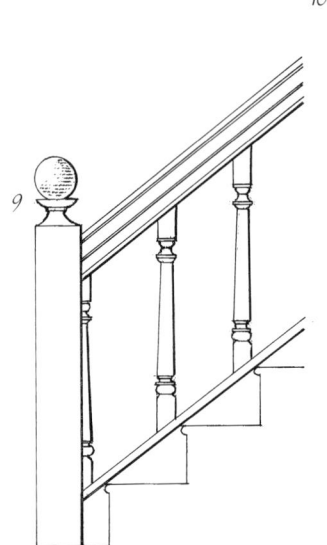

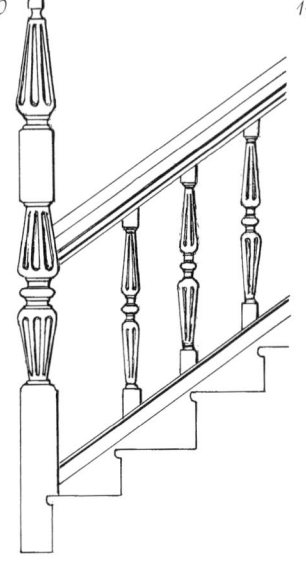

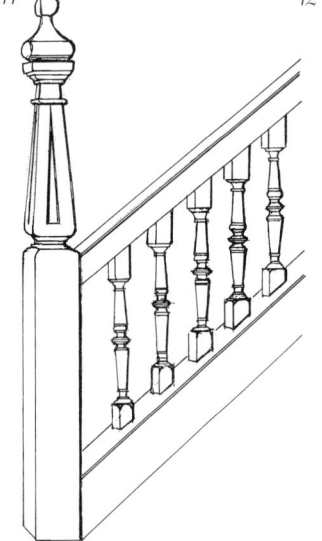

9 *Die Treppe aus Warwick mit einem schlichten Antrittspfosten und einfach gedrechseltem, säulenähnlichem Baluster ist typisch für Häuser Mitte des 16. Jhs.*

10 *Treppe in Somerset, um 1560, mit kunstvollen gedrechselten und geschnitzten Teilen. Die Baluster werden vom Handlauf und einer diagonalen Strebe gehal-*

ten; es handelt sich also um eine Treppe mit Lichtwange.
11 *Der Obelisk war im frühen 17. Jh. eine beliebte Form des Antrittspfostens, wie auch an dieser*

kunstvollen Treppe von ca. 1620.
12 *Bei dieser Obergeschosstreppe aus Northamptonshire, ca. 1580, befindet sich am Antrittspfosten unten ein Hängeknauf.*

1 Treppe mit gedrechseltem Antrittspfosten und geschnitzten pilasterförmigen Balustern, spätes 16. Jh.
2 Teil einer sehr kunstvollen Treppe
mit schrägen pilasterförmigen Balustern und Beschlagwerk, frühes
17. Jh.

3 Treppe aus Shropshire,
17. Jh., mit Gitter aus Beschlagwerk statt der Baluster. Diese
Gestaltung war im Barock sehr
beliebt.
4 Querschnitt eines eingelassenen Handlaufs aus Profil-

ziegeln an einer Wendeltreppe,
frühes 16. Jh.
5 Vom späten 16. Jh. an sind
hölzerne Handläufe abgefast
oder, wie in diesen Beispielen,
profiliert.
6 An Antrittspfosten oberer Stockwerke gab es oft Hängeknäufe.
Die Gestaltung der Knäufe ist
auswechselbar, meistens sind es

einfache, gedrechselte Formen.
Durchbrochene Obelisken sind
Formen aus der Zeit James' I.
7 Hölzerne Wendeltreppe aus
Totnes, Devon, gebaut am Ende
der Epoche. Die Trittstufen ruhen
gleichermaßen in der Mittelsäule
und dem Fachwerk der
Innenwand. PS
8 Durch Gitter wurden die Hunde von den oberen Stockwerken
ferngehalten. Beispiel mit Origi-
nalscharnieren und Klinke, um
1620.
9 Gedrechselter Antrittspfosten
aus Eiche, typisch ab dem späten
16. Jh.

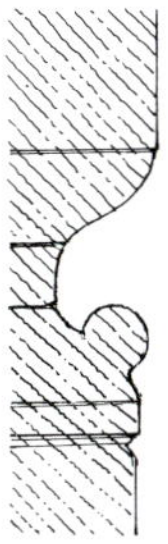

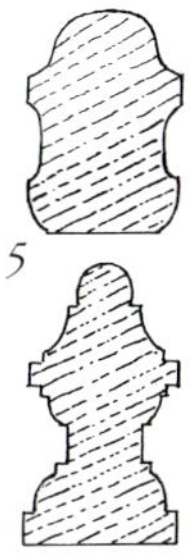

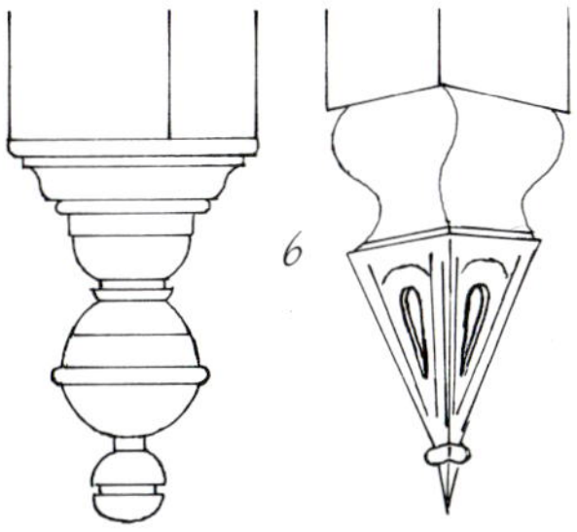

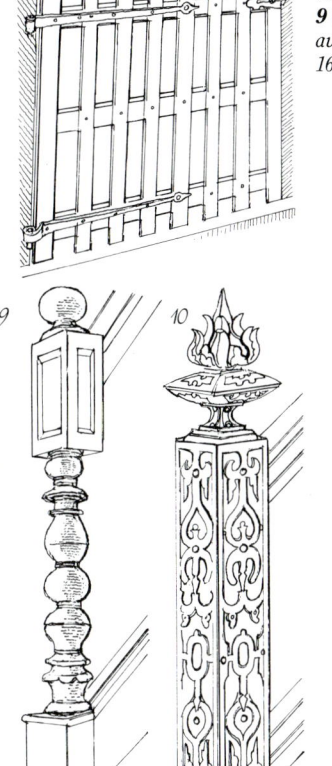

10 Antrittspfosten mit quadratischem Querschnitt. Der erste,
frühes 17. Jh., trägt einen Knauf
in Pyramidenform mit Vase und

Laub, der zweite ionische Details,
der letzte, ca. 1564–1568, das
Wappentier des Besitzers. Man
beachte das Beschlagwerk.

Einbaumöbel

1 Eichenes Armarium, um 1530.
2 Armarium aus dem frühen 16. Jh. mit originalen Beschlägen.
3 Reich geschmückte innere Vorhalle des Speiseraumes in Broughton Castle, Oxfordshire, um 1599, mit Laubschmuck und Beschlagwerk, Obelisken als Knäufe.

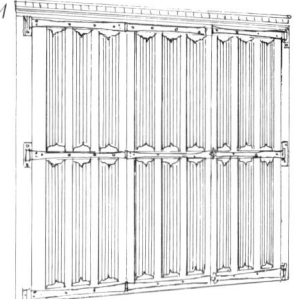

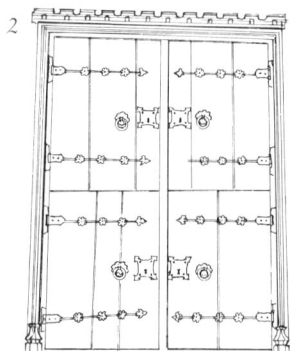

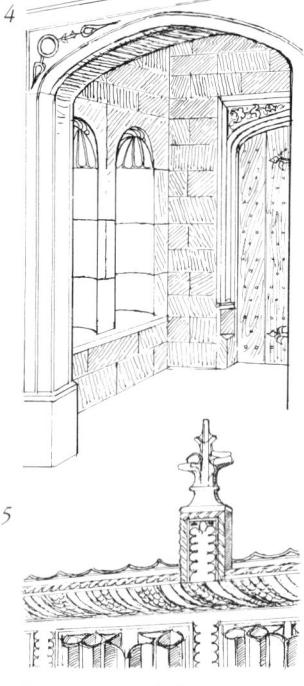

4 Steinerne Vorhalle von 1611 mit Muschelnischen und Tudorbogen.
5 Detail aus Rückenbrett und Knauf einer Sitzbank, um 1510.
6 Tisch mit Bank ohne Lehne.
7 Eichene Sitzbank mit Faltwerklehne und geschnitzten Knäufen, um 1500.

Einbaumöbel waren ein wichtiger Bestandteil aller Häuser des frühen 16. Jahrhunderts, und in ärmeren Häusern blieben sie es während der ganzen Epoche. Viele dienten der sicheren Aufbewahrung insbesondere von Kleidung, Silber und Dokumenten. Die einfachste Form war das Wandarmarium, das durch den Anbau von Rahmen und Türen an eine Mauernische entstand. Diese konnte sich in einer gemauerten Wand oder in einer hölzernen Trennwand befinden. Die Armarien gestaltete man zuweilen sehr kunstvoll, während es in kleinen Katen häufig nur Schränkchen zur Aufbewahrung von Gewürzen und Kerzen waren, oft in der Nähe des Kamins, damit der Inhalt trocken blieb. Küchen wurden manchmal mit ähnlichen Schränken oder mit Deckelbehältern ausgestattet, um so die Lebensmittel vor Nagetieren zu schützen.

Feste Sitzgelegenheiten gab es oft in Fensternischen, Vorhallen und sogar in großen Feuerstellen. Sie konnten aus Holz sein, meist aber waren sie Teil des Mauerwerks. Hochlehnige Sitzbänke, häufig mit Armstützen, in Wände eingebaut, gab es in Häusern aller Klassen. Sie hatten oft Klappsitze und konnten so auch als Vorratstruhe dienen. Schlichte Schragentische und Bänke ließ man nicht selten in den Küchenfußboden ein.

Manche Häuser des 16. und 17. Jahrhunderts besitzen eine Vorhalle im Inneren, allerdings nicht die ganz armen. Vorhallen dienten als Windfang und schlossen meist an eine Außentür an; große Räume hatten auch eine innere Vorhalle.

Installation

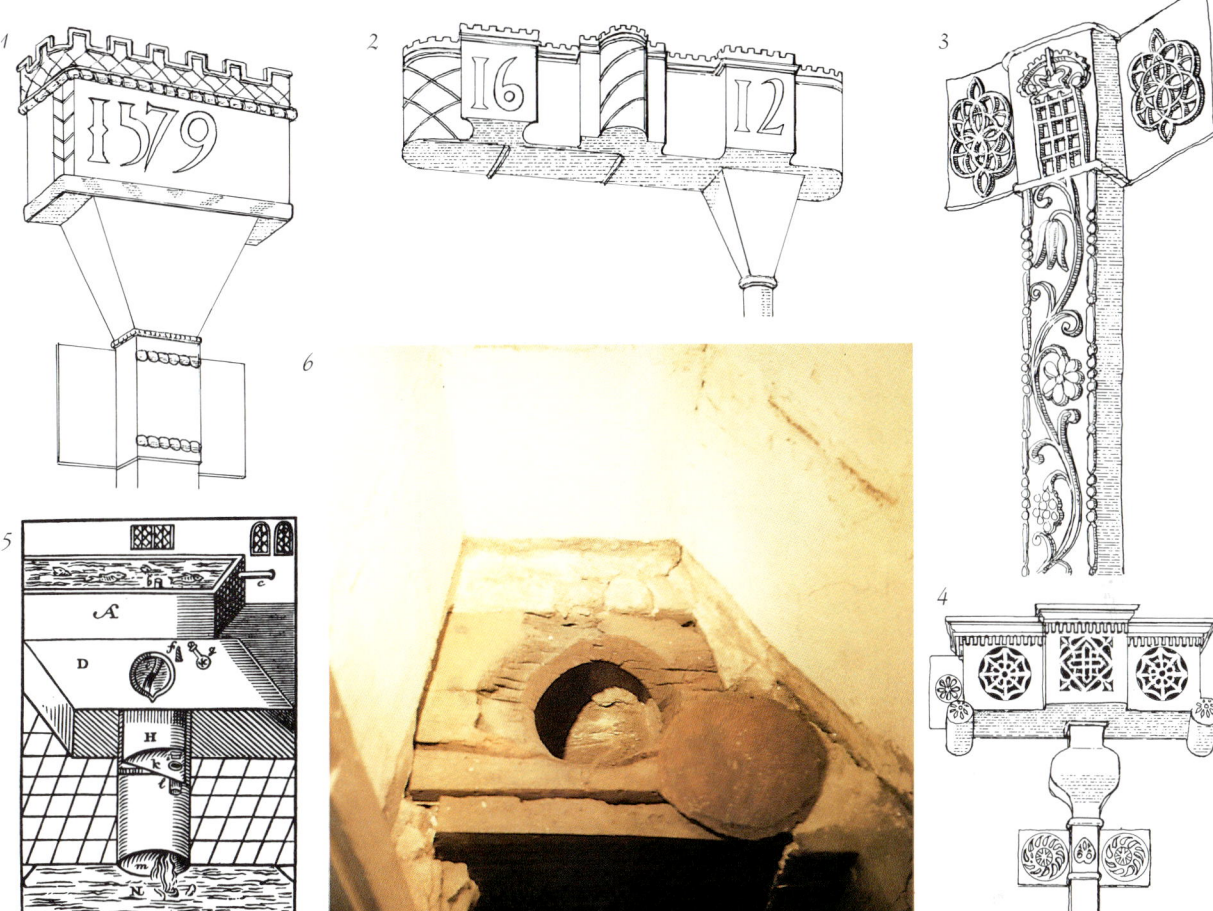

1 bis 4 Verzierte Einlauftöpfe und Fallrohre aus Sherborne in Dorset, Bramshill in Hampshire, Bramhall in Ceshire und Haddon Hall in Derbyshire. Sie wurden von bleiernen oder hölzernen, mit Blei ausgekleideten Abflüssen gespeist. Fallrohre gab es mit rundem oder quadratischem Querschnitt. Sie waren Luxus, deshalb wurde das Einbaudatum oft festgehalten. Es gab auch einfachere Einläufe, die meist nicht erhalten sind, da sie ausgewechselt wurden.

5 Das Wasserklosett aus Sir John Haringtons The Metamorphosis of Ajax, a Cloacinean Satire, *veröffentlicht 1596. A ist die Zisterne, D der Steinsitz mit Loch, H das Spülrohr und N das Sammelgewölbe – ein für die damalige Zeit sehr raffiniertes System.*
6 Klosett, ca. 1610, aus einem großen Haus in Newark-on-Trent, Nottinghamshire. Es befindet sich jetzt in einem Schrank. Der Sitz hat eine hölzerne Abdeckung und ruht auf einem Schacht, der zu einer ebenerdigen Grube führt. TY

Die sanitären Standards waren je nach Status und Lage eines Hauses verschieden. Häuser an Flüssen brauchten keine Abfallbeseitigung und Häuser in der Nähe von Quellen keine Wasserversorgung. In seinem Buch *The Dietary of Health* (1540) stuft Andrew Boorde die Wasserversorgung als wichtigsten Faktor bei der Standortwahl für ein Haus ein.

Die vornehmsten Häuser und einige Städte wie London wurden durch Wasserkanäle versorgt. Rohre aus Holz oder Blei brachten das Wasser von den Quellen zum Einlauf des Kanals. Geringere Häuser nutzten private oder kommunale Brunnen. Innenwasserleitungen beschränkten sich auf die vornehmen Häuser, ebenso das Netz äußerer Abflüsse, Dach-rinneneinläufe und Fallrohre, die das Regenwasser in Zisternen leiteten. Stark verzierte Einläufe und Rohre sind an einigen großen Häusern der Zeit James' I. erhalten geblieben, z.B. in Knole und Hatfield House.

In den meisten Haushalten gab es Außenaborte, obgleich ab dem späten 16. Jahrhundert auch eingebaute Wasserklosetts keine Seltenheit waren. Sie befanden sich gewöhnlich in Nischen und bestanden aus einem hölzernen Sitz mit einem Loch und einem Schacht. Der Schacht befand sich oft neben einer Esse, um die Ventilation nach oben zu ermöglichen. Er führte bisweilen zu einer Rinne, die von unten gespült werden konnte, öfter zu einer Abortgrube, die in Abständen ausgeschaufelt und gereinigt wurde.

BAROCK

1625–1714

1 Gartenansicht von Moulton Manor, Yorkshire. Das ursprünglich elisabethanische Herrenhaus wurde um 1650 durch plumpes Anfügen klassizistischer Details verändert – Ziergiebel über den Fenstern und eine Balustrade auf dem Dach. Beides ist auf dem Bild zu sehen. Hier zeigt sich das grobe Missverstehen modischer höfischer Vorstellungen durch einen Provinzarchitekten. Man beachte z.B. die zu kleinen Ziergiebel über den Fenstern. Häuser dieses Typs, mit Halle und Querflügel, wurde im Laufe des 17. Jhs. nach und nach altmodisch, und kompaktere Grundrisse wurden bevorzugt. MO

2 Moulton Hall, Yorkshire, ca. 1654–1660, steht in Sichtweite von Moulton Manor. Es hat Giebel im niederländischen Stil. Die wechselnden glatten und rustizierten Mauerstreifen sind ein provinzielles Merkmal. MU

Gebildete Engländer des 17. Jahrhunderts litten darunter, dass ihre eigene Kultur sich ihrer Meinung nach nicht mit der Kultur der Antike messen konnte. Ihre Architektur galt als eines von vielen Beispielen für diese Unterlegenheit. In den vergangenen hundert Jahren hatten die Engländer nach und nach antike Ornamente kennen gelernt, die aber recht sporadisch verwendet worden waren, wenn auch mit einiger Gelehrsamkeit und oft mit hohen Kosten. Die künstlerische Leistung des Hofes unter den ersten beiden Stuart-Königen (James I., 1603–1625, und Charles I., 1625–1649) war die Einführung einer universell gültigen Ornamentik im antiken Stil. Als wichtige Komponente der offiziellen Ideologie diente der visuelle Prunk dazu, die Autorität zu stützen. Großen Einfluss erzielten dabei die Entwürfe des Hofarchitekten Inigo Jones (1573–1625).

Grundprinzip des Hofstiles war die Theorie des *decorum*, das italienische Theoretiker in alten Schriften über Kunst wiederentdeckt hatten. *Decorum* ist das lateinische Wort für Angemessenheit. Für die Architekten bedeutete dies, dass ein Ornament, welches für einen Haustyp oder eine Stelle im Haus angemessen war, nicht anderswo verwendet werden sollte. *Decorum* konnte erreicht werden, indem die klassischen Ordnungen sinnvoll genutzt wurden, zum Beispiel die feminine korinthische Ordnung für Queen's House in Greenwich (1616–1630) durch Inigo Jones, und die dorische für einen Stall. *Decorum* erreichte man auch, wenn das Gesamtbild eines Gebäudes seinem Zweck entsprach. Die Entwürfe zu einem neuen Palast für König Charles empfehlen sich zum Beispiel durch ein Triumphbogenmotiv, das die Mitte beherrscht, während eine Reihe von Wohnhäusern für Menschen etwa gleichen Standes kaum betonte Elemente besitzen.

Mit dem Hofstil wurde letztlich auch ein Prinzip von andauerndem Einfluss eingeführt: die strukturelle und praktische Einteilung der Stockwerke in Untergeschoss (eigentlich Erdgeschoss), *piano nobile* (Hauptgeschoss) und Dachgeschoss (Obergeschoss). Die strukturell tragende und funktionell dienende Rolle des Untergeschosses drückt sich im rustizierten Mauerwerk und dem völligen Fehlen von Schmuck aus. Die zeremonielle Bestimmung der Hauptetage ist an ihrer Höhe und ihren mit Giebeln verzierten Fenstern abzulesen. Die mindere Bedeutung des Obergeschosses erkennt man an seinen geringen Maßen. Eine nach diesem System geordnete Vorderansicht ist in Entwürfen für die Wohnung des Prince of Wales in Newmarket Palace, Suffolk (um 1619), zu sehen, die Häuser des benachbarten Landadels beeinflusst haben mag, wie z.B. Raynham Hall, Norfolk (um 1635).

Die andere vom Hof eingeführte Neuheit war das Konzept der Einheitlichkeit. Wie das *decorum*, kam die Einheitlichkeit von antiken Schriften über Kunst her, vermittelt durch die Arbeiten der italienischen Theoretiker. Verlangt wurde ein Gestaltungssystem, das so umfassend war, dass die Änderung eines Elements Korrekturen am gesamten Design erforderte. Am einfachsten erreichte man Einheitlichkeit durch die Verwendung eines vorherrschenden Merkmals. Das konnte eine dominierende Hauptetage sein wie an Wilton House, Wiltshire (um 1632), ein mittig angebauter Portikus wie bei The Vyne, Hampshire (1654), oder ein Vorsprung oder eine Aussparung im Grundriss wie bei Stoke Bruerne, Northamptonshire (vor 1634). In Frage kam ein Turm in der Mitte der Frontansicht wie bei Coleshill House, Berkshire (um 1650, abgerissen) oder ein Raum im Zentrum des Grundrisses. Es konnte auch ein verzierter Bereich an einer ansonsten glatten Wand sein, wie in Beningbrough Hall, Yorkshire (1715), oder ein stärker verzierter Bereich an einer sonst sparsam verzierten Wand.

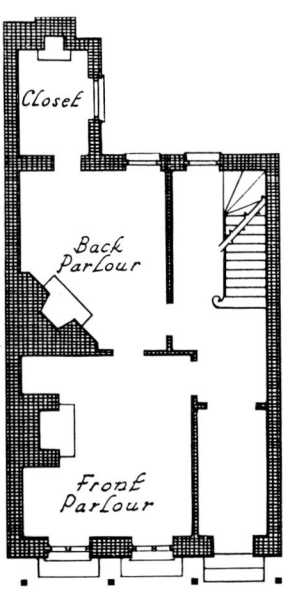

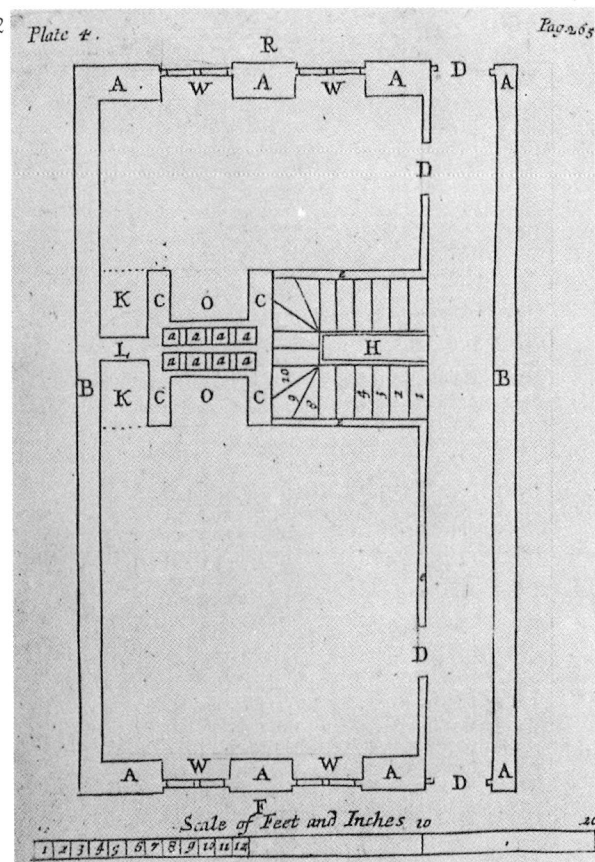

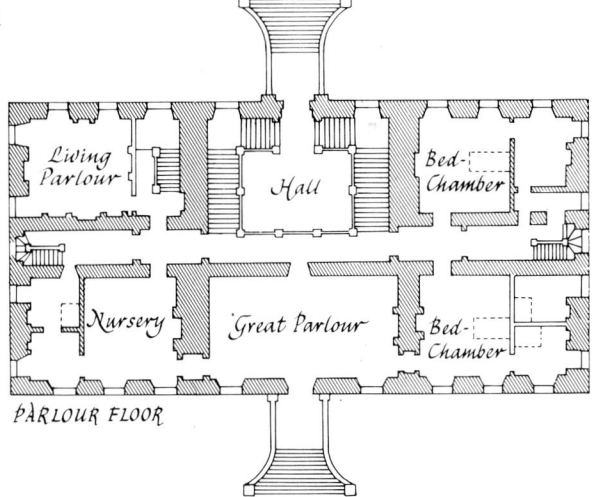

1 *Vorderansicht und Grundriss eines Londoner Bürgerhauses, erbaut ab ca. 1670 durch Nicholas Barbon. Die tieferen Fenster im Hauptgeschoss entsprechen dem decorum.* SUM

2 *Erdgeschossgrundriss eines Reihenhauses, um 1700. Die Lage des Schornsteins (0) und der Treppe (h) ist ungewöhnlich; meist befand sich in einer Ecke eine zweiläufige Treppe.* MX

3 *Diese Reihenhäuser in Great Queen Street, angeblich die ersten in London, zeigen die frühe Verwendung riesiger Pilaster nach den klassischen Ordnungen an einer Fassade.* SUM

4 *Dieser Grundriss, bei dem ein Mittelgang zwei Reihen Räume trennt, spielte in Landhäusern eine große Rolle, nachdem er 1649 zuerst in Coleshill, Berkshire, aufgetaucht ist.* OUP

Diese Prinzipien wurden nur in den Kreisen voll umgesetzt, die sich stark nach dem Hof richten mussten. Anderswo kümmerten sich die Gestalter weniger um diese abstrakten Ideen. Obgleich das *decorum* an Bedeutung gewann, wurde es oft durchbrochen, z.B. durch eine extravagante Fenstereinfassung oder einen pompösen Rahmen an der Tür zu einem Nebenraum. Auf diesen Seiten werden viele solche Regelverletzungen gezeigt, aus denen eine oberflächliche Vertrautheit mit der höfischen Architektur ohne Verständnis ihrer Grundsätze spricht.

Denn der Hof war der Meinung, das eigentliche ästhetische Streben der Epoche unterdrücken zu müssen, das sich als dynamisch erwies. Rahmen öffnen sich nach außen, Zierrat quillt über, Architrave verlaufen nicht gerade, Zierleisten sind dick und voluminös, Schnitzereien sind grob und expressiv, Farben auffällig und rein.

Das Exil des Hofes von 1642 bis 1660 erleichterte das Abweichen von der Theorie, während sich die Dynamik in der Entwicklung der nicht-höfischen Architektur weiter verstärkte. Die

1 Winslow Hall, Buckingham-shire, 1699–1702, wird Sir Christopher Wren zugeschrie-ben. Das Walmdach, die Zie-gelfassade mit Giebelfeld und Ecksteinen, die ordnungs-gemäße Anordnung der weiß gestrichenen Schiebefenster und die massiven Schornsteine sind Hauptmerkmale dessen, was im Allgemeinen als »Queen-Anne«-Haus bezeichnet wird. Dieser Haustyp repräsentiert den so genannten »unbeschwer-ten Klassizismus«. In einigen dieser Häuser, wie z.B. Eltham Lodge, Kent (1664) wird der Ziergiebel an der Fassade logischerweise ergänzt durch Pilaster. WH

2 Detail der Südfassade von Thorpe Hall, Northamptonshire, um 1653, einem der feinsten Häuser im Commonwealth. Die Ansicht zeigt das Mittelfenster über der Vorhalle, die in einen Korridor führt, der das ganze Haus durchschneidet. Dies ist ein Beispiel für die Einheitlich-keit, hier durch Benutzung eines zentralen, dominierenden Merkmals. Die gegenüberlie-gende Fassade ist identisch, nur besteht die Balustrade aus Stein und nicht aus Eisen. Die dynamische Form des Segment-bogengiebels über dem Fenster ist typisch für die Epoche. (Die Fenster selbst sind nicht mehr original.) TH

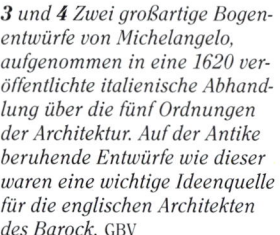

3 und 4 Zwei großartige Bogen-entwürfe von Michelangelo, aufgenommen in eine 1620 ver-öffentlichte italienische Abhand-lung über die fünf Ordnungen der Architektur. Auf der Antike beruhende Entwürfe wie dieser waren eine wichtige Ideenquelle für die englischen Architekten des Barock. GBV

theoretische Basis der Hofarchitektur der frühen Stuarts wurde 1660 unter König Charles wieder hergestellt, ihre praktische Ausprägung aber bereichert durch die Kenntnis der höfischen Architektur in den Exilorten, insbesondere Frankreichs, und der Niederlande. Französischer Einfluss ist am besten an öffent-lichen Gebäuden zu erkennen, findet sich aber auch in Häusern von Höflingen, wie dem des Duke of Montagu in Boughton, Northamptonshire (1683) und des Duke of Somerset in Pet-worth, Sussex (1688). Der Einfluss der Niederlande auf die Hof-architekten zeigt sich am besten in Eltham Lodge, Kent (1663), einer Nachahmung des Mauritshuis von Pieter Post in Den

Haag; aber man sieht ihn auch auf niedrigerer gesellschaftlicher Ebene bei Ziegelhäusern mit geformten Giebeln in den Graf-schaften im östlichen England.

Nach 1690 verlor der antike Begriff der Einheitlichkeit an Be-deutung. Die Architekten legten zwar noch größeren Wert auf die Nachschöpfung von Häusern aus dem antiken Rom oder we-nigstens von Häusern der italienischen Renaissance, jedoch ge-schah dies zu Lasten der Theorie. So hat z.B. Easton Neston Hall, Northamptonshire (um 1685), an verschiedenen Seiten un-terschiedlich viele Stockwerke; die Komposition ist trotz einer gewissen Ähnlichkeit mit einem Renaissancepalast nicht einheit-

*Großartige geschnitzte Treppe in
Moulton Hall, Yorkshire. Diese Leb-
haftigkeit des Ausdrucks, mit gerollten
Akanthusblättern, quellenden Früchten
und anderen Symbolen natürlichen
Überflusses, war typisch für den Barock.
Feinere Holzschnitzereien findet man
bei Grinling Gibbons (1648–1751).* MU

lich. Die Mode, Gebäude der Antike zu kopieren, führte auch nicht zu einheitlicher Gestaltung. Obwohl Castle Howard in Yorkshire (1699–1726, Nicholas Hawksmoor und Sir John Vanbrugh) einen einheitlichen Aufbau hat, bestehen andere große Häuser derselben Architekten, wie Blenheim Palace, Oxfordshire (1705), aus Elementen, die deutlich kollidieren. Eines der extremsten Beispiele dafür ist Seaton Delaval Hall, Northumbria, von Vanbrugh, dessen Bauteile überhaupt keine Beziehung zueinander zu haben scheinen. Die Architekten nach 1690 waren offensichtlich mehr an rein optischen Effekten interessiert und haben daher mehr mit der *Picturesque*-Bewegung des 18. Jahrhunderts gemeinsam als mit dem Barock.

Türen

Der Eingang, als wichtigster Teil des Äußeren, wurde durch reichlichen Schmuck betont, der durch Multiplikation wie auch durch Addition gesteigert werden konnte; an diesem ausgezeichneten Beispiel aus der Provinz wird mit einer konzentrischen Serie von Leisten und Kehlungen mit eingelagertem Zahnschnitt ein dramatischer Effekt erzielt. MO

Die Förmlichkeit des barocken Lebens kam nirgends so deutlich zum Ausdruck wie an der Eingangstür, die gleichzeitig festlich wie eine Theaterkulisse und imposant wie das Tor einer Zitadelle aussehen sollte. Oft war sie von Säulen (billiger: Pilastern) flankiert, die man dorisch gestalten konnte, wenn sie abschreckend aussehen sollten, oder reich verzieren, um sie teuer wirken zu lassen. In diesem Fall konnten sie kanneliert, gewunden oder mit Ornamentfeldern geschmückt sein. Oft führten einige Stufen zur Tür hinauf; diese konnte überdacht sein oder sich in einer Vorhalle befinden. Über der Tür war meist eine fromme Inschrift, ein plastisch gestaltetes Wappenbild oder ein Ziergiebel zu finden, je nachdem, ob der Besitzer seine Sitten,

seine Herkunft oder seine Bildung betonen wollte. Der Ziergiebel konnte schlicht sein, in Voluten auslaufen oder Schwanenhalsform haben; er konnte auch mit plastischem Schmuck gefüllt sein, der manchmal überhand nahm und die Grundform verdeckte. Mit wachsender Kenntnis der Antike wurde der Schmuck jedoch immer mehr auf bestimmte Bereiche – wie Kapitelle oder Friese – beschränkt.

Türen verzierte man mit Scharnieren in Schmetterlings-, Hahnenkopf- oder L-Form. Die meisten Haushalte verwendeten massive hölzerne Kastenschlösser, die Reichen jedoch kauften komplizierte und teure Eisen- und Messingschlösser, um zu zeigen, dass sie geniale Mechaniker förderten.

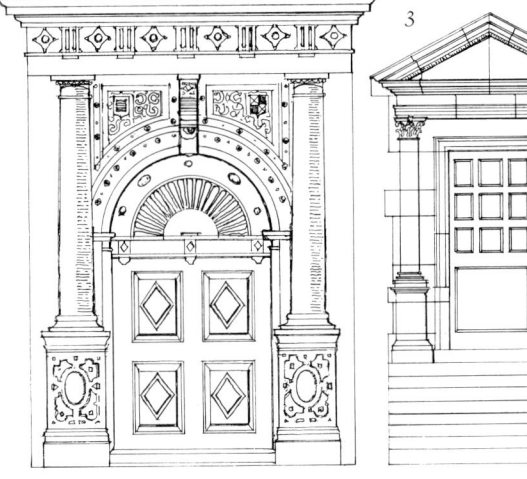

1 Die Eingangstür sollte festlich und beeindruckend wirken. Diese Einfassung ist von Aston Hall, Warwickshire, 1618–1635.

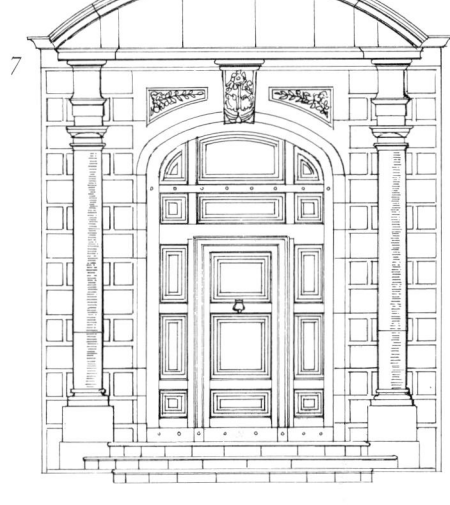

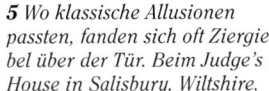

2 Säulen waren eine begehrte, aber teure Türumrahmung, Pilaster eine preisgünstigere Alternative. Ham House, Surrey, 1610.
3 Ein Treppenlauf erlaubte dem Besitzer, stilvoll hinaufzusteigen. Frühe 1580er Jahre.

4 Dieser Stich aus einer englischen Ausgabe von Andrea Palladios Primo libro dell' architettura *(1729) zeigt die wachsende Bedeutung klassischer Proportionen und Motive in der modischen Architektur.*

Er vergleicht Verzierung und Proportionen einer Tür und eines Fensters. AP
5 Wo klassische Allusionen passten, fanden sich oft Ziergiebel über der Tür. Beim Judge's House in Salisbury, Wiltshire,

ist das Tympanon mit Zierrat versehen.
6 und 7 Die korinthische Ordnung sieht am kostbarsten aus, aber die dorische ist imposanter. Die erste Einfassung, um 1677, findet man in King's Bench Walk, London. Die Profile der wandgebundenen Säulen und Pilaster laufen bis in das Giebelfeld weiter. Die zweite, steinerne Einfassung entstand ca. 1695.
8 Die Alternative zum Ziergiebel war ein Gesims, hier mit Voluten geschmückt. 1717.
9 Eine Einfassung in ionischer Ordnung wirkt elegant. Diese Gartentür von Wolvesey Palace, Winchester, 1684, ist hoch und wohlproportioniert.
10 Klassische Bildung und Wohlstand kamen in einem außergewöhnlich ausdrucksvollen Design zusammen. Die gestreckte Form dieser Einfassung von Mark Lane, London, Anfang 18. Jh., ist typisch für den Barock.

1 Hohe Vorhallen wie diese von 1623 waren an vornehmen Häusern zu Beginn der Epoche modern.
2 Bis zum Englischen Bürgerkrieg (1642–1651) verzierte man Säulen oft mit Ornamentfeldern, meist Beschlagwerk, wie in King's Manor, York, 1635.

3 Die Vorhalle konnte einer Ädikula (Nische zwischen zwei Säulen) ähneln. Diese von Nether Lypiatt Manor (1702) wird durch die Treppe betont.
4 Gewundene Säulen wie die am Tempel Salomos waren noch effektvoller.

5 und **6** Portale wiesen in der Epoche häufig Ziergiebel und Tempelportikus auf. GBV
7 An Landhäusern gab es manchmal einen breiten Portikus. Groombridge Place, Kent, um 1660.

8 und **9** Römische Bögen und Schwanenhalsgiebel waren im späten 17./frühen 18. Jh. modern.
10 Schmückende Verdachungen hatten oft Muschelform.
11 Ziergiebel und Verdachungen konnten segmentförmig und mit Voluten verziert sein.
12 Mächtige Verdachung von 1699 auf blattförmigen Konsolen.
13 Rechteckige Verdachungen sind typisch für den Queen-Anne-Stil.

1 Die Eingangstür zu Kimbolton Castle, Cambridgeshire, 1680er Jahre, ist ein großartiges
klassisches Ensemble mit Vortreppe. Die Tür
befindet sich durch Umgestaltung eines mittelalterlichen Hauses in einem Hof. AQ

2 Gegen Ende des 17. Jhs. wurden Musterbücher vom europäischen Kontinent in England veröffentlicht. Diese Türöffnung von
Beningbrough Hall, Yorkshire, um 1715,
wurde von William Thornton entworfen, der
Details aus Domenico De Rossis Studio d'Architettura Civile von 1702 kopierte, diese wiederum beruhten auf römischen Ruinen. AQ

3 Typisches Bürgerhaus im Queen-Anne-
Stil, Albury Street, Deptford, Süd-London.
Die schmale Form ist charakteristisch und
ein Hinweis auf den schmalen Flur, der im
Inneren von der Tür zur Treppe führt.

4 Der reiche Schmuck dieser Türöffnung
aus Thorpe Hall, Northamptonshire, um
1635, weist auf die Bedeutung des Raumes
hin. Säulengebälk und Pilaster sowie das
Kranzmotiv an den Türen sind in Hochrelief
gearbeitet. TH

5 Im 17. Jh. wurden Füllungen sehr verschieden angeordnet. Türen mit zwei quadratischen Füllungen waren verbreitet. MO

6 Mitte des 17. Jhs. hatten modische Türen
in London quadratische und rechteckige
Füllungen; in entlegeneren Gebieten entstanden weiterhin phantasievollere Designs.
Beispiel aus Yorkshire, ca. 1654–1660. MO

7 Nagelkopfornamente (aus dem Mittelalter)
und geometrische Füllungen (im 16. Jh.
modern) waren bis zum Bürgerkrieg
(1642–1651) gebräuchlich. MU

Innentüren
1 Barocke Türen sind groß und haben oft nur zwei Füllungen.

2 und **3** Die klassische Türeinfassung – Architrav, Pilaster und Fries – erreichte hohe Raffinesse, aber die Tür selbst war oft ganz einfach. Die Tür mit vier Füllungen entwickelte sich aus Doppeltüren mit je zwei Füllungen.
4 Die Tür mit sechs Füllungen, hier aus Eltham House, Kent, 1664, wurde zur Standardtür in der georgianischen Epoche.
5 Türöffnungen sollten mit der Raumarchitektur harmonieren. Die Pilaster an dieser Doppeltür aus Mitte der 1650er Jahre reichen bis zum Gesims.
6 und **7** Türen mit fünf Füllungen und Doppeltüren mit zehn Füllungen gehörten zu den experimentellen Formen jener Zeit.
8 An besonders wichtigen Orten wurde die Höhe einer Tür durch eine Supraporte gesteigert, wie in Ashburnham House, London, um 1660.
9 Die Füllungen konnten sehr phantasievoll und kunstreich sein.
10 Querschnitte profilierter Türfüllungen von ca. 1640 bis ca. 1695. Am Ende des 17. Jhs. wurden Türen viel stärker profiliert als Mitte des Jhs.

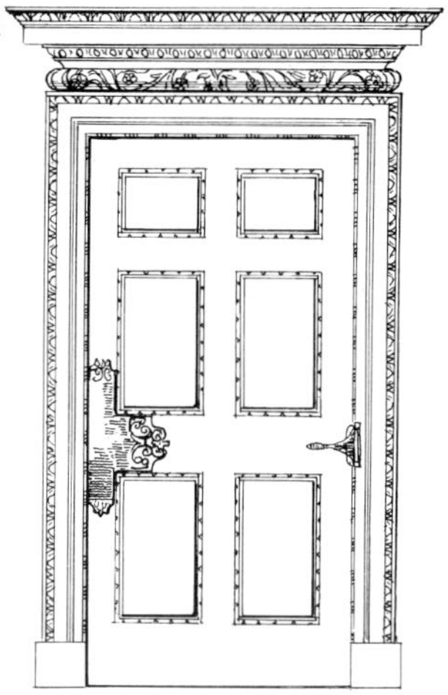

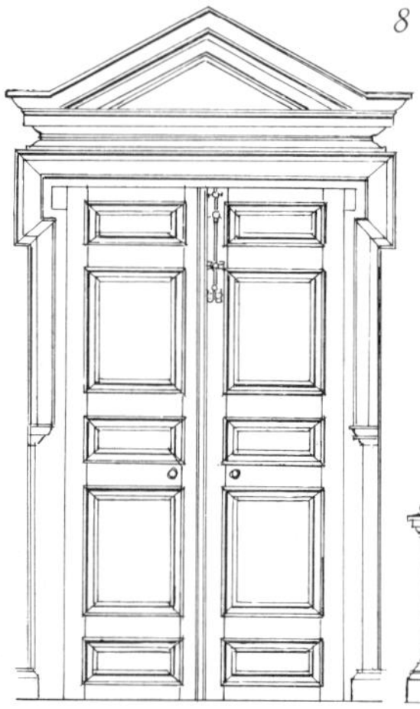

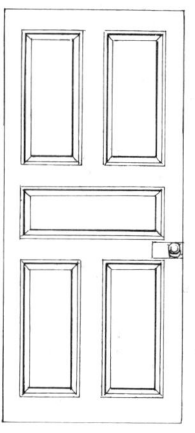
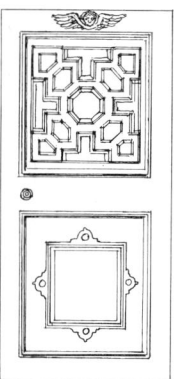

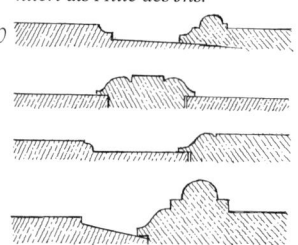

1 Tischler waren gewohnt, Türrahmen in jeder Form zu bauen, die ihnen von den Maurern vorgegeben wurde. WH

2 Bei modischen Türen hatte die Rahmenkonstruktion viele Teile. Oft wiesen sie mehr als die typischen sechs Füllungen auf. WH
3 Bogenförmige Türen ahmten römische Vorbilder nach. Die Zwickel sind in der Regel mit facettierten Dreiecken gefüllt.

4 Bei den dünnen Innentüren konnte man Schlösser nicht in das Holz einsetzen. Kastenschlösser wurden an der dem Raum zugewandten Seite angebracht (oben). An der Rückseite Bolzen, Griffe und Schlüssellocheinfassungen (unten). WH

5 Türklopfer, um 1650 (oben).
6 Scharniere wurden auf das Türblatt montiert und nicht wie später in das Holz versenkt. Hier die Standardformen: H-, L- und Schmetterlingsform.

7 Schlösser waren Prestigeobjekte. Sie hatten oft erfindungsreiche Mechanismen und ziselierte Gehäuse.
8 Hahnenkopf-Scharniere und Hängegriffe wurden im Barock an Möbeln wie an Türen verwendet.

9 Zum Schloss gehörte eine dekorative Schlüsselloch-Einfassung auf der anderen Seite der Tür, ein kunstvoller Schlüssel vervollständigte es.

Fenster

1 Fern von London und den modebewussten Hofkreisen kombinierten Provinzbaumeister die modischen klassischen Formen mit den traditionellen. Dieses Fenster aus Moulton Manor, Yorkshire, hat eine Verdachung wie in der Tudorzeit, aber ein fast antikes Profil. Die Riegel und Pfosten haben traditionelle Hohlkehlen, der Architrav dagegen das moderne, klassische Profil. MO
2 Asymmetrisches Provinzhaus aus Dorset, um 1660. Das Walmdach ist modern, aber der Wirtschaftstrakt des Hauses (rechts) zerstört die Symmetrie.
3 Ein modernes Jagdhaus in Berkshire, um 1660. Die Komposition ist zentralisiert und die Fensteranordnung hierarchisch.

Fenstereinfassungen, besonders an der Eingangsfront, gestaltete man ebenso pompös wie Türen. Im Zentrum der mittleren Etage waren sie besonders aufwändig geformt und sollten durch Betonung der Mitte Einheitlichkeit bewirken. Selbst Besitzer eher unauffälliger Stadthäuser waren bereit, Geld für ein kunstvoll verziertes Venezianisches Fenster mit bogenförmiger Mittelscheibe auszugeben.

Große Fensteröffnungen wurden zunächst mit Stabwerk und Riegeln gestützt. Im Verlauf der Epoche reduzierte man diese in Zahl und Größe. Zuerst blieb der Mittelpfosten noch kräftig, während man die übrigen Stäbe zierlicher gestaltete. Dann, als die Fenster zahlreicher und schmaler wurden, brauchte man keinen Mittelpfosten mehr. Statt zweier Riegel gab es nur noch einen, der relativ weit oben angebracht war. An die Stelle der gekehlten Profile der Stäbe traten einfache Vierkantformen.

Fensterflügel an Scharnieren füllten den Raum zwischen Riegeln und Stäben. Die Entwicklung von vertikal gleitenden, an Gegengewichten gehaltenen Schiebefenstern in den 1670er Jahren machte Riegel und Stäbe schließlich überflüssig. Auch konnten nun viel größere Glasflächen bewegt werden. Bis 1700 hatten Schiebefenster sich durchgesetzt, von denen die modernsten möglichst hoch und schmal waren. Flügelfenster gab es noch an kleineren Häusern; in großen Häusern fand man sie hingegen nur noch im Wirtschaftsbereich.

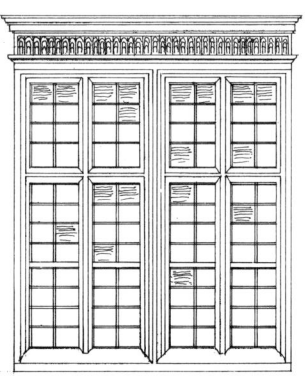

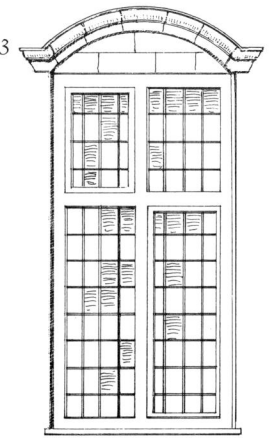

*1 und 2 Bis zum Englischen
Bürgerkrieg (1642–1651) unterschieden sich die Fenster kaum
von denen des 16. Jhs. Hier Beispiele aus den 1620er Jahren. Das
zweite mit starkem Mittelpfosten,
mit dem man breite Fenster stützte.
3 Ab der Jahrhundertmitte wurden
unprofilierte Stäbe verwendet.
4 und 5 Modebewusste Kreise
informierten sich in Musterbüchern über die korrekten
klassischen Elemente, Motive
und Proportionen. AP, GBV
6 Schmalere Fenster, die keinen
Mittelpfosten brauchten, kamen
in den 1630er Jahren auf.*

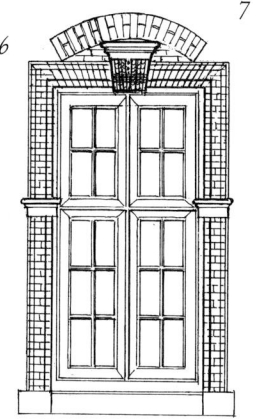

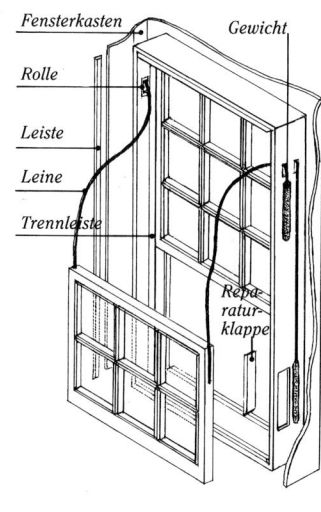

Fensterkasten Gewicht
Rolle
Leiste
Leine
Trennleiste
Repa-
ratur-
klappe

*7 Das Schiebefenster war die
große Neuerung der 1670er Jahre. Mit Hilfe von Gewichten und
Gegengewichten konnten große
Glasflächen bewegt werden.*

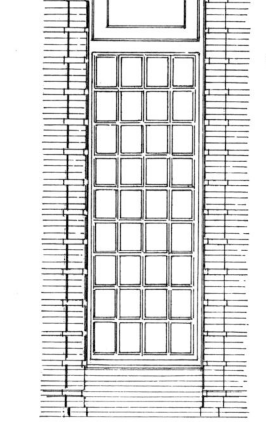

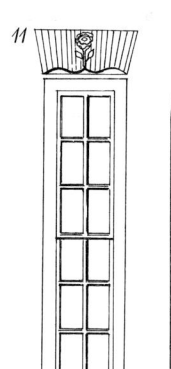

*8 und 9 Im späten 17. Jh. rahmte
dekoratives Rollwerk oder Rustika
die Hauptfenster ein, d. h. die
Fenster über der Eingangstür
bzw. am Hauptgeschoss.
10 Hohe, schmale Proportionen
waren begehrt. Das führte zum
Verschwinden der Riegel und
Stäbe. Das abgebildete Orangerie-
fenster, um 1704, ist 4,2 m hoch.
11 Dieses schmale Fenster flankiert mit einem zweiten eine
Eingangstür in Sussex, um 1712.
Typisch sind die dicken Sprossen.*

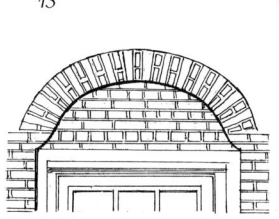

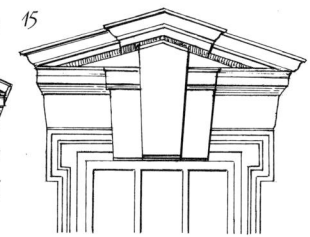

*12 Bogenfenster wie dieses
wurden von Hugh May um
1672 in Windsor Castle, Berkshire, eingeführt.*

*13 Schlichte runde Entlastungs-
bögen im niederländischen Stil
waren in den 1650er und 1660er
Jahren populär.*

*14 Fenster mit klassischen
Details, spätes 17. Jh.
15 Schlusssteine waren ab
den 1640er Jahren modern.*

1 und *2* In der Provinz kombinierte man traditionelle und moderne klassische Motive, letztere wurden jedoch oft missverstanden. Der Ziergiebel (links) überspannt nicht die Fensteröffnung, und im Fries über dem horizontal und vertikal geteilten Fenster (rechts) sind die doppelkurvigen Kyma-Profile umgekehrt worden. Das runde Fenster ist ein Archetyp des Barock. MO, MU

3 Fern vom modischen London ist die klassische Fensterhierarchie in Moulton Hall, Yorkshire, ca. 1654–1660, etwas übertrieben worden. MU

4 Schiebefenster aus Winslow Hall, Buckinghamshire, 1698–1702, von Sir Christopher Wren. Ihre gestreckte Form und der Schieberahmen mit Gegengewicht sind typisch für Fenster im Hochbarock und im Queen-Anne-Stil. WH

5 Schwenkbare Flügel füllten die Öffnungen zwischen Pfosten und Stürzen. Die unteren Scheiben dieses viergeteilten Fensters von ca. 1703 konnte man öffnen. Meist gab es im Inneren Fensterläden, Gardinen waren weniger gebräuchlich.

6 Eiserne Riegel sind oft Prunkstücke des Schmiedehandwerks. Dieses sehr dekorative Paar stammt von einem Haus in Guildford, Surrey, um 1680.

7 Einige Riegelhalterformen waren sehr lange populär. Den »Hahnenkopf« (links) findet man – neben anderen Tierformen – vom 16. bis ins 18. Jh.

8 Eiserne Federn und kleine Drehzapfen waren eine verbreitete Art der Verriegelung.

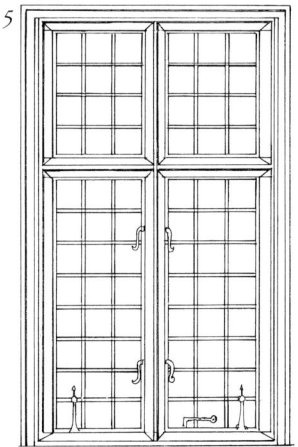

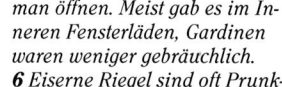

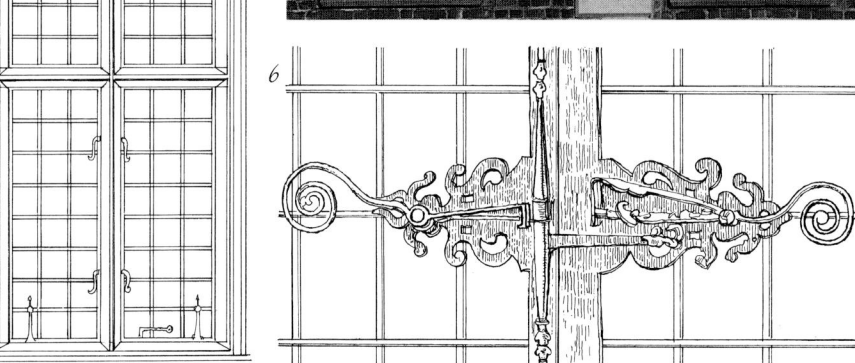

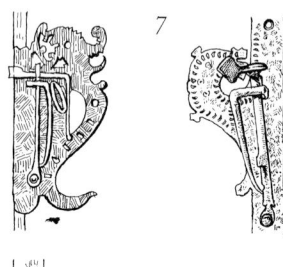

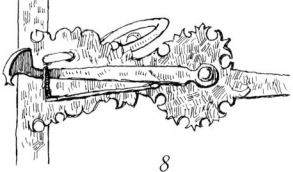

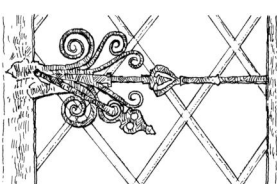

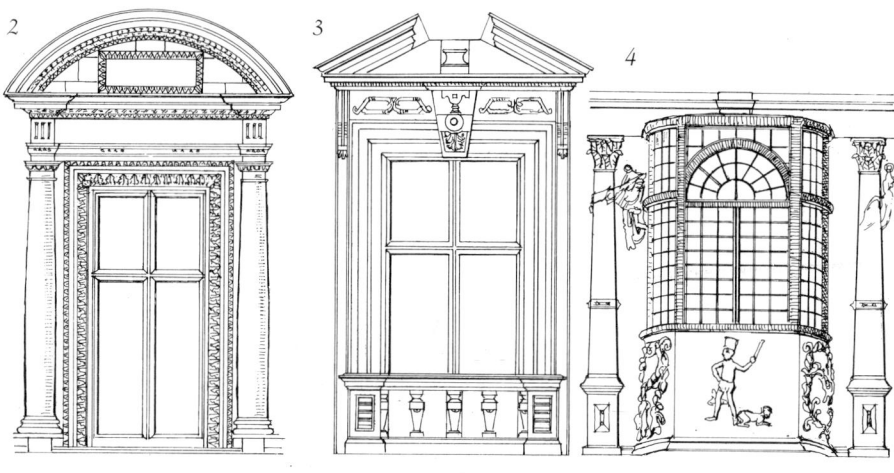

1 bis 3 Die Fenster besaßen eine beträchtliche Ausdruckskraft. An der Front, besonders im Mittelgeschoss, wurden sie so pompös gestaltet wie die Eingangstür. Der Rahmen aus Ziegeln entstand ca. 1655, die steinernen Einfassungen zwischen 1674 und 1679. Letztere weisen abgeschwächte klassische Formen auf.
4 Bessere Stadthäuser hatten oft Venezianische Fenster, die durch ihre Lage in einem Erker hervorgehoben werden konnten. Dieses Beispiel aus Sparrowe's House, Ipswich, Suffolk, einem Kaufmannshaus aus dem späten 17. Jh., ist durch Stuckverzierung zusätzlich betont. Das Fenster und die dekorativen Pilaster sind freie Interpretationen klassischer Originale – weitgehend typisch für provinzielles Bauen im Barock.
5 Balkons widerspiegelten den Status eines Hauses und seines Besitzers. Manchmal lagen sie über der Eingangstür und dienten dazu, die Jagd zu beobachten, den Garten zu betrachten oder, in der Stadt, sich von der Straße unterhalten zu lassen.
6 Kunstvoll verzierte Fenster im

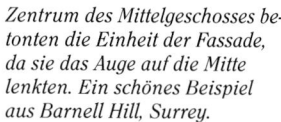

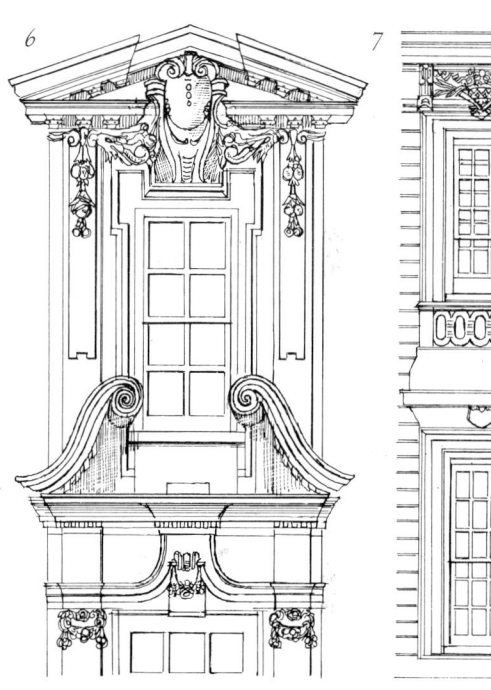

Zentrum des Mittelgeschosses betonten die Einheit der Fassade, da sie das Auge auf die Mitte lenkten. Ein schönes Beispiel aus Barnell Hill, Surrey.

7 Einheitlichkeit erzielte man auch durch die Wiederholung von Zierformen in vertikaler, horizontaler oder beiden Richtungen. Hier an Petworth House, Sussex,

1690er Jahre, wird das Gesims eines Fensters zur Fensterbank des anderen. Das ist eine Variante des modischen Ensembles von Mittelfenster und Eingangstür.

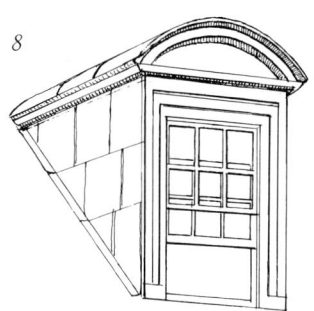

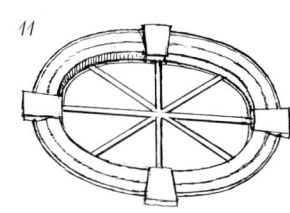

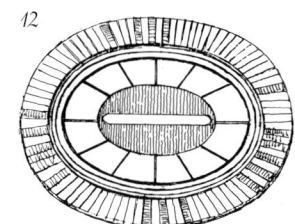

8 In den oberen Etagen waren die Fenster schlichter, aber bei klassischen Kompositionen hatten selbst die Dachfenster Ziergiebel, wie an diesem Beispiel aus den Jahren um 1660.

9 Weniger klassische Gaube von 1684, mit schiefergedecktem Walmdach. Man beachte die altmodischen, rautenförmigen kleinen Scheiben.
10 bis 12 Runde Fenster – so

genannte Ochsenaugen – sind eines der Erkennungsmerkmale der Epoche. Noch beliebter waren in allen Klassen ovale Fenster. Das runde Fenster, ca. 1695, ist von Hampton Court Palace, London.

Wände

Teil der Ostwand des Speisezimmers in Thorpe Hall, Northamptonshire, ca. 1654–1656. Die markanten Linien der Täfelung und der Türeinfassung sind eindrucksvoll. Ihre Strenge wird durch Verwendung einiger Festons und anderer geschnitzter Details etwas aufgelockert. Gestaltung und Proportionen sind ganz und gar klassisch, mit einer klar definierten Sockelleiste und einem schlichten Gesims. Die Doppeltür mit ihren zehn Füllungen passt zur Wandtäfelung.

Die Wände wurden, von den ärmsten Häusern abgesehen, meist mit Hilfe von Schablonen gemustert. Im späteren 17. Jahrhundert begannen die ersten modelgedruckten Tapeten die Schablonenmuster zu verdrängen. Beide Dekorationsarten sind jedoch kurzlebig, und wenig ist davon erhalten geblieben. Reichere Hausbesitzer bespannten ihre Wände mit Stoffen, die bemalt sein konnten. Wandteppiche für die Wohlhabenden wurden in England hergestellt oder aus Europa importiert. Die extravaganteste Wandbespannung war Leder, das geprägt, gepunzt und gelegentlich vergoldet auf Latten aufgezogen wurde.

Hölzerne Täfelungen stellten eine modische Form der Wandverkleidung dar; sie galten oft als Möbel und blieben, wenn sie vererbt wurden, nicht immer am ursprünglichen Ort. Sie bestanden aus Tafeln, die mit dem wachsenden Können der Tischler an Größe zunahmen. Die Form der Tafeln bestimmte das aufgemalte Muster; meist geometrische und abstrakte Formen, die man gelegentlich durch figürliche Details bereicherte. An den Wänden wohlhabender Hausbesitzer wurden heraldische und moralische Themen veranschaulicht; daneben fanden sich Darstellungen klassischer Architektur, die bei größeren Tafeln besser zur Geltung kamen. Vielfach wurde ein teureres Material vorgetäuscht: Dielenholz (Kiefer oder Fichte) wurde »auf Eiche« gestrichen, Eiche auf Nussbaum, und oft imitierte man mit Holz Marmor oder Schildpatt.

1 *Im frühen 17. Jh. bestanden Wandtäfelungen aus vielen kleinen Einheiten. Dieses Beispiel aus einer Kaufmannsvilla von 1631 ist mit den klassischen Ordnungen dekoriert. Die Tafeln wurden bemalt, oft mit geometrischen Mustern.*
2 *Mit dem Können der Tischler wuchs die Größe der Tafeln. Dadurch wurde ein klassischer Aufriss möglich, wie in dem Beispiel von 1700. Das Profil dieser Täfelung (rechts) zeigt, wie klassische Ordnungen auch praktischen Bedürfnissen entsprechen konnten: Der Säulensockel wurde zur Sockelleiste, und ein Gesims schloss die Täfelung zur Wand ab.*

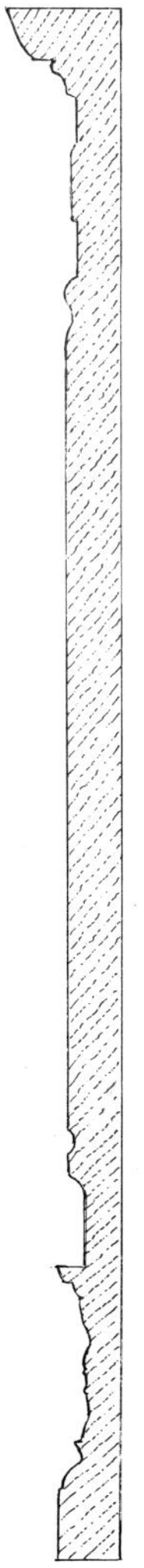

3 *Eine figürliche Schnitzerei in Eiche, frühes 17. Jh. Solche Ornamente gab es meist in besseren Häusern.*
4 *Der Putz an der Wand und der Kamineinfassung ist mit geometrischen Mustern bemalt (frühes 17. Jh.).*
5 *Das späte 17. Jh. sah eine Blüte der naturalistischen Schnitzerei. Der Ausschnitt aus einem Bilderrahmen in Sudbury Hall, Derbyshire, um 1677, zeigt die Virtuosität von Grinling Gibbons. Sein Ruf stellte das Talent von Zeitgenossen wie Edward Pierce oder John Selden in den Schatten.*
6 *Beschlagwerk war zu Beginn der Epoche sehr populär. Hier wurde ein Pilaster aus Eiche damit verziert.*
7 *Zwei hölzerne Gesimse. Das obere (um 1690) ist mit geschnitzten Akanthusblättern in der Rundung verziert, das untere (frühes 17. Jh.) mit Zahnschnitt und geometrischen Mustern.*
8 *Detail aus einer Supraporte. Ehre und Würde werden durch die plastischen Palmen und Baldachine verkörpert.*

1 Inigo Jones und sein Schüler John Webb fertigten Entwürfe für die Innenräume nach antiken römischen Vorbildern, z. B. diesen Fries (frühe 1630er Jahre). Das römische Vorbild war für außen bestimmt und aus Stein. AM
2 Bis Jones' Ornamente allgemein bekannt waren, wurden die phantasievoll-romanisierenden Ornamente des 16. Jhs. weiter verwendet. Man bekam sie oft aus zweiter oder dritter Hand von den italienischen Archäologen, die Reste von römischen Interieurs studiert hatten, die zu Jones' Zeit nicht mehr vorhanden waren.

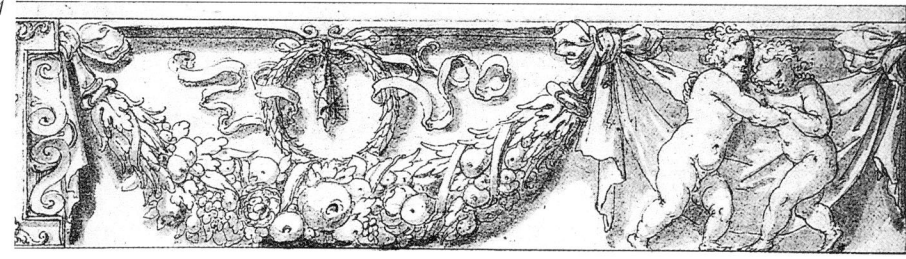

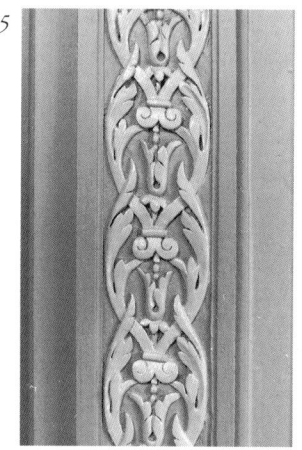

3 Betten wurden manchmal in Alkoven untergebracht, die architektonisch in die Wand eingegliedert werden konnten. Jean Le Pautre, um 1660.
4 und 5 Der Haupttyp des Pflanzenornaments war der Akanthus mit seinen tief eingeschnittenen Blättern. Er bildet ein laufendes Muster über die gesamte Höhe der Pilaster, die einen Spiegel einfassen. TH
6 Die ältere Art der klassischen Wandtäfelung: kleine Tafeln in die Rahmen eingeschoben. MO
7 Die großen Tafeln der 2. Hälfte des 17. Jhs. wurden einfach gegen den Rahmen oder gegeneinander gestoßen. Über die Stöße wurden Profilstreifen gelegt. Die Abbildung zeigt das gängige Profil solcher Leisten. TH

Decken

1 *Ausschnitt aus einer großartigen Putzdecke, Thorpe Hall, Northamptonshire, um 1635.*

Kraftvolle plastische Ornamente vor glattem Hintergrund, getrennt durch ein Gitter. TH

2 *Eine Variante der Formel Gitter plus Oval: Ein Gitter bildet ein Rechteck mit halbkreis-*

förmigen Einschnitten, um 1685. **3** *Ein kunstvolleres Design von ca. 1695.*

Die Decken waren im Barock meist nicht verputzt. Man verzierte sie durch Anfasen der Träger und manchmal der Deckenbalken, auf denen der darüber liegende Fußboden ruhte. Das Einzige, was solche Decken von denen des gleichen Typs im 16. Jahrhundert unterscheidet, sind die schmaleren Bretter, woran sich zeigt, dass Holz knapper wurde. Dafür wurden aber die Verzierungen an den Enden der Auskehlungen immer komplexer.

In den besseren Häusern gab es Putzdecken, die an der Unterseite des darüber liegenden Fußbodens hingen, wie schon früher. Der Stil der Putzornamente änderte sich jedoch erheblich, wenn auch erst ca. 1640. Man wollte antike Architektur nachbilden. Da die Wände nach und nach in an-

tike architektonische Formen gebracht wurden, markierte man die Linie, wo sie in die Decke übergingen, mit einem Gesims – selbst wenn Decke und Wand glatt waren. Wenn man diese Stelle im 16. Jahrhundert überhaupt betont hatte, dann durch einen Fries.

Auch wurden die Ornamente immer systematischer. An den Decken des 16. und frühen 17. Jahrhunderts herrschte ein undurchdringliches Gewirr von Ornamenten. An der barocken Decke dagegen, die ebenfalls stark verzierte Flächen hatte, trennte man die Ornamente voneinander und manchmal sogar von unverzierten Flächen durch ein Gitter, das ein deutlich zentralisiertes, manchmal gar ein hierarchisches System vorgab.

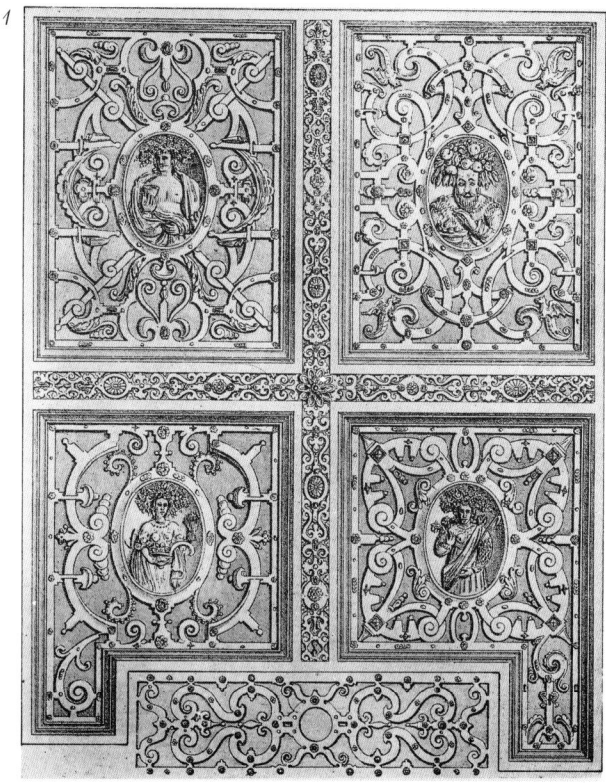

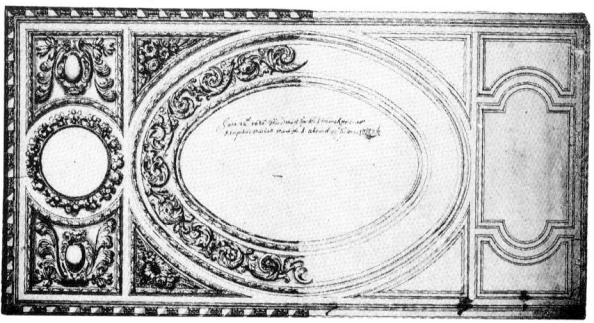

1 Decke in einem Haus in Houndsditch, London, um 1630. Bis gegen 1640 wurden Decken so wie hier mit dichtem Beschlagwerk geschmückt. Wenn es Lücken oder betonte Merkmale gab, wurden diese gewöhnlich wiederholt und verloren damit viel von ihrer Besonderheit. Manchmal war der Schmuck um eingerahmte Wappen oder Symbole herum geordnet; am gebräuchlichsten waren die vier Jahreszeiten, fünf Sinne, sieben Todsünden und neun Tugenden.
2 Teil einer Decke von Inigo Jones. Er war es, der die vereinfachte Decke mit einem Gitter tief profilierter Träger einführte. Die Zwischenräume konnten be-

malt, mit Ornamenten gefüllt oder glatt belassen werden, um die übrigen Teile des Designs zu betonen. RIBA

3 Später wurde das Gitter weggelassen, und es blieben nur die Kreise und Ovale, die früher ein-

gerahmt gewesen waren. Ob der Designer diese Muster verzierte oder nicht – sie blieben einfach, kraftvoll und großflächig. Aus Hamstead Marshall, Berkshire, um 1686.
4 Das Oval war in der zweiten Hälfte des 17. Jhs. das bevorzugte Motiv für die Deckenmitte. Detail aus einer Decke von ca. 1655.
5 und 6 Eckornament aus Putz, um 1680. Gegen Ende des 17. Jhs. begann man, antike Mythen und Legenden, z. B. Szenen aus den Metamorphosen des Ovid (1–8 n. Chr.), an Decken darzustellen.
7 Zentrales Deckenfeld mit Engelchen, um 1695.

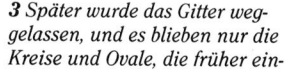

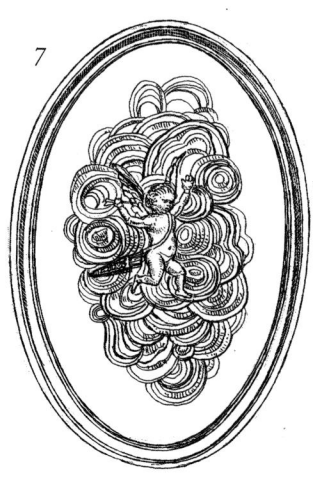

Fußböden

1 *Eine Auswahl der vielen Muster, die man mit verschiedenfarbigem Marmor erzielen konnte. Diese geometrischen Muster sind einer französischen Quelle entnommen, C.A. d'Avilers Cours complet d'architecture (1691).*

Sie hatten Einfluss in England, wo in den vornehmsten Häusern Marmor verwendet wurde.
2 *Erhalten gebliebenes Detail eines bemalten Holzfußbodens in Hanbury Hall, Worcestershire, um 1700. Das über die Bretter*

verlaufende Muster wird als Broderie bezeichnet und ähnelt der Gestaltung der Gartenparterres jener Zeit.
3 *Zwei Muster für Parkett, das nach ihrer Rückkehr aus französischem Exil 1661 in den Wohn-*

räumen der Königin Henrietta Maria in Somerset House, London, verlegt wurde. Sie widerspiegeln den neuesten französischen Geschmack. Illusionistische Muster erforderten große Kunstfertigkeit und waren daher sehr teuer. AP

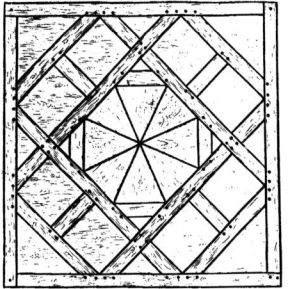
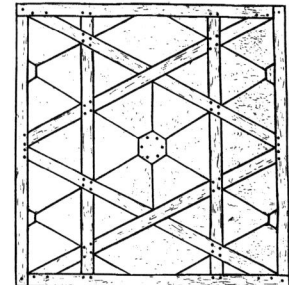

Wo Stein zur Verfügung stand, wiesen barocke Häuser Steinplatten in den Haupt- und Wirtschaftsräumen auf; anderenfalls verwendete man Ziegel oder Fliesen. Durch die moderne Feuchtigkeitsisolierung hat die Zahl der original erhaltenen Fußböden abgenommen. In besonders eleganten Häusern verlegte man Stein- oder Marmorfußböden in zwei oder mehr Farben als illusionistisches Bild; die Oberfläche schien unterschiedlich hoch zu sein.

In den oberen Geschossen bestanden die Fußböden aus Brettern, außer in den englischen East Midlands, wo sie aus Kalk-Kitt, auf Latten verlegt, gebaut wurden. Die kostbarsten Holzfußböden waren solche, die man in Mustern oder in Hölzern verschiedener Farben ausführte. Auch hier waren illusionistische Muster am teuersten, und ähnliche Effekte wie bei den Steinfußböden konnten durch Parkett oder sogar Marketerie erreicht werden. Nicht so teuer war es, Muster auf die Dielenbretter zu malen. Diese Technik war wohl sehr verbreitet, aber nur wenige solche Fußböden sind erhalten geblieben.

Webteppiche, meist aus dem östlichen Mittelmeerraum importiert, galten als zu teuer, um darüber zu laufen. Sie wurden unter die besten Möbel gelegt – und unter die Besitzer, wenn diese sich porträtieren ließen. In weniger offiziellen Räumen waren die Böden manchmal mit Binsenmatten belegt.

Kamine

*Kaminaufsätze waren den Haupt-
räumen in vornehmen Häusern
vorbehalten. Manchmal wurden sie
als Wappenbild gestaltet. Dieses*

*Beispiel aus Marmor mit üppigem
bildhauerischen Schmuck ist aus
Thorpe Hall, Northamptonshire,
ca. 1654–1656.* TH

Viele Kamine waren wenig mehr als ein Loch in der Wand, eingerahmt von profiliertem Holz oder Stein, wie eine schlichte klassische Tür. In anspruchsvollen Häusern war es jedoch üblich, Kamine prunkvoll zu gestalten. Sie konnten mit Fries und Gesims hervorgehoben werden, und in ganz eleganten Räumen ruhte das Gesims auf Pilastern.

Die dekorative Gestaltung der umgebenden Wand wurde nicht selten geändert oder gar unterbrochen, um den Kamin zu betonen. Als wirkungsvollste Variante galt hier der Kaminaufsatz, eine architektonische Komposition über dem Kaminsims, meist von Pilastern gerahmt und manchmal mit Ziergiebel versehen. Zu Beginn der Epoche lagen die feinsten Gesimse auf Kragsteinen, die aus den Pilastern wuchsen,

sodass der Kaminaufsatz zum bildhauerischen Werk wurde. Um 1700 waren solche Effekte letztlich nur möglich, wenn der Kamin übereck gebaut war. Naturalistische Schnitzerei bot weitere Ausdrucksmöglichkeiten. Nach der Restauration wurden die geschnitzten Rahmen größer und die von ihnen eingefassten Tafeln kleiner. Auch Spiegelglas war in Mode, jedoch sehr kostspielig. Diese Trends kulminierten um 1710 in ganz und gar plastisch gestalteten Kaminaufsätzen ohne Spiegel.

Der gegossene Feuerschild war ornamental gestaltet. Die Kaminböcke, auf denen die Scheite lagen, erhielten schmückende Knäufe oder wurden wie klassische Säulen geformt.

1 Schlichter, klassischer Schmuck in Stein: Pilaster, Fries und Gesims, um 1640.
2 Auch ohne Pilaster konnte man mit Fries und Gesims klassische Bildung andeuten. Dieses Beispiel aus einem Haus in Gloucestershire stammt aus dem frühen 17. Jh.
3 Kunstvolle Ornamente zierten oft Kamine, die sich an herausragender Stelle befanden. Manchmal gaben die Ornamente einen Hinweis auf den Zweck des Raumes oder die Tätigkeit oder die Interessen des Besitzers. Sie konnten aber auch einfach die plastisch gestalteten Initialen und ein Datum enthalten. Dieses Beispiel aus Stein ist aus Abbey House, Bristol, um 1664.

4 Kleiner Eck-Kamin aus Honington Hall, Warwickshire, um 1670.
5 Der Fries konnte eine einfache Marmorplatte sein, hier mit

Voluten an den Enden und einem Gesims darüber. Belton House, Lincolnshire, um 1685.

6 Skizze von Inigo Jones für eine Kamineinfassung im Schlafzimmer in Queen's House, Greenwich, um 1637. Die drapierten Köpfe (Hermen) kommen aus einer französischen Quelle, andere Details folgen italienischen Anregungen. Dazu gehörte mit Sicherheit ein Kaminaufsatz. RIBA

7 Eine viel schlichtere und doch luxuriöse Gestaltung mit feinem Leistenwerk aus schwarz-weißem Marmor, entworfen von Hugh May für Eltham Lodge, Kent, 1664.
8 Kamin mit überstehendem Architrav, Marmorumrandung und barocken Schnörkeln, um 1700.
9 Dieser Kamin des italienischen

Architekten, Malers und Theoretikers Sebastiano Serlio (1475–1554) ist einer 1611 in England erschienenen Übersetzung entnommen. Seine Entwürfe beeinflussten die modebewussten Kreise. SE
10 Kamineinfassung aus Eiche von ca. 1640, mit Doppelpilastern und einem Kaminaufsatz, der an die

damals gebräuchlichen türlosen Schränke erinnert. Das ist ein altmodisches Modell mit geringen Zugeständnissen an die Klassik.
11 Eine komplexere Gestaltung von ca. 1632, bei der klassische Ornamente ganz willkürlich verwendet wurden.

KAMINE

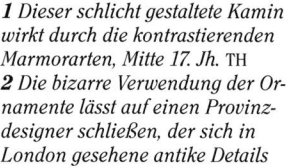

1 Dieser schlicht gestaltete Kamin wirkt durch die kontrastierenden Marmorarten, Mitte 17. Jh. TH
2 Die bizarre Verwendung der Ornamente lässt auf einen Provinzdesigner schließen, der sich in London gesehene antike Details nicht genau gemerkt hat. Yorkshire, Mitte 17. Jh. MO
3 Ein anderer provinzieller Kamin, schon eleganter, aber doch nicht ganz harmonisch. Die Pilaster tragen nur das Gesims, nicht den Fries, und der Architrav scheint sich hinter ihnen fortzusetzen. TH
4 Ein bogenförmiges Giebelfeld ragt aus dem Gesims heraus. Auch dieser Kamin wirkt durch die kontrastierenden Marmorarten. TH
5 Durch Multiplikation der Kehlungen im Architrav wurde eine größere Fülle erreicht, ohne die Einheitlichkeit der Gestaltung ernsthaft zu gefährden. MU
6 Feuerschild aus Gusseisen, 17. Jh., an Ort und Stelle. C

1 Hauben, die den Rauch in den Schornstein lenken sollten, gab es noch im 17. Jh. Kombiniert mit Pilastern, Fries und Gesims bildeten sie eine eindrucksvolle Baugruppe, fast wie ein Grabmal. Beispiel aus dem frühen 17. Jh.
2 Eckkamine gab es im späten 17. Jh. oft in kleineren Räumen, wo Platz gespart werden musste. Meist befanden sie sich in einem diagonalen Wandabschnitt. Beispiel von 1701.
3 Eckkamin mit markanten Marmorprofilen, 1630er Jahre. Der obere Teil ist geschickt mit der Täfelung verbunden. Zu beachten sind die zurückgesetzten Simse zur Präsentation von Porzellan.

4 Der Marmorkamin wird durch die dekorative Gestaltung der umgebenden Täfelung betont. Um 1700.

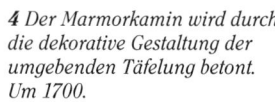
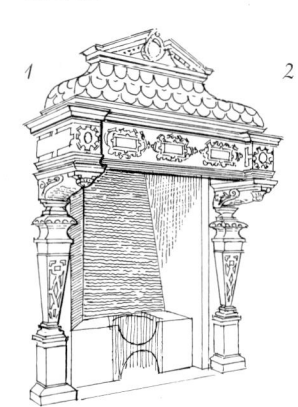
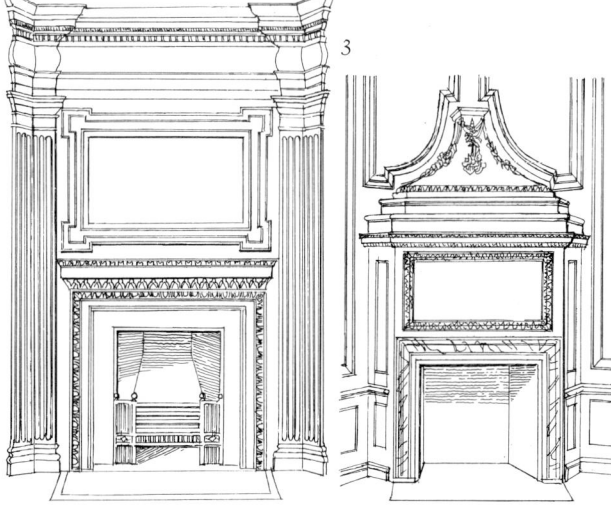

5 Im späten 17. Jh. wurden auch Spiegelglastafeln in Kamineinfassungen eingebaut.
6 Kaminaufsätze waren oft mit reichem plastischen Schmuck versehen, wie mythologischen Figuren, Früchten, Laub und toten Jagdvögeln. Beispiel von ca. 1690.
7 Eine schlichte Kamineinfassung konnte eine dezent verzierte Tafel enthalten, etwa im Stil Grinling Gibbons geschnitzt.
8 In diesen Kaminaufsatz baute man einen kunstvollen Bilderrahmen ein, ca. 1650.
9 Plastischer Schmuck war zuweilen verschwenderisch und lebhaft, wie bei einem Kirchendenkmal. Hampton Court Palace, Surrey, um 1700.

1 *Skizze von Sir Christopher Wren, in die der große Holzschnitzer Grinling Gibbons ein Schnitzdetail hineingezeichnet hat. Der architektonische Rahmen ist schlicht, aber reich mit naturalistischem Schnitzwerk versehen. Das Gesims wird von Atlasfiguren getragen und ist mit einem ruhenden Engelchen und zwei exotischen Vögeln geschmückt. Früchte, Blätter und Trompeten umrahmen das Aufsatzpaneel. SO*

2 *Entwurf von Wren mit Schnitzdetail von Gibbons. Die Kamineinfassung ist so schlicht wie möglich, aber der zweistufige Kaminaufsatz enthält die Symbolik der Stuart-Dynastie, von der Büste Charles' I. bis hinauf zum Hosenbandorden. SO*

3 *Kamineinfassung für einen Palast, Entwurf 1666 von John Webb, durchgängig klassisch gestaltet mit Festons, Kronen und Reichsadlern. LHT*
4 *Kamin mit schöner Kamintür, einem Brett, mit dem man die Öffnung gegen Zugluft ver-*

schloss, wenn kein Feuer brannte. Kamintüren verzierte man so verschwenderisch wie möglich, meist farbig. Das Beispiel wurde von dem Franzosen Jean Le Pautre entworfen und 1661 veröffentlicht.
5 *Zwei gusseiserne Feuerschilde*

in ihrer typischen gebogenen Form. Den ersten schmückt ein Phönix, das Symbol des Commonwealth. Der zweite stellt eine Allegorie des Frühlings dar. Beliebte biblische und mythologische Motive waren die Geburt Christi, die Samariterin, Neptun, Caritas und Herkules im Kampf mit der Hydra. Charakteristisch ist reicher Blumenschmuck in den Kanten.
6 *Vier Kaminböcke. Sie wurden paarweise verwendet. Zwei Pfosten vor dem Feuer genügten, um zu verhindern, dass Scheite auf den Fußboden fielen. Manche Kaminböcke hatten Beschläge aus Messing oder sogar Silber.*
7 *Frühes Beispiel eines erhöhten Rostes, Jean Le Pautre, 1665.*
8 *Der Kaminbock wurde im frühen 18. Jh. durch den korbförmigen Feuerrost abgelöst, als Kohle das Holz als Brennstoff verdrängte. Frühes Beispiel eines Rostes aus dem späten 17. Jh.*

Treppen

Die Nebentreppe in Thorpe Hall, Northamptonshire, 1654– 1656, ist fast so reich verziert *wie die Haupttreppe, was darauf hindeutet, dass beide fast gleichrangigen Funktionen* *dienten und einander ergänz- ten. Es ist offensichtlich keine reine Dienstbotentreppe; in der* *Barockzeit hatten der 'Landadel und die Dienerschaft im öffent- lichen Bereich Kontakt.* TH

Die barocke Treppe war gewöhnlich sehr massiv angelegt, mit Stufen aus Holz, meist Eiche, und bis zum Ende der Epoche mit Lichtwangen – diagonalen Trägern, welche die Enden der Tritt- und Setzstufen verdecken und die Balustrade tragen. Die elegantesten Treppen bestanden aus Stein und hatten kunstvolle schmiedeeiserne Balustraden. Weil Steintreppen nicht auf einem diagonalen Träger ruhen konnten, sondern frei tragend sein mussten, erforderten sie ingenieurtechnische Kenntnisse und blieben den Wohlhabenden vorbehalten, aber mit Einfallsreichtum konnte man weniger teure Holztreppen wie Stein aussehen lassen. Man baute sie frei tragend oder setzte den Träger so weit zurück, dass er nicht sichtbar war.

Die teuersten Holzbalustraden bestanden aus durchbrochenen Paneelen, die zuerst Beschlagwerk und später gerollte Akanthusblätter zeigten, zuweilen aber auch durch geschnitzte Figuren ergänzt wurden. Häufiger fanden sich einzelne gedrechselte Baluster, zuerst in der Mitte eingeschnürt, ab Mitte des 17. Jahrhunderts in Vasenform; die teuersten wiesen zusätzliche Akanthusornamente auf.

Nach 1660 wurden gewundene Baluster modern. Antrittspfosten sind meist vierkantig und enden oben in einem Knauf. Ab etwa 1660 verankerte man sie zuweilen mit einer geschnitzten Konsole gegen den Fußboden. Die vierkantigen Pfosten wurden später durch die Form klassischer Säulen abgelöst.

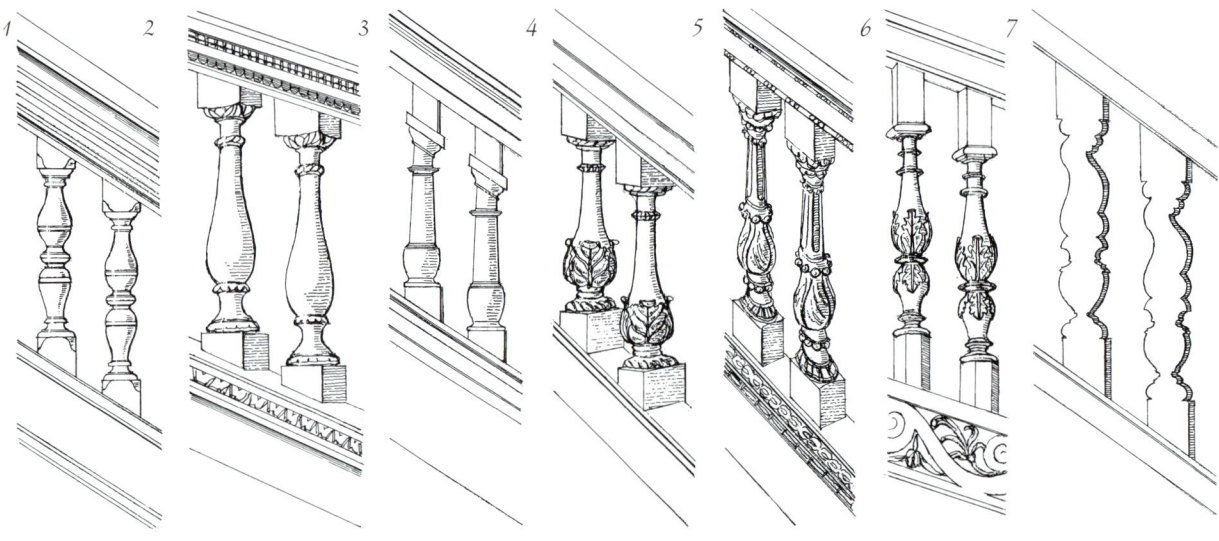

1 *In den 1620er und 1630er Jahren waren die Baluster vertikal symmetrisch und in der Mitte eingeschnürt.*
2 *Mitte des Jhs. suchte man klassische Vorbilder und gab den Balustern Vasenform.*
3 *Diese Baluster aus Farnham Castle, Surrey, zeigen die Unsicherheit des Tischlers, ob Details an der Balustrade oder an den Stufen ausgerichtet sein sollten.*
4 *Ihr größeres Volumen unterscheidet barocke Baluster von denen der nachfolgenden georgianischen Epoche.*
5 *Kunstvoll geschnitzte Baluster aus Shropshire, 1670.*
6 *Mitte des Jhs. wurden kostbare Baluster mit geschnitztem Akanthuslaub verziert.*
7 *Preisgünstiger war es, Profile aus Brettern zu schneiden.*
8 *Elegante Balustraden bestanden nicht aus einzelnen Balustern, sondern aus fortlaufenden durchbrochenen Tafeln. Das Beispiel*

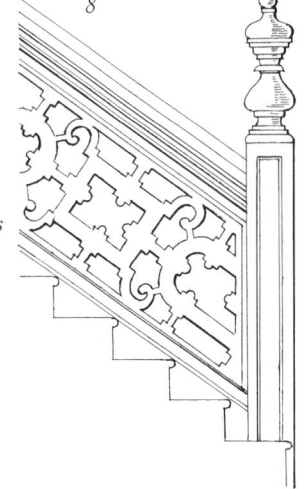

von 1641 zeigt Beschlagwerk.
9 *Um die Mitte des Jhs. wurde Beschlagwerk von gerolltem Akanthuslaub abgelöst.*

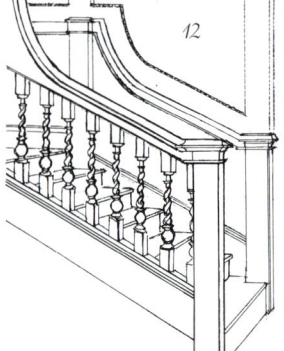

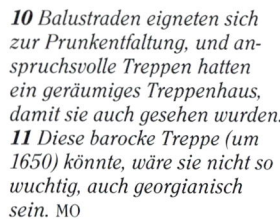

10 *Balustraden eigneten sich zur Prunkentfaltung, und anspruchsvolle Treppen hatten ein geräumiges Treppenhaus, damit sie auch gesehen wurden.*
11 *Diese barocke Treppe (um 1650) könnte, wäre sie nicht so wuchtig, auch georgianisch sein.* MO
12 *Baluster saßen meist in einem diagonalen Träger.*

13 *Um 1700 konnten aufgesattelte Treppen gefertigt werden, hier mit Akanthuslaub an den Balustern und kanneliertem Antrittspfosten.*

1 Außergewöhnliche technische Fertigkeiten zeigen sich in dieser frei tragenden Steintreppe aus dem frühen 17. Jh. in Queen's House, Greenwich Palace. Die Balustrade der so genannten »Tulpentreppe« hat eigentlich ein Lilienornament.

2 Die große Steintreppe in Chatsworth, Derbyshire (1688–1691) scheint zwar frei tragend zu sein, doch die äußeren Enden der Trittstufen liegen auf einem verdeckten diagonalen Träger. So feines plastisches Rollwerk findet man häufiger an Holztreppen.

3 Dieses schmiedeeiserne schottische Balustradenteil aus dem späten 17. Jh. besteht aus Blüten, Laub und Rollwerk.

4 Detail einer frei tragenden Holztreppe, um 1714. Die plastischen Schnörkel an den Stufenenden reichen bis an die Akanthusornamente der Laibungen.

5 Die Qualität der Treppe von der Galerie zur Kuppel in Thorpe Hall, Northamptonshire (um 1650) weist auf die Bedeutung der oberen Etagen hin. TH

6 Querschnitte von Handläufen, v.l.n.r.: 1701, 1618–1635, 1684 und 1632. Die späteren Handläufe gehörten zu eisernen oder hölzernen Balustraden.

7 Bis Mitte des 17. Jhs. waren elegante Pfosten gedrechselt und hatten geschnitzte Knäufe.

8 Vierkantige Pfosten waren billiger, hier mit Kugelknauf und Akanthusschmuck, um 1630.

9 Schlichter Pfosten mit Kugelknauf.

10 Ab Mitte des 17. Jhs. gab es auch feinere, verzierte Pfosten in Vierkantform, wie dieser von ca. 1655 mit geschnitztem Blumenkorb. Geschnitzte Konsolen zwischen Pfosten und Fußboden kamen in Mode.

11 Im 18. Jh. wurden Pfosten und Baluster schlanker. Diese Pfosten von ca. 1700 sind als klassische Säulen gestaltet.

12 Gegen Ende des 17. Jhs. stieg die Qualität von Eisenarbeiten. Dieses Feld aus der Balustrade eines Treppenpodests (um 1706) stammt aus einer vornehmen Treppe in Northamptonshire.

TREPPEN

Einbaumöbel

1 Gegen Ende des 17. Jhs. wurden Bücherschränke fest eingebaut, und vornehme Häuser strebten nach einer eingebauten Bibliothek, wie diese eindrucksvolle, um 1690 von Daniel Marot entworfene.
2 Dieser schöne, eingebaute Prunkschrank ist in die vertäfelte Wand eines Herrenhauses in Dorset eingelassen (1712). Die ausgekehlten Borde passen sich der Rundung der Nische an. Die paneelierte Schranktür gleitet von oben herunter und verbirgt sie. Der Unterschrank bietet weiteren Stauraum.
3 Ein altmodisches eichenes Gewürzschränkchen aus dem Lake District in Nordwestengland mit paneelierter Tür, komplett mit Schloss. Gewürzschränke enthielten oft mehrere kleine Schubfächer zur Aufbewahrung verschiedener Dinge.

Der Begriff Möbel umfasste mehr als heute, unter anderem auch Täfelungen; man konnte beispielsweise eine Täfelung unabhängig vom Haus vererben.

Bei Häusern mit sehr dicken Mauern war es immer möglich, Schränke einzubauen. Belüftete Lebensmittelschränke wurden manchmal aus der Wand ausgespart. Ihre Türen, im Allgemeinen Eiche, sahen in jeder Region anders aus. Es gab sie ganz schlicht mit Perforation, aber bei wohlhabenden Besitzern konnten sie auch paneeliert und verziert sein. Auch Gewürz- und Arzneischränke ließ man in Wände ein.

Eingebaute Buffets für die Präsentation von Silber und Glas wurden im späten 17. Jahrhundert modern. In den vornehmsten Häusern baute man sie zuweilen in bogenförmige Nischen im Speisezimmer ein. In weniger wohlhabenden Haushalten gab es vielleicht einen eingebauten Eckschrank, meist mit geformten Borden und muschelförmigem Abschluss. Diese populären Schränke waren oft in die Wandvertäfelung einbezogen.

Mit wachsendem Angebot an Büchern wurden Bibliotheken zunehmend mit eingebauten Bücherschränken ausgestattet. Ursprünglich bewahrte man die Bücher hinter Türen auf, aber später ging man zu offenen Borden über, denn es wurde üblich, schön gebundene Buchrücken zur Schau zu stellen.

Installation

*1 Die Beneidenswerten, die flie-
ßendes Wasser hatten, stellten es
in der Halle oder im großen Speiseraum zur Schau, wo es in einer
Nische in ein Marmorbecken rann.
Hier spülte man die Gläser. Auf den
Borden präsentierte man Silber
und Glas. Beispiel von ca. 1710.
2 bis 5 Einlauftöpfe aus Blei.
Regenwasser wurde auf dem Dach
gesammelt und gelangte durch eine*

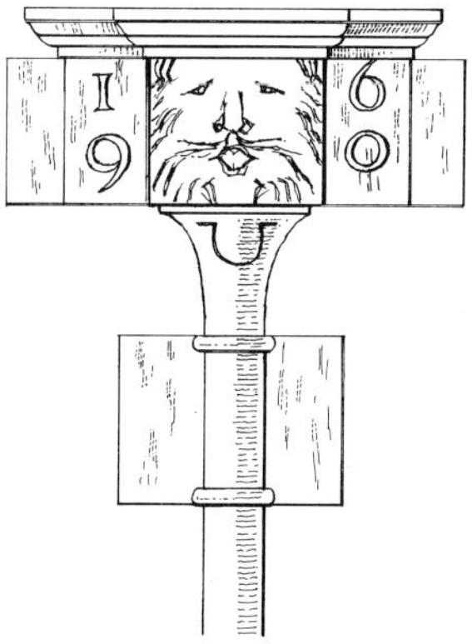

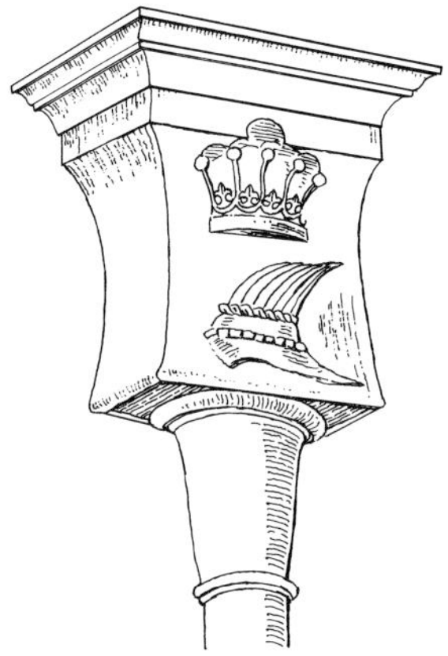

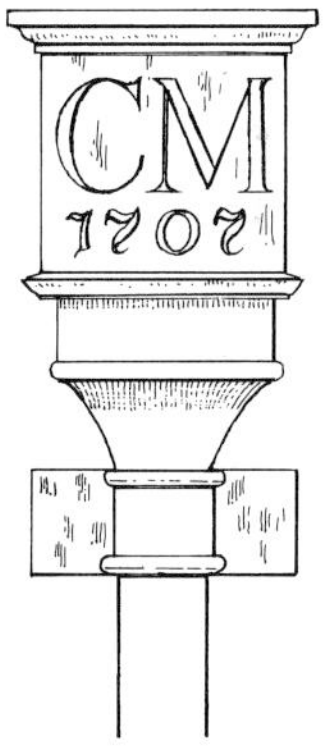

*Tülle in ein Fallrohr. Am oberen
Ende des Fallrohres befand sich ein
Bleikasten, der den Überlauf aus
der Tülle sammelte. Das weiche
Blei konnte mit heraldischen Motiven, klassischen Ornamenten oder
Initialen verziert werden.
6 Das Regenwasser wurde entweder
vom Hausfundament weggeleitet
oder einer Bleizisterne zugeführt.
Beispiel aus The Vyne, Hampshire.*

Alle Architekturtheoretiker betonten die Notwendigkeit, ein neues Haus in der Nähe einer Quelle oder eines Flusses zu bauen. Das war kaum nötig, denn das sagten auch der gesunde Menschenverstand und die Tradition.

In den Städten war eine öffentliche Wasserversorgung eines der deutlichsten Zeichen für die Güte des Herrschers. Jedoch konnten es nur wenige englische Könige und Stadtverwaltungen in dieser Beziehung mit den römischen Kaisern oder Päpsten aufnehmen. Vielmehr erhielt London seine Wasserversorgung durch kapitalistische Spekulanten, wobei die technischen Voraussetzungen von privaten Firmen geschaffen wurden, wie der *New River Company* oder der *Chelsea Water Company.*

Wegen der Unberechenbarkeit dieser Quellen baute man Hausdächer nach Möglichkeit zumindest teilweise flach, um Regenwasser in Bleizisternen sammeln zu können. Große Häuser hatten viel Blei zur Verfügung, weshalb einige aristokratische Familien über Generationen an Bleivergiftung litten.

In privaten Räumen benutzte man Nachttöpfe, und in Räumen, wo gegessen und getrunken wurde, stellte man diese reichlich zur Verfügung. Manchmal waren sie in ein bewegliches Möbel eingebaut, den »geheimen Stuhl« *(close stool),* der auch in einer besonderen Kammer aufbewahrt wurde, der »Stuhlkammer« oder »dunklen Kammer« *(dark closet).* Wo es der Platz zuließ, baute man am Ende des Gartens Außenaborte (»Bedürfnishäuser« oder »Häuser der Erleichterung«).

Beleuchtung

1 Oberlichter mit Laternen gab
es am Ende der Epoche.
2 Dieser Leuchter von ca. 1660
hat die typischen schlangenför-
migen Arme.
3 Sechseckige Laterne aus Hard-
wick Hall, Derbyshire, um 1600.
4 Kunstvoller Wandleuchter, um
1700, 45 cm hoch.

5 Hölzerner Kronleuchter, um
1710, mit eiförmigem Knauf.
6 Wandlaterne, frühes 18. Jh.
7 Die gerahmte Halterung
dieses Wandleuchters, um 1700,
konnte Spiegelglas oder Sticke-
rei enthalten.
8 Geprägter Wandleuchter,
1684.

In der Barockzeit waren Kerzen teuer. Was man abends im Haus tat, tat man beim Schein des Feuers; eine Kerze nahm man mit nach oben, wenn man zu Bett ging. Die Armen verwendeten in Fett getauchte Binsen, die Mittelklassen hatten Talgkerzen und die Reichen Wachs. Kerzenständer waren meist aus Holz gedrechselt, Messing und Zinn waren jedoch begehrter. Nur in ganz reichen Häusern gab es Silberleuchter, aber auch dort nicht vor Ende des 17. Jahrhunderts.

Wo man sich fortbewegte – in Fluren und auf Treppen – gab eine Laterne ein gleichmäßiges, aber schwaches Licht. Treppenlaternen hängte man gern an einen schwenkbaren eisernen Arm am Podest; die Laterne konnte von der Treppe aus angezündet werden.

In festlichen Räumen gab es eventuell einen mehrarmigen Leuchter, der an einer Schnur von einem Haken an der Decke hing. Um das Anzünden zu erleichtern, hing er recht niedrig (Ketten und Rollen waren eine Neuerung des 18. Jahrhunderts). Meist bestand er aus Messing, eine reflektierende Kugel in der Mitte verstärkte das Kerzenlicht. Kronleuchter waren noch eleganter, die meisten aus Holz geschnitzt und vergoldet; die feinsten bestanden aus Bergkristall. Luxus waren auch Wandleuchter. Lange Zeit montierte man sie auf Messingplatten, die manchmal mit Treibarbeit gestaltet waren; etwa ab 1700 verwendete man Spiegelglas, und als Schmuck dienten jetzt geschnitzte und vergoldete Rahmen.

Metall

1 und 2 Typisches Tor mit Detail, um 1700.
3 Aufhängung für einen Kronleuchter, mit Blumen- und Blattschmuck, um 1700.
4 Im späten 17. Jh. wurden Geländer oft mit Rollwerk akzentuiert.
5 Detail einer Treibarbeit von J. Tijou, einem sehr einflussreichen Gestalter, 1693.
6 Finiale: Pfeil- und Speerspitzen, um 1680, Spikes und Hellebarde, um 1625.
7 Wetterfahne, an vornehmen Häusern üblich.
8 und 9 Balkongeländer, Ende 17. Jh. Rechts mit Fackelhaltern.

Technische Verbesserungen führten im 17. Jahrhundert zur Herstellung sehr kunstvoller Eisenwaren. Das Eisen wurde in nur 1 cm dicken Stäben geliefert und zu Ornamenten verarbeitet: Pfeile, Spiralen, Blätter, Wellen, Gitter, Muscheln und sogar Masken, Vögel, Tierköpfe und heraldische Embleme. Manchmal entstanden auch Treibarbeiten in Form gehämmerter Reliefornamente. An schmiedeeisernen Toren und Geländern findet sich das gesamte dekorative Repertoire. Finiale waren nicht mehr nur Spitzen, sie nahmen die Form von Kugeln, Blättern und Speeren an; einige bauchige Formen konnte man fertig kaufen und anschweißen. Die Stangen wurden durch Niete oder Ringe zusammengehalten. An Toren wechselten oft lange und kurze Stäbe, letztere mit Speerspitzen, die verhinderten, dass Hunde hindurch konnten. Felder mit doppelt gebogenen Arabesken in Höhe des Säulenfußes und an der Spitze von Toren waren modern.

Ab ca. 1650 kamen eiserne Balkons in Mode. An prominenter Stelle über der Eingangstür, zeigen sie oft gerade und gewundene Stäbe im Wechsel sowie Felder mit Laub und Rollwerk. Sie wurden stets gestrichen, meist mit blauer oder grüner Farbe, und manchmal vergoldet. Am Ende von Gehwegen befanden sich nicht selten Öffnungen in den Außenmauern, welche den Vorübergehenden eine schöne Aussicht auf Haus und Anlagen gewährten. In diese Öffnungen setzte man reich verzierte schmiedeeiserne Gitter ein.

BELEUCHTUNG · METALL

FRÜHGEORGIANISCHER STIL

1714–1765

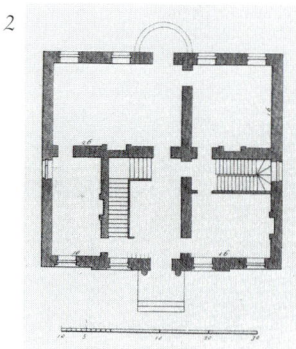
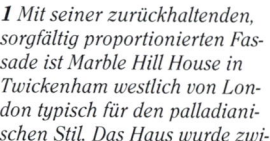

1 Mit seiner zurückhaltenden, sorgfältig proportionierten Fassade ist Marble Hill House in Twickenham westlich von London typisch für den palladianischen Stil. Das Haus wurde zwischen 1724 und 1729 von Roger Morris nach einem Entwurf von Colen Campbell gebaut, überwacht von dem Amateurarchitekten Henry Herbert, dem 9. Earl of Pembroke. MR

2 und 3 Vorderansicht und Grundriss einer typischen Villa aus Abraham Swans A Collection of Designs in Architecture. *Die Hausfassade bezieht sich auf das Ideal des italienischen Palazzo,* doch sind die Fenster auf Kosten des Mauerwerks vergrößert. Auch die Grundrisse solcher Häuser folgten italienischen Vorbildern, insbesondere den Villen Palladios in Vicenza. ASA

Vornehme Dilettanten, die neue Berufsgruppe der Architekten und die weitgehend unberatenen, aber selbstbewussten Bauspekulanten – sie alle haben einen sichtbaren Beitrag zur Entwicklung des englischen Hauses in der ersten Hälfte des 18. Jahrhunderts geleistet. Bis zum Tod von Königin Anne (1714) hatten auf der gehobenen Ebene des Geschmacks feine neue Formen und Details die kraftvoll-barocke Architektur des späten 17. Jahrhunderts weitgehend verdrängt. Der von Lord Burlington (1694–1753) geführte modische Zirkel und die Architekten Colen Campbell (1673–1729) und William Kent (1685–1748) machten sich die Ideale des italienischen Architekten Andrea Palladio (1508–1580) zu Eigen. Ihre schönen Häuser zeigen Palladios Einfluss in Grundriss und Proportionen (auf antiker römischer Architektur basierend), in ihrer Symmetrie und regelmäßigen Fensteranordnung sowie in ihren Details. Die von Palladio gebauten Palazzi in der Gegend von Vicenza in Norditalien hatten eine tiefgreifende Wirkung auf die georgianische Architektur; von ihnen rührt die Betonung und Pracht des piano nobile her, des Hauptgeschosses, das entweder ein Hochparterre oder das erste Obergeschoss sein konnte. Auch Nebengebäude und Stallungen vornehmer Landsitze wurden kunstvoll gestaltet, und bei der Anlage der Küchen (oft in einem separaten Pavillon) und anderen einfachen Wirtschaftsräumen opferte man jede Andeutung moderner Bequemlichkeiten gern der Prachtentfaltung.

In London richteten sich die vornehmsten und modernsten Häuser ebenfalls nach den Maßstäben Palladios, im Übrigen aber wuchs durch explosionsartige Bauspekulation ein dichtes Netz von Straßen und Plätzen um die Innenstadt herum. So avancierte das im 17. Jahrhundert erst aufgekommene, aus Ziegeln gebaute Reihenhaus zum charakteristischsten und wichtigsten Haustyp. Seine Größe, Proportionen und Details wurden von den informellen Regeln bestimmt, welche die Musterbücher der professionellen Architekten und Baumeister sowie die Baugesetze vorgaben. Letztere hatten mit der Gesetzgebung nach dem Brand von London (1666) begonnen, wonach alle Häuser in London ebene Fronten haben und aus Ziegeln oder Stein gebaut sein mussten. Ein Gesetz von 1707 verbot die beliebten hölzernen Traufgesimse und schrieb über die Dächer hinausreichende Brandmauern mit Brüstungen zwischen je zwei Häusern vor, um die Brandausbreitung über die Dächer zu verhindern. Ebenfalls aus Brandschutzgründen wurde 1709 per Gesetz festgelegt, dass der Anschlag von Schiebefenstern um die Dicke eines Ziegels (10 cm) zurückgesetzt werden musste. Bis dahin waren die Fenster wandbündig gewesen; die neue Gesetzgebung veränderte also auch die Bauästhetik. Beide Gesetze galten zwar praktisch nur für das Bauen in London, aber 1724 erweiterte ein Gesetz ihren Geltungsbereich, und nicht zuletzt war es der Wunsch der Baumeister in der Provinz, mit der Architekturmode zu gehen, der zur Annahme der neuen

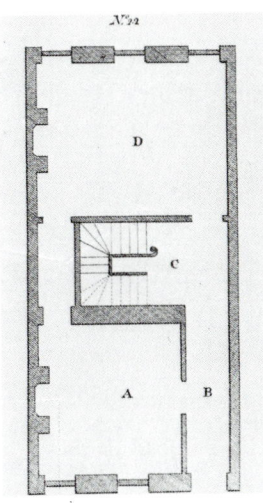

1 Vorderansicht und Grundriss eines Reihenhauses aus The Modern Builder's Assistant von William Halfpenny, 1742. Die einst großzügig bemessenen Proportionen der von Architekten entworfenen Häuser schrumpften durch die wirtschaftlichen Zwänge der Bauspekulation immer mehr. Der Grundriss musste sich dem beschränkten Bauplatz anpassen, weshalb alle Räume ihr Licht nur durch Fenster an der Vorder- oder Rückseite des Hauses erhalten konnten; die Treppenhäuser waren meist sehr dunkel. WHP

2 Salon im ersten Obergeschoss eines Hauses aus den 1720er Jahren in Spitalfields im Osten Londons. Solche Täfelungen aus Kiefer oder Fichte wurden immer gestrichen. Matte und gedämpfte Farben herrschten vor, aber auch kräftigere und dunklere Farben, wie dieses Rot, waren beliebt. DC

Vorschriften selbst in kleinen Städten und auf dem Lande führte.

Die schnell steigenden Preise für Bauland in den Städten (das oft von Grundbesitzern auf Pachtbasis angeboten wurde) führten zu den gedrängten Grundrissen der georgianischen Stadthäuser. Besonders in den Reihenhäusern war es nicht leicht, möglichst vielen Räumen Tageslicht zu geben, und die Anordnung der Haupträume und der daran anschließenden Kammern, die entweder »hell« (mit Fenster) oder »dunkel« waren, erforderte viel Einfallsreichtum. Diese Versorgungsräume waren oft auch Schlafkammern für Diener, denn das durchschnittliche Stadthaus des 18. Jahrhunderts hatte für heutige Maßstäbe sehr viele Bewohner.

Die sanitären Anlagen wurden um einiges kultivierter, wenn auch nur für einen Teil der Bevölkerung. Ein Großteil der besseren Stadthäuser bekam Leitungswasser, wodurch eine entsprechende Entwässerung nötig wurde. Außerhalb der städtischen Zentren blieben die Verhältnisse viel einfacher. Die künstliche Beleuchtung war weiterhin ganz schlicht und geschah meist durch Kerzen in tragbaren Ständern. Vornehmere Häuser hatten wohl eine geschlossene Laterne in der Eingangshalle und Kronleuchter in den Haupträumen. Deren Licht wurde oft durch Wandleuchter ergänzt. Künstliche Beleuchtung blieb jedoch in der Regel ein kostspieliger Luxus.

Ebenso zeigte die Dekoration der Häuser den Wohlstand und Status ihrer Besitzer an. Kunstvolle Putz- und Stuckarbeiten, Holzschnitzereien und effektvolle Bemalung und Vergoldung waren teuer und blieben den Häusern des Landadels und den reicheren Kaufleuten vorbehalten, die es dem Adel gleichtun wollten und konnten.

Die meisten anderen Häuser hingegen wiesen schlichte Anstriche auf, die nicht nur schmückten, sondern auch praktisch waren: Sie schützten vor Abnutzung. Holz im Außenbereich konservierte man fast immer mit äußerst elastischen Farben auf Bleiweißbasis. Im Hausinneren mengte man den Farben gedämpfte Erdtöne bei. Im Laufe des 18. Jahrhunderts wurden die einheimischen Hölzer, z.B. Eiche, durch billigere, weniger haltbare baltische Fichte und Kiefer (allgemein als »Dielenholz« bezeichnet) abgelöst, deshalb spielte Farbe eine immer größere Rolle.

Zu Beginn der Epoche waren leuchtende, klare Farben extrem teuer, und es war schwer, sie gleichmäßig aufzutragen, aber Mitte des 18. Jahrhunderts wurden dank technologischer Verbesserungen leuchtendere Anstriche möglich. Parallel dazu führten Fortschritte in der Papierherstellung und der Drucktechnik zur Verfeinerung von Tapeten und textilen Wandbespannungen, so dass in der Mitte des Jahrhunderts selbst bürgerliche Häuser in England viel farbenfroher und feiner waren als 50 Jahre zuvor.

Türen

Türeinfassung an einem Haus in einer Provinzstadt, um 1730. Die Verdachung alten Typs auf geschnitzten Konsolen ist mit dem nach oben aufbrechenden Gesims und dem modischen runden Türsturz kombiniert. Colchester, Essex.

Die Eingangstür ist der Hauptschmuck der georgianischen Fassade. Von den ganz vornehmen Häusern abgesehen, war sie das Werk eines Tischlers, der sich durch Musterbücher auf dem Laufenden hielt.

Im frühen 18. Jahrhundert haben barocke Türeinfassungen kunstvoll geschnitzte Teile, z.B. starke Konsolen, auf denen eine Verdachung ruht. Sie sind gewöhnlich in Form stilisierter Tiere, Blätter oder Engelchen oder als klassische Volute gestaltet. In den 1720er und 1730er Jahren wurden Tempelformen im palladianischen Stil beliebt. Säulen und Pilaster folgten genau den Regeln der Proportion.

Die Tür selbst ist immer eine Füllungstür, oft mit zwei vertikalen Reihen von schweren, abgeplatteten Füllungen. Die frühen Türen waren hoch und nahmen die ganze Türöffnung ein, später fertigte man sie oft niedriger, so dass noch Platz für ein Oberlicht blieb. Der Anstrich der Eingangstüren war stets dunkel oder imitierte eine Holzmaserung.

Ähnlich verlief die Entwicklung der Innentüren. In den Hauptgeschossen eleganter Häuser sind es oft Doppeltüren in tiefen Laibungen, mit Kastenschlössern und handlichen Ringgriffen. Gewöhnliche Türen setzte man in schlichte Türrahmen ein, deren Architravleisten und übrige Holzteile auf den Raum abgestimmt waren. In den Obergeschossen, im Erdgeschoss sowie generell in einfachen Häusern findet man schlichtere Formen der modischen Füllungstür. In ländlichen Gegenden gibt es noch immer Plankentüren.

1 Zwei Varianten der ionischen Türeinfassung aus The Builder's Jewel, *1746, von Batty Langley. Die Bogenform der Öffnung eignet sich für ein Oberlicht.* BJ

2 Türeinfassung mit schwerer Rustika aus James Gibbs' Book of Architecture, *1728. Gibbs' typische Schlusssteine wurden häufig nachgeahmt.* BA

3 und 4 Zwei Entwürfe aus William Salmons Palladio Londiniensis, *1734: eine nüchterne dorische und eine verzierte korinthische Türeinfassung.*

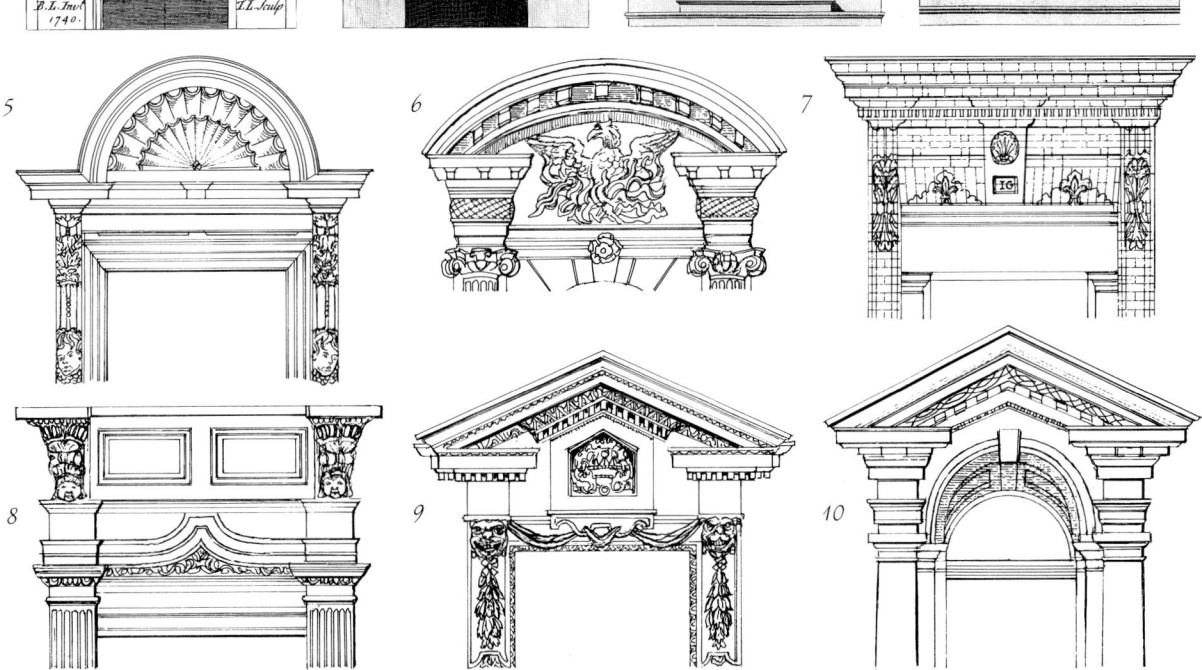

In der ersten Hälfte des 18. Jhs. wurden aus überstehenden Verdachungen komplexe Ziergiebel.

5 Muschelförmige Verdachung mit kleinen Konsolen, Essex, um 1710.
6 Ionischer gesprengter Segmentgiebel mit Schnitzerei, 1714.

7 Flacher Architrav mit Ritzdekor auf Konsolen aus Profilziegeln, 1717.
8 Typische Kompositform der 1720er Jahre, Rugby Street, London.

9 Flacher gesprengter Giebel von John Wood, Bath, 1729.
10 Tiefes Giebelfeld auf Vollsäulen, London, um 1755.

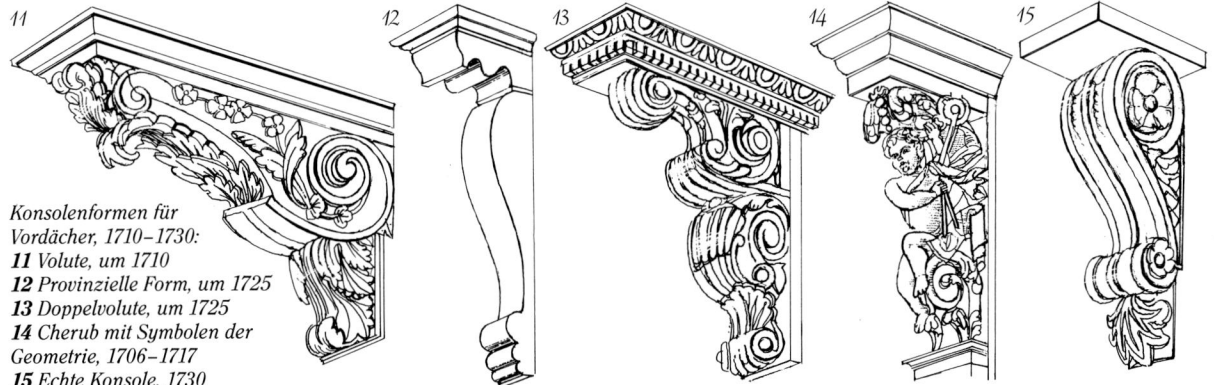

Konsolenformen für Vordächer, 1710–1730:
11 Volute, um 1710
12 Provinzielle Form, um 1725
13 Doppelvolute, um 1725
14 Cherub mit Symbolen der Geometrie, 1706–1717
15 Echte Konsole, 1730

1 Schön proportionierte Tür-einfassung, um 1720.
2 Einwandfreie dorische Tür-einfassung mit Segmentgiebel. Verglasung jünger. OC

3 Türeinfassung ca. 1740–1750. Der Rundbogen der Tür reicht in das Giebelfeld. MN
4 Im Giebelfeld befindet sich oft eine plastische Kartusche.

5 und 6 Der strengere Klassizis-mus verbannte freiere Formen aus dem Gebälk.
7 Durchgängige plastische Orna-mente an den Leisten des Giebels.

8 Musterbücher gaben die häu-figsten klassischen Motive wie-der: Mit diesen Grotesken und Eierstäben wurden Sturz und Pfosten von Türen verziert. TA

The Five Orders of ARCHITECTURE with their PEDESTALS.

TUSCAN. DORICK. IONICK. CORINTHIAN. COMPOSITE.

9 Die fünf Ordnungen aus Isaac Wares A Complete Body of Archi-tecture, 1756. Alle Musterbücher begannen mit den Ordnungen, die dekorative Details und Propor-tionen vorschrieben. Die meisten Türeinfassungen und Vordächer wurden danach gestaltet. IW
10 Klassische Patera-Motive (kleine Kreise mit Blattschmuck) kamen an Türeinfassungen und Vordächern häufig vor. DE

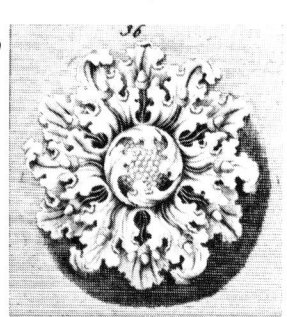

1 bis 5 Fünf Entwürfe für Tür-
oder Fenstereinfassungen aus
dem City and Country Workman's Remembrancer von Batty
Langley, 1745. Langley veröffentlichte mehrere Musterbücher als
praktische Hilfe für Bauunternehmer, die klare Anweisungen
zu Proportionen und Details benötigten, wie z. B. das Anbringen
von Schlusssteinen. Die massiven Türeinfassungen mit schwerer Rustika erinnern an die von
James Gibbs (S. 75), aber alle
derartigen Ideen sind aus italienischen Quellen geschöpft, z. B.
dem Traktat Tutte l'Opere d'Architettura von Sebastiano Serlio,
1584. Die feinsten Häuser besaßen steinerne Rustika, die
weniger vornehmen hatten hölzerne Türeinfassungen, die plastisch gestaltet und oft weiß oder
steinfarben gestrichen waren. BI

6 Diese schöne dorische Türeinfassung aus Spitalfields, London
um 1725, mit der üblichen Anordnung von 5 Triglyphen und
4 Metopen im Fries, folgt einem
Musterbuch. Die Tür wurde ge-
kürzt, wie oft im späten 18. Jh.,
um den Einbau eines Oberlichtes zu ermöglichen. Die oberen
Füllungen der Laibung (Innen-
flächen des Türrahmens) lassen
auf die Proportionen des fehlen-
den Teils des Tür schließen.
Im Laufe des 18. Jhs. wurde das
Oberlicht in der Gestaltung der
Eingangstür immer wichtiger.
Anfangs füllte eine hohe Tür die
gesamte Türöffnung aus. Nach
und nach wurde es üblich, die
Tür um ein Paar Füllungen zu
kürzen und stattdessen ein
durch feste Sprossen unterteiltes
Oberlicht einzubauen, damit
Licht in den Flur kam. Das war
so nützlich, dass um die Jahrhundertmitte fast alle alten Türen verändert wurden, weshalb
die genaue Datierung der einzelnen Formen des Oberlichtes
schwierig ist. Die schlichtesten
Formen sind in der Regel die ältesten. Spätere Formen weisen
einen inneren Bogen auf, der in
Segmente unterteilt ist.
7 Frühe Oberlichter haben einfache geometrische Formen mit
recht dicken Sprossen.
8 Später weichen die Holzspros-
sen dünnen Eisenrahmen mit
Zierrat aus gegossenem Blei.
9 Schwerere Eisenmodelle
boten Sicherheit und interessante Gestaltungsmöglichkeiten.
10 Ab etwa 1730 wurden die
Türeinfassungen nüchterner,
die Oberlichter dafür immer
ausgefallener.
11 Der Eingang eines älteren
Hauses konnte mit einem modischen Detail aufgebessert werden, z. B. mit einem solchen
neogotischen Feld, um 1750.
12 Klassische Form mit strah-
lenförmigen Öffnungen in der
Art eines Fächers.

1 Türeinfassung in Fournier Street, Spitalfields, London. Es ist die großartigste Tür in einer Straße voll feiner, zwischen 1725 und 1728 gebauter Häuser. Die ionischen Säulen mit Basis und Segmentgiebeln bilden zusammen mit dem plastisch reich verzierten Vordach einen ungewöhnlich kunstvollen Schmuck.

2 Dorische Türeinfassung der frühen 1720er Jahre aus Twickenham, Middlesex. Die flache, vorspringende Verdachung bildet ein korrektes Gesims.

3 Türeinfassung aus den frühen 1720er Jahren, bei der leichte, kannelierte Pilaster recht plump mit den geschnitzten Konsolen der Verdachung verbunden wurden.

4 Imposante barocke Komposition aus Montpelier Row, Twickenham, frühe 1720er Jahre. Die Füllungen bilden ein seltenes, komplexes Muster.

5 Übergangstyp, der die früher übliche schwere Verdachung auf Konsolen mit einem rustizierten Türbogen verbindet. Mitte der 1720er Jahre.

6 Ionische Türeinfassung mit kannelierten Säulen, die einen Fries und einen Ziergiebel mit Zahnschnitt tragen. Über der Tür ein schönes Oberlicht mit neogotischen Details.

In vornehmen Häusern wurden die Innentüren im Erdgeschoss oder dem ersten Obergeschoss kunstvoll architektonisch gestaltet.
1 *Typisch ist ein korrektes klassisches Gebälk.*
2 *Bei ganz eleganten Ensembles bildete die Tür eine gestalterische Einheit mit einem darüber liegen-*
den Feld für ein Gemälde. Batty Langley, um 1729.
3 *Flache Ziergiebel waren als Supraporten sehr beliebt.*
4 *In den 1730er Jahren war der*
gesprengte Giebel modern. Er konnte eine Vase oder Büste einrahmen.
5 *Schmuckreicher palladianischer Stil Mitte der 1720er Jahre, Salontür in Mereworth Castle, Kent.*

Häuser von mittlerem Status besitzen elegante Türstürze. Die Grundform ist das klassische Gebälk.
6 *Einfache Türstürze wie*
dieser aus York, um 1730, haben oft sehr feinen Zahnschnitt.
7 *Dieser reich geschnitzte Türsturz weist das für Türen und Kamineinfassungen in den 1730er Jahren*
typische »Ohrenmuster« auf. Die Architravleisten wurden häufig mit Schnitzerei verziert. Oft sind es Varianten des Eierstabes und des Perlstabes, aber auch fortlaufende Blumen- und Blattmuster waren populär.
8 *Oft bildete eine hervorstehende Tafel einen weiteren Schmuck, wie an dieser Tür in York, um 1735.*

1 Schlichte Tür mit zwei Füllungen, im ganzen 18. Jh. für einfache Häuser bzw. die oberen Stockwerke vornehmer Häuser gebräuchlich. DC

2 Sechs Füllungen, so angeordnet, waren in der ersten Hälfte des 18. Jhs. der Standard für Innentüren. Hier mit flachen Füllungen und einfachen Profilen. DC

3 Schlichte Doppeltür in einem Haus in Spitalfields, London, 1720er Jahre. Die raumhohe Tür ist auf die Vertäfelung abgestimmt. DC

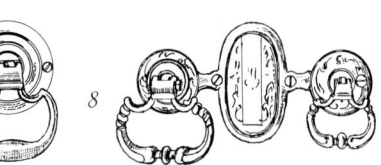

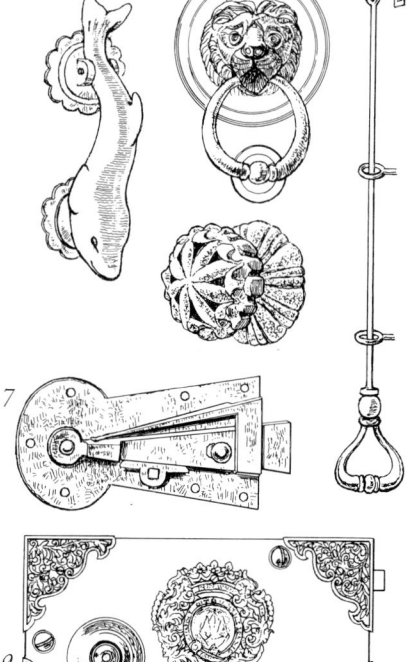

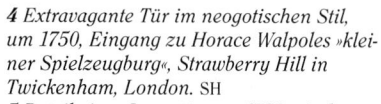

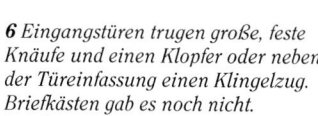

4 Extravagante Tür im neogotischen Stil, um 1750, Eingang zu Horace Walpoles »kleiner Spielzeugburg«, Strawberry Hill in Twickenham, London. SH
5 Detail einer Innentür von 1730 mit dünnem Profil und abgeplatteten Füllungen. M

6 Eingangstüren trugen große, feste Knäufe und einen Klopfer oder neben der Türeinfassung einen Klingelzug. Briefkästen gab es noch nicht.
7 Schmiedeeiserner Riegel.
8 Hängegriffe waren typisch für Innen-

türen, auch Knäufe wurden immer beliebter.
9 Einfache Kastenschlösser aus Messing oder Eisen (links) waren in den meisten Häusern Standard. Ein sehr feines Schloss (rechts) war aus Messing oder vergoldet und nach Vorlagen in Musterbüchern graviert oder ziseliert.

Fenster

1 Dieses Haus in South Audley Street in London wurde auf einem 1736 erschlossenen Grundstück gebaut und hat eine bemerkenswerte Fassade, die das palladianische Ideal der Hierarchie der klassischen Ordnungen an den Geschossen eines Stadthauses illustriert. Die Venezianischen Fenster sind im Erdgeschoss dorisch und rustiziert und im Hauptgeschoss ionisch. Im obersten Geschoss befindet sich ein schlichtes dreiteiliges Fenster mit Ziergiebel.

2 An der Fassade dieses feinen Hauses von 1717 am Hanover Square in London bilden die betonten Schlusssteine und die hängenden Schürzen unter den Fenstern zusammen ein Fenstermuster von großer Feinheit und barocker Kraft. Die Hierarchie der Etagen zeigt sich in den Proportionen der Fenster von den beiden Hauptgeschossen bis zu den Dienerkammern im armseligen Dachgeschoss.

Während Fenster mit Flügeln und Sprossen oder Bleiverglasung in der Volksbauweise noch gebräuchlich sind, stattete man moderne Häuser mit Schiebefenstern aus. Das Prinzip des Doppelschiebefensters mit Rollen und Gegengewichten im Anschlag blieb unverändert, wie auch die Anordnung der Klappläden im Inneren.

Ursprünglich waren die Schieberahmen wandbündig angeordnet, aber nach dem Baugesetz von 1709 (für die Stadt London, ab 1724 mit erweitertem Geltungsbereich) mussten sie um eine Ziegelstärke (10 cm) zurückgesetzt werden. Diese Vorgabe veränderte die Außenansicht der Fenster radikal. Die bevorzugte Aufteilung in Öffnungen war bei Schiebe-

fenstern sechs mal sechs, wenn die Proportionen des Hauses nicht eine andere Anordnung verlangten. Die Sprossen waren in den ersten Jahrzehnten dick und von stumpfem Profil, in späterer Zeit verjüngen sie sich. Das Kronglas (eine frühe Sorte Fensterglas) wurde mit Metallstiften und Kitt befestigt. Seit Beginn des 18. Jahrhunderts verwendete man zunehmend baltische Weichhölzer, die mit Bleiweiß geschützt werden mussten. Dieser markante Anstrich gilt heute als typisch für georgianische Fenster.

Die inneren Platten der Fensterläden hatten meist eine glatte Oberfläche, die Sichtseite und die Fenstereinfassung waren dagegen auf die übrigen Holzelemente abgestimmt.

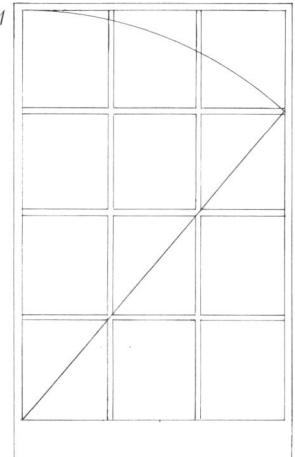

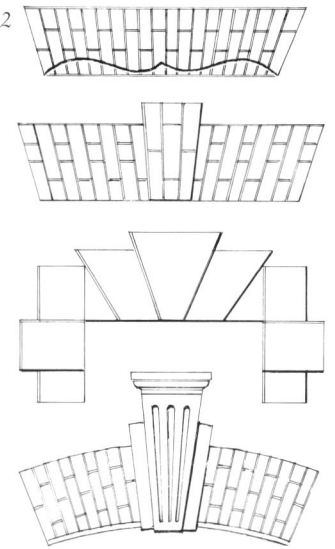

1 Die gebräuchlichste Anordnung der Scheiben in einem Doppelschiebefenster ist zweimal sechs, d.h., eine horizontale und zwei vertikale Sprossen teilen jeden Rahmen in hochrechteckige Öffnungen.
2 Typische Formen für Stürze aus profilierten Ziegeln oder Stein. Die drei unteren Beispiele zeigen dekorativ betonte Schlusssteine.

3 Schiebefenster aus der Zeit vor 1709. Der Rahmen ist wandbündig, die Anschläge sind zu sehen.

4 Nach 1709 wurden die Rahmen der Schiebefenster gemäß Baugesetz um 10 cm von der Wandoberfläche zurückgesetzt.

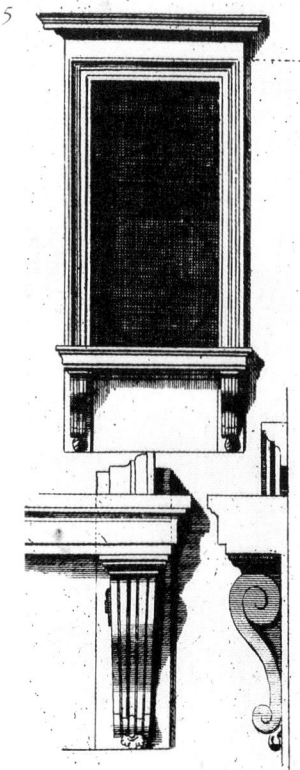

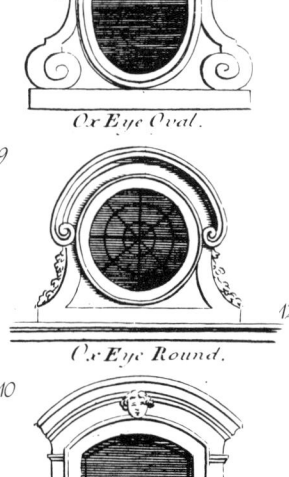

Ox Eye Oval.

Ox Eye Round.

Lanthorn Flemish.

A Lanthorn with a Scheme Arch.

5 und **6** Zwei Fenster aus der englischen Ausgabe von Sebastien le Clercs A Treatise of Architecture, einem einflussreichen Musterbuch von 1724, das britischen Architekten und Baumeistern französische Vorbilder zugänglich machte. Die für ein Hauptgeschoss gedachten Fenster haben massive Konsolen. Die Detailzeichnungen zeigen einfache, robuste Profile. Flügelfenster, wie sie auf dem europäischen Kontinent noch verwendet wurden, waren zu diesem Zeitpunkt in England veraltet. TA
7 bis **10** Vier Entwürfe für Gauben- oder Giebelfenster aus le Clercs Treatise von 1724. Sie befanden sich über dem Gesims oder der Brüstung und erhellten die Bodenräume. Sie waren im späten 17. Jh. besonders populär und eignen sich besser für die tief gewalmten Mansarddächer als für die unauffälligen, flacheren Dachschrägen des palladianischen Stils. TA
11 und **12** Zwei Entwürfe »für Fenster im chinesischen Geschmack« aus The Gentleman's and Builder's Repository, 1738, von Edward Hoppus. Vorlagen für ornamentale Gitterfenster gab es in der Epoche reichlich; man setzte sie in Häuser ein, aber auch in Teepavillons, Aussichtspavillons und andere Vergnügungsbauten in Gärten im neogotischen oder chinesischen Stil. EH

1 Das klassische frühgeorgianische Doppelschiebefenster. Die voll sichtbaren Anschläge sind wandbündig. Die typischen zwei mal sechs Scheiben haben relativ schlanke Sprossen.
2 Gutes Beispiel für ein Schiebefenster der 1720er Jahre im englischen Barockstil. Der kunstvolle Schlussstein betont den gebogenen Fenstersturz. Die Fensterbank ruht auf Konsolen. Links die Plakette der Feuerversicherung.

3 Die spektakuläre Fensteraufteilung des Octagon von James Gibbs, einziger erhaltener Teil von Orleans House, Twickenham, um 1720, ist eine glänzende Interpretation barocker Formen. Rundbogenfenster mit Rustika und Ochsenauge erhellen denselben hohen Raum. OC
4 Ausgefallene Fensterformen aus den 1740er Jahren, inspiriert von mittelalterlichen Formen. Das Vierpassfenster links hat einen rechteckigen Flügel.

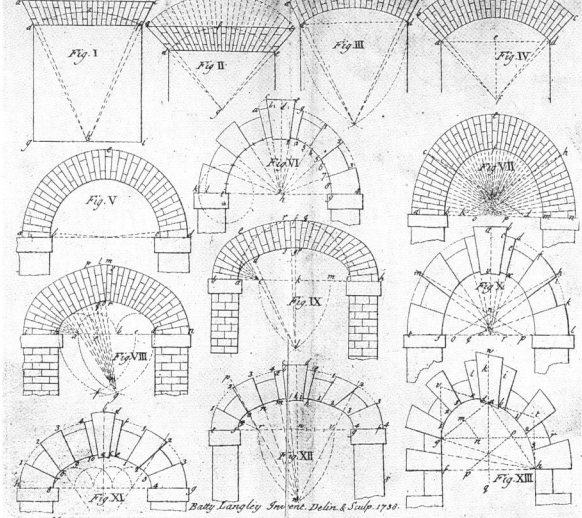

5 Mit einem Venezianischen Fenster betonte man im frühen 18. Jh. gern die Mitte der Fassade. Das Beispiel aus den 1730er Jahren ist aus Colchester, Essex.

6 Darstellung der Proportionen von Bögen aus Batty Langleys The Builder's Compleat Assistant, 1738. Der fehlerfreie Bau von Tür- und Fensterstürzen war entscheidend für die Konstruktion der ganzen Wand. B

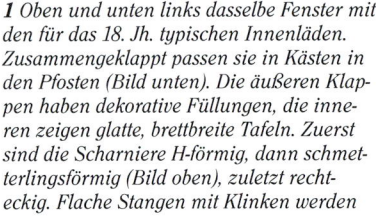

1 Oben und unten links dasselbe Fenster mit den für das 18. Jh. typischen Innenläden. Zusammengeklappt passen sie in Kästen in den Pfosten (Bild unten). Die äußeren Klappen haben dekorative Füllungen, die inneren zeigen glatte, brettbreite Tafeln. Zuerst sind die Scharniere H-förmig, dann schmetterlingsförmig (Bild oben), zuletzt rechteckig. Flache Stangen mit Klinken werden

oft durch Eisenstangen ergänzt, die in Pfannen in der Laibung greifen. Knäufe gibt es aus Holz und Metall. Die Ladenkästen weisen oft noch den Originalanstrich auf. DC

2 Außenläden waren in Großbritannien nie so populär wie auf dem europäischen Kontinent. An einigen Häusern des frühen 18. Jhs., z. B. in Spitalfields, London, findet man sie dennoch noch. In der ländlichen

Volksbauweise waren sie gebräuchlicher. DS

3 Fensterläden aus der Mitte des 18. Jhs. haben kunstvolle Profile, und ihre Füllungen und Leisten sind oft ebenso fein ausgeführt wie die übrigen Tischlerarbeiten im Raum. OC

4 Ein neogotisches Fenster aus den späten 1740er Jahren mit Fragmenten von Buntglas aus dem 16. und 17. Jh.

Wände

Typische gestrichene Wandtäfelung aus der frühgeorgianischen Periode, rekonstruiert in einem Haus der 1720er Jahre in Spital- *fields, London. Das Bild zeigt einen von zwei Alkoven mit flachem Bogenabschluss auf beiden Seiten eines Kaminvorsprungs.* DS

Zu Beginn des Jahrhunderts befolgte man in eleganten Häusern meist die Dreiteilung der Wände in Fries, Feld und Sockel, die von Architrav, Schaft und Basis der klassischen Säule hergeleitet war.

Raumhohe Holzvertäfelungen waren bis etwa 1740 modern. Infolge der Verwendung billigerer Holzarten wurden sie in dieser Zeit häufiger angestrichen, einfarbig mit Ölfarbe oder mit modischen Effekten, wie z.B. Marmorierung. Dekorative geschnitzte Details konnte man farblich absetzen oder vergolden.

Manchmal wurden die Wände bis zur Sockelleiste verputzt oder vertäfelt und das Feld darüber mit Wandteppichen oder Seidenbrokat auf einer Latten- oder Bretterkonstruktion verkleidet. Auch das Angebot an Tapeten nahm zu. Man kaufte sie damals als einzelne Blätter von ca. 90 x 60 cm und klebte sie auf eine textile Unterlage, die auf Latten genagelt war. Wandverkleidungen aus Seide und Papier wurden meist mit einer geschnitzten oder profilierten, oft kunstvoll durchbrochenen Leiste abgeschlossen.

Putz- oder Stuckwände galten als geeignet für Speisezimmer (Gewebe nahm Gerüche an) und Dielen. Stuckwände ließ man glatt oder imitierte mit Rillen Mauerwerk. Gesimse und andere Elemente waren oft kunstvoll verziert. Normaler Maurerputz wurde im Parterre sowie in bescheideneren Häusern häufig verwendet, farbig gestrichen oder geweißt.

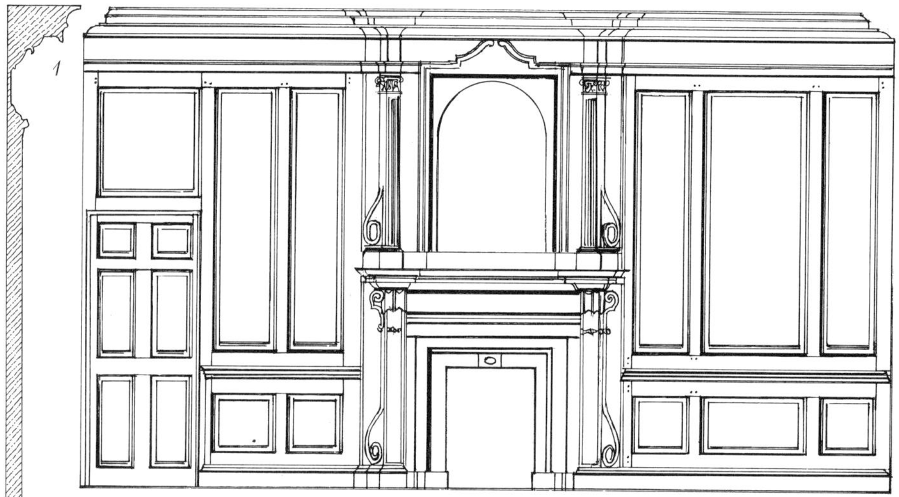

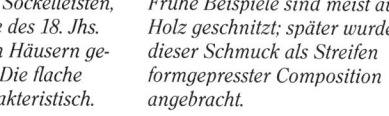

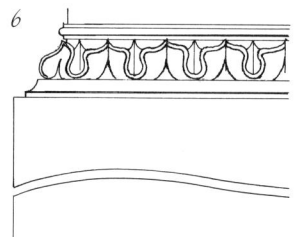

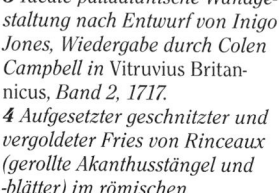

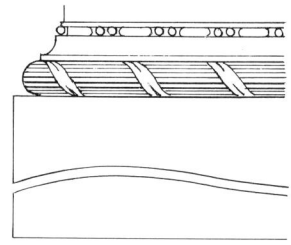

1 Voll getäfelter Raum der Zeit um 1730. Man beachte, wie die Querfriese (horizontal) und Seitenstücke (vertikal) im Sinne der prinzipiellen Dreiteilung der Wand in Fries, Feld und Sockel angeordnet sind. Wie üblich findet man die kunstvollste Tischlerarbeit und alle geschnitzten Details an der Kamineinfassung. Täfelungen aus Eiche, Zeder oder Nussbaum kamen selten vor. Die meisten Täfelungen bestanden aus Kiefer oder Fichte und waren gestrichen.
2 Detail aus einem Putzornament, um 1755. Frei modellierte Formen, in denen oft Naturmotive mit formalen Schnörkeln kombiniert wurden, kennzeichnen das Rokoko.

3 Ideale palladianische Wandgestaltung nach Entwurf von Inigo Jones, Wiedergabe durch Colen Campbell in Vitruvius Britannicus, Band 2, 1717.
4 Aufgesetzter geschnitzter und vergoldeter Fries von Rinceaux (gerollte Akanthusstängel und -blätter) im römischen Geschmack, um 1725.

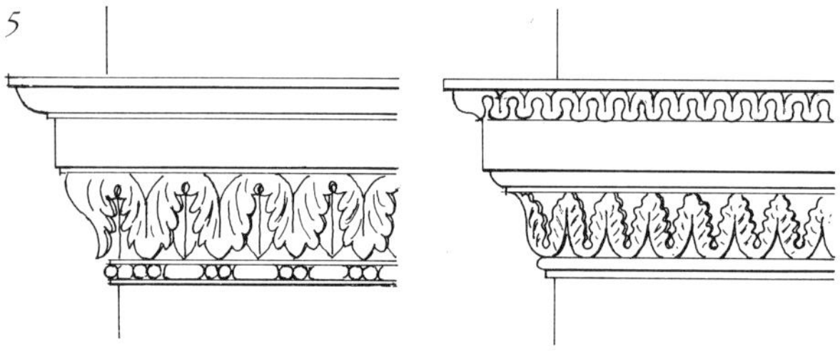

5 Zwei Profile von Sockelleisten, wie sie gegen Mitte des 18. Jhs. in anspruchsvollen Häusern gebräuchlich waren. Die flache Oberkante ist charakteristisch.

Frühe Beispiele sind meist aus Holz geschnitzt; später wurde dieser Schmuck als Streifen formgepresster Composition angebracht.

6 Zwei Fußleistenprofile, deren Struktur die klassische Säulenbasis nachbildet. Die Verzierungen wurden oft farblich abgesetzt oder vergoldet.

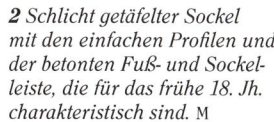

1 Trennwand zwischen Vorder- und Hinterzimmer in einem typischen Stadthaus der 1720er Jahre. Die Flügel der hohen Tür sind passend zur Täfelung unterteilt. DC

2 Schlicht getäfelter Sockel mit den einfachen Profilen und der betonten Fuß- und Sockelleiste, die für das frühe 18. Jh. charakteristisch sind. M

3 und **4** Die Details aus dem oberen und unteren Wandbereich von James Gibbs' Octagon in Orleans House, Twickenham, zeigen die üppige Verwendung der Säulenordnungen und anderer Ornamente. Die kontrastierende Farbgebung ist nicht original.

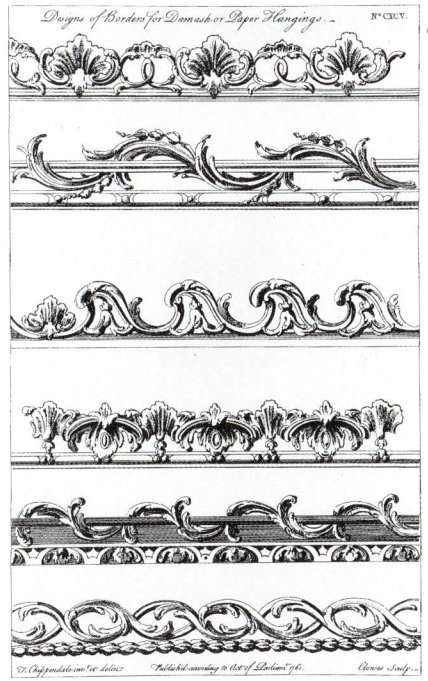

5 Entwürfe für Leisten zum Abschluss von Tapeten oder textilen Wandbespannungen, aus der dritten Auflage von Thomas Chippendales The Gentleman and Cabinet Maker's Director, 1762. Die Leisten wurden aus Holz, Metall oder Composition gemacht und meist vergoldet. TCH

6 Trennwand im Holbein-Zimmer in Strawberry Hill, Twickenham, 1758–1759. Das gotische Maßwerk in Durchbrucharbeit ist eine Kopie des alten Lettners in der Kathedrale von Rouen. SH

WÄNDE

Decken

Das Deckengemälde im State Dining Room in Grimsthorpe Castle, Lincolnshire, um 1724, vielleicht von Francesco Sleter, einem der damals in England tätigen italienischen Künstler, ist eine allegorische Darstellung der Künste und der Wissenschaften. Solche großflächigen, wohlausgewogenen Kompositionen waren in den ersten Jahrzehnten des 18. Jhs. sehr modern. Das Putzrelief in trompe-l'oeil-Malerei ist ein effektvoller Rahmen für das lebhafte Bild in der Mitte.

Einfache Decken werden durch die Balkenunterseiten der darüber liegenden Fußböden gebildet, eventuell mit grob verputzten Zwischenräumen. Bei kunstvolleren Decken sind die Hauptelemente verputzt und die freien Flächen verziert. Zu diesem Typ gehören auch Kassettendecken. Die übliche frühgeorgianische Decke ist etwas komplizierter aufgebaut. Leichte Latten sind an die Deckenträger genagelt und gleichmäßig verputzt. Diese Fläche hat meist Profilleisten an den Rändern und ein Rundfeld in der Mitte. Die im späten 17. Jahrhundert üblichen schweren Ornamente wichen dem viel flacheren palladianischen Reliefschmuck. Kraggesimse und andere »korrekte« Friese wurden aus klassischen Motiven komponiert.

In den 1730er und 1740er Jahren waren asymmetrische Rokokodesigns aus frei modellierten Blatt-, Muschel- und Vogelmotiven beliebt, die dann nach der Jahrhundertmitte jedoch von strengen klassizistischen Formen verdrängt wurden.

Die zu Beginn der Epoche modernen Deckengemälde fand man nur in Schlössern und ähnlichen Gebäuden; kleine Bildfelder mit Szenen oder Wappen blieben dagegen populär. Die Farben der Decken lassen sich häufig nicht mehr nachweisen. Geweißte Decken herrschten vor, aber Einzelheiten wurden sicher oft farblich betont, wobei man die Details in Reservetechnik weiß gegen »Himmelsfarben« wie Grau, Gelb oder Rosa absetzte.

1 *Decke mit stark ornamentaler Putzarbeit aus Batty Langleys* The City and Country Builder's and Workman's Treasury, *1745. Die Vorliebe des 17. Jhs. für massiven Deckenschmuck machte feineren Profilleisten und römischer Pracht Platz. Die feinsten Decken waren vergoldet und verschiedenfarbig bemalt. Ein einheitliches gebrochenes Weiß entsprach jedoch sehr gut den palladianischen Prinzipien stilreiner Dekoration.* BI

2 *Kraggesimse aus Batty Langleys* A Sure Guide to Builders, *1729. Kragsteine (geschmückte Voluten als Konsolen) wechseln mit Füllungen, von denen jede eine Patera oder Rosette enthält. Dies blieb eine der beliebtesten Formen für vornehme Deckengesimse.* A

3 *Diese Gesimsform mit ihrem Zahnschnitt wirkt leichter als das Kraggesims. Das gerollte Blattmotiv lässt schon an das Rokoko denken.* A

4 *Vorlage für eine Kartusche in Putzarbeit aus James Gibbs'* Book of Architecture, *1728. Gibbs' Kartuschen mit ihren kräftigen symmetrischen Formen stehen fest auf dem Boden der barocken Tradition. Sie wurden vielseitig angewendet, vom Ornament für Wandvertäfelungen und Friese bis zu Ecklösungen für Decken mit Hohlkehle.* BA

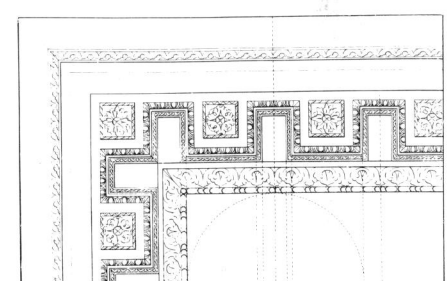

5 *Die dekorative, aus Putz modellierte Eckkartusche, um 1725, stellt den Frühling dar und gehört zu einer Serie der Vier Jahreszeiten in Pierrepont House, Bath.*

6 *Vorlage für eine andere Kartuschenform aus James Gibbs'* Book of Architecture, *1728.* BA

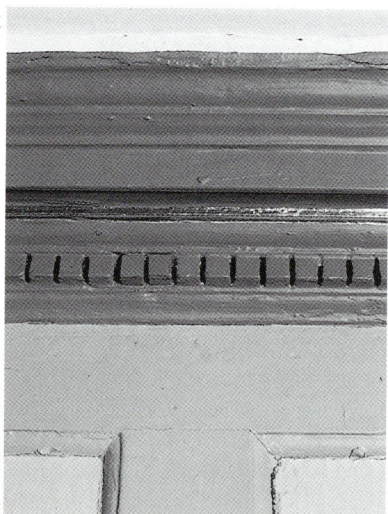

1 Decke mit schlichten geometrischen Feldern in Putzarbeit. Die Profilleisten wurden von Hand mit Formwerkzeugen ausgeführt. Die Kragsteine sind formgepresst.

2 »Kastengesims« aus den 1720er Jahren in Elder Street, London. Das Kastengesims, hier mit winzigem Zahnschnitt, bildete den oberen Abschluss der Täfelung. Es ist eine Tischlerarbeit aus hölzernen Leisten. DC

3 Schlichtes, unverziertes Kraggesims, um 1735. Solche Gesimse gibt es aus Holz und aus Putz.

4 Heraldische Decke im neogotischen Stil in der Bibliothek in Strawberry Hill, Twickenham, 1753–1754, ausgeführt von Andien de Clermont, einem spezialisierten Dekorationsmaler. SH

5 Neogotische Decke von 1758 in Strawberry Hill. Schmuckelemente aus geformtem Papiermaché wurden mit Stiften befestigt. SH

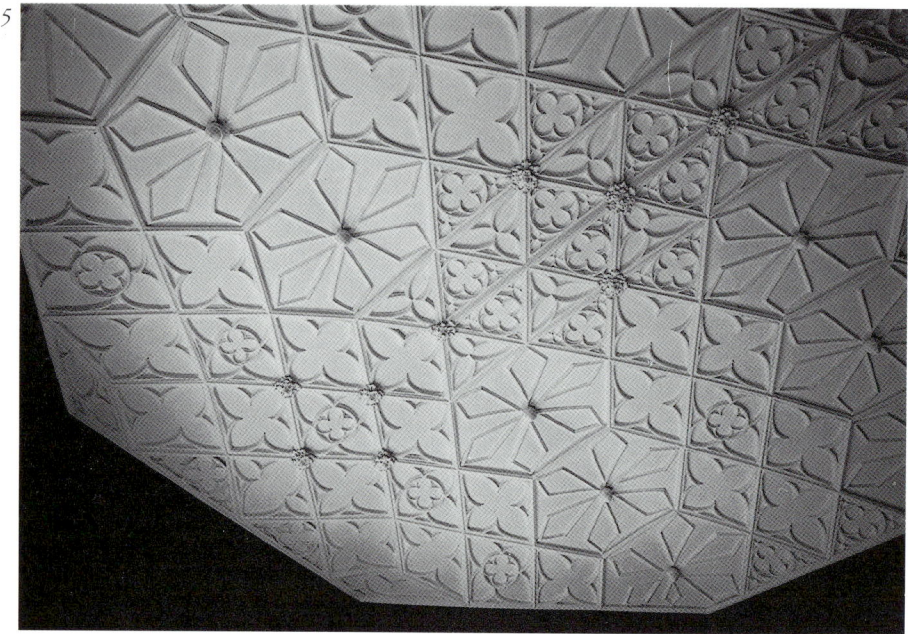

Fußböden

1 *Einer der wenigen erhaltenen bemalten Fußböden aus der Mitte des 18. Jhs., im Tyrconnel Room in Belton House, Lincolnshire. Bemalte und schablonierte Fußböden sind in den Niederlanden verbreiteter als in England. Wahrscheinlich stehen sie in der Tradition der einst sehr beliebten Beläge aus bemalter Leinwand.* BHL

2 *Feines Steinpflaster des Typs carreaux d'octagones, im gesamten 18. Jh. das beliebteste Fußbodenmuster in Dielen.*

Die bescheidensten Fußböden bestanden aus gestampfter Erde. Es gab sie in Bauernhäusern und selbst in den Untergeschossen mancher städtischer Häuser. Hochkant verlegte Ziegel oder dicke Schieferplatten eigneten sich besser, aber der bevorzugte Bodenbelag für das Erdgeschoss waren einfache Steinplatten.

Auf Balken verlegte Steinplatten sind typisch für Eingangshallen. Kunstvolles Pflaster, vielleicht auch mit Marmoreinlagen, war vornehmen Häusern vorbehalten. Mehrere Musterbücher der Epoche bieten Entwürfe für die verbreiteten geometrischen Fußbodenmuster.

Fußböden aus Holzdielen über Trägerbalken waren in den anderen Teilen der Häuser die Regel. In Häusern vom Beginn der Epoche findet man oft Bodenbretter aus Eiche, später aus Ulme, baltischer Fichte oder Kiefer (zusammen als »Dielenholz« bezeichnet). Die Planken von Anfang des Jahrhunderts sind oft über 30 cm breit; diese wurden unbehandelt gelassen und regelmäßig geschrubbt oder mit Sand gescheuert. Später werden die Bretter schmaler (20–25 cm), und in den Haupträumen sind sie an den Rändern um den Teppich herum gebeizt und lackiert.

Orientteppiche, aber auch »türkische« und Blumenteppiche aus England waren modern. Drogetts schützten Treppen und stark begangene Bereiche; textile Beläge aus Leinwand, mit Ornamenten bemalt und lackiert, waren elastisch und galten als geeignet für Speiseräume.

1 Gewöhnlicher Fußboden aus Dielenbrettern (Fichte oder Kiefer), die auf Unterzüge gelegt und festgenagelt wurden. Im Lauf des 18. Jhs. nahm die Breite der Bretter allmählich ab. DC
2 Detail einer kunstvollen Parkett-Marketerie, um 1756 im Marmorspeisesaal in Ham House, Surrey, verlegt.
3 Steinfußboden mit Karomuster aus gleich großen schwarzen und weißen Quadraten, die meist, wie hier, diagonal verlegt wurden. OC

4 Vorlage für ein geometrisches Pflaster aus John Carwithams wichtiger Abhandlung Various Kinds of Floor Decorations Represented Both in Plano and Perspective, 1739. Carwitham

zeigt viele geometrische Muster, die, in Stein ausgeführt, für innen und außen, z. B. für Terrassen, geeignet waren. Er empfahl sie auch als Vorlagen für textile Beläge. Trompe-l'oeil-

Muster wie dieses waren populär. JC
5 und **6** Zwei Seiten mit Entwürfen für gepflasterte und eingelegte Fußböden aus The Builder's and Workman's

Treasury of Designs von Batty Langley, 1739. Das komplizierteste Motiv ist das mittlere auf der ersten Seite. Es wird als »Pflaster aus verflochtenen Parallelepipedons« bezeichnet. BL

Kamine

Dieser Kamin weist einen einfachen Kerbdekor an Sturz und Gewände auf. Die Form *war ab den 1720er Jahren verbreitet und kam mit und ohne schweren Schlussstein vor.* DC

In frühgeorgianischer Zeit war der Kamin das visuelle Zentrum des Raumes. Schön gestaltete Kamine widerspiegeln die Vielfalt von Vorlagen, die auf verschiedene Kategorien von Häusern und Räumen zugeschnitten waren. Die besten Stücke sind aus weißem Bildhauermarmor gearbeitet, oft mit Einlagen von farbigen Marmorarten, Porphyr etc. Stuckmarmor ist ein billiges Marmorimitat. Die beliebtesten Formen führte man in Holz aus. Sie wurden aus Teilen zusammengesetzt, die Details geschnitzt oder aus Composition geformt und aufgesetzt. Figürliche Marmorwangen oder Umrandungen gehörten bei eleganten Kaminen zum Standard. Der schlichte ländliche Kamin besitzt einen massiven hölzernen Sturz, eine Kaminsohle aus Ziegeln sowie ei-

nen frei stehenden, gusseisernen Feuerschild und Kaminböcke für die Scheite.

In Stadthäusern wurde zunehmend Kohle verbrannt. Zunächst legte man sie auf die für Holz vorgesehenen Feuerroste, die auf einer Platte aus Stein oder Marmor unter dem offenen gemauerten Bogen des Kamins standen. Um gut zu brennen, benötigt Kohle jedoch einen kleineren Rost als Holz, und er muss erhöht stehen, damit ein Luftzug entstehen und die Asche gesammelt werden kann. In den 1720er Jahren kamen neue Roste für Kohlen in Form von Herd- oder Kaminrosten und frühe Varianten regulierbarer Roste auf.

Für das Küchenfeuer gab es die ersten primitiven gusseisernen Herde, einige mit gebläsegetriebenem Bratspieß.

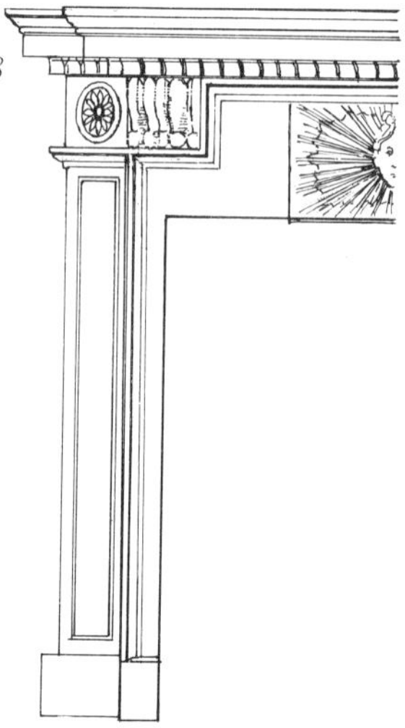

1 Kamineinfassung aus Marmor,
um 1726, mit typischem herabgezogenem Sturz.
2 Der Sturz mit Wellenband-Fries
ruht auf Konsolen in Höhe der
Stützen. William Jones, 1739.

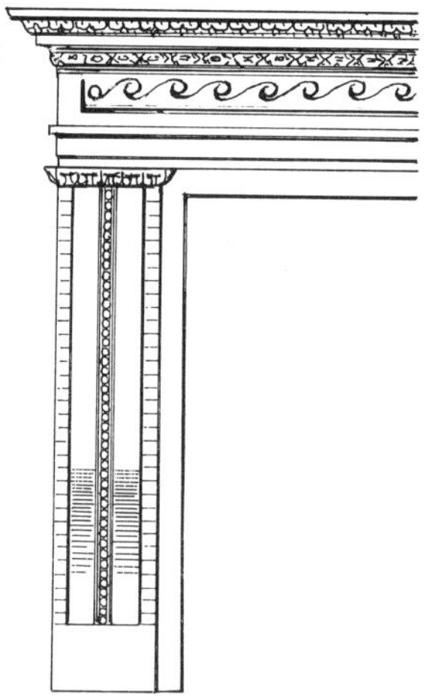

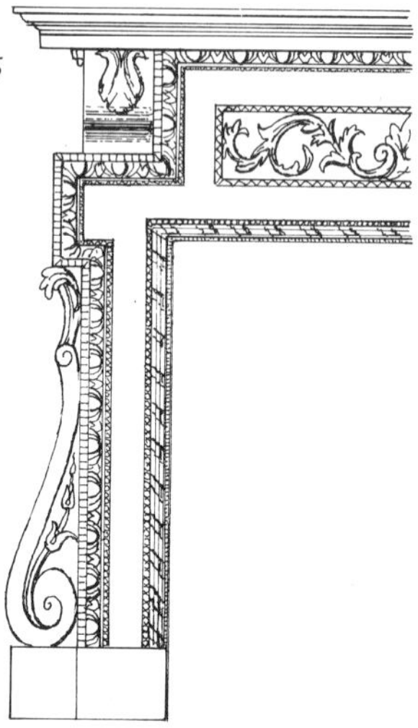

3 Eine bevorzugte Form im Palladianismus mit flankierenden
Hermen, oft bei William Kent.
4 Gewände mit Konsolen, stark
plastisch verzierter Sturz, Entwurf von William Kent, 1744.

5 Gestufter und überstehender
Sturz mit geschnitztem Einsatz
und einfachen Voluten. William
Jones, 1739.
6 Abgeschwächte ionische Säulen, aus B. Langleys Builder's

Director or Bench-Mate, 1751.
7 Ausgefallene neogotische Kamineinfassung aus derselben Quelle.
8 Beispiel mit vorstehendem
Mittelteil und Sonnenmotiv am
Sturz. Aus Bath, um 1730.

9 Detail der stark plastisch
verzierten Kamineinfassung in
Castlegate House, York, 1730er
Jahre. Die symmetrischen Akan-
thusmotive mit dem Korb in der
Mitte sind noch ganz barock.
10 Fein geschnitzter palladiani-

scher Sturz einer Kamineinfassung in Redland Court, Bristol.
Die Masken und Festons sind
typische Motive.
11 Die Löwenmaske ist ein
charakteristisches Mittelmotiv
an Kamineinfassungen

der späten 1730er Jahre.
12 Zwei neogotische Gesimse,
geeignet als Kaminsimse, aus
Batty Langleys Builder's Director
or Bench-Mate, 1751. Kamineinfassungen in diesem Stil gehörten zu seinen größten Erfolgen.

1 Sehr klare und strenge Einfassung in geädertem Marmor, 1720er Jahre, mit »Schwanennest-Rost« von ca. 1770 oder später. DC
2 Elegante Einfassung mit flachem Sturz und Gewände, typisch für die Mitte der 1720er Jahre. Den Sturz ziert ein Schlangenprofil. DS

3 Solche Einfassungen waren in den 1720er Jahren beliebt. Gewöhnlich wurden die Details noch robuster gestaltet. Die abgeschwächte Form ist der Raumgröße und der Lage in einer Ecke geschuldet. Der Rost stammt aus der zweiten Hälfte des 18. Jhs. DC

4 Einfassung mit für die 1720er und 30er Jahre typischen robusten Details, aus einem Salon in Spitalfields, London. DS
5 Der aus Ziegeln gemauerte Rand der Kaminsohle liegt bei diesem Kamin aus den 1720er Jahren frei. Die Kaminböcke mit Flaschenwärmern waren zu dieser Zeit eher für ländliche Gebiete typisch. DS

6 Kamineinfassung von sehr hoher Qualität, aus dem Octagon in Orleans House, Twickenham, entworfen von James Gibbs. OC
7 Kamineinfassung im neogotischen Stil, einem mittelalterlichen Grabmal nachempfunden. Aus dem Großen Salon in Strawberry Hill, Twickenham, Entwurf Richard Bentley, 1753/1754. SH

*1 Kamineinfassung aus John
Vardys Vorlagenbuch. Der Entwurf von Inigo Jones, 1744, ist
typisch für dessen Proportionen.
2 Kunstvoller Kaminaufsatz,
entworfen von E. Hoppus, 1737.
3 Geschnitzter Schmuckrahmen
von ca. 1740–1750.*

*4 Kunstvoller Entwurf für eine
Kamineinfassung mit Aufsatz, in
dem sich ein Rahmen für ein Bild
oder einen Spiegel befindet, 1737.
5 Der etwas grobe Entwurf für
Kamineinfassung und Aufsatz,
1745, ist typisch für Batty
Langleys Geschmack.*

*6 Fein geschnitzter Kaminaufsatz,
um 1735.
7 Kamineinfassung und Aufsatz,
seltener Typ mit den voll entwickelten asymmetrischen Muschel-
und Blattformen des Rokoko, 1738.
8 und 9 Zwei Entwürfe von
W. Ince in der Art von Thomas*

*Chippendale für die im Rokoko
beliebten Spielereien im gotischen und chinesischen Stil.
Die Gegenüberstellung zweier
unterschiedlicher Designs
wie in 8 wird als Ursprung
der Asymmetrie des Rokoko
gesehen.* IN

1 *Detail aus einem eleganten Kamin, um 1750–1753. An der hölzernen Einfassung gibt es die in der Mitte des 18. Jhs. beliebten C- und S-Schnörkel, die typisch für die anglisierte Version des französischen Rokoko sind. Die Füllung des Aufsatzes nimmt die Linien der Einfassung auf.* RS

2 *Dieser Kragstein ist eine sehr reine Wiedergabe einer klassischen Form. Er ist Teil der plastisch gestalteten Kamineinfassung, die James Gibbs 1720 für das Octagon im Orleans House, Twickenham, Middlesex, entworfen hat. In feinem, leicht gemustertem Marmor ausgeführt.* OC

3 *Detail des neogotischen Kamins aus dem 1755 von Horace Walpole vollendeten Chinesischen Kabinett in Strawberry Hill, Twickenham. Die Einfassung beruhte auf »einem Kamin aus Hurstmonceaux (Sussex)«, wahrscheinlich aus dem späten Mittelalter. Die Farben folgen wohl Walpoles Originalentwurf.* SH

4 *Dieser Rost von ca. 1750 zeigt den Ursprung des Kamineinsatzgitters: Die Stäbe ruhen in zwei gusseisernen Seitenteilen oder Vorsprüngen. Diese wurden im späten 18./frühen 19. Jh. wesentlich massiver.*

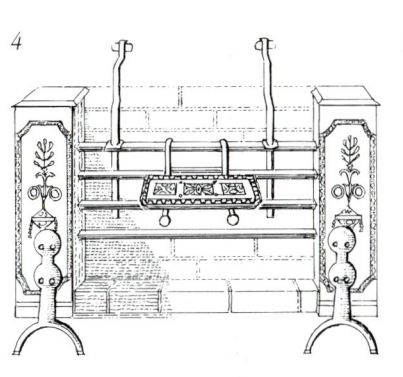

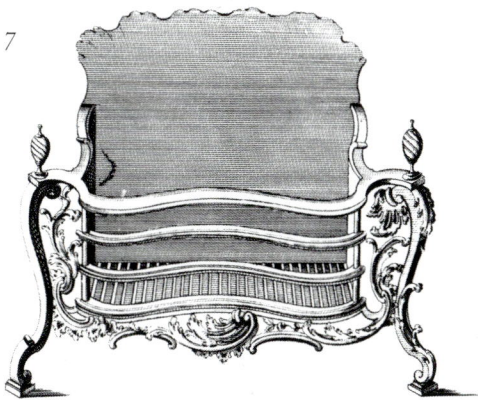

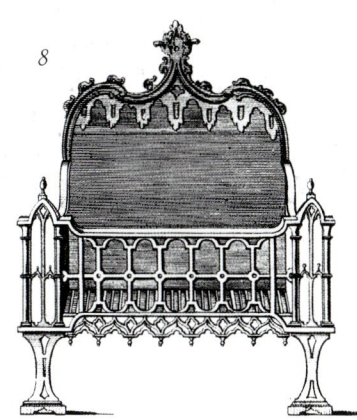

5 *und* **6** *Zwei Beispiele für den Anfang und Mitte des 18. Jhs. gebräuchlichsten Rost, den aus Stangen zusammengesetzten, frei stehenden Rost. Die Vorderbeine folgen der Mode. Echte Stücke aus der Zeit sind hochbeinig.*

7 *und* **8** *Entwürfe für frei stehende Roste im Rokoko- bzw. neogotischen Stil von Thomas Chippendale sind in der dritten Auflage von* The Gentleman's and Cabinet Maker's Director *von 1762 enthalten.* TCH

Treppen

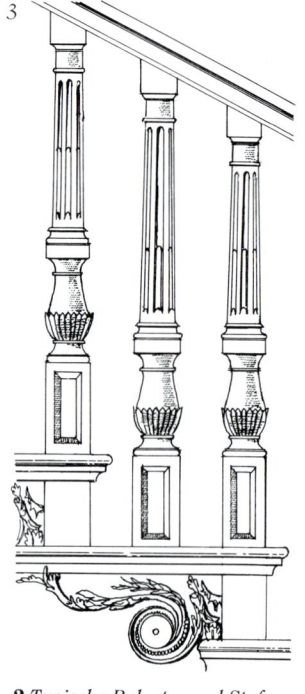

1 Drei Arten gedrechselte und geschnitzte Baluster: gewunden und kanneliert. Von Colen Campbell, 1718–1723.

2 Typische Baluster und Stufen-abschlüsse an der Treppe eines eleganten Hauses, um 1735.

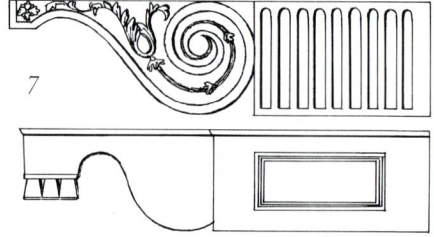

3 Robuste Baluster, ca. 1735–1748.
4 Sehr feiner geschlängelter Hand-lauf auf geschnitzter Balustrade, um 1730, Mawley Hall, Shropshire.
Typische Stufenabschlüsse:
5 mit Rokoko-Schnitzerei, aus Abraham Swans British Architect, *1738,*
6 floral, 1726, Spitalfields, London,
7 klassizistisch, Mitte 18. Jh.

Elegante Häuser besitzen eine Haupttreppe und eine »Hintertreppe« für die Bediensteten. Gewöhnliche Häuser haben eine Holztreppe mit geraden Treppenläufen und Podesten oder eine Wendeltreppe für jedes Geschoss. Den reichsten Schmuck findet man an der Haupttreppe, die von der Eingangshalle ins erste Geschoss führt. Mit jedem Geschoss werden die Treppen schlichter, die einfachsten führen zum Boden und zum Keller.

An den Haupttreppen wird die Treppe mit Lichtwange von der aufgesattelten Treppe verdrängt. Bei der Treppe mit Lichtwange standen die Baluster auf einem schrägen Brett, das auch die Enden der Stufen verkleidete. Bei der aufgesattelten Treppe stehen je zwei oder drei gedrechselte Baluster auf den Trittstufen, deren Enden frei liegen und mit Schnitzerei oder Gitterwerk verziert werden können. Frei tragende Treppen kommen bis zum Ende der Epoche selten vor.

Abgesehen vom polierten Handlauf waren die hölzernen Teile der Treppe, auch die Trittstufen, in der Art einer Holzmaserung oder mit einer matten Farbe, zum Beispiel Schokoladenbraun, gestrichen. Die Trittstufen schützte man durch einen angehefteten Streifen Teppich oder Drogett.

In besonders vornehmen Häusern mit steinernen Treppen findet man schmiedeeiserne, ab Ende des Jahrhunderts auch gusseiserne Balustraden. Die besten Beispiele bestehen aus Stahl und weisen vergoldete Details auf.

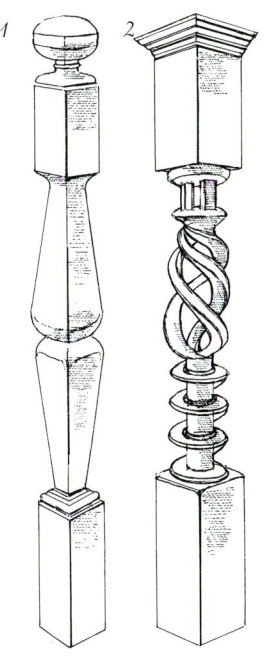

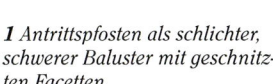

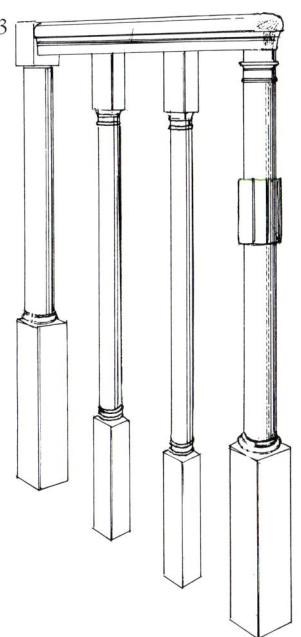

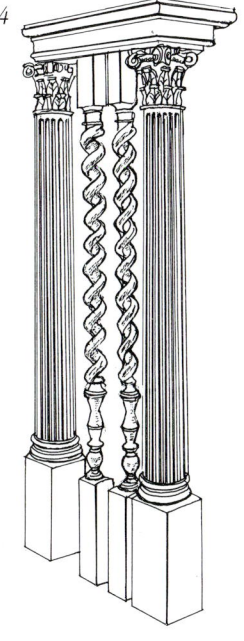

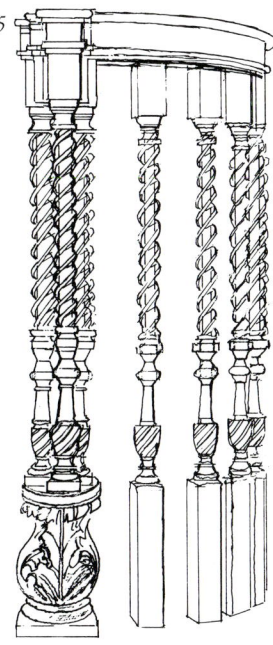

1 *Antrittspfosten als schlichter, schwerer Baluster mit geschnitzten Facetten.*
2 *Fein geschnitzter Doppelspindelbaluster, späte 1720er Jahre,*

Castle House, Lewes, East Sussex.
3 *Zwei Antrittspfosten und Baluster am Halbpodest (Wendepunkt der Treppe) in einem Haus von Mitte des 18. Jhs. in Bath.*

4 *Ähnliche Anordnung, aber mit feinsten architektonischen Details in Schnitz- und Tischlerarbeit. Aus 6 Cheyne Walk, Chelsea, London, einem Reihenhaus von*

1717/18. Die Antrittspfosten sind korinthische Säulen.
5 *Der abschließende Schwung der Haupttreppe in 15 Queen Square, Bristol.*

6 *bis* **8** *Muster für Eisenbalustraden aus Welldons Musterbuch The Smith's Right Hand, 1756. Die besten Beispiele sind aus Schmiedestahl.*
9 *Treppe mit geschnitztem Maßwerk in Strawberry Hill, Twickenham, um 1754. Die Grundform aus dem 17. Jh., ausgeschmückt im neogotischen Stil.*

10 *Eiserne Balustrade mit fortlaufendem Schnörkelmuster, Antrittspfosten und Handlauf aus Mahagoni. Aus einem Londoner Stadthaus von James Gibbs, 1736.*
11 *Detail einer Balustrade in Form eines fortlaufenden Chinesischen Gitters, einer Mode der Jahrhundertmitte, von der nur wenige Beispiele erhalten sind.*

Einbaumöbel

Die vorbildgebende Bibliothek im neogotischen Stil, geschnitzt und gestrichen, in Strawberry Hill, Twickenham, von Richard Bentley für den Schriftsteller Horace Walpole entworfen, 1754 fertiggestellt. Die Maßwerkfelder sind Türen, dahinter weitere Borde. SH

Hier muss klar unterschieden werden zwischen der Ausstattung im Parterre von vornehmen Häusern (denen die Einbaumöbel in einfacheren Häusern ähnelten) und den eleganten Einbauten in den besten Räumen von Stadthäusern und Landsitzen. In Küchen findet man robuste Geschirrschränke und Anrichten aus Eiche und Ulme und darüber abgestufte Regale, sowie feste Arbeitsflächen auf stämmigen gedrechselten Balustern. Die Wirtschaftsräume sind zur Aufbewahrung der Wäsche häufig mit Kommoden und Regalen ausgestattet, ebenso die Korridore der oberen Geschosse. Die Kommoden wurden schlicht und elegant gestaltet, das Holz oft matt gestrichen und Schränke und Schubfächer mit alter Tapete ausgelegt. In schlichteren getä-felten Räumen gibt es meist neben dem Kaminvorsprung Einbauschränke für zahlreiche Dinge, die trocken gelagert werden müssen.

Die kostbarste Einrichtung hatte meist die Bibliothek; oft bestand sie aus Regalreihen über Schränken, mit einem zur Wandverkleidung passenden Gesims. Die besten Möbel bestehen aus Mahagoni oder Eiche, bescheidenere aus Kiefer. In Alkoven gibt es außer Borden manchmal einen Sekretär oder eine klappbare Schreibplatte. Nischen und Eckschränke mit geformten Borden waren zu Beginn der Epoche beliebt. Mit Füllungstüren nutzte man sie als Vorratsschränke, mit verglasten Türen als Vitrinenschränke. Letztere hatten oft einen muschelförmigen geschnitzten Abschluss.

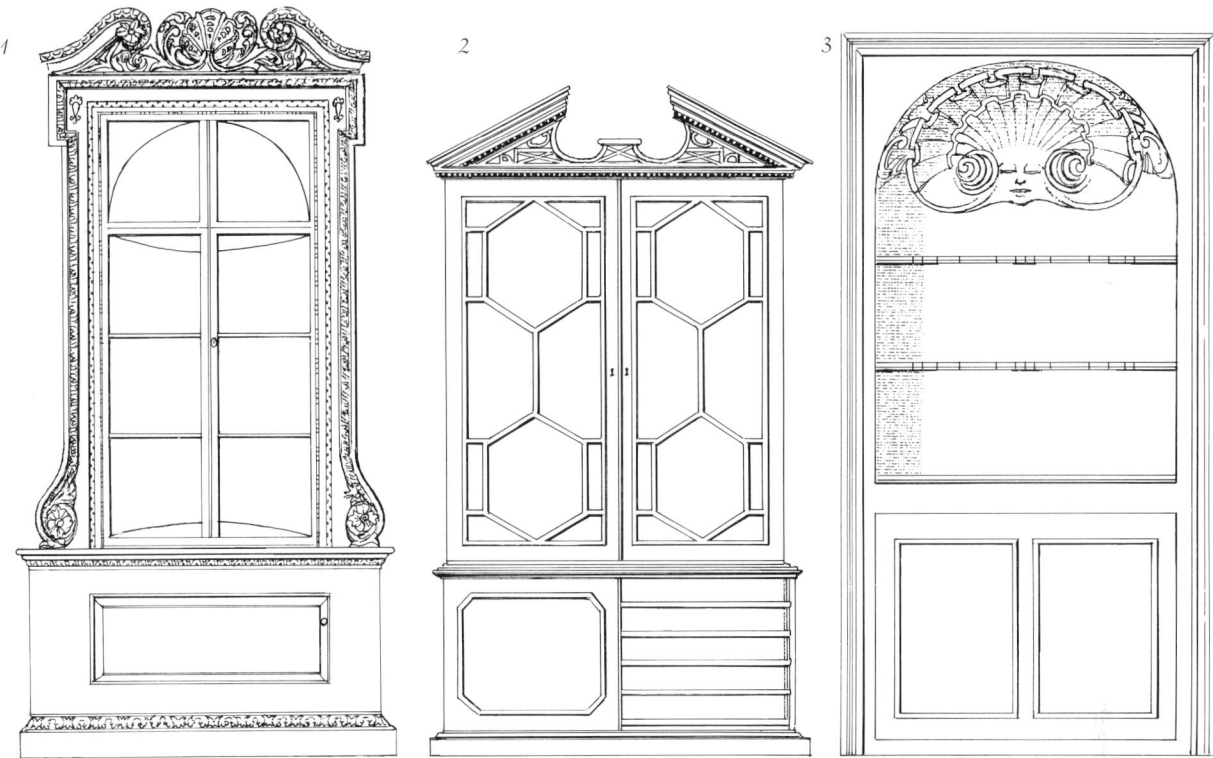

1 Eine von zwei Nischen neben der Kamineinfassung in einem Londoner Frühstückszimmer. Die Türen sind verglast.
2 Entwurf von ca. 1750 aus einer Serie »Bücherschränke für Nischen« von W. Ince.

3 Nische mit offenen Borden für Gläser und Geschirr in 1 Pierrepont Place, Bath. Die geschnitzte Muschel war ein bevorzugtes Motiv in der ersten Hälfte des 18. Jhs.

4 Flacher Geschirrschrank mit Doppeltür vor dem Kaminschacht eines übereck gebauten Kamins von Mitte der 1720er Jahre. DC

5 Eingebaute Anrichte in der Küche eines Hauses in Spitalfields im Osten Londons, 1720er Jahre. Zu bemerken sind die abgestuften Borde sowie die balusterförmigen Stützen und der offene Stauraum unten. DC

Installation

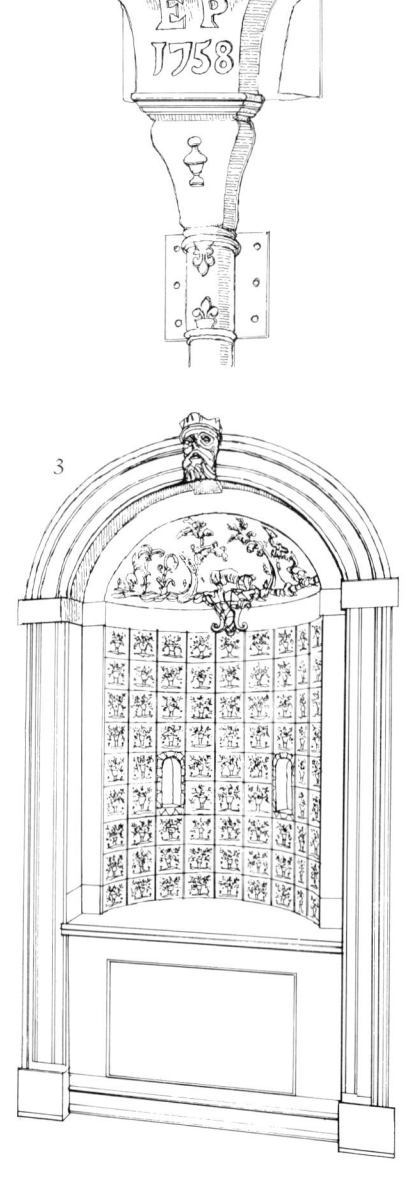

1 Bleitank oder Zisterne für Wasser. Diese wichtigen Geräte standen auf dem Souterrainvorplatz oder im Keller von Stadthäusern. Tanks aus dem frühen 18. Jh. sind oft sehr schön verziert. Unser Beispiel hat gegossene Ornamente. Heute findet man sie oft bepflanzt. AL

2 Einlauftopf für Regenwasser. Er verband Regenrinne und Fallrohr. Oft mit Datum, Initialen oder Ornamenten versehen.
3 Gefliese Nische mit angeschlossenem Waschbecken in einem Haus in Bath. Im 18. Jh. ein prestigeträchtiger Luxus für eine Eingangshalle oder einen Speiseraum.

Die sanitären Anlagen in den englischen Städten des frühen 18. Jahrhunderts waren nicht so primitiv, wie oft angenommen wird. Regenwasser wurde von Dacheinschnitten und Dachrinnen über Einlauftöpfe in Fallrohre geleitet und weiter in Tonnen zum Gebrauch oder in Gruben zum Versickern. Einige Häuser erhielten schon Leitungswasser, das aber nur zu bestimmten Tageszeiten durch Holzröhren kam. Auch reichte der Druck nicht aus, um das Wasser über das Erdbodenniveau steigen zu lassen. Daher waren große Vorratsbehälter aus Blei erforderlich.

Die meisten Stadthaushalte überließen die Entsorgung dem Jauchemann und dem Müllmann. In den 1730er Jahren gab es in den ganz feinen Häusern bereits Wasser in den Obergeschossen, so dass man Spülklosetts einbauen konnte, aber diese blieben noch lange ein seltener Luxus. Ebenfalls Luxus waren Waschbecken mit Rohranschluss, die manchmal als Wandbrunnen in Nischen gestaltet wurden. Haushaltabwässer gingen in unterirdische Faulbehälter im Garten, die regelmäßig geleert werden mussten. In einfacheren Häusern waren Trockenklosetts (Abtritte oder Aborte) häufiger anzutreffen, die man möglichst fern vom Haus anlegte.

In den Küchen gab es weite, niedrige Spülbecken aus Stein oder Bleiblech über einem Holzrahmen und große Kupferkessel zum Erwärmen von Wasser.

Beleuchtung

1 Hängelampe für außen in »Gewehrkugelform«, 1722.
2 und **3** Hängende Kerzenlaternen für Innenbereiche. Die erste im französischen, die zweite im neogotischen Stil (1750er Jahre).
4 Laterne aus der Mitte des 18. Jhs. mit gewölbter Windkappe.
5 Eiserner Ständer für eine Öllaterne, wie man sie an Geländern von Souterrainvorplätzen bei Reihenhäusern fand. Daneben ein Löschhorn, das Teil des Ständers sein oder an der Wand befestigt sein konnte.
6 Ornamentaler Laternenhalter, um 1740. Church Row, Hampstead, London.
7 Laterne aus der Mitte des Jahrhunderts an geradem Stab. Castlegate, York, 1761.
8 Kugellaterne mit überstehender geschwungener Stange an einer einfachen Türeinfassung.

Beleuchtung war ein wichtiges Statussymbol, hatte man doch an der Spitze der gesellschaftlichen Rangordnung elegantes Zubehör für feine Bienenwachskerzen und am unteren Ende minderwertige Talgkerzen und schummerige Binsenlichter. Einfache Öllampen gab es nur außen an Lampenarmen und auf Ständern (oft mit einem Löschhorn für Fackeln), gelegentlich auch Hängelaternen in der Diele. Gereinigte Öle und verbesserte Brenner zum Gebrauch in Innenräumen waren noch Zukunftsmusik.

In die Mitte eines vornehmen Raumes gehörte damals ein Kronleuchter, der nur knapp über Kopfhöhe hing. Kronleuchter waren aus Metall oder Holz und konnten mit Glas- oder Kristalltropfen behangen sein. Es gab sie in sehr vielen Formen; meist hatten sie mindestens sechs gebogene Arme mit Kerzenhaltern. Sehr oft wurden auch zwei, vier oder mehr Wandleuchter oder Girandolen verwendet. Sie waren aus Messing, Silber, vergoldetem oder versilbertem Holz oder, in einfacheren Häusern, aus Hartzinn oder sogar Zinn. Manche hatten reflektierende Platten aus Glas oder poliertem Metall, andere waren passend zum Kronleuchter gestaltet.

Geschlossene Laternen waren populär. Es gab sie in vielen phantasievollen Formen, aber für Flure und Treppenhäuser bevorzugte man die einfache zylindrische Form.

Direktes Licht zum Lesen, Schreiben, Kartenspielen, Essen oder Schlafengehen kam stets von tragbaren Kerzenhaltern oder Leuchtern.

Metall

Das Haus aus den 1730er Jahren in Berkeley Square hat ein typisches einfaches Eisengitter mit gegossenen Spitzen. Es wird belebt durch den kunstvoll verschnörkelten schmiedeeisernen Bogen, an dem eine Laterne hängt. An den Ständern Löschhörner zum Löschen der Fackeln, die man auf den dunklen Straßen mit sich trug.

Zu Beginn des 18. Jahrhunderts wurde eisernes Zubehör wie Tore, Gitter und Lampenhalter handwerklich aus Schmiedeeisen hergestellt. Die gusseisernen Gitter in Sir Christopher Wrens St. Paul's Cathedral (1714) und James Gibbs' Church of St. Martin in the Fields (1726) in London lösten eine neue Mode aus und machten die kräftigen Baluster und raffinierten Speerspitzen populär, die bis weit in das folgende Jahrhundert als Finiale aktuell blieben. Schmiedeeisen wurde Luxus und nur noch punktuell verwendet, z.B. als Gitter für Oberlichter, und auch diese löste man allmählich durch Gussteile ab.

Gitter mit einem Haupttor, manchmal mit Laternen, wurden zum Standard bei Stadthäusern. Ein Nebentor sperrte die Stufen zum Souterrainvorplatz, an denen es einen einfachen Handlauf gab, oder es verschloss eine Öffnung, durch die man mit einer Rolle Waren in den Keller hinabließ. Alle Eisenteile im Freien bekamen einen Schutzanstrich, meist schwarz. Zu Beginn der Epoche war auch Dunkelgrün beliebt, später ein helleres Grün, vor allem aber ein kräftiges Hellblau. An wertvollen Arbeiten waren ornamentale Bekrönungen und andere Details oft durch Blattgold betont.

An manchen Fassaden gibt es noch runde, kreuz- oder x-förmige Platten. Sie halten Anker, die später innen eingebaut wurden, um die Konstruktion zu stabilisieren. Auch kleine Bleiplaketten sieht man noch; sie zeigten an, dass ein Gebäude feuerversichert war.

1 *Fenstergitter mit symmetrischen Schnörkeln aus Schmiedeeisen über einer Tür an der Haupttreppe von 6 Cheyne Walk, Chelsea, London, 1717/1718. Das erhabene Feld in der Mitte*

ist mit einem Wappen bemalt. **2** *Kunstvolles barockes Eisentor vom Vorplatz eines Hauses aus dem frühen 18. Jh. in Bristol. Bemerkenswert ist das mittige Ornament über den Torflügeln.*

3 *Schmiedeeiserne Kragarme konnten statt der holzgeschnitzten volutenförmigen Konsolen auch ein einfaches Vordach tragen. Dieses schmucke Beispiel ist aus Bath.*

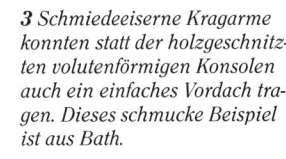

4 *Zwei Details aus dem kunstvollen Gitter eines Hauses in Stamford, Lincolnshire, mit barocken Schnörkeln und kleinen dekorativen Finialen und Blättern aus Schmiedeeisen und Eisenschnitt.* **5** *Geschmiedetes Gitter mit flach gehämmerten Knäufen und gespaltenen Schäften aus Bath.*

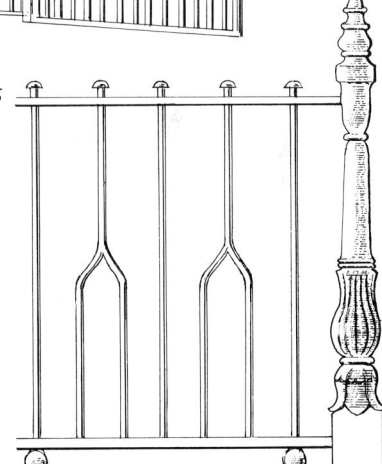

6 *Finiale aus Hampstead, London.* **7** *Details vom Gitter eines Souterrainvorplatzes. 1720er Jahre,*

Fournier Street, Spitalfields, London, mit gehämmerten Spitzen und geschnittenen

und gehämmerten Zierbekrönungen. **8** *Auswahl gegossener Knäufe*

an Gittern, u. a. die populären Formen der Distel, der Ananas und des Balusters, um 1726.

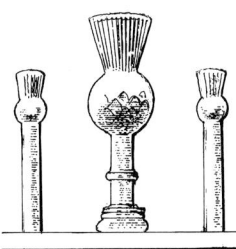
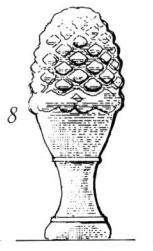

KOLONIALSTIL

1607–1780

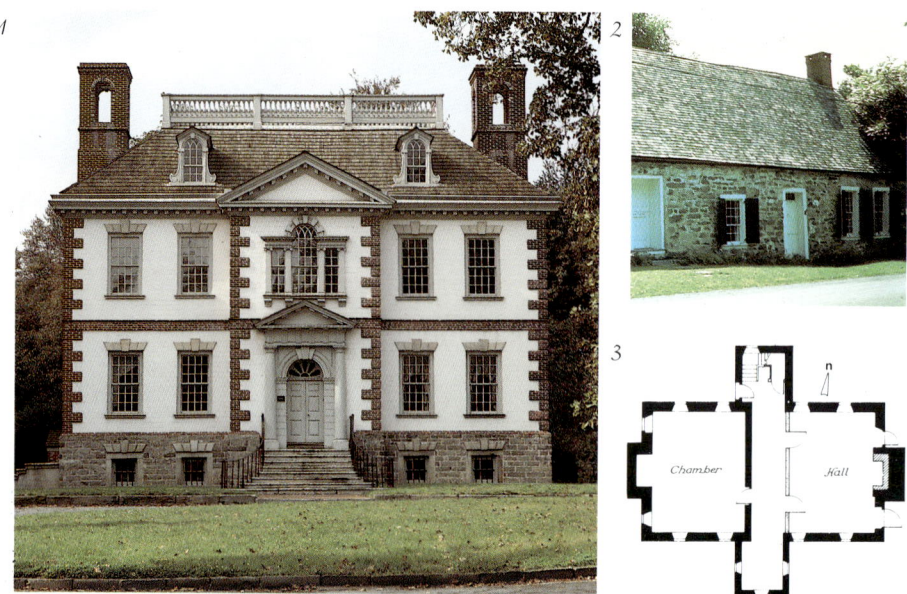

1 *Mount Pleasant in Fairmount Park, Philadelphia, 1761/62, ist ein vorzügliches Beispiel georgianischer Architektur mit eindrucksvoller Eingangstür, symmetrischer Fensteranordnung und dekorativem Materialeinsatz.* MP
2 *Abraham Hasbrouck House, New Paltz, New York, 1692, ist ein eingeschossiges Haus im holländischen Kolonialstil mit typischen niedrigen Wänden und tief herabgezogenem Dach. Ursprünglich hatte es an dieser Seite wohl nur zwei Fenster und eine Tür.* AHH
3 *Erdgeschossgrundriss von Bacon's Castle, Surry County, Virginia, um 1655. Das Herrenhaus im Tudor-Barock hatte Diele und Wohnzimmer im Parterre. Im 18. Jh. wurde, beeinflusst von georgianischen Grundrissen, eine Trennwand eingebaut.*

»Amerikanischer Kolonialstil« ist ein sehr weiter Begriff, der Gebäude aus beinahe zwei Jahrhunderten umfasst, von der ersten Ansiedlung 1607 bis zur Gründung des neuen Staates nach der Revolution in den 1770er und 80er Jahren. Es ist hilfreich, diese Periode in zwei Phasen zu unterteilen: die Grenz- oder Siedlungsphase und die georgianische (auch klassische oder palladianische) Phase. Der Übergang liegt zwischen 1720 und 1730, und in diese Zeit fällt auch die Entwicklung der Konsumgesellschaft.

Die Grundformen amerikanischer Architektur wurden aus Europa, England und Afrika importiert. Es zeigt sich aber, dass eigene amerikanische Stilrichtungen fast sofort nach Beginn der Besiedlung entstanden und Mitte des 18. Jahrhunderts schon recht ausgeprägt waren. Die Unterschiede in Klima, sozialer und ökonomischer Struktur der Kolonien sowie die Vermischung der Kulturen ließen weniger einen »Schmelztiegel« der Architekturen entstehen als ein Mosaik regionaler Stile.

Die ersten Siedler in der Neuen Welt fanden reichlich Land und Baumaterial, aber die Notwendigkeit, schnellstmöglich elementare Unterkünfte zu schaffen, zwang zu bescheidenem Bauen. Die ersten Siedlungen bestanden aus überdachten Unterständen, Hütten, Wigwams oder Fachwerkhäuschen, von Palisaden oder einem schützenden Fort umgeben. Als die Kolonisten besser Fuß gefasst hatten, bauten sie festere Behausungen. Einige der ersten »Herrenhäuser« hatten kaum einen Stil; manchmal war es nur ein Raum mit Wänden aus Stülpschalungsbrettern, einem holzgerahmten Schornstein an der Giebelwand und einer einzigen Lattentür und einem Fenster mit Fensterladen an der Hauptfassade. Diese Häuser kennzeichnet eine robust-handwerkliche Ästhetik, die für die amerikanische Volksbauweise typisch ist.

Mit Ausnahme der vornehmsten waren alle Häuser der Kolonialzeit aus Holz, denn Holz war reichlicher vorhanden und billiger, und man konnte damit schneller bauen als mit Ziegeln oder Stein. Ziegel nahm man in der Regel nur für Fundamente und Schornsteine. Generell war Mauerwerk in den südlichen Kolonien gebräuchlicher als in den Neuenglandstaaten. Die Siedler verwendeten den Fachwerktyp und die Ornamente ihrer jeweiligen Heimat, aber schon in den ersten Jahrzehnten kamen Dinge hinzu, die dem raueren Wetter angemessen waren: Wetterschürzen und Stülpschalungen schützten das Fachwerk, und Schindeln ersetzten das Stroh auf den Dächern. Schwedische Siedler sollen im frühen 18. Jahrhundert die Blockbauweise eingeführt haben. Nicht nur die armen Siedler lebten in Häusern mit einem einzigen Raum. Größere Häuser gab es nur ganz selten, aber als Statussymbole übten sie großen Einfluss aus. Diese außerordentlich gut gebauten Häuser sind erhalten geblieben, wenn auch vielfach umgebaut und vergrößert.

Von Anfang an gab es deutliche regionale Unterschiede. In den südlichen Kolonien besaßen die Häuser ein Erdgeschoss und ein durchgehendes Obergeschoss. Sie hatten steile Dächer, manchmal mit Gauben, und einen Ziegelschornstein am Giebel. Meist waren es grobe Holzbauten; bessere Häuser konnten aus Ziegeln gebaut und innen vertäfelt sein. Hatten sie mehr als einen Raum, waren dies gewöhnlich Diele und Wohnzimmer. Solche Häuser waren ein Zimmer tief, und die Eingangstür führte direkt in die Diele, den Hauptwohnraum. Davon war links das Wohnzimmer abgetrennt, ein eher privater Raum, und hinten befand sich die Treppe.

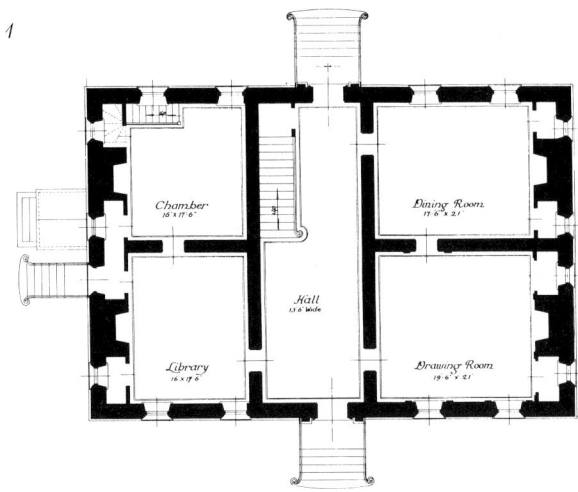

1 Erdgeschossgrundriss von Wilton-on-the-James, Virginia, um 1760. Der klassische georgianische Grundriss hat mehr Zimmer als im 17. Jh., die auf beiden Seiten des zentralen Korridors angeordnet sind.
2 Speisezimmer von Hammond-Harwood House, Annapolis, Maryland, um 1774, entworfen von William Buckland in stark verfeinertem georgianischem Stil. Mit dekorativem Putz ist die Wand in Sockel, Feld und Fries unterteilt. Das Fenstergebälk und die eleganten Fensterläden werden dekorativ besonders betont. Der Raum hat ein Scheinfenster, das von innen wie ein Fenster aussieht, in Wirklichkeit aber eine Tür ist. HHH

3 Die Küche im Südwestflügel von Hammond-Harwood House steht im Gegensatz zur Eleganz des Speisezimmers. Die Küche des georgianischen Hauses unterschied sich wenig vom

Familienraum des 17. Jhs. Beherrschend war ein großer, schlichter Kamin mit massiven Kaminböcken und manchmal, wie hier, mit einem Bratspieß. Gekocht wurde ausschließlich auf dem Feuer. Die Gerätschaften wurden um die Öffnung herum aufgehängt. Weitere Einrichtungsgegenstände der Küche waren ein Tisch und ein Geschirrschrank, der manchmal eingebaut war; in den Mehrzweckdielen der Frühzeit kamen dazu noch Stühle oder Sitzbänke und Betten. Der Ziegelfußboden war typisch für den Wirtschaftsbereich besserer Häuser und das Parterre gewöhnlicher Häuser. HHH

Die meisten Häuser dieser Zeit in Neuengland stehen dazu im Kontrast. Oft ähneln sie mittelalterlichen englischen Ständerbauten. Im späten 17. Jahrhundert nahm die Zahl der massiveren Häuser zu, die oft Merkmale von Tudor- und elisabethanischer Architektur aufwiesen, z. B. Dachüberhänge mit hängenden Ornamenten und massiven zentralen Schornsteinen. In dieser Zeit entwickelte sich das so genannte »saltbox«-Haus aus rückseitigen Anbauten, die steil geneigte Dächer hatten. Die Fenster waren klein und nicht zahlreich, die Decken niedrig. Das Innere wurde mit ausgekehlten Deckenbalken und Unterzügen, gedrechselten oder gesägten Balustern an Treppen, Füllungstüren und Wandtäfelungen verschönt. Diesen Haustyp baute man in Neuengland im gesamten 18. Jahrhundert. Die Raumaufteilung unterscheidet sich von dem südlichen Typ. In der kleinen Diele befand sich die Treppe zum durchgehenden Obergeschoss. Hinter der Diele waren der zentrale Schornstein und das Wohnzimmer.

Deutsche und holländische Siedler bauten meist Stein- oder Fachwerkhäuser mit Küche, Diele und einem Wohnzimmer im Erdgeschoss. Die Fassade war in vier Fächer unterteilt und hatte eine oft seitlich angeordnete Tür, die direkt in die Küche führte.

Die Einführung der symmetrischen georgianischen Fassade, hinter der sich in der Regel vier Räume mit einem Treppenflur in der Mitte befanden, bedeutete eine Umwälzung. Sie wurde im zweiten Viertel des 18. Jahrhunderts durch reiche Kaufleute und Pflanzer eingeführt, die Zugang zu englischen Musterbüchern, u.a. von James Gibbs und William Salmon hatten und England oft auch selbst kannten. Die ersten georgianischen Häuser, besonders im Süden, waren große Herrenhäuser, die minutiös den gedruckten Vorlagen folgten. Im 18. Jahrhundert gab es in den Kolonien kaum Architekten, und die meisten Häuser wurden von Bauunternehmern nach Hinweisen des Bauherrn geplant. Diese großen Häuser übten bald Einfluss auf die kleineren aus. Die große Mittelschicht von Kaufleuten, Handwerkern und freien Bauern verlangte nach solide gebauten und modernen Häusern. Die Baumeister der Herrensitze bauten oft auch die etwas bescheideneren Villen. Bei deren Gestaltung hatten sie freie Hand, und sie verbanden modische Formen mit ihren traditionellen Baustoffen und Methoden und schufen damit unverwechselbar amerikanische Gebäude. Ältere Häuser wurden modernisiert und bekamen georgianische Fassaden oder Interieurs. Nach und nach beeinflusste dieser Stil fast alle Regionen, ethnischen Gruppen und Klassen.

Türen

Die Eingangstür von Cliveden, Germantown, Philadelphia, 1763. Cliveden ist exemplarisch für den hochgeorgianischen Stil um Philadelphia, hier ausnahmsweise in Stein. Ein Erkennungszeichen der georgianischen Fassade ist die Konzentration auf den Haupteingang in der Mitte und die Gestaltung von Öffnungen generell. Die Türöffnung von Cliveden hat ganz korrekt klassische Form, doch die Füllungen der Tür zeigen regionale Eigenheiten. CV

Türen waren im 17. Jahrhundert in Amerika vorwiegend Lattentüren, d.h., sie bestanden aus vertikalen Brettern, die von zwei oder mehr horizontal angenagelten Latten an der Rückseite gehalten wurden. Deutsche und niederländische Siedler verzinkten die Latten. Die Türen wurden mit Kratzdekoren an den vertikalen Brettern, abgefasten Latten oder Bemalung in Schwammtechnik verziert. Die schlichten, meist ausgekehlten Einfassungen fungieren als tragende Teile des Hauses.

Türbeschläge sind in der Regel einfach und klobig und bestehen aus Schmiedeeisen oder Holz. Lattentüren blieben in der gesamten Kolonialzeit in Gebrauch, in kleineren Häusern und an Nebenräumen auch noch danach.

Die ersten Füllungstüren gab es in den besseren Häusern im späten 17. Jahrhundert. Zwei Füllungen mit flachem Relief sind typisch. Stark plastisch gestaltete Türen kamen im frühen 18. Jahrhundert auf, aber erst in den 1730er Jahren, mit dem georgianischen Stil, wurden die Türen elegant. In dieser Zeit setzten sich abgeplattete Füllungen stärker durch, und dank eingewanderter Handwerker und importierter Architekturbücher gewannen klassische Einfassungen an Popularität. Meist wurden die Vorlagen frei angewendet, daher kam es zu regionalen Unterschieden. Die Häuser auf den Plantagen des Südens haben das strengste Design. Klassische Vorhallen waren im ganzen Land beliebt; oft baute man sie an ältere Häuser an. Die Türbeschläge wurden feiner.

1 Lattentür aus Neuengland, um 1670, mit ungewöhnlichem Nagelmuster.
2 Klassische Türöffnung aus Rhode Island, um 1730.
3 Elegante Einfassung, Anfang/Mitte 18. Jh.
4 Klassische frühgeorgianische Ziegeleinfassung, um 1750.
5 Die einzigartigen Türöffnungen aus dem Tal des Connecticut River brechen radikal mit den Vorlagen. Beispiel von ca. 1758.
6 Einfassung mit Schlussstein, Oberlicht und toskanischen Säulen. Virginia, um 1770.
7 Geradlinigere, flache Formen kamen im späten 18. Jh. auf. Massachusetts, um 1770.

Türverdachungen waren in Stadt und Land zu finden. Sie betonten den Haupteingang und waren billiger als eine Vorhalle.
8 Ungewöhnliche, kunstvolle Verdachung aus Maryland, um 1730, aus Holz mit verputzter Kehlleiste.
9 Verdachung aus Newport, Rhode Island, 1740, genau nach spätbarocken/frühgeorgianischen englischen Prototypen gestaltet.
10 Typischere Form ohne Konsolen aus Chester County, Pennsylvania, um 1740.

Mitte des 18. Jhs. wurden an den vornehmeren Häusern, vor allem auf den Plantagen, Vorhallen populär. Sie folgen klassischen Formen des Tempelportikus mit Säulen und Ziergiebeln.
11 Einfache klassische Vorhalle aus Goochland County, Virginia, um 1730. Die mittlere Füllung der Tür bezieht sich auf eine Vorlage in William Salmons Palladio Londinensis, 1734.
12 und **13** Zwei dorische Vorhallen. Die erste von William Buckland, Virginia, um 1758, die zweite aus Massachusetts, um 1770.

1 *Eingangstür von Hunter House, Rhode Island, um 1758. Der gesprengte Segmentbogen und das Ananas-Finial erinnern an das Oberteil einer hohen Chippendale-Kommode.* NHH

2 *Hölzerne Eingangstür von 1759, Entwürfen des schottischen Architekten James Gibbs nachempfunden. Die stark plastischen Leisten stechen gegen den zarten Perlschmuck der Stülpschalungsbretter ab.* LH

3 *Eingangstür von Hammond-Harwood House, Annapolis, Maryland, 1773/74. Sie ist repräsentativ für die elegantesten Türen der Zeit.* HHH

4 *Schöne palladianische Innentür aus Drayton Hall, South Carolina, 1738–1742.* DH

5 *Innenansicht der Eingangstür von Mount Pleasant, Philadelphia, 1761/62. Der Dekor ist zurückhaltend im Vergleich zur Außenseite, die der Tür von Cliveden ähnelt (S. 108).* MP

6 *Diese Innentür aus Cliveden, Philadelphia, um 1763/64, hat ein überstehendes Gebälk und ein gesprengtes Giebelfeld. Daran ist sie als Tür zu einem Hauptraum zu erkennen.* CV

7 *Eine zurückhaltendere Tür, wenn auch Gebälk und Füllungsmuster elegant sind. Bemerkenswert ist das Kastenschloss.* CV

8 *Stark profilierte Innentür mit schönem Füllungsmuster, mit Nussbaum-Maserung bemalt.* NHH

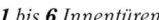

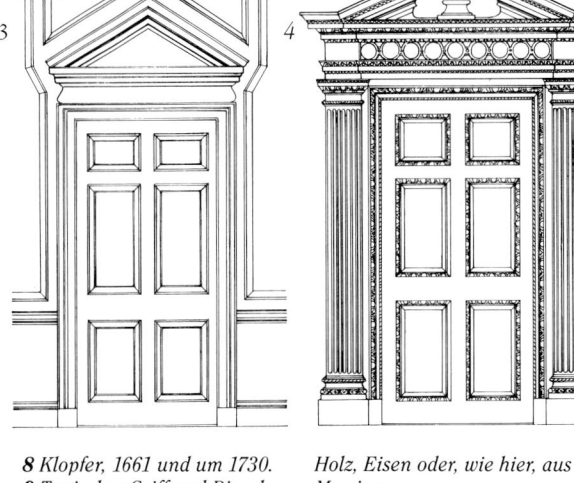

1 bis 6 Innentüren
1 Gesprengte Giebelfelder waren in Amerika länger in Mode als in Großbritannien. Hier ein recht frühes Beispiel an einer Innentür, um 1730, aus Charles City County, Virginia.
2 und *3* Die Wandtäfelung betonte die Umrahmung einer Tür. Die erste, elegante Tür, um 1720, aus New Hampshire, hat eine tief profilierte Einfassung. Die zweite ist aus Annapolis, Maryland, um 1740.
4 Esszimmertür von Gunston Hall, Fairfax County, Virginia, um 1758, entworfen von William Buckland. Die vollendete Tür entspricht der Bedeutung des Raumes.
5 und *6* Zwei Füllungstüren aus New England. Die erste, ca. 1650, hat profilierte Friese und dünne Füllungen. Die zweite, ca. 1710, ist ein frühes Bei-

spiel für abgeplattete Füllungen mit aufgesetzten Leisten. Man beachte die Scharniere.
7 Türöffnung aus Odessa, Delaware, spätes 18. Jh., mit Kühlschlitzen in den Läden. Die große Diele in amerikanischen georgianischen Häusern wurde oft als Zimmer genutzt, und im Sommer wirkten die Läden wie Fliegenfenster.

8 Klopfer, 1661 und um 1730.
9 Typischer Griff und Riegel.
10 Typischer Eisenbolzen, 1768.
11 Kastenschlösser waren aus

Holz, Eisen oder, wie hier, aus Messing.
12 Schmiedeeisernes Schloss, um 1750.
13 Kastenschloss aus Messing und Detail vom Knauf, um 1722.
14 Schlüssellochplatte und Griff, um 1768.
15 Mährisches Kastenschloss, 1773.
16 Schnappschloss für eine Eingangstür, Mitte des 18. Jhs.
17 Türknauf aus Messing, North Carolina, spätes 18. Jh.
18 Typische Schlüssellochplatte aus Messing, spätes 18. Jh.
19 bis 24 Scharniere: Scharnierband mit Tulpen-Finial; H-Scharnier, frühes 17. Jh.; frühes Schmetterlingsscharnier mit Lederringen und Eisennägeln; typisches H-L-Scharnier; H-Scharnier von Indianern New Mexicos, Ende 18. Jh.; frühes H-Scharnier in Hahnenkopfform.

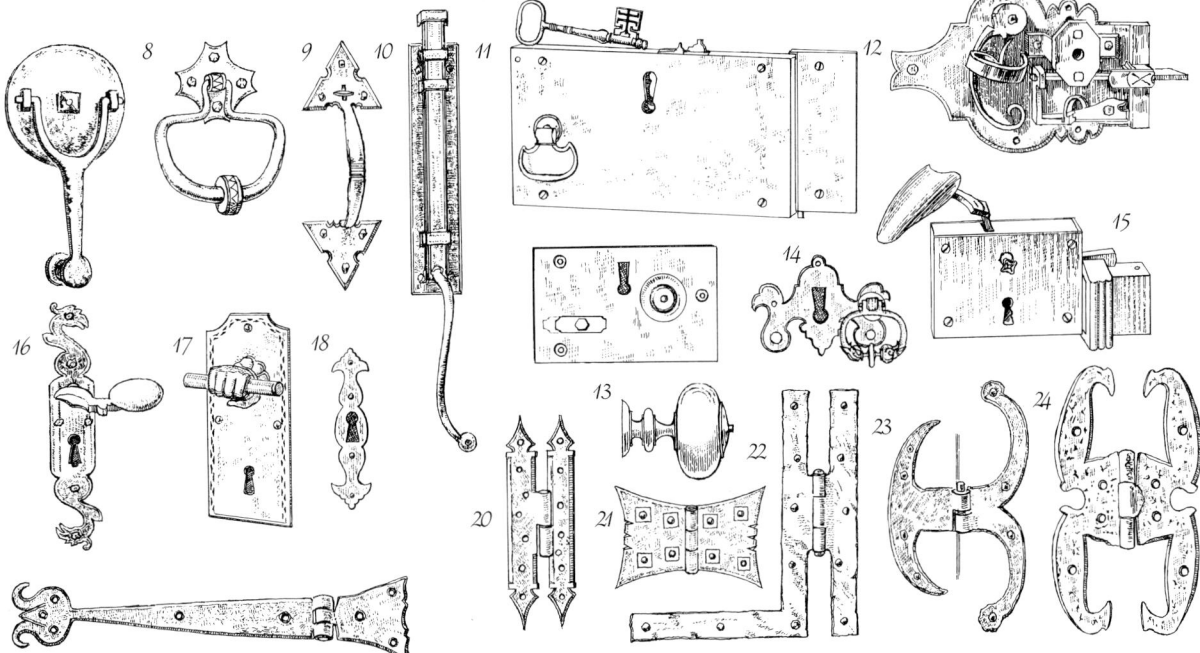

Fenster

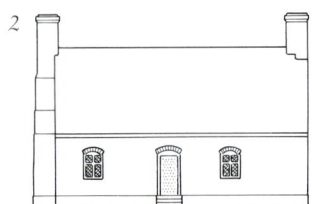

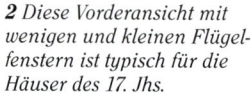

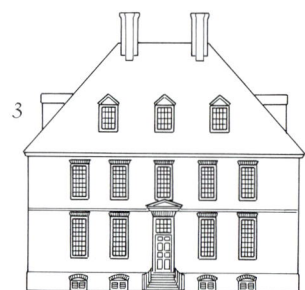

1 Das Schiebefenster im Erdgeschoss von Cliveden, Philadelphia, Pennsylvania, 1763, ist exemplarisch für den georgianischen Stil in den Kolonien. Die Läden in Rahmenbauweise, die schlichten klassischen Details, der flache Sturz mit Schlussstein und die zweimal zwölf Scheiben tragen zur Eleganz der Fassade und somit des Gesamteindrucks bei. CV

2 Diese Vorderansicht mit wenigen und kleinen Flügelfenstern ist typisch für die Häuser des 17. Jhs.
3 Die Vorderansicht aus dem 18. Jh. zeigt eine viel weiter entwickelte Fensteraufteilung. Das Haus im Stil eines englischen barocken Herrenhauses hat große, hierarchisch und gleichmäßig über die Fassade verteilte Schiebefenster.

Die frühen amerikanischen Häuser hatten wenige kleine und meist unregelmäßig verteilte Fenster. Oft waren es nur kleine Öffnungen, die mit Ölpapier oder hölzernen Läden verschlossen wurden. Die ersten größeren Häuser hatten kleine Flügelfenster, deren Bleiverglasung gelegentlich sehr schöne Muster bildete, oder feste Sprossenfenster. Die Rahmen wurden von den tragenden Balken gebildet, die zuweilen Auskehlungen mit verzierten Abschlüssen aufwiesen.

Die ersten Schiebefenster gab es im frühen 18. Jahrhundert, aber erst in den 1730er Jahren waren richtige, holzgerahmte Schiebefenster mit Gegengewicht gebräuchlich, und auch dann nur in den besseren Häusern. Im Laufe des Jahrhunderts wurden sie verfeinert. Auch flache Dachgauben oder Schleppgauben kamen um diese Zeit erstmals vor. Eine größere Anzahl Fenster, symmetrisch angeordnet, ist das wichtigste Merkmal der georgianischen Architektur. Außerdem wurde das Palladio-Motiv (Venezianisches Fenster) eingeführt, das sich meist über der Eingangstür befand.

Im Inneren waren die Fenster gewöhnlich von einem Kielbogenprofil auf einem Perlenband eingefasst. Um die Mitte des 18. Jahrhunderts wurden die Glassprossen dünner und die Scheiben größer. Man ordnete sie meist zu zweimal sechs, zweimal neun oder zweimal zwölf an. Auch Fensterläden wurden immer beliebter.

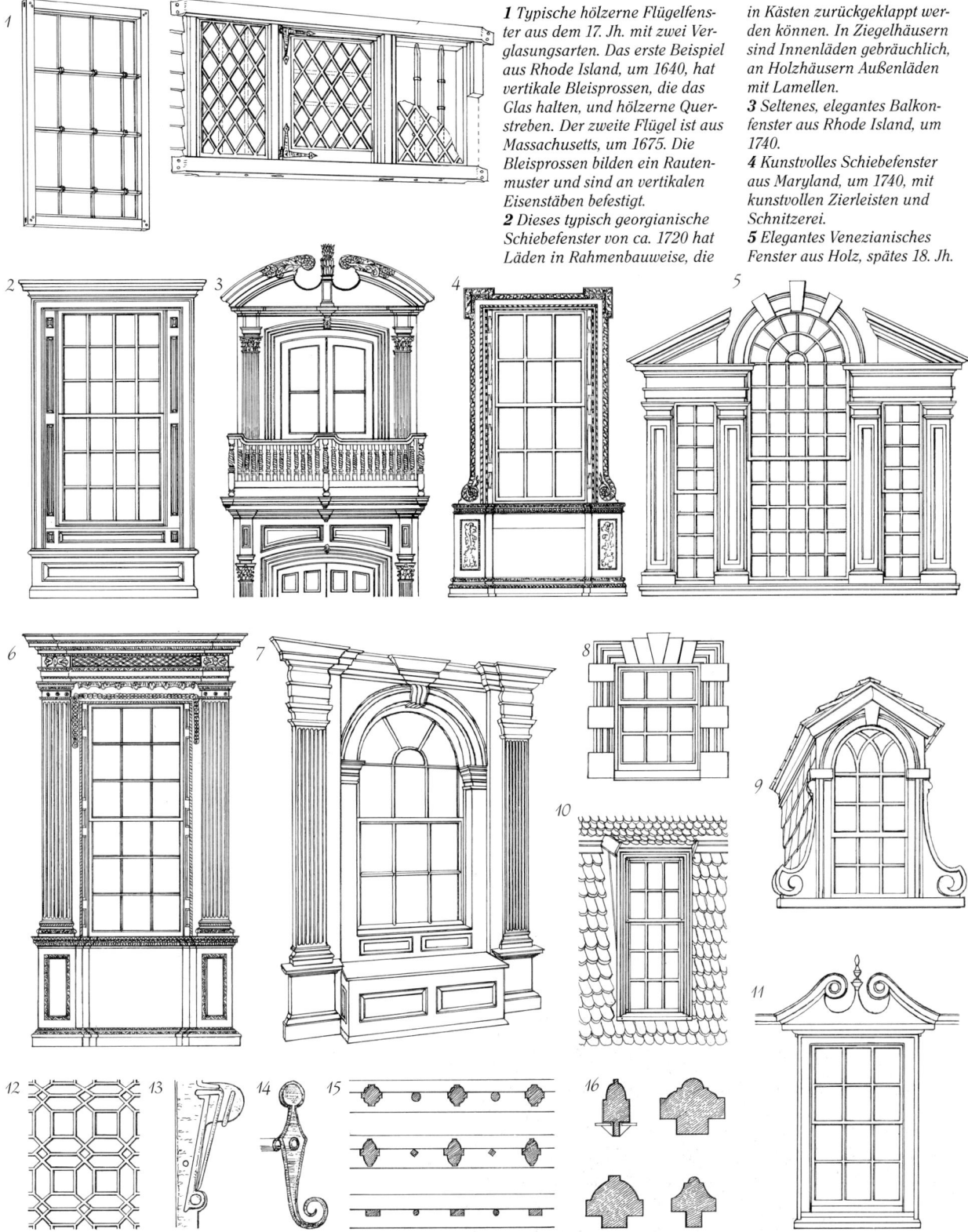

1 Typische hölzerne Flügelfenster aus dem 17. Jh. mit zwei Verglasungsarten. Das erste Beispiel aus Rhode Island, um 1640, hat vertikale Bleisprossen, die das Glas halten, und hölzerne Querstreben. Der zweite Flügel ist aus Massachusetts, um 1675. Die Bleisprossen bilden ein Rautenmuster und sind an vertikalen Eisenstäben befestigt.
2 Dieses typisch georgianische Schiebefenster von ca. 1720 hat Läden in Rahmenbauweise, die

in Kästen zurückgeklappt werden können. In Ziegelhäusern sind Innenläden gebräuchlich, an Holzhäusern Außenläden mit Lamellen.
3 Seltenes, elegantes Balkonfenster aus Rhode Island, um 1740.
4 Kunstvolles Schiebefenster aus Maryland, um 1740, mit kunstvollen Zierleisten und Schnitzerei.
5 Elegantes Venezianisches Fenster aus Holz, spätes 18. Jh.

6 und **7** Zwei elegante Schiebefenster aus Fairfax County, Virginia, um 1755, und North Andover, Massachusetts, spätes 18. Jh. Der Einfluss englischer Musterbücher zeigt sich in den Ornamenten. Das zweite

Beispiel hat einen Fenstersitz.
8 Fenster mit Rustika aus einem Obergeschoss in Virginia, um 1770.
9 bis **11** Gaubenfenster setzten die Fensteranordnung auf dem Dach fort. Das erste Beispiel ist

überdacht, die anderen beiden sind dachbündig.
12 Kunstvolle Bleiverglasungen gab es in besseren Häusern vom späten 17. Jh. an.
13 Typischer Fensterriegel.
14 Eiserner Klemmhaken zum

Offenhalten von Lamellenläden.
15 Drei Querschnitte von Fenstern mit hölzernen Stäben und eisernen Stützen, um 1637.
16 Typische Profile von Glassprossen (von oben nach unten): 1770er Jahre, 1750, 1740–1760 und 1735.

*1 Eines der beiden eindrucksvollen Palla-
dio-Motive des Mittelkorridors im Hauptgeschoss von Mount Pleasant, Philadelphia,
1761/62. Es hat ionische Pilaster und
einen konvex gewölbten Fries, der von einem Gesims mit Zahnschnitt abgeschlossen
wird. Unter der Fensterbank Stützkonsolen
und im Bogen ein von Keilsteinen flankierter Schlussstein. MP*
*2 Die Innenseite desselben Fensters, das
die ganze Breite des Korridors einnimmt,
entspricht baulich der Außenseite. MP*
*3 Ein Scheinfenster im Hammond-Harwood
House in Annapolis, Maryland, 1773/74.
Bei hochgeschobenem Rahmen und geöffneten Tafeln ist das Fenster gleichzeitig eine
Tür. Von außen sieht es wie eine Tür aus,*

*von innen wie ein Fenster. Dadurch wird die
Symmetrie der Außenansicht gewahrt, ohne
die Symmetrie des Zimmers zu opfern. HHH*
*4 Teil der geschnitzten Läden und verzierten
Laibung eines Oberlichtfensters aus demselben Raum. Eine solch komplexe Gliederung
ist ungewöhnlich. HHH*
*5 Kunstvoll gestaltetes Rokoko-Ochsenauge
vom Ziergiebel einer Hausfront. Die Gestaltung ist ungewöhnlich üppig für die damalige
Zeit in den Kolonien. HHH*
*6 Innenansicht eines Schiebefensters aus
Cliveden, Philadelphia, 1764–1767. Obwohl
Cliveden und Hammond-Harwood House der
gleichen gesellschaftlichen Ebene angehören,
unterscheidet sich das schlichte Gebälk von
den Fenstern des anderen Hauses. CV*

*7 Innenansicht eines Flügelfensters mit
Klappläden (einer ist geöffnet, einer in den
Ladenkasten geklappt) und Fenstersitz. MP*
*8 Fenster mit hölzernen Läden in Lattenbau-
weise mit eisernen Scharnierbändern sind
typisch für ärmere Häuser und den Wirtschaftsbereich vornehmer Häuser. CV*

Wände

Diese Wand von ca. 1740 in der großen Diele von Drayton Hall, Charleston, South Carolina, ist das früheste Beispiel des Palladianismus in der amerikanischen Architektur. Die Häuser auf den

Plantagen im Süden folgten genauer den Vorgaben der englischen Architektur als die zeitgenössischen Bauten im Norden. Der Fries aus Triglyphen und Metopen unter dem Gesims

war wohl zum damaligen Zeitpunkt einmalig im Land. Es war zwar nicht beabsichtigt, dass die Holzmaserung unter der Farbe sichtbar würde, doch ist zu erkennen, dass die Kolonisten

gern das Holz großer, alter Bäume verwendeten. Die großen Füllungen, die niedrige Sockelleiste und die kannelierten Pilaster tragen zur großartigen Raumwirkung bei. DH

Zu Beginn der Periode waren die Wände besserer Häuser gewöhnlich verputzt, mit Ausnahme der Kaminwände, die man oft mit Brettern verkleidete. In vielen kleinen und auch manchen größeren Häusern blieben die Balken sichtbar, besonders in den oberen Etagen. Die Wände hatten meist keine Fußleisten und Gesimse, doch eine große Putzfläche konnte von einem Pfeiler unterbrochen werden, der einen Deckenbalken stützte.

Im 18. Jahrhundert wurde stärker dekoriert. Gleichzeitig mit Stuckdecken führte man auch profilierte Gesimse und Fußleisten ein. Sockelleisten gibt es seit Beginn des 18. Jahrhunderts. In manchen Fällen war der Sockel getäfelt, und in den feinsten Räumen der vornehmsten Häuser gab es raumhohe Täfelungen. Generell fiel diese umso kunstvoller aus, je offizieller ein Raum war.

Schon früh erhielten alle Wände, die nicht getäfelt waren, einen Farbanstrich. Es gab gelbe, mandelfarbene, rote und braune Erdfarbtöne und sehr leuchtende Blau-, Grün- und Gelbtöne. Meist war der Anstrich einfarbig und matt, aber auch gemaserte und marmorierte Anstriche setzten sich durch. Abstrakte Muster und Wandgemälde fand man vor dem 19. Jahrhundert selten. In einigen Häusern wurden im 18. Jahrhundert bereits Tapeten verwendet, insbesondere modelgedruckte und Flocktapeten.

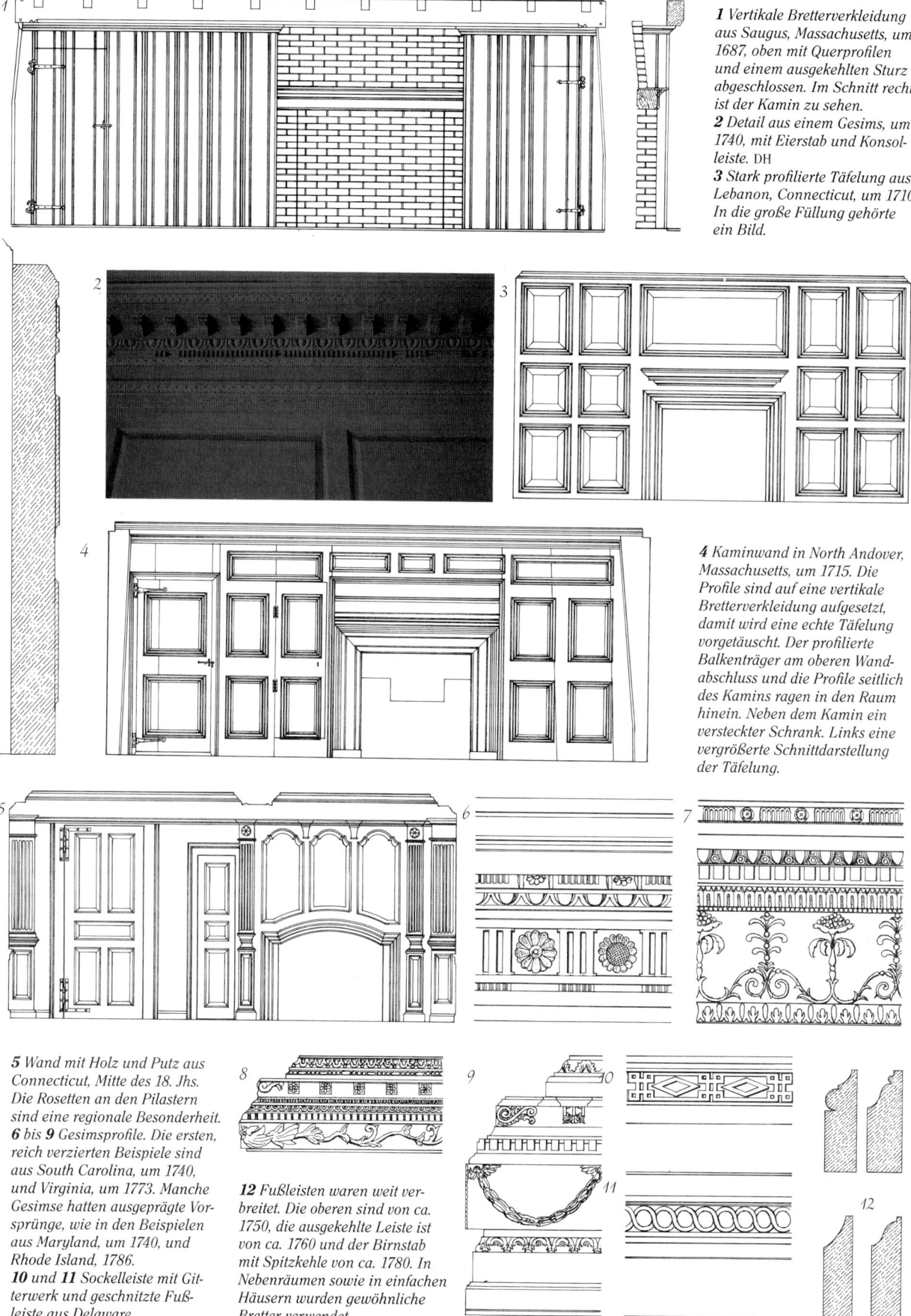

1 Vertikale Bretterverkleidung
aus Saugus, Massachusetts, um
1687, oben mit Querprofilen
und einem ausgekehlten Sturz
abgeschlossen. Im Schnitt rechts
ist der Kamin zu sehen.
2 Detail aus einem Gesims, um
1740, mit Eierstab und Konsol-
leiste. DH
3 Stark profilierte Täfelung aus
Lebanon, Connecticut, um 1710.
In die große Füllung gehörte
ein Bild.

4 Kaminwand in North Andover,
Massachusetts, um 1715. Die
Profile sind auf eine vertikale
Bretterverkleidung aufgesetzt,
damit wird eine echte Täfelung
vorgetäuscht. Der profilierte
Balkenträger am oberen Wand-
abschluss und die Profile seitlich
des Kamins ragen in den Raum
hinein. Neben dem Kamin ein
versteckter Schrank. Links eine
vergrößerte Schnittdarstellung
der Täfelung.

5 Wand mit Holz und Putz aus
Connecticut, Mitte des 18. Jhs.
Die Rosetten an den Pilastern
sind eine regionale Besonderheit.
6 bis 9 Gesimsprofile. Die ersten,
reich verzierten Beispiele sind
aus South Carolina, um 1740,
und Virginia, um 1773. Manche
Gesimse hatten ausgeprägte Vorsprünge, wie in den Beispielen
aus Maryland, um 1740, und
Rhode Island, 1786.
10 und 11 Sockelleiste mit Gitterwerk und geschnitzte Fußleiste aus Delaware.

12 Fußleisten waren weit verbreitet. Die oberen sind von ca.
1750, die ausgekehlte Leiste ist
von ca. 1760 und der Birnstab
mit Spitzkehle von ca. 1780. In
Nebenräumen sowie in einfachen
Häusern wurden gewöhnliche
Bretter verwendet.

1 Diese Säulenreihe trennt die Eingangshalle vom Treppenflur in Cliveden, Philadelphia, 1764–1767. Die dorischen Details entsprechen der architektonischen Einfassung der Eingangstür. Die Halle selbst ist ein seltenes Beispiel für T-förmige Dielen in den Kolonien. CV
2 Getäfelte Wand im Großen Salon in Drayton Hall, South Carolina, um 1740. Sie wird durch kannelierte korinthische Pilaster akzentuiert, die ein tief und kunstvoll profiliertes Gesims mit Eierstäben und Konsolleisten stützen. DH
3 Der Treppenflur in Mount Pleasant, Fairmount Park, Philadelphia, 1761/62, ist L-förmig, und die Ecke wird durch den auffälligen, kannelierten dorischen Pilaster betont. Die Sockelleiste folgt dem Treppenverlauf. MP

4 In Nussbaum-Maserung gestrichene Täfelung aus dem südöstlichen Wohnzimmer von Hunter House, Newport, Rhode Island, um 1758. NHH
5 Das Treppenpodest in Hunter House, Rhode Island, hat eine Täfelung und darüber glatten Putz. Das Sockelgesims nimmt die Linien der Treppenbaluster auf. NHH
6 Diese Sockeltäfelung mit sehr stark profilierten Füllungen befindet sich im Mittelkorridor von Hunter House. Sie wurde restauriert und in einem stilgerechten Blauton gestrichen. NHH
7 Fragment einer blauen Flocktapete mit Blumenmuster aus einem Raum im Obergeschoss von Peyton Randolph House in Williamsburg, Virginia. Der blaue Streifen am Rand zeigt die ursprüngliche, unverblichene Farbe. CWF

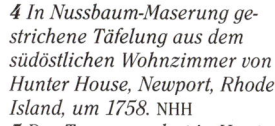

WÄNDE

Decken

Die »Apollo«-Decke des Salons im Erdgeschoss von Kenmore in Fredericksburg, Virginia, um 1775, ist ein raffiniertes Ensemble aus Girlanden und Rundfeldern, mit einer strahlenden Sonne und dem Kopf des Gottes in der Mitte. Die Skizze unten stellt die Hälfte des Gesamt- *designs dar. Der Ausschnitt mit der Sonne (oben) zeigt die lebhafte und kunstvolle Verwendung des Stucks. Das gewichtige, aber relativ schlichte Äußere von Kenmore lässt nichts von der Pracht des Interieurs ahnen. Die spektakulären Decken gelten als Arbeiten von Einwanderern aus Hessen.* KF

Wie in Großbritannien und ganz Europa haben die frühen Häuser sehr niedrige Decken mit frei liegenden Unterzügen und Trägerbalken. Die Gestaltung der sichtbaren Seiten der Bodenbretter ist ein guter Maßstab für die Qualität eines Gebäudes. In den einfachsten Häusern tragen die Unterzüge und Balken grobe Dechsel- oder Sägespuren oder sogar noch die Borke; das ist auch in den Obergeschossen nicht ganz so armer Häuser recht oft der Fall. In etwas besseren Häusern sind die Balken vierkantig und gehobelt. Noch besser waren Balken und Unterzüge mit Fasen, deren Enden dekorativ gestaltet werden konnten. Vollendet wurde eine solche Decke durch eine einfache, gehobelte Gesimsleis-

te. Die Decke konnte unbearbeitet bleiben, geweißt oder dekorativ bemalt werden, aber für Letzteres gibt es kaum erhaltene Beispiele.

Um 1700 hatte man in neuen Häusern öfter Putzdecken, und viele der früher offenen Decken wurden geschlossen. Meistens wurden die Unterzüge einfach mit Latten abgedeckt und verputzt, wodurch eine leicht wellige Fläche entstand. Die Nahtstelle zwischen Decke und Wand konnte man mit einer gehobelten oder geschnitzten Gesimsleiste markieren. Immer häufiger wurde die Putzdecke kunstvoll plastisch gestaltet. Eine ganz andere, aus Deutschland stammende Tradition ist in den stark plastischen Barockdecken zu sehen.

1 Ausschnitt aus der Decke des Kleinen Salons in Drayton Hall, South Carolina, um 1738, ver- *mutlich das eleganteste Haus seiner Zeit.* DH

2 Stuckdecke aus dem frühen 18. Jh., nicht vorgefertigt, sondern an Ort und Stelle geformt. Sie widerspiegelt die von deutschen Handwerkern im Südosten Pennsylvanias gepflegte europäische Barocktradition.

3 und 4 Teile der Decken in Bibliothek und Speisezimmer von Kenmore, Virginia, um 1775. Sie verdeutlichen die Vielfalt der Motive, die in den besten Arbeiten verwendet wurden.

5 In Handarbeit ist das Mittelmedaillon an der Decke des Kleinen Salons von Drayton Hall, South Carolina, um 1738 entstanden. DHH

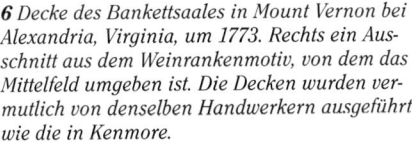

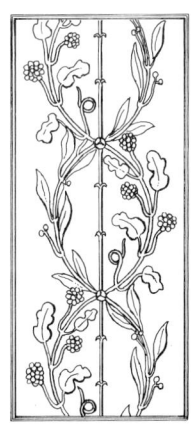

6 Decke des Bankettsaales in Mount Vernon bei Alexandria, Virginia, um 1773. Rechts ein Ausschnitt aus dem Weinrankenmotiv, von dem das Mittelfeld umgeben ist. Die Decken wurden vermutlich von denselben Handwerkern ausgeführt wie die in Kenmore.

Fußböden

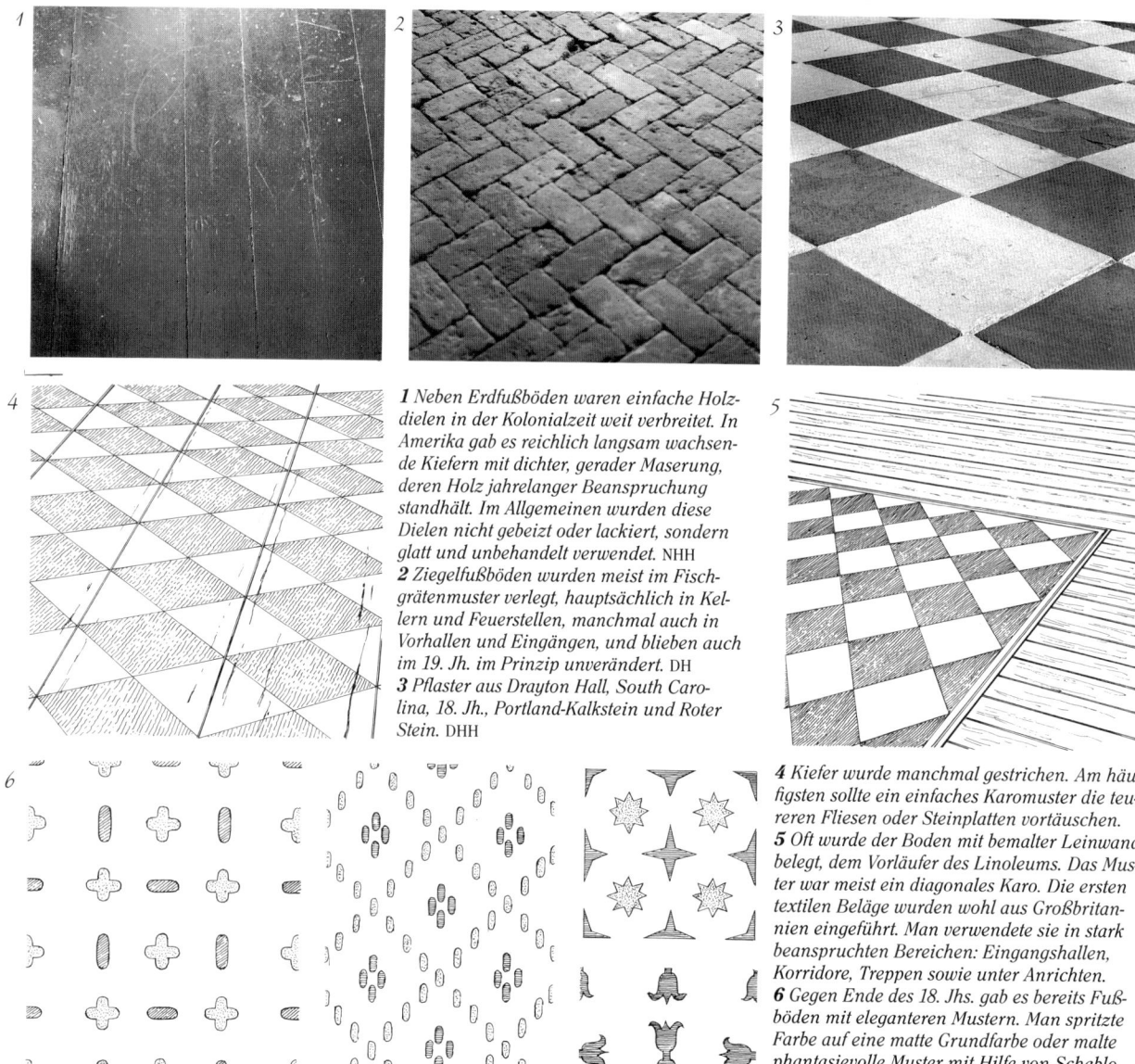

1 *Neben Erdfußböden waren einfache Holzdielen in der Kolonialzeit weit verbreitet. In Amerika gab es reichlich langsam wachsende Kiefern mit dichter, gerader Maserung, deren Holz jahrelanger Beanspruchung standhält. Im Allgemeinen wurden diese Dielen nicht gebeizt oder lackiert, sondern glatt und unbehandelt verwendet.* NHH
2 *Ziegelfußböden wurden meist im Fischgrätenmuster verlegt, hauptsächlich in Kellern und Feuerstellen, manchmal auch in Vorhallen und Eingängen, und blieben auch im 19. Jh. im Prinzip unverändert.* DH
3 *Pflaster aus Drayton Hall, South Carolina, 18. Jh., Portland-Kalkstein und Roter Stein.* DHH

4 *Kiefer wurde manchmal gestrichen. Am häufigsten sollte ein einfaches Karomuster die teureren Fliesen oder Steinplatten vortäuschen.*
5 *Oft wurde der Boden mit bemalter Leinwand belegt, dem Vorläufer des Linoleums. Das Muster war meist ein diagonales Karo. Die ersten textilen Beläge wurden wohl aus Großbritannien eingeführt. Man verwendete sie in stark beanspruchten Bereichen: Eingangshallen, Korridore, Treppen sowie unter Anrichten.*
6 *Gegen Ende des 18. Jhs. gab es bereits Fußböden mit eleganteren Mustern. Man spritzte Farbe auf eine matte Grundfarbe oder malte phantasievolle Muster mit Hilfe von Schablonen. Populäre Farben waren Schwarz, Rot und Grün.*

In der Kolonialzeit bestanden die meisten Fußböden aus eng gemaserten, breiten und glatten Kiefernbrettern ohne Farbe oder Lack. Kleine, aber markante Unterschiede liegen in der gleichen oder ungleichen Breite, in verdeckten oder sichtbaren Nägeln, im Glättungsgrad und in der Art der Verbindung. Die geraden Seiten Kante an Kante zu setzen war am billigsten, führte aber zu Ritzen. Besser eigneten sich gefalzte, gespundete oder gefederte Fugen. In vielen der frühen Häuser bestanden die Fußböden aus verdichteter Erde, die mit Kratzmustern verziert oder mit Stroh bedeckt wurden.

Ziegelfußböden fanden sich am häufigsten in Kellern. Im späteren 18. Jahrhundert wurde gelegentlich mit einem Anstrich Stein vorgetäuscht. Echte Steinfußböden gab es selten, hauptsächlich in überdachten Vorhallen oder Dielen, wo sie meist in einem diagonalen Karomuster verlegt wurden.

Bemalte textile Beläge waren am gebräuchlichsten. Typisch sind marmorierte Rautenmuster, aber es gab auch kunstvollere Designs. Meist zierten sie die Diele, das Esszimmer oder Wohnzimmer georgianischer Häuser. Billige Hadernmatten waren ebenfalls typisch und wurden teilweise sogar in den besten Häusern verwendet. Gelegentlich kamen Binsenmatten vor. Elegante gewebte oder geknüpfte Teppiche aus Europa oder dem Orient blieben zunächst den reichsten Häusern vorbehalten, wurden aber nach der Amerikanischen Revolution viel gebräuchlicher.

Kamine

*Als Zentrum der häuslichen Ge-
meinschaft war der Kamin in
der Kolonialzeit immer dekorativ betont, aber erst im frühen
18. Jh. wurde er zum wichtigsten architektonischen Merkmal
des Hauses. Ein wichtiger Faktor war dabei die Trennung von
Küchen- und Wohnfunktionen,*
*wodurch beim Wohnzimmer-
kamin die Notwendigkeiten des
Kochens nicht berücksichtigt
werden mussten. Unser Beispiel
aus der Großen Diele im zweiten
Geschoss von Drayton Hall,
Charleston, South Carolina, um
1740, zeigt die Popularität englischer Stile in den südlichen*
*Kolonien, wo die Oberschicht vor-
wiegend aus England kam und
der Lebensstil auf den Plantagen
einen vornehmen Landsitz zu er-
fordern schien. Die Verzierung
des Kaminaufsatzes ist typisch für
ein solches Haus. (Das Familien-
wappen ist wohl eine Zugabe des
20. Jhs.)* DH

Die ersten und zugleich einfachsten Kamine waren Holzrahmen mit Lehm oder Putz darin. In den Häusern der
Sklaven gab es sie bis zur Revolution. Die ersten größeren
Häuser hatten im Hauptraum eine große offene Feuerstelle,
an deren Rückseite sich manchmal ein Backofen befand.
Diese Kamine brachten viel Schmutz und nur wenig Leistung. Schmuck beschränkte sich auf einen profilierten Sturz
und Muster im Mauerwerk. Gegen Ende des 17. Jahrhunderts waren stark profilierte Einfassungen verbreitet. Die
Kaminwand war dekorativer Schwerpunkt in Dielen, Wohn-
zimmern, Esszimmern und Kammern besserer Häuser.
Schränke, Kabinette oder Treppentüren wurden um die
Feuerstelle herum angeordnet.

Im 18. Jahrhundert wurde die Kaminöffnung kleiner und
die Gestaltung des Rauchabzugs verfeinert. Die Einfassungen fielen, den Vorlagen in britischen Musterbüchern fol-
gend, eleganter aus. Modisch waren Pilaster oder Profile und
darüber Schnitzwerk: Früchte und Blumen, klassische Motive oder Darstellungen von Äsops Fabeln. Umrandungen
aus Ziegeln oder Fliesen rundeten das Bild ab. Oft hing ein
Gemälde oder Druck über dem Kamin, oder eine Landschaft
war direkt auf die Füllung des Kaminaufsatzes gemalt. In
der Feuerstelle gab es Kaminböcke, die nicht selten importiert waren, obwohl sie auch in den Kolonien von Anfang
an hergestellt wurden. Roste waren selten und Herde noch
seltener.

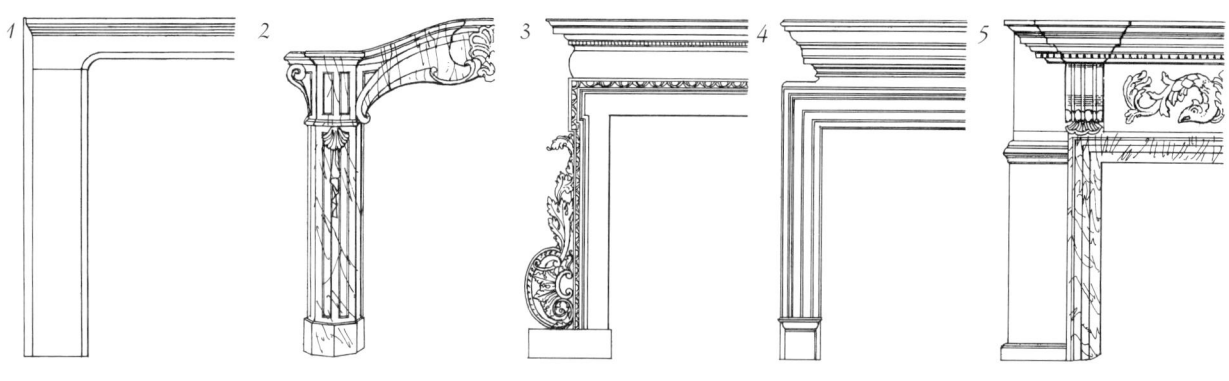

1 Hölzerne Kamineinfassung mit schlichten Profilen, Salem, Massachusetts, vor 1681.
2 Dieser Marmorkamin aus einem Stadthaus in Newport, Rhode Island, um 1727, hat für diese Zeit eine ausgefallene Form. Er wurde evtl. importiert.
3 Elegante Einfassung mit Eierstab, konvexem Fries, Konsolen im Rokoko-Stil und einem sehr frühen Beispiel von abgedecktem Zahnschnitt. Maryland, um 1740.

4 Im frühen 18. Jh. waren noch große Dielenkamine verbreitet. Sie hatten oft, wie hier, sehr schöne Profile.
5 und **6** Zwei Einfassungen mit Konsolen, um 1750; am Sturz der ersten geschnitzte Delfine, an der zweiten eine Schnitzerei im Stil von Grinling Gibbons auf einer Plakette.
7 bis **9** Details an klassischen Einfassungen: Swastika-Gitterwerk aus South Carolina, um 1730; zarte Akanthusblätter und eine Kübelpflanze aus Maryland, um 1740; Blumenfries aus Maryland, um 1750.
10 Geschnittene Marmorplatte aus Governor's Palace, Williamsburg, Virginia, frühes 18. Jh.
11 Hölzerner Sturz und großartiger Aufsatz aus Stuck aus Kenmore, Fredericksburg, Virginia, spätes 18. Jh.
12 Typischer früher Küchenkamin aus West Gloucester, Massachusetts, um 1656, mit Backofen an der Rückseite und einfachem, abgefastem Eichensturz.

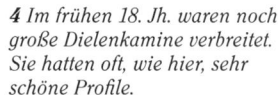

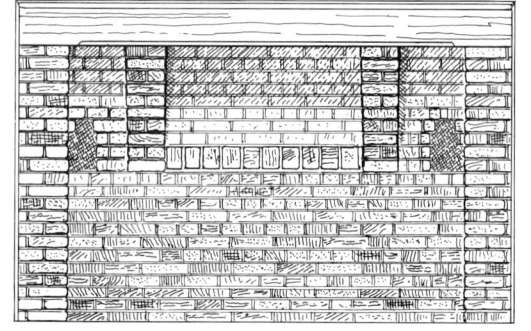

1 Wohnzimmerkamin in Hunter House, Rhode Island, 1758. Für die marmorierten korinthischen Pilaster und die kräftigen, komplexen Profilleisten an Täfelung und Einfassung wurden keine Kosten gescheut. NHH

2 In privaten Räumen ist die Dekoration weniger wichtig. Hier beschränkt sich der Schmuck auf den Kaminvorsprung und die Türen an derselben Wand (nicht im Bild) mit ihren acht Füllungen. Ein tiefes italienisches Profil rahmt die Kaminöffnung. NHH

3 Dieser Kamin in Hunter House, Rhode Island, ist verhalten, aber eindrucksvoll mit seiner Täfelung mit Holzmaseranstrich, der Landschaft am Kaminaufsatz und der Umrahmung aus Delfter Kacheln. Bemerkenswert sind auch die eleganten Kaminböcke mit Messingknäufen. NHH

4 Der Wohnzimmerkamin in Cliveden, Germantown, Philadelphia, 1764–1767, ist elegant. Die plastische Gestaltung beschränkt sich auf Eierstäbe an der imposanten Marmoreinfassung und die zwei Konsolen mit Blattschmuck, die ein profiliertes Kaminsims tragen. Kaminaufsatz und Umrandung haben die damals moderne überstehende Form. CV

5 Die Kamineinfassung im Esszimmer von Mount Pleasant, Fairmount Park, Philadelphia, 1761/62, ähnelt der vorigen, hat aber einen stärker verzierten, länglichen Kaminvorsprung. Dieser wird durch einen Ziergie- bel im Chippendale-Stil und durch Schnitzornamente betont, die ganz ähnlich an eleganten Möbeln aus Philadelphia vorkommen und möglicherweise von denselben Handwerkern ausgeführt wurden. MP

6 Die Marmoreinfassung und das einfache Profil betonen diesen Kamin, der sich in einer schlicht getäfelten Wand befindet und für modische Häuser der Mittelklasse typisch ist. MP

1 Großer Dielenkamin mit dem typischen kräftigen Leistenwerk. Holztäfelung und Einfassung sind marmorartig bemalt. Der Kamin im Joseph Reynolds House, Bristol, Rhode Island, um 1698, ist 2,10 m breit und über 1,20 m hoch.

2 Italienische Profile waren als Kamineinfassung beliebt. Ein elegantes Beispiel, um 1720, mit schmalem, konvexem Fries und getäfelten Pilastern im Aufsatz.

3 Klassischen Beispielen nachempfundene Kamineinfassung von ca. 1725 mit recht flachem Aufsatz. Die innere Umrandung ist aus Marmor.

4 Großartige Kamineinfassung aus dem Kleinen Salon in Drayton Hall, Charleston, South Carolina, um 1738. Frühes Beispiel für einen gesprengten Giebel.

5 Die elegante Täfelung ist typisch für Häuser der Mittelklasse und der ländlichen Oberschicht Mitte des 18. Jhs.

6 Tafel aus The British Architect von Abraham Swan, 1745. Swans Buch war Inspirationsquelle für mehrere Häuser der Epoche. AS

7 Zurückhaltend gestalteter Kamin mit konvexem Fries. Der Kaminvorsprung ragt in den Raum. Delaware, Mitte 18. Jh.

8 Noch ein vorspringender Kamin aus Portsmouth, New Hampshire, ca. 1755–1765, mit üppigen Schnitzereien im Chippendale-Stil.

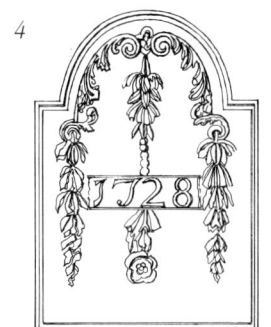  

*1 bis 3 Drei Varianten der klassischen georgianischen Kamineinfassung. Links ein frühes Beispiel hoch entwickelter Architektur von Shirley Plantation, Charles City, Virginia, ca. 1725–1735. Die anderen zwei von ca. 1760 sind aus Massachusetts und haben kannelierte dorische Pilaster. Sie zeigen, wie groß die Unterschiede selbst in einer relativ begrenzten Region sein konnten.
4 Drei gusseiserne Feuerschirme. Das konnten schlichte Eisenplatten sein, aber auch kunstvoll gegossene Stücke, wie hier, mit Datum und Ort der Herstellung.*

*5 Öfen mit Holzfeuerung kamen, mit Ausnahme einiger deutscher und holländischer Siedlungen, erst im späten 18. Jh. in Gebrauch. Es sind im Prinzip offene Eisenkamine. Der erste wurde von Benjamin Franklin entworfen, was zur Popularisierung des Ofens beitrug.
6 Kaminböcke aus Messing, oder Messing und Eisen, waren den besten Räumen der vornehmsten Häuser vorbehalten. Der erste, Anfang 18. Jh., hat Pfennigfüße. Der zweite, spätere, kommt aus der Gießerei von Paul Revere in Boston, Massachusetts. Gusseiserne Figuren, manchmal bemalt, gab es in offiziellen oder halboffiziellen Räumen der Mittel- und Oberklassehäuser. Der dritte Kaminbock, Anfang 18. Jh., hat die Gestalt einer Frau, der vierte die eines hessischen Soldaten. Er wurde evtl. von deutschen Handwerkern gegossen. Der letzte ist typisch für die Mehrzahl der Haushalte sowie für zweitrangige Räume in vornehmen Häusern.*

7 Modische Kaminumrandungen waren aus Delfter Fliesen, meist aus Holland. Beliebt waren lustige Figuren sowie religiöse und moralische Themen.

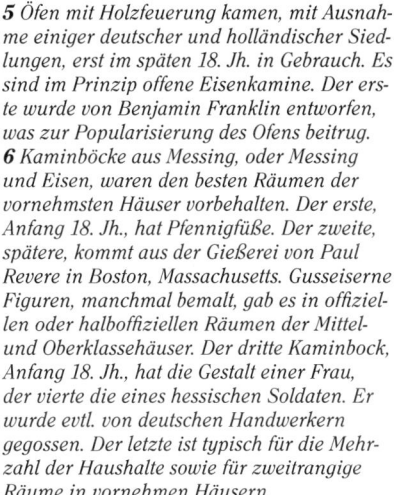

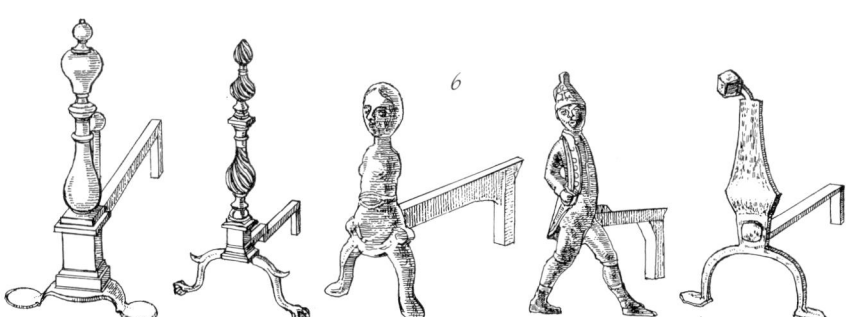

Treppen

Mahagonitreppe in Drayton Hall, Charleston, South Carolina, 1738–1742. Sie ist eine Reminiszenz an den englischen Palladianismus und Ausdruck für den Wunsch der Kolo- *nisten, in Amerika ihr Heimatland nachzugestalten. Als sie gebaut wurde, war sie wohl die großartigste Treppe in den Kolonien und Vorbild für viele andere. DH*

Die frühesten Treppen bestanden oft nur aus einer einfachen Leiter oder offenen Tritten zum Boden eines einstöckigen Hauses. Im 17. Jahrhundert bevorzugte man in einigen Häusern in Neuengland eine verbundene und profilierte Treppe im Eingangsbereich, während in Virginia gedrechselte Balustraden gebräuchlicher waren. Ein verbreiteter Treppentyp in der Kolonialzeit war die Kastentreppe, eine Treppe neben dem Schornstein, die hinter einer Tür in der Kaminwand verborgen war. Auf der anderen Seite der Feuerstelle gab es dann meist eine Schrank- oder Speisekammertür. Diese Anordnung ist typisch für kleine, oft aber elegante Häuser des 18., teilweise auch des 19. Jahrhunderts. Auch in manchen größeren georgianischen Häusern findet

sich dieser Treppentyp, allerdings als Hintertreppe im Wirtschaftsbereich. Der Handlauf befand sich nicht selten an der äußeren Wand.

In Häusern im klassischen Stil bildet die Treppe ein Prunkstück. In der Diele weist sie meist Lichtwangen und profilierte, gedrechselte und geschnitzte Teile als Dekor auf. Die Antrittspfosten und Handläufe sind Glanzpunkte der Drechselkunst. Die Wiederholung dreier unterschiedlich gedrehter Baluster ist ein typisches frühgeorgianisches Gestaltungsmerkmal. Die seitlichen Stufenenden wurden mit Schnitzereien verziert oder getäfelt. Frei tragende und doppelläufige Treppen findet man dagegen selten, und offene Wendeltreppen setzten sich erst nach der Revolution durch.

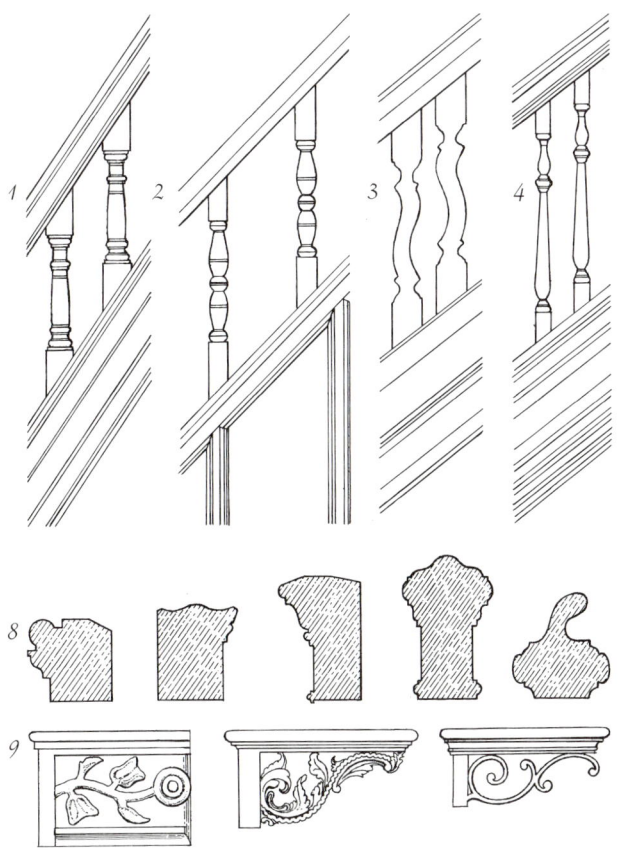

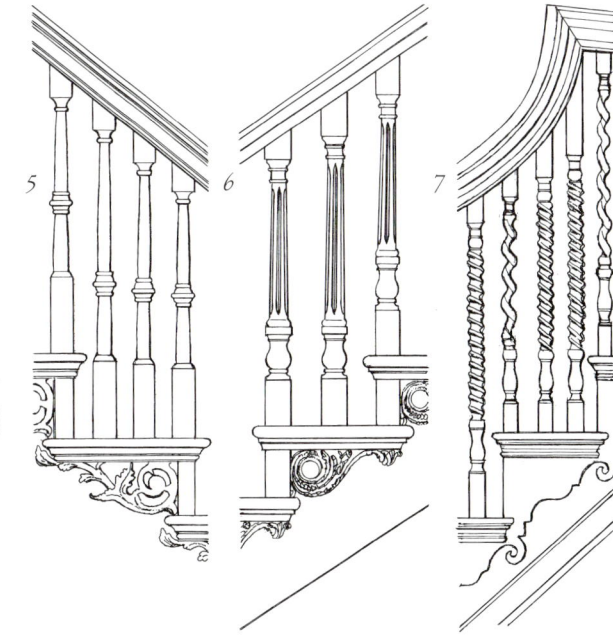

1 Steiler Anstieg und eng gestellte Baluster waren typisch für frühe Treppen. Um 1675.
2 Gedrechselte Baluster, Anfang 18. Jh., Massachusetts.
3 Billigere flache Baluster mit betonter Silhouette, um 1720.
4 Verjüngte, eng gestellte Ba- *luster zeigen klassischen Einfluss. Connecticut, um 1740.*
5 bis 7 Georgianische Treppen mit Balustern auf den Tritt-stufen und dekorativen Profilen: North Carolina um 1780, Virginia 1753–1759, Connecticut ca. 1750–1760.

8 Wie komplex das Profil eines Handlaufs war, hing vom Rang des Hauses und vom Status der Treppe ab. Beispiele vom Anfang des 17. bis Mitte des 18. Jhs.
9 Treppenprofile wurden in der späteren Kolonialzeit besonders gern mit Schnitzereien verziert. Typische Beispiele aus Maryland (1729 und um 1740) und Dela-ware (Ende 18. Jh.).
10 Die Treppe im Hammond-Harwood House, Annapolis, *Maryland, 1773/74, wurde von William Buckland entworfen. Ihre schlichten, fließenden Linien nehmen die Eleganz des Föderalstils vorweg.* HHH
11 Der zentrale Treppenflur ist typisch für georgianische Häuser in Amerika. Die Details variieren, aber ein langer Flur mit einem Bogen auf Kragsteinen und einer Treppe am Ende war eine beliebte Anordnung. NHH

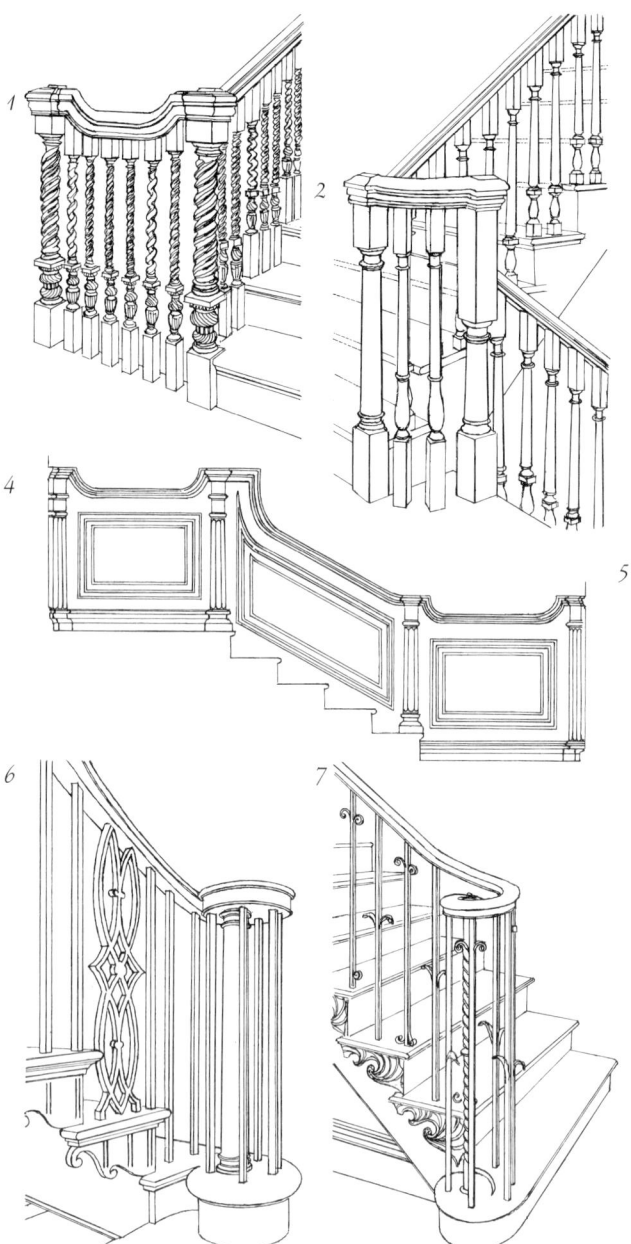

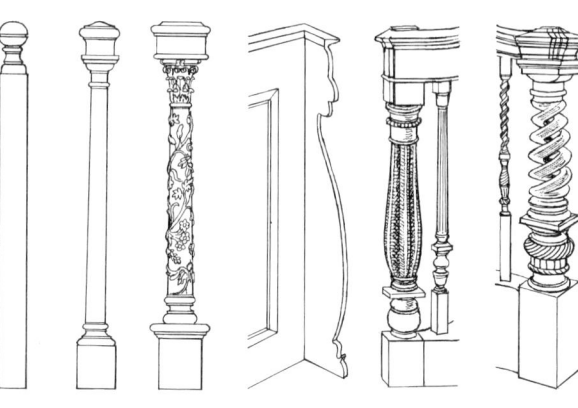

1 Detail der kunstvollen Treppe in Jeremiah Lee House in Marblehead, Massachusetts, 1768. In vornehmeren Häusern wie diesem gab es an den Podesten oft betont prunkvolle Baluster.
2 Einfacheres, gebräuchliches Geländer. Charleston, South Carolina, Mitte/Ende 18. Jh.
3 Typische Treppe für Kaufmanns-, Handwerker- und Bauernhäuser des späten 18. Jhs.
4 Die Gestaltung der inneren Wände an Treppen erinnerte oft an eine Balustrade. Dieses »Schatten«-Geländer mit Täfelung und Pilastern von ca. 1720 ist repräsentativ.

5 Antrittspfosten stützen die Enden der Treppengeländer. Als visuelle Ruhepunkte wurden sie stark dekoriert, sobald die Treppen nicht mehr hinter Wänden verborgen waren. Beispiele aus Connecticut, Ende 17. Jh.; South Carolina, um 1730; Virginia, Anfang 18. Jh.; Maryland, um 1740 (deutsche Form); New Hampshire, 1760; Massachusetts, 1770.

6 Frühes Beispiel für Föderalstil mit vorwiegend vierkantigen Balustern und sparsamem Schmuck an Handlauf und Profil. Massachusetts, Ende 18. Jh.
7 Noch leichter wirkt die Treppe in William Gibbes House in Charleston, South Carolina, um 1780, durch die ungewöhnliche Verwendung von Eisenbalustern im Interieur.

8 Die Treppe in Hunter House, Newport, Rhode Island, 1758, hat elegante und teure gewundene Baluster. Die Anordnung zu je drei ist typisch für den georgianischen Stil. Bemerkenswert sind die Täfelung am Treppenprofil und das Schattengeländer mit Täfelung an der rückseitigen Wand. NHH

9 Detail der Treppe in Cliveden, Germantown, Philadelphia, 1764–1767, einer edlen klassischen Komposition. Die Baluster sind elegant verjüngt, und die Profile an den Stufenenden sind schlicht ausgesägt und aufgesetzt, ohne Schnitzerei. CV

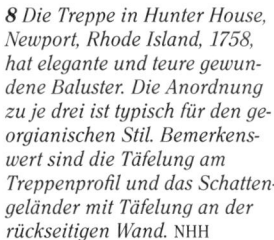

Einbaumöbel

Dieser schöne Einbauschrank und ein zweiter, gleicher, flankieren den Kamin im Esszimmer von Mount Pleasant, Philadelphia, 1761/62. Oft ließ man die *Türen offen, um Silber und Keramik zu präsentieren. Viele Schränke hatten auch Glastüren, besonders im späteren 18. Jh., als Glas nicht mehr so teuer war.* MP

Einbaumöbel waren ein Merkmal für Qualität und Beständigkeit. Die ersten Siedler und Grenzbewohner hatten gute bewegliche Möbel, aber kaum Regale und nur grob gerahmte eingebaute Betten. Mit größerer Sesshaftigkeit wurden auch die Einbaumöbel besser. Am häufigsten waren Geschirrschränke. Die wenigen erhaltenen Beispiele aus dem frühen 17. Jahrhundert sind meist in die Kaminwand eingelassene Borde hinter Rahmentüren, doch in einigen Häusern gab es auch Schrankwände oder Hängeschränke. Im zweiten Viertel des 18. Jahrhunderts waren eingebaute Schränke bereits ein wichtiges Merkmal der amerikanischen Architektur. Meist hatten sie offene Borde im oberen Teil und Stauraum unten. Die typischste Form war ein Alkoven mit Borden, dessen Türen verglast sein konnten, über oder neben dem Kamin. In kunstvoller gearbeiteten Eck- und Wandschränken wurden Zinn, Keramik und Silber zur Schau gestellt, architektonisch besonders hervorgehoben. Die Borde können ausgebuchtet sein, und manchmal hat eine Nische einen muschelförmigen Abschluss.

Wandbetten sind typisch für die Häuser deutscher und holländischer Siedler, ebenso eingebaute Bänke, die man meist in Vorbauten findet. Die Küchen der Kolonialzeit waren meist nicht fest möbliert, aber manche hatten auch Anrichten, Regale, Geschirrschränke und Arbeitsflächen.

1 und 2 Zwei Schränke aus Neuengland. Der erste aus Salem, Massachusetts, um 1720, mit unüblicher einzelner Tür. Der zweite aus Lime Rock, Connecticut, ca. 1720–1730. Beide mit muschelförmigem Abschluss im Inneren.
3 Eleganter Eckschrank, mit 60 cm recht schmal. Mit profiliertem Gesims und geformten

Borden. Massachusetts, ca. 1750–1770.
4 Verglaster Eckschrank, Connecticut, spätes 18. Jh.
5 Schrank, spätes 18. Jh., aus Delaware, mit Doppeltüren oben und unten.
6 Schrank, frühes 18. Jh., aus Connecticut, mit regionalem Rosettenmotiv.
7 Eckschrank aus Virginia, um

1725. Die Form ähnelt den ersten beiden Schränken, doch die marmorartige Bemalung und die noch selten verwendeten Festons sind außergewöhnlich.
8 Eckschrank aus Laurel, Maryland, um 1750. Bemerkenswert sind das Maßwerk und die korinthischen Kapitelle.
9 Der Schrank aus Virginia steht unüblicherweise in der

Mitte der Wand, gegenüber dem Kamin. Spätes 18. Jh.
10 Eingebaute Anrichte aus dem späten 17./frühen 18. Jh., Massachusetts.
11 Typische Kaminwand, Mitte 18. Jh., mit Stauraum hinter Füllungstüren.
12 Wandschrank über einem Kamin, Rhode Island, um 1760. Auch für die Südstaaten typisch.

Installation

1 Dachrinnen wurden an größeren Häusern im späten 18. Jh. üblich. Die Einläufe oben und in der Mitte sind aus Connecticut. Den unteren Typ, hier aus New Jersey, gibt es heute noch.
2 Ein Ofen aus sechs Platten mit moralisierenden Darstellungen. Die Beinform ist ungewöhnlich, 1760er Jahre.
3 Ofen von 1760 aus Pennsylvania mit einem Bibelzitat auf Plattdeutsch.
4 Holländischer Ofen aus zehn Platten, möglicherweise importiert.
5 Detail von Lord Botetourts Ofen, um 1770 für Governor's Palace in Williamsburg, Virginia, aus London importiert.

In den Häusern der Kolonialzeit gab es kaum spezielle Haustechnik außer Kaminen und Backöfen. Wo man doch bessere Einrichtungen findet, weisen sie meist auf einen höheren Rang ihrer Bewohner hin. Die meisten Häuser hatten keine Dachentwässerung, das Wasser lief einfach von den Dachschindeln herunter. Wenige, ganz vornehme Häuser besaßen Dachrinnen und Fallrohre nach britischem Vorbild. Nach der Revolution wurden Dachrinnen gebräuchlicher. In Städten gab es an manchen Häusern eine Rinne aus Stein oder Ziegeln im Boden, die das Wasser vom Haus wegleitete.

Besser ausgerüstet waren die Häuser deutscher und niederländischer Siedler. Sie gehörten zu den ersten, die Holz-

öfen verwendeten, teilweise sehr elegante Konstruktionen aus keramischen Platten. In Winston-Salem, einer deutschen Siedlung der Herrnhuter, wurden mehrere Wohnhäuser und öffentliche Gebäude durch eine hölzerne Wasserleitung mit fließendem Wasser versorgt. Manche der dortigen Küchen hatten beheizte Flächen oder Öfen, die Küchenherden ähnelten. Diese fanden sich auch in den französischen Siedlungen in Louisiana und Quebec. Separate Aborte bedeuteten einen großen Fortschritt bei der Entsorgung. Oft waren sie nicht ortsfest; auf einigen Plantagen installierte man aber auch schon feste, aus Ziegeln gebaute Aborte. In einigen Küchen gab es steinerne Spülbecken, die von Hand gefüllt werden mussten, manchmal aber einen Abfluss besaßen.

EINBAUMÖBEL

INSTALLATION

Beleuchtung

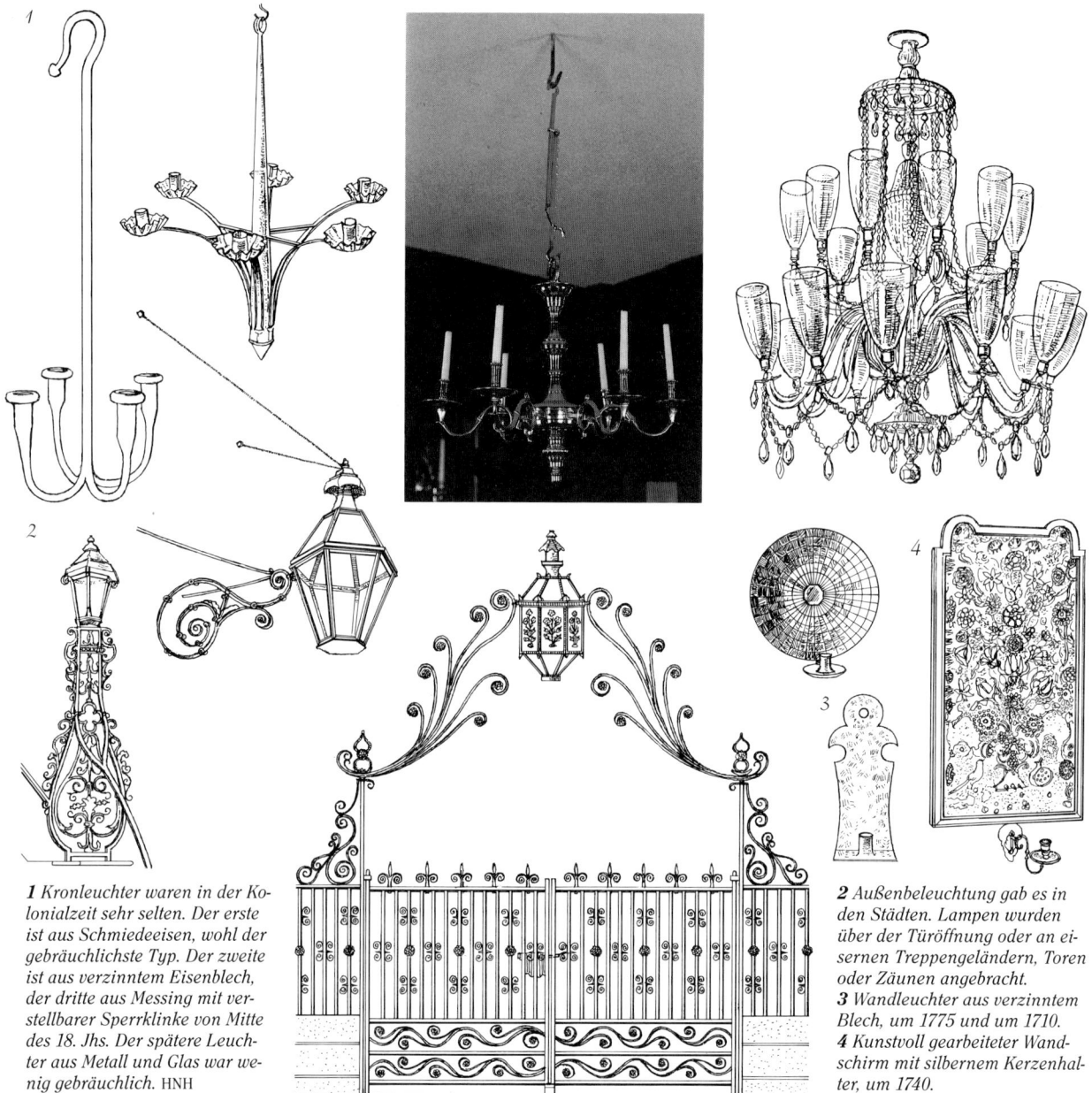

1 Kronleuchter waren in der Kolonialzeit sehr selten. Der erste ist aus Schmiedeeisen, wohl der gebräuchlichste Typ. Der zweite ist aus verzinntem Eisenblech, der dritte aus Messing mit verstellbarer Sperrklinke von Mitte des 18. Jhs. Der spätere Leuchter aus Metall und Glas war wenig gebräuchlich. HNH

2 Außenbeleuchtung gab es in den Städten. Lampen wurden über der Türöffnung oder an eisernen Treppengeländern, Toren oder Zäunen angebracht.
3 Wandleuchter aus verzinntem Blech, um 1775 und um 1710.
4 Kunstvoll gearbeiteter Wandschirm mit silbernem Kerzenhalter, um 1740.

Die wenigsten Häuser hatten irgendeine fest installierte Beleuchtung. Die Kolonisten behalfen sich bei Dunkelheit mit Binsenlichtern, Öllampen, Bettylampen, Kerzen und dem Schein des Feuers. Kronleuchter und Hängelampen waren bis Mitte des 18. Jahrhunderts in Wohnhäusern die Ausnahme, und selten waren es so kunstvolle Glasleuchter, wie man sie heute in restaurierten Häusern der Kolonialzeit sieht. Meist handelte es sich um sehr viel schlichtere hängende Kerzenhalter aus Holz und Eisen, Eisen oder verzinntem Eisenblech.

Wandleuchter dürften gebräuchlicher gewesen sein. Die einfachsten bestanden aus verzinntem Eisenblech. Feinere Stücke hatten eine konkave reflektierende Oberfläche mit kleinen Stücken Spiegelglas, die interessante Lichtreflexe an die Wände warfen.

Die seltensten und kunstvollsten Wandleuchter waren vermutlich die von jungen Mädchen in der Schule gefertigten Landschaftsbilder aus kleinen aufgerollten Papierstückchen und Wachs, mit Glimmer bestäubt. Ein solches Bild erhielt einen tiefen Rahmen mit einem Kerzenhalter aus Eisen oder Glas davor.

Um die Mitte des 18. Jahrhunderts bekamen die ersten der besseren Häuser Außenlaternen, die entweder nahe der Eingangstür oder am Zaun oder Tor angebracht wurden. Meist waren es Eisenrahmen mit Glasscheiben und einem Napf für eine Kerze oder Öllampe im Inneren.

Metall

1 *Schmiedeeisernes Tor von hoher Qualität; die Laterne ist ein Statussymbol. Charleston, South Carolina, spätes 18. Jh.*
2 *Elegantes eisernes Treppengeländer, Drayton Hall, South Carolina, um 1740.* DH
3 *Eisernes Eingangstor von Westover, Charles City County, Virginia, 1730–1734. Es ist ein* englischer Import, ähnliche Tore wurden in Amerika produziert.
4 *Plumpe gusseiserne Balustrade vom Eingang eines Hauses in Libertytown, Maryland, spätes 18. Jh.*
5 *Balustraden aus Eisenstäben mit geschmiedeten Schnörkeln waren in der ersten Hälfte des 18. Jhs. beliebt.*
6 *Gezinkte und knospenförmige Knäufe zierten Zäune und Tore. Mitte bis Ende 18. Jh.*
7 *Wetterfahnen sind wichtige Beispiele für die Volkskunst der Kolonialzeit, denn die Schmiede hatten hier freie Hand. Verbreitet waren ausgeschnittene Daten wie an der ersten Fahne aus Virginia. Die zweite aus Albany, New York, Mitte 17. Jh., ist aus Messing und hat die populäre Hahnenform. Die dritte ist eine deutsche Form von 1670 aus Pennsylvania.*
8 *Stiefelkratzer gab es in der Stadt und an einigen Farmhäusern. Meist waren es einfache Stäbe, aber diese Beispiele aus dem 18. Jh. sind phantasievoller.*

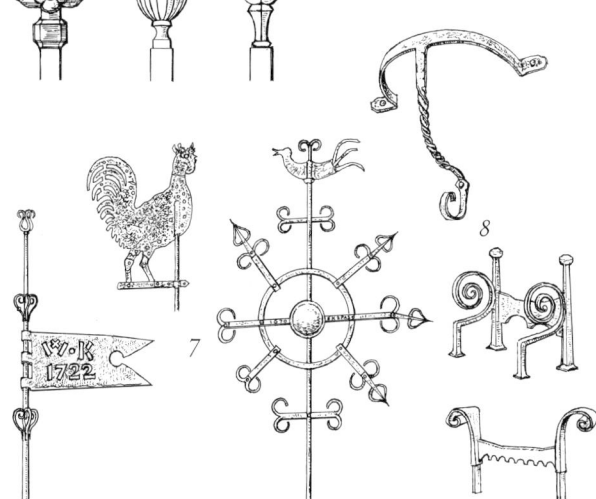

Neben Lampen, Kaminböcken und Beschlägen sind an amerikanischen Häusern vor allem Stiefelkratzer, Wetterfahnen, Zäune und Tore aus Eisen gearbeitet.

Stiefelkratzer befanden sich oft neben dem Hauseingang, besonders in den Städten mit ihren manchmal sehr schlammigen Straßen. Geschmiedet oder aus Eisenblech geschnitten, wurden sie in das Mauerwerk oder in den Boden eingelassen. Meist waren sie ganz schlicht, aber es gibt auch solche mit Schnörkeln, Knäufen oder Finialen.

Wetterfahnen gab es meist auf öffentlichen, manchmal aber auch auf privaten Gebäuden. Viele gelten als Volkskunst, weil die örtlichen Handwerker sie weitgehend frei von Vorschriften und in teils phantastischen Formen fertigten.

Wie die Stiefelkratzer wurden sie geschmiedet oder aus Eisenblech ausgeschnitten und mit Pfeilen, Schnörkeln, Buchstaben, Daten oder Figuren geschmückt. Bei besonders feinen Stücken wurde der Schaft der Fahne durch eine Kugel aus Messing oder Kupfer geführt.

Eiserne Tore und Zäune fand man ebenfalls meist an öffentlichen Gebäuden, aber ihre erhabene Wirkung machte sie auch für vornehme Wohnhäuser begehrenswert. Am kunstvollsten waren meist die verzierten Eingangstore gearbeitet, mit komplizierten, eleganten Schnörkel- und Laubornamenten aus Schmiede- oder Gusseisen, manchmal auch mit einer Laterne. An Vorbauten gab es oft schmiedeeiserne, stilvolle Balustraden.

BELEUCHTUNG

METALL

Holz

1 Rekonstruktion eines Siedler-
hauses aus dem frühen 17. Jh.
aus St. Mary's City, Maryland.
Die englischen Kolonisten bauten, entsprechend der Volksbauweise ihrer Heimat, zweckmäßige Unterkünfte aus in die
Erde eingelassenen Pfosten, von
Hand gespaltenen Stülpschalungsbrettern, Dachschindeln
und holzgerahmten Schorn-
steinen. Die großen, verglasten
Flügelfenster und die modisch
ausgestellte Dachkontur kennzeichnen das Haus als eines
der besseren unter den frühen
Gebäuden. Eigentlich nur für
kurze Zeit gedacht, wurden
diese Häuser oft jahre- und

jahrzehntelang gepflegt und umgebaut. HSMC
2 Vassall-Longfellow House,
Cambridge, Massachusetts, 1759,
ist ein hervorragendes Beispiel
für den Palladianismus in Neuengland. Pilaster, Giebel, Eingang
und die späteren seitlichen Anbauten sind aus Holz; sie geben
dem Haus ein klassisches Antlitz,
erinnernd an die Entwürfe des
schottischen Architekten James
Gibbs. Diese georgianischen
Stilmerkmale wurden mit dem
traditionellen Schindeldach kombiniert. Das Haus hat einen typischen Grundriss: mehrere Räume, die um eine zentral gelegene
Halle herum angeordnet sind. LH

Das mit Abstand gebräuchlichste Baumaterial in der Kolonialzeit war Holz, dessen Eigenschaften den frühen
Kolonialstil geprägt haben. Während in England die Fachwerkbalken frei blieben, wurden die Häuser in Amerika
mit Stülpschalung verkleidet, und statt mit Stroh waren die
Dächer mit Schindeln gedeckt. Auch Ziegel- und Steinhäuser hatten hölzerne Dächer, Vorbauten, Fenster- und
Türrahmen sowie Zäune. In der georgianischen Zeit wurde
das Holz oft verborgen und z.B. Quadermauerwerk damit
imitiert.

Die europäischen Vorlagen für Ziegel- und Steinhäuser
wendete man in Amerika auf Holz an. Das Ergebnis zeigte
sich oft weniger gegliedert, aber reicher verziert. Auch Motive aus dem Möbelbau flossen ein, denn die Handwerker unterlagen nicht mehr den strengen Zunftbestimmungen wie
in ihren Herkunftsländern und konnten mehr als ein Handwerk ausüben. So haben auch Stuhlmacher, Tischler und
Schnitzer an frühen Holzbauten mitgewirkt, bevor es im
frühen 18. Jahrhundert zu einer stärkeren Spezialisierung
im Handwerk kam.

Von allen Holzarbeiten sind Zäune wohl am seltensten erhalten geblieben. Stangenzäune, Lattenzäune und ornamentale Gartenzäune prägten die Landschaft in der Kolonialzeit. Je weniger praktische Bedeutung ein Zaun hatte,
desto kunstvoller war er verziert. Wie die Tür an der Fassade, war das Tor der dekorativste Teil des Zaunes.

1 Balkon und Fenstereinfassung aus Rhode Island, um 1760, typisch amerikanischer Mix aus Klassizismus und traditioneller Zimmermannsarbeit.
2 Drei Balkongeländer, spätes 18. Jh. Das erste mit gedrechselten Balustern, die anderen in dem im späten 18. Jh. beliebten »Chinesischen Chippendale«.
3 Drei typische Zäune aus dem späten 18. Jh.: zwei Lattenzäune und ein vom »Chinesischen Chippendale« beeinflusster Zaun.
4 Die typischen Holztore des 18. Jhs. setzten das Muster des Zaunes fort.
5 und **6** Die Pfosten eleganter Tore haben die Form von Pfeilern mit Urnen.

7 Dreiteiliges Tor aus Charleston, South Carolina, für Wagen und Fußgänger. Die Steinpfosten tragen elegante Kugelknäufe.
8 Chippendale-Tor aus Farmington, Connecticut, zweite Hälfte des 18. Jhs.
9 Tor und Zaun aus Charleston, South Carolina, mit rautenförmig verzierten Latten.
10 Das Detail vom Treppenpodest im William Randolph House, Tuckahoe, Virginia, um 1712–1730, zeigt die Qualität der Schnitzerei im Interieur.
11 Geschnitzter Engel aus dem Zwickel eines Schrankes im Wohnzimmer von Hunter House, Rhode Island, um 1758. Die insgesamt vier Engel sind das wohl berühmteste Motiv des Hauses. NHH

HOLZ

SPÄTGEORGIANISCHER STIL

1765–1811

1 Mit dem Bau des »Adelphi« an der Themse in London, 1768–1772, stiegen Robert und James Adam in den Rang der führenden Architekten des späten 18. Jhs. auf. Die Originalzeichnung zeigt, wie die Anlage, Kai und Reihenhäuser, als Ganzes konzipiert war. RA

2 Erdgeschossgrundriss für einen typischen Landsitz eines Edelmannes vom Ende der 1790er Jahre. Obwohl schlicht und klein, ist das Haus doch sehr komfortabel und hat auch ein Innen-WC. JM

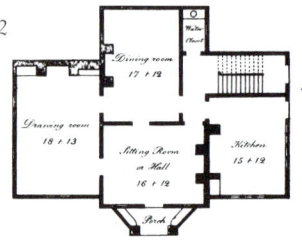

3 Das 1794 von John Plaw für einen Edelmann entworfene Landhaus zeigt, wie viel Wert bei den ländlichen Villen auf Proportionen und Symmetrie gelegt wurde. JNP

4 Ausschnitt aus Moray Place in Edinburgh, einer im frühen 19. Jh. gebauten zwölfeckigen Reihenhausanlage mit Garten in der Mitte. Die tief eingeschnittene, steife Rustika ist typisch für die Architektur jener Zeit in Edinburgh. Der Laternenpfahl ist authentisch. SP

5 Eingangsfront von Home House, London, um 1775 von den Brüdern Adam gebaut. Der schöne Vorbau hat die Form eines Tempelportikus, ein sehr elegantes Merkmal großer Stadthäuser.

Nach dem Frieden von Paris, der 1763 den Siebenjährigen Krieg mit Frankreich und seinen Verbündeten beendete, erlebte das Bauen in Großbritannien einen Aufschwung. Die palladianischen Regeln der Proportion, die in der ersten Jahrhunderthälfte gegolten hatten, waren weiterhin gültig, aber die Details wurden feiner und einheitlicher.

Die in den Musterbüchern empfohlene Gleichförmigkeit der Reihenhäuser und Platzfronten hatte man in Folge des Profitstrebens der Bauträger vor Mitte des Jahrhunderts selten erreicht. Die »Palast«-Fassade, bei der die Mitte eines Reihenhauses durch Pilaster und Ziergiebel betont ist, wurde jedoch nach 1760 immer mehr bevorzugt, nicht nur durch Architekten und Theoretiker, sondern auch durch Bauspekulanten, die diese neue Pracht als verkaufsfördernd erkannten. Die ersten Beispiele waren Circus und Royal Crescent in Bath, Teile des großartigsten Stadtplanungskonzepts in Großbritannien überhaupt. Die Architekten Robert Adam (1728–1792) und Sir William Chambers (1723–1796) brachten diese Fassaden in Großbritannien in Mode und machten damit die Erhabenheit römischer Vorbilder populär, von der

schon der Klassizismus auf dem europäischen Kontinent inspiriert war.

Adam war der erfolgreichste britische Architekt in der zweiten Hälfte des 18. Jahrhunderts. Er baute einige der elegantesten Häuser der Epoche, als sein einflussreichstes Werk aber gilt das »Adelphi« am Londoner Themseufer (1768–1772). Fassadenschmuck, wie Festons, Bänder und Arabesken, gab den aus Ziegeln gebauten Reihenhäusern eine gewisse Einheitlichkeit, ähnlich der Gestaltung der Interieurs. In den Augen der Zeitgenossen muss das revolutionär gewirkt haben. Schon bald wurden diese Formen auf einfachere Häuser übertragen.

Das tiefgreifende Baugesetz von 1774 definierte den Rahmen für die Verwendung der neuen Ornamente. Es legte Kategorien von eins bis vier fest, die Wert und Größe einer Immobilie berücksichtigten. Unter anderem änderte das Gesetz auch die Brandschutzbestimmungen bezüglich der Schiebefenster. Nach einem Gesetz von 1709 mussten die Kästen 10 cm von der Wandoberfläche zurückgesetzt werden. Jetzt waren sie von der Wand zu überfalzen, so dass nur

1 In diesem Zeitalter der Kennerschaft hatten die besten Häuser eigene Skulpturengalerien. Ausschnitt aus Newby Hall, Yorkshire, Anfang der 1770er Jahre, mit klassischen Statuen und Büsten in passen- der Umgebung mit stark verzierten Alkoven. NH

2 Das Treppenhaus in Home House, London, um 1775, ist ein Meisterwerk aus Licht und Raum – Robert und James Adam in Hochform. HH

noch ein schmaler Streifen des Holzrahmens von außen sichtbar war. Diese Vorschrift vertrug sich gut mit der herrschenden Vorliebe für elegante, geschmeidige Linien.

Parallel zu den städtischen Reihenhäusern wurden im späten 18. Jahrhundert zahlreiche kleine Vorstadthäuser gebaut. Da der Boden dort billiger war, konnte man preisgünstigere Häuser auf größeren Grundstücken errichten. Diese ähnelten den palladianischen Villen der 1750er Jahre, bescheidenen Landhäusern ohne Portikus und Keller. Viele der späteren Villen waren schlichte klassizistische Kästen mit symmetrischen Landhausfassaden en miniature. Andere wurden als Doppelhäuser gebaut, die man mit einfachen, aufgesetzten Ornamenten optisch zu einem Haus zusammenfasste. Aber auch neogotische Häuser mit Kielbögen an Fenstern und Türen oder mit »gotischem« Maßwerk in konventionellen Rundbogenfenstern galten als passend für ländlichere Gebiete. Am Ende des Jahrhunderts führte die *Picturesque*-Strömung zu asymmetrischen Villengrundrissen. Kleine Häuser protzten mit »toskanischen« Türmen und Dachtraufen ähnlich den Lusthäuschen und Türmen auf Gemälden von Claude Lorrain. Eine andere Vorliebe galt ägyptischen Motiven, die um die Jahrhundertwende sogar in das spekulative Bauen Einzug hielten.

Ziegel blieben das übliche Baumaterial. London hatte durch die grauen, vom Rauch der Seekohlefeuer nachgedunkelten Ziegel eine schmutzige Patina. Einige der vornehmsten Häuser wurden mit Stein verkleidet. In Bath diente der weiche einheimische Stein zur Verkleidung der aus Bruchsteinen gemauerten Wände, obgleich die behauenen Quader zum Bröckeln neigten. Der in Edinburgh verwendete harte Stein war dagegen statisch belastbar und wurde sehr fein bearbeitet.

Seit der Zeit Inigo Jones' putzte man mit Kalkmörtelarten, die man – vom italienischen stucco (Putz) – generell als Stuck bezeichnete. »Römischer Zement«, ein Patentputz, wurde 1796 eingeführt. Beide dienten als Steinimitat und veränderten im letzten Drittel des 18. Jahrhunderts das Erscheinungsbild der Architektur. Man trug sie auf Ziegel auf und zog horizontale und vertikale Linien, um Quadersteine anzudeuten. Der Stuck wurde dann in einem warmen gelblichen Ton, wie ihn der Stein von Bath aufwies, gestrichen. Die Fassaden verputzte man im Keller und im Erdgeschoss, bei großen Neubauten auch in voller Höhe. Die Reihenhäuser von John Nash am Regent's Park, London (1811–1828), sind dafür ein Paradebeispiel. Eine unschätzbare Neuerung war der Coadestein, ein Kunststein aus einem terrakottaartigen Material von weißer Farbe. Er ließ sich gießen, wodurch plastische Ornamente auch an durchschnittlichen Bauten erschwinglich wurden. Eine riesige Fülle von Elementen aus Coadestein kam auf den Markt, von denen die Schlusssteine mit Gesichtern in Hochrelief wohl am bemerkenswertesten sind. Zwischen ca. 1775 und 1810 schmückten sie viele Fassaden.

Die Epoche brachte weitere wichtige Neuerungen mit sich. Dazu gehört das in den 1750er Jahren eingeführte Kamineinsatzgitter, das den schmutzigeren und weniger effizienten frei stehenden Rost verdrängte. Überdies hatten die Reichen verbesserte Öllampen. Damit war es im durchschnittlichen Haus um 1800 wärmer und sauberer, in den besseren Häusern außerdem heller als zuvor. In allen Bereichen der Gestaltung wurde der Einfluss Robert Adams und der ihm Gleichgesinnten sichtbar, und selbst Roste und Lampen widerspiegeln den vorherrschenden klassischen Geschmack der Epoche.

Türen

Die Grundform der Tür änderte sich im späten 18. Jahrhundert kaum, aber die Details wurden vom neoklassizistischen Geschmack beeinflusst.

Die Einfassung der Eingangstür änderte sich durch das
Oberlicht. Zunächst waren die Oberlichter meist schlicht und
rechteckig, aber Halbkreis- und Segmentformen, die sich für
filigranen Schmuck besonders eignen, wurden zunehmend
beliebt. Oberlichter bestanden aus Holz oder, in eleganteren
Häusern, aus Schmiedeeisen. Am Ende des Jahrhunderts gab
es mehr und mehr gusseisernes Maßwerk. Manchmal nimmt
eine Einfassung aus Coadestein den anmutigen Schwung des
Oberlichts auf. Andere Türeinfassungen, Vorhallen und Portiken dagegen sind rechtwinklig und griechisch-schlicht.

Sechs Füllungen bleiben typisch. Die einfache Haustür ist
aus Kiefer oder Fichte und hat schlichte abgeplattete Füllungen; vornehmer ist Eiche. Alle Haustüren waren gestrichen,
schwarz und manchmal dunkelgrün. Gegen Ende des Jahrhunderts wurde das nüchterne Bild gelegentlich durch ein
leuchtendes Blau belebt.

Innentüren sind meist aus Fichte oder Kiefer und gestrichen, die besten jedoch aus Mahagoni, mit polierten – von
gekerbten Rippen oder Perlstäben eingefassten – Füllungen.
Auch Einlagen aus edlen Hölzern wie Ebenholz, Stechpalme
und Kirsche waren gebräuchlich. Die Mode, Türfüllungen
mit pompejischen und etruskischen Dekoren zu bemalen,
kam in den 1770er Jahren auf.

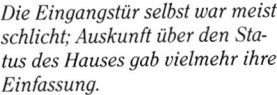

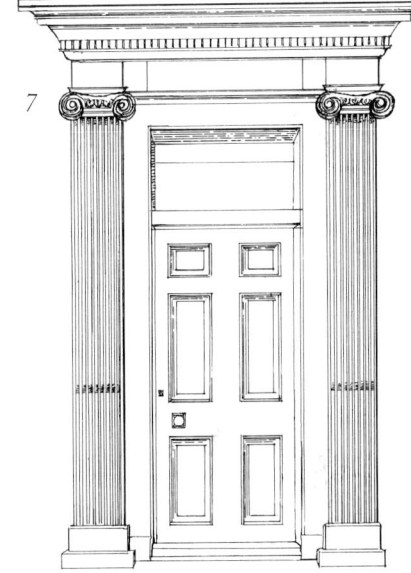

Die Eingangstür selbst war meist schlicht; Auskunft über den Status des Hauses gab vielmehr ihre Einfassung.
1 Ein klassisches Giebelfeld auf wandgebundenen Säulen verleiht diesem Haus in Bath Würde.
2 Schlusssteine aus Coadestein lockerten strenge Türeinfassungen auf. Es gab sie mit vielen

verschiedenen Gesichtern.
3 und **4** Das Oberlicht über der Tür war ein wichtiger Platz für Schmuck. Das schlichte halbkreisförmige Oberlicht im Ziegelbogen (links) hat die gleiche Grundform wie die elegantere Türeinfassung eines Hauses in Guildford, Surrey (rechts). Das Bogenmotiv über

der Tür ist besonders anmutig.
5 und **6** Bei den großartigsten Türen war nicht nur das Oberlicht in Schmiedeeisen gefasst, sondern auch die seitlichen Fenster. Besonders in Dublin galt dies als modern. Bei dem extravaganten zweiten Beispiel steht auch der Name des Bewohners über der Tür. BM

7 Türeinfassung eines frühen Londoner Spekulationsbaues von John Nash, 1777/78. Die ionischen Pilaster sind neogriechisch.
8 Varianten des schlichten Oberlichts mit Sprossen sind die römische Aufteilung im Adam-Stil, geometrische Formen und die gotische Kielbogenform.

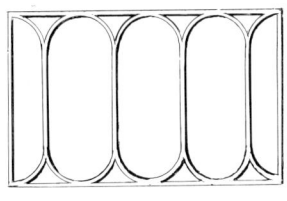

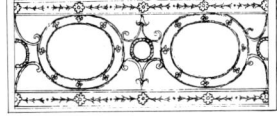

1 Die Eingangstür aus Bath im Adam-Stil, um 1780, mit kunstvollem schmiedeeisernem Oberlicht, wirkt durch die flankierenden Pilaster noch großartiger.
2 Diese Doppeltür vom Ende des 18. Jhs. zeigt dagegen die neogriechische Mode in ihrer streng geradlinigen Eleganz. Bemerkenswert sind die Füllungen, die so geformt sind, dass sie die großen, originalen Türgriffe umfassen. Wie auch andernorts wurde der Briefkasten später eingefügt.
3 Die recht schmalen Proportionen dieser Tür in Bath fallen durch die starke Gliederung – im profilierten Architrav wie in den geformten Füllungen mit dekorativen Rahmen – nicht auf.
4 Die Tür zu einem kleinen Landhaus aus den 1780er Jahren ist kaum gegliedert. Vereinfachte Pilaster enden in attraktiven Konsolen, die ein funktionales, leicht profiliertes Vordach tragen. AH

Innentüren wurden gestrichen oder geädert. Nur wenn sie aus sehr gutem Holz waren, z.B. Mahagoni, polierte man sie.
5 Tür mit den typischen sechs Füllungen und profilierter Einfassung in Avenue House, Bedfordshire, um 1780. AH
6 Der Anstrich verleiht dieser Tür in Home House, London, um 1775, eine großartige Wirkung. Mit zeitgenössischer Schlüssellochplatte und Klinke. HH
7 Ein schöner profilierter Architrav mit vergoldetem Fries ziert die Einfassung dieser von Robert Adam für Home House entworfenen Doppeltür. Doppeltüren gab es nur an den wichtigen Empfangsräumen der vornehmsten Häuser. HH
8 Die geschnitzten Details an den Füllungen dieser Tür in Newby Hall, Yorkshire, Anfang der 1770er Jahre, betonen das herrlich gemaserte Holz. Feine Harthölzer waren den Reichen vorbehalten. Komplizierte Schnitzerei an der Umrandung vervollständigt das Ensemble. NH

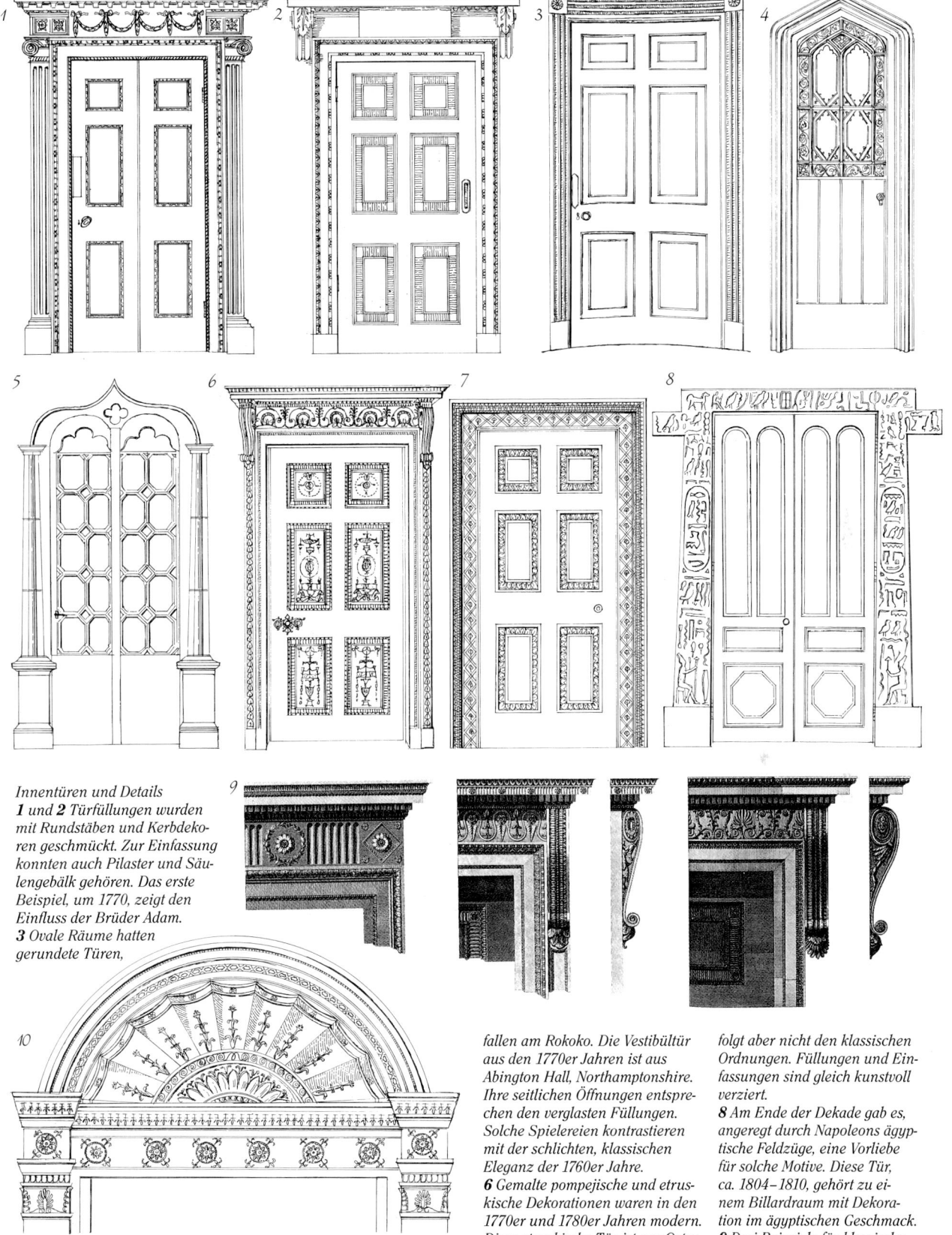

Innentüren und Details
1 und *2* *Türfüllungen wurden mit Rundstäben und Kerbdekoren geschmückt. Zur Einfassung konnten auch Pilaster und Säulengebälk gehören. Das erste Beispiel, um 1770, zeigt den Einfluss der Brüder Adam.*
3 *Ovale Räume hatten gerundete Türen,*

wie hier in Sydney Place, Bath.
4 *Gotische Türen waren nicht den strengen Proportionen unterworfen, die für klassische*

Ensembles galten. Beispiel von der Jahrhundertwende.
5 *Mitte des Jahrhunderts fand man in einigen eleganten Häusern Ge-*

fallen am Rokoko. Die Vestibültür aus den 1770er Jahren ist aus Abington Hall, Northamptonshire. Ihre seitlichen Öffnungen entsprechen den verglasten Füllungen. Solche Spielereien kontrastieren mit der schlichten, klassischen Eleganz der 1760er Jahre.
6 *Gemalte pompejische und etruskische Dekorationen waren in den 1770er und 1780er Jahren modern. Diese etruskische Tür ist aus Osterley Park House, London. Die Motive entsprechen dem Raumthema.*
7 *Diese Türeinfassung von ca. 1800 zeigt klassische Motive,*

folgt aber nicht den klassischen Ordnungen. Füllungen und Einfassungen sind gleich kunstvoll verziert.
8 *Am Ende der Dekade gab es, angeregt durch Napoleons ägyptische Feldzüge, eine Vorliebe für solche Motive. Diese Tür, ca. 1804–1810, gehört zu einem Billardraum mit Dekoration im ägyptischen Geschmack.*
9 *Drei Beispiele für klassische Säulengebälke aus den 1760er Jahren.* RA
10 *Supraporte, ca. 1775–1777, mit elegantem Stuck.*

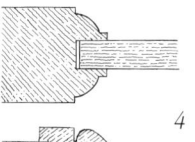
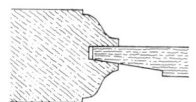

1 Die typische Tür mit sechs Füllungen bot Gestaltungsmöglichkeiten. An der Eingangstür von 1802 täuscht eine Mittelnaht eine Doppeltür vor.
2 Diese elegante Doppeltür, ca. 1773–1775, hat geriffelte und vergoldete Füllungen.
3 Räume in modischen, exotischen Stilen hatten auch passend verzierte Türen. Beispiel im chinesischen Stil von ca. 1777.

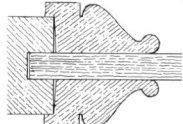
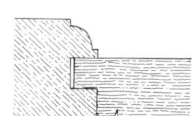

4 Typische Leistenprofile:
l. o. einfache Füllung in einem profilierten Rahmen;
r. o. abgeplattete Füllung;
l. u. profilierte Deckleisten;
r. u. Füllung mit Perlbesatz.

5 An Vestibültüren gab es oft Läden, die den Flur vor Zugluft schützten. Ein schönes Beispiel aus den 1780er Jahren. AH
6 Zu den modischen Türbeschlägen gehörten auch Griffplattenpaare. AH

7 Türklopfer gab es in vielen Formen. Die Griechin links steht für neoklassizistischen Geschmack.
8 Einfache schmiedeeiserne Riegel waren noch in Gebrauch.
9 Robert Adam entwarf für seine Innentüren elegante Beschläge. Diese Garnitur ist beispielhaft für seine besten Arbeiten.
10 Gewöhnliche Häuser hatten schlichte, angenehm gerundete Türknäufe aus Metall oder Holz.
11 Beschläge aus poliertem Messing, spätes 18. Jh.
12 Kastenschloss aus Messing mit gedrehtem Griff aus Hartholz, um 1790.

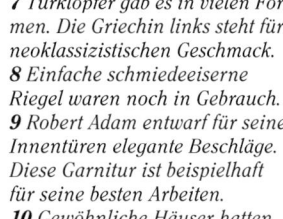
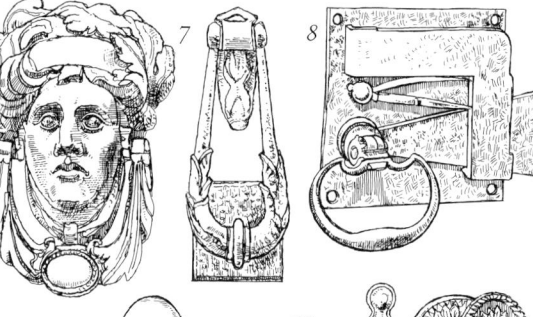
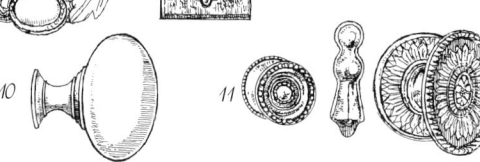
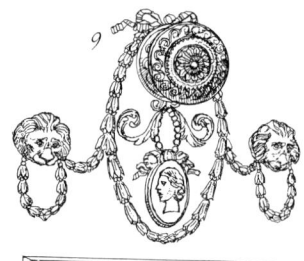
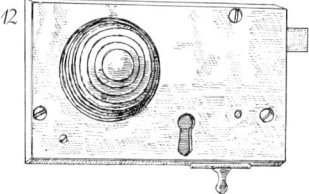

Fenster

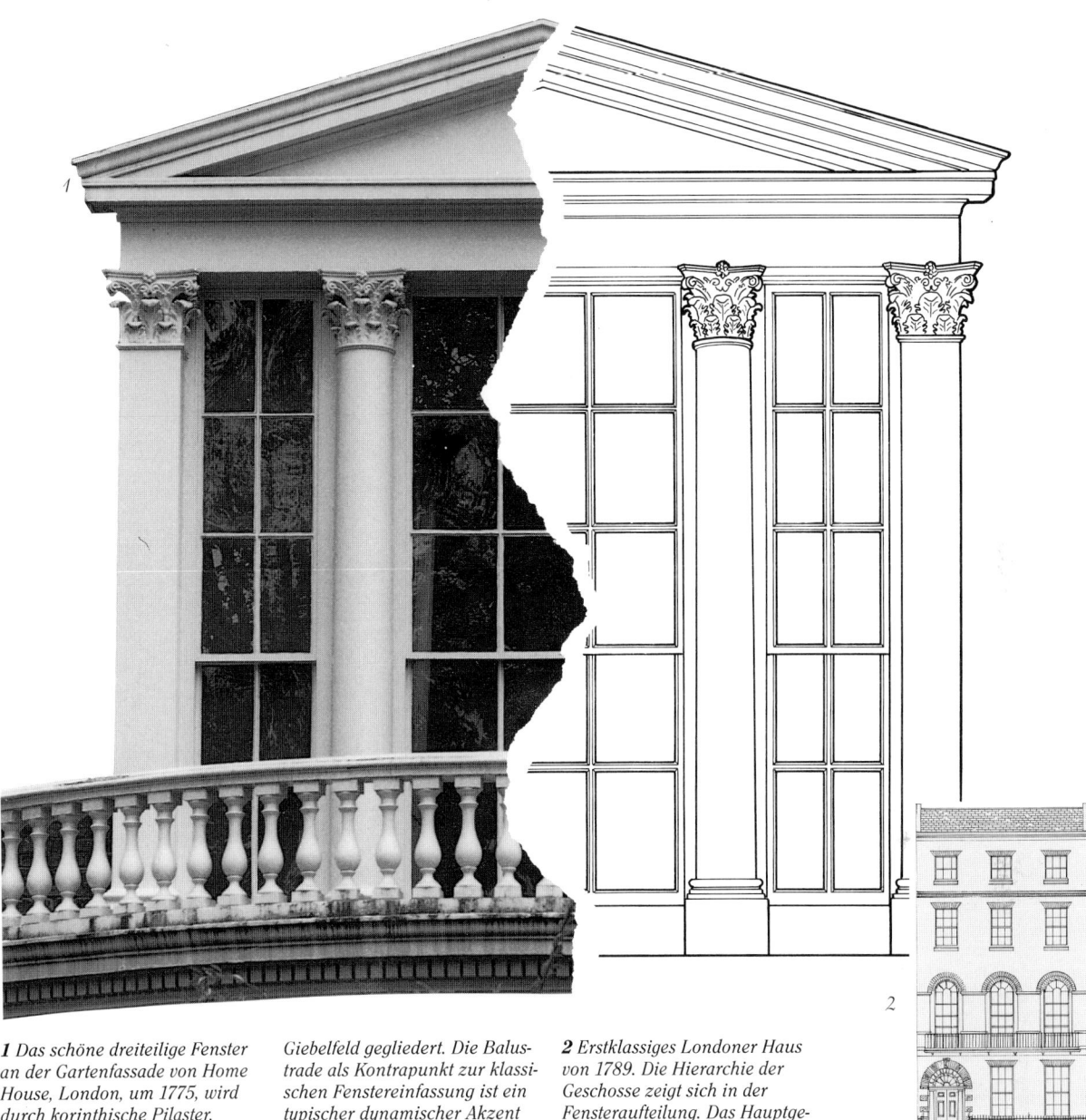

2

1 *Das schöne dreiteilige Fenster an der Gartenfassade von Home House, London, um 1775, wird durch korinthische Pilaster, wandgebundene Säulen und ein*

Giebelfeld gegliedert. Die Balustrade als Kontrapunkt zur klassischen Fenstereinfassung ist ein typischer dynamischer Akzent des Stils von Robert Adam. HH

2 *Erstklassiges Londoner Haus von 1789. Die Hierarchie der Geschosse zeigt sich in der Fensteraufteilung. Das Hauptgeschoss ist am stärksten betont.*

Das neue Brandschutzgesetz von 1774 schrieb vor, dass Fenster von der Mauerfläche überfalzt werden mussten. Dadurch fielen die Proportionen der Sprossen stärker ins Auge als die der Rahmen, und so wurden die Sprossen im Laufe der Zeit immer feiner. Rustizierte oder glatte Einfassungen aus Coadestein tauchten nach 1780 auf und betonten den Rahmen wieder etwas stärker.

Die Fassaden wurden in den 1770er Jahren elegant verjüngt und die Fenster erhöht, so dass sie in den Obergeschossen fast ebenso hoch sein konnten wie im Erdgeschoss. Die Bauhandbücher empfahlen, dass die Fensterfläche eines Raumes der Quadratwurzel aus Länge mal Breite mal Höhe des Raumes entsprechen sollte.

Die Fenster der Salons im ersten Obergeschoss haben oft tief herabgezogene Fensterbänke und öffnen sich auf einen Austritt oder einen Balkon, der alle Fenster überspannt. Um bequemer hinaustreten zu können, ersetzte man in den 1780er und 1790er Jahren die Schiebefenster durch zweiflügelige Loggiatüren.

Am Ende des Jahrhunderts tauchten Varianten der konventionellen Schiebefenster auf. Rundbogenfenster mit runden oder rechteckigen Schieberahmen wurden modern. Rechteckige Fensterkästen versteckte man zwischen dem Innen- und Außenmauerwerk, die Mittelscheibe folgte der Rundung des Bogens. Gotische Fenster, oft mit Kielbögen, blieben populär.

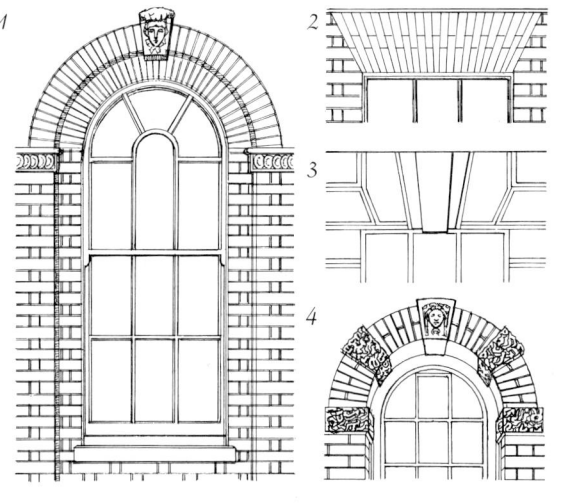

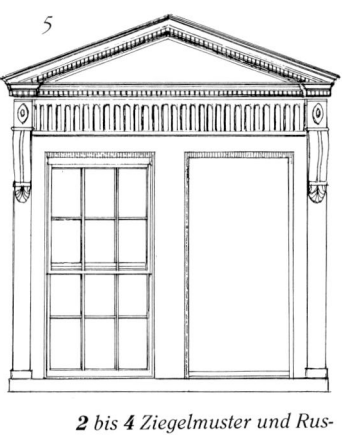

1 Das Fenster folgt dem Baugesetz von 1774. Die Fensterpfosten
sind hinter die Wandfläche

zurückgesetzt, so dass nur ein
schmaler Streifen vom Fensterkasten sichtbar bleibt.
2 bis 4 Ziegelmuster und Rustika blieben aktuell, aber an
sehr modernen Fenstern gab
es auch Schlusssteine und textu-
rierte Platten aus Coadestein.
5 Dieser Ziergiebel fasst zwei
Reihenhäuser zusammen;

nur eines hat ein Fenster.
6 Flacher, elliptischer
Ziegelbogen an einem
Fenster in der Provinz,
um 1780. Ein Fenster in
London hätte eine ge-
strecktere Form.

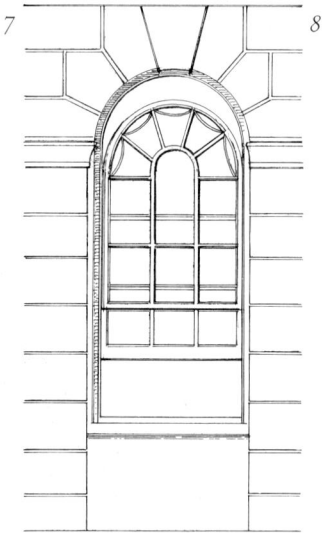

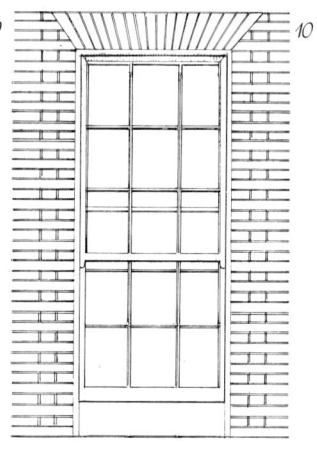

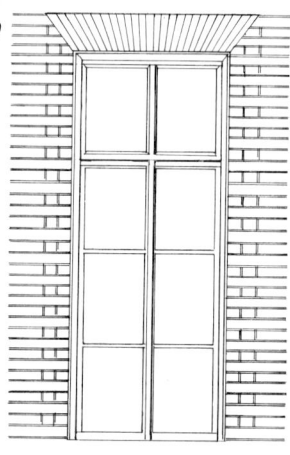

7 und **8** Schiebefenster hatten
zuweilen runde (links, um 1790)
und sogar kielbogenförmige
Stürze in gotischer Manier. Gotische Fenster gab es oft in Häusern klassischen Stils.
9 und **10** In den 1760er und 70er
Jahren wies der Salon im Hauptgeschoss hohe Schiebefenster

auf. Gegen Ende des 18. Jhs.
waren zweiflügelige Loggiatüren
viel moderner.

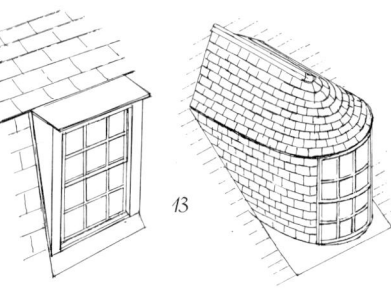

11 Dieses Fenster, nach einem
Entwurf von Robert Adam, 1772,
wäre passend für die Mitte einer
sehr eleganten Fassade.
12 Um die Jahrhundertwende
wurden wieder ganz und gar gotische Häuser gebaut. Raumhohes
Fenster aus Luscombe Castle,
Devon, von John Nash, 1800–1804.
13 Gauben waren meist quadratisch, manchmal aber auch rund,
um die Fassade zu beleben.

FENSTER

1 Der Ziergiebel in der Mitte fasst die drei Fenster optisch zusammen. Das Gurtsims bildet eine durchgehende Fensterbank.
2 Diese Fenster werden durch das gemeinsame Gebälk, wandgebundene Pilaster und eine wandgebundene Steinbalustrade zusammengefasst.

3 Venezianisches Fenster aus drei bis zum Fußboden reichenden Schieberahmen, mit »Spinnennetz« am Bogenabschluss.
4 Diese schlichtere Version ist typisch für gewöhnliche Stadthäuser in Bath.
5 Tief gekerbte Rustika kennzeichnet meist das Erdgeschoss. Der tiefe Schlussstein ist

palladianisch, wodurch man das Fenster auf ca. 1750–1760 datieren kann.
6 Verjüngtes Fenster mit klassischer Steinumrahmung aus den frühen 1770er Jahren, mit zeitgenössischen Läden. NH
7 Detail eines Ladens in Newby Hall, Yorkshire, mit Guilloche. NH

Wände

Der Neoklassizismus hielt für den Schmuck der Wände ein ganzes Architekturprogramm bereit. Auf dem Höhepunkt des Stils, z. B. in dem von Robert Adam um 1775

entworfenen Home House in London, enthielt die Dekoration viele filigrane goldene Details. Hier wird das Gold mit Adams kühlen Grüntönen kontrastiert.

Pilaster bilden die Rahmen für Spiegelfelder, was den Raum optisch elegant vergrößert. Auch reflektierten und verstärkten die Spiegel das Kerzenlicht

von den integrierten Wandleuchtern. Bemerkenswert ist die Zusammenfassung von Decke und Wand durch den Dekor. HH

In den meisten eleganten Häusern der 1760er Jahre hatten die Wände einen getäfelten Sockel und darüber eine Stoffbespannung bis zum Gesims. Am üppigsten und teuersten waren Samt und Seide, aber auch Wolldamast war sehr beliebt. In bescheideneren Häusern verputzte man das Wandfeld oder bespannte es mit Baumwolle, was selbst für relativ vornehme Häuser akzeptabel war.

Nach 1760 ersetzte man die Holztäfelung am Sockel zunehmend durch Putz, der meist weiß oder steinfarben gestrichen oder mit einer kräftigeren oder dunkleren Farbe marmoriert wurde (was zugleich über die Unbeständigkeit der Farben hinwegtäuschte). Die Sockelleiste bestand weiterhin aus Holz. In den 1770er Jahren setzten sich anstelle der

Stoffbespannungen allmählich Tapeten mit gedruckten und Flockmustern durch. Diese klebte man entweder direkt an die Wand oder auf Leisten, so dass teure Tapeten auch wieder abgenommen werden konnten. Im allgemeinen wurden die Wände vor dem Anstrich mit Papier beklebt, nur in Dielen und Fluren strich man direkt auf den Putz. Beliebte Farben waren Erbsgrün, Türkis, Dunkelrosa und Chinesisch-Gelb. Wenn Glanz gewünscht wurde, lackierte man die Oberfläche.

Stuckornamente auf Putzflächen belebten noch die elegantesten Dekorationsprogramme. Mit Motiven wie Akanthuslaub, Geißblattranken, Festons und Bändern verzierte man das Gesims und rahmte Putzmedaillons ein.

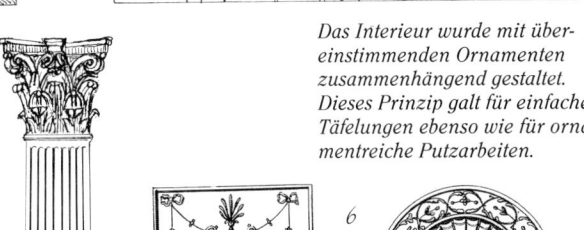

WÄNDE

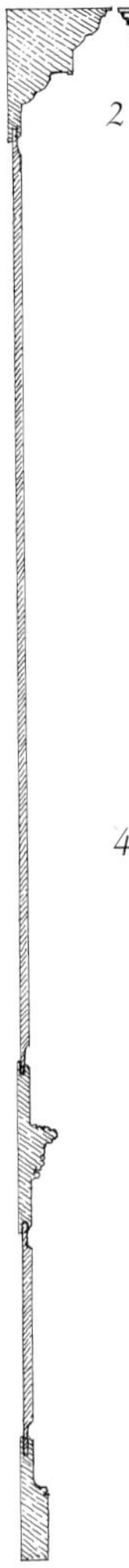

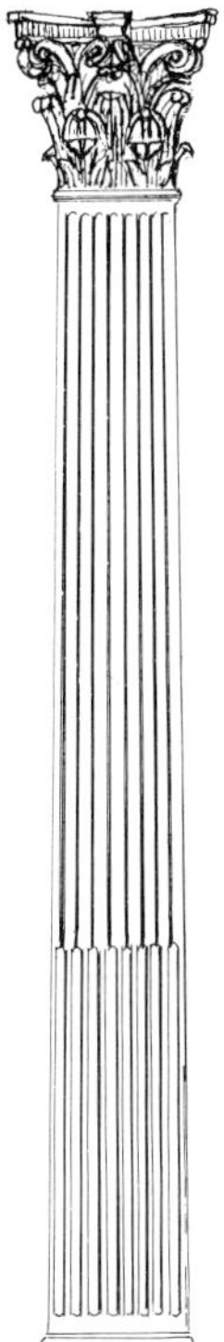

Das Interieur wurde mit übereinstimmenden Ornamenten zusammenhängend gestaltet. Dieses Prinzip galt für einfache Täfelungen ebenso wie für ornamentreiche Putzarbeiten.

1 und **2** Profil und Teilansicht der einfachen Täfelung eines normalen Hauses. Die Täfelung bedeckte die gesamte Wand.

3 Die verputzte Fensterwand von ca. 1790 zeigt, wie die Sockelleiste auch ohne Täfelung die Proportionen des Raumes bestimmt. Die Spiegel zwischen den Fenstern lassen den Raum heller und geräumiger wirken.

4 Vor der von William und James Pain 1790 entworfenen verputzten Wand stützt eine Säulenreihe eine Galerie. Das Motiv der fortlaufenden Girlande am Gesims wiederholt sich in den Türeinfassungen.

5 Kannelierte Pilaster dieses Typs, mit versetzten Kannelen im unteren Abschnitt, waren oft Teil vornehmer Putzdekorationen.

6 Robert Adam machte filigrane gemalte Grotesken berühmt. Sie leiten sich teils von römischen Originalen, teils von Prototypen aus der italienischen Renaissance her. BM

7 Putzarbeiten enthielten oft figürliche Darstellungen. Die Frau, die eine heilige Flamme hütet, ist typisch für die römische Mode der Epoche. Gekreuzte Pfeile waren ein anderes modisches Motiv.

1 Die Friesverzierung und das darüber liegende Gesims bilden ein wesentliches Element der georgianischen Wandgestaltung. Klassische Motive wie Urnen, gekreuzte Waffen mit Schilden sowie Kränze und Rosetten sind typisch für den Adam-Stil. BM

2 Pilaster, die einen Bogen tragen, ordnen sich in die Wanddekoration ein, wie die kleine Zeichnung zeigt. Die Dekoration setzt sich an der gewölbten Decke fort. Solche Ornamente waren vor allem in Fluren zu finden.

3 Eierstäbe gab es häufig am Gesims und an der Sockelleiste. Sie sind eine Form von Viertel-stäben, d. h. Leisten mit konvexem Viertelkreis-Querschnitt.
4 und **5** Am Gesims, wo mehr Platz war als an der Sockelleiste, brachte man kunstvollere Ver-zierungen an. BM

6 und **7** Ein gotisches und ein klassisches Beispiel für den Übergang von der Wand zur Decke. Das eine stammt aus Brockhall, Northamptonshire, von John Nash um 1790, das andere aus einem Haus am Bedford Square, London.

8 Das Detail aus einer Wand in Avenue House, Bedfordshire, zeigt die Nahtstelle zwischen der profilierten Sockelleiste und der Türeinfassung. Der vertikale Fries hat einen schlichten Per-lenschmuck und ein Lorbeer-motiv. AH

9 Tapeten waren ein Luxus der oberen Mittelklassen und der Aristokratie. Man imitierte damit noch teurere Materialien, z. B. Flocktapete statt Damast oder, im Fall dieser handgefertigten Modeldrucktapete, kassettenför-mige Putzfelder. SU

10 Solche Rippendekore waren für Gesimse und Sockelleisten typisch. Dieses Beispiel einer getäfelten Sockelleiste mit schlichten Holzrippen aus Barbreck House in Argyll, Schottland, stammt von 1790.

Decken

WÄNDE

DECKEN

Figürliche Darstellungen an Putz-
decken wurden auf Papier oder
Karton gemalt und eingeklebt.
Die zarten graublauen Töne als

Hintergrund der dunkleren mytho-
logischen Szenen lassen diese ele-
gante Decke (frühe 1770er Jahre)
sehr harmonisch wirken. NH

Im gesamten 18. Jahrhundert waren die gewöhnlichen Häuser mit glatten Putzdecken und allereinfachsten Gesimsen ausgestattet. Auf der nächsthöheren gesellschaftlichen Stufe konnte das Gesims mit einfachem Zahnschnitt oder Eierstab verziert sein, aber kaum mehr.

Tiefe Kassetten und robuste palladianische Ornamente kamen in den 1760er Jahren außer Mode und wurden durch die ausgewogenen neoklassizistischen Putzarbeiten im Sinne von Robert Adam ersetzt. Adam ordnete Segmente und Felder um ein Mittelornament. Einfachere Decken hatten rechteckige oder runde profilierte Rahmen.

In den Fluren und Treppenhäusern vornehmer Häuser finden sich zuweilen Kreuzgratgewölbe, die mit klassischen De-

tails verziert wurden. Flache Kuppeln über Eckzwickeln (konkaven, dreieckigen Wölbungen, die eine Kuppel über einem quadratischen Raum stützen), sind ein Markenzeichen von Sir John Soane, dem Hauptvertreter des am Ende des 18. Jahrhunderts modernen neogriechischen Stils.

Figürliche Darstellungen wurden meist auf Leinwand oder Papier gemalt und dann an der Decke befestigt. Robert Adam beschäftigte eine Reihe von Künstlern wie Biagio Rebecca und Angelika Kauffmann, die hauptsächlich mythologische Darstellungen für Deckenfelder malten. Die Umrahmungen aus Putz wurden in zarten Mustern bemalt: Erbsgrün mit Rosa und Lila mit Grau waren typisch für die 1770er und 1780er Jahre.

1 In eleganten Häusern wurden die Decken oft reich verziert. Die tiefen achteckigen Kassetten an dieser 1772 von Robert Adam entworfenen

Esszimmerdecke wirken vornehm-römisch. Die gewölbte Decke über der Serviernische ist mit Kränzen und Rosetten dekoriert. RA

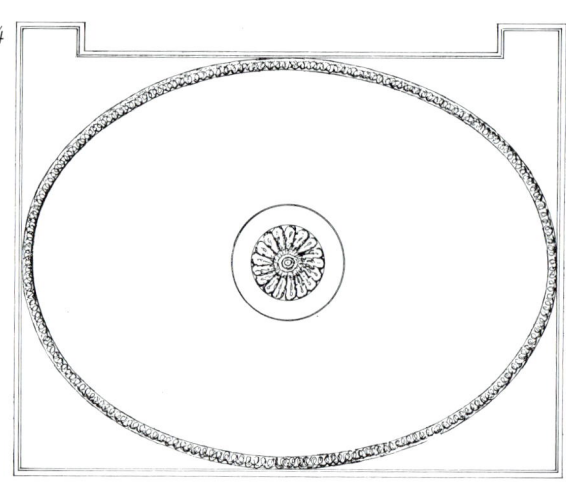

2 Dieses reich gegliederte Deckenfeld harmoniert in Farben und Motiven mit dem Wandfries. Das ganze Ensemble beschwört im Sinne der Brüder Adam das antike Rom. NH

3 Bescheidener als das erste Beispiel auf dieser Seite, aber doch sehr elegant ist diese Putzdecke aus Barbreck House, Argyll, Schottland, von 1790. Das runde Motiv in der Mitte ergänzt die gerundeten Ornamente in den rechteckigen Feldern auf beiden Seiten, wodurch auf der gesamten rechteckigen Fläche ein einheitliches Muster entsteht.

4 Diese Decke aus 2 Bedford Square, London, ist sehr schlicht dekoriert. Das äußere Profil entspricht dem Grundriss des Raumes, während das profilierte Oval und die Rosette die Aufmerksamkeit auf die Mitte der Decke lenken.

5 Eine schöne Decke aus den 1780er Jahren mit fortlaufendem Akanthusmotiv unter einem Gesims. Die Anthemien, Eierstäbe und Perlstäbe im Gesims verleihen dem Empfangsraum die angemessene Würde. AH

1 Diese Decke von Robert Adam besteht aus streng geometrischen Abteilungen, in denen die etwas naturalistischeren Festons die Strenge der Architektur auflockern. Die Farben – Weiß, Blau und Creme – wurden bei der neuzeitlichen Restaurierung nach dem Originalentwurf aus den frühen 1770er Jahren ausgewählt. NH
2 Die Eleganz und römische Noblesse des Adam-Stils waren allgemein beliebt. Dennoch entwickelten sich im letzten Viertel des 18. Jhs. andere Stile, z.B. der neogotische und der neogriechische Stil. Letzterer wurde von Sir John Soane vertreten. Die hier gezeigte Decke aus seinem Landhaus Pitshanger Manor in Ealing, London (1800–1804) ist neuartig in Form und Stil. Eine flache Kuppel ruht auf Eckzwickeln. Kuppel und Eckzwickel

weisen einen Kerbdekor in Form gestreckter Mäander auf.
3 Ein schlichterer, eher alltäglicher Ausdruck des griechischen Stils ist diese Guilloche am Gesims eines Hauses in Grove Lane, Camberwell, London.
4 und **5** Gotische Details wurden auf flache Decken aufgesetzt, wie in diesen beiden Beispielen aus Kentchurch, Herefordshire, und Brockhall, Northamptonshire (John Nash, 1790er Jahre).
6 Dieser Entwurf Robert Adams von ca. 1772 für ein Mittelornament aus Putz enthält klassische Ruhmessymbole. RA
7 Diese gotische Decke (Draufsicht und zwei Seitenansichten) ist dagegen sehr karg. Sie befindet sich in der Diele eines Hauses in Edinburgh und repräsentiert die vollkommenste Ausprägung des gotischen Stils: das Rippengewölbe.

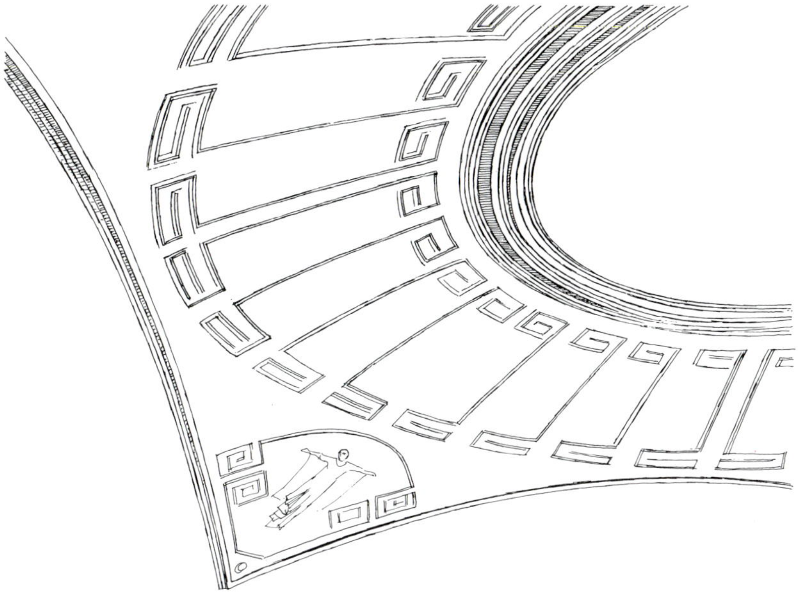

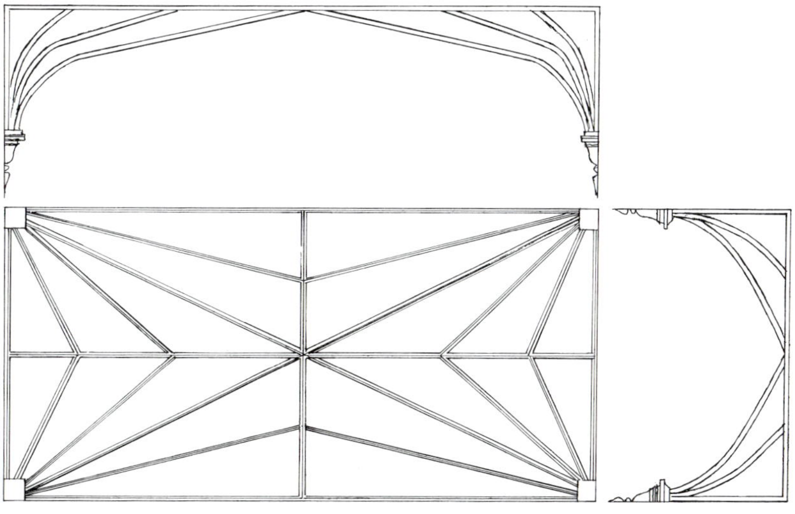

DECKEN

NAVIGATION: 152 SPÄTGEORGIANISCHER STIL 1765–1811

Fußböden

Dieser herrliche Stich zeigt den Steinfußboden des Vestibüls von Syon House, London, der von Robert Adam 1760 entworfen wurde. Ein symmetrisches Muster ordnet sich um einen Kreis in der Mitte. Die Vorlage wurde in Marmor ausgeführt; ähnliche Designs waren sehr beliebt und auch in preisgünstigeren Materialien zu haben.
RA

An den Fußböden gab es wenig Veränderung. Sie bestanden weiter meist aus Stein, Ziegeln oder Holz. Die Gestaltung von Parkett- und Steinfußböden blieb fast unverändert, allerdings wurden auch einfachere Muster populär.

Der weit überwiegende Teil aller Fußböden bestand aus unlackierter Fichte oder Kiefer. In manchen vornehmeren Häusern war die Haupttreppe aus polierter Eiche, passend zu den schmalen türkischen Teppichen, die man über die Stufen legte. Dielen und Flure waren weiterhin mit Steinplatten ausgelegt.

Ab Mitte des 18. Jahrhunderts wurden Teppiche gebräuchlicher, und zwar meist aus England mit geometrischen Mustern oder aus dem Orient mit floralen Motiven. Gewöhnlich legte man sie lose auf die Dielenbretter, doch gab es in den 1760er Jahren in Haupträumen auch Auslegware. Die bedeutendste Neuerung waren jedoch Teppiche, die passend zu den Putzornamenten der Decke gestaltet waren. Dies entsprach der neoklassizistischen Vorliebe für Harmonie und Einheit der Gestaltung. Die besten Beispiele komponierte Robert Adam für die offiziellen Räume der vornehmsten Häuser. Sie hatten einen ausgeprägt architektonischen Charakter. Nur wenige sind erhalten geblieben.

Für Küchenfußböden wurden Steinplatten bevorzugt. Im Winter milderten bemalte textile Beläge die Kälte des Steins. Ein Schmutzfänger schützte den Belag.

1 Diese Täfelung aus schwarzem und farbigem Marmor aus Newby Hall, Yorkshire, ist ein Beispiel für die eleganteste und teuerste Art der Fußbodengestaltung. NH

2 Schwarze Rauten betonen die Eckpunkte des Steinfußbodens in der Diele im Londoner Home House. Dieses Muster, als carreaux d'octagones bezeichnet, war durch das gesamte 18. Jh. beliebt. HH

3 Typischer Steinfußboden mit geometrischem Muster aus einer Diele im letzten Viertel des 18. Jhs., eine bescheidene Variante der vornehmen Marmorböden.

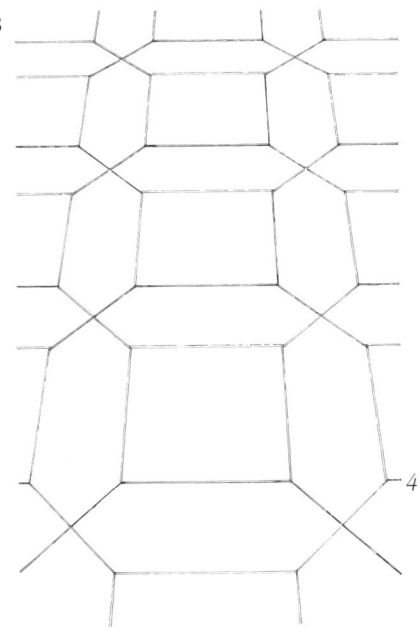

4 Einfache Steinplatten, quadratisch zugeschnitten und verlegt, waren die praktischsten Fußböden für Küchen und andere Wirtschaftsräume sowie Gänge. AH

Kamine

Mit der Dekoration der Marmoreinfassung und dem klassischen Gemälde im Mittelfeld ist dieser Adam-Kamin von ca. 1775 einer der elegantesten. Der schöne frei stehende Rost ist aus der gleichen Zeit und von ebensolcher Qualität. HH

Die einfachste Kaminumrandung besteht aus zwei senkrechten und einem waagerechten Balken; dieser Anordnung folgten fast alle Kamine in der Epoche, und folglich waren sie streng geradlinig gestaltet.

Kamineinfassungen gab es aus Marmor, Stein und Holz, und ihre Verzierung mit Medaillons und klassischen Motiven ist eines der Hauptelemente spätgeorgianischen Bauschmucks. Das spricht für den durchgreifenden Einfluss von Robert und James Adam, den Hauptvertretern des klassischen Stils. Elegante Kamineinfassungen aus Stein hatten oft Marmoreinlagen; die allerfeinsten trugen einen Spiegel am Kaminaufsatz. In der zweiten Jahrhunderthälfte setzten sich strenger klassisch geformte Einfassungen durch, wie die

exakten, geometrischen Linien von Sir John Soanes neogriechischen Designs zeigen.

Das gusseiserne Kamineinsatzgitter wurde verbessert. In kleineren Häusern allgemein gebräuchlich, war es auch in den einfacheren Räumen von Herrenhäusern zu finden. Doch eignete es sich nicht zum Verbrennen von Kohle, hauptsächlich wegen der Größe des Rauchzuges. Sir Benjamin Thompson, Graf von Rumford, entwarf Ende der 1790er Jahre ein Kamineinsatzgitter mit schrägen Seiten und einem engen Rauchzug. Dies bedeutete eine große Verbesserung, denn es gab bei weniger Rauch viel mehr Wärme. Für die elegantesten Räume wurden Kamineinsatzgitter oder frei stehende Roste von Architekten entworfen.

1 In den 1760er Jahren hatten Kamineinfassungen markante Profile und Dekore in Hochrelief. BM
2 Gegen 1770 wurden die Reliefs flacher und die Ornamente zarter.
3 Ab ca. 1770 sind horizontale und vertikale Rippendekore typisch für schlichte Einfassungen.
4 Dieses reicher verzierte Beispiel von 1790 hat vorgelegte Pilaster und das übliche gerippte Mittelfeld.
5 Einfassung im griechischen Stil von Adam, um 1785, mit dem typischen Urnenmotiv in der Mitte. Die Details des Pilasters entsprechen der Kompositordnung.

6 Elegante Einfassungen konnten z.B. im Mittelfeld eine Figurengruppe tragen, wie in dieser ausgefallenen Gestaltung von ca. 1779. BM
7 Gerollte Akanthusblätter verbinden oft Stützen und Träger. RA
8 Gegen 1780 waren neoklassizistische Dekorationen im Kommen. Intarsien und – als billigere Alternative – Bemalung waren beliebt; das Mäandermuster eignete sich für beides.
9 Flache Pfosten, mit pompejischen oder, wie hier, etruskischen Motiven bemalt, waren modern. Home House, London, um 1775.

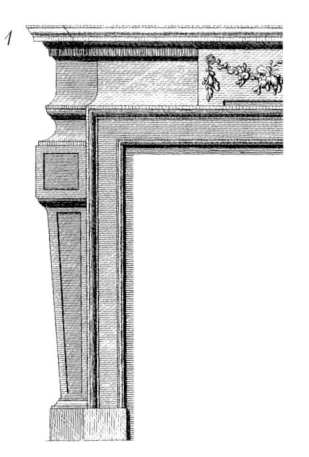

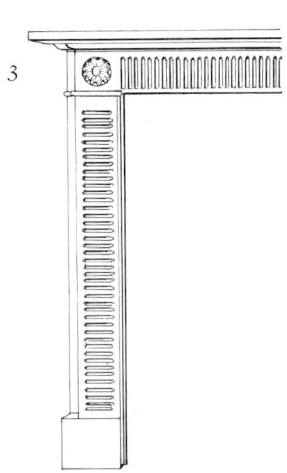

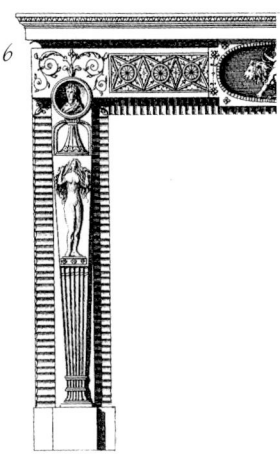

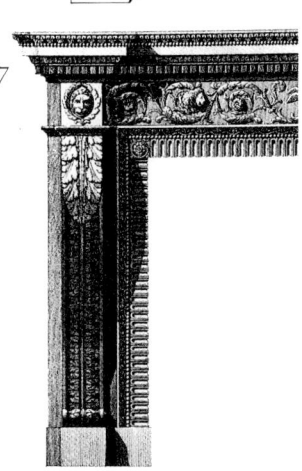

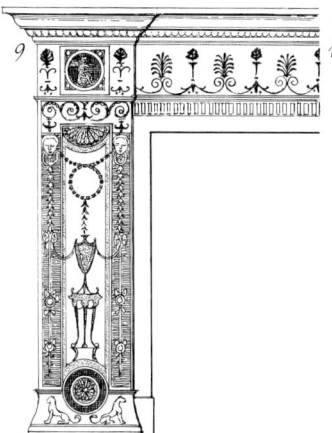
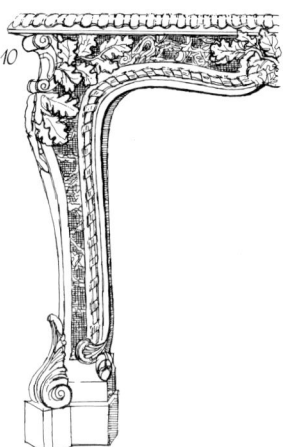

10 Fließende Rokoko-Linien nach französischem Muster stehen im Kontrast zur Regelmäßigkeit des neoklassizistischen Designs.
11 Vorderansicht und Grundriss des neuen Kamineinsatzgitters von Graf Rumford, Ende der 1790er Jahre. Der Korb kam weiter nach vorn, um den Wärmeverlust durch den Schornstein zu minimieren, und die schrägen Seiten reflektierten die Wärme in den Raum. Ein engerer Rauchabzug sorgte für besseren Zug und weniger Rauch. ECR

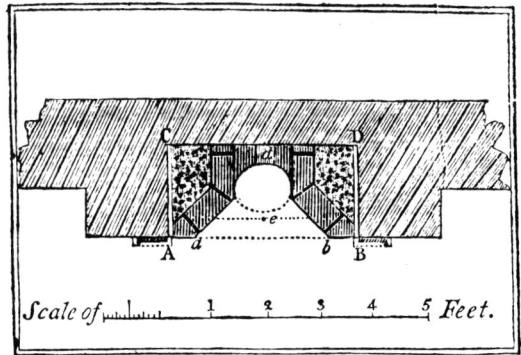

Scale of 1 2 3 4 5 Feet.

1 Gestrichene hölzerne Einfassung mit passend klassisch verziertem Kamineinsatzgitter. Auf den Stangen ein einfacher, aber stilvoller Feuerschutz. Wenn kein Feuer brannte, ordnete man fächerartig gefaltetes Papier in der Feuerstelle an. Im Sommer wurde die Kaminöffnung mit einer bemalten Kamintür verschlossen. NH

2 Diese schöne weiße Marmoreinfassung geht an den Seiten in Viertelsäulen über. Die schlichten Linien entsprechen dem Geschmack kurz nach 1800. AH

3 Nach 1770 übernahmen sehr feine Häuser den pompejischen Stil. Dieses elegante Beispiel ist wirkungsvoll in Weiß, Blau und Gold dekoriert. Der frei stehende Rost ist typisch für die besten Arbeiten der Epoche. HH

4 Ausgefallene, exotische Stile wie Chinoiserie und Hindu-Stil kennen keine klassische Zurückhaltung. Die Schnörkel und Laubornamente dieses Kamins im Chinoiseriestil aus den 1770er Jahren sind ein Nachklang des Barock. HH

5 Die schlichten Linien ordnen diesen eleganten Marmorkamin in die Zeit zwischen 1800 und 1815 ein. Die Wände sind passend zur Umrandung marmoriert. HH

6 Diese schlichte hölzerne Einfassung mit zarten Blumenfestons ist typisch für die 1780er Jahre.

7 Detail eines Kamins aus den 1780er Jahren. Der Einfluss des Adam-Stils zeigt sich in Motiven wie Urnen und Bändern. AH

8 Blau-weiße Keramikfliesen in der Art von Delfter Kacheln wurden oft für die Umrandung oder die Seiten des Kamins verwendet. AH

1 und **2** *Elegante Einfassungen tragen klassische Motive wie die Sphinx oder den Sonnengott Helios im Wagen.*
3 *Plastische oder gemalte Eckmedaillons enthielten Festons und Bänder, Geißblatt oder Weizengarben. Lyren, Masken und Götterhäupter waren ebenfalls klassische Motive.*

4 *Spiegel waren ein großer Luxus, aber in großen Räumen eine Notwendigkeit, da sie das Licht reflektierten. Entwurf von Robert Adam, um 1773, mit filigranem Rahmen.* RA
5 *Die Kamineinfassung aus Wilbury Park, Wiltshire, um 1755, hat noch die Schwere des früheren, palladianischen Designs.*

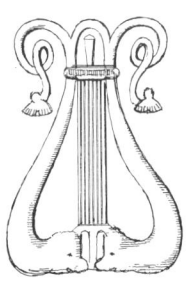

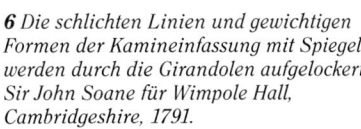

6 *Die schlichten Linien und gewichtigen Formen der Kamineinfassung mit Spiegel werden durch die Girandolen aufgelockert. Sir John Soane für Wimpole Hall, Cambridgeshire, 1791.*
7 *In den 1750er Jahren waren Rokoko-Designs beliebt; dieser Spiegelrahmen aus Charlotte Square, Edinburgh, steht auf einer späteren, klassischen Einfassung aus den 1770er Jahren.*
8 *Die Komposition von Robert Adam in der Diele von Kedleston, Derbyshire, um 1765, kombiniert eine Alabastereinfassung mit zarten, neoklassizistischen Stuckarbeiten. Sie bildet einen Gegensatz zu dem fast gleichzeitig entstandenen Rokoko-Aufsatz.*

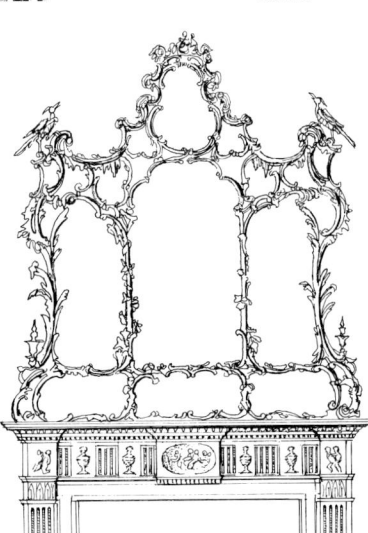

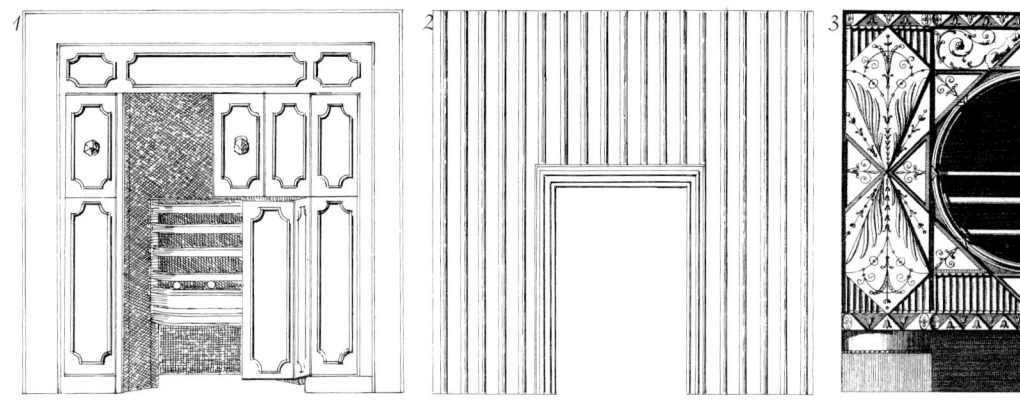

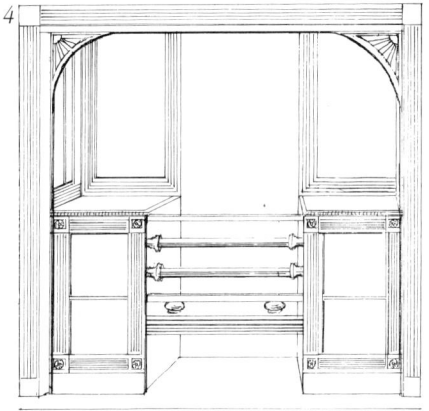

1 Viele Roste hatten Läden, mit denen man den Kamin schließen und den Zug minimieren konnte, wenn kein Feuer brannte.
2 Gerippte Rahmen zwischen Feuerstelle und Einfassung waren nach 1770 modern.
3 Dieser Stich aus The Builder's Magazine, *1778, zeigt einen stark verzierten regulierbaren Rost. Solche Roste füllten die ganze Feuerstelle aus und hatten verstellbare Eisenplatten im Rauchzug, mit denen man den Zug regulieren konnte.* BM
4 Eleganter regulierbarer Rost aus dem Royal Crescent in Bath.

5 Gusseiserner Rost mit Schmuckplakette und Rundstabverzierung sowie einer Rahmung aus flämischen Fliesen. Hatton Garden, London, spätes 18. Jh.
6 Kamineinsatzgitter wurden immer gebräuchlicher. Die klobige Form bot Platz für Dekoration, und modische, stark verzierte schmiedeeiserne Vorbilder wie dieses aus dem Builder's Magazine *von 1778 wurden vereinfacht in Gusseisen für den breiten Markt hergestellt.* BM
7 Der frei stehende, korbförmige Rost blieb in eleganten Häusern in Gebrauch. Die besten sind aus poliertem Stahl mit aufgesetzten und gravierten klassischen Motiven, wie bei diesem Beispiel im Adam-Stil, um 1770.
8 Kanneluren und Chevrons waren häufige Ornamente an einfacheren Kamineinsatzgittern, um 1790.
9 Dieser große Küchenkamin hat einen offenen Rost, über dem die Töpfe zum Kochen hingen. Dieses primitive System war in vielen ärmeren Häusern bis in das 19. Jh. gebräuchlich. Küchenherde mit Backröhre und Bratrost tauchten in den besseren, größeren Küchen auf. Sie hatten weiterhin offene Roste; erst um die Jahrhundertwende verschwand das Küchenfeuer im Ofen.

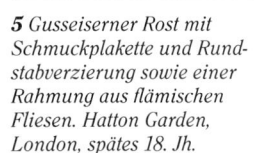

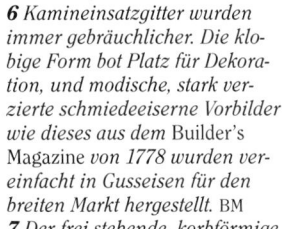

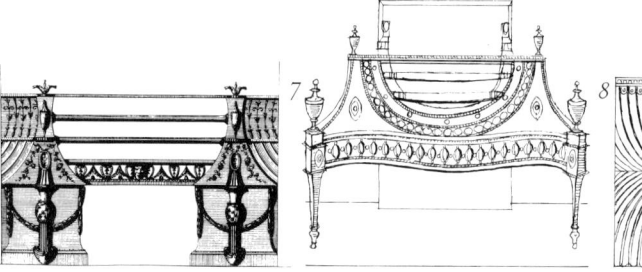

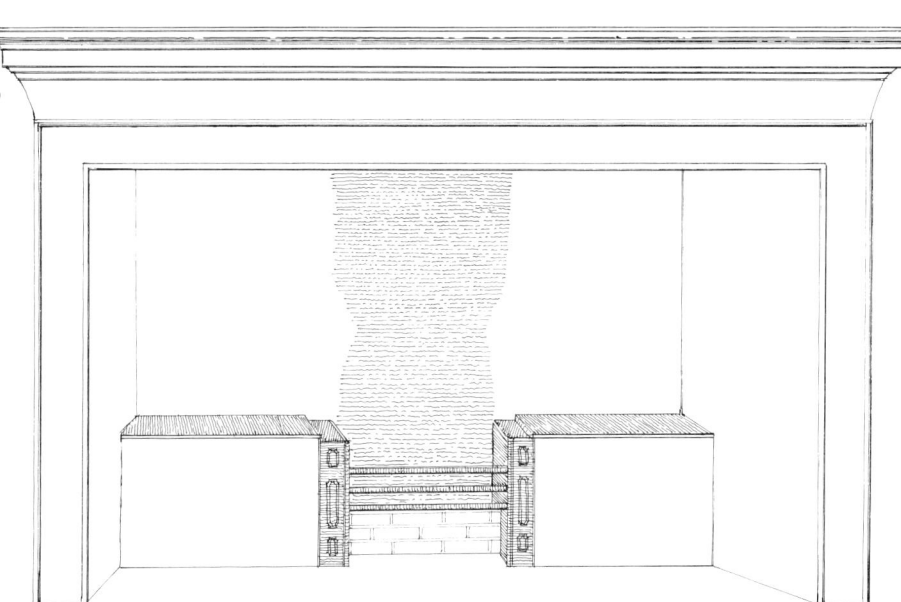

Treppen

In manchen eleganten Häusern gibt es Treppen, die sich an zwei oder drei Seiten der Eingangshalle hinaufziehen. Eine noch wirkungsvollere Treppe hat Home House in London, wo Robert *Adam um 1775 dank der ungewöhnlichen Größe der Eingangshalle einen Treppenlauf in der Mitte bis zum Zwischenpodest und von dort geteilt auf beiden Seiten in das Obergeschoss führte.* HH

Der Grundriss des normalen Stadthauses ließ wenig Veränderung in Lage oder Struktur der Treppe zu. Am stärksten veränderten sich die Formen der Baluster und Antrittspfosten. Fast alle Treppen sind jetzt aufgesattelt. Das Profil ist meist getreppt, selten gerade. Die gewundenen Baluster der frühgeorgianischen Zeit kommen nach 1760 aus der Mode, an ihre Stelle treten einfache, sich verjüngende Stützen, die rund gedreht oder vierkantig gehobelt sind. Der Handlauf ist flacher und endet in einer glatten Rundung auf einem schlichten Antrittspfosten. Auch die Stufenenden haben meist nur einen einfachen Bogen als Schmuck. Die meisten Treppen sind aus Fichte oder Kiefer und matt grau-

braun gestrichen, die elegantesten sind aus polierter Eiche. Mit der Verbesserung der Eisengusstechniken in der Mitte des Jahrhunderts wurden gusseiserne Balustraden gebräuchlicher. Akanthusblätter, Kränze und Mäander sind allgegenwärtig. Steintreppen blieben eleganten Stadthäusern vorbehalten. William Chambers und Robert Adam entwarfen dynamische herrschaftliche Treppen, die mit einem einzigen frei tragenden Treppenlauf in der Eingangshalle beginnen und sich am Zwischenpodest in zwei Läufe teilen.

An vielen neuen Stadthäusern gab es Souterraintreppen, die als Zugang für Händler und Dienstboten von der Straße in den Keller führten.

1 In normalen Stadthäusern befand sich die Treppe in einem engen Treppenhaus. Insbesondere Dienstbotentreppen konnten aufgrund der räumlichen Zwänge, wie hier, sehr schöne steile Kurven bilden. HH
2 In eleganten Häusern war der Handlauf fein profiliert und endete in einer Spirale, sei sie dicht gewickelt oder, wie hier, lose geschlungen. NH
3 An Stufenenden hatten elegante Linien Priorität, wie an diesem schönen Marmordetail, um 1775, wo das Profil wichtiger ist als der Dekor. HH
4 Bei einfachen Treppen legte man oft auf die Form der Stufenenden Wert, wie an den gebogenen Linien dieser Treppe aus York, Anfang der 1760er Jahre, zu sehen ist. Der Schwung des Handlaufs verstärkt die Wirkung.

5 Viel Wert wurde in besseren Häusern auf den Antrittspfosten gelegt. Das erste Beispiel, aus Mottram Hall, Cheshire, ist gedrechselt. Eine Variante war ein von Balustern umgebener Mittelpfosten wie im zweiten und dritten Bild.
6 Die meisten hölzernen Baluster waren vierkantig, aber es gibt auch einige fein gedrechselte Formen. Diese schönen Baluster sind aus einem Haus in Castlegate, York.

Gusseiserne Baluster waren meist kunstvoller gearbeitet als hölzerne. Das Material war einigermaßen luxuriös und eignete sich für ornamentale Gestaltung.

1 *Steintreppe mit einfachen Eisenbalustern aus dem Obergeschoss eines vornehmen Hauses. Mit jedem Geschoss wurden die Treppen schlichter. Obwohl rein funktional, ist die Treppe anmutig geschwungen.*

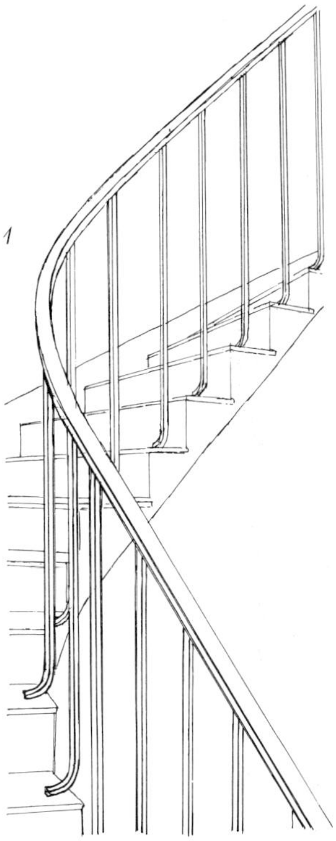

2 *Die verhaltene Raffinesse dieser Balustrade aus Sydney Place, Bath, vereint Schnörkelformen am Treppenlauf mit geradem Gitterwerk am Podest. Die einfachen Stufenenden haben bogenförmige Abschlüsse.*

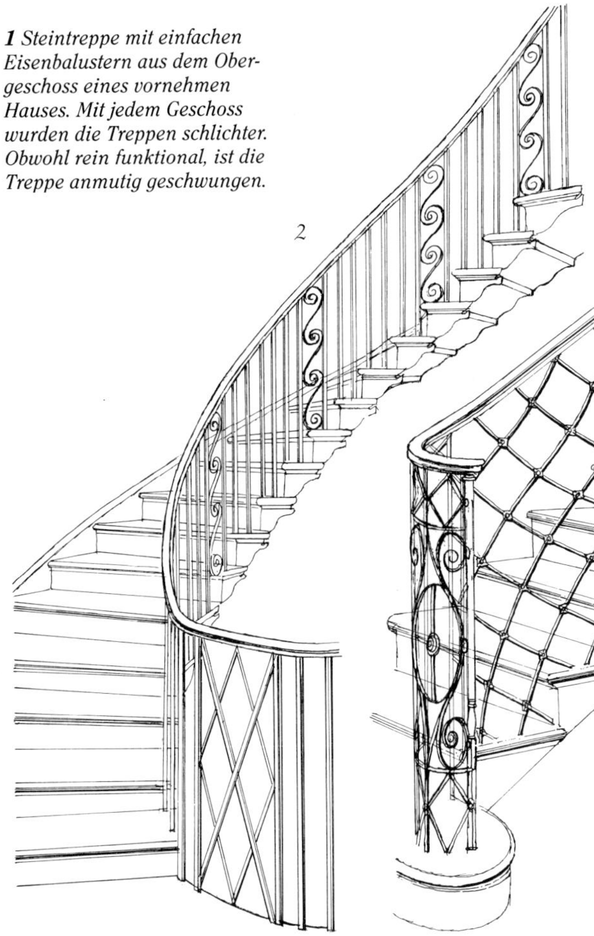

3 *Diese Balustrade aus einem Haus am Charlotte Square, Edinburgh, späte 1790er Jahre, hat wellig fließende Linien, die nicht mit dem strengen Neoklassizismus der Zeit übereinstimmen.* **4** *und* **5** *Muster für elegante Stadthäuser aus* Ornamental Iron Work *von I. und J. Taylor, um*

1795. *Das erste zeigt ein besonders feines und zierliches Geländer. Das zweite ist schlichter und beruht auf der populären S-Form. Manchmal waren die texturierten Ornamente und die Blumen vergoldet.* **6** *Detail aus der markanten Mäander-Balustrade in Steine*

House, Brighton, um 1800. *Das Geländer begleitet beide Seiten einer herrschaftlichen Treppe, die sich auf halber Höhe teilt und auf zwei Seiten zum Podest weiterläuft. Der Antrittspfosten ähnelt einem aus Holz gedrechselten.* **7** *und* **8** *Selbst recht einfache Häuser besaßen dekorative Ba-*

lustraden und Antrittspfosten. *Das erste Beispiel ähnelt der zweiten Treppe auf dieser Seite, indem gerade Baluster in Abständen durch ein gerolltes Motiv aufgelockert werden. Beim zweiten Beispiel wechseln gerade und geschwungene Baluster ab.*

Einbaumöbel

Ein eleganter Esszimmer-schrank in einer Nische, um 1775, der gleichzeitig als Auf-

bewahrungsort und Anrichte diente. In die Platte ist Palisander eingelegt. An der umlaufenden

Messingstange hing ursprüng-lich ein Wandschutz aus Stoff. Die Tapetentür links wurde

nachträglich eingebaut, um den Bediensteten den Zugang zum Raum zu erleichtern. HH

Da sie dem neoklassizistischen Streben nach ausgewo-genem und einheitlichem Design entgegenkamen, wur-den in der spätgeorgianischen Epoche auch die Einbaumö-bel verfeinert. Die Einbauschränke folgten den Linien halbkreisförmiger und ovaler Räume. In solchen Schränken, die oben verglaste und unten Rahmentüren hatten, stellte man Porzellan, Silber und Glas zur Schau. Zur Esszimmer-einrichtung gehörten eingebaute Anrichten oder in Nischen eingepasste Serviertische, und zwar in der Nähe der Service-tür. Der Weinkühler darunter war passend gestaltet und galt als Teil der Architektur.

Bibliotheken waren von zurückhaltender Pracht. Bücher-schränke findet man in Nischen eingepasst, ihre Gesimse wandbündig, oder sie stehen vor der Wand und nehmen das Motiv des Gesimses auf. Esszimmer- und Bibliotheksmöbel fertigte man aus erlesenen Hölzern, z. B. Mahagoni, und po-lierte sie. In anderen guten Räumen wurden die Einbaumö-bel meist matt grau oder steinfarben gestrichen. Besonders vornehme und elegante Flure waren mit Konsoltischen aus Holz oder Stein ausgestattet.

Einbaumöbel fanden sich nicht nur in den oberen Etagen, sondern auch im Parterre, nicht zuletzt in einfachen Häu-sern. Schlichte Geschirrschränke und Einbauregale gehörten zum Standard, wie auch Küchenschränke und Anrichten. Sie waren in jedem Fall gestrichen, bevorzugt in Dunkelgrün, Salbeigrün und Graugrün.

1 Einfache Geschirrschränke und Nischen mit Borden gehörten in der gesamten Epoche zu den üblichen Einbaumöbeln. Wie dieses Beispiel aus Edinburgh folgten sie meist den Linien der Täfelung.

2 Serviertisch oder Anrichte waren unverzichtbar in jedem besseren Esszimmer. Das Bild zeigt einen von zwei Tischen von ca. 1770, die in je eine Nische eingebaut sind. Der Stuck in der Nische und der Rand der Tischplatte haben die gleichen Dekormotive.

3 Diese Schranktüren sollten wie eine einzige Tür mit sechs Füllungen aussehen und passten wahrscheinlich zur Zimmertür.

4 Bibliotheksschränke waren manchmal in gerundete Wände eingelassen. Dieser sehr schöne Schrank aus der Bibliothek von 20 New Cavendish Street, London, um 1778, flankierte mit einem zweiten Schrank einen Kamin. Pilaster rahmen ein Bildfeld und verbinden den Schrank mit dem Gesims.

5 Eingebaute Bücherschränke wurden von Architekten großartig gestaltet. Zu den architektonischen Elementen dieses Beispiels aus dem späten 18. Jh. gehört ein halbkreisförmiges Stuckornament über dem Schrank.

1 Oft baute man in die getäfelten Fensternischen Sitze ein. Manchmal waren es Klappsitze mit Stauraum darunter. Diese Doppelfunktion findet man vor allem in einfacheren Häusern. SCY

2 Einbauschränke in den Nischen neben dem Kaminvorsprung dienten als Kleider-, Wäsche- oder Vorratsschränke. Durch die Nähe des Feuers blieb der Schrankinhalt trocken. AH

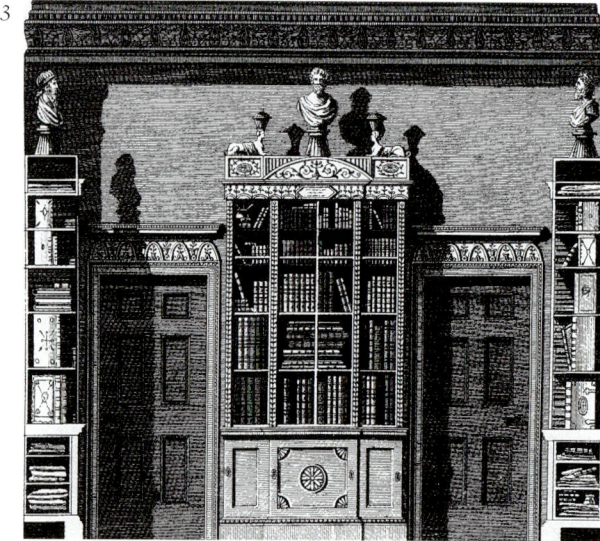

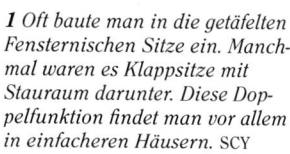

3 Eine elegante Lösung für eine großartige Bibliothek: Sphingen und Büsten sind ein typischer Schmuck. BM

4 Gute Bücherschränke, wie dieses Beispiel aus den frühen 1770er Jahren, hatten unterhalb der Sockelleiste Fächer für große Folianten über Kunst und Architektur. NH

5 Dieser Wandschrank hat Metallgitter an den oberen Türen, dahinter geriehenen Stoff. Gitterwerk war teurer als Glas. Man nutzte es für Bibliotheken, meist ohne den Stoff, damit die Fächer sicher verwahrt, aber die schönen Buchrücken zu sehen waren. HH

6 Anrichten gab es in den Küchen der Mittel- und Oberklassen. Dieses Beispiel aus Avenue House, Bedfordshire, ist eine einfache Konstruktion aus Schubfächern und Borden, aufgelockert durch dekorative geschnitzte Profile an den Seiten. AH

Installation

1 Konischer Regenwassereinlauf mit feinen gegossenen Details. AH
2 Öfen brauchte man in großen Eingangshallen mit Steinfußböden; das Beispiel, gleichzeitig Sockel für zwei Kolzalampen, entstand um 1800 für Pencarrow House bei Bodmin, Cornwall.

3 Regenwasser sammelte man in großen Bleizisternen auf dem Souterrainvorplatz des Stadthauses bzw. an der Rückseite des Landhauses. Hier ist das Herstellungsdatum angegeben.
4 Einläufe trugen oft die Initialen des Hausbesitzers und das Einbaudatum. Rechts ein Beispiel mit Dekor im Adam-Stil.

Man könnte meinen, dass sich nach Einführung der Dampfpumpen in den 1760er Jahren die Wasserversorgung in Großbritannien merklich verbessert habe. Das war aber nicht der Fall, da die Dampfkraft kaum für häusliche Zwecke genutzt wurde. Fast alle Haushalte erhielten ihr Wasser auf Erdbodenniveau und nicht höher. Von Wasserversorgern wurden ganz wenige Eisenleitungen verlegt, aber die hölzernen Wasserleitungen (mancherorts bereits aus dem 17. Jahrhundert) bildeten bis ins 19. Jahrhundert den Hauptteil des Leitungsnetzes.

Abwasserleitungen erforderten, wie Wasserleitungen, erhebliche Investitionen, die im überfüllten städtischen Raum selten vorgenommen und von der Regierung keinesfalls als staatliche Pflicht angesehen wurden. Einige Immobilienbesitzer statteten neue Häuser in London mit Abwasserleitungen aus, aber die Entwässerung war primitiv und eignete sich nur für flüssige Abfälle; das machte den Abort, die normale Erdtoilette, nicht hygienischer. Es gab in der ersten Jahrhunderthälfte einige Innen-WCs, und nach 1760 stieg ihre Zahl an, aber wegen des geringen Druckes in den Rohren musste zusätzlich gepumpt werden, und sie blieben ein Privileg der Reichen.

Eine Neuerung war der Holz- oder Ölofen, der in der Mitte des Korridors stand.

Beleuchtung

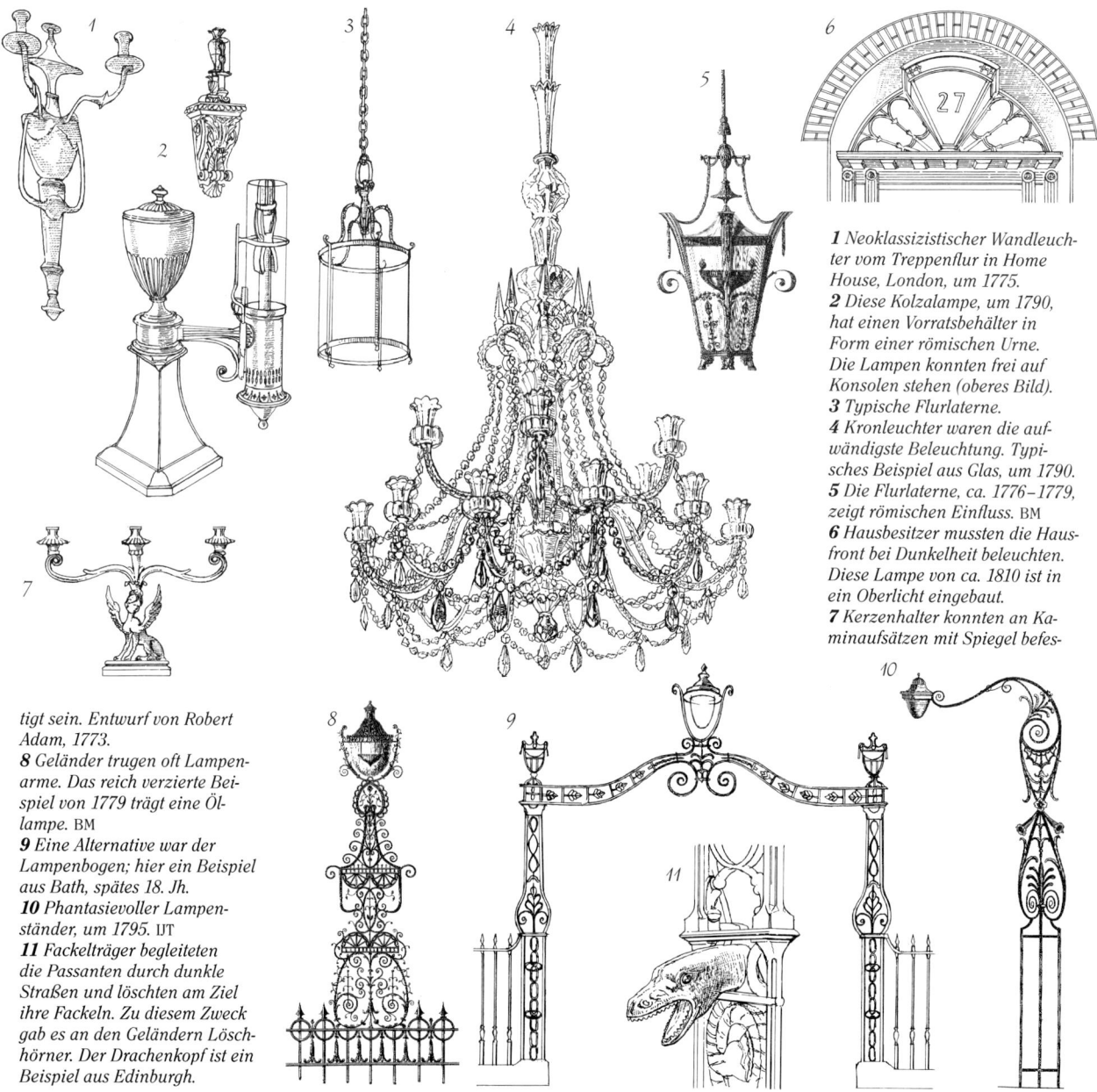

1 Neoklassizistischer Wandleuchter vom Treppenflur in Home House, London, um 1775.
2 Diese Kolzalampe, um 1790, hat einen Vorratsbehälter in Form einer römischen Urne. Die Lampen konnten frei auf Konsolen stehen (oberes Bild).
3 Typische Flurlaterne.
4 Kronleuchter waren die aufwändigste Beleuchtung. Typisches Beispiel aus Glas, um 1790.
5 Die Flurlaterne, ca. 1776–1779, zeigt römischen Einfluss. BM
6 Hausbesitzer mussten die Hausfront bei Dunkelheit beleuchten. Diese Lampe von ca. 1810 ist in ein Oberlicht eingebaut.
7 Kerzenhalter konnten an Kaminaufsätzen mit Spiegel befes-

tigt sein. Entwurf von Robert Adam, 1773.
8 Geländer trugen oft Lampenarme. Das reich verzierte Beispiel von 1779 trägt eine Öllampe. BM
9 Eine Alternative war der Lampenbogen; hier ein Beispiel aus Bath, spätes 18. Jh.
10 Phantasievoller Lampenständer, um 1795. IJT
11 Fackelträger begleiteten die Passanten durch dunkle Straßen und löschten am Ziel ihre Fackeln. Zu diesem Zweck gab es an den Geländern Löschhörner. Der Drachenkopf ist ein Beispiel aus Edinburgh.

Den Durchbruch in der Beleuchtungstechnik brachte die mit Rapsöl betriebene Kolzalampe (oder Argand-Brenner). Sie wurde von Aimé Argand, einem Schweizer Physiker, erfunden und 1784 in England patentiert. Ein zylindrischer Docht lag zwischen zwei konzentrischen Metallkolben. Das sorgte für einen Luftstrom und eine hellere Flamme. Die Kolzalampe gab zehnmal so viel Licht wie eine normale Öllampe gleicher Größe, und sie war sauberer, so dass sie auch im Haus verwendet werden konnte. Sie war ein Luxusartikel und eignete sich für elegante Metallgestaltung im römischen Stil. Nach der Jahrhundertwende wurden großartige Deckenleuchter mit fünf, sechs oder acht Lampen gefertigt.

Für die Allgemeinheit blieben Kerzen in Wandleuchtern und auf einzelnen Kerzenhaltern die wichtigste Lichtquelle. Elegante neoklassizistische Silberleuchter spendeten Licht bei Diners, aber für eine bürgerliche Familie, die allein aß, wäre selbst der dreiarmige Leuchter eine Extravaganz gewesen. Kronleuchter wurden selbst in den reichsten Haushalten nur zu besonderen Gelegenheiten benutzt. Kerzenhalter wurden ein fester Bestandteil eleganter Kamineinfassungen; man baute sie in den Kaminaufsatz ein, so dass ihr Licht vom Spiegel reflektiert wurde und den Raum erhellte. Innen- und Außenlaternen nahmen die feineren Linien und Ornamente der Epoche an.

Metall

*1 Die Gitter am Circus in Bath sind sehr
schlicht, nur Lampenbögen lockern ihre
Strenge auf.
2 und 3 Austritte gab es vor tief ansetzenden
Fenstern im Hochparterre und in Obergeschossen. Der erste hat ovale Elemente im
Handlauf, von denen eine Art Anthemien
herabhängen. Im zweiten Beispiel gibt es
ähnliche Formen, aber in einer sonderbaren
Komposition, die an die gotischen Formen
des späten 18. Jhs. erinnern.
4 Mit einem eindrucksvollen Anthemion-
Motiv gestaltete Robert Adam die Gitter am
Haupteingang zu Newby Hall, Yorkshire.* NH

BELEUCHTUNG

METALL

Ein Metallelement ist in der spätgeorgianischen Epoche besonders wichtig: der Austritt. Diese kleinen Schutzgitter vor Fenstern im ersten oder zweiten Stock verhinderten Stürze aus tief angesetzten Fenstern, und sie bildeten leichte, stilvolle Miniaturbalkons. Gusseiserne Austritte gab es in vielen Designs, darunter diagonale Muster mit Rosetten, gekreuzte Speere und gotisches Maßwerk. Vielfach wurden sie an älteren Häusern nachgerüstet, aber nach 1770 waren sie oft Teil von Neubauten.

Auch Balkons kamen in Mode. Rechteckig und nicht tief, überspannen sie meist drei Salonfenster im ersten Obergeschoss. Ganz zum Ende des Jahrhunderts hatten manche Balkons feine gusseiserne Baldachine, die teils verglast, teils mit Kupfer oder Zink gedeckt waren. In den ersten Jahren des 19. Jahrhunderts wurden daraus die reich verzierten, zwei- und dreistöckigen Veranden.

Das Design gusseiserner Gitter und Lampenbögen wurde nach 1770 leichter. Hübsche kleine Urnen und andere klassische Motive lösten die Speerspitzen ab. An den Toren verläuft die Entwicklung ähnlich; Linien und Ornamente werden immer kunstvoller.

An normalen ländlichen Häusern gibt es kaum Metallarbeiten, außer vielleicht einem schlichten gusseisernen Vordach über der Eingangstür.

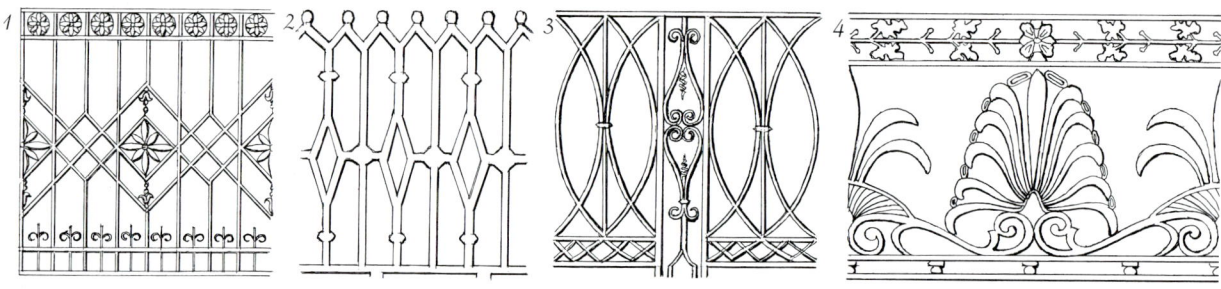

1 bis 4 *Zahlreiche Austritte zeigen die hohe Qualität des Eisengusses. Das Anthemion am*

letzten Beispiel ist ein häufiges Motiv, das zum Standard-Dekor des Regency-Austritts wurde.

5 *und* **6** *Ähnlich fein sind die Gitter der 1780er Jahre; die Feinheit und Kniffligkeit der*

Beispiele aus The Builder's Magazine, *1778, ist typisch für die besten Arbeiten.* BM

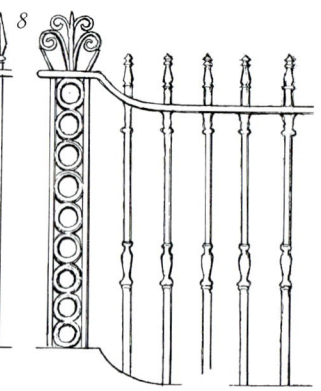

7 *Einfache Gitter entlang der Straßen haben noch Speerspitzen wie im frühen 18. Jh.*
8 *Gitter mit Lampen sind kunstvoller gestaltet. Der elegante Pfosten am Übergang von der Treppe zum Gehweg war für eine Öllampe gedacht.*
9 *bis* **12** *An Londoner Gittern und Toren gab es in den 1770er und 1780er Jahren eine Fülle verschiedener Finiale und Spit-*

zen. Die gerollte Form ist vom Tor von Syon House, entworfen von Robert und James Adam. Typischer sind Speerspitzen, unterbrochen durch kleine Urnenmotive, wie in diesen Beispielen vom Tavistock Place, um 1810.
13 *und* **14** *Beispiele für die phantasievollen Eisenarbeiten aus Edinburgh.*
15 *Finiale aus Bath sind zurückhaltender.*

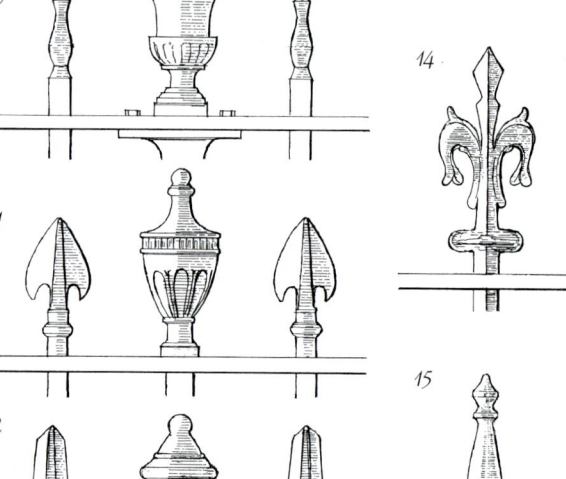

16 *Die geometrischen Formen dieses Balkongitters aus Bath entsprechen dem Chinoiseriestil, der in den 1760er Jahren durch Thomas Chippendale bei Möbeln populär gemacht*

und dann von der Architektur übernommen wurde. Das Mittelfeld wird von Mäandermotiven flankiert, die im späten 18. Jh. sehr beliebt waren.

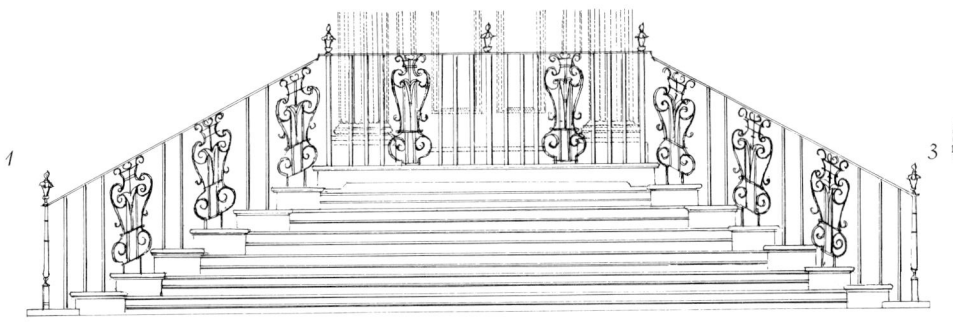

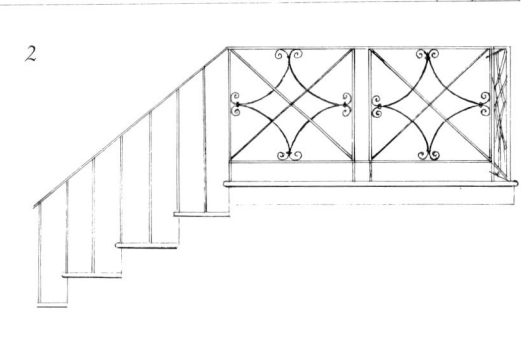

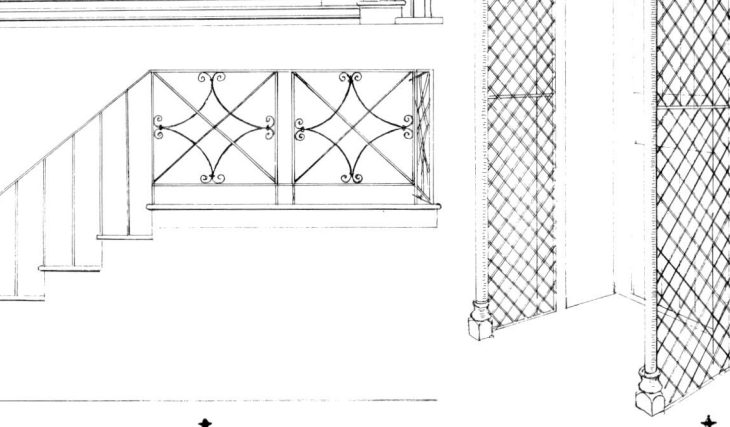

1 und 2 Stufen zur Eingangstür oder zu einer Loggiatür auf der Gartenseite hatten feine Balustraden, wobei der Haupteingang die stärker verzierten, geschwungenen Formen aufwies, wie im ersten Beispiel.
3 Ende des 18. Jhs. gab es an einfachen Reihenhäusern mit Gärten oft laubenartige Vorbauten, die gleichzeitig Gitter für Kletterpflanzen waren.
4 An diesem eleganten Balkon am Bedford Square in London wird der Umriss des Anthemions zu einem wellenförmigen, fast gotisch wirkenden fortlaufenden Muster.

8 Gefährdete Fenster oder Souterrainvorplätze konnten mit gekreuzten Pfeilen auf einem Kreis geschützt werden. In einer Nische an der Grundstücksgrenze zwischen zwei Reihenhäusern ist das Motiv rein dekorativ.
9 Tragarme trugen Lampen, Balkons und Vordächer. Es gab sie in gewichtigen und zarten Formen, meist hatten sie Schnörkel, manchmal auch Laubmotive.

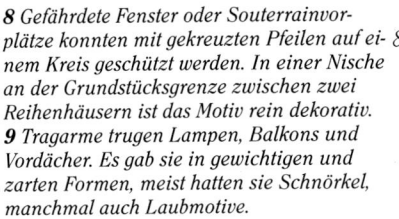

5 Vornehme Landsitze hatten zweiflügelige Tore am Beginn der Zufahrt; die Torpfosten trugen oft schöne Öllaternen, wie auf diesem Blatt aus The Builder's Magazine, 1778.
6 Dieses zweiflügelige Tor mit Geißblattmotiven verschließt den straßenseitigen Eingang eines Hauses in Norwich.
7 Tore zu Souterrainvorplätzen wurden passend zu den Gittern gefertigt.

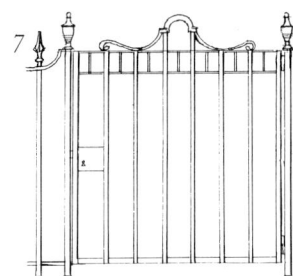

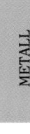

METALL

REGENCY UND FRÜHES 19. JAHRHUNDERT

1811–1837

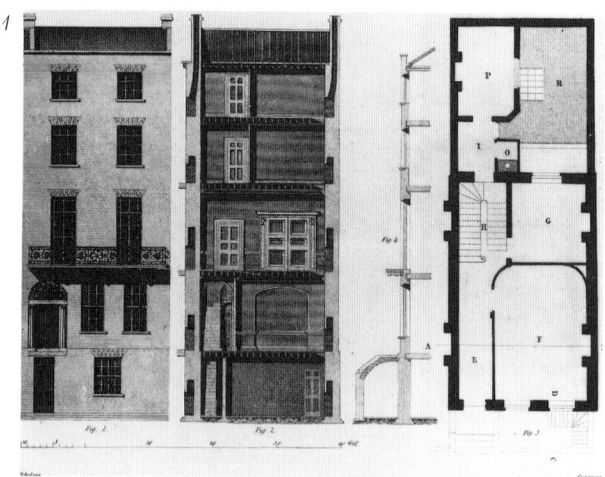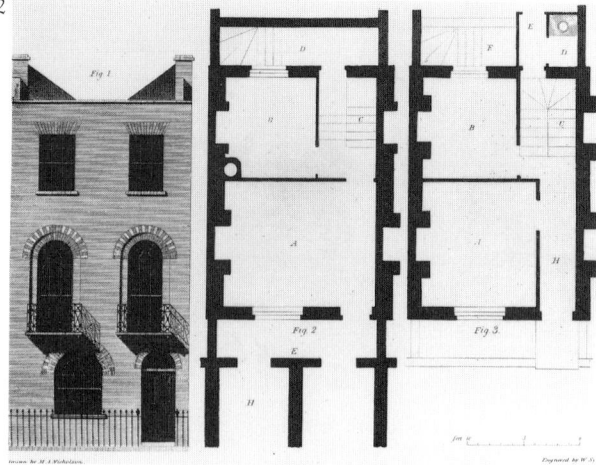

1 Aufriss, Schnitt und Grundriss eines »Hauses der 2. Kategorie« aus The New Practical Builder and Workman's Guide, *1823, von Peter Nicholson. Das Hochpar-terre und das darüber liegende Geschoss sind die elegantesten, das letztere mit je einem Salon vorn und hinten, dazwischen eine Doppeltür, im vorderen Sa-lon wandhohe Fenster, die auf einen Balkon gehen.* NN
2 Entwürfe von Nicholson für ein »Haus der 4. Kategorie«, wie sie zu Beginn des 19. Jhs. in riesiger Zahl entstanden. Sie sind zwar klein, aber doch gut proportioniert und weisen inte-ressante und oft raffinierte Details auf. NN

Unter Regency wird generell die Zeit von 1811 bis 1820 verstanden, in der George, Prince of Wales, für seinen geisteskranken Vater George III. die Regentschaft ausübte, sowie das Jahrzehnt von 1820 bis 1830, da er selbst als George IV. König war. Nicht selten rechnet man, mit guten Gründen, auch die kurze Regierungszeit seines jüngeren Bruders William IV. hinzu, der 1837 starb. Es ist eine faszinierende Übergangsperiode im englischen Wohnungsbau, gleichzeitig der abschließende Höhepunkt und raffinierteste Ausdruck des seit einem Jahrhundert gepflegten klassischen Stils, aber auch eine Zeit sehr bewusster Modernität.

Der Geschmack des Prinzen setzte den Maßstab für vornehme Auftraggeber, und seine anfängliche Vorliebe für französische Moden in Architektur und Dekoration war ebenso einflussreich wie seine spätere Neigung zum Exotischen. Die Modearchitekten der Epoche, wie Sir John Soane (1753–1837) oder der vom Regenten favorisierte John Nash (1752–1835), gingen von dem konturenscharfen, korrekten Neoklassizismus der 1770er Jahre aus, gestalteten ihn jedoch mit fast manieristischem, eigenwilligem Witz.

Auch andere Architekten und sogar die Erbauer der städtischen Reihenhäuser spielten mit den etablierten Formen und Proportionen des georgianischen Hauses. Die Fenster wurden gestreckt, Profile abgeschwächt und reich verzierte Bereiche wie Eisenbalkons mit ihren spätrömischen oder griechischen Motiven mit glatten Ziegel- oder Stuckflächen kontrastiert. Stuck und der patentierte »Römische Zement« waren als billigere Imitate des klassischen Londoner Baumaterials, Portlandstein, allgemein gebräuchlich.

Nach dem Baugesetz von 1774 mussten alle neuen Wohnhäuser in den Städten einer von vier Kategorien entsprechen. Zur vierten Kategorie gehörten die bescheidensten, zur ersten Kategorie die besten Häuser, das hatten Architekten und Baumeister im frühen 19. Jahrhundert verinnerlicht. Abgesehen von Größenunterschieden entsprechend der Bedeutung der Straße wiesen die Fassaden meist Merkmale auf, die als Statussymbole zu verstehen waren. Gliederung und Proportionen der Häuser der ersten und zweiten Kategorie waren für Häuser der dritten und vierten Kategorie nicht erreichbar. Diese Unterschiede an den Reihenhäusern sind sehr ausgeprägt, wie die Illustrationen zu den verschiedenen Hauskategorien in Peter Nicholsons wichtigem Werk *The New Practical Builder and Workman's Guide* von 1823 erkennen lassen.

In den Interieurs sind architektonische Elemente auffällig betont, z.B. stark akzentuierte Profile, scharfe lineare Gliederung durch geriffelte oder gekerbte Muster und besonders profilierte Bögen. Auch der geschickte Umgang mit fein abgestuften Ebenen ist charakteristisch, z.B. waren breite, wandbündige Türeinfassungen und Türen mit flachen, aber komplexen Füllungen sehr modern. Das gleiche räumliche Spiel wurde oft mit Nischen oder Blendbögen gespielt, die nur um wenige Zentimeter von der Wandfläche zurückgesetzt waren. Die Dekoration entsprach den ausgeprägten Formen der Architektur. In eleganten Häusern ist eine gewisse Protzigkeit zu bemerken. Glänzende Vergoldungen, teure Seidenstoffe in kräftigen Farben sowie verschwenderische Gardinenarrangements fallen in den Ein-

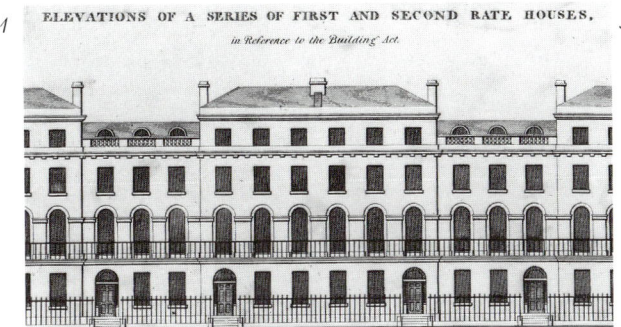

1 »Aufrisse einer Reihe von Häusern der 1. und 2. Kategorie«. Diese Tafel von Richard Elsam erschien in seinem Practical Builder's Perpetual Price Book *von 1825 sowie in späteren Ausgaben von Nicholsons* The New Practical Builder and Workman's Guide. *Viele* schöne Reihenhäuser, vor allem im Süden Londons, sind danach gebaut worden. RE
2 Gartenseite des Hauses des romantischen Dichters John Keats im Hampstead, London. Veranden waren für solche vornehmen »Dorfhäuser« typisch. KH

3 Ein recht elegantes cottage orné *im »elisabethanischen« Stil, um 1843. Die Gartenfassade ist perspektivisch, die Front im Aufriss dargestellt. Viele Bücher boten solche Designs für romantische Landsitze von Edelleuten.* FG

richtungsbüchern der Zeit auf, so z.B. in den Arbeiten von George Smith oder den Farbtafeln aus Rudolf Ackermanns *Repository of Arts, Literature, Fashions Etc.* (in Fortsetzungen erschienen). Selbst in bescheideneren Häusern scheint man starke Farben in ungewöhnlichen Kombinationen, z.B. Anilingelb mit Lila, sowie lebhafte Effekte geschätzt zu haben.

Der trotz der Napoleonischen Kriege (1801–1815) wachsende Wohlstand führte zu einer deutlich steigenden Zahl bürgerlicher Auftraggeber. In den prosperierenden Städten – darunter London, Liverpool, Bristol, Cheltenham und Edinburgh – entstanden viele neue Stadtteile als vornehme Wohngegenden. Gleichzeitig brachte die Popularität von Villen und Häusern in halbländlichen Gebieten mehrere neue Haustypen hervor. Ganz charakteristisch für die Regency-Periode ist die schnelle Entwicklung von Seebädern, unter denen Brighton an der Südküste Englands das eleganteste war. Reine Vergnügungsbauten mit geräumigen Empfangshallen und hohen, gerundeten Nischen, von denen elegante Fenster auf Balkons und Veranden gingen, waren nicht umsonst beliebt. Auch bei Häusern im Binnenland, die an einer Stelle mit schöner Aussicht standen, kreiste die gesamte Planung offenbar um die Fenster.

Die Hinwendung des Geschmacks in der bildenden Kunst und Literatur zu einer neuen, romantischen Empfindsamkeit widerspiegelt sich auch in Architektur, Dekoration und Gartengestaltung des Regency. Die Freude am Rustikalen und Malerischen brachte eine neue Form hervor, das hübsche und elegante *cottage orné*, das eine idealisierte Vorstellung von ländlichem Wohnen verkörperte. Meist hatten diese Häuser asymmetrische Grundrisse und oft ein Schilfdach und Stülpschalung. Das ganze Dorf Blaise Hamlet in Gloucestershire bestand aus solchen *cottages ornés*, von John Nash 1811 entworfen. Die gleiche romantische Empfindsamkeit zeigte sich in den neuartigen Vorstadtvillen, die oft als Doppelhäuser gebaut wurden, oder in ländlichen Häusern als Mittelpunkt eines Miniatur-Landgutes – einer verzauberten Welt, in der Blumengärten und rustikale Sitzgelegenheiten, Bogenspaliere und Sommerpavillons zum angenehmen Leben beitrugen, geschützt von malerisch schiefen Flechtzäunen oder Planken.

Die Erneuerung historischer Stile in Architektur und Dekoration wirkte sich stark auf das zeitgenössische Bauen aus. Am stärksten und anhaltendsten war der Einfluss griechischer Stile und Motive, die zusammen mit den vertrauteren römischen Themen das neoklassizistische Formenrepertoire bildeten. Die Klarheit der griechischen Architektur verlieh der Endphase des georgianischen Klassizismus eine unübertroffene Strenge. Jedoch zieht sich eine byronsche Vorliebe für das Exotische und Dramatische wie ein roter Fa-

Der südliche Salon im Hauptgeschoss von Sir John Soanes Londoner Haus in Lincoln's Inn Fields. Nach der ursprünglichen Planung von 1812 gingen die Fenster auf eine offene Loggia, die jedoch 1832 eine Verglasung erhielt, wodurch der Raum größer wurde und zusätzliche Bücherschränke aufnehmen konnte. Die Möbel sind original, die Dekoration folgt der Darstellung auf frühen Aquarellen. LIF

den durch die ganze Regency-Periode, und viele Architektur- und Dekorationsmoden erfreuten sich kürzerer oder längerer Beliebtheit. Die Chinoiserie erhielt mit dem Pavillon in Brighton (1815–1823) die königliche Imprimatur, aber auch ägyptische und türkische Formen hatten ihre Zeit. Die Gotik, seit den 1740er Jahren immer wieder einmal an Vergnügungsbauten zu finden, wurde weiter dafür verwendet, ande-

rerseits aber auch mit neuem Respekt und archäologischer Genauigkeit behandelt, als ihre Eignung für religiöse und institutionelle Zwecke in den Blickpunkt rückte. Das lässt den wachsenden Ernst ahnen, der ab den 1830er Jahren die englische Architektur erfasste und die Leichtigkeit der großen Architekten und Designer des Regency mit neuer und schwerfälliger Gravität niederdrückte.

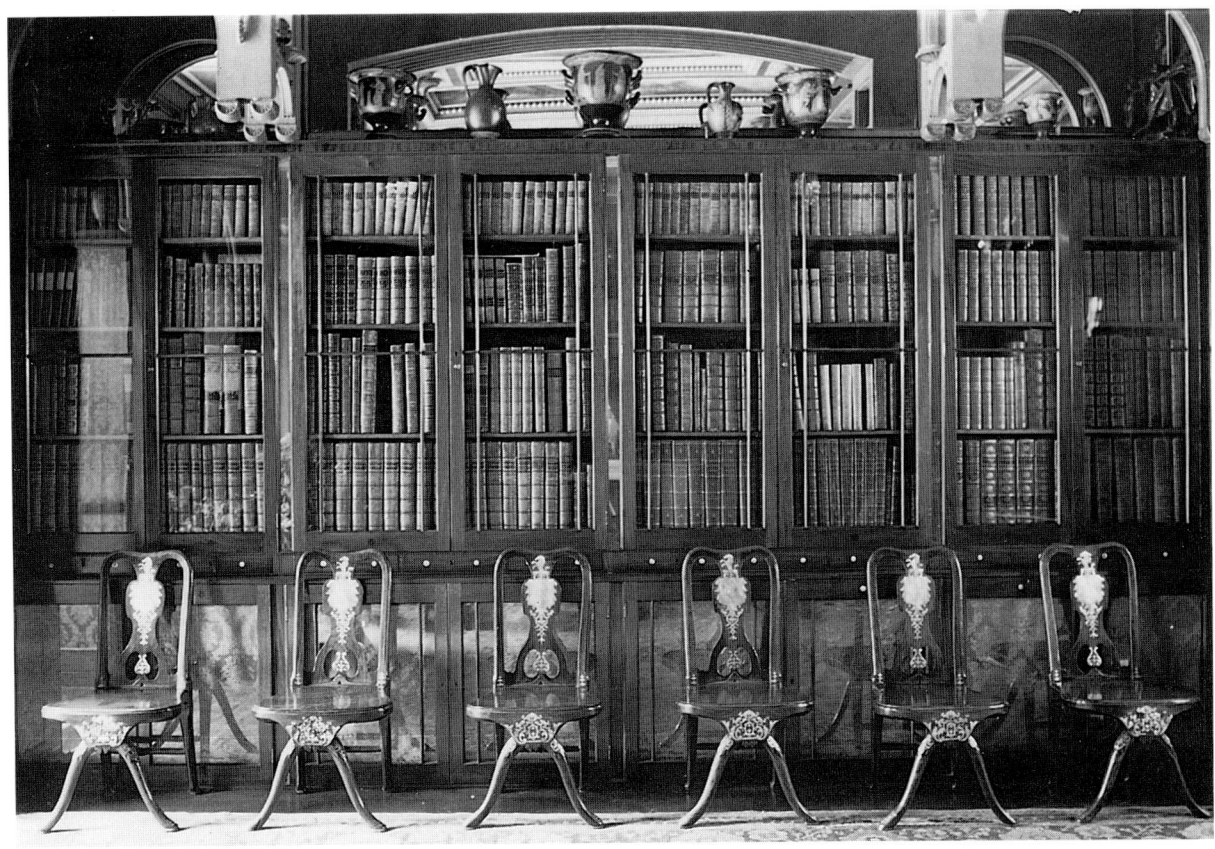

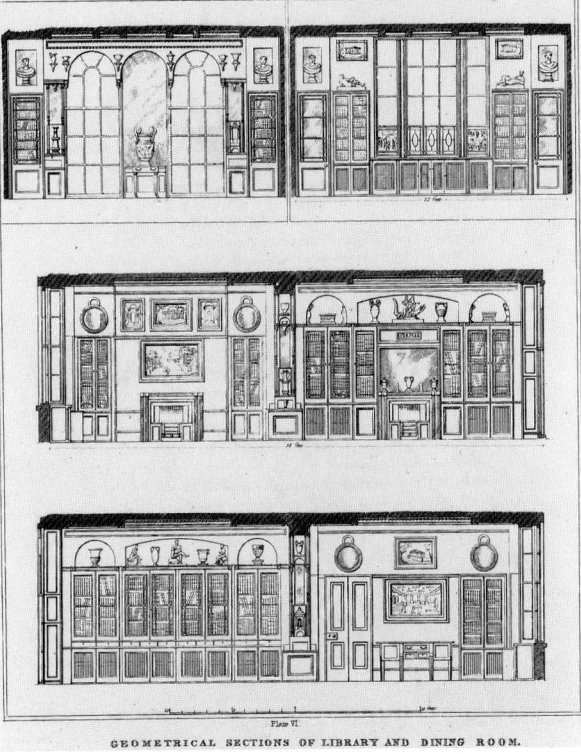

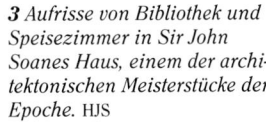

1 Für seine umfangreiche Sammlung von Architektur- büchern, Modellen und Kuriosi- täten ließ Sir John Soane zahl- reiche Bücher- und Kabinettschränke in sein Haus in Lincoln's Inn Fields, London, einbauen. Die Bibliotheks- schränke von 1812 sind typisch für die reiche Gliederung sei- ner Einrichtung und für die Qualität, die er von seinen Handwerkern verlangte. LIF

2 Ein Fenster (zuvor Teil einer offenen Veranda) aus dem südli- chen Salon desselben Hauses. Der lineare Kerbdekor entspricht der griechischen Mode. LIF

3 Aufrisse von Bibliothek und Speisezimmer in Sir John Soanes Haus, einem der archi- tektonischen Meisterstücke der Epoche. HJS

4 Schön gegliedertes Fenster von 1824 aus dem Erdgeschoss des Hauses, mit den typischen schmalen Sprossen, den ori- ginalen Innenläden und der eleganten, gebogenen Faszie der Faltmarkise, die in den ge- wölbten Fenstersturz eingebaut ist. LIF

Türen

Klassische Eingangstür des späten Regency in einem 1815 bis 1830 bebauten Gebiet bei King's Cross, London. Stein-stufen führen zur Eingangshalle im Hochparterre. Ein Bogen umfasst die stark gegliederte Füllungstür und das Oberlicht.

Die Eingangstür bleibt das wichtigste Gestaltungsmerkmal der Fassade des englischen Stadthauses, aber die Gestaltung beschränkt sich meist auf die Türöffnung, die durch einen Ziegel- oder Stuckbogen markiert wird. An die Stelle kunstvoller architektonischer Türeinfassungen treten einfachere Eingänge, flankiert von Pilastern oder stilisierten Konsolen. Kurze Vorbauten, seit Mitte des 18. Jahrhunderts außer Mode, kehren zurück; sie ruhen auf schnörkelförmigen Kragsteinen und haben oft klassische Details am Gebälk. Auch tiefere Vorbauten mit Blei- oder Kupferdächern in »Pagoden«-Form sind beliebt. Die Oberlichter fallen schlichter aus als in den 1790er Jahren; dafür sind die Türen selbst abwechslungsreicher gestaltet. Rundstäbe markieren geometrische Füllungen; mit Nägeln werden antike griechische oder römische Formen nachgeahmt. Meist sind sie schwarz oder bronzegrün gestrichen.

Innentüren haben meist vier oder sechs Füllungen mit abgeschwächten, konturenscharfen Profilen. Die Einfassungen sind breit und flach. In eleganten Häusern gibt es Türstürze im neogriechischen Stil oder Details in einem der gerade modischen Designs: gotisch, chinesisch oder ägyptisch. Neu war die Einführung hoher Doppeltüren auch in einfacheren Häusern. Sie verbanden die vorderen und hinteren Empfangsräume in Erdgeschoss und Hauptgeschoss.

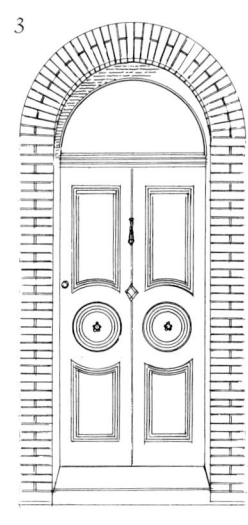

1 *Eingangstür, um 1825, zwischen schräggestellten, kannelierten Viertelsäulen unter schlichtem Oberlicht. Sie wirkt wie eine schmale Doppeltür.*

2 *Tür und Oberlicht sind schön gestaltet und werden von einem Türbogen mit Rundstäben und markanten Rundfeldern umschlossen, um 1810. Die Anthe-*

mienmotive an der Tür sind neogriechisch.
3 *Dekorative Füllungstür mit schlichtem Türbogen, um 1820.*
4 *Die Neogotiker in der Re-*

gency-Periode bevorzugten den Perpendicular Style. Bei dieser Tür von Clifton Place, Brighton, sind Stein- und Holzarbeiten von hoher Qualität.

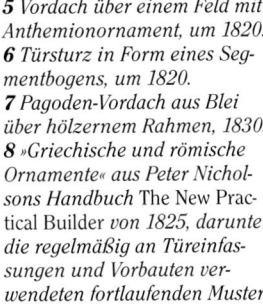
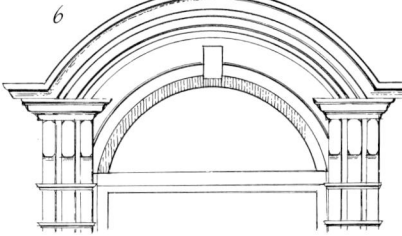

5 *Vordach über einem Feld mit Anthemionornament, um 1820.*
6 *Türsturz in Form eines Segmentbogens, um 1820.*
7 *Pagoden-Vordach aus Blei über hölzernem Rahmen, 1830.*
8 *»Griechische und römische Ornamente« aus Peter Nicholsons Handbuch* The New Practical Builder *von 1825, darunter die regelmäßig an Türeinfassungen und Vorbauten verwendeten fortlaufenden Muster und Architravornamente.* NN

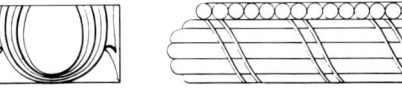
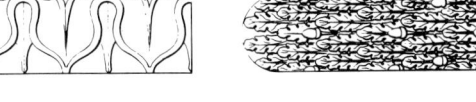
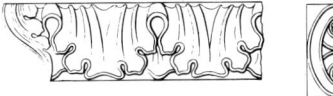

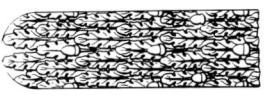

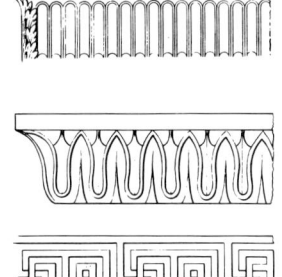

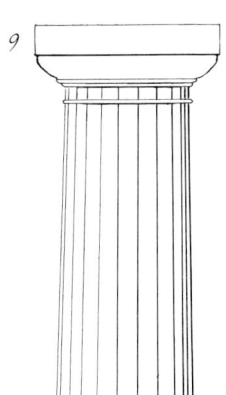

9 *Die im frühen 19. Jh. bevorzugten Formen der klassischen Ordnungen. Die ersten drei – dorisch, ionisch und korinthisch – entsprechen genauer den griechischen Ordnungen als die im 18. Jh. verwendeten; die georgianischen Ordnungen hatten sich auf römische Interpretationen älterer griechischer Vorbilder bezogen. Im England der Regency-Zeit waren auch originelle, etwas exzentrische Formen beliebt: Ein korinthischer Pilaster und die »Amonsche Ordnung« (nach Amon Wilds) sind abgebildet. Sie zierten Fassaden der 1820er Jahre.*

1 Feine Variante der Londoner Türeinfassung des frühen Regency, von Sir John Soane.
2 Superbe Regency-Tür in einem Edinburgher Haus des 18. Jhs. Die Gliederung täuscht eine Doppeltür vor. Die stark profilierten Füllungen mit Rundfeldern in den Ecken sind neogriechisch. SP

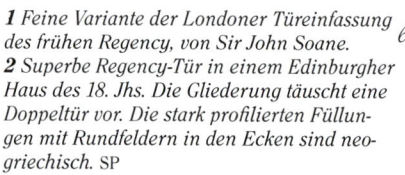

3 Wohlproportionierte Innentür mit sechs Füllungen und einer Einfassung mit Rundstäben und Eckfeldern. Sie ist aus Nadelholz und hat einen geäderten Anstrich. KH
4 Schöne, hohe Doppeltür zwischen den Salons in Sir John Soanes Londoner Haus. Die Einfassung ist sehr schlicht und schmal. Die

Türflügel sind eben, ohne erhöhte oder vertiefte Füllungen, und bestehen aus Mahagoni mit dekorativen dunklen Bändern. LIF
5 Detail einer typischen Innentür mit Einstemmschloss. Knöpfe und Schlüsselschild sind aus Messing. Mit der extravaganten Äderung wird Palisander oder Flammen-

mahagoni nachgeahmt. Das tat man sehr gern, und die Abbildung zeigt ein hervorragendes Beispiel. GV
6 Gebogene Innentür im Dickens' House, London. Die breiten, flachen Gebälkprofile entsprechen den nur schwach abgeplatteten Füllungen, die am Rand eine V-Nut haben. DK

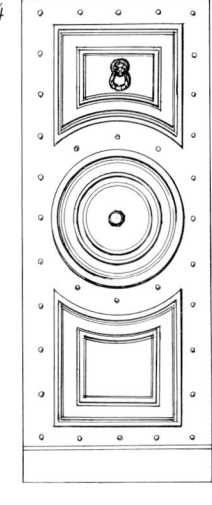

1 bis **4** *Die vier Eingangstüren entsprechen neoklassizistischen Vorstellungen über antike Türen. Tür aus Brighton, um 1810; Tür aus Bath mit Rosetten in Kassettenfeldern; reich ver-* zierte Tür aus Brighton, um 1815; Tür mit Rundfeld in der Mitte vom Regent's Park, London, um 1812.
5 *Typische Profile von Seitenstücken, Leisten und Füllungen.*

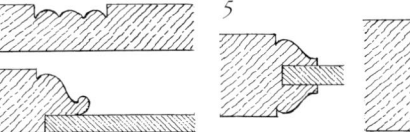

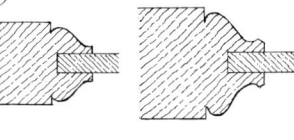

6 *Schmiedeeisernes Oberlichtgitter aus konzentrischen Bögen, um 1810.*
7 *Rechteckiges Oberlicht mit Bleiverglasung. Die verschlungenen Bänder waren oft aus Buntglas.*
8 *Oberlicht mit Sternmuster aus Clifton, Bristol, um 1815.*
9 *Innentür von 1815 mit umlaufendem Muster am Gebälk und Rundfeldern in den Ecken.*
10 *Innentür von allerbestem Design, mit flachem Ziergiebel und Akroterien (verzierten Endstücken) und Eckfeldern mit Löwenmasken.*
11 *Schematische Darstellung einer unauffälligen wandbündigen Tapetentür, 1825.* NN

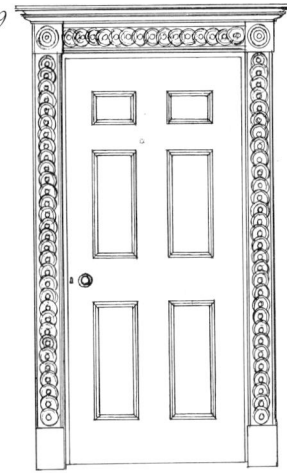
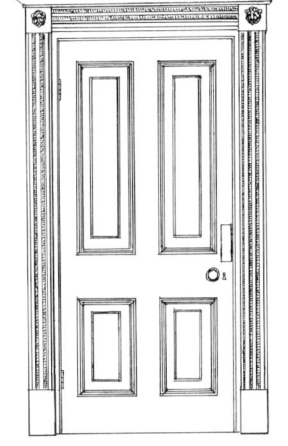
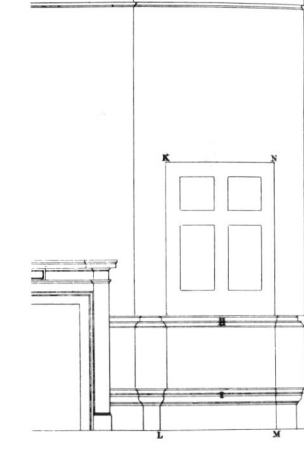

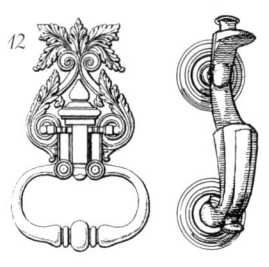
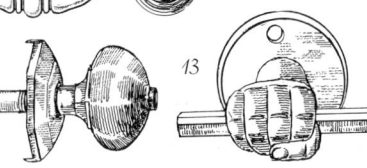

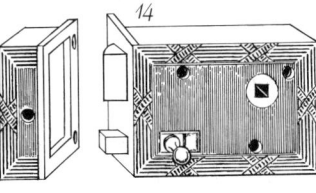
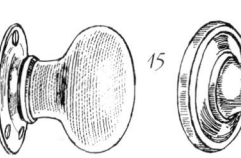
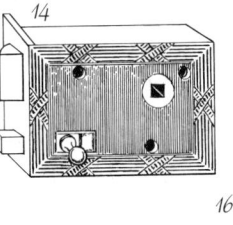

Beispiele für Türbeschläge, 1800–1830.
12 *Klopfer gab es in den verschiedensten Formen.*
13 *Die Eingangstüren hatten kräftige Griffe zum Schließen.*
14 *An Innentüren gab es aufgesetzte Kastenschlösser aus Eisen oder Messing oder die neueren Einstemmschlösser.*
15 *Türknöpfe, die die Hängegriffe ablösten, waren meist aus Messing, aber um 1830 tauchten auch solche aus Porzellan auf.*
16 *Typisch waren durchbrochene Griffplatten aus Messing.*

Fenster

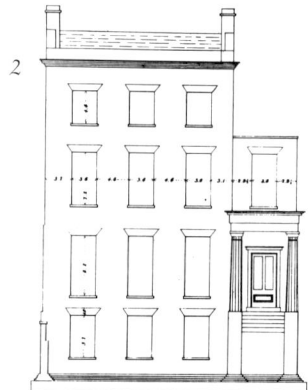

1 Typisches Erdgeschossfenster mit einfachem Bogen von 1815–1830, hier durch gotische Gliederung der sehr dünnen Glassprossen belebt.
2 Fensteranordnung eines Stadthauses im frühen 19. Jh., aus John Reids The Young Surveyor's Preceptor. *Die Breite des Gebäudes und die Maße der Fenster sind angegeben.* YS

3 Häuser auf dem Land und in Seebädern konnten viel freier gestaltet werden als städtische Reihenhäuser. Bei diesem Haus in Exeter, Devon, bildete nicht die Eingangstür, sondern die Gruppe von Erkerfenstern den Blickfang. Von dem Balkon mit dem feingliedrigen gusseisernen Gitter konnte man die Aussicht genießen.

Die Ideale des 18. Jahrhunderts – Einheitlichkeit und Regelmäßigkeit – gelten auch für die Fensteranordnung der Regency-Periode. Die Proportionen, um 1800 höchst maniert, sind in den 1830er Jahren wieder weniger extrem. Lang gestreckte Salonfenster im Hauptgeschoss gehören dennoch zu den schönsten Merkmalen an Häusern aus dieser Zeit. Das Interesse an verfeinerten Formen zeigt sich auch in den Glassprossen, die in dieser Periode so dünn sind wie in keiner anderen und scharfe, oft komplexe Profile aufweisen. Etwa 1815 begann man die konventionelle Verglasung mit einfachen Rechtecken abzuwandeln, indem man schmale Ränder anfügte, und zwar oft aus rotem oder andersfarbigem Glas.

Neue Vorstellungen von Anmut und Grazie führten zum verbreiteten Gebrauch Französischer Fenster, die in Blumengärten hinausgingen und sowohl an Stadt-, als auch an Landhäusern beliebt waren. Häuser mit schöner Aussicht hatten oft sehr kunstvoll gearbeitete Bogenfenster mit Veranden aus Holz oder Eisen.

Fensterläden waren auch in dieser Periode fast allgegenwärtig, und die zeitgenössischen Musterbücher übertrafen einander mit immer neuen Varianten einfallsreicher Systeme. Hebe- oder Schiebeläden kamen inzwischen selten vor; der Klappladen, dessen Tafeln in bündige oder schräggestellte Kästen geklappt werden konnten, blieb die Norm, bis Fensterläden gegen Ende der 1840er Jahre aus der Mode kamen.

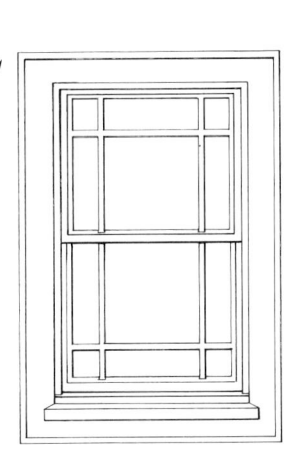

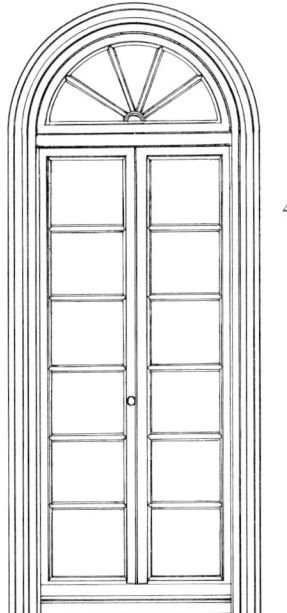
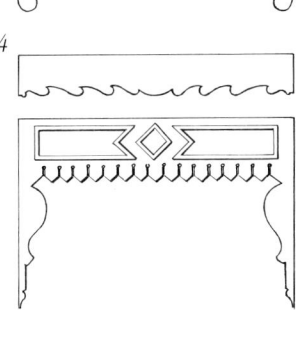

1 und **2** Markante neue Verglasungsmuster des frühen
19. Jhs. Die kleinen Rand-
scheiben waren oft aus rotem
oder blauem Glas.

3 Bodenlanges Flügelfenster
oder Französisches Fenster.
4 Hölzerne Faszien für Falt-
markisen aus Leinwand,
1820–1835.

5 Neogotisches Fenster von
1823. Die Neogotiker der Regency-Zeit bevorzugten letztlich
Formen des Perpendicular
Style. AT

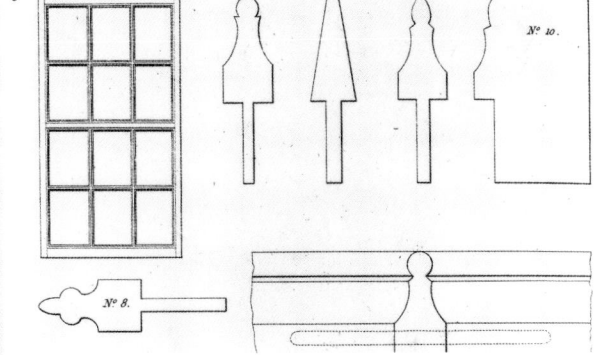

6 Typische Profile von Glassprossen aus dem frühen 19. Jh.

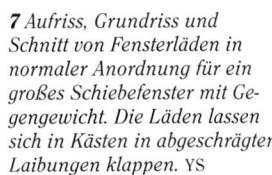

7 Aufriss, Grundriss und
Schnitt von Fensterläden in
normaler Anordnung für ein
großes Schiebefenster mit Gegengewicht. Die Läden lassen
sich in Kästen in abgeschrägten
Laibungen klappen. YS

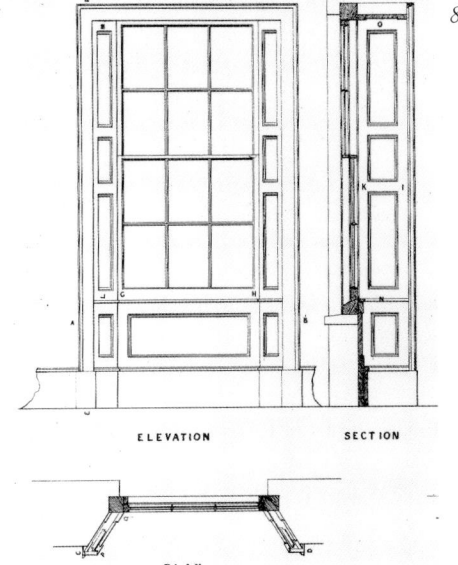

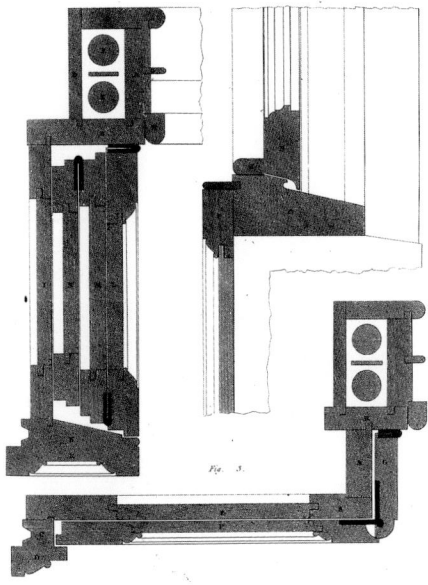

ELEVATION   SECTION

PLAN

8 Detailliertes Schema der in
der ersten Hälfte des 19. Jhs.
üblichen Anordnung von Klappläden. Die Tafel ist aus Peter
Nicholsons New Practical Builder von 1825. Die linke Variante, bei der zwei oder drei Platten
bei Nichtgebrauch im rechten
Winkel zum Fenster stehen, war
die gebräuchlichste. Alternativ
konnten die Ladenkästen schräg
stehen, damit mehr Licht in den
Raum kam als bei den tiefen,
rechtwinklig stehenden Kästen.
Das dritte dargestellte System
(unten), bei dem die Läden he-
rumgeklappt werden und parallel neben dem Fenster liegen,
ist in Stadthäusern seltener zu
finden als auf dem Lande. NN

1 *Das klassische Stadthaus der Zeit von 1815 bis 1830 hat zwei oder drei bis zum Boden reichende Schiebefenster im vorderen Salon, der sich damals im ersten Obergeschoss befand. Der gusseiserne Balkon ist ein Serienprodukt.*

2 *Gartenseiten von Hochparterres oder Fassaden mit schöner Aussicht hatten oft bis zum Boden reichende Flügelfenster, die auf einen Balkon oder eine Terrasse gingen. Eine Faltmarkise mit dekorativer Faszie ist am Fenstersturz angebracht.*

3 *Der Salon von Sir John Soanes Londoner Haus. Das Haus hatte ursprünglich bis zum Boden reichende Fenster, die auf eine Loggia gingen. 1832 verglaste Soane die Loggia und entfernte die alten Fenster, um den Raum zu vergrößern.* LIF

4 *Loggiatür oder Französisches Fenster zum Garten, um 1820. Die seitlichen Scheiben, einst aus Buntglas, sollten den Raum verschönern.* M

5 *Gartentür aus den 1820er Jahren in John Keats' Haus in Hampstead, London. Sie hat Fensterläden in flachen, schräg gestellten Kästen und buntes, mit Säure geätztes Glas in den seitlichen Öffnungen.* KM

6 *Gerundetes Fenster, wie sie im späten 18./frühen 19. Jh. in Provinzstädten und Badeorten beliebt waren. Das Beispiel ist aus Christchurch, Dorset.* SP

Wände

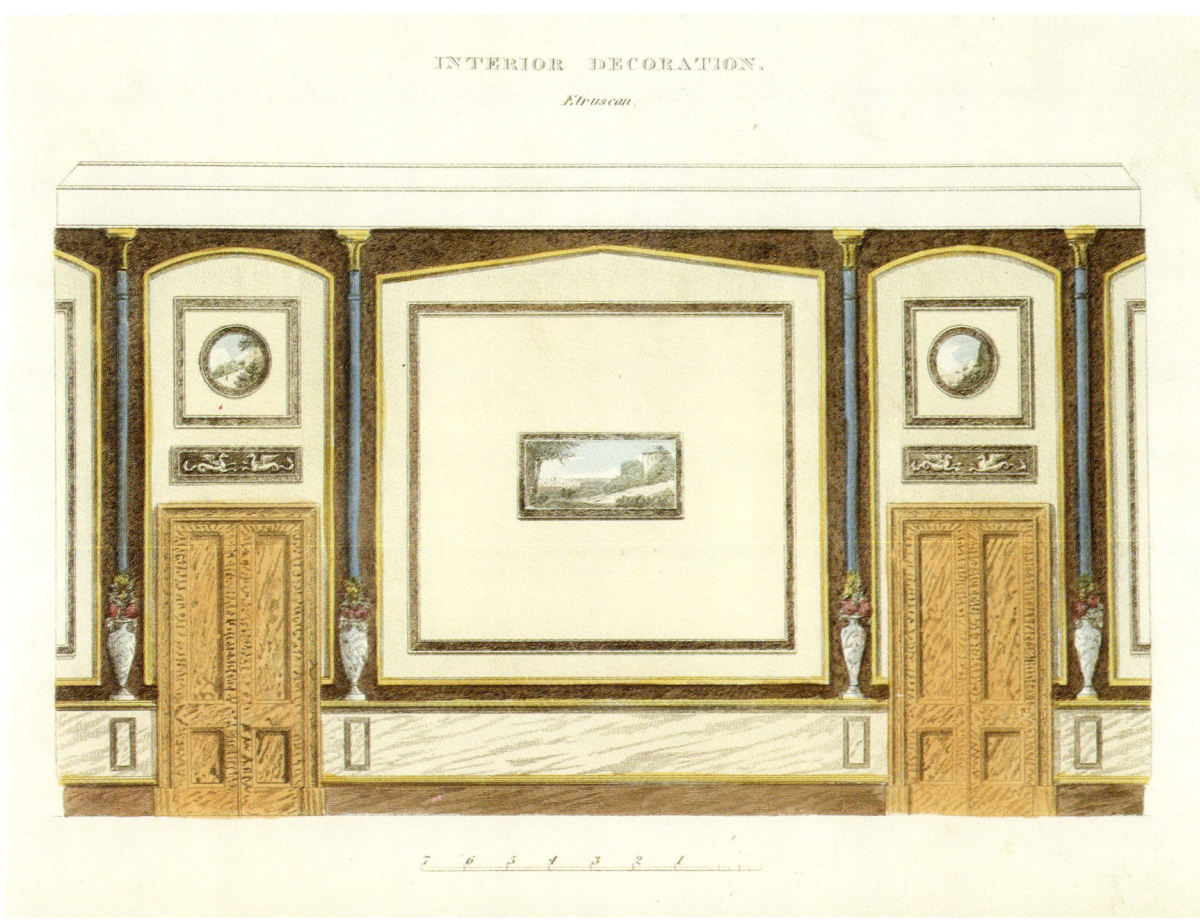

INTERIOR DECORATION.

Etruscan.

Entwurf für eine Wandgestaltung aus George Smiths Cabinet Maker's and Upholsterer's Guide, *1826. Die als etruskisch bezeichnete Dekoration stellt eine freie Verarbeitung spätrömischer Paneele und Säulen dar, die in Pompeji gefunden wurden. Aber auch der aktuelle französische Geschmack ist erkennbar.* CU

Die britischen Architekten und Baumeister der Regency-Periode waren die letzten, die eine Wand selbstverständlich in Gesims, Feld und Sockel einteilten, sich also an Proportionsregeln hielten, die letztlich auf die fünf klassischen Ordnungen zurückgingen. In der gesamten Periode ist in allen anspruchsvolleren Häusern die korrekte Gliederung von Gesims, Sockelleiste und Fußleiste zu finden. Dekorativer Schwerpunkt ist immer das Feld, ob es nun glatt oder ornamental verputzt, einfarbig oder kunstvoll gestrichen oder mit Tapete verkleidet ist. Tapeten wurden im Regency viel populärer und kamen häufig vor; Seide und andere Stoffe blieben ein besonderer Luxus.

Beruhte die Gestaltung auf architektonischen Formen, konnte das in einer verallgemeinernd-klassischen Form oder im aktuellen neogriechischen Geschmack geschehen, als Relief oder trompe-l'oeil-Malerei ausgeführt. In zeitgenössischen Musterbüchern waren ganze Wände auf Farbtafeln dargestellt. Designs auf der Grundlage der im 18. Jahrhundert ausgegrabenen Wandgemälde von Pompeji erfreuten sich besonderer Beliebtheit, aber auch viele andere exotische und historische Stile gaben Anregungen. Phantasievolle Raumgestaltungen im chinesischen, türkischen, ägyptischen oder gotischen Stil fand man recht häufig, leider sind nicht viele erhalten geblieben.

1 und 2 *Eine sehr geeignete und geschätzte Sockelgestaltung für Flure und Treppenhäuser war ein Anstrich, der Stein oder Marmor imitierte. Diese schönen Beispiele für beide Formen haben sich in Sir John Soanes Londoner Haus erhalten.* LIF

3 *Typischer schlichter Sockel aus der Zeit 1815–1840. Eine einzige Planke, meist etwa 20 cm breit, bildete die Fußleiste, und daran schloss sich oben ein Profil an. Der Sockel selbst war zu dieser Zeit oft noch aus Holz, während man das Feld über der Sockelleiste verputzte. Blasse, mit dem Feld kontrastierende Steinfarben waren für den Sockel gebräuchlich, jedoch wurde in Fluren aus praktischen Gründen auch gern Dunkelgrün oder Schokoladenbraun verwendet.* DK

4 *Aufriss einer Wand aus John Goldicutts Abhandlung* Specimens of Ancient Decorations from Pompeii, *1825. Goldicutts Illustrationen waren archäologisch präzise und wurden häufig verwendet. In gewöhnlichen Häusern pflegte man die Proportionen von Feld und Sockel zu beachten, doch der Höhenfries wurde entsprechend der Höhe normaler englischer Räume reduziert.* JG

5 *Vorschlag für die Stirnwand eines eleganten Esszimmers mit Säulen im römischen Stil. Die Pilaster und Felder über dem Sockel konnten in echtem Marmor ausgeführt oder in trompel'oeil-Manier marmorartig bemalt werden. Große Nischen, in denen Skulpturen standen, komplettierten den Raum.* CU

Decken

Frühstückszimmer in Sir John Soanes 1812 erbautem Haus in Lincoln's Inn Fields, London. Die runde Decke, die sich über vier Segmentbögen erhebt, ist einer der originellsten von Soanes »phantasievollen Effekten, welche die Poesie der Architektur ausmachen«. In den Ecken Rundfelder mit Spiegeln. LIF

In der Regency-Periode gab es einen deutlichen Wandel im Geschmack – von der großartigen, durchgängigen Deckengestaltung der großen Architekten des späten 18. Jahrhunderts hin zu einer neuen Nüchternheit, in der Ornamente meist auf Gesims, Deckenkante und Mittelrosette beschränkt waren.

Gleichzeitig wurden jedoch die bevorzugten Formen und Motive markanter. Anstelle der abgeschwächten Blattformen für Kanten oder fortlaufenden Ornamente an Gesimsen findet man gewichtige, von den reicheren Formen der römischen Architektur entlehnte Motive oder stilisierte Anthemien und andere Motive der Griechen. Auch für die Mittelrosette, von der ein Kronleuchter oder eine andere Licht-quelle herabhing, gab es eine Vielzahl von Formen; die populärsten sind Kombinationen von Rosetten und Patera-Motiven mit strahlenförmig angeordneten Palmetten oder anderen Blattformen. Gegen Ende der Periode und zu Beginn der Herrschaft von Queen Victoria änderte sich der Geschmack wiederum merklich, hin zu stärker naturalistischen Ornamenten.

Die kommerziellen Anbieter hielten ein überraschend großes Sortiment an schönen, architektonisch korrekten Profilleisten bereit, und viele ausgezeichnete Beispiele sind erhalten geblieben, wenn auch allzu oft die vorzüglich modellierten Details durch mehrere spätere Anstriche vergrößert worden sind.

1 Stuckrosetten waren immer öfter der einzige Schmuck an der Decke. Die erste Abbildung zeigt ein üppiges Palmettenmo-

tiv aus einem Regency-Design in Belvoir Castle, Nottinghamshire. Die anderen sind von etwa 1830 aus Bath und zeigen

ein formales griechisches Muster und ein stärker bewegtes Blattmuster.

2 Stuckgesims mit griechischen Motiven aus demselben Raum wie die letzte Rosette.
3 Kassettierter Bogen, um 1820.

Jedes Fach hat einen plastischen Eierstabdekor.
4 Gesims mit durchgängigem Rautenmuster im französischen Stil von John Nash aus einem Haus in Carlton House Terrace, St James's, London, 1827–1832.
5 Gesimsleiste aus Gips mit

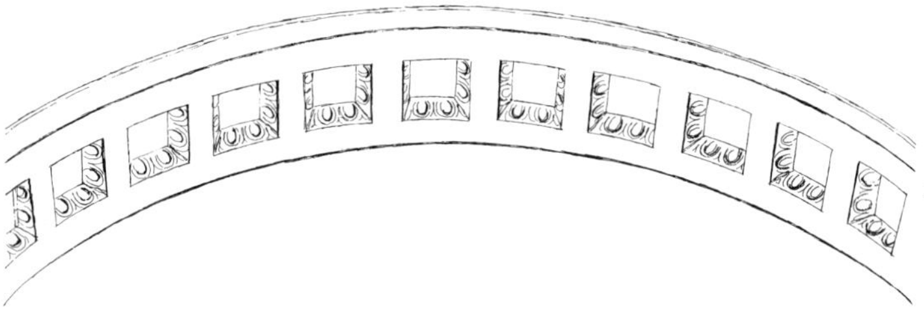

griechischen Elementen aus Belvoir Castle.
6 Ausschnitt aus einer Seite mit »Rosen« und anderen floralen Motiven in L. N. Cottinghams einflussreicher Veröffentlichung Smith and Founder's Director von 1824. Die in erster Linie

für Gusseisen gedachten Ornamente wurden gern als Stuckarbeit ausgeführt. SF
7 Ausschnitt aus einem typischen Gesims aus der Zeit von 1800 bis 1830. Die heute von vielen Farbschichten verunklarten, früher viel scharf-

kantigeren Motive sind von klassischen Vorbildern abgeleitet: Rhomben mit formalem Blumenmotiv wechseln mit Feldern voller »Tropfen«, wie man sie an dorischen Architraven sieht. Aus Charles Dickens' Haus in Doughty Street, London. DK

Fußböden

Drawn by John Goldicutt.

Abbildung eines Mosaikpflasters in John Goldicutts Specimens of Ancient Decorations from Pompeii *von 1825. Die Kombination von zarten und markanten Motiven entsprach dem Geschmack der Regency-Periode. Das süditalienische Pompeji war beim Ausbruch des Vesuv im Jahre 79 n. Chr. von Lava verschüttet worden, und erst ab 1748 brachten Ausgrabungen die Schätze der Stadt zutage.* JG

Der weit überwiegende Teil aller Fußböden bestand weiterhin aus Holzplanken, die man auf Unterzüge legte. Gebeizte, polierte oder gestrichene und lackierte Dielenbretter (Fichte oder Kiefer) waren die Norm; bessere Hölzer, Parkett-Marketerie und Täfelung im französischen Geschmack gab es nur in den allerfeinsten Räumen.

Die besseren Stadthäuser hatten weiterhin Steinplatten in Eingangshallen und Fluren. Stein wurde für Küchen und Kellergeschosse in Reihenhäusern und für den Wirtschaftsbereich von dörflichen Häusern und Landsitzen bevorzugt. Musterbücher enthielten Entwürfe für Mosaikfußböden in Fluren; diese blieben bis über die Mitte des 19. Jahrhunderts hinaus in Mode. Die bevorzugten Motive kamen aus archäologischen Quellen und enthielten oft Worte wie *Salve* (Willkommen).

Die Auswahl an Teppichen, auch für bescheidenere Geldbeutel, vergrößerte sich enorm. In England produzierte Florteppiche und -vorleger in »türkischen« und anderen traditionellen Mustern konkurrierten mit Schlaufenteppichen und flachen »Brüsseler« Teppichen. Die weniger teuren, florlosen »Scotch«-Teppiche und Drogetts waren ebenfalls beliebt. Die elegantesten Interieurs hatten jetzt durchgemusterte, raumfüllende Teppiche (aus schmalen Bahnen zusammengenäht) oder Teppiche aus Mittelstück und Kante, die aus konventionell gewebten Streifen passend zur Architektur zusammengesetzt wurden.

1 Einfache Dielenfußböden (Fichte oder Kiefer) sind typisch für alle Geschosse gewöhnlicher Häuser. Die durchschnittliche Breite beträgt 18–23 cm, weniger als im 18. Jh.

2 Entwurf von James White, 1820–1830, für eine komplizierte Kante aus Parkett-Marketerie als Rahmen für einen auf Maß gewebten Teppich.
3 Mit Scagliola (gehärteter und geschliffener Paste aus Marmormehl, Gips und Farbe) imitierte man Marmortäfelungen. Burghley House, Stamford, Lincolnshire, um 1801–1803.
4 Mosaikplatten aus John Goldicutts Specimens of Ancient Decorations from Pompeii, 1825. Sie konnten dem vorhandenen Platz angepasst werden. Die Tafel »Salve« (Willkommen) war für den Eingang gedacht. JG

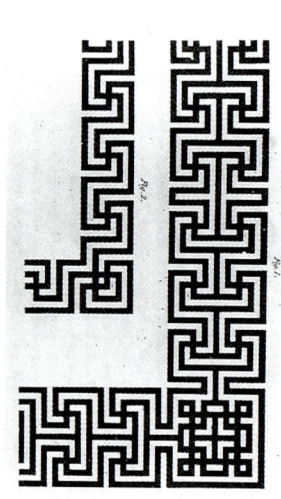

5 Kantendesigns für dekorative Fußböden, in Mosaik auszuführen, aus Peter Nicholsons Practical Builder von 1822. PB
6 Teppiche erhielten in der Regency-Periode neue Bedeutung durch das Aufkommen raumfüllender, auf Maß gewebter Teppiche. Sie waren entweder durchgemustert oder hatten eine Kante entsprechend dem Grundriss des Raumes. Die Abbildungen zeigen Entwürfe von Woodward Grosvenor and Company für »Brüsseler« Teppiche und stammen von 1827 bzw. 1834. »Brüsseler« Teppiche haben einen Schlaufenflor. Bei »Wilton«-Teppichen wird dieser aufgeschnitten, um die Oberfläche weicher zu machen. Bei guter Qualität sind beide Arten sehr haltbar. WO

Kamine

Die Kamineinfassung aus weißem Marmor wurde von Sir John Soane für das Esszimmer seines eigenen Hauses in Lincoln's Inn Fields in London entworfen. Die Ge- *staltung mit den schlichten Linien des Rundstabdekors ist maniert, doch äußerst wirkungsvoll. Der Kamin stammt aus der Erbauungszeit, 1812.* LIF

Die Kamine der Regency-Zeit waren schlichter in Umriss und Profil als die des 18. Jahrhunderts. Flache Pfosten erheben sich auf schlichten, vierkantigen Sockeln und tragen gerade Stürze, deren Oberflächen ebenfalls flach sind. Die typischste Form hat einen abgeschwächten Rundstabdekor an den geraden Teilen und Rundfelder an den Ecken. Das Kaminsims, jetzt ein separates, dünnes Bord, oft mit Riffelung an der Kante, wird langsam tiefer und steht an den Seiten weiter über. Das hatte mit dem größeren Angebot an Kaminuhren und anderen Utensilien, wie Leuchtern und Kerzenschirmen, zu tun. Cremeweißer Bildhauermarmor oder leicht geäderter grauer oder weißer Marmor wurden

bevorzugt, allerdings kamen in extravaganteren Designs auch Porphyr oder seltenere, farbige Marmorarten vor. In einfacheren Häusern sind die Einfassungen aus Holz; dieses ist oft in Marmorart gestrichen oder mit Ornamenten aus Composition (formbare und härtbare Masse aus Papier- oder Holzschliff, Schlämmkreide und Leim) verziert.

Stahlgitter gab es nur noch in den besten Räumen, und die Hersteller von Gusseisen, wie z.B. die Carron Company, befriedigten fast alle Bedürfnisse. Elegante Kamineinsatzgitter blieben in Mode, aber gegen Ende der 1820er Jahre waren die neuen Registerroste dank ihrer besseren Leistung zumindest in den Städten fast allgegenwärtig.

FUSSBÖDEN

KAMINE

1 Plastische Mittelfelder blieben bis 1825 in Mode.
2 Die häufigste Kaminform im Regency: Rundstäbe an den Pfosten und Rundfelder in den Ecken.
3 Ein »griechisches« Design im Stil von Soane, um 1820.
4 Breitere Pfosten und fleischige Blattformen sind typisch für die 1830er Jahre.
5 Ägyptisches war bis in die frühen 1820er Jahre in Mode.
6 Spätmittelalterliches Motiv, in den 1820er Jahren für ein neogotisches Haus adaptiert.
7 »Orientalische« Motive aus Mason's Patent Ironstone (glasierte Keramik), ca. 1813–1820.

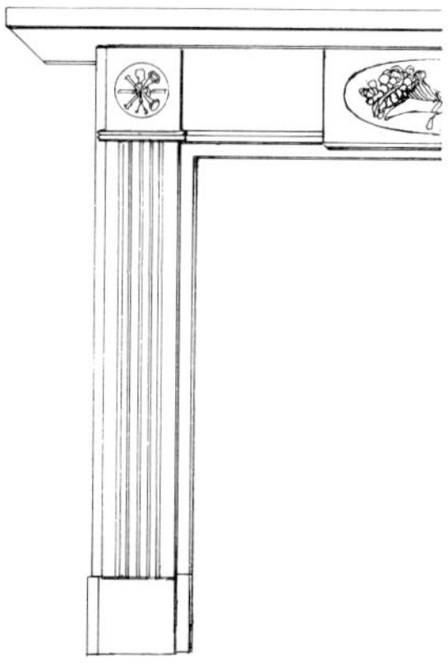

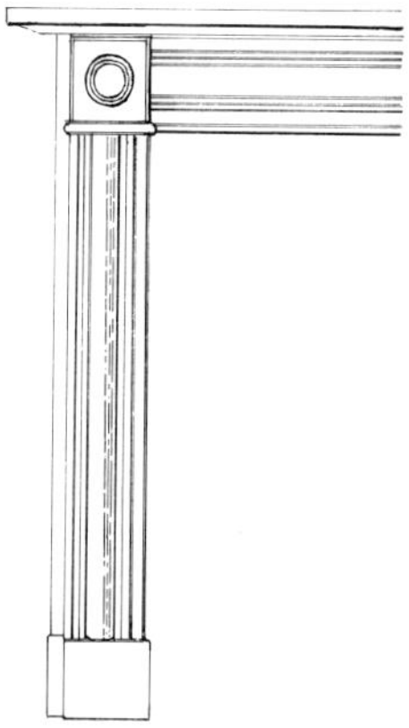

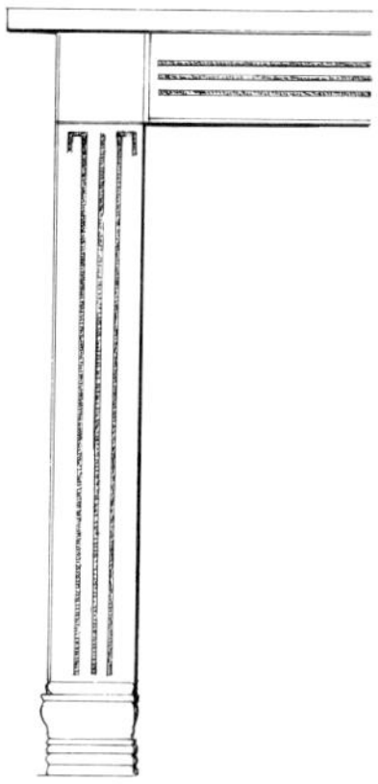

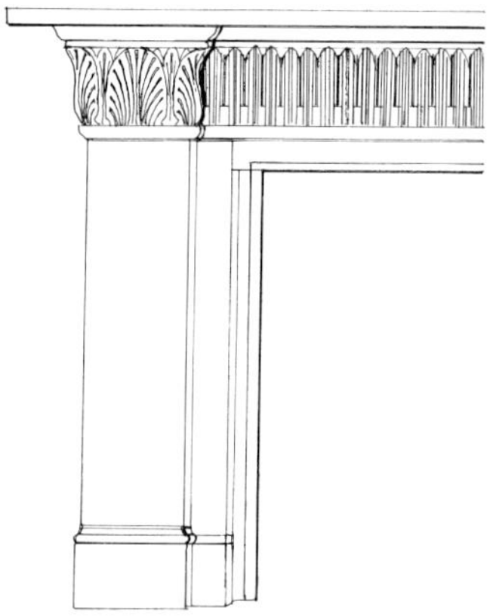

DESIGN FOR A GRECIAN CHIMNEY PIECE.
EXECUTED BY PETER TURNERELLI. ESQ. SCULPTOR TO HIS LATE MAJESTY GEO. III.

8 Peter Nicholsons Practical Builder von 1822 war die Bibel aller Bauspekulanten (die neu erschlossene Gebiete bebauten und hofften, die Häuser gewinnbringend zu verkaufen). Das Buch enthält aber nur wenige Designs für Kamine; das liegt wahrscheinlich daran, dass Kamine fertig bezogen wurden. Nur wer etwas Außergewöhnliches wollte, ließ es nach einem eigens angefertigten Entwurf herstellen. Dieser »Entwurf für einen Griechischen Kamin« wurde vom königlichen Bildhauer Peter Turnerelli ausgeführt. PB

9 Schönes Ensemble im neogotischen Stil, bei dem Details aus dem 15. Jh. auf eine typische Regency-Konstruktion aufgesetzt wurden. AK
10 Überragender Kamin mit Kaminmöbeln (Rost und Kaminvorsatz) von 1820–1830. Die Komposition verrät den Einfluss des französischen Versuchs, den Stil Ludwigs XIV. zu erneuern. Die massive, vorstehende Einfassung war wohl aus Marmor, meist pflaumenblau, und mit Applikationen aus vergoldeter Bronze verziert. Der elegante Rost ist aus Stahl. AK

In eleganten Regency-Salons wurde der Kamin durch einen Aufsatz mit Spiegel ergänzt.
1 Normale Einfassung mit Rundstabdekor und passendem Spiegel, mit den üblichen Rundfeldern an den Ecken.
2 Einfassung mit griechischen und ägyptischen Elementen und vergoldetem Spiegelrahmen, um 1810.
3 Französischen Einfluss zeigt der Bogen der Einfassung, der sich im Spiegelrahmen wiederholt. Aus T. Hopes Deepdene, Surrey, um 1806–1820.

4 Kamineinfassung und passender Rost aus Rudolf Ackermanns Repository of Arts, Literature, Fashions Etc., Anfang des 19. Jhs. Die Geschlossenheit der Motive und die großzügigen Proportionen sind typisch für elegante Salonkamine. Die Einfassung besteht aus schwarzem Marmor, der Rost aus Stahl; alle Montierungen sind vergoldet. AK
5 Beispiel einer »verbesserten« Kaminöffnung; durch die schrägen Seiten soll der Wirkungsgrad erhöht werden. AK
6 Sehr vornehmes ägyptisches Ensemble von Ackermann. AK

KAMINE

1 *Einfassung aus blassem, geädertem Marmor aus einem Haus
in St Chad's Street, King's Cross,
London. Breite Pfosten und
schwere gerollte Konsolen wurden
in den 1830er Jahren populär.* GV

2 *Gusseisernes Kamineinsatzgitter im verhaltenen Stil der
1820er und 1830er Jahre. Die
leichte Biegung der Stangen
mit den drei Kugeln ähnelt den
Stuhllehnen der Zeit.* GV

3 *Eher schlichte Umrandung im
neogotischen Stil der 1830er
Jahre. (Der Ziegelbogen wurde
später eingesetzt und das Gasfeuer stammt aus den 1920er
Jahren.)* GV

4 *Sir John Soane entwarf
diese Einfassung aus schwarzem, fossilienhaltigem Marmor
mit eingesetzten klassischen
Reliefs 1812 für das Frühstückszimmer seines Hauses.* LIF

5 *Von Ende der 1820er bis Anfang der 1840er Jahre war ein
erneuertes Rokoko in Mode.* KH
6 *Schönes Ensemble gusseiser-*

*ner Kaminmöbel, um 1835. Der
Rost hat einen festen Feuerschild mit Rokokodetails. Löwe
und Einhorn sind Kaminböcke.*

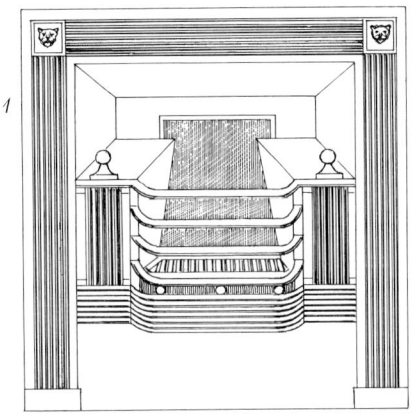

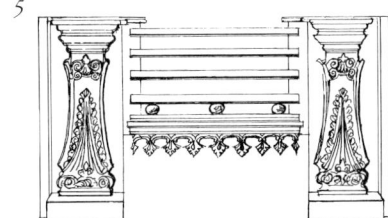

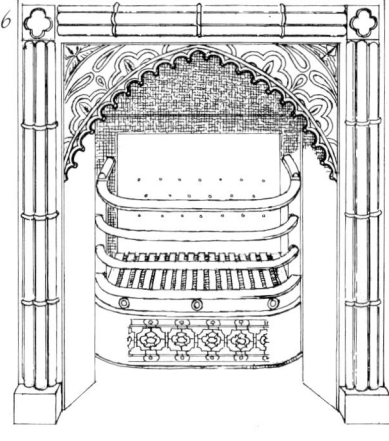

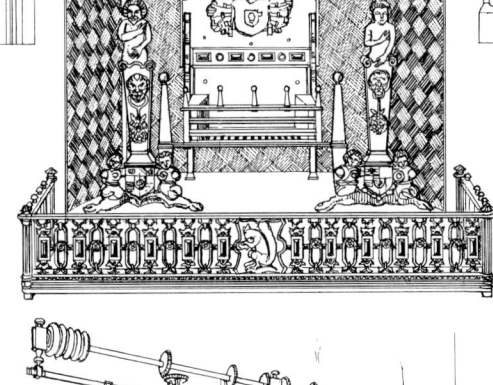

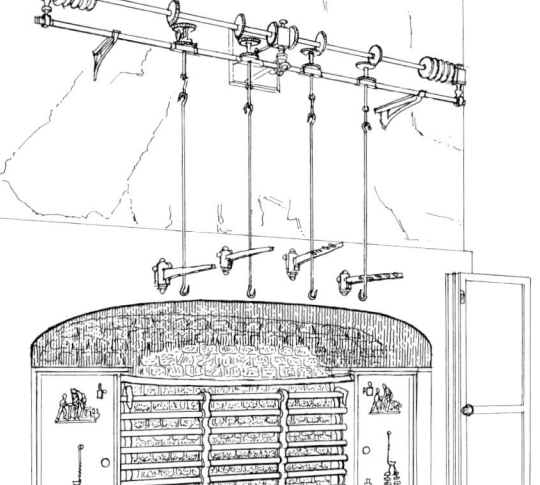

1 »Elliptischer Registerrost mit konvexen Rundstäben, blanker Umrandung, doppelter Querstange, Kugeln, schrägen Wangen, abfallender Rückseite und Ventil« aus M. und G. Skidmores Musterbuch von 1811.

2 Feines gusseisernes Einsatzgitter in »Schwanennest«-Form, die ovalen Platten mit dem Abzeichen des Prince of Wales verziert, daher spätestens 1820.

3 Schöner frei stehender Rost im markanten neoklassizistischen Stil der 1820er Jahre. Aus Mallock House, Exeter, wo er zur Modernisierung in einen älteren Raum eingebaut worden war.

4 Stilgemisch, um 1830. Frontplatte und Pfosten im neogotischen Stil wurden unglücklich mit abgeschwächten Rokokomotiven kombiniert.

5 Kleines Kamineinsatzgitter, um 1820, wahrscheinlich von der Eisengießerei Carron Company. Fleischige Blattornamente zieren die Seiten, den Korb ein Streifen mit gotischen Details.

6 Kleiner Rost von Anfang des 19. Jhs. im neogotischen Stil. Er konnte in einen Kamin gestellt oder, wie hier, ohne Einfassung verwendet werden.

7 Ensemble aus gusseisernem Rost mit festem Feuerschild, Kaminböcken, Wangen mit Rautenmuster und Kaminvorsatz im Baronialstil, entworfen um 1825 für Aston Hall, Birmingham.

8 Großer Herd in der Küche eines Landhauses mit gusseisernen Kamineinsätzen in einer steinernen Einfassung. Darüber drehbare Topfhaken, die von einer Vorrichtung innerhalb des Rauchzuges betätigt werden.

Treppen

Die Haupttreppe in Sir John Soanes Haus in London, 1812 – eine kühne, frei tragende Konstruktion *in einem unregelmäßigen Raum. Bemerkenswert ist die Wandwange aus dunklem Marmor.* LIF

Die Treppe blieb eines der großen Statussymbole in britischen Häusern. Konstruktion, Material und Verarbeitung folgten einer präzisen Werteskala. In den vornehmsten Häusern baute man die wichtigsten Treppenläufe frei tragend aus Stein, die Stufen schlossen vorn mit einem markanten Profil ab, und die seitlichen Stufenenden konnten schlicht oder plastisch verziert sein. Steintreppen wurden mit einem anmutigen Handlauf aus Mahagoni versehen, der auf Metallgittern oder Balustern ruhte. Schmiedeeisen und Stahl waren bereits weitgehend von einer Fülle gusseiserner Elemente abgelöst worden. Aus Musterbüchern ist ersichtlich, dass klassische Motive am höchsten geschätzt wurden.

Die Treppen einfacherer Häuser (und die zweitrangigen Treppen in besseren Häusern) waren aus Holz, ähnlich dem schmucklos-eleganten Typ des späten 18. Jahrhunderts. Sie sind generell aufgesattelt und haben einen Handlauf, meist aus Mahagoni, der in schönen Kurven von oben nach unten durchläuft. Je zwei schlichte vierkantige Baluster stehen auf einer Stufe. Schmuck beschränkt sich in der Regel auf einfache Profile unter der Treppenkante und auf Drechselornamente an den säulenförmigen Antrittspfosten. Alle Teile außer dem Handlauf bekamen einen matten oder geäderten Anstrich. Meist war ein einfaches, schmales Drogett auf die Stufen genagelt.

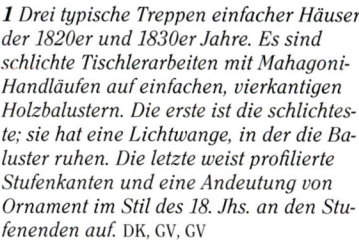

1 *Drei typische Treppen einfacher Häuser der 1820er und 1830er Jahre. Es sind schlichte Tischlerarbeiten mit Mahagoni-Handläufen auf einfachen, vierkantigen Holzbalustern. Die erste ist die schlichteste; sie hat eine Lichtwange, in der die Baluster ruhen. Die letzte weist profilierte Stufenkanten und eine Andeutung von Ornament im Stil des 18. Jhs. an den Stufenenden auf.* DK, GV, GV

2 *Die Steinstufen der Haupttreppe in Sir John Soanes Londoner Haus haben weit vorspringende, auch am Treppenprofil sichtbare Kanten. Der Mahagoni-Hand-*

lauf ruht auf Metallstäben, die mit Rhombenmotiven verziert sind. LIF
3 *Treppenentwürfe aus Nicholsons* New Practical Builder, *1825. Nicholson widmet den geometrischen Problemen von Treppen und Geländern viele Seiten.* NN
4 *Eine Seite mit gusseisernen Treppengeländern aus dem Musterbuch* Examples of Ornamental Metal Work *von Henry Shaw, 1836. Shaw bietet Entwürfe für einfachere Baluster, die zu je zwei auf einer Stufe stehen sollen, und für komplexere Typen, von denen einer die Breite der Stufe füllt.* EO

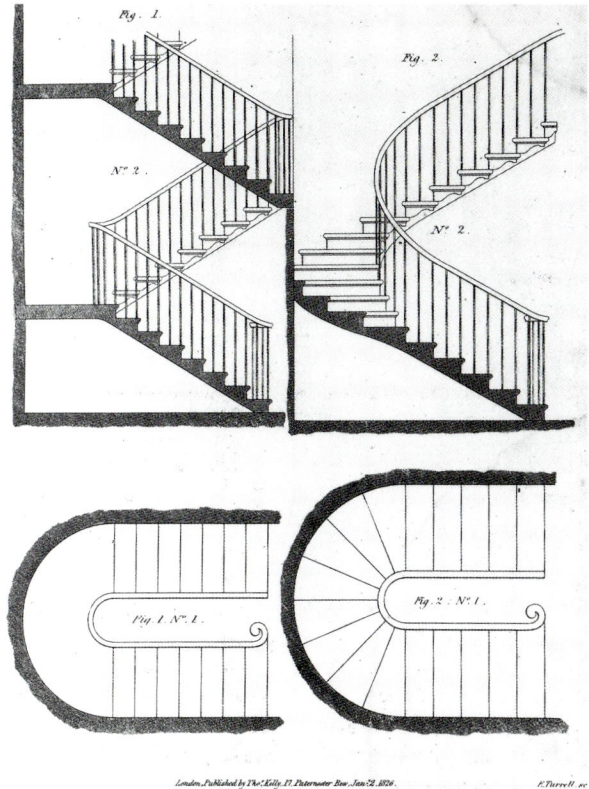

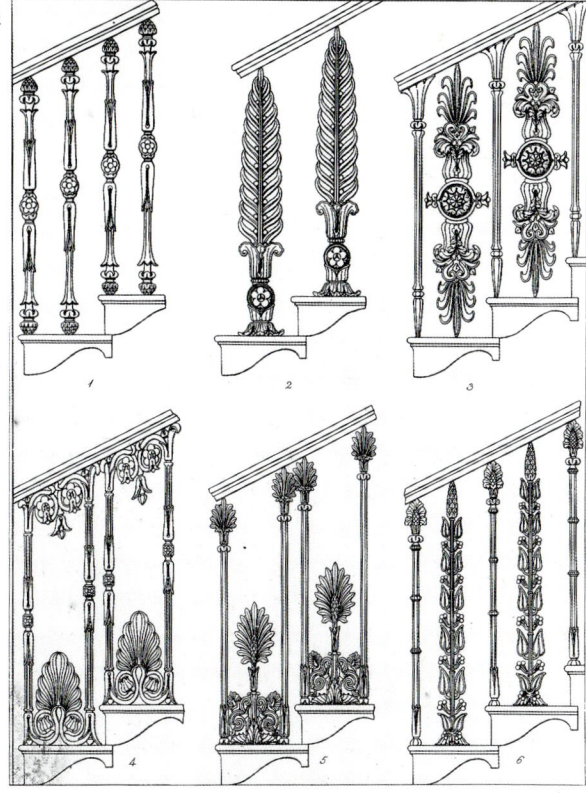

1 Treppen in einfachen Häusern sind von der vornehmen Schlichtheit spätgeorgianischer Vorbilder. Schmuck beschränkt sich hier auf den konischen Antrittspfosten und die eleganten Profile an den Stufenenden.
2 Im späten 18. und frühen 19. Jh. war die Konstruktion von Treppen wohldurchdacht. Hier wird das Geländer einer Wendeltreppe in steilen Schwüngen in die Höhe geführt.
3 Einfache Treppe aus Camberwell, London, um 1800. Am Ende eines Treppenlaufes werden Handlauf und vierkantige Baluster vom nächsten Treppenlauf »abgeschnitten«.
4 Ungewöhnliche Treppe in neogriechischer Manier mit schmiedeisernen Stützen aus Doric House, Sion Hill, Bath, nach 1800.

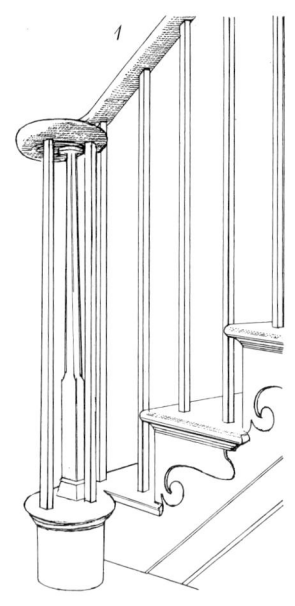 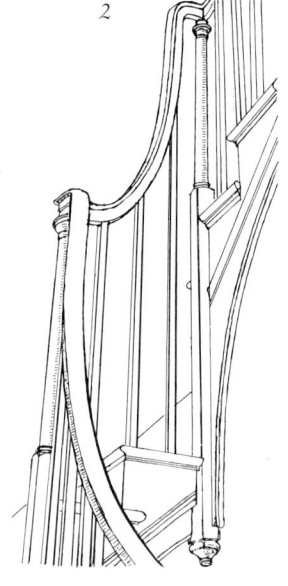 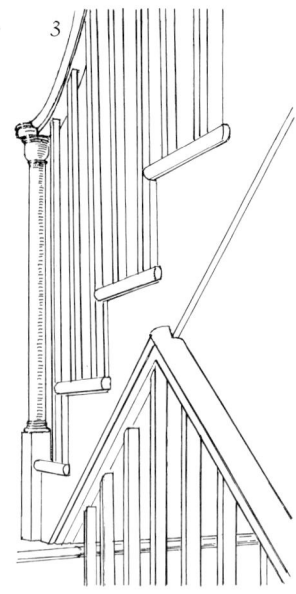

5 Schlichte Stäbe wechseln mit ornamentalen, die griechische und gotische Motive vereinen. Bath, um 1815.
6 Hochwertiges gusseisernes Geländer mit stilisierten Lilien, um 1830. Es ähnelt Entwürfen von Henry Shaw (siehe S. 193).
7 Ausschnitt aus dem gusseisernen Geländer der großen Wendeltreppe, die der 6. Duke in den 1840er Jahren in Devonshire House, London, einbauen ließ.
8 Die Treppengeländer des Königlichen Pavillons in Brighton wurden 1815–1822 von John Nash eingefügt. Sie sind aus gestrichenem Gusseisen und stellen in trompe-l'oeil-Manier Bambus dar.
9 Mahagonitreppe mit reicher Schnitzerei im späten klassischen Geschmack, um 1845, aus Osborne Lodge, Cheltenham.

  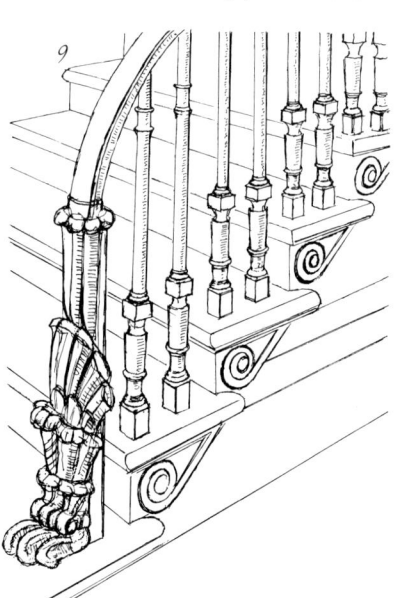

Einbaumöbel

1 Einbauregale im neogriechischen Geschmack in einem der drei Räume, die Thomas Hope um 1807 für seine Sammlung antiker Vasen einrichtete. Andere Zimmer dieses Hauses hatten eingebaute Sitze und Regale. HF

2 Einbauschrank, etwa 1820–1830. Die Mitteltür ist perforiert, damit Luft an die dahinter verwahrte Wäsche kommt.
3 Bibliothek in Cassiobury Park, gezeichnet von John Britton, 1837. Im Regency wurde

die Bibliothek gern als Wohnzimmer der Familie genutzt. CP
4 Regale im Weinkeller. Hier wie in anderen Wirtschaftsbereichen änderte sich vom 18. bis in das späte 19. Jh. wenig. KH

Ganz im Gegensatz zum Geschmack nachfolgender Epochen wurde im Regency Kargheit geschätzt. Dazu kam die nach heutigen Maßstäben generell kleine Menge persönlicher Besitztümer. Folglich war der Bedarf an Stauraum in den Häusern relativ gering. Es gab nur wenige Schränke, besonders in den Stadthäusern. Schränke von geringer Tiefe (30–38 cm) mit Füllungstüren waren in manchen Schlafzimmern in die Nischen zu Seiten des Kamins eingelassen. Darin brachte man Haken für die Kleidung an, die flach aufgehängt wurde. In den Hauptgeschossen waren Geschirr- und Bücherschränke ebenfalls in Nischen eingebaut; zuweilen enthielten diese eine Schreibklappe oder sogar einen kompletten Sekretär.

In den Bibliotheken der vornehmen Häuser gab es eingebaute Bücherschränke, meist von architektonischem Charakter. In dieser Epoche avancierte die Bibliothek zu einem der meistbenutzten Räume der Familie. Kunstbegeisterte Gentlemen, wie Thomas Hope oder Sir John Soane, hatten auch schön gearbeitete Einbauschränke für die Aufbewahrung und Zurschaustellung ihrer Antiquitätensammlungen. Die beiden Genannten pflegten einen klassischen Stil, während andere für ihre Bibliotheken und Privatmuseen gotische Details vorzogen.

Die Einbaumöbel in Dienstbotenbereichen wie Küchen und Hauswirtschaftsräumen blieben so schlicht und zweckmäßig, wie sie im 18. Jahrhundert gewesen waren.

TREPPEN

EINBAUMÖBEL

Installation

1 Regenwassereinlauf, aus Blei gegossen, mit Initialen und Herstellungsdatum, 1811.
2 Seltenes Beispiel eines erhaltengebliebenen »Kupfers« aus den 1820er Jahren: Ein großes Gefäß in einem Herd aus Ziegeln blieb in der gesamten Epoche zum Erwärmen von Wasser allgemein gebräuchlich. Der Holzdeckel sollte die Wärme halten. DK
3 Ausgussbecken konnte man bauen, indem man ein kastenförmiges Holzgestell mit fest verzinkten Ecken mit Bleiblech verkleidete.

4 Das Ausgussbecken besteht aus einer ausgehöhlten Steinplatte auf dicken Ziegelpfeilern. Es erhält kaltes Wasser aus einem Hahn und wird in einen außen liegenden Gully abgelassen. Die Bleirohre haben Lötwülste.
5 Bild und Funktionsschema einer Erdtoilette, die in Gegenden ohne ausreichende Wasserversorgung und öffentliche Abwasserkanäle weiterhin in Gebrauch blieb. Die Aborte wurden möglichst weit vom Haus entfernt aufgestellt. SB

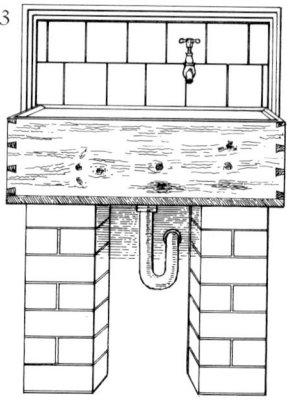

CROSS SECTION THROUGH B B ON ELEVATION

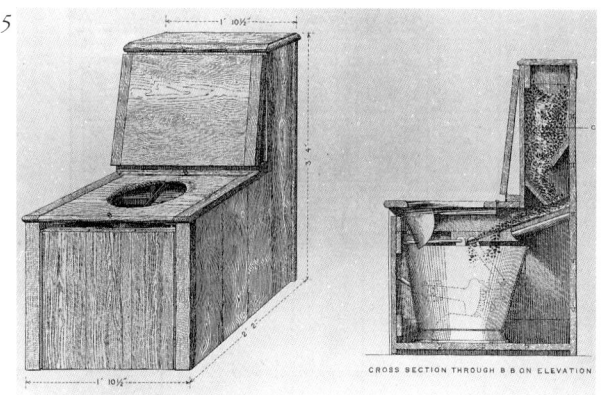

In der Mehrzahl der britischen Häuser änderte sich kaum etwas Wesentliches im Vergleich zum späten 18. Jahrhundert. Die Wasserversorgung verbesserte sich langsam in dem Maße, wie die hölzernen Leitungen durch eiserne ersetzt wurden. Diese waren dichter und ließen einen höheren Wasserdruck zu, so dass das Wasser auch Zapfstellen über Erdbodenniveau erreichte. Die Versorgung wurde in den eleganten Vierteln der größeren Städte regelmäßiger, und in den besten Straßen Londons stand Wasser durchgängig zur Verfügung. Anderswo, besonders in ärmeren Gegenden, war oft nur eine Zapfstelle für mehrere Haushalte vorhanden.

Bei der Entwässerung sah es ähnlich aus: guter Service für die Reichen und keine oder nur rudimentäre Einrichtungen für die Ärmeren in Slumgebieten. Wie bisher floss das Regenwasser durch Dachrinnen und Rohre in Sammelbehälter oder Sickerlöcher.

Zum Problem wurde die steigende Menge von Abwässern in den Städten, da die vorhandenen Abwasserkanäle nicht mehr ausreichten. Mit dieser Frage beschäftigten sich die Bauingenieure erst unter Queen Victoria.

In durchschnittlichen Häusern hatte die Küche noch immer einen einzigen Wasserhahn, der an das öffentliche Netz oder einen Vorratsbehälter angeschlossen war und sich neben einem flachen Ausgussbecken aus Stein oder Blei befand. In einem »Kupfer« wurde das Wasser zum Kochen und Waschen erwärmt.

Beleuchtung

*1 Oberlicht mit eingebauter Ker-
zenlaterne, Bristol, 1800–1810.
2 Eleganter Kronleuchter aus
Kristall, um 1815, mit hängenden, diamantförmigen Tropfen.
3 bis 8 Entwürfe für Innen-
und Außenbeleuchtung aus
L.N. Cottinghams Smith and
Founder's Director, 1824.
3 Lampe an einem Wandarm
für eine elegante Fassade.
4 Hängende Öllampe nach
klassischen Vorbildern, geeignet
für Flure.
6 Eine weitere Flurlampe.
5 und 7 Außenlampen auf
eleganten Säulen, für Öl- bzw.
später Gasbetrieb vorgesehen.
8 Ständer für eine Treppen-
lampe, mit zwei Entwürfen für
gusseiserne Baluster.* SF

Eines der ersten britischen Häuser mit Gasbeleuchtung war Abbotsford in Roxburgh, Schottland, das Haus des Romanciers Sir Walter Scott. Die Beleuchtung wurde 1823 installiert. Solche Extravaganzen blieben noch bis in das spätere 19. Jahrhundert die Ausnahme. Generell vollzog sich im Regency der Übergang von Kerzenlicht und groben Öllampen zu verbesserten Öllampen, die größtenteils auf dem europäischen Kontinent erfunden wurden. Diese waren heller und sauberer und verbrannten Walöl oder Kolzaöl (Rapsöl), das weniger Geruch entwickelte als tierische Fette. Diese Öllampen, oft nach antiken Vorbildern gestaltet, hatte man gern in Fluren und Hallen vornehmer Häuser, wo sie an Ketten hingen oder auf Wandarmen oder Ständern am Fuß der

Treppe befestigt waren. Die Gestaltung wurde vielfältiger, wie man in zeitgenössischen Musterbüchern sehen kann. In einfacheren Häusern erfüllten Kerzenlaternen die gleichen Funktionen.

Das helle Licht der frei stehenden, mit Rapsöl betriebenen Argand-Lampe (S. 166) blieb nicht ohne Auswirkung auf die Lebensgewohnheiten. Wandleuchter mit Kerzen waren jedoch weiterhin die wichtigsten Beleuchtungskörper und spielten im Regency-Interieur auch eine beträchtliche dekorative Rolle.

In bescheideneren Wohnungen sowie in den oberen Etagen feinerer Häuser blieben tragbare Kerzenhalter und einfache Wandarme die übliche Beleuchtung.

Metall

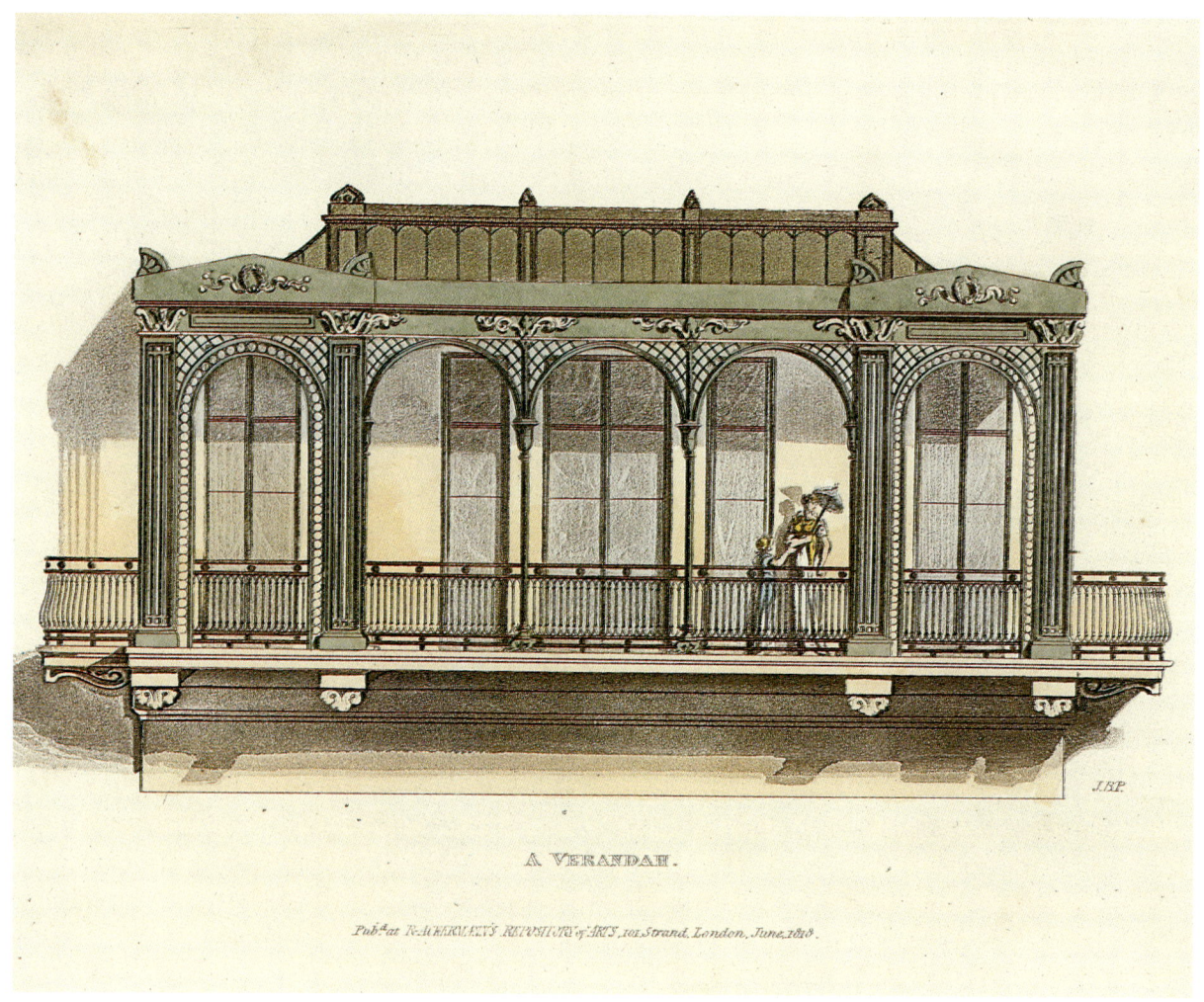

A VERANDAH.

Pub.d at R.ACKERMANN'S REPOSITORY of ARTS, 101 Strand, London, June 1818.

Entwurf für eine Veranda aus J.B. Papworths Rural Residences, 1818. Solche Veranden baute man vorwiegend aus genormten Eisenteilen, die von Gießereien angeboten wurden. Hier mit dem sehr beliebten bronzegrünen Anstrich; das passte zum Garten und wirkte auch klassisch. RR

Zu den größten Zierden des britischen Regency gehören die Eisenerzeugnisse, die den Hausfassaden der Epoche eine so besondere Note verleihen. Gusseisen hatte zur damaligen Zeit das Schmiedeeisen fast ganz verdrängt. Letzteres findet man nur noch an bestimmten Stellen, wie z.B. in Handläufen für Treppen an Souterrainvorplätzen, die entsprechend der Form der Treppe individuell gehämmert werden mussten. Fast alles Übrige kam aus den großen und kleinen Gießereien, die im späten 18. und frühen 19. Jahrhundert wie Pilze aus dem Boden schossen, seien es Geländer für Vortreppen und Grenzzäune, Lampenarme oder Balkons mit Geländern und Tragarmen, und sogar die riesigen, aus mehreren Bögen bestehenden Veranden. Wenn diese Teile auch genormt waren, so war doch das Sortiment, das Baumeister »von der Stange« kaufen konnten, enorm, und regionale Varianten und sogar örtliche Vorlieben für bestimmte Muster sind erkennbar. Balkongitter sind beispielsweise sehr markant, und eine bestimmte »Kuchenkorb«-Form kommt an der Südküste besonders häufig vor, klassische Muster in Cheltenham, Gloucestershire, und gotisches Design in Islington und anderen Gebieten von London. Fast alle verbreiteten Muster finden sich in einem Musterbuch der Epoche, in *The Smith and Founder's Director* des Architekten Lewis Nockalls Cottingham, zuerst erschienen im Jahr 1824.

1 *Schöner handgeschmiedeter Vorbau, um 1820, von Grafton Street, Cheltenham, Gloucestershire.*
2 *Reich verzierte Veranda aus Gusseisen mit klassischen Motiven, aus Leamington Spa, Warwickshire, um 1825.*
3 *und* **4** *Gusseiserne Felder für Balkons, um 1815–1825, mit einfachen geometrischen und floralen Formen nach klassischen Vorbildern. Das gerollte Laubmuster ist ein Rinceau.*
5 *Austritt aus Schmiedeeisen mit Stabboden, um 1820.*
6 *Eisenbalkon in der nach 1830 besonders populären gebauchten Form.*
7 *Auffällige gusseiserne Anthemien von der Krone einer Grenzmauer in Cheltenham, um 1820.*
8 *Balkon in der »Kuchenkorb«-*

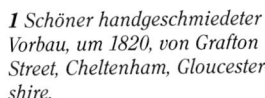

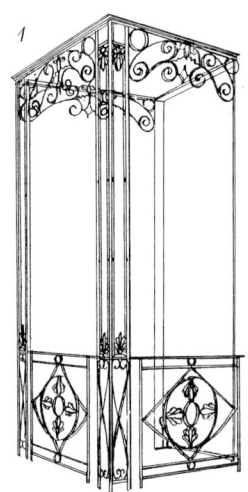

Form, die in den 1820er Jahren im Südosten verbreitet war.
9 *Gusseiserne Balkon-Tragarme,*

einer in geometrischer, der andere in gewundener Form, aus Bristol, Avon.

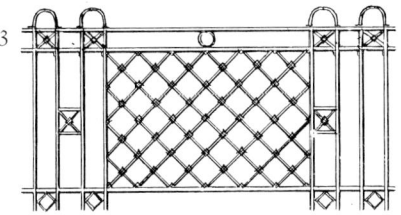

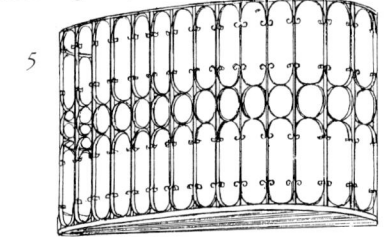

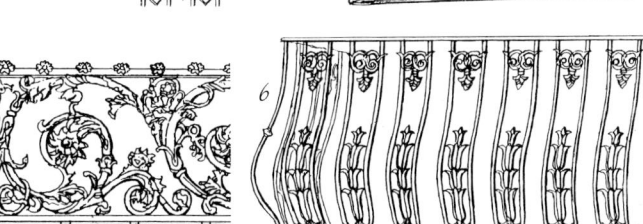

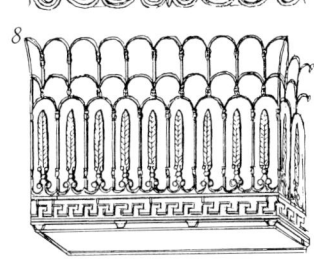

10 *Typisches Tor zu einem Souterrainvorplatz. Clifton, Bristol.*
11 *Zaun aus Gusseisen mit geometrischem Muster, Camberwell*

New Road, London, 1815–1825.
12 *Kunstvolles eisernes Eingangstor aus York, um 1830.*
13 *Typische Finiale von 1810–*

1830. Die erste und zweite Gruppe haben eine griechische Note. Die Mittelmotive – Knospe, Urne, Eichel – bilden regelmäßige Akzente.

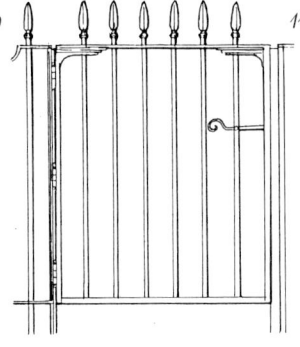

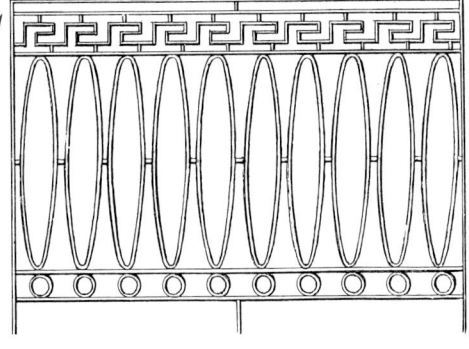

METALL

1 Die kunstvolle Veranda ähnelt einem Entwurf von Papworth 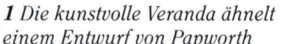 *von 1818. Die Pagodenform des Daches war populär.* AA

2 Balkon in Clifton, Bristol, um 1820. Am Geländer eines der 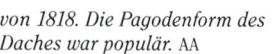 häufigsten Regency-Muster – gotische Bögen und Vierpässe. SP

3 Entwürfe aus J.B. Papworths Rural Residences, 1818, für eiserne Ziergitter mit vergoldeten Details. Sie waren für die Parks großer Güter gedacht. RR

4 Schlichter bogenförmiger Vorbau mit Metallstützen und Kupferdach aus Kensington, London, um 1820. AA

5 Ausschnitt aus einem Vortreppengeländer, um 1825, mit geschwungenem Blattmotiv, aus Kensington. AA

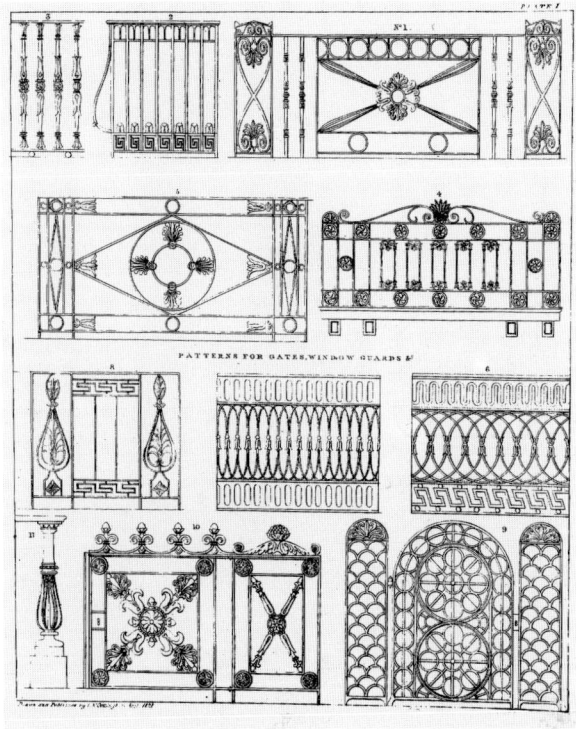

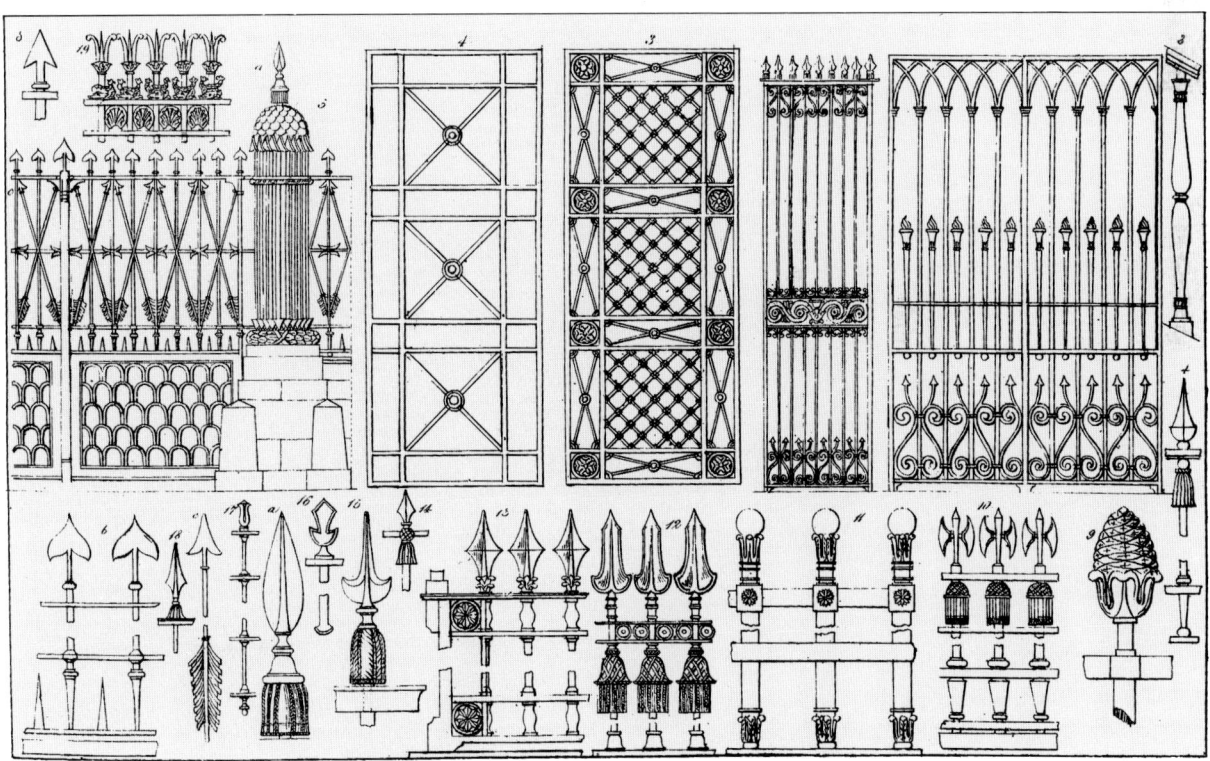

Drei Seiten Entwürfe für gusseiserne Balkons, Geländer, Finiale und Stützen aus L.N. Cottinghams The Smith and Founder's Director, *1824. Cottinghams einflussreiche Veröffentlichung zeigt, in welchem Maß die Eisenarbeiten der Regency-Periode mit klassischen Ornamenten verziert waren. Besonders die Finiale der Geländer widerspiegeln die verbreitete Vorliebe für neogriechisches Design. Das Balkongitter mit Anthemienmuster auf der ersten Tafel rechts unten war eines der gebräuchlichsten Muster und damals in ganz Großbritannien zu finden.* SF

METALL

Holz

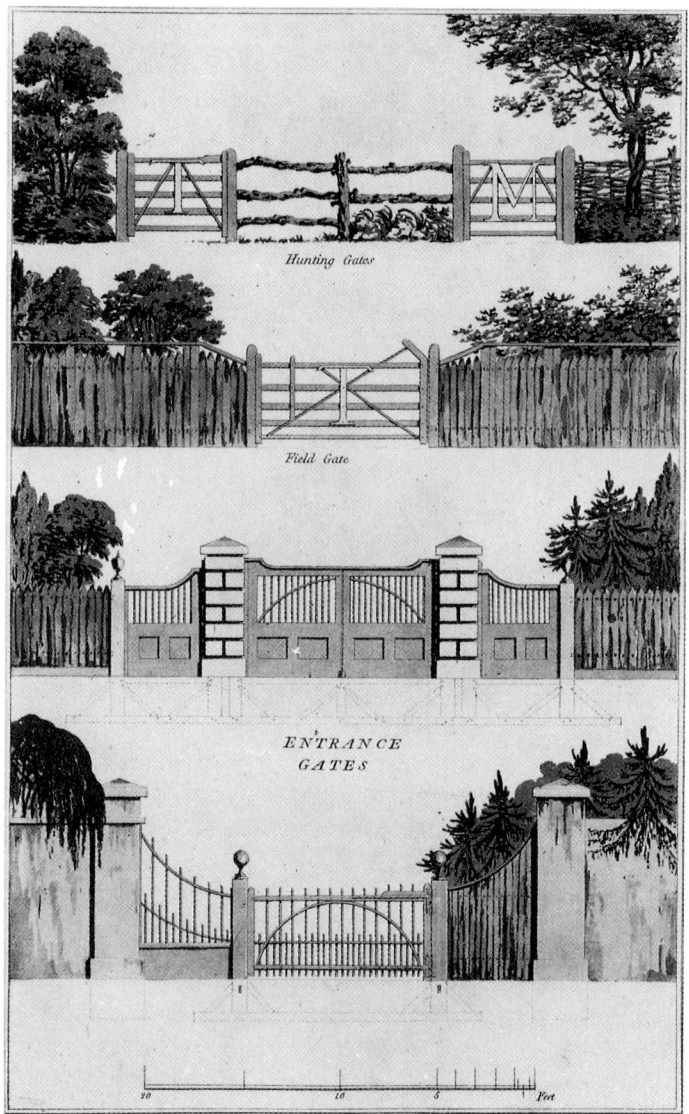

Entwürfe für Eingangstore, Gutstore sowie formale und rustikale Zäune aus J. Plaws Ferme Ornée, 1795. Oft wurden die Initialen des Hausbewohners und Grundbesitzers am Tor angebracht, wie in den ersten beiden Bildern. JP

Vor dem 18. Jahrhundert wiesen die Fassaden britischer Häuser reichen Holzschmuck auf. Die Bauvorschriften der georgianischen Epoche schränkten den Gebrauch von Holz für Türeinfassungen, Gesimse usw. aus Brandschutzgründen zunehmend ein, stattdessen waren Steine oder Ziegel zu verwenden. Mit dem wachsenden Angebot an Gusseisen wurden vom späten 18. Jahrhundert an auch die Grundstücksgrenzen kaum noch mit Holzzäunen markiert.

An eleganten Fassaden blieb Holz die Ausnahme, bis Architekten und Gartengestalter wie J.B. Papworth und Humphry Repton zu Beginn des 19. Jahrhunderts eine neue pittoreske und rustikale Mode begründeten. Ursprünglich mehr zur Verschönerung von Landgütern gedacht, wurden die hübschen hölzernen Zäune, Tore und Landhauselemente, wie z.B. Vorbauten aus Ast- oder Gitterwerk, auch für Villen in Kleinstädten und Vororten verwendet. Einige Entwürfe dieser gartenorientierten Architekten scheinen zudem ihren Weg in vornehme Stadthäuser gefunden zu haben, wo es nun erstmals Mode wurde, Hinterhöfe oder Gärten mit Spalieren, mehrstöckigen Blumentopfständern und anderen Details zu verschönern. Auf dieses Regency-Ideal des rus in urbe (»das Land in der Stadt«) und auf das damit zusammenhängende rustikale Holzdesign gehen viele der intellektuellen und ästhetischen Wurzeln moderner Vorstadtkonzepte zurück.

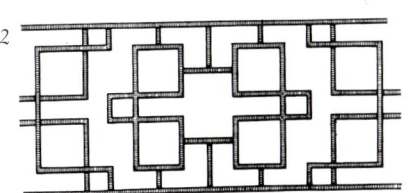

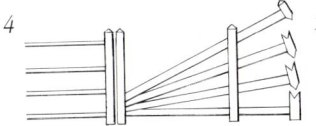

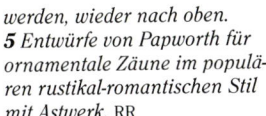

1 *Tor und Zaun mit Rahmen aus Holz sowie Dekor- und Sicherungselementen aus Eisen. Das war eine gebräuchliche Lösung für dörfliche Grundstücke.* MD
2 *Ornamentaler Zaun in einem chinesischen Gittermuster, aus C. Middletons* Designs for Gates and Rails, *1806.* MD
3 *Entwürfe für Tore und Zäune, 1818 von J.B. Papworth in* Rural Residences *veröffentlicht. Sie waren für Landgüter gedacht, wurden aber bald auch für den Gebrauch an Vorstadtvillen angepasst.* RR
4 *Ein sinnreicher Zauntritt: Die Riegel sind links nicht befestigt, und der rechte Pfosten ist in ineinander passende Chevrons geschnitten. Die Riegel können in der Verankerung des Mittelpfostens nach unten gedrückt werden. Die Pfostensegmente wirken als Gegengewichte und ziehen die Riegel, wenn sie losgelassen*

werden, wieder nach oben.
5 *Entwürfe von Papworth für ornamentale Zäune im populären rustikal-romantischen Stil mit Astwerk.* RR

6 und **7** *Entwürfe für Spaliere, meist grün gestrichen.* CM
8 *Entwurf von Papworth für einen anspruchsvollen Bau aus Holz und Glas, der sich als*

Orangerie, Kamelienhaus oder Wintergarten eignete. RR
9 *Schlichter hölzerner Vorbau, wahrscheinlich 1820er Jahre, aus Southwell, Nottinghamshire.* RS

HOLZ

FÖDERALSTIL UND EMPIRE

1780–1850

1 Das Sam Brown House in Oregon von 1858 ist ein schlichtes Wohnhaus im griechischen Geschmack mit Stülpschalung, Portikus auf Vierkantsäulen und Fenstern zu zweimal sechs Scheiben. PD

2 Das Gaillard-Bennett House in Charleston, South Carolina, vereint Merkmale des frühen Föderalstils von 1800, Umbauten von 1819 und einen Portikus sowie andere Details von etwa 1850. Es hat dorische Säulen an der unteren Ebene des Portikus und korinthische Säulen mit gusseisernen Kapitellen oben, außerdem ein elliptisches Oberlicht. GB

3 Ein Gemisch aus englischem Regency und dem klassischen Stil der Südstaaten ist das Patrick Duncan House in Charleston, South Carolina, um 1816. Diese Vorstadtvilla wird von vielen Fachleuten William Jay zugeschrieben. Sie vereint einen Portikus, dessen Giebelfeld auf Kompositsäulen ruht, eine Tür in einer Apsis und verschiedene Hinweise auf maurische, gotische und andere eklektische Einflüsse der Periode. AL

Obgleich in England nach 1760 neoklassizistisch gebaut wurde, konnte dieser Stil in Amerika bis zum Beginn der Revolution 1775 nicht richtig Fuß fassen. Der Neoklassizismus war eine Neuinterpretation klassischer Architektur. Die massigen, von öffentlichen römischen Gebäuden übernommenen palladianischen Elemente wurden verworfen; stattdessen flossen Anregungen von neueren Ausgrabungen ein, besonders von römischen Wohnhäusern. Zwar lassen einige in den 1770er Jahren in Amerika neu gebaute Wohnhäuser erkennen, dass bestimmte Einzelheiten dem englischen Neoklassizismus entlehnt sind, aber der wirtschaftliche Niedergang mancher Kolonien und auch eine konservative Strömung, die das »Hübsche und Einfache« an Gebäuden schätzte, verhinderten die Übernahme des Neoklassizismus bis nach 1782. Noch im frühen 19. Jahrhundert klagte ein bedeutender englischer Einwanderer, der Architekt Henry Latrobe (1764-1820), über die Handwerker, die sich immer noch den traditionellen Stilen der frühgeorgianischen Epoche verpflichtet fühlten.

Nach 1783 und dem Ende der Amerikanischen Revolution bauten reiche Kaufleute in Providence, Rhode Island, und in anderen Städten immer noch Häuser im frühgeorgianischen Geschmack. Einige führende Köpfe der Republik suchten jedoch nach einer Architektur, die der neuen Nation ideell angemessen war. Viele sahen in der Arbeit von Robert und James Adam und ihren Nachahmern in England ein geeignetes Vorbild, während andere, die Schlichtheit und Zweckmäßigkeit schätzten, einen Stil suchten, der mehr der kontinentaleuropäischen Variante des Klassizismus verwandt war.

Der Föderalstil oder Adam-Stil verbreitete sich gegen Ende der 1780er Jahre. Bei dieser Architektur wurde Eleganz durch abgeschwächte Formen, gerundete oder elliptische Elemente und raffinierte Details erreicht: vieleckige oder gerundete Erker, hinter Balustraden verborgene Walmdächer, gestreckte Fenster mit großen Scheiben und dünnen Sprossen, verzierte Gesimse und Vorbauten mit schlanken, sich verjüngenden Säulen im »antiken Geschmack«. Die Räume waren meist offen und luftig, Wände zeigten gelegentlich ovale Formen, Decken waren gewölbt oder geformt, und glatt verputzte Wände bildeten den Hintergrund für zueinander passend gestaltete Kamin- und Türeinfassungen, Sockel und Gesimse. Elegante Räume besaßen darüber hinaus oft

1 *1 Bostoner Stadthäuser aus den 1840er Jahren, um einen privaten Garten gebaut. Diese Häuser mit ihren gerundeten Erkern sind eine Weiterentwicklung der Entwürfe von Asher Benjamin. Elegante Türen, die Fensterhierarchie und schlichte Details wie an diesen Häusern waren in vergleichbaren Wohnhäusern an der gesamten Ostküste zu finden.* RS
2 Aufriss und Erdgeschossgrundriss für Reihenhäuser von Asher Benjamin aus der sechsten Auflage von The American Builder's Companion, *1827.* ABA

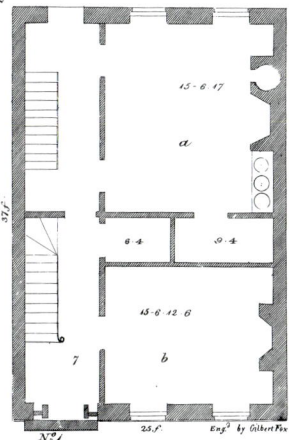

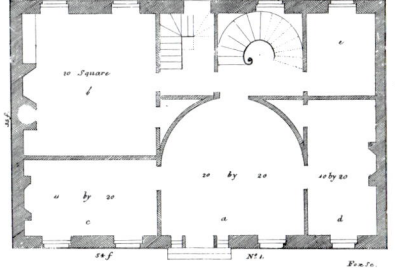

3 Aufriss und Erdgeschossgrundriss für ein großes Stadthaus von Asher Benjamin. Der Grundriss sieht einige unübliche Raumformen und eine rückseitige Wendeltreppe vor. ABA

4 und 5 Zwei Häuser aus Salem, Massachusetts, mit ähnlicher Fensteranordnung, 1800–1810. Das obere hat einen zweistöckigen Portikus; ionische Säulen stützen die zweite, verglaste Etage. Das untere hat Schiebefenster mit zweimal sechs Scheiben und einen Vorbau mit Ziergiebel. RS

ornamentale Putzdecken und Tapeten mit festonierten Kanten. Nach Amerika kamen die Arbeiten der Brüder Adam vor allem durch die Musterbücher anderer Gestalter, besonders von William Pain, dessen *Practical House Carpenter* (1766) und *Practical Builder* (1774) wahrscheinlich erst in den 1780er Jahren die Kolonien erreichten. Die Verbreitung dieses Stils hatte auch mit jüngst eingetroffenen Handwerkern aus England zu tun, und vor allem mit dem Aufstieg des Architekten, der den Bauzimmermann der vorigen Generation ersetzte. Unter den regional und national bedeutenden Gestaltern waren Aristokraten mit klassischer Ausbildung wie Charles Bulfinch (1763–1844) in Boston oder Gabriel Manigault (1758–1809) in Charleston, und ehemalige Handwerker wie Samuel McIntire (1757–1811) in Salem oder John McComb (1758–1853) in New York. Gebildete Bauherren

drängten, wenn sie ältere Gebäude umbauen ließen, auf Neoklassizismus, wofür die Umbauten an Mount Vernon in Virginia für George Washington in den 1780er Jahren ein hervorragendes Beispiel bieten. Neue Häuser wie z.B. Gore Place in Waltham, Massachusetts, und Reihenhäuser in Boston, besonders die von Bulfinch entworfenen, sind bereits Beispiele für den Föderalstil.

Eine fast gleichzeitige amerikanische Architekturströmung ist durch einen wieder auflebenden klassischen Stil gekennzeichnet. Dieser meist mit Thomas Jefferson (1743–1826) assoziierte Stil orientierte sich, statt am Neoklassizismus der Brüder Adam, an französischen Vorbildern sowie auch erneut an Palladio und öffentlichen römischen Gebäuden. Jefferson ermutigte eingewanderte Architekten, die mit dem späten englischen Neoklassizismus vertraut waren;

1 Üppiges neoklassizistisches Interieur aus dem Patrick Duncan House, Charleston, South Carolina, um 1816. Die kannelierten Säulen und Palmetten mit Viertelstäben an der Täfelung bilden einen eleganten und dekorativen Sichtschutz zum dahinter liegenden Vorraum. AL

2 Ausschnitt aus einem Schlafzimmer von Morris-Jumel Mansion, New York, 1765 gebaut und 1810 umgebaut. Die Tapete hat in Frieshöhe Festons und anstelle der Sockelleiste ein Phantasiemuster. Der festonierte Querbehang am Fenster ist typisch für Schlafzimmer. MJ

auch Studenten wie Robert Mills (1781–1855) aus South Carolina und William Strickland (1788–1854) aus Philadelphia begannen ihre Laufbahn unter der Ägide Jeffersons. Wenigstens ein englischer Architekt jedoch, William Jay (1793–1837) in Savannah, Georgia, verfolgte in den Vereinigten Staaten eine reinere Version des englischen Regency.

Ein amerikanischer Klassizismus von robusterer Art kündigte sich an, der mehr durch die Form als durch aufgesetzte Details wirkte. Diese Häuser haben runde oder Lünettenfenster, Oberlichter und auffällige ein- oder zweistöckige Portiken. Sie sind von einem einheitlichen Klassizismus, der manchmal als Roman Revival bezeichnet wird, aber doch etwas individualistischer ist, als dieser Begriff vermuten lässt; seine Anhänger waren vielseitig genug, sich später auch den griechischen Geschmack zu Eigen zu machen. Die Begeisterung für die schlichte Eleganz griechischer Reste in Italien war Anregung für den griechischen Geschmack, Kritiker beklagten jedoch die Betonung der griechischen Tempelform. Die Schlichtheit und Funktionalität des Stils wurde schon früh bewundert und praktisch umgesetzt von dem englischen Architekten George Hadfield (um 1764–1826) und in Amerika geborenen Architekten wie William Strickland, Ithiel Town (1784–1844) und Thomas U. Walter (1804–1887). In dieser Periode hatten nicht mehr englische, sondern amerikanische Musterbücher den größten Einfluss. Die frühesten, wie *The Young Carpenter's Assistant* (1805) von Owen Biddle, und *Modern Builder's Guide* (1797) von Asher Benjamin (1773–1845) basierten auf dem Föderalstil, Benjamins Werk wurde allerdings mehrmals aktualisiert. *The Builder's Assistant* (1819) von John Haviland (1792–1852) war ein früher Versuch, griechische Formen nutzbar zu machen.

Häuser im griechischen Geschmack widerspiegelten die Auffassung, dass der wirkliche oder vorgestellte griechische Tempel das absolut vollkommene Bauwerk sei. Es waren blockartige Bauten mit niedrigen Walmdächern oder Giebeln in der Form von Tempelgiebeln, und meist hatten sie ein- oder zweistöckige Portiken mit Säulen in verschiedenen Ordnungen, u.a. dorische und besonders ionische mit überdimensionierten Kapitellen. Die Gliederung, besonders am Mauerwerk, fiel manchmal sehr karg aus: An breiten Gesimsleisten und manchen Tür- und Fenstereinfassungen gab es Anthemien (Geißblatt), Mäander oder Eierstäbe. Fenster und Oberlichter hatten keine Rundungen mehr, sondern waren quadratisch oder rechteckig. Besonders an Stadthäusern bildeten Türeinfassungen mit Säulen und Gebälk den einzigen Schmuck. Gleichförmiges Mauerwerk mit sauberen, schmalen Fugen und steinerne Stürze und Stufen trugen zur schlichten Schönheit bei. Im Inneren fand man seltener Täfelungen, stattdessen kontrastierten dekorative Tapeten, Teppiche und Möbel mit dem schlichten architektonischen Schmuck an Tür- und Kamineinfassungen sowie Decken. Der griechische Geschmack wurde von einigen prominenten Bauherren noch bis in die 1850er Jahre geschätzt, in der Volksbauweise noch länger.

Türen

Reich verzierte neoklassizistische Tür aus dem Morris-Jumel Mansion, New York, 1810. Zum Schmuck gehören ein feines elliptisches Ober- *licht, Seitenscheiben mit ornamentalem Maßwerk und je einer geschnitzten Patera in den darunter liegenden Feldern. MJ*

An Fassaden im Föderal- oder Adam-Stil bildet die Eingangstür den Schwerpunkt. Bei stilreinen Häusern erkennt man anhand des halbrunden oder elliptischen Oberlichts den erneuerten klassischen bzw. Adam-Stil. Türen im Föderalstil sind oft von Pilastern gerahmt und von fein geschnitzten klassischen oder Pateramotiven umgeben. An Reihenhäusern ist der Türarchitrav manchmal der einzige äußere Schmuck. Die Portiken großer Häuser wurden immer repräsentativer, im Süden nahmen sie schließlich die Form mehrstöckiger Galerien an.

Außen- und Innentüren bestehen meist aus Kiefer, regional auch aus Ahorn, Pappel oder Zypresse. Innentüren weisen oft einen geäderten Anstrich in der Art von Mahagoni auf. Neoklassizistische Türeinfassungen sind mit hölzernem Maßwerk und aufgesetztem Stuck verziert.

Bis gegen Ende der Föderalstilperiode besaßen die meisten Türen sechs Füllungen, manchmal mit Viertelstäben. Türen im griechischen Geschmack dagegen hatten in der Regel zwei oder vier Füllungen, die Asher Benjamin und Minard Lafever in ihren Musterbüchern standardisierten. Die Profile der Außentüren wurden stärker und stellten klassische Motive dar; Pilaster stützten ein einfaches Gebälk oder einen schlichten Sturz mit Eckfeldern und einem Mittelfeld. Die Einfassungen von Innentüren rahmten flache dorische Pilaster, die in vornehmeren Häusern klassische Profile hatten.

1 *Zwei Türen des späten 18. Jhs. Die erste, um 1790, zeigt den Übergang vom georgianischen Kolonialstil zum Neoklassizismus. Die zweite ist ähnlich, aber ihre zart kannelierten Pilaster tragen einen Sprenggiebel; die ovalen Paterae sind entschieden neoklassizistisch.*
2 *Zwei Vorlagen aus William Pains* The Practical Builder *von 1774. Ionische Säulen tragen den Sprenggiebel des ersten Beispiels; als Architravornamente*

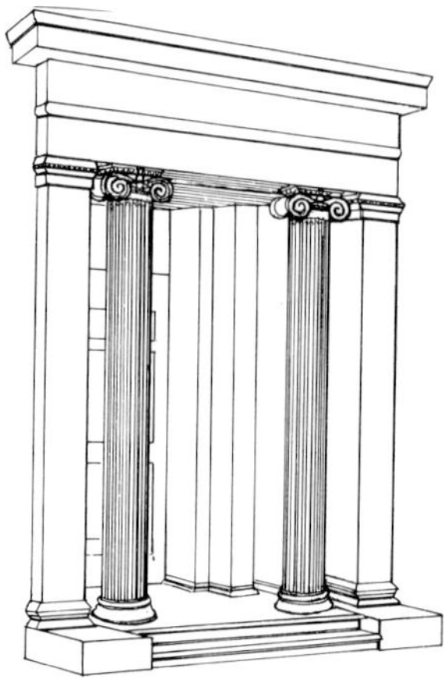

für das zweite werden eine Volute und eine Konsole vorgeschlagen. WPB
3 *Eine verzierte Türöffnung mit elliptischem Oberlicht und Seitenscheiben mit Maßwerk, um 1809.*
4 *Tür im erneuerten klassischen Stil. Das Oberlicht ist halbrund, die Sprossen sind elegant, aber weniger verjüngt als im Adam-Stil, um 1817.*
5 *Tür im griechischen Geschmack mit ionischen Säulen, um 1830.*

6 *Eingangstür mit acht Füllungen aus Lafevers* The Modern Builder's Guide, *1833.* ML/B
7 *Tür in Form einer Tempelfront, erneuerter klassischer Stil, frühes 19. Jh. Toskanische Säulen tragen ein Gebälk mit einem schmalen mäandergeschmückten Giebelfeld.*

8 *Elliptischer Portikus mit korinthischen Säulen nach Entwurf von Samuel McIntire, 1805.*
9 *Zweistöckiger Vorbau mit anachronistischen Geländern im Chinesischen Chippendale-Stil und schlichten Säulen, 1803.*
10 *Die klassische griechische Tempelfront: Vier ionische Säulen tragen ein mächtiges Gebälk.*

1 Eingangstür zum Old Merchant's House, New York, 1832. Es zeigt Merkmale des erneuerten klassischen Stils, wie ionische Säulen, Ecksteine, Schlussstein, das Oberlicht mit kräftigen Sprossen und die Gliederung des Architravs. OM

2 Innenseite eines neoklassizistischen Eingangs zu Morris-Jumel Mansion, New York, um 1810. Im Maßwerk des Oberlichts und der Seitenscheiben Buntglas. MJ

3 Die zweiflügelige Schiebetür aus Mahagoni im Old Merchant's House wird von ionischen Säulen flankiert. Schiebetüren wurden von einigen Architekten des griechischen Geschmacks gern verwendet, besonders von Asher Benjamin, Ithiel Town und seinem Partner Alexander Davis, und später auch von weniger bekannten Architekten. OM

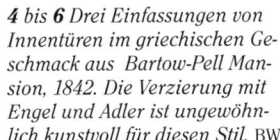

4 bis **6** Drei Einfassungen von Innentüren im griechischen Geschmack aus Bartow-Pell Mansion, 1842. Die Verzierung mit Engel und Adler ist ungewöhnlich kunstvoll für diesen Stil. BW

7 Innentür mit sechs Füllungen in einem Obergeschoss, um 1808, mit typischen H-L-Angeln und Kastenschloss. NR

8 Die Innenaufnahme der Eingangstür des Old Merchant's House von 1832 zeigt die Zartheit des Oberlichts, die noch älteren klassischen Stilrichtungen verpflichtet ist. OM

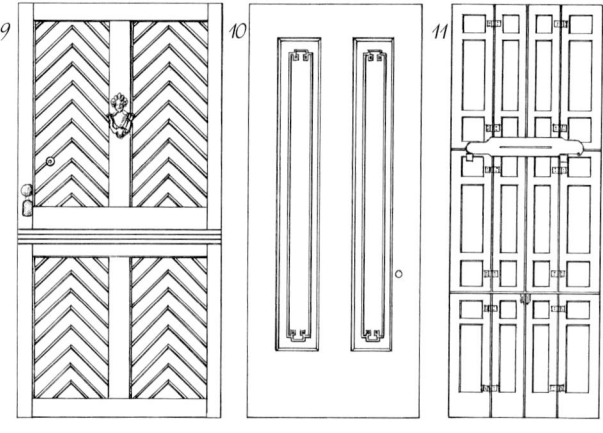

1 Die Verzierung der Türeinfassung, um 1800, entsprach den übrigen Elementen des Raumes.
2 Schöne Türöffnung im Adam-Stil, um 1816, mit Reliefschnitzerei, Taustäben, ornamentalen Eckfeldern und einer kannelierten Patera in der Mitte des Türsturzes.
3 und **4** Türen aus Musterbüchern. Die Türöffnung aus dem späten 18. Jh. (l.) von William Pain ist mit klassischen Festons, einer Urne in der Mitte und Konsolen verziert. Die Tür im griechischen Geschmack (r.) ist aus Minard Lafevers The Modern Builder's Guide, 1833. Den Tür-

sturz schmückt ein kunstvoller Fries, und die Einfassung ist mit Rosetten verziert. WP, ML/B
5 Türöffnung aus dem frühen 19. Jh. mit Schwanenhalsgiebel.
6 bis **8** Drei Details von Türeinfassungen aus dem 19. Jh. An der ersten kannelierte Pilaster und Paterae. Die zweite hat ähnliche Pilaster sowie Festons und in der Mitte eine Urne. Das dritte Beispiel ist im griechischen Geschmack und stammt aus Lafevers Beauties of Modern Architecture, 1835.
9 Schlichte, zweigeteilte hölzerne Außentür, um 1790, spätes Beispiel eines Kolonialstils.
10 Typische Salontür im griechischen Geschmack mit zwei Füllungen.
11 Innenläden für eine Tür, 1820er Jahre, die bei Nichtgebrauch in die Einfassung geklappt werden konnten.
12 Türklopfer aus dem späten 18./frühen 19. Jh.; der erste aus Gusseisen, die anderen zwei aus Messing.
13 Türknopf und Schlüssellochdeckel, silberplattiert, aus einem Haus im griechischen Geschmack.
14 Gusseiserne Schnappriegel dieser Art wurden in Wirtschaftsräumen bis weit in das 19. Jh. verwendet.
15 Typisches H-Scharnier.
16 bis **18** Schnappschlösser und Kastenschloss; gebräuchlich vom späten 18. bis in das frühe 19. Jh.

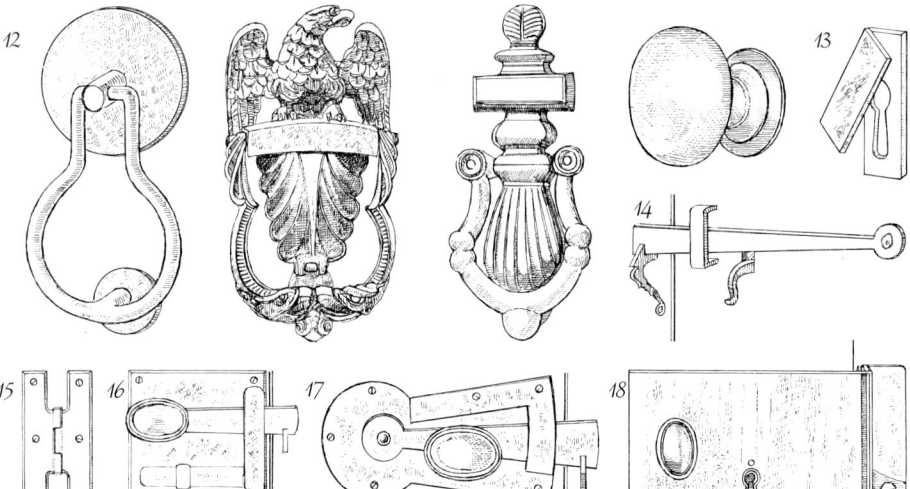

Fenster

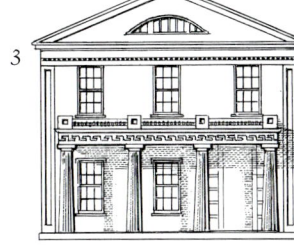

1 Neoklassizistisches Fenster mit Ziergiebel, zweimal sechs Scheiben und Außenläden mit Lamellen aus dem Gaillard-Bennett House, Charleston, um 1800. Die recht großen Glasscheiben charakterisieren es als ein für die Zeit luxuriöses Haus. GB
2 Das von Charles Bulfinch entworfene Bostoner Stadthaus, um 1812, zeigt neoklassizistische Fenster im Hauptgeschoss, die vertieft in Bögen eingebaut sind, darüber Girlanden und Oberlichter.
3 Schiebefenster im griechischen Geschmack sind schlichter. Hier gibt es im Tympanon ein halbelliptisches Fenster. 1836

Fenster im Föderalstil unterscheiden sich klar von denen der Kolonialzeit. Die Sprossen sind dünnere Viertelstäbe, die Scheiben sind größer, die Fensterstürze aus Marmor, Stein oder Holz sind flach und haben oft einen Schlussstein. Das Gebälk weist manchmal einen feinen Dekor im Adam-Stil auf. Die Anordnung von zweimal neun Scheiben herrschte in manchen Gegenden bis in das frühe 19. Jahrhundert vor und wurde dann von Doppel- oder sogar Dreifachrahmen mit je zweimal sechs Scheiben abgelöst.

Der Architrav ist im Adam-Stil minimal gegliedert, doch zuweilen wurden Fenster vertieft in Bögen eingebaut, die gestaltet werden konnten. Die Hauptgeschosse eleganter Häuser besitzen oft raumhohe Fenster, die auf Balkons hinausgehen und deren innere Einfassungen passend zu den Türen und Kaminen gestaltet sind. Das Palladio-Motiv ist im späten 18. Jahrhundert durch fein profilierte Pilaster und Maßwerk im Oberlicht gekennzeichnet. Halbrunde und ovale Fenster finden sich in den Obergeschossen. Gaubenfenster haben einen Giebel oder ein Giebelfeld. Im frühen Jefferson-Klassizismus gibt es runde und halbrunde Fenster. Mit der Weiterentwicklung zum griechischen Geschmack werden die Fenster schlichter, so entwickelt sich z.B. aus dem Palladio-Motiv ein dreigeteiltes rechteckiges Fenster. Fensterstürze sind glatt, ihr einziger Schmuck besteht aus Eckfeldern und einer schlichten Mitteltafel. Französische Fenster bleiben populär.

1 Typisches klassisches Schiebefenster mit zweimal sechs Scheiben und Fenstersturz aus Stein oder Stuck. Manchmal mit Lamellenläden.
2 Fensterentwurf aus Asher Benjamins The Architect, or Practical House Carpenter, 1830. Bemerkenswert sind die schmalen Seitenteile der Einfassung, das schlichte Mittelfeld und das Mäandermotiv.
3 Drei Fensterstürze im Föderalstil. Oben und in der Mitte Beispiele aus dem späten 18. Jh. mit

Segment- oder Entlastungsbogen bzw. Sturz aus Stein oder Stuck mit Schlussstein. Unten ein flacher Sturz aus dem 19. Jh.
4 Venezianisches Fenster oder Palladio-Motiv, um 1800. Im Vergleich zu Beispielen des Kolonialstils sind die Profile zurückgenommen.
5 Dreiteiliges neoklassizistisches Fenster mit Lamellenläden.
6 bis **8** Drei bis zum Boden reichende Fenster. Das erste mit Innenläden ist im griechischen Geschmack (1830) mit bekrön

tem Architrav. Das zweite ist ein gutes Beispiel für den von Thomas Jefferson bevorzugten römischen Geschmack (um 1817), ohne Architravprofil, mit drei Schieberahmen, halbrundem Oberlicht und Schlussstein. Das dritte Beispiel, eine Loggiatür (1838), zeigt eine für die Zeit typische Einfassung im griechischen Geschmack.
9 Gaubenfenster mit Ziergiebel, spätes 18. Jh., mit Lamellenläden.
10 Detailzeichnung für eine gewölbte Einfassung aus der glei

chen Zeit, mit Schlussstein und von einem Sprenggiebel überwölbt.
11 Drei Fensterarchitrave, 1820– 1840. Das obere Beispiel ist neoklassizistisch, die anderen beiden verraten einen griechischen Geschmack.
12 Konstruktion eines Schieberahmens und Ladens, aus Asher Benjamins The Architect, or Practical House Carpenter, 1830. AB
13 Typische Glassprosse im Profil.

FENSTER

1 Fenstersturz und Schlussstein sind aus Marmor, der Obergurt aus Profilziegeln, 1808. NR

2 Diese Fenstereinfassung besteht aus neoklassizistischen Pilastern und großzügig verwendeten Profilen aus Composition, 1808. NR

3 Bis zum Boden reichendes Flügelfenster mit Architrav im griechischen Geschmack. Die Pilaster tragen Anthemienschmuck und einen Ziergiebel mit Adler. New York, um 1842. BW

4 Palladio-Motiv (Venezianisches Fenster) nach Entwurf von Charles Bulfinch. Ionische Pilaster trennen das Schiebefenster in der Mitte von den Seitenfenstern, die mit feinem Maßwerk verziert sind. Boston, Massachusetts, um 1806. RS

5 Schlichte Fenstereinfassung im griechischen Geschmack. New York, 1842. BW
6 Schiebefenster mit Gesims am Fenstersturz. Salem, Massachusetts, 1782. RS
7 Maßwerk betont die Form dieser Bogenfenster in einem neogotischen Portikus, 1816. AL

Wände

1 Joseph Dufours Tapete »Pariser Denkmale« wurde 1815 gedruckt und ist ein schönes Beispiel für importierte Landschaftstapeten aus Frankreich. CT

2 Diese Täfelung von 1816 hat einen Perlstab als Kante. Viertelstabprofile an den Füllungen und geschnitzte Guillochenmuster in Höhe der Fußleiste

sind typische Merkmale. AL
3 Mit dem Hohlbeitel gearbeitete Reliefschnitzerei (1808), eine populäre Form der Verzierung für Täfelungen. NR

4 Typisch für den Föderalstil ist diese Flurtapete (um 1810) mit verschiedenen neoklassizistischen Architekturmotiven. Hauptfarben sind zwei Grautöne. MJ

Die größte Veränderung bei der Wandgestaltung bestand darin, dass in eleganten Räumen nur noch die Kaminwand raumhoch getäfelt war, die übrigen Wände nur bis in Sockelhöhe. Das Feld zwischen Sockel und Gesims wurde meist glatt verputzt und geweißt.

In den besten Räumen der vornehmsten Häuser wurden die Wände tapeziert. Bis zum Ende des 18. Jahrhunderts waren die Tapeten oft einfarbig, hatten aber kunstvolle Festonkanten auf Gesimshöhe und entlang den Täfelungen und Türen. Nach 1800 setzten sich geblümte und gestreifte Tapeten durch, auch geometrische und neoklassizistische Motive waren verbreitet. In reichen Häusern erfreute man sich an Landschaftstapeten, die aus Frankreich importiert wurden.

Sockel und Gebälk trugen Verzierungen aus Reliefschnitzerei, geschnitzten Blattmotiven und Gitterwerk, dazu kamen Ornamente aus Composition im Adam-Stil. An Wänden des erneuerten klassischen Stils sind antike Motive dargestellt. Täfelung und aufgesetzte Ornamente wurden oft gestrichen oder in Mahagoni-Art geädert.

In den 1830er Jahren waren Täfelungen zugunsten stark profilierter, geäderter oder marmorierter Fußleisten weitgehend verschwunden. Wände wurden terrakottafarben, steinfarben, dunkelrosa oder grau gestrichen oder mit Tapeten mit Architekturmotiven im griechischen Geschmack beklebt. Die Gesimsfriese blieben glatt oder wurden mit Anthemien oder Mäandern verziert.

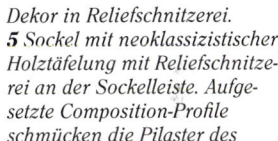

1 und 2 Zwei Wandgestaltungen. Die erste, aus William Pains Practical House Carpenter, 1766, zeigt neoklassizistische Details in der Interpretation des Adam-Stils. Die zweite, aus Minard Lafevers The Modern Builder's Guide, 1833, zeigt die Schlichtheit der Wandgestaltung im griechischen Geschmack. WP, ML/B
3 Vier vollständige Gebälke mit Gesims und Friesornamenten. Das erste (oben links) ist ein hölzernes Arkadengesims, um 1818. Das Flecht- und Zahnschnittmuster (oben rechts) ähnelt sehr einem Beispiel von William Pain. An dem Fries unten links, um 1800, liegt ein Zahnschnittgesims über Stuckgirlanden. Das vierte Beispiel ist eine Stuckarbeit im griechischen Geschmack mit Eierstab- und Anthemienprofilen.
4 Profilierte Sockelleisten mit Dekor in Reliefschnitzerei.
5 Sockel mit neoklassizistischer Holztäfelung mit Reliefschnitzerei an der Sockelleiste. Aufgesetzte Composition-Profile schmücken die Pilaster des

linken Beispiels von 1820. Der Sockel rechts von 1796 ist in Höhe der Fußleiste zusätzlich gegliedert.
6 Zwei Fußleistenprofile aus Asher Benjamins Musterbuch The Architect or Practical House Carpenter, 1830.
7 Detail (l.) aus einem Deckengesims und Fries, darunter die geblümte Kante einer Tapete. Eine schmalere Kante fasst Türöffnungen und Sockel ein.
8 Schablonierte Wand, frühes 19. Jh., aus Stencil House, Shelburne, Vermont, um 1790. ST
9 Auch Wandgemälde waren beliebt.

Decken

1 *Neoklassizistische Stuckarbeiten vom Feinsten. Die Decke der Eingangshalle im Gaillard-Bennett House, Charleston, South Carolina, um 1800, vereint eine Fülle von Stuckornamenten, darunter Urnen, Anthemien, Girlanden, Rosetten und Laub.* GB
2 *Ein schlicht profiliertes Gesims im griechischen Geschmack und ein Band mit floralem Muster fassen eine ovale Decke im Nathaniel Russell House in Charleston ein. Das Haus wurde um 1808 gebaut, aber die Dekoration stammt wahrscheinlich aus einer Phase kleinerer Umbauten im Inneren in den 1850er Jahren.* NR
3 *Eine raffiniertere Gestaltung von Gesims und Decke aus demselben Haus, mit Perlen und Guillochenbändern sowie floralen Motiven in geometrischen Elementen.* NR

In der Zeit des Föderalstils stattete man einfache Häuser mit Bretterdecken aus, die meist geweißt waren. In etwas besseren Häusern wurden die Decken glatt verputzt, und in vornehmen Häusern kamen dekorative Stuckornamente nach englischem Vorbild hinzu. Mit der Ausbreitung der neuen Technologie erschienen an den Decken zahlreiche Blätter, Festons, Girlanden, strahlende Sonnen und andere neoklassizistische Motive. Die Ornamente entstanden aus kalkreichem Stuckgips, einem fetten Kalkputzmörtel oder auch Papiermaché entweder direkt an Ort und Stelle (nasser Putz wurde mit einer Lehre in Form gebracht oder mit Stempeln geprägt), oder sie wurden vorgefertigt und an der Decke befestigt.

Im späten 18. Jahrhundert strich man die Decken gern in kräftigen Farben und setzte Putzornamente weiß oder golden ab. Unter dem Einfluss der englischen Mode wurden die Decken segmentiert. In vornehmen Häusern im griechischen Geschmack konnte ein Raum eine Kassettendecke und der nächste eine Kuppel haben. In einfacheren Häusern gab es oft nur ein mit konzentrischen Kreisen gefülltes Rundfeld aus Stuck und ein am Rand der Decke umlaufendes Stuckprofil. Musterbücher boten vielfältige Entwürfe für Deckenrosetten und Kanten mit Guillochen, Mäandern und anderen Motiven. Designs im griechischen Geschmack enthielten Kombinationen von Akanthusblättern, Anthemien, Rosetten und Kanten in Form von Mäandern.

1 Ein Beispiel für frühen Neoklassizismus zeigt diese Decke mit Hohlkehle im neuen Speiseraum von George Washington in Mount Vernon, Virginia. Man nimmt an, dass sie 1787 von dem aus London zugewanderten Stuckateur John Rawlins entworfen wurde.

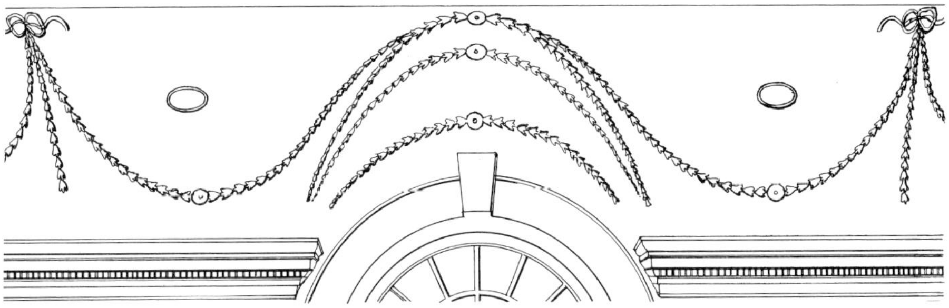

2 Mäander- und Guillochemuster aus William Pains The Practical Builder, *1774. Sie wurden für Holz- und Stuckornamente häufig verwendet.* WPB
3 Entwurf für eine Decke mit Stuckmuster aus South Carolina, um 1800. Die Mode segmentierter Decken spricht für englischen Einfluss.

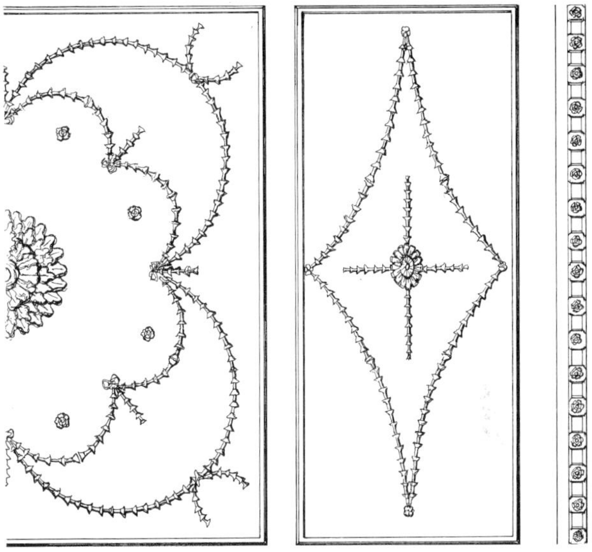

4 Der englische Architekt William Jays entwarf 1819 diese Regency-Decke in Savannah, Georgia. Seine neoklassizistische Dekoration gilt als Reminiszenz an die Arbeit von Sir John Soane.
5 bis 7 Drei Deckenrosetten aus Stuck. Die erste und zugleich älteste ist aus Gibbes House,

Charleston, South Carolina, 1780. Die zweite entstand um 1824 und die dritte stammt ebenfalls aus South Carolina; sie wurde aus Minard Lafevers Beauties of Modern Architecture *von 1835 kopiert.*
8 Das profilierte Stuckornament mit Eckrosetten dient als Deckenkante, um 1815.

Fußböden

1 *Gemusterter Teppich aus Morris-Jumel Mansion, New York, 1820. Das griechische Anthemienmotiv ist hier mit einem späten neoklassizistischen Motiv kombiniert. Auslegware dieser Art, meist in Streifen gewebt und an den Fußboden angeheftet, war ein Zeichen von Wohlhabenheit.* MJ
2 *Gespundete Fußbodenbretter aus Kiefer, um 1800. Solche Böden wurden gewöhnlich gescheuert und gebleicht.* GB
3 *Die Kante dieses Fußbodens enthält ein mit Schablone gemaltes Motiv im griechischen Geschmack. New York, 1842.* BW

4 *Parkettfußböden waren selten. Die Zeichnung zeigt das Parkett von Thomas Jefferson in Monticello, Virginia, 1804. Die Quadrate sind aus Kirschbaum, die Kanten Buche.*
5 *bis* 7 *Drei Beispiele für bemalte textile Beläge, die man gern als Schutz für Teppiche, aber auch im Sommer anstelle von Teppichen gebrauchte. Der erste hat ein illusionistisches, marmoriertes Muster von 1802. Der mittlere mit dem Sternenmuster ist aus dem frühen 19. Jh. Der dritte Belag wurde in der zweiten Hälfte des 19. Jhs. in einem Korridor verwendet.*

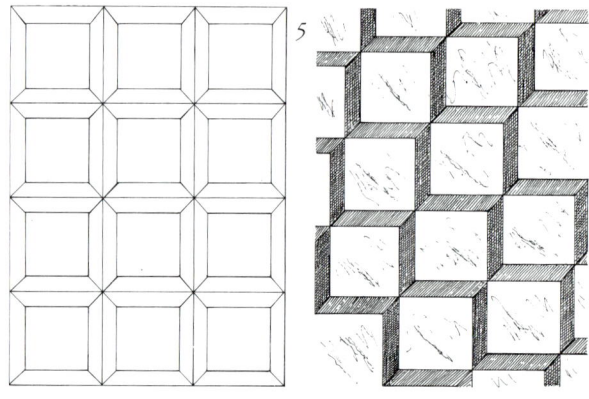

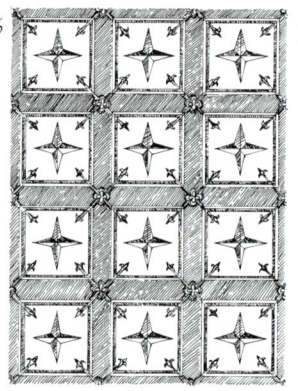

Am Material der Fußböden änderte sich zwischen 1780 und 1840 wenig. In den Neuenglandstaaten wurde bis zum Ende des 18. Jahrhunderts gern Weymouthskiefer verwendet, danach ging man allmählich zu der anderswo schon lange gebräuchlichen Gelbkiefer über. In besseren Häusern waren die Fußbodenbretter gespundet, sonst wurden Bretter beliebiger Breite auf Unterzüge genagelt und manchmal einfarbig oder mit Rauten- oder Schablonenmustern gestrichen.

Die elegantesten Häuser waren mit weißem Marmor oder einem Muster aus weißem Marmor oder blauem Stein in der Eingangshalle ausgelegt; auch Schieferplatten wurden verwendet. Küchen und Dienstbotenbereiche hatten meist Ziegelfußböden.

Die Menge und Vielfalt der Bodenbeläge nahm zu: einfache oder gefärbte Strohmatten, bemalte Leinwandbeläge, die manchmal als Schutz für teure Teppiche dienten. Nach 1790 wurde das Angebot an Teppichen größer. Sie waren meist importiert und mit Rollwerk, Vielecken, floralen oder neoklassizistischen Motiven gemustert.

Gern verlegte man die Teppiche von Wand zu Wand und heftete sie am Fußboden an. Nach 1800 entsprachen Teppiche immer öfter den verschiedenen Richtungen des erneuerten klassischen Stils, mit goldenen Sternen und Lorbeerkränzen im Muster. In den 1830er und 1840er Jahren bildeten gemusterte Teppiche einen lebhaften Kontrast zur Nüchternheit der Architektur.

Kamine

Schwarzer Marmorkamin mit schlichtem Profil aus einem Obergeschoss von Bartow-Pell Mansion, New York, 1842. Das

Muster der inneren Marmorumrandung kontrastiert mit der Nüchternheit der übrigen Kamineinfassung. BW

FUSSBÖDEN

KAMINE

Beim Übergang vom Kolonialstil zum Neoklassizismus spielten die Kaminentwürfe der Brüder Adam eine große Rolle. Hölzerne Einfassungen und Aufsätze wurden mit plastisch gestalteten Urnen, Festons, Girlanden, Paterae und Figuren ausgestattet. Die Mitteltafel zeigte oft eine mythologische Szene. Einfachere Modelle wiesen Reliefschnitzerei mit schlichten alternierenden Motiven auf.

Importierte Marmorkamine mit verziertem Gebälk auf wandgebundenen Säulen hatten nur die Reichen. Weniger kostspielig waren Marmorstreifen an einer hölzernen Einfassung. In den 1830er Jahren prägte sich der Stil der Kamineinfassungen deutlicher aus. Merkmale des erneuerten klassischen Stils, wie ionische oder toskanische Säulen und

Mäandermotive, wurden aus weißem, grauem oder schwarzem Marmor gefertigt. Die gleichen Formen verwendete man auch für hölzerne Kamineinfassungen.

Manche Kamine waren mit Gusseisen ausgekleidet, das die Wärme abstrahlen sollte. Der Franklin-Ofen, oft mit Rost und Auskleidung, war um 1785 allgemein gebräuchlich, ebenso verschiedene Typen aus Großbritannien importierter Kamineinsatzgitter (Bath-Öfen).

In gewöhnlichen Häusern und im Wirtschaftsbereich gab es eiserne Kaminböcke, in vornehmen Häusern solche aus Messing, verziert mit klassischen Urnen oder Kugelknäufen. Gusseiserne Feuerschirme schmückte man mit neoklassizistischen Mustern oder dem beliebten Adlermotiv.

1 bis 3 Drei typische neoklassizistische Kamineinfassungen. Die erste, von einer Plantage in South Carolina, 1790er Jahre, hat schlicht geriffelte Pilaster und rechteckige Felder; die zweite hat die gleiche Form, aber zusätzlich geschnitzte Paterae, Fächer- und Zahnschnittmotive; die dritte ist ein unverziertes Modell aus dem späten 18. Jh.
4 Entwürfe für neoklassizistische Säulen und Pilaster aus William Pains Practical House Carpenter, 1766. WP
5 bis 7 Details von Kamineinfassungen, u.a. Beispiele für Relief-

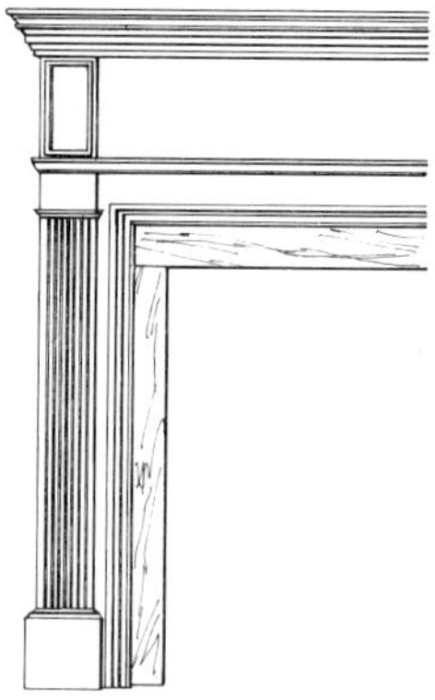

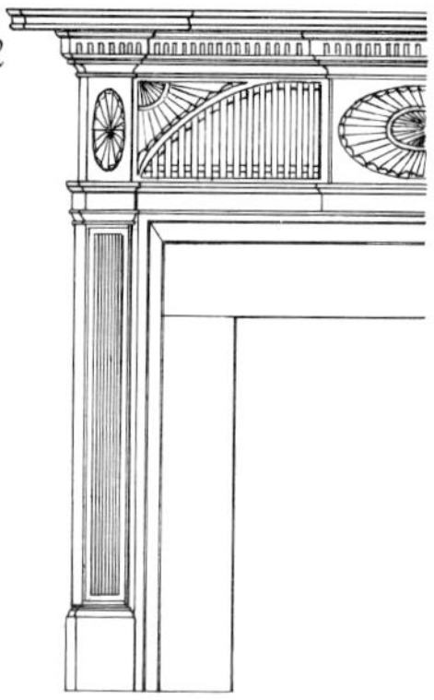

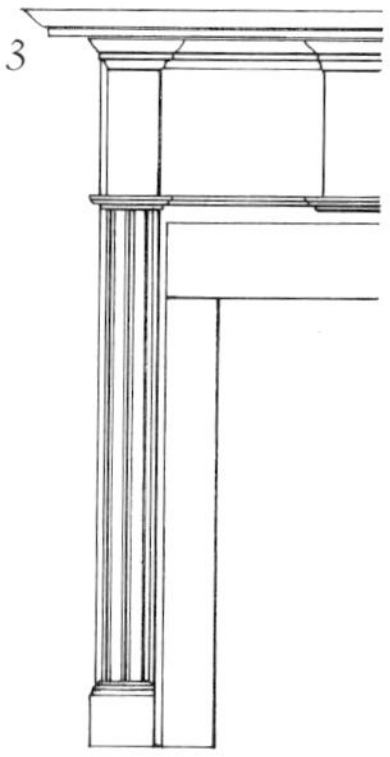

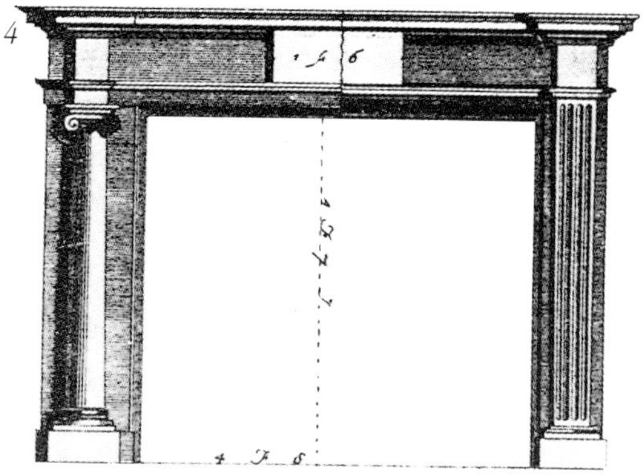

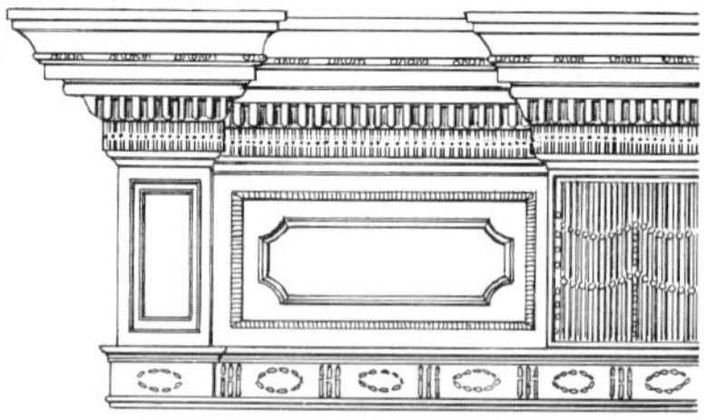

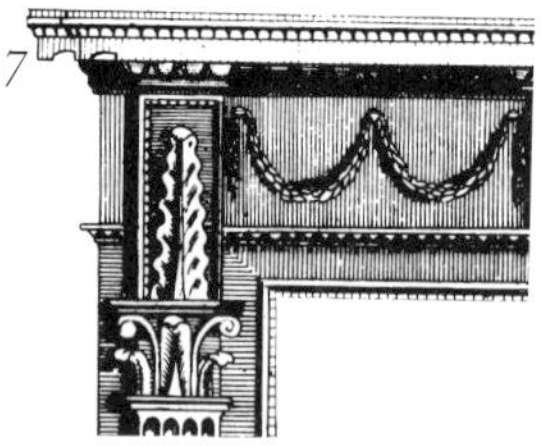

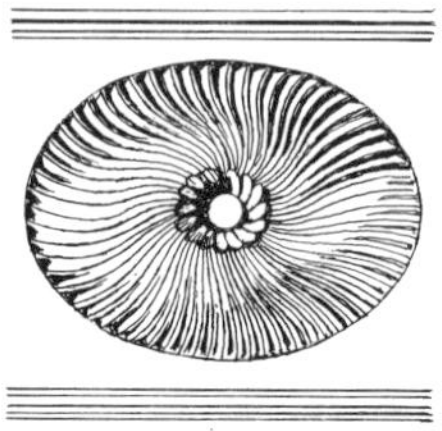

schnitzerei (mit dem Rundbeitel aus Holz ausgearbeitet). Am ersten Beispiel aufgesetzte Motive, Zahnschnitt und profilierte Felder, am zweiten Stuckfestons. Das dritte, ein Entwurf des einflussreichen englischen Architekten William Pain, zeigt aufgesetzte Profile aus Composition. WP

8 Aufgesetzte klassische Figur aus Composition auf dem Feld über einem Pilaster.
9 bis 11 Drei verschiedene Mitteltafeln von Kaminen im Föderalstil. Auf der ersten sind zwei Sphingen und ein Blumenmotiv dargestellt. Die zweite ist ein kunstvoll gestaltetes Beispiel aus

dem Harrison Gray Otis House in Boston und stellt Neptun im Löwenwagen dar. Nicht weniger attraktiv ist die dritte Form aus den 1830er Jahren aus einem ländlichen Gebiet von Carolina.
12 Zwei Entwürfe aus William Pains Practical Builder (1774) mit Anthemien und Rautenmotiven. WPB
13 Es spricht für die Popularität der Musterbücher, dass diese Motive aus Asher Benjamins The Architect, or Practical House Carpenter zu den meistverwendeten Motiven der 1830er bis 1850er Jahre gehörten. AB

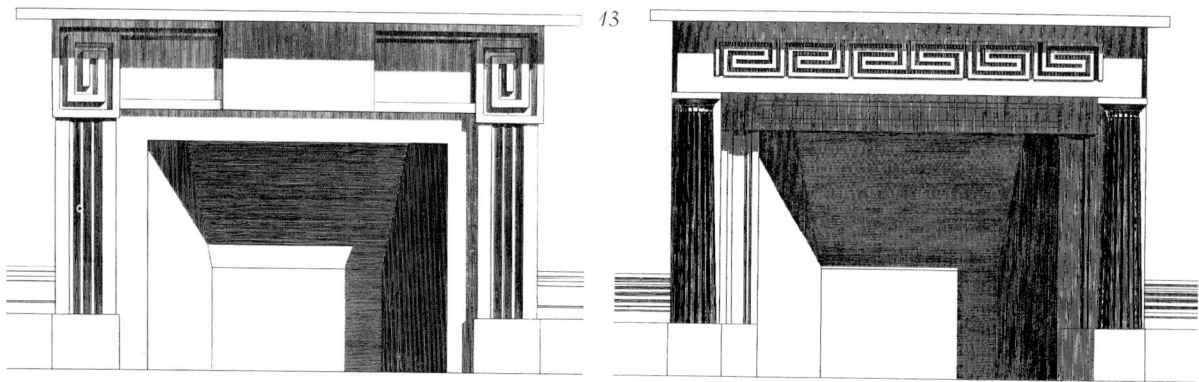

1 und **2** *Zwei Kamine um 1808. Links ein Gebälk mit Zahnschnitt, Festons und Figuren aus Composition auf ionischen Säulen. Das rechte Modell hat geriffelte Konsolen aus Holz, eine Marmorumrandung und eine Mitteltafel mit bacchantischen Figuren.* NR

3 *Kamin im griechischen Geschmack aus schwarzem Marmor mit ionischen Säulen, typisch für die Mitte des 19. Jhs. New York, 1832.* OM

4 *Dieser Marmorkamin zeigt den Einfluss des späten Empirestils. 1842.* BW

5 bis **7** *Die Restaurierung der Kamine im Gaillard-Bennett House in Charleston, South Carolina, um 1800, brachte Details in Stuck und Reliefschnitzerei zutage. Oben rechts ein Detail aus der Einfassung. Eine andere Einfassung (unten rechts) zeigt eine mythologische Szene.* GB

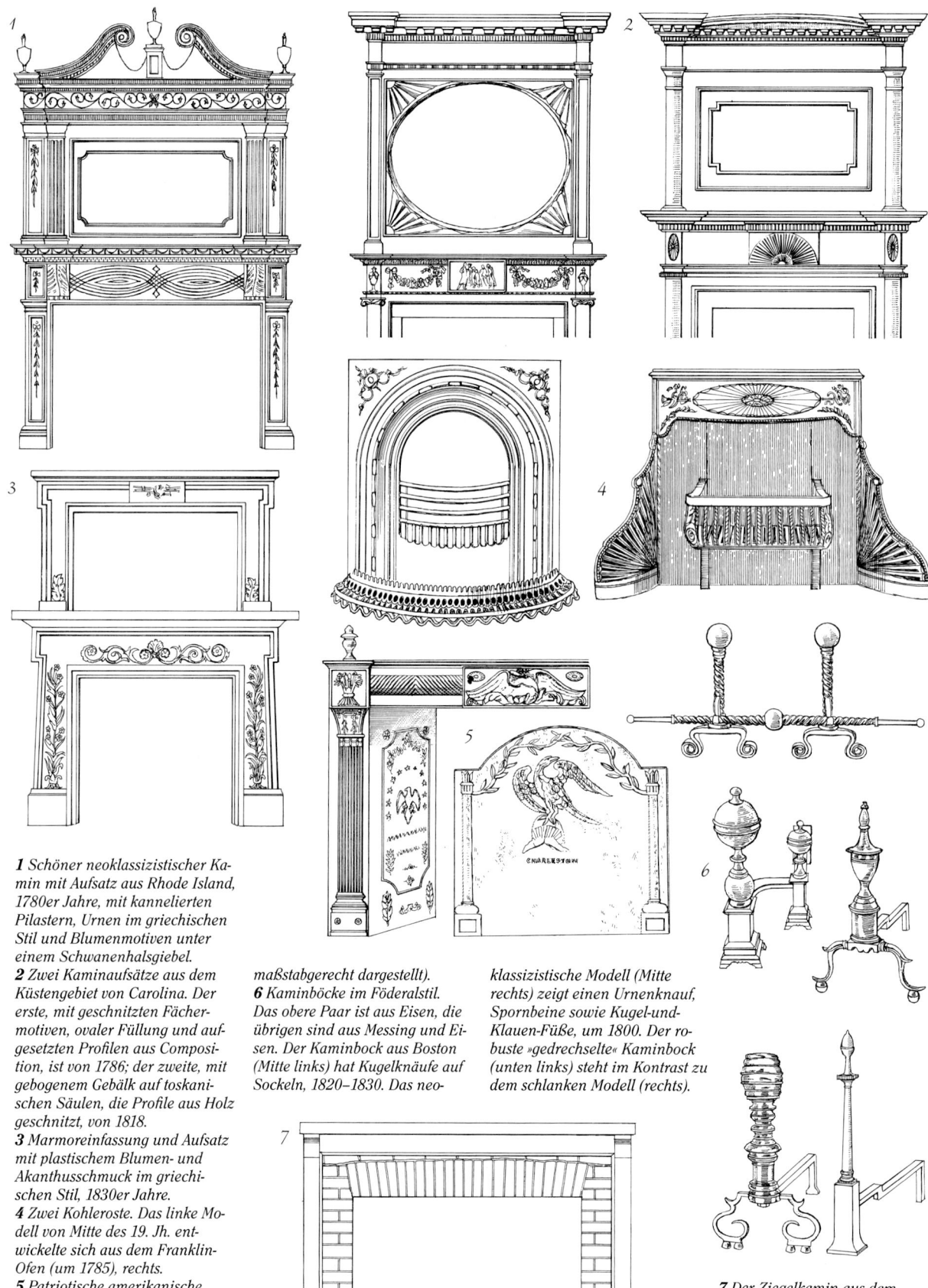

1 Schöner neoklassizistischer Kamin mit Aufsatz aus Rhode Island, 1780er Jahre, mit kannelierten Pilastern, Urnen im griechischen Stil und Blumenmotiven unter einem Schwanenhalsgiebel.
2 Zwei Kaminaufsätze aus dem Küstengebiet von Carolina. Der erste, mit geschnitzten Fächermotiven, ovaler Füllung und aufgesetzten Profilen aus Composition, ist von 1786; der zweite, mit gebogenem Gebälk auf toskanischen Säulen, die Profile aus Holz geschnitzt, von 1818.
3 Marmoreinfassung und Aufsatz mit plastischem Blumen- und Akanthusschmuck im griechischen Stil, 1830er Jahre.
4 Zwei Kohleroste. Das linke Modell von Mitte des 19. Jh. entwickelte sich aus dem Franklin-Ofen (um 1785), rechts.
5 Patriotische amerikanische Motive. Die Kamineinfassung aus Gusseisen und Messing, 19. Jh., hat Adler an Sturz, Seitenteilen und Feuerschild (nicht

maßstabgerecht dargestellt).
6 Kaminböcke im Föderalstil. Das obere Paar ist aus Eisen, die übrigen sind aus Messing und Eisen. Der Kaminbock aus Boston (Mitte links) hat Kugelknäufe auf Sockeln, 1820–1830. Das neo-

klassizistische Modell (Mitte rechts) zeigt einen Urnenknauf, Spornbeine sowie Kugel-und-Klauen-Füße, um 1800. Der robuste »gedrechselte« Kaminbock (unten links) steht im Kontrast zu dem schlanken Modell (rechts).

7 Der Ziegelkamin aus dem 19. Jh. mit schlichter Holzeinfassung stammt aus einer Küche im Süden; dort befanden sich die Küchen meist im Keller.

Treppen

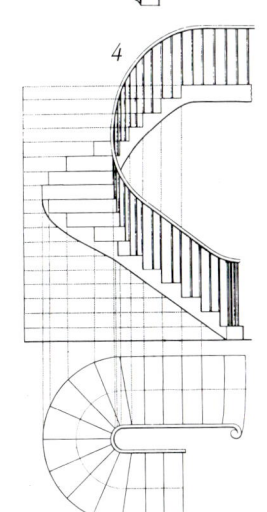

1 und 2 Zwei runde Wendeltreppen. Das frei tragende Modell links aus Bartow-Pell Mansion in New York, um 1842, führt vom Erdgeschoss bis unter das Dach. Die spitz zulaufenden Baluster sind gedrechselt und geriffelt. Die schöne Treppe rechts aus Patrick Duncan House, Charleston, South Carolina, ist von 1816. Sie hat gerade Baluster und einen schlichten, polierten Handlauf. BW, AL
3 Drei Beispiele für Schnörkeldekore an Stufenenden mit Motiven des erneuerten klassischen Stils.

4 Asher Benjamins The Architect, or Practical House Carpenter *von 1830 war nur eines der vielen englischen und amerikanischen Musterbücher, die Entwürfe für geschwungene Treppen ohne Podest boten. AB*
5 Drei typische Profile für Handläufe. Die Musterbücher von Asher Benjamin und anderen lieferten vielfältige Designs.
6 Pilaster mit Rundstabdekor und ein verzierter Bogen bilden den Zugang zu einer Treppe mit Zwischenpodest, geraden Balustern und einem einfachen Handlauf, um 1815.

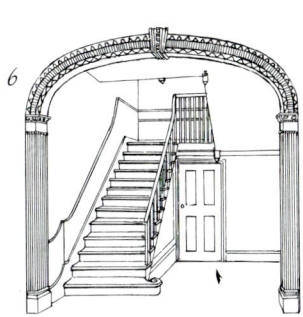

Gebräuchliche Formen im späten 18. und frühen 19. Jahrhundert waren der gerade Treppenlauf, die Viertelwendel- und die doppelläufige Treppe. Vornehme Häuser hatten elliptisch geschwungene und gewendelte Haupttreppen, oft in Vorsprüngen im Grundriss gelegen. Im Neoklassizismus war die Treppe ein wesentliches Element der Eingangsebene, im erneuerten klassischen Stil dagegen galt das als Platzverschwendung, und die Treppe wurde weniger hervorgehoben.

Meist ruhte ein dünner Handlauf auf schlichten gedrechselten oder vierkantigen Balustern; die Antrittspfosten konnten konisch-vierkantig sein oder die Form gewundener oder sich verjüngender Säulen haben. Die Stufenenden waren schlichter verziert als im Kolonialstil. In eleganten Häusern bestanden die Balustraden aus Mahagoni oder, seltener, aus Schmiedeeisen und hatten abgeschwächte neoklassizistische Formen. Es gibt nur wenige Beispiele für frei tragende Treppen.

Vornehme Häuser im griechischen Geschmack besaßen manchmal eine Doppeltreppe oder eine großzügig bemessene Einzeltreppe, die in der Eingangshalle begann und unter einer Kuppel oder einem Dachfenster endete. Separate Dienstbotentreppen führten in die oberen Geschosse. Die Details waren gewöhnlich gut gearbeitet, aber schwerer: Die gedrechselten oder konischen Baluster fielen dicker aus und die Antrittspfosten hatten starke Drechselornamente oder gerolltes Akanthuslaub.

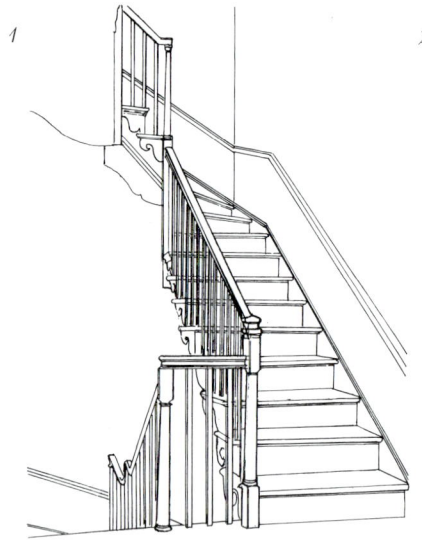

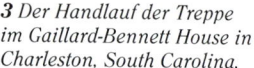

1 und 2 Die kompakte rückwärtige Wendeltreppe (links) und das elegantere Beispiel von Morris-Jumel Mansion in New York von 1765 (rechts) haben neoklassizistische Merkmale gemeinsam, wie die geraden Baluster, Antrittspfosten in Form sich verjüngender Säulen und schlicht dekorierte Stufenenden. MJ

3 Der Handlauf der Treppe im Gaillard-Bennett House in Charleston, South Carolina,

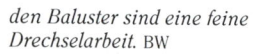

um 1800, endet in einer Spirale mit einem dekorativen Knopf in der Mitte. GB

4 Verschiedene Antrittspfosten im Föderalstil. Der erste wird von hölzernen Balustern mit einem eisernen in der Mitte gebildet, 1800. Der zweite ist eine sich verjüngende Säule, spätes 18. Jh., und der dritte ein tailliertes Modell aus dem frühen

19. Jh. Der gerade Antrittspfosten entstand um 1804, und der schwere, gedrechselte zeigt den griechischen Geschmack von Mitte des 19. Jhs.

5 Die Treppe zum Untergeschoss von Bartow-Pell Mansion in New York, 1842, beginnt mit einem schweren, kunstvoll gestalteten S-Schnörkel als Antrittspfosten. Die spitz zulaufen-

den Baluster sind eine feine Drechselarbeit. BW

6 Der robuste Antrittspfosten im Old Merchant's House in New York, 1832, ist gedrechselt und reich mit geschnitztem Akanthuslaub verziert, ebenso ist der geschwungene Handlauf gestaltet. Die gedrechselten, taillierten Baluster sind schlank und laufen spitz zu. Das Rollwerk an

den Stufenenden ist typisch für den griechischen Geschmack. OM

7 Diese Marmortreppe aus einer Eingangshalle, um 1836, hat eine reich mit Akanthuslaub verzierte gusseiserne Balustrade. Kannelierte Säulen tragen das Podest, dessen Balustrade mit Rundfeldern verziert ist.

Einbaumöbel

George Washington baute Ende der 1780er Jahre diese Bücherschränke in Mount Vernon, Virginia, ein. Ihre Form ist neoklassizistisch, die Glas- *sprossen weisen jedoch auch gotische Merkmale auf. Der geäderte Anstrich der Holzfüllungstüren wurde kürzlich erneuert.* MV

Einbaumöbel gab es hauptsächlich in Esszimmern und Salons, wo die Kaminwand Platz für Schränke mit Fächern bot. Hier konnte man wertvolle Dinge wie Porzellan, Silber und Bücher sicher aufbewahren.

Verschiedenartige Raumgrundrisse erlaubten auch vielfältigere Einbaumöbel; beispielsweise konnte man Nischen in ovale Räume einbauen. Schrankmöbel mit vorspringendem Mittelteil wurden gelegentlich aus Nussbaum oder Mahagoni gefertigt, meist waren sie jedoch aus einfachem Holz und bekamen einen Anstrich passend zu den architektonischen Elementen des Raumes. Verglaste Bücherschränke wurden immer beliebter. William und James Pain veröffentlichten Entwürfe für raumhohe Bücherschränke mit seitlichen Pilas-tern und Gebälk sowie Girlanden und anderen Ornamenten aus Composition.

Im frühen 19. Jahrhundert wurden neuartige Vorrichtungen eingeführt: Thomas Jefferson konstruierte eine Drehtür mit Borden, die Esszimmer und Speisekammer verband, und William Jay entwarf nach englischem Vorbild Konsoltische für Flure. Eingebaute Spiegel wurden modern. In Häusern im griechischen Geschmack verzierte man ihre Rahmen mit klassischen Motiven passend zu den Holzelementen des Raumes, nach 1820 auch die Architrave von Schränken und Bücherschränken. Für eingebaute Küchenschränke aus Kiefernholz war in der gesamten Periode ein dunkelroter oder grüner Anstrich üblich.

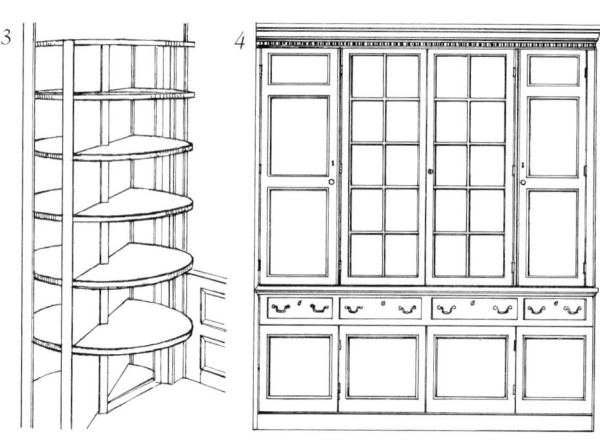

1 Eine gewölbte Nische vor dem mit Läden verschlossenen Fenster bietet Sitzplätze am Kamin. Ende 18. Jh.
2 Eingebauter Esszimmerschrank im griechischen Geschmack mit zwei Füllungen. Die Gliederung ist identisch mit Türen aus Musterbüchern der gleichen Zeit (1855).
3 Drehtür »Beaufait«, Anfang 19. Jh., als drehbare Servierhilfe. Jefferson konstruierte ein ähnliches Modell für Monticello, Virginia.

4 Schöner Esszimmerschrank aus Mahagoni vom Anfang des 19. Jhs. mit verglasten Türen zur Präsentation von Porzellan in der Mitte, vier Schubfächern sowie massiven Füllungstüren oben und unten.
5 Die zurückhaltend neoklassizistisch gestalteten Bücherschränke füllen den Raum neben dem Kaminvorsprung optimal aus; aus William Pains Practical House Carpenter von 1766. WP

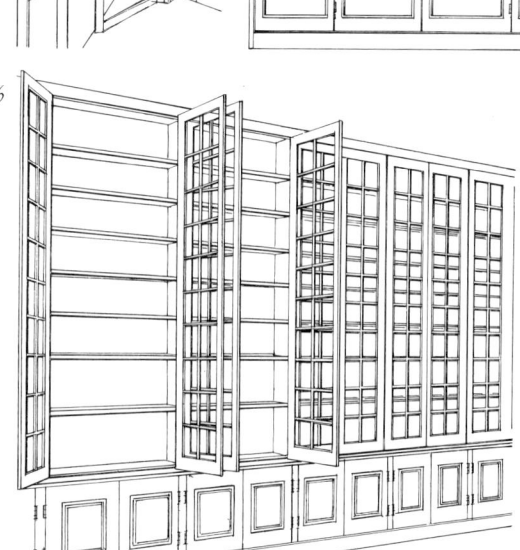

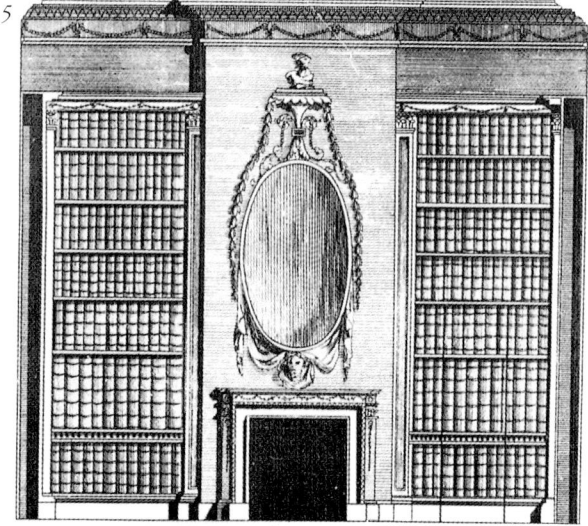

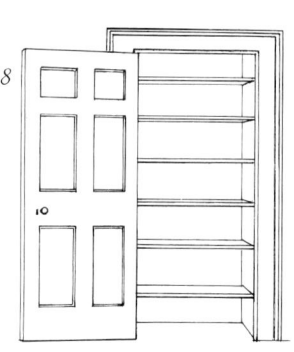

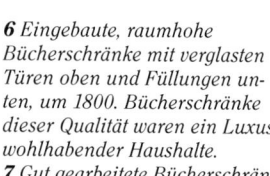

6 Eingebaute, raumhohe Bücherschränke mit verglasten Türen oben und Füllungen unten, um 1800. Bücherschränke dieser Qualität waren ein Luxus wohlhabender Haushalte.
7 Gut gearbeitete Bücherschränke im späten Föderalstil, mit rautenförmiger Verglasung und Schubfächern im unteren Teil.

8 Schrank mit Fächern und Füllungstür zur Aufbewahrung von Glas und Porzellan, typisch für das 18. und frühe 19. Jh. Solche Schränke flankierten meist einen Kamin.
9 Eingebauter Langspiegel im griechischen Geschmack von 1832.
10 Zwei Beispiele für späte neoklassizistische Konsoltische aus Marmor. Die aus Holz geschnitzten Konsolen konnten vergoldet werden.

Installation

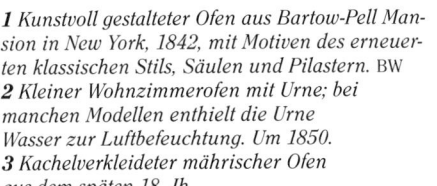

1 *Kunstvoll gestalteter Ofen aus Bartow-Pell Mansion in New York, 1842, mit Motiven des erneuerten klassischen Stils, Säulen und Pilastern.* BW
2 *Kleiner Wohnzimmerofen mit Urne; bei manchen Modellen enthielt die Urne Wasser zur Luftbefeuchtung. Um 1850.*
3 *Kachelverkleideter mährischer Ofen aus dem späten 18. Jh.*

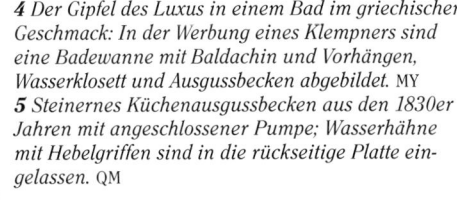

4 *Der Gipfel des Luxus in einem Bad im griechischen Geschmack: In der Werbung eines Klempners sind eine Badewanne mit Baldachin und Vorhängen, Wasserklosett und Ausgussbecken abgebildet.* MY
5 *Steinernes Küchenausgussbecken aus den 1830er Jahren mit angeschlossener Pumpe; Wasserhähne mit Hebelgriffen sind in die rückseitige Platte eingelassen.* QM

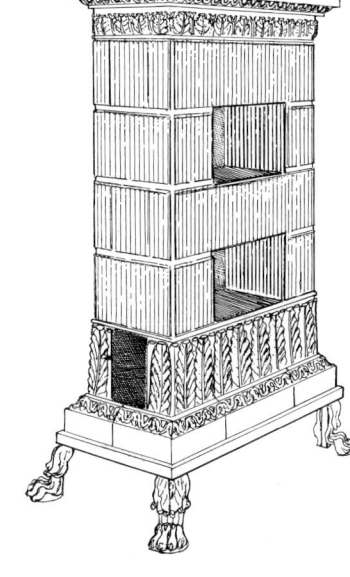

Gegen Ende des 18. Jahrhunderts waren Sechsplatten-Göfen beliebt. Sie wurden aus sechs schweren Gusseisenplatten gebaut, standen auf Beinen und hatten eine Feuerungstür und ein Rauchabzugsloch. Oft trugen sie klassischen Schmuck, einige waren mit einer Urne bekrönt und manche mit Kacheln verkleidet. In vielen Häusern gab es einen Ofen an zentraler Stelle, z. B. in der Diele, und Kohlefeuer in den Wohnzimmern und den oberen Räumen. In Gegenden mit strengen Wintern war es sehr wichtig, ausreichend Holz für die Öfen zu beschaffen. In den 1830er Jahren gab es in städtischen Häusern bereits größere Kohleöfen.

Zu Beginn der Periode hatten feine Häuser Ankleidezimmer mit tragbaren »geheimen Stühlen« (bewegliche Möbelstücke mit eingebautem Nachttopf), Waschtische und transportable Badewannen aus Eisen oder Zinn. Schon ein Jahrzehnt später waren solche Badewannen viel weiter verbreitet. Außenaborte waren die Regel; bei den Häusern der Reichen gab es mehrsitzige Modelle mit klassischen und gotischen Details.

Fließendes Wasser hatten nur die vornehmsten Häuser. Man sammelte Regenwasser in Zisternen außer Haus, einzelne Häuser hatten auch Vorratsbehälter im Inneren. In den 1820er Jahren waren in den Küchen der besseren Häuser bereits Ausgussbecken aus Stein oder Metall mit fließendem Wasser üblich. Die meisten Haushalte nutzten weiterhin Brunnenwasser.

Beleuchtung

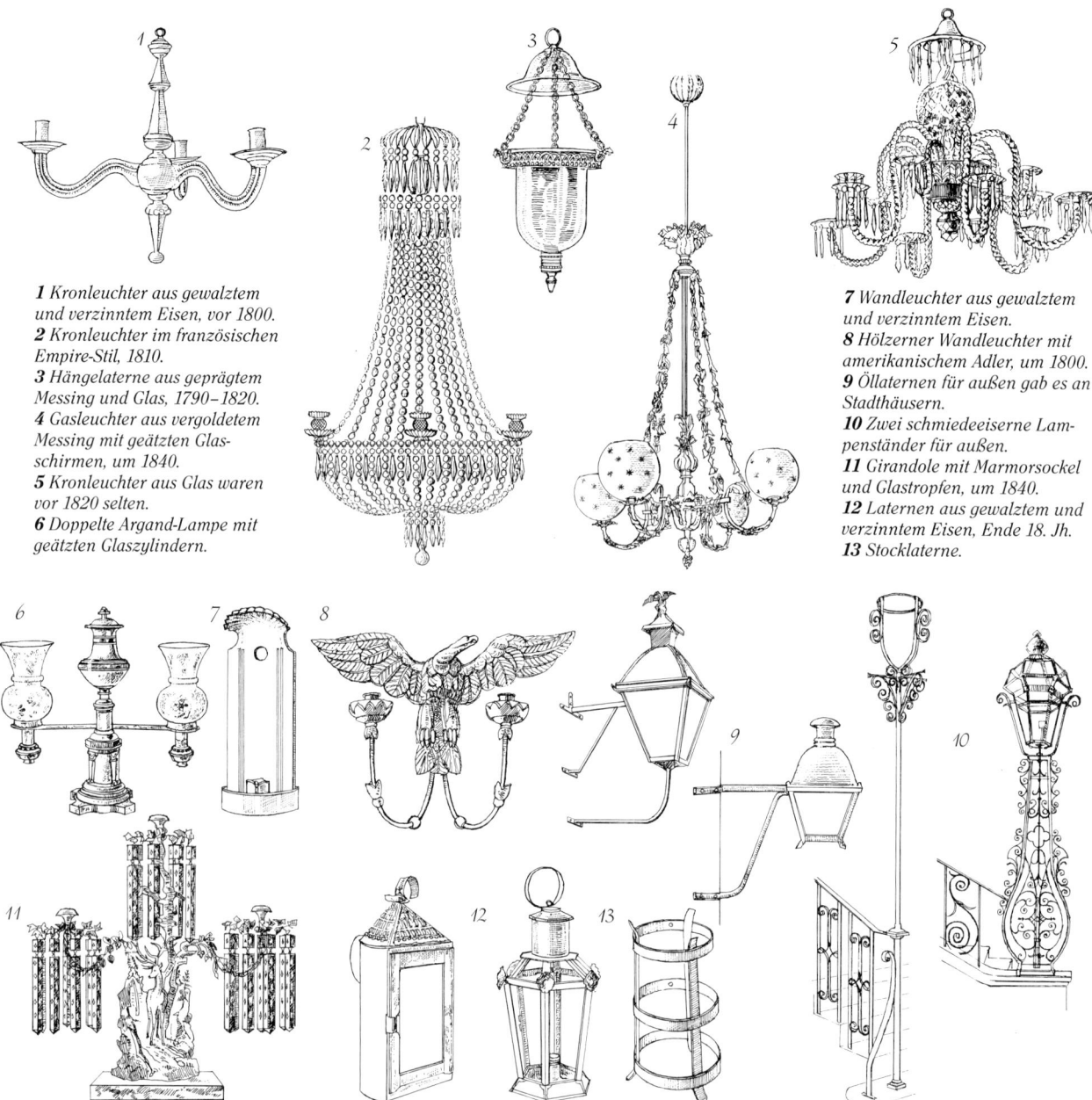

1 Kronleuchter aus gewalztem und verzinntem Eisen, vor 1800.
2 Kronleuchter im französischen Empire-Stil, 1810.
3 Hängelaterne aus geprägtem Messing und Glas, 1790–1820.
4 Gasleuchter aus vergoldetem Messing mit geätzten Glasschirmen, um 1840.
5 Kronleuchter aus Glas waren vor 1820 selten.
6 Doppelte Argand-Lampe mit geätzten Glaszylindern.

7 Wandleuchter aus gewalztem und verzinntem Eisen.
8 Hölzerner Wandleuchter mit amerikanischem Adler, um 1800.
9 Öllaternen für außen gab es an Stadthäusern.
10 Zwei schmiedeeiserne Lampenständer für außen.
11 Girandole mit Marmorsockel und Glastropfen, um 1840.
12 Laternen aus gewalztem und verzinntem Eisen, Ende 18. Jh.
13 Stocklaterne.

Im 18. Jahrhundert wurden die meisten Häuser weiterhin von wenigen Kerzen, Binsenlampen oder Bettylampen spärlich erhellt. In und außer Haus verwendete man Laternen, manchmal mit Reflektoren.

In den 1790er Jahren war die 1782 patentierte Argand-Lampe keine Seltenheit mehr. Ein hohler Docht ließ mehr Sauerstoff an die Flamme (durch einen Glaszylinder geschützt), dadurch gab sie helleres Licht und war sauberer. Im Allgemeinen wurden Walfischtran und Schmalz verwendet. Die aus Silber oder dem billigeren Sheffield Plate hergestellten Argand-Lampen traten in reicheren Häusern an die Stelle der Kerzen; hängende Flurlampen aus geprägtem Messing blieben bei den Mittel- und Oberklassen beliebt.

Die verschiedenen nach 1800 gebräuchlichen Messing- und Glaslampen brannten in der Regel mit Tran. Es gab frei stehende Lampen mit Schirmen, Kronleuchter und Wandleuchter. Der Begriff »Girandole« bezeichnet in dieser Zeit Kerzenhalter und Leuchter mit Kristalltropfen sowie Kerzenhalter an Wandspiegeln. Kurz nach 1800 wurden Kronleuchter aus Glas und aus vergoldeter Bronze aus England oder Frankreich importiert, seltener von amerikanischen Handwerkern angefertigt. Sie waren den vornehmsten Salons vorbehalten.

In den 1830er Jahren wurde mit dem Entstehen der öffentlichen Gasversorgung in den Städten auch nach und nach Gasbeleuchtung installiert.

Metall

1 *Dekorative Urne auf eisernem Antrittspfosten am Eingang von Old Merchant's House, New York, 1832.* OM
2 *Der gusseiserne Anbinde-pfosten von Mitte des 19. Jhs. vor Gaillard-Bennett House, Charleston, South Carolina, ist ein Beispiel für ein Gießerei-produkt mit dekorativem und auch funktionalem Wert.* GB
3 *und* 4 *Zwei gusseiserne Balkons. Links der Balkon von Bartow-Pell Mansion, New York, 1842, mit Dekor von Anthemien und anderen Motiven im grie-chischen Geschmack. Das rech-te Beispiel von einem Bostoner Stadthaus ist zarter und hat späte neoklassizistische Merk-male, wie chinesische und Mäandermotive.* BW, RS

Die Verwendung von Eisen nahm in den Vereinigten Staaten in der Zeit des Föderalstils stark zu, besonders in den Städten des Südens, wie New Orleans, Savannah und Charleston. Gusseisen wird häufiger; es taucht zunächst als Ornament an Schmiedeeisen auf und wird mit verbesserter Technologie in den 1840er Jahren zu anspruchsvollen strukturellen und ornamentalen Elementen verarbeitet.

Gegen Ende des 18. Jahrhunderts wurden Eisenlagerstätten erschlossen, und die Eisenproduktion nahm zu. Die neue Industrie lockte Handwerker aus Europa an, und diese entwickelten Formen auf der Grundlage der europäischen Stile, jedoch vom Neoklassizismus beeinflusst. In New Orleans, wo es durch Spanier und Franzosen schon eine starke Tradition im Eisengewerbe gab, stieg nach Louisianas Beitritt zur Union 1803 die Produktion.

Viele Handwerker, besonders aus Deutschland, begannen feines Rollwerk für Zäune, Gitter, Lünetten, Balustraden und Balkons im abgeschwächten neoklassizistischen Stil zu entwickeln.

Zu den frühen Motiven gehören Lyren und Anthemien. Eingangstüren wurden durch die mit C- und S-Formen verzierten Balustraden an Außentreppen betont, und auch eiserne Treppenpfosten kamen in Mode. Am Ende der Periode produzierten die Gießereien Doppelbalkons, Säulenkapitelle und Fenstereinfassungen, jedoch blieb es nicht aus, dass die Muster standardisiert wurden.

BELEUCHTUNG

METALL

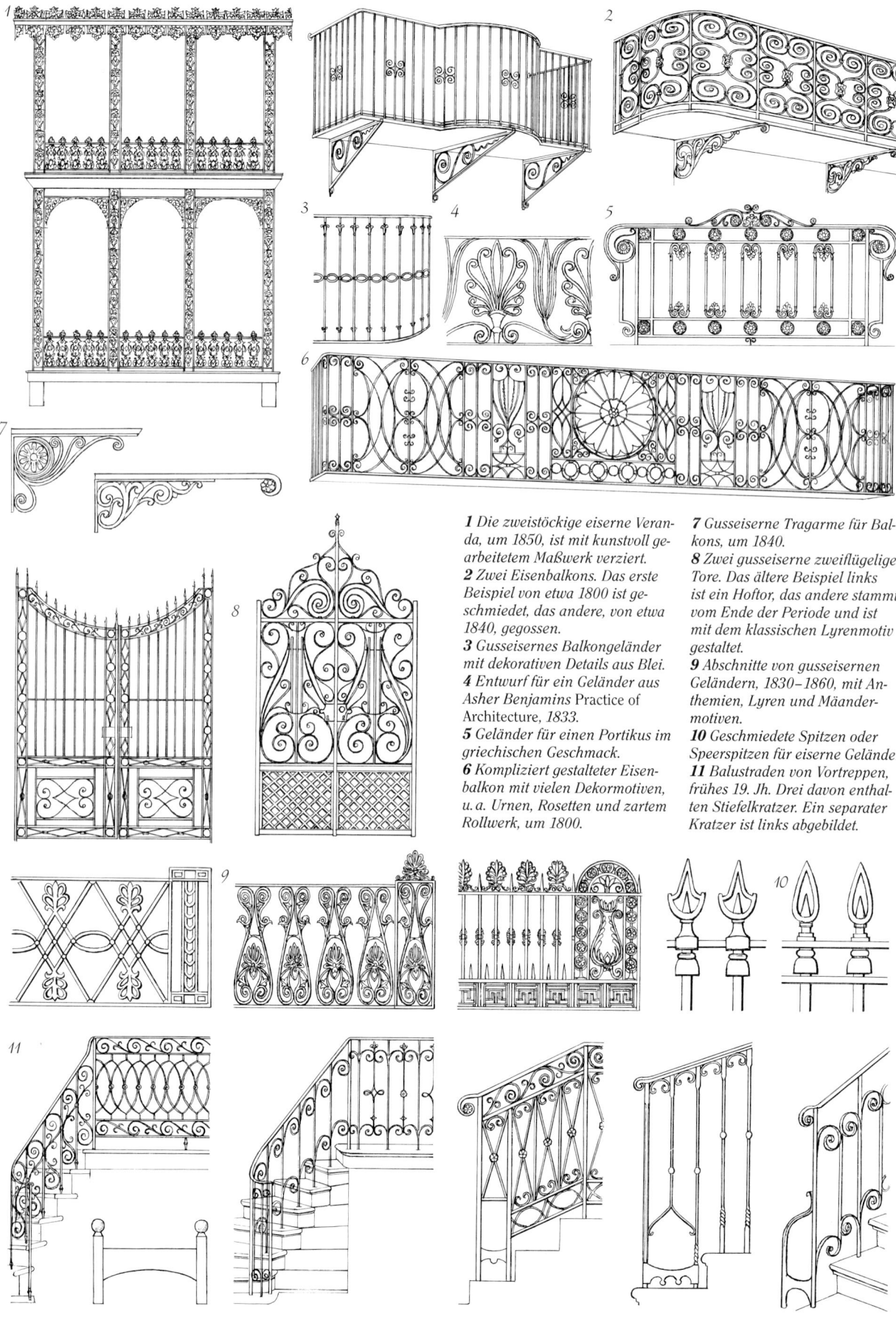

1 Die zweistöckige eiserne Veranda, um 1850, ist mit kunstvoll gearbeitetem Maßwerk verziert.
2 Zwei Eisenbalkons. Das erste Beispiel von etwa 1800 ist geschmiedet, das andere, von etwa 1840, gegossen.
3 Gusseisernes Balkongeländer mit dekorativen Details aus Blei.
4 Entwurf für ein Geländer aus Asher Benjamins Practice of Architecture, 1833.
5 Geländer für einen Portikus im griechischen Geschmack.
6 Kompliziert gestalteter Eisenbalkon mit vielen Dekormotiven, u. a. Urnen, Rosetten und zartem Rollwerk, um 1800.

7 Gusseiserne Tragarme für Balkons, um 1840.
8 Zwei gusseiserne zweiflügelige Tore. Das ältere Beispiel links ist ein Hoftor, das andere stammt vom Ende der Periode und ist mit dem klassischen Lyrenmotiv gestaltet.
9 Abschnitte von gusseisernen Geländern, 1830–1860, mit Anthemien, Lyren und Mäandermotiven.
10 Geschmiedete Spitzen oder Speerspitzen für eiserne Geländer.
11 Balustraden von Vortreppen, frühes 19. Jh. Drei davon enthalten Stiefelkratzer. Ein separater Kratzer ist links abgebildet.

Holz

1 Neoklassizistischer Portikus, um 1765, mit sich verjüngenden toskanischen Säulen, Palladio-Motiv sowie Ziergiebel mit Zahnschnitt und einem elliptischen Fenster. Vor den 1780er Jahren waren solche zweistöckige Portiken selten. MJ

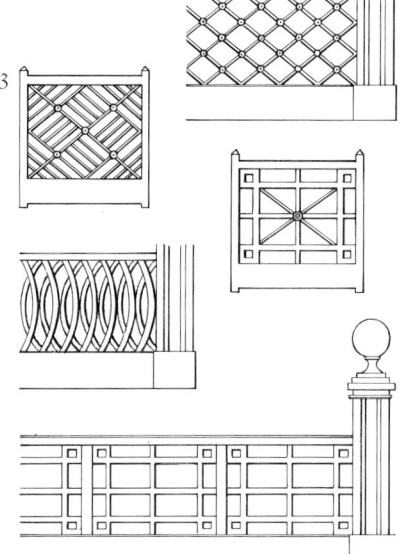

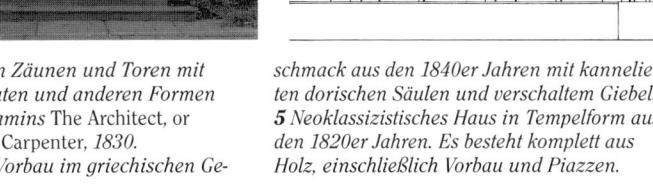

2 Tor mit kräftigen Pfosten, die mit ovalen Paterae und Blumengirlanden geschmückt sind und Urnen tragen. Typisches Beispiel für den voll entwickelten Föderalstil an der Küste der Neuenglandstaaten. RS

3 Abschnitte von Zäunen und Toren mit Flechtwerk, Rauten und anderen Formen aus Asher Benjamins The Architect, or Practical House Carpenter, *1830.*
4 Einstöckiger Vorbau im griechischen Ge-

schmack aus den 1840er Jahren mit kannelierten dorischen Säulen und verschaltem Giebel.
5 Neoklassizistisches Haus in Tempelform aus den 1820er Jahren. Es besteht komplett aus Holz, einschließlich Vorbau und Piazzen.

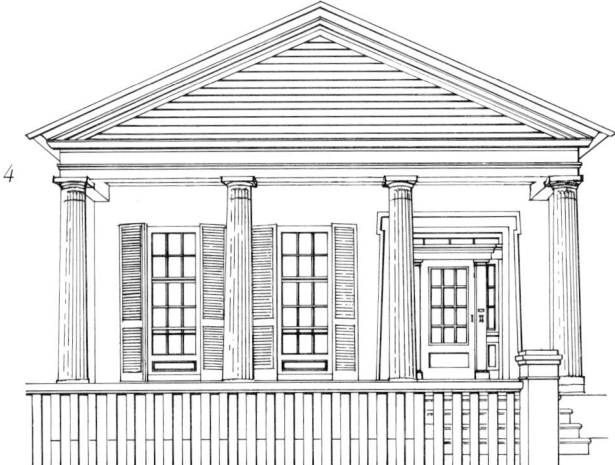

Die große Zahl im Föderalstil gebauter Holzhäuser bot vielfältige Möglichkeiten zur äußeren Gestaltung, und manchmal wurde eine große Eleganz erreicht. Typisch ist die überlappende Stülpschalung, meist aus Kiefer, die an den Kanten oft mit Perlstäben geschmückt war. Bald nach 1800 konnten dank verbesserter Sägewerke und maschinell geschnittener Nägel die Häuser feiner gestaltet werden.

Zur Dekoration dienten Gesimse und Friese mit Festons, Zahnschnitt, Konsolen und anderen Ornamenten. Ganz populär war es, einen Eingang mit einem hölzernen Vorbau zu umgeben (Neuengland) oder einen Portikus anzubauen (mittlere Küstenkolonien und südliche Kolonien). Der in den 1780er Jahren von George Washington an Mount Vernon,

Virginia, angebaute zweistöckige Portikus ist hierfür ein bemerkenswertes Beispiel. In den 1780er Jahren hatte sich in Carolina Low Country die zweistöckige Piazza oder Veranda eingebürgert, die den gewünschten schattigen Wohnraum im Freien bot.

Zu neoklassizistischen Häusern und solchen im griechischen Geschmack gehörten an Piazzen, Wänden und Dächern hölzerne Balustraden und Latten- oder Pfostenzäune. Baluster waren vasenförmig oder gerade und vierkantig. Hölzerne Zäune kamen häufiger vor als eiserne; die Pfosten trugen zuweilen Urnen, Kugeln oder anderen Schmuck. Auch Gitterwerk, Chinesisches Chippendale und Guillochemuster fanden sich an den Zäunen der Epoche.

METALL

HOLZ

BRITISCH-VIKTORIANISCHER STIL

1837–1901

Zu den einflussreichsten Ratgeberbüchern für den ehrgeizigen und wohlhabenden Bauherrn gehörte das in den 1860er und 70er Jahren mehrmals verlegte The Gentleman's House von Robert Kerr. Mehrere Kapitel sind verschiedenen Stilrichtungen gewidmet, die entschieden viktorianisch sind und auf dem gleichen Grundriss basieren. Die Abbildungen zeigen den italianisierenden »Landhausstil«, der für ein Landhaus recht vornehm wirkt; den »mittelalterlichen oder gotischen Stil« mit Spitzbögen, mehrfarbigem Mauerwerk und kunstvollem gusseisernem Firstschmuck; und die Variante »Scotch Baronial« mit getreppten Giebeln (»Krähentreppen«). KE

Ein Drittel aller britischen Häuser stammt aus der Zeit vor 1914, und die Mehrzahl davon ist viktorianisch. Der städtische Bauboom der 1850er, 60er und 70er Jahre wurde nur noch von der Entwicklung der Stadtrandsiedlungen in den 1920er und 30er Jahren übertroffen.

Der britische hochviktorianische Stil entstand aus Erneuerungen vergangener Stile. Vornehme Stadtbewohner fanden die mittlerweile rußgeschwärzten klassizistischen Reihenhäuser monoton und langweilig, sie wollten mehr Farbe und Abwechslung. Die Industrialisierung hatte eine Generation neureicher Industrieller hervorgebracht, die auf ihren selbst erworbenen Reichtum stolz waren und ihren Erfolg in der Architektur ihrer Häuser unmittelbar zur Schau stellen wollten. Dazu bevorzugten viele einen gotisierenden Stil, gleichsam als romantischen Hinweis auf eine vornehme Abstammung.

Die Entwicklung der Neogotik hatte im 18. Jahrhundert begonnen und im 19. Jahrhundert durch die Ritterliteratur von Sir Walter Scott, Alfred Lord Tennyson und Thomas Love Peacock Auftrieb erhalten. Reste mittelalterlicher Gebäude wurden archäologisch erforscht und die Ergebnisse in Maßzeichnungen veröffentlicht, so wie hundert Jahre früher die klassischen Ruinen. Der einflussreiche Theoretiker A.W.N. Pugin (1812–1852) und einige seiner Zeitgenossen traten für eine detailgenaue Nachahmung der Gotik ein. Mehrfarbig gestreiftes Mauerwerk, von G.E. Street in Brick and Marble from Northern Italy und von John Ruskin in The Stones of Venice popularisiert, brachte Farbe in die gotisierten Gemäuer.

Die gotische Mode prägte nicht nur viele Landsitze und Villen, sondern ganze Vorstädte, z.B. im Norden Oxfords. Und sie führte zum »Kampf der Stile« um große öffentliche Gebäude, z.B. das Parlament (gotisch) und das Auswärtige Amt (klassisch).

1879 drückte William Young in seinem Buch Town and Country Mansions die Überzeugung der Neogotiker aus, dass in der klassizistischen Architektur »der bequeme Grundriss und die zweckmäßige Anordnung ... zu oft dem architektonischen Effekt geopfert und der Grundriss dem Aufriss angepasst wurde, anstatt die Gestaltung aus dem Grundriss wachsen zu lassen«. Pugin sah die Gotik als »biegsam« und den klassischen Stil als »starr«. Die Bauspekulanten kümmerten solche akademischen Spitzfindigkeiten nicht. Oft verwendeten sie Stilelemente ganz willkürlich – neogriechisch, romanisch, Tudor, elisabethanisch und italianisierend. Ein Haus konnte alles haben – Fachwerkgiebel, klassische Schiebefenster, Klinker- und Terrakotta-Ornamente und einen filigranen gusseisernen Vorbau.

Will man das viktorianische Haus realistisch betrachten, muss man zwei Extreme einbeziehen: die wunderbar phantasievollen Landhäuser von großen Architekten wie z.B. Richard Norman Shaw (1831–1912) ebenso wie die sparsam gebauten, wenig gegliederten Reihenhäuser für die Armen. Dazwischen lassen sich mehrere Typen ausmachen: die noch vom Regency beeinflusste frühviktorianische Doppelvilla, die einzeln stehende italianisierende Vorstadtvilla mit Stuck im Erdgeschoss (in den 1830er und 40er Jahren populär), die einzeln stehende Ziegelvilla mit asymmetrischem Grundriss und Details im Tudorstil.

Der Platzbedarf für Bedienung wie für Privatbereiche ließ die viktorianischen Reihenhäuser der oberen Mittelklasse weit in die Höhe und in die Tiefe wachsen, wie man vor allem in den Londoner Bezirken Belgravia, Bayswater oder Pimlico sehen kann. Das klassizistische, vornehme Reihenhaus erlebte seine letzte Blüte in Glasgow mit Alexander Thomson, vor allem mit seiner Great Western Terrace von 1869. In den 1880er Jahren war das Reihenhaus für die Wohlhabenderen, die nun in Villen in den Vorstädten und auf dem Land

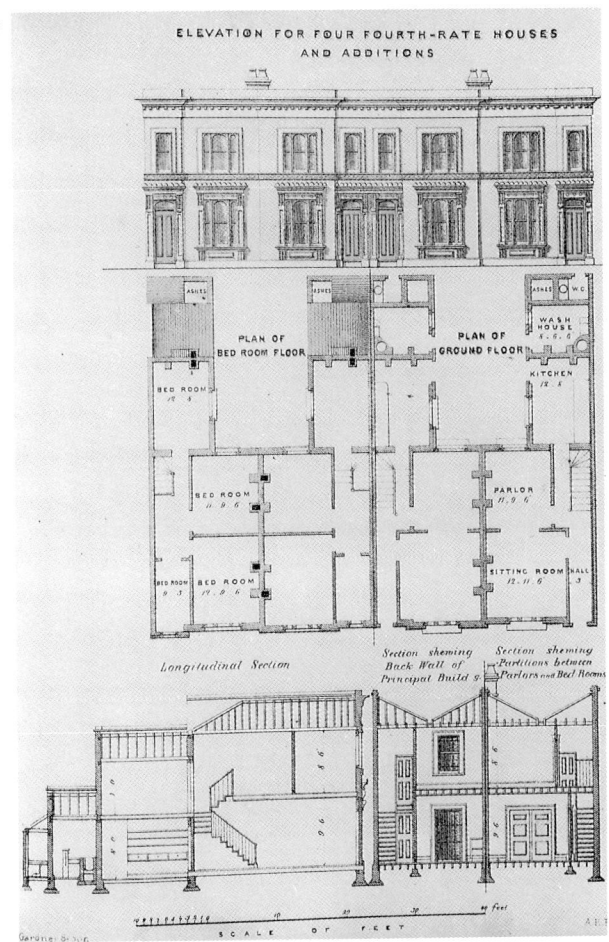

1 *Bescheidene, sehr typische Reihenhäuser aus der Mitte des 19. Jhs., in Aufriss, Grundriss und Querschnitt. Sie haben noch etwas von der klassischen Schlichtheit des Regency und wurden aus Ziegeln gebaut und mit Romanzement verputzt. Hinter den Brüstungen hatten sie flache Schieferdächer. Der Grundriss zeigt vier kleine Schlafräume, einen Salon und einen Wohnraum im Erdgeschoss sowie Küche und Waschhaus im rückwärtigen Flügel.* BU

2 *Villa nahe Edinburgh aus der mittleren viktorianischen Epoche, entworfen 1862 von R. Thornton Shiells. Gut aufge-* *teilter Grundriss mit zwei Wohnzimmern, fünf Schlafzimmern (eines im Erdgeschoss), einem Bad und WC.* VC

lebten, bereits deklassiert; es war nun typisch für die unteren Klassen.

Ende der 1860er Jahre wurde die korrekte englische Gotik wieder beliebt. Gleichzeitig kam der sehr einflussreiche, erneuerte Queen-Anne-Stil auf, für den weiß gestrichene Schiebefenster, hübsche Balkons, verschnörkelte Giebel sowie profilierte Ziegel und Terrakotta charakteristisch waren. In der Gegend um Sloane Square und Cadogan Square in London gibt es schöne Straßen in diesem Stil.

Die verbesserte Kommunikation wirkte sich auf das viktorianische Bauen aus. Das schnell wachsende Baugewerbe hielt sich mit Periodika wie *The Builder* und *The Building News* auf dem Laufenden. Gut illustrierte Bauhandbücher konnten selbst von weniger wohlhabenden Handwerkern auf Ratenzahlung erworben werden. Besonders beliebt waren *The Builder's Practical Director, The Encyclopedia of Practical Carpentry* und *Practical Masonry,* alle zwischen 1855 und 1870 veröffentlicht, mit ihren getönten Zeichnungen. Mit der Industrialisierung kam die Massenproduktion. Kanäle und Eisenbahnen ermöglichten den ökonomischen

Transport von schwerem Baumaterial auch über große Entfernungen: Gusseisen aus Schottland, Terrakotta aus den englischen Midlands und dem Südwesten, Schiefer aus Wales und Cumbria. Häuser mussten nicht mehr wie früher nur aus dem örtlichen Material gebaut werden. Glas und Ziegel waren billiger als je zuvor. Die gleichen Terrakotta-Ornamente waren an Häusern von Schottland bis in den englischen Südwesten zu finden.

In den 1870er Jahren war der Baustoffhändler ein wichtiger Mittelsmann für das blühende Baugewerbe geworden. Als Vertreter der Hersteller lieferte er den Bauunternehmen alles – von Küchenherden bis zu Türknäufen – anhand bebilderter Kataloge, die uns heute noch einen faszinierenden Einblick in das spätviktorianische Haus ermöglichen.

Gesundheit und Wirtschaftlichkeit spielten für die Mittelklasse eine große Rolle, wie die Beschreibungen der verbesserten Sanitärartikel zeigen. Auch Belüftung war wichtig, nicht nur wegen schlechter Gerüche aus defekten Abwasserkanälen, sondern auch, um giftige Abgase von Gasbeleuchtung und Feuer abzuleiten. Der große Wissenschaftler

1 Küche in einem komfortablen Glasgower Mietshaus mit dem typischen großen schwarzen Herd vom Ende der Epoche. Die Wohnungen hatten nur vier Zimmer – Wohnzimmer, Schlafzimmer, Küche und Bad. Die Skala der Mietwohnungen reichte von bescheiden und überfüllt bis hin zu komfortabel und sogar luxuriös. TE

2 Das Wohnzimmer in derselben Wohnung. Das Bett im Verschlag war eine zusätzliche Unterkunft, barg aber gesundheitliche Risiken. Solche Schlafstellen wurden nach 1900 verboten. TE

3 Wandtäfelungen waren eine Möglichkeit, mit Neo-Stilen zu prunken – hier mit italienischer Renaissance. CR

Robert Boyle gründete eine Firma zur Herstellung und Installation von Lüftungen. Das führte zu ungezählten Schachtabdeckungen auf den Dächern, oft als Dachreiter oder Glockentürmchen getarnt.

Bessere Luft war einer der Vorteile, die Tausende aus den Städten immer weiter ins Umland lockten, wo sie gesünder und billiger wohnten und von wo sie mit der Eisenbahn zur Arbeit fuhren. Die Nostalgie für das Ländliche und das Vorstadtkonzept verschmolzen zu einem neuen Ideal – der Gartenstadt mit individuell gestalteten Häusern in begrünten Straßen, in den 1870er Jahren mit Bedford Park im Westen Londons erstmals verwirklicht.

Im Inneren des Hauses entsprach die Anordnung der Räume einer klaren sozialen Ordnung. Es gab öffentliche Räume, in denen man Gäste empfing, private Schlaf- und Ankleideräume und die Dienerkammern im Parterre, die erstmals wirklich vom Familienbereich abgetrennt waren. Diese Abstufung fand auch architektonischen Ausdruck, zum Beispiel in der Komplexität der plastischen Elemente oder dem Material der Kamine, das von Marmor über Schiefer bis zu Holz variierte. Das Morgenzimmer an der Rückseite des Hauses war das weibliche Äquivalent zum Arbeitszimmer, der Domäne des Mannes. Außer dem Speisezimmer hatten vornehmere Häuser ein extra Frühstückszimmer. Selbst in den ärmsten Häusern bemühte man sich, so etwas wie ein Wohnzimmer zu haben, das mit seiner abgestandenen Luft auf einen Gast zu warten schien, dessen Wichtigkeit seine Benutzung rechtfertigen würde.

1 Dieses Wohnzimmer aus Cragside,
Northumbria, zeigt den Einfluss von Arts
and Crafts. CR
2 Die Innenseite der Eingangstür von
Chelsea House, London, ist ein großartiges
Beispiel für die Erneuerung des klassischen
Stils in den 1870er Jahren. TCM
3 Hochviktorianischer Salon von Bruce
Talbert, 1876. Talbert bestimmte die Mode
in der Spätphase der Neogotik. TAL

Türen

Diese Eingangstür aus dem Norden Londons ist typisch für hochviktorianische städtische Bürgerhäuser. Sie ist eklektisch und verfälscht gotisch. Die Treppe verleiht ihr Vornehm-heit, das Buntglas ist prunkvoll und erhellt den Flur. Typisch viktorianisch ist auch die in das Oberlicht eingefügte Hausnummer. Die Tür aus Kie-fernholz hat einen geäderten Anstrich, der Laubholz vortäu-schen soll – eine in der Epoche übliche Gestaltungsweise.

Der Vorbau des viktorianischen Hauses sollte nicht nur den Besuchern Wetterschutz bieten, sondern auch den gesellschaftlichen Status der Bewohner ausdrücken, wobei ein Vorbau größeren Wohlstand signalisierte als ein zurück-gesetzter Eingang.

Eingangstüren sind Füllungstüren und manchmal mit go-tischen Bögen überwölbt. Oft haben sie einen grünen oder geäderten Anstrich. Glas im oberen Teil und Oberlichter lassen mehr Licht in den Flur. Die Kataloge von Gießereien waren voll von Türklopfern und Knöpfen, seit den 1840er Jahren auch von Briefschlitzen. Um sich gegen Kälte zu schützen, brachte man in kleinen Reihenhäusern, wo meist ein Bogen den schmalen Korridor unterteilte, Vorhänge an, um die Wärme im Haus zu halten. Auch hängte man Portie-ren oder Vorhänge an schwenkbaren Stäben hinter die Tü-ren, damit die Räume warm blieben.

Innentüren wurden weiter in der bekannten Rahmenbau-weise ausgeführt. An vornehmeren Räumen konnten sie bis zu 7,5 cm dick sein und zahlreiche Füllungen und aufgesetz-te Profilleisten tragen. Damit trug man nicht nur der Bedeu-tung des Raumes Rechnung; das dickere Holz war auch ein besserer Schutz gegen lauschende Diener. Bei Türen zu we-niger wichtigen Räumen waren die Rahmen oft weniger als 2,5 cm dick und die Füllungen sehr dünn und schmucklos.

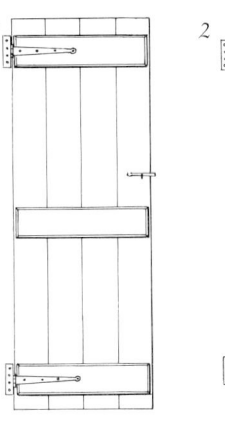
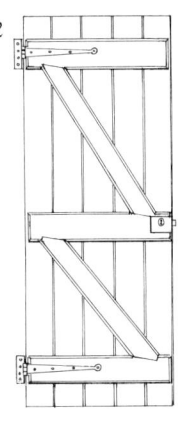
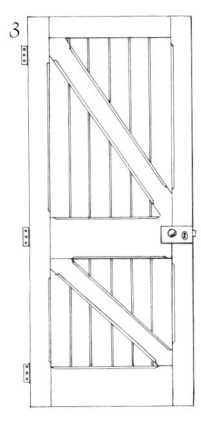
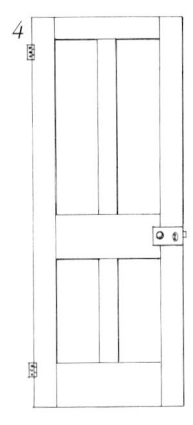

Drei Arten von Außentüren aus Kiefernlatten. Sie waren billig in der Herstellung und wurden oft für Nebengebäude und ländliche Häuser verwendet.
1 Lattentür, von horizontalen Leisten gehalten.
2 Lattentür mit horizontalen Leisten, durch diagonale Streben zusätzlich verstärkt.
3 Lattentür mit Rahmen.

4 Einfache Rahmentür mit vier Füllungen ohne Profilleisten, während der ganzen viktorianischen Periode populär.

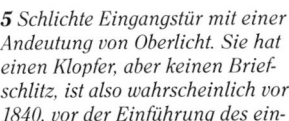

5 Schlichte Eingangstür mit einer Andeutung von Oberlicht. Sie hat einen Klopfer, aber keinen Briefschlitz, ist also wahrscheinlich vor 1840, vor der Einführung des ein-

heitlichen Briefportos entstanden. **6** und **7** Zurückgesetzte Eingänge sind typisch für Reihenhäuser und Stadthäuser der 1870er Jahre.

8 Rustikaler hölzerner Vorbau. **9** Dieser elegante klassizistische Vorbau konnte aus Stein oder, um Kosten zu sparen, aus Ziegeln gebaut und verputzt werden. MB

10 und **11** Mehrfarbiges Mauerwerk zeigt den Einfluss von John Ruskins Schriften über Venedig und die italienische Gotik, um 1850. CL

1 Eingangstür eines kleinen Reihenhauses. Das Rot des Ziegelbogens kontrastiert mit den hellen Ziegeln der Fassade. MJB
2 Der Vorbau dieses vornehmeren Eingangs ist mit getünchtem Zementputz, mit Wülsten an den Säulenschäften und blumenartigen Kapitellen verziert.
3 Typische Verglasungen für Eingangstüren, 1891. GF
4 Briefschlitze waren oft klein und vertikal angeordnet.
5 Populäre gotische Form für Eingangstüren. Türbeschläge und Buntglas sind anscheinend original.
6 Nebeneinander liegende Eingänge im Westen Londons, um 1880, mit blumenartigem Dekor an den gewölbten Stürzen und den Kapitellen aus getünchtem Zementputz. Die schachbrettartig verlegten Fliesen sind original, der Briefschlitz ist modern. RS
7 An den Seitenwänden zurückgesetzter Eingänge waren oft farbige Fliesen verlegt. RS

1

DESIGNS FOR DOORS AND OVERDOORS EXECUTED IN HARD WOOD BY CABINETMAKERS; ALSO MADE IN PINE, WITH CARTOON-PIERRE ENRICHMENTS, FOR PAINTING.

Elegante Innentüren haben über dem Sturz Gesimse und Ziergiebel. Solche »Supraporten« waren während der gesamten Epoche populär.

1 Drei »klassische« Türen mit abgeplatteten Füllungen und Profilen aus dem 1892er Katalog von Hampton and Sons. Es gab sie in poliertem Hartholz, aber auch in Kiefer mit Verzierungen aus Steinpappe, einer Art Papiermaché, zum Anstreichen. HS

2 Große Füllungen aus gespundeten Brettern waren typisch für Türen zu Neben- und Wirtschaftsräumen.

3 Spitze Zinnen schmücken diese Türeinfassung im gotischen Geschmack. Die Tür hat erhabene Füllungen und kunstvoll durchbrochene Beschläge, 1890.

2

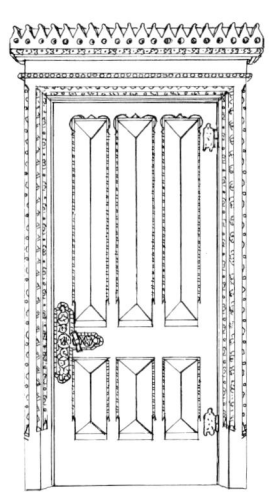

3

4

5

4 Diese Türeinfassung im Geschmack des Aesthetic Movement wird von einem Bord zur Präsentation von Porzellan abgeschlossen. TC

5 Die Füllungen dieser Tür sind mit Steinpappe oder trompel'oeil-Malerei dekoriert. TC

6 Neun Entwürfe für Supraporten aus dem 1892er Katalog von Hampton. Man konnte sie in Kiefernholz bekommen und anstreichen, wenn man nicht das teurere, polierte Hartholz nehmen wollte, z.B. Eiche oder Mahagoni. Die Abbildungen zeigen verschiedene verfälschte klassische Stile. Das Modell in der Mitte rechts z.B., mit dem Ölgemälde im Rokokorahmen, zeigt französischen Einfluss. Andere Beispiele haben Borde und Alkoven. Diese waren in der spätviktorianischen Zeit sehr beliebt für die Präsentation von Porzellan. HS

6

1 Diese Tür mit vier Füllungen, Holzmaserung und Porzellanknopf ist typisch für einfache Häuser in Glasgow um 1890. TE

2 Elegantere Tür mit kontrastierenden Maserungen. Bournemouth, Dorset, 1894. RC

3 Die Messingbeschläge derselben Tür. Die S-Form des Türgriffs kehrt im Schlüssellochdeckel wieder, daneben eine tief profilierte Griffplatte. RC

4 Reich verzierte Messing-Griffplatte mit Knopf und Schlüsselloch. RC

5 Eichentür mit Hirnholz-Füllungen und durchbrochenen Metallbeschlägen in Cragside, Northumbria, um 1869. CR

6 Füllungstür im Tudorstil aus polierter Eiche mit Ebenholzbeschlägen: Die Schrauben sind mit erhabenen Ebenholz-Stopfen abgedeckt. Um 1869. CR

Drei einfache Innentüren
1 *Tür mit vier Füllungen und doppelt gerundeter Füllungs-leiste.* TL
2 *Eine Glasfüllung, oft mit Buntglaskante, gibt indirektes Licht.* BC
3 *Tür mit sechs Füllungen in typischer Anordnung; die bei-den oberen Füllungen sind quadratisch.* BC
4 *Zubehör einer Eingangs-tür: Schlüssellochplatte, Griff und Klopfer aus Messing, um 1885.* HD
5 *Nach Einführung des einheit-lichen Briefportos 1840 wurden Briefschlitze üblich. Das erste Beispiel ist aus Eisen und dient auch als Klopfer, die anderen beiden sind aus Messing.* HD, PP
6 *Zwei Klingelzüge, der zwei-te aus Messing mit Ebenholz-griff.* SE
7 *Drei Klingelknöpfe für elek-trische Klingeln, um 1890.* SC
8 *Schmiedeeiserne Scharniere für außen mit dekorativem Laubschmuck, Entwurf A. W. N. Pugin, 1841.* PC
9 *Drei Entwürfe für Türklopfer aus Messing, Bronze oder mit*

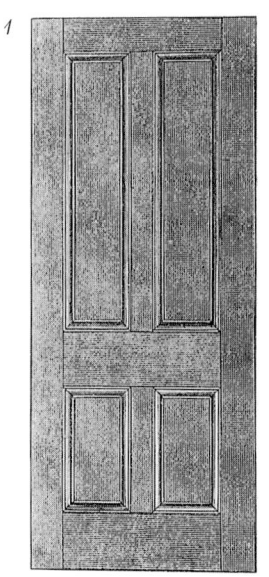
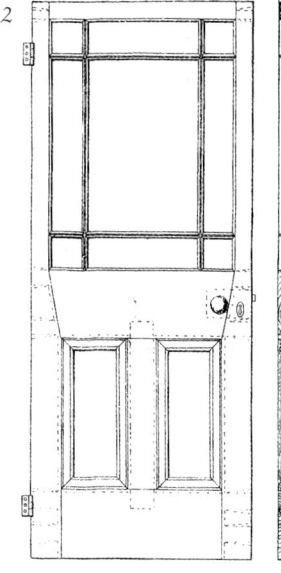
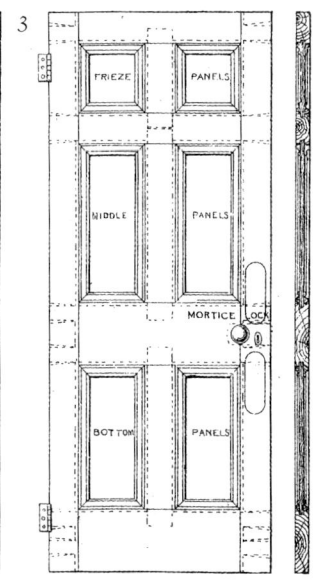

aparten metallischen Effekten. PP
10 *Reichverziertes Kastenschloss aus Messing im gotischen Ge-schmack von Pugin, 1841.* PC
11 *Messing-Türbeschläge für innen: Griff, Schlüssellochplatte und Griffplatte.* HD

12 *Porzellanknöpfe, meist weiß oder schwarz, manchmal mit Goldrand.* PP
13 *Zwei Messing-Griffplatten der Fa. Gratrix, Manchester.* SG
14 *Türketten: links mit Bronze-überzug, rechts Messingguss.* SE

15 *Eckriegel mit Beschlag aus geprägtem Stahl, mit Messingbol-zen und versenktem Schieber.*
16 *Portierenstange aus Messing an der Türinnenseite. Daran wur-de ein Vorhang zur zusätzlichen Wärmeisolation befestigt.* SG

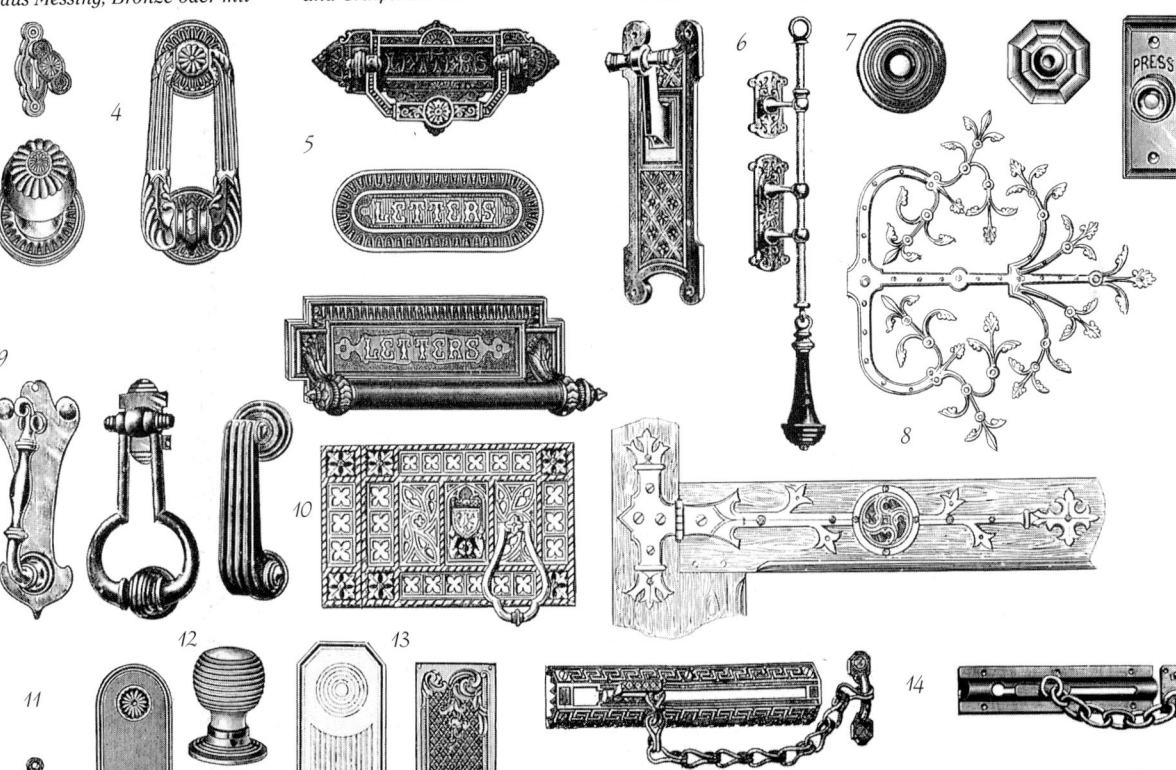

Fenster

1 Fast alle viktorianischen Häuser in Großbritannien, mit Ausnahme der ärmsten, hatten ein Erkerfenster. Es ließ mehr Licht in das vordere Zimmer (das sofort durch schwere Vorhänge wieder gedämpft wurde) und gestattete den Überblick über das Kommen und Gehen von Besuchern und Nachbarn. Unser Beispiel aus einem Londoner Vorort ist von etwa 1880 und hat ein

breites, von Konsolen getragenes Fensterbrett für Blumenkästen. Die Fenster haben große Scheiben; Flachglas wurde in der viktorianischen Zeit ausreichend angeboten, war aber teuer. 2 Aufriss eines typischen hochviktorianischen Stadthauses. Die kunstvoll gestalteten Tür- und Fenstereinfassungen sind aus Terrakotta, einem damals sehr populären Material. SW

Die Glasindustrie lieferte größere, festere und billigere Scheiben, für die man weniger Sprossen benötigte. Als die Schiebefenster schlichter wurden, gestaltete man die Einfassungen zunehmend mit dekorativem Mauerwerk, Stuck und Elementen aus Terrakotta. Mitte des 19. Jahrhunderts hatten die oberen Rahmen der Schiebefenster zwei kleine »Hörner« an jedem Ende des unteren Riegels, die den Rahmen verstärkten und die schwereren Glasscheiben stützten. Nach Abschaffung der Fenstersteuer im Jahre 1851 wurde mehr Glas verwendet, und Erker mit einem breiten Schiebefenster in der Mitte zwischen zwei schmalen Öffnungen setzten sich durch. Später findet man gelegentlich im oberen Rahmen kleine Scheiben und dicke Sprossen als Blendschutz, im unteren Rahmen dagegen eine einzige Scheibe.

Einfachere Häuser haben wieder Fensterflügel, oft mit Bleiverglasung, besonders an Fenstern im gotischen oder Tudorstil (mit geradem Abschluss). In besseren Häusern verringert dekoratives Maßwerk im oberen Teil der Bogenfenster die Sonneneinstrahlung und schützt so die Einrichtung vor dem Ausbleichen; an Schiebefenstern gibt es für diesen Zweck Außenjalousien. Bauspekulanten, die sich die populäre gotische Form zunutze machen wollten, fügten Schiebe- oder Flügelfenster in rechteckige Öffnungen ein und überwölbten sie mit Bögen aus farbigen Ziegeln.

FENSTER

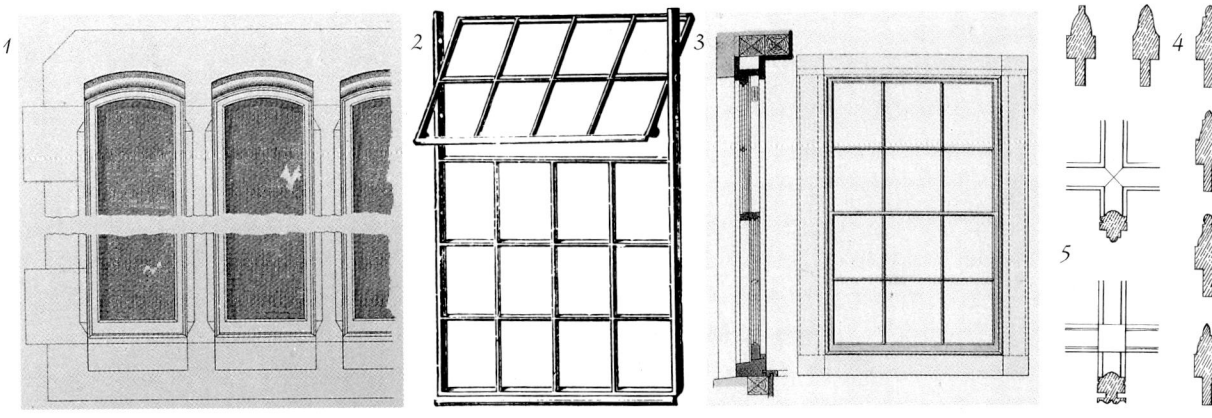

1 *Schiebefenster mit flachem Bogen und Steineinfassung in verfälschtem gotischem Stil.* CL
2 *Fest stehende eiserne Fenster mit Schwingflügel gab es zuwei-*

len in Wirtschaftsräumen. SS
3 *Typisches Schiebefenster aus der Mitte der viktorianischen Periode, links eine Schnitt-darstellung.* EP

4 *Glassprossenprofile aus* The Encyclopedia of Practical Carpentry and Joinery, *um 1860.* EP
5 *Zwei Beispiele für sich kreuzende Sprossen. Unten eine un-*

gewöhnliche Lösung: Statt von Kitt wird das Glas von einer angeschraubten Leiste gehalten. EP
6 *Fenster mit gemauertem Bogen aus* The Stones of Venice,

1851, von John Ruskin. Dieser Abschluss ist ein frühes Beispiel für polychromes Mauerwerk. SV
7 *und* **8** *Ruskins Einfluss zeigt sich an diesen beiden Details neogotischer Fenster: Schieberahmen werden in rechteckige Öffnungen gesetzt, und mit Ziegeln von kontrastierender Farbe wird ein Bogen darüber gebildet.* CL
9 *Vorgefertigte, spätviktoriani-sche Fensterstürze aus Terra-*

kotta aus dem vielfältigen Sortiment von Doulton and Company, um 1885. D
10 *Klassische italianisierende Fensteröffnung mit Stein- oder Putzeinfassung.* BU
11 *Ein anderes, kunstvoll italianisierendes Fenster mit breitem Mittelfenster und zwei schmalen Seitenteilen. Der Balkon mit seiner Balustrade ruht auf Konsolen.* MB
12 *Erkerfenster mit Details von Fensterkasten und Laden links im Profil. Holzläden waren auch für frühviktorianische Häuser typisch, sie verbesserten die Isolation und erhöhten die Sicherheit. Je nach Größe des Fensters bestanden sie aus mehreren Platten, meist in Rahmenbauweise und mit Scharnieren verbunden, die bei Nichtgebrauch in eine Nische geklappt wurden.* CL

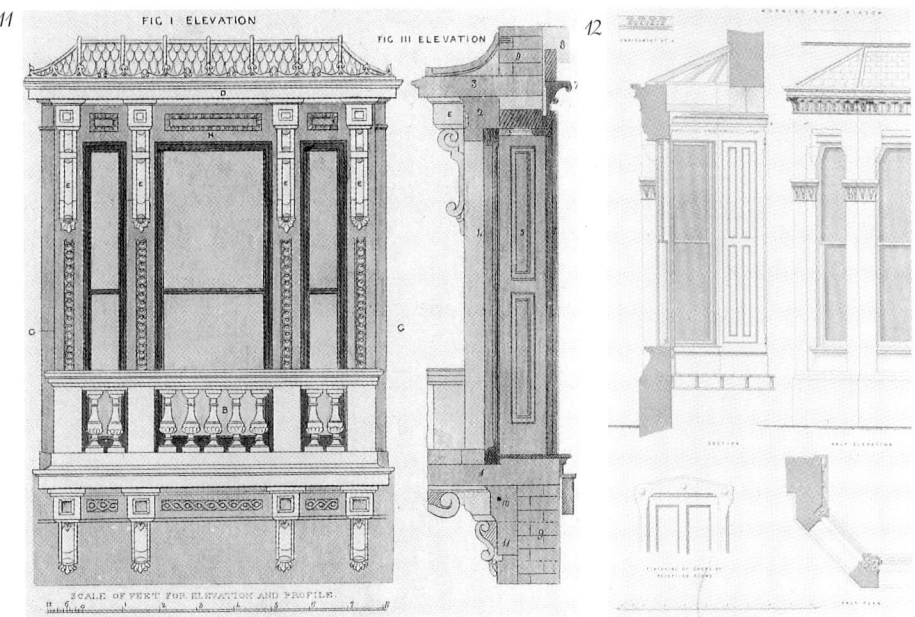

1 Typisches Erkerfenster eines Obergeschosses mit Einfassungen aus Zementputz und gestreiftem Mauerwerk an den Pfeilern. Die Dachgestaltung über einem Erker war schwierig. Hier mussten die Schieferplatten geschnitten und kleine Rollen als Grat aufgelegt werden. Das Finial ist aus Terrakotta. Erkerdächer bereiten notorisch Probleme mit der Entwässerung, da es an ihnen nur kleine Dachrinnen und Fallrohre geben kann, die schnell verstopft sind. RS

2 Spätviktorianisches Venezianisches Fenster mit flachem Bogen aus Profilziegeln. Die oberen Scheiben sind Buntglas. Unter der Fensterbank des darüber liegenden Fensters eine sehr schöne Putzarbeit. RS

3 Schlichter Erker aus Ziegeln mit Walmdach, das unter dem Schlafzimmerfenster knapp Platz hat. Die Streifen von roten Ziegeln beleben das Bild. Das mittlere Fenster ist geviertelt, denn große Scheiben waren teuer. MJB

4 Fenstervorsprung mit Schrägdach aus Schiefer. Dort, wo das Fallrohr den Mauerpfeiler erreicht, wurde es verändert. Die Aufteilung der Schieberahmen ist wahrscheinlich original. MJB

5 Zwillingsfenster waren nicht besonders populär. Für den Bauherrn bedeuteten sie jedoch eine Einsparung, da man die Gegengewichte, die an Rollen im Fensterkasten hingen, für beide nutzen konnte.

6 Die Anfertigung von Bogenfenstern war teuer. Hier wurde

ein rechteckiges Fenster mit einem Segmentbogen aus Ziegeln überwölbt – ein populärer Kompromiss.

7 Treppenhausfenster haben oft

eine bunte Verglasung – als Sichtschutz oder um hässliche Lichtschächte oder die Sicht auf Lücken zwischen Häusern zu verbergen.

8 Die malerische Gotik war an Gutshäusern immer noch beliebt. Sie fiel robuster aus als im Regency. Holly Village, London.

1 Außenjalousien und Markisen aus dem Angebot von R. Lowther and Company in den 1870er Jahren. Man musste die Einrichtung wie auch die weiße Haut der Damen vor der schädlichen Wirkung der Sonne schützen. Stellenweise sind die Kästen noch vorhanden. LP

2 Ward'scher Farnkasten, abgebildet in John Mollisons The New Practical Window Gardener, *1877. Diese von Dr. Nathaniel Ward eingeführten kompletten kleinen Treibhäuser setzte man oft als Ersatz für das Grün eines Gartens in Fenster von Stadthäusern.* NP

3 Der Schmutz in der Stadt erforderte häufiges Fensterputzen. Mit einer Patentvorrichtung konnten die Rahmen von Schiebefenstern so geschwenkt wer-

THE PATENT HELIO-SCENE. FLORENTINE BLIND. VENETIAN.

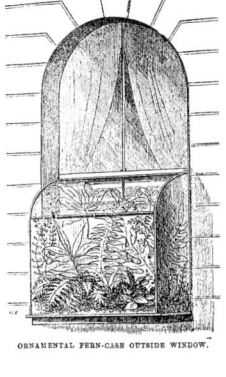

ORNAMENTAL FERN-CASE OUTSIDE WINDOW.

den, dass man beide Seiten von innen putzen konnte. CM

4 Fensterbeschläge gab es in großer Auswahl. Diese typische Messinggarnitur für Schiebefenster ist aus dem Katalog von

Selden and Son, 1902. Oben ein verzierter, bronzierter Griff, die beiden Feststeller hielten das Fenster offen, und mit dem Fensterheber konnte man den unteren Rahmen heben. SS

5 Zahnstange zum Schließen von Jalousien oder Markisen. HD

6 Auswahl patentierter spätviktorianischer Fensterreiber aus Messing im Katalog von Pryke and Palmer, 1894. PP

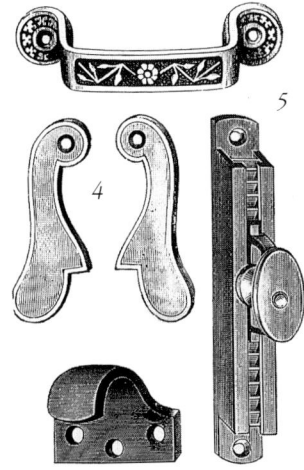

7 Vorreiber aus Messing für Flügelfenster, die beiden oberen für beidseitigen Gebrauch. SS

8 Arretierungen. Beim ersten Beispiel wird der Fensterflügel mit einer Schraube gesichert. SS

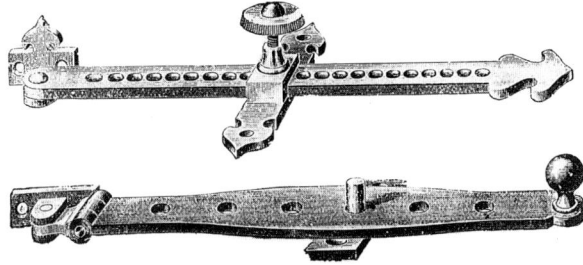

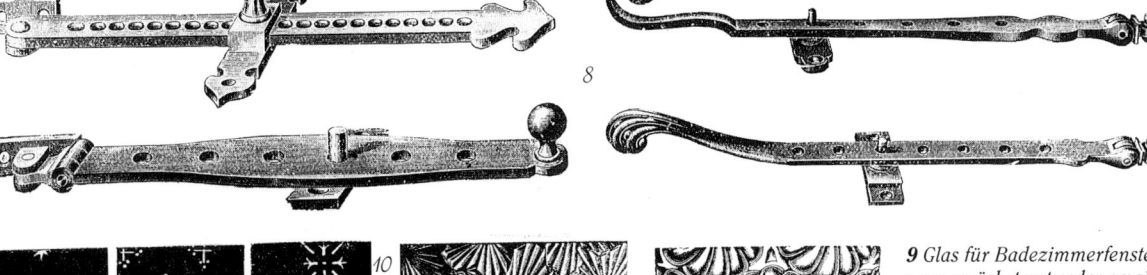

9 Glas für Badezimmerfenster war zunächst entweder emailliert oder mit Säure oder anderen Methoden geätzt. SS

10 In den 1890er Jahren verwendete man überwiegend gegossenes oder gewalztes Glas, das in weichem Zustand durch eine geprägte Walze ein Muster erhalten hatte. Hier zwei der beliebtesten Muster. SS

Wände

Christopher Dresser war ein einflussreicher Gestalter des späten 19. Jhs. Diese typischen dreigeteilten Farbschemen stammen aus seinen Principles of Decorative Design, *1879, darunter sind Friesstreifen, Decken und Schablonenmuster.* TB

Während der viktorianischen Periode betrachtete man die Wand noch in drei Teilen: vom Fußboden bis Sockelhöhe, von der Sockelleiste bis zur Bilderleiste oder zum Architrav, und vom Architrav bis zur Decke, einschließlich Gesims.

Dielen und Arbeitszimmer sind oft getäfelt, ebenso die Esszimmer vornehmer Häuser, wo das dunkle Holz einen wirkungsvollen Hintergrund für die unvermeidlichen goldgerahmten Ölgemälde bildete. Der Salon, der als Damenzimmer galt und in dem man den Tee einnahm, hatte hellere Wände.

Tapeten wurden jetzt in Rollen hergestellt. Für Dielen und Flure kamen marmorierte Muster in Mode. »Lincrusta«, eine robuste, geprägte Tapete für den Sockel, wurde 1877 eingeführt, und ein Jahrzehnt später fand die billigere Variante »Anaglypta«, oft mit Holzmuster, weite Verbreitung. Ein kleines Sortiment dieses »Lederpapiers« (ursprünglich eine Nachahmung lederner Wandbespannungen des 17. Jahrhunderts) gibt es heute noch. Friestapeten wurden in Streifen geliefert, manchmal mit zusätzlicher Schablonenmalerei.

Bis weit in das 19. Jahrhundert mussten Farbpigmente mit Knochenöl und Blei gemischt werden. Das Öl tönte die Farben dunkel, und das Streichen war schwierig. Leimfarbe war billiger, aber ebenfalls schwer zu streichen; außerdem war sie weniger haltbar.

1 *Zwei Beispiele für Täfelungen aus E.L. Tarbucks* Encyclopedia of Carpentry and Joinery, *um 1865. Diese Art Täfelung findet* sich in Dielen und Fluren, Arbeits- und Esszimmern und besteht meist aus Eiche oder Kiefer. Im linken Beispiel sind die Füllungen längs gefurcht, rechts glatt mit Perlstäben an den Rändern. EP

2 *Klingelhebel aus Messing und Porzellan. Man hatte sie in der Nähe des Kamins, um nach der Dienerschaft zu rufen.* HD

3 *Fünf typische Entwürfe für kunstvolle Wandgestaltungen aus dem Katalog der Fa. Hampton für 1892. Oben links ein Sockel mit Hochrelief-Leinwand, darüber eine Wandbespannung aus geprägtem Velin. In der Mitte ein Sockel mit Holztäfelung, darüber geprägtes Leder und ein handgemalter Fries. Oben rechts bedruckte Tapisserie unter einem Bord, darüber ein Lederpapierfries. Unten links eine Satintapete mit Seidenglanz im Stil Ludwigs XVI. Unten rechts sind Wandfelder im Empirestil mit* Tapete, Seide oder Satin bespannt; der Fries ist aus Steinpappe. HS

4 *Vier Schablonenmuster, entworfen von A.W.N. Pugin.* PC

5 *Dieses Schablonenmuster aus* The Practical Decorator and Ornamentist, *1892, lässt das Interesse an Japan erkennen.* DO

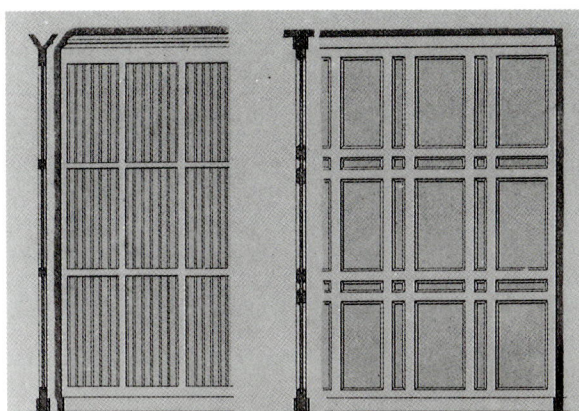

1

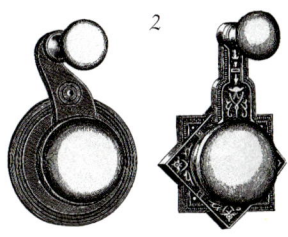

2

WÄNDE

3

Treatment No. 4.
Treatment No. 5.
Treatment No. 6.

The Dado in Modelled Canvas in high relief. The filling, embossed vellum.
Wood-panelled Dado. Filling, embossed leather in studded panels. Hand-painted Frieze.
Printed Tapestry, hanging from beneath shelf. Frieze in leather paper.

HAMPTON & SONS,

4

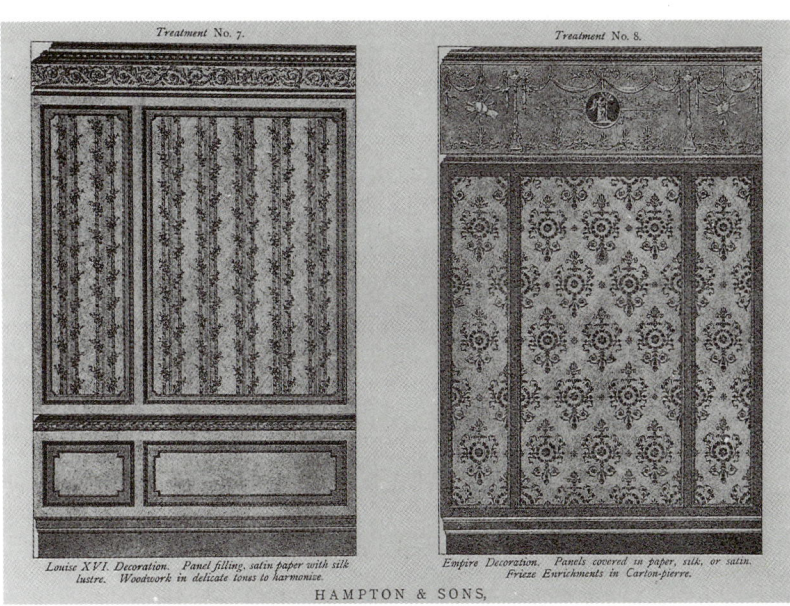

Treatment No. 7.
Treatment No. 8.

Louise XVI. Decoration. Panel filling, satin paper with silk lustre. Woodwork in delicate tones to harmonise.
Empire Decoration. Panels covered in paper, silk, or satin. Frieze Enrichments in Carton-pierre.

HAMPTON & SONS,

5

1 Holzkonsolen tragen ein Bord als Gesims über der Bilderleiste. Das war eine beliebte Möglichkeit, eine Porzellansammlung zu präsentieren. Die Schablonenmalerei darunter ist ein typisch viktorianisches, quasiklassisches Festonmuster. Bournemouth, Dorset, 1894. RC

2 Die Gestaltung des schablonierten Frieses unter dem Gesims beruht auf dem Mäander. Die darüber liegenden Profile sind verschiedenfarbig abgesetzt. Bournemouth, Dorset, 1894. RC

3 Gemusterte Fliesen bildeten eine haltbare und leicht zu reinigende Oberfläche; man hatte sie gern in Dielen und Gängen sowie in Bädern. Hier wird das Blumenmuster in Braun, Grün und Blau von einer hölzernen Sockelleiste abgeschlossen. 1890er Jahre. CR

5 Sockelhohe Eichentäfelung mit »Zinnenkante« und geschnitzten Tieren und Sonnenblumen in den Füllungen. Cragside, Northumbria. CR

6 Prägetapeten wie Lincrusta und Anaglypta verwendete man unterhalb der Sockelleiste. London, um 1880. RG

7 Diese Tapete aus dem späten 19. Jh. hat ein Muster von Tudor-Rosen, das sich auch für Decken eignete. RC

4 Gern wurden Wände marmoriert und schabloniert, selbst in ärmeren Haushalten. TE

Decken

1 Entwurf für eine Stuckdecke aus Robert Robsons The Mason's, Bricklayer's, Plasterer's and Decorator's Practical Guide, *1868. Das Thema ist typisch für das 18. Jh., die Gestaltung des Laubs ganz und gar viktorianisch.*

Robson schlägt vor, die Ornamente teilweise zu vergolden. MB
2 Die Abbildungen aus dem Katalog von George Jackson and Sons zeigen drei Entwürfe für Decken aus Faserputz, um 1880. GJA

Die Decken größerer viktorianischer Häuser boten reiche Entfaltungsmöglichkeiten für Stuckateure. Mit kunstvollen Girlanden, Rippen, Blumen und Festons konnten sie ihr Talent ebenso unter Beweis stellen wie mit den komplizierten Mustern der Gesimse. In den besten Räumen hingen Gasleuchter von reich verzierten Deckenrosetten herab, die manchmal gleichzeitig der Ventilation dienten. Wegen der besseren Luftzirkulation waren die Decken meist hoch. Bescheidenere Häuser hatten eine einfache Gesimsleiste und eine schlichte Mittelrosette.

Ein Musterbuch von George und Maurice Audsley aus dem Jahr 1892 zeigt eindrucksvolle Schablonenmuster für Ecken, die sich aber nicht durchsetzten, da der viele Schmutz, der sich – hauptsächlich infolge des Gebrauchs von Öl- und Gaslampen – an den Decken sammelte, häufiges Renovieren nötig machte.

Im Jahre 1856 wurde mit Leinwand verstärkter Faserputz patentiert. Dadurch konnten große Putzfelder mit plastischen Ornamenten vorgefertigt und dann angenagelt werden. Auch komplizierte Gesimse, Rosetten und andere dekorative Elemente konnte man auf diese Weise herstellen. Papiermaché und Composition waren akzeptable Alternativen für Putzarbeiten. Die komprimierte, leichte Profiltapete »Anaglypta« wurde sehr gern verwendet, um glatten Decken Struktur zu verleihen; sie wurde als billige Alternative zum Faserputz geschätzt.

1 *Schablonenmuster aus* The Practical Decorator and Ornamentist, *1892. Dargestellt sind zwei Eckornamente und die halbe Deckenrosette.* DO
2 *Weitere Eckmuster für Decken aus derselben Quelle.* DO
3 *Deckentapete in einem nachempfundenen Tudorstil, von J. Aldam Heaton für Richard Norman Shaw, 1880er Jahre.* DD

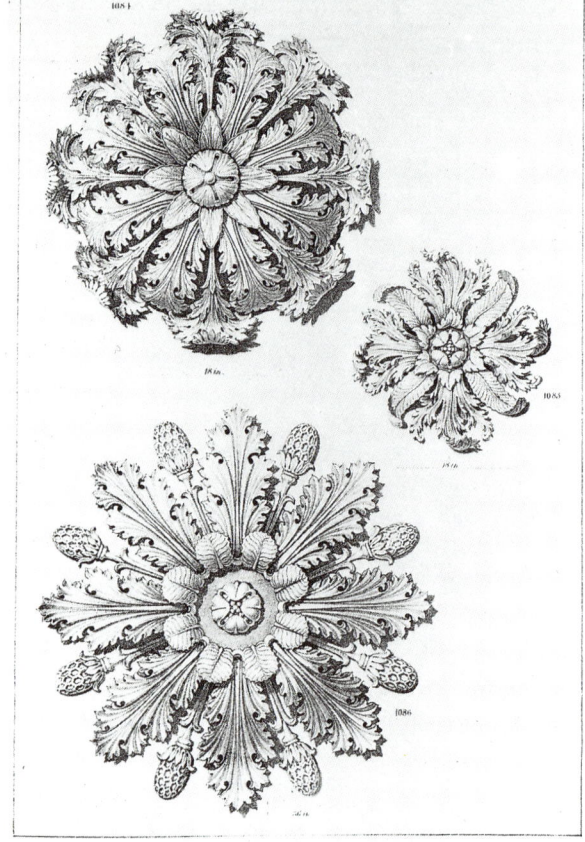

4 *Richard Norman Shaw entwarf diese Decke mit Balken und Kassetten für die Bibliothek in Cragside, Northumbria. Die kompliziert gestaltete Decke mit Nussbaumfüllungen in Quadraten und mit geschnitzten* Schlusssteinen wurde 1872 fertiggestellt. CR
5 *Drei Deckenrosetten aus Papiermaché aus dem breiten Sortiment von George Jackson and Sons, 1889. Sie waren auch in Faserputz erhältlich.* GJA

6 *Friesentwürfe aus demselben Katalog von Jackson. Das Sonnenblumenmuster des ersten ist vom Aesthetic Movement beeinflusst, der zweite zeigt einen verfälschten Arts-and-Crafts-Stil.* GJA

Fußböden

No. 239.—FLOORCLOTH. No. 1028.—LINOLEUM. No. 80.—INLAID LINOLEUM.

No. 586.—FLOORCLOTH. No. 194.—LINOLEUM. Red. No. 996.—CORK CARPET. Blue.

HAMPTON & SONS, Pall Mall East, and Cockspur Street, Charing Cross, London, s.w.

Hampton and Sons produzierten ein großes Sortiment an Fußbodenbelägen. Diese sechs Muster aus ihrem Katalog von 1892 zeigen wirkungsvolle Imitationen teurer Fußböden. Links zwei Beispiele für textilen Belag: oben in der Art von Fliesen, unten mit Blumenmuster.

In der Mitte zwei Beispiele für dekoratives Linoleum. Rechts oben täuscht ein »eingelegtes« (durchgefärbtes) Linoleum mit Kante Enkaustikfliesen vor. Der Korkteppich unten rechts ähnelt Linoleum, aber das Gemisch aus Kork und Leinöl ist weniger stark komprimiert. HS

Bescheidene viktorianische Häuser haben meist einfache Kiefernfußböden. Üblicherweise wurden sie mit Teppichen belegt und der frei liegende Rand mit Bienenwachs und Terpentin poliert. Auch Parkett aus verschiedenfarbigen Harthölzern, in geometrischen Mustern verlegt, war als Teppichumrandung beliebt.

Wenn nur ein einziger Teppich gelegt wurde, konnte das Holz um ihn herum auch mit einer Schablone parkettartig gestaltet werden. Anstelle eines Teppichs wählte man oft einen billigeren textilen Belag, d.h. eine Leinwand, deren aufgedrucktes Muster Teppich, Parkett oder Fliesen imitierte. Solche Beläge waren leicht zu reinigen und wurden oft in Dienerkammern verwendet.

Das in der zweiten Jahrhunderthälfte erfolgreich eingeführte Linoleum war eine haltbare Alternative zum textilen Belag. Eine feste Leinwandunterlage wurde mit einer Mischung aus komprimiertem Kork und Leinöl beschichtet. Auch damit imitierte man nicht selten bessere Fußböden, z.B. Parkett, doch galt einfarbiges braunes oder grünes Linoleum als »stilvoller«.

Flurfußböden wurden gewöhnlich mit dekorativen Enkaustikfliesen ausgelegt, die meist ein geometrisches Muster zeigen. Die beiden wichtigsten kommerziellen Lieferanten waren Minton und Maw; sie führten die verschiedensten Muster in ihrem Sortiment. In Küchen verlegte man Schieferplatten oder einfache rote Kunststeinplatten.

DECKEN

FUSSBÖDEN

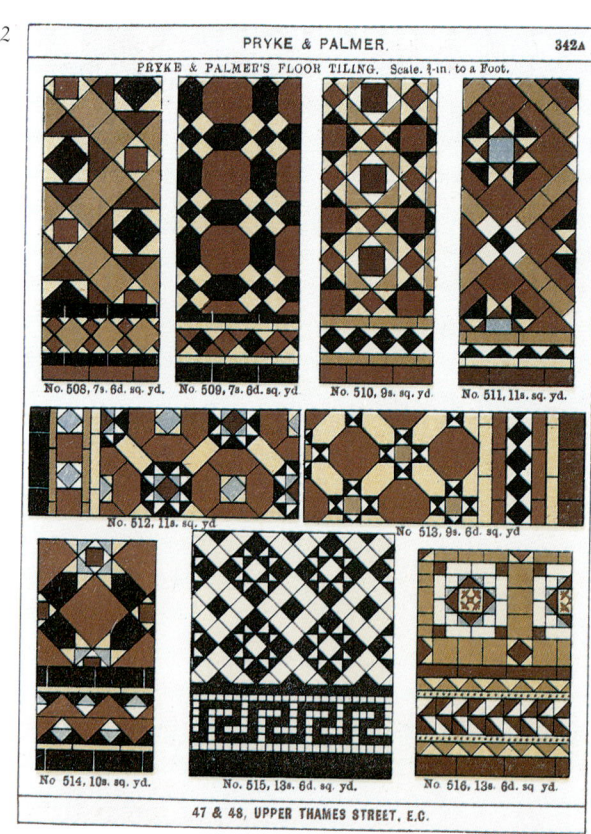

1 *Entwurf für einen Stein- und Marmorfußboden für eine elegante Eingangshalle, 1868. Vereinfachte Versionen konnten billiger aus gefärbtem Zement hergestellt werden.* MB
2 *Diese Seite aus dem Katalog* *von Pryke und Palmer für 1896 zeigt eine kleine Auswahl an Enkaustikfliesen. Pflegeleicht und strapazierfähig, wurden sie in Dielen, Fluren und Wintergärten, aber auch auf Stufen und Wegen im Freien verwendet.* PP

3 *Parkettfußböden und Kanten waren beliebt und wurden aus den verschiedenfarbigen Harthölzern gefertigt, die man aus den Kolonien importierte. Beispiele von 1872.* HI
4 *Drei Beispiele von Axminster-Teppichen (mit geknüpfter Bordüre) im Katalog von Hampton and Sons 1892. Kanten wurden separat geliefert.* HS

Kamine

*Gusseiserne Kamine mit einge-
bautem Registerrost wurden ab
Ende der 1850er Jahre massenhaft
hergestellt und konnten mit oder
ohne zusätzliche Umrandung
verwendet werden. Alle Kamine
außer den kleinsten Modellen
waren mit Fliesen verziert.* TE

Kamine gehörten zu den Hauptmerkmalen des viktorianischen Hauses und waren in fast allen Räumen zu finden. Ein Kamin besteht aus zwei Teilen: dem industriell hergestellten gusseisernen Rost und der Kamineinfassung,
meist aus Marmor, Schiefer oder Holz.

Große, offene Kamine hatten freistehende Roste, doch in
den wichtigen Räumen der meisten Stadthäuser gab es auch
Registerroste, die zusammen mit Feuerschild und innerem
Rahmen in einem Stück gegossen waren. Diese Roste wurden in den Kamin eingesetzt; der Luftzug konnte mit Schie-
bern reguliert und so der Wirkungsgrad des Feuers erhöht
werden. Zu beiden Seiten des Rostes brachte man, zunächst
in den größeren Häusern, gern bunt gemusterte Fliesen an.

Gegen Ende des 19. Jahrhunderts wurden Registerroste mit
Fliesen massenhaft hergestellt.

In eleganten Häusern erneuerte man beim Renovieren
nicht selten auch die Kamineinfassung. Traditionell fanden
sich in den Haupträumen Marmor, Schiefer und später auch
Gusseisen. Hölzerne Einfassungen waren in kleineren Häusern und den weniger wichtigen Räumen großer Häuser gebräuchlich. Sie wurden lackiert oder gestrichen, je nach der
Qualität des Holzes. Der Aufsatz – mit einem Spiegel in der
Mitte und raffiniert angeordneten Säulen und Borden für
Ziergegenstände ausgestattet – wurde gegen Ende der Periode populär. Im späten 19. Jahrhundert begann die schritt-
weise Umstellung auf Gasfeuer.

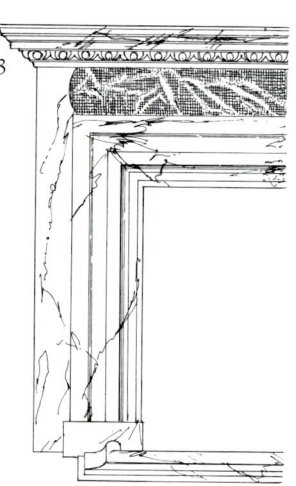

1 Schlichte Einfassung aus bemaltem Holz im Landhausstil.
2 Kunstvolle Marmoreinfassung für einen Kamin im Esszimmer oder der Bibliothek.
3 Einen ganz anderen Stil verkörpern die schlichten, klassischen Linien dieser Kamineinfassung im erneuerten Queen-Anne-Stil der 1880er Jahre, entworfen von Richard Norman Shaw. Sie besteht aus hellem Marmor, der Polsterfries ist dunkler. Die Umrandung der Kaminsohle hat profilierte Deckleisten.
4 Gotischer Kamin aus behauenem Naturstein mit steinerner Kaminsohleneinfassung. In den Zwickeln heraldische Symbole.

5 Ab Mitte der viktorianischen Periode kamen seriell gefertigte gusseiserne Kamineinfassungen in großen Mengen u.a. aus der Carron Company. Der Anstrich dieses typischen Schlafzimmerkamins imitiert eine Eichenmaserung. Der Registerrost gehörte dazu, die glasierten Fliesen waren ein Extra. CO

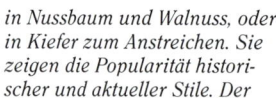

6 Vier hölzerne Kamineinfassungen aus dem Angebot von C. Hindley and Sons, London, in den 1880er Jahren. Es gab sie in Nussbaum und Walnuss, oder in Kiefer zum Anstreichen. Sie zeigen die Popularität historischer und aktueller Stile. Der erste hat elisabethanische Vorbilder, der zweite zeigt den damals zunehmend beliebten erneuerten Queen-Anne-Stil. Die anderen beiden verraten mit einer Fülle von Ornamenten, u. a. japanischen Fächern, den Einfluss des Aesthetic Movement. CH

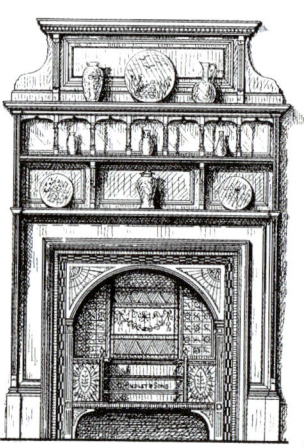

1 Neogeorgianische Einfassung mit den Volutenkapitellen der ionischen Ordnung. Die Gliederung im Adam-Stil ist achtbar, wenn auch etwas übertrieben, aber die untersetzten Proportionen der kannelierten Schäfte und der Sockel lassen diesen Kamin sehr viktorianisch aussehen. Der Kaminvorsatz mit dem zarten Rollwerk ist von ca. 1860. MM

2 Schlichte marmorne Kamineinfassungen mit einfarbigen Fliesen wie hier waren typisch für einfache Häuser. Glasgow, 1892. TE

3 Eine so großartige Einfassung passte z. B. in ein Speisezimmer. Schiefer mit marmorierter Oberfläche kontrastiert mit dem gusseisernen Registerrost und den geblümten Fliesen. London, um 1880. RG

4 Der Aufsatz mit Spiegel war chic. Dieses Beispiel ist typisch für den erneuerten georgianischen Stil der 1890er Jahre. RC
5 Kamineinfassung mit Aufsatz aus polier-tem Holz, interessant durch den auffäl-ligen Baronialstil und die ungewöhnliche Gliederung. RC
6 Eckkamine waren in der viktorianischen Epoche populär. Dreistufiges Modell aus den 1890er Jahren mit vielen »klassischen« Merkmalen, facettierten Spiegeln und einem Gemälde. RC

KAMINE

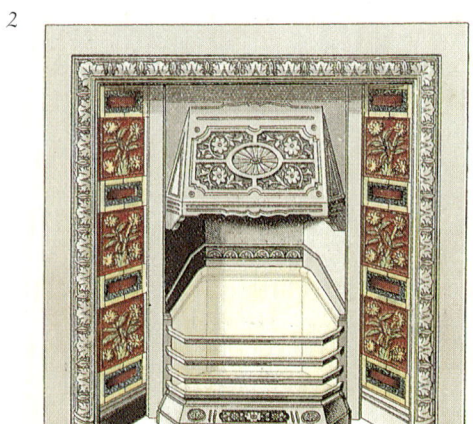

No. 488, 10s. 6d per pair   No. 489, 7s. 9d per pair   No. 490, 9s 6d per pair   No. 491, 10s. 6d per pair

No. 492, 13s. 6d per doz.   No. 493, 24s per doz.   No. 494, 8s. 6d per doz.   No. 495, 24s per doz.

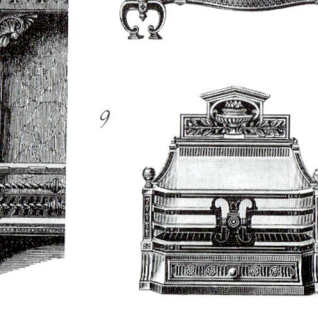

1 und 2 Pryke and Palmer lieferten Registerroste mit Fliesen in mehreren Standardgrößen. Diese Modelle aus ihrem 1896er Katalog eigneten sich für kleine Stadthäuser. Die Einfassungen aus Holz, Stein oder Marmor wurden separat geliefert. PP
3 Pryke and Palmer boten ein bemerkenswertes Sortiment an bunten Fliesen und Platten. Fliesen wurden immer beliebter, waren sie doch attraktiv, haltbar und leicht zu reinigen. PP
4 Schlichter, genormter Registerrost aus Gusseisen. Die ovale Klappe an der Rückseite konnte geschlossen werden, wenn kein Feuer brannte, damit kein Ruß aus dem Schornstein herunterfiel. SB

5 und 6 Mit steigender Kunstfertigkeit der Gießer wurden auch die industriell hergestellten Kamine stilistisch anspruchsvoller. Zwei Registerroste vom Ende des 19. Jhs. aus der William Owen Foundry. HE
7 bis 10 In großen offenen Kaminen, etwa in den Eingangshallen eleganter Häuser, hatte man noch immer frei stehende Roste. Ursprünglich für Holzfeuer verwendet, wurden sie in der viktorianischen Zeit verkleinert und mit Schamottesteinen eingefasst, damit auf ihnen auch Kohle verbrannt werden konnte. Oft waren sie mit Messingornamenten verziert. Vier Beispiele von der Carron Company. CO

1 Dieser schöne offene Kamin ist mit italianisierenden Majolikafliesen ausgekleidet und hat einen massiven frei stehenden Rost. Die gedrechselten und geschnitzten Holzteile der Einfassung sind von hoher Qualität. Bournemouth, Dorset, 1894. RC
2 Kleinerer, verzierter Kamin für ein Schlafzimmer. Der kupferne Baldachin ist mit einer strahlenden Sonne geschmückt, die schräggestellten Fliesen mit Festons und Engelchen. RG

3 Gusseiserne Einfassung für einen Registerrost. Die recht schweren plastischen Verzierungen werden durch das Mittelfeld mit den Früchten aufgelockert. RC
4 Große Kunstfertigkeit erforderte die Hinterschneidung an dem Blumenfries dieses neogotischen Prachtstücks in Strawberry Hill, Middlesex, um 1860. SH
5 Gusseiserne Einfassung mit Festons und Rundfeldern am konvexen Fries und einer Eule am Pilaster. RG

6 Gegen Ende der Epoche gab es die ersten Gasfeuer. Schnell priesen die Hersteller die Arbeitserleichterung an: keine Kohlen zu tragen, keine Asche auszuräumen, keinen Schornstein zu fegen. Das Echo war verhalten, denn das Gasfeuer war kostspielig, verlöschte leicht und war von einer gleichmäßigen und zuverlässigen Gaszufuhr abhängig. Vier typische Beispiele mit kompliziert gestalteten Gehäusen und Asbest-Heizelementen. SS, SS, DG, DI

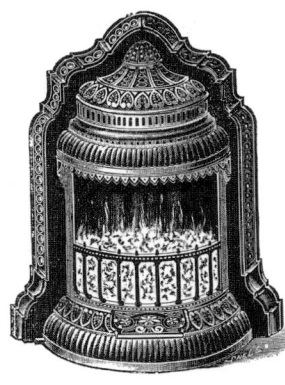

Küchenherde

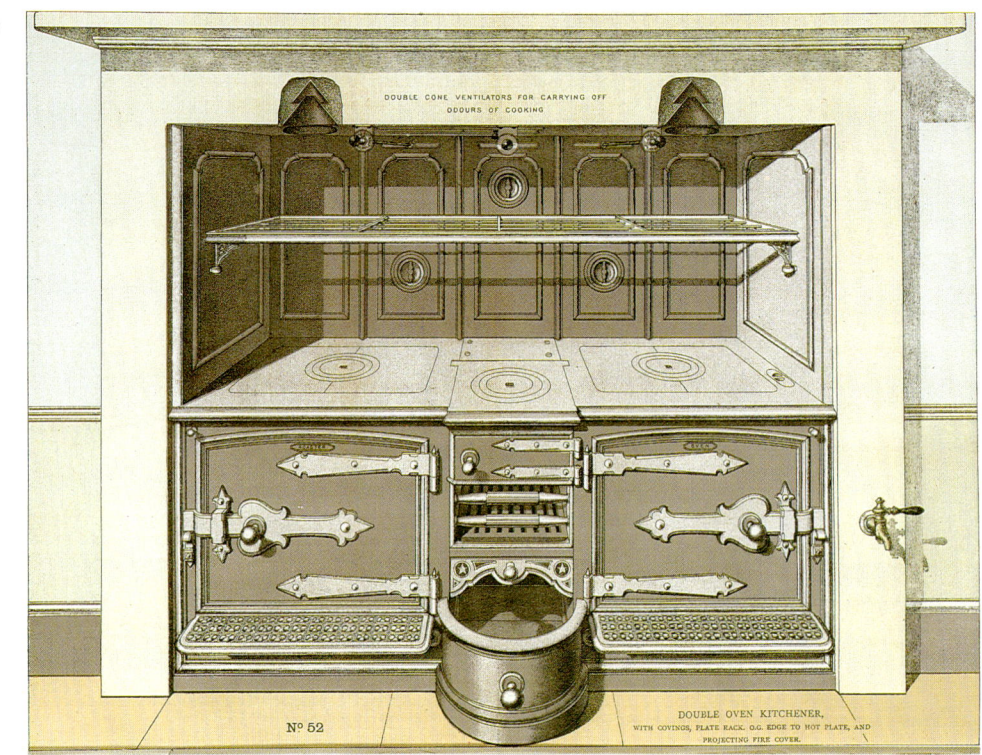

1 *Der Herd war das Herz der viktorianischen Küche. Dieses schöne, repräsentative Beispiel hat zwei Backröhren, einen halbgeschlossenen Rost mit vorstehender Abdeckung und über dem Tellergestell zwei doppelt kegelförmige Ventilatoren als Dunstabzüge (um 1890).* PP

2 *und* **3** *Zwei Gasöfen aus dem späten 19. Jh. von der Carron Company. Beide mit Grill und reichlich Kochstellen. Das linke Modell hat zusätzlich einen Kupfertank zum Erwärmen von Wasser.* CO

Der eingebaute gusseiserne, mit Kohle befeuerte Herd war in der viktorianischen Küche das gebräuchlichste Kochgerät. Es gab »offene« und »geschlossene« Herde; letztere hatten, wie der Name sagt, einen eingehausten Feuerrost, was sie zunehmend beliebt machte. Kasserollen hielten länger und blieben sauberer, wenn sie auf einer Platte statt über dem offenen Feuer benutzt wurden. Ein weiterer Vorteil bestand darin, dass das Feuer über Nacht gehalten werden konnte.

Es gab viele Formen von Küchenherden, meist aber befand sich die Feuerstelle in der Mitte, zwischen Wasserkocher und Backofen. Sauberkeit und Brennstoffökonomie waren wichtige Verkaufsargumente.

Transportable »Küchenmeister« wurden manchmal bevorzugt, weil man sie auch etwas entfernt vom Rauchzug aufstellen und mit einem Ofenrohr anschließen konnte. Sie standen auf Beinen, aber das Wort »transportabel« ist irreführend, denn sie waren sehr schwer; da sie jedoch nicht eingebaut waren, konnten sie als Inventar des Mieters gelten.

Gasöfen erlangten gegen Ende des Jahrhunderts einige Bedeutung, aber ihr Betrieb war kostspielig und hing von einer zuverlässigen Gasversorgung ab. Da sie nicht kontinuierlich heizten, wurden sie als ideal für den Sommer angepriesen, wenn eine kühle Küche erstrebenswert war. Es dauerte jedoch etliche Jahre, bis sie eine ernsthafte Konkurrenz für den traditionellen Herd darstellten.

Treppen

Diese mächtige Treppe aus polierter Eiche wurde um 1876 nach einem Entwurf des einflussreichen Architekten Richard Norman Shaw für Cragside, Northumbria, gebaut.

Sie hat eine Lichtwange und schwere, gedrechselte Baluster sowie mächtige, gerade Antrittspfosten. Auf ihnen thronen geschnitzte Löwen mit Lampenständern – eine der

ältesten erhaltenen elektrischen Beleuchtungen in England. Der Teppich wird durch Messingstangen gehalten und lässt auf jeder Seite einen Streifen Holz frei. CR

Reihenhäuser hatten meist gegenläufige Treppen, da diese nicht teuer waren und wenig Platz beanspruchten. Sie bestanden gewöhnlich aus Nadelholz, z.B. Kiefer, und hatten zu Beginn der Epoche einfache Vierkantstäbe als Baluster. Später tauchten zunehmend kunstvoll gedrechselte Baluster und Antrittspfosten auf. Sie wurden seriell hergestellt und von Baustoffhändlern verkauft, ebenso wie die breiten, profilierten Handläufe aus Mahagoni oder Eiche.

Die Stufenränder waren zumeist gestrichen, gebeizt, oder wie Eiche geädert und lackiert. Ein Teppichstreifen wurde als Läufer auf die Mitte der Stufen gelegt und von Messing- oder Holzstangen gehalten. Beim Frühjahrsputz verschob man den Teppich jedes Mal um einige Zentimeter nach oben

oder unten, so dass er sich gleichmäßig abnutzte. Hintertreppen und Treppen einfacher Häuser waren stattdessen mit textilen Belägen oder Linoleum ausgelegt und trugen polierte Messingschienen als Schutz an den Kanten der Trittstufen.

In großen Häusern finden sich häufig Treppen ohne Mittelsäule. Sie bestehen aus Stein oder Marmor, mit kunstvoll gearbeiteten gusseisernen Balustraden und Handläufen aus poliertem Mahagoni. Gegen Ende des 19. Jahrhunderts gab es eine große Auswahl an Balustradenformen. Die Trittstufen sind meist freitragend, und falls ein Teppich darauf gelegt wurde, ließ man die Ösen für die Teppichstangen in den Stein ein.

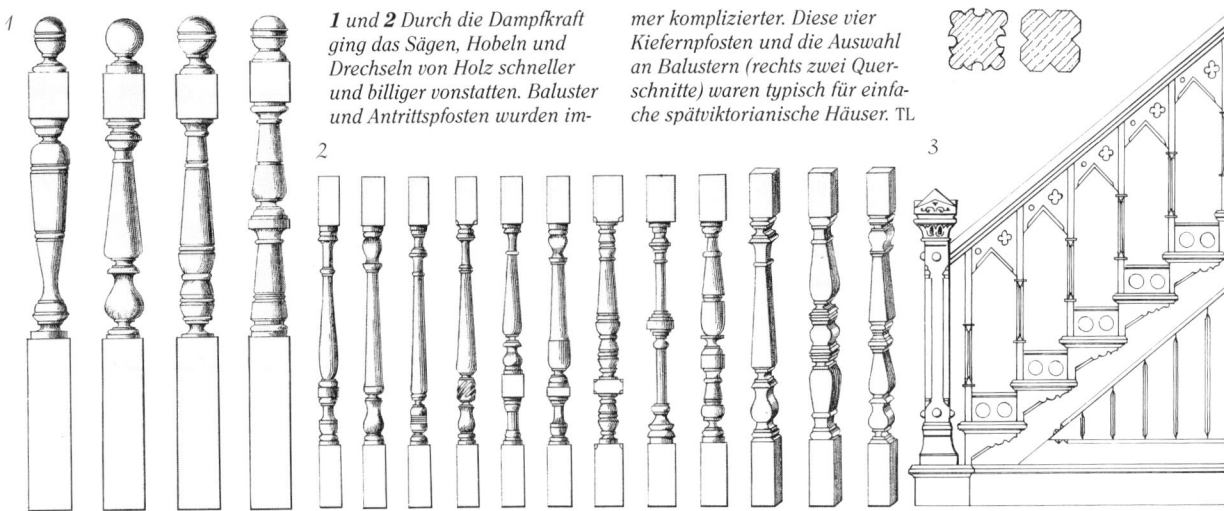

1 und **2** Durch die Dampfkraft ging das Sägen, Hobeln und Drechseln von Holz schneller und billiger vonstatten. Baluster und Antrittspfosten wurden im-

mer komplizierter. Diese vier Kiefernpfosten und die Auswahl an Balustern (rechts zwei Querschnitte) waren typisch für einfache spätviktorianische Häuser. TL

3 Bauspekulanten begrüßten das breite Angebot der Baustoffhändler an seriell hergestellten Treppenelementen, aber in einem Architektenbau wurde die Treppe individuell geplant. Dieses Beispiel für eine Villa im gotischen Geschmack ist aus

Cottage, Lodge and Villa Architecture von G.A. und W.J. Audsley, um 1860. CL
4 bis **6** Balustraden aus Gusseisen oder Bronze waren eine teure, aber elegante Alternative zu Holz. Diese drei Beispiele entstammen dem Katalog von

Macfarlane's Castings, Glasgow, für 1882. Die Monogramme in den Schilden im mittleren Beispiel wurden auf Bestellung gefertigt. MC
7 Die gusseiserne Wendeltreppe war eine sinnreiche Konstruktion. Im Gegensatz zur mittel-

alterlichen Form, die in der Außenwand verankert war, stand die viktorianische Spirale frei und war oft außen angebaut. Dieses Modell von Macfarlane's Castings hat ein typisches, kompliziertes Schnörkelmuster an Trittstufen und Stufenenden. MC

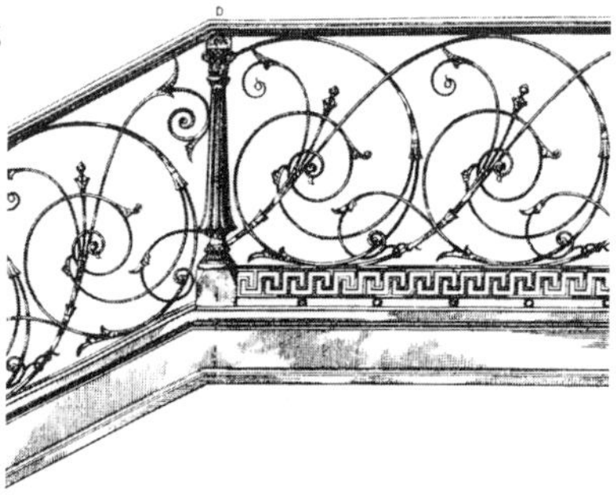

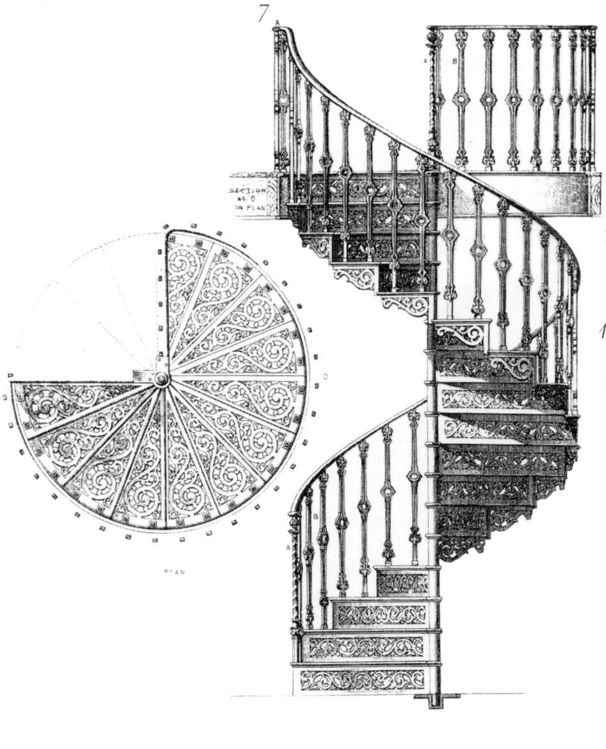

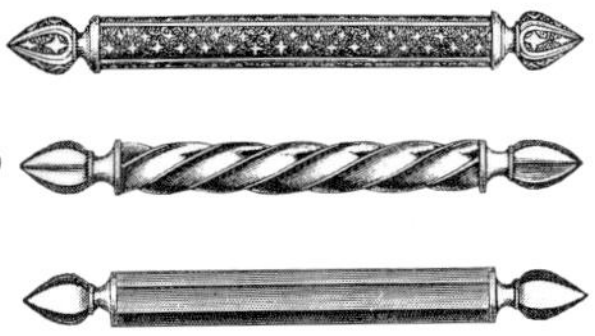

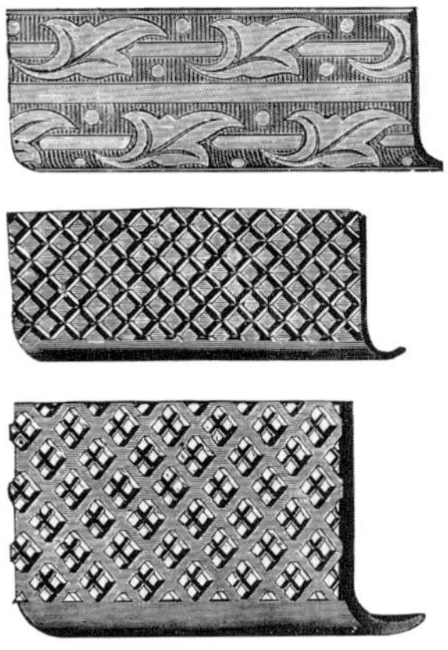

8 Querschnitte von Handläufen. Sie bestanden meist aus polierter Eiche oder Mahagoni, auch wenn die Treppe selbst aus Kiefer war.
9 und **10** Läufer wurden von Stangen gehalten, die durch Ösen gesteckt waren, beides in der Regel aus Messing. Die Beispiele sind von H. and

C. Davies and Company und waren in deren Musterbuch 1888 enthalten. HD
11 Bei Treppen, die mit Linoleum belegt oder starker Abnutzung ausgesetzt waren, wie die rückseitigen Dienstbotentreppen, wurden die Treppenkanten mit Messingleisten verstärkt. SC

1 Treppenbalustraden wurden fast immer durch gedrechselte Stäbe geschmückt, selbst in den bescheidensten Häusern. Gestrichenes Kiefernholz war die billigste Variante, aber der Handlauf bestand häufig aus poliertem Hartholz. London, um 1880. RG

2 Steintreppen hatten oft gusseiserne Balustraden. Obgleich teurer als Holz, waren sie populär und wurden in eleganten Designs hergestellt. Hier windet sich Laub an den Balustern empor. Glasgow, um 1850. SP

3 Dieser viktorianische Stich von 1882 zeigt den Modellvorschlag des Gestalters Lewis F. Day für die Dekoration von Flur und Treppe eines typischen spekulativ gebauten Reihenhauses. Schablonenmuster sind allgegenwärtig. Auch der schmale Teppich ist typisch für die Zeit. EA

4 Ein Schablonenmuster begleitet die Treppe in Sockelhöhe. Ölfarbe, mit einem harten Lack überzogen, ergab eine robuste und pflegeleichte Oberfläche. RC

5 Eine ungewöhnliche geschnitzte Patera ziert den Eckpfosten dieser Treppe. Die gedrechselten, sich verjüngenden Baluster sind typisch spätviktorianisch. RC

6 Ein reich verzierter Antrittspfosten und eine kompliziert gearbeitete gusseiserne Balustrade betonen diese Steintreppe. Die üppige, feingliedrige Dekoration der Treppe aus den 1870er Jahren ist typisch für spätviktorianische Reihenhäuser. LSH

Einbaumöbel

1 Dieses Foto von 1897 zeigt die Einbaumöbel aus weiß gestrichener Kiefer im Boudoir von Wickham Hall, Kent. Klassischer »georgianischer« Einfluss ist zu erkennen, aber die überladenen Fächer und das schwere, auf Konsolen ruhende Gesims sind entschieden viktorianisch. Die verglasten Schranktüren wirken wie Erkerfenster. Der Mittelteil bildet den Kaminaufsatz; der Kamin ist durch den Kaminschirm verdeckt. WL

2 Die »gemütliche Ecke« und die »Kaminecke« waren beliebt. Hier sind beide kombiniert. Die Funktion des hölzernen Sitzes ist aber eher dekorativ als praktisch, denn er ist recht weit vom Feuer entfernt. Bournemouth, Dorset, 1894. RC

Die Begeisterung für Einbaumöbel hatte viel mit dem Überdruss an den vollgestopften Interieurs vom Beginn der Periode zu tun, aber auch mit dem zunehmenden Handel mit maschinell gefertigten Tischlerwaren. Eine große Einrichtungsfirma versprach in ihrem Katalog für die 1880er Jahre »besonderes Augenmerk auf montierte Möbel«, man werde »gern Kostenvoranschläge für die Montage von Bibliotheken, Boudoirs und Schlafzimmern in poliertem Hartholz oder gestrichenen Hölzern erstellen«.

Das Druckgewerbe war eine Wachstumsindustrie, und größere Häuser haben eindrucksvolle eingebaute Bibliotheksschränke. Ihre Borde liegen zwischen Pilastern oder gotischen Säulenschäften. In der Höhe ließen sie unter der Decke gerade noch genügend Platz, damit hinter einem Gesims auf der oberen Platte Büsten klassischer Schriftsteller und Philosophen aufgestellt werden konnten. Folianten wurden im unteren Teil der Schränke aufbewahrt, während die oberen Borde die kleineren Bände aufnahmen.

Eine reizende Besonderheit war die »gemütliche Ecke«, eine eingebaute intime Sitzecke, oft nahe am Kamin oder in einer Zimmerecke.

Die eingebaute Anrichte ist ein fester Bestandteil der viktorianischen Küche. Zunächst besaß sie offene Borde für das Porzellan, später kamen Glastüren hinzu. Speisenaufzüge verbanden das Esszimmer mit der Küche, wenn diese im Keller gelegen war.

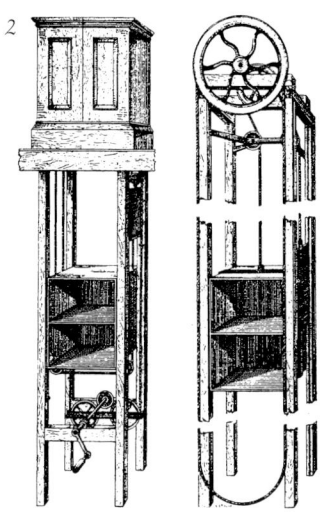

1 *Schlafzimmermöbel von C. Hindley and Sons mit eingebautem Waschtisch, Toilettentisch und Oberschränken. »Gemütliche« Plätze am Kamin vervollständigen das Bild.* CH

2 *Speisenaufzüge oder »stumme Diener« benutzte man in Häusern, die ihre Küche im Keller hatten. Sie wurden über Seile und Rollen von Hand betätigt; das Fördergestell war manchmal eingehaust.* CM

3 *Bibliothek in Cragside, Northumbria, 1872 fertiggestellt. Die eichenen Bücherschränke sind kunstvoll plastisch gestaltet und haben verglaste Türen.* CR

4 *Typische Küchenanrichte aus Glasgow mit Tellerborden und Kohlenbehälter.* TE

5 *Kunstvoll gestaltete »gemütliche Ecke«. In der verglasten Vitrine wurde Porzellan präsentiert. Die Seidendrapierung am Baldachin passte zu den Sitzen, die man mit Tapisserie oder Seide bezog, und die Holzteile waren passend zum Raum gestrichen.* HS

EINBAUMÖBEL

Installation

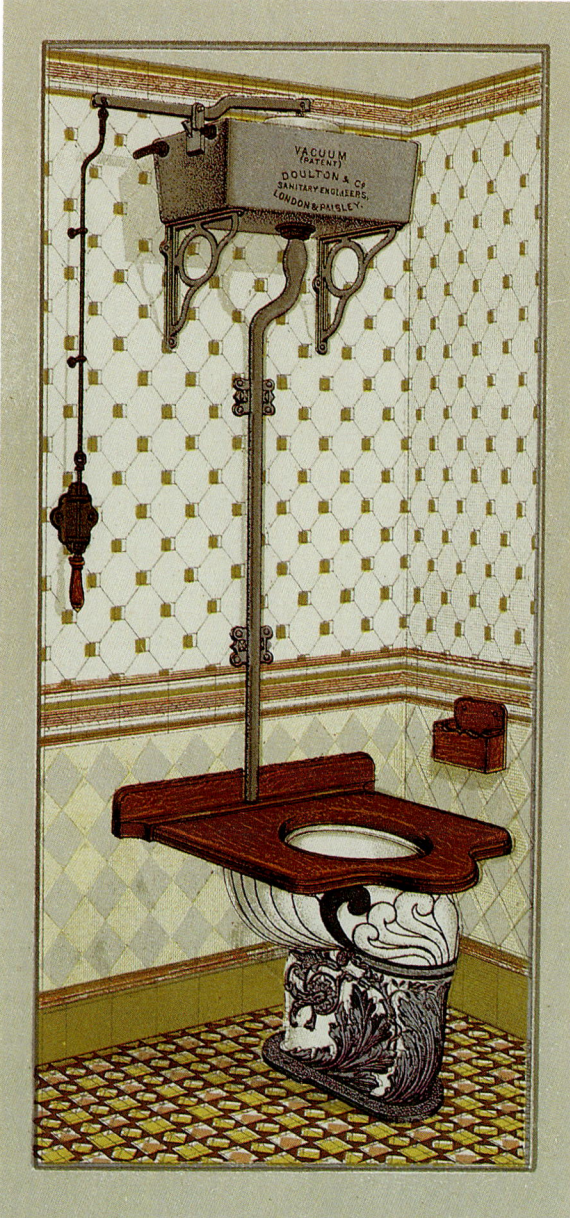

Patentklosett für innen mit Umdruckmuster, hergestellt von Doulton and Company, London, um 1885. D

Im viktorianischen Zeitalter war man entschlossen, etwas gegen die unhygienischen Zustände zu tun, die eine ständige Krankheitsquelle darstellten. Glasierte Tonrohre wurden unterirdisch als Abwasserleitungen verlegt, und das Volksgesundheitsgesetz von 1884 schrieb vor, dass alle Haushalte irgendeine Art von Klosett haben mussten. Bei vielen der ärmeren Häuser war dieses noch immer im Garten zu finden. Mit der Verbesserung des Abwassersystems wurden Innenklosetts gebräuchlicher. Die bisher ungenügenden Spülvorrichtungen waren in den 1870er Jahren durch den hoch hängenden Spülkasten ersetzt worden, der einen Schwall Wasser freigab. Er war aus Gusseisen und wurde mit einer Kette betätigt. Gleichzeitig trat an die Stelle des wenig wirksamen Geruchsverschlusses der frühen Klosetts ein besseres, S-förmiges Modell. Klosettbecken wurden jetzt aus glasiertem Steingut mit Umdruckdekor gefertigt. Das abgebildete Modell gab es wahlweise mit verschiedenen Spülsystemen: Eines wurde durch Heben des hölzernen Sitzes betätigt, das andere durch Ziehen der Kette. Zur Lieferung gehörten auch Kästen für Papier. Papierrollen gab es ab 1880.

Sobald es ein öffentliches Wasserleitungsnetz gab, wurden die tragbaren Sitzbadewannen von fest eingebauten emaillierten Badewannen abgelöst. Waschtische, die früher von Hand gefüllt werden mussten, bekamen nun einen Wasserhahn aus Messing und einen Abfluss mit Stopfen. Das Keramikwaschbecken mit Sockel, oft im Umdruckverfahren dekoriert, ersetzte nach und nach den hölzernen Waschtisch.

Die Erwärmung des Wassers durchlief mehrere Stadien bis zur Erfindung des Gasdurchlauferhitzers im Jahre 1868. Trotz Lärm, Geruch und einer Neigung zum Explodieren war der Durchlauferhitzer als Mittel zur schnellen und sparsamen Erwärmung von Wasser bald sehr beliebt.

Auch Duschen wurden populär. Sie waren wenig mehr als umgedrehte Gießkannen mit Handpumpe und Kette, bis durch hoch gelegene Behälter für Wasserdruck gesorgt wurde. Das Wasserklosett fand man immer öfter im Inneren des Hauses, wo es euphemistisch gern als »Waschraum« bezeichnet wurde.

Häuser mit Zentralheizung hatten große, manchmal verzierte gusseiserne Radiatoren. Ornamentale Ventilatoren sollten die Frischluftzirkulation verbessern. Auch die viktorianischen Dachrinnen und Fallrohre bestanden aus Gusseisen, und an den Einläufen an den Verbindungsstellen ist zuweilen das Baujahr des Hauses angegeben.

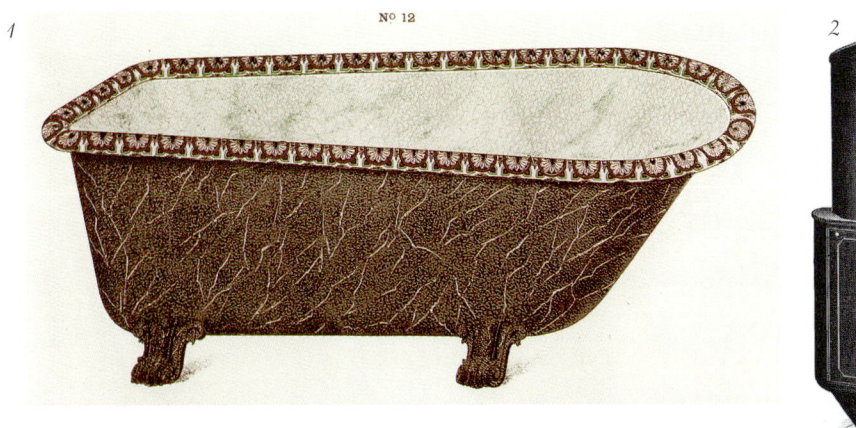

N⁰ 12

*1 Gusseiserne »römische«
Wanne von 1884 mit marmo-
riertem Email und Schablonenmuster am Rand.* HS
*2 Duschbadewannen ver-
einten Wanne, Dusche und
Spritzschutz und waren von
den 1880er Jahren an sehr
beliebt.* AE

*3 Kupferner Gasheizer »Calda« von
1890 mit japonierter Oberfläche.* WC
*4 Spätviktorianische Wasserhähne
gab es nickelplattiert und in poliertem Messing mit Hebelgriffen aus
Ebenholz.* AE
*5 »Universal«-Gasbadewannen-hat-
ten unter dem kupfernen Boden
ein eingebautes Heizelement.* GF

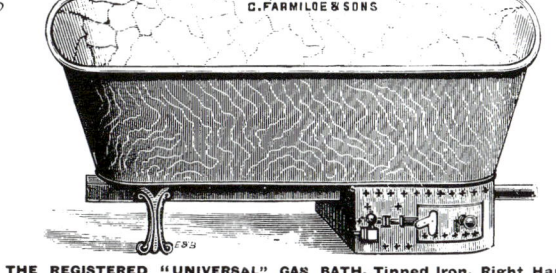

THE REGISTERED "UNIVERSAL" GAS BATH, Tinned Iron, Right Hand,
entire Copper Bottom, fitted with Washer and Plug.

*6 Repräsentatives spätviktoria-
nisches Waschbecken, das an
die Wasserleitung angeschlossen
war. Das populäre Muschelmotiv
ist zur Abdeckung des Überlaufs
wie auch für die Seifenschalen
verwendet worden. Die Messing-
hähne sind an einem separaten
Holzbrett hinter dem marmorierten Becken befestigt.* TE

*7 Standardisiertes, verziertes
Steingutwaschbecken mit Hähnen
von Emanuel and Son.* AE
*8 Vom selben Hersteller sind diese
beiden Waschbecken, die auf weiß
emaillierte gusseiserne Tragarme
mit Fries montiert sind. Unten
ein Modell für Eckeinbau.* AE
*9 Ein Modell von Hampton aus
dem Jahre 1892 vereinte Spülbecken, Waschbecken und Wasserklosett in einem Möbel.* HS

INSTALLATION

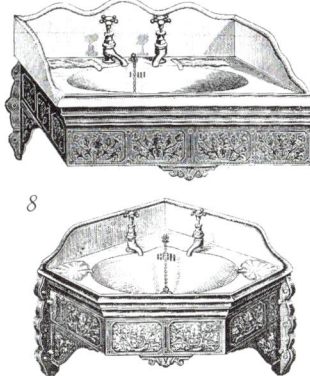

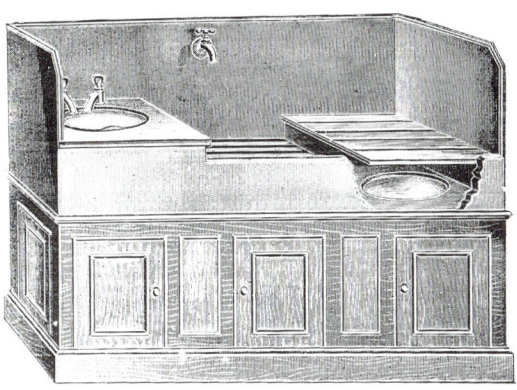

No. 8162. The Plain "Royal" Pedestal Closet.

Cane & White. White. Printed.
Prices—Centre outlet, 14/6   16/-   20/- each.
P. or L.C.C. S. trap 16/-   17/6 21/6   „

No. 8163. The "Royal" Pedestal Closet.

White.
Prices—Embossed as drawn, Centre outlet, 20/6 each.
P. or L.C.C S. Trap, 22/-.

No. 8165. The "Kodak" Pedestal Closet with Seat Lugs.

With Polished Mahogany, Oak or Walnut Seat, as drawn, Lead P. Trap, and Patent Metal Flush Inlet Coupling with Lead Bend for connecting direct to flush pipe.

Enamelled
White. Printed. in Colours.
Prices—Complete   52/-   57/6   63/- each.

No. 8166. The "Trent" Wash-down Pedestal Closet.

This Closet has been specially designed to replace the "Trent" Wash-out, and can be fixed without disturbing existing fittings.

Cane & White Printed Enamelled
White. or Ivory. as shown. in Colours.
Prices—21/-   26/-   32/-   34/- each.

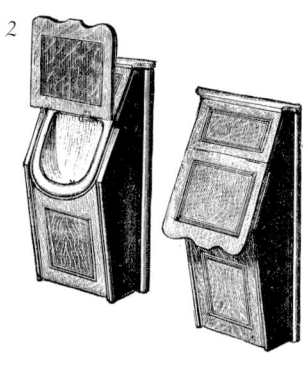

*1 Vier typische Sockelklosetts. »Geprägte« Modelle wurden seltener, denn sie waren schwer zu säubern, aber florale Umdruckmuster blieben beliebt. Die Sitze waren meist aus Mahagoni oder Eiche, in Außenklosetts aus Kiefer. PP
2 Patentiertes, verdecktes Urinal zum Gebrauch im Büro oder im häuslichen Arbeits- oder Billardzimmer. Das Gehäuse ist aus Mahagoni oder Nussbaum. Im geschlossenen Zustand sieht es laut Beschreibung »wie ein hübsches kleines Möbelstück« aus. Mit dem Heben des Deckels wird das weiße Steingutbecken sichtbar und die Spülung betätigt. GF
3 Ein handbetätigter Kolben*

setzt die Spülung dieses Wasserklosetts aus der Firma von George Jennings aus den 1890er Jahren in Gang; er ist in den hochklappbaren Holzsitz eingelassen. RC

*4 Perforiertes Toilettenpapier auf Rollen wurde 1880 eingeführt, hier ein typischer Rollenhalter aus Messing. Bis dahin hingen einzelne Blätter an einem Haken (rechts). AE
5 Sobald das Wasserklosett im Hausinneren installiert war,*

*wurde es wichtig, ungestört zu sein. Selbst in einfachen Häusern gab es einen »Besetzt-Anzeiger« an der Tür. AE
6 »Geruchlose« Gasheizer aus den 1890er Jahren. Sie hatten keine Rauchabzüge – die Abgase sammelten sich im Raum. SC*

*7 Spätviktorianisches gusseisernes Rollengehäuse zum Verbergen eines Heizungsrohres. SB
8 Dekoratives, patentiertes Lufteinlassrohr »Boyles« im gotischen Geschmack, um 1890. In die Außenwand eines Raumes eingelassen, sollte es gegen die Dämpfe der Gasgeräte helfen. BV*

9 Die Regenwassereinläufe zeigen die Qualität der Verarbeitung von Gusseisen. Sie wurden in vielen Stilrichtungen hergestellt. Die vier Beispiele aus dem Sortiment von Steven Brothers and Company (um 1885) sind für Frontal- oder Eckeinbau gedacht. An einem ist das Baujahr des Hauses angegeben. SB

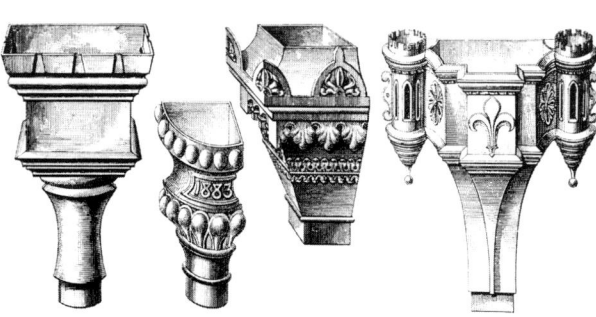

Beleuchtung

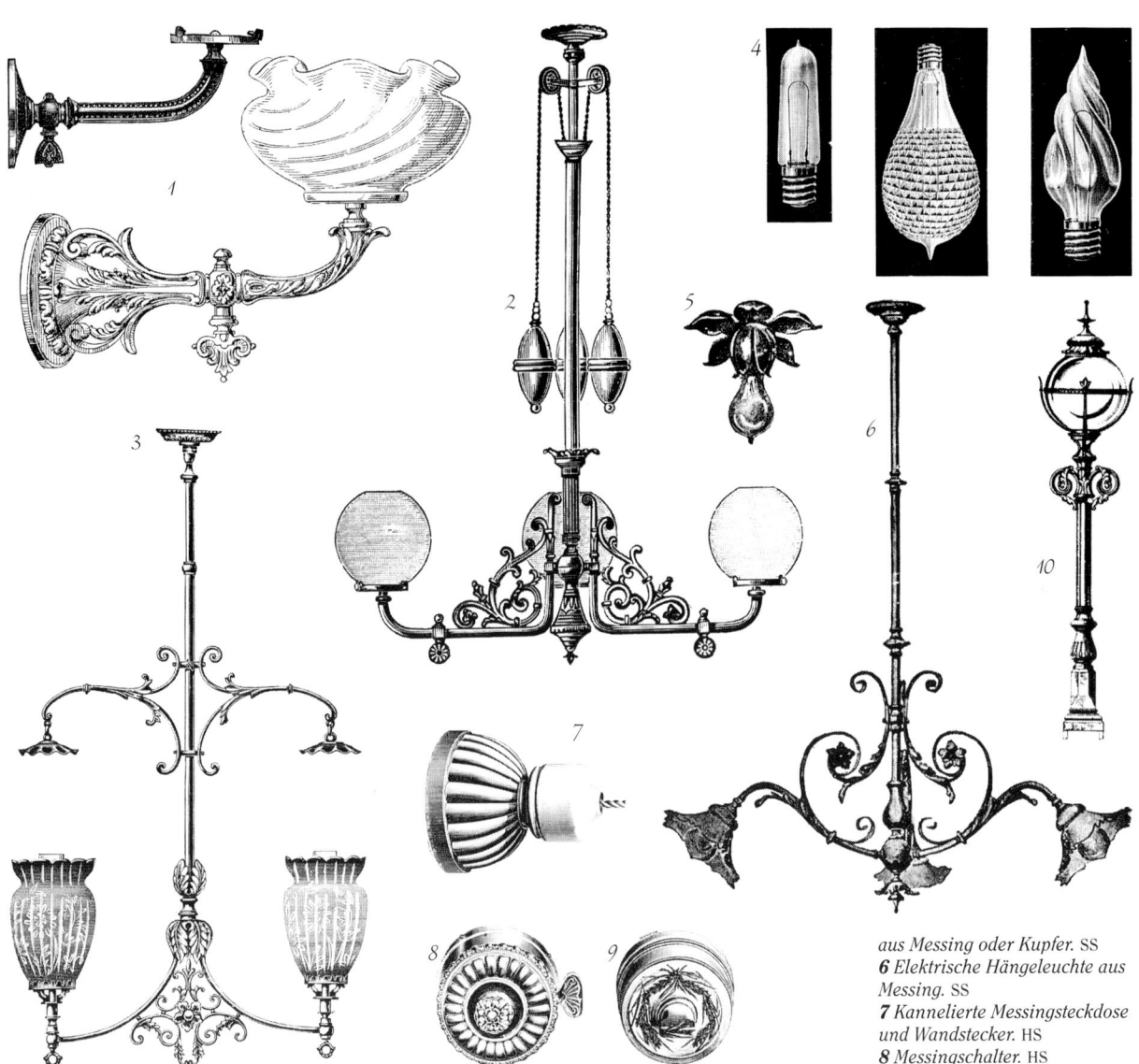

1 *Wandarme für Gaslicht.* SS
2 *Verstellbare hängende Gas-*
leuchte mit Teleskopstange,
Gegengewichten und Rollen. SS

3 *Hängende Gasleuchte mit Schir-*
men aus geätztem Glas. SS
4 *Drei frühe Glühlampenformen:*
röhrenförmige Kerzenlampe (l.),

geschliffene Birnenformlampe
(Mitte) und spiralige Kerzen-
lampe (r.). HS
5 *Elektrische Tulpenformleuchte*

aus Messing oder Kupfer. SS
6 *Elektrische Hängeleuchte aus*
Messing. SS
7 *Kannelierte Messingsteckdose*
und Wandstecker. HS
8 *Messingschalter.* HS
9 *Deckenleuchte aus Porzellan,*
1892. HS
10 *Gusseiserner Lampenständer*
für außen, für Gas- oder Elektro-
betrieb. MC

Im Jahre 1893 schrieb Mrs. Panton in ihrem Buch *From Kitchen to Garret:* »Ich muss meine Leser beschwören, niemals Gas zu verwenden, wo sie es vermeiden können, und von Herzen dafür zu beten, dass bald der strahlende Tag anbrechen möge, da elektrisches Licht für alle erreichbar ist.«

Dieses Gebet sollte erhört werden, aber zunächst wurden die meisten Häuser noch mit Kerzen, Öl oder Gas beleuchtet. Ein Deckenleuchter hing über dem Esszimmertisch, und wenn es ein Gasleuchter war, hatte er komplizierte Vorrichtungen zur Verhütung von Undichtheiten.

Wandleuchter oder Stehlampen aus Schmiedeeisen oder Messing erhellten die Wohnzimmer. Schirme waren kunstvolle Seidengebilde, die zweifellos ein gewisses Brandrisiko bargen, oder sie bestanden aus glattem oder geätztem Glas. Kronleuchter aus geschliffenem Glas hingegen waren Luxus.

Der 1887 eingeführte Gasglühstrumpf gab viel mehr Licht, bekam jedoch bald Konkurrenz durch das elektrische Licht. Die frühen Glühlampen hatten Kohlenfäden mit geringer Lichtausbeute. Die Installation war teuer und blieb vornehmeren Landhäusern und städtischen Gebieten mit eigener Stromerzeugung vorbehalten. Der Strom fiel oft aus, und selbst um 1900, als die Glühlampen bereits Wolframglühfäden hatten, musste man sich zur Sicherheit mit Kerzen bevorraten. Erst in der Zeit Edwards VII. war Elektrizität allgemein verfügbar und zuverlässig.

Metall

Das Eisentor in einem gotischen Tor-
bogen ist der Eingang zu Holly Village
in Highgate, London, 1865. Das Tor
wurde vermutlich in dieser Zeit ge-
gossen, ist aber mittelalterlichem
Schmiedeeisen nachempfunden. Es
ist relativ zurückhaltend gestaltet und
hat »Hundestäbe« im unteren Teil.

Architekturelemente aus Eisen waren traditionell eine Domäne der Schmiede gewesen, jetzt aber traten an deren Stelle die Gießer, die in der Herstellung von Gusseisen höchste Geschicklichkeit entwickelten. Große Gießereien entstanden, um den enormen Bedarf an industriell produzierten Geländern, Türen, Vordächern, Wintergärten, Kaminen, Badewannen etc. zu befriedigen. Diese Gießereien gaben dicke illustrierte Kataloge heraus und versprachen sofortige Lieferung ab Lager.

Gusseisen wurde zum wichtigsten Material für Dachrinnen und Fallrohre und eignete sich auch für die kunstvolle Gestaltung von Einlauftöpfen. Gegen Ende der Periode verwendete man es häufig für Sanitärzubehör, z. B. Badewannen.

In den britischen Städten wurden Plätze, Parks und die Souterrainvorplätze an Reihenhäusern von Gitterzäunen umgeben. Auf schlichte Vorgartenmauern setzte man nicht selten Balustraden, zudem erfreuten sich Veranden, Wintergärten und Balkons wachsender Beliebtheit. Bedauerlicherweise wurden viele dieser schönen Details während des 2. Weltkrieges als »kriegswichtiges Material« eingestuft und verschrottet.

Die Popularität des Gusseisens war zu dieser Zeit so überwältigend, dass die Kunst des Eisenschmiedens beinahe verloren ging. Die gegen Ende der viktorianischen Zeit aufkommende Arts-and-Crafts-Bewegung brachte jedoch ein neues Interesse an handgeschmiedetem Eisen mit sich.

1 Die Glasgower Firma Macfarlane's lieferte ab 1870 solche kunstvoll gestalteten gusseisernen Vorbauten. Das gewölbte Dach wurde mit kleinen Schei-ben verglast. Aus genormten Teilen konnten verschiedene Designs zusammengesetzt werden. MC
2 Die Türverdachung auf Tragarmen mit einem ornamentalen Balkon darüber war passend für ein Stadthaus. Die Lampe konnte dazu gekauft werden. MC
3 Vorbau mit Friesgeländern und filigraner Bekrönung. MC
4 Oberlichter waren oft mit dekorativen Eisenteilen ausgestattet.
5 Vier Beispiele aus der riesigen Auswahl an gusseisernen Tragarmen, um 1885. MC

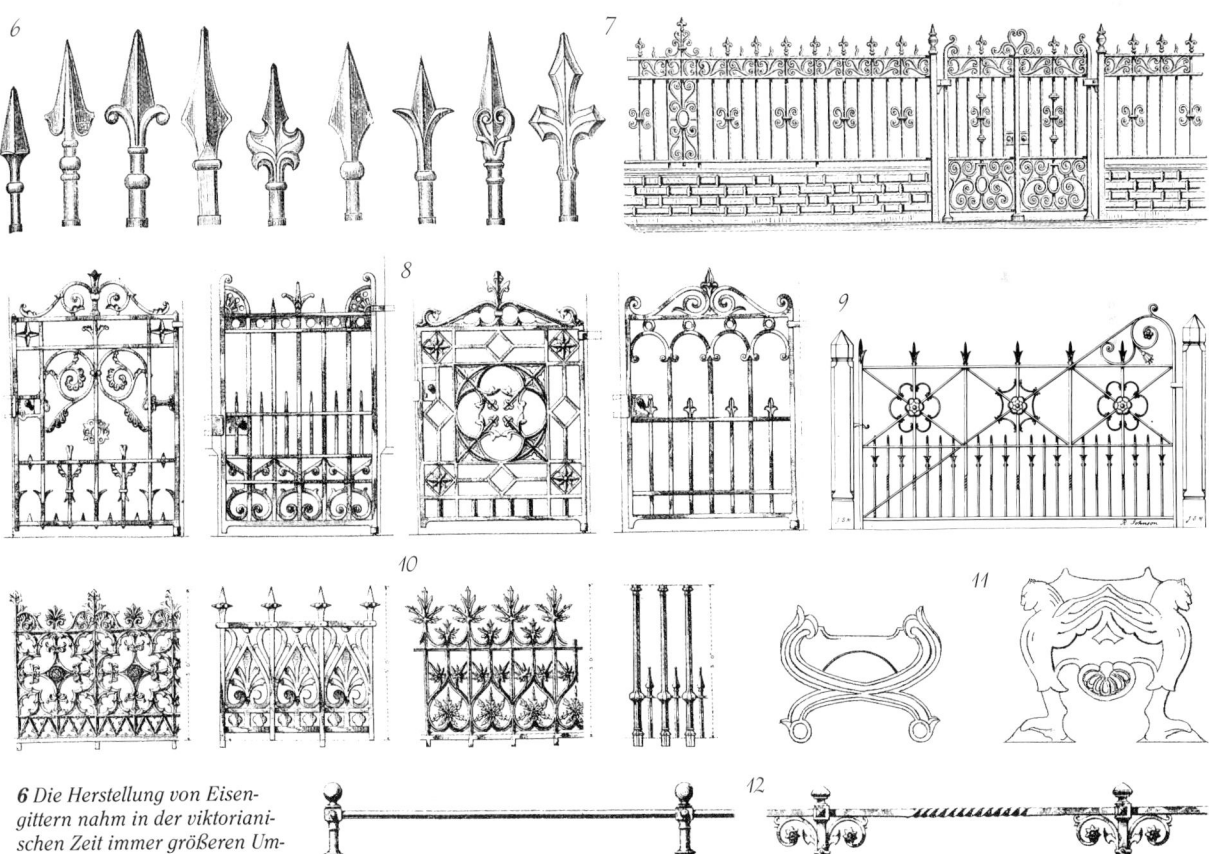

6 Die Herstellung von Eisengittern nahm in der viktorianischen Zeit immer größeren Umfang an. Gießereien kamen kaum nach, all die Gitter für Parks und Hausgärten zu liefern. Die Auswahl typischer Finiale ist dem Katalog 1891 von Bayliss, Jones and Bayliss aus Wolverhampton entnommen. BJB
7 Mit schmiede- oder gusseisernen Zäunen wurden die Vorgärten von Villen umgrenzt. BJB
8 Vier Tore aus dem Sortiment von Macfarlane's in den 1880er Jahren. MC
9 Wageneinfahrt aus Schmiedeeisen mit Finialen und einigen Dekorelementen aus Gusseisen. JB
10 Vier verschiedene Zäune von Macfarlane's. MC
11 Stiefelkratzer am Eingang.
12 Niedrige Geländer gab es an Fensterbänken und Brüstungen, als Mauerbekrönung oder Begrenzung von Gartenwegen. MC

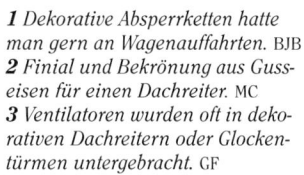

1 Dekorative Absperrketten hatte man gern an Wagenauffahrten. BJB
2 Finial und Bekrönung aus Gusseisen für einen Dachreiter. MC
3 Ventilatoren wurden oft in dekorativen Dachreitern oder Glockentürmen untergebracht. GF

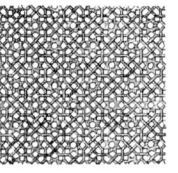

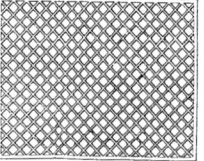

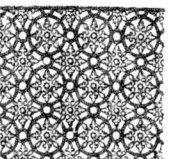

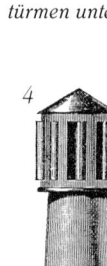

4 Viel wurde ersonnen, um Schornsteine am Rauchen zu hindern. Diese beiden Schornsteinhauben, eine mit Wetterfahne, wurden in den 1890er Jahren von George Farmiloe and Company geliefert. GF
5 In eleganten Häusern waren Fußbodengitter und -roste Teil des Heizungs- und Lüftungssystems. MC
6 Ornamentale gusseiserne Gitter und Tore aus Glasgow. Das Beispiel links basiert auf georgianischem Beschlagwerk, die anderen beiden zeigen ein Palmettenmuster (oben) und Rollwerk (unten). SP

Holz

1 Angebauter Wintergarten mit Pultdach von William Cooper and Company, 1890er Jahre. Die Holzteile bestehen aus abgelagerter Kiefer oder Fichte und sind zweimal mit weißer Ölfarbe gestrichen. WC

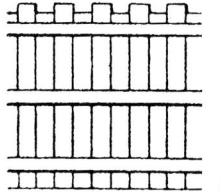

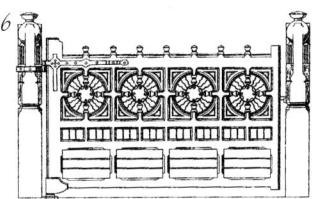

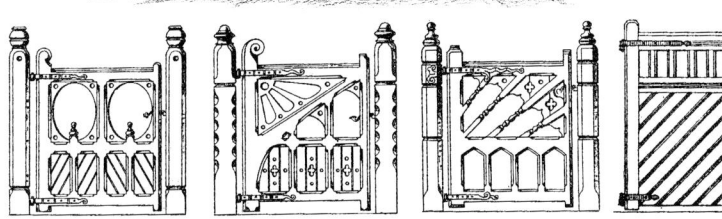

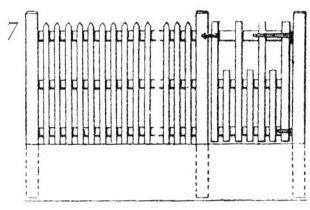

5 Ein Gitter auf niedrigen Mauern oder Zäunen gab zusätzlichen Sichtschutz. TL
6 Designs für Gartentore, wie sie von den 1870er Jahren an populär waren. Sie bestanden aus grün oder weiß gestrichenem Nadelholz oder aus gebeizter Eiche. BP
7 Palisadenzaun und -tor für eine ländliche Umgebung. BP
8 Maschinell geschnitzte Winddielen waren typisch für die viktorianische Zeit, und auch Vorbauten wurden ähnlich kunstvoll verziert. VC

2 In der viktorianischen Zeit liebte man Farne und pflanzte sie in spezielle Gewächshäuser. RU
3 Spätviktorianisches Muster für Zäune und Tore. VC
4 Dichter Bretterzaun mit »Zinnenkante«. BP

Die Verwendung von Holz in der Außendekoration änderte sich in der viktorianischen Zeit erheblich. Das bisher dafür benutzte haltbare Eichenholz war teuer. Jetzt konnte man billigere Nadelhölzer, z. B. Kiefer, mit Holzschutzmitteln auf Kohlenteer- oder Ölbasis behandeln und sie durch Druckbehandlung mit Kreosot noch wetterbeständiger machen. Kiefer ließ sich auch leicht schnitzen und formen.

Die meisten größeren Tischlereien nutzten die Dampfkraft, und das maschinelle Sägen und Hobeln machte die Holzbearbeitung leichter und billiger. Umfangreiche Sortimente vorgefertigter funktionaler und ornamentaler Gartenbauten, selbst Wintergärten, wurden in montagefertigen Teilen per Bahn versandt.

Die für die Zeit so typischen Gitter lieferte man harmonikaartig gefaltet an. Auseinandergezogen bildeten sie wirkungsvolle Ziergitter oder Abtrennungen. Dunkle, mit Kreosot imprägnierte überfalzte Zäune traten an die Stelle teurer Ziegelmauern; auch offene Palisadenzäune waren beliebt. Gartentore strich man dunkelgrün oder weiß. Sie bestanden aus massiven Brettern im unteren und Spindeln im oberen Teil.

A. W. N. Pugins Buch *Ornamental Timber Gables of the Sixteenth Century* (1831) war ein beliebtes Musterbuch für kunstvolle, maschinell geschnitzte Winddielen. Auch die hölzernen Vorbauten zeigen das Interesse an dekorativer Zimmermannsarbeit.

METALL

HOLZ

AMERIKANISCH-VIKTORIANISCHE STILE

1840–1910

1 Breite Giebel und integrierte Vorbauten sind Hauptmerkmale vieler spätviktorianischer Häuser in Amerika. Unser durch Fachwerk akzentuiertes Beispiel von 1875 steht in Newport, Rhode Island. SAL

2 Hale House, Los Angeles, 1888: ein Meisterwerk in Holz und Farbe, ein vollendetes Beispiel für den Queen-Anne-Stil. Nach genauen Studien wurde die originale Farbfassung wiederhergestellt. HA

3 Reihenhäuser im italianisierenden Stil in Philadelphia mit Ziergiebeln, eleganten Vorbauten und Traufen auf verzierten Konsolen; das war von den 1850er bis in die 1880er Jahre der dominierende Stil für Stadthäuser. WT

Ab Mitte des 19. Jahrhunderts verloren die Architekten in den Vereinigten Staaten allmählich das Interesse am griechisch-römisch geprägten Klassizismus und suchten nach neuen Stilen, die sich locker an mittelalterlichen und anderen nicht-klassischen Bauformen orientierten. Sie nahmen weiterhin Anregungen von außen auf, entwickelten aber auch selbst einen beachtlichen Einfallsreichtum. Ermöglicht wurde dies durch neue Bautechnologien, reiche Rohstoffvorräte, eine Fülle von Architektur- und Hauswirtschaftsliteratur, und nicht zuletzt durch die nötigen finanziellen Mittel, die viele Amerikaner zum Bau eines eigenen Hauses aufbringen konnten.

Eine der wichtigsten technologischen Neuerungen war die Einführung des Nagelrahmens, womit das Fachwerk eines Hauses aus einheitlichen Hölzern gebaut werden konnte, die zunehmend von kommerziellen Sägewerken geliefert wurden. Die Rahmen bestanden aus preiswerten 2 x 4-Zoll-Brettern, die als Pfosten und Querhölzer verwendet und von billigen, industriell hergestellten Nägeln zusammengehalten wurden.

Um die Jahrhundertwende löste der Nagelrahmen den traditionellen behauenen Balken ab, und der Bau komplizierter Architekturelemente wie Überhänge, Erkerfenster und Türme wurde einfacher.

Mit verbesserten Technologien konnten auch Fenster, Türen, Tragarme und gedrechselte Ornamente vorgefertigt werden, die oft kunstvoller und manchmal billiger waren als ihre von Hand hergestellten Vorgänger. Es gab nicht nur Baumaterial in Fülle, sondern auch eine zunehmende Vielfalt an einschlägiger Literatur: Händlerkataloge, Musterbücher und Periodika.

Durch die Industrialisierung konnten erstmals in Amerika in großem Umfang sehr große Häuser gebaut werden. Mietshäuser und später auch Appartementhäuser wuchsen empor, als die Bevölkerung vom Land in die Stadt drängte und Wohnraum für neue Einwanderer geschaffen werden musste.

Es entwickelten sich mindestens acht voneinander unterscheidbare Stile mit zahlreichen Sekundärstilen und -bewegungen, die heute alle unter dem Sammelbegriff »viktorianisch« zusammengefasst werden. Sie existierten teilweise parallel, und für keinen von ihnen sind Anfangs- und Endpunkt genau zu definieren. Noch komplizierter wird die Analyse amerikanischer Häuser des 19. Jahrhunderts durch die vielen Stilkombinationen.

Die ersten, in den 1830er Jahren aufkommenden nachklassizistischen Stile waren der neogotische und der italianisierende Stil. In den 1860er und 70er Jahren folgte der Stabstil, im späten 19. Jahrhundert der amerikanische Queen-Anne-Stil, die Richardson-Romanik, der Schindelstil und ein erneuerter Kolonialstil, das Colonial Revival. Gleichzeitig wurden aber auch ägyptische und orientalische Elemente einbezogen, Schweizerhäuser imitiert, und auch der achteckige Grundriss wurde wieder interessant.

Der neogotische und der italianisierende Stil erwuchsen aus einem zunehmenden Interesse an historischer Architektur und knüpften locker an das englische Regency an. Ty-

1 J.J. Glessner House, Chicago, 1885, von H.H. Richardson. Der romanische Stil wirkt durch Masse und Volumen statt durch aufgesetzte Details. CAF

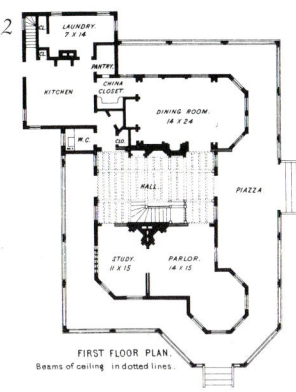

2 *Der Grundriss eines Landhauses von 1881 bietet einen aufschlussreichen Vergleich mit den symmetrischen neogriechischen Grundrissen vierzig Jahre früher. Die Räume sind zwanglos angeordnet. Andere verbreitete Merkmale der Periode sind die Wohndiele und die umlaufende Veranda.* CK

3 *Die Grundrisse von Reihenhäusern mit ihren parallelen Brandmauern waren im Vergleich zu denen freistehender Häuser recht statisch. Die wichtigste Neuerung war der Einbau von Ausgussbecken, WCs und Badewannen. Es blieb bei zwei Wohnzimmern, oder einem*

Wohnzimmer und einem Speisezimmer. Dieses Haus ist aus den 1880er Jahren, und die Abbildungen zeigen alle Ebenen vom Dachgeschoss bis zum Keller.

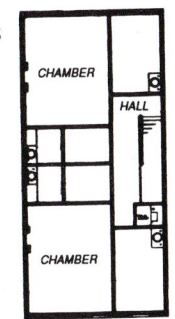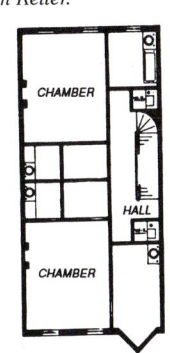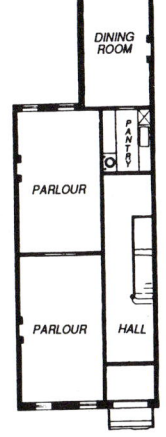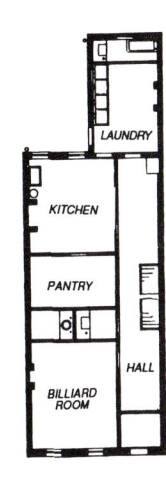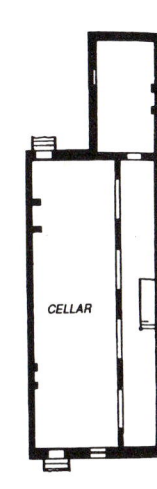

4 *Die Neogotik zeichnet sich durch steil aufragende Dächer, Gaubenfenster und bogigen »Pfefferkuchen«-Schmuck an den Dachkanten aus. Die Gotik wurde durch die Architekturschriften von Andrew Jackson Downing (1815–1852) stark popularisiert. In* The Architecture of Country Houses *(1850)* schlägt er eine interessante geografische Begründung für die Wahl gotischer und italianisierender Architektur vor: »Jene ist im Allgemeinen am besten für unser gegliedertes Land im Norden geeignet, diese für die Ebenen und Täler der mittleren und südlichen Staaten – wenn es auch im ganzen Land für beide Stile ge-

eignete Stellen geben mag.« GE

5 *Der Schindelstil mit seinen einprägsamen, schlichten, schindelbedeckten Flächen entstand in Neuengland und breitete sich von dort über das ganze Land aus. Seine Blütezeit hatte er von den 1880er Jahren bis um 1900. Die Abbildung zeigt ein solches Haus in New-* *port, Rhode Island, 1881/82 von McKim, Mead and White gebaut. Die Veranda ruht auf gedrechselten Stützen, und der zweistöckige offene Pavillon ist das Gegengewicht zu dem runden Turm (links) mit dem Arbeitszimmer. Asymmetrische Grundrisse dieser Art sind typisch für den Stil.* SAL

1 *An diesem Queen-Anne-Haus in Los Angeles von 1894 wurden industriell gefertigte Holzelemente verschwenderisch verwendet.* JBE
2 *Ein Haus von 1885 aus San Francisco, ebenfalls mit kunst-* *vollen Holzarbeiten, u. a. Spindeln im Eastlake-Stil an der Veranda.* JBE
3 *Häuser im italianisierenden Stil sind oft etwas formal, selbst bei asymmetrischem Grundriss.* WT

pisch für die ersten neogotischen Häuser sind die unregelmäßige, malerische Masseverteilung und ebensolche Grundrisse, steile Dächer und Giebel, Brüstungen mit Zinnen und kleinteilige, manchmal von gotischen Bögen überwölbte Fenster. Die Betonung der Vertikalen wird bei einfachen Häusern noch dadurch verstärkt, dass ihre Wände oft aus senkrechten Brettern und Latten bestehen. Stein- oder Ziegelbauten waren stets teurer als Holzbauten und deshalb weniger verbreitet.

Häuser im italianisierenden Stil sind an norditalienischen Bauernhäusern orientiert und haben leicht abgeschrägte Dächer mit breiten Traufen auf Konsolen sowie hohe, schmale Fenster, oft mit Architrav nach klassischem Vorbild. In den 1850er Jahren avancierte diese Bauweise zum wichtigsten Stil für Stadthäuser, was auch damit zu tun hatte, dass sie sich für regelmäßige Kubaturen eignet, während gotische Merkmale nur an einem unregelmäßigen Baukörper voll zur Geltung kommen.

Der italianisierende Stil blieb bis zum Jahrhundertende populär, während die eleganten Kreise zur gleichen Zeit den Zweiten Empirestil bevorzugten. Dieser ist an den Mansarddächern kenntlich, benannt nach François Mansart, dem Hofarchitekten Louis' XIV. im Frankreich des 17. Jahrhun-

derts. Das Mansarddach war wegen seiner Verbindung zum modischen Frankreich beliebt, wo es zur gleichen Zeit aktuell war. Überdies bot es mit seinen großzügigen Maßen viel nutzbaren Raum im Dachgeschoss. Häuser im italianisierenden Stil hatten oft Mansarddächer.

Auch mittelalterliche Stile blieben interessant und gaben Anregungen nicht nur für die Neogotik, sondern auch für Stabstil und Queen-Anne-Stil. Häuser im Stabstil orientierten sich an englischen Fachwerkhäusern. Ähnlich wie die Häuser im gotischen Geschmack widerspiegeln sie mit ihren spitzen Giebeln und Dachüberhängen die Philosophie des Pittoresken. Als Schmuck dienen beim Stabstil jedoch sichtbare Dachstühle, Sparren und ein erhabenes »Stabwerk«-Muster aus vertikalen und diagonalen Brettern an den Wänden.

Angereichert mit gotischen und italianisierenden Elementen lieferte der Stabstil die Vorbilder für den amerikanischen Queen-Anne-Stil, der von den 1880er Jahren bis 1910 andauerte und auf dem Stil des britischen Architekten Richard Norman Shaw (1831–1912) und seiner Nachfolger fußte. Der englische Queen-Anne-Stil mit Fachwerk und gemustertem Mauerwerk ist jedoch nur ein Aspekt der amerikanischen Version. Die amerikanischen Architekten bereicherten die etablierten Stile mit formenreichem Holzschmuck und

1 Spätviktorianisches bürgerliches Interieur: die Villa Montezuma, San Diego, Kalifornien, 1887. Typisch sind die üppige Täfelung und die reich verzierte Decke. JBE

2 Frühviktorianisches Interieur in einem Empire-Haus. Der Teppich ist eine Reproduktion (von Scalamandré) nach einer Tapisserievorlage von etwa 1850. SCA

legten sie komplexer an. So wurden die Dächer noch steiler und komplizierter als in Neogotik und Stabstil. Die vergleichsweise schlichten Grundrisse und Kubaturen der Häuser aus der Jahrhundertmitte erhielten zusätzliche Vorsprünge, auskragende Stockwerke, Giebel und Türme. Die Außenwände schmückte man mit Holzschindeln, buntem Mauerwerk und Einlagen von Terrakotta.

An Häusern im Stabstil und Queen-Anne-Stil kamen auch Eastlake-Elemente vor, benannt nach dem englischen Gestalter und Kritiker Charles Locke Eastlake (1833–1906), dessen Schmuckstil in Amerika für Fassaden übernommen wurde. Dazu gehören kräftige Baluster, Schlusssteine und Verandenpfosten sowie der reichliche Gebrauch von Spindeln an Friesen und Balustraden.

Die Richardson-Romanik, benannt nach ihrem wichtigsten Vertreter, H. H. Richardson (1838–1886), begann in den späten 1880er Jahren und dauerte bis zum Ende des Jahrhunderts. Sie wird durch roh behauene Steinverkleidungen, asymmetrische Masseverteilung und Rundbögen an Vorbauten, Türen und Fenstern charakterisiert, zusammen mit schlichten Details romanischen, syrischen und byzantinischen Ursprungs.

Der von den 1880er Jahren bis etwa 1900 andauernde Schindelstil kontrastiert stark mit dem reich gegliederten Queen-Anne-Stil und lehnt sich mit seinen ungegliederten und schmuckarmen Fassaden an die Romanik an. Holzschindeln, meist in geraden Reihen, bilden eine einheitliche Außenhaut für Dach und Wände. Schmückende Details sind schlicht neoklassizistisch wie an Häusern des Kolonial- und Föderalstils, z.B. dorische Säulen und Venezianische Fenster (Palladio-Motive). Die Grundrisse fallen bevorzugt asymmetrisch aus.

Die Beschäftigung mit amerikanischen Häusern aus der Zeit vor der neogriechischen Phase führte zu einer Bauweise, die als »Colonial« bezeichnet wurde. Das waren zunächst Häuser im Queen-Anne-Stil, die man großzügig mit neoklassizistischen Details versah. Später baute man genauere Kopien der Vorbilder aus dem 18. Jahrhundert.

Da überall im Land die gleichen Publikationen und die gleichen industriell hergestellten Bauelemente verwendet wurden, verringerten sich die regionalen Unterschiede. In den 1890er Jahren wurden vorgefertigte Queen-Anne-Häuser per Bahn durch die gesamten Vereinigten Staaten (USA) befördert. Die Geringfügigkeit der regionalen Unterschiede bedeutet jedoch keinesfalls mangelndes Interesse an Architektur. Die viktorianischen Häuser in Amerika sind eklektisch in ihren Stilelementen und reich an individuellem Ausdruck.

Türen

Haupteingang zu Hale House, Los Angeles, 1888. Mit der relativ schlichten Tür korrespondiert ein bemerkenswerter Portikus mit dem amerikanischen Emblem im Giebelfeld. Die Balance zwischen schlichten und komplizierten Elementen ist typisch für die spätviktorianischen Stilrichtungen. HA

Türen wurden weiterhin aus einem äußeren Rahmen und feineren Füllungen gebaut. So entstanden stabile, aber leichte Türen, die sich für viele Dekorationsstile eigneten. Neogotische Türen besaßen gotisches Maßwerk, italianisierende Türen aufgesetzte Füllungen im Stil der Renaissance, und solche im Colonial Revival wiesen neoklassizistische Motive auf. Oft waren die Türen jedoch schlicht, und der Stil des Gebäudes wurde durch die Form der Türöffnung oder durch den Portikus oder Vorbau definiert. Bogenförmige Öffnungen waren das Charakteristikum italianisierender Türen. Selbst die Tür zum Häuschen eines Arbeiters konnte mit profilierten Deckleisten oder einer Verdachung gotisiert werden.

Zweiflügelige Türen wurden bevorzugt. Die ersten davon gab es an Häusern im gotischen Geschmack, und auch in späteren Stilen fanden sie reichlich Verwendung. Nicht selten gab es eine passende zweite Tür dahinter, so dass ein Vestibül entstand. Als das Glas billiger wurde, verglaste man die Türen häufig. Auch Oberlichter waren populär, in den 1850er Jahren mit klarem Glas, später mit Buntglas und schließlich bleiverglast.

Innentüren wurden in der Regel passend zu den übrigen Holzflächen eines Raumes gestaltet. Manchmal verschöne man schlichte Türen mit Schnitzdekor oder Farbe. In eleganten Häusern gab es fast immer eine zweiteilige Schiebetür zwischen zwei Salons oder dem Salon und dem Esszimmer.

1 *Entwurf für die schlichte Ver-dachung einer Eingangstür zum Haus eines Arbeiters, aus A.J. Downings* The Architecture of Country Houses, *1850.*
2 *Türverdachung im italianisie-renden Stil, Profil und Vorderan-sicht. Aus* Woodward's National Architect, *New York, 1869.* WD
3 *Diese Türöffnung aus New Orleans mit den geschnitzten Köpfen und anderen Holzorna-menten ist ein vollendetes Bei-spiel für das Neorokoko des Sü-dens. An den Seiten befinden sich eingeklappte Läden, die man zum Schutz vor Regen schließen konnte.*
4 *In der zweiten Hälfte des 19. Jhs. wurde entweder die Tür oder der Vorbau stärker betont; dieser Vorbau im Stil der Richardson-Romanik mit seinem kunstvollen syrischen Bogen führt zu einer recht schmalen zweiflügeligen Tür.*
5 *Zweiflügelige gotische Eingangstür aus A.J. Downings* Victorian Cottage Residences *von 1842.*

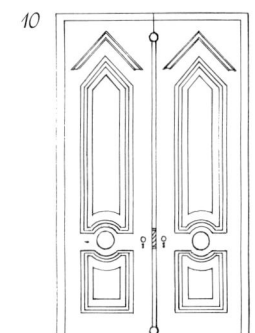

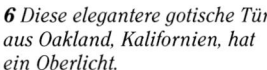

6 *Diese elegantere gotische Tür aus Oakland, Kalifornien, hat ein Oberlicht.*
7 *Zweiflügelige, italianisierende Eingangstür, 1878, mit den typi-schen Rundbögen.*
8 *Kunstvollere Variante des ita-*

lianisierenden Stils, 1873.
9 *Ein Oberlicht integriert in klassisches Design, 1873.*
10 *Diese Tür würde zu einem italianisierenden oder notfalls zu einem gotischen Haus pas-sen, stammt aber tatsächlich*

von einem Haus im Stil des zweiten Empire, 1878.
11 *Drei verglaste Türen, die mittlere mit kompliziertem Ätzmuster. Der dritte Typ kam an Häusern im Queen-Anne-und im Schindelstil vor.* UD

12 *Der Renaissance nachemp-fundene Türen von C.B. Keogh and Co. fand man in italiani-sierenden und Queen-Anne-Häusern. Eingangstür (l.) und verglaste Vestibültür (r.) sind zusammen dargestellt.*

1 Ein eiserner Vorbau mit recht naturalistischen Weinornamenten verleiht der schlichten Eingangstür Gewicht. Als Glas billiger wurde, verglaste man die Türen häufig. Die Drahtgittertür erschien erstmals in der viktorianischen Periode. GE

2 Tür und Vorbau von Hanley House, Oregon, 1875. Manchmal wurden Elemente früherer Stile mit dem Geschmack der Zeit verbunden – hier die im Föderalstil aufgekommene Anordnung der Umrandungsscheiben mit Tür und Portikus im italianisierenden Stil. Die Balustrade auf dem Portikus betont die Eingangstür. PD

3 Klassische Portiken waren der wichtigste Schmuck an Fassaden von Stadthäusern. Hinter dieser Außentür gibt es eine identische Innentür, dazwischen befindet sich ein Vestibül. In der viktorianischen Zeit stellte man die Hausnummer gern im Glas der Tür dar. GE

4 Eine schön gemaserte Tür mit einer viktorianischen Form der klassischen Türeinfassung. Die langen oberen Füllungen wirken elegant. In den Eckfeldern der Einfassungen finden sich oft Medaillons oder andere Ornamente. HA

5 Innentür mit gezogenem Architrav und vielfältigen Profilleisten an der Supraporte. Der billigste Oberflächenschmuck war ein einfacher Anstrich, gefolgt von geädertem Anstrich (wie im Bild); Hartholztüren waren teuer. BO

6 Ab Mitte des Jhs. hatten Eingangstüren oft Profilleisten oder erhabene Füllungen in der Art italienischer Renaissancetüren. In besseren Häusern verzierte man die Türeinfassungen mit geschnitztem Blatt- oder Seilmuster wie in der Renaissance. Die Tür im Bild zeigt einen abstrakteren Dekor. GE

 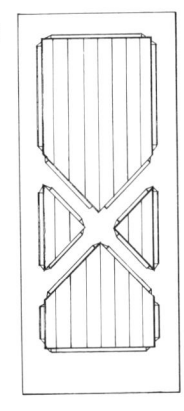   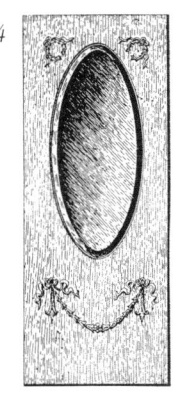 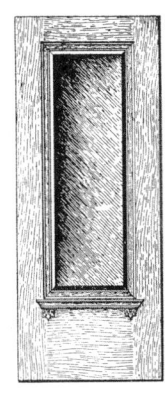

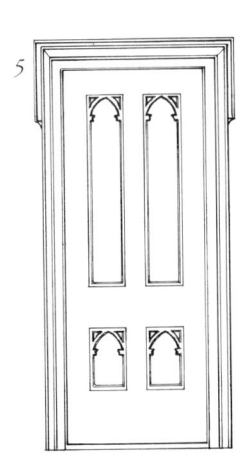   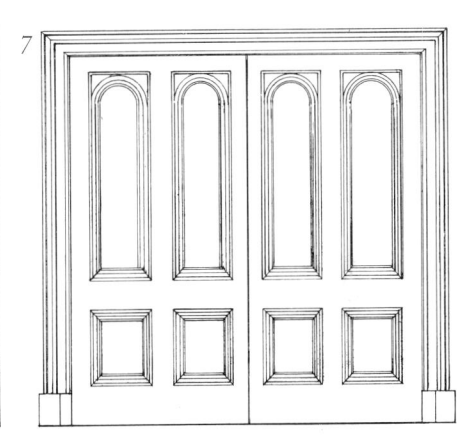

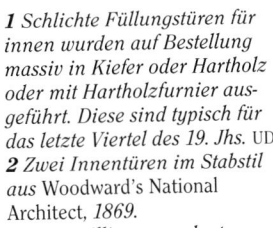

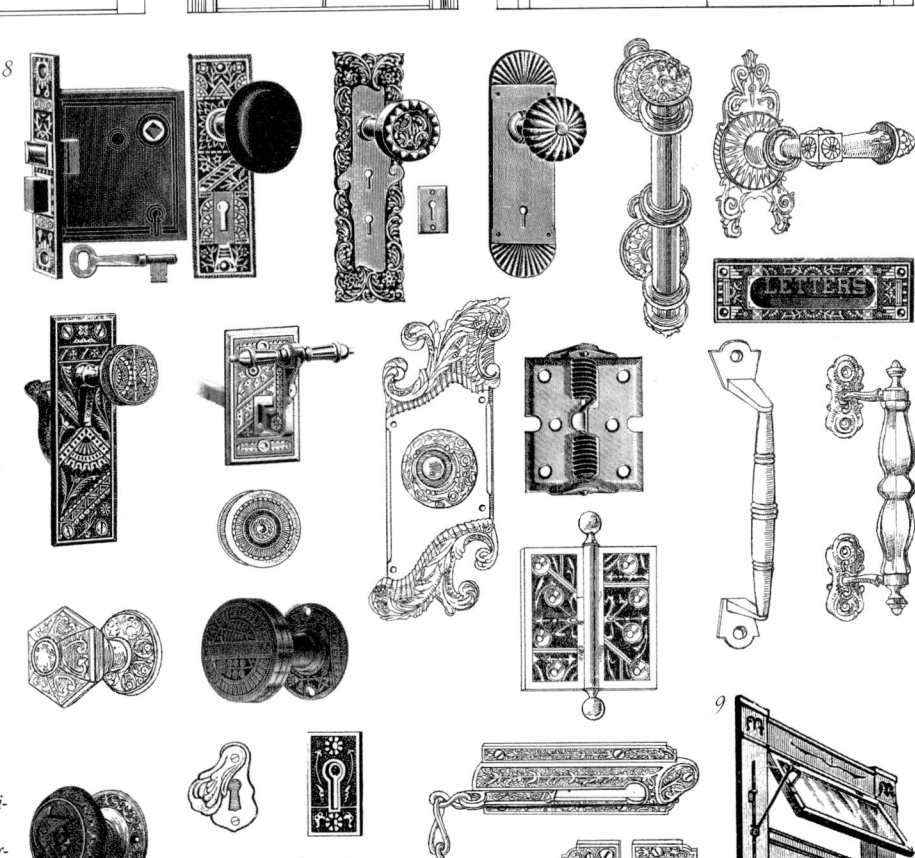

1 Schlichte Füllungstüren für innen wurden auf Bestellung massiv in Kiefer oder Hartholz oder mit Hartholzfurnier ausgeführt. Diese sind typisch für das letzte Viertel des 19. Jhs. UD

2 Zwei Innentüren im Stabstil aus Woodward's National Architect, 1869.

3 Eigenwillig angeordnete Füllungen kommen in Häusern im Schindelstil und späten Queen-Anne-Stil vor. UD

4 Verglaste Eingangstüren an Häusern im Colonial Revival und späten Queen-Anne-Stil. UD

5 Esszimmertür im gotischen Geschmack, mit sparsamem Maßwerk.

6 Diese Tür ist vom Ästhetizismus beeinflusst. Sie wäre auch einem Haus im Queen-Anne-Stil angemessen.

7 Zweiflügelige Füllungstüren für innen wirkten oft trotz schlichter Gestaltung imposant.

8 Türbeschläge: Türknöpfe, Schlösser, Schlüssellochplatten, Griffe, Klingelzüge (u. a. venezianisch und gotisch; zweite Reihe links), Scharniere (u. a. für eine voll verglaste Tür), eine Türkette (1895) und ein Briefschlitz.

9 Aufklappbares Oberlicht mit Feststellvorrichtung.

Fenster

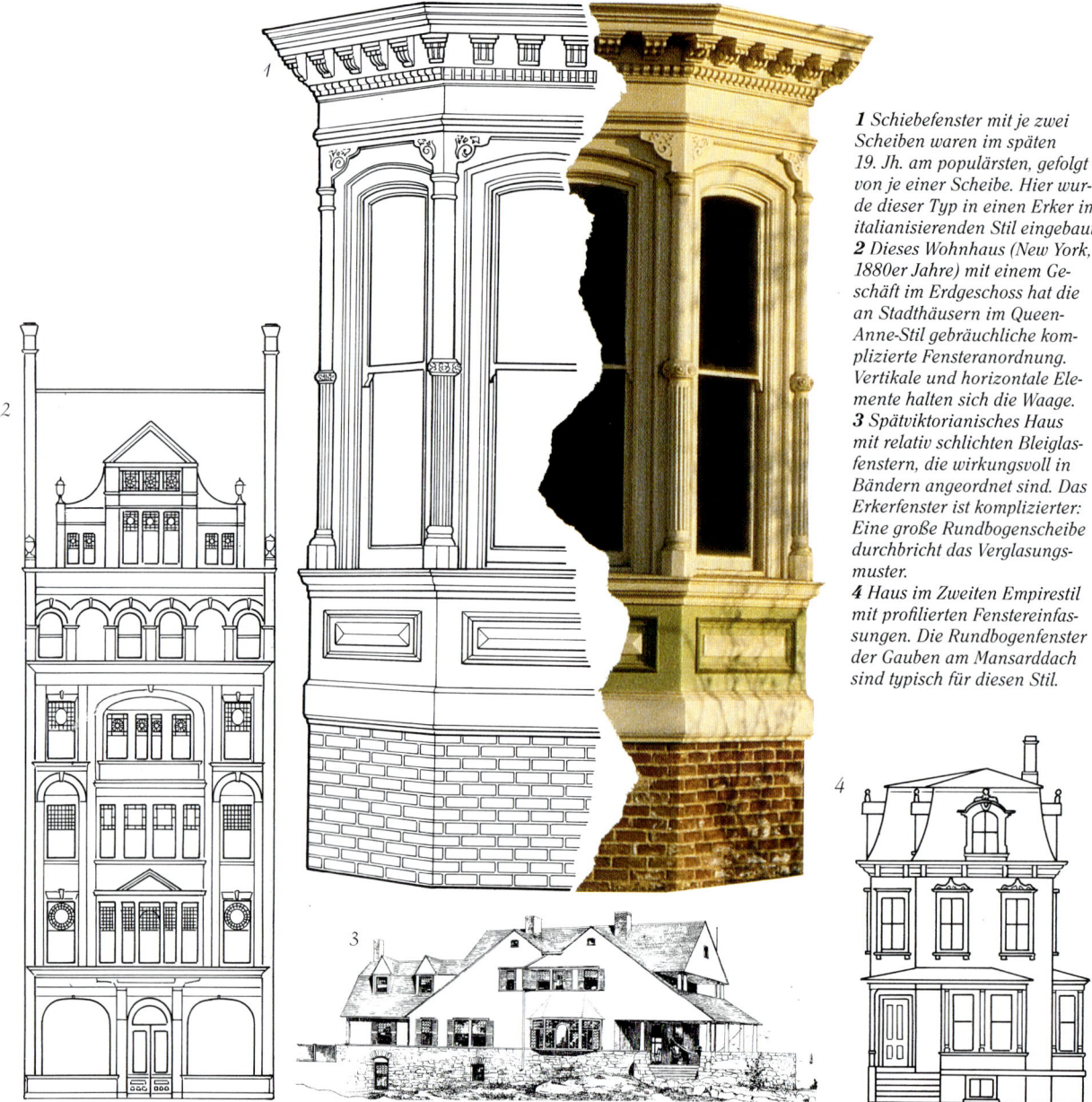

1 Schiebefenster mit je zwei Scheiben waren im späten 19. Jh. am populärsten, gefolgt von je einer Scheibe. Hier wurde dieser Typ in einen Erker im italianisierenden Stil eingebaut.
2 Dieses Wohnhaus (New York, 1880er Jahre) mit einem Geschäft im Erdgeschoss hat die an Stadthäusern im Queen-Anne-Stil gebräuchliche komplizierte Fensteranordnung. Vertikale und horizontale Elemente halten sich die Waage.
3 Spätviktorianisches Haus mit relativ schlichten Bleiglasfenstern, die wirkungsvoll in Bändern angeordnet sind. Das Erkerfenster ist komplizierter: Eine große Rundbogenscheibe durchbricht das Verglasungsmuster.
4 Haus im Zweiten Empirestil mit profilierten Fenstereinfassungen. Die Rundbogenfenster der Gauben am Mansarddach sind typisch für diesen Stil.

Mit verbesserter Flachglasherstellung wurden große, ungeteilte Scheiben erschwinglich. Die Verwendung von Glassprossen folgte nun rein dekorativen Erwägungen und kaum noch technischen Zwängen. Wenn z. B. an neogotischen Häusern wieder Fenster mit rautenförmigen Scheiben auftauchten, hatte das nichts mit Beschränkungen der Glasgröße zu tun. Fabrikkataloge boten riesige Fenstersortimente an. Die einfachsten Modelle waren Doppelschiebefenster mit je einer Scheibe, die kompliziertesten, mit phantasievoll angeordneten vieleckigen Scheiben, verwendete man an Häusern im Queen-Anne-Stil.

Buntglas wurde wieder interessant. Von den 1840er Jahren an gab es in einigen Häusern Fenster mit ungeteilten

Scheiben aus Buntglas, vor allem in der Umrandung der Eingangstür. In den 1850er Jahren führte man Bleiglasfenster ein, die bis Anfang des 20. Jahrhunderts zu finden waren. Kunstvolle Bleiverglasungen zierten häufig Kaminwände, Esszimmer und Treppenpodeste. Geätztes Glas und gemalte Muster, die eine Bleiverglasung imitierten, hatten Konjunktur.

In der zweiten Hälfte des 19. Jahrhunderts setzten sich Venezianische oder Lamellenläden durch, manchmal verwendete man stattdessen aber auch Markisen. In vielen Häusern gab es noch immer massive Innenläden. Gazefenster als Schutz vor Insekten wurden in den 1880er Jahren eingeführt.

1 Gotisches Flügelfenster mit Verdachung, 1852. SN

2 Gotisches Schiebefenster, Mitte des Jhs.

3 Schiebefenster im Queen-Anne-Stil, 1880er Jahre.

4 Schiebefenster von 1878.

5 Ausschnitt aus einem Schiebefenster im Queen-Anne-Stil. CK

6 Zwei Fenster von 1869 mit Ziergiebel bzw. flachem Gesims und Schlussstein. WD

7 Erkerfenster wurden nach 1850 gebräuchlich; oft modernisierte man mit ihnen ältere Häuser. CG

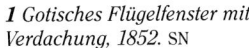

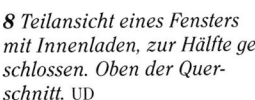

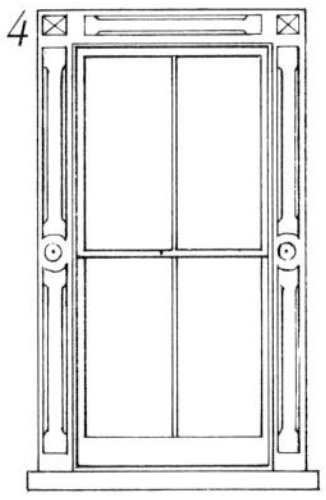

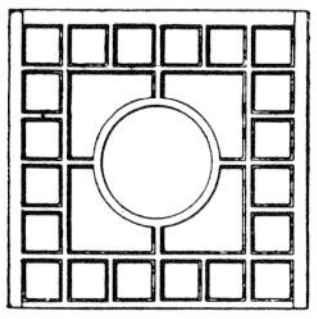

8 Teilansicht eines Fensters mit Innenladen, zur Hälfte geschlossen. Oben der Querschnitt. UD

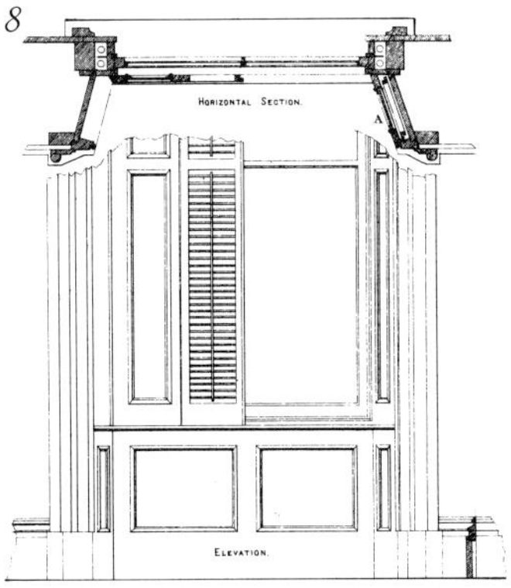

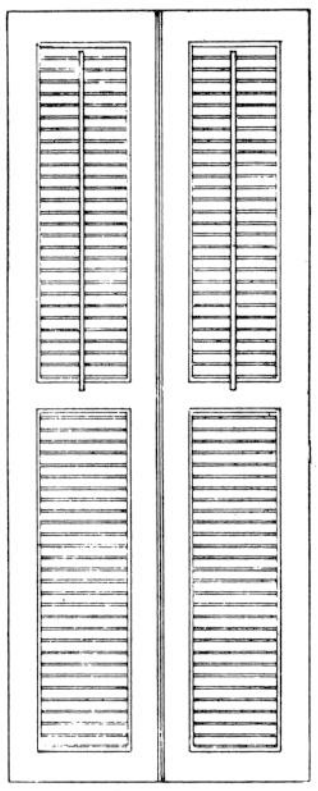

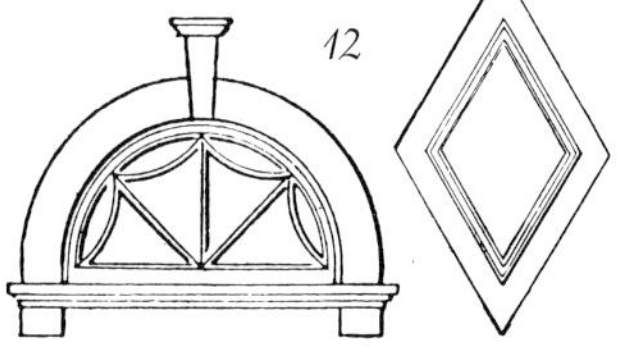

9 Außenläden mit beweglichen und unbeweglichen Stäben. UD

10 Drei Gaubenfenster, 1869. Die ersten beiden im Zweiten Empirestil, das dritte typisch für den Queen-Anne-Stil. Gauben trugen zur schönen Gestaltung der Dachsilhouette selbst an schlichten Bauten bei. WD

11 Halbrundes Giebelfenster (links: innen, rechts: außen), mit Stein eingefasst, in einem Ziegelbau.

12 Neoklassizistische Fensterformen waren wesentlich für das Erscheinungsbild von Häusern im Colonial Revival. UD

13 Dreigeteiltes Fenster mit farbiger Bleiverglasung in den oberen Teilen, um 1900. UD

14 Farbige Bleiverglasung an einem Haus im Queen-Anne-Stil in San Francisco.

15 Vom Aesthetic Movement beeinflusste Entwürfe für Buntglasfenster.

16 Für geätztes Glas waren verschiedene geometrische Muster populär. UD

17 Diese sandgestrahlte Scheibe mit Pilgern aus dem 17. Jh. entstand um die Jahrhundertwende. Ein beliebtes Design des Colonial Revival. UD

1 Schlanke Schiebefenster mit Außenläden. Hier wurden aus dekorativen Gründen selbst in der schattigen Veranda Läden angebracht. WT

2 Erkerfenster im italianisierenden Stil waren sehr populär, doch findet man sie auch im Schindelstil und im Colonial Revival. Hier ein Beispiel des italianisierenden Stils aus Los Angeles.

3 Spätviktorianisches Fenster aus einem Obergeschoss in einer schindelverkleideten Fassade. Der obere Teil wird von einer Kante aus Buntglasscheiben belebt. Die Farben dieses Hauses wurden genau wiederhergestellt. HA

4 Buntglas, Villa Montezuma, San Diego, 1887. Im Mittelfeld die antike griechische Dichterin Sappho, die Mädchen in Musik

und Poesie unterrichtete – eine geeignete Dekoration für ein Zimmer, in dem musiziert wurde. JBE

5 Fensterbeschläge aus dem späten 19. Jh., u. a. ein Schubstangenverschluss für eine Loggiatür (links), Zuggriffe für Schiebefenster, Fensterheber und ein Fensterladenscharnier (unten rechts). Etwa ab 1860 verwendete man gegossene Beschläge mit Reliefdekor, meist in einer Kombination geometrischer und stilisierter Elemente, heute als »Eastlake« bezeichnet.

Wände

1 *Voll getäfelte Wände, oft in amerikanischem Hartholz, waren Ende des 19. Jhs. bei den Wohlhabenden beliebt. Das Beispiel mit Faltwerk am Sockel und Sternenmotiven darüber ist aus den 1880er Jahren.* SAL

2 *Fries unter einer tapezierten Decke. Das Muster ist aus einzelnen Tapetenstreifen zusammengesetzt. Bemerkenswert ist, wie die Blütenzweige den darunter liegenden Streifen überschneiden.* HA

3 *Geblümte Tapeten waren beliebt, die Darstellungen bei einigen botanisch äußerst präzise.* GE

4 *In den letzten Jahrzehnten des 19. Jhs. bevorzugte man Tapeten mit dichten Flächenmustern. Typischerweise ist diese Tapete auf das Feld über einem getäfelten Sockel mit sehr feinen Profilleisten beschränkt.* GW

5 *Eine Tapete im Chrysanthemenmuster von William Morris über einem getäfelten Sockel mit passenden floralen Motiven. Das Tapetenmuster entstand 1877. Morris wollte die Energie des Pflanzenwachstums einfangen, ohne die Natur direkt zu imitieren.* HA

In fast jedem Wohnraum gab es eine Fußleiste und in vielen irgendeine Art von Gesims. Nach 1860 bildeten Täfelung und Sockelleiste noch einmal die übliche Ausstattung. In den 1870er Jahren waren Sockelfriese modern.

Es wurde empfohlen, die Wände dunkler zu streichen als die Decke; die Einfassungen wiederum sollten heller oder dunkler als die Wände ausfallen. Man verwendete sowohl Ölfarben als auch Leimfarben. Weiße oder helle Wände waren populär, während einige Berater auch für gewagtere Farben plädierten. A.J. Downing zufolge sollten Dielen und Flure in nüchternen Farben oder in der Art von Stein gestrichen werden; für Wohnzimmer empfahl er hingegen helle und heitere Farbtöne.

Nach 1850 wurden Tapeten zur erschwinglichen Alternative. Die Neorokoko-Tapeten der Jahrhundertmitte zierten große Blattmuster und Felder mit Rollwerk. Man klebte sie von der Decke bis zur Fußleiste. In den 1870er Jahren entwickelte sich eine Vorliebe für Streifen oder Friese aus Papier über gestrichenen Wänden oder Täfelungen. Dabei bevorzugte man lebensechte organische Muster.

In der spätviktorianischen Periode wurde Hartholz für Zierleisten und Täfelungen empfohlen. Kritiker fanden, die einheimischen Holzarten, mit Klarlack behandelt, seien am besten geeignet. Dennoch blieb Kiefer, geädert oder einfach gestrichen, für die meisten Bauherren im späten 19. Jahrhundert das wichtigste Holz.

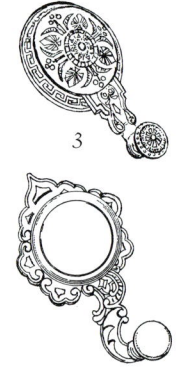

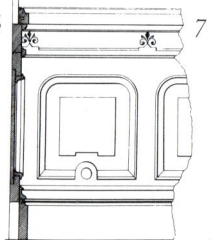
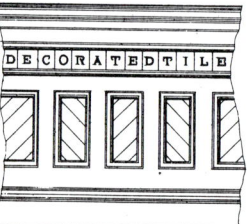

*1 Vom Ästhetizismus beeinfluss-
ter Salon mit drei Sorten Tapete
an einer Wand.* CK
*2 A.J. Downing empfahl für
Wände in Salons dieses Design
in drei Holzarten: Nussbaum,
Eiche und Gelbkiefer. In die
Füllungen gehörten Stickereien.*

*3 Zwei Klingelhebel zum
Gebrauch im Wohnzimmer,
um einen Diener zu rufen.*
*4 Wand mit Sockelfries über
der Täfelung.*
*5 Häuser im späten Queen-
Anne- oder Schindelstil konnten
Wände wie diese haben, mit*

*schlichter Fußleiste, Sockel-
täfelung und Gesims.*
*6 Sockeltäfelung im italiani-
sierenden Stil, 1873.* CG
*7 An dieser Sockeltäfelung ist
ein Fries aus Fliesen vorgesehen, 1880er Jahre.* CK
8 Zwei Fußleistenprofile, 1869. WD

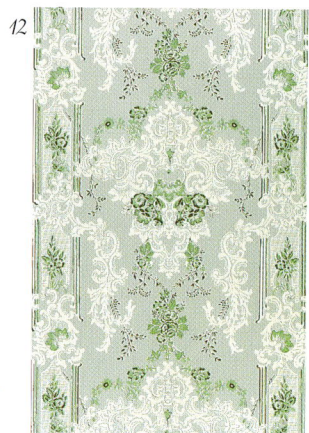

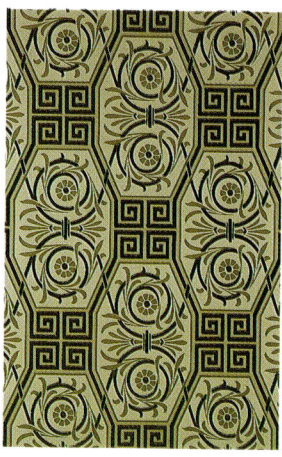

9 Zwei Bögen in Fluren, 1869.
*10 Diese griechisch inspirier-
ten Muster, gleichermaßen für
Tapetenfriese und vertikale
Pilasterdekorationen geeignet,
wurden 1892 von G.A. und
M.A. Audsley in* The Practical
Decorator and Ornamentist
veröffentlicht. DO
*11 Dekoration aus Binsen und
Schwertlilien im Wechsel auf
einem Wellenband, aus derselben Quelle.* DO
*12 Neorokoko-Tapete, um 1847
(Reproduktion: Scalamandré).*
*13 Zwei weitere Tapetenentwür-
fe aus* The Practical Decorator
and Ornamentist, *1892.* DO

Decken

1 Elegantes Oberlicht im italianisierenden Stil mit klassischen Stuckprofilen in einem Treppenhaus, um 1847. BO
2 Deckenrosetten gab es seit dem

Föderalstil. Diese Version passte zu einem Haus im gotischen oder italienischen Geschmack. GE
3 Getäfelte Decke, um 1870, mit hölzernen Hängeknäufen. Schab-

lonierte Sterne, die den Nachthimmel darstellen, waren nicht ungewöhnlich. NA
4 Die Fachautoren um 1870 betonten oft, dass die Decken zu we-

nig zur Dekoration genutzt würden. Dieses Beispiel mit Schablonenmustern sowie gestrichenem und vergoldetem Stuck ist besonders überschwänglich. GW

In amerikanischen viktorianischen Häusern liebte man verzierte Decken. Die Modemacher legten fest, dass auch die einfachsten Räume ein Gesims brauchten; 36 cm galt einigen als die ideale Breite. Manche Kritiker befürworteten farbige oder gemusterte Decken, meist ließ man sie aber schlicht weiß.

Stuckrosetten behielt man seit der neoklassizistischen Periode bei und passte sie den verschiedenen Stilerneuerungen an. So wurden die Neorokoko-Rosetten gegen Ende des Jahrhunderts von solchen im Stil der Renaissance abgelöst. Weiter wurden Stuckfelder mit Profilleisten empfohlen sowie für reiche Häuser verschiedene Arten von Kassetten und Feldern in mittelalterlicher Art.

In der Zeit nach dem Bürgerkrieg gab es reiche Deckenornamente, gemalt und auf Tapete, von Engelchen auf Wolken bis zu kunstvoll verschränkten geometrischen Mustern und Kanten mit Naturmotiven. Mit den preiswerten Tapeten, die nach 1850 auf dem Markt waren, gestaltete man ganze Deckenmuster sowie Kanten und Mittelfelder. Auch mit Schablonenmalerei wurden Decken gestaltet.

Im letzten Jahrzehnt des Jahrhunderts forderten einige Kritiker einfachere Decken mit Tapeten in zurückhaltenden Mustern und schlichten Kanten passend zum Muster der Wände.

Decken konnten auch aus gespundeten Brettern bestehen, und in zweitrangigen Teilen des Hauses auch aus Zinn.

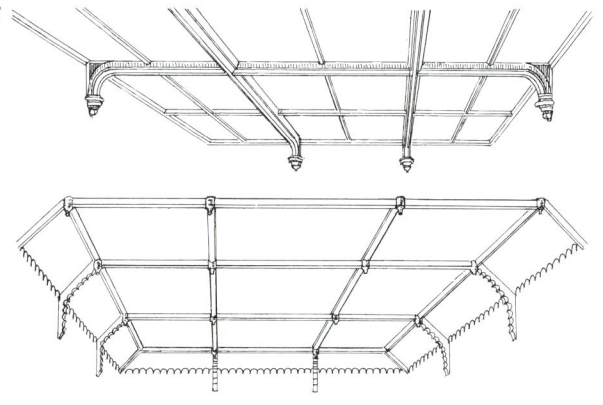

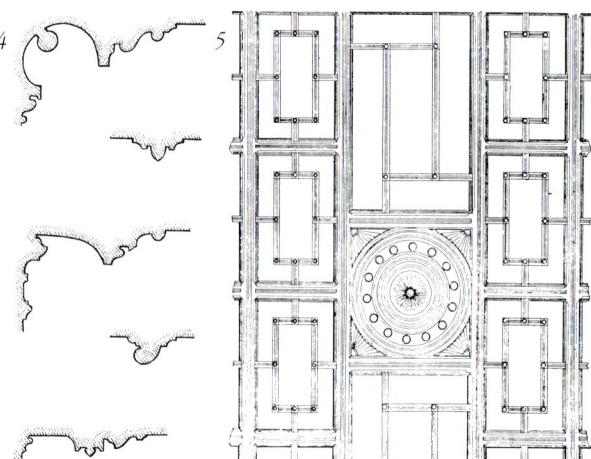

1 *Decken mit Holzrippen; eine im gotischen Geschmack, die andere in dem von A. J. Downing in* The Architecture of Country Houses *(1850) so genannten Konsolstil. Die Konsolen sollen den Eindruck erwecken, dass die Decke gestützt wird.*
2 *Entwurf aus den 1850er Jahren für eine sehr komplizierte Stuckdecke (nur zur Hälfte im Bild). Die Gliederung folgt neogriechischen Vorbildern, aber die Dichte der Ornamente entspricht der italianisierenden Mode.* SN

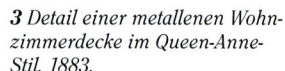

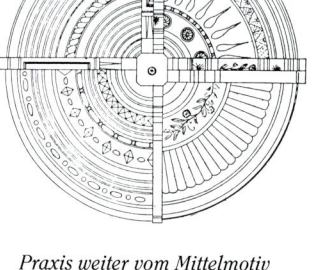

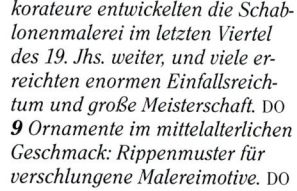

3 *Detail einer metallenen Wohnzimmerdecke im Queen-Anne-Stil, 1883.*
4 *Solche Gipsprofile passten für Häuser im gotischen oder italianisierenden Geschmack.*
5 *Decken in Queen-Anne-Häusern waren oft in Quadrate und Rechtecke geteilt und mit einem komplexen Netz von Holzleisten, Tapeten und gemalten Kanten überzogen. Dies ist ein Beispiel für den voll entwickelten Stil der 1880er Jahre.* PA
6 *Vier Muster zur Wahl für eine Mittelrosette, 1880er Jahre.* PA
7 *Die Eckgestaltung im Stil des Aesthetic Movement erinnert an*

die Zwickel an Türen im Tudorstil. DO
8 *Entwurf im griechischen Geschmack, zum Schablonieren geeignet. Die Ecken wären in der*

Praxis weiter vom Mittelmotiv entfernt. Das Bild stammt aus einem in den Vereinigten Staaten weit verbreiteten britischen Musterbuch – The Practical Decorator and Ornamentist *von George Ashdown Audsley und Maurice Ashdown Audsley, 1892. Die De-*

korateure entwickelten die Schablonenmalerei im letzten Viertel des 19. Jhs. weiter, und viele erreichten enormen Einfallsreichtum und große Meisterschaft. DO
9 *Ornamente im mittelalterlichen Geschmack: Rippenmuster für verschlungene Malereimotive.* DO

Fußböden

Muster für Fertigparkett von der Firma John W. Boughton in Philadelphia (oben). Man setzte es aus vorgefertigten Elementen – Holzstücke auf einer flexiblen Stoffunterlage – zusammen. Parkett- und »Holzteppich«-Böden konnten auch als Meterware gekauft werden (unten rechts).

Im gesamten 19. Jahrhundert waren Fußböden aus unlackierten, gebleichten Kiefernbrettern am weitesten verbreitet. Ab der Jahrhundertmitte wurden dunklere, gebeizte oder polierte Böden beliebter, und die Nadelholzböden verschwanden immer öfter unter dekorativen Belägen wie z.B. Parkett.

Meist wählte man den Fußboden entsprechend der Funktion des Raumes, z.B. Fliesen für Dielen und Flure, weil sie haltbar und dekorativ waren, Florteppiche dagegen nur für die feinsten Räume.

Zu Beginn der Periode wurden Teppiche in Rokokomustern und mit Naturmotiven bevorzugt, später dann orientalische Muster. Gegen Ende des Jahrhunderts gab es auch ein-farbige Florteppiche, welche die Wände und Möbel besser zur Geltung brachten. In den meisten Häusern wurden Stroh-, Kokos- oder Stoffmatten verwendet. Diese legte man im Sommer aus, wenn die Teppiche weggenommen wurden; in einfacheren Häusern waren sie das ganze Jahr anstelle von Teppichen in Gebrauch. Auch die Schlafzimmer aller Klassen waren mit Matten ausgelegt.

Textile Beläge blieben vor allem in Dielen, Fluren und Küchen gebräuchlich. Eine neuere Möglichkeit war das um 1860 eingeführte Linoleum, ein Gemisch aus Leinöl, Kork- und Holzschliff auf Jute oder Leinwand. Wohlhabende ließen es im Küchen- und Sanitärbereich verlegen, während es den Ärmeren als Imitat für Teppiche und Harthölzer diente.

*1 Eine Kaminsohle aus glasier-
ten Fliesen wurde in den im viktorianischen Haus üblichen Bret-
terfußboden eingesetzt. Glasierte*

*Fliesen mit Reliefmustern stellte
man ab den 1870er Jahren in
Amerika industriell her.* HA
2 Haltbare Enkaustikfliesen aus

*Steingut, meist mit geometrischen
Mustern nach romanischen Vorbildern, waren in allen Haustypen beliebt. Zwei große Firmen*

*für Enkaustikfliesen befanden
sich in Zanesville, Ohio.* GW
*3 und 4 Zwei feine Parkettböden
aus hellem und dunklem Holz.* NA

*5 Quadratisches, gemustertes Öl-
tuch als Unterlage für einen Ofen.
6 und 7 1839 ließ Erastus B. Bigelow aus Clinton, Massachusetts, einen elektrischen Webstuhl*

*für die Herstellung in der Faser
gefärbter Teppiche patentieren,
und in den 1850er Jahren entwickelte er eine ähnliche Technologie für Brüsseler Teppiche.*

*Das Zentrum der amerikanischen
Teppichproduktion verlagerte
sich von Philadelphia nach Neuengland. Von den 1840er bis in
die 1860er Jahre waren organi-*

*sche Muster am beliebtesten. Spä-
ter wurden Orientteppiche Mode,
und alle großen amerikanischen
Hersteller der 1880er Jahre produzierten »Perser«.*

*6 Amerikanischer Wilton-Teppich,
typisch für den Geschmack im
letzten Viertel des 19. Jhs. (Reproduktion: Scalamandré).* SCA

*7 Dieses Detail aus einem
naturalistischen Teppich
erinnert sehr an französische
Designs.*

Kamine

Einbauschränke gab es an vielen spätviktorianischen Kaminen, doch dieser ist sehr kunstvoll ge- *arbeitet und mit Vergoldung reich verziert. Die schlichte Marmorumrandung bildet einen wir-* *kungsvollen Kontrast. Mary Gay Humphreys, Autorin für Einrichtungsfragen, schrieb: »Der Kamin* *ist tatsächlich der Hausaltar, der wahre Mittelpunkt der häuslichen Gemeinschaft.« SAL*

Die Heizung besaß für Amerikaner im 19. Jahrhundert eine zentrale Bedeutung. Wie man den Winter, der strenger ist als in Europa, in einem Holzhaus verbringt, war ein wichtiges Gesprächsthema. Selbst als die Kamine durch Öfen und Zentralheizung praktisch überflüssig geworden waren, behielten sie symbolische und dekorative Bedeutung. Öfen erzeugten keinen Luftzug, und die Räume wurden als stickig und folglich von manchen Kritikern als ungesund empfunden.

Außerdem war ein offenes Feuer ein Zeichen von Wohlstand, denn es verbrauchte mehr Brennstoff als ein Ofen und benötigte Personal zu seiner Unterhaltung. Daher wurde der Kamin nicht ganz aufgegeben.

In der Jahrhundertmitte waren Neorokoko-Kamine aus Marmor oder Neorenaissance-Modelle mit Kerbdekor in Marmor oder Holz modern. Später gab es auch Kamine im Stil der Arts and Crafts. In Häusern im Schindelstil fand man wieder neoklassizistische Formen.

In spätviktorianischen Wohndielen nahm der Kamin einen bevorzugten Platz ein, transportierte er doch die mittelalterliche Atmosphäre, um die zahlreiche Architekten sich so sehr bemühten. Die verlockende Vorstellung vom gemütlichen Platz am offenen Feuer wurde in manchen Räumen durch Kaminaufsätze in Kombination mit Borden, Sitzplätzen, dekorativen Paneelen und Kunstwerken verstärkt, die als komplexes Ensemble den Blickfang des Raumes bildeten.

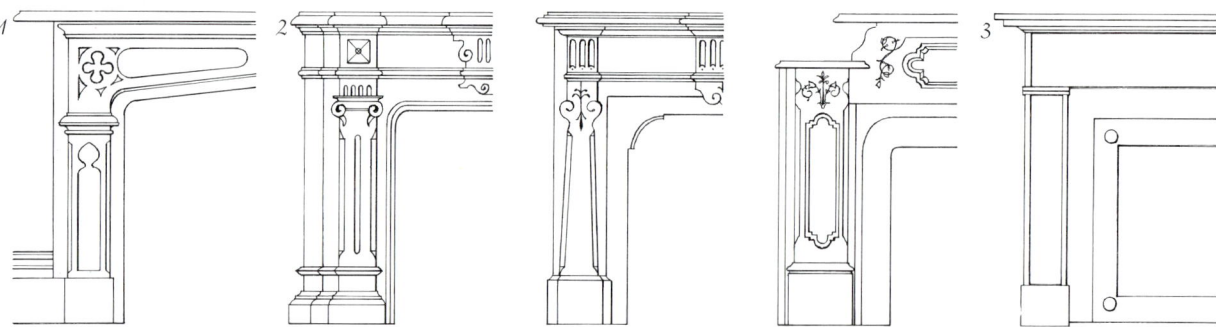

1 *Kamin im gotischen Geschmack, mit den typischen Vierpässen in den Ecken. Auch der Winkel, in dem der Bogen ansetzt, ist charakteristisch.*
2 *Drei Beispiele für Neorenaissance mit typischen Details. Das erste ist in* Cummings' Architectural Details, *New York, 1873 abgebildet. Das zweite ist von 1869, das dritte,*

aus derselben Zeit, stammt aus einem Wohnzimmer in Batavia, New York.
3 *Erste Wahl bei Steinkaminen waren für Wohlhabende Marmor oder Schiefer. In ein-*

facheren Häusern gab es oft schlichte Steineinfassungen von fast klassizistischer Strenge. Hier ein Beispiel aus einem Wohnzimmer der 1860er Jahre.

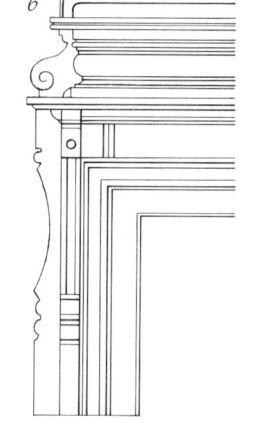

4 *Kunstvoller Kamin aus Schiefer, angeboten von T.B. Stewart and Company, New York.*
5 *Kamin mit Umrandung aus dekorativen Importfliesen von der britischen Fa. Minton.*

6 *Kamin im Queen-Anne-Stil aus Kiefer mit Polsterfries.*
7 *Hölzerne Kamineinfassung aus einem spätviktorianischen Haus. Auf den Fliesen sind Jagdszenen im Relief dargestellt. Der Rost hat eine Abdeckung für den Sommer.* HA

8 *Den Kamin mit einem Spiegel zu kombinieren ist eine Idee von Mitte des 18. Jhs., die nach 1850 für viele erschwinglich wurde. Solche Kamine waren typisch für alle Neo-Stile der viktorianischen Zeit außer dem Schindelstil. Hier ein neogotisches*

Beispiel aus den 1850er Jahren; der Spiegel hat einen vergoldeten Holzrahmen.
9 *Kamine im italianisierenden Stil mit Spiegel im Aufsatz, aus* Woodward's National Architect, *1869.* WD
10 *Der anspruchsvolle Kamin mit Spiegel*

wurde in den 1880er Jahren für die Diele eines reichen Hauses im Stabstil oder Queen-Anne-Stil entworfen. Links die Tür zu einem Kabinett, rechts ein Paneel, das der Tür – außer dem Griff und der Schlüssellochplatte – in allen Details gleicht. CK

1 Die Musterbücher der Periode zeigen Kamine mit konsolenreichen Aufsätzen wie diesem. Der große Spiegel vervielfachte das Licht. GW

2 Kamine von fast griechischer Schlichtheit wurden in der gesamten Periode aus Holz, Schiefer und Marmor hergestellt. Hier ein Marmorkamin von etwa 1850. GE

3 Der elegante Kamin mit Aufsatz ist in die Täfelung des Raumes integriert. Auf vier kleinen rechteckigen Tafeln am Fries sind Wagen und andere antike Motive mehrfarbig dargestellt. Die Kaminsohle ist in einem Karomuster gefliest. NA

4 Typische Form des Neorenaissance-Kamins mit Spiegel im Aufsatz. Die seitlichen Säulen-

paare und das Gebälk geben dem Ganzen eine prachtvolle Note. Hundeköpfe in den Zwickeln der gewölbten Nische waren ein gebräuchliches Motiv. NA

5 Dekorative Fliesen kontrastieren an diesem Kamin aus den 1870er Jahren mit einer hölzernen Umrandung. Oft gestaltete man die Fliesen bildhaft wie hier, jede mit einer anderen Szene. Vorsatzbänke wie an diesem Beispiel waren im 19. Jh. in Amerika nicht üblich. GW

6 Besonders kunstvoller Neorokoko-Kamin, geeignet für ein Haus im italianisierenden Stil. Schlichtere Varianten waren verbreitet; viele wurden aus Europa importiert, einige in den Vereinigten Staaten hergestellt. BO

KAMINE

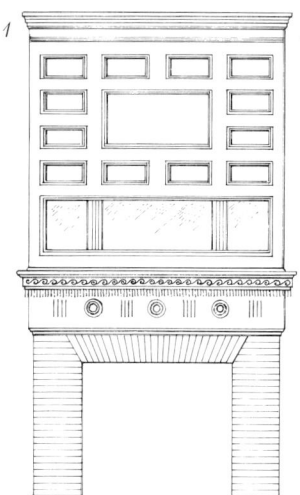
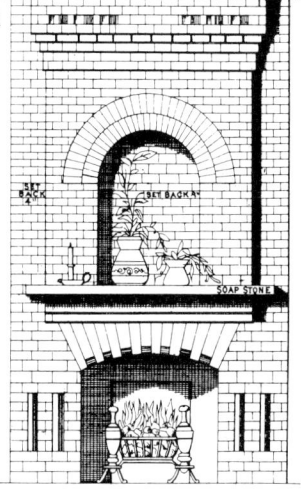

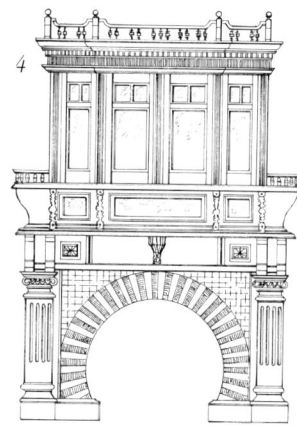

1 Typischer Kamin im Queen-Anne-Stil der 1870er oder 80er Jahre. Der hölzerne Aufsatz über der Umrandung aus glasierten Ziegeln hat Spiegel und Platz für ein Gemälde.
2 Ein weiterer Kamin im Queen-Anne-Stil, 1881. Die Nische ist 20 cm tief, der Kamin-

sims besteht aus Speckstein. CK
3 Dieser kunstvoll gearbeitete Kamin trägt über einem gemauerten Bogen einen mehrstöckigen Aufsatz, der von einer Spindelreihe bekrönt wird. Die Borde, auf denen man Zierge-

genstände aufstellte, waren ein typisches Merkmal der spätviktorianischen Zeit.
4 Ganz im Geschmack des amerikanischen Queen-Anne-Stils vereint dieser großartige Kamin einen verglasten Kabinettschrank, Spiegel und Borde mit einer eleganten Spindelgalerie als oberem Abschluss.

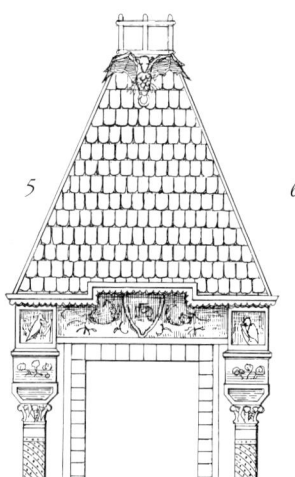
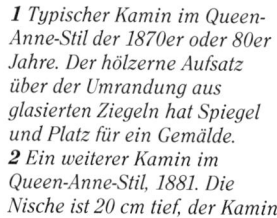
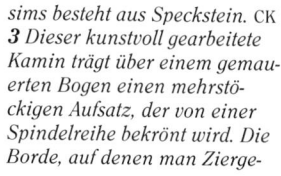

5 Der Betrachter sollte sich klein vorkommen vor diesem ungeheuren Kamin aus den 1870er Jahren. Die Säulen im romanischen Geschmack tragen eine kunstvoll mit Schindeln gedeckte Haube.
6 Ein eleganterer Kamin aus den 1870er oder 80er Jahren, mit neoklassizistischen Motiven, u. a. Festons und Akanthuslaub, sowie einer Urne über dem Spiegel.
7 Die reichliche Ausstattung dieses Kamins mit Borden ist von der Arts-and-Crafts-Bewegung beeinflusst.
8 Auch dieser schlichtere Kamin von 1881 ist von den Arts and Crafts inspiriert, eine Neuinterpretation früherer Designs.
9 Kaminheizer aus den 1880er Jahren. Das durchbrochene, gewölbte Oberteil konnte abgenommen und durch eine Zinnplatte ersetzt werden, auf der

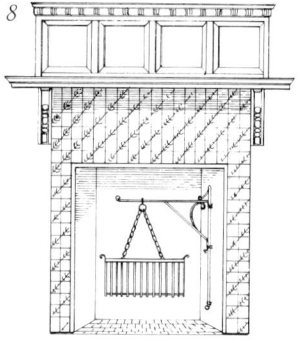
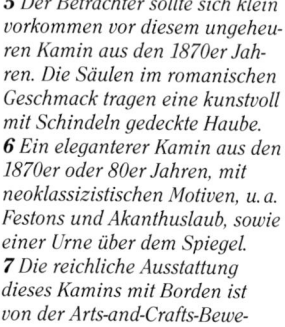

man gefüllte Kessel zum Kochen brachte.
10 Kaminheizer aus der Produktion von Floyd, Wells and Company, Royersford, Pennsylvania, abgebildet in einem Katalog der Firma um 1900. Unter der Bezeichnung »Grand Social« war er in drei Größen im Handel. Es gab ihn in Eisen sowie alternativ mit Nickelplatten oben und an den Seiten. Die Feuertüren sind Schiebetüren; zurückgeschoben machten sie aus dem Ofen einen offenen Rost. FL
11 Reich verzierter Kaminheizer mit antikisierendem Profilbildnis in der Mittelkartusche.
12 Zwei Designs für eiserne Kaminböcke, beide aus den 1880er Jahren, beeinflusst von Arts and Crafts und Aesthetic Movement.
13 Kaminbock im Colonial Revival.

Küchenherde

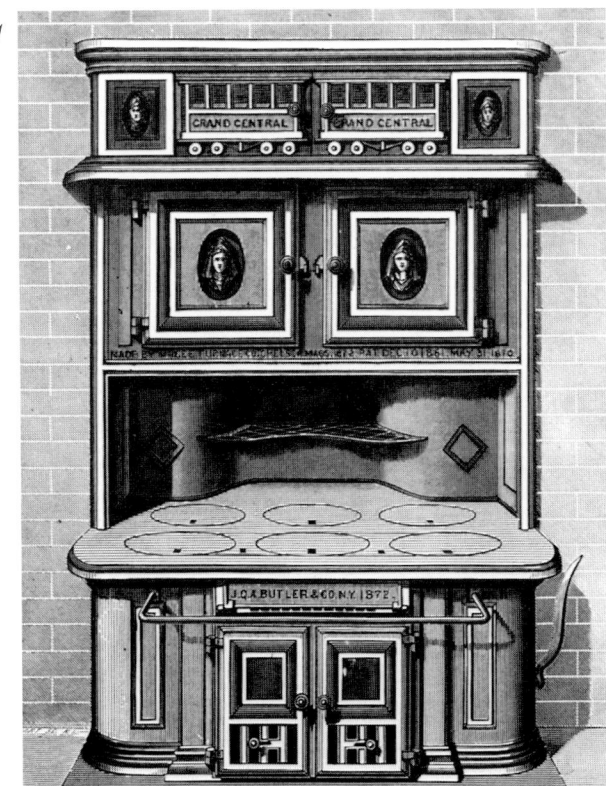

1 Einbauherd, 1870er Jahre. In den USA sind nur wenige erhalten, wohl weil sie nach Modernisierungen schwer Platz fanden und der Neuanschluss teuer war. In Handelskatalogen sind eingebaute und freistehende Modelle etwa gleich stark vertreten.
2 Ein ausgeklügelter, wenn auch klobiger Herd aus den 1870er Jahren, mit dem man nicht nur kochte, sondern auch Wasser erwärmte. Typisch ist die Haube über dem Herd.
3 1902 boten Sears, Roebuck and Company den »Acme American Range« mit den neuesten plastischen Verzierungen im Geschmack des Rokoko an. Der gusseiserne Herd hat Knöpfe und Scharniere aus Nickel, eine verzinnte Feuertür und eine mit Porzellan ausgekleidete Vorrats- oder Warmhaltekammer. Er konnte mit Holz, Stein- oder Braunkohle befeuert werden. Um diese Zeit waren auch Gasherde bereits populär, meist kastenförmige Geräte mit zwei oder vier Brennstellen. Einige hatten einen Tank zum Erwärmen von Wasser.
4 Frühere viktorianische Herde wie dieser von 1867 wurden weniger verziert und bestanden lediglich aus einer ebenen Kochfläche über der Feuerung.

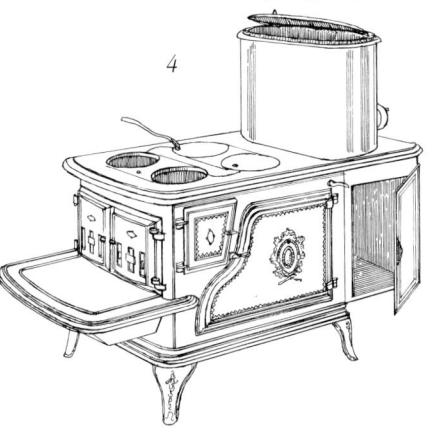

Der Küchenherd setzte sich in Amerika nur langsam durch, weil die Temperaturregelung zunächst Schwierigkeiten bereitete. Mitte des 19. Jahrhunderts war er weit verbreitet, und das Kochen am offenen Feuer geriet in Vergessenheit. Die ersten Modelle folgten Vorbildern vom Beginn des Jahrhunderts: einfache erhöhte Feuerkästen mit flachem Oberteil als Kochstelle, daneben eine Backröhre. Die Verbesserungen um die Jahrhundertmitte sind in der 1869er Ausgabe von Beecher and Stowes *American Woman's Home* dokumentiert. Dort wird ein Herd beschrieben, in dem 64 Liter Wasser ständig warm gehalten, Pasteten und Puddings in einer Wärmekammer gegart, unter der Abdeckung hinten Bügeleisen aufgeheizt und vorn ein Teekessel zum Kochen gebracht, Brot in der Röhre gebacken, ein Truthahn in einem Bräter zubereitet und obendrein auf einer ebenen Fläche in Töpfen und Tiegeln gekocht werden konnte.

In den 1880er Jahren waren bereits Gasherde verbreitet. Ebenso wie Ölherde wurden sie zum Gebrauch bei warmem Wetter empfohlen, da sie nur zum Kochen angezündet werden mussten. Bei längerem Betrieb waren sie allerdings teuer.

Im Laufe der Zeit begann man, die Herde aufwändiger zu dekorieren. Sie wurden ähnlich wie Möbel gestaltet, z. B. mit Beinen im Queen-Anne-Stil oder Kartuschen im Neorokoko. Auf diese Weise sollte wohl den Hausfrauen die neue Technologie nahe gebracht werden.

Treppen

*Vornehme getäfelte Treppe aus
einem Haus im Schindelstil in
Newport, Rhode Island. Bei dieser*
*nüchternen Gestaltungsweise liegt
das Augenmerk auf der feinen Verarbeitung und der Holzmaserung.* SAL

Im späten 19. Jahrhundert wurde besonders viel unter-
nommen, um Treppen architektonisch vorteilhaft und dekorativ zu gestalten. Bis zur Jahrhundertmitte waren zentrale Treppenflure üblich gewesen. Die Neogotik und der
italianisierende Stil ermöglichten mehr planerische Freiheit. Die Treppen wurden nun asymmetrisch nahe der Eingangstür und meist auch in günstiger Lage zum Haupt-
wohnzimmer angeordnet. Sie verlaufen zumeist gerade von
einem Geschoss zum nächsten. Ihre Baluster waren in komplexen Formen gedreht, während die Antrittspfosten gedrechselt, facettiert und abgefast wurden. In einfacheren
Häusern stellte der Antrittspfosten nicht selten die kunstvollste Holzarbeit überhaupt dar.

Als man gegen Ende der Periode begann, Treppen in den
Wohnbereich einzubeziehen, avancierte die Treppe zum Gegenstand neuer Experimente, und elegantere Stufenreihen
und Podeste wurden ersonnen. Oft befand sich auf dem
Hauptpodest zwischen Erdgeschoss und erstem Geschoss
ein Fenster aus Buntglas, sehr vornehm mit bildlichen Darstellungen oder bescheidener mit geometrischen Mustern.
Treppenflure hatten in der Regel ein Oberlicht aus einfachem oder Buntglas, das kunstvoll gestaltet sein konnte.

Der bevorzugte Treppenbelag waren Teppiche, aber auch
textile Beläge und Matten wurden verwendet. Für Teppich-
stäbe wählte man gern Messing, doch findet sich auch Eisen
und hin und wieder sogar Silber.

1 Eichentreppe, Mitte 19. Jh., im gotischen Geschmack. Typisch sind der massive Antrittspfosten mit Schrägkanten und das Maßwerk der Balustrade.
2 Treppe aus derselben Periode, im italianisierenden Stil, mit gedrechselten Balustern und komplizierter gestaltetem Antrittspfosten.
3 1870er Jahre: Das geschnitzte Laubmotiv des Antrittspfostens kehrt in den Balustern wieder. Die Stufenenden weisen Zierprofile auf.

4 Treppe im italianisierenden Stil aus den 1870er Jahren. BI
5 Balusterförmiger Antrittspfosten im italianisierenden Stil mit geripptem Sockel. Die Baluster sind genauso geformt, aber kleiner. Aus Woodward's National Architect, 1869. WD
6 Treppe aus einem Haus im Schindelstil, 1881. CK
7 Zwei Entwürfe für Antrittspfosten, passend für Häuser im Queen-Anne-Stil.

8 1870er Jahre: Entwurf im Queen-Anne-Stil mit verschiedenen ornamentalen Ausschnitten zur Wahl.
9 Manchmal wurde die Unterseite einer Treppe mit Hängeknäufen gestaltet. CK
10 Exotische Motive, wie islamische Bögen, waren vornehmen Häusern vorbehalten.
11 Typische Treppe im italianisierenden Stil mit geradem Treppenlauf von einem Geschoss zum nächsten, um 1870. Die begleitende Täfelung konnte man in flexiblen Streifen kaufen.
12 Antrittspfosten mit gedrehtem Knauf und facettiertem Schaft waren von den 1850er bis in die 1870er Jahre populär. WT
13 Zu einer Treppe im Queen-Anne-Stil gehörte ein Fenster mit Buntglas am Podest. An den Antrittspfosten fanden sich häufig Rosettenmotive.

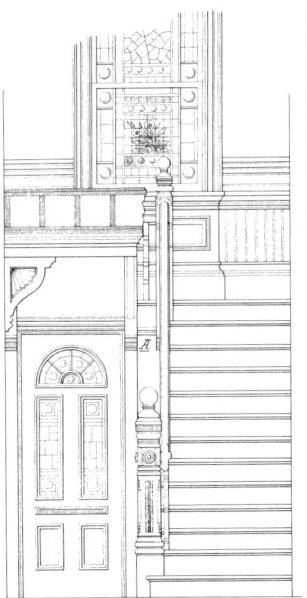

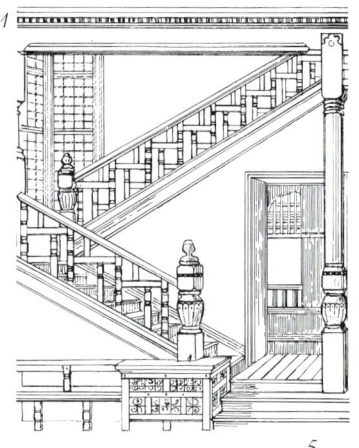

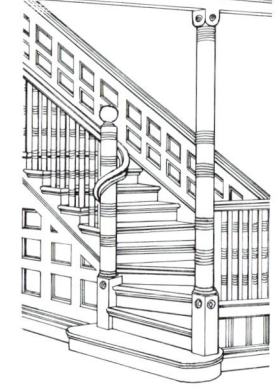

1 Im Queen-Anne- und Schindelstil sowie der Richardson-
Romanik experimentierten die
Architekten mit der Länge der
Treppenläufe und der Zahl der
Podeste. Die abgebildete Treppe
ist in eine Wohndiele integriert.
Das Podest geht am linken Bild-
rand noch etwas weiter und bildet eine Galerie, von der man in
den Raum oder durch die hohen
bleiverglasten Fenster nach
draußen schauen kann.
2 Auch diese Treppe mit Bank
ist Teil einer Wohndiele aus den
1880er Jahren. CK
3 Diese Treppe aus derselben
Zeit ist abgewinkelt, damit der
Kamin Platz hat. CK

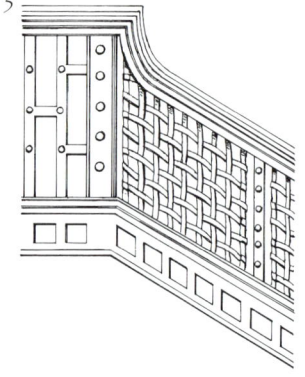

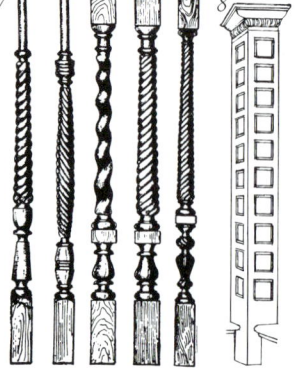

4 Treppe mit neoklassizisti-
schem Schnitzdekor, u. a. Girlanden, Festons und Schnörkel.

5 Eine »gewebte« Balustrade,
Schindelstil, um 1880.
6 Riesige Hängeknäufe und

eine Balustrade mit Laub-
schmuck an einer geschnitzten
Treppe im gotischen Geschmack.

7 In der viktorianischen Zeit
wurden Baluster nach Originalen des 18. Jhs. gefertigt. Hier
Beispiele von etwa 1900. UD
9 Drei Entwürfe von 1903. UD
10 Die Wangendekore zeigen

8 Kastenförmiger Antrittspfosten, 1880er Jahre.

die Qualität der maschinellen
Holzgestaltung. UD
11 Typische Profile von Handläufen, Ende 19. Jh.

12 Spätviktorianische Treppen
haben mehr eckige Elemente
und wirken schwerer. Beispiel
aus den 1880er Jahren. HA

Einbaumöbel

1 Vorzüglich getäfelte Bibliothek in einem Haus im Queen-Anne-Stil. Die verglasten Schränke ordnete man auf originelle Weise zwischen den einfachen Bücherregalen an. Die vergoldeten Glassprossen, Profile und Ziergiebel und das kontrastierende grüne Holz sind authentisch. SAL
2 Bücherschrank aus den 1870er Jahren mit geschnitzten gotischen Details, z. B. Vierpässe in den Bogenzwickeln. Gotik galt als besonders geeignet für Bibliotheken. GW
3 Dieser Porzellanschrank mit Ziergiebel wurde in die Nische zwischen Kamin und Wand eingebaut. Er weist zarte Vergoldungen an den Schubfächern und den seitlichen, vertikalen Profilen auf. HA

Frei stehende Möbel waren zwar nach wie vor beliebter, doch gingen viele Amerikaner in den letzten Jahrzehnten des 19. Jahrhunderts zu Einbaumöbeln über. Häuser in den Neo-Stilen boten viele Möglichkeiten.

Kleiderschränke wurden in den 1870er Jahren gebräuchlich, da man jetzt mehr Garderobe besaß, als sich in Kommoden und Armarien aufbewahren ließ. Die Zahl der veröffentlichten Bücher stieg sprunghaft an, folglich fanden sich Bibliotheken mit fest eingebauten Regalen zunehmend auch in bürgerlichen Häusern, während sie für die Reichen immer noch größer gebaut wurden. Die Wohndiele bot idealen Platz für Sitzbänke unter Treppen und auf Podesten. Ebenfalls unter Treppen oder am Ende einer Reihe von öffentlichen Räumen richtete man »türkische« oder »gemütliche« Ecken ein, exotische Plätze mit vielen Kissen, dem viktorianischen Bedürfnis nach einem häuslichen Refugium von der industrialisierten Welt entsprechend. Bänke und Kaminecken entstanden nahe beim Feuer, Fenstersitze waren in Häusern des Schindelstils und des Colonial Revival beliebt.

Die meisten amerikanischen Küchen hatten nur frei stehende Möbel und Geräte, mit Ausnahme eingebauter Ausgussbecken. Gegen Ende des Jahrhunderts tauchten jedoch auch Einbaumöbel und -geräte in den Küchen auf, wie auch in den Speisekammern und Nähstuben größerer Häuser.

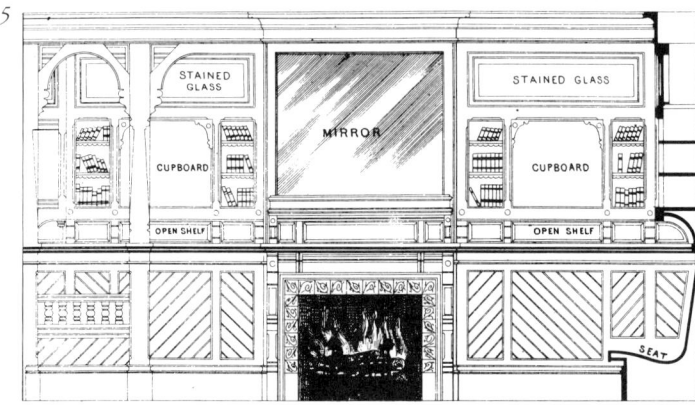

1 Bibliothekswand mit Bücher-schränken nach einer von A.J. Downing veröffentlichten Zeich-nung. Um der Symmetrie und harmonischen Gestaltung willen schlug Downing vor, eine der Türen zur Bibliothek wie einen Bücherschrank zu gestalten. Falsche Buchrücken sollten die Illusion perfekt machen.
2 Dieser Erker mit geknöpftem Polstersitz ist zwischen zwei Schlafzimmerschränken gelegen.
3 Entwurf für einen Bücherschrank in einer Villa im gotischen Geschmack, mit Falt-werk an den unteren Türen. A.J. Downing schrieb: »Unten ist Platz für Schränke, die sich vor-züglich für Druckschriften und Manuskripte eignen, und die Büsten hervorragender Männer aus verschiedenen Abteilungen der Literatur können oben so aufgestellt werden, dass sie an-zeigen, welcher Art von Büchern der Platz direkt unter ihnen zu-gewiesen ist.« Downing empfahl auch hängende Bücherregale.

4 Ein einfacher Bücherschrank, wie er jederzeit zwischen 1840 und 1900 gebaut werden konnte, aber nur für Wohlhabende. Die meisten Bücher wurden in frei stehenden Möbeln aufbewahrt. CK
5 Wandgestaltung im Queen-An-ne-Stil mit einer Fülle von Rega-len und Schränken, die um einen Kaminaufsatz herum angeordnet sind. Kompliziertes Design galt als Primärtugend. CK
6 Die eingebaute Sitzbank mit gewölbtem Baldachin sowie Schränken und Borden auf bei-den Seiten passte für Häuser im Schindel- oder Queen-Anne-Stil.
7 Treppe und eingebaute Polster-bank zeigen Anklänge an Colo-nial Revival und Schindelstil. Am Treppenpodest das typische Fenster.
8 Der eingebaute Geschirr-schrank bildet mit dem angren-zenden Spülbecken ein L. Dieses Modell von 1903 ist typisch für die spätviktorianischen Haus-haltmöbel mit ihren einfachen Füllungen und sparsamen Dekorationen. RO

9 Ein exotischer Bogen mauri-schen Typs bildet den Eingang zu einer »gemütlichen Ecke« mit bequemen Diwanen auf einem Treppenpodest. Eine Hängelam-pe und Orientteppiche waren wichtig für die Gesamtwirkung. Solche Arrangements bildeten einen beliebten Teil eleganter viktorianischer Interieurs.

Installation

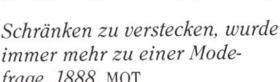

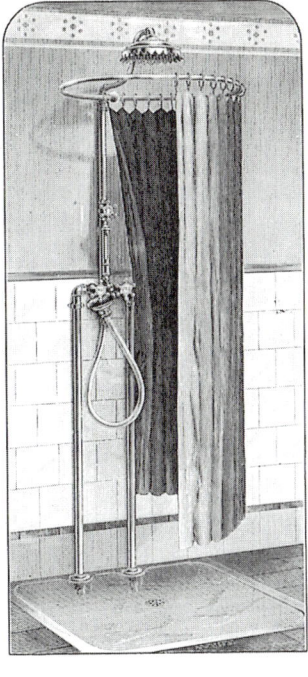

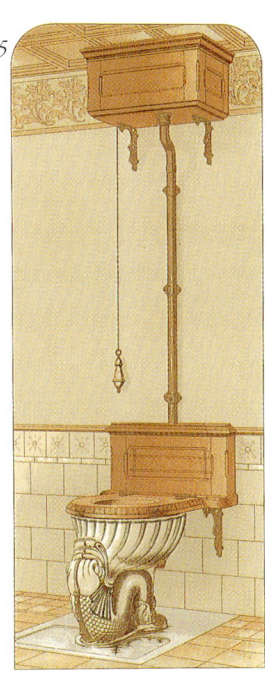

1 *Die frühviktorianische Praxis, Installationselemente in zur Täfelung passenden hölzernen* *Schränken zu verstecken, wurde immer mehr zu einer Modefrage. 1888.* MOT

2 *Porzellanbadewanne mit Rand und Beinen aus Marmor; unter dem Rand ist ein Fliesenband eingelegt. Badewannen ganz aus Porzellan wurden von* *den 1870er Jahren an hergestellt, aber Transport und Installation waren kostspielig.* MOT
3 *Mancher zog ein Bad ohne Tischlerarbeiten vor. Badewan-*

ne und Sitzbadewanne sind mit Porzellan ausgekleidet, das WC ist ganz aus Porzellan. MOT
4 *Duschen wurden in den 1870er Jahren eingeführt.* MOT

5 *WCs gab es in attraktiven Formen, z. B. als Delphin. Der Wasserbehälter über dem Sitz ist ein Standardmodell.* MOT

Die ersten amerikanischen Bäder baute man in ehemalige Vorratskammern oder kleine Schlafkammern ein. Badewanne, Waschbecken und WC wurden nicht unbedingt im selben Raum installiert. Kurz vor der Jahrhundertwende begann man jedoch, besondere Räume als Bäder vorzusehen.

Die ersten im Fußboden verankerten Badewannen tauchten in der Zeit des Bürgerkrieges auf und wurden individuell aus Blech – Blei, Kupfer oder Zink – gefertigt und mit Holz verkleidet. Eiserne Badewannen standen auf Beinen in Form von Kugel-und-Klauenfüßen oder von Schnörkeln mit Blattmuster. Die Mott Iron Works produzierten 1873 die ersten weiß emaillierten Badewannen. Porzellan verwendete man

schon lange für Nachttöpfe, und es eignete sich auch gut für das fest eingebaute WC, das man zuerst in einem hölzernen Gehäuse versteckte. Von den 1830er Jahren an erprobte man schwerkraftbetätigte Systeme, die eine hygienische Spülung gestatteten. Diese Vorrichtungen wurden in den 1890er Jahren vervollkommnet und kulminierten in dem selbstspülenden Becken und dem Druckspüler, die wir heute verwenden.

Die hölzernen Dachrinnen aus der ersten Jahrhunderthälfte ersetzte man nach und nach durch solche aus Gusseisen und später aus Blech. An spätviktorianischen Häusern sieht man manchmal drollige Wasserspeier nach historischen Vorbildern.

1 *Teurer Waschtisch im East-lake-Stil, 1888. Die Marmorplatte liegt auf einem Schrank aus* schwarzem Nussbaum, Esche, Kirsche oder ebonisierter Kirsche. MOT

2 *Emailliertes Waschbecken für Eckeinbau, 1888.* MOT
3 *Porzellanbeschichtetes Klapp-* waschbecken mit bronzierter, marmorierter oder gestrichener Außenseite, 1888. MOT

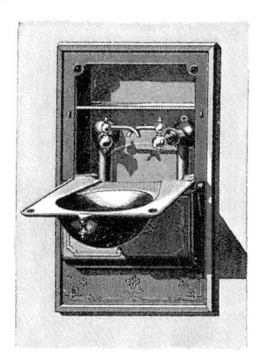
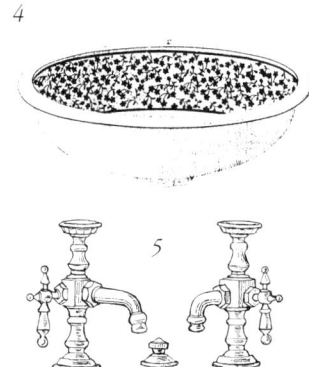

4 *Keramikbecken mit Dekor-bändern wurden aus England importiert. Die weniger Wohl-habenden benutzten emaillierte Metallbecken aus amerikanischer Produktion.* MOT
5 *Mit der Vervollkommnung des metallenen Wasserhahns entstand ein modernes Wassersystem.*
6 *Porzellan-WC mit selbsttätigem Klappsitz.* MOT
7 *Bidet aus Porzellan, 1888, weiß oder hell elfenbeinfarben.* MOT
8 *Aus der Waschwanne ent-wickelten sich Ausgüsse mit tiefen Becken.* MOT

9 *Porzellanbeschichtete Wasch-wanne mit Wringmaschine. Die Position der Wasserhähne über der Wanne ist ein Fort-schritt gegenüber früheren Formen, bei denen sie innen angebracht waren.* MOT
10 *Gully zum Entleeren von Nachttöpfen, 1888.* MOT
11 *Radiator »Rosemont« (rechts), um 1898, an einen reich verzier-ten Heizofen angeschlossen.* FL
12 *Der Kanonenofen wurde zum klassischen Modell des 19. Jhs. für weniger offizielle Räume.* FL

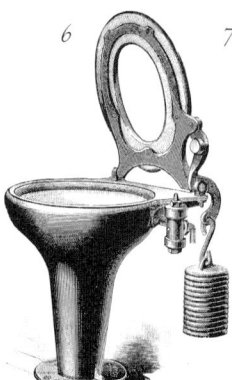

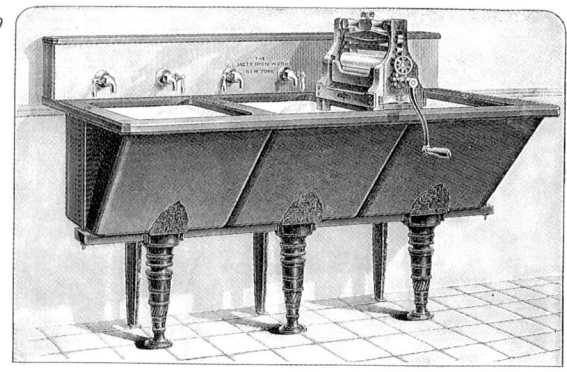

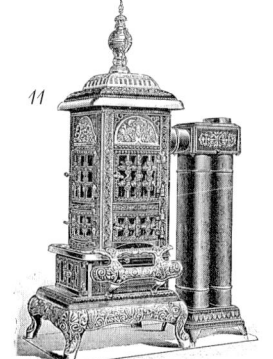
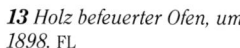

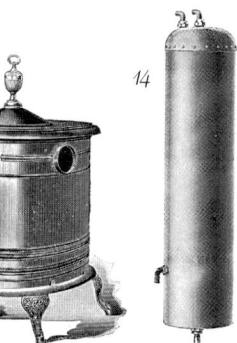
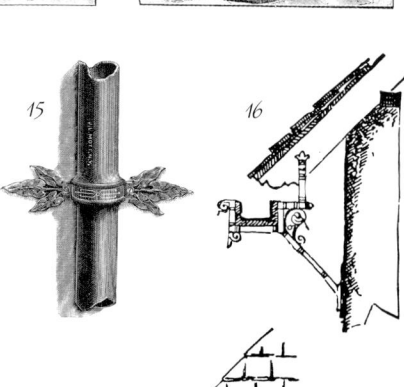

13 *Holz befeuerter Ofen, um 1898.* FL
14 *Boiler, in Kupfer oder galva-nisiertem Eisen angeboten.* MOT

15 *Ausschnitt aus einem guss-eisernen Fallrohr mit ornamen-taler Klammer zur Befestigung an der Mauer.* MOT

16 *Traufrinne im Querschnitt.*
17 *Wasserspeier gab es oft an Häusern im romanischen Geschmack.*

Beleuchtung

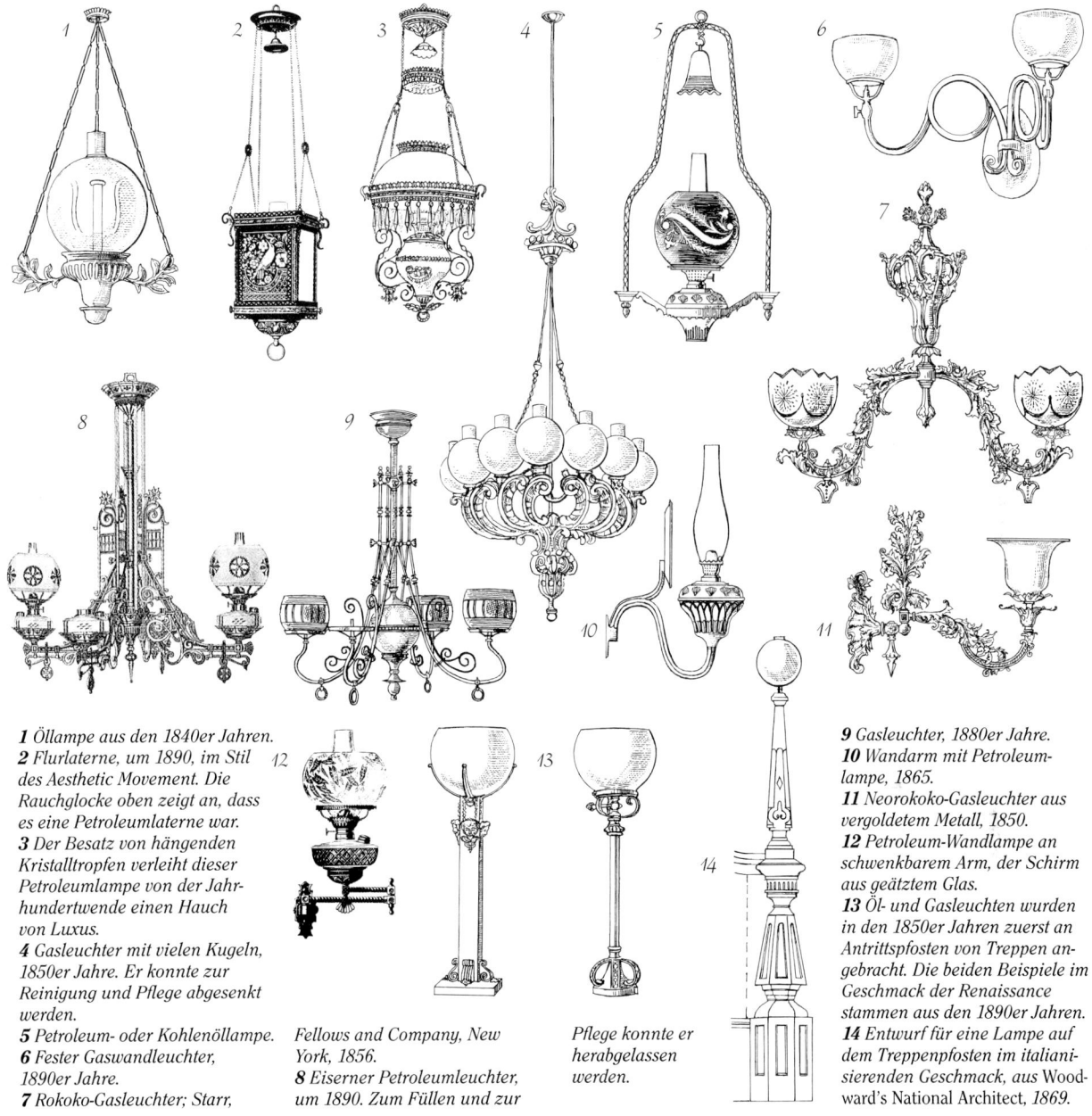

1 Öllampe aus den 1840er Jahren.
2 Flurlaterne, um 1890, im Stil des Aesthetic Movement. Die Rauchglocke oben zeigt an, dass es eine Petroleumlaterne war.
3 Der Besatz von hängenden Kristalltropfen verleiht dieser Petroleumlampe von der Jahrhundertwende einen Hauch von Luxus.
4 Gasleuchter mit vielen Kugeln, 1850er Jahre. Er konnte zur Reinigung und Pflege abgesenkt werden.
5 Petroleum- oder Kohlenöllampe.
6 Fester Gaswandleuchter, 1890er Jahre.
7 Rokoko-Gasleuchter; Starr,

Fellows and Company, New York, 1856.
8 Eiserner Petroleumleuchter, um 1890. Zum Füllen und zur

Pflege konnte er herabgelassen werden.

9 Gasleuchter, 1880er Jahre.
10 Wandarm mit Petroleumlampe, 1865.
11 Neorokoko-Gasleuchter aus vergoldetem Metall, 1850.
12 Petroleum-Wandlampe an schwenkbarem Arm, der Schirm aus geätztem Glas.
13 Öl- und Gasleuchten wurden in den 1850er Jahren zuerst an Antrittspfosten von Treppen angebracht. Die beiden Beispiele im Geschmack der Renaissance stammen aus den 1890er Jahren.
14 Entwurf für eine Lampe auf dem Treppenpfosten im italianisierenden Geschmack, aus Woodward's National Architect, 1869.

D ie Zeit von etwa 1850 bis zur Jahrhundertwende war durch gewaltige Veränderungen – von einem spärlich erleuchteten Raum für die ganze Familie zu einer allgemeineren und dauerhafteren Beleuchtung – geprägt. Dies geschah durch den kombinierten Gebrauch von Kerzen, Öllampen, Petroleum und schließlich Elektrizität.

Um 1850 waren die besten Lichtquellen noch immer Öl- und Flüssigkeitslampen mit Schwerkraftzuführung. Man verwendete sie bevorzugt in Interieurs im gotischen und italianisierenden Geschmack und verbesserte sie mit neuen Brennern und Zylinderformen. Das Gaslicht löste sie ab, Schirme machten das Licht milder und Gasreiniger verminderten den Geruch.

Petroleum, in den 1850er Jahren perfektioniert, erforderte nicht den Installationsaufwand wie Gas. Auch konnte man die Petroleumlampen dorthin tragen, wo man sie brauchte. Dennoch blieb Gas populär, da es nicht manuell nachgefüllt werden musste und sauberer brannte als Petroleum. Mit Gas oder Elektrizität zusammen sicherte Petroleum eine bequeme und zuverlässige Beleuchtung.

Edisons elektrische Beleuchtung bestand aus einer billigen Lampe mit Kohlefäden, die ein angenehmes Licht gab und an- und ausgeschaltet werden konnte. Aber mit der steigenden Popularität des elektrischen Lichts wurde auch das schmeichelnde Kerzenlicht für abendliche Unterhaltung wieder beliebt.

Metall

1 Ausschnitt aus der eisernen Firstbekrönung einer Veranda an Hale House, Heritage Square, Los Angeles. HA
2 An diesem Reihenhaus in New York gibt es besonders schönes Gusseisen in dem für die Zeit typischen robusten Stil. Die Gitter grenzen einen privaten Vorplatz vor der Hausfront ab. Gusseisen entwickelt oft eine korrosionshemmende Patina, und es ist durch den in der Form verwendeten groben Sand angenehm körnig, was jedoch oft durch wiederholte Anstriche verloren geht. KT
3 Einfaches, funktionales gusseisernes Tor mit Speerspitzen und Stachelkugeln – ein allgegenwärtiges Design. WT
4 Blechgesimse wie dieses kommen an viktorianischen Fassaden in New York und anderen amerikanischen Städten häufig vor. KT

Im viktorianischen Amerika gehörten industriell hergestellte Metallwaren zum täglichen Leben. Alles, von Nägeln bis zu Zierknäufen, konnte durch Gießen, Walzen und Strangpressen in Fabriken hergestellt und musste nicht mehr von Hand geschmiedet werden. Diese Metallprodukte aus der Fabrik waren von guter Qualität und zudem wesentlich detailreicher sowie in vielen Fällen preiswerter als die individuell gefertigten Vorbilder.

Um die Mitte des Jahrhunderts hatte man den Metallguss im Wachsausschmelzverfahren vervollkommnet. Das war ein Gewinn für die Bauherren, denn nun konnten viele Türbeschläge, die früher manuell gefertigt werden mussten, samt dekorativer Gestaltung gegossen werden. Dabei wurden ver

schiedene Metalle verwendet, vom billigen Weißmetall bis zu Messing und Bronze.

Die zunehmende dekorative Verwendung von Blech zeigt sich in den Blechgesimsen von Stadthäusern aus der zweiten Hälfte des 19. Jahrhunderts. Blech war auch für Wetterfahnen beliebt – einer der vielgestaltigsten Aspekte des Bauschmucks in Amerika. Die Formen reichten von einfachen Pfeilen bis zu Fischen und springenden Hirschen.

Am Ende des Jahrhunderts wurde die Kunst des Schmiedes durch die Nostalgie für den Kolonialstil wieder interessant. Besondere Glanzlichter der Periode sind die dekorativen Firstbekrönungen auf Häusern im Zweiten Empire- und Queen-Anne-Stil.

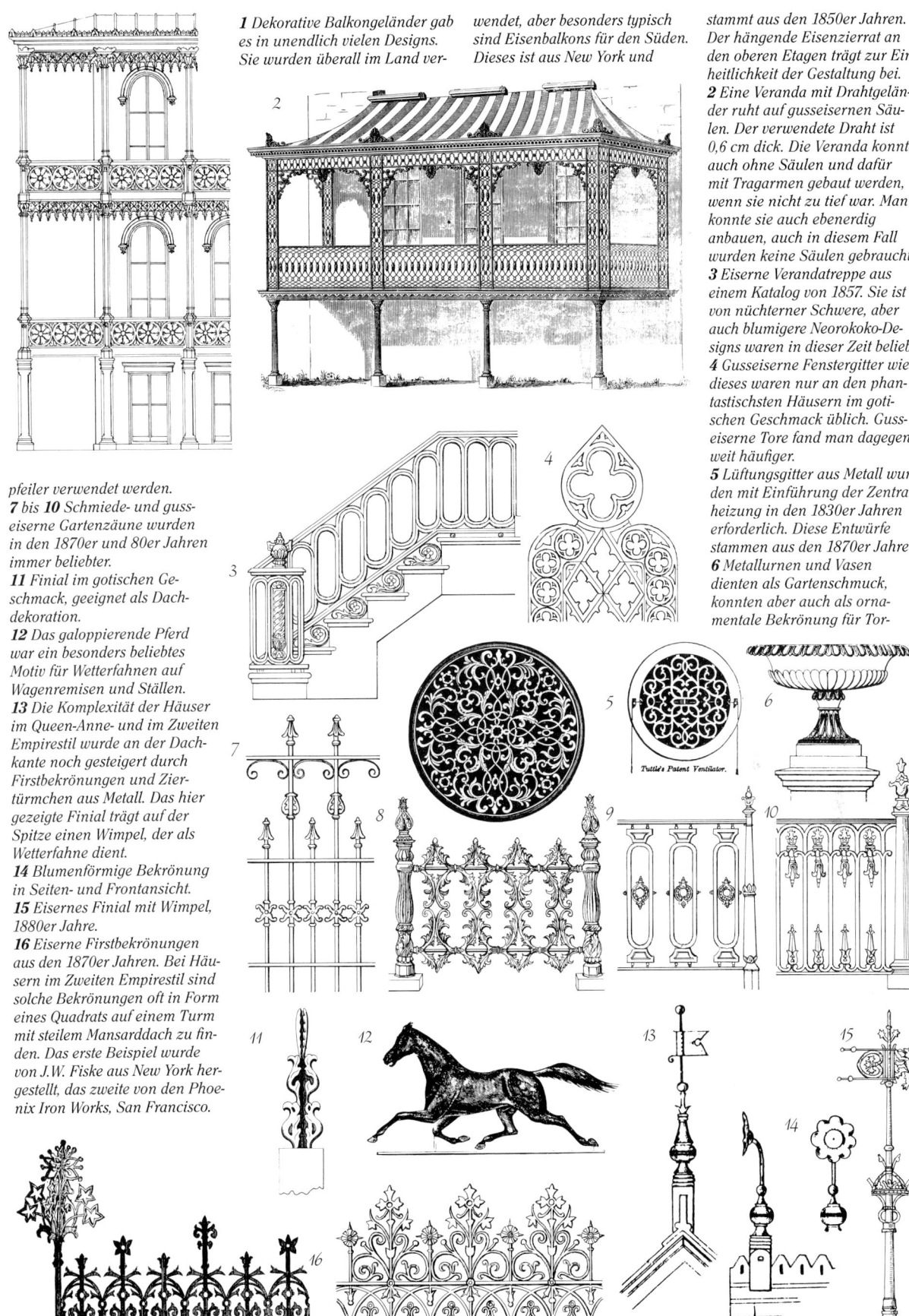

1 Dekorative Balkongeländer gab es in unendlich vielen Designs. Sie wurden überall im Land ver- wendet, aber besonders typisch sind Eisenbalkons für den Süden. Dieses ist aus New York und stammt aus den 1850er Jahren. Der hängende Eisenzierrat an den oberen Etagen trägt zur Einheitlichkeit der Gestaltung bei.

2 Eine Veranda mit Drahtgeländer ruht auf gusseisernen Säulen. Der verwendete Draht ist 0,6 cm dick. Die Veranda konnte auch ohne Säulen und dafür mit Tragarmen gebaut werden, wenn sie nicht zu tief war. Man konnte sie auch ebenerdig anbauen, auch in diesem Fall wurden keine Säulen gebraucht.

3 Eiserne Verandatreppe aus einem Katalog von 1857. Sie ist von nüchterner Schwere, aber auch blumigere Neorokoko-Designs waren in dieser Zeit beliebt.

4 Gusseiserne Fenstergitter wie dieses waren nur an den phantastischsten Häusern im gotischen Geschmack üblich. Gusseiserne Tore fand man dagegen weit häufiger.

5 Lüftungsgitter aus Metall wurden mit Einführung der Zentralheizung in den 1830er Jahren erforderlich. Diese Entwürfe stammen aus den 1870er Jahren.

6 Metallurnen und Vasen dienten als Gartenschmuck, konnten aber auch als ornamentale Bekrönung für Tor-

pfeiler verwendet werden.

7 bis 10 Schmiede- und gusseiserne Gartenzäune wurden in den 1870er und 80er Jahren immer beliebter.

11 Finial im gotischen Geschmack, geeignet als Dachdekoration.

12 Das galoppierende Pferd war ein besonders beliebtes Motiv für Wetterfahnen auf Wagenremisen und Ställen.

13 Die Komplexität der Häuser im Queen-Anne- und im Zweiten Empirestil wurde an der Dachkante noch gesteigert durch Firstbekrönungen und Ziertürmchen aus Metall. Das hier gezeigte Finial trägt auf der Spitze einen Wimpel, der als Wetterfahne dient.

14 Blumenförmige Bekrönung in Seiten- und Frontansicht.

15 Eisernes Finial mit Wimpel, 1880er Jahre.

16 Eiserne Firstbekrönungen aus den 1870er Jahren. Bei Häusern im Zweiten Empirestil sind solche Bekrönungen oft in Form eines Quadrats auf einem Turm mit steilem Mansarddach zu finden. Das erste Beispiel wurde von J.W. Fiske aus New York hergestellt, das zweite von den Phoenix Iron Works, San Francisco.

METALL

Holz

Holz war das Material, mit dem das Wesen eines bestimmten Stils zum Ausdruck gebracht wurde, wie alle fünf Beispiele auf dieser Seite zeigen.
1 *Achteckige Häuser gab es in allen Mitte des 19. Jhs. gebräuchlichen Stilen. Oft haben sie nur wenige schmückende Details, aber die umlaufende Veranda ist reich verziert. Diese orientalische Variante wurde von Samuel Sloan aus Philadelphia entworfen.*

2 Eine getreue Interpretation der traditionellen englischen Fachwerkbauweise, die für die viktorianischen Stile in Amerika sehr wichtig war, besonders für den Stabstil. Dieser wird durch ein sehr dekoratives Muster von vertikalen, horizontalen und diagonalen Brettern gekennzeichnet. Tragende Teile, wie Eckpfeiler, Konsolen und Geländerstützen sind an Häusern im Stabstil meist groß und nicht so kunstvoll verziert wie z.B. an Häusern im Queen-Anne-Stil. NA

3 Häuser im Colonial Revival, wie dieses aus Santa Monica, Kalifornien, wurden zwischen 1890 und 1910 in großer Zahl gebaut.
4 Wellig geformte Winddielen an Giebeln und Gauben sind kennzeichnend für die Neogotik. Ziertürmchen vollenden die Komposition.
5 Eine Variante des Stabstils, bei der hölzerne Streben an den Giebeln ein dekoratives Gitter unter dem weit überhängenden Dach bilden.

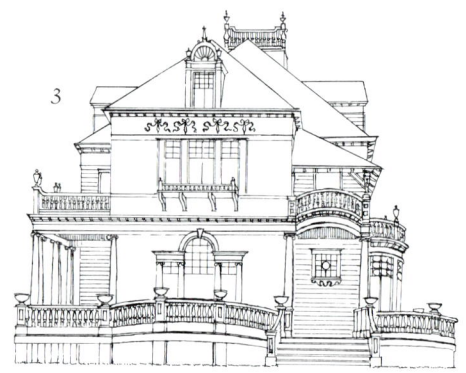

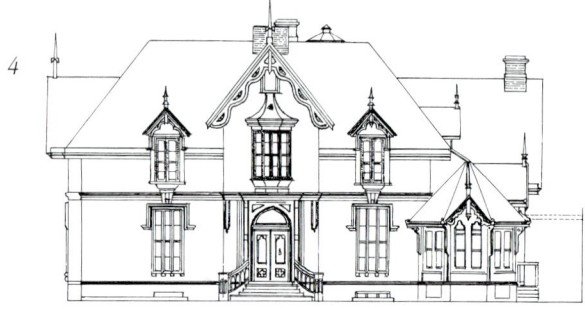

An vielen amerikanischen Häusern der Periode bestand der reiche Schmuck ausschließlich aus Holz. Spektakuläre Fassaden zeugen von einer unendlichen Zahl dekorativer Abwandlungen. Die meisten gotischen Elemente waren Zimmermannsarbeit. Häuser im Stab- und im Queen-Anne-Stil schwelgen förmlich in Holz. Manche vorgefertigten Elemente waren sogar europäischen gemauerten Architekturelementen nachgebildet.

Dieses hohe Niveau wurde durch die reichen Holzvorräte und die Entwicklung spezialisierter Fabriken überall in den Vereinigten Staaten möglich. Die Firmen boten ungezählte Varianten, und innerhalb der Vorgaben des Stil war die Auswahl unendlich groß.

Die Rolle dekorativer Holzteile wird an der Entwicklung von Vorbauten und Veranden deutlich. Da diese gut sichtbar außen angebaut waren, wurden sie besonders verschwenderisch verziert. Die Pfosten waren kunstvoll gedrechselt oder abgefast, zahlreiche Konsolen fanden Platz, und die Balustrade bot sich für weitere Drechsel- oder Durchbruchmotive an, z.B. Monde und Sterne.

Sorgfältig aufeinander abgestimmte Farbfassungen betonten die Üppigkeit der Holzarbeiten. So wurden für die Fassade mindestens drei Farben empfohlen, nicht selten waren es mehr (beim Queen-Anne-Stil sogar bis zu sieben). An Häusern im Schindelstil war das Holz oft gebeizt und hatte bemalte Kanten.

1 Typisch für den neogotischen und den Queen-Anne-Stil sind Winddielen an Giebeln und Gauben sowie Bekrönungen in Form von Turmspitzen. Oft gehen diese in einen Gegenknauf über.
2 Giebelverzierung, 1873. CG
3 Gotische Winddiele, passend für den Vorbau eines Landhauses, 1873; bereits populär. AJD
4 Eine Auswahl an Schindelformen (15 cm breit). Oft verwendete man nur an den oberen Stockwerken eines Hauses Schindeln, unten dagegen Stülpschalung.
5 Ein beliebtes Motiv: die flügelförmige Konsole mit strahlender Sonne.

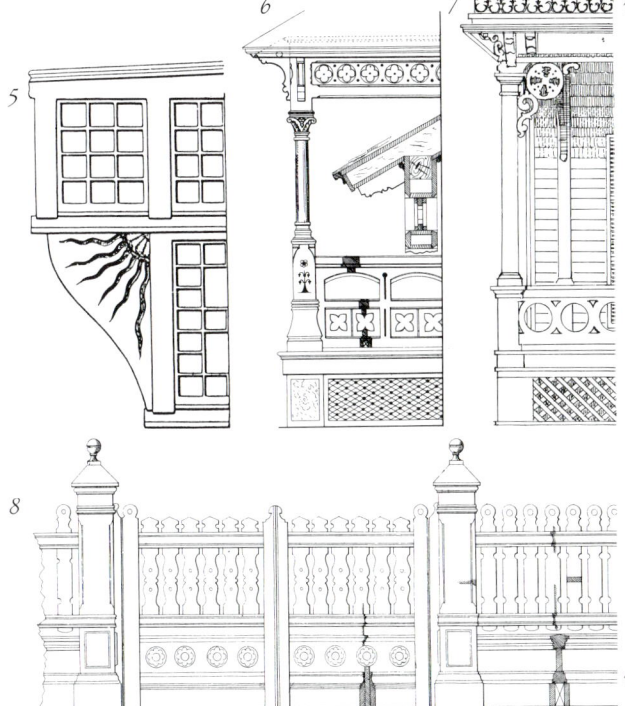

rische Designs waren verfügbar.
12 An diesem New Yorker Haus aus den 1880er Jahren nehmen die Spindeln entlang der Dachkante der prächtigen Veranda die Formen der Balustrade auf. A. J. Downing schrieb über Veranden: »Der wolkenlose Glanz und die brennende Hitze der Sommersonne lassen einen solchen Anbau zu einer Quelle von Behagen und Freude werden.« JBE
13 Ein ausgefallener, schnörkelförmig durchbrochener Giebel an einem Haus im Queen-Anne-Stil, Los Angeles, 1894. JBE

6 Piazza, oder Veranda, mit gekerbter, gedrechselter und gesägter Dekoration, 1881. CK
7 Eine anders gestaltete Piazza aus etwa derselben Zeit.
8 Schönes zweiflügeliges Tor. Im Queen-Anne-Stil wichen die geraden, gesägten Bretter und einfachen Dreharbeiten früherer Stile einer komplexeren Gestaltung. CK

9 Zaun mit recht einfachen Ausschnittmotiven. CK
10 Zwei dekorative hölzerne Türfüllungen, 1881. CK
11 Ein Beispiel für Holzarbeiten im Interieur: Solche Gitter bildeten Bögen in Korridoren oder rahmten eine »gemütliche Ecke« ein, 1880–1910. Auch Spindelreihen ebenso wie mau-

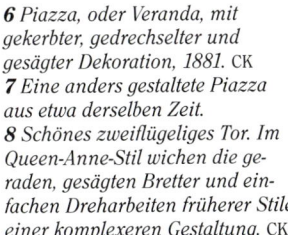

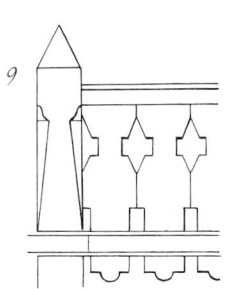

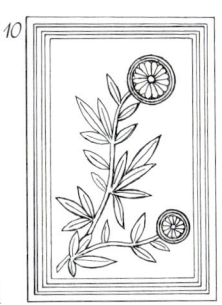

HOLZ

ARTS AND CRAFTS

1860–1925

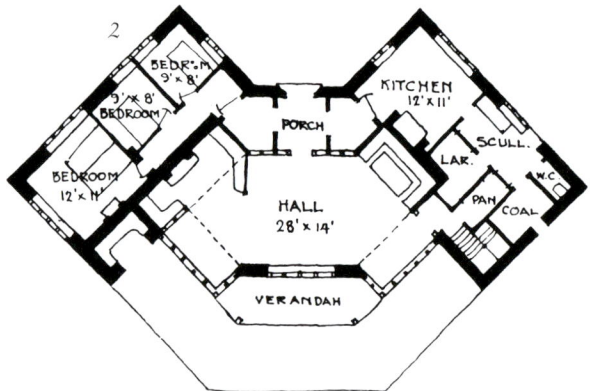

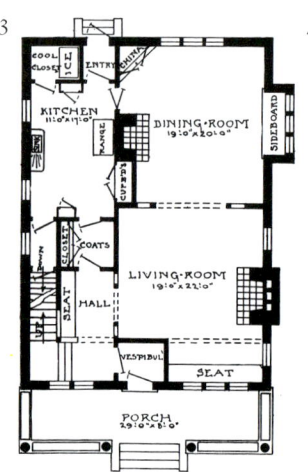

1 The Barn in Exmouth, Devon, England, um 1900, vereint traditionelles Material – Sandstein, Kies, Eiche und Ried – mit romantisierenden Formen, wie den riesigen Schornsteinen und der einladenden Schmetterlingsform. S
2 Erdgeschossgrundriss eines ähnlichen Hauses. HG
3 Erdgeschossgrundriss eines typischen amerikanischen Craftsman-Hauses von 1907. Die großzügig bemessenen Haupträume sind mit Einbaumöbeln ausgestattet, und eine Veranda lädt zur Beschäftigung im Freien ein.
4 Gamble House in Pasadena, Kalifornien, 1908/09 ist ein Meisterwerk von Charles und Henry Greene. GG

Angesichts der unerbittlichen Industrialisierung im 19. Jahrhundert wollte die Arts-and-Crafts-Bewegung den Menschen ein neues und schöneres Heim geben, in dem sie sich an guter Handwerksarbeit und der Schönheit des Materials erfreuen konnten.

Der englische Kritiker John Ruskin (1819–1900) wies auf die Qualität der mittelalterlichen Architektur hin und sah die Zunfthandwerker und die Erbauer der großen Kathedralen als Vorbilder. Er beeinflusste eine ganze Generation von Künstlern und Gestaltern, darunter auch William Morris (1834–1896), der am engsten mit der Arts-and-Crafts-Bewegung verbunden ist. Er nahm sich Ruskins Ruf nach solide beschaffenem Material und handwerklichem Können zu Herzen.

Mit Red House, 1859 in Bexleyheath bei London für Morris gebaut, beginnt der neue Stil. Sein Architekt, Philip Webb (1831–1915), wandte sich von der hochviktorianischen Gotik ab und einer einfacheren Architektur zu, die auf altenglischen Landhäusern und Bauernhäusern beruhte. Webb baute nur wenige Häuser, aber er beeinflusste eine ganze Gruppe jüngerer Architekten.

Webbs Zeitgenosse Richard Norman Shaw dagegen (1831–1912) baute viel und schuf fast allein den einflussreichen britischen Queen-Anne-Stil, für den mit Dachziegeln verkleidete Fassaden, Dachüberhänge und horizontale Bänder von Bleiglasfenstern typisch sind. Für seine späteren, klassischeren Häuser griff er auf die Arbeit von Sir Christopher Wren und die Gliederung flämischer Bürgerhäuser des 17. Jahrhunderts zurück. Shaw entwarf in den späten 1870er Jahren kleine Villen für den neuen »künstlerischen« Vorort Bedford Park im Westen Londons. Die Grundelemente, z. B. rote Klinker, weißes Holz, Vorbauten und Erkerfenster wurden von kommerziellen Bauträgern bis in die 1920er Jahre verwendet.

Enormen Einfluss hatte der Queen-Anne-Stil in den Vereinigten Staaten, wo er von den 1870er Jahren an dominierte. Er erhielt entschieden amerikanische Züge: den reichlichen Gebrauch von Holz in Form von Schindeln, Veranden und dekorativen Fassadendetails, und eine zwanglose Grundrissgestaltung. Letzteres wird in der Arbeit von Henry Hobson Richardson (1838–1886) deutlich. Merkmale des Queen-Anne-Stils finden sich auch in Tuxedo Park, New York, wo ab 1885 eleganter gebaut wurde als in Bedford Park.

1 Details und Farbpaletten – gedämpft bzw. in wenigen hellen Farben – dieser beiden von M.H. Baillie Scott entworfenen Räume sind typisch für die besten britischen Arts-and-Crafts-Interieurs der 1890er Jahre. HG
2 Die Treppe in Gamble House, Pasadena, Kalifornien, 1908/09, ist ein Beispiel für die schön gearbeiteten Formen von Charles und Henry Greene. Eingebaute Sitzbänke waren beliebte Möbel für Wohndielen. GG

Der Einfluss englischer Vorbilder auf Kubatur und Gliederung amerikanischer Arts-and-Crafts-Häuser mischte sich mit Anregungen aus der traditionellen japanischen Bauweise. Die integrierten Innenräume und die Horizontalität japanischer Wohnhäuser beeinflussten Frank Lloyd Wright (1869–1959) sehr stark.

Für die Arts-and-Crafts-Interieurs war William Morris tonangebend. Er gründete 1861 die Firma William Morris and Company, die Möbel, Teppiche, Tapeten und Textilien produzierte, alles in höchster Qualität und wenn möglich mit traditionellen Methoden und Materialien. So wurden die originellen Morris-Tapeten mit ihren floralen und gotisierenden Dessins mit Holzmodeln und natürlichen Farben gedruckt. (Eine gleichnamige, aber stärker kommerzielle Firma, die ein Namensvetter ebenfalls in London führte, stellte Metallwaren im Stil der Arts and Crafts her.)

Von den 1870er Jahren an wurden die Arts-and-Crafts-Interieurs zunehmend von einer verwandten Kampagne beeinflusst: dem Aesthetic Movement. Für beide Richtungen waren Schönheit und handwerkliches Können zentrale Dogmen, aber ein Interesse am Exotischen und der Reichtum der Auftraggeber verlieh dem Aesthetic Movement größere Raffinesse. Diese Bewegung hatte zwei Hauptphasen. In den 1860er und 70er Jahren dominierten weiche Farben und dichte Muster, wie in der präraffaelitischen Schule der zeitgenössischen Malerei. Das bei anspruchsvollen Sammlern beliebte orientalische Porzellan wurde reichlich zur Schau gestellt. In den 1880er Jahren empfand man diesen Stil als überladen, und mit der Arbeit von Shaw in England und Sullivan und Stanford White (1853–1906) in den Vereinigten Staaten setzte sich größere Schlichtheit durch. Weiße Wände und Decken ließen die Räume größer erscheinen.

Der Übergang vom Früh- zum Spätstil der Arts and Crafts ist am Werk des amerikanischen Architekten Wilson Eyre

(1858–1944) zu sehen, der Formen der Volksbauweise und offene Grundrisse bevorzugte. Er wurde von den jüngeren britischen Kollegen sehr bewundert, z.B. von C.F.A.Voysey (1857–1941) und M.H. Baillie Scott (1865–1945). Voyseys lange, flache Häuser sind schlicht und werden durch hübsche Details aufgelockert, wie z.B. sein typisches Herzmotiv. Die britischen Architekten arbeiteten nun für eine neue Kundengruppe: Geschäftsleute oder Intellektuelle mit bescheidenem Wohlstand, die nicht das prahlerische Landhaus und nicht das Vorstadthaus von Bedford Park wollten, sondern etwas dazwischen. Sie fanden sich in ihrem Geschmack bestätigt durch die 1893 erstmals erschienene englische Zeitschrift *The Studio*, die auf beiden Seiten des Atlantik großen Einfluss ausübte.

Der wichtigste Vertreter der späten Arts and Crafts in Großbritannien war Sir Edwin Lutyens (1869–1944), der mit wenigen einfachen Elementen verblüffende Wirkungen erzielte. Seine frühen Häuser sind Fachwerkhäuser, doch später verwendete er traditionelles, klassisches Vokabular im Gegensatz zu den zunehmend abstrakten Experimenten seiner Zeitgenossen. Die späten Arts and Crafts in den Vereinigten Staaten gingen einen anderen Weg, zurück zu den ursprünglichen Prinzipien, aber modern gestaltet. Gustav Stickley befürwortete in seiner Zeitschrift *The Craftsman* (1901–1916) eine ganzheitliche Sicht auf das Leben mit dem Haus als harmonische Einheit. Die Kunst des Handwerkers brachte die Qualitäten des natürlichen Materials zur Geltung. Charles und Henry Greene (1868–1957, 1870–1954), als Greene and Greene in Kalifornien tätig, bauten die feinsten Craftsman-Häuser, geräumig und mit schönen, vorzüglich verarbeiteten Hölzern. In ihrer Suche nach der idealen Wohnung stehen Greene and Greene in einer Reihe mit Richardson und dem größten amerikanischen Architekten des 20. Jahrhunderts, Frank Lloyd Wright.

Türen

Innenseite der Eingangstür von Red House, Bexleyheath bei London, 1859. Das Haus war der erste Auftrag für Philip

Webb. Er baute es für seinen engen Freund William Morris. Beide verfolgten das Ideal guter, klarer Handwerksarbeit nach

historischen und volkstümlichen Vorbildern. Diese robuste Tür erinnert an mittelalterliche Formen, doch die dekorativen Zick-

zack-Kanten und stilisierten Buntglasmuster waren ein höchst aktueller, auffälliger Zierrat. RH

Bei der Suche nach reineren Formen griff man auf historische Quellen zurück. Außen- wie Innentüren der frühen Arts and Crafts waren oft einfache Plankentüren wie im Mittelalter. Sie besaßen meist kunstvolle eiserne Scharniere und einen Riegel statt Knopf oder Griff. Auch die georgianische Tür mit sechs Füllungen kehrte in etwas veränderten Proportionen wieder.

Da der Eingang eine Art Willkommensgruß ist, legte die Arts-and-Crafts-Bewegung viel Wert auf Vorbauten, die sich in der Spätphase oft an der Volksbauweise orientierten und Sitze enthielten. In Großbritannien entwickelte C.F.A. Voysey im späten 19. Jahrhundert eine Form für Innen- und Außentüren mit drei länglichen Füllungen unter einem ver-

glasten Oberteil. Diese Form wurde häufig imitiert und avancierte zur Standardtür des amerikanischen Craftsman-Hauses im frühen 20. Jahrhundert.

Elegante Innentüren des Aesthetic Movement in den 1880er Jahren wiesen komplizierte Schnitzereien oder bemalte Füllungen auf. Letztere gefielen so sehr, dass viele normale viktorianische Türen mit ästhetisierenden Dekorationen bemalt oder beklebt wurden, vorzugsweise mit fließenden Blumen- und Vogelmotiven.

Bleiglas und Buntglas waren an britischen wie amerikanischen Türen modern. An späten Beispielen zeigt sich gelegentlich, zum Missvergnügen vieler Architekten, der Einfluss des Art nouveau.

1 Die einfache Plankentür mit verglastem Oberteil folgt einem Entwurf von C.F.A. Voysey und wurde zum typischen Merkmal von Arts-and-Crafts-Häusern.
2 Schwere geschnitzte Eingangs-tür in London mit Elementen spanischen Designs.
3 Diese Tür aus dem New Yorker Henry Osborne Havemeyer House, 1890/91, ist reich mit Glas von Tiffany verglast. Sie ent-spricht dem hochentwickelten Stil der Arts and Crafts, den Vorbilder aus der Renaissance ebenso wie die Volksbauweise prägten.

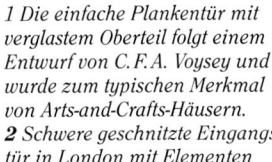
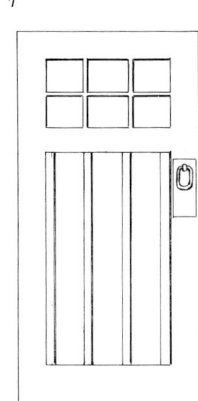

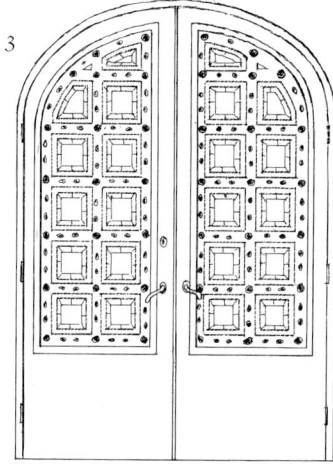

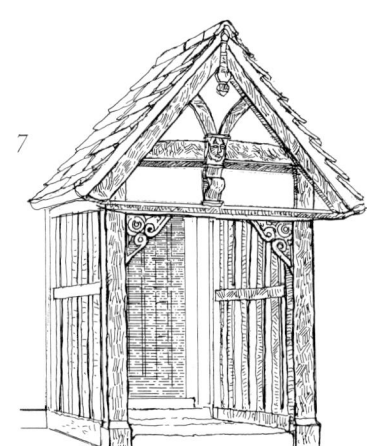

4 Verglaste Türen im Queen-An-ne-Stil sind typisch für Vorstadt-häuser in ganz Großbritannien. Dieser Vorbau zeigt den auch für die amerikanische Stilvariante typischen, auffälligen Gebrauch von weißem Holz.
5 Diese Tür von C.F.A. Voysey, um 1908, ist weit zurückgesetzt und hat Sitznischen. Die schlich-ten, großflächigen Formen sind typisch für Voysey.
6 und 7 Der Einfluss »altengli-scher« Vorbilder auf die Arts-and-Crafts-Architektur zeigt sich in

diesen zwei Vorbauten von gro-ßen Häusern. Der erste, mit ei-nem Raum über dem Eingang, wurde von den Architekten Baillie Scott und Beresford 1927

für ein Haus in Kent entworfen. Der zweite, mit Fachwerk, ist von 1904.
8 Dieser 1903 in The Studio *ver-öffentlichte Vorbau bildet ein*

markantes Merkmal an der Fas-sade eines großen Hauses. Zie-gelmauerwerk ist kombiniert mit einem dekorativen Relief und Pfeilern aus Stein.
9 Elegante, plastisch gestaltete Felder an und über Türen sind Teil der luxuriösesten Designs. Supraporte und Türfüllung von Louis H. Sullivan zeigen zuge-spitzte und gerollte Blattmotive, Markenzeichen seiner besten de-korativen Arbeiten. Beide Details stammen von einem Haus aus Chicago, Mitte der 1880er Jahre.

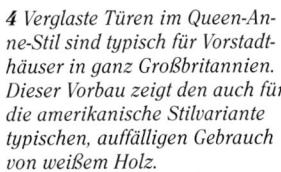

1 Die Eingangstür von Olana, New York, dem Haus des Künstlers Frederic Church, hat einen Rahmen mit islamischem Dekor. Orientalische Einflüsse waren im Aesthetic Movement sehr dominant. Das Fenster über der Türeinfassung stellt eine charakteristische Komposition dar, mit der man einen »künstlerischen« Eindruck vermitteln wollte. O
2 Das verglaste Oberteil dieser Eingangstür in Bedford Park, West London, um 1880, ist charakteristisch für den von Richard Norman Shaw eingeführten Queen-Anne-Stil.
3 Innentür aus Gamble House, Kalifornien, 1908/09, mit bemerkenswerter Verglasung. In der

dynamischen Balance zwischen schmalen und breiten vertikalen Elementen zeigen sich bereits Merkmale der beginnenden Moderne. GG
4 In dieser gewichtigen Tür mit der großen Messing-Griffplatte von Debenham House, London, 1890er Jahre, ist Glas auf traditionellere Weise verwendet worden. Das Buntglas nimmt das leuchtende Hellblau der Wandfliesen von William de Morgan auf. DB
5 An der schönen dreiteiligen

Eingangstür von Gamble House konnten die Ausdrucksmöglichkeiten von Bunt- und Bleiglas voll entfaltet werden. Die ausladende Eiche erstreckt sich über alle drei Türen einschließlich der Oberlichter. Ausgeführt von Emile Lange in Tiffany-Atelierglas nach einem Entwurf von Charles Greene. GG
6 Die bemalte Doppeltür ist ein schönes Beispiel für die ästhetisierende Gestaltung der späten 1880er Jahre. O
7 Falsches Oberlicht in der Gartenstadt Hampstead, London, um 1910 nach Entwurf von Sir Edwin Lutyens. Die Form ist eine phantasievolle Bearbeitung von Vorbildern im Queen-Anne-Stil.
8 Detail einer Tür im Ostsalon in Olana, 1880er Jahre, mit freihändiger und Schablonenmalerei, Türknopf und Schlüssellochschild. O
9 Robustes Scharnierband, 1860er Jahre. An frühen Arts-and-Crafts-Türen hatte man gern Beschläge nach mittelalterlichen Vorbildern. CR

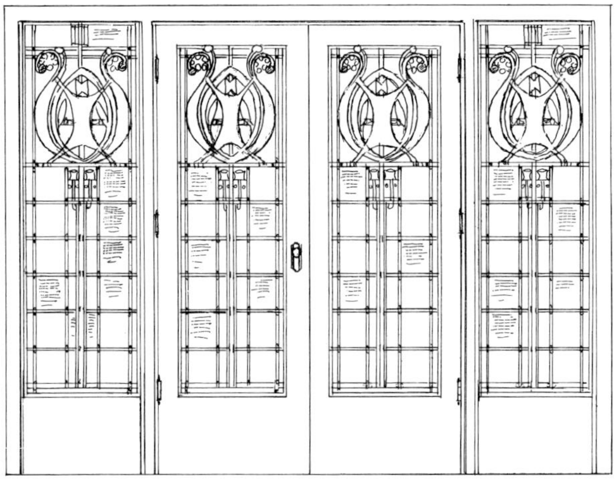

1 und **2** Türen mit Füllungen und Verglasung. Die erste ähnelt Designs von Voysey. Die zweite, dekorativere, ist aus The Longcroft, Helensburgh, Schottland. **3** und **4** Türen mit zwei oder sechs Füllungen waren Formen des erneuerten Queen-Anne-Stils. Die betont breiten Proportionen lassen erkennen, dass die zweite Tür aus dem 19. Jh. stammt. **5** Tür mit reichem Schnitzwerk an der Einfassung von Kensington Court, London, 1897.

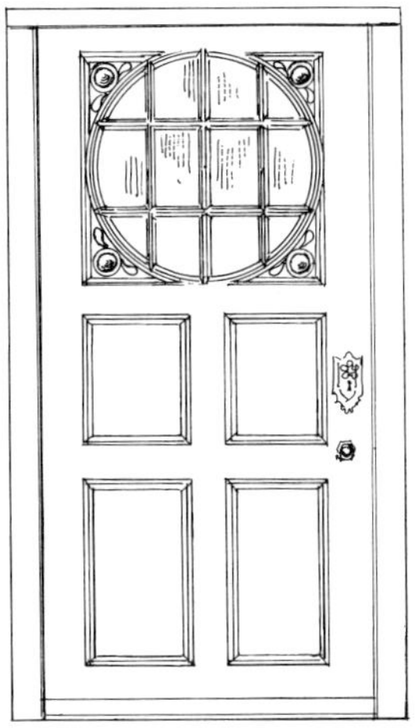

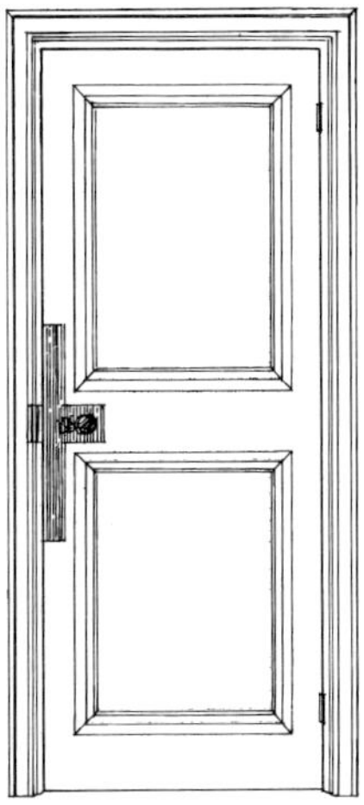

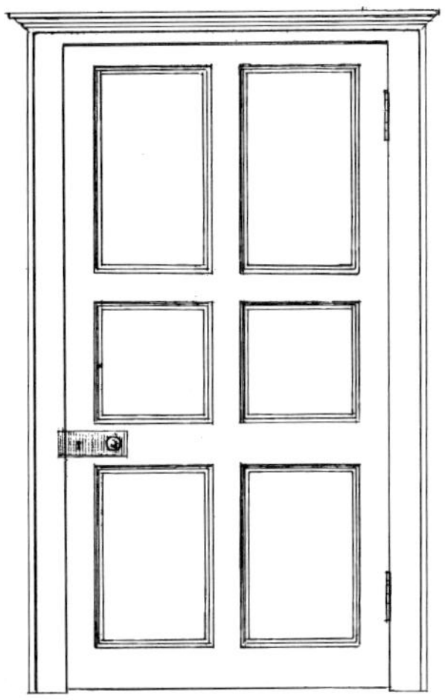

6 Dieser Entwurf von Lewis F. Day für eine bemalte Tür erschien 1880 in Art Amateur, einer amerikanischen Zeitschrift für die Ausgestaltung von Häusern. **7** Verglaste Innentüren machten die Räume heller und ließen sie größer wirken. Diese stilvolle vierteilige Tür (Doppeltür mit zwei Seitenscheiben) ist aus einem Haus in Riverside, Illinois. **8** Industriell hergestellte Artikel konnten in großer Vielfalt aus Katalogen bestellt werden. Türbeschläge aus Schmiede- oder Gusseisen mit gehämmert wirkender Oberfläche waren beliebt.
9 Industriell gefertigte Nachbildungen von schmiedeeisernen Arbeiten wurden unter der Bezeichnung Art Black Garden City Furniture verkauft. YM
10 Preisgekrönter Türklopfer aus einem Designwettbewerb in The Studio in den 1890er Jahren.
11 Kupferne Schlüssellochplatte mit geprägtem Skorpion von Charles Emanuel.
12 Eleganter Türknopf mit Schloss von Charles und Henry Greene.
13 Die charakteristischen herzförmigen Beschläge von C.F.A. Voysey wurden oft kopiert.
14 Messinggriff aus einer Gießerei in Birmingham (England).
15 Thomas Elsleys ziseliertes Schloss und Emanuels kupferne Griffplatte gehören zu den besten handelsüblichen Türbeschlägen.

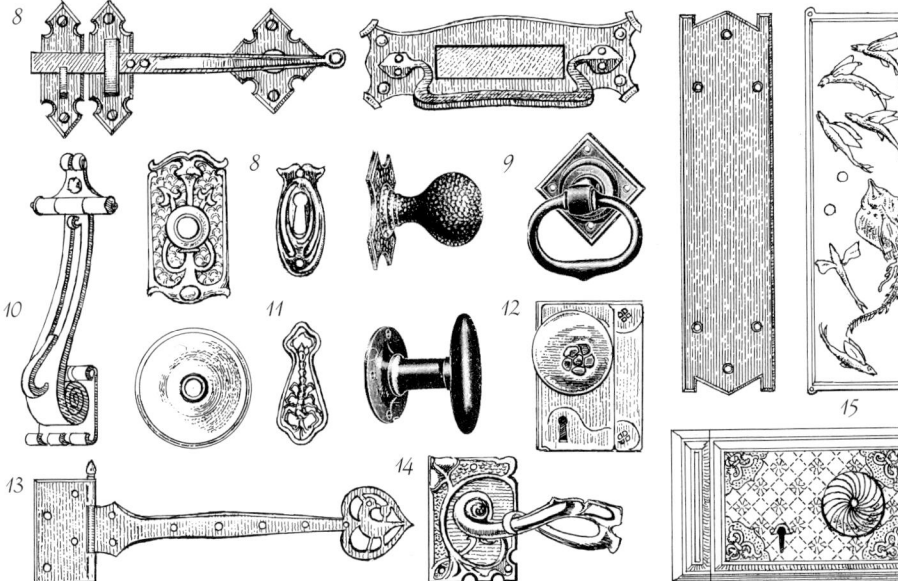
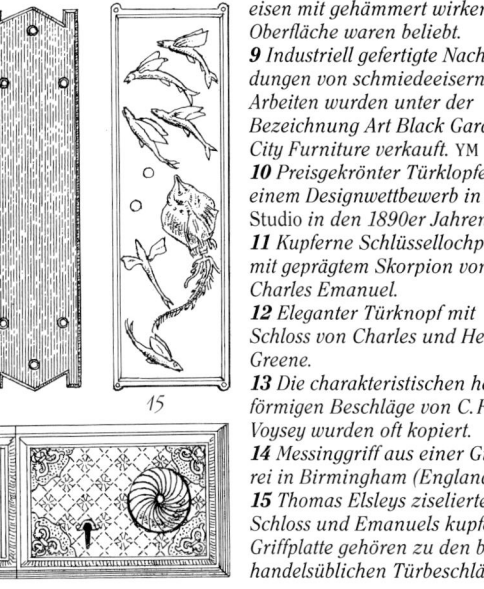

Fenster

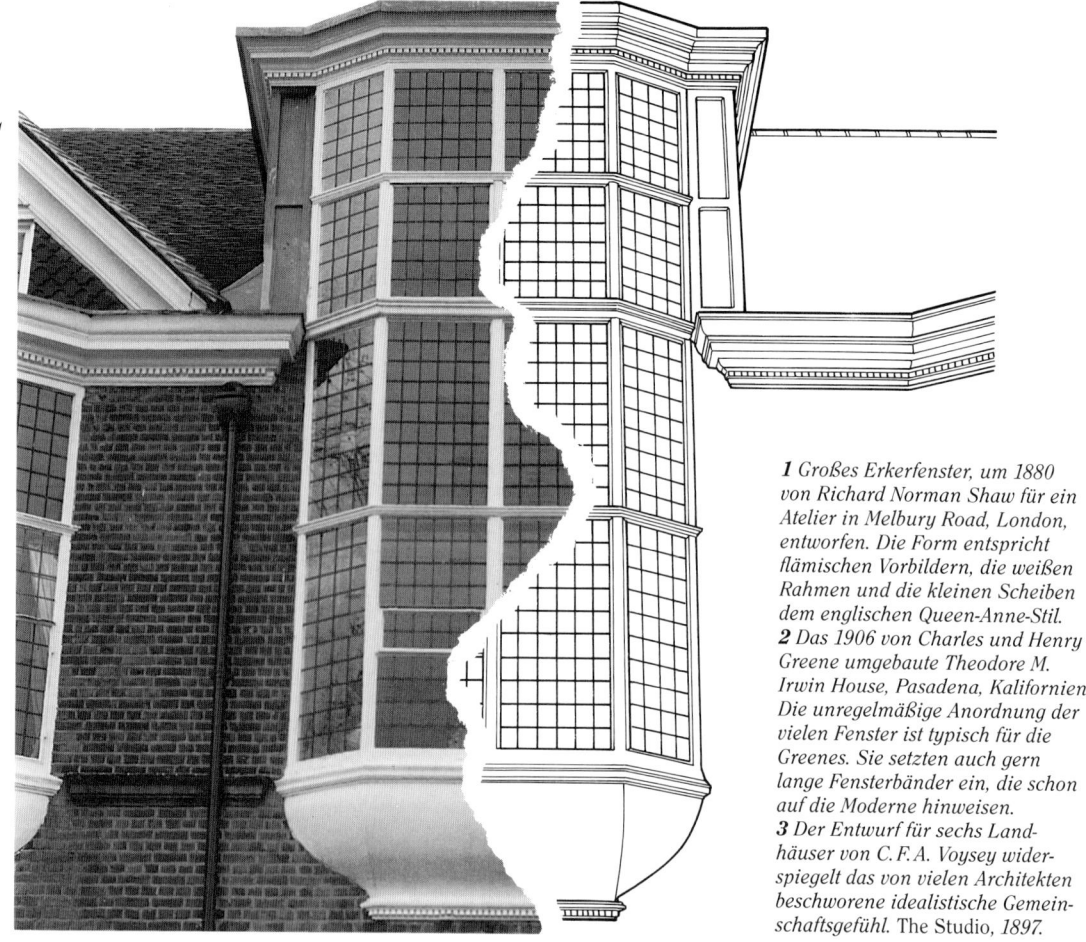

1 *Großes Erkerfenster, um 1880 von Richard Norman Shaw für ein Atelier in Melbury Road, London, entworfen. Die Form entspricht flämischen Vorbildern, die weißen Rahmen und die kleinen Scheiben dem englischen Queen-Anne-Stil.*
2 *Das 1906 von Charles und Henry Greene umgebaute Theodore M. Irwin House, Pasadena, Kalifornien. Die unregelmäßige Anordnung der vielen Fenster ist typisch für die Greenes. Sie setzten auch gern lange Fensterbänder ein, die schon auf die Moderne hinweisen.*
3 *Der Entwurf für sechs Land- häuser von C. F. A. Voysey wider- spiegelt das von vielen Architekten beschworene idealistische Gemein- schaftsgefühl.* The Studio, 1897.

In den ersten Jahren der Arts-and-Crafts-Bewegung wurden Schiebefenster mit gemeinem, modernem Flachglas asso- ziiert; hölzerne Flügelfenster mit kleinen Bleiglasscheiben galten dagegen als ideal. Der Einzug des Queen-Anne-Stils brachte jedoch das Schiebefenster von den 1870er Jahren an wieder zu Ehren. Richard Norman Shaw verwendete es oft, und die von ihm bevorzugte gestreckte Form erwies sich als sehr einflussreich. In Großbritannien und den Vereinigten Staaten gleichermaßen beliebt war die Kombination kleiner rechteckiger Scheiben im oberen mit einer großen Scheibe im unteren Rahmen.

Die großen Fensterflächen späterer Arts-and-Crafts-Häu- ser zeigen, welcher Wert Licht und Luft beigemessen wurde.

Erkerfenster waren in Großbritannien beliebt, während gleichmäßige Fensterreihen beiderseits des Atlantik verbrei- tet waren. In Großbritannien wirkte das Vorbild von Stab- werkfenstern der Volksbauweise; die vornehmsten Häuser hatten Steinstäbe, die meisten solche aus Composition oder Terrakotta, letzteres ein wichtiges Merkmal städtischer Backsteinhäuser im flämischen Stil.

In Amerika wiesen Fenstergruppen oft modernere Formen auf, z.B. kleinere Scheiben über größeren, ein Marken- zeichen von Charles und Henry Greene. Sie ordneten Fens- ter auch verstreut an, um eine Fassade aufzulockern. Das Aesthetic Movement bevorzugte Fenster mit Kielbögen im is- lamischen Stil und Buntglas.

1 *Typisches amerikanisches Craftsman-Fenster mit Blumenbrett, Anfang 20. Jh.*
2 *Schmales Fenster von Charles Greene, 1923.*
3 *Fenstersitze waren sehr populär. Beispiel von Ernest Gimson, England, um 1910.*
4 *Ausschnitt aus einem »ländlichen Doppelhaus mit gemeinsamem Esszimmer« und traditionellen Flügelfenstern. The Studio, 1901.*
5 *Mit Erkerfenstern in Obergeschossen umging man in London oft Vorschriften bezüglich der Grundstücksgrenzen.*
6 *Weiße Holzrahmen sind typisch für Queen-Anne-Häuser. Das Venezianische Fenster ist aus einem Sommerhaus im Staat New York, Ende der 1890er Jahre.*

7 *und* **8** *Kombinationen von Fenstern und verglasten Türen waren beliebt. Das erste Ensemble ist aus einem städtischen Craftsman-Haus um 1910, das zweite, englische, von C. F. A. Voysey, um 1904.*
9 *Das hohe Fenster in Bedford Park im Westen Londons, 1880er*

Jahre, ähnelt den großen Atelierfenstern, die R. N. Shaw für Künstlerhäuser in Kensington, London, entwarf.
10 *Zwei geschnitzte Stürze, typisch für die Arbeit Louis H. Sullivans in Chicago, 1880er Jahre.*
11 *Bleiglasfenster in neu gebauten Stadtgebieten zeigen den*

Einfluss des Aesthetic Movement. New Jersey, um 1900.
12 *Kleine Fenster sind ein Merkmal der Arts and Crafts. Das erste, um 1905, befand sich über Einbauschränken; das zweite, um 1899, erhellte eine Kaminecke.*
13 *Gaubenfenster wurden oft zusammen gruppiert. England, 1904.*

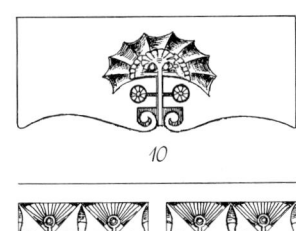

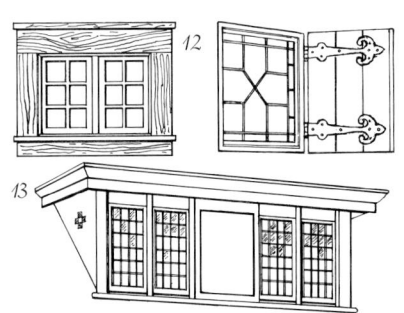

1 und *2* An kleineren Häusern wurden oft kleine Gauben und andere Formen der Volksbauweise verwendet. Die Beispiele sind aus der Gartenstadt Hampstead in London, um 1910. Die erste, über einem weit zurückgesetzten Eingang, hat ein kleines Flügelfenster unter einem mit Dachziegeln verkleideten Giebel. Die symmetrische Anordnung im zweiten Beispiel, einem Doppelhaus, wird durch die Rohre betont. RS

3 Elegantes, in vier schmale Öffnungen geteiltes Fenster an Gamble House in Pasadena, Kalifornien, 1908/09. GG

4 Die britischen Architekten der Arts and Crafts versuchten oft, Doppelhäuser durch eine symmetrische Fenstergruppierung zusammenzufassen. Hier gehören zwei Fenster zu einem Haus und eins zum anderen. RS

5 Buntglas war ein wichtiges Merkmal vieler Arts-and-Crafts-Designs. Die bemalten Scheiben in William Morris' Haus zeigen seine Vorliebe für Naturmotive. RH

6 Das Atelier von Frederic E. Church in Olana, Hudson River Valley, New York, 1880er Jahre, hat ein Lüftungsgitter im orientalischen Stil. Es kann über Rollen geöffnet werden. O

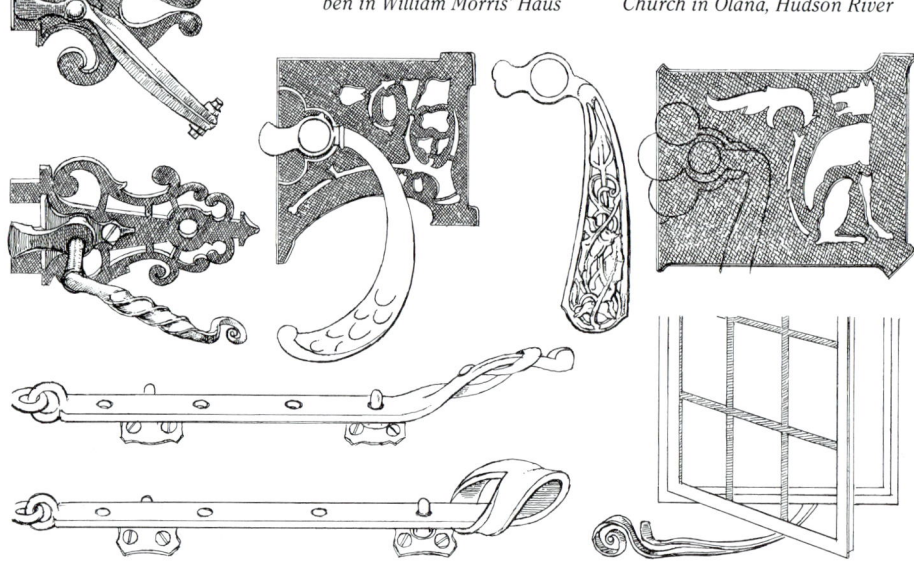

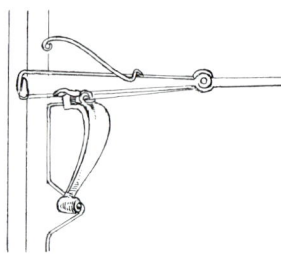

7 Phantasievolle Eisenwaren für Fenster waren beliebt. William Morris and Company in London produzierte ausgezeichnete schmiedeeiserne Artikel wie diese von ca. 1920. Der Greif auf der Griffplatte erinnert an die Ritterzeit; der befestigte Flügelfeststeller ist einem bäuerlichen Modell nachgestaltet.

Wände

Die kräftigen rötlichen Töne der Atelierwände in Olana, nach 1870 nahe dem Hudson River in New York gebaut, sind typisch für die Farbeffekte, die »künstlerische« Dekorateure und Hausbesitzer anstrebten. Sockel, Feld und Fries wurden oft mit Schablone markiert. Bilder hin- *gen in vergoldeten Rahmen dicht beieinander; sie waren wohlkalkulierter Teil des architektonischen Konzepts und sollten den Raum zusammenfassen. Der spitze Bogen verrät islamischen Einfluss; dieses Motiv durchzieht das gesamte, im maurischen Stil gehaltene Haus.* o

Zwar findet man in vielen Arts-and-Crafts-Interieurs Wände mit Sockel, Feld und Fries, aber britische wie amerikanische Architekten zogen die Sockeltäfelung höher als das klassische Maß. Gelegentlich gab es in Dielen oder Esszimmern auch raumhohe Täfelungen, doch blieben polierte einheimische Hölzer den eleganteren Häusern vorbehalten. Anstriche an Täfelungen waren meist matt- oder elfenbeinweiß; Salbeigrün und Olivgrün (wie im 18. Jahrhundert) erwiesen sich als Farben des Aesthetic Movement. Auch schablonierte Friese waren populär. In Craftsman-Landhäusern konnten tragende Wände auch aus Balken oder Steinen bestehen.

Die von Morris and Company in London nach 1870 produzierten schönen Papiertapeten waren eine akzeptable Wandbekleidung, und Designs von William Morris gab es in britischen Häusern aller Kategorien, wie auch in den besseren amerikanischen Häusern. Amerika hatte nach 1880 eigene Tapetenfabriken, z.B. Warren, Fuller and Company in New York.

Die frühen Tapeten zeigen mittelalterliche und Blumenmotive, nach 1880 auch japanischen Einfluss. Die Unterteilung in Sockel, Feld und Fries war modisch, Tapetenbordüren stellten eine billigere Alternative dar. Geprägte Tapeten, wie im Pfauenzimmer von Thomas Jeckyll und James Abbott McNeill Whistler für F.R. Leyland in London, ahmten altes spanisches Leder nach. In späten Interieurs waren Tapisserien gebräuchlich.

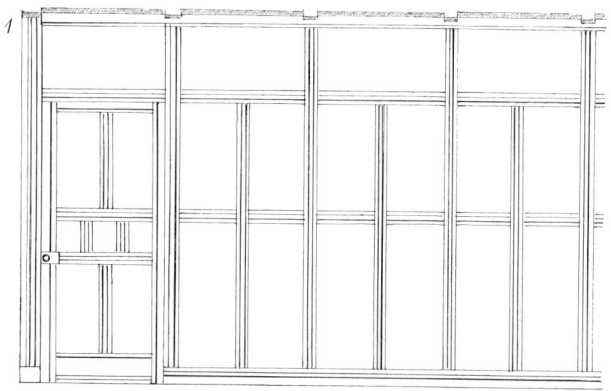

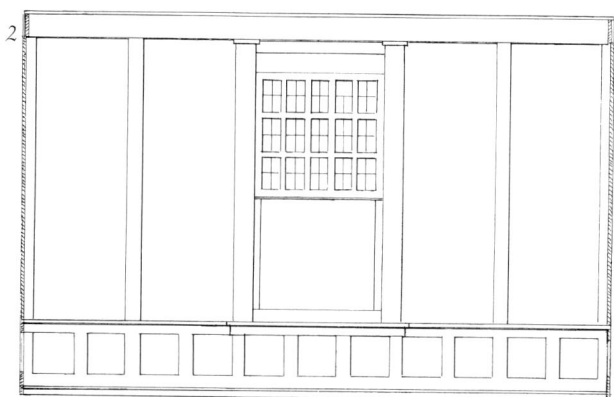

1 *Landhäuser für die Mittelklasse wurden oft im Arts-and-Crafts-Stil gestaltet. Die Zeichnung, veröffentlicht 1905 in der amerikanischen Zeitschrift* The Craftsman, *zeigt einen einfachen Entwurf für eine Täfelung.*

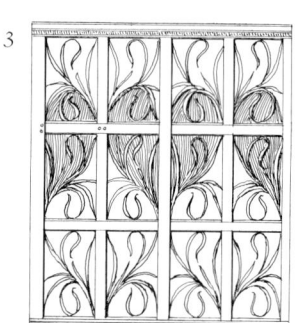

2 *Ein anderes Beispiel aus* The Craftsman, *1907, zeigt eine partielle Täfelung mit reduziertem Sockel und entsprechend vergrößertem Feld. Ein Abschnitt ist durch das Fenster dekorativ gestaltet.*
3 *Diese Wandgestaltung wurde in den 1890er Jahren in* The Studio *veröffentlicht. Der Entwurf von C. H. B. Quennell zeigt wellenförmige Schablonenmuster in einem getäfelten Rahmen.*
4 *Viele Typen von Täfelungen wurden gewerblich hergestellt. Die Beispiele zeigen hohe Täfelungen mit Fries darüber. Bei den ersten beiden besteht der Fries aus Putz, bei der dritten ist es eine Morris-Tapete. Die Faltwerktäfelung ist eine Anleihe beim Tudorstil.* L

5 *Tapetenensemble für Feld und Fries, entworfen von Walter Crane in den 1890er Jahren. Der Fries dominiert im oberen Teil der Wand, während der Sockel auf eine Fußleiste reduziert ist. Im 20. Jh. wurde der Fries schmaler.*
6 *Auch Reliefs und plastischer Schmuck bereicherten die Arts-and-Crafts-Interieurs. Diese Putzarbeit mit Flöte spielenden Hirten aus einem Haus in Colston Street, Bristol, ist ein zierliches und bezauberndes Detail.*
7 *Hebel für Dienerglocken wurden auch im Arts-and-Crafts-Stil gefertigt. Dieses Modell aus Messing ist von Thomas Elsley.*
8 *Hübsches, abstraktes Holzrelief aus Barbe Residence in Chicago, entworfen von Louis H. Sullivan, 1884.*
9 *In diesen Wandsteinen in seinem John Storer House von 1923 in Los Angeles führt Frank Lloyd Wright die Abstraktion der Dekoration konsequent bis zur Moderne.*
10 *Steinkonsole aus Magpie and Stump, einem Haus von C. R. Ashbee in Chelsea, London.*

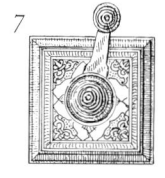

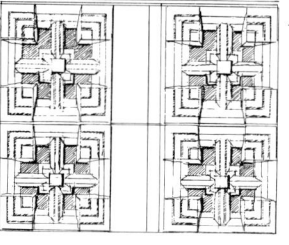

1 *Britischer Salon um 1901. Über der typischen hohen Sockeltäfelung ein schmales Feld mit Seidentapisserie; der Fries ist mit Schablone gemalt.* S

2 *Eine Tapetengarnitur für Feld, Fries und Kante mit Rosen-Motiven kam um 1909 von Jeffrey and Company in London, die einige der besten Tapeten im Arts-and-Crafts- und im ästhetisierenden Stil produzierten, u. a. nach Entwürfen von William Morris.* HHF
3 *An diesen Fliesen von William de Morgan sind auch die blauen*

Glasuren zu sehen, die er schuf, um Keramiken von Iznik zu imitieren. Die Zypressen- und Orangenbäume (oben) sind islamische Motive. London, 1890er Jahre. DB

4 *W. Morris entwarf ab 1862 mindestens 40 Tapeten. Die Herbstblumen (l.) wurden 1888 und der Rittersporn (r.) 1874 erstmals produziert. Viele seiner Tapeten werden heute noch gedruckt.*

5 *Die scharfen Linien dieser Täfelung von 1908/09 sind typisch für Greene and Greene. Die Ausführung ist von hoher Qualität, bis hin zur Gliederung der kleinen Fenster.* GG

Decken

Die Schablonenmuster der Decken in Red House in Bexleyheath bei London, 1859, orientieren sich an den Rautenmustern mittelalterlicher Kirchen, die William Morris für Decken und Wände favorisierte. Die Intensität der Dekoration erinnert an mittelalterliche Buchmalerei. RH

Die Decken in Arts-and-Crafts-Häusern erinnern in Designs und Materialien stark an die Volksbauweisen. Zunächst hielten sich die Architekten möglichst genau an spätmittelalterliche Formen: große, abgeschrägte Balken oder Putzdecken samt Rippen, Schlusssteinen und Hängeknäufen. Im Aesthetic Movement zeigt sich manchmal orientalischer Einfluss in komplizierten Kassetten, Bemalung und Vergoldung. Solche Handwerksarbeiten waren natürlich ein teurer Luxus, den sich nur wenige leisten konnten. Der gereifte Stil legte Wert auf Schlichtheit und Nützlichkeit, verkörpert in den gleichförmigen Gipsputzdecken der amerikanischen Craftsman-Häuser des frühen 20. Jahrhunderts. Selbst die etwas anspruchsvolleren Designs von Charles und

Henry Greene in Kalifornien weisen meist lineare, geometrische Formen auf, die manchmal durch Holzbeizen akzentuiert wurden. Nur ihr Spätwerk aus den 1920er Jahren ist stärker dekorativ, mit Balken, die man im spanischen Stil beschnitzte, und Putzornamenten. In den vornehmsten Häusern beiderseits des Atlantik bildete man Decken gern als Tonnengewölbe aus und kombinierte sie zuweilen mit Galerien für Musiker.

Schablonierte Decken wurden geschätzt, doch Deckentapeten waren weit gebräuchlicher, nachdem William Morris sich der Tapeten angenommen hatte. Oft hatten sie ein geprägtes Muster. Im frühen 20. Jahrhundert wurden komplizierte vorgefertigte Putzornamente beliebt.

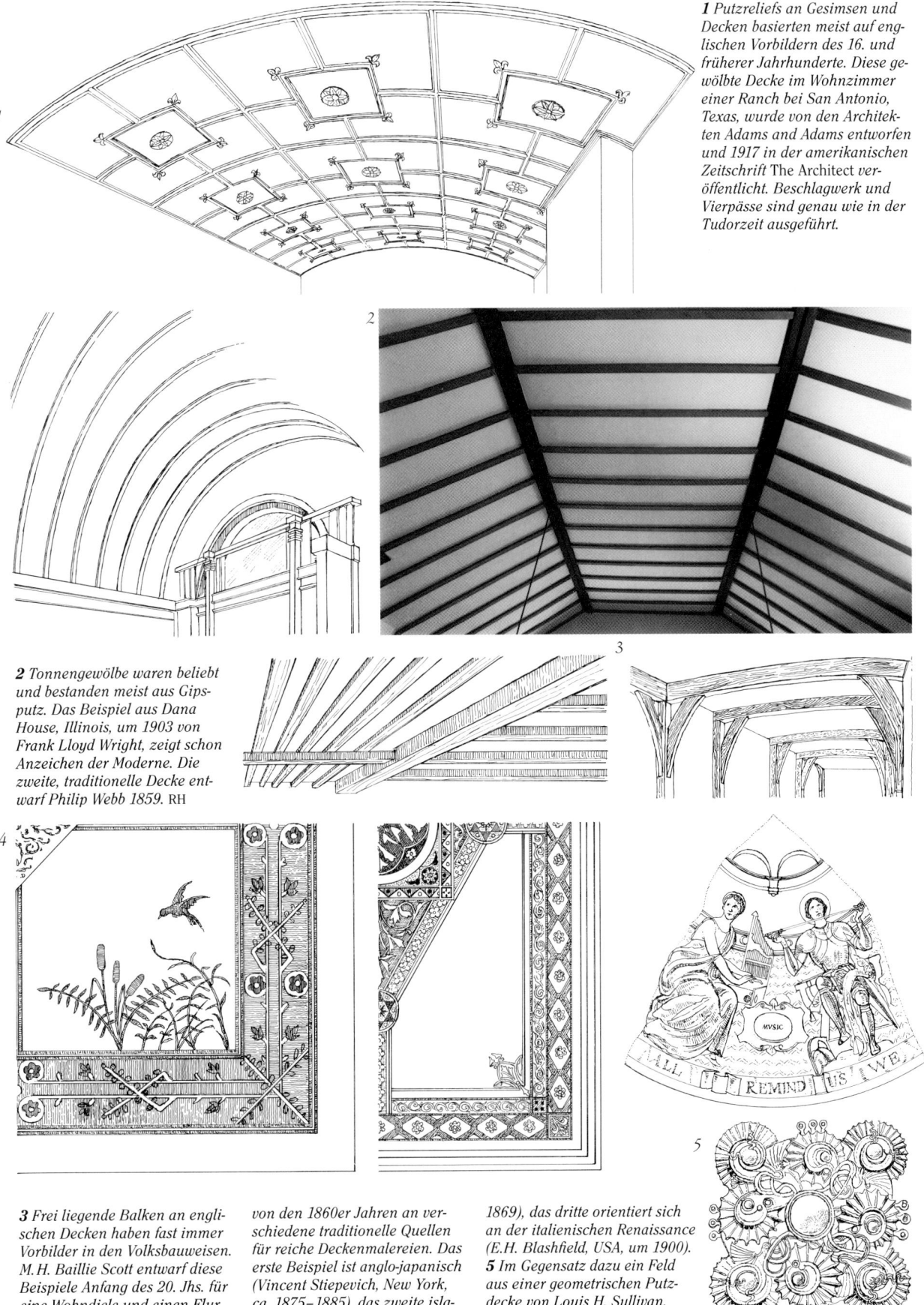

DECKEN

1 Putzreliefs an Gesimsen und Decken basierten meist auf englischen Vorbildern des 16. und früherer Jahrhunderte. Diese gewölbte Decke im Wohnzimmer einer Ranch bei San Antonio, Texas, wurde von den Architekten Adams and Adams entworfen und 1917 in der amerikanischen Zeitschrift The Architect veröffentlicht. Beschlagwerk und Vierpässe sind genau wie in der Tudorzeit ausgeführt.

2 Tonnengewölbe waren beliebt und bestanden meist aus Gipsputz. Das Beispiel aus Dana House, Illinois, um 1903 von Frank Lloyd Wright, zeigt schon Anzeichen der Moderne. Die zweite, traditionelle Decke entwarf Philip Webb 1859. RH

3 Frei liegende Balken an englischen Decken haben fast immer Vorbilder in den Volksbauweisen. M. H. Baillie Scott entwarf diese Beispiele Anfang des 20. Jhs. für eine Wohndiele und einen Flur.
4 Das Aesthetic Movement nutzte von den 1860er Jahren an verschiedene traditionelle Quellen für reiche Deckenmalereien. Das erste Beispiel ist anglo-japanisch (Vincent Stiepevich, New York, ca. 1875–1885), das zweite islamisch (P.B. White, New York, 1869), das dritte orientiert sich an der italienischen Renaissance (E.H. Blashfield, USA, um 1900).
5 Im Gegensatz dazu ein Feld aus einer geometrischen Putzdecke von Louis H. Sullivan, Ende 19. Jh.

Fußböden

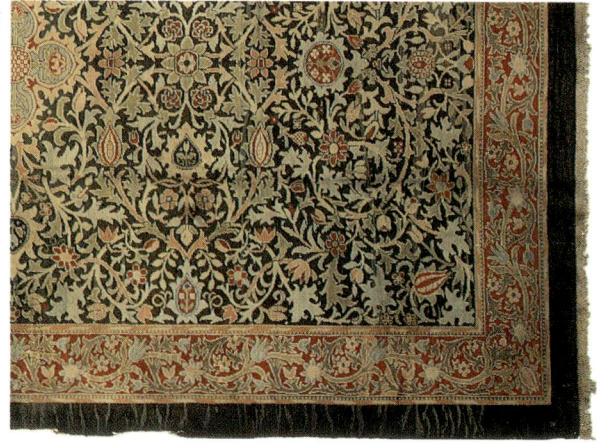

In Arts-and-Crafts-Häusern galten Holz und Stein als die
einzigen wahren Fußböden. Die besten Holzfußböden
sind aus der vollen Breite des Baumstamms geschnitten und
von unvergleichlicher Solidität. Sorgfältig ausgewählte Planken waren aber ebenso akzeptabel. In Großbritannien wurde
Eiche bevorzugt, deren Schönheit man durch einfache Politur zur Geltung brachte. Die Craftsman-Designer favorisier-
ten einheimische amerikanische Hölzer wie Eiche und
Ahorn, aber auch exotische Harthölzer. Gustav Stickley empfahl, dass Holzfußböden mindestens so dunkel sein sollten
wie die anliegende Wandtäfelung. Gebeizt wurde nur das billigere Kiefernholz, um es edler wirken zu lassen. In den frühen 1860er Jahren ist eine Vorliebe für Anstriche in Dunkel-
blau oder Indischrot zu beobachten, jedoch meist nur als
Umrandung für Teppiche. Steinplatten waren besonders in
Landhäusern für Flure oder Wohndielen beliebt.

Teppiche fanden weite Verbreitung. Die Briten William
Morris und Christopher Dresser entwarfen einige sehr schöne verschlungene, regelmäßige Muster. In den Vereinigten
Staaten wurden echte orientalische Teppiche oder schlichte
Matten bevorzugt. Die meisten begnügten sich jedoch mit
maschinell hergestellten Teppichen – in Großbritannien imitierte Orientteppiche, in Amerika solche im floralen französischen Stil oder mit einfachen geometrischen Mustern.

Kamine

Diese von R. N. Shaw 1870 für Cragside, Northumbria in England entworfene Kamineinfassung ist eine Glanzleistung der Arts and Crafts. Die großartig plastisch ge- *stalteten Konsolen stützen das Kaminsims und rahmen die mit Keramikfliesen reich verzierte Nische. Die glänzenden Kaminböcke sind Teil des Ensembles.* CR

Das Streben der Arts and Crafts nach den traditionellen Werten des heimischen Herdes brachte ein erhöhtes Augenmerk für den Kamin mit sich. Das drückte sich beiderseits des Atlantik vor allem in den Kaminecken aus, die in Architektenbauten sehr groß sein konnten. Einfache Kamineinfassungen der 1880er Jahre haben Borde, auf denen das blau-weiße Porzellan präsentiert wurde. Die elegantesten Kamine erinnern an die massiven Modelle der Renaissance, die exotischsten sind voll entwickelte islamische oder chinesische Garnituren. Schlichte Kamine aus Stein oder Ziegeln sind typisch für die Craftsman-Designs des frühen 20. Jahrhunderts; in kunstvolleren Designs findet man Reliefplaketten am Aufsatz und tiefe metallene Hauben.

Die Kaminumrandungen gestaltete man bevorzugt als gefliese Flächen. Designer entwarfen für Produzenten bildhafte Fliesenserien. So wurden die Fliesen von Walter Crane durch Minton and Company in England und durch die American Encaustic Tiling Company in Ohio gefertigt. Auch Zeichnungen von Kate Greenaway waren eine beliebte Vorlage. Schlichtere Fliesen, oft mit Reliefdekor, kamen u. a. von den Low Art Tile Works in Chelsea, Massachusetts. Der englische Keramiker William de Morgan schuf exquisite Fliesen nach orientalischen Mustern.

Nach 1870 wurden Kamineinsatzgitter, frei stehende Roste und Kaminböcke aus Metall mit ästhetisierenden Motiven gefertigt.

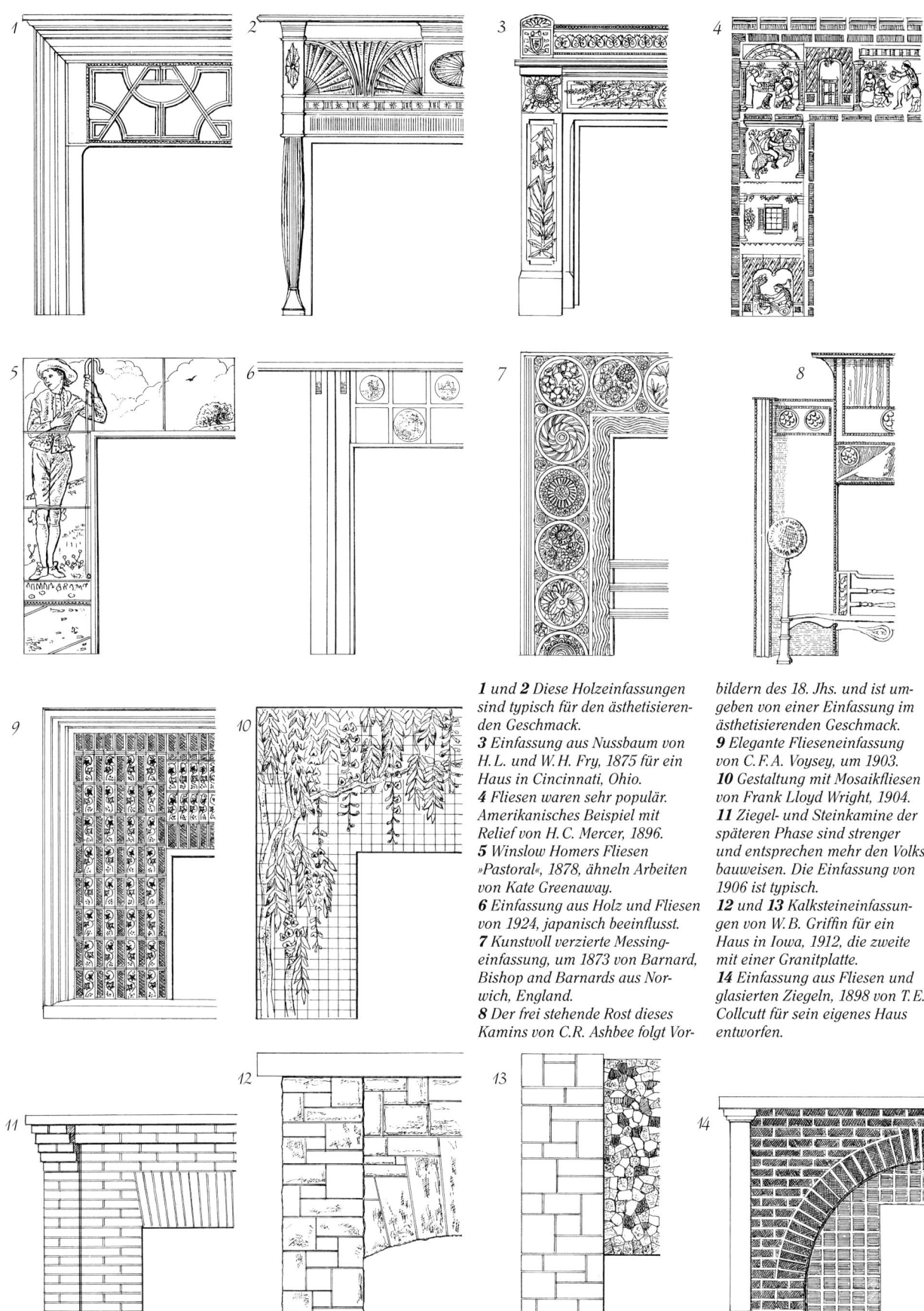

1 und 2 Diese Holzeinfassungen sind typisch für den ästhetisierenden Geschmack.
3 Einfassung aus Nussbaum von H. L. und W. H. Fry, 1875 für ein Haus in Cincinnati, Ohio.
4 Fliesen waren sehr populär. Amerikanisches Beispiel mit Relief von H. C. Mercer, 1896.
5 Winslow Homers Fliesen »Pastoral«, 1878, ähneln Arbeiten von Kate Greenaway.
6 Einfassung aus Holz und Fliesen von 1924, japanisch beeinflusst.
7 Kunstvoll verzierte Messingeinfassung, um 1873 von Barnard, Bishop and Barnards aus Norwich, England.
8 Der frei stehende Rost dieses Kamins von C.R. Ashbee folgt Vor-

bildern des 18. Jhs. und ist umgeben von einer Einfassung im ästhetisierenden Geschmack.
9 Elegante Flieseneinfassung von C.F.A. Voysey, um 1903.
10 Gestaltung mit Mosaikfliesen von Frank Lloyd Wright, 1904.
11 Ziegel- und Steinkamine der späteren Phase sind strenger und entsprechen mehr den Volksbauweisen. Die Einfassung von 1906 ist typisch.
12 und 13 Kalksteineinfassungen von W.B. Griffin für ein Haus in Iowa, 1912, die zweite mit einer Granitplatte.
14 Einfassung aus Fliesen und glasierten Ziegeln, 1898 von T.E. Collcutt für sein eigenes Haus entworfen.

1 Kaminvorsprung und -sohle aus Ziegeln, 1859 von Philip Webb für Red House in Bexleyheath bei London. RH
2 Schöne Einfassung aus Marmor und Fliesen, in den 1890er Jahren von Halsey Ricardo für Debenham House, London. DB

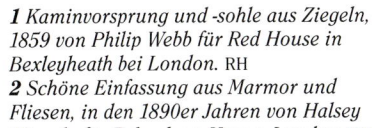

3 Die Kaminecke in Gamble House, Pasadena, Kalifornien, 1908/09, folgt großen Vorbildern aus dem 16. Jh. Durch die Betonung der Horizontale, die Fliesen und die soliden, ebenen Flächen wirkt die Komposition auffallend modern. Die Laternen sind aus Mahagoni und Tiffany-Glas. GG
4 Detail von einem Kamin des späten 19. Jhs. im ästhetisierenden Geschmack aus gebeiztem Holz mit Einlagen im Stil italienischer Renaissanceschränke aus pietra dura *(Einlegearbeiten aus farbigen Marmor- und Schmucksteinstücken).* LG
5 Eine dramatische Komposition wurde 1901 in einer Sonderausgabe von The Studio *vorgestellt. Die Einfassung ist »handgeschmiedet aus goldfarbenem Metall«, und der Kaminaufsatz, der sich dem Kaminvorsprung anpasst, ruht auf schmiedeeisernen Stützen. Auf der geprägten Platte steht »Wit Fancies Beauty, Beauty Raiseth Wit«. Der Rost ist aus poliertem Schmiedeeisen.* S

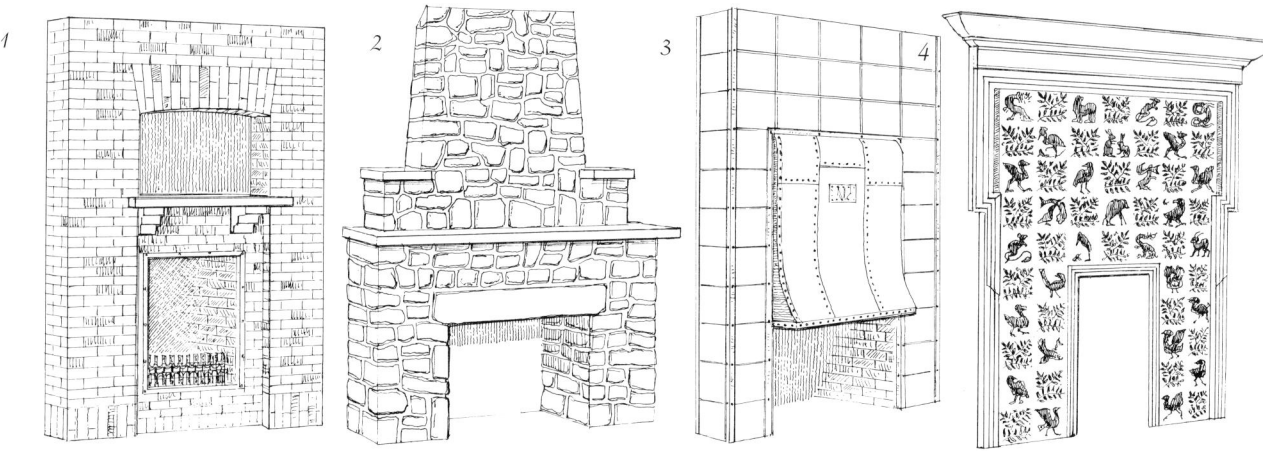

1 und 2 Diese Modelle aus
Stein, beide von Gustav Stickley,
sind typisch für die Volksbauweisen, indem sie den gesamten
Kaminvorsprung als Einheit
behandeln.

3 Diese Kamineinfassung besteht aus einem kupfernen
Rauchabzug und einem mit
matt glasierten Fliesen verkleideten Kaminvorsprung.
4 Eine kunstvollere englische

Einfassung aus Fliesen.
5 Kaminaufsätze waren wichtige Merkmale des Interieurs bei
Arts and Crafts und Aesthetic
Movement. R. W. Edis' Kaminaufsatz mit Schränken und

Spiegel schließt oben mit einem
klassischen Motiv ab.
6 An M. H. Baillie Scotts kleiner
Kamineinfassung vom Ende des
19. Jhs. ist der Aufsatz durch
mehrere Ebenen von Borden

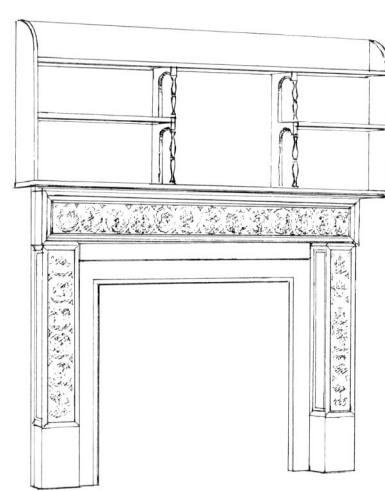

schön in die Komposition einbezogen.
7 Dieser Kamin von 1878 hat
einen Aufsatz mit Borden über
einer gefliesten Umrandung. Die
Borde dienten zum Aufstellen
von Porzellan.
8 Elegantere Kamineinfassun-

gen im ästhetisierenden Geschmack konnten, wie hier, mit
Fliesen von William de Morgan
verziert sein.
9 Diese Kamineinfassung aus
den 1890er Jahren von George
Jack ist mit einem Steinrelief
des Hl. Georg mit dem Drachen

verziert. Solche Themen aus
Mythen und Legenden zeigen
die enge Beziehung zwischen
den Vertretern der Arts and
Crafts und der Künstlergemein-
schaft der Präraffaeliten; beide
bevorzugten Motive mit Bezug
auf »Old England«.

10 Ein dramatisches Ensemble,
1904 von George H. Maher für
ein Haus in Illinois gestaltet.
Die sehr breite Kamineinfassung hat imposante, vereinfachte Pilaster und einen mar-
mornen Aufsatz mit Spiegel
in der Mitte.

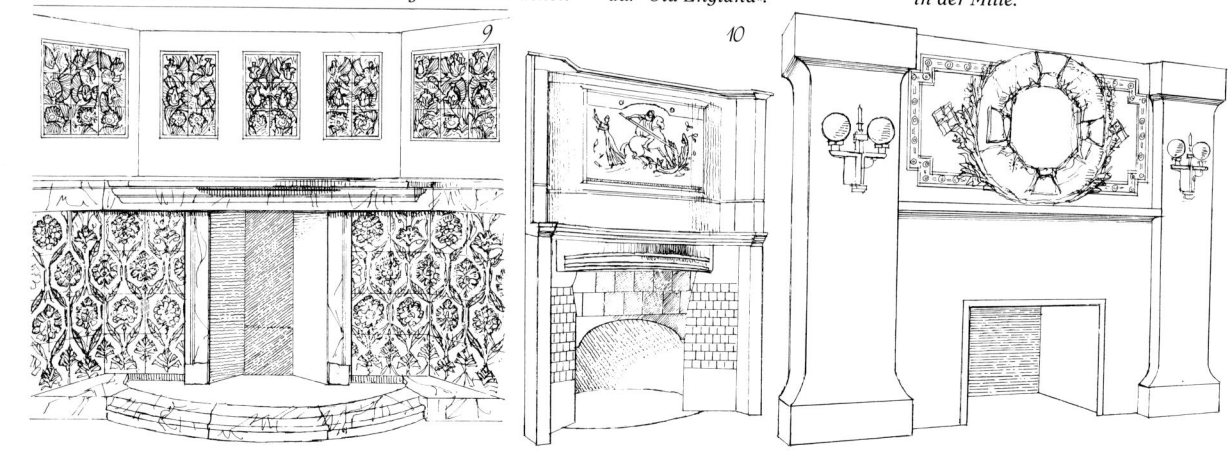

Fliesen- und Reliefdekorationen waren an Kamineinfassungen allgegenwärtig.
1 Relieftafel für einen englischen Kaminaufsatz, 1890er Jahre.
2 Fliesenstreifen für eine Umrandung, Minton and Co.
3 Robuste Terrakotta-Tafel von Louis H. Sullivan, 1884.

An Rosten und Kaminböcken konnten Gestalter und Metallarbeiter ihre »traditionellen« Fertigkeiten beweisen.
4 Der Rost von der Rathbone Fireplace Manufacturing Co., Michigan, 1912, ist mit einem zarten Laubmotiv und einer strahlenden Sonne verziert.

5 Das kunstvoll verzierte Ensemble von 1882 kam aus den J. L. Mott Iron Works, New York. Die Kaminböcke wurden passend zum Blumenmotiv des Rostes gestaltet.

6 Ein karger schmiedeeiserner Rost aus England mit Rauchabzug im Spätstil der Arts and Crafts von O. Ramsden und A. C. E. Carr. Die Konstruktion ist mittelalterlich, einschließlich der Kannenwärmer. The Studio, 1904.
7 Frei stehender Rost von Gardiner, Sons and Co., Bristol, England, 1929.
8 Der aus Eisen und Messing geschmiedete frei stehende Rost von Nelson Dawson ist ein Beispiel für höchste Qualität aus gewerblicher Produktion. Vorgestellt 1903 in The Studio.

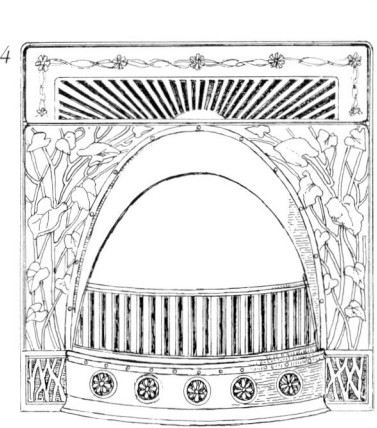

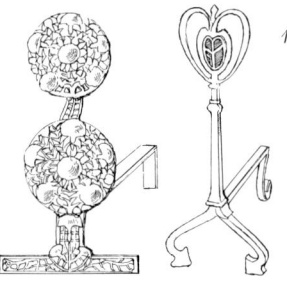
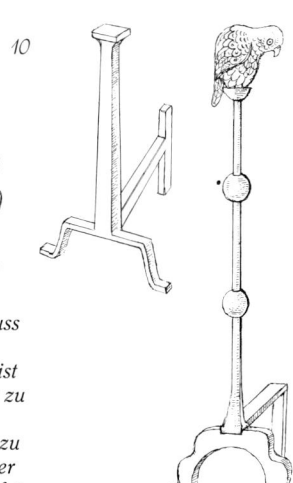

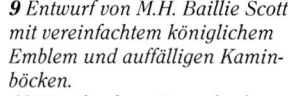
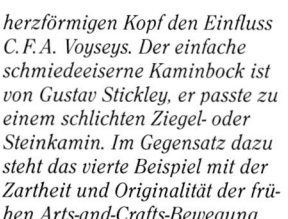

9 Entwurf von M.H. Baillie Scott mit vereinfachtem königlichem Emblem und auffälligen Kaminböcken.
10 Verschiedene Kaminböcke. Der erste ist von Kaminböcken in Durchbrucharbeit aus dem 17. Jh. inspiriert. Der zweite, Entwurf Harold Smith, zeigt durch den herzförmigen Kopf den Einfluss C.F.A. Voyseys. Der einfache schmiedeeiserne Kaminbock ist von Gustav Stickley, er passte zu einem schlichten Ziegel- oder Steinkamin. Im Gegensatz dazu steht das vierte Beispiel mit der Zartheit und Originalität der frühen Arts-and-Crafts-Bewegung.

Treppen

Die Treppe in Red House in Bexleyheath bei London, 1859, wurde von Philip Webb entworfen, der eng mit dem Hausbesitzer, William Morris, zusammenarbeitete. Sie ist nach mittelalterlichen Vorbildern eingekapselt. Die Antrittspfosten mit ihren facettierten Fialen erinnern ebenfalls an gotische Vorgänger, in denen Morris viele Anregungen für seine frühen Arbeiten fand. Durch das natürliche Material und die glatten Wände wirkt die Treppe fast klösterlich und erinnert an Philip Webbs Meister G. E. Street. RH

Die Treppe bildete einen zentralen Teil der Eingangshalle oder Wohndiele, dessen Bedeutung für den Empfang von Besuchern hoch geschätzt wurde. Im Idealfall besaß die Treppe eine Galerie, auf der sich die Gastgeberin dem ankommenden Gast zeigen konnte, und ein Zwischenpodest, auf dem die eigentliche Begrüßung stattfand. Die meisten Treppen des 19. Jahrhunderts bestanden aus massivem Holz, wobei geringwertige Hölzer gestrichen, edlere poliert wurden. Die Baluster sind oft gedrechselt, wie im 17. und 18. Jahrhundert, und man findet Antrittspfosten mit reicher Schnitzerei. Die in den 1880er Jahren von Morris and Company entworfenen Antrittspfosten für Stanmore Hall, Middlesex, tragen bereits elektrische Beleuchtung.

Im Spätstil der Arts and Crafts fallen die Baluster schlichter aus. Sie sind vierkantig und oft verbreitert, so dass die Treppe von einer Art Käfig umschlossen wird, wie z. B. in vielen Projekten C.F.A. Voyseys. In den Vereinigten Staaten führte die Aufwertung der Treppe in offenen Dielen zu wahren handwerklichen Prachtstücken aus polierten Hölzern; exemplarisch sind die Arbeiten der Brüder Greene.

In Großbritannien wurde oft Schmiedeeisen für Treppengeländer verwendet, das unter dem Einfluss des Art nouveau elegante Wellenform annahm. In den Vereinigten Staaten waren der spanische Kolonialstil und der »Missionsstil« modern, und komplette Treppen entstanden aus Eisen in eleganter Durchbrucharbeit.

1 Diese Treppe der amerikanischen Architekten Spencer und Powers wirkt besonders durch ihre kräftigen Linien. Die Stützen stehen in gleichmäßigen Abständen, selbst in der scharfen Biegung, wo nur zwei statt drei Stäbe auf einer Stufe stehen. Der Antrittspfosten trägt eine Lampe. The Western Architect, 1914.
2 Treppe und Podest aus The Studio, 1903. *Sie hat eine Lichtwange, d. h., die Baluster sind zwischen dem Handlauf und einer diagonalen Strebe eingespannt, die gleichzeitig die Stufenenden verdeckt.*

Die meisten Architekten der Arts and Crafts bevorzugten Holztreppen. Das Material eignete sich für klare Linien und wirkte durch seine natürliche Maserung dekorativ.

3 Die gedrechselten Baluster aus The Longcroft in Helensburgh, Schottland, werden durch einen schönen Pfosten mit einer eingefassten Kugel am Podest ergänzt. Der Gestalter hat Anleihen beim Barock genommen.
4 Diese Treppe hat einen großen, geschnitzten Antrittspfosten und dünne Stützen, die wirkungsvoll zu je vier auf einer Stufe stehen. Unter der Treppe wurde ein Schrank eingebaut.
5 Die kunstvoll dekorierte Treppe in Stanmore Hall, Middlesex, von Morris and Company steht dazu in scharfem Kontrast; sie ist typisch für die besten Arbei- ten der Firma von William Morris.
6 Eine im Januar 1906 in der amerikanischen Zeitschrift The Craftsman *vorgestellte Treppe mit Sitzbank und eingebautem Dielenschrank am Fuß.*
7 und 8 Die Treppenentwürfe von Ch. und H. Greene haben eine deutlich japanische Note. Die erste entstand 1907 für Robert R. Blacker in Pasadena, Kalifornien. Eine kräftige Stütze verbindet sie mit den massiven Dachbalken. Die zweite Treppe entstand zwei Jahre zuvor für das Haus von Henry M. Robinson, ebenfalls in Pasadena.

TREPPEN

1 William Morris and Company aus London (nicht mit dem berühmten Designer verbunden) lieferte Balustraden aus Schmiedeeisen und Bronze. Die Beispiele von etwa 1920 zeigen den Einfluss des späten Art nouveau.
2 Metallbalustrade, um 1894, zwischen Säulen und Bögen.
3 Zwei elegante schmiedeeiserne Designs: eine spanische Treppe von Charles Greene, um 1930, und gewundene Baluster aus den 1870er Jahren.
4 Maurische Treppe in Olana, New York, 1870er Jahre. Oben Gesamtansicht, unten Detail. o

5 Den Antrittspfosten wurde viel Aufmerksamkeit zuteil. Hier steht ein typisches einfaches Beispiel zwischen einem eindrucksvollen schmiedeeisernen Pfosten (120 cm hoch) von Louis H. Sullivan, um 1883, und dem mächtigen Modell aus dem Edward C. Waller House, Illinois, das Frank Lloyd Wright 1899 entwarf. Die

Urne taucht in mindestens sieben von Lloyds Häusern auf.

6 Umschlossene Treppen sind typisch für den späten Arts-and-Crafts-Stil. Das erste Beispiel mit dem Bogen ist von ca. 1900 und wirkt fast klassisch neben den zwei geradlinigen Entwürfen aus The Craftsman von 1906.

Einbaumöbel

Die Bibliothek in Leighton House, Kensington, London, hat noch die eingebauten Bücherschränke aus der Bauzeit, 1879–1881. Das ebonisierte Holz passt zu den reich gekerbten Türeinfassungen und wird durch einen Staubschutz aus grünem Leder aufgelockert. Die Gesimsprofile der niedrigen Bücherregale haben Vorbilder in der Renaissance. Der Raum war mehr Arbeitszimmer als Bibliothek und weist daher nur wenige Borde auf. LG

Einbaumöbel entsprachen dem handwerklichen Ethos der Arts and Crafts. Eine Sitzbank bei der Kaminecke, ein Fenstersitz in einem Erker, Bank und Anrichte an der Esszimmerwand passten in das Konzept des ungekünstelten und traditionellen Bauens. Einbaumöbel waren auch praktisch, minimierten sie doch den Wirrwarr, in dem die Gestalter des ausgehenden 19. Jahrhunderts die Todsünde der hochviktorianischen Raumgestaltung sahen.

William Morris ging mit der großen Sitzbank in seinem Haus in Bexleyheath bei London (1859) voran. Die frühen Stücke wurden gestrichen. Viele entstanden für die Präraffaeliten und wurden, oft von den Künstlern selbst, durch Tafeln mit figürlichen Darstellungen ergänzt. Solche gewichtigen Exemplare blieben bis zum Ende des Jahrhunderts auf beiden Seiten des Atlantik populär. Der verfeinerte, ästhetisierende Geschmack der 1870er und 80er Jahre schätzte jedoch schön bearbeitete, zusammengehörige Regale und Schränke, oft um den Kamin konstruiert, mit vielen Borden und Nischen im Aufsatz.

Spätere Stücke wurden einfach poliert. Die umfangreichen, vielfältigen Einbaumöbel der Arts-and-Crafts-Häuser des frühen 20. Jahrhunderts – Schränke mit massiven Türen, schönen Scharnieren und Riegeln, verglaste Schränke für Bücher und Porzellan, periphere Sitzgelegenheiten in Wohn- und Esszimmern – sind letztlich die Vorläufer moderner Möbelsysteme.

TREPPEN

EINBAUMÖBEL

1 Eindrucksvolle Bibliothek aus Eichenholz aus einem Haus in Henley-on-Thames, Berkshire, England. Das schöne Beispiel für den Mittelalter-Aspekt der Arts and Crafts wurde von William Morris and Company gefertigt. Der Firmeninhaber teilte viele der Ideale seines berühmten Namensvetters. HHF
2 Typischer verglaster Craftsman-Bücherschrank, um 1909.
3 Hölzerne Sitzbänke waren typisch für die Arts and Crafts. In diesem Entwurf von ca. 1908 ist Platz für einen Schreibtisch.
4 Detail einer Kaminecke von Ch. und H. Greene. Die Schraubenköpfe an der Mahagoni-Sitzbank sind mit quadratischen Stopfen aus Ebenholz verdeckt. Daneben ein Schrank mit dekorativem Reliefglas. GG

5 Diese wohlproportionierten Schränke zeigen, dass Küchen praktisch sein und trotzdem den Idealen der Arts and Crafts entsprechen konnten. GG
6 Rustikale Schränke im mittelalterlichen Geschmack aus einer Bungalowküche, um 1905.
7 Zurückgesetzte Anrichte, 1905 in The Craftsman veröffentlicht, mit Geschirrschränken und einfarbigen matten Fliesen. Bleiglasfenster setzen einen Akzent.
8 Eingebautes Schlafzimmerregal mit einfacher Laubsägearbeit am Oberteil. Aus einem Kinderzimmer, um 1890.

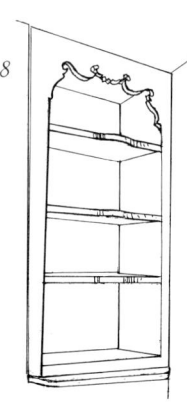

Installation

1 Waschbecken aus Castle Drogo, Devon; vollendetes Design von Sir Edwin Lutyens.
2 Fliesen von William de Morgan umgeben eine originale Badewanne. Einfachere Fliesen wurden von Firmen wie Minton oder American Encaustic Tiling Company industriell hergestellt. DB

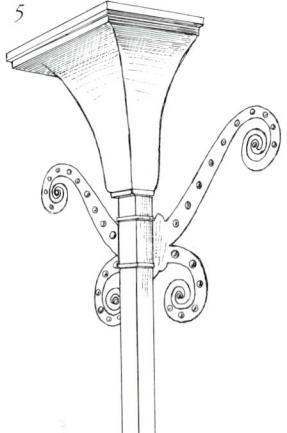

3 Gusseiserner Ofen mit glasierten Fliesen von Rathbone, Sard and Company aus Albany, New York, 1885. Der aus Japan inspirierte ästhetisierende Stil hatte nach 1870 auch Einfluss auf die industrielle Produktion.
4 Der einfache Küchenausguss aus Gamble House, Pasadena, Kalifornien, von 1908/09 steht im Kontrast zu der vollendeten Gestaltung des übrigen Hauses.

Seine Schlichtheit widerspiegelt die Konzentration der Arts and Crafts auf Zweckmäßigkeit.
5 Fallrohr von Howard Longley House, Pasadena, Kalifornien (Greene and Greene, 1897). Das rechtwinklige Profil und die gerollte Halterung wirken gotisch.
6 und 7 Dachrinnen und ein Regenwassereinlauf aus einem gewerblichen Katalog. GPD

Die Installation in Arts-and-Crafts-Häusern unterschied sich nicht wesentlich von der anderer Häuser der Periode. In Großbritannien stellten jedoch der »altenglische« und der Queen-Anne-Stil spezielle Anforderungen an die Handwerker. Außen wurden Bleiarbeiten von hoher Qualität verlangt, und Fallrohre sowie Einläufe waren den Architekten wichtig. Oft sind sie sehr schön verarbeitet und mit Mustern, Initialen oder dem Baujahr verziert wie in der traditionellen englischen Volksbauweise. Die amerikanischen Craftsman-Häuser haben meist unauffällige Dachrinnen; Charles und Henry Greene entwarfen jedoch für ihre Häuser in Kalifornien gewaltige Regenwassereinläufe mit dekorativen Befestigungen.

Ästhetische und künstlerische Motive spielten auch in der Produktion gewerblicher Firmen eine Rolle. Amerikanische Hersteller verzierten ihre Öfen mit Reliefs oder Fliesen, z.B. von J. and J.G. Low Art Tile Works aus Chelsea, Massachusetts. Puristen hingegen rümpften darüber die Nasen; sie fanden die neuen, weniger auffälligen Zentralheizungen besser, die in den letzten Jahren des Jahrhunderts gebräuchlicher wurden.

Architekten entwarfen Installationsartikel weiter im ästhetisierenden Geschmack: Die Waschbecken in Castle Drogo, Devon, von Sir Edwin Lutyens (1910–1930) sind in schöne Eichengehäuse eingelassen, die Rohre hinter gedrechselten Balustern verborgen.

Beleuchtung

*1 Deckenleuchte mit Gasglühlicht, lieferbar in Messing, Stahl oder »rotbronziert«, 1929.
2 Großartige Leuchte aus gehämmertem Kupfer mit Emailzierrat, 1901.
3 Handgeschmiedeter ringförmiger Kronleuchter für Kerzen, 1925.
4 Deckenleuchte aus Kupfer und Messing von Benson's mit Schirmen aus Lüsterglas.* LG

5 Lampe aus Gamble House, Pasadena, Kalifornien, mit Glas von Tiffany. GG
*6 und 7 Kerzenleuchter, 1924, und »altenglische« elektrische Wandleuchte, 1901.
8 Industriell hergestellte Außenlampe. Englisch.
9 Treppenpfosten mit elektrischer Leuchte aus Stanmore Hall, Middlesex, gegen 1890.
10 Schöner Wandleuchter für Kerzen von Ernest Gimson.*

In die Glanzzeit der Arts and Crafts, die 1880er Jahre, fiel die Einführung der ersten zuverlässigen elektrischen Hauslichtanlagen. In Großbritannien galt elektrisches Licht wegen seiner grellen, wenig schmeichelhaften Helligkeit zunächst als unästhetisch. Einigen reichen Bauherren gefiel die Neuheit jedoch, und Richard Norman Shaw gehörte zu denjenigen, die von Anfang an damit arbeiteten.

Der wichtigste britische Lieferant für elektrische Beleuchtung war die Firma Benson, die Mitte der 1890er Jahre bereits ein breites Sortiment produzierte. In Amerika versorgte I.P. Frink in New York bereits in den 1880er Jahren das ganze Land mit elektrischen (sowie Öl- und Gas-)Leuchten. Man hatte einen elektrischen Kronleuchter in der Raummitte oder mehrere Wandleuchter. Kupfer und Messing waren beliebt, und viele Designs erinnern mit ihren zierlich gewundenen Ornamenten an den Art nouveau. In den Vereinigten Staaten wurden um 1860 Neorenaissance-Gasleuchter modern, und in den 1880er Jahren kamen schlichtere japanische Formen dazu. Die ersten Glühlampen, oft ohne Schirme verwendet, waren klein, rund und aus klarem Glas, aber um 1900 sah man auch schon Blumen- und Flammenformen.

Volkstümliche Armleuchter und Wandleuchter wurden aus Schmiedeeisen gefertigt, und bis in die 1920er und 1930er Jahre gab es eine rege Nachfrage für anachronistische Wandleuchter mit Kerzen.

Metall

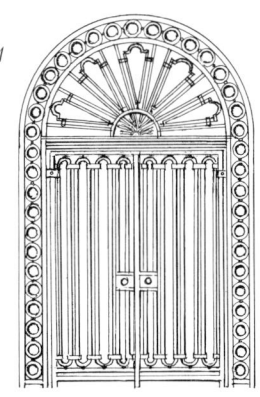

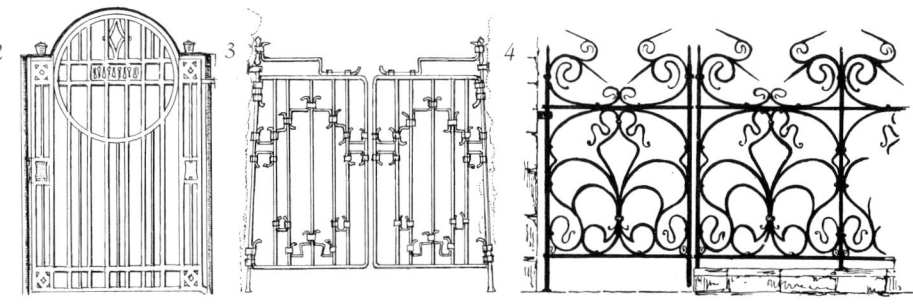

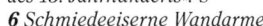

1 bis 4 Schönes schmiedeeisernes zweiflügeliges Tor von der Birmingham Guild of Handicraft in England; ein elegantes Eingangstor,

um 1920; ein Design von Greene and Greene, um 1905; Zaun und Tor in dynamischem Stil von Alfred A. Newman, London, 1884.

5 Kunstvoll geschmiedetes eisernes Tor »in der Manier des 13. Jahrhunderts«. S 6 Schmiedeeiserne Wandarme

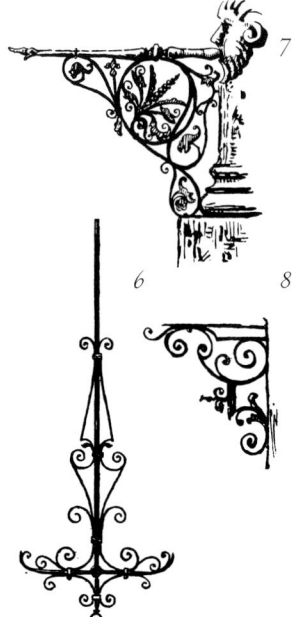

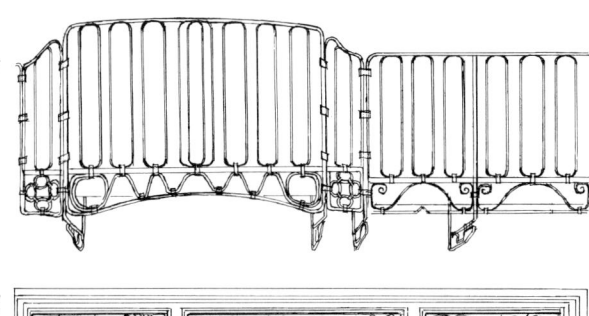

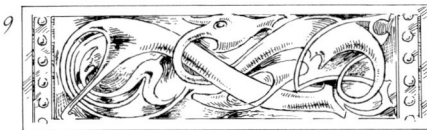

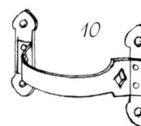

und »altenglischer« Leuchter, Newman, London, 1880er Jahre.
7 Podest im Spanish Revival von Charles Greene, um 1930.
8 Feuerschutz »The Soul of The

Sunflower« von Elihu Vedder, USA, 1882.
9 Tafel mit Wellenmuster an einem Ofenrost.
10 Stabiler Stiefelkratzer.

An einem Arts-and-Crafts-Haus musste jedes Detail von bester Qualität sein. In Architektenbauten war auch der letzte Riegel von einem Designer entworfen. Mit steigender Popularität der Arts and Crafts und des Aesthetic Movement wurden jedoch viele industriell gefertigte Metallartikel angeboten – Tafeln, Gitter, Geländer und Tore. Die Führung ging dabei von Großbritannien an die Vereinigten Staaten über. Verwendet wurden Schmiedeeisen, Messing und, bei den besten Aufträgen, Bronze. Es gab ganz schlichte eiserne Tore und Gitter mit dekorativen Spitzen auf vierkantigen Stäben, aber Flecht- und Laubmuster gotischer Art blieben ausgesprochen populär. Auf Bestellung konnte man auch elegante geometrische oder florale Motive im

Geist der Meister des 17. Jahrhunderts haben, wie z.B. Jean Tijou.

In der ästhetisierenden Gestaltung spielte die Sonnenblume eine große Rolle. Sie war unübersehbar in Thomas Jeckylls Eisenpavillon, den Barnard, Bishop und Barnards aus Norwich, England, für die American Centennial Exhibition 1879 in Philadelphia anfertigten. Firmen wie z.B. die J.B. Cornell Foundry in New York nutzten das Emblem kommerziell.

Im frühen 20. Jahrhundert wurde die Gestaltung der Metallwaren zunehmend abstrakt-elegant, und in den Vereinigten Staaten entwickelten Architekten wie Charles und Henry Greene die Arts and Crafts weiter in Richtung der Moderne.

BELEUCHTUNG

METALL

Holz

1 Balkon über einem tiefen Erker-fenster, um 1880, mit gedrechsel-ten Balustern in barocker Art.

2 Winddielen mit Durchbruch- oder Schnitzornamenten zeigen das Interesse der frühen Arts and Crafts an Details der Volks-bauweisen.
3 Die Veranda aus Kalifornien, 1906, zeigt das Design der späten Arts and Crafts. Die Pfostenabde-ckungen wirken japanisch.

4 Die Schindelverkleidung an Gamble House, Pasadena, Kali-fornien, 1908/09, erinnert an einen frühen Trend in der ameri-kanischen Architektur, als Schin-deln an die Stelle der Dachzie-gelverkleidungen englischer Landhäuser traten. Vorbilder in jüngerer Zeit sind die Schindeln

an amerikanisch-viktorianischen und Beaux-Arts-Häusern. Die Dachüberhänge sind ein grund-legendes Gestaltungsmittel bei Ch. und H. Greene. GG
5 bis 8 Vorbauten und Ver-dachungen aus Bedford Park, London, aus den 1880er Jahren. Manche Häuser haben volle Vor-

bauten mit Sitzen darin, andere zeigen Verdachungen unter-schiedlicher Form auf geschnitz-ten Konsolen. Die Muschelhaube und der Ziergiebel in doppelter Kielbogenform sind originalge-treu im Queen-Anne-Stil gebaut, wie sie im frühen 18. Jh. in Eng-land gebräuchlich waren.

Die gepflegte Verwendung von Holz war ein Hauptan-liegen der Arts and Crafts. Die Rückkehr zu den ge-schätzten Werten von Handwerkskunst und Schönheit ist in den Häusern im ästhetisierenden und im Arts-and-Crafts-Stil ablesbar, auch an »traditionellen« Holzelementen wie Zäu-nen, Toren, Vorbauten, Balkons und Veranden.

Der Stellenwert des Heimes und der Gastfreundschaft drückte sich auch im sorgfältigen Umgang mit Grundstücks-grenzen aus. Zäune sind meist klarlinig, mit vierkantigen Ba-lustern. Gelegentlich fand man gedrechselte Baluster im Stil des 17. Jahrhunderts, und in der ästhetisierenden Gestaltung auch exotischere, orientalische Formen. Wichtig waren auch die Proportionen, die an Zäunen und Toren oft gestreckt

sind. Tore verband man nicht selten mit Pergolen und Spa-lieren.

Der britische Queen-Anne-Stil wurde von den Architekten der Arts and Crafts weitgehend adaptiert. Bedford Park in London, die erste Gartenstadt (in den späten 1870er Jahren gestaltet), ist reich an Vorbauten, Verdachungen und Wind-dielen im Queen-Anne-Stil mit dem typischen weißen An-strich.

Auf Vorbauten, eher anheimelnd als imposant, legten die Craftsman-Architekten in Amerika großen Wert, ebenso auf Veranden, die zum Aufenthalt im Freien verlocken sollten. An Landhäusern oder im Gebirge ruhten sie manchmal auf ganzen Baumstämmen – eine wahrhaft rustikale Lösung.

1 Eine typische Zaunform der Arts and Crafts sind drei kurze und zwei lange Pfosten im Wechsel und darüber ein Querholz. ACG

2 bis 5 Vier markante Torformen. Das erste, ein schmales Gartentor mit durchbrochenen Füllungen von Ch. und H. Greene, wurde 1915 in The Architect vorgestellt. Im zweiten aus Bristol, England, ahmt die Durchbrucharbeit Beschlagwerk im Tudorstil nach. Es ist ein Nebeneingang. Das dritte mit seinem schönen Rahmen wurde um 1900 in The Studio »ehrend erwähnt«. Das letzte ist aus einem Haus in Berkeley, Kalifornien (Greene and Greene, 1909) und hat eine moderne Note.

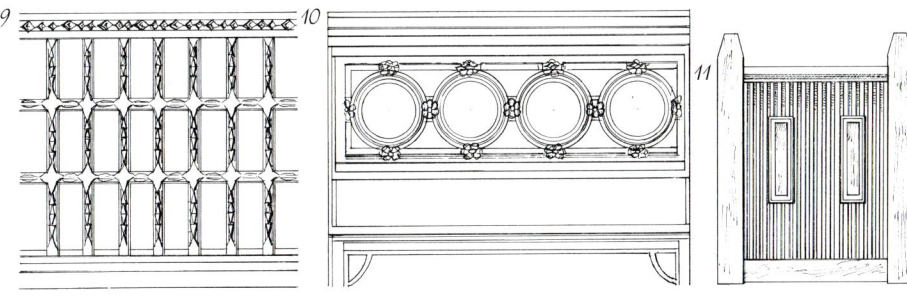

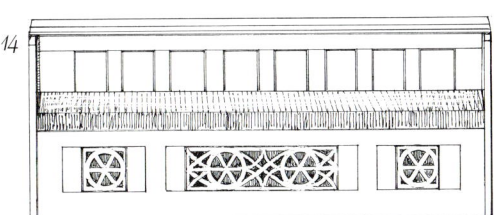

6 Ein typischer Zaun um 1902, mit einfachen Stäben, feinen Schrägen und knappen Zwischenräumen.

7 Breites Eingangstor mit charakteristischer Pfostenabdeckung.

8 Zweiflügeliges Tor von Greene and Greene. Der dazugehörige Zaun hatte das gleiche Muster.

9 bis 11 Geländer an Treppenpodesten (innen). Das erste ist ein spätes gotisierendes Beispiel, englisch, um 1920. Das zweite ist aus einem Haus von Frank Lloyd Wright in River Forest, Illinois, 1899. Das Kreismotiv kehrt im Antrittspfosten wieder (S. 328). Das dritte ist ein gutes Beispiel für zurückhaltendes Craftsman-Design um 1906.

12 Schnitzwerk mit verschlungenen gotischen Motiven in moderner Interpretation, von Walter Crane 1905 in Ideals in Art lobend erwähnt.

13 Deckenblende aus einem Haus von Louis H. Sullivan in Chicago, um 1885; der originelle Gebrauch von Spindeln war in Amerika an Blenden sehr beliebt.

14 Ästhetik siegt über Nützlichkeit: Diese Bank mit den Lüftungsgittern im keltischen Stil verbirgt einen Radiator, New York, 1914.

15 Die hölzerne Veranda von Olana im Tal des Hudson, New York, 1880er Jahre, wurde einer Wand aus unbehauenen und ungleichen Steinen vorgebaut. Der Kontrast zwischen dem Exotisch-Orientalischen und der in Siedlermanier gebauten Mauer ist ein typisch amerikanischer Zug der Arts and Crafts.

HOLZ

ART NOUVEAU

1888 – 1905

1 und 2 Charles Rennie Mackintosh war der führende Architekt und Designer des Art nouveau in Großbritannien, wenn auch die geometrische Klarheit seiner Arbeiten wenig mit den gewundenen Formen des kontinentaleuropäischen Stils gemeinsam hat. Die Bilder zeigen zwei Ansichten von The Hill House, einer großen Villa in Helensburgh, Schottland, die 1902/03 nach seinem Entwurf für den Verleger W.W. Blackie gebaut wurde. Das strenge Äußere steht der schottischen Bautradition nahe – den schlichten Häusern, die im 17. Jh. für die schottischen Barone gebaut wurden, mit Ecktürmen unter konischen Hauben, kleinen Fenstern, Satteldächern und riesigen Schornsteinen. Mackintosh hat dem Haus eine interessante Kontur und einfallsreiche Masseverteilung gegeben. Auch die innere Aufteilung ist sehr sinnreich. HL

3 Robie House von Frank Lloyd Wright in Chicago, 1909, ist ein klassisches Beispiel für den Präriestil. Die lange, flache Form des Hauses nimmt Bezug auf die Ebenen des Mittleren Westens der USA. Wrights geniale Entwürfe widersetzen sich einer Einordnung, aber seine Präriehäuser dem Art nouveau zuzurechnen führt zu einigen aufschlussreichen Vergleichen mit Mackintosh.

Der überschwängliche, kurvenreiche Stil mit dem Namen Art nouveau, der sich zwischen 1890 und 1910 durch Frankreich, Belgien und Deutschland rankte, wurde in Großbritannien und den Vereinigten Staaten gewissermaßen nur »probiert«, meist, indem man ganz traditionelle Wohnbauten mit Art-nouveau-Details ergänzte. Die Hersteller von Einrichtungszubehör boten in ihren Katalogen auch den neuen Stil an, meist unter der Rubrik »Künstlerisch«. Aber nur relativ wenige waren bereit, radikal wie auf dem Kontinent ihr ganzes Interieur, einschließlich Textilien und Geschirr, durchgängig mit spannungsvoll gekurvten organischen Linien zu gestalten. Um angenehm »modern« zu sein, genügten einige ausgewählte, gewagte Details.

Das Londoner Geschäft von Liberty, Zentrum für den Verkauf von Arts-and-Crafts-Designs, führte auch ein Sortiment von Tapeten, Textilien und Ziergegenständen im Stil des Art nouveau. Die Kataloge zeigen sie eingefügt in Arts-and-Crafts-Interieurs. Obgleich die meisten Gestalter von Liberty nichts mit dem Art nouveau zu tun haben wollten, war der Stil so eng mit dem Geschäft verknüpft, dass er in Italien als »Stile Liberty« bekannt wurde.

In den Vereinigten Staaten arbeiteten einige Gestalter in einem Idiom, das dem französischen Art nouveau verwandt war. Einer von ihnen war Louis Comfort Tiffany, dessen Glaswaren, Buntglastafeln und Lampen im Pariser Salon von 1895 ausgestellt und im Geschäft von Samuel Bing verkauft wurden. Tiffany entwarf auch Interieurs mit floralen, oft asymmetrischen Formen.

Während also die Designer auf dem europäischen Kontinent das Konzept der einheitlichen Gestaltung auf sehr organische und dekorative Weise ausformten, hielt man sich in Großbritannien und den Vereinigten Staaten enger an die Kernprinzipien der Arts and Crafts. Die beiden wichtigsten und innovativsten Verfechter des einheitlichen Designs waren Charles Rennie Mackintosh (1868–1928) in Glasgow und Frank Lloyd Wright (1869–1959) in Chicago. Beider Arbeiten sind jedoch geometrisch diszipliniert, nicht geschwungen und organisch.

Mackintosh hatte um 1900 zusammen mit seiner Frau und Mitarbeiterin Margaret Macdonald einen Stil entwickelt, den ihre englischen Zeitgenossen höchst verdächtig fanden und wegen seiner gestreckten Formen und blassen Farben als »spook style«, Gespensterstil, bezeichneten. Er wird im Wesentlichen von schlichten Formen und deren plastischen Qualitäten bestimmt: von Fenstern und Türen, die ohne Rahmen vertieft in die Wände gesetzt wurden, um deren Solidität und Masse zu betonen; von kühlen Pastellfarben; von eingebauten und frei stehenden Möbeln, Oberflächen, Textilien und Metallbeschlägen mit zusammenfassenden Mustern; von leicht gebogenen Vertikalen, die Pflanzenformen andeuten, nicht nachahmen; und von Gittern und formalisierten Rosen, die gelegentlich von einer plötzlich vorspringenden

Die Diele von The Hill House in Helensburgh, Schottland, zeigt die für C.R. Mackintosh typische Verwendung von Gittermustern (z.B. im Teppich), weichen Farben im *Kontrast zu helleren Farbakzenten, und offenen Raumteilern. Holz kam in harmonisch abgestimmten dunklen Tönen, Schwarz oder Elfenbeinweiß, vor. HL*

Kurve aufgelockert werden. Die klare, karge Schönheit solcher Räume hat viel von japanischem Design. Mackintoshs Einfluss war in den Vereinigten Staaten spürbar, wo er durch Publikationen wie *The Studio* bekannt war.

Frank Lloyd Wright, der jeden Einfluss anderer Meister oder Bewegungen leugnete, schuf von Mitte der 1890er Jahre bis 1910 eine Reihe von Wohnhäusern, die in der Behandlung der Formen und Innenräume beunruhigend wirkten. Anders als bei Mackintosh, kamen seine Vorstellungen in seinem Heimatland gut an. Die Zeit von 1901 bis 1909, als er Häuser für die Vorstadt Oak Park in Illinois entwarf, war einer der geschäftigsten Abschnitte seiner Laufbahn. In Wrights Hand formten sich die ausgreifenden Horizontalen der Dachlinien, Profile und gestreckten Innenräume einer-

seits und die betonten Vertikalen der Schornsteine, Buntglasfenster und Innenpfeiler andererseits zu abstrakten Mustern und doch gleichzeitig zu wohnlichen und komfortablen Behausungen.

Wrights Flachbauten im mittleren Westen und ähnliche Häuser einiger talentierter Zeitgenossen bilden den charakteristischen »Präriestil«, zu dessen Hauptmerkmalen breite Dachüberhänge, stuckbedeckte Außenwände, Reihen von Flügelfenstern sowie ein großer, niedriger Schornstein als Mittelpunkt des Hauses gehören. Solche Vorstellungen unter Art nouveau abzuhandeln mag weit hergeholt erscheinen, aber es ist sehr instruktiv, denn es erhellt einige interessante Parallelen und Gegensätze, besonders zur Arbeit von Mackintosh.

Türen

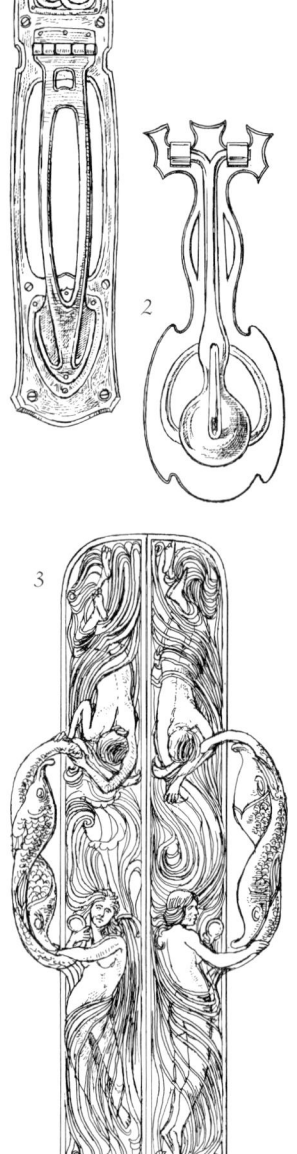

1 Außentür an The Hill House, Schottland, von C. R. Mackintosh, 1902/03. Lage und Verglasungsmuster der Fenster sind typisch für seinen Stil. HL
2 bis 7 Torbeschläge gab es aus gehämmertem Kupfer, Messing oder Silber. Firmen beiderseits des Atlantik produzierten sie preisgünstig nach Vorbildern von Kunsthandwerkern.
2 Zwei Türklopfer, einer mit integrierter Hausnummer (66).

3 Ein Paar Bronzegriffe für Innentüren, 1902.
4 Griffplatte und Türgriff für innen, in verschiedenen Metallen erhältlich. NC
5 Die Pfauenfeder in dieser Griffplatte aus getriebenem Kupfer enthält einen dekorativen Emaileinsatz, 1901.
6 Griffplatte in Form einer Katze, mit passender Schlüssellocheinfassung, für eine Dielentür, 1897.
7 Kunstvolle Griffplatte, 1900.

In Großbritannien und den Vereinigten Staaten findet man nicht selten im Stil des Art nouveau geformte Türen in ansonsten orthodoxen Häusern. Häufiger begegnet man traditionellen Füllungstüren, die mit Knöpfen, Schlüssellochplatten, Briefschlitzen und Scharnieren in dem neuen Stil ergänzt wurden, z.B. in Form von Pfauenfedern oder herzförmigen Blättern.

Selbst wo Einfassungen organische, schwingende Linien aufweisen, tun sie dies in einer konservativen Weise. Die klassischen Bezüge – Pfeiler, Pilaster, Architrave, Giebelfelder – wurden nicht verdrängt, sondern durch Bögen abgewandelt. Typisch sind z.B. nach außen schwingende Linien anstelle eines Kapitells als Verbindung der senkrechten Teile

der Einfassung mit dem Architrav. Ähnlich kann ein halbkreisförmiges Giebelfeld in einer organischen Kurve von den Säulen nach außen weitergeführt werden und eine Verdachung bilden.

Buntglas spielt an Außentüren eine große Rolle. Oft sind zwei oder drei vertikale Scheiben mit stilisierten Pflanzenmotiven oder vertikal betonten abstrakten Mustern im Stil von C. R. Mackintosh oder Frank Lloyd Wright verziert. Der Dekor des Glases wird nicht selten von den farbigen Fliesen im Inneren der Vorbauten aufgenommen; diese Fliesen können ein Rapportmuster haben, ein großes Motiv bilden oder sogar bildhaft gestaltet sein. Glas und Fliesen im Artnouveau-Stil wurden industriell hergestellt.

1 *Entwurf von 1899 für eine Innentür mit stilisierten Blumen in Buntglas. Pflanzenmotive verbinden das obere dekorative Feld optisch mit den »Kapitellen« der Türeinfassung. Diese organische Gestaltung entspricht dem Wesen des Art nouveau.*

2 *Eingänge wie diesen von 1904 baute man an größeren Häusern und Wohnblocks in Großbritannien und den Vereinigten Staaten nach der Jahrhundertwende. Dekorative Me-* tallkonsolen stützen die gewölbte Verdachung.

3 *Verglaste zweiflügelige Tür aus Frank Lloyd Wrights Robie House, Chicago, 1909. Die vertikale Betonung des Verglasungsmusters kontrastiert mit der stark horizontalen Ausrichtung des Hauses selbst.*

4 *Der Vorbau der Eingangstür zu Frank Lloyd Wrights Dana House in Springfield, Illinois, 1903, hat ein Dach aus Buntglas, und ein schmaler Glas-* bogen überwölbt die gerundete Tür.

5 *Typisch für Frank Lloyd Wright ist die horizontale Verlängerung des Vordachs, die durch die Gestaltung des Mauerwerks betont wird. Die Tür selbst ist kaum betont, sondern dient als vertikaler »Anker« der Komposition.*

6 *Haupteingang von The Hill House in Helensburgh, Schottland, von C.R. Mackintosh, 1902/03. Architrav und Sturz* aus behauenem Stein unterstreichen die Wichtigkeit der Tür, was insofern interessant ist, als die Tür sich an einer Seite des Hauses und nicht an der Hauptfassade befindet. HL

7 *Die Nebentür desselben Hauses wirkt durch das schlichte Gitter in Tür und Fenster leichter.* HL

8 *An der Tür zum Hauptschlafzimmer in The Hill House nehmen die vertikalen Nischen die Form der Türfüllungen auf.* HL

Fenster

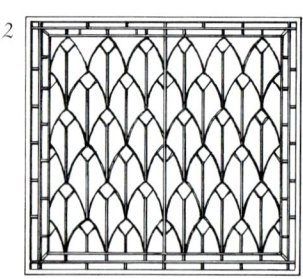

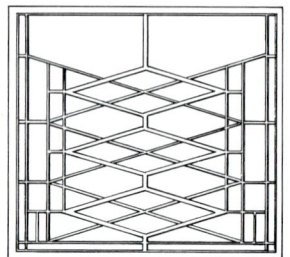

Die ersten drei abgebildeten Fenster sind von Frank Lloyd Wright. Da er die »Bleisprossen« aus galvanisch verzinktem Kupfer herstellte, waren sie fester und konnten daher dünner sein.
1 Fenster mit einer Version des Lebensbaum-Motivs, Buffalo, New York, um 1903–1905. Es misst 105 x 67 cm. CNY

2 Älterer Fensterentwurf für das eigene Haus des Architekten in Oak Park, Illinois, 1895.
3 Aus dem Billardraum in Wrights Robie House, Chicago. Sehr dünne und normale »Blei«-Sprossen sind kombiniert.
4 Anonymer Entwurf der Prärie-Schule, um 1910, für ein leicht mattiertes Fenster mit Tulpen.

Asymmetrisch gerundete Fenster wie in der Art-nouveau-Architektur auf dem europäischen Kontinent kamen an Wohnbauten in Großbritannien und den Vereinigten Staaten kaum vor. Typischer ist ein Fenster, meist mit Flügeln, das ohne die traditionelle Einfassung wandbündig eingebaut oder sogar zurückgesetzt wurde, um das Volumen des Gebäudes zu betonen. Beide Formen finden sich sowohl bei Charles Rennie Mackintosh als auch bei Frank Lloyd Wright.

Dekoratives Glas war beliebt, und man »modernisierte« damit auch Fenster von traditioneller Form. Es gab gemusterte Tafeln, mit denen Schiebefenster umrahmt wurden, aber auch ganz bunt verglaste Flügelfenster und sogar Log-

giatüren, besonders an Wintergärten. Die schönsten Beispiele geben stilisierte Szenen, Landschaften, Vögel oder Pflanzen wieder. Andere zeigen abstrakte Darstellungen auf der Grundlage von botanischen oder geometrischen Formen. In Amerika wurde das von John La Farge entwickelte opalisierende Glas häufig imitiert, ebenso wie die Fenster von Tiffany.

Fenster- wie Türbeschläge haben vorzugsweise längliche Formen. Sich verjüngende, in das herzförmige Blatt einer Mondviole auslaufende Bänder und Scharniere waren besonders beliebt. Eisen wurde bevorzugt, da es mit den Bleisprossen der Verglasung harmonierte, es gibt aber auch viele Beispiele für die Kombination von Eisen mit Messing.

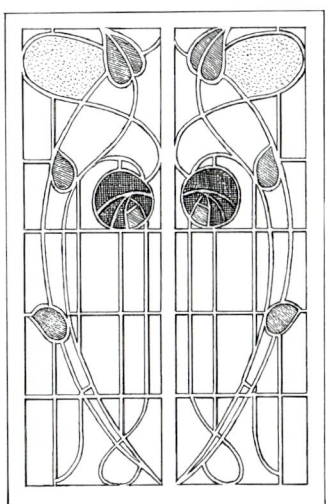
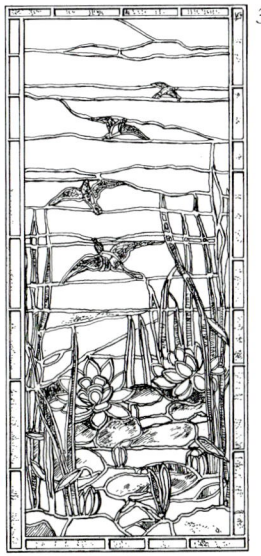

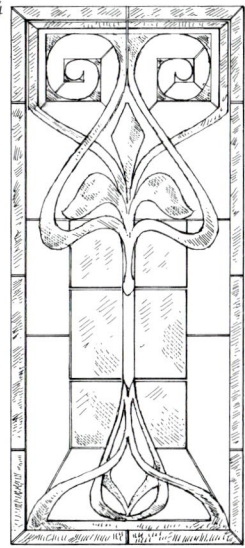

*1 Tafel mit Rosen- und Laub-
motiven aus buntem Bleiglas
von George Walton nach einem
Entwurf von C.R. Mackintosh,
130 cm hoch.*
*2 Bleiglasfenster mit Land-
schaft. Auffliegende Vögel über
einem sumpfigen Teich mit
Lotosblüten und Gräsern,*

frühes 20. Jh., 118 cm hoch.
*3 Eine von drei Tafeln, die zu-
sammen ein Fenster mit einem
kunstvollen Weinspalier bilden,
aus den Tiffany Studios, New
York. Einen Kontrast zu dem
klaren Gitterwerk stellt die
bunte naturalistische Umrandung dar.*

*4 Einige der Fenster im Haupt-
katalog von E.L. Roberts and
Co., Chicago, 1903, gehören
eindeutig dem Art nouveau an.*
*5 Ein den Tiffany Studios, New
York, zugeschriebenes Buntglasfenster, um 1885. Ausgeführt
in Nuancen von Malve, Türkis,
Olivgrün, Rot, Ocker, Blau und*

*Senf, mit plastischen Details.
123 cm lang.*
*6 Schlafzimmerfenster aus Mack-
intoshs Hill House, Helensburgh,
Schottland. Das Fenster und sogar die Läden sind der Biegung
des Erkers angepasst. HL*
*7 Hauptfenster des Salons in
The Hill House von Mackintosh.*

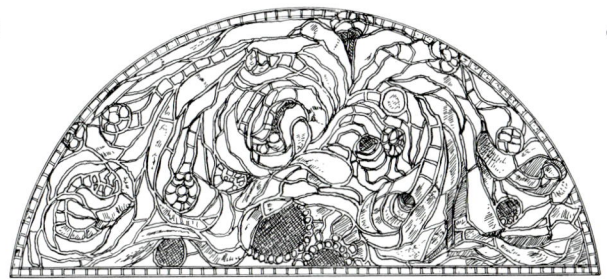

*Beiderseits der Sitzbank sind
Buch- und Zeitschriftenständer
eingebaut. Die zwei flankierenden »Säulen« haben keine
tragende Funktion, sie sind le-*

*diglich ein Gegenpol zur Hori-
zontalität des Fensters. HL*
*8 Das Treppenfenster in The Hill
House. Die vertikale Form folgt
dem Verlauf der Treppe. HL*

Wände

In der Diele von The Hill House in Helensburgh, Schottland, von C. R. Mackintosh wechseln Streifen dunkel gebeizter Kiefer *mit schablonierten organischen Motiven. Der Rhythmus der Felder an der Wand ist typisch für Mackintosh.* HL

Eine der wichtigsten Möglichkeiten der Wandgestaltung im Art nouveau waren Tapeten, denn sie waren leicht zu beschaffen. Sie wurden u.a. von der York Wallpaper Company und M.H. Birge and Sons in den Vereinigten Staaten und von Liberty und Silver Studio in Großbritannien angeboten. Mit gedämpften Farben und flachen Mustern aus rhythmisch geschwungenen Formen stehen sie im völligen Gegensatz zu den naturalistischen, leuchtend bunten Designs aus der Mitte des 19. Jahrhunderts. Ein wichtiger britischer Designer war Arthur Heygate Mackmurdo, der Motive mit welligen Wasserpflanzen bevorzugte. Es gab Friese zum Einfassen von Tapeten oder glatten Wänden. Gelegentlich wurden Tapeten auch mit einem plastischen Putzfries kombiniert.

Farbig gestrichene Wände waren eher in »künstlerischen« Wohnungen zu finden. Charles Rennie Mackintosh bevorzugte Pastellfarben und Weiß und betonte den oberen Rand der Wand oder die Umrisse von Kamin oder Fenster mit Schablonenmustern.

Frank Lloyd Wright, Mackintosh und andere wichtige Designer arbeiteten mit Holztäfelungen, wovon viele Beispiele in *The Studio* und *The Craftsman* abgebildet sind: Immer fällt statt der traditionellen Formen eine starke Betonung der Vertikalen bei minimaler horizontaler Gliederung auf. Auch dekorative Fliesen wurden verwendet, doch fand man sie, mit Ausnahme großer und eleganter Interieurs, ausschließlich im Bad.

1 Tapete war eine Möglichkeit, einen Raum in dem neuen Stil zu gestalten. Populäre Motive für die in kräftigen Farben gedruckten Muster waren u.a. stilisierte Blumen, Wasserpflanzen, Vögel und die allgegenwärtige Pfauenfeder. Hier ein Design von C.F.A. Voysey, um 1897, das in Großbritannien und den USA verwendet wurde. PR
2 Auffällige Tapeten wie diese fanden sich meist im Feld über einem getäfelten Sockel.
3 Schablonenmuster dienten als Fries, manchmal aber auch zur Gestaltung einer ganzen Fläche. Hier eine Wand aus dem Salon von *The Hill House* von C.R. Mackintosh. Der geometrische, spalierartige Rahmen wird durch stilisierte Rosen aufgelockert, die in der Leuchte wiederkehren. HL
4 Fliesen verwendete man in Dielen und Fluren, Vorbauten, und manchmal auch an Treppenhauswänden. Dieser Fries zeigt ein komplexes Muster aus

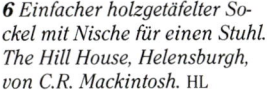

Vögeln und verflochtenen Schlangen zwischen weißen Kanten. DB
5 Art-nouveau-Tapete um 1890 mit typischen Pflanzenmotiven. PR
6 Einfacher holzgetäfelter Sockel mit Nische für einen Stuhl. *The Hill House*, Helensburgh, von C.R. Mackintosh. HL

Decken

1 Schablonenmuster wie dieses malte man in die Ecken einer Decke oder bildete daraus eine lebhafte Kante.
2 In den Prāriehäusern von Frank Lloyd Wright bestehen die Decken meist aus dunklen Holzbalken gegen hellen Putz. Die Decke im Spielzimmer seines eigenen Hauses in Oak Park, Illinois,

1895, ist eine Ausnahme. Die zentrale Deckenleuchte ist das erste Beispiel für eine eingehauste, indirekte elektrische Beleuchtung. HABS
3 Deckentapete um 1895. Die blassen Farben sind für Decken generell typisch; kräftigere Farben waren Wänden vorbehalten. PR

Da im Art nouveau die einheitliche Gestaltung wichtig war, sind die Decken in den Interieurs der führenden Designer oft genauso gehalten wie die Wände. So führt C.R. Mackintosh seine zurückhaltend pastellfarbenen Felder ohne Unterbrechung von den Wänden zur Decke weiter, während Frank Lloyd Wright manchmal für beide das gleiche Material verwendet oder ein Motiv aus der Vertikalen in die Horizontale überträgt.

Sowohl in Großbritannien als auch in den Vereinigten Staaten war der Einfluss der Arts and Crafts so groß, dass es einfache Balkendecken oft auch in Räumen gibt, die in den meisten anderen Details dem Art nouveau entsprechen.

In der Regel blieben die Decken jedoch recht traditionell mit Mittelrosette und Profilleisten; das gilt sogar für Häuser, die weitgehend im Art-nouveau-Stil gestaltet sind. Eine Möglichkeit, solche Decken zu modernisieren, war das Überkleben mit Deckentapeten in geprägten Art-nouveau-Mustern, um diese dann passend zur Farbe der Wände zu streichen. Alternativ konnten Decke und Fries auch komplett farbig gestrichen werden.

Weiße Decken wurden in der zeitgenössischen Ratgeberliteratur als kalt abgetan. Wenn keine Dekoration möglich oder gewünscht war, tönte man die Decke zumindest, z.B. Graublau oder Creme.

Fußböden

1 Teppich mit floralem Muster von C.F.A. Voysey, um 1890–1900, gefertigt von Morton and Company in Co. Donegal, Irland. Die Farben sind typisch für die Zeit. Voysey war in der Lage, trotz Stilisierung die natürlichen Formen getreu wiederzugeben. FR
2 Dielenteppich in The Hill House, Helensburgh, Schottland, von C.R. Mackintosh. Die Position des Stuhles über dem Gittermotiv und dessen Wiederholung in der Stuhllehne sind charakteristisch für Mackintoshs Aufmerksamkeit für das Detail. HL

Der polierte Holzfußboden – Parkett oder sorgfältig verlegte Bretter – war ein wichtiges Element des Art-nouveau-Interieurs, denn er stellte den perfekten Untergrund für Teppiche und Brücken dar, die hervorstechende Merkmale des Raumes waren. Und natürlich bildete er selbst eine kräftige, warme Fläche.

Für die wellenförmige, französisch beeinflusste Variante des Art-nouveau-Designs waren Stickereien wichtiger als Teppiche. Gavin Morton aus Schottland schuf jedoch einige Muster für maschinen- oder handgewebte Teppiche, in denen er die abstrakten floralen Rapportmuster (vor allem Rosenknospen) der Glasgower Schule abwandelte. Stärkere Verbreitung fand aber der von den Arts and Crafts übernomme-

ne naturalistisch-florale Stil. Auch Orientteppiche ergänzten Art-nouveau-Interieurs gut.

Charles Rennie Mackintosh wandte sich zwar in der Spätphase seiner Laufbahn der Textilgestaltung zu, entwarf jedoch nur wenige Teppiche. Sie waren meist schlicht, unaufdringlich und von blassen Farben, und oft zeigten sie quadratische Motive, die an andere Aspekte des Raumes anknüpften. Es gibt auch Art-nouveau-Interieurs mit einfarbigen Teppichen.

Fliesen kamen am häufigsten in Korridoren und besonders in Wintergärten vor, wo ein bisschen farblicher Überschwang auch mit dem eher konservativen Geschmack vereinbar war.

Kamine

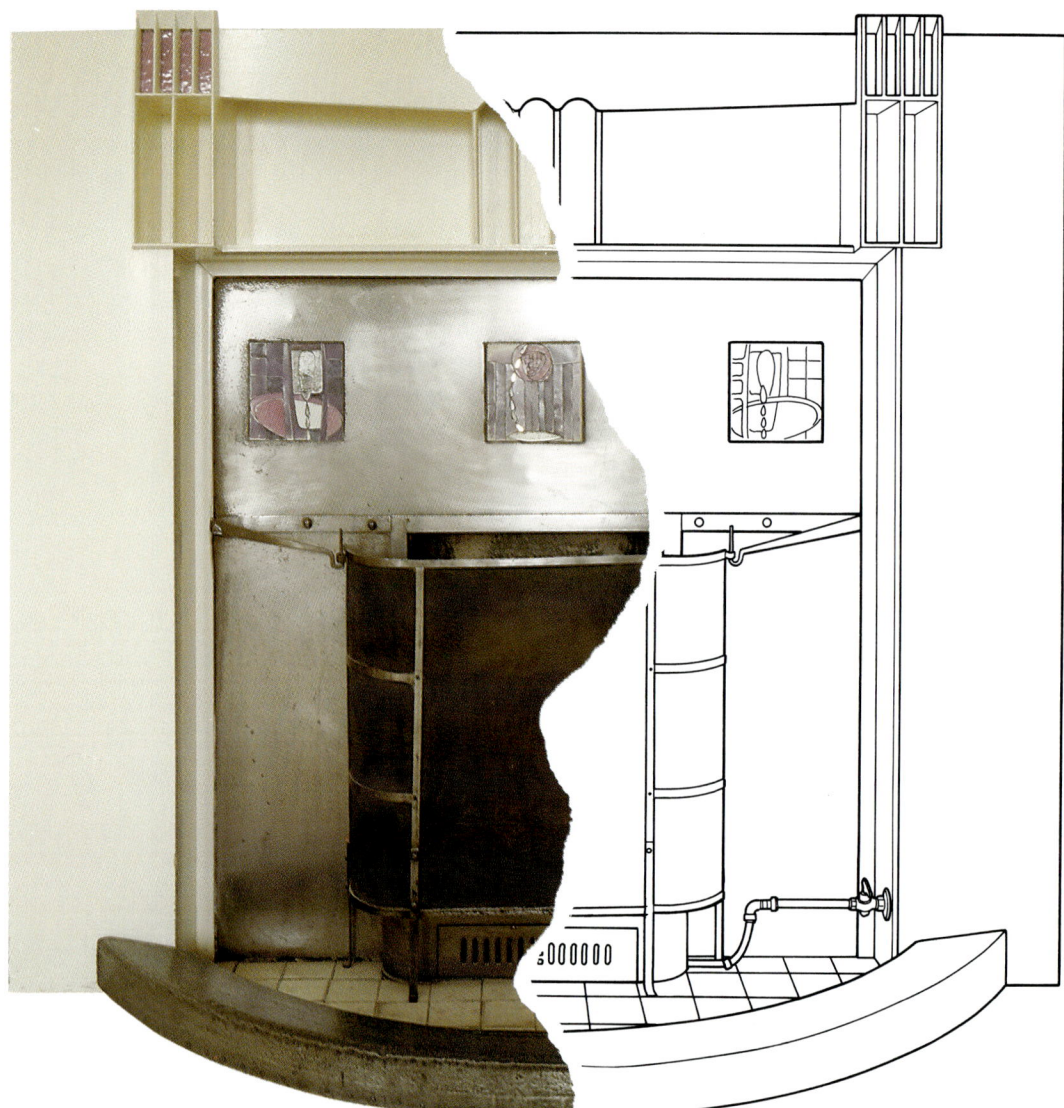

Kamin im großen Schlafzimmer von The Hill House, Helensburgh, Schottland, 1902/03 von C.R. Mackintosh. Die Rosatöne der organischen Motive sind sorgfältig ausgewogen und kontrastieren gut mit dem Gusseisen. Der Kaminvorsatz wird eingehängt. HL

Am Kamin konnte der Art nouveau selbst in standardisierten Wohnungen betont zum Ausdruck gebracht werden. Die führenden Designer erweiterten ihn oft mit Borden und Schränken in der Einfassung.

Die Kamine von C.R. Mackintosh nehmen meist die Formen seiner Einbaumöbel auf, und farbige Glasmosaike in der Umrandung des Rostes stehen zu den Farben in Beziehung, die anderswo im Raum verwendet worden sind. Frank Lloyd Wright gestaltete seine Kamine als abstrakte Kompositionen, die oft in Form mehrerer horizontaler Streifen die ganze Wand einnehmen. Im typischen Interieur des Präriestils bildet der massive Kamin das symbolische Herz des Hauses.

Die Einfassungen sind vielfach aus Holz, gestrichen oder einfach gebeizt und mit länglichen Formen und Pflanzenmotiven verziert. Kamine aus Marmor und Marmorimitaten wurden generell etwas überschwänglicher, mit kräftigen Kurven gestaltet; es gibt kunstvoll von Bildhauern gefertigte Stücke mit Karyatiden mit fließendem Haar. Die organischsten Formen erscheinen aber zweifellos an gusseisernen Einfassungen, die mit Graphit zu schwärzen waren. Sowohl hölzerne als auch gusseiserne Kamine wiesen keramische Fliesen auf, die in reicher Auswahl gefertigt wurden – von Pilkington, Doulton und anderen in Großbritannien und von der American Encaustic Tiling Company und anderen in den Vereinigten Staaten.

1 *Der Salonkamin von E. A. Templar aus der Glasgower Schule lässt deutlich den Einfluss von Mackintosh erkennen.*
2 *Ein weniger diszipliniertes Design von 1902. Die Umrandung*

ist als idyllische Landschaft mit Sonnenaufgang und Bäumen gestaltet. Die Einfassung der eingebauten Uhr nimmt das Landschaftsthema auf.
3 *Der flache, mit Mosaik inkrus-*

tierte Kamin von Tiffany lässt seine Vorliebe für prächtige Farben und Materialien erkennen.
4 *Das Modell aus gehämmertem Blei von Charles Rennie Mackintosh hat den für ihn ty-*

pischen extrem einfachen Rost.
5 *Kamin von 1903 mit Vogelmotiv und den üblichen Blumen.*
6 *Einfaches Modell mit Wandfries und seitlichen Tafeln von etwa 1895.*

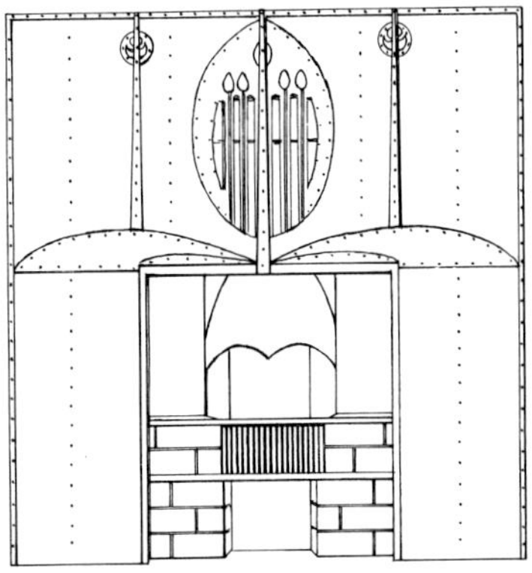

7 *Ziegelkamin mit Kaminecke von Frank Lloyd Wright, Oak Park, Illinois, 1899, mit Motto am Kaminaufsatz.*

8 *Kamin von Wright aus Chicago, 1909, aus strengem Ziegelmauerwerk mit Steinblöcken und Sturz.*

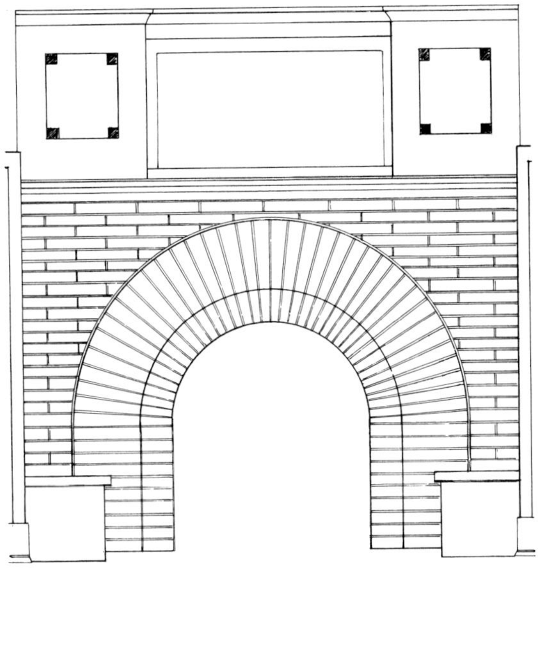

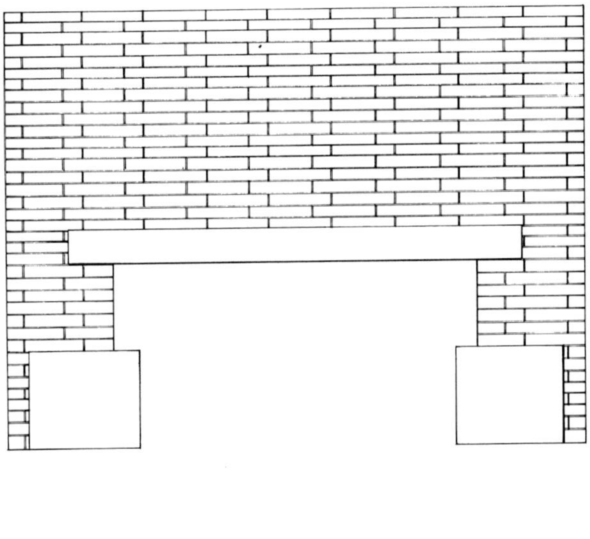

1 Art-nouveau-Kamin aus weiß gestrichenem Gusseisen. Dieser Typ wurde industriell hergestellt und in ein konventionelles Interieur eingebaut, ohne sich zu sehr hervorzuheben. BR

2 Dieses Modell aus demselben Haus ist stärker plastisch gestaltet. Neben den Pflanzenformen sind an den oberen äußeren Ecken zwei Eulen dargestellt. BR

3 Typischer Kamin aus gehämmertem Kupfer von dem schottischen Designer George Walton, 1904 gefertigt. Der Rost ist von C. F. A. Voysey.

4 Der Kamin im Salon von The Hill House, Helensburgh, Schottland, von C. R. Mackintosh, 1902/03. Fünf Ovale aus Bunt- und Spiegelglas sind in die Mosaikeinfassung eingelassen. An glänzenden

Stahlhaken hängt das Kaminbesteck. HL

5 Der Rost bot reichlich Gelegenheit zur Dekoration. Hier ein Modell mit Türen von 1901.

6 Handwerklich gefertigter Kamin aus geschmiedetem Kupfer, 1901.

7 Gasfeuer mit künstlichen Kohlen wurden beiderseits des Atlantik hergestellt. Hier das englische Modell »Derby« von 1901/02. DG

8 Betont horizontaler Rost von Frank Lloyd Wright, Riverside, Illinois. Die gerade aufliegenden Scheite wurden Teil der Komposition.

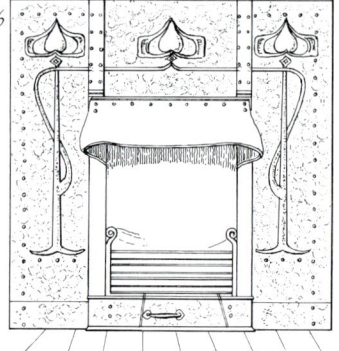

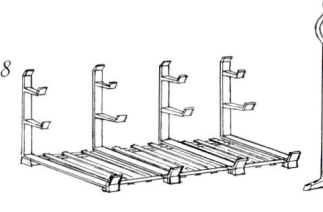

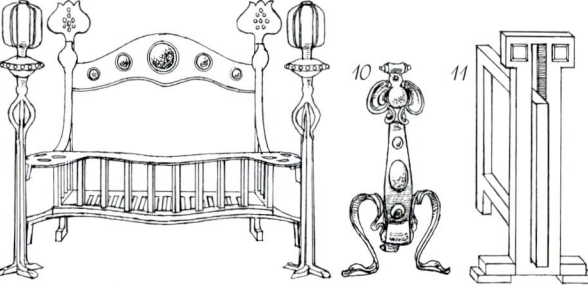

9 Britischer korbförmiger Rost aus Schmiedeeisen im Art-nouveau-Stil, 1903.

10 Der Kaminbock aus polierter Bronze hat typische erhabene Art-nouveau-Dekorationen aus durchscheinendem Email, 1904.

11 Kaminbock aus Frank Lloyd Wrights Robie House, Chicago – kantig und streng.

Treppen

1 Die Treppe in The Hill House, Helensburgh, Schottland, von Charles Rennie Mackintosh, zeigt seinen sensiblen Umgang mit dem Raum. Die Baluster stehen dicht und wirken lebhaft rhythmisch, ohne jedoch die Treppe von der Diele abzuschließen. HL
2 Baluster und Balustraden wur- *den industriell hergestellt und von Baustoffhändlern verkauft. Sie konnten zur Modernisierung einer älteren Treppe dienen. Die beiden Beispiele sind sehr unterschiedlich – ein organisches und ein geometrisches Design.*
3 Amerikanische Treppe mit sehr feinen Art-nouveau-Details am Antrittspfosten, um 1903.

Während auf dem europäischen Kontinent die Treppen im Art-nouveau-Stil meist komplizierte geschwungene Gebilde waren, deren Eisenbalustraden die Form von Wasserpflanzen oder Wurzelgeflechten nachahmten, verlangte der für Großbritannien und die Vereinigten Staaten charakteristische geradlinigere Stil eine weniger auffällige Gestaltung. Holz blieb das bevorzugte Material.

Neuheiten gibt es in den meisten Häusern nur in den Details. Viele Hersteller gingen dazu über, die Baluster mit einfach geformten Ausschnitten zu versehen. Treppenläufer, die selten Art-nouveau-Merkmale aufwiesen, wurden mit dekorativen Metallstäben befestigt, die sich an den Enden verschlankten und in herzförmige Knäufe ausliefen.

Treppenfenster trugen zur Gesamtwirkung bei, denn sie waren nicht selten markant gemustert und dazu hoch und schmal, betonten also die von der Treppe vermittelte vertikale Bewegung.

Manchmal wurden in Arts-and-Crafts-Manier einfache vierkantige Baluster so dicht gesetzt, dass sie eine Art Rechen bildeten. Wenn dessen unterer Teil ausgefüllt wurde, entstand eine massive rechteckige Holztafel. Den schlichten Antrittspfosten zog man zuweilen bis zur Decke hoch. Wenn das Podest geräumig genug war, konnte dort ein auffälliges Möbelstück platziert werden, so z.B. ein eleganter hochlehniger Stuhl, mit dem wiederum eine markante Deckenleuchte harmonierte.

Einbaumöbel

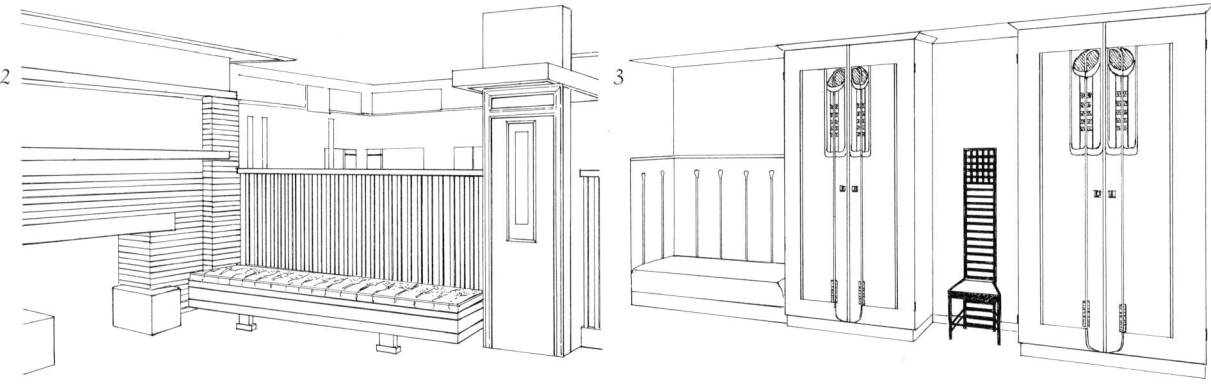

1 *Bibliothek/Arbeitszimmer von The Hill House, C.R. Mackintosh. Die geradlinigen Formen werden durch den stilisiert organischen* *Dekor an Schrank und Regalen aufgelockert.* HL
2 *Kaminbank von William E. Drummond, gebaut für ein Haus* *in River Forest, Illinois, 1910. Die niedrige Sitzfläche ist typisch für Prärie-Schule und Art nouveau.* **3** *Schlafzimmerwand in The Hill* *House. Der Stuhl ist unverzichtbar für die Wirkung. Die Kleiderschränke sind mit rosa Glaseinsätzen verziert.* HL

Einbaumöbel waren nicht neu, doch der Art nouveau schuf neue, phantasievolle Interpretationen. Eine Neubewertung aller Teile des Interieurs führte zu größerer Flexibilität in der Gestaltung. So konnte ein Schrank Teil des Raumkonzeptes sein statt einer separaten Einheit, er konnte auch ein Anbau am Bücherschrank sein. Ein Kamin konnte, durch Borde ergänzt, dazu dienen, schöne Dinge zur Schau zu stellen.

Charles Rennie Mackintoshs Schränke, deren Profile und Bemalung die vertikale Betonung der Wandmotive und frei stehenden Möbel aufnehmen, bilden Nischen mit eingebauten Sitzen. Seine Kamine gehen nach oben und nach den Seiten in Regale über. Schlichte Kastenformen, dekorativ

aufgelockert durch Glas- oder Metalleinlagen, sind das Erkennungszeichen seines Stils. Seine Kombination von weiß gestrichenem Holz mit violettem Glas und schablonierten Rosen ist bekannt, aber er schuf auch ebonisierte, dunkel gebeizte und gewachste Einbaumöbel. Die Griffe sind in der Regel versenkt. Kaminecken mit Sitzen kommen vor, haben jedoch keinerlei volkstümlich-gemütliche Note.

Frank Lloyd Wright nutzte die plastischen Möglichkeiten von Einbaumöbeln. Selbst in kleineren Häusern, wo es hauptsächlich darum ging, Platz zu sparen, wurde das Konzept der einheitlichen Gestaltung durchgehalten und die Einbaumöbel durch wiederkehrenden Dekor mit Kaminen und Fenstern zusammengefasst.

Installation

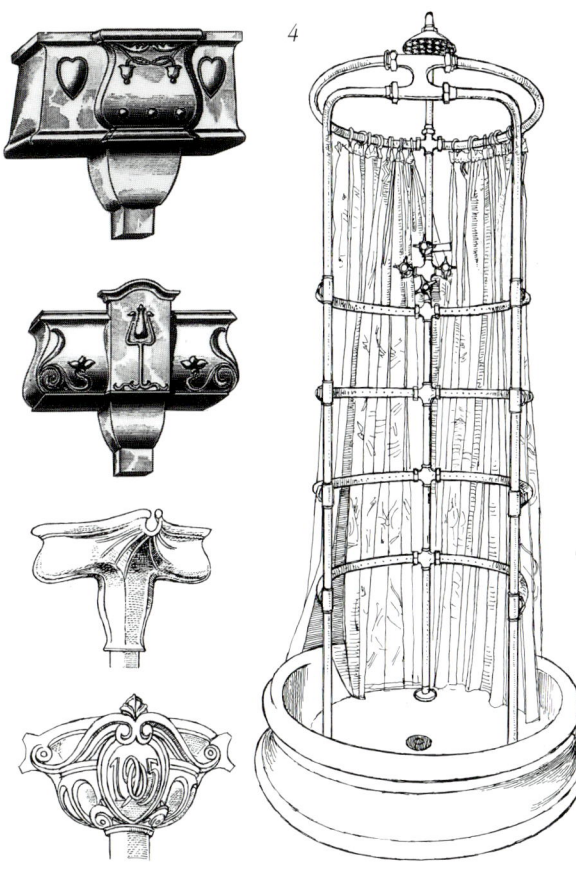

1 Mit dekorativen Eisenteilen, Fliesen und wellig verschlungenen Ornamenten am Spiegelrahmen wurde um 1910 ein industriell hergestelltes Waschbecken dem Art nouveau angepasst. FO
2 Der gemalte Dekor an dieser Badewanne neigt dem Art nouveau zu, während die Wasserhähne konservativ gestaltet sind. GFB
3 Regenwassereinläufe aus dem frühen 20. Jh. haben oft die modischen Formen. MCA
4 Dusche um 1900 mit elegant gebogenen Rohren für seitliche Wasserstrahlen.

Die Haustechnik entwickelte sich in den 1890er Jahren recht schnell, und mit dem neuen Stil, Art nouveau, gestaltete man auch Geräte, die an sich neu waren. Duschen wurden in Bäder eingebaut, manchmal als Teil der Wanne, manchmal getrennt, und das Wasserthema fand oft reichen Ausdruck in Wasserpflanzenmotiven sowie in der Form der Armaturen und des Brausekopfs. Die Badewannen selbst behielten ihre traditionelle Gestalt, standen aber auf Beinen in den geschwungenen Formen des neuen Stils. Vornehme Bäder wurden zwar nach wie vor mit Holz getäfelt, doch auch dekorative Fliesen, hinter Wanne und Dusche verlegt, gewannen an Bedeutung. Manchmal kehrten die Motive der Fliesen an Toilettenbecken und Waschbecken wieder.

Die eisernen Wasserbehälter wurden ebenso mit Art-nouveau-Ornamenten verziert wie das Porzellanzubehör, und die Produzenten lieferten auch passende dekorative Halterungen. Beim relativ neuen Gasbadeofen beschränkte sich die Dekoration in der Regel auf die stützenden Eisenteile.

Im späten 19. Jahrhundert verbesserte sich die Gestaltung der Küchenherde immer mehr, und manche nahmen die Formen des Art nouveau auf. Wenn auch Mackintosh seine Küchen ebenso sorgfältig gestaltete wie die anderen Räume, waren Küchen doch generell der Bereich der Bediensteten, und auf ihre dekorative Gestaltung wurde nicht so viel Wert gelegt.

EINBAUMÖBEL

INSTALLATION

Beleuchtung

1 Elektrische Deckenlaterne von C. R. Mackintosh für die Diele in The Hill House, Schottland. HL
2 Eiserner Gaswandleuchter von A. H. Mackmurdo, 1884. Er wirkt durch die kräftige Kontur, weniger durch Verzierung.
3 Wandleuchter »Mutter und Kind« aus gehämmertem Messing von Margaret und Frances Macdonald, Glasgow.
4 Elektrischer Wandleuchter aus geschmiedetem Messing, 1904.
5 Einfache Messinglaterne mit Seidentroddeln, 1904.

6 Tiffanys Bleiglasleuchten fallen durch das intensiv farbige und irisierende Glas auf. CNY
7 Alle Materialien an diesem Wandleuchter reflektieren das Kerzenlicht.
8 Leuchte von Frank Lloyd Wright mit einer lichtstreuenden Kugel in einer quadratischen Halterung aus Eichenholz. Der Kreis im Quadrat ist eines seiner Lieblingsmotive.
9 Elektrische Deckenleuchte, 1899.
10 Wandleuchter, 1903.

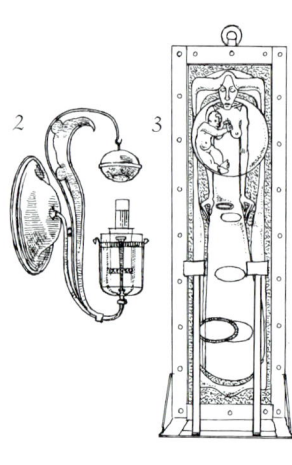

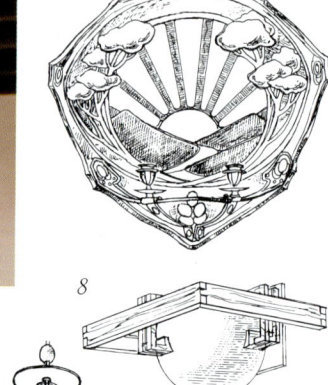

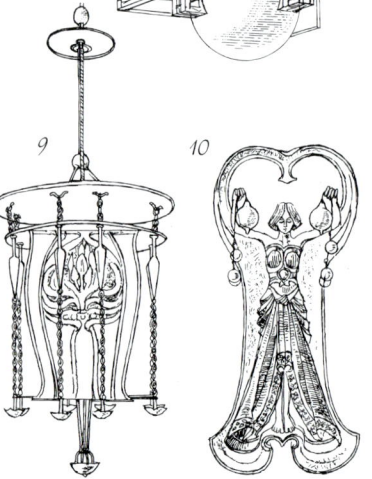

In den 1890er Jahren verfügte zumindest ein Teil der Haushalte in Großbritannien und den Vereinigten Staaten über elektrischen Strom. Er wurde sofort zur Beleuchtung eingesetzt, obgleich Gasleuchten sogar bis in die 1920er Jahre weiter eingebaut wurden. Sowohl Gas- als auch elektrische Beleuchtung boten Architekten und Gestaltern viel mehr Spielraum als je zuvor.

Wer ein Interieur »aufwerten« wollte, hatte verschiedene Möglichkeiten. Louis Comfort Tiffany bot 1895 erstmals seine Bleiglas-Lampenschirme an, die dann zu moderateren Preisen von Handel and Company (Vereinigte Staaten) industriell hergestellt wurden. 1904 produzierten bereits zahlreiche Firmen lebhaft bunte Lampenschirme mit Pflanzenmotiven in der Art von Tiffany für elektrische Beleuchtung, die mit Ketten zur Befestigung an der Decke geliefert wurden.

Eine andere Möglichkeit waren Deckenleuchten aus Metall. Besonders gern hatte man Kupfer und Hartzinn. Ein dekorativer »Käfig« aus Metall hielt eine Glaskugel, in der sich die Glühlampe befand. Beliebt waren Mehrfachleuchten an Metallarmen in Form von Pflanzenstängeln, die an einer einzelnen »Wurzel« von der Decke hingen. Es gab Wandleuchter, die sich für Gas und Strom eigneten. Das Zinn oder Kupfer konnte mit Email verziert werden, und die Reflektorplatte spielte auch eine wichtige dekorative Rolle.

Metall

1 C.R. Mackintoshs schlichtes schmiedeeisernes Tor an The Hill House, Helensburgh, Schottland. Anstelle der traditionellen Spitzen ist es von kleinen Scheiben über je einem Feld aus vertikalen Stäben und bewegt-filigraner Kante bekrönt. HL

2 Wetterfahnen waren in der Periode sehr beliebt. Unser Beispiel erhielt 1903 bei einem Wettbewerb der Zeitschrift The Studio einen Preis.
3 Ein weiterer Preisträger in demselben Wettbewerb.
4 und 5 Eisenveranden mit Art-nouveau-Verzierungen. NC

6 Dieses Gitter aus gehämmertem Eisen von 1898 hat die fließenden Kurven des Art nouveau, doch der Delphin und die Muschelmotive sind klassischen Ursprungs.
7 Gitter aus Kupfer und Messing für ein Oberlicht, 1898.
8 Scharnier aus geschmiedetem Stahl, 1904.
9 Zweiflügeliges Tor aus Eisen, 1906. NC

Eisen eignet sich gut für die Formen des Art nouveau. Hauszubehör wurde sowohl aus Schmiede- als auch aus Gusseisen hergestellt. Die Architekten und Designer der Periode betrachteten Zäune, Tore und dergleichen als Teile des Hauses. Frank Lloyd Wright verwendete beispielsweise bei seinen Häusern in Oak Park an den Toren die gleichen Motive wie an der Bleiverglasung der Fenster.

In Herstellerkatalogen und Designzeitschriften sind Artikel abgebildet, die eher als modische Zutaten denn als Komponenten einer einheitlichen Gestaltung gedacht waren, z.B. Oberlichtgitter in Art-nouveau-Formen. Sie sind in fast europäischem Überschwang mit gewundenen Pflanzenformen verziert, passen aber in die geometrisch geformten Oberlichter normaler viktorianischer Häuser. Ähnliches gilt für Wintergärten und für Veranden.

Die Gitterzäune an Stadthäusern boten viele Möglichkeiten für geschwungene Linien in dem von Liberty popularisierten keltischen Stil. In den 1890er Jahren gab es ein erneuertes Interesse an »malerischem« Zubehör wie z.B. Wetterfahnen, und auch sie zeigen den Einfluss des Art nouveau. An den stärker funktionalen Elementen des Hauses war dieser Einfluss weniger deutlich. So gibt es zwar Fallrohre mit Ornamenten, aber meist beschränkt sich die Verzierung auf den Regenwassereinlauf.

BELEUCHTUNG

METALL

EDWARDIANISCHER STIL

1901–1914

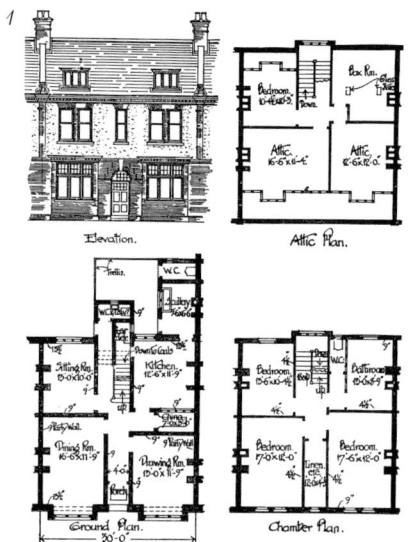

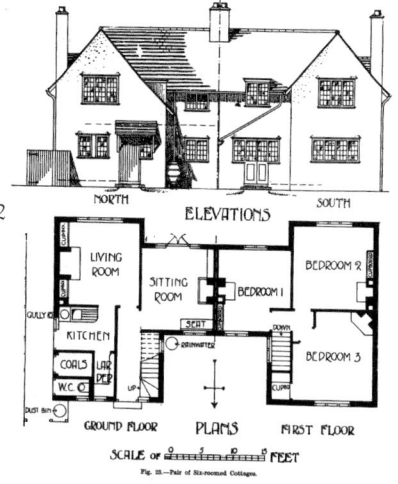

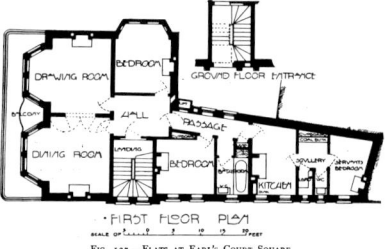

1 Das Doppelfront-Reihenhaus mit Eingangstür und Treppe in der Mitte wurde in der Zeit Edwards VII. zunehmend beliebt. Unser Beispiel hat drei Schlafräume, ein großzügiges Bad und separates WC. Kratzputz war eine Gestaltungsmöglichkeit für billige Ziegelfassaden, wie hier am Obergeschoss. SUT MID
2 Doppelhäuser waren im allgemeinen billiger als Einzelhäuser, da eine Wand einge-

spart wurde. Hier ein Beispiel im Cottage-Stil, der in den neuen Gartenstädten und Vorstädten sehr beliebt war. Der Grundriss zeigt Erdgeschoss und Obergeschoss. Es gibt ein nur von außen begehbares WC und kein Bad. Eine Klappbadewanne in der Küche ist denkbar. SUT
3 Appartements wurden in den 1890er Jahren beliebt. In diesem Londoner Haus im Queen-Anne-Stil sind die Salons und Esszimmer hell und luftig mit Balkons und Erkerfenstern an der Front; der Küchen-, Sanitär- und Dienstbotenbereich ist hinten. PE

Ein neues Jahrhundert und eine neue Regierung – die Versuchung einer so bequemen Einteilung ist für Architekturhistoriker groß. Doch die viktorianischen Werte und Traditionen endeten nicht mit dem Tod der Königin im Jahr 1901, sondern dauerten in der Zeit Edwards VII. mit kleinen Abwandlungen fort bis zu dem tiefen Einschnitt, den der Erste Weltkrieg darstellte.

Was für Victorias Regierungszeit die Eisenbahn, war für die Zeit Edwards VII. das Auto. Zunächst blieb diese Neuheit den ganz Reichen vorbehalten, aber nach und nach eroberte das Auto die Remisen, und die Ställe wurden überflüssig.

Bis in das späte 19. Jahrhundert zogen es die Städter in England meist vor, ein Haus zu bewohnen, sei es auch noch so schmal und hoch, wogegen in Paris und anderen großen Städten auf dem Kontinent schon lange Appartements üblich waren. In der Zeit Edwards VII. wurden in London in großem Maßstab Appartementhäuser gebaut. Ein wichtiger Anreiz dafür war sicher die Erfindung des elektrischen »Steigwagens«, des Fahrstuhls. Auch die Verbesserung der Heizungs- und Sanitärinstallation machte viel aus: Appartements konnten nun zentral beheizt, 24 Stunden am Tag mit warmem Wasser versorgt und außerdem hygienisch an das Abwassersystem angeschlossen werden.

Bald galt das Wohnen in Appartements als bequem, sicher und sparsam. Viele wohlhabende Familien hatten Landhäuser als Zweitwohnungen oder verbrachten viel Zeit auf Reisen im Ausland. Es war viel einfacher, ein Appartement für eine Zeit allein zu lassen als ein Haus, denn der Portier war immer da und konnte Lieferungen und Nachrichten entgegennehmen. Viele der besseren Häuser hatten abgeschlossene Wohnungen und gemeinschaftliche Salons und Esszimmer, wie in einem Grand Hotel. Die Nachfrage nach solchen »Junggesellenwohnungen« war groß.

In der Innenstadt von London gab es einen Bauboom, der mit dem Ablauf vieler in der georgianischen Periode vergebenen Pachten zusammenfiel, denn viele Ländereien, z.B. in Mayfair und Marylebone, konnten nun neu bebaut werden.

Um 1900 war der Kampf der Stile so gut wie vorüber und der Eklektizismus allgemein akzeptiert. Luxus und Komfort wurden wichtiger genommen als der Vorrang des einen oder anderen Stils. Wohnbauten in Städten entstanden vorzugsweise in einem verfälschten Barock – einer Kreuzung zwischen »Holländisch« und »Queen Anne«, mit roten Ziegeln und weißen Steineinfassungen. Auch die französischen »Louis-Stile« (XIV., XV. und XVI.) waren beliebt, besonders für die Interieurs der Appartements, in denen man Pariser

1 Bescheidenes Wohnzimmer um 1910, »mehr von Männern als von Frauen genutzt«. Braun- und Grüntöne waren populär. Die Wände wurden oft in Felder geteilt, die »Sockeltäfelung« besteht aus Lincrusta- oder Anaglypta-Tapete. Der Kamin ist typisch. BF
2 Eleganterer Salon mit deutlichen Einflüssen der Arts-and-Crafts-Bewegung. BB

Vorbildern folgte. Diesen Trend förderten Ogden Codman und Edith Wharton, die ihre frankophilen Ansichten in ihrem Buch *The Decoration of Houses* zum Ausdruck brachten, das 1898 in England und den Vereinigten Staaten veröffentlicht wurde.

Auf dem Land blieb ein Pseudo-Tudorstil mit Bleiglasfenstern und Fachwerk in Mode. Die Volksbauweise war Quelle für viele Anregungen. Andere starke Strömungen durchdrangen den Hauptstrom der Gestaltung, und der Einfluss von Art nouveau, japanischen Stilen und Arts and Crafts war in abgeschwächter, kommerzieller Form zu erkennen.

Ernest Willmott behauptete 1911 in *English House Design*, die besten Leistungen im Wohnbau seien in der vergangenen Dekade vollbracht worden. Er maß die Hausgestaltung an einer Reihe von Zielen: Ruhe, Proportion, Maßstab, Rhythmus, Farbe, Harmonie und Textur. Die besten edwardianischen Häuser zeichnen sich in all diesen Aspekten aus. Ein anderer vielgelesener Autor über Architektur und Geschmack der Periode war Walter Shaw Sparrow, der in *Our Homes and How to Make the Best of Them* (1909) den Architekten drei Hauptziele nahe legte:

»1. Die besten Traditionen, Gotik und Klassik, mit praktischem Sinn und angemessener Freiheit zu behandeln.«

»2. Sich von den verworrenen Grundrissen zu trennen, die vom 16. bis zum 18. Jahrhundert den Komfort des Haushalts allmählich in so vielen getrennten Räumen untergebracht haben, dass er kostspielig und unkomfortabel geworden ist.«

»3. Mäßigung und Sparsamkeit ohne Verlust der nötigen Bequemlichkeit und Abgeschlossenheit zu erreichen.«

Das durchschnittliche, mäßig große edwardianische Haus entsprach in seinem Grundriss den Beschäftigungen der sozialen Schichten. Wenn die Größe des Hauses Dienstboten verlangte, brachte man diese meist hinter der Küche oder auf dem Dachboden unter. Die Familie hatte einen Salon, in dem Gäste empfangen wurden, und ein Esszimmer (oft mit Eichentäfelung), dazu kamen manchmal Billardzimmer und Wintergarten. Die Funktionen von Bibliothek, Arbeitszimmer und Rauchzimmer wurden oft von einem Herrenzimmer übernommen. Ein oder zwei Bäder im Obergeschoss waren die Regel.

Die großen Einrichtungshäuser wie Hamptons, Waring and Gillow, Maples oder Trollope and Sons, wurden mit der Gestaltung kompletter Interieurs betraut. Aus einigen dieser Firmen entwickelten sich später Warenhäuser, aus anderen Bau- oder Immobilienfirmen.

Für die weniger Wohlhabenden gab es Etagen- und Mietwohnungen in städtischen und privaten Häusern, Modell-Cottages und -Dörfer. 1898 veröffentlichte Ebenezer Howard eine weitsichtige Utopie, die später unter dem Titel *Garden Cities of Tomorrow* erschien und die Schaffung von preisgünstigem Wohnraum für die Armen sehr beförderte. Eine wichtige Rolle spielte auch J. St. Loe Strachey, der Herausgeber von *The Country Gentleman Magazine*, mit seiner These, das Problem der Landflucht könne nur durch das 150-Pfund-Cottage gelöst werden; 150 Pfund galten als der maximale Betrag, den ein Landarbeiter von seinem Lohn zurückzahlen konnte.

Auf der Grundlage dieser Ideen gründete sich eine Gartenstadtgesellschaft, die ein Stück Land in Letchworth, Hertfordshire erwarb. Die Architekten Parker und Unwin erstellten einen Bebauungsplan, und ein Wettbewerb für das beste 150-Pfund-Cottage wurde ausgeschrieben. Die meisten der fast 100 Beiträge existieren noch heute, von einem runden Haus aus Beton von Cubitts Reinforced Concrete bis zu kleinen ländlichen Häusern mit Stülpschalung von Oswald P. Milne. Letchworth wurde zum Modell für die wenig später gebaute Gartenstadt Hampstead. Das Gartenstadtideal, von gerissenen Spekulanten aufgegriffen, trug viel zum Aussehen der englischen Vorstädte bei.

Türen

*Ein vorzügliches Beispiel für eine edwar-
dianische Haustür. Die Formen sind im
Grunde frühgeorgianisch, kombiniert mit
dem sehr typisch viktorianischen oder*

*edwardianischen Karopflaster. Die derzei-
tige Farbfassung ist angemessen, da Zwei-
ton-Anstriche sehr beliebt waren. Allerdings
scheint der Kontrast etwas überbetont.*

Edwardianische Eingangstüren sind weniger formal als viktorianische und zeigen oft starke Einflüsse des erneuerten Queen-Anne-Stils oder des Art nouveau. In vornehmen Häusern sind sie nach der Spezifikation des Architekten gebaut, meist aus Teak oder unbehandelter Eiche, und tragen Einfassungen aus behauenem Stein oder Terrakotta. Einfachere Häuser haben serienmäßig hergestellte Türen aus Nadelholz mit Farbanstrich. Als Farbe kam nicht mehr nur das beliebte Grün der viktorianischen Zeit in Frage, und Rahmen und Füllungen wurden oft kontrastierend gestrichen.

An Vorstadthäusern befinden sich im oberen Teil der Eingangstüren oft Scheiben, die Licht in den Flur lassen. Bei einer Tür im Queen-Anne-Stil sind das einfache oder facettierte rechteckige Glasscheiben, bei einer Art-nouveau-Tür Buntglas in Bleifassungen, oft in Form abstrakter Muster. Elektrische Klingeln sind bereits die Regel, es gibt aber weiterhin auch Klopfer. Reihenhäuser haben typischerweise hölzerne Vorbauten mit gedrechselten Spindeln, Tragarmen und Gitterwerk aus industrieller Produktion; Vorbauten aus behauenem Stein findet man an manchen größeren Häusern.

Die Innentüren blieben eher traditionell. Es gibt solche aus poliertem Hartholz, z. B. Teak oder Mahagoni, mit reich verzierten Metallbeschlägen, und solche aus billigem Nadelholz mit Farbanstrich.

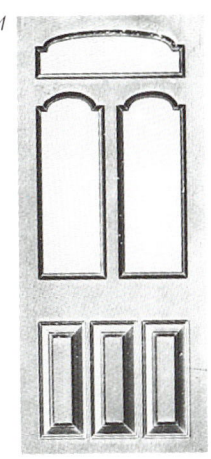

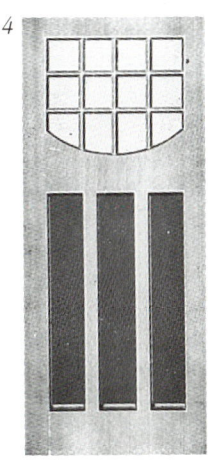

1 bis 5 Typische Eingangstüren für edwardianische Vorstadthäuser aus dem Angebot der Londoner Baustoffhändler Young and Marten. Alle sind teilweise verglast, damit der Korridor Licht bekommt. Die Modelle mit Glassprossen sind stark vom Queen-Anne-Stil beeinflusst. YM

6 Für zusätzliches Licht sorgten seitliche Scheiben und Oberlichter. YM

7 Türöffnungen sind oft mit Terrakotta eingefasst wie in der viktorianischen Zeit. HP

8 In der Zeit Edwards VII. waren für Eingangstüren viele Farben gebräuchlich, und gern strich man die Füllungen heller als den Rahmen. TP

9 Vorbau aus behauenem Stein in einem nachempfundenen Tudorstil, mit einem Vordach auf Konsolen.

10 und 11 Montagefertige hölzerne Vorbauten konnte man in vielen Formen direkt bei Holzbaubetrieben kaufen.

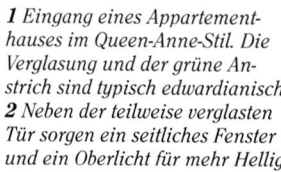

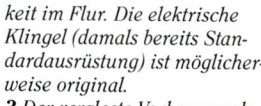

1 Eingang eines Appartementhauses im Queen-Anne-Stil. Die Verglasung und der grüne Anstrich sind typisch edwardianisch.
2 Neben der teilweise verglasten Tür sorgen ein seitliches Fenster und ein Oberlicht für mehr Helligkeit im Flur. Die elektrische Klingel (damals bereits Standardausrüstung) ist möglicherweise original.
3 Der verglaste Vorbau wurde unter ein Vordach im Queen-Anne-Stil eingefügt. Die seitlichen Fenster im Stil des Art nouveau, das weiß gestrichene Holz und das Karopflaster sind typisch für die Zeit.
4 Glasfüllungen für Türen. Die Designs sind einfacher und fließender als in der viktorianischen Ära. GFB

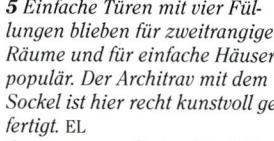

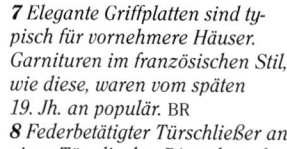

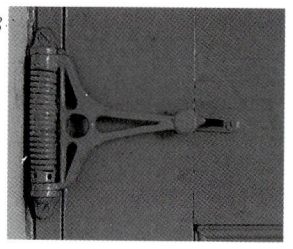

5 Einfache Türen mit vier Füllungen blieben für zweitrangige Räume und für einfache Häuser populär. Der Architrav mit dem Sockel ist hier recht kunstvoll gefertigt. EL
6 Türen aus polierten Harthölzern ergänzten kostbare Möbel. Diese Tür mit sechs Füllungen hat georgianischen Charakter. EL

7 Elegante Griffplatten sind typisch für vornehmere Häuser. Garnituren im französischen Stil, wie diese, waren vom späten 19. Jh. an populär. BR
8 Federbetätigter Türschließer an einer Tür, die den Dienstbotenbereich vom übrigen Haus trennt. EL
9 Eleganter Griff, passend zur Schlüssellochplatte. EL

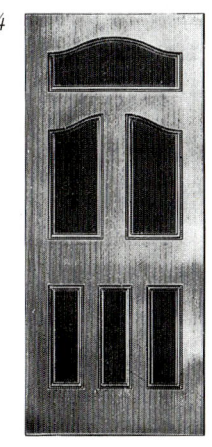
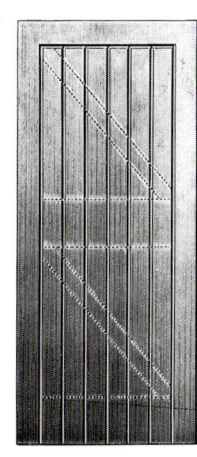

TÜREN

1 *bis* **4** *Eine Auswahl von Innentüren aus dem breiten Sortiment von Young and Marten. Sie wurden in gelbem Nadelholz geliefert und mussten noch gestrichen werden. Die Profilleisten an den Füllungen waren meist abgerundet. Häufig hatten Türen drei Füllungen nebeneinander.* YM

5 *Tür aus gespundeten Brettern mit V-Fuge, mit Rahmen und Versteifungen. Diese relativ billig herzustellenden Türen verwendete man in Küchen und im Wirtschafts- und Sanitärbereich.* YM

6 *und* **7** *Zwei Abbildungen aus* Ornamental Decoration, *einer Veröffentlichung der Farbenhersteller Thomas Parsons and Sons, 1909. Das erste ist eine Salontür im Adam-Stil, mit der neu entwickelten »Silber-Aluminium«-Farbe gestrichen, die zweite Tür ist japoniert, mit flachem »Endelline«-Email abgesetzt und mit Aluminiumfarbe vollendet.* TP

8 *Um 1900 war die elektrische Klingel Standard. Vier Beispiele aus Messing von Nicholls and Clarke.* NC

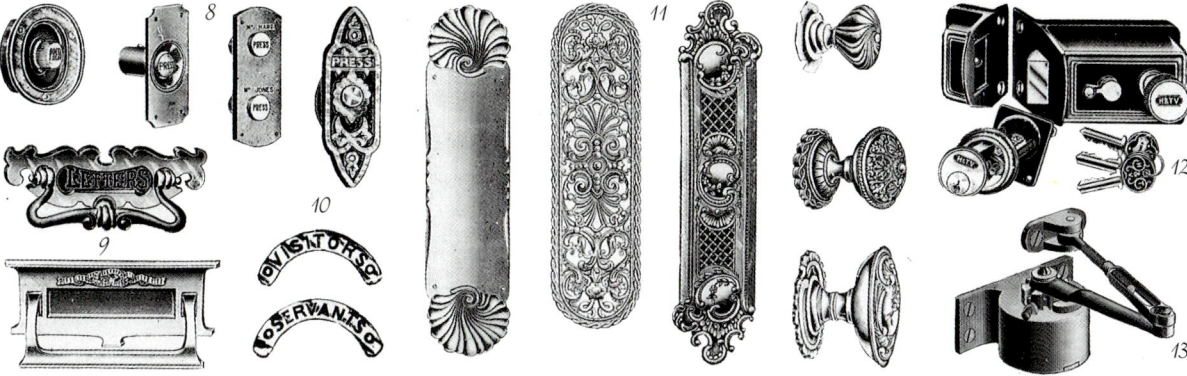

9 *Zwei Briefschlitze aus Messing. Der obere zeigt deutlich den Einfluss des Art nouveau und ist mit einem Türklopfer kombiniert, der untere hat einen Griff.* YM

10 *Stadthäuser mit nur einem Eingang hatten zwei Klingeln –* eine für Gäste und eine für Dienstboten und Händler. NC

11 *Griffplatten und Knöpfe aus Messing für Innentüren, um 1900.* NC

12 *Zylinderschlösser für Eingangstüren wurden im späten* 19. Jh. eingeführt. Dieser Zylinder hier ist aus Bronze. Schlüssel hingegen erhielten eine Oberfläche aus Kupfer oder Messing. YMA

13 *Federbetätigte Türanschläge waren sehr populär.* NC

Fenster

1 *Schöner zweigeschossiger Runderker. Die Verwendung der roten Ziegel und Dachziegel entspricht der Queen-Anne-Architektur, doch Proportionen und Details fallen ganz und gar edwardianisch aus. Die Flügelfenster sind genormte Metallrahmen, in Holzrahmen eingesetzt, eine beliebte Lösung, die im gesamten 20. Jh. beibehalten wurde.*
2 *Im frühen 20. Jh. war das Planungsrecht in Großbritannien noch kaum entwickelt. Bungalows breiteten sich stark aus; sie wurden industriell vorgefertigt und überall auf dem Lande und an der Küste aufgestellt. Dieses sehr typische Beispiel stellte David Rowell and Company in Westminster, London, her. Die Konstruktion war leicht und nicht teuer; sie bestand vorwiegend aus Holz und Asbestfliesen.* DR

3 *Generell wirken edwardianische Häuser leichter als viktorianische, und die Fensterfläche ist größer. Erkerfenster waren noch immer beliebt und wurden oft stärker unterteilt als im 19. Jh. Bei diesem Vorstadt-Doppelhaus ist die obere Scheibe wie üblich in viele kleine Rechtecke unterteilt. Weiß wurde an Stelle von Grün als Farbe für das Holz bevorzugt.*

Dank neuer Produktionsmethoden konnten Stahlrahmenfenster mit hölzernen konkurrieren. Normstahlprofile für Fensterrahmen wurden industriell hergestellt. Die Rahmen konnten direkt in die vorbereiteten Öffnungen im Stein- oder Ziegelmauerwerk oder in hölzerne Zwischenrahmen eingesetzt werden. In den teuersten Häusern bevorzugte man Fenster aus Rotguss oder Bronze; diese galten als wartungsfrei, weil man sie nicht streichen musste.

Obgleich die Metallrahmen auch Flügelfenster wieder interessant machten, bauten Bauspekulanten weiterhin Schiebefenster mit Holzrahmen ein. Im Queen-Anne-Stil hat der obere Rahmen oft kleine Scheiben zwischen dicken Glassprossen, der untere dagegen eine ungeteilte Scheibe. Erkerfenster sind weiterhin ein typisches Merkmal von Reihenhäusern.

Für Treppenhaus- und Podestfenster wurde gern Buntglas verwendet, insbesondere wenn sie dem Nachbarn zugewandt waren. Die Gestaltung lässt oft den Einfluss des Art nouveau erkennen.

Der Außenanstrich der Schieberahmen oder Flügel erfolgte meist in einer mit Fensterbank und Zwischenrahmen kontrastierenden Farbe. Grün und Creme war eine beliebte Zusammenstellung, aber mit zunehmendem Farbenangebot wurde Creme auch mit anderen Farben kombiniert.

1 *Der obere Schieberahmen ist in kleine Scheiben unterteilt, ein beliebtes Muster, das aus dem erneuerten Queen-Anne-Stil beibehalten wurde.* EL

2 *Steineinfassung, Tudorbögen und gekerbte Zwickel exemplifizieren einen vereinfachten Tudorstil.* EL

3 *Gaubenfenster im steilen Teil eines Mansarddaches. Die flach gewölbte Haube, die den Regen ablaufen lassen soll, wirkt recht klassisch.* BB

4 *Dreiteiliges Schiebefenster mit Gesims und bogenförmigem Sprenggiebel. Die außen angebrachten Zuggriffe erleichtern das Hochschieben des oberen Flügels. Der Einfluss des Queen-Anne-Stils zeigt sich in den Bleiglasscheiben am oberen Rand.* BB

5 *Zart getöntes Glas und ornamentale Bleisprossen zieren dieses attraktive Erkerfenster.* BB

6 *Dasselbe Fenster von außen. Es ist Teil eines interessanten Aufrisses. Jedes der vier bleiverglasten Fenster ist deutlich edwardianisch, trägt aber auch der Arts-and-Crafts-Bewegung Rechnung.* BB

1 Flügelfenster aus Nadelholz mit massiven, überfalzten Rahmen wurden ohne Anstrich geliefert. YMA
2 Das Schiebefenster hat die typische Anordnung: kleine Scheiben oben und eine große Scheibe unten. YMA
3 Erkerfenster mit profilierten Konsolen; ebenfalls mit kleinen Scheiben im oberen Teil. CJ
4 Grundform der noch immer beliebten Terrakotta-Einfassung. HP

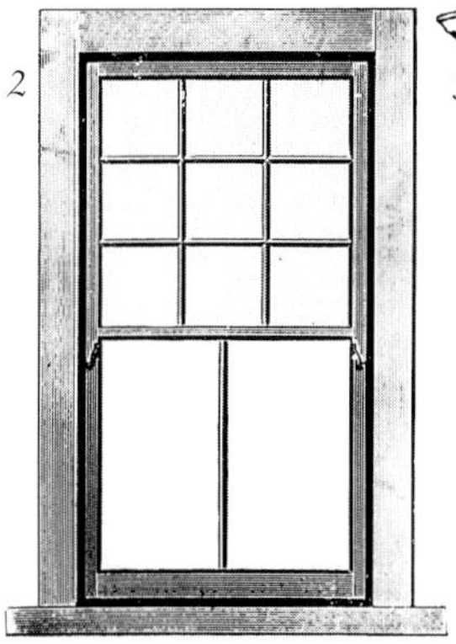

5 Eine Anregung von Reisen auf den Kontinent waren Lamellenläden aus Holz. YMA
6 Loggiatüren erleichterten den Zugang zum Garten; hier ein Beispiel mit seitlichen Scheiben. YMA
7 Metall-Flügelfenster mit ungewöhnlicher Drehbefestigung für leichtes Putzen. GS
8 und 9 Zwei eiserne Fensterreiber. Der schmiedeeiserne Schnörkelgriff links war besonders populär. NC

10 Fensterreiber gab es aus traditionellen Metallen wie diese, aber auch verchromt. RB
11 Drei Fensterreiber für Schiebefenster. Es gab sie u. a. aus Messing, Rotguss und brüniertem oder vermessingtem Eisen. NC
12 Fensterheber aus Messing mit Scharnier. NC
13 Zuggriff aus Messing. NC

14 Robuster Schubstangenriegel aus Messing für Loggiatüren. EB
15 Zwei eckige verkupferte Fensterspreizen. RB
16 Zwei Fensterspreizen aus Messing; die obere ist eine Keilspreize, die mit einer Schraube festgestellt wird. NC

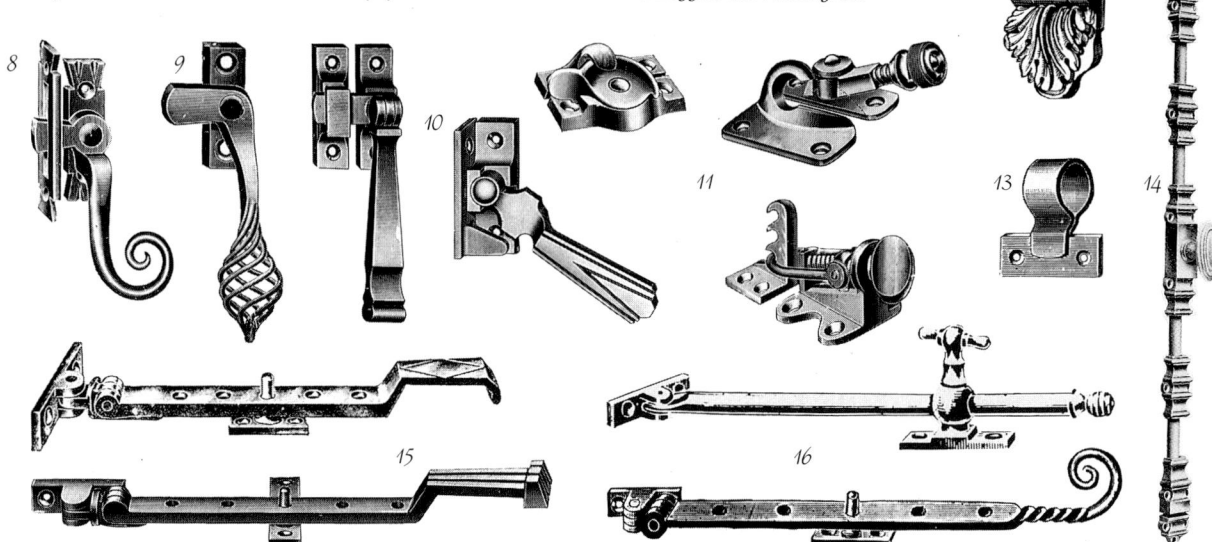

Wände

1 *Diese Idee für einen Eingangsbereich wurde 1909 von Thomas Parsons and Sons als Werbung für ihre fertig gemischten Emailfarben »Endelflat« veröffentlicht. Die Wände* *sind entsprechend der traditionellen Täfelung gestrichen: Sockel, Feld und Fries. Die Festons im Adam-Stil sind schabloniert, der Fußboden ist passend gestaltet.* TP

2 *Die Tynecastle Company entwickelte ihr geprägtes »Velin« zur Nachahmung von plastischen Täfelungen. Es wurde in raumhohen Abschnitten gefertigt und konnte nach Aussage der* *Hersteller entweder »geädert« oder »in allen Nuancen von Eiche« gestrichen werden. Die Faltwerkfüllungen im unteren Bereich sind ein beliebtes Tudor-Motiv.* TC

Edwardianische Wände stellen oft eine außerordentliche Mischung historischer Stile dar. Am populärsten waren georgianische Formen; zarte Festons im Adam-Stil können mit schroffen frühgeorgianischen Profilen einhergehen, komplettiert mit einer Regency-Streifentapete. Die klassischen französischen Stile waren bei den Reichen beliebt, aber auch bei den Besitzern von Luxusappartements, die auf begrenztem Raum eine großartige Wirkung erzielen wollten.

Schnell bindende Putzarten und eine große Auswahl preisgünstiger Fertigfarben machten es für Laien leichter als je zuvor, die Wände selbst zu gestalten. Die Qualität der Tapeten verbesserte sich, und jede Saison kamen neue Sortimente heraus. Tapetenfriese kamen in Mode. Besondere Beliebtheit erlangten geprägte Tapeten. Sie waren nicht teuer, und manche ließen sich überstreichen. Oft wurden verschiedene Materialien kombiniert, z.B. ein Fries aus geprägter Tapete über einer Wandbespannung aus Leinwand, gerahmt von weiß gestrichenen Weichholzstreifen.

Die Tynecastle Company entwickelte ein geprägtes »Velin« als Holzimitat für Täfelungen. Es bestand aus komprimiertem Papier auf Leinwand und konnte passend geschnitten und gestrichen oder gebeizt werden. In besseren Häusern bestand die Täfelung aus Eiche oder Nussbaum. Georgianische und Tudor-Muster waren am beliebtesten.

1 In einem Haus in Yorkshire ist die Personifikation der Architektur mit einem Modell eben dieses Hauses dargestellt. Diese romantische Idee ist typisch für die Zeit, als das Heim als wichtiges Element des englischen Lebens galt. BB

2 An dieser extravaganten Konsole entspringt der Bogen, der den Korridor eines anspruchslosen Stadthauses überspannt. Solche Elemente wurden von Bauspekulanten vom späten 19. Jh. bis zum Ersten Weltkrieg oft unkritisch verwendet. Ähnliche Konsolen aus Faserputz gab es bei den meisten Baustoffhändlern fertig zu kaufen. BR

3 Im selben Haus wird der tiefe Rollwerkfries über der Bilderleiste durch ein konsolgestütztes Gesims abgeschlossen. Wenn auch im Detail nicht stilrein, wirkt das Ensemble doch prächtig und klassisch. BR

4 Hier sind Fries und Gesims eleganter und feiner gestaltet. Der Fries ist Anaglypta-Tapete, das darüber liegende Gesims besteht aus Putz. Die Festons sind dem Adam-Stil entlehnt. Die Gesamtwirkung ist typisch edwardianisch.

5 Füllelement an einem Putzsockel. So kunstvolle Putzarbeiten finden sich in der Zeit Edwards VII. selten. EL

6 Polierte Eiche und Harthölzer waren bei erhabenen Elementen wie Sockeln und Fußleisten sehr populär. EL

7 Der Platz unter der Treppe wurde oft mit einer Rahmen- und Füllungswand geschlossen, und mit einem Vorratsregal versehen. EL

1   No. 565

No. 623

No. 567

Scale 1" to a foot.

1911

2

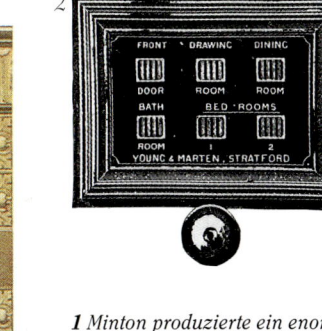

1 Minton produzierte ein enormes Sortiment an Wandfliesen. Sie wurden in Vorbauten, Fluren und Bädern verlegt. Für zart farbige Fliesen wie die drei hier abgebildeten waren Art-nouveau- und Arts-and-Crafts-Muster beliebt. Kantenmuster und die Gestaltung von Fußleiste und Fries verstärken die Gesamtwirkung.

2 Elektrische Klingel- und Anzeigetafeln wurden in der Küche oder in deren Nähe angebracht. Eine Lampe zeigte dem Dienstmädchen, in welchen Raum es kommen sollte. Eine solche Tafel gab es selbst in verhältnismäßig kleinen Appartements. YM

3

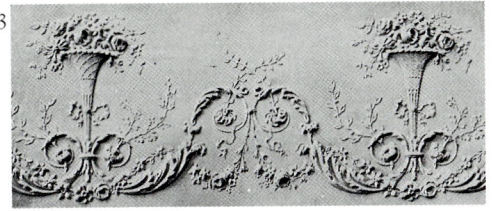

3 Die Tynecastle Company war für ihre sehr beliebten putzähnlichen, geprägten Leinwandfriese und Schmuckelemente bekannt. Georgianische Designs standen an erster Stelle. TC

4 Solche Konsolen aus Faserputz verzierten Bögen im Hausinneren und kamen oft in Fluren vor.

5 Muster von Anaglypta. Es gab viele patentierte Materialien mit Textur, die sehr widerstandsfähig waren und gern für den Sockel in Fluren und an Treppen verwendet wurden. Muster, die an Täfelung erinnerten wie das zweite Beispiel, waren sehr beliebt. RL

4

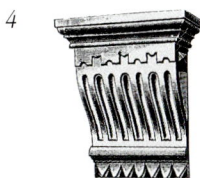

5

6

7

6 Tapeten mit textilähnlichen Oberflächen waren sehr gefragt. Diese rosa gestreifte Moiré-Tapete von 1914 eignete sich für einen Salon oder ein Schlafzimmer. CBA

7 »Chintz-« Tapete und Fries, sehr beliebt für Schlafzimmer. Es gab auch bildhafte Friese mit 4-m-Rapport. CBA

Decken

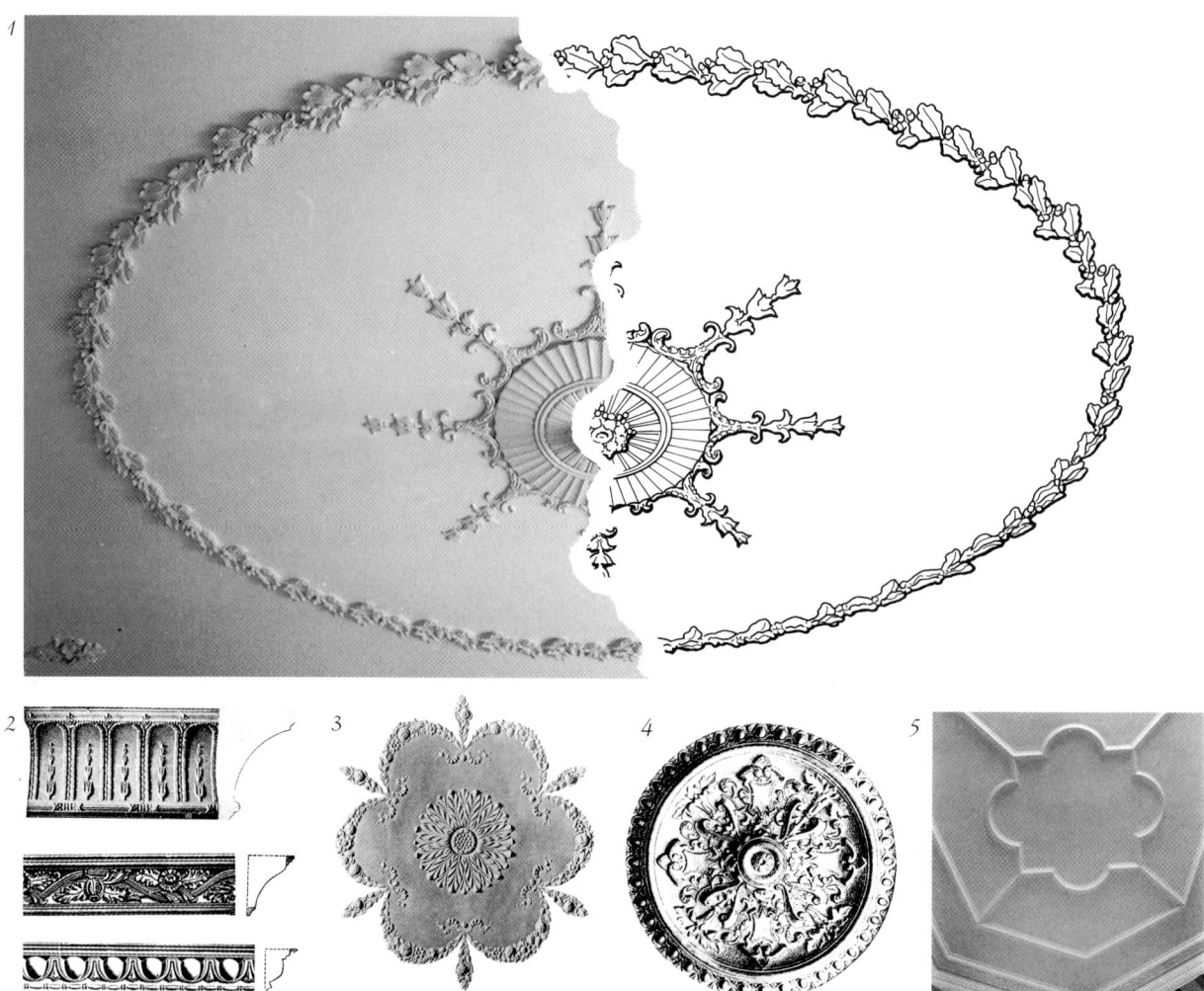

1 *Typische eklektische Elemente an einer Decke in einem Londoner Haus. Die kannelierte Mittelrosette mit den radial angeordneten Palmetten widerspiegelt den klassizistischen Adam-Stil des späten 18. Jhs., der äußere Ring den Stil des frühen 18. Jhs.* BR

2 *Drei Profile für Hohlkehlen und Gesimse. Das oberste ist geprägter Stahl, der in 240-cm-Längen geliefert, zurechtgeschnitten und auf Holzlatten genagelt wurde. Die anderen sind Profile aus »Papierstuck«. Solche Details aus Composition,*

geprägtem Papier und Papiermaché-Arten wurden als Alternative zu Putzarbeiten in großen Mengen hergestellt. YM
3 *Deckenmedaillon aus Anaglypta in einem verfälscht georgianischen Stil zum Aufkleben auf eine flache Putzdecke.* AC

4 *Diese Rosette aus »Papierstuck« hat nur etwa 60 cm Durchmesser.* YM
5 *Putzrippen dienten häufig zur Deckengestaltung. Es gab auch Rippen aus Holz, Anaglypta und anderen profilierten Materialien.* EL

Decken waren niedriger und schlichter als in der viktorianischen Zeit. Das entsprach der Wiederentdeckung volkstümlicher Bautraditionen. So galten z. B. Gesimse nicht mehr als unverzichtbar.

Die Vorliebe für Tudor-Architektur zeigt sich in frei liegenden Eichenbalken mit Putzfüllungen und in Stuckdecken mit Flachrelief. Faserputzelemente waren populär und zum Teil sehr gut gearbeitet. G. P. Bankart lieferte viele Designs, darunter auch solche im Adam-Stil.

Für den breiten Markt gab es zahlreiche preisgünstige Werkstoffe. Aufgesetzte Dekorationen entstanden aus Composition (einer Mischung auf der Basis von Holzschliff oder Papier). Materialien aus komprimiertem Papier und Lein-

wand, wie Cordelora, Anaglypta und Tynecastle Tapestry, standen auf dem Gipfel ihres Erfolges; das Beschlagwerk der Tudorzeit und mehrere georgianische Stile, einschließlich »Adam«, waren verbreitet. An glatten Putzdecken wurden mit profilierten Deckleisten aus polierter Eiche große Felder gebildet. Blass silbergraue Deckentapeten galten als elegant; ihre Muster waren meist fließend und in allen Richtungen gleichmäßig fortlaufend. Das saubere elektrische Licht machte häufiges Renovieren überflüssig.

Decken aus geprägtem Stahl, aus den Vereinigten Staaten eingeführt, imitierten zuweilen historische Putzdesigns. Große Stücke konnten an einer vorhandenen Decke befestigt werden.

1 *Deckenplatten aus geprägtem Stahl dienten der Sicherheit und Bequemlichkeit: Sie waren feuerfest und eine fertige Alternative* zu Putz. Sie galten auch als »nicht absorptiv und frei von Mikroben und Bakterien«. Diese »Yemart«-Tafeln (um 1910)

imitieren Tudor-Designs. YM
2 Anaglypta konnte in großen Tafeln gekauft und auf Putz geklebt werden. Das erste Beispiel

imitiert eine Decke im Adam-Stil, während das zweite eine Tudor-Note hat. AC
3 Typische leichte Deckentapete, um 1914. Dünne, glänzend hellgrau bedruckte Tapeten hatten einen attraktiven Schimmer. Das reflektierte Licht belebte die Decke. CBA
4 Decke aus Faserputz für ein Schlafzimmer oder einen Salon mit Muster im Adam-Stil, von H.E. Gaze Ltd, einer etablierten Londoner Firma. HEG
5 bis **7** Diese Decken für Salons sind Thomas Parsons and Sons' Buch Ornamental Decoration von 1909 entnommen. Parsons war ein Farbenhersteller, hatte also ein Interesse daran, die farbige Gestaltung der Decken zu fördern. Das erste Beispiel ist in matten Emailfarben gemalt und mit Silberaluminium akzentuiert. Aluminiumfarbe war eine große Neuheit im England Edwards VII. Das zweite ist ein exotisches Design im maurischen Stil. Das letzte Beispiel ist in wärmeren Farben gehalten. TP
8 Eckmuster wurden oft gemalt. Die unteren beiden sind Art nouveau. TP

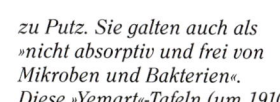

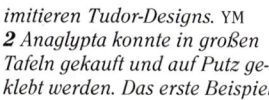
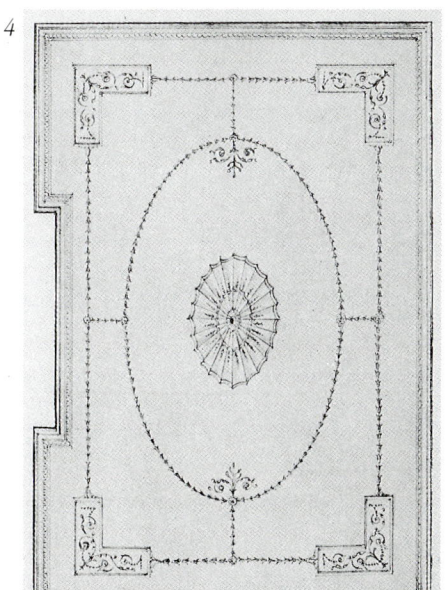

Fußböden

Special Books of actual Samples post free

No. 4980—3/10 per yard

Parquetry. No. 1/1106—3/9 per yard.

Staines' Inlaid Linoleum. No. 3292—2/7 per yard.

Parquetry. No. 1/1124—4/6 per yard.

No. 4940—3/10 per yard.

Staines' Inlaid Linoleum. No. 3205—2/7 per yard.

1 Sechs Linoleummuster von Harrods, Knightsbridge, London, 1910. Noch immer war es Mode, mit Linoleum teurere Fußböden, wie Parkett oder Teppich, zu imitieren. H
2 Parkett war sehr populär. Oft legte man es als Kante um einen Dielenfußboden, der dann mit einem Teppich bedeckt wurde. Eine Auswahl aus dem Fertigparkettsortiment von Bennetts »Tungit« Wood Flooring Company in Stratford im Osten Londons. BT

Gespundete Bretter waren das gebräuchlichste Fußbodenmaterial in Wohnhäusern. In vornehmen Häusern findet sich gewachstes oder poliertes Eichen- oder Teakholz, doch sehr viel weiter verbreitet waren Kiefernbretter. Diese wurden entlang der Ränder, um den Teppich herum, farbig lackiert; Auslegware gab es nur in den besten Räumen eleganter Häuser. In den Haupträumen hatte man auch gern Parkettkanten. Gutes Parkett bestand aus 2,5 cm dicken Stücken. In Vorstadtvillen verwendete man eine viel dünnere Sorte, die in fertigen Tafeln, auf eine textile Unterlage geklebt, geliefert und direkt auf den vorhandenen Fußboden aufgelegt wurde. Holzpflaster verlegte man ohne jede Tischlerarbeit auf einem mit Bitumen beschichteten Zementboden, bevorzugt in einem Fischgrätenmuster und gebeizt oder poliert. Solche Fußböden finden sich in Küchen und Fluren sowie in den Wohnzimmern von Vorstadthäusern.

Flure und Dielen hatten gewöhnlich rote Kunststeinplatten, wobei zierliche Formen beliebt waren, z.B. Sechsecke. Quadratische Platten von 15 x 15 cm findet man in Küchen. Bäder weisen meist ein Karomuster aus schwarzen und weißen Fliesen auf, aber Linoleum war wärmer und billiger. Linoleum nutzte man ausgesprochen gern in Bedienstetenkorridoren. Viele neue Zementflächen imitierten Mosaik, Marmor oder Stein; echter Marmor war den vornehmsten Häusern vorbehalten.

1 Solche Muster bildeten die Oberfläche von Fußböden aus Composition. Die Mischung aus Holzfasern, Mineralpulver und einer Zementierflüssigkeit wurde mit der Kelle aufgetragen und musste dann 30 Stunden trock-nen. Gestrichen und poliert war sie wasserfest, rutschfest und beständig. BT

2 Ein beliebter Fußboden für Flure und Bäder war das Mosaik »Tesella Uniforma«, das in fertigen Tafeln geliefert wurde. GH

3 Gebrannte Keramikfliesen waren die gebräuchlichste Form des Fliesenbelags. Geometrische Muster aus kleinen schwarzen und weißen Fliesen verlegte man gern in Bädern und Wintergärten, Terrakotta-Oberflächen in Gängen. GH

4 Für die Haupträume größerer Häuser bevorzugte man Teppiche. Meist waren das noch lose Teppiche, es gab aber auch schon Auslegware. Unsere Beispiele, Axminster und Moquette (nach alten französischen bzw. persischen Vorlagen), sind von Waring and Gillow, London. Schwarzer Hintergrund war besonders populär; Kanten zu diesen Teppichen kaufte man getrennt. WG

Kamine

Edwardianischer Kamin mit einer Täfelung im »Tudor«-Stil. Die dunkle viktorianische Eiche ist den weicheren Tönen gebeizter und polierter Kiefer gewichen. Der Marmorarchitrav rahmt geflieste Wangen, die zur Wärmeabstrahlung in den Raum beitrugen. Frei stehende Roste wie diesen gab es oft in Esszimmern und Dielen eleganter Häuser. BB

Im Hinblick auf die Kamine ging es vor allem darum, mit weniger Heizmaterial eine größere Wirkung zu erzielen. An den Techniken der langsamen Verbrennung wurde laufend gearbeitet. Man baute die Kaminwangen aus Schamotte und stellte sie schräg, mit den hinteren Kanten näher zur Mitte. Dadurch wurde mehr Wärme in den Raum abgestrahlt, und die Rostfläche verkleinerte sich, also brauchte man weniger Brennstoff. Oft erhielt der Rost Frischluft von außen, so dass kein kalter Luftstrom im Raum entstand.

In ländlichen Gegenden, wo man mit Holz feuerte, oder wenn etwas Tudor- oder Baronialstil gewünscht war (z. B. in Dielen), verwendete man noch frei stehende Roste, auf denen große Scheite Platz hatten. Mit Kaminecken konnte man gemütliche, warme und zugluftfreie Plätze am Feuer schaffen.

Die Kamineinfassungen hatten die unterschiedlichsten Formen. Glasierte Fliesen wurden häufiger verwendet, und sie waren jetzt eleganter als in der viktorianischen Ära. Man bevorzugte sie einfarbig mit metallischen Glasuren. Nicht selten enthielten die Einfassungen auch kleine Regale für Ziergegenstände oder Bücher. Bei Modellen auf der Basis des Art nouveau war die Gestaltungsfreiheit groß, bei Queen-Anne- und georgianischen Modellen wurde rigoros kopiert. Klassische hölzerne Kamine bestanden oft aus Kiefer und waren glänzend weiß oder in dem matten Grün der georgianischen Periode gestrichen.

1 Kamin »Hue« aus einem Katalog von Young and Marten. Die Kaminsohle besteht aus matt glasierten Fliesen, ihre Einfassung und die Umrandung aus einfarbig glasierter Fayence. YM

2 Feuerung »Devon« (1907) mit leicht neogeorgianischer Einfassung. Den von Edwin Lutyens entworfenen Kamin gab es mit Fliesen in Eierschalen- oder Majolikaglasur. PW

3 Der »künstlerische« Fliesenkamin von Young and Marten war für ein Schlafzimmer gedacht. Die verstellbare Haube konnte geschlossen werden, um den Zug zu reduzieren. YM

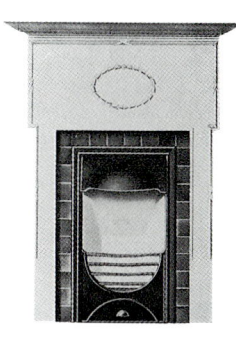

4 Dieser schlichte gusseiserne Kamin mit schmalem Aufsatz ist von den Arts and Crafts beeinflusst. CA

5 Der Tudor-Look dieses Kamins mit glasierten »Briketts« galt als passend für Ess- und Billardzimmer sowie Bibliotheken. Die

Kaminsohle war mit Fayence, Kupfer, Messing oder Eisen eingefasst. Den Aufsatz gab es in Kiefer (gestrichen), Eiche (ge-

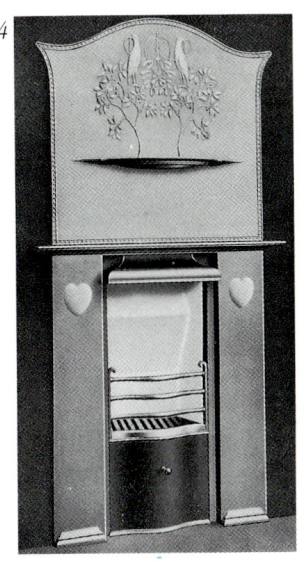

räuchert oder gewachst und poliert) sowie Mahagoni und Nussbaum (poliert). PW

6 Edwardianische Kamine wirkten oft adamesk, wie man es in Salons liebte. Hier sind Einfassung und Aufsatz aus weiß gestrichenem Kiefernholz mit integriertem Spiegel. In der Messinghaube ein getriebenes Motiv im Adam-Stil. PW

7 In der Zeit Edwards VII. fertigte man noch Kamineinfassungen aus emailliertem Schiefer, die Marmoreinlegearbeiten imitier-

ten. Viele Farbfassungen waren erhältlich. Dieses Modell gab es bei Gardiner and Sons Ltd in Bristol. GS

8 »New Richmond« von Young and Marten ist ein etwas rückwärtsgewandtes Modell. Die ge-

flieste Umrandung sitzt in einer Einfassung aus Kiefernholz. Den Aufsatz mit Spiegel gab es in gestrichenem Kiefernholz oder poliertem Nussbaum. YM

9 Diese Kamineinfassung aus Kiefernholz (1906), hier noch oh-

ne Anstrich, ist höchst exzentrisch. Sie enthält einen kleinen verglasten Zierschrank und zwei Spiegel. Ziergegenstände sollten in einer Reihe auf dem oberen Bord und dem Kaminsims aufgestellt werden. NC

1 Bei billigeren Kaminen trat oft Gusseisen an die Stelle des Holzes; die Verzierungen konnten leicht nachgegossen werden. Bei diesem weißen Modell sind die Auskleidung im »Tudor«-Stil und die gefliese Kaminsohle wohl spätere Ergänzungen. BR

3 Ein Rückgriff auf das 18. Jh., aus dem Sortiment »künstlerischer« Kamine der Carron Company. Der Umgang mit den Stilelementen ist recht frei: Die Pilasterfelder sind mit hängenden Ornamenten unter gedrückten Konsolen aus gerolltem Akanthus verziert, die Blumengirlanden am Sturz haben einen anderen Charakter. Zwischen dem Registerrost und der Holzeinfassung befindet sich eine Marmorumrandung. Der Kaminvorsatz aus Stahl und das Kaminbesteck sind typisch für die Epoche. CA

2 Diese georgianische Kamineinfassung ist sorgfältig in Adam-Manier unterteilt. Die einfarbig glasierten Fliesen mit Zierkante sind eindeutig edwardianisch. Der eingebaute Rost ist mit Schamotte ausgekleidet. CA

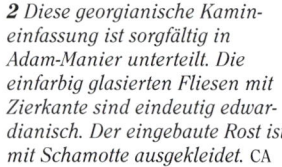

4 Weiß gestrichener Schlafzimmerkamin. Die attraktiven gefliesten Wangen zeigen den Einfluss der Arts and Crafts. EL

5 Dieser Schlafzimmerkamin hat einen charakteristisch tiefen Fries mit Festondekor an der Mitteltafel. Die Tiefe des Frieses kompensiert die fehlende Tiefe der Kaminöffnung. EL

1 *Außergewöhnlicher »gotischer« Kamin. Die Einfassung ist geräucherte Eiche, die Umrandung Marmor, dazu grüne holländische Fliesen und eine Haube aus gehämmertem Kupfer. Auch die Kaminsohle ist mit Kupfer eingefasst.* MI

2 *Kamineinfassung von 1906 mit deutlichem Queen-Anne-Einfluss. Mit Borden am Sturz und verglasten Schränken für Zierporzellan ist sie eindeutig edwardianisch. Sie passte in ein Vorstadt-Wohnzimmer.* NC

3 *Fliesenfelder waren oft viel eleganter als ihre viktorianischen Vorgänger. Das zweite und dritte zeigen den Adam-Stil.* GS
4 *Zwei Fliesenmuster für Kaminsohlen.*

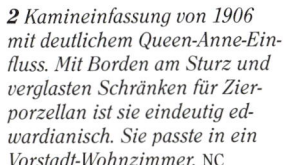

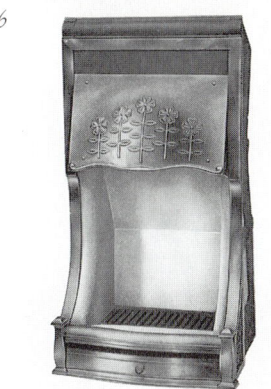

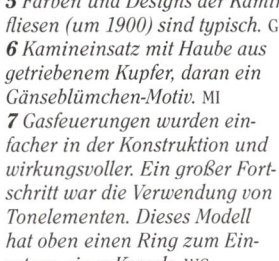

5 *Farben und Designs der Kaminfliesen (um 1900) sind typisch.* GS
6 *Kamineinsatz mit Haube aus getriebenem Kupfer, daran ein Gänseblümchen-Motiv.* MI
7 *Gasfeuerungen wurden einfacher in der Konstruktion und wirkungsvoller. Ein großer Fortschritt war die Verwendung von Tonelementen. Dieses Modell hat oben einen Ring zum Einsetzen eines Kessels.* WG

8 *Ein stärker verzierter Gasofen auf Fliesensockel, mit Bronze-, Messing- oder Nickeloberfläche.* DF
9 *Anthrazitöfen konnten über Nacht brennen. Brennstoff wurde durch die Tür oben nachgefüllt. Ein Regler kontrollierte die Brenngeschwindigkeit.* DF
10 *Gasfeuerung mit Scheit-Effekt, Kaminböcken und Kupfer-Rosetten.* MI
11 *Zwei edwardianische Kaminböcke.* MI

Küchenherde

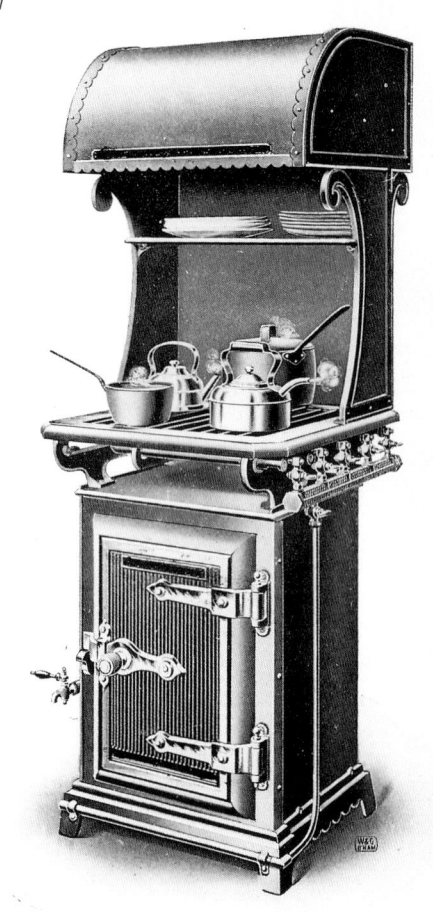

1 Das Kochen mit Gas wurde zunehmend beliebt. Die Abbildung zeigt den Imperial Gas Cooking Stove. Er war der letzte Schrei der Technik, als er 1906 im Katalog von Nicholls and Clarke vorgestellt wurde. Dank Heißwasserzirkulation konnte er sich mit dem Kohleherd messen. Die Backröhre heizte das Wasser im Behälter über der Abzugshaube auf. NC
2 Der weniger anspruchsvolle Gasherd »The Favourite«, um 1910, hatte zwei Kochstellen, einen Grill und eine Backröhre und wurde von O'Brien Thomas and Co. hergestellt. OB
3 Der Herd »Beeton« war 1910 das neueste Modell der General Electric Company. Die schwarz emaillierte Oberfläche knüpfte zwar an die Tradition des Schwärzens an, war aber leicht zu reinigen. Der Herd wurde mit speziellen schweren Pfannen aus massivem Zinn oder Kupfer geliefert. GEC
4 Die optionale Schalttafel für den Beeton-Herd. Alternativ gab es die teurere Ausführung des Herdes (im Bild) mit Drehschaltern. GEC

Die traditionellen Kohleherde hatten in der viktorianischen Zeit bereits eine hohe Effizienz. Viel gab es daran nicht mehr zu verbessern, von Erleichterungen bei der Pflege abgesehen. In der Zeit Edwards VII. wurden die Herde zunehmend eingefliest und mit gefliesten Rückwänden versehen, und auch emaillierte Oberflächen setzten sich allmählich durch. Beides machte das Putzen einfacher. Die meisten Herde mussten jedoch noch immer geschwärzt werden, eine unangenehme Arbeit, die man der Magd zuwies, falls man eine hatte.

Die Gasherde wurden ständig verbessert. Man konnte sie quartalsweise vom örtlichen Gasversorger mieten. Sie waren von kompakter Form, mit dem Grill unter den Heizplatten und der Backröhre darunter, ganz ähnlich den heutigen Standardmodellen. Die Hersteller legten großen Wert darauf, das Putzen zu erleichtern und die Gashähne möglichst sicher zu gestalten. Die frühen Gasherde hatten ein enormes Gewicht, da sie aus Eisen bestanden und die Backröhren mit Schamotte ausgekleidet waren. Ein wichtiger früher Hersteller war die Carron Company.

Zwei Probleme, die im Zusammenhang mit den ersten Elektroherden auftraten, waren deren hohe Kosten und die langsame Erwärmung der Heizplatten. Zwar nahm die Beliebtheit der Elektroherde stetig zu, doch konnten die frühen Modelle den sich weiter verbessernden Gasherden keine ernsthafte Konkurrenz machen.

Treppen

Edwardianische Treppe mit Lichtwange und ungewöhnlich imposantem, vierkantigem Antrittspfosten. Die vierkantig gedrehten Baluster nehmen die Form auf. Dafür bedurfte es komplizierter Maschinen, da sie nicht auf traditionelle Weise auf der Drechselbank rotierend gefertigt werden konnten. EL

Der wichtigste Unterschied zur viktorianischen Zeit war wohl der Wunsch nach einem ordentlichen Treppenflur selbst in eher anspruchslosen Häusern. In ihrem 1903 veröffentlichten Buch *The New Home* empfiehlt Mrs. Peel, in kleinen Reihenhäusern eine Bogenöffnung zwischen dem Flur und dem vorderen Wohnraum einzufügen. Der so gewonnene Platz konnte für Unterhaltung und gleichzeitig als Esszimmer genutzt werden, wobei ein über Eck angebrachter Sichtschutz die Eingangstür verbarg. In größeren Häusern brachte man die Treppe nach Möglichkeit in einer großzügigen Eingangshalle unter, wo meist auch eine elegante Kamineinfassung oder eine gemütliche Kaminecke zu finden war.

In durchschnittlichen Häusern unterschieden sich die Details der Treppe selbst wenig von denen der spätviktorianischen Zeit. »Georgianische« oder »Adam«-Ornamente kamen an eleganten Balustraden vor, aber in vielen Häusern zog man unter dem Einfluss der Arts and Crafts einfache Treppen mit dünnen, unverzierten, dicht stehenden Balustern vor.

In Häusern der Mittelklasse musste die Hausfrau nun meist selbst putzen, und das hatte Folgen für das Design. Die Teppichstangen, bisher fast immer aus Messing und wöchentlich zu polieren, wurden jetzt aus Eichenholz hergestellt und erforderten praktisch keine Pflege. Die tiefen Profile der viktorianischen Treppen wurden gemildert, um das Putzen zu erleichtern.

1 Die kräftigen rundgedrechselten und geschnitzten Antrittspfosten sind von ca. 1910, aber gegenüber den viktorianischen Vorgängern wenig verändert. YM

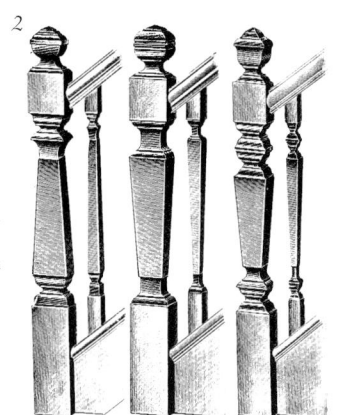

2 Drei vierkantig geschnittene Pfosten mit passenden Balustern. Vierkantige Formen waren schwieriger herzustellen als runde; in der Zeit Edwards VII. konnten sie mit neuer Technologie billiger gefertigt werden. YM

3 Eine Auswahl rundgedrechselter Baluster. Sie bestanden aus Nadelholz und wurden im Dutzend zum Selbstanstreichen verkauft. YM

4 Durchbruchmuster waren eine

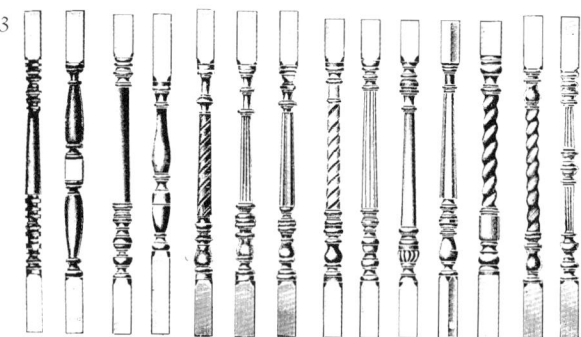

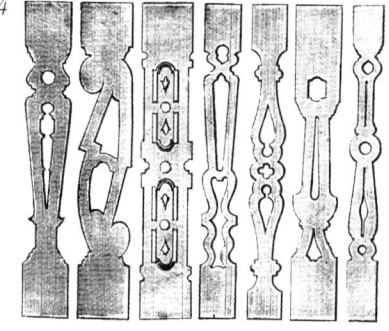

Mode des späten 19. Jhs., die bis in die Zeit Edwards VII. andauerte. Im Bild einige durchbrochene Balusterformen, die »montagefertig gehobelt und geschlichtet« verkauft wurden. YM

5 Gusseiserne Baluster und Antrittspfosten, 1902. SS

6 Auch Schmiedeeisen war nach seiner Wiederentdeckung im späten 19. Jh. populär. Hier zwei Muster von Gardiners aus Bristol, um 1905. Die Baluster wurden meist durch einen polierten Handlauf aus Eiche oder Mahagoni ergänzt. GS

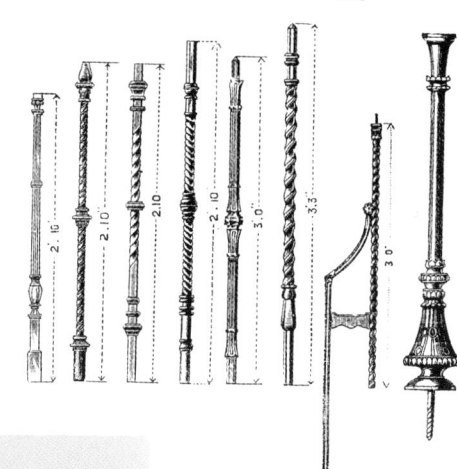

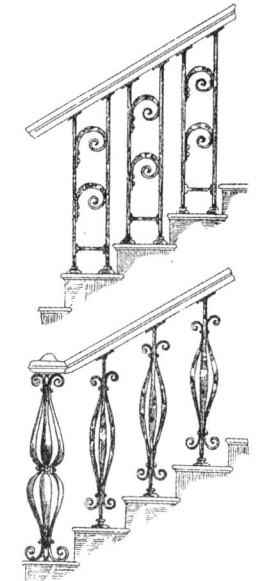

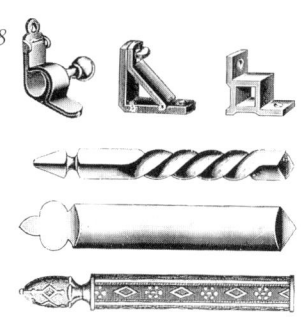

7 Typischer gedrechselter Antrittspfosten mit Handlauf aus poliertem Hartholz. Die vierkantig gedrehten Baluster sind aus Nadelholz und gestrichen. BR

8 Kleine Auswahl typischer Teppichstangen und Halterungen, die meist in poliertem und lackiertem Messing gefertigt wurden. NC

Einbaumöbel

1 Dieser Kamin bildet gleichzeitig Kaminecke und »gemütliche Ecke«. Die verglasten Schränke sind sehr typisch für die Periode. Das Ensemble ist ein gutes Beispiel für die Kommerzialisierung der Ideale der Arts-and-Crafts-Bewegung. OH
2 Ein schöner eingebauter Bücherschrank mit Schränken unten und verstellbaren Regalen oben. BB
3 Eingebaute Fenstersitze waren populär; besonders gut eigneten sich dafür Erker mit einer schönen Aussicht. Das Unterteil diente oft auch als Heizkörperverkleidung oder als nützlicher Stauraum. BB

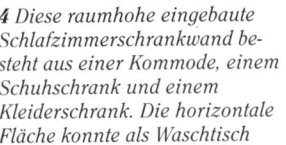

4 Diese raumhohe eingebaute Schlafzimmerschrankwand besteht aus einer Kommode, einem Schuhschrank und einem Kleiderschrank. Die horizontale Fläche konnte als Waschtisch dienen; selbst in der Zeit Edwards VII. hatte nicht jeder gern einen Wasseranschluss im Schlafzimmer. Möbel und Raumdekoration wurden farblich aufeinander abgestimmt. MH

Einbaumöbel waren in Appartements wegen der Platzersparnis besonders beliebt. In Schlaf- und Ankleidezimmern von Appartements wie von Häusern wurden sehr viel mehr Kleiderschränke eingebaut als zuvor. Bei niedriger Decke fertigte man die Schränke gern raumhoch, damit sich oben kein Staub sammeln konnte. In hohen Räumen reichten die Schränke meist nicht bis zur Decke, da man befürchtete, die selten benutzten oberen Fächer könnten Ungeziefer anlocken. Meist waren die Schränke schulterhoch. Auch Kommoden wurden eingebaut, oft mit einem Schrank darüber, beides abgestimmt auf die Wandtäfelung. Gern hatte man auch eingebaute Ankleidezimmer, denn es galt als ungesund, in einem Raum zu schlafen, in dem Kleidung und

Schuhe aufbewahrt wurden. Zuweilen lockerte man Schränke mit einigen offenen Borden für Ziergegenstände auf. In kleinen Schlafzimmern in Appartements gab es gelegentlich eine Kombination aus Frisiertisch, Wäschekommode und Waschtisch.

Bibliotheken hatten nicht selten verstellbare Bücherborde hinter verglasten Türen. In Speisezimmern und Salons füllte man die Nischen zu beiden Seiten des Kamins häufig mit Geschirrschränken oder Regalen für Zierobjekte, in Appartements manchmal sogar mit Wäscheschränken.

Küchenanrichten stattete man oft mit geschlossenen Schränken mit Füllungstüren unter der offenen Arbeitsfläche und mit weniger tiefen, verglasten Schränken darüber aus.

TREPPEN

EINBAUMÖBEL

Installation

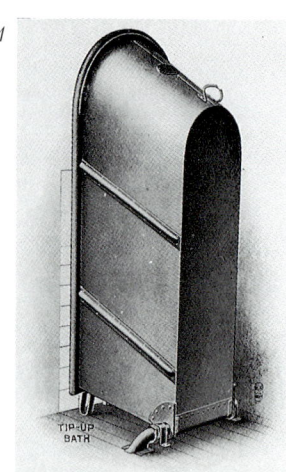

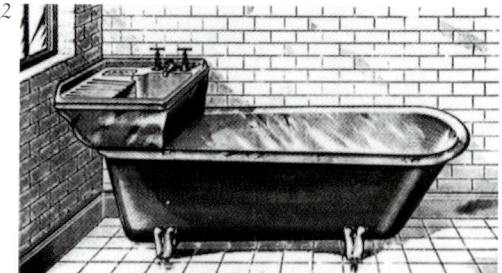

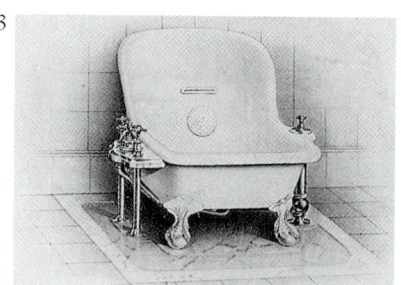

1 Platzsparende patentierte Klapp-Badewanne (1909) aus Stahlblech. Die Wanne war um das Abflussrohr schwenkbar. TW **2** Eine andere platzsparende Idee war die Kombination von Wanne und Waschbecken.

Dieselben Hähne konnten durch Umlegen eines Hebels beide versorgen, wie eine moderne Duscharmatur. Der Hersteller (George Farmiloe and Sons) versicherte, dass das Wasser aus dem Becken nicht in oder durch

die Wanne laufen würde. GFB **3** Gusseiserne Sitzbadewanne von Doulton mit Schmelzemailüberzug, 1904. Damit sparte man Platz und Wasser. DA **4** Gusseiserne Badewanne aus dem Katalog von Macfarlane's

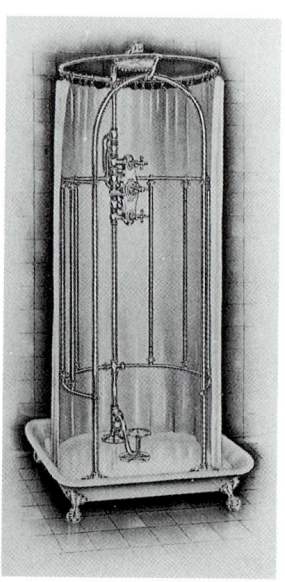

Castings, 1907. Die Oberfläche kann Schmelzemail oder Porzellan sein, die Außenseite hat einen gemalten Dekor. Verglichen mit der viktorianischen Periode ist der Dekor zart und elegant, das Gleiche gilt für den ergänzenden Wandfries. MCA **5** Duschkabine mit kupfernen Sprührohren und wasserfesten Vorhängen, 1904. DA

Zu Beginn des 20. Jahrhunderts wurden praktisch alle neuen Häuser mit Bädern oder zumindest Wannen ausgestattet. In Arbeiterwohnungen befand sich die Badewanne oft in der Küche oder Spülküche nahe beim Kessel; manchmal war sie unter einer Falltür im Fußboden verborgen oder hochkant in einem Schrank untergebracht, von wo sie bei Bedarf heruntergeklappt wurde. Die meisten Mittelklassehäuser hatten ein richtiges Bad und ein separates Wasserklosett auf halber Treppe.

Die Warmwasserbereitung verbesserte sich. Ein Hauskessel speiste einen Warmwasserbehälter für die Badewanne und den Haushalt insgesamt; manchmal wurde ein beheizter Handtuchhalter oder ein Radiator in der Diele in den Kreislauf einbezogen. Die altmodischen und unzuverlässigen Durchlauferhitzer waren nicht mehr gebräuchlich.

Hygiene wurde groß geschrieben. Badewannen mit Holz einzuhausen galt als unhygienisch. Keramische Badewannen schätzte man sehr, doch waren sie schwer und teuer. Gusseiserne Wannen standen auf Beinen, damit der Boden unter ihnen leicht gereinigt werden konnte.

Da Gardinen im Badezimmer und andere weiche Materialien als Hort von Schmutz und Mikroben beargwöhnt wurden, erhielten die Fenster undurchsichtiges Glas. Generell entstanden Einrichtungsgegenstände in glatteren und geschlosseneren Formen, um weniger Angriffsfläche für Schmutz zu bieten.

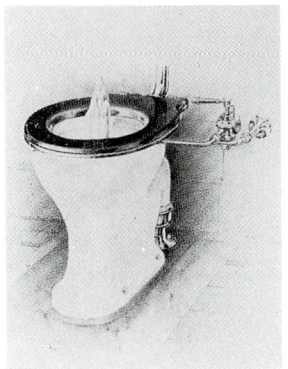

1 Elegantes Waschbecken mit Unterglasurdekor. Dieser Typ wurde auch fünfseitig für Eck-einbau hergestellt. GFB
2 George Farmiloe and Sons Ltd, um 1909. Florale Ornamente am Klosettbecken waren nicht mehr so beliebt, und die Konturen wurden glatter, um die Sauberhaltung zu erleichtern. Der Sitz aus Birke ruht auf gusseisernen Tragarmen. GFB
3 Duscharmatur zum Gebrauch über einer Wanne, mit Porzellangriff und Messingkette. NC
4 Wasserhähne: Oben ein Schnellschluss-Modell mit Eben-

holzgriff, lieferbar in Rotguss und vernickelt. Unten eine Mischarmatur für eine Badewanne mit Zuggriff für den Abflussstopfen. NC
5 Standardbidet mit Ventil zum Mischen von Warm- und Kaltwasser, 1904. Der Hebel setzt einen steigenden Wasserstrahl in Gang. DA
6 Wanne in Kombination mit Dusche, aus einem 1902 gebauten Haus. Bemerkenswert sind die dekorativen Scharniere der Tür, hinter der sich die Anschlüsse befinden. MM
7 Der Patent-Durchlauferhitzer »Acme« konnte die Badewanne und das Waschbecken versorgen. Er heizte sehr sparsam mit Gas und benötigte etwa 20 Minuten, um eine Wanne mit warmem Wasser zu füllen. Er wurde mit polierter Kupferoberfläche oder vernickelt geliefert. Um diese Zeit waren Durchlauferhitzer bereits recht altmodisch. GFB
8 Beheizter Handtuchhalter. DA
9 Wasser- und Dampfheizungen wurden in eleganten Häusern immer beliebter. Dieser Esszimmerradiator (1904) hat eine zweitürige Röhre mit Fächern, in der Speisen warm gehalten werden konnten. AR
10 »Künstlerischer« gusseiserner Regenwassereinlauftopf. YM
11 Diese Fallrohre hängen noch dem spätviktorianischen Geschmack an. MCA

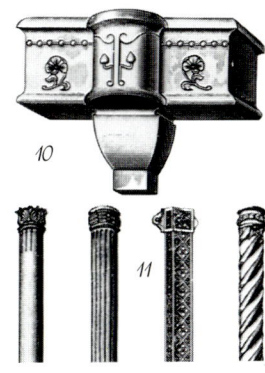

INSTALLATION

Beleuchtung

1

1 1911 umfasste der Katalog der General Electric Company bereits drei dicke Bände, von denen einer fast ausschließlich Beleuchtungskörper behandelte. Dieser Kronleuchter der G.E.C. – »Cowbridge« – ist aus goldfarbenem poliertem Messing. Er eignete sich für einen großen

Salon oder Ballsaal. Die Schalen konnten aus geschliffenem oder satiniertem Glas sein. GEC.
2 Die Erfindung des hängenden Gasbrenners ermöglichte die Fertigung von gasbetriebenen Deckenleuchten. Ein Beispiel von Young and Marten, 1910. YM

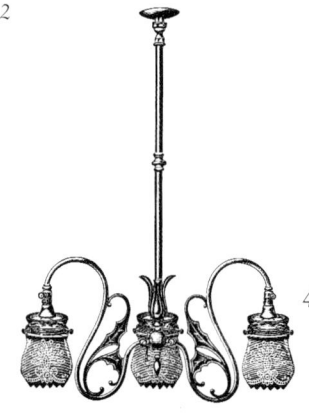

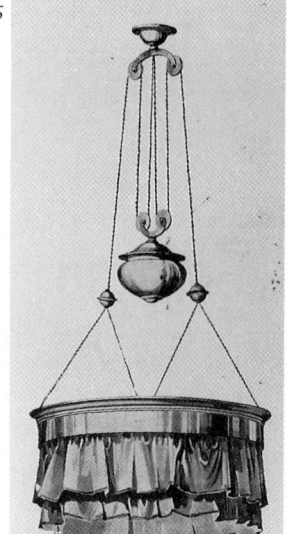

3 Wandleuchter aus poliertem Messing mit Schirmen aus Opalglas. Wandleuchter erfreuten sich großer Popularität. In kleinen Räumen waren manchmal alle fest installierten Lampen Wandleuchter; zum Lesen oder Nähen gab es Stehlampen. GEC
4 Wandleuchter im französischen Stil aus Ormolu (vergoldeter Bronze) mit gedrehten Or-

namenten von N. Burst and Co., Wardour Street, London. Solche Wandleuchter gab es auch in neoklassizistischen Formen mit Urnenknäufen. NB
5 Seidenbesetzte Leuchten, die mit Gegengewichten auf und ab bewegt werden konnten, hatte man gern über Esszimmertischen. Hier der Typ Penistone von der G.E.C. GEC
6 Einfach gestaltete elektrische Hängeleuchten für Flure und Treppenpodeste. GEC
7 Zwei typische Wandschalter. Es gab kannelierte Abdeckungen aus Messing und glatte aus Porzellan. Solche Schalter sind heute wieder populär. GEC

Elektrisches Licht wurde zwar beliebter, war aber 1910 noch nicht einmal in 5% der Haushalte vorhanden. Alle größeren Orte hatten ein öffentliches Netz, doch mit sehr unterschiedlichen Preisen. In den meisten ärmeren Haushalten und auf dem Land waren Kerzen und Öllampen noch immer die wichtigsten Lichtquellen. In Städten gab es auch Kohlegasbeleuchtung, die aber wegen der Rauchentwicklung schmutzig und ungesund war.

Große Landhäuser besaßen eigene Generatoren, die meist mit Petroleum oder Öl betrieben wurden. Die Imperial Light Company bot Acetylengaslicht an.

Elektrizität ließ mehr Freiheit bei der Gestaltung des Zubehörs. Die Fa. W.A.S. Benson in London produzierte zahlrei-

che originelle, viel kopierte Formen. Diese Arts-and-Crafts-Ideen fanden jedoch nur einen begrenzten Kundenkreis. Die meisten Käufer zogen Leuchten vor, die den Kronleuchtern und Wandleuchtern des Kerzenzeitalters nachgebildet waren. Zum Abendessen bevorzugte man nach wie vor Kerzenlicht. Das wurde durch die Erfindung des »Arctic Light« erleichtert: Die Kerze befand sich in einem Zylinder auf einer Feder und wurde, so wie sie abbrannte, weiter nach oben geschoben, so dass man die Schirme nie nachzustellen brauchte.

In Schlafzimmern und Korridoren waren kleine Deckenleuchten mit Schirmen aus geschliffenem Glas gebräuchlich. Kronleuchter, kunstvolle Wandleuchter und Stehlampen gab es in Salons, Rauchzimmern und Bibliotheken.

Metall

In der Zeit Edwards VII. war Schmiedeeisen wieder beliebt, nicht weniger als Gusseisen. Dieses sehr kunstvoll gestaltete Rollwerk im klassizistischen

Geschmack vom Berkeley Square in London ist ein ausgezeichnetes Beispiel. Die Blätter sind so geformt, dass sich auf ihnen kein Wasser ansammelt.

Gusseisen war auf dem einheimischen wie auf dem Exportmarkt gefragt. Das Eisenbahnnetz und starke Kraftfahrzeuge ermöglichten den Transport schwerer Gussteile durch das ganze Land. Die Gießereien bewahrten ihre alten Gussformen auf riesigen Lagerplätzen auf, so dass die Zahl der Formen, die sie kurzfristig produzieren konnten, von Tag zu Tag größer wurde. Ihre Musterbücher zeigen diese Vielfalt.

Die strenge Formalität der spätviktorianischen Periode wich einer freieren Gestaltung, die vom französischen Louis-quince- und Louis-seize-Stil sowie vom Art nouveau beeinflusst war. Gleichzeitig widerspiegeln viele Eisenartikel ein erneuertes Interesse an georgianischen Formen. Arbeiten

aus dem späten 18. und frühen 19. Jahrhundert, in L. N. Cottinghams *Smith and Founder's Director* von 1824 aufgezeichnet, wurden erneut kopiert. Dazu gehören z.B. Zäune mit einfachen Speerspitzen und Balkonbrüstungen, oft mit Geißblatt- oder Mäandermotiven, für die neuen Appartementhäuser.

Gusseisen verwendete man inzwischen fast durchgängig für Fallrohre und Regenwassereinläufe sowie für Entwässerungshauben.

Ein Großteil der kunstvoll gegliederten edwardianischen Gusseisenarbeiten wurde in den 1940er Jahren als »kriegswichtig« demontiert; eingeschmolzen wurde das meiste davon allerdings erst, als der Krieg bereits vorbei war.

BELEUCHTUNG

METALL

1 und *2* Gusseiserne, verglaste Vordächer waren weiter verbreitet, als ihre heutige Seltenheit vermuten lässt. Das untere Beispiel überspannt zwei benachbarte Reihenhauseingänge. Beide Beispiele sind von Young and Marten, London. YM
3 Vorbauten aus Drahtgeflecht, oft an kleinen ländlichen Häusern zu finden, kamen aus dem Regency. Beispiel von 1905 mit Zinkdach. GS
4 Verglaste Vorbauten schützten vor Zugluft und wirkten, mit Topfpflanzen versehen, sehr attraktiv. Beispiel von ca. 1910. MC
5 und *6* Zwei gusseiserne Balkons. Das konsolengestützte Modell war wohl gleichzeitig das

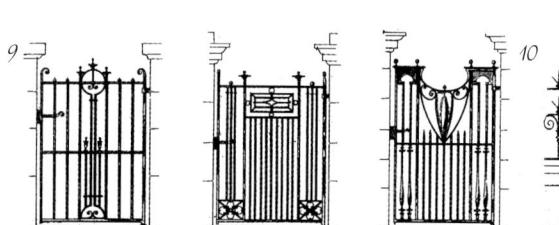

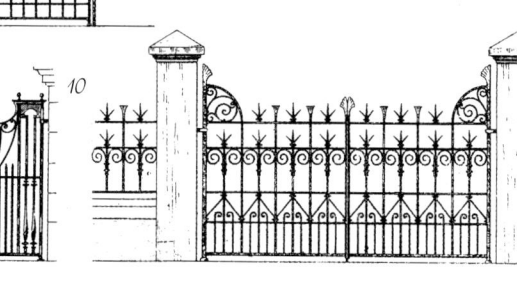

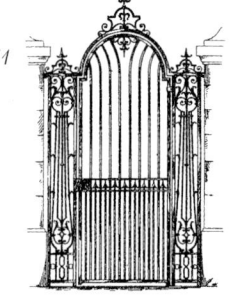

Vordach zu einer Tür. GS
7 Eiserne Schutzgitter auf Fensterbänken ähneln sehr den viktorianischen Modellen. MCA

8 und *9* Eine Auswahl typischer schmiedeeiserner Eingangstore und Zäune aus dem Sortiment von Gardiner, ca. 1900–1905.

Das letzte Tor zeigt den Einfluss des Art nouveau. GS
10 Zweiflügeliges schmiedeeisernes Wagentor mit massiven geschmiedeten Finialen. GS
11 Zierliches schmiedeeisernes Gartentor von demselben Hersteller. GS
12 Stiefelkratzer gab es in vielen Formen, z.B. auch ein Modell mit sechs Stäben. Einige Modelle

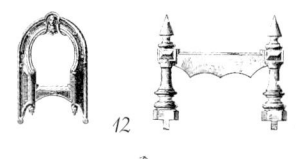

hatten eine lange Spitze zur Befestigung im Boden. MCA
13 Wetterfahnen hatte man gern auf dem Dachfirst oder über Ventilatoren. Diese Gestaltung von Maxwell Ayrton ist eine nostalgische Reminiszenz an das Zeitalter der Kutsche.

Holz

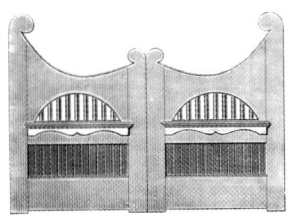

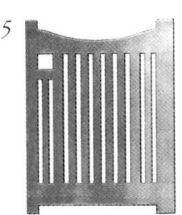

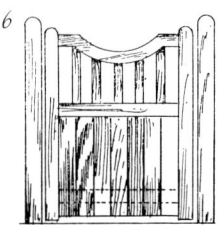

1 Malerischer, rindenbedeckter Gitterzaun aus Englischer Lärche. WW
2 Wintergarten mit Holzgerüst von Messenger and Company, um 1905. Das schlichte Zahnschnittgesims und das Giebelfeld über der Tür reflektieren den Klassizismus. Die kleinen Scheiben unter dem Dach sind ein sehr typisches Merkmal der Jahrhundertwende. ME
3 Ein Zimmer mit Gitterwerk, das außen und innen verwendet wurde, nach französischen Vorbildern. Der führende Hersteller war J.P. White and Company. GR
4 Tor für eine Hauszufahrt, lieferbar in Eiche oder Kiefer.
5 Ornamentales Gartentor mit quadratischem Ausschnitt, durch den man nach dem Riegel griff. Dieselbe Firma stellte Tore mit kleinen herzförmigen Aus-

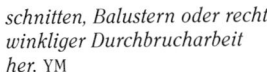

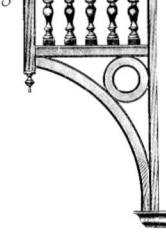

schnitten, Balustern oder rechtwinkliger Durchbrucharbeit her. YM
6 Anspruchsloses Gartentor

aus Eiche oder Kiefer. Kiefer wurde passend zum Haus angestrichen. WW
7 Der ornamentale Gitterbogen

betonte einen Abschnitt eines Korridors oder Durchgangs. AOH
8 Typische Konsole für ein Vordach mit gedrechselten Balus-

tern im erneuerten Queen-Anne-Stil. YM
9 Massiges Tor für die Zufahrt zu Garage oder Stall. CM

In den bescheidenen Gärten der edwardianischen Vorstädte schätzte man Abgeschiedenheit mehr denn je, und folglich wurden Zäune ein wichtiger Handelsartikel. Aus Gründen der Sparsamkeit verwendete man häufig Kiefernholz, das dank Druckbehandlung und ständig verbesserter Konservierungsmittel nicht mehr so oft gestrichen werden musste.

Ein wichtiger Anwendungsbereich für Holz waren Wintergärten und Gewächshäuser. Die Firma William Cooper Ltd, eine der größten Holzbaufirmen in London, verkaufte in der gesamten edwardianischen Periode fast 10 000 Wintergärten und Gewächshäuser pro Jahr. Die *Treillage,* ein dekoratives Gitterwerk, kam sowohl in Wintergärten als auch in städti-

schen Gärten immer mehr in Mode. Ein wichtiger Hersteller war der Gartenspezialist J.P. White aus Bedford, zu dessen Produkten Gitter für glatte Wände und Nischen sowie Pergolen und Obelisken gehörten.

Die Wiederentdeckung von Stilen der Tudorzeit in den Vorstädten manifestierte sich in falschen Fachwerkgiebeln – mit dunklen Holzbalken und Putzfeldern dazwischen. Hölzerne Balkons, Vorbauten, Traufkonsolen und Winddielen sind oft von großer Individualität.

Als alternative Giebelgestaltung finden sich nicht selten gewellte Eichen- oder Ulmenbretter, die Lauben, Garagen und Gartenhäusern eine rustikale Note verleihen.

AMERIKANISCHE BEAUX ARTS

1870 – 1920

1 Isaac Fletcher House, New York, von C. P. H. Gilbert, 1899, ist ein Beispiel für den »François-Premier«-Stil mit seinen steilen Dächern, Gauben und mit plastischem Schmuck überzogenen Kalksteinfassaden. UI
2 Andrew Carnegie Mansion, New York, 1903. Die Architekten Babb, Cook und Willard mischten Elemente georgianischer Architektur und französischer Renaissance. CW
3 Ein mäßig großes Beaux-Arts-Haus in Forest Hills, Queens, New York, mit Details im Kolonialstil, um 1920. FH
4 Der Grundriss für ein Cottage in einem Badeort von 1886 zeigt, welcher Wert in der Beaux-Arts-Architektur auf Symmetrie gelegt wurde.

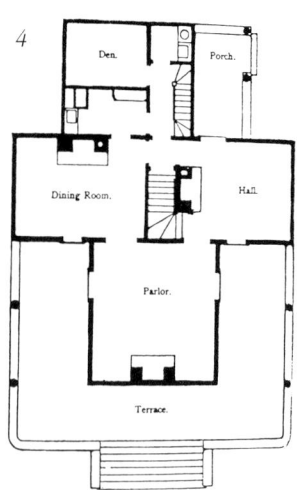

Die amerikanische Beaux-Arts-Bewegung zwischen 1876 und 1930 umfasste verschiedene von historischen Vorbildern abgeleitete Architekturstile.

Nach dem Bürgerkrieg entwickelte sich die Nationalökonomie sehr rasch und konnte im letzten Viertel des 19. Jahrhunderts schließlich mit der europäischen konkurrieren. Im Bewusstsein des neuen Ranges der Nation gaben die Spitzen von Politik und Finanzwelt öffentliche Bauten in Auftrag, welche die Macht Amerikas zum Ausdruck brachten. Gleichzeitig wurden viele Privatvermögen angehäuft, und Hunderte wohlhabender Bürger ließen sich verschwenderische Stadthäuser und Landsitze bauen, für die bestimmte Motive historischer europäischer Stile entlehnt wurden. Die spektakulären neuen Villen erinnerten an französische *chateaux*, italienische *palazzi* und elisabethanische Herrenhäuser, und ihre Besitzer mögen sich als eine Art moderne Renaissancefürsten gefühlt haben.

Erstmals standen jetzt genügend junge, akademisch gebildete Architekten zur Verfügung, um den Bedarf an prächtigen Wohnbauten zu decken, und damit wurde der Stil nicht mehr in erster Linie von Bauhandbüchern bestimmt. Der Beruf des Architekten war erst im 19. Jahrhundert entstanden, und die angesehenste Schule dafür war die Ecole des Beaux Arts in Paris. Der erste Amerikaner, der das anspruchsvolle fünfjährige Studium an der Ecole absolvierte, war Richard Morris Hunt (1827–1895), der nach seinem Abschluss Europa und Ägypten bereiste, kurz in Paris arbeitete und 1855 in die Vereinigten Staaten zurückkehrte. Ähnlich hielten es viele andere amerikanische Absolventen der Ecole. An neu gegründeten Architekturschulen in Amerika wurden die Praktiken der Beaux Arts gelehrt, oftmals von Absolventen der Ecole. So beeinflusste Paris das amerikanische Design.

Die Ecole betonte im 19. Jahrhundert die Wichtigkeit eines klar gegliederten Grundrisses. Fensterverteilung und Anlage der Flügel waren oft symmetrisch und entsprachen dem Grundriss. Die Ecole befürwortete die Anwendung neuer Technologien, und die Beaux-Arts-Architekten sahen

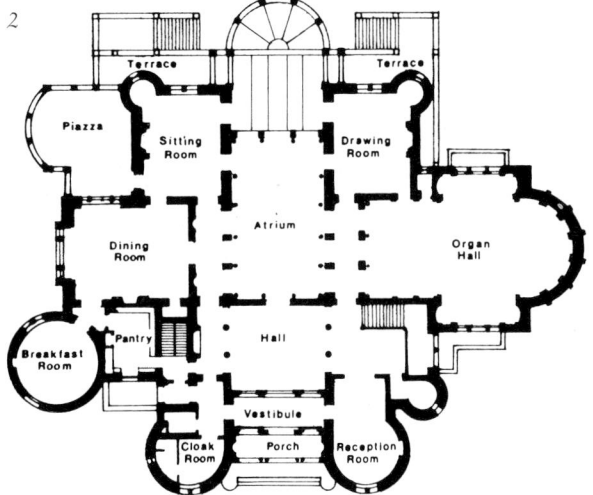

1 Schindelstilhäuser wie dieses in Newport, Rhode Island, enthielten Motive von Queen Anne und Colonial Revival; alle Außenflächen wurden mit Schindeln in kontrastierenden Mustern bedeckt.

2 In diesem Landhaus in Great Barrington, Massachusetts, 1884, haben McKim, Mead and White den Grundriss eines französischen chateau zu einem komplizierten Raster von Räumen verarbeitet.

keinen Widerspruch zwischen den modernen Gebäudefunktionen und der Verwendung historischer Details. Sie bauten ihre Häuser mit komplexen elektrischen Anlagen, Fahrstühlen, mechanischen Kommunikationsmitteln und raffinierten Bad- und Kücheneinrichtungen. Und so wie sie das Äußere der Gebäude mit historischen Stildetails ausstatteten, schmückten sie auch die Inneneinrichtung aus. Akanthusblätter ringelten sich um die Ecken von Schalterabdeckungen, gusseiserne Delphine zierten die Füße von Herden und Badewannen. Oft waren diese Details einem einzigen Thema untergeordnet und vereinten so Außen- und Innengestaltung.

Die Architekten der Beaux Arts pflegten Arbeiten anderer Künstler einzubeziehen, z.B. exquisite Buntglasfenster oder Raumteiler von John La Farge (1835–1910) und Louis Comfort Tiffany (1848–1933), oder plastische Kamineinfassungen, Giebelfelder und Eingänge von Augustus Saint-Gaudens (1848–1907) und Karl Bitter (1867–1915). Auch Möbeltischler wie Gustav und Christian Herter (1830–1898, 1840–1883) stimmten sich mit den Architekten ab und fertigten herrliche Möbelgarnituren passend zur Innengestaltung. Ebenso entsprach die Anlage der Gärten den symmetrischen Grundrissen der Häuser. Kurz gesagt war im Beaux-Arts-Design die Einheit wichtig, während in der viktorianischen Ästhetik Muster, Texturen und Stile miteinander konkurrierten.

Die meisten Architekten spezialisierten sich auf einen oder zwei bestimmte Stile. Richard Morris Hunt initiierte den Trend mit einer Reihe von Villen, die er nach dem Vorbild französischer Renaissanceschlösser für die Vanderbilts und andere Millionärsfamilien entwarf. Er machte den »François-Premier«-Stil populär, für den steile Schieferdächer mit kunstvollen Firstgittern, Reihen von Gaubenfenstern mit Krabben und Kreuzblumen, vierkantige Türme, Dachreiter, hohe Schornsteine, zierlich geschnitzte Balustraden, Wasserspeier und massive, gewölbte Eingänge charakteristisch sind. Innen gab es oft gewölbte Bankettsäle mit Tapisserien und Steinkaminen mit mächtigen Abzugshauben.

Eine andere Version der französischen Renaissance pflegten John M. Carrere (1858–1911) und Thomas Hastings (1860–1929), deren gemeinsame Arbeit sich vor allem auf Vorbilder aus dem 17. und 18. Jahrhundert, von Baumeistern wie Jacques-Ange Gabriel oder Claude Perrault, stützte. Bei Häusern in diesem Stil liegt das leicht schräge Dach hinter einer Balustrade, und es gibt kolossale Pilaster und Sockelrustika. Die Bogenfenster und -türen tragen mehr oder weniger Schmuck aus plastisch bearbeitetem Kalkstein. Die Firma gestaltete auch Häuser in einem französischen Provinzstil mit kleinen Gauben auf hoch gewalmten Dächern und Ziegelfassaden mit Eckquadern aus Kalkstein.

William A. Delano (1874–1960) und Chester H. Aldrich (1871–1940) spezialisierten sich mit ihrer Firma auf Georgian und Regency Revival. Die Aufrisse ihrer Häuser in Stadt und Land sind von breiten roten Ziegelwänden mit klar und symmetrisch angeordneten hölzernen Schiebefenstern mit schwarzen oder dunkelgrünen Läden gekennzeichnet. Türeinfassungen und Fensterbänke waren mit dünnen Streifen weißen Marmors verziert. Im Inneren gab es runde und ovale Formen, flache Kuppeln, Nischen und Blendbögen, ähnlich wie bei den englischen Architekten John Soane oder Henry Holland.

Addison Mizner (1872–1933), der vor allem in Palm Beach und Südflorida tätig war, schuf exotische Winterhäuser in Anlehnung an spanische und mediterrane Stile mit Stuckwänden, Ziegeldächern, Loggien, offenen Höfen und eleganten Eisenarbeiten.

Varianten der englischen Neogotik waren in der gesamten Periode populär, insbesondere nach 1900. Der von den Amerikanern so genannte Tudorstil umfasste neben Elementen der englischen Tudorarchitektur auch solche aus der Zeit von Elizabeth I. und James I. Die Beispiele reichen

Ein Raum im Geschmack der fran-
zösischen Renaissance. Täfelung,
plastischer Schmuck und andere
Details sollen den Eindruck histo-
rischer Pracht vermitteln. Selbst
modernes Zubehör wie der elektri-
sche Kronleuchter hat historische
Vorbilder. ES

von mächtigen steinernen Villen nach dem Vorbild von Herrenhäusern aus der Zeit James' I. bis hin zu kleinen ländlichen Fachwerkhäusern. Die meisten hatten asymmetrische
Grundrisse, viele Giebel, Stabwerkfenster und hohe Schornsteine. Innen sorgten stark plastische Eichentäfelung, reich
verzierte Eichenbaluster, eiserne Wand- und Kronleuchter
für spätgotische Stimmung. In Stadtrandgebieten war der
Tudorstil in abgeschwächter Form populär.

Von diesen abgeleiteten Stilen fand American Colonial
Revival die weiteste Verbreitung, was auch mit dem 100.
Jahrestag der Amerikanischen Revolution im Jahr 1876 zu
tun hatte. Bereits 1874 begannen Charles F. McKim (1847–
1909) und Stanford White (1853–1906) Details des Kolonialstils, z.B. Portiken und Palladio-Motive, in ihre Häuser im

Schindelstil einzubeziehen, doch die ersten voll entwickelten Beispiele von Colonial Revival stammen aus den 1880er
Jahren. Allmählich wurden die Elemente des Kolonial- und
Föderalstils kühner und historisch genauer verwendet. Spätere regionale Trends waren u.a. Spanish Colonial und
Southern Colonial. Häuser im Kolonialstil werden auch
heute noch in großer Zahl gebaut.

Obgleich die Architekten der Beaux Arts in vielen Neo-
Stilen arbeiteten, bauten sie keine Kopien historischer Häuser, sondern verwendeten historische Details als Schmuck
für Häuser mit neuer Haustechnik, großzügigem Küchen-
und Sanitärbereich und modernem Grundriss. Sie entlehn-
ten zwar Elemente aus der Geschichte, doch ihre Häuser
bauten sie für das moderne Leben.

Türen

Reich und doch maßvoll verzierte Neorenaissance-Doppeltür. Alle Profile sowie die Beschläge und Griffe mit ihrem

Renaissance-Maßwerk sind flach gehalten, die Ornamente erheben sich nur wenig über die Oberfläche. ES

Die Tür eines Beaux-Arts-Hauses ist ein beredter Hinweis auf den Stil des Gebäudes: Türen aus Eichenplanken mit Bleiglas und Verdachung stehen für Tudor, abgeplattete Füllungen, Oberlichter, Seitenscheiben und plastische klassische Details bedeuten Kolonialstil, und Rustika sowie Festons, Girlanden, Kartuschen aus Kalkstein signalisieren French Classical. Verbreitet waren bronzene Türrahmen mit großen Flachglasscheiben, dazu verschiedene Einfassungen. Diese eleganten Eingangstüren lösten die tiefen Vorbauten der viktorianischen Ära ab.

Es gibt zahlreiche Nebentüren: zum Hinterhaus, zum Garten, zur Küche, zu Kohlenrutsche und Keller, zu den Dienerkammern. Später kamen noch Garagentüren hinzu. In schönen Katalogen sind Türknöpfe und Riegel im »François-Premier«-Stil abgebildet, Türknöpfe oder Schieber im Geschmack der italienischen Renaissance oder glatte runde Messingknöpfe im Geschmack des Kolonialstils und des georgianischen Stils.

Im Inneren eleganter Häuser verbinden breite offene Bögen die Diele mit den wichtigsten Wohnbereichen. Holztüren (oft Mahagoni) in historischen Stilen trennen Schlafzimmer und privatere Wohnräume ab. Viele Türen führen zu speziellen Vorratsräumen, wie Leinen-, Dielen- und Telefonkabinetten. In manchen üppigen Interieurs nach französischen Vorbildern waren die Türfüllungen mit Blumendekor, Trophäen oder romantischen Landschaften bemalt.

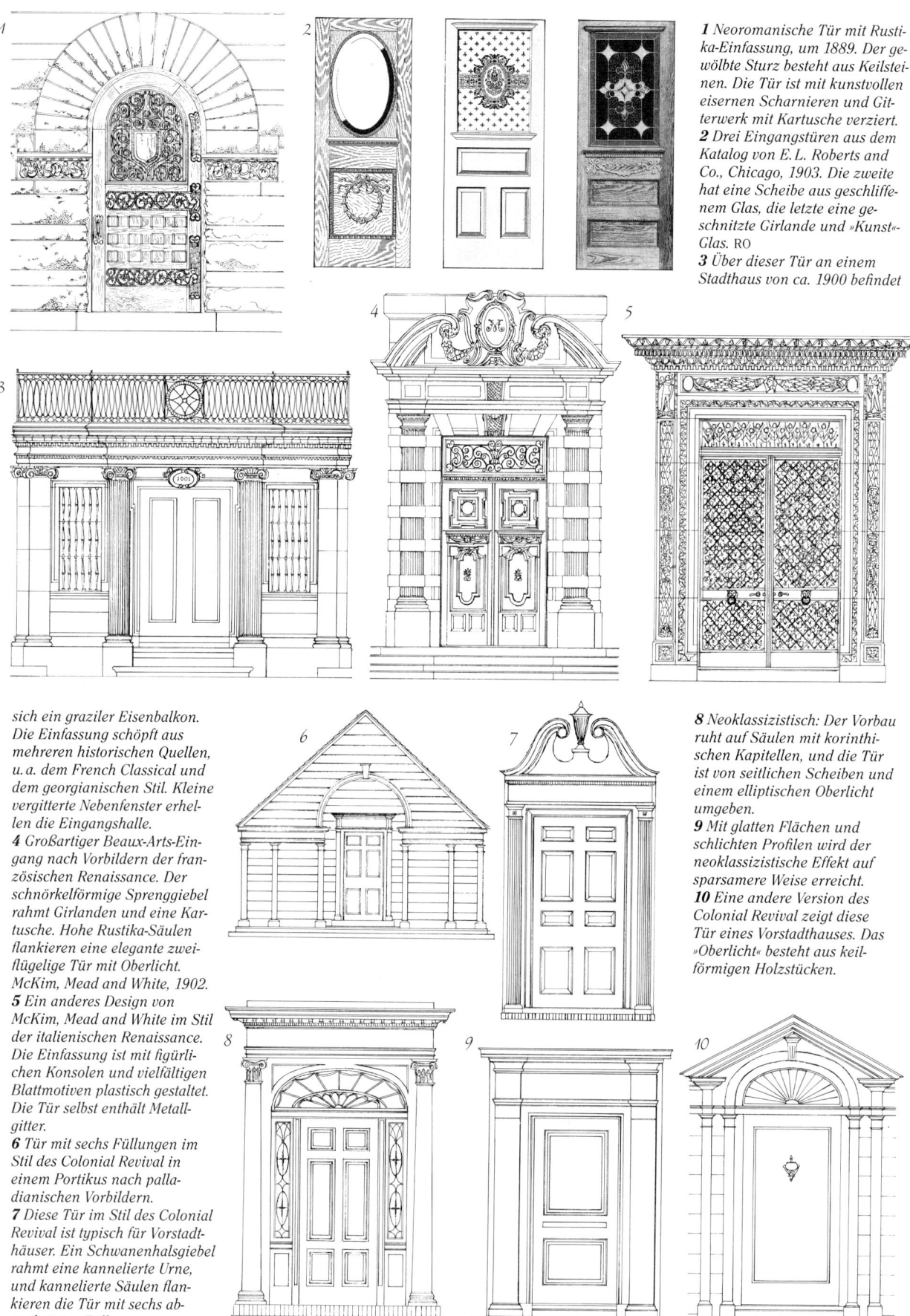

1 Neoromanische Tür mit Rustika-Einfassung, um 1889. Der gewölbte Sturz besteht aus Keilsteinen. Die Tür ist mit kunstvollen eisernen Scharnieren und Gitterwerk mit Kartusche verziert.
2 Drei Eingangstüren aus dem Katalog von E.L. Roberts and Co., Chicago, 1903. Die zweite hat eine Scheibe aus geschliffenem Glas, die letzte eine geschnitzte Girlande und »Kunst«-Glas. RO
3 Über dieser Tür an einem Stadthaus von ca. 1900 befindet

sich ein graziler Eisenbalkon. Die Einfassung schöpft aus mehreren historischen Quellen, u. a. dem French Classical und dem georgianischen Stil. Kleine vergitterte Nebenfenster erhellen die Eingangshalle.
4 Großartiger Beaux-Arts-Eingang nach Vorbildern der französischen Renaissance. Der schnörkelförmige Sprenggiebel rahmt Girlanden und eine Kartusche. Hohe Rustika-Säulen flankieren eine elegante zweiflügelige Tür mit Oberlicht. McKim, Mead and White, 1902.
5 Ein anderes Design von McKim, Mead and White im Stil der italienischen Renaissance. Die Einfassung ist mit figürlichen Konsolen und vielfältigen Blattmotiven plastisch gestaltet. Die Tür selbst enthält Metallgitter.
6 Tür mit sechs Füllungen im Stil des Colonial Revival in einem Portikus nach palladianischen Vorbildern.
7 Diese Tür im Stil des Colonial Revival ist typisch für Vorstadthäuser. Ein Schwanenhalsgiebel rahmt eine kannelierte Urne, und kannelierte Säulen flankieren die Tür mit sechs abgeplatteten Füllungen.

8 Neoklassizistisch: Der Vorbau ruht auf Säulen mit korinthischen Kapitellen, und die Tür ist von seitlichen Scheiben und einem elliptischen Oberlicht umgeben.
9 Mit glatten Flächen und schlichten Profilen wird der neoklassizistische Effekt auf sparsamere Weise erreicht.
10 Eine andere Version des Colonial Revival zeigt diese Tür eines Vorstadthauses. Das »Oberlicht« besteht aus keilförmigen Holzstücken.

1 Diese extravagante Tür im erneuerten Tudorstil besitzt eine Verglasung mit Stäben und Riegeln sowie eine Einfassung mit Ecksteinen und Tudorbogen. Die Tür selbst besteht aus dicken Planken und hat lange Scharnierbänder. Die Anordnung der Tür und der beiden Seitenscheiben entspricht jedoch dem Kolonialstil und nicht dem Tudorstil. FH
2 Ein blasenförmiger Baldachin aus Bronze und Glas schützt den Vordereingang einer New Yorker Villa. Für diese Art Baldachin gibt es kein historisches Vorbild; er ist typisch für Pariser Architektur des späten 19. Jhs. CW
3 Zweiflügelige Tür mit Verglasung unter einem Oberlicht aus Buntglas mit Girlanden und einer runden Kartusche. CW

4 Der neogeorgianische Stil: Mahagonitür mit acht Füllungen zwischen dünnen Pilastern und einem Säulengebälk mit vorstehendem Gesims. UI
5 Diese Interpretation von Faltwerktäfelung, mit königlichen Porträts an den oberen Füllungen, nimmt ausdrücklich Bezug auf den Tudorstil. FH
6 Vergoldete Griffplatte und Klinke im Geschmack der französischen Renaissance, mit zarten Schnörkelornamenten. ES
7 Elegante bogenförmige Türeinfassung aus The Elms, Rhode Island. Ein Faszienbündel umschließt den Bogen, der eine Trophäe, ein mit Wellenmotiven geschmücktes Feld und verschiedene Profile einrahmt. Das sind Details aus dem French Empire und dem French Classical. ES

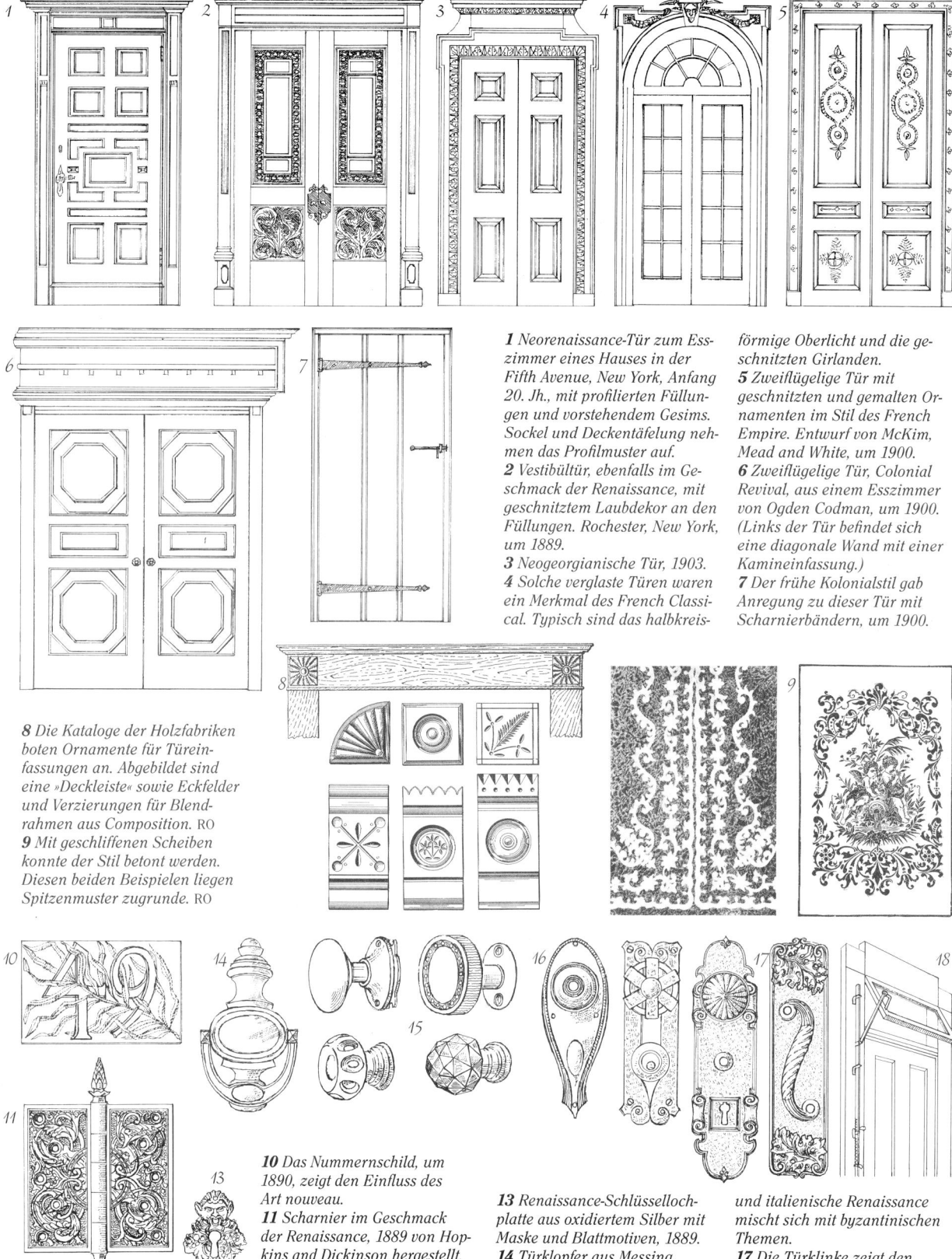

1 Neorenaissance-Tür zum Esszimmer eines Hauses in der Fifth Avenue, New York, Anfang 20. Jh., mit profilierten Füllungen und vorstehendem Gesims. Sockel und Deckentäfelung nehmen das Profilmuster auf.
2 Vestibültür, ebenfalls im Geschmack der Renaissance, mit geschnitztem Laubdekor an den Füllungen. Rochester, New York, um 1889.
3 Neogeorgianische Tür, 1903.
4 Solche verglaste Türen waren ein Merkmal des French Classical. Typisch sind das halbkreisförmige Oberlicht und die geschnitzten Girlanden.
5 Zweiflügelige Tür mit geschnitzten und gemalten Ornamenten im Stil des French Empire. Entwurf von McKim, Mead and White, um 1900.
6 Zweiflügelige Tür, Colonial Revival, aus einem Esszimmer von Ogden Codman, um 1900. (Links der Tür befindet sich eine diagonale Wand mit einer Kamineinfassung.)
7 Der frühe Kolonialstil gab Anregung zu dieser Tür mit Scharnierbändern, um 1900.

8 Die Kataloge der Holzfabriken boten Ornamente für Türeinfassungen an. Abgebildet sind eine »Deckleiste« sowie Eckfelder und Verzierungen für Blendrahmen aus Composition. RO
9 Mit geschliffenen Scheiben konnte der Stil betont werden. Diesen beiden Beispielen liegen Spitzenmuster zugrunde. RO

10 Das Nummernschild, um 1890, zeigt den Einfluss des Art nouveau.
11 Scharnier im Geschmack der Renaissance, 1889 von Hopkins and Dickinson hergestellt. Die Oberflächen sind graviert und die Angel hat spitz zulaufende Blätterknäufe.
12 Schlüssel aus oxidiertem Silber im semi-byzantinischen Stil, 1889.
13 Renaissance-Schlüssellochplatte aus oxidiertem Silber mit Maske und Blattmotiven, 1889.
14 Türklopfer aus Messing, Colonial Revival, um 1920.
15 Vier Türknöpfe ohne speziellen historischen Stil. Die beiden unteren sind aus Pressglas.
16 Türknöpfe und Schilder aus den 1890er Jahren; französische und italienische Renaissance mischt sich mit byzantinischen Themen.
17 Die Türklinke zeigt den Einfluss des Art nouveau.
18 Der Heber für das Oberlicht sollte zu besserer Belüftung beitragen. American Manufacturing Company, 1880er Jahre.

Fenster

1 Dreiteiliges Fenster mit Balkon, Andrew Carnegie Mansion, New York, 1903, von Babb, Cook and Willard. Die Kalksteineinfassung ist mit C-Formen und Kartuschen stark plastisch gestaltet, der darunter liegende Balkon ruht auf Konsolen. Alle diese Details gehören zum Vokabular des French Classical. CW
2 Kunstvolle Fenstergestaltungen im Sinne der Beaux Arts. Links ein Fenster mit fransenbesetzter Schabracke und gerafften Schals. Rechts flankieren zwei Flügelfenster mit Bogenabschlüssen einen schmalen Pfeilerspiegel und ein Konsolpostament. Vor den Fenstern Wolkenstores.
3 Diese Jalousie funktioniert nach dem Prinzip des Schiebe-

rahmens. Der Querschnitt zeigt, wie die drei Teile der Jalousie hintereinander Platz haben. RO
4 Zu den Merkmalen der Fenster an diesem Haus im »François-Premier«-Stil von McKim, Mead and White gehören: krabbenbesetzte Verdachungen aus Kalkstein, plastisch verzierte Steinbalkons in den oberen Geschossen und kunstvoll gestaltete Gauben mit Steinfialen. In diesen Einfassungen befanden sich oft große Flachglasscheiben statt der kleinen Scheiben, die in der französischen Renaissance tatsächlich üblich waren.
5 Eine Variante des Colonial Revival: Schiebefenster mit zweimal sechs Scheiben und Fensterläden.

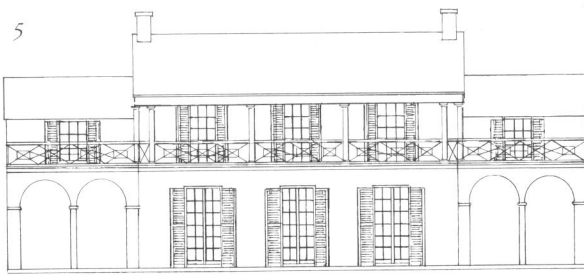

Fenster und Einfassungen richten sich genau nach den Vorgaben des Stils. Im Colonial Revival haben die Rahmen zweimal sechs Scheiben, und im Hauptgeschoss sind sie oft dreiteilig und höher. Manchmal wurden die hölzernen Einfassungen mit Girlanden oder Mäandern beschnitzt. Im French Classical haben die Fenster bogenförmige Stürze und werden oft von plastischen Steingirlanden, Guillochenbändern oder Rustika umrahmt. Das von Richard Morris Hunt popularisierte »François Premier« verlangt stark plastische Verdachungen an den Hauptfenstern und reichlich Krabben an den Gauben. Fenster im Geschmack der italienischen Renaissance sind vornehm zurückhaltend mit Ädikula oder Ziergiebel gestaltet, die des Spanish Revival mit

ornamentalen Eisengittern und über der Eingangstür manchmal mit blumigem barockem Dekor. Fenster des Tudor Revival erkennt man an ihren kleinen Scheiben und Steinpfosten.

Nicht jedes Fenster der Beaux Arts folgt einem historischen Stil. Viele große Häuser hatten z. B. Wintergärten, deren tragende Eisenkonstruktion meist mit Phantasiedekoren oder erfundenen Motiven filigran verziert wurden.

Schön bearbeitete Riegel und Bolzen von Caldwell and Company oder P. E. Guerin, aus Messing oder vergoldet, schmückten Fenster im französischen und italienischen Geschmack. Fenster im Tudor- oder spanischen Stil wiesen gröbere Beschläge aus Eisen auf.

1 Die Kombination von kleinen Scheiben im oberen Flügel mit einer großen Scheibe im unteren Flügel, wie hier an der mittleren Gaube (1895), war an Häusern des Schindelstils üblich. Die Giebelverzierung ist ungewöhnlich.
2 Die Details dieser Fassade, mit den Kreuzblumen an den Fenstern und den Delfinen, Blättern und Figuren am Balkon, wurden exakt aus Quellen des »François Premier« übernommen. New York, 1899.

3 Dieses Fenster eines Obergeschosses (1903) wirkt kräftig. Konsolen sowie spezifische Motive am Balkon sind aus dem French Classical entlehnt. CW
4 Dieses Fenster mit geschnitzter bogenförmiger Einfassung befindet sich in der Bibliothek von Andrew Carnegie Mansion, New York, 1903. CW
5 Höhe, Proportionen und geschwungene Glassprossen tragen zur Eleganz dieser Loggiatür bei. 1895. ES

Firmen wie P. E. Guerin spezialisierten sich auf exquisit bearbeitete Beschläge aus Messing, Bronze u. a.
6 Fensterheber, Louis-quatorze.

7 Fensterheber, Rokoko.
8 Versenkter Fensterheber, 1914.
9 Fensterladenknauf aus Glas.
10 Versenkter Fensterheber.
11 Schubriegel.

12 Fensterladenriegel, Louis-quatorze.
13 Schubriegel.
14 Schubstangenriegel für Loggiatür, 1905.
15 Dachfensterheber, 1889.

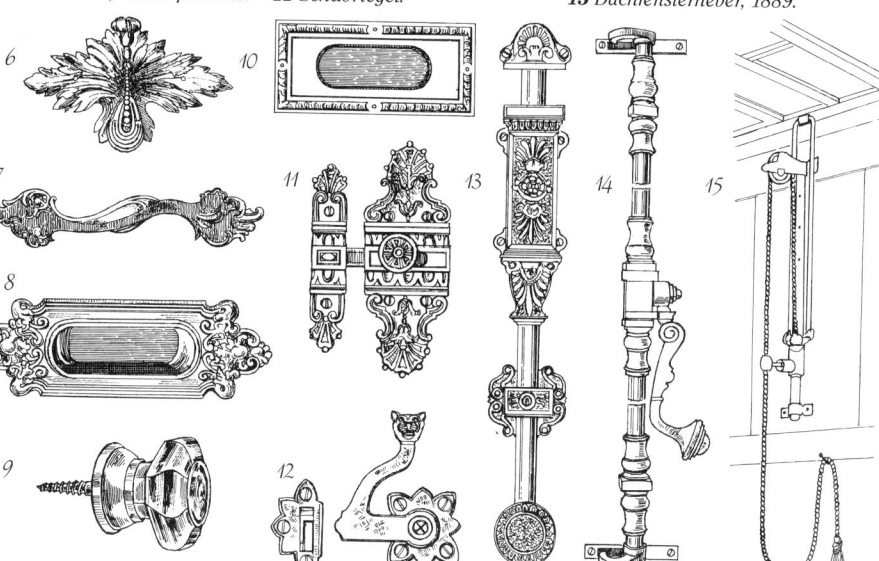

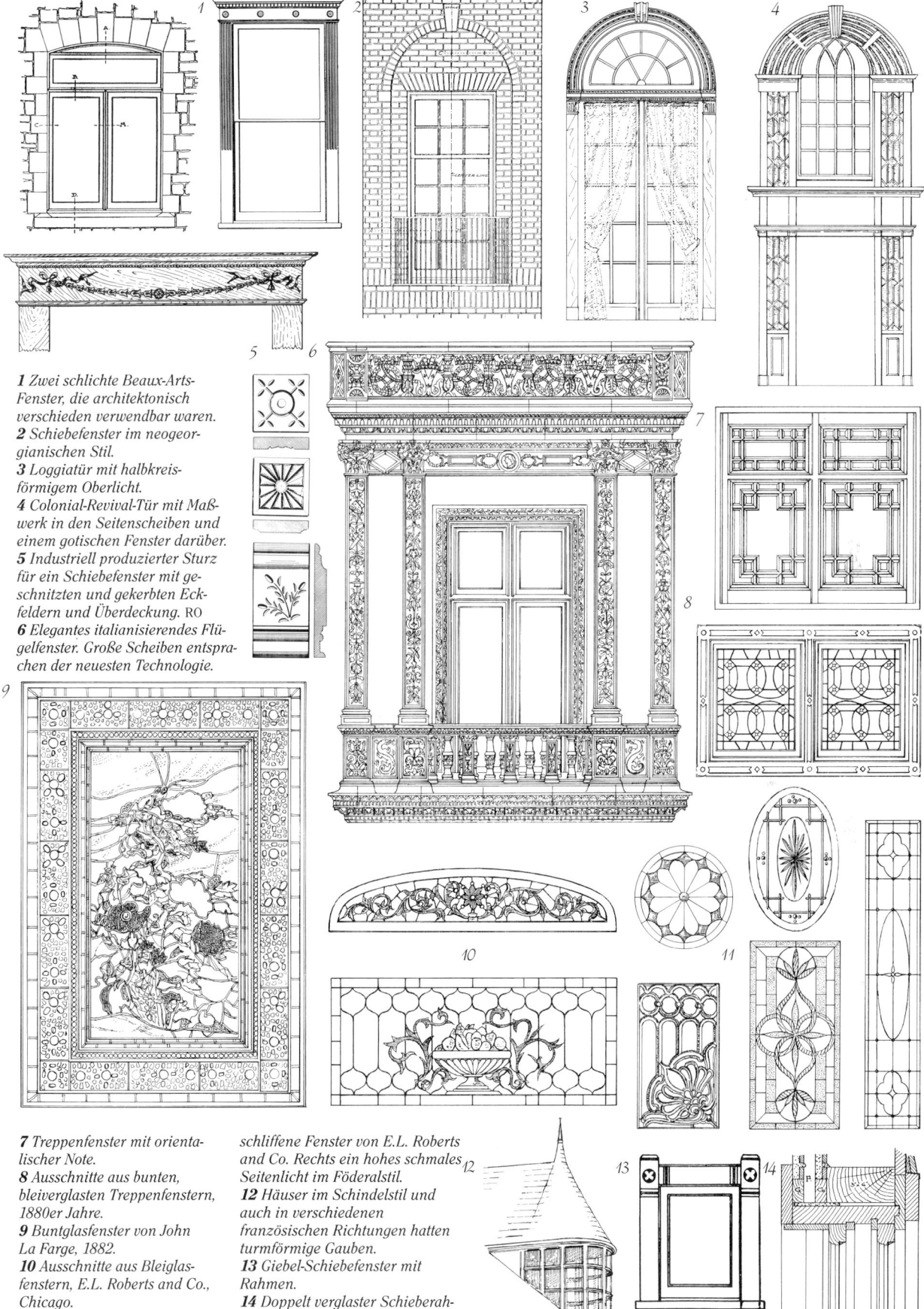

1 Zwei schlichte Beaux-Arts-Fenster, die architektonisch verschieden verwendbar waren.
2 Schiebefenster im neogeor-gianischen Stil.
3 Loggiatür mit halbkreis-förmigem Oberlicht.
4 Colonial-Revival-Tür mit Maß-werk in den Seitenscheiben und einem gotischen Fenster darüber.
5 Industriell produzierter Sturz für ein Schiebefenster mit ge-schnitzten und gekerbten Eck-feldern und Überdeckung. RO
6 Elegantes italienisierendes Flü-gelfenster. Große Scheiben entspra-chen der neuesten Technologie.

7 Treppenfenster mit orienta-lischer Note.
8 Ausschnitte aus bunten, bleiverglasten Treppenfenstern, 1880er Jahre.
9 Buntglasfenster von John La Farge, 1882.
10 Ausschnitte aus Bleiglas-fenstern, E.L. Roberts and Co., Chicago.
11 Kleine bleigefasste und ge-schliffene Fenster von E.L. Roberts and Co. Rechts ein hohes schmales Seitenlicht im Föderalstil.
12 Häuser im Schindelstil und auch in verschiedenen französischen Richtungen hatten turmförmige Gauben.
13 Giebel-Schiebefenster mit Rahmen.
14 Doppelt verglaster Schieberah-men für harte Wetterbedingungen.

Wände

1 Große Wandöffnung mit Vorhang zwischen zwei Räumen. Die Gestaltung des umgebenden Holzes zeigt islamischen Einfluss.
2 Diese Täfelung hat eine schön eingelegte Füllung unter der Sockelleiste. Die Wand darüber

ist mit rotem Damast bespannt, eine damals typische Gestaltungsweise. ES
3 und 4 Täfelungen aus Rahmen und Füllung konnte man von kommerziellen Anbietern kaufen. Das erste Beispiel ist Eiche,

das zweite hat Seitenstücke und Querfriese aus Weißkiefer und Füllungen aus Gelbkiefer. RO
5 Holzprofile wurden industriell aus gepresstem Kiefern-, Pappel- oder Zypressenholz hergestellt und nach Fuß verkauft. RO

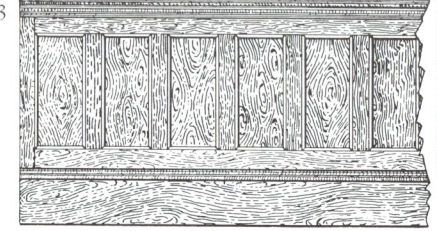

Stilreine Salons, Esszimmer und Bibliotheken des French Classical hatten meist geschnitzte hölzerne Paneele, manchmal mit Ornamenten in Flachrelief (Trophäen, Festons). Der Untergrund konnte weiß, grün oder blau gestrichen sein, die Ornamente golden abgesetzt.

Paneele aus gebeizter Eiche sind typisch für Tudor Revival und Jacobean Revival. Verziert wurden sie gern mit geschnitztem Faltwerk oder verflochtenen Mustern aus Quadraten, Rechtecken und Rauten. Ecken und Kaminvorsprünge verzierte man mit plastischem Beschlagwerk.

Im neogeorgianischen Stil fielen die Täfelungen viel schlichter aus; Schnitzwerk und Profile waren der Sockelleiste, dem Kaminvorsprung und den Türrahmen vorbehalten. In Interieurs des Colonial Revival sind Täfelungen mit glatt verputzten Wänden kombiniert. Viele verputzte Wände wurden nur durch eine Sockelleiste unterbrochen, die symmetrisch oder mit einer glatten Fläche über einer Reihe schmaler Profile gestaltet sein konnte. Täfelungen im Stil des Colonial Revival ähnelten georgianischen Vorbildern oder bestanden aus glatten Brettern, die mit Perlstäben verziert waren.

Sockeltäfelungen mit Putz und Anstrich oder Tapete darüber hatte man besonders gern in Dielen, Fluren und Esszimmern. In den elegantesten Villen im französischen oder italienischen Geschmack waren die Wände mit dünnen Marmorplatten oder brillanten Tapisserien bedeckt.

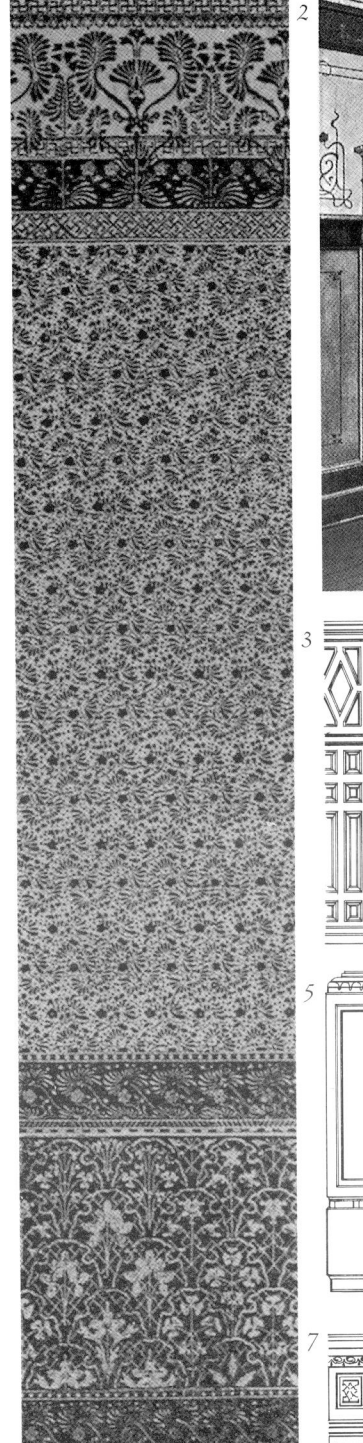

erhabenen Holzteilen mit rautenförmigen Füllungen am oberen
Rand war typisch für Neorenais-
sance-Interieurs der 1880er Jahre.
4 Die Popularität von Spindelreihungen erreichte in der Ära der
Beaux Arts ihren Höhepunkt.
Diese (zur Hälfte im Bild) über-
zog den oberen Teil eines Erker-
fensters.
5 Die Details am Gesims, die
Täfelung des Kaminvorsprungs
und die Fußleiste sind typisch
für Colonial-Revival-Interieurs
des frühen 20. Jhs.
6 Robuste Kombination von Putz
mit Schnitzereien im Stil des
französischen Rokoko und des
Neoklassizismus. Säulenpaare
flankieren einen Pfeilerspiegel
und Putzmedaillons mit gebunde-
nen Schleifen. Von Ogden Codman, 1904.
7 Entwurf für Schnitzereien an
einer Fensterwand von Ogden

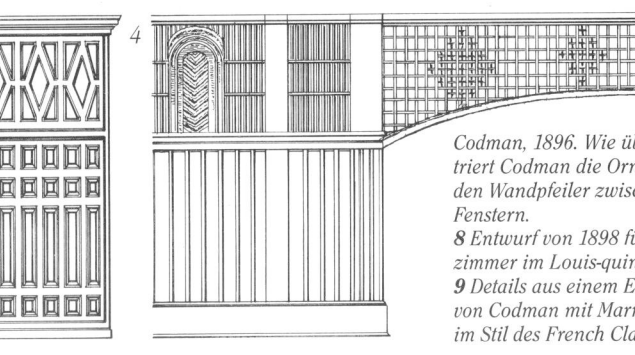

Codman, 1896. Wie üblich konzen-
triert Codman die Ornamente auf
den Wandpfeiler zwischen den
Fenstern.
8 Entwurf von 1898 für ein Schlafzimmer im Louis-quinze-Stil.
9 Details aus einem Esszimmer
von Codman mit Marmorsäulen
im Stil des French Classical.

1 Dreiteilige Tapete von
Samuel Codman, um 1880.
2 Über dieser Tür im Esszimmer befindet sich das in den
Beaux Arts übliche schmale
Bord für Ziergegenstände.
Das schablonierte Muster im
schmalen Feld zeigt den Einfluss des Art nouveau. SK
3 Getäfelte Foyerwand, 1888.
Das Raster aus flachen und

1 Das Interesse der Beaux Arts am Exotisch-Orientalischen zeigt sich in dieser japanisch inspirierten Wandgestaltung eines Hauses in Forest Hills, Queens, New York. Die Füllungen unter den Fenstern zeigen auf vergoldetem Grund gemalte Pflanzen und Libellen. Das Schilfmotiv setzt sich auf den darüber liegenden Spiegeln fort. FH
2 Ein Putzfries knapp unter der Decke über einer Holztäfelung im erneuerten Tudorstil. Wein- und Blattmotive liegen zwischen zwei Seilprofilen. Eulen und andere Motive, u.a. fleur-de-lys, ziehen sich um den ganzen Raum. FH

3 In der Ära der Beaux Arts wurden die Wände in Küchen und Bädern mit glasierten Fliesen verkleidet. Im Bad von The Elms, Newport, Rhode Island, gibt es eine Reihe Fliesen mit erhabenem Muster aus zarten Gehängen von Blumengirlanden, Bändern und Schleifen. Das Design zeigt deutliche Anklänge an historische Stile. ES
4 Mit Holz- oder Putzprofilen in Felder geteilte Wände sind typisch für Interieurs der Beaux Arts. Manchmal wurden die Profile mit plastischen Ornamenten noch weiter verziert. Diese Gestaltung im italienischen oder französischen Geschmack zeigt Rundfelder in den einspringenden Ecken des inneren Profils und Schnörkel und Akanthusblätter zu Seiten einer Kartusche am äußeren Profil; diese Details sind passend zum oberen Fries vergoldet. FH
5 Einfache Wandgestaltung mit Fußleiste in Rahmenkonstruktion, die den Sockel für Pilaster an den Ecken und Türeinfassungen bildet. Die flachen Seiten der Pilaster sind mit erhabenen Profilleisten verziert. UI

Decken

*1 Balkendecke mit geschnitz-
ten Blattmotiven an den Balkenenden. Mit kleinteiliger
Schnitzerei werden die Balken
punktiert.* UI

*2 Diese großartige Holzdecke
mit Profilen in einem gotischen Muster und kunstvoll
geschnitzten Verzierungen ist
altenglisch.* UI

*3 Der Übergang von der Wand
zur Decke kann reich mit
Stuckarbeiten verziert sein –
hier u. a. mit Riffelung und
Eierstab.* UI

*4 Eine ausgesprochen kunstvoll
gestaltete Kassettendecke mit
Schnitzwerk im Stil der Renaissance an den Balken und vergoldeten Drachen dazwischen.* ES

D ie meisten Decken folgen dem georgianischen oder dem
Kolonialstil und sind glatt weiß verputzt. Wo auf das
17. Jahrhundert Bezug genommen wird, liegen die ungestrichenen Balken frei. Die Streifen dazwischen sind weiß verputzt. Im Kolonialstil gibt es auch Decken mit Putzornamenten – meist laufen Perlstäbe am Rand um, oder Blattmotive
umgeben einen Kronleuchter. Gesimsleisten aus Putz, an-
deutungsweise klassisch, markieren den Übergang von der
Wand zur Decke. Meist wurden die Profile an der Wand angebracht, aber manchmal befestigte man halbrunde Putzper-
len auch an der angrenzenden Decke.

Klassische Decken sind ebenfalls verputzt, aber auch oft
mit Wolken, Engelchen und mythischen Gestalten bemalt.

Erhabene Holz- oder Putzprofile, reich modelliert und vergoldet, teilten die Fläche in Felder. Der italienischen Renaissance nachempfundene Decken bestehen aus Holz und haben ein Raster aus tiefen Kassetten mit Rosetten in der Mitte
und hellrot, blau und golden akzentuierte Schnitzereien. Decken des Spanish Revival sehen ähnlich aus, sind aber meist
nicht so stark verziert; oft sind sie dunkel gebeizt.

Häuser im Geschmack des englischen Tudorstils oder des
»François Premier« haben oft große Hallen mit mächtigen
Holzdecken. Frei liegende Balkenenden sind manchmal be-
schnitzt, ebenso die Tragsteine, auf denen sie ruhen. Die
Balken tragen nicht mehr in jedem Fall das Dach, da Stahl
oder andere moderne Materialien die Last übernehmen.

*1 Kassettendecke im Renais-
sance-Geschmack aus einem
New Yorker Speisezimmer, 1887,
von Alfred Zucker and Company.*
*2 Decke eines Salons in einem
Haus in Boston, Massachusetts,
1880 (Architekten: Sturgis and
Brigham). Die verflochtenen
Kreise und Karos erinnern an
die komplizierten Deckenmuster
des Aesthetic Movement.*
*3 Die gewölbte Decke einer
Diele ist im persischen Stil dekoriert, 1880er Jahre. Das dichte
Muster enthält geschnitzte, gemalte und in Putz modellierte
Details.*
*4 Ausschnitt aus einer Decke
aus geprägtem Stahl, hergestellt*

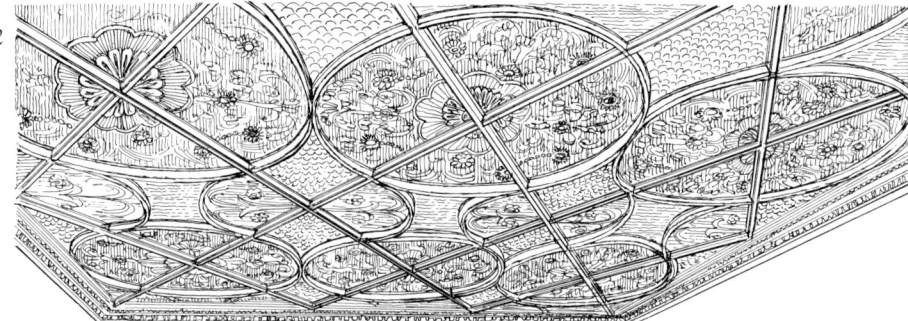

*von H. S. Northrop, New York,
um 1885. Der von der Rückseite
her ausgearbeitete Dekor aus gerolltem Laub ist recht typisch.
Decken dieser Art, die abschnittsweise angebracht wurden, fanden sich hauptsächlich
im kommerziellen Bereich, in
gewissem Umfang aber auch in
Wohnungen.*
*5 Deckengestaltung mit plas-
tischen Putzdekorationen im
Geschmack der Renaissance,
um 1885.*

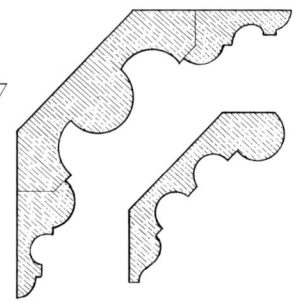

*6 Decke aus einer stuckähn-
lichen Masse im Empire-Stil,
um 1890, von der Stereo-Relief
Decorative Company, New York.
Nach Aussage des Herstellers ermöglichte das patentierte Material außerordentlich tiefe Reliefmuster und war feuerfest.*
*7 Profile von Gesimsleisten von
E.L. Roberts, Chicago, 1903.* RO

Fußböden

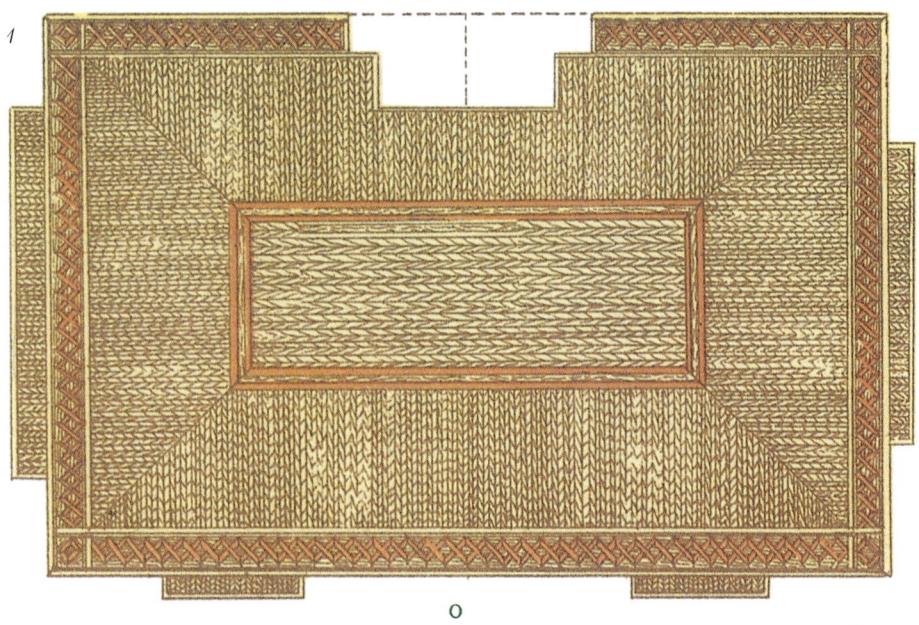

MAHOGANY and OAK.

1 Ein Parkettmuster, um 1900. Einige Firmen boten Fertigparkett an – aus Holzstücken zusammengesetzt und auf Stoff geklebt. UD

2 Aus verschiedenen Holzarten (Eiche, Ahorn, Kirsche, Nussbaum, Mahagoni) zusammengesetzte Parkettkanten, 1895. UD

Das gebräuchlichste Material für Fußböden ist Holz, besonders Eichenparkett. In Salons, Esszimmern und Bibliotheken eleganter Häuser im Geschmack der italienischen oder französischen Renaissance wurde es oft im Fischgräten- oder Flechtwerkmuster verlegt und mit einer komplexen Kante aus Harthölzern wie Kirsche oder Mahagoni umgeben. Die Motive der Kanten stammen nicht selten aus historischen Quellen. Auch zweitrangige Räume weisen häufig Parkett auf, jedoch ohne Kante.

Colonial-Revival-Häuser haben dagegen meist Dielenböden. Statt der breiten oder gemischten Planken aus Kiefer oder ortstypischen Harthölzern, wie sie im Kolonialstil üblich waren, wurden nun gleichförmige Eichenbretter von ca.

5–7,5 cm Breite verlegt. Solche Böden, mit eingelegten Kanten, findet man auch in Häusern des Tudor Revival. In den späteren, kleineren Häusern der Beaux Arts waren sie die Regel.

Foyer- und Flurfußböden aus Marmor, in schwarz-weißen Karomustern verlegt, sind in mehreren historisierenden Stilen gebräuchlich – Neorenaissance, neogeorgianisch und Colonial Revival. In den vornehmsten Häusern wurden stattdessen exotische, stark farbige Marmorarten verwendet. Terrazzo findet sich gelegentlich in Foyers, Fluren und Wintergärten. Unglasierte Terrakotta ist praktisch für Sommerwohnungen und Häuser in warmen Gegenden, oft anzutreffen im Spanish Revival und Spanish Colonial Revival.

1 Lange, schmale Eichenbretter bilden ein Zickzack-Parkett, drei längs laufende Bretter eine unauffällige Kante. ES
2 Parkett im Karomuster. Eine gebogene Kante vermittelt den Übergang zwischen der Türschwelle und dem eigentlichen Zimmerfußboden.

3 Aus der Werbung von Sears, Roebuck and Company (Chicago) für »Royal Acme High-Grade Hardwood Flooring«, 1910. Gespundete Ahornbretter griffen nicht nur an den Längs-, sondern auch an den Stirnseiten ineinander. Ahorn war ein sehr verschleißfestes Holz und eignete sich daher für Küchen und Flure; es

war auch leicht zu reinigen und sah geölt recht attraktiv aus. Wenn es um schönes Aussehen ging, nahm man stattdessen einfache Eiche. Quartiergesägte Roteiche war ein brauchbarer Kompromiss zwischen praktischen und ästhetischen Anforderungen.
4 Dieser keramische Mosaikfußboden wurde

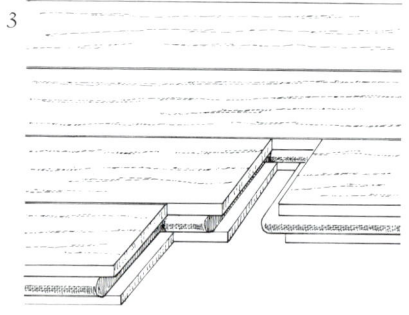

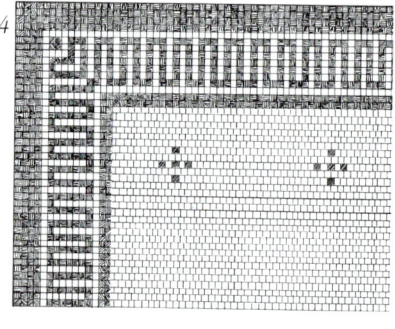

in vorgefertigten Quadraten von 60 x 60 cm geliefert. Er eignete sich für Küchen, Bäder u. ä. Von Sears, Roebuck and Co., Chicago.
5 Schwarz-weiße Fliesenfußböden hatte man meist in Fluren, manchmal auch in Ess- sowie Gartenzimmern und Wintergärten.

6 Ausschnitt aus einem Brüsseler Teppich (Luxusteppich mit Schlaufenflor) von der Lowell Manufacturing Company, 1870.
7 Detail aus einem in der Faser gefärbten Teppich (ohne Flor, beidseitig nutzbar), zur gleichen Zeit in Amerika gefertigt.

8 Alle amerikanischen Teppichfabriken stellten in der Beaux-Arts-Ära Teppiche im orientalischen Stil her, aber echte Orientteppiche waren ebenfalls beliebt. Hier ein islamischer Gebetsteppich aus Biltmore House, North Carolina. BIL

Kamine

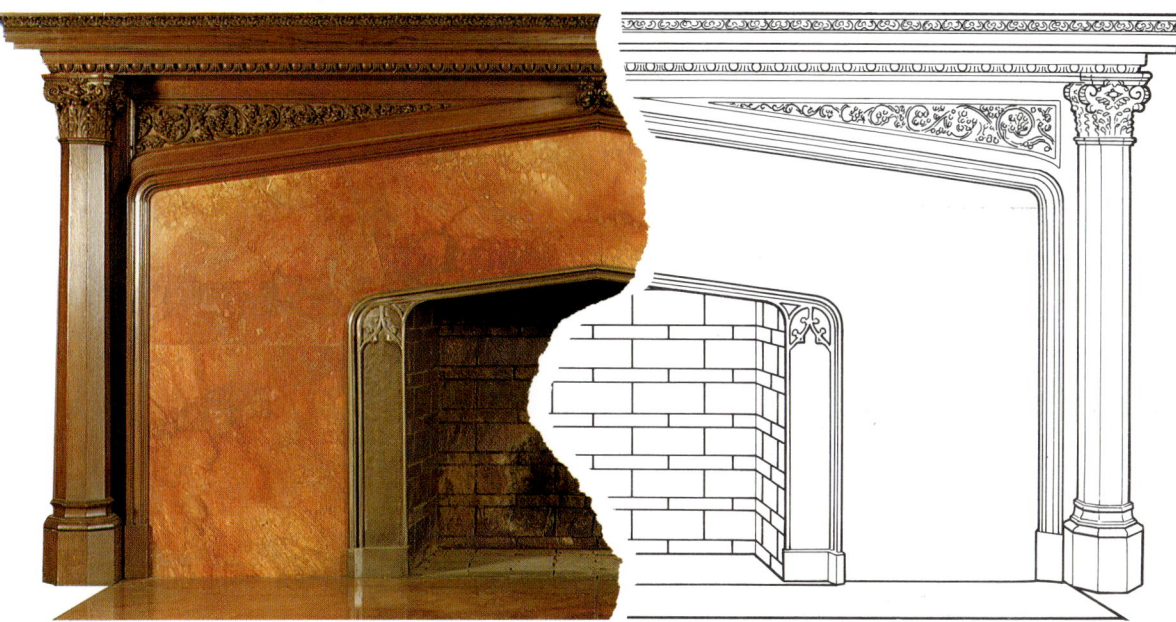

Ungewöhnlich breiter und niedriger hölzerner Kamin aus einem »François-Premier«-Salon im Isaak Fletcher House, New York (jetzt Ukrainisches Institut). Der weite, spitz zulaufende Bogen, der die Marmorverkleidung einfasst, ist ein spätgotisches Merkmal. Die relativ korrekten korinthischen Säulen an den Seiten zeigen dagegen den Einfluss der italienischen Renaissance, ebenso das Schnitzwerk in den

Bogenzwickeln. Die plattierte Umrandung der Feuerstelle hat wiederum die Form eines Tudorbogens mit Maßwerk im gotischen Geschmack. Davor liegt, bündig mit dem Parkettfußboden, eine bernsteinfarbene Marmorplatte. Der Architekt des Hauses, C. P. H. Gilbert, verstand »François Premier« als Übergangsstil, der Traditionen der französischen Gotik mit den Neuerungen der Renaissance verknüpfte. UI

Am Ende des 19. Jahrhunderts hatten die meisten Häuser bereits Zentralheizung, die Kamine der Beaux-Arts-Periode waren also funktionslos. Wohl konnte man sie an Winterabenden benutzen, aber ihr Hauptzweck war ornamental und symbolisch. Der großartige Kamin in der Eingangshalle informierte jeden Eintretenden über den Stil des Hauses.

Die riesigen Hallen oder Galerien der Villen im Geschmack des »François Premier« besaßen mannshohe Kamine mit großen Rauchabzugshauben aus Kalkstein, die konisch zulaufend bis zur Decke reichten. An der italienischen Renaissance orientierte Kamine sind ebenfalls sehr hoch, haben aber nicht so große Rauchabzüge, und ihre Einfas-

sungen aus Stein oder Marmor weisen klassische Reliefmuster auf. Modelle des Spanish Revival zeigen oft ähnliche Formen mit Reihen von Reliefmustern in Stein oder Holz am Kaminvorsprung. Kamine des French Classical Revival sind kleiner und haben oft Holzrahmen mit zarten Blattschnitzereien im Geschmack des Rokoko oder flache Kaminsimse aus Marmor auf Säulen im Stil Louis-seize.

Der neogeorgianische Stil ist durch Holz- oder Marmorelemente in einer der klassischen Ordnungen, mit geriffelten oder glatten Säulen, gekennzeichnet. Der Kaminaufsatz schließt oft mit Schultern oder einem Sprenggiebel ab. Ähnlich sieht der erneuerte Föderalstil aus, der aber adameske Details einschließt.

1 Dieser Kamin von 1882/83 vereint abstrakte maurische und orientalische Elemente.
2 Die exotischen Säulen und die Lyra in der Mitte erinnern an den Empirestil.
3 Neorenaissance-Kamin aus Stein, mit Reliefschmuck und klassischen Büsten im Fries.
4 Kamin von ca. 1890 mit holzgetäfelter Einfassung und Spiegel im Aufsatz. Girlanden und Konsolen im Geschmack der Renaissance sind in einer für das 19. Jh. typischen Weise angeordnet.
5 Hier zeigt die Täfelung Anklänge an den

Tudorstil, aber die Säulen und die geflieste Umrandung stehen nicht in Beziehung dazu. Flankierende Säulen in voller Höhe waren zwischen 1880 und 1920 populär.
6 Elliptische und runde Spiegel bildeten oft den Hauptschmuck an englischen und französischen Kaminaufsätzen des 18. Jhs., aber für dieses Modell von 1880 gibt es kein historisches Vorbild. Auch der Kaminsims mit den dicken Rundstäben an der Unterseite ist sehr einfallsreich gestaltet.
7 An diesem Kamin von 1910 sind alle

Details akademisch korrekt und gehen direkt auf französische Renaissance-Modelle zurück.
8 Dieser niedrige Kamin mit den Akanthus-Konsolen und dem hohen Spiegel darüber ist genau nach französischen Vorbildern aus dem 18. Jh. gestaltet.
9 Bestimmte Motive, wie z. B. das Beschlagwerk neben dem Spiegel, folgen historischen Quellen, aber die Dichte der plastischen Dekoration und die markante Kombination der Details entsprechen dem Geschmack des späten 19. Jhs.

1 Tudorbogen und Zwickelornamente der steinernen Einfassung sowie die Faltwerktäfelung tragen zum Tudor-Charakter dieses Kamins bei. FH

2 Farbige Marmorarten in geschnitzter Einfassung aus Mahagoni; Elemente und Motive nach Vorbildern der italienischen und französischen Renaissance. ES

3 Abgeschwächte Säulen, Vierpassmuster und Laubmotive schmücken diesen Kamin im erneuerten Tudorstil. FH
4 Konsolen stützen den Sims an diesem Marmorkamin im Stil des French Classical. UI
5 Glattes Mauerwerk kontrastiert mit schön geschnitzten Holzsäulen mit zusammengesetzten Kapitellen. CW
6 Die Architekten der Beaux Arts arbeiteten in ihre Interieurs oft antike Kunstwerke ein, hier in einen Regency-Kamin aus Marmor, um 1810. UI
7 Ausschnitt aus einem Kamin mit Marmorumrandung, geschnitztem Akanthuslaub und Zahnschnitt. CW

1 Kamin von ca. 1890 im Geschmack der italienischen Renaissance, flankiert von steinernen korinthischen Säulen mit Relieffries.
2 Der Kamin mit Aufsatz und Spiegel nimmt lose Bezug auf die italienische Renaissance, 1883.
3 Massiver Kamin mit Marmor und Mosaikdekoration, entworfen von Augustus Saint-Gaudens und John La Farge für das Cornelius

Vanderbilt II House in New York.
4 Der Rauchabzug über diesem Kamin besteht aus antikem Messing. Die Tafeln im Aufsatz symbolisieren die Nacht und den Morgen. New York, 1880er Jahre.
5 Einfassung eines Salonkamins im üppigen französischen Stil mit Spiegel im Aufsatz.
6 Onyx, eingefasst von einer bemalten Holztäfelung; ein eleganter Kamin im Geschmack der

Renaissance mit orientalischer Note. Henry Villard House, New York, 1880er Jahre.
7 Roste wurden oft mit einem dekorativen »Sommerteil« geliefert, das man anbringen konnte, wenn kein Feuer brannte. Diese Teile waren oft nicht aus Gusseisen, sondern aus dem leichteren Stahl. RO
8 Ein Rost mit abgenommenem Sommerteil. Der Griff ist mit einer Abrüttelvorrichtung verbunden,

mit der man Asche und Schlacke von den brennenden Kohlen trennte. RO
9 Gasrost für einen Kamin mit hölzerner Einfassung im geschlossenen Zustand. Vor der Inbetriebnahme wurde der obere Teil des Schirmes abgenommen, das dekorative Gitter blieb.
10 Drei Kaminböcke: Schmiedeeisen, Messing und Eisen, und nochmals Eisen.

Küchenherde

1 Gusseiserner Herd von Abendroth Brothers, New York. Er hat schwere, und dennoch relativ sparsame plastische Ornamente. OM
2 Der »Acme Regal Steel Range« aus dem Katalog von Sears, Roebuck and Company um 1902. Der gusseiserne Herd hatte Grill und Warmwasserbereiter im oberen Teil. Die
vernickelten Ornamente sind bekannte Motive – Kartuschen, C-Formen und Blattschmuck.
3 Gasherd, 1889 von George M. Clark in Chicago hergestellt. Gasherde wurden langsam populärer. Bei diesem Modell sind Grill und Warmwasserbereiter
unten. Mit fortschreitender Technologie fiel die Dekoration sparsamer aus.
4 Herd von General Electric, 1913. Die Gestaltung der frühen Elektroherde (1890-1910) folgte den Gasherden. Beide Typen nahmen weniger Platz ein als Holz- oder Kohleherde. Etwa ab 1900 standen Gas- und Elektroherde auf eisernen Beinen.

In der Zeit der Beaux Arts wurden holzbefeuerte durch kohlebefeuerte Herde abgelöst; Gasherde folgten bald. In der gesamten Periode baute man Herde aus Gusseisen. An die Stelle der runden »Dickbauch«-Typen der hochviktorianischen Zeit traten eckige, niedrige, gegossene Herde mit vier bis acht symmetrisch angeordneten Kochstellen. Unten befanden sich zwei schwenkbare Feuertüren. Das Eisen wurde in komplizierte Muster gegossen, wie Gitter, Weinmotive oder neoklassizistische Details. Oft bilden Beschläge, Scharniere und Türen aus Nickel einen zusätzlichen Schmuck. Vor dem Rauchabzug und über den Kochstellen gibt es Warmwasserbereiter oder Warmhaltegestelle für Speisen. Der obere Teil des Ofens ist meist mit Laub-

dekor oder Beschlägen im Geschmack der Renaissance verziert.

Gegen 1900 wurden Gas- und Elektroherde sehr erfolgreich eingeführt. Die neuen Herde waren kleiner und standen auf vier Beinen etwa einen Fuß hoch über dem Boden. Die Gasherde hatten, ähnlich wie Sanitärzubehör, emaillierte Oberflächen. Beschläge und Scharniere aus plattiertem Metall kamen an den frühen Gasherden zwar oft vor, aber sie hatten nicht annähernd soviel metallenen Zierrat wie ihre holz- und kohlegefeuerten Vorgänger. Zum Ende der Periode bestand der Schmuck der modernsten Modelle nur noch aus runden Kunststoffknöpfen und vielleicht aus verchromten Griffen und Streifen.

Treppen

1 Superb geschnitzte Treppe eines »François-Premier«-Hauses in New York, 1899. Die geschnitzten Delfine und vier-kantigen Pfosten haben Vorbil-der in der Frührenaissance. UI

2 Typische gedrechselte Balus-ter. RO
3 Profile von Handläufen aus Eiche oder Kiefer, 1903.
4 Platte zur Befestigung an der Trittstufe, um 1880. Der Messing-stab sicherte einen Treppenläufer.
5 Zwei kunstvoll gedrechselte Antrittspfosten, Ende 19. Jh.
6 Wandbefestigter Handlauf mit Endspirale, Georgian, Regency oder Colonial Revival.
7 Die Spiralform ist typisch für Colonial-Revival-Treppen.
8 Antrittspfosten mit S-förmiger Stütze, typisch für die 1870er und 80er Jahre. Eiserne Pfosten und Balustraden kamen in den französisch und italienisch orien-tierten Stilen häufig vor.
9 Verschiedene Antrittspfosten, der erste mit Guillochemuster und laternenförmigem Knauf. RO

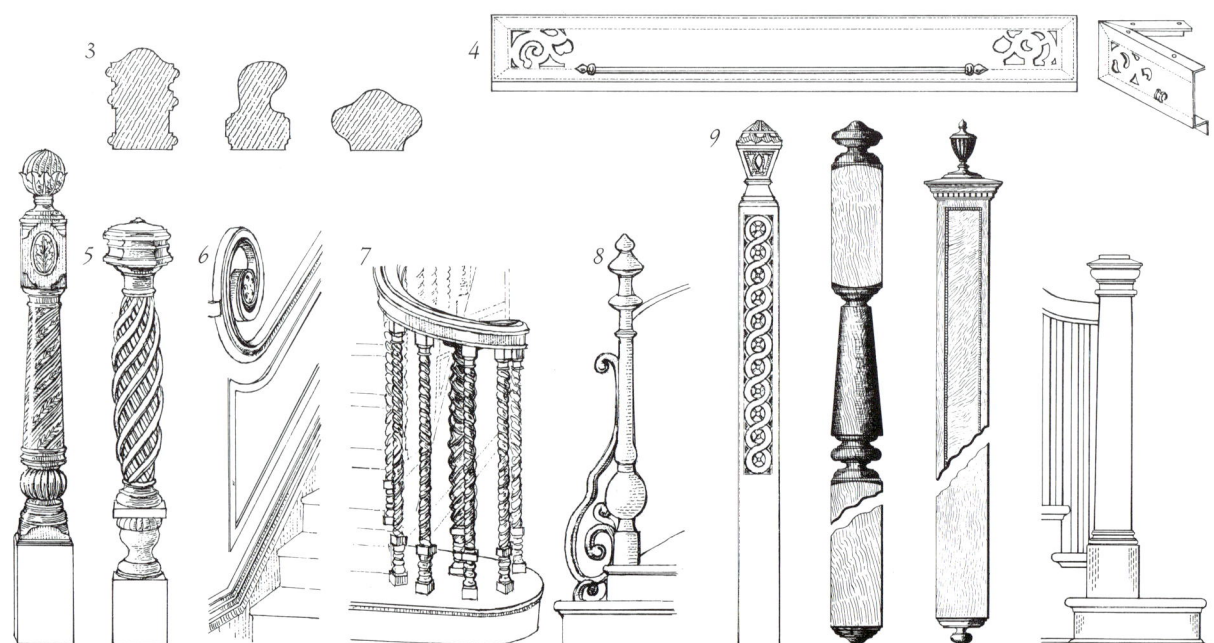

Die Treppe bestimmte den Charakter eines Beaux-Arts-Interieurs selbst dann, wenn sie nicht zentral, sondern seitlich angeordnet war.

Zu Beginn der Ära war eine Variante der italienischen Re-naissance aus Holz mit drei gedrechselten Balustern auf je-der Trittstufe am beliebtesten. Die mächtigen Antrittspfosten waren oft vierkantig, mit gedrehten und geschnitzten Ab-schnitten; den oberen Abschluss bildete ein Knauf oder ein Kandelaber (oft in Form bronzener Figuren).

Die ebenfalls hölzernen Treppen des Tudor oder Jacobean Revival hatten dickere Baluster. Wenn Tudorstil oder franzö-sische Renaissance nachgeahmt wurden, lag der Handlauf auf hölzernen Bögen, die auf der Lichtwange standen. Die

kunstvollsten Holzbalustraden jedoch (italianisierend, Tudor oder französische Frührenaissance) sind solche mit durch-brochenen und geschnitzten Ornamenttafeln zwischen vier-kantigen Pfosten wie im obigen Foto.

Treppen des Georgian und Colonial Revival sind zier-licher, haben gedrechselte, säulen- oder vasenförmige Balus-ter und gewundene oder kannelierte Pfosten. Der Handlauf endet oft in einer Spirale um den Pfosten. Stufen und Balus-ter wurden gern weiß gestrichen, der Handlauf gebeizt oder braun gestrichen.

An Treppen des Schindelstils gibt es oft Spindelreihen, für die u.a. persische, japanische und Queen-Anne-Motive heran-gezogen wurden.

1 Superb geschnitzte Neorenaissance-Treppe. Die Konturen der geriffelten Baluster und die Festons an dem mächtigen Pfosten sind charakteristisch.

2 Neorenaissance-Treppe aus den 1880er Jahren. Die Balustrade folgt genauer den historischen Vorbildern als im vorigen Beispiel, doch die recht großen Abstände zwischen den gedrehten Balustern sind ungewöhnlich.
3 Schlichte Treppe im Kolonialstil, um 1910. Trittstufen und Handlauf konnten aus Mahagoni sein, das übrige Holz weiß gestrichen.

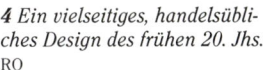

4 Ein vielseitiges, handelsübliches Design des frühen 20. Jhs. RO
5 Treppe aus Guss- und Schmiedeeisen, 1880er Jahre. Die relativ schmucklose Form mit verschraubten gusseisernen Stüt-

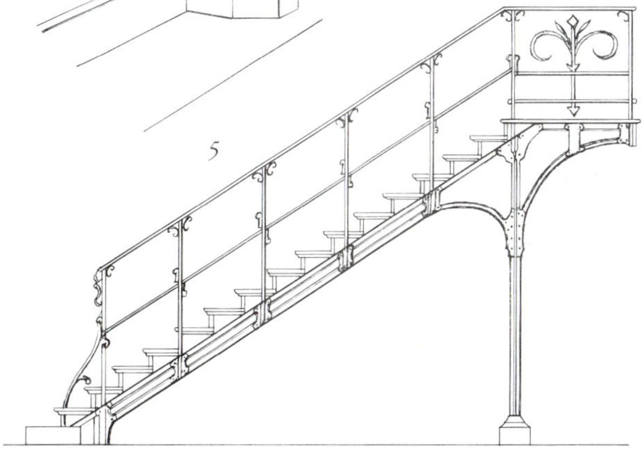

zen wurde besonders für den Wirtschaftsbereich empfohlen.
6 Colonial-Revival-Balustrade aus einem Haus in Forest Hills, Queens, New York, um 1915. Diese recht einfache, markante Gestaltung passt zu einem mäßig

großen Haus. Spiralig gewundene Baluster stützen einen rhythmisch steigenden Handlauf.
7 Dieser Neorenaissance-Pfosten (1903) ist relativ klein. Das Prachtvolle an der Treppe ist die wunderbare Schnitzerei. CW

8 Spitzenartige schmiedeeiserne Balustraden verwendete man gern in eleganten Häusern, die sich auf klassische französische Stile bezogen. Das Beispiel ist aus The Elms, Newport, Rhode Island, 1895. ES

TREPPEN

1 Typischer Schnitzdekor an den Stufenenden einer Colonial-Revival-Treppe. FH
2 Treppe und Raumteiler, Newport, Rhode Island (McKim, Mead and White, 1880–1882),
mit orientalischen und Kolonialstilmotiven.
3 Raumteiler aus Spindeln und Gitterwerk
von Henry H. Richardson, 1881.
4 Treppe im J. Piermont Morgan House,
New York, mit feinen Spindeln. In den
Bogenzwickeln wurden kleine Stücke
Buntglas mit vergoldetem Draht in dem
Eichengitter befestigt.
5 Prächtige Neorenaissance, Boston, Massachusetts (Peabody and Stearns, 1877–1879).
6 Raumteiler nach klassischen Vorbildern.
7 Maurisches Design, frühes 20. Jh. RO

Einbaumöbel

1 *Eine Bar in einem Beaux-Arts-Wohnhaus in Forest Hills, Queens, New York. Eine einfallsreiche und sehr freie Interpretation des Tudorstils, mit dunkel gebeiztem Holz und Schnitzereien in der Art von Galionsfiguren. Der rechte Teil des Tresens ist als Tür gestaltet.* FH

2 *Aus demselben Haus: Regale und Schränke neben einem Kamin, ebenfalls in der Art des Tudorstils getäfelt, aber mit deutlichen Merkmalen der Beaux Arts, z. B. die Spindelreihe in der Mitte über dem offenen Fach. Die Faltwerktäfelung ist typisch für den Stil.* FH

TREPPEN

EINBAUMÖBEL

Es gab zu dieser Zeit ein verstärktes Interesse an Hauswirtschaft und Bevorratung. Küchen und Anrichteräume hatten Schrankwände mit zwei Ebenen: oben verglast, unten massiv. In den Anrichteräumen gab es Wärmeschränke und Arbeitsplatten. Auch die Schlafzimmer wurden mit mächtigen Schrankwänden ausgestattet. Die unter den Treppen gelegenen Telefonecken bekamen Stuhl, Einbauregal und eventuell eine verglaste Tür, hinter der man ungestört war. All diese Schränke und Kabinette wurden mit Profilleisten, Füllungen, Glassprossen und Beschlägen entsprechend dem gewählten Stil verziert.

Für Tudor Revival oder Neogotik wählte man breite Eichentäfelung und Schnitzdekor in Form von Kielbögen,

Drei- und Vierpässen. An Türen und Schränken im französischen Geschmack waren das Holz bemalt und die Beschläge vergoldet. Orientalischer Stil verlangte ebonisierte Schränke, auf denen orientalisches Porzellan aufgestellt werden konnte. Manchmal wurde das architektonische Thema auch von einer Reihe niedriger Schränke entlang der Esszimmerwände aufgenommen.

Tiefe Fenstersitze waren im Colonial und Georgian Revival die Regel. Man fand sie meist in Erkern oder zu Füßen eines großen Flur- oder Treppenfensters. Unter dem Klappsitz boten sie Stauraum. Interieurs der Neogotik und des Tudor Revival hatten Kaminecken – wie auch die zeitgenössischen Häuser im Missionsstil.

1 *Bibliotheksschrank von Ogden Codman, 1893, in der Art des französischen Empirestils. Außerdem ist ein Flügel einer passend dekorierten Tür abgebildet.*
2 *Nische für ein Bücherregal, darunter ein Schrank mit Füllungstüren. Das geschnitzte Muschelmotiv im Bogen ist typisch für Colonial und Georgian Revival.* UI
3 *Ein anderer Entwurf von Ogden Codman für ein Erkerfenster. Die Sitzbank wird von Draperien gerahmt, die zu den Wanddekorationen im Empirestil passen.*
4 *Neogeorgianischer Fenstersitz mit getäfelten Seiten, 1887. Zwei solche überwölbte Nischen flankierten einen Kamin.*

5 *Esszimmerkamin mit Kommoden, Schränken und Regalen. Die gedrechselten Spindeln passen zu ebensolchen Säulen an der Kamineinfassung. Typisch für ein anspruchsloses vorstädtisches Beaux-Arts-Interieur.*

6 *Ein Polstersofa füllt eine gewölbte Nische im persischen Stil, New York, 1879. Erneuerte persische oder türkische Stile verwendete man gern für Bibliotheken und Rauchzimmer.*
7 *An diesem Wohnzimmerkamin wurden Motive und Konstruktionstechniken der Kolonialstilarchitektur kombiniert, um Stauraum entsprechend den modernen Bedürfnissen zu schaffen. Die Schranktüren links mit den Schmetterlingsscharnieren haben abgeplattete Füllungen im Queen-Anne-Stil. Der Fenstersitz rechts besteht nur aus glatten Brettern, ohne Perlstab oder aufgesetzte Profilleisten. Die schlichte Wirkung war beabsichtigt.*

8 *Dieser Einbauschrank hat Fächer und Kleiderhaken. Rahmen und Blumenfries gehören keinem bestimmten historischen Stil an. Die Beaux-Arts-Architekten schufen reichlich Stauraum für spezielle Zwecke: Schlafzimmerschränke, Wäscheschränke usw.*
9 *Eingebautes Medizinschränkchen (mit Spiegel) und Handtuchkommode, 1903. Daneben eine seitliche Schnittansicht.* RO

Installation

1 *Dieses WC vereint moderne Technologie mit gut gearbeiteten Ornamenten nach historischen Vorbildern. Es ist als Stuhl im Stil Louis-seize getarnt, mit Rohrgeflecht an Einfassung, Deckel und Sitz.*

Selbst der Griff an der Kette ist schön verziert. ES
2 *Das Bad von Esakoff House, Forest Hills, New York, ist wie ein Zierpavillon gestaltet. Die gewölbte Decke hat eine Blattvergoldung und gemalte*

Dekorationen. Das Waschbecken aus Porzellan steht auf zierlichen Geißfußbeinen. FH
3 *Schwere, reich verzierte Porzellanbadewanne aus The Elms, Newport, Rhode Island.* ES

4 *Radiatorgitter aus Andrew Carnegie Mansion, New York, 1901, von Babb, Cook and Willard. Carnegie bestand darauf, die modernste und raffinierteste Heizung zu haben.* CW

EINBAUMÖBEL

INSTALLATION

Noch Mitte der 1870er Jahre waren gut ausgestattete Bäder eine Seltenheit, um 1917 waren sie hingegen nichts Besonderes mehr.

Die normale Badewanne bestand aus Eisen mit Porzellanüberzug, hatte Füße und war außen oft bemalt. Horizontale Farbstreifen, Mäander oder andere klassische Motive zogen sich um den Rand. Gegen 1920 wurde dieser Typ von der weiß emaillierten Einbaubadewanne verdrängt, die mit dem Fußboden abschloss.

Ähnlich entwickelte sich das Porzellan-WC. Zuerst waren alle Elemente dekoriert: Der Metallgriff des Spülkastens konnte elegant gegossen, der Holzsitz mit Blumen oder Bäumen bemalt und selbst das Porzellanbecken dekorativ

glasiert sein. Später wurde die Gestaltung schlichter. Das Becken stand frei, der Spülkasten direkt dahinter, und die Porzellanflächen blieben unverziert, gewöhnlich weiß.

Waschbecken wurden in hölzerne Schränke eingebaut oder in Metallständer gesetzt, sie konnten vier Porzellanbeine oder einen einzelnen Porzellansockel haben. Manche Metallrahmen trugen an Ecken und Füßen vernickelte oder vermessingte Ornamente. Porzellansockel hatten oft die Form einer kannelierten Säule auf einem Fuß. Wasserhähne, Stopfenheber, Warm- und Kaltwasserhebel wurden nach historischen französischen oder italienischen Vorbildern modelliert oder anderen historischen Stilen nachempfunden.

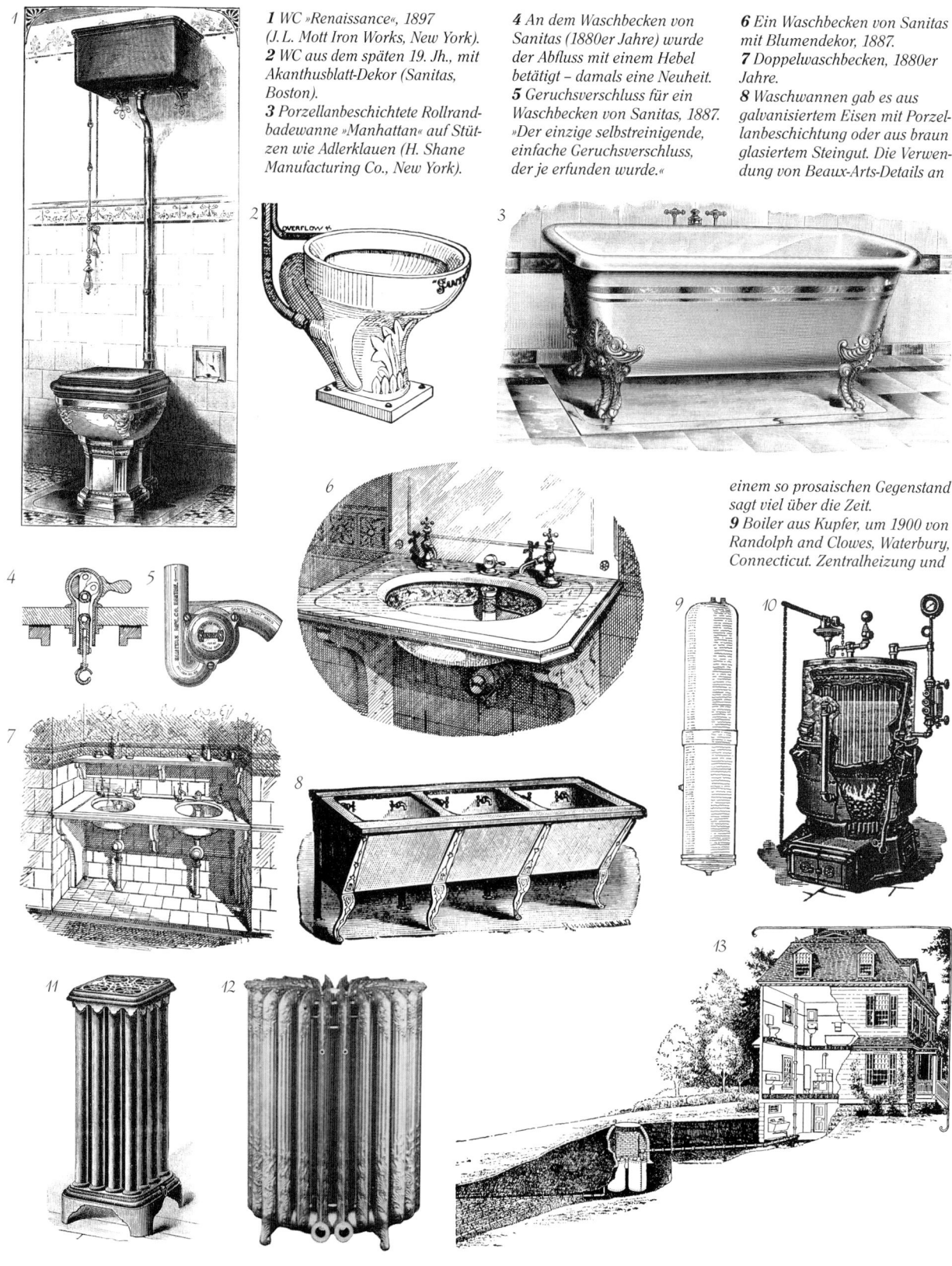

1 WC »Renaissance«, 1897 (J. L. Mott Iron Works, New York).
2 WC aus dem späten 19. Jh., mit Akanthusblatt-Dekor (Sanitas, Boston).
3 Porzellanbeschichtete Rollrandbadewanne »Manhattan« auf Stützen wie Adlerklauen (H. Shane Manufacturing Co., New York).

4 An dem Waschbecken von Sanitas (1880er Jahre) wurde der Abfluss mit einem Hebel betätigt – damals eine Neuheit.
5 Geruchsverschluss für ein Waschbecken von Sanitas, 1887. »Der einzige selbstreinigende, einfache Geruchsverschluss, der je erfunden wurde.«

6 Ein Waschbecken von Sanitas mit Blumendekor, 1887.
7 Doppelwaschbecken, 1880er Jahre.
8 Waschwannen gab es aus galvanisiertem Eisen mit Porzellanbeschichtung oder aus braun glasiertem Steingut. Die Verwendung von Beaux-Arts-Details an

einem so prosaischen Gegenstand sagt viel über die Zeit.
9 Boiler aus Kupfer, um 1900 von Randolph and Clowes, Waterbury, Connecticut. Zentralheizung und

warmes Wasser waren große Themen der Epoche.
10 Boiler mit seitlicher Beschickung von Gorton and Lidgerwood Co., New York, 1898. Solche Geräte standen in Mehr-

zweckräumen und wurden von Bediensteten betrieben.
11 Radiator, um 1890, von Gillis and Geoghegan, New York.
12 Radiator von 1904 von der American Radiator Company.

Er konnte in zwei Hälften zerlegt und um eine Säule oder einen Pfeiler herum installiert werden. AR
13 In ländlichen und Stadtrandgebieten war die Abwasserentsorgung vergleichsweise spartanisch. Der

Querschnitt zeigt einen Faulbehälter mit Filterbett. Im Haus sind Waschwannen im Untergeschoss, Küchenausguss und Herd im Erdgeschoss sowie Bad- und WC-Einrichtungen oben.

Beleuchtung

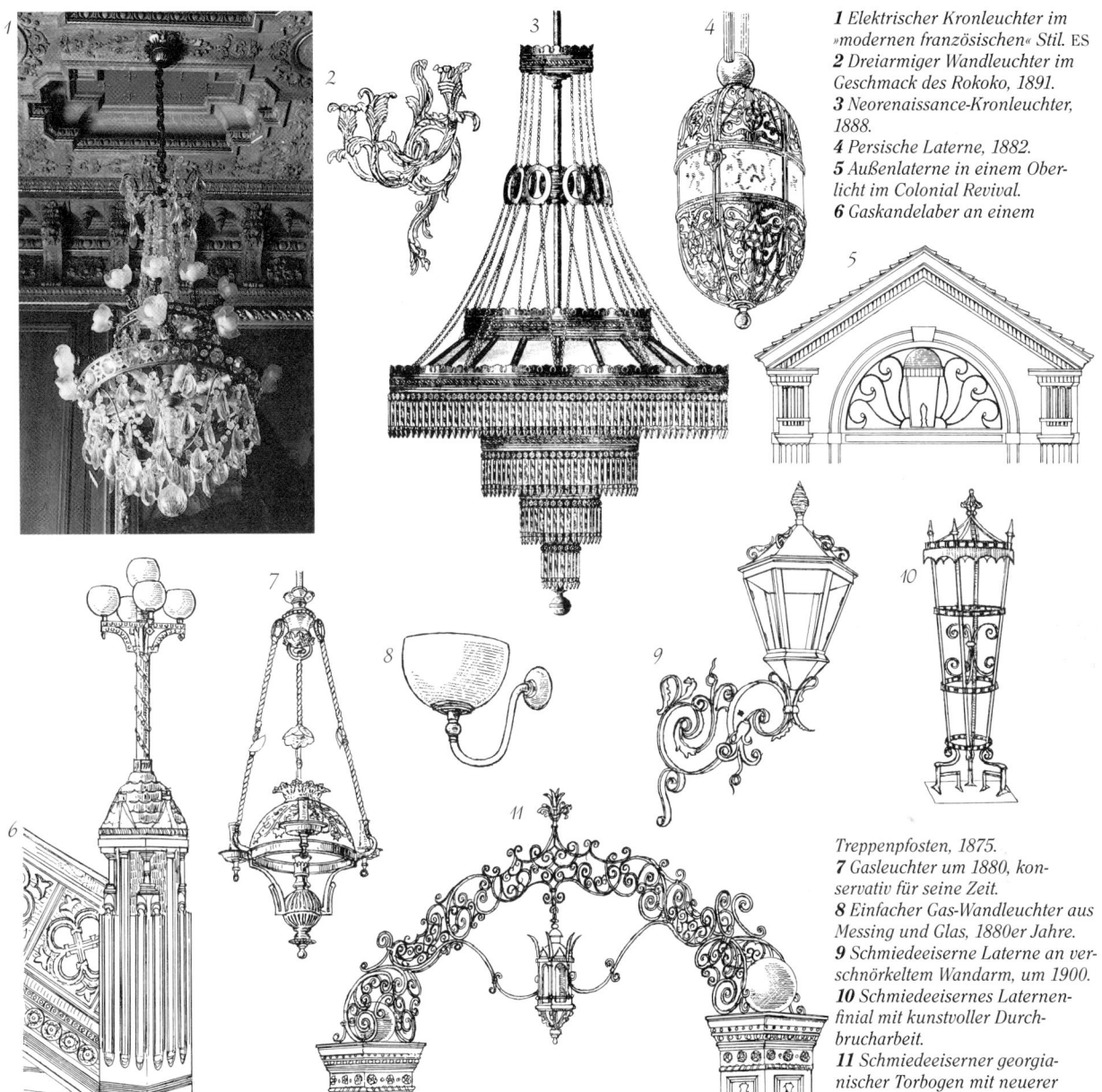

1 *Elektrischer Kronleuchter im »modernen französischen« Stil.* ES
2 *Dreiarmiger Wandleuchter im Geschmack des Rokoko, 1891.*
3 *Neorenaissance-Kronleuchter, 1888.*
4 *Persische Laterne, 1882.*
5 *Außenlaterne in einem Oberlicht im Colonial Revival.*
6 *Gaskandelaber an einem*

Treppenpfosten, 1875.
7 *Gasleuchter um 1880, konservativ für seine Zeit.*
8 *Einfacher Gas-Wandleuchter aus Messing und Glas, 1880er Jahre.*
9 *Schmiedeeiserne Laterne an verschnörkeltem Wandarm, um 1900.*
10 *Schmiedeeisernes Laternenfinial mit kunstvoller Durchbrucharbeit.*
11 *Schmiedeeiserner georgianischer Torbogen mit neuerer Hängelaterne.*

Zu Beginn der Beaux-Arts-Periode waren Gasleuchten die gebräuchlichsten Lichtquellen, doch um 1900 war elektrisches Licht ebenso weit verbreitet. Kronleuchter und Wandleuchter erfreuten sich besonderer Beliebtheit, und es gab ein lebhaftes Interesse an echten historischen Beleuchtungskörpern, die für Elektrizität nachgerüstet wurden.

Neue »französische« Kronleuchter fertigte man aus vergoldetem Metall und mit Reihen von Kristallprismen. Manche hatten gedrehte Arme mit Kerzenhaltern im Geschmack des Rokoko, andere einen bronzenen Ölbehälter mit vergoldeten Beschlägen wie im Empire. Kronleuchter, Kandelaber, Wandleuchter und Lampen im Stil des Spanish Revival waren in der Regel aus Schmiedeeisen. Radförmige Kronleuchter be-

standen aus dünnen radialen Stäben, die in der Mitte in einem Knauf zusammenliefen; auf dem Rand saßen schlichte eiserne Fassungen. Addison Mizner, der in Palm Beach in Florida Villen im mediterranen Stil entwarf, stellte schmiedeeisernes und hölzernes Zubehör im spanischen Stil her, u.a. Leuchten.

Häuser des Colonial Revival besaßen meist viele mehrarmige Glasleuchter, teils echt, teils nachgebaut. Auch Nachbauten von Leuchtern im Queen-Anne-Stil mit Messingkugel und Armen mit Beschlagwerk waren populär. Bis in die 1890er Jahre waren zudem große bronzene oder vergoldete Kronleuchter im Geschmack der italienischen Renaissance in Mode.

Metall

1 Detail aus dem Eisengeländer auf einer Gartenmauer, mit Speerspitzen und Schnörkeln. CW
2 Türen aus Schmiedeeisen und Glas mit Bogenabschluss (Beispiel von Ogden Codman, New York, 1912) sind typisch für Häuser im French Classical und italienischen Stilen.
3 Türen aus Bronzeguss mit typischen italianisierenden Details, um 1900.

4 Eisengitter für ein Oberlicht mit Hausnummer in der Kartusche (McKim, Mead and White, 1898).
5 Typisches Geländer für Balkon oder Veranda mit Schnörkel- und Laubmuster, 1890.
6 Zwei schmiedeeiserne Geländer mit ovalen Medaillons in der Mitte und neoklassizistischen Details. Geeignet für Balkons des Regency oder Federal Revival, auch über Portiken.
7 Eisengitter für Tür und Oberlicht im italianisierenden Stil an einem Haus in New York, 1917. Sie befanden sich an einem Wirtschaftseingang, der ähnlich dem größeren Haupteingang an der Hauptfassade gestaltet war.

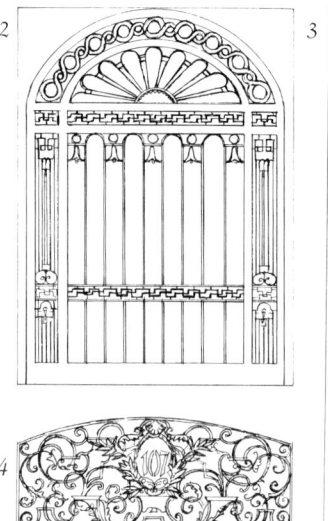

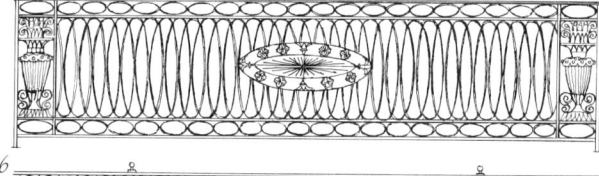

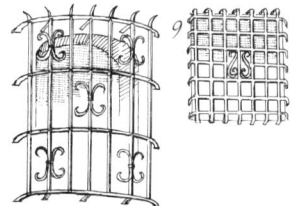

8 Reich verzierte Eisenkonstruktion eines Wintergartens mit eiserner Firstbekrönung auf dem Dach und gotischen Bögen und Vierpässen an den Wänden.
9 Zwei einfache Fenstergitter im Spanish Revival oder Missionsstil für eine verputzte Wand, um 1890.

Viele Häuser im French Classical und in italienischen Stilrichtungen besaßen ummauerte Gärten, und selbst kleine Stadthäuser hatten ummauerte Höfe. Diese Mauern wurden von schmiedeeisernen Geländern bekrönt und von eisernen Toren, häufig auch von Gitterfeldern unterbrochen. In Häusern des French Classical gab es oft kunstvoll mit Kartuschen, Schnörkeln und Guillochen gestaltete eiserne Oberlichter über den Eingängen; in der Stadt enthielt die Kartusche nicht selten die Hausnummer. Häuser im französischen Stil hatten vor den Fenstern oft schmiedeeiserne Geländer oder Balkons.

Die von Richard Morris Hunt popularisierte Stilrichtung »François Premier« trug zierliche eiserne Firstbekrönungen auf dem Dach. Die eisernen Gerüste der sehr populären Wintergärten waren mit Laub- und Blumenmotiven oder neoklassizistischen Details übersät und hatten einen dekorativen First.

An Häusern im spanischen Stil wurde Eisen außen sparsam verwendet, z.B. für die dünnen Fenstergitter, innen dagegen reichlich – für Leuchten, Raumteiler, Wandplatten und dergleichen.

Auch die moderne Technologie brachte Eisen in die Interieurs: Manche Fahrstühle besaßen reich verzierte Eisengitter auf jeder Etage, andere hatten massive Türen mit Bronze- und Eisenornamenten. Nicht zuletzt wurden Radiatorabdeckungen dekorativ gestaltet.

Holz

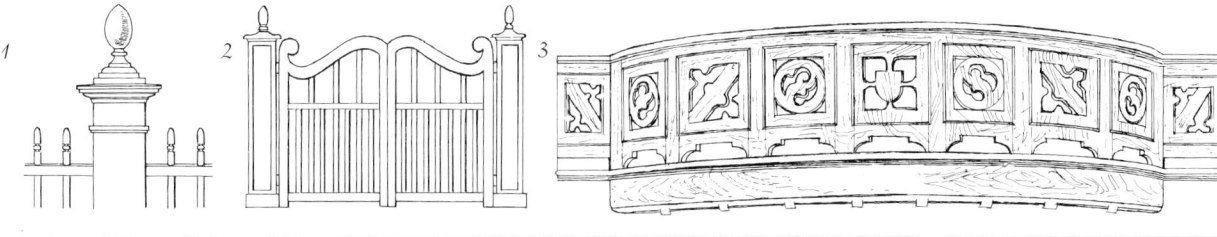

1 Zaunpfosten, Colonial Revival, mit Zitronenknauf, um 1915.
2 Tor, Colonial Revival, mit geschwungenen oberen Querhölzern, um 1915.
3 Holzbalustrade vom Treppenpodest im G.B. Bowler House, Bar Harbour, Maine (Architekten Rotch and Tilden), 1882. Typisch für prächtige Treppen in Wohndielen.
4 Gedrechselte Baluster für Vorbauten, um 1910. RO
5 Türmchen eines Schindelstilhauses in Newport, Rhode Island, mit bündigen Gesimsbrettern und kontrastierenden Schindelmustern.
6 Diese hölzerne Blende zeigt

den Einfluss des Queen-Anne-Stils und islamischer Quellen. Solche Blenden bestanden aus gedrechselten Spindeln und Gitterwerk. Sie wurden an äußeren Anbauten als fortlaufender Fries über Pfosten oder innen abschnittsweise an Treppen montiert. Dieses Beispiel stammt von einer Treppe von 1879.
7 Colonial-Revival-Haus mit steilem Satteldach, Gauben und zurückgesetzter Veranda hinter Säulen.
8 Eklektisches Beaux-Arts-Haus mit Loggia und seitlichen Veranden. Es vereint Elemente des Kolonialstils und italianisierender Stile.

Das überschwänglich verwendete Holz der viktorianischen Periode, die Schmuckelemente an Traufen, Vorbauten, Gauben, Giebeln und Türeinfassungen waren an Beaux-Arts-Häusern weniger beliebt. Stark verzierte Winddielen wurden unmodern; dennoch verzierte man Vorbauten, Veranden, Gesimse und Fenster mit Holz.

Besonders phantasievoll wird Holz im Schindelstil eingesetzt. Typisch sind schwere Gesimse, die oft aus einem bündigen »Fries« zwischen Birnstäben und Halbrundleisten bestehen. Vorbauten haben generell einfache Säulen mit glattem Schaft, und nicht selten gibt es an ihnen Abschnitte von Gitterwerk, das locker an fernöstlichen und islamischen Vorbildern orientiert ist. Die Schindeln an der Hausfassade

selbst konnten in unterschiedlichen Formen zusammengesetzt werden, so dass kontrastierende Texturen entstanden.

Fachwerk ist ein Erkennungszeichen des Tudor Revival. Vierkantige Balken mit dicken Eckversteifungen tragen Vordächer und Wimperge. Frei liegende Balkenenden sind in Knaufform geschnitzt, und die Konsolen unter diesen Balken tragen oft geschnitzte Blatt- oder Tiermotive.

An Häusern des Colonial Revival gehen die Säulen, Kapitelle und Gesimse auf klassische Vorbilder zurück. Italianisierende Häuser haben oft breite Dachüberhänge auf langen hölzernen Tragarmen und angebaute Pergolen. Letztere kennzeichnen neben dem italianisierenden Stil auch das Colonial Revival.

METALL

HOLZ

DIE 20er UND 30er JAHRE

1 Zu den Merkmalen, die an amerikanischen Art-déco-Häusern ebenso gegenwärtig sind wie an englischen Vorstadthäusern der Periode, gehören gerundete Ecken und die Neuinterpretation traditioneller Merkmale wie z.B. des Vorbaus. Englisches Beispiel aus Dorset, um 1930. Die weiß verputzte Fassade ist typisch. SP

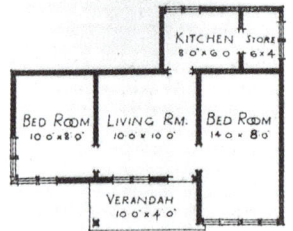

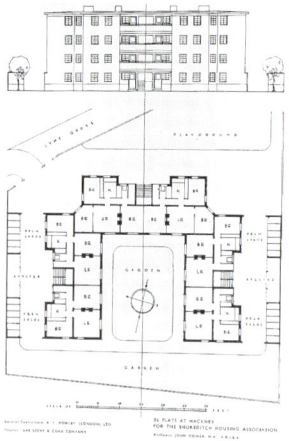

2 La Casa Nueva bei Los Angeles, 1924/25, ein Haus im Stil des Spanish Colonial Revival, der von etwa 1920 bis Anfang der 1930er Jahre in Südkalifornien praktisch die Norm war. Hauptmerkmale sind keramische Dachziegel, Raupputz, Torbögen und schmiedeeiserne Fenstergitter. CN
3 Wohnblöcke der 1930er Jahre zeigen in ihren Linien und dem Fehlen von Schmuck den Einfluss der Moderne. AG
4 Wochenendhäuser wurden aus Fertigteilen gebaut. Dieser Bungalow (Grundriss links) ist von 1937. TI

Der Art déco, eine nach der Exposition Internationale des Arts Décoratifs et Industriels 1925 in Paris benannte Stilrichtung, gilt heute als der wesentliche Stil der 1920er und 30er Jahre. Sicher waren die in dieser Ausstellung gezeigten Arbeiten innovativ und einflussreich. Art déco ist jedoch bei weitem nicht der einzige wichtige Stil jener Zeit. Um die Mitte der 1920er Jahre passten viele Gestalter historische Formen dem modernen Empfinden an, dazu kommen verschiedene exotische und »primitive« Einflüsse. Etwas später begann die Moderne zu wirken, und diese ist es, die den Art déco der 1930er Jahre mit seinen schnittigen Formen und der Vorliebe für Chrom und Kunststoffe geprägt hat.

Die Ausstellung war international, doch die Vereinigten Staaten hatten keinen Pavillon, denn es gab, nach den Worten des Designers Paul Frankl, nichts, was sich hinzuschicken lohnte, außer Architektur. Damit meinte er Wolkenkratzer, keine Wohnhäuser, und das führt uns zu einem Paradox des amerikanischen Designs in den 1920er Jahren. Technologisch waren die USA das am weitesten entwickelte Land der Welt, wovon die öffentlichen Gebäude beredtes

Zeugnis ablegten. Die Wohnbauten und ihre Interieurs zeigten sich viel konservativer, von Ausnahmen abgesehen. Architekten und Gestalter wie Frank Lloyd Wright schufen in den 1920er Jahren verblüffende Gebäude – zum Beispiel Wrights »Modeldruck«-Häuser aus gemusterten Betonblöcken in Kalifornien. Typischer ist jedoch die Vorliebe für Stile der Vergangenheit. Am populärsten waren Neuauflagen des englischen und des spanischen Kolonialstils, neben Adaptionen historischer europäischer Stile. Designfirmen wie z.B. Mellor, Meigs and Howe konnten Interieurs fast jeder Prägung herstellen; besonders erfolgreich war eine romantisierte Mittelaltervariante.

In der zweiten Hälfte der 1920er Jahre lässt sich ein neues Design-Idiom erkennen, das spezifisch amerikanisch ist und die Möglichkeiten der Technologie ausschöpft. Architekten wie Eliel Saarinen und Raymond Hood sowie Möbelgestalter und Innenarchitekten wie Paul Nelson, Kem Webber, Ascherman, Joseph Urban und Paul Frankl begannen die schlichten geometrischen Formen, die teils von der europäischen Moderne her kamen, durch luxuriöse Texturen und neue Werk-

1 Ausschnitt aus der Küche von La Casa Nueva bei Los Angeles, einem Haus des Spanish Colonial Revival von 1924/25. Die bunten Fliesen sind ein Merkmal des Stils. CN
2 Bad der 1930er Jahre mit deutlichem Art-déco-Einfluss in der grafischen Dekoration und der markanten Farbpalette. BS

stoffe zu veredeln. Die progressiven Architekten und Gestalter waren interessanterweise die, die Erfahrungen mit der Filmindustrie hatten. Vielleicht hat das amerikanische Gespür für Textur- und Farbkontraste innen und für spannungsvolle Masseverteilung außen mit den Grundsätzen des Gestaltens für ein schwarz-weißes Medium zu tun.

In den 1930er Jahren wurde dieses Stilvokabular, mit Variationen, im ganzen Land verstanden und verwendet, wenn auch die historisierende Mode stark blieb. Trotz der Weltwirtschaftskrise entstanden weiter überschwängliche Art-déco-Interieurs. Die extremsten Beispiele dafür finden sich an der Westküste und in Florida, insbesondere in Miami Beach. Mit modernen Werkstoffen – Chrom, Kunststoffen, neuen Glasarten – wurden in Verbindung mit verdeckter Beleuchtung besonders phantasievolle Interieurs geschaffen. Kommerzielle Firmen ahmten diese Ideen nach, als sie sich schließlich davon überzeugt hatten, dass der Stil an Boden gewann.

Gegen Ende der 1930er Jahre gestaltete man viele elegante Interieurs in einer Art Neobarock mit geschwungenen Formen und üppigen Draperien. Die besten Beispiele dafür sind geistreiche oder witzige, nicht sklavische Nachahmungen.

Anders als die Vereinigten Staaten nahm Großbritannien an der Ausstellung 1925 teil, aber der britische Pavillon kam schlecht an; die gezeigten Objekte wurden als langweilige, altmodische Nachahmungen der Arts and Crafts empfunden. Die Situation in Großbritannien war in mancher Hinsicht ähnlich wie in Amerika: Die Fabrikanten waren nicht willens, Waren in einem Stil zu produzieren, den sie nicht verstanden.

Die Wirkung neuer Ideen aus Europa zeigte sich zuerst im öffentlichen Bauen; Wohnhäuser aller Typen und Preisklassen entstanden in einem historisierenden Stil, der am treffendsten mit »Tudorbethan« zu bezeichnen ist (aus »Tudor« und »Elizabethan«). Nicht nur in den Vorstädten, die um die

Großstädte herum entstanden, folgte man diesem Stil, sondern auch in größeren, exklusiveren Häusern. Typisch für diese Architektur sind ausgewählte »Stil«-Details, wie Fachwerk, Giebel, Vorbauten, Buntglas etc. Ein kleines Vorstadthaus hatte normalerweise im Inneren kaum Stilmerkmale außer denen, die der Eigentümer anbrachte. Dagegen gab es in Häusern des Typs, den man gern als »Stockbroker's Tudor« bezeichnete, unfehlbar Täfelungen, Balken und eine elegante Treppe mit üppigem Schnitzwerk an den Pfosten. Mit dieser Bezeichnung sind auch viele amerikanische Häuser der 1920er Jahre treffend beschrieben.

Im Wohnbau zeigt sich der Einfluss der Moderne erst am Ende der Dekade. In Großbritannien gab es gute Architekten und Gestalter, die in dem neuen Stil arbeiteten. Moderne Interieurs wurden in Duncan Millers einflussreichem Buch *More Colour Schemes for the Modern Home* von 1938 beschrieben, in dem verschiedene Trends der 1930er Jahre abgebildet waren, von disziplinierter Moderne über eine deluxe-Version (mit Affinitäten zu amerikanischen Interieurs der Zeit) bis zum witzigen Spiel mit historischen Stilen in der Art von Syrie Maugham oder Oliver Hill. Einige dieser Ideen fesselten die Aufmerksamkeit des Publikums; weiße oder gebrochen weiße Wände und Fußböden zum Beispiel waren Ende der 1930er Jahre ein modisches Klischee geworden. Verspiegelte Wände, von Oliver Hill erfolgreich verwendet, kamen in Mode und blieben es mehrere Jahrzehnte lang. Die von E. McKnight Kauffer und Marion Dorn eingeführten, abstrakt gemusterten Teppiche und Brücken wurden tausendfach nachgeahmt. Die Wandgemälde von Rex Whistler und Allan Walton regten Landschaftstapeten an.

Gegen Ende der 1930er Jahre tauchten auch in Vorstadthäusern moderne Merkmale auf, wie Metallfenster mit abgerundeten Ecken. Die Fabrikkataloge widerspiegeln den Bedarf an modernem Zubehör bei gleichzeitig anhaltender Popularität des Historismus, mit zuweilen amüsanten Resultaten.

Türen

Eine Türeinfassung aus Ziegeln im Kontrast zur glatt verputzen Mauerfläche ist typisch für englische Vorstadthäuser der

1930er Jahre. Es gibt Beispiele mit Kieselputz, d.h., die ganze Fläche ist mit kleinen Kieseln bedeckt. SP

Die Standard-Tür des Art déco gibt es nicht, wohl aber häufig wiederkehrende Merkmale, besonders Ende der 1920er und in den 30er Jahren. Kombinationen von Glas und Metall bilden oft eine gestufte Einfassung, die ein Fenster oder eine Relieftafel enthalten kann. Die Tür selbst besteht nicht selten aus schwerem Glas, verstärkt mit einem Eisen- oder Bronzegitter in naturbezogenem oder abstraktem Muster. In britischen Vorstadthäusern findet man statt des Metalls auch Holz, wie Sonnenstrahlen angeordnet. Unter dem Einfluss der Moderne blieben Türen öfter glatt, ohne Profilleisten, mit einem Minimum an Beschlägen. Metallische Oberflächen finden sich im Hausinneren und Blechverkleidungen an Außentüren. In Großbritannien gab es einen traditionellen Typ mit Buntglas. Manche Holztüren hatten kleine Fenster in »künstlerischen« Formen, wie Rauten oder Herzen. Schwere Füllungstüren mit Schnitzerei und Metalldekor sind typisch für den Spanish-Revival-Stil der amerikanischen Westküste.

In den 1930er Jahren hatten viele Häuser Vorbauten. An Häusern der Moderne können diese durch ein vorgebautes Obergeschoss gebildet werden. Anderswo reichen sie von einfachen Giebelkonstruktionen bis zu komplizierten Gebilden mit Säulen, manchmal auch mit Sitzen. Traditionellere Türen trugen noch immer Griffplatten, Schlüssellochplatten und Klinken, die in den 1930er Jahren in Bakelit und verschiedenen Metallen angeboten wurden.

1 Das Sonnenmotiv wurde an Türen aller Art verwendet. Beispiel aus Glas und Holz aus Miami Beach, 1939.
2 bis 4 Solide gebaute Türen aus Nordischer Kiefer und Eiche, die den nachwirkenden Einfluss der Arts and Crafts zeigen. Das letzte Beispiel würde gut unter einen Vorbau passen.
5 In diesem Haus der Moderne in Northamp- *ton, England, 1927, ist die Tür Teil einer Komposition mit dem frei tragenden Vorbau und dem darüber liegenden Treppenfenster.*
6 Design von 1929; die Tür wurde in zisliertem Metall ausgeführt.
7 Vorbau aus den 1930er Jahren, Miami Beach, mit typischem schlankem Pfosten und Zickzack-Balustrade.

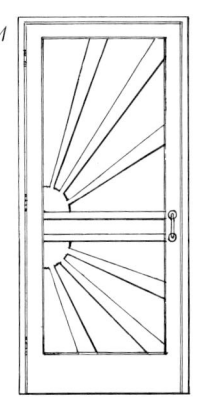
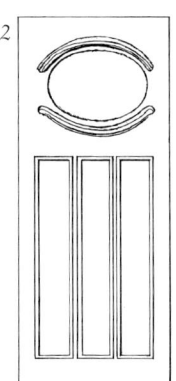
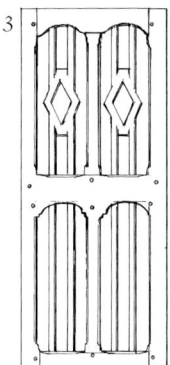

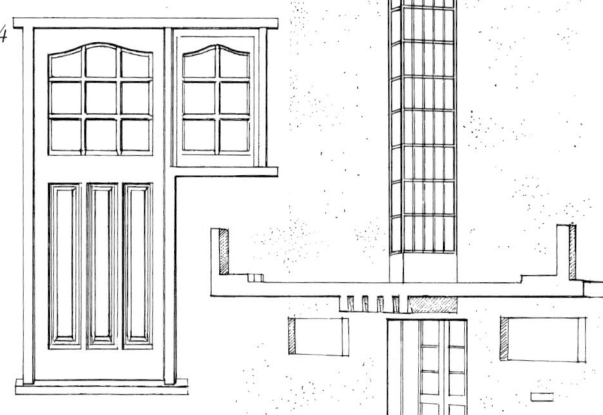

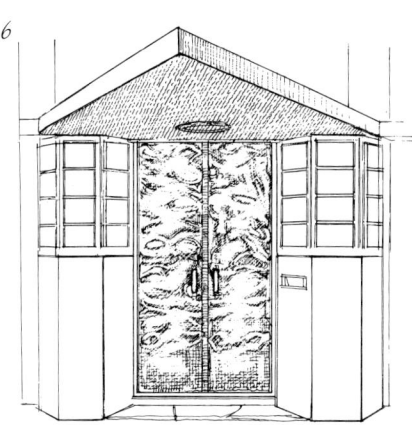
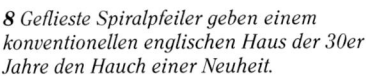
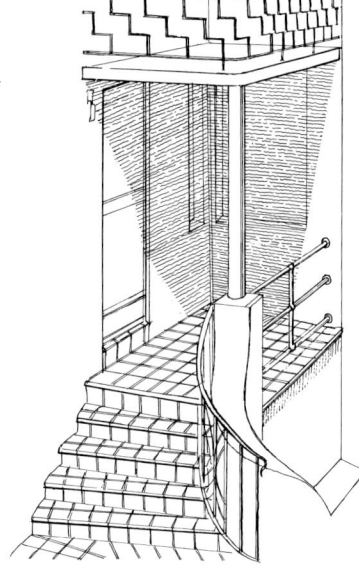

8 Geflieste Spiralpfeiler geben einem konventionellen englischen Haus der 30er Jahre den Hauch einer Neuheit.
9 Gestufte Türeinfassung aus Miami Beach (Norden and Nadel, 1937) mit Relief und seitlichen Leuchten; deutlich vom französischen Art déco beeinflusst.
10 Anderes Design aus Miami Beach (1939), mit Glasfliesen, die unter Handelsnamen wie Vitrolyte oder Carrara verkauft wurden.
11 Hauptmerkmale sind das konvexe Giebel- *feld, die gewellte Kante (auch in der Tür) und die konische Leuchte. Miami Beach, 1939.*

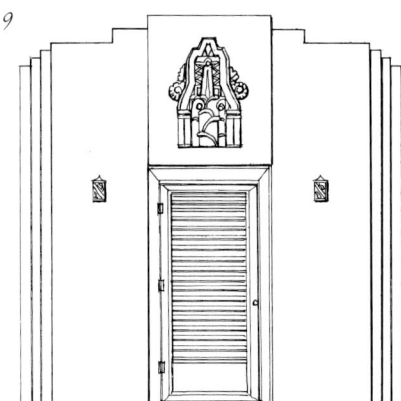
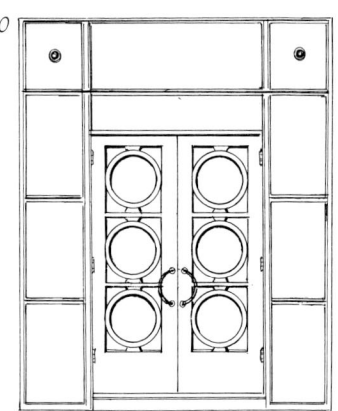

1 Einfach verglaste, zurückgesetzte Tür, 1930er Jahre. Das schlichte Ziegelmuster an der Kante der Verdachung ist ein moderner Akzent, während die steinernen Fenstereinfassungen eine nostalgische Reminiszenz an die Vergangenheit sind. SA

2 Das Muster der Bleisprossen ist entschieden, aber nicht aufdringlich modern. Der Wechsel von hellem und dunklem Anstrich bildet innerhalb der Ziegeleinfassung eine grafische Komposition. SM

3 Die kunstvolle Barock-Putzarbeit kontrastiert mit der glatten weißen Mauer eines Hauses im Spanish Colonial Revival. Die Eichentür hat ein typisches verflochtenes Muster. CN

4 Art-déco-Tür in Miami, Florida. Die wirkungsvoll und asymmetrisch gestaltete Tür sitzt in der Mitte eines sehr komplexen Relieffeldes, das tropische Üppigkeit ahnen lässt. PO

5 In einige Türen der 1930er Jahre wurden grafische Muster eingelegt. Hier beruht die Wirkung auf dem Kontrast zwischen gebeizter und weiß gestrichener Kiefer. Die Klinke ist aus Bakelit. SM

6 Stilisierte, vereinfachte Version des Faltwerks an einem »Tudorbethan«-Haus der 1930er Jahre. SA

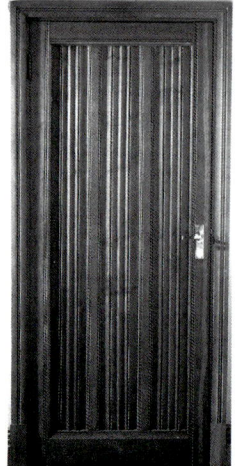

7 In dieser luxuriösen Flügeltür aus demselben Haus ist das Faltwerk kunstvoller und genauer nach dem historischen Vorbild ausgeführt. Die bogigen Füllungen und die elegante Einfassung verstärken den Eindruck erhabenen Glanzes. SA

8 Eine Innentür des Spanish Colonial Revival aus Los Angeles. Zwei Lederplatten werden jeweils durch ein Muster von Neusilber nieten gehalten, das Sattel- und Sporendekorationen nachempffunden wurde. Bemerkenswert ist der dekorative Türgriff. CN

1
2
3
4
5
6
7
8
9

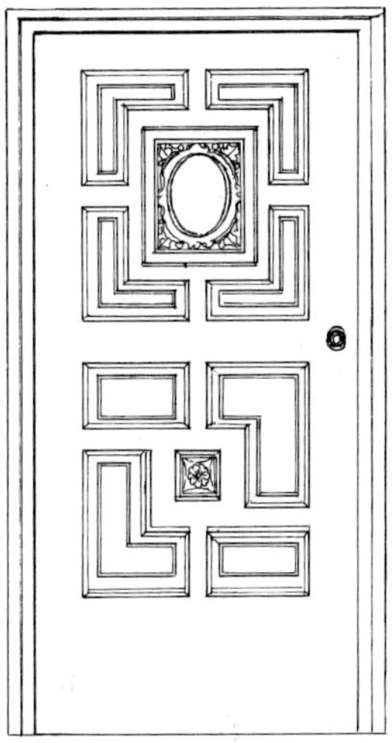

1 *und* ***2*** *Industriell gefertigte Innentüren aus kolumbianischer Kiefer, wie sie in den 1920er und 30er Jahren in kleinere Häuser eingebaut wurden.*
3 *Diese Innentür mit stilisiertem Ziergiebel und vereinfachten Profilleisten ist typisch für die spielerische Behandlung historischer Stile in Interieurs der 1930er Jahre.*
4 *Diese Tür mit den schweren Eisenscharnieren wurde passend zu einem Interieur im Mittelalterstil gefertigt.*
5 *Tür mit Streifenbelag aus Eidechsenhaut, um 1930.*
6 *Glatte zweiflügelige Tür, 1920er Jahre. Von Metallarbeiten des französischen Art déco beeinflusst (obgleich das Muster auch gemalt oder eingelegt sein konnte).*
7 *Verglaste Tür von 1929. Die Glassprossen konnten aus Holz oder Chrom sein.*
8 *Spanish-Revival-Tür mit typischen hölzernen Profilen.*
9 *Holztür aus Palm Beach, Kalifornien, frühe 1920er Jahre.*
10 *Klopfer in archaischem Stil von P. and F. Corbin, New Britain, Connecticut, 1929.*
11 *Schließblech und Knauf, 1920er Jahre (Yale, USA).*
12 *bis* ***16*** *Auswahl an Schließgarnituren, die erste aus Bakelit mit Marmorierung.*
17 *Griff und Schlüsselschild Modell »Tulpe«.*
18 *Art-déco-Briefschlitz aus Indianapolis.*
19 *Briefschlitz mit Klopfer von Rowe Bros, englisch.*
20 *Garnitur aus Türknauf, Briefschlitz und Klingel im Art-déco-Stil der 1930er Jahre, erhältlich in Messing, Edelstahl und verchromt.*

10
11
12
13
14
15
16
18

20
19
17

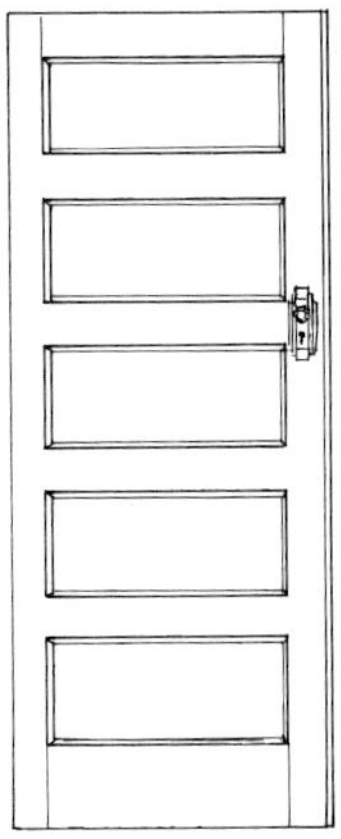

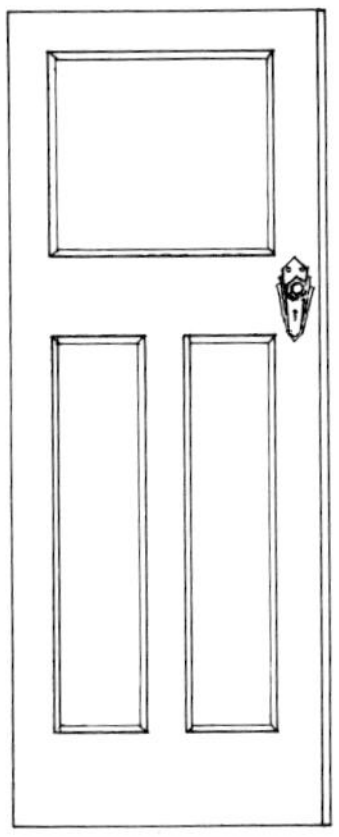

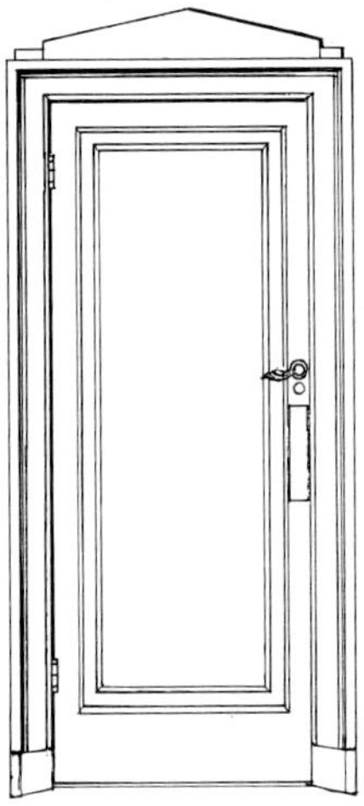

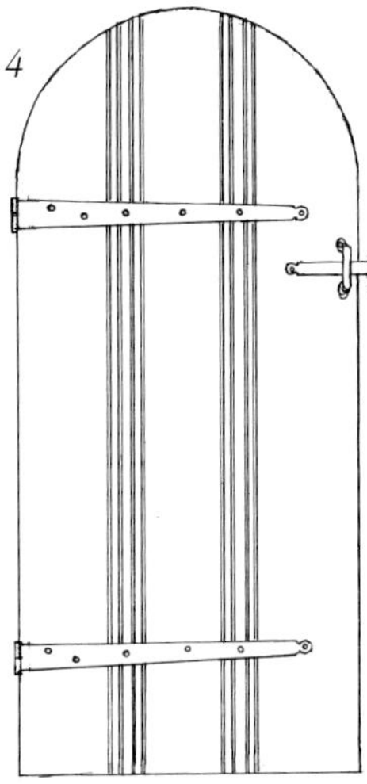

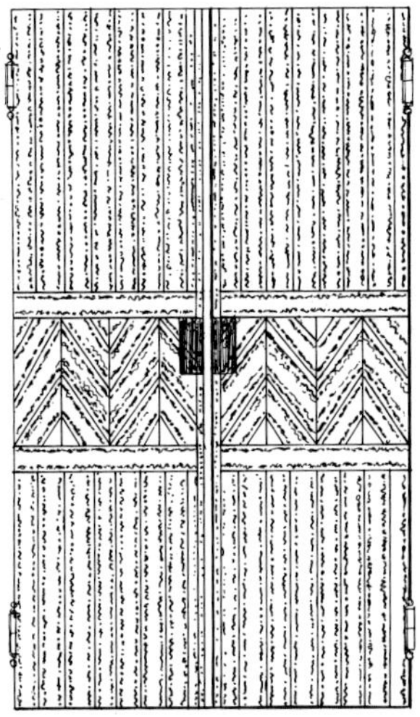

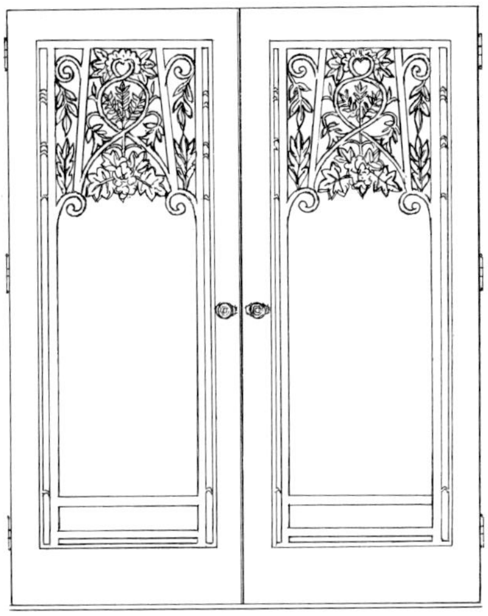

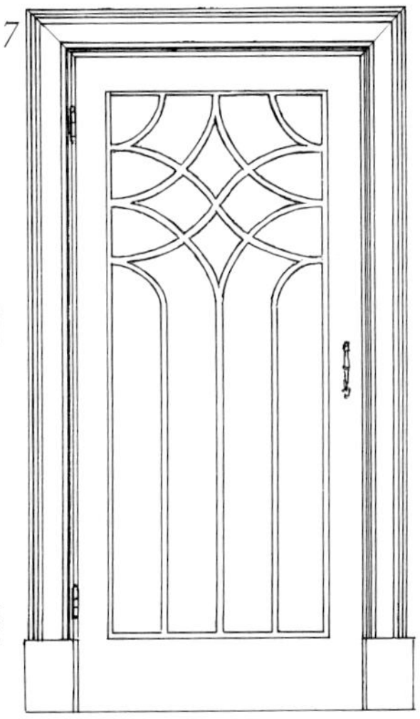

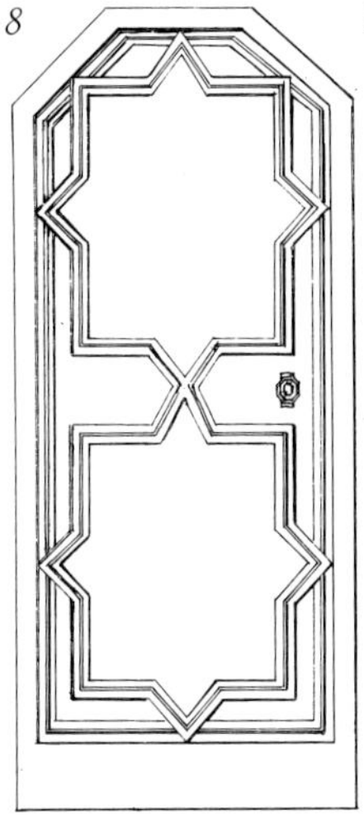

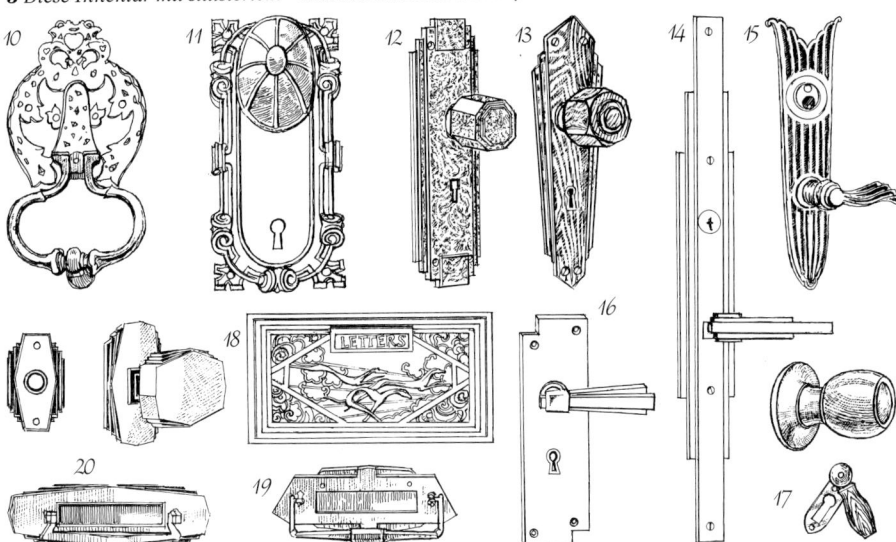

Fenster

1 Schöner Giebel über einem Bleiglasfenster in einem Fachwerkhaus im »Tudorbethan«-Stil. SA
2 Metallrahmenfenster mit gerundeten Scheiben an den Erkern sind ein Merkmal dieser Flachdach-Häuser in einer englischen Stadtrandsiedlung. AA
3 Schiebefenster mit dekorativen Läden in einem amerikanischen Colonial-Revival-Haus, 1927.

Sowohl die französische Technik, aus unterschiedlich großen Glasscheiben eine geradlinige Komposition zu gestalten, als auch die Idee, Wände aus Glasziegeln zu bauen, wurden in Großbritannien und den Vereinigten Staaten übernommen. In den 1930er Jahren waren Metallrahmen sehr beliebt, und an den Ecken der Fenster war das Glas oft abgerundet. Kleine runde Luken erscheinen vor allem an Häusern der Moderne; sie haben Metallrahmen mit dem Angelpunkt in der Mitte. Nicht selten findet man traditionelle Fenster, die mit Metallrahmen, Glaslamellen etc. modernisiert wurden. Glas mit dekorativer Mattierung war beiderseits des Atlantik beliebt, sei es mit einfachen geometrischen Kanten oder auch mit stilisierten Tier- und Pflanzenmotiven.

Traditionelle Merkmale waren Gauben, Bleiglasfenster und, in Queen-Anne-Häusern, auch hölzerne Schiebefenster mit Steineinfassung. In englischen Stadtrandsiedlungen gab es Buntglas mit Sonnen-, Galeonen- und Vogelmotiven. Eine Alternative war klares Glas in rechteckigen Scheiben mit einem kleinen Flügel in der Mitte.

In den 1930er Jahren konnte man im selben Katalog einfaches geometrisches Fensterzubehör, kunstvolle Typen im Stil des französischen Art-déco-Metalls und auch historische Stücke für kleinteilige Bleiglasfenster finden. Auch der Einfluss der Arts and Crafts ist noch deutlich sichtbar.

1 Metall-Flügelfenster aus einem Katalog von Hope, 1934 (innen). Die mittleren Scheiben sind fest, die Flügelspreizen haben Feststellschrauben. Gebräuchlichster

Typ an modernen englischen Häusern der 1930er Jahre.
2 Ebenfalls von Hope ein Fenster mit Doppelverglasung und bronzierter Oberfläche.

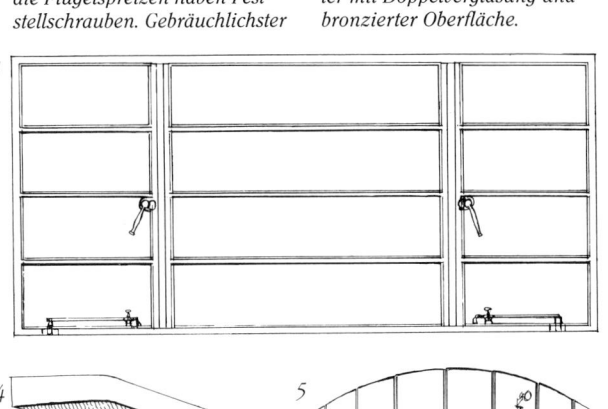
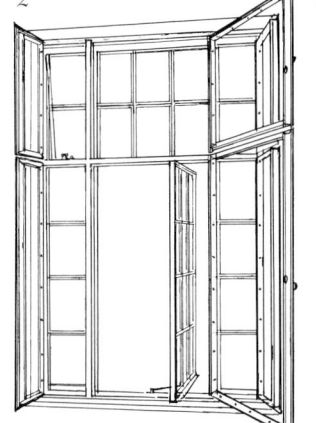

3 Normales Flügelfenster, 1930er Jahre, von Austins (England), in zwei Höhen und vier Breiten angeboten. Gegen Aufpreis auch mit Fensterbank aus Eiche.

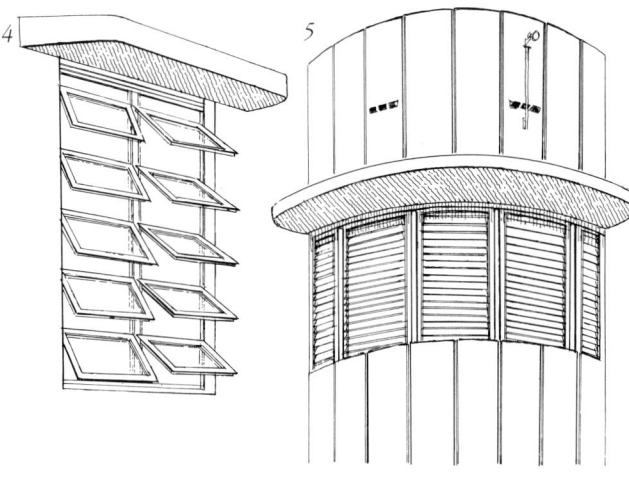
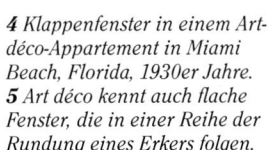

4 Klappenfenster in einem Art-déco-Appartement in Miami Beach, Florida, 1930er Jahre.
5 Art déco kennt auch flache Fenster, die in einer Reihe der Rundung eines Erkers folgen.

6 Typisches hölzernes Erkerfenster englischer Vorstädte, von Austins. Die kleinen oberen Scheiben waren oft aus Buntglas. Auch Bleiglas findet sich in solchen Fenstern nicht selten.

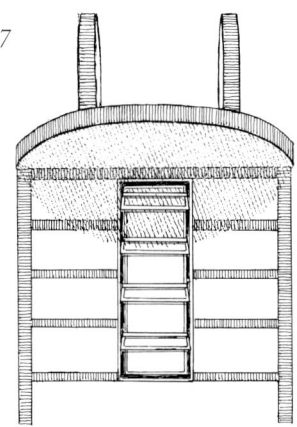
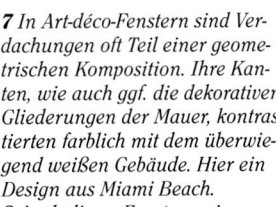
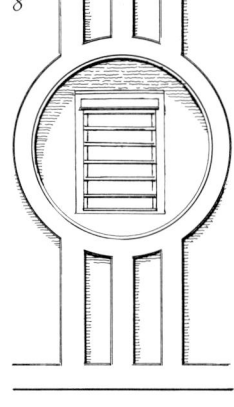
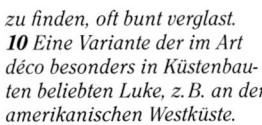

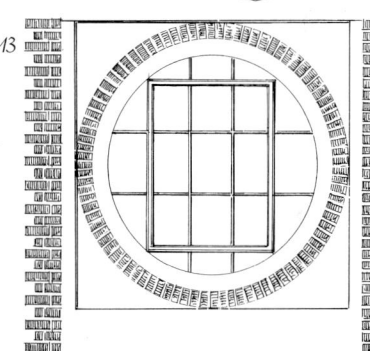

7 In Art-déco-Fenstern sind Verdachungen oft Teil einer geometrischen Komposition. Ihre Kanten, wie auch ggf. die dekorativen Gliederungen der Mauer, kontrastierten farblich mit dem überwiegend weißen Gebäude. Hier ein Design aus Miami Beach.
8 Auch dieses Fenster – ein von farbigen Profilen umgebenes Rechteck – zeigt die Vorliebe des Art déco für einfache Formen.
9 Runde Holzfenster wurden manchmal als Bullaugen bezeichnet. In englischen Stadtrandgebieten sind sie häufig

zu finden, oft bunt verglast.
10 Eine Variante der im Art déco besonders in Küstenbauten beliebten Luke, z. B. an der amerikanischen Westküste.
11 Winkelförmige Fenster für Vorstadthäuser wurden industriell hergestellt.
12 Nicht selten wurde einem Fenster ein dekoratives Relief beigegeben.
13 Rundfenster mit eckigem Flügel, von dekorativem Mauerwerk umgeben, ein Merkmal des erneuerten Queen-Anne-Stils in England.

1 Einfaches Flügelfenster in einer bogenförmigen Nische im Flur. Die Bleiverglasung hat eine traditionelle Note, aber die Gesamtwirkung ist modern. Das Haus ist aus den 1930er Jahren. SM

2 Aus demselben Haus die modernisierte Form eines Fensters aus dem 17. Jh., das man auch an britischen Häusern im erneuerten Queen-Anne-Stil des späten 19. Jhs. findet. SM

3 Einfaches Fenster in einem Haus des Spanish Colonial Revival in Los Angeles. Die Unregelmäßigkeiten der Bleiverglasung sind gewollt. Die mexikanischen Fliesen des Fenstersitzes zeigen den typischen Überschwang in Farbe und Muster. Das Scharnier zum Öffnen und Schließen des Fensters befindet sich in der Mitte. CN

4 Fenster, die sich der Rundung eines Erkers über einem Vorbau anpassen, sind typisch für die 1930er Jahre. AA

5 Buntglasfenster von guter Qualität mit schönem heraldischen Fensterreiber. Wappenglas ist ein verbreitetes Merkmal besserer Häuser im »Tudorbethan«-Stil. SA

1 und **2** Gaubenfenster, oft
bleiverglast, wirkten leicht historisch.
3 Fenster im mediterranen Stil
sind in Florida nicht selten.

4 Sonnendach in Miami Beach,
1930er Jahre.
5 Schiebefenster im erneuerten
Queen-Anne-Stil von Sir Edwin
Lutyens, Chelsea, London, 1932.

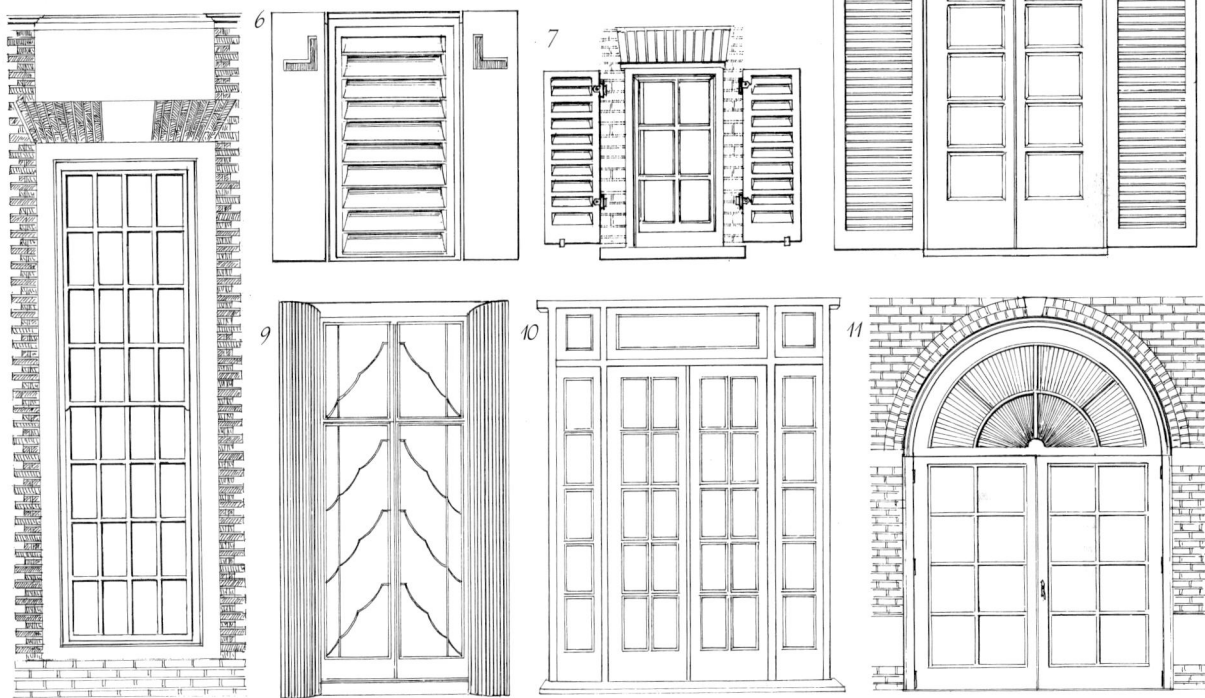

6 bis **8** Fensterläden der 1930er
Jahre. Sie konnten modernis-
tisch dekoriert sein oder Lamellen haben und ein Licht- und
Schattenmuster erzeugen.
9 Ätzdekore sind typisch für

Art-déco-Fenster.
10 und **11** Loggiatüren waren gefragt. Die erste ist ein Standardmodell. Die zweite, mit Regency-
Note, wurde für ein Haus in New
York auf Bestellung gefertigt.

12 Details des Riegels an einem
Tudor-Flügelfenster mit Bleiglas.
13 Fensterreiber vom Typ »Brighton«, von Louis G. Ford in Eastbourne, England, in Chrom und
Messing hergestellt.

14 bis **17** Moderne Fenstergriffe
von verschiedenen Herstellern.
18 bis **20** Fensterspreizen gab es
einfach oder mit modischen Verzierungen am freien Ende, z.B.
mit einer stilisierten Muschel.

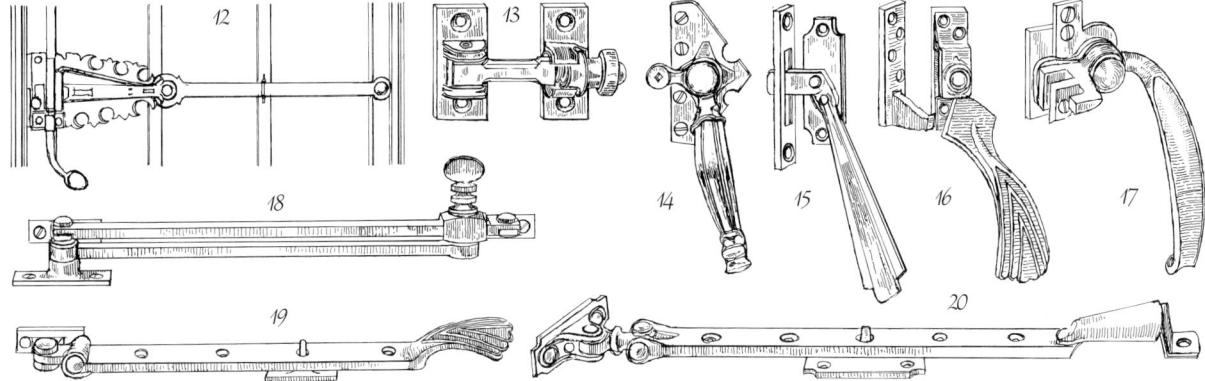

Wände

1 Trompe-l'oeil-Wandgemälde lassen die Diele geräumig wirken; späte 30er Jahre. CS
2 und 3 Witzige Anleihen aus der Geschichte waren verbreitet. Die »Bambus«-Pilaster wurden von einer glatten Wand, die kannelierten Pilaster von einer stark farbigen Wand umgeben.
4 Holztafeln wurden manchmal effektvoll gefärbt. Ein Katalog von 1932 zeigt einige Effekte.

Ein guter Maler oder Dekorateur konnte jede Maserung imitieren und damit teure Hölzer vortäuschen. Auch gemaserte Tapeten wurden hergestellt.
5 Kräftige geometrische Formen lassen diese konturierte Wand (1924) wie einen Falt-Wandschirm wirken.
6 Detail aus einer Konsole. Getreppte Bögen fassen einen Alkoven ein. New York, 1936.

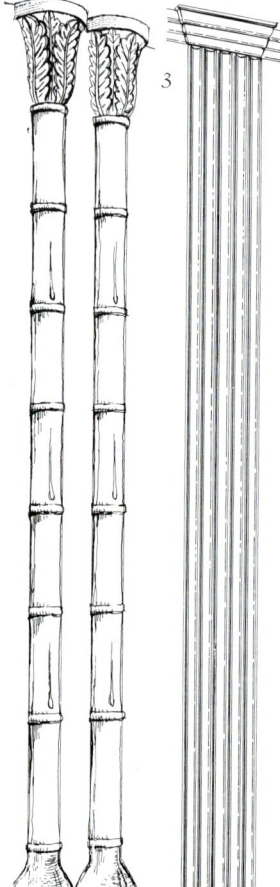

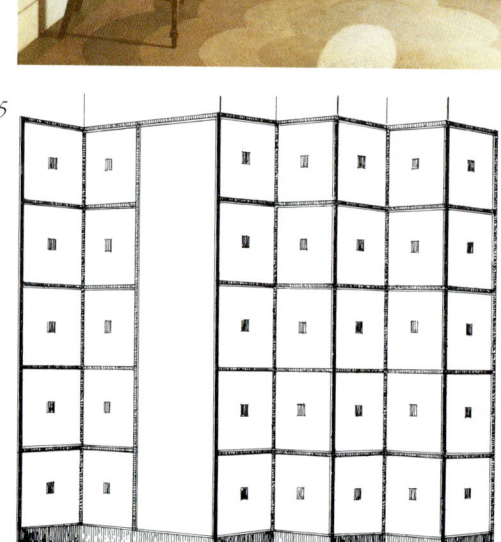

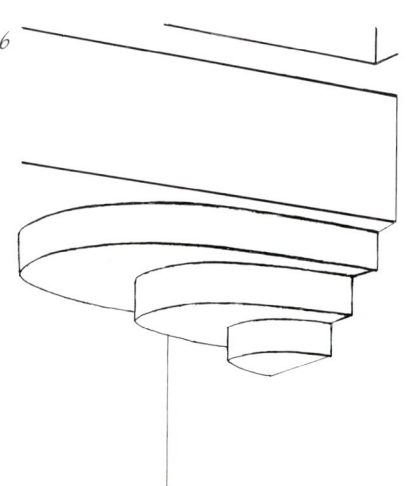

In den 1920er Jahren kamen Tapeten in eleganten Wohnungen aus der Mode, stattdessen erhielten die glatten oder texturierten Wände einen farbigen Anstrich, manchmal auch geometrische Muster aus kontrastierenden Holztafeln, Lack oder bemalten Profilleisten. Zum Ende des Jahrzehnts gab es eine Vorliebe für metallische Oberflächen, wobei Silber besonders beliebt war. In den 1930er Jahren kamen Interieurs »ganz in Weiß« groß in Mode, genauer gesagt, waren die Wände meist gebrochen weiß und oft leicht texturiert.

Plastisch gestaltete Putzfelder findet man oft über Kaminen oder Türen, auch in der Mitte einer Wand, oder die Wand selbst war plastisch gestaltet.

Wandgemälde wurden wieder beliebt und ganze Wände mit trompe-l'oeil-Landschaften oder abstrakten Kompositionen überzogen. Verspiegelte Wände spielten mit dem Angebot an verschieden gefärbtem und gemustertem Glas und entsprechenden Klebstoffen eine immer größere Rolle.

In Vorstadtinterieurs behielt man viele der anderswo verworfenen Merkmale bei, z. B. Fußleisten und Bilderleisten. Tapete kam oft in Form dekorativer Kanten und eigenständiger Felder, selbst ganzer Wandgemälde vor. Hölzerne Täfelungen wurden nicht mehr gestrichen und lackiert, sondern abgezogen und gewachst. Eine Alternative dazu waren geprägte Tapeten, die man wie exotische Hölzer »masern« konnte.

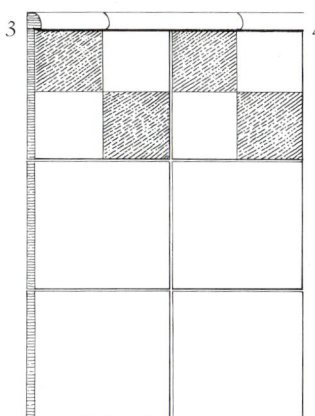
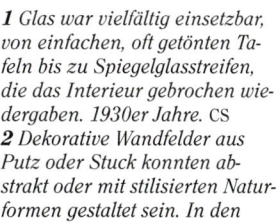

1 Glas war vielfältig einsetzbar, von einfachen, oft getönten Tafeln bis zu Spiegelglasstreifen, die das Interieur gebrochen wiedergaben. 1930er Jahre. CS
2 Dekorative Wandfelder aus Putz oder Stuck konnten abstrakt oder mit stilisierten Naturformen gestaltet sein. In den 1920er Jahren waren sie leuchtend farbig, in den 1930er Jahren bevorzugt weiß oder creme.
3 Fliesensockel eines Bades mit Karokante und Wulstrand.
4 Bildfliesen wurden zwischen einfarbige Fliesen eingestreut oder zu Tafeln zusammengesetzt. CF

5 Dekorative Fliesenkanten zur Ergänzung von Wandfliesen oder für Kamineinfassungen. Die Beispiele sind handgemalt. CF
6 Es gab sehr traditionelle Tapeten wie diese geblümte (1932), aber auch humoristische oder abstrakte Muster. Oft klebte man

Tapetenkanten unter die Bilderleiste. KW
7 Tapetenausschnitte sind typisch für die 1930er Jahre. Dieser dekorative Ausschnitt für eine Ecke (neben der kompletten Seite aus einem Musterbuch) wurde über die eigentliche Tapete geklebt. KW

Decken

1 Holzbalkendecke in einem südkalifornischen Haus des Spanish Colonial Revival, 1920er Jahre, von George Washington Smith (1876–1930) aus Santa Barbara. Balken waren in dieser Periode in der einen oder anderen Form fast allgegenwärtig. Hier in einer feinen Zimmermannsarbeit, mit grün gestrichenen Schrägkanten an den Hauptbalken.

2 Golden und schwarz gestrichener Salon in Port Lympne, Kent, England, aus den 1920er Jahren. 3 In modernen Häusern ohne Hinweis auf die Balken waren die Decken in den 1920er und 30er Jahren zuweilen mit Glanzfarbe gestrichen. Die Deckenleuchte bildete oft den einzigen Schmuck. Deckenrosetten gab es nur dort, wo Bezug auf historische Stile genommen wurde.

Von den 1920er Jahren an verband man in eleganten Interieurs Wände und Decke gern durch eine Hohlkehle. Diese wurde als Teil der Decke behandelt und meist in der gleichen Farbe gestrichen, ihren unteren Abschluss markierte eine dekorative Kante. Farbige Decken waren typisch für die 1920er Jahre, manchmal passend zu den Wänden gestrichen, manchmal kräftig kontrastierend. Profile hatten, wenn überhaupt vorhanden, schlichte Umrisse und wurden andersfarbig abgesetzt.

Auch in den 1930er Jahren blieben Hohlkehlen beliebt; die Decke selbst hatte jetzt geometrische Profile in Übereinstimmung mit der plastischen Gestaltung der Wände. Kräftige Farben an der Decke waren nicht mehr modern.

Profile und Hohlkehlen wurden weiß oder schwach getönt, oft passend zu den Wänden. Kompliziert geformte Fertigprofile passten zu Räumen in humoristisch-traditionellem Stil.

In Vorstadthäusern des »Tudorbethan«-Stils bildeten die Profile, mit denen die Decke in Rechtecke geteilt wurde, zumindest eine Andeutung der traditionellen Balken. Geprägte Tapeten wirkten wie Putzarbeiten. In aufwändigeren Häusern dieses Stils wurden Holzbalken rein dekorativ verwendet, ohne jede tragende Funktion. Balken waren auch ein Merkmal des Spanish Colonial Revival; und es gab auch Decken, die ganz mit bemalten oder beschnitzten Holztafeln bedeckt waren.

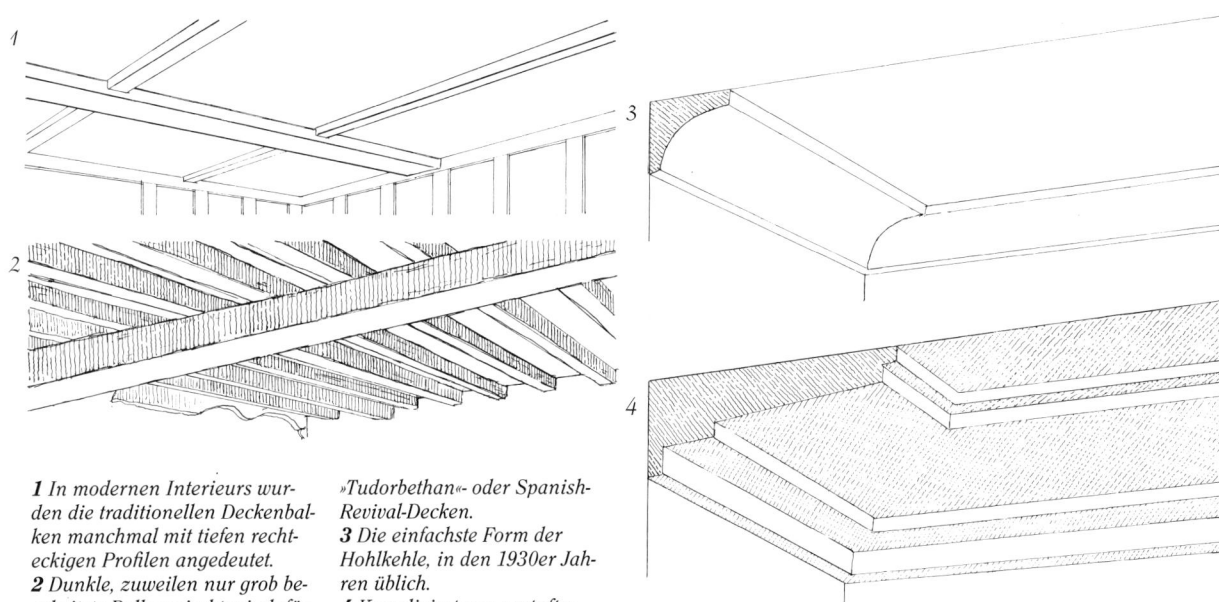

1 In modernen Interieurs wurden die traditionellen Deckenbalken manchmal mit tiefen rechteckigen Profilen angedeutet.
2 Dunkle, zuweilen nur grob bearbeitete Balken sind typisch für

»Tudorbethan«- oder Spanish-Revival-Decken.
3 Die einfachste Form der Hohlkehle, in den 1930er Jahren üblich.
4 Komplizierteres, gestuftes

Profil für einen großen Raum.
5 Reich modellierte und farbige Kanten, meist mit den 1920er Jahren assoziiert, waren in den 1930er Jahren noch gebräuchlich. Dieses amerikanische Beispiel mit stilisierten Pflanzen in pseudo-ägyptischem Stil ist aus der Halle eines Appartements von 1938.
6 Kunstvolle, bemalte Kassettendecke aus einem Haus in Palm

Beach, Florida, 1922, nach Entwurf von Addison Mizner, einem unermüdlichen Verfechter des spanischen Stils. Die erhabenen Rosetten in der Mitte jeder Füllung sind kunstvoll geschnitzt.
7 Die lebhaften Schnitzereien an den Konsolen dieser Balkendecke des Spanish Colonial Revival aus Los Angeles sind ein typisches Merkmal dieses Stils. CN

Fußböden

*Geometrische Elemente, z.B.
von Geraden durchschnittene
Kreise, sind typisch für Fußböden des Art déco, wie an diesem*

*Terrazzoboden aus den 1930er
Jahren in Miami Beach. Auch
der Wechsel von Braun und
Schwarz ist typisch.* PO

In modebewussten Häusern verwendete man Teppiche mit stilisiert-floralen oder geometrischen Mustern, die auf Wände und Möbel abgestimmt wurden. Auslegware war den feinsten Interieurs vorbehalten. Normal war Parkettboden, der vom Fischgrätenmuster bis zu raffinierten geometrischen Arrangements die verschiedensten Muster haben konnte. Insgesamt wurden in den 1930er Jahren hellere Hölzer bevorzugt. In einfacheren Häusern gab es statt des Parketts Dielenböden, die man beizen und lackieren konnte.

Gemusterte Fußböden spielten ab Ende der 1920er Jahre eine größere Rolle. Linoleum gab es zu diesem Zeitpunkt beiderseits des Atlantik in höchst eleganten Ausführungen. Eingelegtes Linoleum wurde auf Bestellung gefertigt,

andererseits fand man Linoleumfliesen in vielen Varietäten, sogar als Marmorimitat, und diese konnten natürlich in verschiedenen Mustern verlegt werden. Beliebt war das einfache Karo, aber auch einfarbiges Linoleum mit kontrastierender Kante oder »Rahmen« für den Teppich. Das in Stadtrandhäusern beliebte bedruckte Linoleum gab es in einer Unmenge von Mustern und einigen verschiedenen Texturen. Meist kombinierte man damit Brücken oder quadratische Teppiche.

Keramische Fliesen wurden in Großbritannien nicht oft verwendet, wohl aber an der Westküste Amerikas. Besonders Häuser des Spanish Colonial Revival hatten Böden aus kleinen Terrakottafliesen.

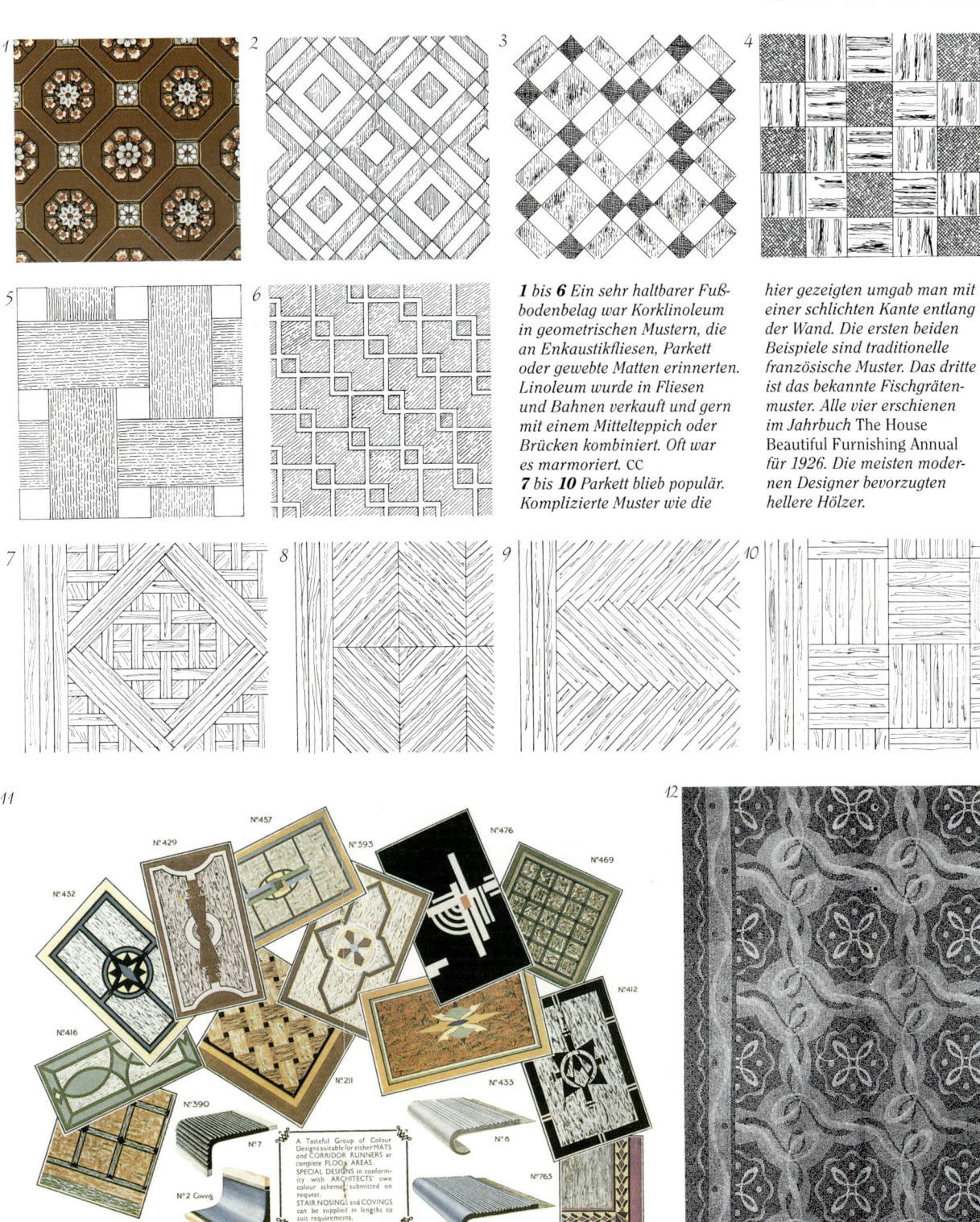

1 bis **6** Ein sehr haltbarer Fußbodenbelag war Korklinoleum
in geometrischen Mustern, die
an Enkaustikfliesen, Parkett
oder gewebte Matten erinnerten.
Linoleum wurde in Fliesen
und Bahnen verkauft und gern
mit einem Mittelteppich oder
Brücken kombiniert. Oft war
es marmoriert. CC
7 bis **10** Parkett blieb populär.
Komplizierte Muster wie die

hier gezeigten umgab man mit
einer schlichten Kante entlang
der Wand. Die ersten beiden
Beispiele sind traditionelle
französische Muster. Das dritte
ist das bekannte Fischgrätenmuster. Alle vier erschienen
im Jahrbuch The House
Beautiful Furnishing Annual
für 1926. Die meisten modernen Designer bevorzugten
hellere Hölzer.

11 Einige Unternehmen produzierten Gummi-Fußboden-
beläge, u. a. Matten, Läufer und
spezielle Bahnen für Treppen,
sowie Stücke, mit denen man

die Treppenkanten schützen
konnte. Unter diesen Beispielen
von 1937 sind einige auffällige
Art-déco-Muster. WA
12 Ausschnitt aus einem Woll-

teppich im Stil des Art déco.
Die Farben sind Graugrün
und Dunkelbraun auf lachs-
farbenem und weißem Untergrund. CI

Kamine

Die weiche Wärme von Ziegeln und Fliesen entsprach der Nostalgie der 1920er und 30er Jahre. Dieses britische Beispiel

(1929) mit verglasten Schränken vereint Modernes und Traditionelles. Der englische Stil war in den USA sehr beliebt. OE

Kamine blieben auch dann wichtig, als man sie eigentlich nicht mehr benötigte. Es war normal, dass auch zentralbeheizte Häuser Kamine hatten und dass in einer imposanten Einfassung ein elektrisches Feuer »brannte«. Gasfeuer waren weniger beliebt, denn sie galten als zu auffällig.

In den 1930er Jahren ist der Kamin vielfach nur noch eine rechteckige Öffnung mit einer verchromten Kante, während die Einfassung fast bildhauerischen Charakter annimmt. Die Kaminsohle besteht häufig aus einer glatten, polierten Steinplatte und das Kaminbesteck, falls vorhanden, aus Chrom oder Stahl in schlicht-eleganter Form.

Viele Kaminsohlen und -vorsprünge aus Ziegeln oder Stein kommen ohne jeden Schmuck aus. Zu einem solchen

Kamin gehören Kaminböcke oder ein dekorativer Rost, gewöhnlich aus Eisen.

Mehrere historische Stile blieben in Gebrauch, wenn auch meist vereinfacht. Nicht selten findet man z.B. einen Kamin im modernisierten Adam-Stil in einem Interieur, das sonst nicht historisierend ist. Viele Häuser des »Tudorbethan«-Stils besaßen Kaminecken. Der Einfluss der Arts and Crafts lässt sich oft an Feuerstelleneinfassungen, Kaminbesteck und Kohlenkästen aus gehämmertem Messing und Zinn ablesen.

Gefliese Umrandungen sind in englischen Stadtrandgebieten alltäglich. Meist in Beige oder lederbrauner Farbe, tragen sie den »modernen« Stilen oberflächlich durch getreppte oder, seltener, asymmetrische Formen Rechnung.

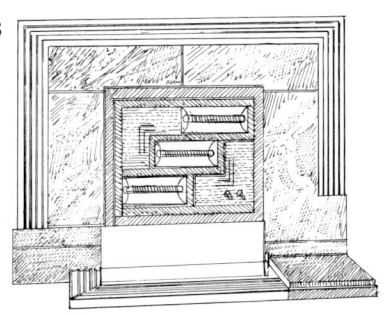

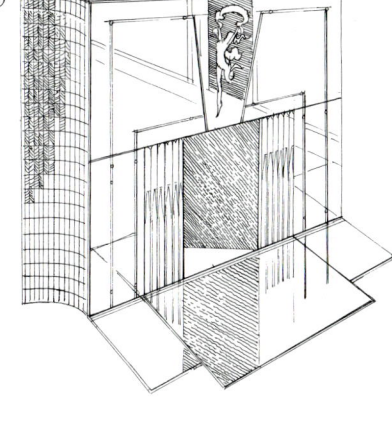

1 *Zurückhaltend klassischer Kamin mit Marmorumrandung. Elektrofeuer gab es schon vor 1920, passende Wandumrandungen aber erst in den 1930er Jahren.* GJ
2 *Elektrofeuer in modernerer, knapper Einfassung aus sandfarbenem Marmor mit schwarzer Deckplatte (Berry's, London).* BE

3 *Asymmetrische Stufen wirken modern. Reflektoren aus blankem Metall, Einfassung mattschwarz, Umrandung aus grünem Marmor.*
4 *Das Elektrofeuer »Magicoal« wurde zunächst*

mit Fußschalter betätigt. Feuer mit Kohleeffekt führte Belling 1921 ein. BE
5 *Beige gefliester Kamin, traditionell mit Kaminsohle und Rost, um 1935.* LF
6 *Prächtiger Kamin mit rosa getöntem Spiegelglas mit figürlichem Motiv und dekorativer Kannelierung an den Seiten.*

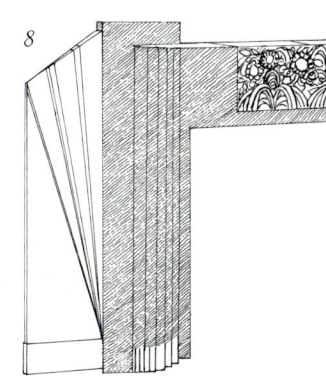

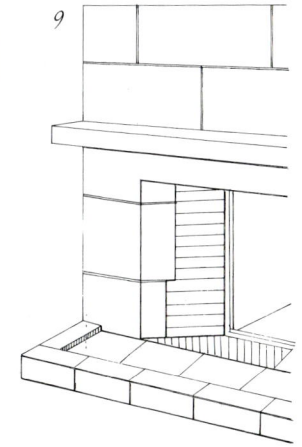

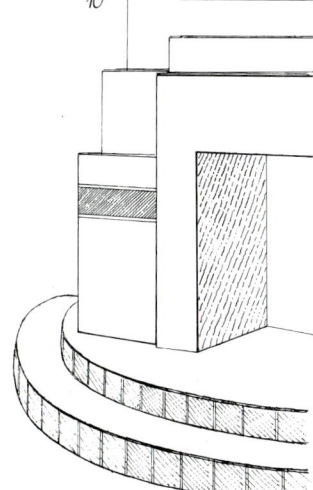

7 *Die raffinierte Einfassung wiegt die schlichte Geometrie des eigentlichen Kamins auf. Statt eines Kaminsimses ist darüber ein extra Wandbord denkbar.*
8 *Kamin aus Holz und Silber mit reich verzierten dekorativen Faszien und Streifenmotiv im Art-déco-Stil an den Flügeln.*

9 *Kamin aus Biskuit-Fayence von Peter Behrens mit Feuerschale aus Devon-Ton. Ein tief liegendes Sims harmoniert mit dem Feuerstellenrand. Dieses britische Design von 1934 vereint Modernes und Traditionelles.*

10 *Die Stufenform bietet Borde auf unterschiedlichen Höhen. Markant ist die gerundete Kaminsohle mit den gefliesten Kanten.*

1 *Diese Gestaltung mit asymmetrischen Stufen, marmorierten Fliesen und Holzrahmen kam in den 1930er Jahren in vielen Variationen vor. Auch die beleuchtete Nische im Kaminvorsprung ist typisch.* SM

2 *Modische Eleganz in Miami, Florida, um 1936. In Großbritannien, wo der Art déco durch Bezüge auf die Vergangenheit stärker eingeengt wurde, sind Kamine dieser Art selten.* PO

3 *Gewichtiger Baronialstil mit romanischen Säulen und einem beschnitzten Balken als Sturz.* SA

4 *Kamin aus Ziegeln und Fliesen in einem vereinfachten »Tudorbethan«.* SA

5 *Die Grundidee ist aus dem 18. Jh., doch die Vereinfachung und die gestufte Form des Spiegels mit seinen welligen Kanten gehören den 1930er Jahren an.* CS

6 *Amerikanischer Kamin des Spanish Colonial Revival aus den 1920er Jahren, mit typischer Fliesenumrandung und handmodelliertem Fries. Das schmiedeeiserne Zubehör ist charakteristisch.* CN

1

2

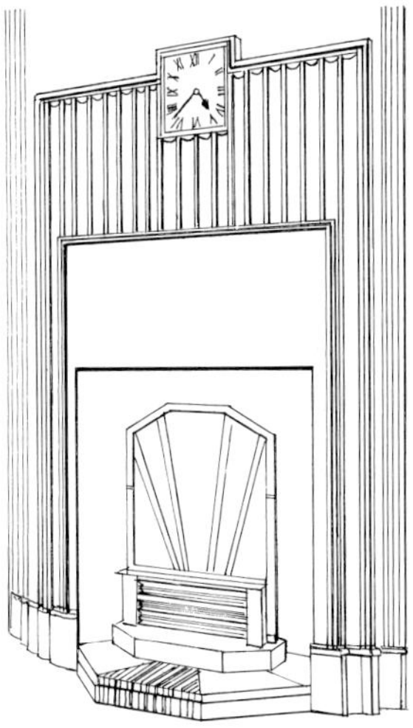

3

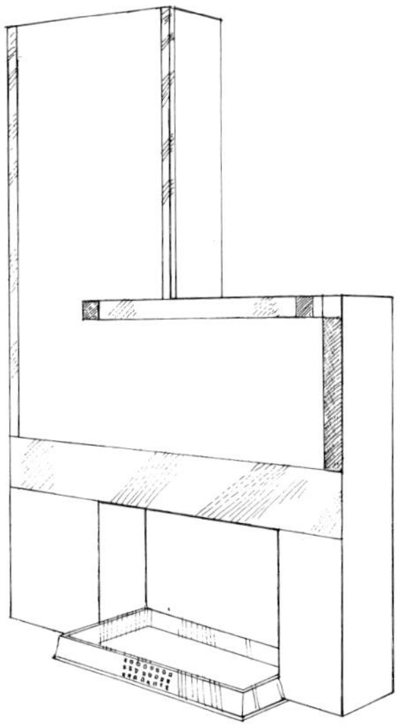

4

5 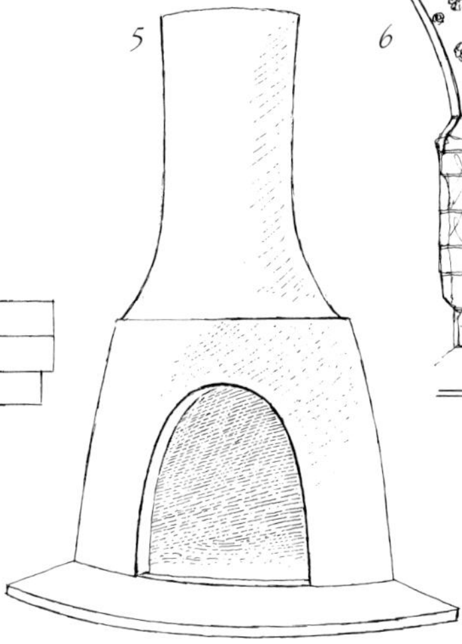   6    7

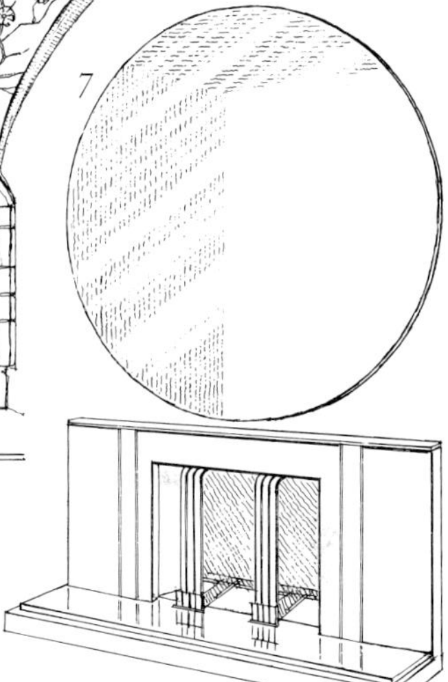

1 Der mittelalterliche Kamin mit Rauchabzug, modern abgewandelt für einen Raum mit schräger Decke.
2 Manche Kamine hatten eine eingebaute Uhr. Hier mit tragbarem Elektrofeuer und dekorativem Wandschutz.
3 Die Asymmetrie dieses Kamins, Anfang der 1930er Jahre, wird durch Chromkanten und ein-

gebaute Lichtleisten betont.
4 Design aus der amerikanischen Ausgabe von House and Garden, *1929. Kamin aus Messing und Bronze.*
5 Adobe-Kamin im spanischen Stil für ein Wohnzimmer in New Mexico, entworfen 1935. Es ist ein Eckkamin.
6 Dieser Kamin von 1929 – eine Variation über ein historisches

Thema – war für eine große Kaminecke gedacht. Der Kaminaufsatz ist bemalt.
7 Ein rahmenloser runder Spiegel beherrscht diesen schlichten Kamin, der dekorative metallene Sperrstangen aufweist.
8 Ungewöhnlicher Kaminbock, 1930er Jahre, aus glänzendem Stahl.
9 Kaminbock aus Stahl

mit Messingornamenten.
10 Kaminbock »Junger Hahn«, 1930er Jahre.
11 Zu diesen teilweise verchromten Kaminböcken aus Schmiedeeisen gehörten ein passender Rost und ein Kaminbesteck mit Schüreisen, Zange und Schaufel.
12 Ein durch und durch historisierendes Modell mit Urnenknäufen und Schnörkelfüßen.

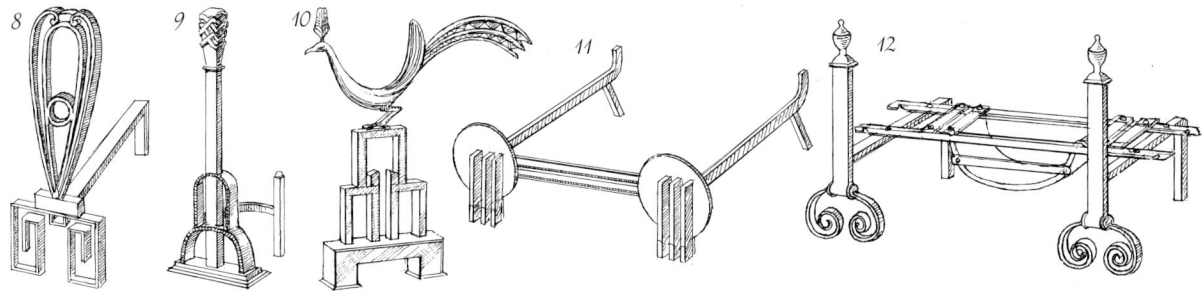

8   9   10   11   12

Küchenherde

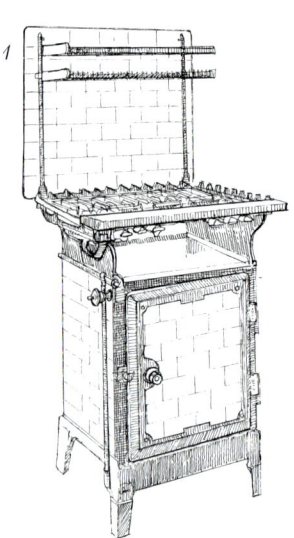

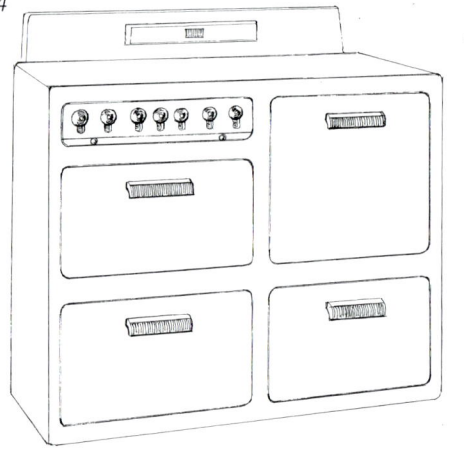

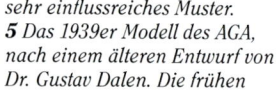

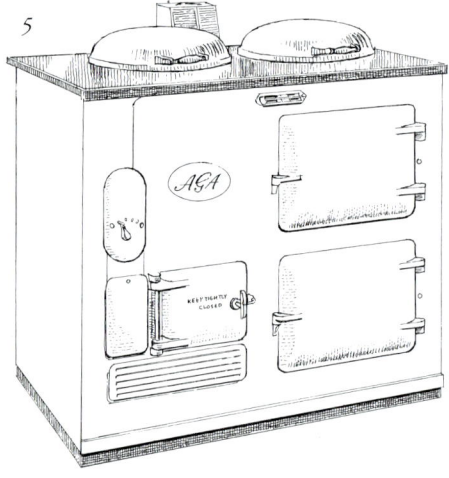

1 Gasherd »New World N 16« von Radiation, 1923. Er war der erste Herd mit thermostatgeregelter Backröhre. Die Gasbrenner befinden sich über dem Herd, der auf Beinen steht, um das Putzen zu erleichtern. Wandschutz und Tellergestell wurden in den 1920er Jahren zum Standard.
2 Der Kombi-Rost Eagle, um 1935, eine moderne Version des alten holländischen Backofens. Kombi-Roste vereinten einen Kamin mit einem rückseitigen Boiler und mehreren Kochröhren. Meist hatten sie eine gefliesste Umrandung. EC
3 Temperaturgeregelter Gasherd mit zwei Röhren, großer Koch- und Bratplatte und Tellergestell darüber. JW
4 Dieser 1933 von Norman Bel Geddes entworfene Herd mit weißer Oberfläche und bis zum Boden reichender Verkleidung war ein beiderseits des Atlantik

sehr einflussreiches Muster.
5 Das 1939er Modell des AGA, nach einem älteren Entwurf von Dr. Gustav Dalen. Die frühen

Modelle hatten Füße. Der AGA arbeitete mit dem Prinzip der Wärmespeicherung, daher die gewölbten Abdeckungen über

den Kochstellen. Er versorgte den Haushalt auch mit Warmwasser aus einem rückseitigen Boiler.

Gas- und Elektroherde gab es schon seit dem 19. Jahrhundert, aber erst nach 1918 waren sie wirklich populär und auch preisgünstiger.

Zu Beginn der Periode bestand die Oberfläche der Herde aus gesprenkeltem Email oder aus Fliesen, und die meist weiße Tür wurde mit einem Riegel wie an einem Schrank geschlossen. Diesen verdrängte später ein Griff aus Bakelit. Solche Küchenherde wurden maßgeblich nach Nützlichkeitsprinzipien gestaltet, standen auf Füßen, und die Gasbrenner waren über dem Korpus des Herdes an den Zuleitungsrohren befestigt. Elektrischer Strom war relativ teuer, Elektroherde brauchten länger zum Aufheizen als Gasherde, und die Wärme ließ sich nicht so leicht regeln. Deshalb blieben Gasherde in Großbritannien gebräuchlicher, und für Gas wurde 1923 auch der erste Regelthermostat entwickelt. Die Grundform der Herde änderte sich in dieser Periode kaum, es kamen lediglich einige Merkmale hinzu, wie z.B. der Wandschutz.

In den Vereinigten Staaten war man mit der Entwicklung von Küchengeräten schon weiter. Bereits Anfang der 1930er Jahre stellte man kompakte, schnittige Herde her, die sich durch eine bis zum Fußboden reichende »Schürze« und die Eingliederung der Brenner in den Herd auszeichneten und folglich geschlossenere Konturen hatten. Statt des gesprenkelten Emails früher Modelle bekamen die Herde jetzt weiße Oberflächen und ein Minimum an Beschlägen.

Treppen

1 Art-déco-Treppe in Miami, Florida. Die kontrastierenden Farbtöne sind typisch, ebenso die halbrunden Profile und die gestufte Trennwand. PO
2 Diese Treppe des Spanish Colonial Revival zeigt die charakteristische Verwendung mexikanischer Fliesen und schmiedeeiserner Balustraden. CN
3 »Tudorbethan«-Treppe mit gotischem Schnitzwerk. Die typischen geschlossenen Balustraden wechseln an den Podesten mit offenen Balustraden. SA
4 Durch die getreppten Profile erhält der Antrittspfosten Ähnlichkeit mit einem Wolkenkratzer. Die in den Pfosten am Podest eingebaute Leuchte findet man in vielen Art-déco-Interieurs. Zuerst tauchte sie in Hotels und Kinos auf. SM

KÜCHENHERDE

TREPPEN

Elegante Häuser wurden ab Ende der 1920er Jahre weniger als Reihe abgeschlossener Räume verstanden und geplant, sondern als ein fließender Raum. Daher ist die Treppe oft von den Haupträumen aus sichtbar. Frei tragende Treppen konnten der gebogenen oder geraden Linie der Wand ohne seitliche Stützen folgen. Die optische Leichtigkeit solcher Treppen wurde durch offene Trittstufen verstärkt.

In den 1930er Jahren kamen verchromte Geländer in Mode. Es gab Ausführungen mit einfachen Rohrstäben, aber auch komplizierte Arrangements aus Rohr- und Bandmaterial. Eine Alternative zu Chrom war Sperrholz, das der gebogenen Linie der Treppe angepasst werden konnte.

In einem Hauptraum beginnende Holztreppen sind ein Merkmal des Spanish Colonial Revival. Die Trittstufen sind dabei geschlossen und die dem Raum zugewandte Seite der Treppe ist meist durch Holztäfelung abgeschirmt.

Treppen zu Galerien findet man in größeren »Tudorbethan«-Häusern. Die elegante Treppe taucht in Miniaturform auch in kleineren Vorstadthäusern auf, oft mit einem schmalen Zwischenpodest, das Ganze aus industriell gefertigten Holzelementen gebaut, auf Eiche dunkel gebeizt und lackiert.

Um den Treppenläufer an Ort und Stelle zu halten, benötigte man Metallstangen, von denen es verschiedene Typen gab: schlichte Metallstäbe mit einfachen Halterungen, oder solche mit verschiedenen dekorativen Finialen.

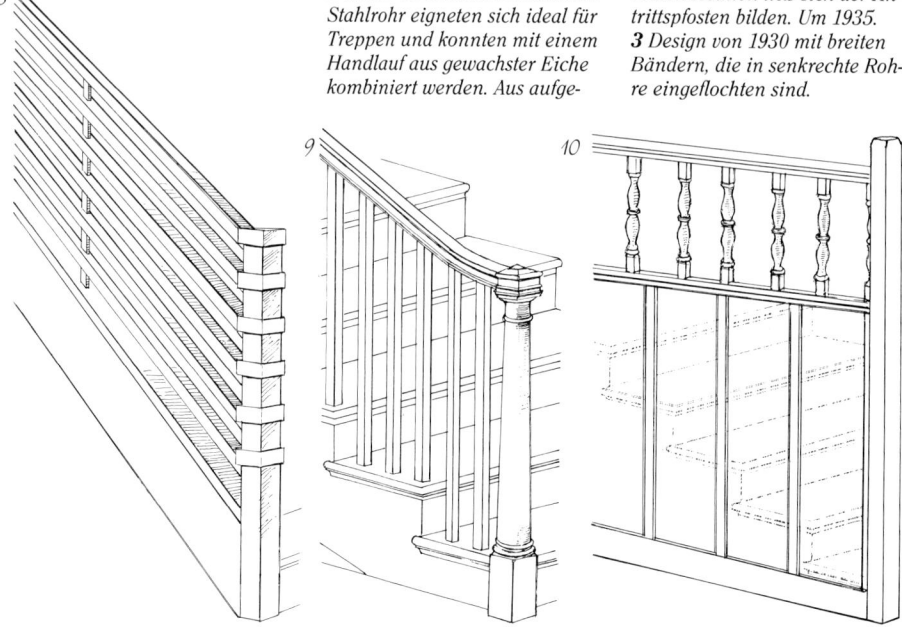

1 und 2 Verchromtes Metall oder Stahlrohr eigneten sich ideal für Treppen und konnten mit einem Handlauf aus gewachster Eiche kombiniert werden. Aus aufgerollten Holmen ließ sich der Antrittspfosten bilden. Um 1935.

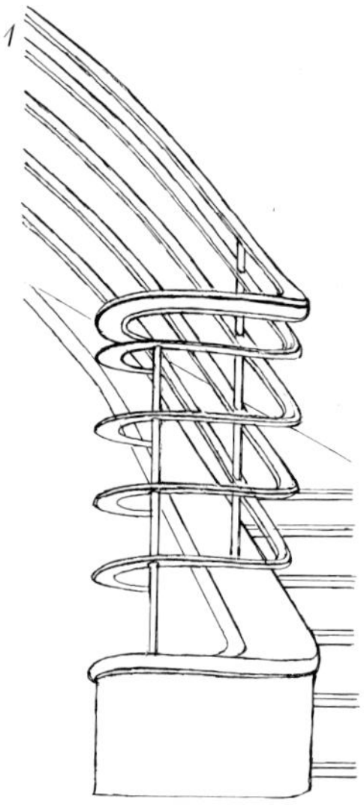

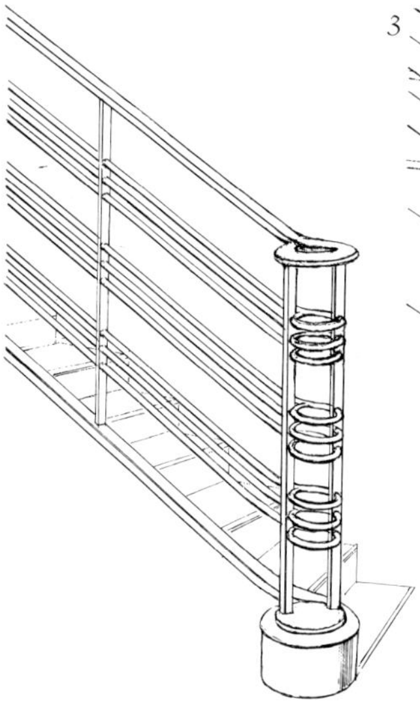

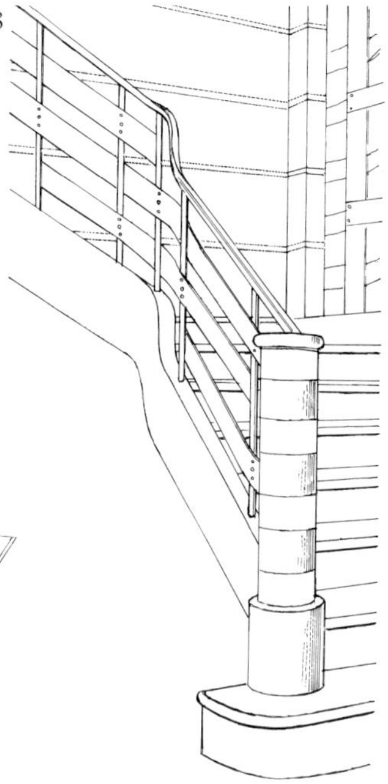

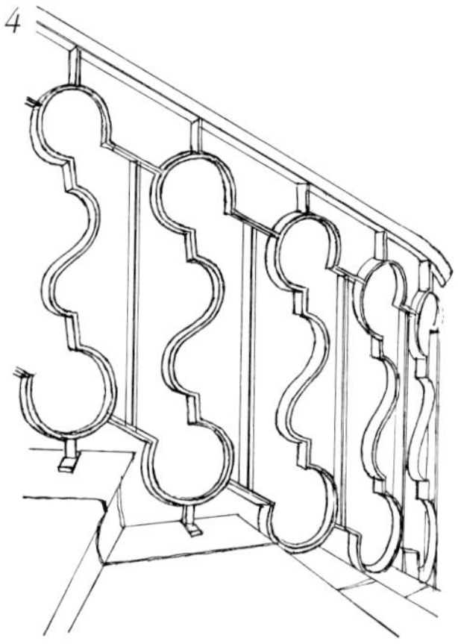

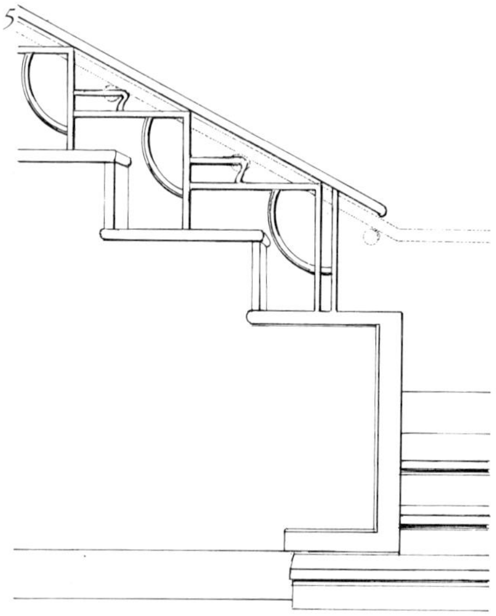

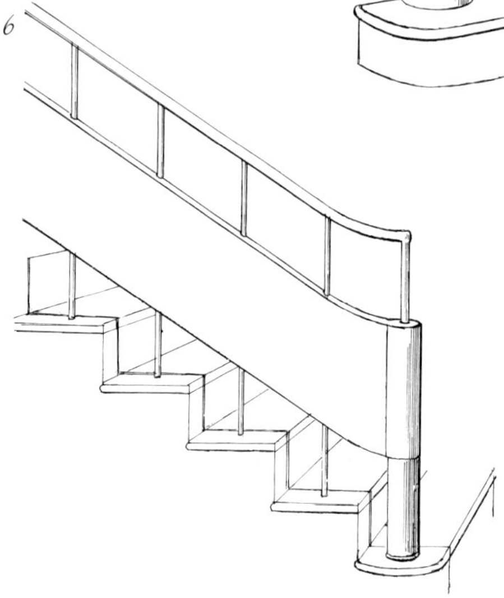

3 Design von 1930 mit breiten Bändern, die in senkrechte Rohre eingeflochten sind.

4 Detail einer eleganten historisierenden Treppe mit hölzernem Handlauf, entworfen 1932 von Sir Edwin Lutyens.

5 Solideres Design von 1929; die zierlichen Eisenteile kontrastieren mit der massigen gestuften Marmorbalustrade.

6 Helles laminiertes Holz in einem Rahmen aus Metallrohren – typisch für die 1930er Jahre.

7 Der Gipfel des Historismus: Metallteile aus Eisen und Bronze mit schmückenden Seilen und Quasten in Blattgold.

8 Sechs Stäbe aus gebleichtem Mahagoni sind an senkrechten verchromten Rohren befestigt. Kalifornien, 1939.

9 Standard-Treppe für amerikanische Vorstadthäuser, 1925.

10 Kurze Treppen waren manchmal mit Täfelung eingehaust, die eine horizontale Balustrade trug. Das Beispiel greift auf altenglische Stile zurück, stammt aber aus New York.

Einbaumöbel

Einbaumöbel mit komplizierten Ecklösungen sind in Art-déco-Interieurs häufig zu finden. In diesem Beispiel wurde ein

Schreibtisch geschickt mit Bücherregalen, einem Schrank und einem wandgebundenen Elektrokamin verbunden. CS

Platzsparende Einbaumöbel waren in den Jahren zwischen den Weltkriegen ein wichtiges Merkmal von Wohnbauten. Das hatte nicht nur mit der geringeren Größe der Häuser und Wohnungen zu tun – in den 1920er Jahren galten Einbaumöbel als chic und tauchten selbst in Häusern auf, wo mit dem Platz nicht gespart werden musste. Oft ließ man die Interieurs von Innenarchitekten entsprechend umgestalten. Die beliebtesten Einbaumöbel waren wohl Bücherschränke, die man in die Nischen beiderseits des Kaminvorsprungs einpasste. Mit laminiertem Holz konnte man Wände von unten bis oben mit Bücherregalen, offenen Borden für Ziergegenstände und geschlossenen Schränken gestalten. In Schlafzimmern verschwanden die Kleiderschränke in solchen Wänden. Eine typische Anordnung bestand aus einem Toilettentisch zwischen zwei Kleiderschränken.

Mit laminiertem Holz wurden aber auch Möbel gebaut, die aus der Wand hervortraten. In eleganten Einrichtungen der 1930er Jahre gab es Konstruktionen mit umbauten Sitzmöbeln auf der einen und einer Kombination von Radio und Plattenspieler auf der anderen Seite. Auch Cocktailbars konnten so eingebaut werden, dass sie als Erweiterungen der Wand erschienen.

In einigen der in den 1930er Jahren gebauten, moderneren Häuser oder Appartements wurde der Essbereich mit dem Koch- oder Wohnbereich zusammengelegt, und in der Folge gab es eingebaute Frühstücksecken mit Tisch und Bänken.

1 Ein Sofa, das in ein Bett verwandelt werden kann, in einer Schrankwand mit Holzfurnier. Die Polster haben kontrastierende Farben. Über dem Sofa ein Gestell mit Fächern für Bücher u. dgl. und einer Leuchte an jedem Ende. Entwurf von 1937.

2 Schlafcouch für ein Kinderzimmer. Das eingebaute Spielzeugregal in weißer, gewachster Eiche am Kopfende enthält ein rundes Nachtlicht.

3 Wandmontierte Konsoltische sind ein Merkmal des Neoklassizismus. Hier eine moderne, marmorierte Version, entworfen von der englischen Innenarchitektin Syrie Maugham. Er sollte in einem Speisezimmer unter einem Spiegel angebracht werden.

4 Eingebauter Schreibtisch mit nach oben strahlender Lampe, 1936.

5 Fest eingebauter Esstisch für die Ecke eines Wohnzimmers, 1934. Die Oberfläche ist aus gewachstem Mahagoni.

6 Kombination aus Schreibtisch und Bücherregal für ein »Männerzimmer«, von Joseph Urban entworfen und 1929 auf einer Ausstellung des Metropolitan Museum, New York, gezeigt. Eine Mauernische wird geschickt genutzt, und der frei stehende Schreibtisch passt genau in die Lücke.

7 Einbaumöbel für eine Londoner Kindertagesstätte (Architekten Pakington und Enthoven, 1936). Für die Schränke und Regale aus Kiefer waren ein cremefarbener Anstrich passend zur Wand und scharlachrote Griffe vorgesehen.

8 Schrank- und Regalwand von 1936 mit interessanten senkrechten Teilen an den Ecken; sie sind einerseits dekorativ, können aber auch als Buchstützen dienen.

9 Eingebautes Bücherregal unter einem Lichtgadenfenster im Wohnzimmer eines Hauses von Frank Lloyd Wright in Okemos, Michigan, 1939.

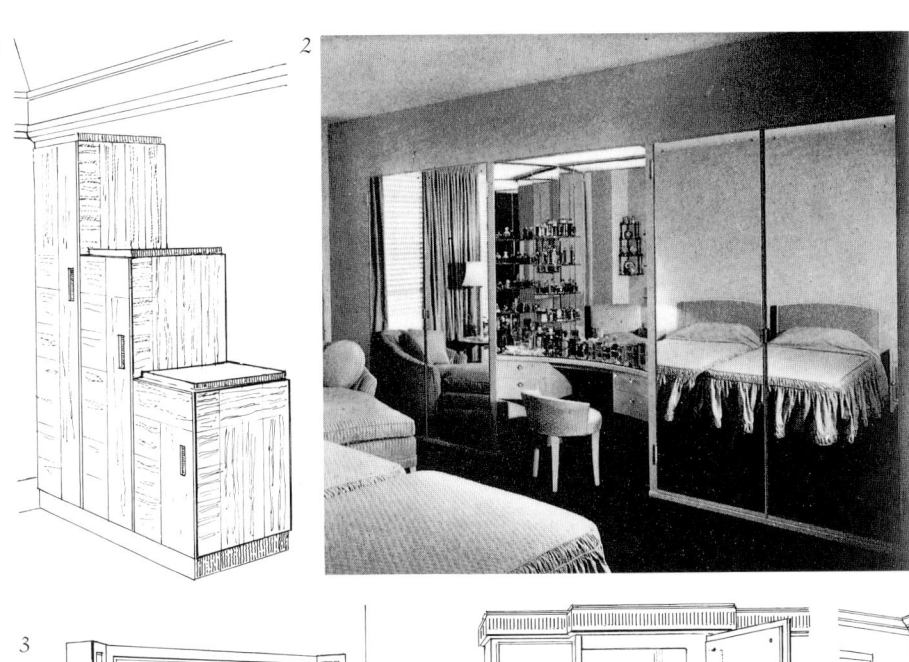

1 Abgestufte Einbauschränke sind typisch für die Periode. Diese Dreiergruppe (1933) war für das Ende einer Wand vorgesehen, mit dem höchsten Teil in der Ecke.
2 Schlafzimmer mit ungewöhnlichem, zurückgesetztem Toilettentisch und verspiegelten Kleiderschranktüren. Beides eingebaut, entworfen von James F. Eppenstein aus Chicago. CS
3 Toilettentisch, um 1929 von Paul Nelson, Chicago, für einen Alkoven entworfen. Neben dem Spiegel sind Lampen hinter lichtstreuendem Glas eingebaut.
4 Hinter einer Schranktür verbergen sich Waschbecken und Spiegel (1933). Solche Lösungen waren typisch für die Zeit, besonders in klassizistisch gestalteten Interieurs.

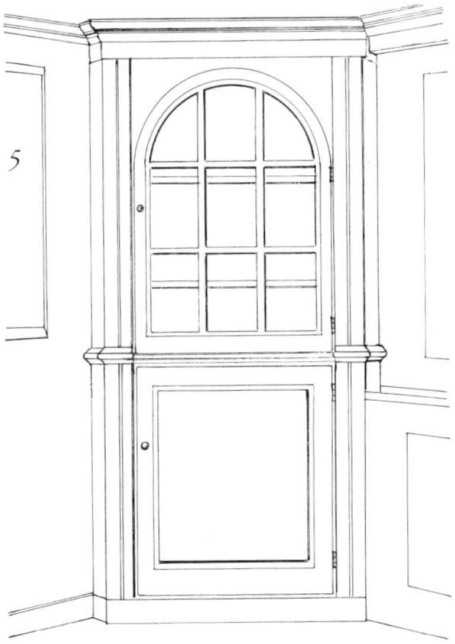

5 Traditioneller verglaster Vitrinenschrank für eine Essecke.
6 Dieser Wohnzimmer-Einbauschrank enthält Plattenspieler, Radio, Hausbar und weiteren Stauraum. Er wurde in japanischer Esche mit schön gemasertem Furnier ausgeführt.
7 Eingebauter L-förmiger Schreibtisch mit verborgenen Abteilen für Minibar und Telefon. Beide werden bei Nichtgebrauch eingeschwenkt, zurück bleibt eine ebene Oberfläche. Henry Dreyfuss, New York, 1933.
8 Kühlschränke konnten auf unterschiedliche Weise mit den eingebauten Küchenmöbeln kombiniert werden. Bei dieser Lösung von Electrolux (London) bildet der Kühlschrank das Unterteil eines raumhohen Schrankturms (1936).
9 Ausschnitt aus einer Einbauküche (1936). Das Holz sollte weiß, die Kanten blau gestrichen werden, für die Gesimse war blaues Linoleum vorgesehen.

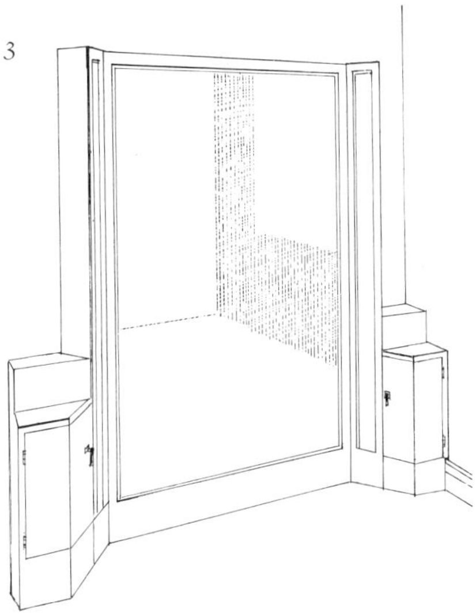

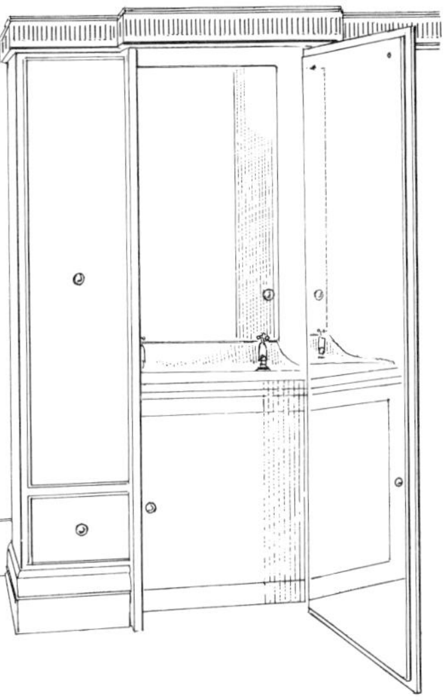

EINBAUMÖBEL

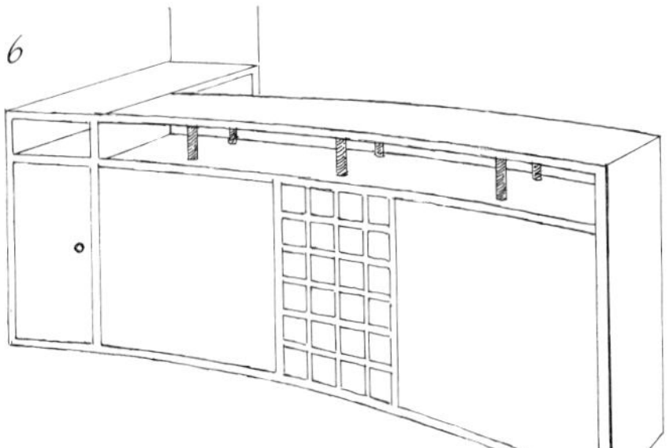

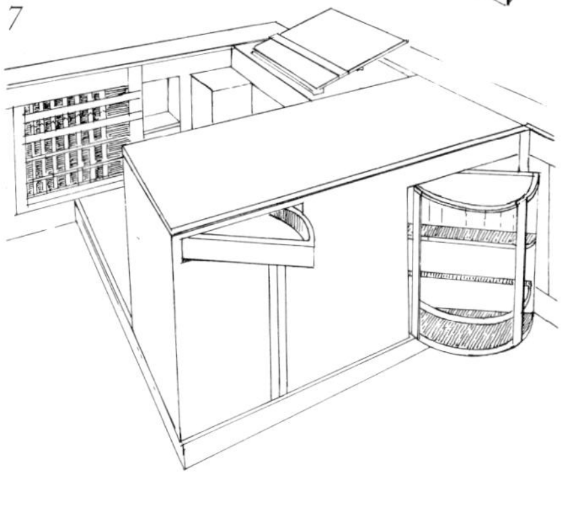

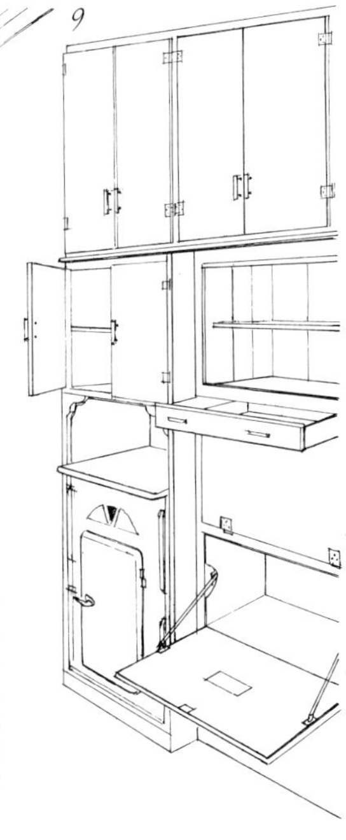

Installation

Die quadratische Badewanne »Neo-Angle« der American Radiator and Standard Corporation, New York. Die diagonale Vertie-fung hat die Größe einer Stan-dard-Badewanne (165 cm). Der Duschsitz in der Ecke ist gleich-zeitig eine praktische Ablage. CS

Die Badewannen der 1920er Jahre waren aus Gusseisen und standen noch auf Beinen. Waschbecken lagen meist auf einem Metallgestell oder Konsolen, dazu gehörte eine Handtuchstange. WCs hatten noch immer einen separaten Spülkasten mit Kette. In luxuriösen Bädern gab es zuweilen ein Wandbild und einen Toilettenschrank, oder eine Bade-wanne in einem »historischen« Phantasiestil.

In den 1930er Jahren wurden die Bäder kompakter. Die Badewanne baute man meist in eine Nische ein, möglichst neben einem Schrank, und kombinierte sie mit einer Du-sche; separate, verglaste Duschkabinen waren teuren Inte-rieurs vorbehalten. Die Badewanne auf Füßen wich einer verkleideten Form, deren Seiten plastisch gestaltet oder ge-fliest werden konnten. Wannenarmaturen gab es nun ver-chromt und in klaren, modernen Formen, und Mischbatte-rien wurden gebräuchlicher. Verschiedene Formen von Waschbecken mit Mittelsäule waren verfügbar. Die WCs hat-ten den Spülkasten jetzt unten.

Trotz der Einführung neuer Geräte wurde das Aussehen der Küchen erst in den 1930er Jahren moderner. Die Verei-nigten Staaten waren Großbritannien voraus; dort besaß man schon in den frühen 1930er Jahren Herde und Warm-wasserbereiter in klaren, modernen Formen sowie Spül-becken aus rostfreiem Stahl. In Großbritannien war die typische Spüle der 1930er Jahre der Typ »Belfast« – tief, weiß glasiert, mit Abtropfbrett und Platz für einen Boiler.

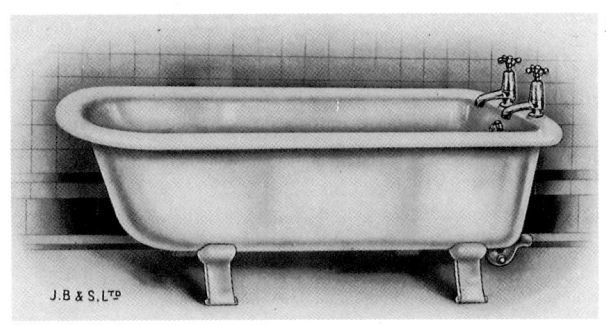

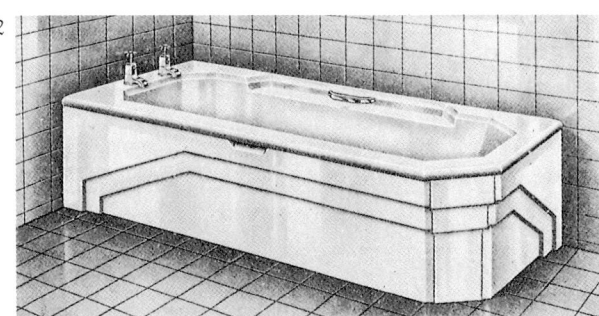

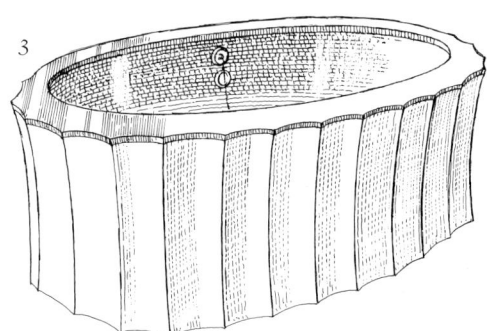

1 *Gusseiserne Badewanne; Innenwand und Rollrand sind weiß emailliert. Die Armaturen sind verchromt.* BS
2 *Typisches modernes Design, um 1935. Elegant ist auch der versenkte Handgriff.* BS
3 *Tiefe ovale Badewanne von dem britischen Architekten Oliver Hill, mit Mosaikfliesen an der Innenseite.*
4 *Badewanne und Dusche »Viceroy« der Kohler Company, Kohler, Wisconsin, 1927, mit* Gummischlauch und Brausekopf.
5 *Diese Dusche aus Amerika, 1939, zeigt die Faszination für neue Werkstoffe: Die Umrandung ist aus Blue Ridge Flutex, einem gemusterten Glas, das gebogen wurde, um eine abgerundete Ecke zu bilden.*
6 *Eine Tür aus Flachglas im Metallrahmen war eine bessere Alternative zum Duschvorhang. Die Duschwanne ist hier aus sizilianischem Marmor.* BS
7 *Dieses englische Modell von*

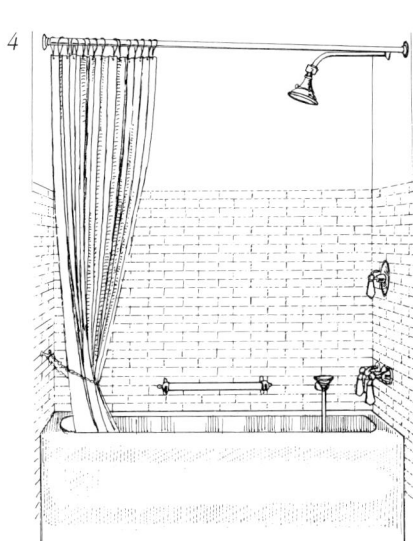

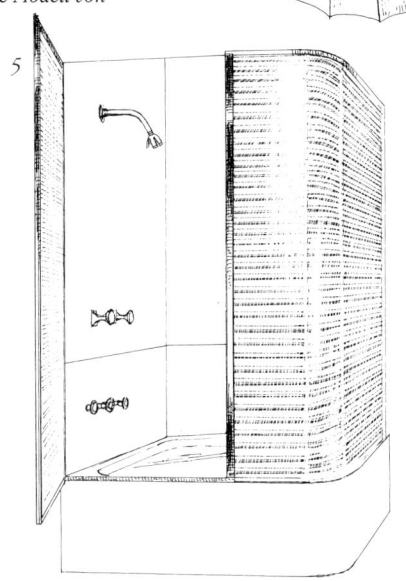

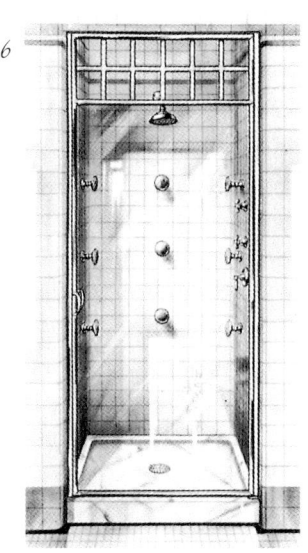

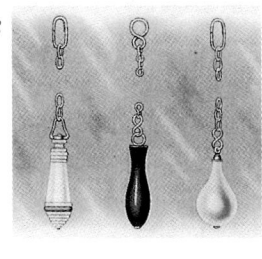

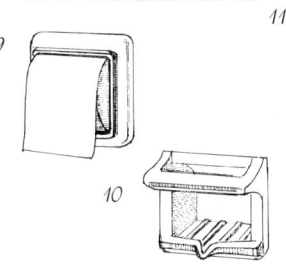

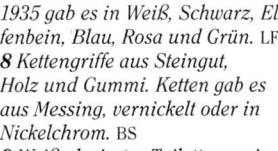

1935 gab es in Weiß, Schwarz, Elfenbein, Blau, Rosa und Grün. LF
8 *Kettengriffe aus Steingut, Holz und Gummi. Ketten gab es aus Messing, vernickelt oder in Nickelchrom.* BS
9 *Weiß glasierter Toilettenpapierhalter mit Holzrolle.*
10 *Versenkte Seifenschale.*
11 *Bidet von Shanks, Bristol, England, 1938.*
12 *Warmwasserbeheizte Handtuchhalter waren verchromt. Manchmal wurden die drei Rohre in der Mitte durch einen eingesetzten Radiator verbunden.*

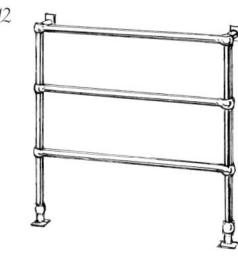

1

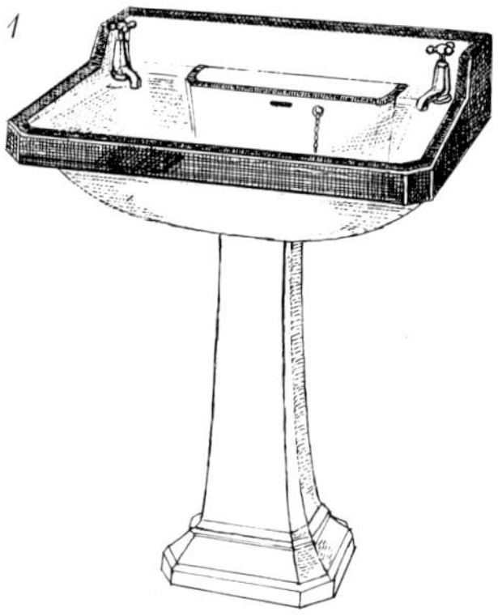

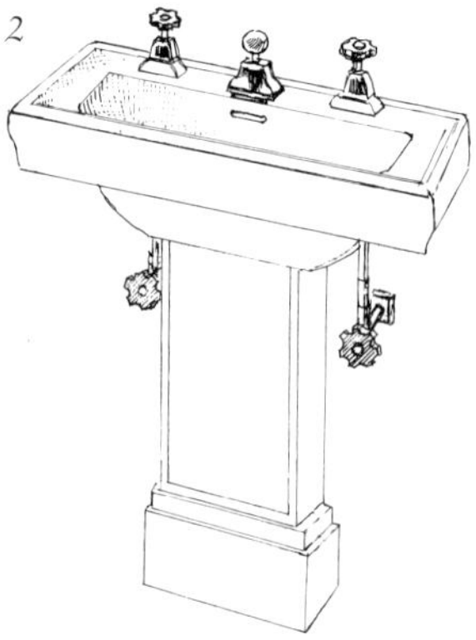

3

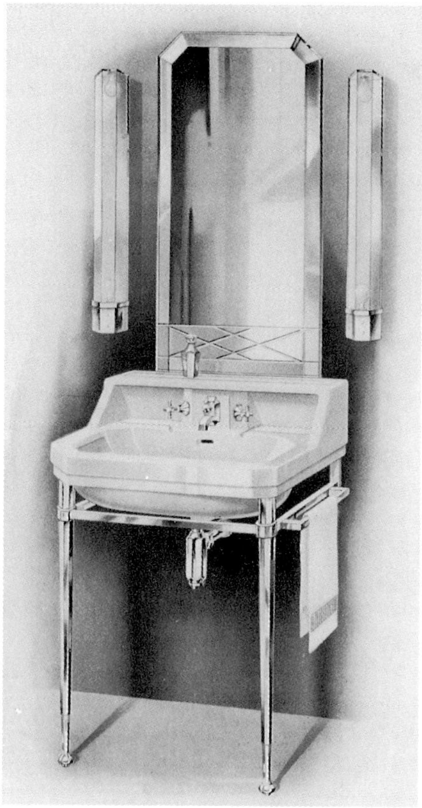

4

2

5

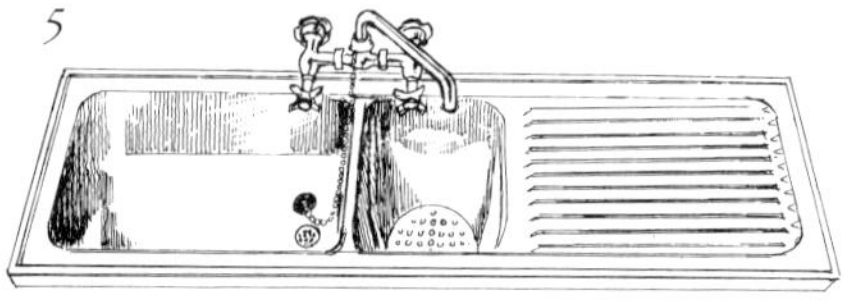

6

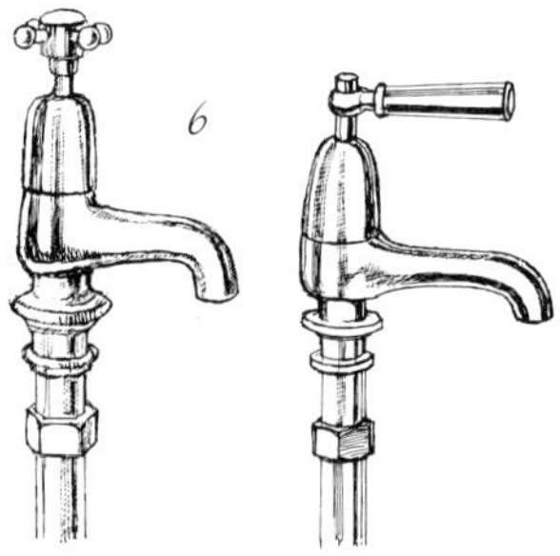

7

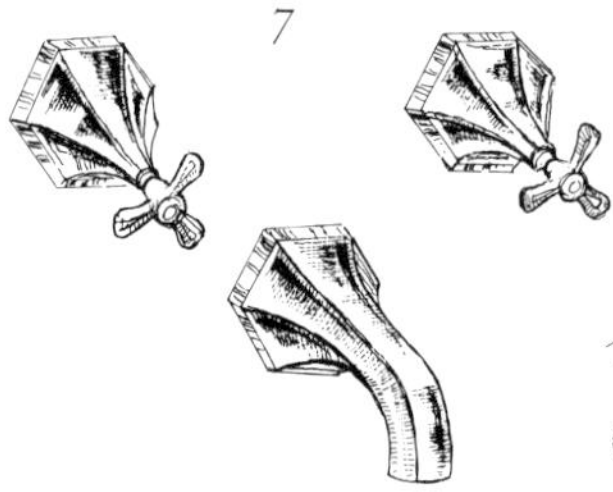

8

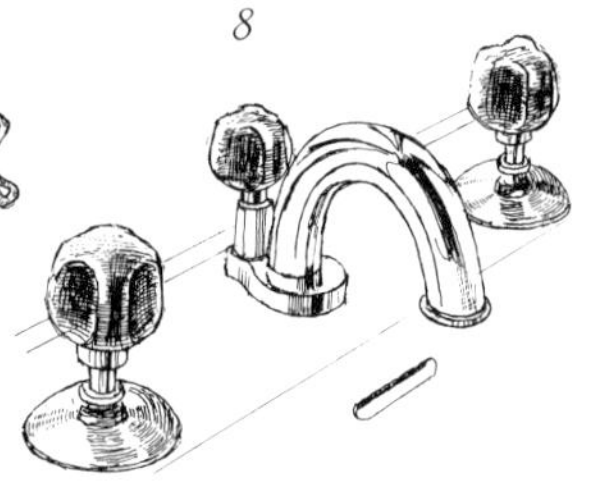

9

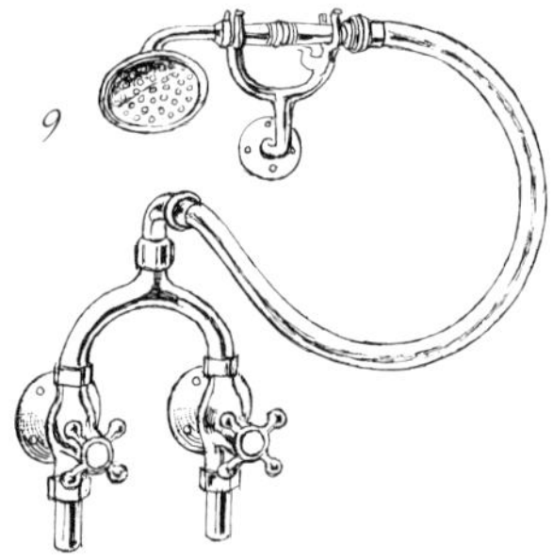

1 Das Waschbecken mit schwarzem Rand passte gut zu schwarzweißen Fliesen.
2 Waschbecken von 1936 (Standard Sanitary Manufacturing Co., New York).
3 Zu manchen Waschbecken gehörten ein Handtuchhalter, eine Mischbatterie und ein Spiegel mit Rauten- und Facettenschliff. 1933. BS
4 In Schlafzimmern verbarg man

das Waschbecken gern in einem Schrank. RB
5 Küchenspüle von 1935.
6 Wasserhähne gab es weiß emailliert, verchromt, in Neusilber oder Gelbguss. Zwei Standventile, das erste mit Rad, das zweite mit Hebel betätigt.
7 Eine andere Variante waren sechseckige Hähne.
8 Moderne Wannenarmaturen von George Sakier, New York, 1932.

9 Zur vernickelten oder verchromten Handbrause gehörte ein Wandhaken. Der Schlauch war aus Gummi.
10 Feuer- und Aschetür dieses Eckboilers sind Schiebetüren. Dieser Typ wurde in Großbritannien zum Kochen von Wäsche verwendet.
11 Der transportable Wasserenthärter konnte mit einem Gummischlauch an jeden Wasserhahn angeschlossen werden.

12 und 13 Ein Hersteller und zwei Richtungen – ein Gasradiator und ein an der Wand hängender Gasdurchlauferhitzer.
14 Regenwassereinläufe boten Platz für Dekoration. Das moderne Modell ist aus Gusseisen (1930er Jahre) und das traditionelle aus Blei (1927). Getreppte Diagonalen und stilisierte Weizenähren gehören zu den Formen des Art déco.

10

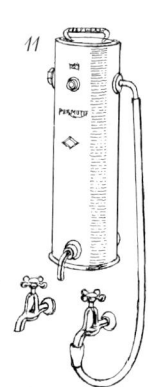

11

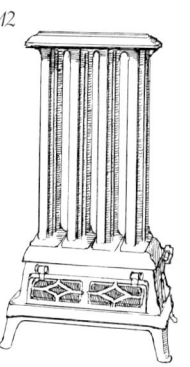

12

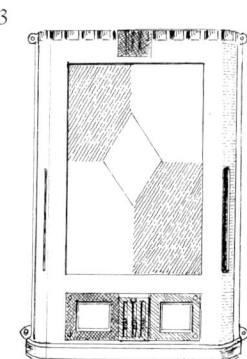

13

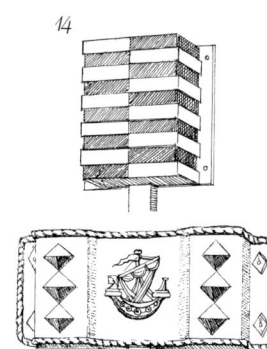

14

Beleuchtung

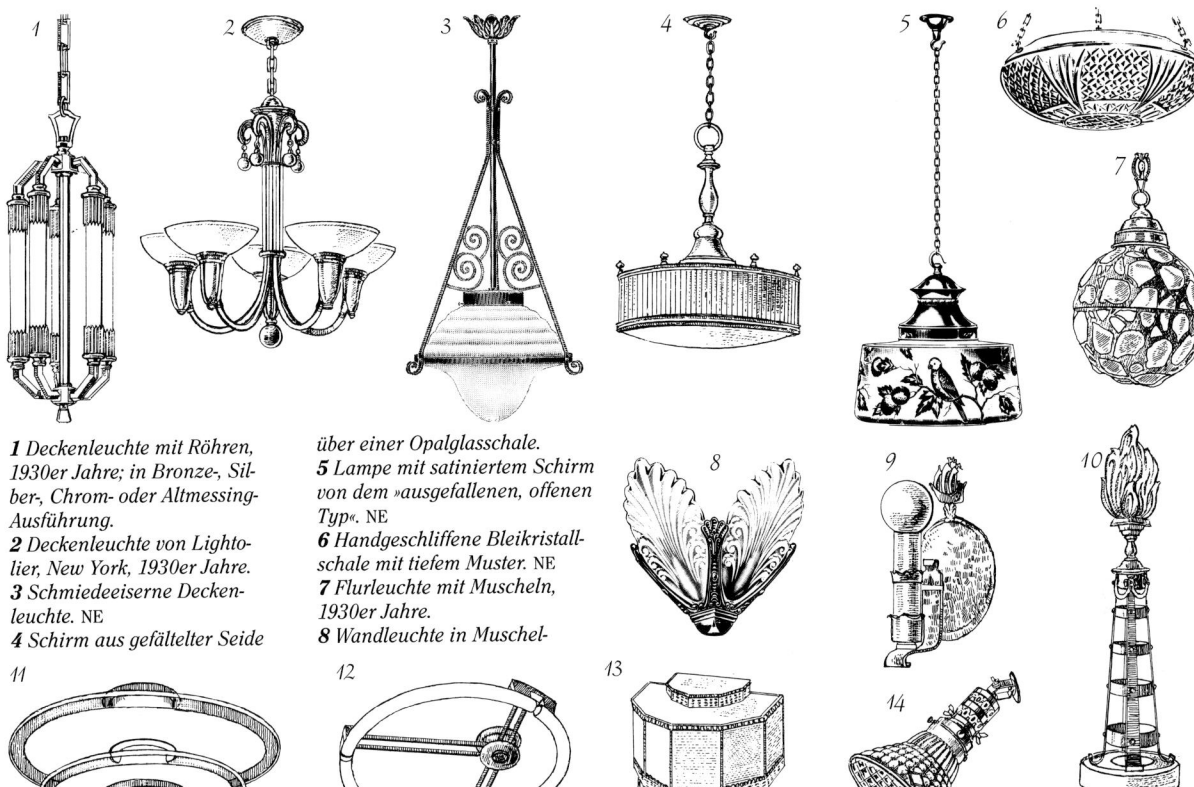

1 *Deckenleuchte mit Röhren, 1930er Jahre; in Bronze-, Silber-, Chrom- oder Altmessing-Ausführung.*
2 *Deckenleuchte von Lightolier, New York, 1930er Jahre.*
3 *Schmiedeeiserne Deckenleuchte.* NE
4 *Schirm aus gefältelter Seide*

über einer Opalglasschale.
5 *Lampe mit satiniertem Schirm von dem »ausgefallenen, offenen Typ«.* NE
6 *Handgeschliffene Bleikristallschale mit tiefem Muster.* NE
7 *Flurleuchte mit Muscheln, 1930er Jahre.*
8 *Wandleuchte in Muschel-*

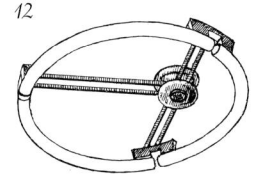

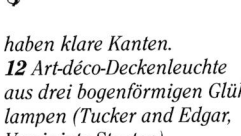

form mit lichtstreuendem Glas (H: 30 cm). NE
9 *Schmiedeeiserne Wandleuchte mit Bekrönung in Schiffsform. Vereinigte Staaten, 1926.*

10 *Eiserne Außenbeleuchtung (H: 58 cm).*
11 *Art-déco-Deckenleuchte von 1937. Die lichtstreuenden, sandgestrahlten Glasringe*

haben klare Kanten.
12 *Art-déco-Deckenleuchte aus drei bogenförmigen Glühlampen (Tucker und Edgar, Vereinigte Staaten).*

13 *Nachtlampen konnten an der Wand befestigt sein oder über dem Kopfende hängen.*
14 *Punktleuchten sahen überraschend modern aus.*
15 *Deckenplatten für Schalenlampen gab es in Messing-, Kupfer- und Silber-Ausführung. Die Ketten wurden extra angeboten.* MAA
16 *Schalter bestanden aus Bakelit. Beliebte Farben waren Braun, Weiß und Braun auf Weiß. Das dritte Beispiel zeigt schöne Art-déco-Details.* MA

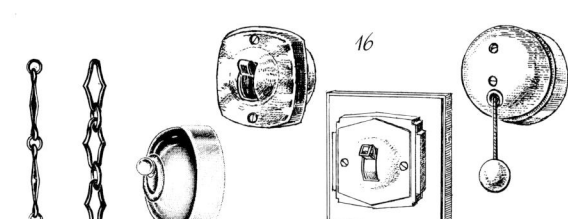

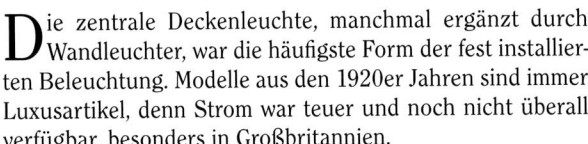

Die zentrale Deckenleuchte, manchmal ergänzt durch Wandleuchter, war die häufigste Form der fest installierten Beleuchtung. Modelle aus den 1920er Jahren sind immer Luxusartikel, denn Strom war teuer und noch nicht überall verfügbar, besonders in Großbritannien.

In den Vereinigten Staaten hatte man Ende der 1920er Jahre bereits verdeckte Beleuchtung. Leuchtröhren wurden hinter Profilen am Rand der Decke angebracht, wo sie für ein diffuses Licht sorgten und Architekturdetails hervorhoben. Mitte der 1930er Jahre gab es diese Art Beleuchtung auch in Luxusinterieurs in Großbritannien.

Kataloge aus den frühen 1930er Jahren zeigen Decken- und andere Leuchten mit getöntem oder marmoriertem Glas, meist in Form einer umgekehrten Schale, die mit Ketten an einer Deckenrosette aus Metall befestigt wurden. Auch der Kronleuchter blieb in modernisierter Form populär. Wandleuchten, ebenfalls aus Glas, hatten oft Fächer- oder Muschelform. Preisgünstigere Leuchten wurden aus synthetischen Pergament- und Velinarten hergestellt, auch zum Einbau in Kopfende oder Toilettentische.

In modernen Interieurs konnten die Deckenleuchten aus Chrom oder Glas bestehen und eine moderne Form aufweisen, wie z.B. Kugeln an verchromten Deckenplatten.

Für historisierende Interieurs gab es Leuchten verschiedener Stilrichtungen sowie kerzenförmige Glühlampen und kleine Pergamentschirme.

Metall

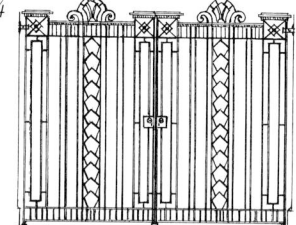

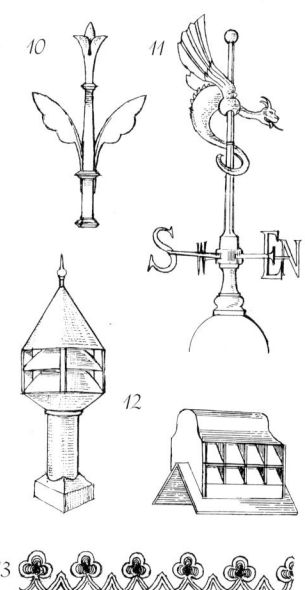

1 *Lebensgroße schmiedeeiserne Wandfigur für ein Gartenzimmer (1938). Nachts wirft sie einen Schatten.*
2 *Villenzaun, 1930er Jahre.*
3 *Eisenbalkon, Miami Beach.*
4 *Tor mit einer Spur Art déco.*
5 *Radiatorgitter, um 1930.*

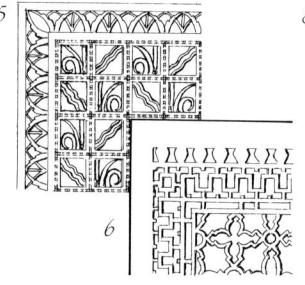

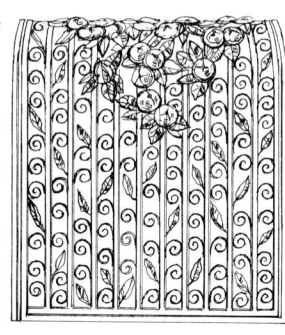

6 *Bronziertes Fußbodengitter, Tuttle and Bailey, New York, 1929.*
7 *Radiatorgitter aus Schmiedeeisen von Edgar Brandt, 1920er Jahre.*

8 *Gittertür mit Flamingos, typisch für Miami Beach.*
9 *Eingangstür zu einem New Yorker Wohnblock, um 1928.*

10 *Gusseisernes Finial.*
11 *Wetterfahne in Drachen-*

form von 1937, 1,50 m hoch.
12 *Dachventilatoren aus galvanisiertem und gestrichenem Stahlblech.*
13 *Dekorative Firstbekrönung.*

Viele Architekten bezogen in ihre Bauten schmückende Metallarbeiten ein, und es war auch üblich, Metallwaren zur Modernisierung alter Häuser anfertigen zu lassen. Edgar Brandts Art-déco-Motive für Tür-, Fenster- und Radiatorgitter hinterließen beiderseits des Atlantik Spuren, und von Brandt beeinflusste Motive erscheinen auch an Regenwassereinläufen der 1920er Jahre. Am beliebtesten war die bis Ende der 1930er Jahre gebräuchliche gestufte Fächerform.

Fenstergitter dienen gleichzeitig der Dekoration und der Sicherheit. In den 1920er Jahren zeigen sie oft stilisierte Tier- oder Pflanzenformen, später werden die Motive abstrakter und linear. Verglaste Eingangstüren erhalten dekorative und schützende Gitter.

In Großbritannien und noch stärker in den Vereinigten Staaten gehörten Balkons und Terrassen mit Geländern zur luxuriösen, eleganten Architektur der 1930er Jahre. Es gab einfache, schnittige Formen, wie man sie von den Ozeandampfern kannte, aber auch dekorativere, geschwungene Modelle.

Reich verzierte Gitter, Balkongeländer und Tore gehören auch zur spanischen Bautradition in Amerika, hier handelt es sich aber um schwere Schmiedearbeiten mit teilweise barocken Motiven.

Metallzubehör gab es auch für »Tudorbethan«-Häuser. Regenwassereinläufe wurden z.B. mit Wappen geschmückt. Pseudohistorische Stilelemente wie Wetterfahnen erfreuten sich großer Popularität.

Holz

1 Tor mit Sonnenmotiv, typisch für englische Stadtrandgebiete der 1920er und 30er Jahre. Hier ein frühes Beispiel.
2 Schiebetor an einer Garage. Ab Ende der 1930er Jahre wurden große Häuser mit Garagen erbaut. MA
3 Zedernholzverkleidungen wirkten rustikal; Beispiel von 1934.
4 Wochenendhaus, komplett aus Holz, mit Detailabbildung des Fensters. FP

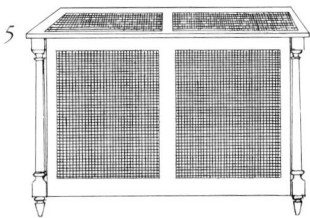

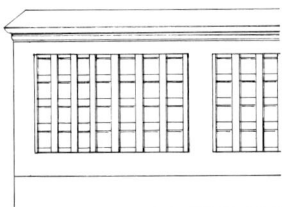

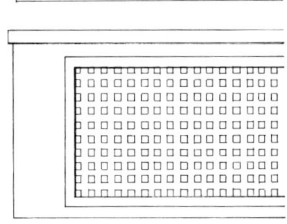

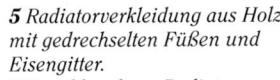

5 Radiatorverkleidung aus Holz mit gedrechselten Füßen und Eisengitter.
6 Durchbrochene Radiatorverkleidungen, 1920er Jahre.
7 Eingang und Einfahrt wurden in englischen Vorstädten oft kombiniert. MAA
8 Die Anordnung von Streben und Zwischenräumen an Gartentoren ist abwechslungsreich, doch nie kompliziert. MAA

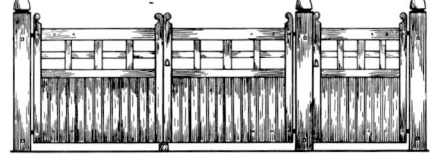

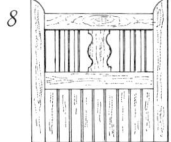

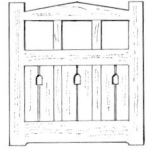

Äußere Verzierungen aus Holz gab es vor allem an »Tudorbethan«-Häusern. An kleineren Vorstadthäusern beschränkten sie sich meist auf Giebel und Vorbauten. Größere und teurere Häuser waren manchmal durchgängig mit rein ornamentalem »Fachwerk« ohne jede strukturelle Funktion gestaltet. Zierrat aus Holz schmückte auch Häuser, die sich auf alte britische oder amerikanische Volksbauweisen bezogen.

In Stadtrandgebieten gehörte ein Garten zum Haus, dazu in den meisten Fällen ein einfacher Zaun mit Tor. Wer eine individuelle Note wollte, fand in Katalogen zahlreiche Stilvarianten. Da gab es Flechtwerkzäune, solche, die zwischen den Pfosten bogenförmig ausgeschnitten waren, und massi-

ve, nur im oberen Teil durchbrochene Zäune. Auch dekorative Zaunpfähle konnte man wählen. Ende der 1920er Jahre wurden bereits Fertigteilgaragen angeboten, und von denselben Herstellern auch leichte Bungalows, die zur Nutzung als Wochenendhäuser an der Küste gedacht waren. Innen meist sehr einfach ausgestattet, wiesen sie außen oft interessante Details auf, wie gedrechselte Krabben an den Giebeln, dekorative Geländer an der Veranda usw.

Heizkörper sahen in dieser Periode nicht besonders attraktiv aus. Eine typische Lösung war die hölzerne Verkleidung mit Gitterfront, die entweder naturbelassen und poliert oder passend zu den Farben im Raum gestrichen wurde.

METALL

HOLZ

MODERNE

1920–1950

*1 1938 baute der englische Architekt Oliver Hill Landfall in Poole, Dorset. Von der Dachterrasse geht der Blick auf den berühmten Yachthafen Poole Harbour, und die schnittigen Formen des Hauses, mit Fensterluken und Außentreppen mit Geländer, bieten die mit der Moderne assoziierten nautischen Bilder. OL
2 Erdgeschossgrundriss von Landfall, Poole, Dorset, 1938. Die gepflasterte Terrassenfläche beschreibt den Umriss des Hauses.*

3 Walter Gropius' eigenes Haus in Lincoln, Massachusetts (1938), hat eine vorgebaute Veranda aus Drahtgeflecht mit Metallrahmen; es ist eine Fortsetzung der kubischen weißen Architektur der 1920er Jahre, fügt sich jedoch besser in die Landschaft ein. Gropius, ehemals Direktor der Bauhaus-Schule, war 1934 von Deutschland nach England gegangen und war dort Partner von E. Maxwell Fry; 1937 wurde ihm eine Professur für Architektur in Harvard angeboten. PO

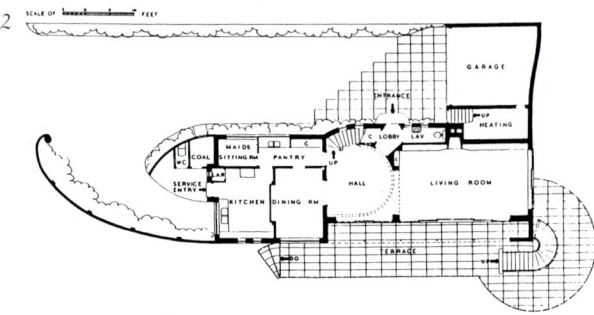

Die Moderne – teils visionär und teils praktisch, teils elitär und teils sozialistisch – war eine selbstbewusste Bewegung, ein Stil, der nicht als Stil gesehen werden wollte. Ihre Initiatoren waren Architekten und Theoretiker, die mit der Vergangenheit brechen und den Geist des Maschinenzeitalters ausdrücken wollten, sich aber auch auf die Vergangenheit beriefen, wenn das ihrer Revolution nützte. Da sie die Haltung der Gesellschaft zum Design zu verändern suchten, indem sie den Menschen sagten, was gut für sie sei, waren sie nicht überall beliebt. Vor 1950 waren die meisten Häuser der Moderne in Großbritannien und den Vereinigten Staaten Architektenbauten, und nur wenige kommerzielle Unternehmen riskierten es, Wohnhäuser in einem unkommerziellen Stil zu bauen. Nach 1950 entwickelte sich eine populärere Form der Moderne; dennoch schufen Architekten, überzeugt von der Notwendigkeit immerwährender Veränderung, auch immer wieder Experimentalbauten.

Bald nach 1900 setzten führende deutsche und österreichische Designer dem hemmungslosen Gebrauch von Ornamenten im Art nouveau eine Architektur der Räume, Proportionen und glatten Flächen entgegen. Der österreichische Architekt Adolf Loos (1870–1933) weilte von 1893 bis 1896 in den USA und studierte die Bauten von Louis Sullivan (1856–1924) in Chicago, die klare Strukturen mit originellen, nicht-historischen Ornamenten vereinten. In seinem Essay *Ornament und Verbrechen* (1908) lehnte Loos Schmuck als degeneriert ab. Sullivans Schüler Frank Lloyd Wright

(1867–1959) reduzierte nach 1900 den Schmuck an seinen Häusern immer weiter und arbeitete nur mit dem Raum und der reinen architektonischen Form. Diese Häuser waren in Europa zunächst einflussreicher als in Amerika, und ihre Ausdruckskraft imponierte Architekten wie Walter Gropius (1883–1969) und Ludwig Mies van der Rohe (1886–1969) sehr, die in den 1920er Jahren eine zusammenhängende Lehre der Moderne formulierten.

In den 1920er Jahren wurde die Moderne in der Architektur zum Vehikel für Ideen über Kunst und Gesellschaft – vom Mystizismus bis zum Materialismus. Bewegungen wie De Stijl in Holland und der von Le Corbusier (1887–1965) geführte Pariser Purismus brachten, als Beleg für das Revolutionäre ihrer Methoden, Manifeste und eine kleine Zahl von Gebäuden, vorwiegend Wohnhäuser, hervor. In seinem Buch *Vers une Architecture* (1923) legte Le Corbusier seine »Fünf Punkte für eine neue Architektur« dar: *piloti* (Häuser auf Pfeilern), horizontale Fenster, freie Grundrisse, freie Fassaden und Flachdächer für Dachgärten. Diese ästhetischen Definitionen wurden in der Weißenhofsiedlung in Stuttgart umgesetzt, einer »lebenden« Wohnungsbau-Ausstellung, die Mies van der Rohe 1927 für den Deutschen Werkbund organisierte. Alle Gebäude hatten weiße Wände (abgesehen von den Aufsehen erregend blauen des Holländers Mart Stam) und flache Dächer. Diese avancierten zum Erkennungsmerkmal des Stils, ob sie nun als Teil eines radikalen Architekturprogramms oder als dekorative Neuheit verwendet wurden.

1 Axonometrische Zeichnung
eines Stahlleichtbauhauses von
Richard Neutra in Kalifornien.
Die großen Fenster bieten eine
weite Aussicht. Der aus Österreich zugewanderte Architekt
fand in den 1930er Jahren Auftraggeber, die das Experiment
eines zwanglosen, offenen
Grundrisses wagten.
2 Wohnbereich im Haus des aus
Österreich stammenden Rudolf
Schindler in West Hollywood,
1921/22. Die Moderne war ein
internationaler Stil, in Europa
geschaffen auf Grundlagen, die
teilweise von Frank Lloyd Wright
gelegt worden waren. In den
1920er und 30er Jahren kehrte
der Stil nach Amerika zurück.
Dieses Haus zeigt ein wenig von
Wrights Stil, aber Schindler hat
Flächen und Raumnutzung
vereinfacht. SR

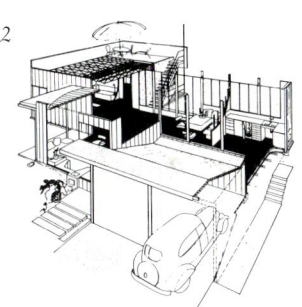

In England begegnete man diesen Ideen mit einem gewissen Argwohn, wenngleich ab 1927 nach und nach Aspekte
der Moderne vom Kontinent übernommen wurden. In der
ersten Begeisterung für die Moderne in den frühen 1930er
Jahren setzten einige Architekten ihren Stolz darein, Häuser
mit dünnen Betonwänden zu bauen, um die Trennung zwischen Innen und Außen zu minimieren. Die Zwischenräume,
die bei der Anpassung der traditionellen Bauten an das Klima eine so große Rolle gespielt hatten, wurden nahezu ganz
abgeschafft, als müsse man sich ihrer schämen. Bald stellte
sich aber heraus, dass reine Betonwände kalt und hart waren, wurden sie doch kaum isoliert. Metallfenster mit großen
Scheiben bildeten Kältebrücken, an denen das Kondenswas-
ser herablief.

Gegen Ende der 1930er Jahre bauten auch solche Architekten, die zunächst auf Beton geschworen hatten, ihre Häuser wieder ganz oder teilweise aus Holz, Ziegeln und Stein.
Damit wurde auch eine bessere Anpassung an die regionalen
Stile möglich, denn die weiße Architektur wirkte fremd und
war daher unpopulär. Nicht alle »weißen« Häuser waren tatsächlich weiß. Rosa war beliebt, und manchmal erhielten die
einzelnen Kuben verschiedene Farben. Bei der jüngsten Restaurierung von High Cross House, Dartington, Devon, das
der schweizerisch-amerikanische Architekt William Lescaze
1932 für den Direktor eines progressiven Internats entworfen hatte, bekam ein Teil des Gebäudes außen seine leuchtend blaue Farbe zurück. Ende der 1930er Jahre wurden Me-

tallfenster auch oft durch Holzfenster ersetzt, die allerdings
in jedem Fall ein dünnes Profil hatten. Aus Skandinavien
übernahm man Pultdächer mit Überhang. Diese Designs
kündigten schon die größere Vielfalt der Nachkriegszeit an.

In den 1930er Jahren wurden in England nur wenige,
meist kleine Häuser im Stil der Moderne gebaut. Für den
neuen Stil wurde damit geworben, dass er gesund, hygienisch und effizient sei und rationale Lösungen für moderne
Probleme biete. Auch sei er ehrlicher als Nachahmungen älterer Stile oder die Einbeziehung von Art-déco-Ornamenten.
Diese Behauptungen gingen vielleicht etwas zu weit, und die
Lösungen schufen durch den Einsatz neuer Techniken und
Werkstoffe eigene, neue Probleme, doch die Designs strahl-
ten eine ästhetische Freude an Raum, Farbe und Licht aus,
die traditionelle Stile nicht bieten konnten. Kunstvolle Handwerksarbeit war nicht mehr erwünscht, doch die Tradition
guter Tischlerarbeit mit edlen Hölzern wurde übernommen.
Mit klarlinigen Möbeln, Textilien und Geschirr ließ sich die
moderne Wirkung verstärken, wobei die preisgünstigen
Sperrholzdesigns des finnischen Architekten Alvar Aalto besonders populär waren.

Obgleich der offene Grundriss ein Ideal der Moderne war,
zeigten sich die Flachdachhäuser nicht viel offener als Häuser in traditionellen Stilen. Da die meisten von ihnen von
Bediensteten mitbewohnt wurden, war der Spielraum für revolutionäre Planung begrenzt. Die Techniken der Zentralheizung waren noch wenig entwickelt, und die Forderung nach

1 Der amerikanische Architekt William Lescaze baute High Cross House in Dartington, Devon, 1932, für den Direktor der führenden modernen Schule in England. MOU
2 Wände aus Glasziegeln wirkten nachts spektakulär, wie hier am Herbert Bruning House in Wilmette, Illinois, 1936, von George Fred Keck. CHS/B
3 Zeitgenossen würdigten Bentley Wood, East Sussex, das Serge

Chermayeff 1938 für sich selbst baute, als klassisch. Das Holzhaus steht in der offenen Landschaft, und eine berühmte frühe Steinskulptur von Henry Moore markiert einen Punkt mit guter Aussicht am Ende der vorgebauten Terrasse. Holz wurde Ende der 1930er Jahre wieder beliebt, und Chermayeff baute nach seiner Emigration in die Vereinigten Staaten 1940 mehrere Häuser damit. APR

klaren, übersichtlichen Räumen führte dazu, dass Heizungsrohre und elektrische Leitungen in Bauteilen verlegt wurden und fast unmöglich auszuwechseln waren. Allerdings machte das die Sauberhaltung der Häuser viel einfacher. Einen praktischen Gewinn brachte dieses Streben nach Klarheit durch die zunehmende Verwendung von Einbaumöbeln, die der Zuordnung bestimmter Räume zu bestimmten Tätigkeiten entsprach. Manche Häuser wurden so sorgfältig wie Yachten mit eingebauten Cocktailschränken, Tonanlagen, Uhren, Kleiderschränken und Schubkästen unter eingebauten Betten ausgestattet.

Die Wohnzimmer hatten meist den nicht mehr benötigten Kamin als Blickpunkt. Manche Wohnzimmer umfassten zwei Etagen, wodurch die interessanten Raumwirkungen entstanden, die den Reiz von Ornamenten und Dekorationen ersetzen sollten. Flachdächer und Balkons waren zum Sonnenbaden gedacht, wurden aber, wie es scheint, nicht sehr oft benutzt. Manche Bewohner solcher Häuser nutzten die großen Schiebefenster, um dem Garten näher zu sein und das Sonnenlicht zu genießen, das damals eindeutig als gesundheitsfördernd angesehen wurde.

Die meisten Häuser der Moderne standen frei und befanden sich in ländlichen oder Stadtrandgebieten. Einige bemerkenswerte Stadthäuser entstanden, in denen die Aufteilung des georgianischen Reihenhauses verbessert und mit den Vorzügen des Neubaus und des flachen Daches verbunden wurde. In Ernö Goldfingers Reihenhäusern in Willow Road, London, geht durch die Betoneinfassung der Wendeltreppe weniger Wohnraum verloren. Bäder mit Dachfenstern im Flachdach belassen den Schlafzimmern

die gute Aussicht, und das Betonskelett gestattet Räume auf zwei Ebenen.

In den Vereinigten Staaten wurde die Moderne in den 1930er Jahren ebenso wie in England bewusst gefördert, denn die frühen Häuser von Frank Lloyd Wright hatten kaum eine Fortsetzung gefunden. Fallingwater in Bear Run, Pennsylvania, das Wright 1935 für Edgar Kaufmann entwarf, trug dazu bei, dass raue Materialien wieder in Mode kamen. Wrights ab 1937 gebaute »Usonian«-Häuser zielten auf billiges Bauen und waren in einem vereinfachten Stil mit ineinander verschränkten Volumina und vorstehenden, flachen Dachebenen gehalten. In den 1920er und 30er Jahren bauten Rudolph Schindler und Richard Neutra, beide aus Wien, bemerkenswerte Häuser in der Nähe von Los Angeles. Dank des warmen Klimas konnten sie die Gebäudemasse reduzieren und den Zusammenhang von Innen und Außen deutlich machen. Die Betonung luftiger Leichtigkeit setzte sich nach dem zweiten Weltkrieg mit den berühmten »Case-Study«-Häusern fort.

Technische Neuerungen waren ein Verkaufsargument für Häuser der Moderne, z.B. das leichte Aluminaire House aus Metall, das 1931 für eine Ausstellung gebaut und auf Long Island wieder aufgebaut wurde. Es wird jetzt als Museumsexponat restauriert. Der Prototyp wurde nicht weiterentwickelt, und Buckminster Fullers berühmtes, 1929 entworfenes Sechseckhaus Dymaxion, das an Kabeln von einem Mast hängen sollte, wurde nie gebaut. Die meisten amerikanischen Häuser der Moderne aus den 1930er Jahren folgten dem knappen europäischen Typ mit Flachdach, nur waren sie größer und vollständiger ausgestattet. Zu den höchst mo-

1 *Mossberg House, South Bend, Indiana, 1946, von Frank Lloyd Wright. Der größte US-amerikanische Architekt des 20. Jahrhunderts baute in der späten Phase seiner Karriere viele kleinere Häuser für Auftraggeber von mäßigem Wohlstand.* HEI

2 *Earl Butler House in Des Moines, Iowa, 1935–1937 von Kraetsch & Kraetsch, war bei offenem Grundriss rationell für modernes Wohnen ausgestattet. Die amerikanischen Designer waren fasziniert von der Aussicht auf eine mechanisierte Zukunft, wie sie auf der New York World's Fair 1939 dargestellt wurde.* CHS/H

dernen Einrichtungen des Earl Butler House (1935–1937) in Des Moines, Iowa, gehörten eine zentrale Rampe, Klimaanlage, Geschirrspüler und Abfallentsorgung, magisches Auge zur Betätigung der Garagentür, leistungsfähige Gefriergeräte und Haustelefonanlage – sie alle sind (vielleicht mit Ausnahme der Letzteren) inzwischen Standard geworden.

Das von der Zeitschrift *Architectural Forum* 1945 produzierte Buch *Tomorrow's House* plädierte für Erfordernisse der praktischen Vernunft wie Stauraum und flexible Wohnbereiche, räumte aber ein, dass es schwierig sein würde, normale Bauherren und Kreditgeber von den vertrauten historisierenden Stilen, Colonial und Spanish Revival, abzubringen. Amerikas Kriegseintritt 1941 brachte eine neue Sparsamkeit mit sich und lenkte Bundesmittel in den Wohnungsbau für die Arbeiter der Rüstungsindustrie. Ein rationaler Grundriss und Sparsamkeit verbanden sich mit einem hohen Standard der mechanischen Ausrüstungen, und die Designer kümmerten sich schließlich mehr um das Funktionieren als um das Aussehen dieser Häuser. Die gleichen Überlegungen standen Pate, als in Großbritannien nach dem Krieg vorgefertigte Nothäuser entworfen wurden; die so entstandenen Wohnungen haben die ihnen zugedachte kurze Lebensdauer längst überschritten und sind noch immer populär. Wenn die Moderne in den 1950er Jahren beliebter wurde, dann auch, weil sie mehr Möglichkeiten fand, den verlorenen architektonischen Reiz der dekorativen Details zu kompensieren. Wie zu Beginn der Moderne in Großbri-

tannien und den Vereinigten Staaten kam viel Inspiration von Le Corbusier, der seinen weißen Stil um 1930 ablegte und bis zu seinem Tod 1965 immer wieder brillante Experimente wagte.

Die Moderne kann nicht eindeutig als beendet gelten. Sie hat immer neben anderen Gestaltungsweisen weiter bestanden. Ihr Anspruch, kein Stil zu sein, sondern auf ewigen Wahrheiten zu beruhen und gleichzeitig der Stil des Zeitalters zu sein, ist widersprüchlich in sich. Beabsichtigt oder nicht, ist sie ein Stil geworden, weil die materiellen und emotionalen Umstände aufeinanderfolgender Jahrzehnte Architekten und Designern ihren Stempel aufgedrückt haben, ungeachtet ihrer starken Tabus gegen Dekoration.

Die weitere Entwicklung der Moderne wird im nächsten Kapitel betrachtet. Nach einer Zeit der Unbeliebtheit finden Häuser der Moderne jetzt wieder Interesse; nicht so sehr als die Vorboten der Zukunft, die sie einst zu sein schienen, sondern als Relikte eines bestimmten Moments der Geschichte. In England sind Goldfingers 2 Willow Road in London und Lescazes High Cross House, Dartington, öffentlich zugänglich, und weitere Häuser der Periode werden so sorgfältig restauriert wie sonst nur ältere Gebäude. In Amerika gehören Walter Gropius' Haus in Lincoln, Massachusetts, mehrere Arbeiten von Frank Lloyd Wright und die Schindler-Chase-Häuser im kalifornischen Hollywood zu der wachsenden Zahl von Bauten, die nicht mehr nur für Architekten, sondern für eine breite Öffentlichkeit interessant sind.

Türen

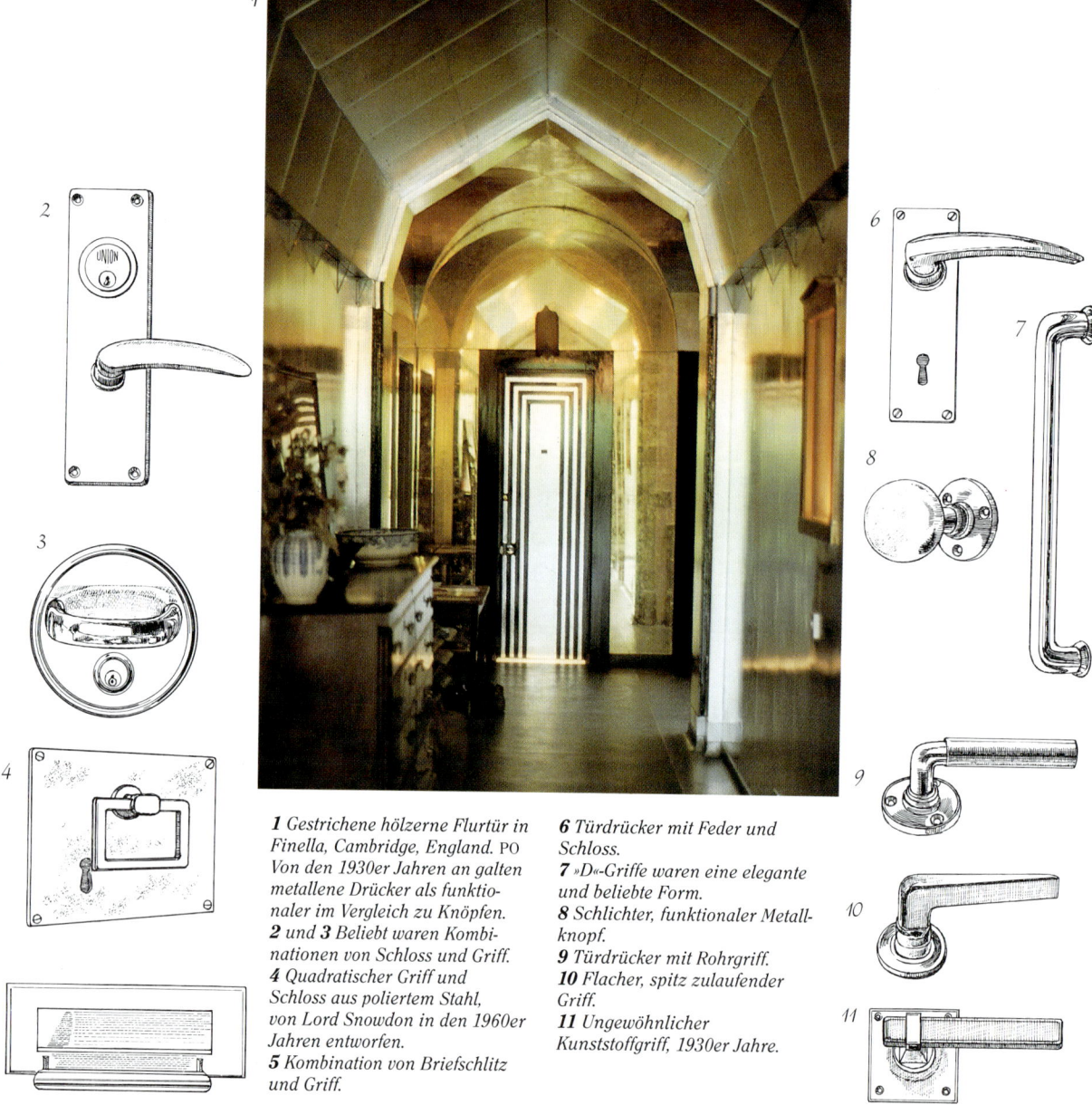

1 Gestrichene hölzerne Flurtür in Finella, Cambridge, England. PO Von den 1930er Jahren an galten metallene Drücker als funktionaler im Vergleich zu Knöpfen.
2 und **3** Beliebt waren Kombinationen von Schloss und Griff.
4 Quadratischer Griff und Schloss aus poliertem Stahl, von Lord Snowdon in den 1960er Jahren entworfen.
5 Kombination von Briefschlitz und Griff.

6 Türdrücker mit Feder und Schloss.
7 »D«-Griffe waren eine elegante und beliebte Form.
8 Schlichter, funktionaler Metallknopf.
9 Türdrücker mit Rohrgriff.
10 Flacher, spitz zulaufender Griff.
11 Ungewöhnlicher Kunststoffgriff, 1930er Jahre.

Die Moderne suchte überflüssige Details zu eliminieren und große einheitliche Flächen zu schaffen. Diesem Bestreben kam die Verbreitung des Sperrholzes entgegen, das die Türen revolutionierte. Aus den dünnen, unter Druck verbundenen Holzschichten entstanden glatte Türen, die keine Füllungen und Profilleisten mehr besaßen. Sie konnten aus so vielen Schichten aufgebaut werden, dass sie ebenso schwer waren wie traditionelle Türen aus massivem Holz. Sperrholz wurde nicht nur für Innen-, sondern auch für Außentüren verwendet. In den Vereinigten Staaten waren Schiebetüren für die Innenräume beliebt. Die britische Venesta Company entwickelte in den 1920er Jahren ein metallbeschichtetes Sperrholz.

Auch verglaste Türen erlangten als Eingangs- und Gartentüren große Beliebtheit; in Appartements verbanden sie Wohnräume mit Balkons. Türen nach draußen bestanden oft aus Metallrahmen und drahtverstärkten Glasscheiben, die man in Großbritannien als »georgianisches« Drahtglas bezeichnete (sicher eine der unpassendsten Produktbezeichnungen in der Geschichte).

Ende der 1930er Jahre waren Türen mit Hartholzrahmen und großen Glasfüllungen beliebt. Türen mit abgerundeten Ecken wurden modern und auch nach dem Krieg noch produziert. Beschläge reduzierte man auf ein Minimum, und den Briefschlitz brachte man oft in einer Platte neben der Tür unter, um die Einheit der Fläche zu wahren.

1 Moderne mit einem Hauch Glamour: Die Eingangstür aus poliertem Metall hat eine gestufte Einfassung. Hollywood, Kalifornien, Mitte der 1930er Jahre.
2 Gläserne Eingangstür mit abgerundeten Ecken und langem »D«-Griff in Paddington, London, 1939 nach Entwurf von Denys Lasdun. Der Briefschlitz wurde in eines der wandhohen seitlichen Fenster eingelassen.
3 Ungewöhnliches Vordach aus Stahlbeton über einer Rundbogentür, 1936, nach Entwurf von Lubetkin and Tecton, Haywards Heath, Sussex.
4 Verglaste Eingangstür mit weit vorgezogenem hölzernem Vordach, das auf Trägern ruht und dem unten eine gleich große befestigte Fläche entspricht.
5 Innentür aus Metall mit ungewöhnlichem Griff, von der Arundell Display Company, England, Ende der 1920er Jahre.
6 Breite Holztür aus den 1950er Jahren. Sie hängt an verborgenen Angeln, wodurch das Gewicht verteilt wird, ohne dass die große Fläche unterbrochen werden muss.

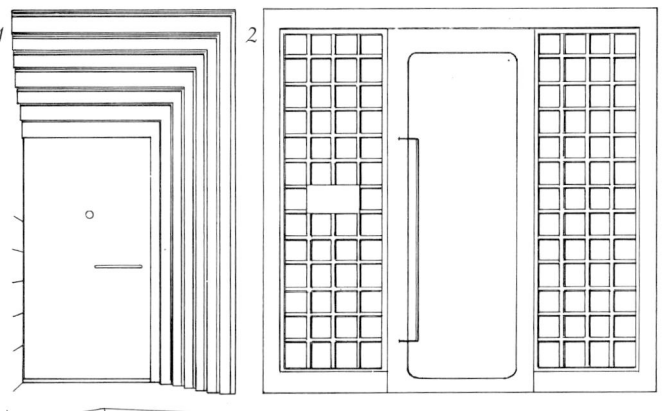

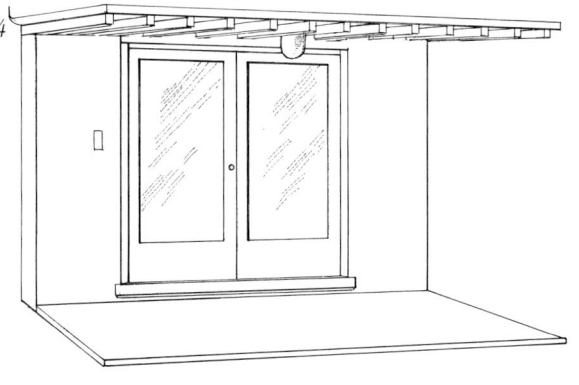

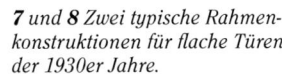

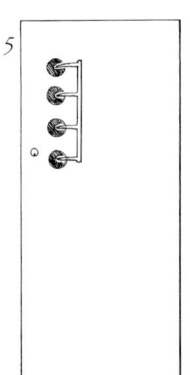

7 und *8* Zwei typische Rahmenkonstruktionen für flache Türen der 1930er Jahre.
9 Tür mit quer angeordneten Glasstreifen in Somerset, England, 1934. PO
10 Das Motiv der Luke wurde Ende der 1930er Jahre an Landfall, Poole, Dorset verwendet. Die gebogene Form des Vordachs wiederholt sich an der Schwelle. OL
11 In Yaffle House, Dorset, passte Edward Maufe diese Tür der Deckenschräge an (1932). Das gestufte Profil der Zarge betont die Form der Tür. YH

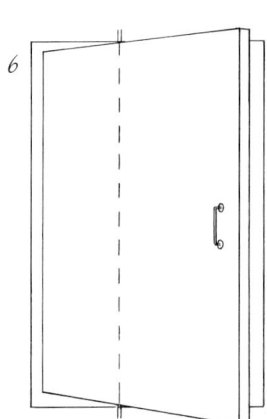

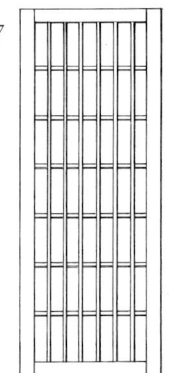

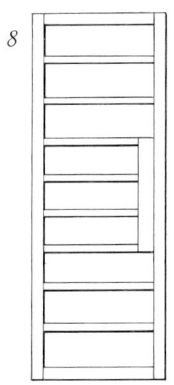

Fenster

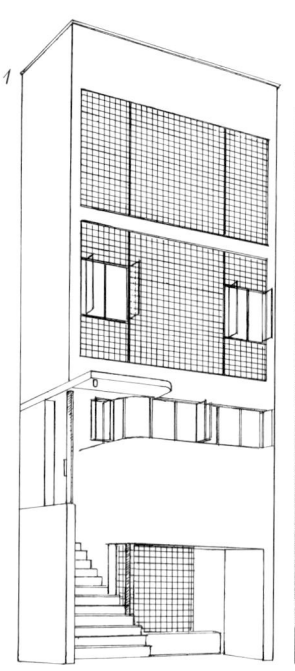

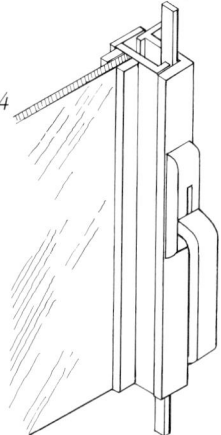

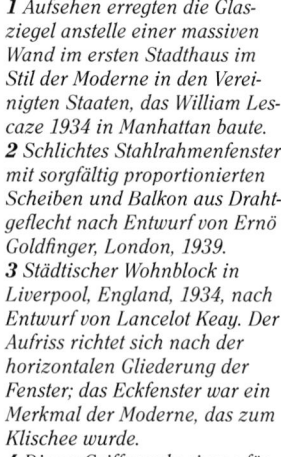

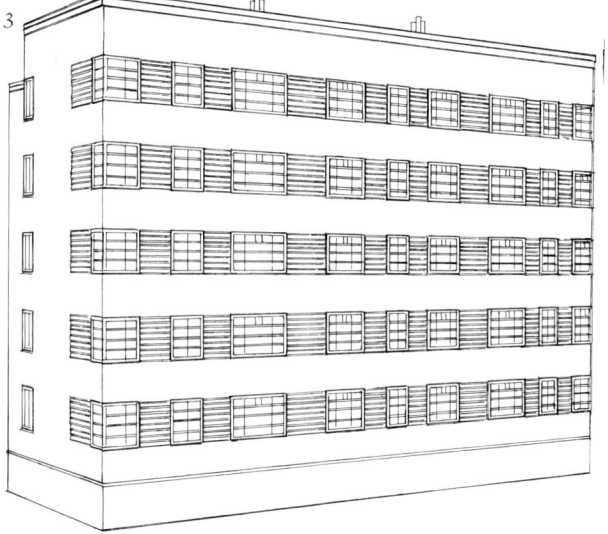

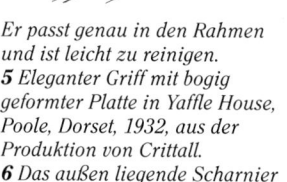

1 Aufsehen erregten die Glasziegel anstelle einer massiven Wand im ersten Stadthaus im Stil der Moderne in den Vereinigten Staaten, das William Lescaze 1934 in Manhattan baute.
2 Schlichtes Stahlrahmenfenster mit sorgfältig proportionierten Scheiben und Balkon aus Drahtgeflecht nach Entwurf von Ernö Goldfinger, London, 1939.
3 Städtischer Wohnblock in Liverpool, England, 1934, nach Entwurf von Lancelot Keay. Der Aufriss richtet sich nach der horizontalen Gliederung der Fenster; das Eckfenster war ein Merkmal der Moderne, das zum Klischee wurde.
4 Dieser Griff wurde eigens für Highpoint Flats entworfen, einen 1935 von Lubetkin and Tecton gebauten Londoner Wohnblock.

Er passt genau in den Rahmen und ist leicht zu reinigen.
5 Eleganter Griff mit bogig geformter Platte in Yaffle House, Poole, Dorset, 1932, aus der Produktion von Crittall.
6 Das außen liegende Scharnier erleichterte das Putzen der Außenseite.

Frische Luft und ein Maximum an Sonnenlicht waren für die Moderne Grundwerte. Architekten entwarfen große Fenster, die im Idealfall eine Einheit mit der Außenwand bildeten. Wohnbereiche hatten raumhohe Fenster, manchmal auf Laufschienen. Mit Bildfenstern »rahmte« man die Aussicht. Es gab Fenster, die man wie eine Harmonika zusammenfalten konnte, und andere, die sich in die Fensterbank hineinkurbeln ließen.

Die Rahmen bestanden meist aus Metall, von den späten 1930er Jahren an auch aus Holz, was in England mit skandinavischem Einfluss zu tun hat. In den Vereinigten Staaten verwendete Walter Gropius ebenfalls Holz, und er experimentierte mit zurückgesetzten Fenstern, deren Sturz die

Menge des einfallenden Sonnenlichts reduzierte. In England brachte Ernö Goldfingers »photobolischer Schirm« – eine Konstruktion von zwei Fenstern übereinander – mehr Tageslicht ins Zimmer. Das obere, kleinere Fenster war zurückgesetzt, so dass über dem unteren ein Gesims entstand. Dieses wurde weiß gestrichen, damit es zusätzliches Licht ins Zimmer reflektierte. Die englische Firma Crittall fertigte im industriellen Maßstab Fenster, deren querrechteckige Scheiben mit Scharnieren oben oder an der Seite geöffnet wurden. Ein wenig Dekoration brachten V-förmige Glassprossen. Gerundete Eckfenster avancierten zu einem Kennzeichen der Moderne, wie sie im spekulativen Bauen verstanden wurde.

1 Das populäre Fenstersortiment von Crittall wurde aus Standardgrößen zusammengesetzt.
2 Die Harmonika-Fenster im Londoner Wohnblock Highpoint konnten zusammengefaltet werden, so dass tatsächlich die ganze Wohnzimmerwand offen war.

3 Lamellenfenster sorgten für ausreichende Belüftung.
4 Dieses Metallrahmenfenster hat außen liegende Scharniere, so dass der geöffnete Flügel parallel zur Wand gestellt werden kann. Darunter befinden sich kleine Scheiben, die bei geöffnetem Fenster die Möbel und Ornamente vor Wind und Regen schützen sollten. Das Fenster wurde mit Fensterbank aus Walzstahl geliefert.
5 Dieses Französische Fenster war klappbar und lief unten und oben in Schienen.
6 Der verglaste Kastenbalkon mit seitlichen Fenstern sollte das Sonnenlicht einfangen. Bristol, England, um 1960.
7 Treppenturm mit holzgerahmten Rundfenstern, entworfen von Tayler and Green. TG
8 Diese Fenster in einem Haus mit gewölbter Decke in Washington DC bilden eine Wand aus Glas und schaffen einen ununterbrochenen Raum. Um 1964.
9 Schwarz gefliese Fensterbank und Flügelspreize von Crittall in Yaffle House, 1932, von Edward Maufe entworfen. YH
10 Diese Veranda ist dem Gropius-Haus in Lincoln, Massachusetts, vorgesetzt und hat vom Boden bis zur Decke Mückengitter. 1938. PO

Wände

*1 Ernö Goldfinger erreichte mit
Sperrholz eine glatte, einheitliche Gestaltung von Wänden
und Tür. London, 1939. EG
2 Die rau verputzten Wände
von Schindler House, West
Hollywood, Kalifornien, werden
durch Schlitzfenster unterbrochen. 1921/22. SR*

*3 Ein surrealistisches trompe-
l'oeil-Wandgemälde ist in ein
Wohnzimmer der späten 1930er
Jahre hineinplaziert. PO
4 Weiß gestrichenes Putzrelief
»Mr. Funshine« in einer Privat-
wohnung im Blackpool Casino
im Norden Englands, 1939. PO*

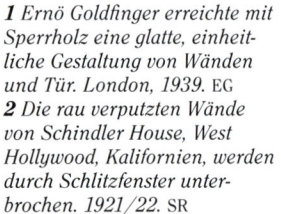

Zu den Erkennungsmerkmalen der ersten Phase der Moderne gehört die Verbannung aller Muster und Texturen von den Wänden: Glatter Putz war Pflicht. Die wichtigste Abwandlung war die Verwendung von Sperrholzverkleidungen in Ess- und Arbeitszimmern. Gelegentlich tauchten Wandgemälde im Vignettenstil auf. Manchmal wurden Glasziegel verwendet, um die Räume heller zu machen. Bei offenem Grundriss waren Raumteiler populär.

In den Vereinigten Staaten arbeitete Frank Lloyd Wright weiter mit rauen Stein- und Ziegeltexturen, selbst in seinem »modernsten« Haus, Falling Water, Pennsylvania, 1935. Die Einstellung der Moderne zu Texturen änderte sich mit dem zuerst von Le Corbusier praktizierten innovativen Gebrauch

von Putz im Kontrast mit rohem Ziegel- oder Feldsteinmauerwerk.

Diese Veränderungen im Stil waren in England kaum wahrnehmbar. Dort galt noch in den 1950er Jahren Feldsteinmauerwerk als zu folkloristisch; man bevorzugte regelmäßiges Material wie Ziegel oder Betonsteine, wenn auch die Ziegel manchmal grob, mit tiefen Mörtelfugen verlegt wurden. Gespundete Kiefernbretter traten an die Stelle von Sperrholzverkleidungen. Die Mustertapete kehrte zurück. Verschiedene verwandte Muster wurden in einem Raum verwendet, oft lineare schwarze Dessins auf pastellfarbenem Untergrund in Wohnräumen und kulinarische Motive in Küchen. In den 1960er Jahren wurde Jute populär.

Decken

1 Holzdecke von japanischer Schlichtheit in Schindler House, West Hollywood, Kalifornien, 1921/22. SR
2 Kuppel aus geätztem Glas mit schottisch-piktischen Symbolen von Raymond McGrath

in Finella, Cambridge, England, 1929. PO
3 Berthold Lubetkin entwarf diese Dachterrasse 1938 in Highgate, London. Er brachte die moderne Architektur durch Farben, Texturen und gebogene Formen zu dekorativer Wirkung. APR

Die Decke war wohl der Teil des Hauses, von dem in der Moderne am wenigsten zu erwarten war. Schon ein Gesims oder eine Deckenrosette konnte genügen, um ein ganzes Haus für die Moderne zu disqualifizieren. Manchmal wurden Decken glänzend weiß gestrichen, damit sie reflektierten. In einigen Häusern gab es eine elektrische Deckenheizung. Diese Neuerung zielte darauf, alle sichtbaren Hinweise auf Geräte zu eliminieren, erwies sich aber als uneffektiv und unkomfortabel.

Die doktrinäre Richtung der Moderne lehnte jeglichen Deckenschmuck ab. Zu Beginn der englischen Moderne jedoch brach Raymond McGrath in Finella, einem 1929 von ihm umgebauten viktorianischen Haus in Cambridge, die Re-

geln. Das Haus hat ein dreiseitiges »Gewölbe« aus Glas im Flur, das zu einem ursprünglich mit Blattsilber überzogenen Kreuzgratgewölbe aus Sperrholz und zu einer Kuppel aus geätztem Glas im Esszimmer führt.

Die Moderne der Nachkriegszeit fand zu einem organischeren Architekturstil, in dem Decken nicht mehr so steif sein mussten. In den Vereinigten Staaten wurden Bretter an den Decken populär, nicht selten als Fortsetzung der Wandflächen. Häufig verwendete man lackierte Kiefer. Generell war mehr plastische Gestaltung möglich, und Philip Johnsons Guest House in New Canaan, Connecticut, mit seinem flachen Doppelgewölbe und den schlanken Säulen lässt schon die Postmoderne ahnen.

WÄNDE

DECKEN

Fußböden

1 Das Fliesenmosaik in der Diele von Yaffle House in Poole, Dorset, England, stellt das 1932 von Edward Maufe für den Flie- senhersteller Cyril Carter entworfene Haus selbst dar. YH
2 Zusammengefügte Travertinblöcke wurden so verlegt, dass sie die Form des Raumes betonen. YH
3 Hochwertige Hartholzböden mit modernen Teppichen waren beliebt. 1938. OH
4 Mit einem Einsatz aus Edelstahl wird in diesem Fußboden aus Travertin ein starker Akzent gesetzt. 1930er Jahre. YH

Die Einstellung der Moderne zu gemusterten Oberflächen zeigt sich auch in der Gestaltung der Fußböden: Reine Eleganz konnte nur bei einem Minimum an störendem Dekor erreicht werden. Holz wird am häufigsten verwendet, meist dunkle polierte Harthölzer, als Bretter oder Parkett verlegt. Oft bildete das Holz die Kante für einen Teppich mit auffälligem abstraktem Design. Auslegware war ein teurer Luxus und blieb den Haupträumen vornehmer Häuser vorbehalten, und selbst dort spielte sie in der Frühphase der Moderne keine große Rolle. Aus Sparsamkeitsgründen wurde meist einfarbiges Linoleum auf Zementestrich oder Sperrholz gelegt. In Großbritannien ist Finella, das 1929 von dem Architekten und Designer Raymond McGrath umgebaute viktorianische Haus in Cambridge, eine Ausnahme von dieser bewussten Schlichtheit, denn dort wurden Flur und Esszimmer versuchsweise mit gemustertem »Induroleum« ausgelegt, einem Gummi-Fußbodenbelag, den man höher schätzte als Linoleum.

Für Küchen und Flure waren Kunststeinplatten gebräuchlich, in Bädern findet man Korkfliesen oder Linoleum, ganz selten auch Mosaik. In einigen Häusern der Moderne wurden nur Korkfliesen verwendet. Steinfußböden aus Blöcken oder unregelmäßigem »Mosaik« waren in den Vereinigten Staaten eine beliebte Option. In der späteren Phase der Moderne kommen in Großbritannien auch Ziegelfußböden vor.

Kamine

Der majestätische, doch schlichte Kamin mit kupferner Haube wurde 1922 von Rudolph Schindler in Kalifornien entworfen. Die

Verwendung des luxuriösen Materials erinnert an Adolf Loos in Wien vor 1914, wo Schindlers Laufbahn begann. SR

Trotz alternativer Heizmöglichkeiten blieben Kamine populär. In seinem *Brief an Lord Byron* (1937) schrieb W.H. Auden: »Preserve me above all from central heating/It may be D.H. Lawrence hocus-pocus/But I prefer a room that's got a focus.« Selbst die Architekten der Moderne stimmten dieser Haltung zu. Die Form des Kamins wurde allerdings stark vereinfacht. In den 1930er Jahren war eine glatte, wandbündige Steineinfassung üblich, an die zuweilen eine Fliesenumrandung anschloss. Allmählich wurden rauere Flächen als Umrandung beliebt, wie Feuerstein oder andere Steinarten. Manchmal setzte man Stein- oder Metalltafeln asymmetrisch in den Kaminvorsprung ein, und eingebaute Bücherborde schlossen an den Kamin an. Nicht

selten war auch eine Aussparung für einen Holzvorrat vorhanden.

Die Feuerstelle der Moderne hat ihre wahre Heimat in den Vereinigten Staaten, wo u.a. Frank Lloyd Wright und Marcel Breuer mit ihren Werken einen Mythos schufen. Der Kamin aus schroffen Steinen, der eine ganze Wand einnahm, wurde zum Schwerpunkt des Raumes. Wo nicht mehr mit festen Brennstoffen geheizt wurde, baute man Elektrofeuer mit eleganten Einfassungen aus farbigem, opakem Glas oder Edelstahl ein. In den 1950er Jahren kam auch ein frei stehendes Feuer in Gebrauch, dessen Rauchgasrohr man direkt an den Schornstein anschloss. Diese wärmeerhaltende Vorrichtung war besonders in kleineren Häusern beliebt.

1 Doppeltes Gasfeuer, Oberfläche mit Bronzeglanz in einer Einfassung aus Onyx. Bratt Colbran and Company, 1934.
2 Kamin aus den späten 1930er Jahren mit Feuerstelle hoch über dem Fußboden und Umrandung aus kleinen quadratischen Fliesen.
3 Einfach profilierte britische Kamineinfassung der späten 1930er Jahre für ein Standard-Feuer. Das Detailbild zeigt einen typischen Rost mit Frontschiene, wegen der Luftzufuhr von unten leicht erhöht.
4 Der dezentral angeordnete Kamin bildet eine Einheit mit Einbaubücherschrank und Regal. Mit Sperrholz verkleidet, 1938.
5 In Falling Water, Bear Run,

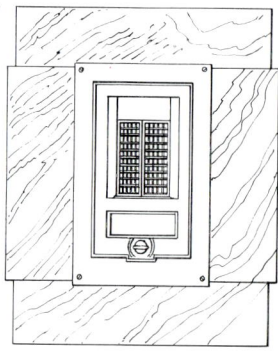
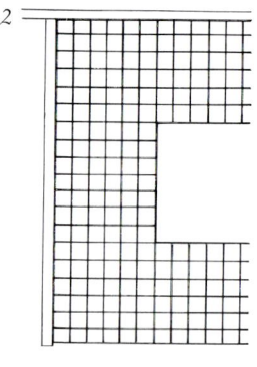
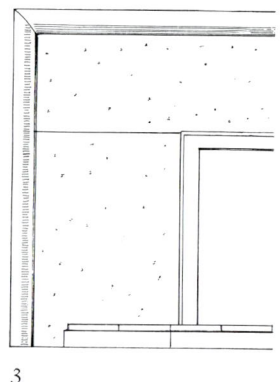

Pennsylvania (1935) baute Frank Lloyd Wright Steinkamin und Feuerstelle wie eine Außenmauer.
6 Dieser Kamin teilt den offenen

Wohnbereich eines Hauses von Richard Neutra in Kalifornien. Er zeigt das für den Stil der 1950er Jahre typische Mosaik.

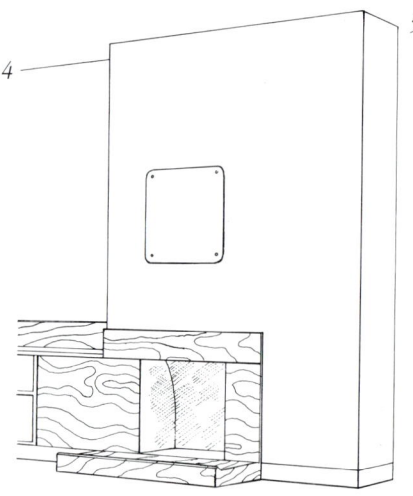

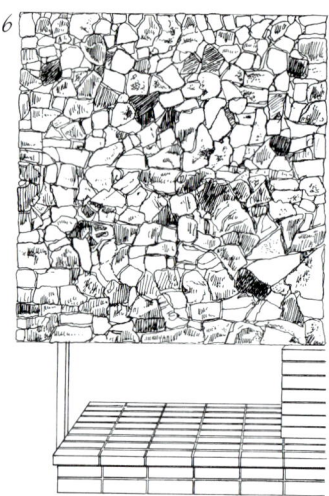

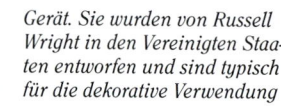

7 Kupferne Lüftungslamellen dienen als architektonischer Ausdruck von Elektrizität und verbergen das dahinter stehende

Gerät. Sie wurden von Russell Wright in den Vereinigten Staaten entworfen und sind typisch für die dekorative Verwendung

von Metall in der Moderne. CS
8 Einfassung und Sohle des Kamins in Yaffle House, Poole, Dorset (1932) bestehen aus Edelstahl. YH

9 Ernö Goldfinger setzte 1939 eine erhöhte Feuerstelle in einen konkaven Kaminvorsprung ein. EG

Küchenherde

1 *Der britische Herd »Minette«
hat noch Beine. Seine Abdeckung dient im aufgeklappten
Zustand als Wandschutz und
Bord, 1935.*

2 *Der Deckel des eingehausten
britischen Gasherdes »Kabineat«
hatte einen selbstverriegelnden
Geschirrständer, 1935.*
3 *Dieser amerikanische Elektro-*

*herd mit zwei Kochbereichen hat
praktisch keine Beine mehr.
Durch die geschmackvollen
Griffstangen wirkt er schnittig.*
4 *Britischer Gasherd zum Ein-*

bau bei knappem Platz, 1935.
5 *Ein bahnbrechender amerikanischer Insel-Elektroherd mit
Geschirrschränken an den gerundeten Stirnseiten, 1937.*

Das Konzept der Moderne von der Küche als integralem Bestandteil des Wohnbereichs führte schnell zu Veränderungen im Aussehen der Küchenherde.

In den Vereinigten Staaten waren die Gasherde Ende der 1930er Jahre schon deutlich eleganter als in Großbritannien. Sie sahen nicht mehr so utilitaristisch aus; statt des gesprenkelten Emails hatten sie weiße Oberflächen mit Chromkanten, und sie standen auch nicht mehr auf Beinen. Gas- und Elektroherde wurden zu Bausteinen in der neu in Mode gekommenen Einbauküche. Sie konnten auch in schwierige Ecken eingepasst werden, so dass effiziente Arbeitsbereiche entstanden. Die Kochfläche bildete mit den laminierten Deckplatten der Schränke auf gleicher Höhe eine durchge-

hende Arbeitsfläche. Die Isolierung der Backröhre wurde durch innere Glastüren verbessert und die Sicherheit der Gasherde durch den Einbau von Zündflammen erhöht. Automatische Zeitschalter, deren Zifferblätter sich oft am Wandschutz befanden, waren ebenfalls ein an beiden Herdtypen anzutreffendes Detail.

Die revolutionärste Entwicklung aber war der »Inselherd«, ein Vorläufer der kundenspezifischen Anlagen in vielen heutigen Küchen, bei denen Kochplatten und Backröhren voneinander unabhängig sind und sogar unterschiedliche Energiequellen nutzen können. Die Insel wurde in die Mitte einer größeren Küche gebaut, hatte einen Sockel aus Ziegeln und eine Haube mit Entlüftungsgebläse.

Treppen

*1 Wendeltreppe mit frei-
tragenden Holzstufen in Ernö
Goldfingers Londoner Haus
von 1939. Der polierte Handlauf und die Balustrade aus
gespannter Schnur betonen
die elegante Kurve.* EG
*2 Ein eindrucksvolles Zeugnis
architektonischer Meisterschaft
ist diese Außentreppe aus Stahlbeton mit Handlauf aus Rohrmaterial. Oliver Hill entwarf*

*das Haus Landfall im englischen
Poole, Dorset, 1938.* OL
*3 Holztreppe in Schindler House
in West Hollywood, Kalifornien,
1921/22.* SR
*4 Diese Wendeltreppe windet
sich um die dicke Mittelsäule
in The Studio, entworfen von
Tayler and Green, London,
1939. Der metallene Handlauf
folgt der Form der Säule.* TG

Die Gestaltung der Treppe spielte bei der Öffnung der Innenräume in der Moderne eine große Rolle. Selbst in
Häusern mit konventionellem Grundriss erhielt der Flur
Licht durch ein großes Fenster. In einer Übergangsphase
wurden Treppen mit massiven Balustraden aus Sperrholz
gebaut und ältere Treppen mit solchen »modernisiert«. Gebräuchlicher waren in der Moderne Balustraden aus Metall
mit betont geneigten und horizontalen Teilen, die dem Anstieg der Treppe folgten und ihr ein schnittiges Aussehen gaben. Strikte Anhänger Le Corbusiers bauten Treppen aus
Stahlbeton mit massiven Balustraden, beginnend im zweigeschossigen Hauptraum des Hauses. Unter dem Einfluss des
Art déco bekam die Treppe eine Biegung und die Balustrade
einen gerundeten Antrittspfosten.

Mit Wendeltreppen, die oft aus Stahlbeton bestanden,
konnte man Platz sparen. Walter Gropius baute an sein Haus
in Lincoln, Massachusetts, eine eiserne Außenwendeltreppe,
in Landfall im englischen Poole trumpfte Oliver Hill 1938
mit seiner Außentreppe auf. Dasselbe Haus hat eine schöne
gebogene Leitertreppe aus Holz vom ersten Obergeschoss
zum Dach. Viele Häuser der Moderne besitzen eine Leiter im
nautischen Stil als Zugang zu einer Art Sonnendeck.

In den 1940er und 50er Jahren wurde die Holztreppe mit
offenen Trittstufen zur Norm. Oft begann sie im Hauptraum.

1 *Schöne gebogene Treppe in Shrub's Wood, Chalfont St Giles, Buckinghamshire, 1935, von Mendelsohn and Chermayeff.* PO

2 *In The Homewood, Esher, Surrey, 1938, von Patrick Gwynne, endet die Wendeltreppe auf einem geräumigen Podest.* PO

3 *Geheimnisvoll wirkt der Aufstieg zum Dach von St Ann's Hill, Chertsey, Surrey, einem 1936 von Raymond McGrath gebauten runden Haus.* PO

4 *Diese sanft gebogene Treppe ohne Stützen und mit unterschnittenen Setzstufen ist ein Beispiel für die elegante Verwendung von Beton.*

5 *Diese Außenwendeltreppe entwarf Walter Gropius 1938 für sein Haus in Lincoln, Massachusetts.*

6 *Innentreppe aus Stahlbeton mit eingebettetem Handlauf aus Rohrmaterial, 1934.*

7 *Traditionelle Werkstoffe kehren zurück: Treppe und Handlauf von Ende der 1930er Jahre sind aus Eiche, die Balustrade besteht aus den typischen Maschendrahtfeldern der Moderne.*

8 *Ein gerader Treppenlauf mit Lichtwange, New York, 1935. Der Handlauf ist aus Aluminium.*

9 *Fließende Linien sind charakteristisch für die Moderne. Hier begleiten regelmäßige Stahlschlaufen die Treppe. Die Trittstufen und eine Chromschiene auf der oberen Etage sind die Befestigungspunkte. Ein Handlauf aus Messing akzentuiert die Form der Treppe von 1938.*

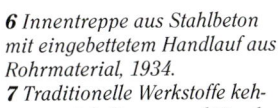

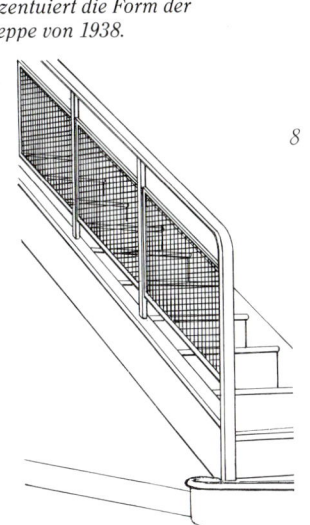

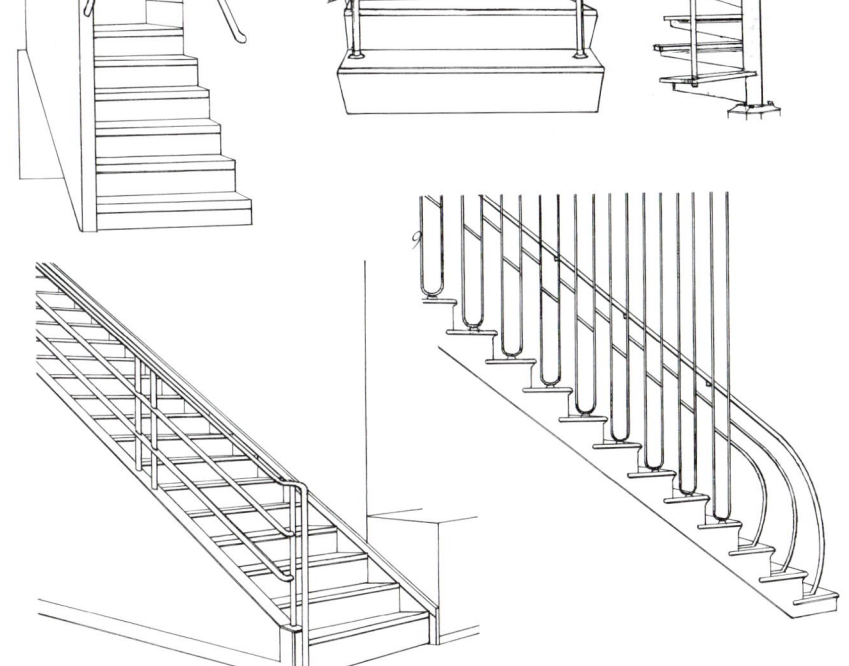

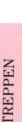

TREPPEN

Einbaumöbel

1 Eingebaute Anrichte als Raumteiler, 1930er Jahre. Der Speisenaufzug kommt aus der zwei Etagen tiefer liegenden Küche und taucht aus der Deckplatte auf. Man beachte den lebhaften Kontrast zwischen gestrichenem und naturfarbenem Holz. TG

2 Hölzernes Kojenbett im Kinderzimmer mit Schubfächern darunter, 1939. OH

3 Eingebaute Anrichte mit Esstisch und passendem Hocker von Rudolph Schindler, Kalifornien, 1922. SR

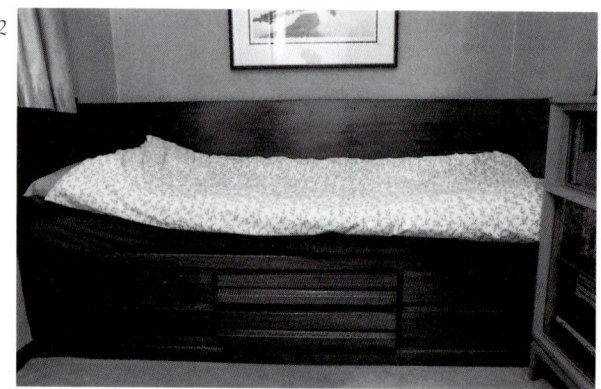

Während die Moderne auf viele Aspekte der Wohnraumgestaltung hemmend wirkte, war sie für die Entwicklung der Einbaumöbel sehr förderlich. Ziel war der möglichst übersichtliche Wohnraum sowie eine Neubelebung des neoklassizistischen Ideals eines vollkommen abgestimmten Raumes. Gleichzeitig wurde die Einstellung zur Familie als gesellschaftlicher Einheit flexibler, und es entstand der Wunsch, das Leben einfacher zu gestalten und die Hausarbeit zu minimieren.

Fast alle Möbelstücke eigneten sich dafür. Eingebaut waren in Häusern im Stil der Moderne die Bücherregale, Sitze und Bänke (die alle gleichzeitig Raumteiler sein konnten), die Schränke in Schlafzimmern, Bädern und Küchen, selbst die Spielzeugschränke in Kinderzimmern; auch Cocktailkabinette und Plätze für Radios und Plattenspieler gab es in manchen Häusern. Türen konnten als Schwenk- oder Schiebetüren gebaut werden. In kleinen Schlafzimmern hatte man gern eingebaute Betten mit Fächern darunter wie in einer Schiffskoje. Feste Sitze konnten um den Kamin angeordnet werden. Die Formen waren schlicht, und soweit sie nicht aus Hartholz bestanden, wurden sie gestrichen oder lackiert. Eine Weiterentwicklung waren Baukastenmöbel, die nach Bedarf zusammengesetzt werden konnten. Die Begeisterung der 1930er Jahre für solche rationellen Interieurs legte sich in der Nachkriegszeit, doch in Küchen und Bädern sind sie immer noch beliebt.

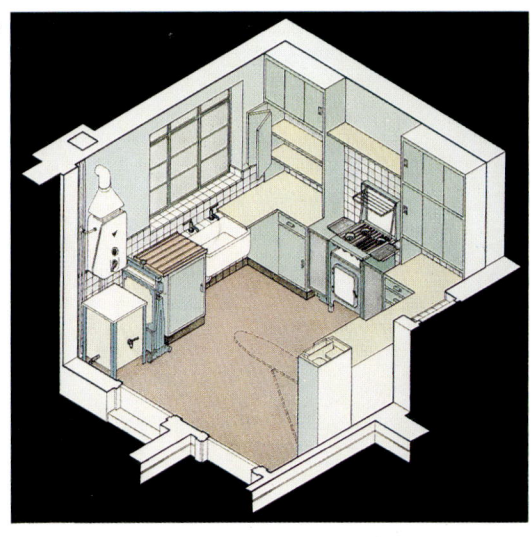

1 Britische Einbauküche aus den 1930er Jahren. Die Vorzüge von Einbauschränken und so praktischen Vorrichtungen wie Falttüren überzeugten selbst die, die der Moderne insgesamt ablehnend gegenüberstanden. AG

2 Besonders kleinere Wohnungen profitierten von der Platzersparnis durch Einbaumöbel. Hier ein typisches Ensemble von halbhohen Schränken und Bücherregalen in Esche und Nussbaum mit einem Elektrofeuer, 1930er Jahre. CS

3 Das Sofa in 2 South Parade, Chiswick, London, lässt sich zum Doppelbett mit Lampen und Nachtschränken aufklappen, 1937 von Dugdale and Ruhemann. APR

4 Eingebautes Glasbord auf schlanken Chromfüßen. Britisch, 1930er Jahre.

5 Sitzecke von Paul Frankl, New York, um 1935. Die Armlehnen enthalten Bücherborde und sind mit Spiegelglas abgedeckt.

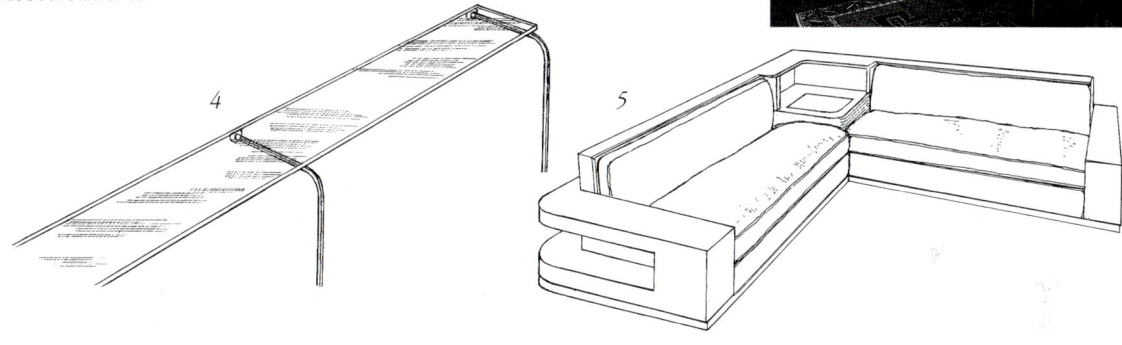

6 Eingebaute Schrankwand mit Nischen für Ziergegenstände, 1938, von Serge Chermayeff für Bentley Wood, East Sussex. APR

7 Die praktische und elegante Einbaulösung aus der Diele in Shrub's Wood, 1935, schafft Stauraum und Stellfläche. PO

EINBAUMÖBEL

Installation

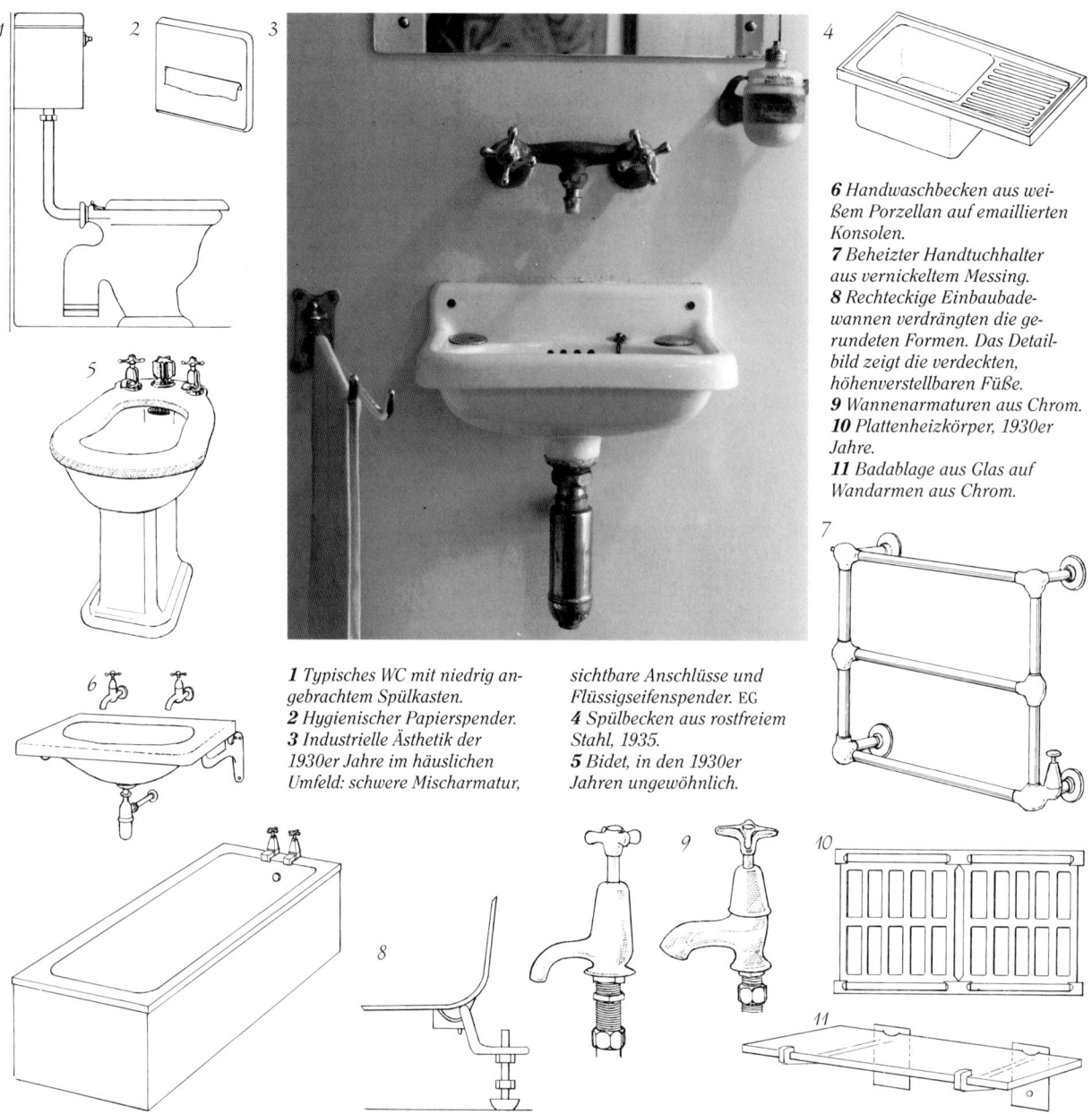

6 Handwaschbecken aus weißem Porzellan auf emaillierten
Konsolen.
7 Beheizter Handtuchhalter
aus vernickeltem Messing.
8 Rechteckige Einbaubade-
wannen verdrängten die gerundeten Formen. Das Detailbild zeigt die verdeckten,
höhenverstellbaren Füße.
9 Wannenarmaturen aus Chrom.
10 Plattenheizkörper, 1930er
Jahre.
11 Badablage aus Glas auf
Wandarmen aus Chrom.

1 Typisches WC mit niedrig an-
gebrachtem Spülkasten.
2 Hygienischer Papierspender.
3 Industrielle Ästhetik der
1930er Jahre im häuslichen
Umfeld: schwere Mischarmatur,

sichtbare Anschlüsse und
Flüssigseifenspender. EG
4 Spülbecken aus rostfreiem
Stahl, 1935.
5 Bidet, in den 1930er
Jahren ungewöhnlich.

Die Gestaltung von Bädern und anderen technischen Einrichtungen entwickelte sich in den 1920er und 30er Jahren unabhängig von den Debatten über den richtigen Stil;
ein Bad in einem Haus der Moderne unterschied sich kaum
von denen in Häusern des Art déco oder des Neo-Tudor. Da
aber viel Wert auf Gesundheit und Hygiene gelegt wurde,
stieg die Wertigkeit der Bäder. Le Corbusier integrierte in einem seiner Häuser das Bad in den Hauptwohnraum.

Das Badzubehör stand kaum noch frei; die Badewanne
war eingebaut, der niedrig angebrachte WC-Spülkasten hinter einer Täfelung verborgen. Insbesondere in den Vereinigten Staaten waren Bäder der letzte Schrei in puncto Luxus
und Komfort. Sie wurden weitgehend gefliest, hatten farbige

Vitrolite-Verkleidungen und solide Armaturen. Duschen
über Badewannen waren auf beiden Seiten des Atlantik beliebt. Das Bidet galt noch als recht ausgefallener kontinental-
europäischer Luxus.

Zur Standardausstattung gehörten beheizte Handtuchhalter. Meist bestanden sie aus Chrom, es gab aber auch ein
Modell aus Glas mit Halterungen aus Chrom. Die Wasserhähne unterlagen der industriellen Formgestaltung, und das
Drehkreuz machte anderen Formen Platz.

Verschiedene Methoden der Zentralheizung wurden ange-
wendet. Die in den 1950er Jahren eingeführte elektrische
Fußbodenheizung war sehr beliebt, weil sie dem Ideal der
Unsichtbarkeit am besten entsprach.

Beleuchtung

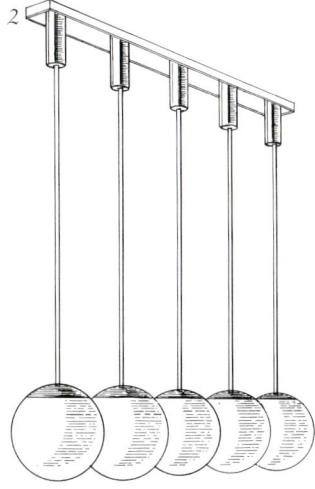

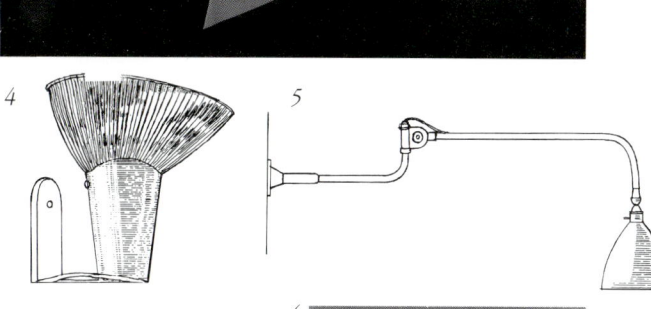

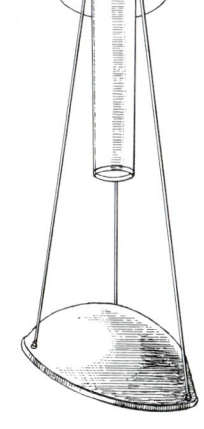

1 Die nach oben strahlende Außenleuchte an The Homewood, Esher, Surrey, wirkt abstrakt. PO
2 Britische Version der normalen kugelförmigen Deckenleuchte von 1934, mit dem Bauhaus assoziiert.
3 Amüsanter Papierschirm im »Taschentuchstil« an einer Deckenleuchte in Schindler House,
West Hollywood, Kalifornien. SR
4 Wandleuchte mit nach oben gerichtetem, kanneliertem Reflektor.
5 Wandleuchte »Bestlite« mit Gelenkarm, ein klassisches britisches Erzeugnis der frühen 1930er Jahre.
6 Kugelleuchte an schwanenhalsförmigem Wandarm. Kugeln wa-
ren in den 1930er Jahren besonders populär. TG
7 Hängende Kugelleuchte, 1934, aus New Farm, dem Haus von F.W. Crittall in Great Dunmow. Crittalls Firma stellte Stahlfenster für moderne Häuser her. PO
8 Deckenleuchte mit großer Reflektorschale in einem Künstleratelier, 1934.

D ie frühe Moderne befasste sich immer wieder einmal mit elektrischen Einbauleuchten. In Weiterentwicklung des Art déco finden sich in Interieurs der Moderne gelegentlich interessante geometrische Mittelleuchten. Nur selten durften Deckenleuchten die »Reinheit« des Raumes stören; wenn es sie überhaupt gab, waren es meist an der Decke befestigte Halbkugeln, manchmal auch verstellbare Hängeleuchten über Esstischen. Wandleuchten mit Kugeln oder nach oben geöffneten Schalen bildeten eine überaus populäre Alternative. An Gelenkarmen aus Chrom und mit abgerundeten konischen Schirmen wurden sie als Lese- oder Arbeitsplatzbeleuchtung beliebt. Architekten gaben nicht selten genaue Anweisungen für das Design, wie z.B. Deckenschienen für

Arbeitsbereiche und verdeckte Beleuchtung, die allmählich in Mode kam und überdies in der Nachkriegszeit leichter erhältlich war.

In dieser Zeit wurde die Gestaltung der Beleuchtungskörper vielfältiger; man verwendete mehr Kunststoffe, und es gab einen starken skandinavischen Einfluss auf die Formen der Lampenschirme. In den 1940er Jahren wurden Leuchtstoffröhren für Küchen und Bäder gebräuchlich. In den Vereinigten Staaten bevorzugte man sie, weil sie viel weniger Wärme abgaben als normale Glühlampen. In den 1960er Jahren vergrößerte sich das Angebot an Schienen mit Punktleuchten, an denen viele Lichtquellen zusammengefasst werden konnten.

INSTALLATION

BELEUCHTUNG

Metall

1 *Tor aus Eisenrohr mit Ma-
schendrahtfüllungen an einem
Londoner Haus von Ernö Goldfinger, 1939.* EG
2 *Eisengeländer mit oben umge-
bogenen senkrechten Stützen.*
3 *Rohrbalustrade an der Dachterrasse eines Hauses von Walter
Gropius und Maxwell Fry, 1936.*
4 *Handlauf und Balustrade aus
Rohrmaterial.*
5 *Geländerbefestigungen. Das
obere Beispiel ist von der Bal-
konkante zurückgesetzt. Das untere Beispiel zeigt ein Geländer
an einer Brüstungsmauer.*
6 *Der runde Balkon an Serge*

*Chermayeffs Haus in Warwick-
shire, England, wird durch die
Balustrade betont; eine Stahl-
leiter führt auf das Dach. 1934.*
7 *Aluminiumbalkon an einem
von Basil Spence entworfenen
Wohnblock. England, 1954.*
8 *Metall-Lettern in Zementputz
am Eingang zu Landfall in
Poole, Dorset, England, 1938.* OL
9 *Tore aus Eisenrohr mit Ma-
schendrahtgeflecht in den unteren Feldern.*
10 *Balustraden aus poliertem
Metall waren ein modisches
Detail für Interieurs, wie dieses
gerundete Beispiel.*

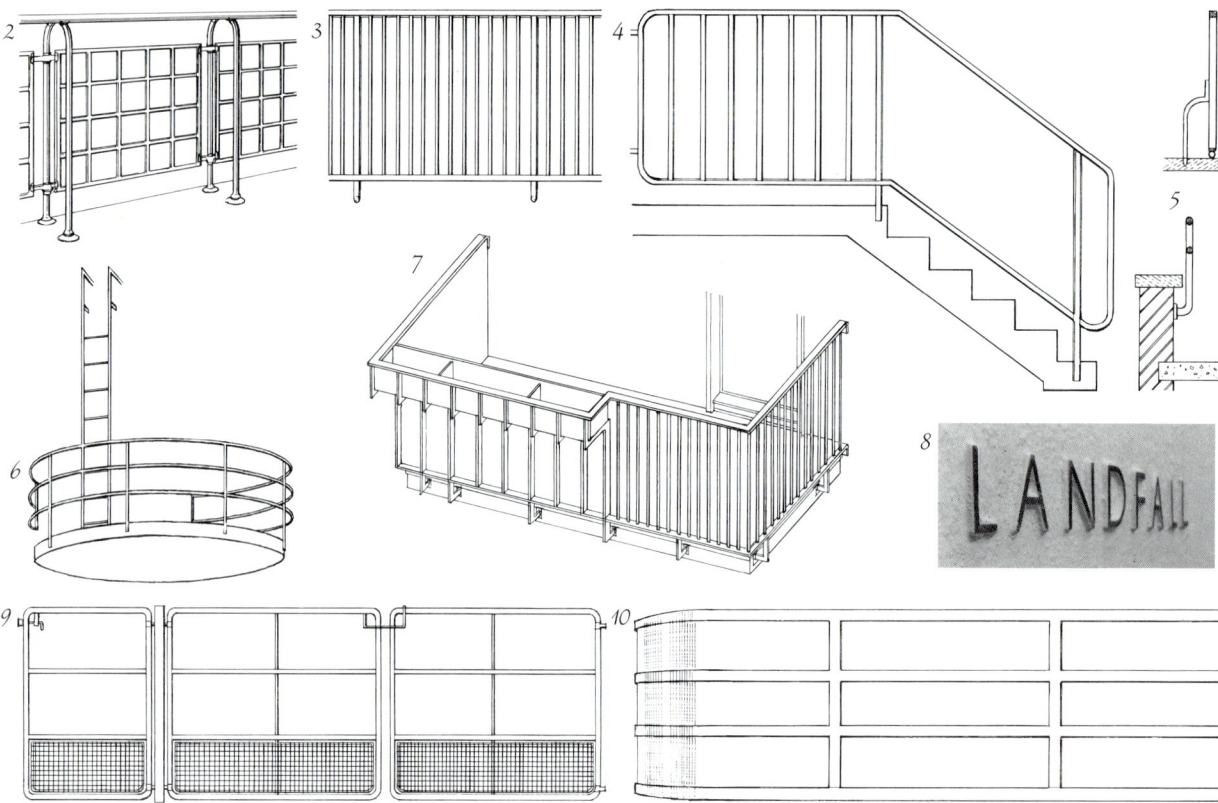

An öffentlichen Gebäuden und Industriebauten stellte sich die Moderne oft als Stil aus Metall und Glas dar. Im Wohnbau herrschten solidere und konventionellere Werkstoffe vor, daneben gab es aber auch interessante Details aus Metall. Balkons und Handläufe waren gewöhnlich aus Eisenrohren. Wo an Balkons oder Toren Füllungen benötigt wurden, bestanden sie nach kontinentaleuropäischem Vorbild meist aus einem Geflecht von dickem Draht in einem Rahmen mit abgerundeten Ecken. Dieses ausschließlich praktisch wirkende Merkmal ist ein wesentliches Element des Erscheinungsbildes der Moderne. Rohrbalkons konnte man in die gerundeten Formen bringen, die man zur Auflockerung der Fassade benötigte. Die optische Schwere der Baluster

und ihre Abstände waren von fundamentaler Bedeutung. Sie konnten von rundem, aber auch von dünnem viereckigem Querschnitt sein.

Eisensäulen als tragende Teile wurden meist so dünn wie möglich gehalten, damit die Architektur schwerelos wirkte. Meist waren sie rund, manchmal bildeten sie aber auch I-Profile.

Metallarbeiten der Moderne fielen insgesamt schlicht aus; wenn es jedoch Details gab, konnten diese sehr fein sein. In der Mangelsituation nach dem Krieg wurden in Großbritannien Fertigteilhäuser aus Stahl gebaut, in denen viele Einbauten aus Metall vorkommen, u. a. Lichtschalter und Türrahmen.

Holz

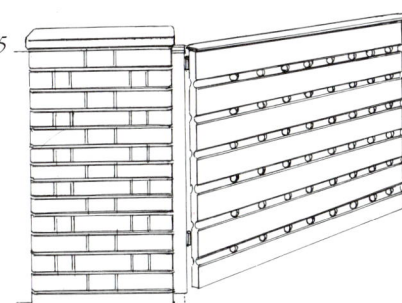

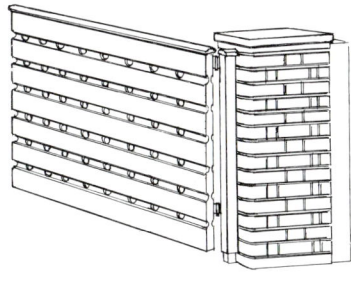

1 Frank Lloyd Wright verwendete Holz in Aufsehen erregender Weise konstruktiv. In Taliesin West, Arizona, tragen die Gebinde das zeltartige Dach des Zeichenstudios, 1930er Jahre. WI
2 Holzgerahmte Dachterrasse auf Rudolph Schindlers Haus in West Hollywood, Kalifornien, 1921/22. SR
3 Die klobige Unterteilung des weißgestrichenen Tores zu einem Londoner Haus ist typisch für die 1950er Jahre.
4 Holzverkleidung von Justin Blanco-White an Shawms, Cambridge, England, 1938. Das Haus war eigentlich als Betonbau geplant, wurde aber aus Holz gebaut, als der drohende Krieg zu einer Verknappung von Beton führte. PO
5 An diesem Tor ist das Holz schlicht und doch dekorativ verarbeitet.

In der Regel bevorzugte man in der Moderne nichtorganische Materialien als dem Maschinenzeitalter angemessen. Doch spielte Holz in der Bewegung eine interessante Rolle. Besonders Frank Lloyd Wright verwendete es so, wie es aus dem Sägewerk kam. Die raue Oberfläche war ihm gerade recht.

In Großbritannien nutzte man glattes Holz bis in die späten 1930er Jahre für Details im Interieur. Danach kam es, teils von Wright, teils von skandinavischen Architekten wie Aalto inspiriert, zum Bau von Häusern ganz aus Holz. Meist wurde es völlig schmucklos in einfach gesägten Stücken von genormter Breite verwendet. Das massive Holz gefiel der jungen Architektengeneration der Nachkriegszeit besser als der spindeldürre Stil, der in einer Zeit stark eingeschränkter Holzimporte eingeführt worden war. Sie arbeiteten phantasievoll mit Zäunen und Raumteilern, meist aus weiß gestrichenem Kiefern- oder Fichtenholz.

Holz ist eine Grundlage des amerikanischen Bauens, aber viele Architekten vernachlässigten es, um sich als Vertreter der Moderne zu empfehlen. Walter Gropius und Marcel Breuer, Immigranten aus Europa, pflegten die Holzbautradition mit vertikalen Verkleidungen, Pergolen und Außentreppen, alle sehr einfach gestaltet. Aus Holz gezimmerte Häuser, manche davon zerlegbar oder in Fertigteilbauweise, halfen während des Krieges, den Wohnungsbedarf in Amerika zu decken.

METALL

HOLZ

VON DER MODERNE ZUR POSTMODERNE

1950–1975

1 Leichte Industrieprodukte lassen Pierre Koenigs Case Study House 21 in Los Angeles, Kalifornien, 1958, leicht und offen wirken. SHU

2 Farnsworth House in Plano, Illinois, 1946–1951 von Mies van der Rohe ist das Nonplusultra des ätherischen Wohnens – mehr Sammlerobjekt als praktische Behausung. HB

Noch vor wenigen Jahren war nicht vorherzusehen, dass »retro« und »modern« einmal Synonyme und im Zusammenhang mit Design positive Aussagen sein würden. Das ist jetzt der Fall. Der Geschmack hat sich gewandelt, und Häuser der Nachkriegszeit werden zunehmend studiert, bewundert und nachgeahmt.

Dafür gibt es mehrere Gründe. Die Häuser sind kompakter als die der Vorkriegs-Moderne – auch deshalb, weil Familien ohne Bedienstete alle Räume offen anlegen und auf Flure verzichten konnten. Die frühere Trennung der Räume hatte mit dem Wunsch nach Ungestörtheit zu tun, aber auch damit, dass vor dem Zweiten Weltkrieg zumindest in Großbritannien die Heizung in den meisten Häusern noch recht primitiv war. Man hatte schon deshalb geschlossene Türen benötigt, weil es sonst durch die eleganten, aber schlecht schließenden Schiebefenster zog. In den neuen Häusern gab es verschiedene Heizungssysteme, u.a. die innovative Fußbodenheizung, die von den Architekten bevorzugt wurde, weil sie nahezu unsichtbar war.

Offene Grundrisse boten eine Form von Freiheit, die dem zwanglosen Lebensstil besser entsprach als die »gute Stube«. Die Designer Mary und Russel Wright schrieben 1950: »Die Tochter lässt ihre Schuhe unter dem Sofa stehen, der Sohn kommt mit Mathematikbuch, Milch und Crackern herein, und der Herr des Hauses wird mit den Füßen auf dem Kaffeetisch gesehen. Eine Gruppe Teenager

macht aus dem Raum ein Schlachtfeld. Selbst ruhige Abendgesellschaften Erwachsener hinterlassen Brandflecken und Glasringe. Die meisten heutigen Wohnzimmer vertragen es einfach nicht, dass in ihnen gewohnt wird.« Die Möbel wurden entsprechend ihrer Funktionen gruppiert, die verschiedenen Bereiche des Raumes konnten durch niedrige Raumteiler oder Leiterregale getrennt werden. Der Sitzbereich bildete nach wie vor den Kern, aber fast immer schloss sich ein Essbereich an, und nach Möglichkeit waren beide von der Küche her durch das Regalteil einer Schrankwand einzusehen. Die dreiteilige Garnitur aus Sofa und zwei passenden Sesseln wich verschiedenen leichteren Couch- und Sesseltypen.

Mitte der 1950er Jahre bildete der Fernseher bereits einen Kontrapunkt zum Kamin, und seine Position spielte bei der Raumgestaltung eine wichtige Rolle. Die englische Kritikerin Diana Rowntree schrieb 1964: »Mit seiner grauen Farbe und dem verkleinerten Bild darauf ist der Fernsehschirm kein befriedigender Blickpunkt. Die meisten Modelle sind geradezu hässlich. Deshalb behandelt man ihn am besten beiläufig und betont ihn nicht durch symmetrisch angeordnete Ornamente, als handele es sich um einen Kamin [...]. Ein kräftiger Efeu bildet einen guten Kontrast zu dem allzu kastenförmigen Kasten.« Die meisten dieser Formen waren in den 1930er Jahren bereits experimentell erprobt worden, ohne weit über die Kreise der Architekten hinaus zu gelan-

*Ein Ideal der zwanglosen amerikanischen Lebensweise –
Mirman House von Buff, Straub and Hensman, 1958/59.
Innen und Außen werden im kalifornischen Klima nicht
getrennt, und Einbaumöbel sorgen für größtmögliche
Übersichtlichkeit. Leuchtend farbige Stoffe und Haushalt-
gegenstände sind typisch für die 1950er Jahre.* SHU

gen. Jetzt brachten Zeitschriften und Bücher sie einem breiten Publikum nahe.

Das Fehlen von Bediensteten führte zu weiteren Änderungen im Grundriss. Küchen und andere Wirtschaftsräume
mussten nicht mehr vom Garten abgeschirmt werden, und in
den kompakten Neubauten konnte die Küche erstmals in
den Wohnbereich einbezogen werden. Gleichzeitig wurde
die Gastlichkeit zwangloser. Der Gastgeberin musste es nicht
mehr peinlich sein, dass sie selbst gekocht hatte, und die Küche musste man nicht mehr verstecken. Mary und Russel
Wright warben 1950 in ihrem *Guide to Easier Living* für eine Möbel- und Geschirrserie »Easier Living« und schrieben,
das »allzu oft Bequemlichkeit, Gemütlichkeit und Spontaneität einem unrealistischen Traum geopfert werden, der das
häusliche Leben steif und unbefriedigend macht. Unsere
Wohnungen führen die Familien nicht zusammen; vielmehr
suchen die heranwachsenden Kinder Amüsement in zweifelhaften Tanzlokalen, die Ehemänner nach Feierabend Erho

lung in Kinos oder Bars, und das Bewirten von Freunden bedeutet Mühe und Arbeit.« Die Wrights führten einen neuen
Stil der Bewirtung vor, der mit bequemeren Möbeln und Geräten die lockere Atmosphäre der Grillparty ins Haus holte.
Sie gehörten zu den ersten, die nach besserer Pflichtenteilung im Haushalt riefen (das Grillen im Freien durch die
Männer war zumindest eine Geste), auch in einer Zeit verstärkten Druckes auf die Frauen, zu ihrer traditionellen Rolle als Hausfrauen und Mütter zurückzukehren. Kleine Kinder wurden stärker in die Familie integriert und nicht mehr
in getrennten Zimmern erzogen, und die älteren sollten ihre
Zimmer auch zum Lernen und zur Erholung nutzen, als persönliche, kombinierte Wohn-Schlafzimmer.

Auch das Verhältnis zwischen Haus und Garten veränderte sich erheblich. Große Fenster, begünstigt durch unbeschränkte Heizmöglichkeiten, gestatteten eine bessere Sicht
nach draußen, während sich im milderen kalifornischen Klima die Unterscheidung zwischen drinnen und draußen ganz

*In einem Haus von Gordon und Ursula
Bowyer in Blackheath, 1965, öffnet sich der
Wohnraum wie eine Schachtel im rechten
Winkel einmal zum Garten und, durch eine
Maueröffnung, zur Küche, an die der
Essbereich anschließt.* GUB

und gar in einem romantischen Traum vom Paradies verlieren konnte, ähnlich wie bei manchen Regency-Villen. Wie der amerikanische Gartengestalter Thomas Church in seinem Buch *Gardens are for People* von 1944 empfahl, wurde der Außenbereich für das Spiel der Kinder sowie für Geselligkeit im Freien, am Schwimmbassin oder am Grill bei abendlicher Beleuchtung gestaltet. Innen waren kletternde und hängende Pflanzen sehr populär, was in den 1930er Jahren noch kaum üblich gewesen war.

In Amerika ließ die Mehrzahl der Häuser in Stadtrandgebieten, bedingt durch den Konservativismus der Erbauer und Käufer, diese Vorzüge noch vermissen. Der Architekt Joseph Hudnut schrieb 1949 von dem »Wolkenbruch von Cape Cod Cottages, der selbst jetzt unsere neuenglischen Landschaften durchtränkt.« In diesen suchte eine neue Generation von Hausbesitzern der Nachkriegszeit dennoch alle modernen Annehmlichkeiten. Doch Hudnut, dessen Artikel »The Post-Modern House« betitelt war – übrigens der erste schriftliche Beleg für diesen Begriff – erkannte, dass der Abklatsch traditioneller Formen einem spirituellen Bedürfnis

entsprach, das Maschinen allein nicht befriedigen konnten; vielleicht eine implizite Kritik an den rein maschinell gefertigten Wohnungen des Architekten und Erfinders Buckminster Fuller. Die Zeitschrift *Arts and Architecture* übte großen Einfluss aus, indem sie ab 1945 in Kalifornien für die »Case Study Houses« warb, u. a. das Haus von Charles und Ray Eames in Santa Monica und andere von Craig Ellwood, Raphael Sorriano und Pierre Koenig. Für deren architektonische Werte war die Technologie ein Diener, wenn auch manchmal ein sehr anspruchsvoller.

Nach 1950 wurde Stahl zum vorherrschenden Baumaterial. Koenig erklärte: »Stahl kann man nicht einmal verwenden und dann wieder nicht. Das ist eine endgültige Entscheidung.« Die sichtbaren Verbindungen innen und außen machten ihn auch für den Bauunternehmer zu einer teuren und unbarmherzigen Übung, und so fanden diese Häuser trotz ihrer Schönheit - von Julius Shulman, der eines besaß, in eindrucksvollen Fotos festgehalten - nicht sehr viel Nachahmung.

Das Magazin *House Beautiful* lehnte die europäische Moderne mit ihrer formalen Disziplin, wie etwa an Mies van der

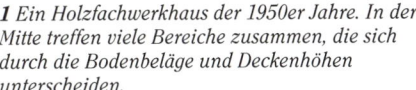

1 Ein Holzfachwerkhaus der 1950er Jahre. In der Mitte treffen viele Bereiche zusammen, die sich durch die Bodenbeläge und Deckenhöhen unterscheiden.
2 Nächtliche Ansicht eines Hauses von Gordon und Ursula Bowyer, 1957. Die Kaminwand durchschneidet den Raum und greift in den Garten hinaus. Nur der Rauchabzug reicht bis zur Decke. GUB
3 In Cedarwood, Liverpool, von Gerald Beech und Dewi Prys-Thomas schaut man vom Wohnraum in den Essbereich und die dahinter liegende Küche, auch Flur und Treppe jenseits einer holzverkleideten Trennwand sind sichtbar. Mit einer Faltwand kann der Essbereich bei Bedarf abgetrennt werden. EHW

Rohes Farnsworth House, ab und befürwortete stattdessen spezifisch amerikanische Formen, die für eine lässigere Lebensweise standen. Mit einer 1946 abgedruckten Kurzgeschichte unter dem Titel »I'm Scared of Postwar Houses« sollten die Zaghaften ermutigt werden, ihre Angst zu überwinden. Moderne Architektur mit großen Fenstern, zwanglosen Grundrissen und manchmal mit Flachdach wurde allerdings in Großbritannien wie auch in Amerika zum Statussymbol. Wer so etwas besaß, hob sich von der Masse der Städter ab, von dem, was der Sozialkritiker William Whyte 1956 in *The Organisation Man* als den »großen Wald der Fernsehantennen, der Hardtop-Kabrioletts [...], der rosa Lampenschirme im Fenster« beschrieb. Das typische Haus der amerikanischen Stadtrandgebiete, isoliert auf seinem Grundstück durch einen grasbewachsenen Graben, bot nicht die Vorzüge der Abgeschiedenheit. 1960 fragte Elizabeth Gordon, die Herausgeberin von *House Beautiful:* »Gehört der Rasen vor Ihrem Haus Ihnen oder auch Ihren Nachbarn?« Anfang der 1960er Jahre gab es eine Kampagne für kompaktere eingeschossige Häuser mit Innenhöfen, um der unkontrollierten Ausbreitung der Stadtrandgebiete entgegenzuwirken und die Privatsphäre des Individuums innerhalb des freien Grundrisses zu wahren; doch hatte die Kampagne wenig Erfolg.

Der Architekt, der die Hausgestaltung in Amerika am meisten beeinflusste, war der Ungar Marcel Breuer, der 1937 über England hierher kam. 1949 stellte er im New Yorker Museum of Modern Art ein Musterhaus mit holzverkleideten Wänden,

einem dominanten steinernen Kamin und einem großen, durchgehend geneigten Dach aus. Diese Merkmale zeigten den Einfluss des überragenden einheimischen Modernen, Frank Lloyd Wright. Beim Bau einer Reihe von privaten Häusern wendete Breuer zahlreiche gestalterische Tricks an, die allesamt viel mehr Anklang fanden als die kompromisslose reine Moderne, wie Mies sie vertreten hat. Breuer schrieb 1956, »Transparenz braucht auch Festigkeit [...], denn totale Transparenz nimmt keine Rücksicht auf Privatsphäre, reflektierende Oberflächen, Übergang von Unordnung zu Ordnung, Ausstattung, den Hintergrund für den Menschen und sein tägliches Leben.«

In Großbritannien war der Kult um die Privatsphäre größer. Moderne Häuser wurden oft in Lücken gezwängt, z.B. in Gärten größerer viktorianischer Häuser oder Bombenlücken. In den 1950er Jahren begann die Baufirma SPAN nach Plänen des Architekten Eric Lyons kleine moderne Reihenhäuser und Wohnungen für die Angehörigen der Intelligenz zu bauen. Das Besondere daran waren die gemeinsamen Gärten und andere Gemeinschaftsflächen, die für Erwachsene wie Kinder direkt zugänglich waren, da die Parkplätze sich in einiger Entfernung von den Häusern befanden. Andere Bauträger, wie z.B. Wates, folgten diesem Beispiel, aber nie mit der gleichen Entschiedenheit, und so gibt es überall in Großbritannien Gruppen moderner Häuser aus den 60er Jahren anstelle der typischen Doppelhäuser, die in der ersten Jahrhunderthälfte in den Stadtrandgebieten vorherrschten.

1 Das Haus des Architekten Edward Cullinan in Camden Mews, London, 1964, verbindet Baustoffe des Brutalismus mit dem Versuch, Ländliches in die Stadt zu bringen. PO
2 In Turn End, Buckinghamshire, versah der Architekt Peter Aldington Esszimmer und Küche mit einem direkten Zugang zum begrünten Hof, den er teilweise vom eigentlichen Garten abtrennte, 1964. PO
3 William Morgans Hilltop House, 1972–1975, in Brooksville, Florida, ist unter einer Grasdecke kaum zu sehen – die ultimative Darstellung einer Rückkehr zur Natur, die erst durch die Technologie möglich wird. WMO

Genau wie in Amerika zeichneten sich die Nachkriegshäuser in Großbritannien durch die Betonung des Materials aus, besonders des in unterschiedlicher Weise verwendeten Holzes. Das typische britische Haus der 1950er Jahre sieht wegen der Materialknappheit etwas dürftig aus, doch das wurde nach 1960 durch eine übertriebene Klotzigkeit wettgemacht. Der in den 1930er Jahren so populäre Beton spielte keine große Rolle mehr, außer in Form von Betonblöcken. Ziegel wurden wieder beliebt, und zwar in sehr hellen und sehr dunklen Tönen, weniger in den normalen mittleren Rottönen. Selten waren Häuser so experimentell wie die »Case Study Houses«, und Stahl wurde erst nach 1968 allgemein gebräuchlich, oft in Nachahmung amerikanischer Vorbilder. Ein Spätwerk von Le Corbusier, die Maisons Jaoul in Neuilly bei Paris (1952–1954), war von großem Einfluss auf die Entwicklung des »Neuen Brutalismus«, einer lockeren Architekturströmung, die das ursprüngliche, rohe Material schätzte, äußerst markante Farben und Texturen zur Schau stellte und die jüngeren Architekten ermutigte, sich schnellstens von dem dekorativen Contemporary-Stil abzuwenden, der, von der skandinavischen Moderne beeinflusst, zur Zeit des

Festival of Britain 1951 vorherrschte. Die Jaoul-Häuser, für zwei verwandte Familien gebaut, waren durch grob verlegte Ziegel und auffällige Querstreifen von *béton brut* (Sichtbeton) im Erdgeschoss gekennzeichnet und hatten Gewölbe aus roten Ziegeln im Inneren. Die anspruchsvolle Aufgabe bestand darin, eine rohe Ästhetik in die Stadt zu bringen, und nicht nur das entsprechende Material. Nicht allein ländliche Baustoffe, sondern auch die passenden Formen waren jetzt im urbanen Raum gefragt. Einbaumöbel aus massivem Beton und Türen mit zentraler Angel fanden sich in mehreren britischen Architektenbauten.

Die modernen britischen Nachkriegshäuser waren fast immer kleiner als die in Amerika oder auf dem europäischen Kontinent, und die wenigen Versuche, größere Landhäuser in einem modernen Stil zu bauen, waren selten wirklich erfolgreich. Nicht alle Architektenbauten können jedoch als modern gelten, denn eine Gruppe klassischer Gestalter, wie z.B. Raymond Erith und Francis Johnson, baute zwar nicht im vorherrschenden Zeitgeschmack, gab aber doch den traditionsbewussteren Kunden, was diese wollten, und zwar sehr stilvoll, meist vom spätgeorgianischen Stil beeinflusst.

In den Grundriss eines Stadthauses in Suffolk
von H.T. Cadbury-Brown sind angenehme, abge-
schlossene Außenbereiche einbezogen. Dieser Hof
bildet den Zugang zum Haus, das beim Näherkom-
men fast unsichtbar ist. Die schmalen Dachfenster
bringen Licht in die Tiefe des Interieurs. PO

Ihre Kollegen in Amerika, z.B. Philip Trammell Shultze in Atlanta mit seiner Neigung zum Barock, konnten ähnlich originell sein. Klassische Architekten bauten meist einzeln stehende Landhäuser, obgleich auch sie die Urbanität des georgianischen Stils schätzten. Wenn sie die Gelegenheit erhielten, trugen sie zur Kontinuität des städtischen Bauens bei, indem sie konventionelle Hausformen entsprechend den modernen Bedürfnissen leicht abwandelten.

Haushaltwaren fanden in der Nachkriegszeit zunehmend internationale Verbreitung. Skandinavische Möbel und Textilien waren in den 1950er Jahren in Amerika und Großbritannien sehr populär und wurden viel nachgeahmt. Ausstellungen im Museum of Modern Art in New York und in der Whitechapel Art Gallery in London halfen den neuen Konsumenten, »richtig« zu wählen, und in Großbritannien zeichnete der Design Council Produkte aus, die Funktionalität und angenehmes Aussehen vereinten. Der »organische« Stil, der in den Vereinigten Staaten während des Krieges Boden gewonnen hatte, blieb aktuell; er findet sich in den Stühlen und Tischen von Eero Saarinen, in den doppelt gebogenen Sperrholzsesseln von Charles and Ray Eames, die ihrer Aluminium-Serie vorausgingen, in den Möbeln des Dänen Arne Jacobsen, z.B. in seinem Stuhl »Ameise«, und auch in den eher zurückhaltend gestalteten englischen Beispielen von Robin Day, u.a. dem fast universellen Stuhl »Po-

lyprop« mit seinem charakteristisch geformten Kunststoffsitz.

Stoffe waren hell und etwas kindisch. In den 1960er Jahren nahm der Einfluss des typischen, schwungvollen italienischen Designs zu, das mit leuchtenderen Farben und oft mit neuen Kunststoffen arbeitete. Ende der 1960er Jahre wurden einige der Design-Klassiker aus den 20er Jahren wieder angeboten, und zusammen mit moderneren Stücken gaben sie manchen Häusern den Charakter von Design-Museen. In der Nachkriegszeit galt es als chic, in Räumen, die in jeder anderen Beziehung modern waren, antike und zeitgenössische Möbel zu kombinieren. Die britische Zeitschrift *House and Garden* stellte regelmäßig Interieurs in einem solchen Stil-Mix vor, der oft auch viktorianische Objekte enthielt. Diese waren billig und galten als »amüsant«, nachdem sie von Künstlern der Bohème gewürdigt worden waren, die sich der allgemeinen Verdammung des viktorianischen Geschmacks nicht angeschlossen hatten. Sie brachten die Schlichtheit des modernen Designs besonders gut zur Geltung.

Nicht nur die Grundrissgestaltung änderte sich, sondern auch die Sitzgewohnheiten. Wer mit der Zeit ging, saß in den 1960er Jahren viel näher am Fußboden, wofür der japanische Lebensstil Vorbild gewesen sein mag. Gegen Ende der Dekade saß die Jugend am Boden auf mit Schaumgummiflocken gefüllten Kissen oder in »Sitzsäcken« voller Perlen

1 Peter Eisenmans House VI in West Cornwall, Connecticut, 1972-1976, das mit verdrehter architektonischer Logik spielt, hat den Funktionalismus hinter sich gelassen. ROC
2 An seinem Haus in Amagansett, New York, 1965–1967, demonstriert Charles Gwathmey, Mitglied der Gruppe »New York Five«, die in der Sprache der Moderne mögliche Vitalität. ROC
3 Weiße Gebäude sind das Markenzeichen von Richard Meier, dem produktivsten Architekten der »New York Five«. Douglas House, Harbor Springs, Michigan, 1971–1973, schwebt ätherisch zwischen den Kiefern. ROC

aus aufgeschäumtem Polystyren. Dementsprechend rückten auch alle anderen Dinge im Raum dem Fußboden näher: niedrige eingebaute Bücherregale, auf deren oberstem Brett man Dinge präsentieren konnte, Bilder, die so niedrig hingen, dass man sie sitzend betrachten konnte. Ein vertiefter Sitzbereich mit durchgehenden Bänken und passend gearbeiteten Kissen galt vielen als wünschenswert für den wichtigsten geselligen Teil des Raumes, so dass die Individualität des einzelnen Sitzplatzes in einer Gruppenerfahrung aufging.

In Großbritannien gab die 1964 von Terence Conran gegründete Ladenkette »Habitat« auch bescheidenen Haushalten die Chance, statt der Standardprodukte aus den Kaufhäusern schlichte und praktische Stücke in gutem Design zu erwerben, die nicht so teuer waren wie das Angebot der eigentlichen Designerläden. Die größte Umwälzung der 1960er Jahre war wohl die Wiederentdeckung der Küche, nicht als Anhängsel des Essbereichs, sondern als funktionelles Herzstück des Hauses. Im Bauernhausstil wurde dies regelrecht zelebriert, mit wieder modischem ungestrichenem

Kiefernholz und leuchtend bunten gusseisernen Töpfen. Die Küche durfte auch unordentlich aussehen, denn das war realistischer.

Die kulturelle Revolution der 1960er Jahre stellte die rationalen und technologischen Voraussetzungen der modernen Architektur in Frage. Die Ordentlichkeit der rechtwinkligen Geometrie war in der Zeit von »flower power« deplatziert, und wieder einmal entdeckte die Architektur ihre romantischen Wurzeln und gab organischen Formen und Naturmaterialien entschieden den Vorzug. Buckminster Fullers »Geodesic Domes«, von ihrem Erfinder als Möglichkeit einer weltumspannenden Technologie gesehen, wurden von den Hippies als alternative Eigenbau-Unterkünfte in den Wüsten der westlichen Staaten übernommen. Der aus Wien nach New York emigrierte Bernard Rudofsky gestaltete 1964 eine viel beachtete Ausstellung über anonyme traditionelle Bauformen unter dem Titel »Architektur ohne Architekten« und nährte damit die Idee, dass den professionellen Architekten das Geschick für Gebäude von anhaltender Attraktivität abhanden gekommen sein könnte. Christopher Alexander, ein

Einem der Meister der Nachkriegszeit, Louis Kahn, gelingt es mit Korman House in Fort Washington, Pennsylvania, 1971–1973, der modernen Architektur durch die Trennung zwischen »bedienten« und »dienenden« Räumen wieder Monumentalität zu verleihen. ROC

junger Architekt aus England, der in den 1960er Jahren nach Berkeley übersiedelte, begann mit der Herausgabe einer Buchserie, die voll Sehnsucht auf das zurückblickte, was er »Qualität ohne Namen« nannte und was Gebäude in den Volksbauweisen überall in der Welt warm und lebhaft wirken lässt. Seiner Meinung nach konnte eine Architekturausbildung sogar ein Hindernis bei deren Wiederentdeckung sein; gewöhnliche Leute konnten lernen, ihre Häuser zu planen und zu bauen, und als stillschweigende Folgerung konnten ganze Städte ihre professionellen Gestalter auf einen besseren Weg lenken.

Mit Büchern wie *Intentions in Architecture* (1963) führte Christian Norberg-Schulz, ein norwegischer Historiker und Architekt, seine Berufskollegen in die Philosophie Martin Heideggers und dessen mystische Verbindung zwischen dem Bau eines Hauses und dem »poetischen Wohnen auf Erden« ein. Diese und andere Denker schienen im Wesentlichen die bestehenden Normen der modernen Architektur zu kritisieren, boten aber auch Schlüssel zur Interpretation der Entwürfe solcher Architekten, die intuitiv zu ähnlichen Schlüssen gekommen sein mögen.

Mystische Vorstellungen vom Herd als dem Herzen des Heimes standen im Widerspruch zu technologischen Fortschritten bei der Heizung, und die Vorliebe der Moderne für Einbaumöbel konnte in neuem Licht als eine Fortsetzung der alten Tradition von Kastenbetten und Kaminecken dargestellt werden. Die anfängliche Ablehnung klassischer Konventionen durch die moderne Architektur hob sich selbst auf, als an modernen Häusern die gleichen charakteristischen Materialien und Raumaufteilungen sichtbar wurden wie an primitiven Unterkünften. Außerdem wurde die Erhaltung älterer Gebäude, besonders viktorianischer Reihenhäuser, die früher als entbehrlich gegolten hatten, um 1968 plötzlich eine nationale Obsession, wodurch der Bau von Wohnhochhäusern gebremst wurde.

In den 1960er Jahren rieten Design-Autoren dazu, die viktorianischen Interieurs durch das Entfernen von Kaminen, Profilen und anderen Oberflächen zu modernisieren. Eine neue Generation fuhr fort, mit Durchbrüchen vordere und hintere Räume zu verbinden, begann aber, mit dunkleren Farben einen neo-viktorianischen Eindruck zu entwickeln.

Türen

1 Drehtür zum Garten in einem Haus von Peter Aldington, Buckinghamshire, 1964, mit schwerem Kiefernrahmen. PO
2 Rückseitige Tür eines Londoner Hauses aus den 1950er Jahren von den Architekten Bowyer und Iain Longlands. Die Glasfüllung befindet sich in einer Achse mit der Vordertür, so dass man hindurchschauen kann. GUB

3 Blick aus einem Fenster über den Hof zur Tür eines Hauses in Aldeburgh von H. T. Cadbury-Brown, 1964. PO
4 Leuchtend rote Tür von Peter Barefoot in einem Haus in Ipswich, 1956, mit seitlichem Briefkasten und integrierten Fenstern, die eine Diele erhellen. Diese ist auch Teil des Esszimmers. PO
5 Eine Neuauflage der klassischen Doppeltür an Louis Kahns Korman House, Pennsylvania, 1971–1973. ROC
6 Zurückgesetzte Tür zu einem Haus von Aldington & Craig in Suffolk, die bei abfallendem Boden über eine Brücke erreicht wird. PO

Ein Erkennungszeichen der reifen Architektur der Moderne waren verborgene oder völlig fehlende Türen. Die traditionelle Betonung der Tür durch Einfassung und Vortreppe war für einen Stil der Offenheit und des frei fließenden Raumes nicht mehr angemessen. Natürlich wurden Türen trotzdem noch gebraucht, und es gibt in der Periode einige typische Formen.

Außentüren hatten oft Glasfüllungen, oder man gab einer massiven Tür seitliche Glasscheiben bei, so dass die Tür nicht als solche auffiel, sondern Teil einer größeren gestalterischen Einheit war. Üblicherweise wurde der Briefschlitz in einem Feld seitlich der Tür angebracht. Kräftige Farben waren populär.

Innentüren nahmen alternative Formen an. Schiebetüren waren beliebt, da man gegenüber normalen Türen den Schwenkbereich einsparte und weil sie größere Öffnungen zwischen den Räumen zuließen. Außermittig drehende Türen kamen weniger häufig vor, doch wenn sie geöffnet waren, wirkte die Türöffnung wie ein reines Rechteck. Wo möglich, ließ man selbst den Türrahmen – als unwillkommenes ornamentales Detail in einer sonst reinen Wandoberfläche – ganz weg. Türbeschläge gab es in eleganten Formen, darunter z. B. vereinfachte Versionen klassischer Knöpfe, aber auch einfachere Hebelgriffe. Briefkästen mit eingravierten Nummern oder Namen belegten den Fortbestand traditioneller handwerklicher Fähigkeiten.

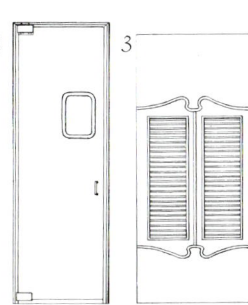

1 Massive Tür in einer Wand aus Buntglas, Entwurf Ryder & Yates, Tynemouth, 1957. PO
2 Restauranttür mit Spiegel anstelle eines Fensters.
3 Türen im Stil der Wild-West-Saloons trennten in Großbritannien in den 1960er Jahren oft Küche und Esszimmer.
4 Eine witzige Tür für einen umgebauten Bungalow in Los Angeles, 1970er Jahre.
5 William Morgans Dünenhäuser von 1974/75 in Atlantic Beach, Florida. WMO

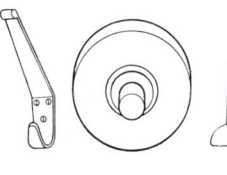

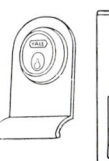

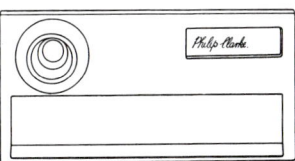

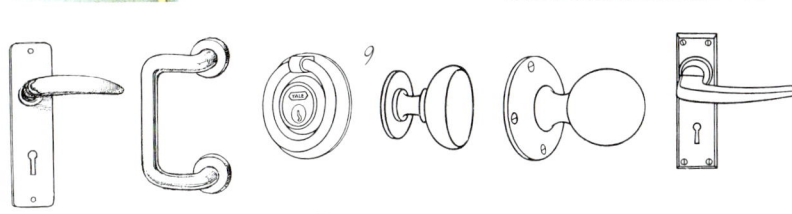

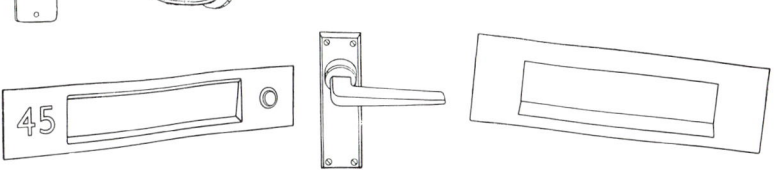

6 Drehtür in Winscombe Street, Camden Town, London, von Neave Brown. Am oberen Ende einer Wendeltreppe gelegen, lässt diese Tür den vorderen und hinteren Raum als einen Raum erscheinen. PO
7 Freier Blick durch das Erdgeschoss von Ferrum House, Harpenden, von John S. Bonnington. Die beiden Türen führen direkt in den Garten. PO
8 In seinem Haus in Manitoga, New York, bildete der amerikanische Gestalter Russel Wright die Türgriffe aus Kieseln; ein schönes Beispiel für zwanglosen Lebensstil, um 1960. RW

9 Türzubehör der Nachkriegs-Moderne kommt vielfach der Form der menschlichen Hand entgegen.
10 Holztür im Kontext der hölzernen Sichtschutzwand eines Hauses in Liverpool von Gerald Beech und Dewi Prys-Thomas; es heißt passend Cedarwood. EHW
11 In Cray Clearing, Henley, gab Francis Pollen einer Tür symmetrische Glasstreifen und massive Füllungen bei. 1964. PO
12 Tür eines Hauses in Leicester von James Cubitt & Partners, 1957. Briefkasten und Klingel sind seitlich angeordnet. PO

Fenster

*Das Hauptfenster in Creek Vean, Cornwall, 1964 von Team 4
(u.a. mit dem jungen Richard Rogers und Norman Foster).* PO

Fenster gehören zu den wichtigsten Elementen des Hauses im voll entwickelten modernen Stil der Nachkriegszeit. Mehrere Faktoren wirken dabei zusammen. Vor dem Krieg strebte die Moderne Transparenz als Ideal an, aber große Glasscheiben, wie sie z. B. Mies van der Rohe im Tugendhat-Haus in Brno verwendete, blieben bis in die 1960er Jahre sehr teuer.

Freie Grundrisse hatten große Raumtiefen zur Folge, daher waren große Fensterflächen wünschenswert, die das Licht möglichst weit in den Raum dringen ließen. Die Ästhetik der Moderne bevorzugte durchgehende Flächen, also reichte das Glas im Idealfall vom Fußboden bis zur Decke. Die angenehme Folge war, dass das Licht ohne Unterbrechung den gesam-ten Fußboden des Raumes erreichte und das polierte Hartholz oder den Stein zur Geltung brachte. Stahl wurde wegen seiner Festigkeit noch immer für Rahmen verwendet, aber in den späten 1950er Jahren kam Aluminium, das man farbig anodisieren konnte, als Alternative hinzu.

Neoprengummi, den man schon zur Befestigung von Windschutzscheiben in Autos verwendet hatte, wurde in den 1960er Jahren für architektonische Zwecke entdeckt, und er trug wesentlich zu dem High-Tech-Erscheinungsbild bei, das die Architektur in den 1970er Jahren annahm. Auch Holz war beliebt, wie am Ende der 1930er Jahre, doch mit schweren Nadelholzprofilen, die häufiger klar lackiert als farbig gestrichen wurden.

1 Fenster verschiedener Formen und Größen in Foster House, Grantham, von Gordon und Ursula Bowyer, 1957. GUB
2 Diese beiden Häuser der Bowyers in Blackheath zeigen eine Fensterform der 1950er Jahre: Fenster und darunter liegendes Feld bilden eine Einheit, darüber liegen nach oben schwingende Kippfenster. GUB
3 Das ungewöhnliche schräge Fenster nimmt die geometrischen Formen anderer Elemente des Hauses auf. Dewi Prys-Thomas, Birkenhead, 1959. PO
4 Geneigte Glasflächen umgeben das gesamte »Chemosphere«-Haus in Hollywood von John Lautner, 1960. EHW
5 Küchenfenster in Foster House (G. u. U. Bowyer) mit einer großen festen Scheibe und einem kleineren seitlichen Flügel, mit Holzrahmen und gefliester Umrandung sowie einer Fensterbank. GUB
6 Verbindung aus Glas in Holzrahmen in einem Wochenendhaus des Architekten Sir Basil Spence in Hampshire, 1961. PO

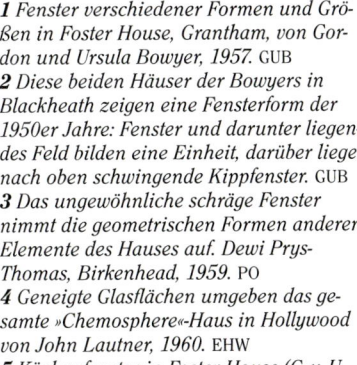

1 *Ihr Haus in Santa Monica, Kalifornien, 1949, gestalteten Charles und Ray Eames mit Industrieglas und teilweise farbigen Flächen in Metallrahmen, womit sie zu einem neuen Erscheinungsbild der Architektur beitrugen. Besser bekannt sind sie für ihre Stühle.* EHW

2 *Richard Rogers' einstöckiges Haus in Essex, 1968, war eines der ersten, in dem Neopren-Dichtungen die Glasscheiben in den Rahmen hielten.* PO

3 *In Creek Vean gestaltete Team 4 einen Korridor mit Hilfe eines durchgehenden, geneigten Dachfensters als Bildergalerie.* PO

4 *Ryder & Yates schufen in Nordostengland eigenwillig-moderne Bauten. Dieses Haus bei Carlisle nimmt mit einem vereinfachten gotischen Erkerfenster Bezug auf historische Traditionen.* PO

1 Ein luftiger Glaskasten in Stratton Park, Hampshire, 1964, von Stephen Gardiner und Christopher Knight, führt die Gestaltungsidee von Eames House mit größeren Scheiben weiter, die das Gefühl vermitteln, man sei im Freien. EHW
2 Gordon Ryder (von Ryder & Yates) baute sein eigenes Haus bei Newcastle-upon-Tyne mit einem großen Wohnraum über zwei Stockwerke. Die Form des Fensters folgt der Deckenwölbung. EHW
3 In Bailey House, Los Angeles, von Pierre König, 1959, ist das Fenster gleichzeitig die Wand, gehalten von einem schmalen Stahlrahmen. Der linke Teil gibt als Schiebetür den Zugang zur Gartenterrasse frei. Das Wasser war Teil der Gestaltung und zirkulierte im Sommer zur Kühlung. EHW
4 Plastisch gestaltete Öffnung mit zurückgesetzten Scheiben aus einfachem Glas an William Morgans Dünenhäusern in Atlantic Beach, Florida, 1974/75. WMO

Wände

1 Innerhalb des Glasrahmens sieht im New Yorker Appartement des Architekten Paul Rudolph jede Fläche weiß aus, sofern sie nicht durchsichtig oder reflektierend ist. Wände und Möbel sind bewusst miteinander verschmolzen. Rudolph war in den USA einer der Stararchitekten der Nachkriegszeit, die eine romantischere Ausprägung der Moderne vertraten. ROC

2 In Gordon Ryders eigenem Haus bei Newcastle steht die Esszimmerwand wie ein kleines Gebäude im größeren Wohnbereich. PO
3 George Marsh schuf aus Buntglas eine dekorative Zwischenwand neben der Leitertreppe. EHW

4 Raumhohe Zedernholzverkleidung in Stonecrop, Campden Hill, Gloucestershire, 1965, von Robert Harvey. Der in den North Cotswolds tätige bemerkenswerte Architekt war von Frank Lloyd Wrights Umgang mit natürlichen Oberflächen inspiriert. EHW

Im Gegensatz zur Moderne der 1930er Jahre mit ihren glatten Wänden gab es in der Nachkriegszeit verschiedene Strategien, um auch diesen Teil des Hauses wieder interessant zu machen. Meist wurde die einzelne Wand als ästhetische Einheit betrachtet, anstatt alle Seiten des Raumes in Oberfläche, Farbe oder Muster gleich zu gestalten. Das war ein Versuch, aus der Beschränkung des traditionellen Raumes auszubrechen und dabei eine dynamische Wirkung zu erzielen.

Eine Strömung war das Interesse an den Texturen natürlicher Baustoffe, und es wurde erstmals Mode, in älteren Häusern von einer Wand den Putz abzuschlagen und die Ziegel freizulegen. Auch Stein wurde verwendet, und häufig finden sich vertikale Bretter. Die Bilder auf dieser Seite zeigen einige ungewöhnliche Designs, bei denen die Wand zum Mittel für tieferen künstlerischen Ausdruck geworden ist.

Gegenüber sind Beispiele für Tapeten abgebildet, die in der Nachkriegszeit besonders in Großbritannien wieder populär wurden. Die Gestalter bevorzugten große und auffällige Muster in kräftigen Farben, und die bearbeiteten Formen traditioneller Muster zeigten oft die gleiche Lebhaftigkeit, auch wenn es eine ausgleichende Vorliebe für kleine Punkte gab. Es wurde empfohlen, solche Tapeten nur für eine Wand des Raumes zu verwenden und die übrigen Wände in einer passenden Farbe zu streichen.

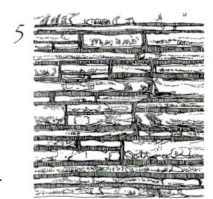
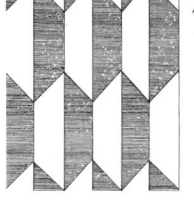

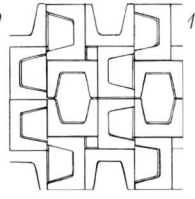
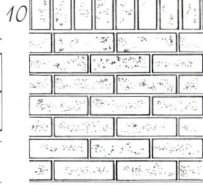

1 George Marsh baute Wände mit Aussparungen, angeregt von Le Corbusier, der sie von den Volksbauweisen übernommen hatte. Hertfordshire, 1962–1965. EHW
2 Sortiment von Tapeten mit Holzeffekt, 1952/53. WN
3 Volkstümliche, schabloniert wirkende Tapete von Greeff, USA, frühe 1960er Jahre. WF
4 Tapete in der Art von Dekorfliesen, Greeff, USA, 1973. WF
5 Steinversatz im Stil von Frank Lloyd Wright gibt der Wand eine kräftige Textur von wechselnder Dicke.

6 Schwarz-weiße Tapete im Contemporary-Stil der 1950er Jahre.
7 Textile Wandbespannung mit floralen Motiven im Pop-Stil, um 1970.
8 Bunt gescheckte Küchenfliesen, um 1965.
9 Genormte Betonelemente konnten asymmetrisch zu einem plastischen Raumteiler zusammengesetzt werden. 1960er Jahre.
10 Gleichmäßige Hartbrandsteine, oft in warmen Rottönen, bilden eine saubere Oberfläche. Eine Variante sind dunkle blaugraue Ziegel mit tief liegenden schwarzen Mörtelfugen.

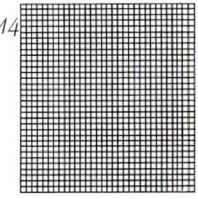

11 Kaminwand aus hellen Kalksandsteinen in einem Haus von James Cubitt & Partners in Leicester. PO
12 Ein apartes Op-Art-Muster von Lesley Deshays für Maison Jonsen, 1972. CI
13 Neoviktorianische Fliesen, Mitte der 1960er Jahre von einem Hersteller in 100 Farben angeboten.
14 Mosaikfliesen für Bäder, um 1970.
15 Großes Muster im wieder modernen viktorianischen Braun, 1971, von Judith Cash. CI
16 Kontrastierende Tapeten an benachbarten Wänden, 1950er Jahre.
17 Zusammentreffen farblich abgestimmter Muster in einer Zimmerecke, 1950er Jahre.
18 In einem Haus von Howell & Amis in Hampstead öffnet die Wand als Innenfenster die Räume zum Treppenflur. 1957. PO
19 Mosaik aus Kieseln am Eingang zum Chert Beach House, Isle of Wight, 1967–1970. PSM

Decken

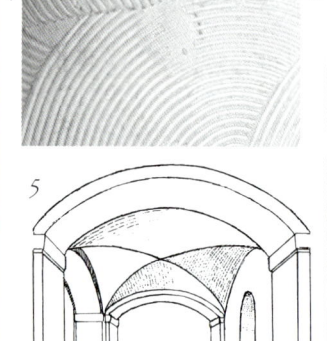

1 William Morgans Hilltop House, Central Florida, 1975, hat ein Pyramidendach. WMO
2 Bretterdecke in Blackheath, 1965, von Gordon und Ursula Bowyer. GUB
3 In Tynemouth schufen Ryder & Yates an einer Korridordecke aus Putz eine Art Gestrick. PO

4 Artex, das von Heimwerkern geliebt wurde, ließ sich nur schwer wieder entfernen. GHT
5 Durchgang mit Kreuzgratgewölbe aus Stuck, von Francis Johnson.
6 Decke mit diagonalem Gitter von John Lautner, Sheats-Goldstein House, Los Angeles, 1963. ARC/ALY

Im Normalfall wurde der Gestaltung der Decken nicht viel Aufmerksamkeit zuteil. Holzbretter waren eine beliebte Möglichkeit, ein Gefühl von Wärme zu vermitteln, außerdem konnte man dahinter die Drähte für Lampen verlegen. Obgleich es für solche Holzverkleidung Vorbilder bei Frank Lloyd Wright gab, in dessen Häusern Holz das dominierende Material war, ist doch die Behandlung jeder Fläche als separate architektonische Ebene eine Innovation der Nachkriegszeit. Alvar Aaltos 1937–1939 gebaute Villa Mairea in Finnland mag dazu beigetragen haben.

Wo die Dachstruktur im Inneren des Hauses sichtbar war, gab es spannendere Möglichkeiten, die stärker an Wrights Vorbilder erinnerten, wenn auch die Oberflächen selbst denen der flachen Decken ähnlich waren. Die Putzkünste beschränkten sich im Allgemeinen auf das Überputzen einer Fläche aus den populär gewordenen Gipskartonplatten. Komplexe Profile wurden kaum noch aufgebaut, allerdings verwendete man gern Produkte wie Artex, die mit ihrer rauen Oberfläche etwas Textur schufen.

Der in Bild 3 gezeigte, außergewöhnliche Flur in Tynemouth von Ryder & Yates ist eine Ausnahme, vielleicht einzig in seiner Art, und befindet sich ausgerechnet in einem gewöhnlichen kleinen städtischen Reihenhaus. Nur klassische Designer wie der britische Architekt Francis Johnson forderten regelmäßig mit Gewölben und anderen Formen die Geschicklichkeit des Putzers heraus.

Fußböden

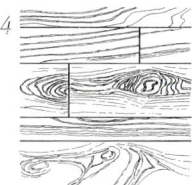

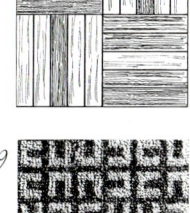

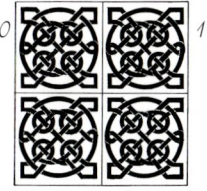

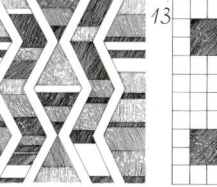

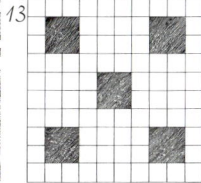

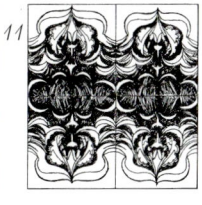

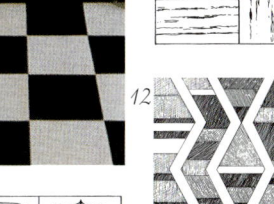

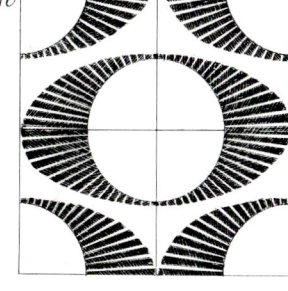

1 Marmorfußboden in George Marshs Wohnung in Centre Point, dem zusammen mit Richard Siefert entworfenen Londoner Bürohaus, 1962. EHW
2 Typischer schwarz-weißer Küchenboden aus Vinylfliesen im Kontrast mit roten Schranktüren.
3 Werbung für die strapazierfähigen Kunststoff-Fußbodenfliesen von Armstrong Floors in der Zeitschrift American Homes, 1956.
4 Bretter, nach dem Schleifen und Beizen mit Polyurethan versiegelt, blieben populär.
5 Parkettvariante.
6 Linoleum mit »Holz«-Maserung war in den 1950er Jahren ebenfalls sehr beliebt.
7 Diese Küchen-Fußbodenfliesen zeigen die Begeisterung der frühen 1960er Jahre für Muster.

8 Marmorierte Vinylschnitzel in klares Vinyl eingebettet, um 1965.
9 Teppich von Daniel Hicks, England.
10 Keramische Fußbodenfliesen mit islamischem Muster.
11 Keramikfliesen von Pilkington, England, um 1965, in erneuertem Art-nouveau-Stil.
12 Linoleum, teils mit Zickzackmuster bemalt, um 1975.
13 In den 1950er und frühen 1960er Jahren, als beiderseits des Atlantik starke Muster und Farbkontraste beliebt waren, galten schwarze und weiße Fliesen auch für Wohnräume als chic.
14 Beliebtes Sechseckmuster für Holzfußböden.
15 Hirnholzblöcke wirken rauer und griffiger.
16 Op-Art-Fliesen, um 1970.

Laubholzpflaster, auf Beton oder Zementestrich verlegt, war in den 1950er Jahren populär, auch als Umrandung für Teppiche. Auslegware galt in Interieurs der Moderne als störend, doch Binsen-, Sisal-, Jute- oder Kokosmatten waren akzeptabel.

Alternativen zu Holzfußböden waren u.a. Thermoplaste und PVC, die allmählich das altmodische Linoleum ablösten. Beide wurden gern in Fliesenform verwendet, von professionellen Firmen wie auch von Heimwerkern. Mit den 9 x 9 Zoll großen Standardfliesen konnte man Schachbrettmuster ähnlich den Marmorfußböden der klassischen Periode bilden, und die Abnutzung des Küchenbodens wurde an ihnen nicht so früh sichtbar. Sie besaßen oft eine produktionsbedingte farbige Maserung, die an Marmor erinnerte. Die wärmeren und auch wärmer wirkenden Korkfliesen erfreuten sich ebenfalls großer Beliebtheit.

Keramikfliesen gab es in schlichter, traditioneller Terrakotta oder, seltener, mit modernen künstlerischen Mustern. Die englische Architekturkritikerin Diana Rowntree schrieb 1964: »Einige moderne Fliesenwerke produzieren ein Fliesensortiment mit interessanten Mustern, z.B. traditionellen bretonischen oder byzantinischen Designs.« Sie erwähnte die Entwürfe von Peggy Angus für Carters in Poole, die variabel verlegt werden konnten, und fügte hinzu, »der Spaß am Selbermachen ist groß beim Gestalten von Mustern aus diesem Material.«

DECKEN

FUSSBÖDEN

Kamine

1 Dieses Haus von 1959 in Finchley in London, von dem Architekten Geoffry Powell, hat einen offenen Grundriss. Der Kamin bildet einen Raumteiler, durch den man den anderen Teil des Wohnbereiches sehen kann. EHW
2 Massiver Betonkamin im Haus des britischen Architekten Colin St John Wilson in Cambridge, 1961. EHW
3 Ein Kamin bildet in Richard Meiers Douglas House, Lake Michigan, 1971–1973, einen Blickpunkt. Seine zentrale Position und sein auffälliger Schornstein erinnern an die traditionelle Feuerstelle und konkurrieren mit dem Seepanorama. ROC

Nach dem Krieg wurde in Großbritannien und Amerika kein neues Haus mehr ohne Zentralheizung gebaut. Manchmal diente noch ein leistungsfähiger Kohleofen zur Warmwasserbereitung. Häufiger war er die Reserve für den Fall, dass andere Heizsysteme ausfielen.

Aus gestalterischer Sicht blieb ein Loch in der Wand, umgeben von einer dekorativen Einfassung, weiterhin die Norm. Der Contemporary-Stil der 1950er Jahre brachte verschiedene dekorative Materialien ins Spiel – Steinmosaik, rohen Schiefer usw. –, mit denen die Kamineinfassung oder die ganze Kaminwand gestaltet wurde. Die von britischen Baufirmen angebotenen Kamine sahen aus wie Überbleibsel aus der Vorkriegszeit, mit getreppten Umrandungen aus gesprenkelten

Fliesen. Die Kaminsimse, wenn überhaupt vorhanden, waren schmal. In Architektenbauten wurden die Umrandungen manchmal mit abstrakt gemusterten Fliesen gestaltet.

Inspiriert von Frank Lloyd Wright, schätzten die Architekten auch weiterhin die formalen und spirituellen Qualitäten eines Feuers im Zentrum des Hauses, begannen jedoch, vorsichtig zuerst, es von der Wand zu lösen. Nach und nach sah der Kamin eher aus wie ein Objekt und nicht mehr wie ein Bilderrahmen. Die amerikanischen Ranch-Stil-Häuser hatten in den 1950er Jahren dominante Kamine aus rauem Stein, die vom Fußboden bis zur Decke reichten. Englische Designer suchten nach Wegen, das Feuer direkt in den Raum zu holen, wo es im Mittelalter gewesen war.

1 Die asymmetrische Öffnung dieses Kamins war eine Neuheit der 1950er Jahre. Statt des offenen Feuers steht darin ein effizienterer Koksofen. Koks war ein Nebenprodukt der Gaserzeugung.
2 Für gutes Design ausgezeichneter Standardkamin der 1950er Jahre. Die gestalterische Absicht war offensichtlich, kein Durcheinander aufkommen zu lassen.
3 Dieser aus den 1930er Jahren überkommene, unattraktive geflieste Kamin blieb vielen Häusern erhalten.
4 Fliesen mit Regency-Streifen in einer Nussbaum-Umrandung mit »rationellem« rostfreiem Stahlrost. Britisches Design der 1950er Jahre.
5 Kitschige Einfassung in Hundeform, Anfang der 1950er Jahre.
6 In diesem Raum mit freiem Grundriss in Liverpool, 1960, bildet der Kamin ein dominierendes plastisches Element. EHW

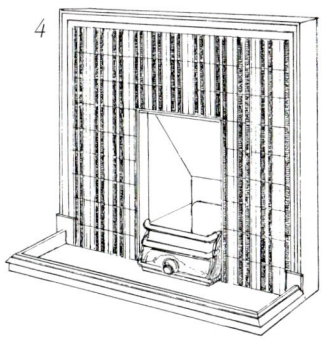

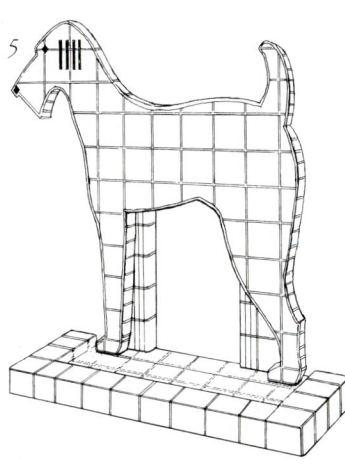

KAMINE

Küchen

1 In John Schwerdts White Fox Lodge in Sussex, 1964/65, verläuft ein Gang durch die Küche. EHW
2 Die Küche in Teesdale, Surrey, 1967–1969, von Ernö Goldfinger, öffnet sich zum übrigen Haus. EHW
3 Beispiel für eine »Kochzelle« in Cedarwood, Liverpool, 1960. EHW
4 Wohnen in progressiver Architektur bei guter Raumausnutzung in Cullinan House, London, 1965, wo die Küche eine Insel im freien Grundriss des Obergeschosses bildet. PO

In modernen Häusern der 1930er Jahre war die Küche, bisher eine Ansammlung von Geräten und Möbeln, erstmals einheitlich gestaltet. Die fundamentale Änderung war der Einbau von Unterschränken einheitlicher Höhe (86 cm), in einer Ebene mit den Herdplatten und anderen Elektrogeräten. Meist wurden sie durch eine Reihe von Oberschränken ergänzt, mit einem Luftabzug über der Kochstelle – eine Notwendigkeit, da keine Küchentür mehr die Kochdünste von den übrigen Räumen fernhielt. Damit entstand die heute noch vertraute Form der Einbauküche.

Diese Änderungen gingen von Experimenten in Deutschland aus, setzten sich jedoch erst nach dem Zweiten Weltkrieg allgemein durch. Sie entsprachen der damals verbreiteten Auffassung von der Küche als Labor, die 1957 von dem französischen Filmschauspieler und Regisseur Jacques Tati in *Mon Oncle* auf die Schippe genommen wurde.

Mary und Russel Wright brachen eine Lanze für das Essen in der Küche und schrieben 1950: »Die Küche muss nicht nur praktisch aussehen; wenn Sie wollen, kann sie auch gemütlich und früh-amerikanisch sein.« Sie unterstrichen die Kritik von Architekten an den »Kochzellen«, in denen kein Platz für einen Tisch sei, aber sie bildeten auch Trennwände ab, die gleichzeitig als Frühstücksbar dienen konnten. L-förmige Sitzbänke, ähnlich wie in einem Speisewagen, waren in den Vereinigten Staaten eine populäre Alternative.

1 Als anheimelnden Arbeitsraum gestaltete Robert Harvey 1957 diese Küche in Gloucestershire. EHW
2 Eine Frühstücksbar als offene Zwischenwand. Ferrum House in Hertfordshire, 1964, von John S. Bonnington. PO
3 General Electric lieferte 1958 eine Kombination von Spülmaschine, Herd und Spüle für Pierre Koenigs Case Study House 21. Mit solch reinen Oberflächen konnte die Küche sich wieder im Hausinneren sehen lassen, aus dem sie 500 Jahre lang verbannt gewesen war. SHU
4 Weiße Küchen-Schrankwand in einem Haus in Cambridge, 1962, von Colin A. St John Wilson. EHW
5 Anglo-amerikanischer Herd mit Bratspieß, herausziehbaren Kochplatten und kindersicheren

Bedienelementen. Thompson-Tappan, 1961.
6 Gasherd aus den frühen 1950er Jahren mit einklappbarem Grill in Augenhöhe und Wärmeschrank unter der Backröhre.
7 Klarliniges Modell von McClary, USA, 1965. In dieser Zeit waren die amerikanischen Herde den britischen überlegen.
8 Schlichte, doch effiziente Küche in einem Haus bei Carlisle, 1958, von Ryder & Yates. CN/B
9 Herd mit zwei Kochstellen von Jenn-Air, Ende der 1970er Jahre. Die amerikanische Firma führte als erste den Abzug nach unten ein, womit im Haus wie im Freien gegrillt werden konnte.
10 Kelvinator warb 1955 für sein Sortiment »Foodorama«, doch die Form der Kühlschränke war eher für die 1940er Jahre typisch.

KÜCHEN

Treppen

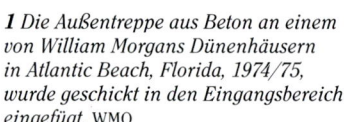

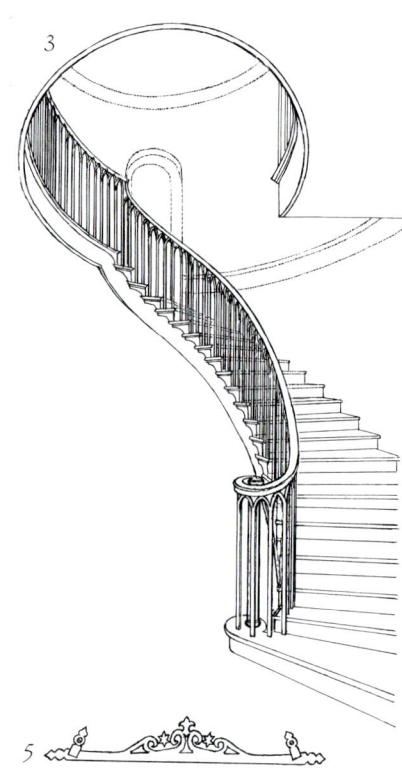

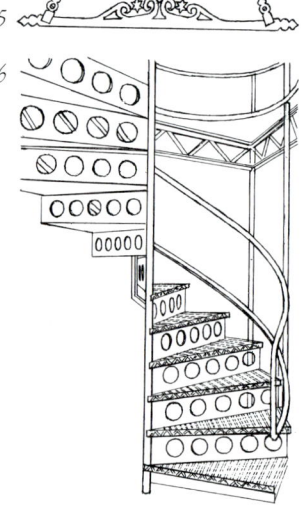

1 Die Außentreppe aus Beton an einem von William Morgans Dünenhäusern in Atlantic Beach, Florida, 1974/75, wurde geschickt in den Eingangsbereich eingefügt. WMO
2 Eine schräge Treppe mit Trittstufen aus Schiefer führt zu einer Aussicht auf dem Dach von Creek Vean, Cornwall. Team 4, 1964. PO
3 Eine neogeorgianische Treppe von Francis Johnson, einem der talentiertesten britischen Architekten, die nach dem Krieg auf den georgianischen Stil Bezug nahmen.
4 Eine monumentale, massive Treppe in einem Treppenhaus mit Oberlicht im Haus von Colin A. St John Wilson in Cambridge, 1962. Später hätten die Sicherheitsvorschriften einen solchen Handlauf nicht mehr zugelassen. EHW
5 Verzierte Teppichstange, 1960er Jahre.
6 Die Wendeltreppe mit stählernen Trittstufen und durchbrochenen Setzstufen im Haus des Architekten Michael Hopkins in Hampstead zeigt den Einfluss der industriellen Formgestaltung. 1975.

Während manche Formen der architektonischen Gliederung, wie z.B. Gesimse, als Ergebnis der Moderne ganz verschwanden, wurden Treppen als Architekturelemente selbst in kleineren Häusern immer wichtiger. Das galt besonders in den Nachkriegsjahren, als der Zwang zu kleineren Häusern zur Eingliederung der Treppe in das Hausinnere führte. Die Treppe begann nun oft im Hauptwohnraum und ermöglichte Blickbeziehungen zwischen den Teilen des Hauses.

Damit die Treppen die Sicht möglichst wenig behinderten, wurden sie oft als Leitertreppen ohne Setzstufen ausgeführt, obwohl diese manchmal instabil wirkten und es Bedenken wegen der Sicherheit der Kinder gab. Um den Eindruck von

Schwerelosigkeit zu verstärken, befestigte man die Stufen gern an einer einzigen Mittelstütze, über die sie auf beiden Seiten hinausragten. Solche Treppen sah man in manchen öffentlichen Gebäuden der Nachkriegszeit, und allmählich verloren sie ihren Schrecken.

Gelegentlich gab es noch die traditionelle Balustrade mit vertikalen Balustern in Form von Eisenrohren, an denen man die Treppe auch abhängen konnte, oder in Form von vierkantigen Hölzern, doch oft verband ein gerader Handlauf die beiden Antrittspfosten, ohne dass der Zwischenraum ausgefüllt wurde. Wendeltreppen waren wegen ihrer kompakten Form sehr beliebt und konnten aus Holz, Beton oder Metall gebaut werden.

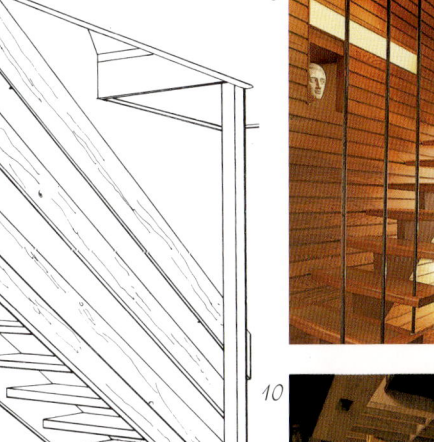

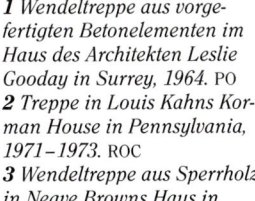

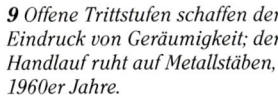

TREPPEN

1 Wendeltreppe aus vorgefertigten Betonelementen im
Haus des Architekten Leslie
Gooday in Surrey, 1964. PO
2 Treppe in Louis Kahns Korman House in Pennsylvania,
1971–1973. ROC
3 Wendeltreppe aus Sperrholz
in Neave Browns Haus in
London, 1964. PO
4 Das Haus von Sir Basil
Spence in Hampshire hat einen
aparten Eingang, 1962. APR
5 Einfache Leitertreppe aus
Nadelholz, frühe 1960er Jahre.
6 Eleganz in Cedarwood, Liverpool, 1960. EHW
7 Die Treppe besteht aus orts-
üblichem Stein. Russel Wright
House, Manitoga, New York. RW
8 Die Stütze des Handlaufs ist fast
unsichtbar, Haus des Architekten
S. Scorer, Lincoln, 1956. EHW

9 Offene Trittstufen schaffen den
Eindruck von Geräumigkeit; der
Handlauf ruht auf Metallstäben,
1960er Jahre.
10 Eine stählerne Wendeltreppe
steigt in den Raum. Black Barn
in Frog Hollow, Michigan, 1973/
74 von Stanley Tigerman. TIG
11 Stufen vermitteln zwischen
den Ebenen. Dewi Prys-Thomas,
Birkenhead, 1958. PO
12 Die Treppe in diesem Haus
von Gordon und Ursula Bowyer,
Blackheath, 1958, schafft ein
Gefühl von Freiraum. GUB

Einbaumöbel

1 Einbaumöbel aus dem 1960er Katalog Eames Contract Storage *von Charles & Ray Eames, ursprünglich für Studenten gedacht, zeigen Ideen für multifunktionalen Stauraum.* EOF
2 Diesen Schrank in einem Haus von Patrick Gwynne in Henley-on-Thames, Oxfordshire, 1959, halten Stahlstützen in der Schwebe. PO
3 In diesem Haus, das Peter Aldington 1963 in Buckinghamshire baute, grenzt nach dem Vorbild der Volksbauweisen ein Kamin den zweiten Raum ab. PO

Die Zunahme von Einbaumöbeln nach dem Krieg hatte ihre Ursachen in der Abnahme der Wohnungsgröße und in einem anhaltenden Hygienebedürfnis, denn hinter diesen Möbeln konnte sich kein Staub ansammeln. Sie entsprachen der von Le Corbusier in den 1920er Jahren aufgestellten Forderung, Möbel als Ausrüstungs-, nicht als Prestige- oder Traditionsobjekte zu betrachten.

Maßstäblichkeit war ein visuelles und auch körperliches Problem. Wie Phoebe de Syllas 1964 schrieb, »[...] kann ein großer Kleiderschrank in einem kleinen Raum erdrückend wirken, doch wenn er eingebaut ist, fällt er kaum auf.« Außerdem stellte der Einbau von Möbeln mit der Zunahme des Wohneigentums eine lohnende Investition dar, während Einbauten in Mietwohnungen als Eigentum des Vermieters galten und zurückgelassen werden mussten, wenn der Mieter auszog. Die meisten Einbaumöbel fanden sich in Küchen, mit wachsenden Reihen von Schränken und Regalen; dazwischen befand sich oft eine Durchreiche, wodurch die Küche nicht ganz offen, aber auch nicht ganz vom Esszimmer getrennt war. Manchmal gab es darin auch Schubkästen, die auf der Küchenseite herausgezogen werden konnten, um die abgewaschenen Bestecke hineinzulegen, und auf der Esszimmerseite, um sie zum Decken des Tisches herauszunehmen.

Einbaumöbel konnten auch mit farbigen Türen, Furnieren und Aussparungen mit verdeckten Lichtbändern das Dekorationsprogramm fortsetzen.

1 Elegante, raumhohe Schlafzimmerschrankwand, 1957, von Peter Womersley, der auch Farnley Hey entwarf, für
den Textilgestalter Bernat Klein in High
Sunderland, Galashiels. EHW
2 Conran-Küchenschränke aus Kiefer,
mit Grifflöchern in den Schubkästen,
Großbritannien, frühe 1970er Jahre.
Terence Conran setzte dem mittelmäßi-
gen Nachkriegsdesign preisgünstiges,
einfaches und gut gestaltetes Mobiliar
und Zubehör entgegen. Seinen sehr einflussreichen Londoner Laden »Habitat«
eröffnete er 1964.
3 Kleiderschränke mit Lamellentüren,
weiß gestrichen, sind typisch für die
späten 1960er Jahre.
4 »Klangwand« von ca. 1952, mit Radio,
Fernsehgerät, Plattenspieler und Ton-
bandgerät. Hinter den Gittertüren des
Mittelteils befindet sich ein Regal mit den
Lautsprechern.

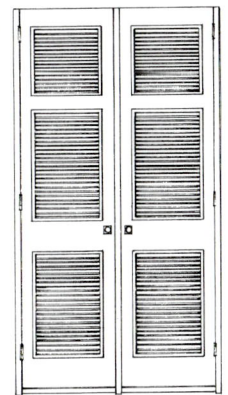

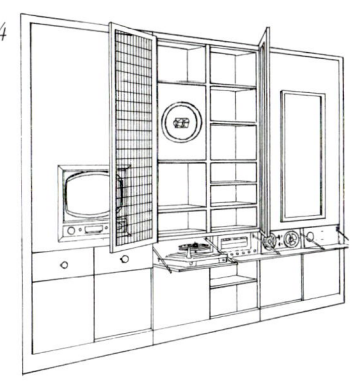

5 Farbenfroher Raumteiler zwischen Küche und Esszimmer in
der die 1950er Jahre kennzeich-
nenden Designsprache. Bildta-
pete und dekorativer Vogel sind
typisch für die Periode.
6 Regale umgeben das Giebelfenster in einem Bodenraum.
7 Abgesenkte Plauderecke mit
schwarzledernen Sofapolstern,
um 1970.
8 Zu diesem Bett gehören ein
Kommodenteil und ein Frisiertisch mit Knienische, Platz für
Bettlektüre und ein eingebautes,
geschwungenes Nachtschränk-
chen; um 1975.

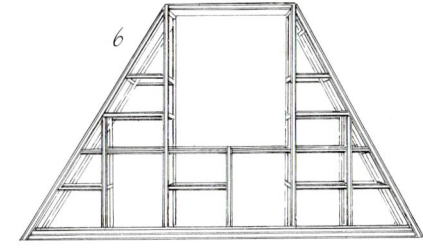

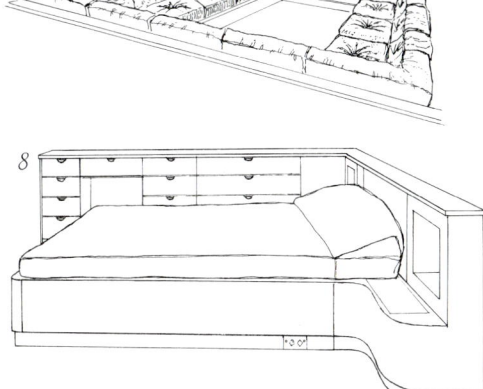

EINBAUMÖBEL

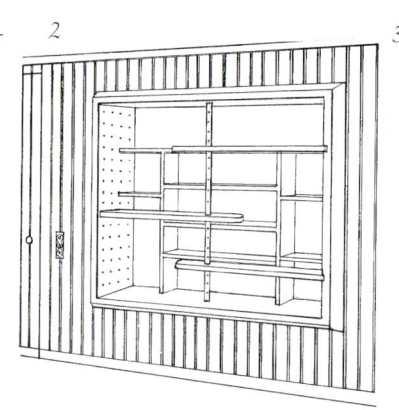

1 In den 1950er Jahren gliederte man den Wohnbereich gern mit Raumteilern. Hier lassen sich die Schubkästen auf der Küchenseite und auf der Esszimmerseite herausziehen.
2 Gerahmtes Bücherregal mit verstellbaren Borden, in eine bretterverkleidete Wand eingelassen. Großbritannien.
3 Eingebautes Schlafzimmer in einer Wohnung in Kalifornien, 1964/65 von Moore, Lydon, Turnbull & Whitaker. FRE
4 Skelettartiger Raumteiler von 1949 aus massivem Holz.
5 In Farnley Hey unterteilte Peter Womersley den Raum elegant durch Einbauten. 1955. PO
6 In diesem Liverpooler Haus von 1960 gibt es noch viel Authentisches wie ein Bord im Esszimmer, das zum Servieren von Cocktails gedacht war. PO
7 Das Fernsehgerät unterzubringen war oft problematisch. Mit diesen raumhohen Bücherregalen wurde eine angenehme Lösung gefunden. Großbritannien, 1950er Jahre.

Installation

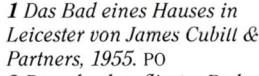

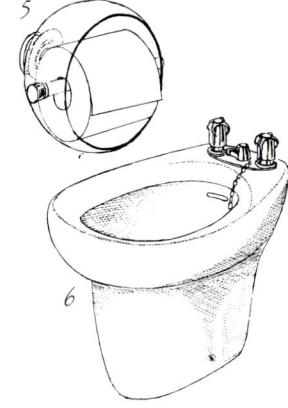

*1 Das Bad eines Hauses in
Leicester von James Cubitt &
Partners, 1955.* PO
*2 Raumhoch gefliestes Bad mit
elegantem Gittermuster in
Bloomfield Hills, Michigan, von
Eero Saarinen.* ROC
*3 Verzierte Glasverkleidung an
einer Badewanne im Contemporary-Stil der 1950er Jahre.*
*4 Ein Maximum an Effizienz
und leichter Pflege versprach der
Einbau der Hähne in die Wand,
wie hier in White Fox Lodge,
Sussex, 1964.* EHW
*5 Kugelförmiger Rollenhalter
aus getöntem Glas von Adamsez,
Großbritannien.*

*6 Das Curzon-Bidet von Shanks,
England, 1960er Jahre.*
*7 Bronzierter Gaskonvektor,
frühe 1950er Jahre.*
*8 Wanne mit teppichbedeckter
Einfassung von 1975 – einer der
Versuche, die praktische Natur
des Bades auszublenden.*
9 Handtuchhalter mit Heizplatte.
*10 Beheizter Handtuchhalter
mit besonders breiten Stangen.*
*11 Waschtisch mit Marmorplatte
aus den 1960er Jahren, mit in
die Wand eingelassenen, vergoldeten Hähnen. Durch die gemusterte Tapete fügt er sich besser in das Schlafzimmer ein.*

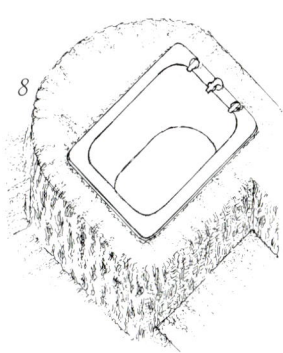

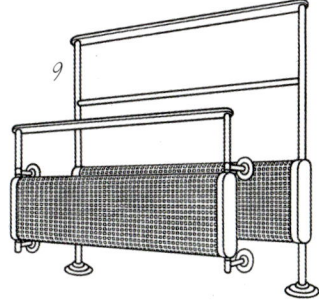

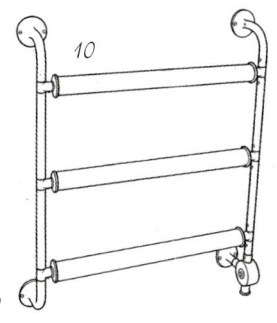

In den 1950er und 1960er Jahren sah man Bäder noch nicht als Orte mit Erholungs- und Schauwert, und sie waren meist sehr klein. Mit veränderten Bauvorschriften wurden Ende der 1950er Jahre WCs ohne Außenfenster möglich, so dass die Bäder auch in der Mitte des Grundrisses angeordnet werden konnten.

Badewannen waren immer, Waschbecken häufig verkleidet. Designbewusste Kunden, welche die Überreste des Art déco hinter sich lassen wollten, jagten nach den neuesten Mustern aus einer Industrie, die sich stets schwer damit tat, ihre Produktion der neuesten Mode entsprechend umzustellen. Wie Phoebe de Syllas schrieb, waren »die besten davon angenehm anzuschauen, praktisch in der Benutzung und sauber, doch wenn man es dem Zufall überlässt, bekommt man vielleicht die klobige Sorte mit abgeschnittenen Ecken, protzigem Chrom und einer winzigen Seifenschale.« Für den Schmuck der Wände schlug sie abwaschbare Tapeten oder Fliesen vor, obwohl der allgemeine Geschmack Weiß bevorzugte.

Der Architekt Colin Penn sprach sich 1954 in seinem Buch *Houses of Today* gegen farbiges Sanitärzubehör aus; unter anderem wegen der Schwierigkeit, passende Ersatzstücke und passende Wandfliesen zu finden.

In Großbritannien waren in dieser Periode Badewannen die Norm und Duschen die Ausnahme, in den Vereinigten Staaten war es umgekehrt.

Beleuchtung

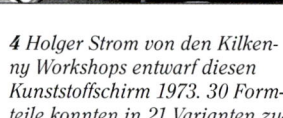

1 Neue Kunststoffe machten Leuchten in den 1960er Jahren transparenter und sicherer, wie diese Hängeleuchte von Troughton & Young, 1963, zeigt. ARP
2 Der Deckenleuchter von ca. 1972 vereint die komplizierten, wie aus Papier geschnittenen Formen, die im skandinavischen Design populär waren, mit einer reflektierenden Oberfläche in der Art des frühen Art-déco-Revivals der 1930er Jahre. SKI
3 Viele Designformen der 1950er Jahre ahmten Weltraum-

raketen nach. Diese Leuchte von J. M. Barnicot, 1953, verließ im Krönungsjahr der Queen die Startrampe. ARP

4 Holger Strom von den Kilkenny Workshops entwarf diesen Kunststoffschirm 1973. 30 Formteile konnten in 21 Varianten zu-

sammengesetzt werden. Die Serie hieß »IQ Assemblies«. ARP
5 Die Leuchte über dem Ecktisch im Wohnhaus von Gordon und Ursula Bowyer, 1959, ist typisch für die niedrige Anordnung von Leuchten in dieser Zeit. GUB
6 Schirme aus gefaltetem Wachspapier waren in den 1940er und 1950er Jahren populär. Dieses elegante Stück des dänischen Architekten und Möbeldesigners Kaare Klint gehört zu einer Serie, die während des Zweiten Weltkrieges entstand. ARP

Die 1950er Jahre brachten viele originelle Gestaltungsideen für Beleuchtungskörper, die während des Krieges meist nur aus harten und reflektierenden industriellen Werkstoffen hergestellt worden waren. Leuchten gehörten auch zu den internationalsten Designerprodukten, und die bekanntesten, wie z. B. die Serie PH des Dänen Poul Heningsen, waren allgemein erhältlich.

Beim Einrichten einer modernen Wohnung gehörten Leuchten zu den teuersten Objekten, aber wenn sie zwei Zwecke erfüllten, waren einige Einsparungen möglich, z. B. eine Schreibtischleuchte, die auch nach oben gerichtet werden konnte, um die Decke anzustrahlen. Bevorzugt wurden niedrig angebrachte Beleuchtungskörper, und Deckenleuch-

ten hingen in der Regel an langen Schnüren, vielleicht geschlungen, so dass sie je nach Nutzung des darunter liegenden Raumes höher und tiefer gezogen werden konnten.

Die neuen, vor dem Krieg noch unbekannten durchscheinenden Kunststoffe lösten langsam die Schirme aus Seide oder Wachspapier ab, obgleich die feinen Linien, die durch das Fälteln entstanden, zur Designsprache der 1950er Jahre passten. Aus Kunststoffen fertigte man auch abnehmbare Lichtstreuvorrichtungen, die man in die untere Öffnung eines Lampenschirms einsetzen konnte, damit das Licht der Glühlampe nicht blendete. In den 1960er Jahren kamen kräftigere Farben in Mode, und Punkt- und Streifenleuchten wurden gebräuchlicher.

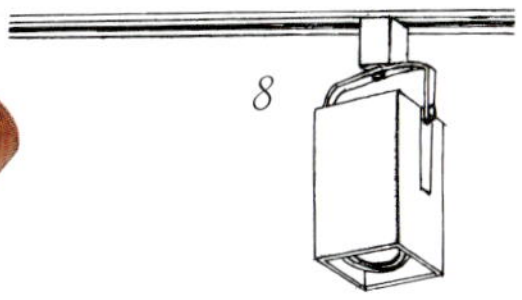

1 Leuchtend bunte Kunststoffe im »Habitat«-Leuchtenkatalog von 1971 gaben für ein weiteres Jahrzehnt den Trend vor. HABI

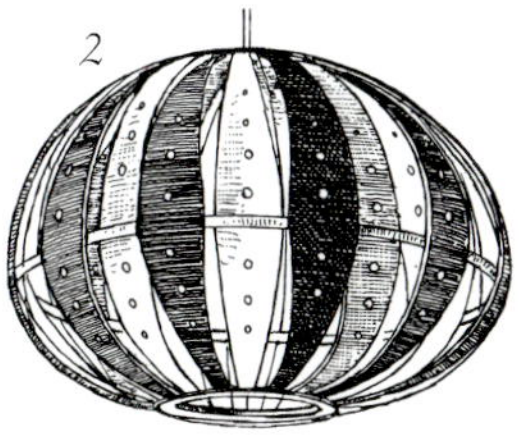

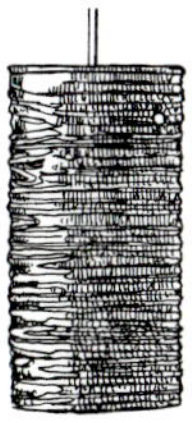

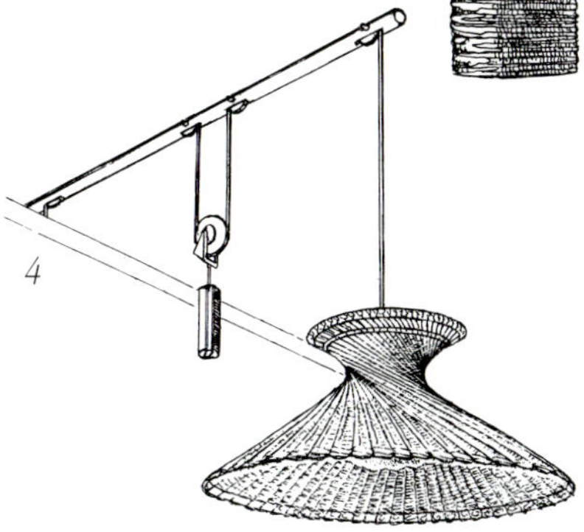

2 Gelochter, bunter Pappschirm mit hölzernen Ringen, englisch, 1954.

3 Aus komprimierten Glasfasern besteht dieser preisgünstige Sheerlite-Schirm, Großbritannien, 1965.

4 Der Korb-Lampenschirm passt über einen Esstisch und wird über eine Rolle verstellt, 1953.

5 Hängender Stab mit Leuchten, 1950er Jahre, beeinflusst von dem Bildhauer Alexander Calder. OPG/IB/BON

6 Schalenförmiger Deckenfluter Quarto – eine klassische Form der italienischen Firma Flos, Entwurf von Tobia Scarpa, 1973.

7 Hängeleuchte aus Metall mit farbig emaillierter Oberfläche.

8 Quadratische Punktleuchte an einer Schiene, um 1970.

9 Lampenschirme aus gefaltetem Stoff in Farnley Hey, Yorkshire, 1955, ein Klassiker des britischen Designs in den 1950er Jahren. PO

10 Birnenförmige Hängeleuchten von Osram (GEC) Ltd, 1964. ARP

11 Beweglich aufgehängte, geblasene Glasschirme in George Marshs Haus in Hertfordshire, 1962–1965. EHW

12 Deckenleuchten »Mefistole« von Ettore Sottsass für Stilnovo, 1970er Jahre. Mit ihren Meterstangen waren sie radikal anders als gewöhnliche Deckenleuchten. CI

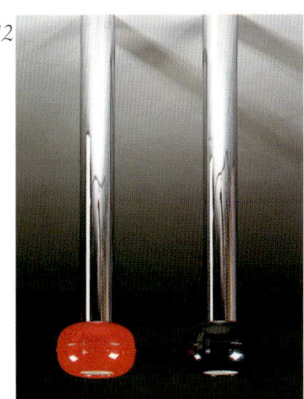

Holz und Metall

1 Handwerklich gefertigte Interieurs von Stanley Tigerman in Black Barn, Michigan, 1973/74. TIG
2 Holzhaus auf Stelzen in Sussex von Peter Foggo und David Thomas, 1964. PO
3 Holzverkleidete Flächen wie an der Galerie in den Dünenhäusern in Florida, 1974/75 von William Morgan, schaffen ein Gebäude im Gebäude. PO
4 Decke, Wände und Stufen aus Holz in englischem Interieur der späten 1950er Jahre.
5 Stanley Tigermans Hot Dog House in Harvard, Illinois, 1974/75, war eines der formal originellen Designs, mit denen er zur Auslösung der Postmoderne beitrug. TIG

Trotz der Popularität des Holzes als Baumaterial war es in der Nachkriegszeit abseits vom Hauptbauwerk und von Einbaumöbeln nicht wahrnehmbar. Dafür sorgte wahrscheinlich die fortdauernde schlichte Ästhetik der Moderne, zusammen mit einer allgemeinen Neigung zu Sparsamkeit und Standardisierung in der Hausgestaltung. Einige der extravaganteren Designelemente aus Holz werden hier gezeigt, zusammen mit Metall, das erstmals ein wichtiges architektonisches Material für Häuser wurde.

Am Ende des Zweiten Weltkrieges waren die Holzvorräte überall in der Welt stark dezimiert, und es dauerte einige Jahre, bis der Nadelholzbestand wieder ausgeglichen war.

Schnell wachsende Sorten wurden auf Kosten der Haltbarkeit bevorzugt, daher ist Holz im Außenbereich nur in Ausnahmefällen nicht verdorben. Andererseits kannte man noch nicht die heutige Sorge der Ökologen um nachhaltige Bewirtschaftung der Harthölzer, und die Wiederaufnahme des weltweiten Handels führte zu einem attraktiven Holzsortiment.

Wenn Holz durch Metall ersetzt wurde, war das meist eine Geste in Richtung einer moderneren oder urbaneren Gestaltungsweise, doch war Metall weniger verbreitet als in den 1930er Jahren, bis der Einfluss der »Case-Study«-Häuser zur Ausbildung des High-Tech-Erscheinungsbildes beitrug.

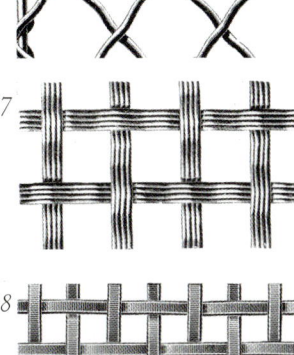

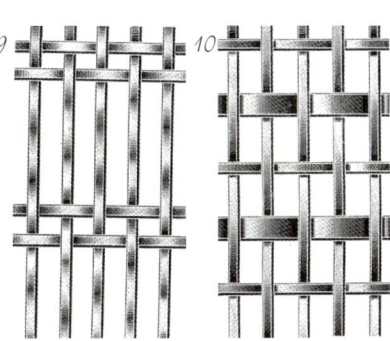

1 Wie leicht sich Metallrohre in Form biegen lassen, wird an der Treppe eines Hauses von Patrick Gwynne in Hampstead, 1957, sehr gut sichtbar. PO

2 Ein praktisches Metallgitter, das die Eingangstür eines Londoner Hauses schützt, wurde dekorativ gestaltet. GHT

3 Die Stahlkonstruktion von Richard Rogers' Spender House, 1968, ist mit Spanndrähten verziert, die als Bauteile erscheinen. PO

4 Britische Stahltreppe von Ende der 1940er Jahre mit einer Balustrade des späten Art déco.

5 Hölzerne Trennwand in einem Atelierhaus in Cambridgeshire von Peter Boston, 1958. Der Winkel der Planken entspricht der Gesamtform des Hauses. PO

6 bis **11** Genormte Flechtmetallgitter für Heizkörper, Schränke usw., aus dem Sortiment einer Londoner Firma Ende der 1940er Jahre. Designs dieser Art blieben über Jahrzehnte gleich.

12 Tore mit Volutenornamenten waren ein Standard in den städtischen Außenbezirken, die von der Geschmacksrevolution der Moderne unberührt blieben.

13 In Russel Wrights Haus in Manitoga, New York, wurde Holz phantasievoll neben vielen anderen Baustoffen verwendet. RW

METALL

HOLZ

GEGENWART

1975 bis heute

1 Die Moderne der 1930er Jahre lebte 1978 in Speer House von Arcquitectonica in Miami, Florida, wieder auf. Es entstand gleichzeitig mit der Renovierung des Art-déco-Viertels am South Beach von Miami, wobei auch die Gebäude der 1930er Jahre neue Anstriche in Pastellfarben erhielten. ROC

2 Selbstbauhäuser von Walter Segal in Segal Close, Lewisham, 1977–1981. Die Holzkonstruktion beruht auf einfachen Verbindungen, die Füllungen wurden aus genormten Bauplatten geschnitten. WS
3 Honeymoon-Ferienhäuser in Seaside, Florida, von Scott Merrill, 1988–1990. Ihre Gestaltung folgt einer detaillierten Bauordnung. MOR
4 John Outram entwarf dieses Haus in Sussex, England, 1985. Bemerkenswert daran sind die komplexe Symbolik und die Schönheit von Verarbeitung und Material. Die feinen Dekorationen zeigen Anklänge an den Architekten Sir John Soane (1753–1837) und an Stilrichtungen der 1930er Jahre. OU

Die 1970er Jahre waren in der Architektur eine ertragreiche, wenn auch turbulente Zeit, da der Glaube an die Moderne weitgehend verloren ging und Alternativen gesucht wurden. In Großbritannien rührte die Desillusionierung vor allem daher, dass die Verfechter der Moderne nach dem Krieg bei der Gestaltung von Wohnbauten ihren eigenen Idealen nicht genügten. Im staatlich finanzierten Wohnungsbau, der den Architekten in jener Zeit mehr Spielraum bot als private Aufträge, zeigte sich, dass schnelleres Bauen mit mechanisierten Systemen eine sehr kurzsichtige Sparmaßnahme war, denn diese Gebäude erforderten einen hohen Erhaltungsaufwand, während das mit ihnen entstehende Umfeld eine Spirale von Vandalismus und Kriminalität in Gang setzte.

Im Stadtbezirk Lewisham im Süden Londons half der Architekt Walter Segal Wohnungssuchenden, sich selbst einfache Holzhäuser zu bauen, meist auf Hanggrundstücken, wo das konventionelle Bauen zu teuer war. In Newcastle-upon-Tyne führte der englisch-schwedische Architekt Ralph Erskine im Byker Estate, das zwischen 1969 und 1982 ge-

plant und gebaut wurde, eine abwechslungsreiche Farben- und Formensprache ein, wobei die künftigen Bewohner an der Gestaltung mitwirkten.

Überall in der westlichen Welt gab es eine deutliche Hinwendung zur Bewahrung älterer Gebäude. Dies fand seinen Ausdruck darin, dass 1975 zum Europäischen Jahr zur Erhaltung des Architekturerbes erklärt wurde. In den Vereinigten Staaten wurde 1976, zum 200. Jahrestag der Amerikanischen Revolution, ein Steuerreformgesetz erlassen, das starke Anreize für die Renovierung älterer Gebäude bot. Das wirkte sich im öffentlichen wie im privaten Sektor aus, denn Materialknappheit und steigende Lohnkosten führten dazu, dass die Sanierung älterer Häuser lohnender wurde; außerdem war dort das Umfeld ansprechend.

Die Innengestaltung widerspiegelte ein erneuertes Interesse an der Geschichte. Die Dekoration erfolgte historisch genauer, und der in den 1950er und 1960er Jahren vom britischen Dekorateur John Fowler entwickelte »Englische Landhausstil« wurde nach seinem Tod vielfach imitiert, be-

1 An den europäischen Klassizismus nach 1810 erinnert Michael Graves' eigenes Haus in Princeton, New Jersey, 1993. Der Eingang erhält sein Licht von oben durch eine tempelartige Balustrade. ROC
2 Thematic House in London von Charles Jenck (dem führenden Chronisten neuer Architektur nach 1975), 1982–1985. Die eklektische Einrichtung und heitere Farbgebung zeigen, wie populär und anpassungsfähig die Postmoderne sein kann, unabhängig von etwa enthaltenen symbolischen Bedeutungen. JE

günstigt durch die Prosperität der 1980er Jahre. Dieser Stil mit reichlichen Draperien und georgianischen Möbeln war seit seiner Wiederentdeckung in den 1890er Jahren nie ganz verschwunden, gelangte aber jetzt durch die neuen gesellschaftlichen Subkulturen wie die Sloane Rangers, die Yuppies und Preppies, zu neuer Üppigkeit. Die intelligenteren Geschmacksbildner sprachen von »Neuen Georgianern«. Jede dieser Gruppen konnte man durch eine von der Journalistin Ann Barr begonnene Reihe satirischer »Handbücher« kennen lernen.

Mit diesem Dekorationstrend war eine genauere Hinwendung zur Vergangenheit verbunden, die in Großbritannien durch Quinlan Terry angeführt wurde, dem Nachfolger eines der besten Architekten klassischen Stils aus der vorherigen Generation, des 1973 verstorbenen Raymond Erith. Terrys Landhäuser, eines davon in Kentucky, waren etwas dogmatischer als die von Erith und entsprachen dem wachsenden Selbstbewusstsein reicher Auftraggeber in den 1980er Jahren. Er entwarf gern kunstvolle klassische Dekorationen für ihre Fassaden. Leon Krier, der aus Luxemburg stammte, aber in London arbeitete, war mit einer europäischen Bewegung für traditionelle Urbanistik verbunden, wobei er zwar davon sprach, zur Schlichtheit der Volksbauweisen zurückzukehren, dann aber eine zunehmend klassische Tendenz vertrat. Krier wurde mit einer Bauordnung für Seaside, eine 1978 begonnene kleine private Stadt in Florida, beauftragt. Es ging um Grundregeln für die Größe und Lage der Gebäude auf ihren Grundstücken, um im verstärkt diskutierten »öffentlichen Bereich« Konformität durchzusetzen. Man hoffte,

damit eine ebenso angenehme Wirkung zu erzielen, wie sie georgianische Reihenhäuser in England oder regelmäßige Straßenzüge mit hölzernen Einfamilienhäusern mit Vorbauten in Charleston und anderen Städten des amerikanischen Südens ausstrahlen.

Bauordnungen für Erschließungsprojekte, wie von der Bewegung des New Urbanism in den 1990er Jahren entwickelt, galten als geeignet, die Gestaltung durch Bauträger in der freien Marktwirtschaft angemessen zu steuern. Der kommerzielle Erfolg von Seaside (wo einige Gebäude im Stil der Moderne nach Bauordnung entstanden) ist ermutigend. 1987 begann der Prince of Wales zusammen mit Leon Krier mit der Planung eines Gegenstücks in Poundbury in Dorset, dessen Bau Mitte der 1990er Jahre begann. Dort säumen hübsche Häuser in »Volksbauweise« die malerisch gewundenen Straßen, und die Gesamtwirkung ist eher kontinental als englisch.

Nachdem 1975 der Essay »The Rise of Post-Modern Architecture« des anglo-amerikanischen Kritikers Charles Jenck (Langfassung als Buch 1976) erschienen war, wurde »Postmoderne« zum akzeptierten Begriff. Er umfasst nach Jenck alles, was von der lupenreinen Moderne abweicht. Die Bewegung verdankt ihre intellektuelle Kraft Architekten und Denkern wie Robert Venturi und Michael Graves. In England ersann eine neue Generation von Architekten, die genötigt waren, für kommerzielle Bauträger zu arbeiten, als der öffentliche Sektor unter Margaret Thatcher praktisch zusammenbrach, zur gleichen Zeit neue und pfiffige Versionen des Londoner Reihenhauses.

1 m-house von mae architects, 2004, für Tim Pyne, ist ein Prototyp, bei dem Wohnwagen Pate gestanden haben. PY
2 Lambertson House, Atlantic Beach, Florida, 2001, von William Morgan, wandelt Motive von den Klassikern der Moderne ab. WMO
3 Container City II am Trinity Wharf, East London, 2002. Hier entstanden Wohnungen aus Seefrachtcontainern. USM
4 Ein Haus in Islington, London, 1994, von Future Systems, mit geneigten Glasflächen. DAV

Als der Prince of Wales sich 1984 erstmals öffentlich gegen moderne Architektur aussprach, fand er breite Zustimmung. Dadurch fühlten sich die meisten Architekten verunsichert und rückten zusammen, um ihre berufliche Kompetenz zu verteidigen. In Großbritannien sah man in der von Richard Rogers, Norman Foster, Nicholas Grimshaw und Michael Hopkins geführten High-Tech-Bewegung die unbeugsame Moderne, wenn auch deutlich wurde, dass diese Architekten es vermieden, in ihren Gebäuden Beton zur Schau zu stellen, da dieser allgemein sehr unpopulär war. Stattdessen bauten sie, inspiriert von den leichten kalifornischen »Case Study Houses«, gern mit Metall und ließen möglichst viel von der Struktur und den Installationen sichtbar werden.

Auch in den Vereinigten Staaten erlitt die Moderne einen Rückschlag, wunderlicherweise gefördert von dem scheinbar unsterblichen Philip Johnson, der in den 1930er Jahren so viel getan hatte, um die Moderne voranzubringen. Während Johnson 1949 sein berühmtes Glass House in New Canaan, Connecticut, im reinen Stil der Moderne gebaut hatte, näherten sich seine später auf demselben Gelände gebauten Häuser zunehmend der Postmoderne. Die Architekten der »New York Five«, darunter Peter Eisenman, Charles Gwathmy und

Richard Meier, deren frühe Arbeiten im vorigen Kapitel vorgestellt wurden, festigten ihren Ruf am Übergang von der Moderne zur Postmoderne, wie auch viele andere Vertreter ihrer Generation. Die amerikanischen Architekten ignorierten meist Frank Lloyd Wrights Beispiel und verbargen die Konstruktion; Bart Prince jedoch, der mit Wrights früherem Mitarbeiter Bruce Goff arbeitete, setzt dessen exzentrische Weiterentwicklung von Wrights Holzbauweise fort.

Frank Gehrys Haus in Santa Monica von 1979 zeigte, dass ein einfaches Hausbauprojekt, in diesem Fall der Umbau des eigenen Wohnhauses des Architekten, zu einer Richtungsänderung in der Architektur beitragen konnte. Gehrys scheinbar zufällige Collage billiger Baustoffe rückte vom Selbstbewusstsein der Postmoderne ab und führte in eine neue Richtung hin zur Dekonstruktion: Architektur als Medium des künstlerischen Ausdrucks, wobei die Funktion oft hinter der Form rangierte.

Nach der Rezession Anfang der 1990er Jahre gab es ein erneutes Interesse an der Moderne, und das Haus von Future Systems in Islington, 1994, war ein Medienereignis. Eine neue Generation von Auftraggebern schien eher bereit zu sein, mit modernen Formen zu experimentieren, und wie in den 1960er Jahren fielen solche Aufträge oft jungen Archi-

 *1 Hopkins House in Hampstead, London, 1976 von Michael & Patti Hopkins. Ein Lückenbau im High-Tech-Stil, der von der Straße aus fast unsichtbar ist.* MW

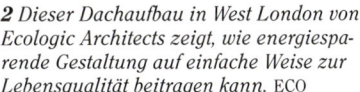 *2 Dieser Dachaufbau in West London von Ecologic Architects zeigt, wie energiesparende Gestaltung auf einfache Weise zur Lebensqualität beitragen kann.* ECO

3 BedZed, Beddington, 1999, von Bill Dunster, Zedfactory Architects. Das Haus spart mit fossilen Energien und Platz und hebt gleichzeitig die Lebensqualität der Bewohner. ZD

tekten zu, die sich einen Namen machen wollten. Es war jedoch noch immer schwierig, Genehmigungen für neue Entwürfe zu erhalten, weil die Erfordernisse des Denkmalschutzes so ausgelegt wurden, dass man sich nach der Gestaltung bestehender Gebäude richten musste. James Gorst, einer der interessantesten Architekten, die in den 1990er Jahren an privaten Häusern tätig waren, arbeitete zunächst klassisch, um dann am Ende der Dekade am Glebe Place in Chelsea ein Haus im Stil der Arts and Crafts zu bauen. Den Stil wählte er auch deshalb, weil der Kunde seine Baugenehmigung erlangen wollte, ohne in Berufung gehen zu müssen.

Ein Thema ist in der Architektur weltweit immer wichtiger geworden: Gebäude, normalerweise die größten Energiefresser, sollten ohne Erzeugung von Kohlendioxid beheizt, beleuchtet und gekühlt werden. Außerdem sollte der Verbrauch nicht erneuerbarer Energieträger an ihnen minimiert werden, sei es beim Baumaterial oder bei den fossilen Brennstoffen, die zur Herstellung von Stahl, Glas, Aluminium oder Zement benötigt werden. »Grüne« Architektur wurde um 1972 ein Thema, als *Grenzen des Wachstums*, der Bericht des Club of Rome, veröffentlicht wurde. Als in den 1990er Jahren die Schäden an der Ozonschicht und das Einsetzen des Treibhauseffekts als Folge der Anreicherung von Kohlendioxid nicht mehr zu leugnen waren, wurde *Nachhaltigkeit* (ein vom Brundtlandbericht *Unsere gemeinsame Zukunft*, 1987, popularisierter Begriff) ein Anliegen, zu dem die meisten Architekten sich verbal gern bekennen.

In Großbritannien ist Bill Dunster, nachdem er einige Jahre im Büro von Michael Hopkins arbeitete, einer der führenden Verfechter des Zero (Fossil) Energy Development (ZED) geworden. Zunächst zeigte er mit dem Bau seines eigenen Einfamilienhauses, dass es möglich ist, mit der thermischen Masse (dicken Wänden), Sonneneinstrahlung (durch Fenster und Dachfenster) und sehr guter Isolierung die für Heizung aufgewendete Energie zu minimieren und gleichzeitig die Lebensqualität zu verbessern. Sein Wohnungsbauprojekt in Beddington, Surrey (»BedZed«, 1999 im Auftrag des Peabody Trust), überträgt diese Ideen auf ein Wohngebiet mit Eigentums- und Mietwohnungen. Soweit möglich, wird Recyclingmaterial verwendet, und alle Baustoffe werden bei Lieferanten im Umkreis von 40 km beschafft, um Transportenergie zu sparen. Ein Bewohner eines Wohngebietes wie »BedZed« kann bei bewusstem Bemühen seinen »ökologischen Fußabdruck« (die Fläche Land, die für ihn und die Befriedigung seiner Bedürfnisse benötigt wird) soweit reduzieren, dass er – auf die Weltbevölkerung hochgerechnet – nicht drei Erden (wie der Durchschnitt der Briten) sondern nur eine Erde verbraucht – mehr steht nicht zur Verfügung!

In den letzten Jahren sind die Hauspreise in Großbritannien so gestiegen, dass man wieder versucht, mit Fertigteilhäusern die Kosten zu drücken und die Effizienz beim Hausbau zu steigern. In Japan fertigt der Autohersteller Toyota auch Häuser, in Schweden der Möbelhersteller IKEA. In Großbritannien können dagegen Container zu Wohnungen werden, wie Urban Space Management mit Container City II im Osten Londons farbenfroh demonstriert.

Der Minimalismus ist eine Version der modernen Architektur, die eine Alternative bietet, ohne sich mit der Postmoder-

Werbefoto für Artcoustic, 2004. Die Firma fertigt Lautsprecher und Bildschirme, die, als Bilder getarnt, an den Wänden hängen. Ende der 1990er Jahre wurde durch DVD und Plasmabildschirme der Gedanke des Heimkinos neu belebt.

ne einzulassen. Er erreichte in der zweiten Hälfte der 1990er Jahre seinen Höhepunkt, als fast jede »Living«-Kolumne in den Zeitungen einen anderen minimalistischen Raum beschrieb und fragte, wo die Bewohner eigentlich ihre Besitztümer aufbewahrten.

Der Stil widerspiegelte die Tatsache, dass Auftraggeber, die moderne Häuser in Städten bauen lassen wollten und nicht hoffen konnten, freie Grundstücke zu finden, sich beschieden und die Interieurs alter Häuser umbauten – oder die »Lofts«, welche nach dem Vorbild von Manhattan in alten Industriegebäuden in London und Manchester entstanden. Minimalistische Interieurs sind fast immer weiß, mit weichem, texturiertem Putz und ungestrichenen Bretterfußböden. Sie folgen der japanischen Ästhetik der Schlichtheit und Materialtreue und haben genau reguliertes Tageslicht. Teppiche und Vorhänge sind tabu, und so kann es recht laut sein, wie in den minimalistischen Restaurants von Gestaltern wie John Pawson und Claudio Silvestrin. Die Intelligenz wandert heute in die vor 1900 gebauten Stadtteile zurück; dort wird normalerweise nicht mehr gestattet als Anbauten an bestehende Reihenhäuser im Erdgeschoss und Keller. Das stellt hohe Anforderungen an die Findigkeit der jüngeren Architekten, und es sind einige bemerkenswerte Er-

gebnisse entstanden, wobei schlichte Glasflächen anstelle der in den 1980er Jahren wiederentdeckten übermäßig verzierten Wintergärten vorherrschen.

Da er kein Durcheinander zulässt, trägt der Minimalismus zur bestmöglichen Raumausnutzung bei. Es überrascht daher nicht, dass die wichtigsten modernen Hi-Fi- und audiovisuellen Geräte entsprechend schrumpfen und sogar unsichtbar werden, indem sie als Bild oder Spiegel getarnt sind.

Die IT-Revolution der 1990er Jahre hat zusammen mit der veränderten Struktur der Arbeitswelt dazu geführt, dass viele Wohnungen ein häusliches Büro enthalten. Gleichzeitig wurde die Grundstücksnutzung für Wohnen und Gewerbe gefördert, während diese Funktionen in früheren städtischen Flächennutzungsplänen getrennt waren. Früher war das Arbeitszimmer eine männliche Domäne und von den geschäftigen Haupträumen abgesondert. Jetzt rückt die Arbeit näher zur Mitte und wird bei der Gestaltung des Heims sorgfältig mit bedacht. Solche Häuser ähneln in ihrer Bauweise oft städtischen Ateliers – ein Raum über zwei Stockwerke mit einer Galerie und viel Licht. Auch sehr hohe Räume in älteren Häusern werden so umgebaut. Durch die unterschiedlichen Ebenen kann man die Funktionen gut trennen.

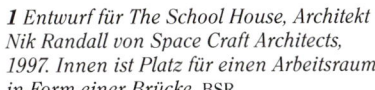

1 *Entwurf für The School House, Architekt Nik Randall von Space Craft Architects, 1997. Innen ist Platz für einen Arbeitsraum in Form einer Brücke.* BSR

2 *Ein Haus in Hampstead von Eldridge Smerin, 2004, an dem absichtlich alles verborgen ist, woran man normalerweise ein Haus erkennt.* ESM

3 *In einer umgebauten Wohnung im Piper Building, London, von Wells Mackereth, kann der Arbeitsraum neben dem Fernsehbereich bei Bedarf völlig abgeschlossen werden.* OPG/DBL

Glücklicherweise sind auch hier die Geräte schnell kleiner geworden, und der Laptop oder Computer mit Flachbildschirm hat den sperrigeren CRT-Monitor verdrängt. Apple hat den anderen Herstellern vorgemacht, wie auch Computer durch Design im Wert gesteigert werden können. Nach dem 1997er iMac mit seinen kräftigen Farben sind die Apple Macs weiß, damit sie im minimalistischen Interieur unsichtbar sind.

Unsichtbarkeit wird auch in der äußeren Architektur von Wohnbauten deutlich thematisiert, und es ist schwer zu sagen, ob damit die Planer zufrieden gestellt werden sollen oder ob es gar die wichtigste architektonische Ausdrucksweise des frühen 21. Jahrhunderts ist. In Whitechapel, London, zeigt das »Electra House« von David Adjaye (1998–2000) zur Straße eine völlig schwarze Wand, und sein »Dirty House«, 2000 bis 2002 für zwei Künstler in Shoreditch gebaut, ist außen mit Spiegelglaseinsätzen und einer Kletterer abschreckenden und Graffiti abweisenden Farbe geschwärzt. Jo Hagans Gap House in Clerkenwell wurde auf einer schmalen Lücke 5 Stockwerke hoch gebaut, wie die Nachbarhäuser, und ist ganz mit Glas bedeckt. Eldridge Smerins Lückenbau im Sanierungsgebiet Hampstead sieht wie ein großes Elektrogerät aus, das zwischen zwei Häuser manövriert wurde, und ein Atelierhaus in Clerkenwell von Tony Fretton ist dunkelbraun, beinahe rußfarben, gestrichen.

An den neueren individuell gebauten Wohnungen fällt auf, dass sie die Veränderungen der Sozialstrukturen widerspiegeln, von der Single-Wohnung bis zu Häusern für mehrere Familien. Der Minimalismus, immer noch ein dominierender Geschmack, ist nicht nur eine ästhetische Position, sondern hat bewiesen, dass er sehr wohl solchen Veränderungen gerecht werden kann, teils weil er den Raum maximiert, teils weil er die Vorstellung von spezifischen Nutzungen in der Wohnung überwindet. Wie der Architekt Mark Guard über das von ihm geschaffene Appartement im Piper Building, einem umgebauten Bürohaus in Fulham, sagt: »An das Design glauben heißt: Wir wissen, dass es am Ende nicht vollgestopft wirken wird. Wir sind zuversichtlich, dass Ihr die Wohnung betreten und sie recht groß finden werdet und dass Ihr diese fünf Schlafzimmer eigentlich nicht bemerken werdet, die wie Schachteln aufgeklappt werden und Verschiedenes tun.«

Türen

3 Eingang zu einem Haus in Stony Creek, Connecticut, von Venturi, Scott Brown and Associates, 1983. Das Steuerrad nimmt Bezug auf die Lage des Hauses an der Küste und nautische Traditionen. VE
4 Streng axiales Design mit originellem Ziegelmauerwerk von Robert Adam, Crooked Pightle, Hampshire, England. AD
5 Der Eingang zum Haus von Future Systems in Islington wirkt bei Nacht besonders dramatisch. DAV
6 Innentür in der Diele eines Hauses in Sussex von John Outram. OU
7 und 8 Nautische Tür in einem Hausboot vom Architektenbüro Blustin Heath, 2002. BLH

1 Diese Gittertür, die an ein Gartenspalier erinnert, führt zu einem Wintergarten. John Outram, Sussex, England. OU
2 Breite Glastür mit massivem Eichenrahmen von Unique Environments. UE

Die Bilder auf diesen Seiten zeigen deutlich die tiefe Spaltung des Geschmacks im späten 20. Jahrhundert. Einige Architekten und alle Bauträger verwenden neue Türen, die altmodisch aussehen; sie bauen sie an bevorzugter Stelle in der Mitte des Aufrisses ein und betonen sie in traditioneller Manier visuell mit einem Bogen, einem umgekehrt v-förmigen Vordach oder Giebelfeld, oder wenigstens mit einer schlichten Einfassung. Diese Symbole wurden von der Moderne zu Beginn des 20. Jahrhunderts hinweggefegt, und die Nicht-Betonung der Tür ist eines der Dogmen ihrer späteren Anhänger geblieben.

Dieser Unterschied setzt sich im Inneren des Hauses fort. Türen der Moderne wollen mit Fenstern verwechselt werden oder ganz verschwinden. Wo sie benötigt werden, um Räume zu trennen, wird oft gespielt – mit Glasfüllungen oder ungewöhnlichen Beschlägen, mit Schiebemechanismus statt Angeln, oder indem Türen von Bauwerken imitiert werden, die keine Häuser sind.

Die Spaltung wird ebenso an den Türbeschlägen deutlich. Die älteren Hersteller versuchen die Kluft zu überbrücken und bieten ein Sortiment aus traditionellen und modernen Stilrichtungen, während neue Firmen geneigt sind, sich im Wesentlichen auf moderne Formen zu konzentrieren. An der grundlegenden Funktionsweise von Türgriffen gibt es nicht viel zu ändern, aber man findet unendlich viele kleine Abwandlungen.

1 *Loggiatür aus einem Katalog – eine altbewährte Form.* RY

2 *Typische Serientür im viktorianischen Stil, 2004.* BTD

3 *Die »georgianische« Option auf dem britischen Wohnungsmarkt. Glasfüllungen in Türen sind jetzt allgemein üblich.* BTD

4 *Verhältnismäßig elegante Tür im traditionellen Stil.* BTD

5 *Eine moderne Variante der Loggiatür: die Schiebetür als Teil einer Ganzverglasung.* RV

6 *Eine elegante Tür in Butterwell Farm, Cornwall, 2004, von Charles Barclay für eine moderne Bauernfamilie, gestattet den Blick durch das ganze Haus.* CBC

7 *Eine orangefarbene Tür der Architekten Littman Goddard Hogarth trennt ein Schlafzimmer ab. Wird sie vorgeschoben, erscheint rechts eine Glasscheibe.* OPG/DBL

8 *Diese moderne Variante der normalen Plankentür von Bisca besteht aus Stahl und hat angenehme Proportionen.* BIS/FJ

9 *Gläserne Schiebetür in einem lichtdurchfluteten Raum auf der Ostseite von Conners House, Florida, von William Morgan, 2002.* WMO

10 und **11** *Traditionelle Türbeschläge werden als Ersatzteile für historische Häuser und zur Nachahmung historischer Stile weiter produziert.* CLB

12 bis **15** *Verschiedene Türgriffe aus Katalogen für 2004. Stahl ist das bevorzugte Material, und Hebelgriffe sind beliebter als Knöpfe.* CLB

16 *Lustige gläserne Türgriffe von Juicy Glass, 2004.* JGL

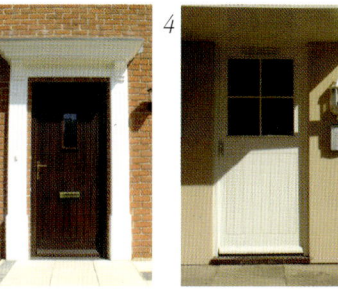

Fenster

1 Postmoderne Spielerei von Venturi, Scott Brown and Associates: Die massive Mauer unterbricht das überdimensionierte klassische Fenster. VE
2 Spektakuläres Esszimmer, 2003 vom Architekten Paul Archer an die Rückseite eines Londoner Hauses angebaut, wobei Glas das wichtigste tragende Material ist. PAR
3 Future Systems verwischt an diesem Haus die Trennung zwischen Fenster und Wand. DAV

4 In William Morgans 2002 gebautem Dylan Morgan House, Atlantic Beach, Florida, wird die Wand zum Fenster. Von Le Corbusiers nie gebauter Villa Carthage inspiriert. WMO
5 Ein rundes Dachfenster wurde von Belsize Architects in ein 1998 umgebautes Regency-Haus in London eingesetzt. BZ
6 Fortlaufende Reihe von Dachfenstern im Haus des Architekten Richard Murphy, einem umgebauten Stall in Edinburgh, 2000. RM

Licht ist der wichtigste Baustoff der modernen Architektur, und der Architekt hat die Aufgabe, es so vorteilhaft wie möglich einzusetzen. Seit den Nachkriegsjahren hat die technologische Entwicklung die Produktion größerer und stärkerer Scheiben ermöglicht, die man mit Epoxidharz einfach aneinander kleben kann. Mit solchen Techniken hätten die Architekten der frühen Moderne sicher gern gearbeitet.

Wo solche extreme Transparenz nicht gewünscht wird, versuchen die Architekten, das Fenster als abstrakte Ebene des Gebäudes zu behandeln, indem sie es über die gesamte Raumhöhe strecken oder indem sie Glasziegel oder ein anderes Material verwenden, bei dem nicht klar ist, ob es sich bei dem Fenster nicht eigentlich um eine Wand handelt.

Selbst bei relativ konventionell gestalteten Häusern können Fenster aus der Fläche herausragen oder hinter Läden zurückgesetzt sein, so dass man nicht sofort sieht, wo sie sind. Eckfenster sorgen für angenehme Sitzecken im Hausinneren und geben der Fassade ein unverwechselbar modernes Gepräge.

In der Mehrzahl der traditionell gestalteten Häuser sind die Fenster aus Holz, trotz der aggressiven Vermarktung von Kunststofffenstern, und es gibt jetzt ein breites Angebot an Holzfenstern mit Doppelverglasung. Die modernen Umweltstandards begünstigen eher kleinere Fenster, so dass das Haus ganz aus Glas bald der Vergangenheit angehören könnte.

1 Rundes »Mondfenster« von Designer Ivy Rosequist in seinem Felsenhaus in Kalifornien. OPG/ JMR
2 und **3** Fenster in Butterwell Farm. In Bild 3 ist der Laden Teil der Wand. CBC
4 Das Fenster, das vorgibt, nicht vorhanden zu sein: Wilkinson King. WK
5 Solarhaus der 1980er Jahre

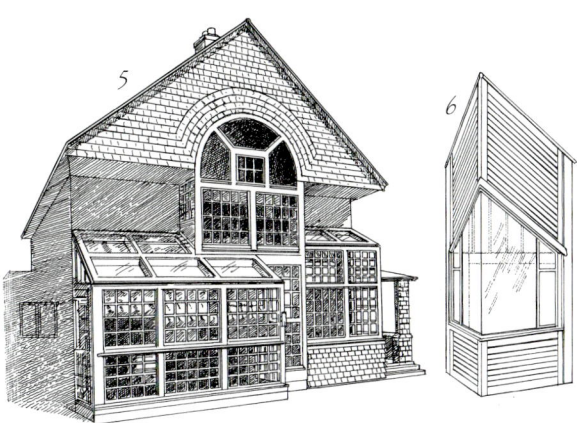

in den Catskill Mountains, New York, von Paul F. Pietz.
6 Eckfenster an einem Haus von D. MacDonald, USA.
7 Dransfield Owens De Silva, Shad Thames, London, 2002, mit spektakulärem Blick. DOS
8 Genormtes Holzfenster, britisch. BTW
9 »Georgianisches« Kunststofffenster. BTW
10 Eckfenster von Hudson Architects in Cedar House, North Elmham. HU
11 Glasziegel bieten Helligkeit und Abgeschlossenheit in Richard Murphys umgebautem Stall in Edinburgh. RM
12 Bildfenster von Gregory Phillips in London, 2003. GP
13 Ein schräges Dachfenster von Gregory Phillips maximiert das Potenzial eines Objektes in der Londoner Innenstadt, 2003. GP

Decken, Fußböden und Wände

1 Drysdale House, 1995/96, Atlantic Beach, Florida, mit Decke und Fußboden aus Holz. WMO
2 Glasdecke, P. Archer, Church Cottages bei Bristol, 2001. PAR
3 Licht und Schatten. Zimmer in London von Belsize Architects. PAR
4 Farbige Wand in Wischtechnik, typisch für die 1980er Jahre. OPG/PM
5 Holzplatten im Dach und ein Holzfußboden sorgen für einheitliche Wirkung. Warren End, Dransfield O. De Silva. DOS
6 Betondecke eines zum Loft umgebauten Lagerhauses von Circus Architects. OPG/DBL

In den 1980er Jahren wurden Flächen wieder dekorativ farbig gestaltet, z.B. schabloniert, marmoriert, getupft und gewickelt – Techniken, die seit den 1920er Jahren kaum noch praktiziert worden waren. Bücher wie Jocasta Innes' *Paint Magic* führten dazu, dass man sich in den Thatcher-Jahren beim Essen über Farbwirkungen unterhielt und Schablonen und Zubehör Verkaufsschlager wurden. »Historische« Farbpaletten erweiterten erstmals das normale Farbenangebot, und Bücher von James Ayres machten einige herrlich primitive Dekorationsstile der Vergangenheit publik. Schablonendekore hatten in den amerikanischen Volksbauweisen immer eine große Rolle gespielt, und in den 1970er Jahren wurden dort für alte Fachwerkhäuser historische Farben entwickelt.

Diese Reaktion auf die Kargheit der Moderne hielt nicht lange an, doch die Minimalisten lernten sicher viel über Farben und Pigmente. Gleichzeitig fanden Kalkrezepturen, gleich ob in Rauputz, Putz oder farbiger Kalktünche, ihren Weg aus der Welt des Denkmalschutzes in das Normalsortiment und wurden schließlich von einigen modernen Architekten übernommen.

In den 1990er Jahren gestaltete man Wände und Fußböden viel einfacher, jedoch schätzte man durchaus ungewöhnliche Texturen, z.B. von Steinwänden oder Strohballen, wenn sie im Rahmen des Umbaus älterer Gebäude gerechtfertigt waren oder bei neuen Häusern einen Schritt zur Nachhaltigkeit darstellten.

1 *Gitter-Trennwand aus Eschen-
holz mit Verglasung in einem
New Yorker Appartement,
1980er Jahre, Peter L. Gluck
and Partners.*
2 *Eine Wand von John Outram
in der Diele eines Hauses in
Sussex, England, 1985. Polierter dunkelroter Stuck kontras-*

*tiert mit einem Furnier aus
Ulmenmaserholz, das mit Aluminium abgesetzt ist. Durch
Polieren mit einem heißen Bügeleisen erhielt die Oberfläche
einen marmorartigen Glanz.
Der Stil erinnert an die Designs
der Moderne in den 1930er
Jahren.* OU

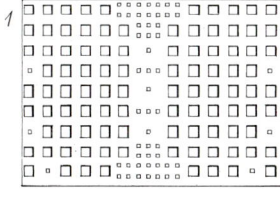

3 *Die gebogene Wand aus Rahmen und Füllungen mit einem
Fenster zum Wohnzimmer ist
Teil einer Rotunde, die das
Foyer eines New Yorker Appartements umfasst, 1980er Jahre.*
4 *Ausschnitt aus der rustizierten
Einfassung eines geräumigen
Keller-Schwimmbassins von Robert Stern, New Jersey, 1980er
Jahre. Vorbild für die Säulen
waren die Palmensäulen des Pavillons im englischen Brighton –
eines Juwels der Regency-Archi-
tektur. Mit glitzernden Fliesen,
Glas und Metalloberflächen
schuf Stern eine grottenähnliche
Atmosphäre. Die Blendpilaster
sind gemauert.*
5 *Stroh hinter einer Polycarbo-
natplatte an Quaker Barns von
Hudson Architects.* HU

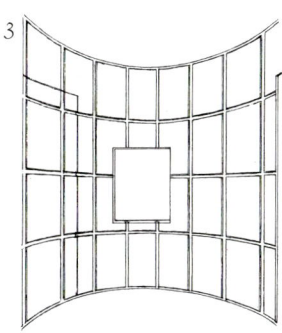

WÄNDE

DECKEN

FUSSBÖDEN

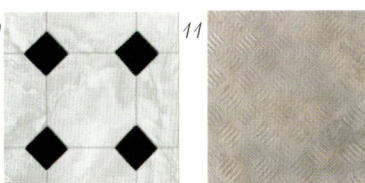

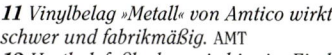

6 *Die Blumentapete »Natural« bricht mit dem
üblichen Rapport-Effekt, Warner Fabrics,
Großbritannien, 1987.* WF
7 *»Wood Anemone« ist ein Tapetenmuster des
Grafikers Glynn Boyd Harte für Dolphin Studio, London, 1990. Für historische Interieurs
gedacht, hat es jedoch eine aktuelle Note.* BH
8 *Maisfaser-Teppich in einfarbigem Webmus-
ter von Tintawn.* TT
9 *Gummi-Fußbodenbelag von Dalsouple, ein
Favorit der High-Tech-Designer in den 1980er
Jahren.* DP
10 *Westco-Linoleum mit einem wiederentdeckten traditionellen Muster.* WE

11 *Vinylbelag »Metall« von Amtico wirkt
schwer und fabrikmäßig.* AMT
12 *Hartholzfußboden, wie hier im Fischgrätenmuster verlegt, war typisch für die
späten 1990er Jahre.* OPG
13 *In Mosaikart schablonierter Fußboden
von Jocasta Innes.* JI
14 *Rote Fliesen in einem von James Gorst
umgebauten Haus in Suffolk.* JGA
15 *Betonfußboden ohne Fugen, in einem
Zug verlegt.* OPG/JMR
16 *Lose Teppiche und Brücken auf Holzdielen statt Auslegware gelten als Zeichen guten
Geschmacks, hier in Santa Fe.* OPG/MBK

Kamine

1 Kunstvoller postmoderner Kamin von Michael Graves in der Londoner Wohnung von Charles Jenck, 1984. OPG/JMR
2 Holzbefeuerter Ofen mit der typischen schwarzen, gusseisernen Oberfläche in einem Atelier. OPG/MBK
3 Kamin aus dem 19. Jh. in der Wohnung des britischen Bildhauers Malcolm Tempest. Er zeigt die fortdauernde Tradition der »Aufsatzgarnitur«. OPG/JMR
4 Bathyscafocus von dem französischen Designer D. Imbert, 1978. Das Feuer kann man in alle Richtungen drehen. DI/FJ

Im späteren 20. Jahrhundert, gerade als sie funktional veraltet waren, wurden Kamine zum Kult und zum Statussymbol, gleich, ob es sich um ein liebevoll erhaltenes Original, ein anderswo geborgenes oder ein modernes Stück handelte. Räumen ohne Kamin fehlte der Fokus, wie »Feuer« auf Lateinisch heißt.

Holzbefeuerte Öfen, die bei Kontinentalklima im Winter lange überlebensnotwendig gewesen waren, wurden in England in den 1970er Jahren eingeführt, genau zu der Zeit, als durch die Ulmenkrankheit plötzlich Brennholz im Überfluss vorhanden war. Ihr Wirkungsgrad ist noch immer schwer zu überbieten, und man kann sie auch zur Warmwasserbereitung nutzen. Was fehlt, ist allein der Anblick und die tröstli-

che Wärme des offenen Feuers, bei dem tausende Kalorien durch den Rauchfang gen Himmel ziehen; das, was bei Fremden lange als exzentrische Neigung der Engländer galt.

Der Handel mit antiken Kaminen begann nicht erst in dieser Periode, doch er nahm beträchtlich zu durch georgianische und viktorianische Modelle, die von Deponien geholt und aufgearbeitet wurden, und dann, als der Nachschub an Originalen versiegte, durch Stilimitationen. Die Entwicklung der wie Kohlefeuer aussehenden Gasfeuer in den 1980er Jahren erleichterte das Feueranzünden erheblich. Thermisch weniger wirkungsvoll, doch viel leichter zu unterhalten, boten sie eine züngelnde Flamme und konnten auf einem historischen Rost installiert werden.

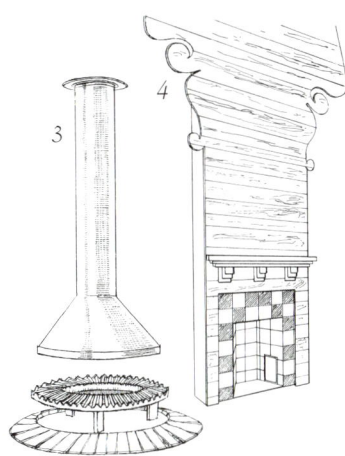

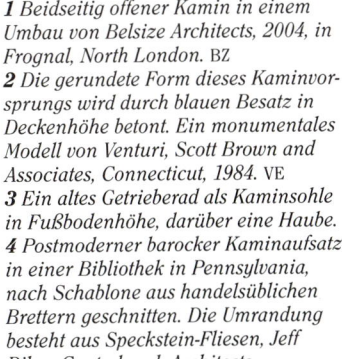

KAMINE

1 Beidseitig offener Kamin in einem Umbau von Belsize Architects, 2004, in Frognal, North London. BZ

2 Die gerundete Form dieses Kaminvorsprungs wird durch blauen Besatz in Deckenhöhe betont. Ein monumentales Modell von Venturi, Scott Brown and Associates, Connecticut, 1984. VE

3 Ein altes Getrieberad als Kaminsohle in Fußbodenhöhe, darüber eine Haube.

4 Postmoderner barocker Kaminaufsatz in einer Bibliothek in Pennsylvania, nach Schablone aus handelsüblichen Brettern geschnitten. Die Umrandung besteht aus Speckstein-Fliesen, Jeff Riley, Centrebrook Architects.

5 »Bonfire« von der Bildhauerin Cathy Burkeman. Die Metallstangen leiten Wärme und erhöhen den Wirkungsgrad. BD/FJ

6 Grafische Feuerlinie in »Smartscheme« von Platonic. PT/FJ

7 Monumentaler Kamin in Ivy Rosequists Haus in Kalifornien. OPG/JMR

8 Der Kamin als Keramikschau, Rick Mather, London, 1986. RMA

9 Die Flammen steigen auf geheimnisvolle Weise aus einem Kiesbett in diesem ungewöhnlich hoch angebrachten Kamin der Firma Platonic, die der Architekt Henry Harrison in den 1980er Jahren gründete. PT/FJ

Küchen

1 Einbauküchen verbinden Vorstellungen von Effizienz und Sicherheit mit warmen Farben und Oberflächen. Hier hat die Moderne das tägliche Leben am wirkungsvollsten durchdrungen. Küche von Bulthaup, 1988. BUL
2 Die »neue Alte«, eine Abkehr von der Einbauküche: Kiefernmöbel und Keramikfliesen im Stil des 18. Jhs. OPG/JMR
3 Die Küche als Hochleistungsraum, im Haus von Future Systems in Islington unter dem Mezzaningeschoss wirkungsvoll angeordnet. Die Edelstahlinsel wird zum plastischen Objekt. DAV

4 Geschickt eingerichtete minimalistische Küche mit knappen Oberflächen, damit sich kein Durcheinander ansammeln kann. OPG/UP
5 Abgehängte »batterie de cuisine«, ein Hauptmerkmal der Bauernhausküche, Steve Weber, Sante Fe. OPG/JMR
6 Zu kalt, um bequem zu sein? Belsize Architects, Frognal, London, 2004. Stahl ist ein populäres Material, ahmt es doch den professionellen Stil der Restaurantküche nach. BZ
7 Landhausstil mit Geschirrschrank aus Kiefernholz und Ausstattungsstücken des »bäuerlichen« Lebens im späten 20. Jh. OPG/JMR

Die Küche ist nun in den Hauptwohnbereich des Hauses integriert. Daraus resultieren zwei alternative Gestaltungsweisen. Das ist zum einen die Küche als voll eingerichteter Wohnraum, in dem die meisten Familienmitglieder nicht nur essen, sondern auch sonst beisammen sind. Das passt jedoch nicht recht zum reinen minimalistischen Design, und so entstand als alternative Form die exquisit ordentliche Küche, mit deren Geräten und Zubehör man prunken kann. Beide Küchentypen sollen den prosaischen Aspekten des Kochens wie auch dem Servieren Glanz verleihen, wobei jedoch vielfältige Geräte die Arbeit erleichtern. Fertiggerichte wurden besonders in England bevorzugt, während man in Amerika gern »über die Straße« gekaufte oder angelieferte Gerichte nahm, statt zu Hause zu kochen.

Herde avancierten zu hochwertigen Artikeln, und in Großbritannien war einer der teuersten noch immer der gewichtige, in den 1920er Jahren eingeführte AGA, der sich am besten für das langsame Garen in der Röhre eignete. Für viele Briten ist dieser unverwechselbare Herd von großem nostalgischem Wert, auch hilft er im Winter das Haus zu beheizen.

Gas spielte nach wie vor eine große Rolle, obgleich Elektroherde mit Kochfeldern aus Keramik oder Glas und elektrischer Umluftbackröhre wohl technologisch am weitesten entwickelt waren.

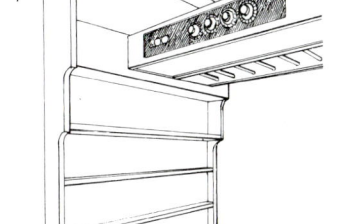

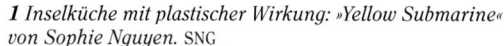

1 Inselküche mit plastischer Wirkung: »Yellow Submarine« von Sophie Nguyen. SNG
2 Die Küche als Hintergrund des Wohnens, von Wells Mackereth im Piper Building, Fulham. OPG/DBL
3 »Schlichtheit ist eine Gabe«: zeitgenössische Küche im Shaker-Stil. OPG/JMR
4 Minimalistisch: ein Keramik-Kochfeld ist in eine Arbeitsplatte eingelassen, frühe 1980er Jahre.
5 Platz sparen mit dem TECTA-Küchenbaum von Stephan Wewerka. TEC
6 Zweiflammiger Herd von Jenn-Air, späte 1970er Jahre. Diese amerikanische Firma führte den Abzug nach unten ein, womit im Haus ebenso wie im Freien gegrillt werden konnte.
7 Küche im amerikanischen Kolonialstil mit modernem Gasherd. OPG/JMR
8 Einfache Küche mit Regalteil im Vordergrund, 1993 von Richard Murphy. RM
9 Lang und schmal wirkt die Küche in Cedar House, Chapelhill, Perthshire, 2000, von Walker Architecture. WKA

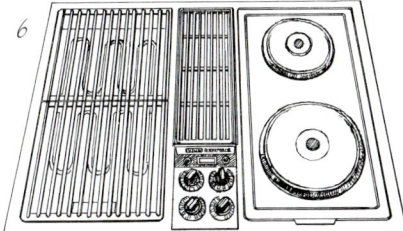

Treppen

1 Glastreppe von Eldridge Smerin in seinem Haus in Hampstead, 2004. Mit ihr durchdringt eine Lichtscheibe das Haus. ESM
2 Wenn die Unterseite der Treppe zu sehen ist, wie bei diesem Beispiel von Belsize Architects, 2003, trägt das zu ihrer architektonischen Identität bei. BZ
3 Schattenspiel wechselnder Stufen; sie bestehen aus ineinander greifenden Ahornplanken und führen auf die Dachterrasse eines Hauses

von Ian Hay in Hampstead. IH
4 Unauffällige Halbtreppe in einem Haus von Allford Hall Monaghan Morris in Paddington, 2002. AHMM
5 Kurze Treppe zu einem Hochbett in Warner House, London, von Circus Architects. Die Metallkonstruktion besteht aus Rüststangen. OPG/DBL
6 Elegante Kombination von hölzernen Trittstufen und metallenem Handlauf von Hudson Architects in Quaker Barns, Norfolk. HU

Treppen sind meist die ursprünglichsten und originellsten Teile von neuen und umgebauten Häusern, denn an ihnen können die Architekten in dem gewählten Stil ihre Phantasie spielen lassen. Gegenüber dem Zeitraum vor 1975 hat sich nicht viel Wesentliches geändert, und Leitertreppen sowie Wendeltreppen sind weiterhin interessant. Andererseits kommt die Entwicklung von Werkstoffen wie Hartglas abenteuerlichen Lösungen entgegen.

Holz ist das bevorzugte Material für die Trittstufen, und obgleich es auch Treppen ganz aus Holz gibt, bildet es meistens nur die oberste Schicht. Alternativen sind Metall, Beton und in seltenen Fällen Glas.

Die Bilder zeigen vielfältige Handläufe und Baluster, von klassischen gedrehten Balustern aus Holz bis zu vertikalen Elementen aus Metall, gespannten Drähten und Glastafeln. Sicherheitsvorschriften sorgen dafür, dass die Zwischenräume so klein sind, dass Kinder nicht hindurch passen, die aber natürlich auch andere Wege finden, um außen an der Treppe hinaufzuklettern.

Wie alle Bilder deutlich zeigen, hat die Wirkung der Treppen viel mit dem Licht zu tun. Offene Skelettformen werfen Schatten, und manche massiveren Bauformen ermöglichen die Erfahrung, aus dem Schatten nach oben ins Licht zu steigen.

1 Dorische Säule mit Obelisken als Antrittspfosten von Robert Adam, England. AD
2 Die in den 1980er Jahren von John Simpson in Ashford House, Sussex, gebaute Treppe beschwört den Stil einer Regency-Villa. SI
3 High-Tech-Treppe von William McDonough, New York, 1980er Jahre, die bis zum Ende des Jhs. den Trend für Treppen im erneuerten Stil der Moderne vorgab. WM
4 Schiefertreppen im Flur eines traditionellen Hauses in Santa Fe. OPG/JMR
5 Frei tragende Treppe von Hudson Architects in Spencer Park, 2001 – ein reizendes und bemerkenswertes Detail. HU
6 Der Architekt und Historiker Peter Blundell-Jones baute eine massive Treppe mit Glasbalustrade in einen doppelt hohen Raum in einer umgebauten Windmühle in Derbyshire ein. PBJ

7 Spektakuläre Glastreppe für einen umgebauten Stall mit freiem Grundriss, nach Entwurf von Barrett Lloyd Davis gebaut von Bisca. Sie vereint Glas und Edelstahlwangen mit eingebetteten Faseroptiklampen. BIS/FJ
8 Bei dieser Treppe gleicht der Antrittspfosten einem Wolkenkratzer mit eingebauter Beleuchtung. Höhe 274 cm, Connecticut, 1980er Jahre.

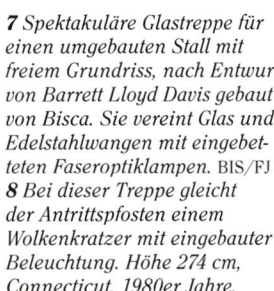

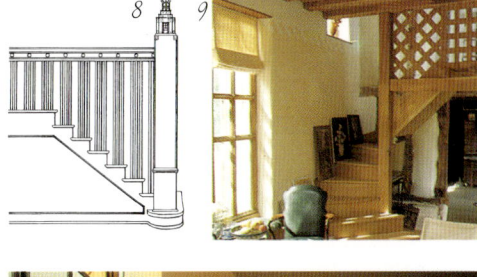

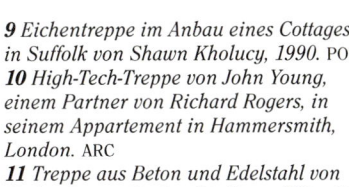

9 Eichentreppe im Anbau eines Cottages in Suffolk von Shawn Kholucy, 1990. PO
10 High-Tech-Treppe von John Young, einem Partner von Richard Rogers, in seinem Appartement in Hammersmith, London. ARC
11 Treppe aus Beton und Edelstahl von Carlos Zapata Design Studio und Una Idea Architects, Florida, 1994. EST

TREPPEN

Aufbewahrungssysteme

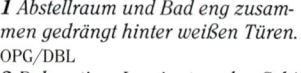

1 Abstellraum und Bad eng zusammen gedrängt hinter weißen Türen. OPG/DBL
2 Dekoratives Laminat an den Schiebetüren eines metallenen Aufbewahrungssystems im Orange House of the Future, einem ehemaligen Bauernhaus in Herfortshire, nach Entwurf von Urban Salon. US
3 Schranktüren verbergen verschiede-

ne Geräte, Gunnar Orefelt. OPG/UP
4 Schlichte, elegante Behälter im Bad, von Belsize Architects. BZ
5 Eine Behälterwand als Raumteiler in Tabernacle Street, von Gregory Phillips, 2003. GP
6 Schubkästen unter einer erhöhten Plattform, von Paul Archer. Ein Teil des Fußbodens wird gehoben, und ein Bett erscheint. PAR

Die Gestaltung von Stauraum hat in der Geschichte der Moderne immer eine besondere Rolle gespielt, denn der steigende Konsum und die Mehrung der Gegenstände zogen den natürlichen Wunsch nach sich, diese nicht sehen zu lassen. Der Minimalismus regt zur Schaffung versteckter Räume an, die nicht einmal durch Türgriffe markiert werden und bei denen z.B. eine Tür bei Berührung aufspringt. Leib-Geist-Theorien sehen sogar in der visuellen Klarheit im Umfeld eines Menschen ein Zeichen für einen klaren Geist.

Einige Konzepte, z.B. Klappbetten, sind wieder einmal populär, wie sie es zu Beginn des 20. Jahrhunderts waren, als Charlie Chaplin ein einprägsames, komisches Abenteuer mit einem solchen hatte. Mit kleiner werdenden Häusern und

Wohnungen scheint die Privatsphäre kein Hauptanliegen mehr zu sein. Andere Aufbewahrungsmöbel, wie z.B. Bücherregale, sind seit Jahrhunderten frei sichtbar gewesen und bleiben Felder für gestalterisches Geschick.

Eine Reihe von Komponenten, z.B. Laufschienen für Schubkästen, helfen dem Gestalter, Staumöglichkeiten je nach persönlichen Wünschen und räumlichen Möglichkeiten zusammenzustellen. Holz und Holzprodukte sind die bevorzugten Materialien, doch auch industriell hergestellte Metallsysteme sind oft in Wohnungen zu finden. In den meisten Fällen bilden die Aufbewahrungssysteme nicht nur einen neutralen Hintergrund, sondern tragen entschieden zur Raumgestaltung bei.

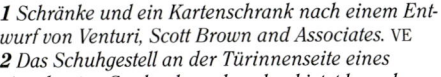

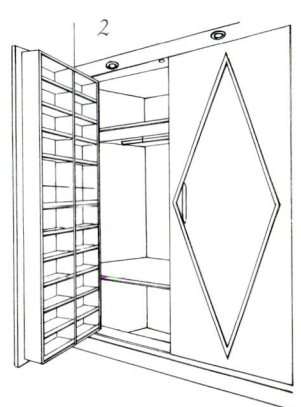

1 *Schränke und ein Kartenschrank nach einem Entwurf von Venturi, Scott Brown and Associates.* VE
2 *Das Schuhgestell an der Türinnenseite eines eingebauten Garderobenschrankes bietet brauchbaren Stauraum.*
3 *Pfiffiger Arbeitsplatz von Charles Jenck mit mehreren Reihen kleiner Fächer und einem frei stehenden Diaschrank.* JE
4 *Gewichtige klassische Bibliothek von Roderick Gradidge, Easton Neston, Northamptonshire, England, 1970er Jahre.*
5 *Inselküche mit Regalen für Ziergegenstände an der Außenseite, 1986 von William M. Cohen, New York.*
6 *Garderobenraum unter dem Mezzanin in der Eingangshalle des Piper Building, Wells Mackereth.* OPG/DBL
7 *Küchenschränke unter Regalen, Mornington Terrace, von AEM Architects.* OPG/DBL
8 *Klappbett in einer Wohnung in Piccadilly*

von Littman Goddard Hogarth. OPG/DBL
9 *Schiebetüren und durchsichtige Füllungen, in japanischem Stil angeordnet, im Haus des amerikanischen Designers Jack Lenor Larsen.* OPG/JMR
10 *Raumteiler mit Anklängen an die 1950er Jahre von Richard Dewhurst.* OPG/JMR
11 *Korridorvitrine mit natürlichem Licht, 1985 von John Outram in Sussex, England; eine alte Idee neu interpretiert.* OU
12 *Einfaches Regal in Santa Fe.* OPG/JMR

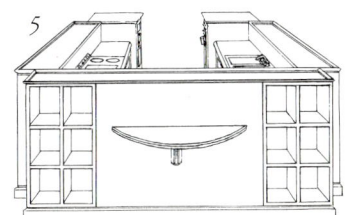

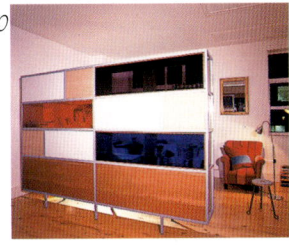

Installation

*1 Ein Bad im Dachgeschoss mit improvi-
sierten, geborgenen oder nachgebauten
Komponenten. Altmodische Mischbatterien
und Brauseschläuche tauchten aus der
Vergessenheit auf und wurden ab Mitte der
1970er Jahre wieder produziert.* OPG/PM

*2 Hier wurde der Minimalismus verdrängt:
Schwelgerei in bunten Fliesen der 1950er
Jahre im Bad von Nigel Taland in Blooms-
bury, einem exzentrisch gestalteten abge-
schlossenen Raum.* OPG/NM
*3 Eine Hommage an Porzellankannen und
Schüsseln: Dieses flexible Waschbecken*

kann auch im Freien verwendet werden. UE
*4 Luxuriöses Bad mit »Löffelbadewanne«
und origineller Bepflanzung – eine lebende
Trennwand auf allen Etagen des Gebäudes.*
*5 Primitiver ländlicher Stil in einer umgebau-
ten Scheune in Kent, mit Keramikbadewanne
und einfachem Waschbecken.* OPG/JMR

Noch nie in der Geschichte des Hauses wurde dem Bad so
viel gestalterische Aufmerksamkeit und ein so hoher Anteil am Budget zuteil wie im letzten Viertel des 20. Jahrhunderts. Bezüglich der Qualität der Badinstallation war Großbritannien gegenüber Amerika im Rückstand, doch die
Lücke wird kleiner, und es ist eine Fülle von Produkten auf
dem Markt, mit denen jene Kombination von Luxus und Einfachheit hergestellt werden kann, die der Ästhetik der modernen Hygiene entspricht.

In der Nachkriegszeit badete man in der Verborgenheit
und bei Kunstlicht; die heutigen Bäder dagegen sind geräumig und haben Fenster. Im Bad muss man nicht unbedingt
allein sein, und man kann seinen Körper sehen lassen, ohne
sich zu genieren. Die Nostalgie für Bäder im ländlichen Stil,
aus umgebauten Ankleidezimmern entstanden und mit frei
stehender Wanne auf Klauenfüßen, hat zu entsprechenden
modernen Formen geführt, und nur selten findet man noch
fest eingebaute Badewannen. Auch Waschbecken stehen oft
frei, und die Rohranschlüsse sind sichtbar und ästhetisch ansprechend gestaltet. In den 1990er Jahren wurden in dieser
normalerweise konservativen Branche einige neue Designs
eingeführt, viele davon erstmals mit Glas. In Großbritannien
ist die Badewanne Standard, während in den USA weiterhin
die energie- und wassersparende Dusche bevorzugt wird.

1 Duschkabine aus Glasziegeln im Stil der 1930er Jahre in Warner End. OPG/DBL
2 Doppelwaschbecken mit modischen Glasschalen in Gloucester Gate, London, von Belsize Architects, 1997. BZ
3 Die Badewanne wurde in ein Podest im Fußboden eingebaut, Upper Harley Street, 1998, von Belsize Architects. BZ
4 Zylindrische Duschkabine und Ständerwaschbecken aus Stahl, eine futuristische Spielerei in einer New Yorker Wohnung, entworfen von William McDonough. WM
5 Marmorplatte mit elegantem Stahlwaschbecken von Morphosis in Kalifornien.

6 Orchideenwaschbecken im so genannten reinen Art-nouveau-Stil, Aquaware, Duravit, Großbritannien, 1980er Jahre.
7 Nostalgischer Stil von Pierce Allan in einem umgebauten Lagerhaus in Manhattan. OPG/MBK
8 Dusche in Deckenmontierung, ohne Duschkabine, von Brooks Stacey Randall, 1998. BSR
9 Beheizte Doppel-S-Handtuchstange.
10 Elegant geformte Toilette von American Olean.
11 Kompaktes Bad mit phantasievoller Farbgestaltung. OPG/DBL
12 Das Bad als Schrein für den Körper, von Belsize Architects, Gloucester Gate, 1997. BZ

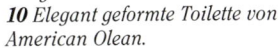

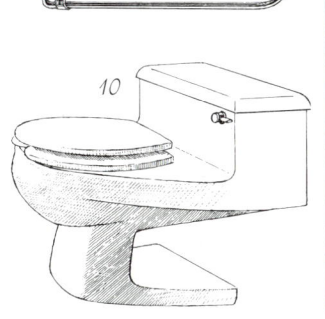

Beleuchtung

1 Spaß und Phantasie: Lampe »Garland«, 1998 in Frankreich von dem holländischen Designer Tord Boontje für »Habitat« geschaffen. HABI
2 Punktleuchte von Erco, ähnlich wie Bühnenbeleuchtung. ER
3 Weiße Punktleuchte von Erco. ER
4 Regenbogenfarben aus der Lampe »Shimmer« von Aktiva. AV
5 »Flower Pot« von Verner Panton, Unique Interieur. UN
6 Schottlampen sind innen

und außen verwendbar.
7 »Globall«, eine Tischleuchte in natürlicher Form von Jasper Morrison für FLOS. FS
8 Bauchige Formen waren in den 1970er Jahren beliebt, wie diese ausziehbare Wandleuchte aus poliertem Aluminium von Dorothee Maurer-Becker. ARP
9 Achille Castiglioni gestaltete die Fuchsienleuchte für FLOS. FS
10 Geformter Deckenfluter »Est« von Rodolfo Dordoni für FLOS.

11 Das Gegenteil zum glatten Bauhausstil, für »Habitat«. HABI
12 Ein preisgünstiger Klassiker nach dem Vorbild der japanischen Papierlaterne ist die Papierkugel mit Drahtringen.

V on den 1990er Jahren an haben kleine, von Absolventen gegründete Designfirmen von sich reden gemacht. Dank der verbesserten weltweiten Kommunikation konnten sie nicht nur wirkungsvoller für ihre Produkte werben und Hersteller suchen, sondern auch bei den jährlichen Design-Messen ausstellen, z. B. bei 100% Design in London.

Beleuchtung spielt auf diesen Messen, auf denen Einzelhändler Alternativen zu den großen Herstellern suchen, eine wichtige Rolle. Leuchten von neuen Gestaltern sind meist eigenwillig und humorvoll, in verblüffenden Farben, Formen und Materialien. Manche können den Bedingungen des breiten Marktes angepasst werden, wie Tord Boontjes Girlandenleuchte für »Habitat«, bei der eine nackte Glühlampe von ei-

nem Strang fotografisch geätzter Stahlblüten umschlungen ist. Mit diesem Ätzverfahren werden normalerweise elektronische Bauteile hergestellt.

Haltbare Energiesparlampen finden breitere Anwendung, und viele Schaltungen enthalten Dimmer. Die schon in den 1960er Jahren erfundenen LEDs (Leuchtdioden) gehören erst seit kurzem zum Sortiment. Mit dieser Technologie werden rote und grüne Leuchten für elektronische Geräte erzeugt, und die Entwicklung einer weißen Variante dauerte einige Zeit. Als energiesparende Kaltlichtquelle versprechen sie noch größere Einsparungen. Ende der 1990er Jahre begannen sie, die konventionellen Leuchten zu verdrängen, wenn auch noch nicht so sehr im privaten Bereich.

Holz und Metall

1 Das Stahltor dieses Stadthauses in Lincoln Park, Chicago, passt gut zu der Konstruktion aus Betonblöcken. EF
2 Drysdale House von William Morgan, in Atlantic Beach am Rand eines Eichenwaldes gelegen, ist ein mit Zedernholzschindeln verschaltes Fachwerkhaus, dessen Überhänge von laminierten Balken gestützt werden. WMO
3 Die Londoner Designer Frankl + Luty haben mit einer schmückenden Eichenverkleidung vom Fußboden bis zur Decke und einem bis nach innen reichenden Pflanztrog Innen und Außen verbunden. FLY

4 Ein Anbau von Stephenson Somerville Bell an ein Haus in Alderley Edge, Cheshire, 1995, hat sehr wirkungsvolle Holzlamellen, die Naturmaterial mit der Offenheit des High-Tech-Stils verbinden. STE
5 Ein metallener Laufsteg führt zum Eingang von Hopkins House, dem aus Metall und Glas gebauten eigenen Wohn- und Bürohaus der Architekten in Hampstead. 1976. EHW
6 Die Metallbalkons dieser Appartements im Süden Londons sind aus einfachen Abschnitten zusammengeschweißt. ARI

Die Sorge über die Abholzung der Wälder, besonders der Tropenwälder, nahm in den 1970er Jahren beträchtlich zu, und heute gibt es entsprechende Zertifizierungsprogramme für Holzlieferanten (PEFC, FSC). Dass man auf die ökologischen Effekte der Holzgewinnung achtet, heißt nicht, dass man es nicht zum Bauen verwendet. Die 2000 gegründete britische Organisation Wood for Good fördert die Verwendung von Holz aus erneuerbaren Quellen, denn die Nutzung des Landes für den Anbau der richtigen Holzarten bringt andere ökologische Vorteile. Holz ist am Ende seines ersten Lebens in einem Gebäude auch bestens zur Wiederverwertung geeignet, wie das umfangreiche Geschäft mit dem Holzrecycling in den letzten Jahren gezeigt hat. Im ungünstigsten Fall kann es immer noch als Brennstoff dienen.

Die Designer in Großbritannien und Amerika, die beide eine lange Tradition im Holzbau haben, lieben diesen Werkstoff noch immer, aber Holz kann auch in Geschmacksfragen polarisierend wirken. Einige der berühmtesten Architekten der Gegenwart verwenden es kaum; sie haben wohl Sorge, dass es zu traditionell wirkt. Sie setzen dafür verschiedene Metalle ein, auch wenn die Menge der in den begehrtesten Baumetallen, Stahl und Aluminium, vergegenständlichten Energie (die Energie, die für die Gewinnung des Metalls aus den Rohstoffen benötigt wird) sehr groß ist.

METALL

HOLZ

BRITISCHE VOLKSBAUWEISEN

Um die Mitte des 17. Jhs. wurden viele Häuser mit zwei Zimmern pro Stockwerk und Eingang sowie Treppe in der Mitte gebaut – eine Anordnung, die im frühen 16. Jh. mit den Fachwerkhäusern im Südosten Englands eingeführt und später auf Steinbauten übertragen worden war. Dieses Haus aus dem 17. Jh. im Dorf Sulgrave, Northamptonshire, in den englischen Midlands wurde am hinteren Ende erweitert, was die Symmetrie, aber nicht das Aussehen stört. Das Haus besteht aus dem örtlichen Oolith-Kalkstein, der einen goldenen Ton und gelegentlich braune Streifen von Eiseneinlagerungen zeigt. Die Fenster weisen Verdachungen von einem mittelalterlichen Typ auf, der in den Midlands bis weit in das 18. Jh. gebräuchlich war. Trotz des feinen Mauerwerks ist das Dach mit Stroh gedeckt, eine örtliche Gepflogenheit, die im späteren 17. Jh. ausstarb. AQ

Die britische Volksarchitektur zeigt sich in Tausenden von Häusern, die zwischen dem späten Mittelalter und der industriellen Revolution gebaut wurden, also etwa von 1350 bis 1800, in verwirrender Stilvielfalt. Diese Stile widerspiegeln die kulturellen und physischen Unterschiede der einzelnen Regionen.

Die Normannische Eroberung im Jahr 1066 brachte Frieden und Stabilität, wodurch nicht wenige Bauern und Kaufleute wohlhabend genug wurden, um sich ein festes Haus leisten zu können. Bis dahin hatten einfache Häuser nur etwa eine Generation überdauert. Jetzt gab es eine wachsende Gruppe von Handwerkern - Steinmetze, Zimmerleute, Maurer, Putzer, Flieser (die Fliesen herstellten oder verlegten), Glaser usw. -, die ihr Handwerk am Ort durch praktisches Beispiel erlernten. Je nach den örtlichen Baustoffvorkommen entwickelten sie ihre eigenen Methoden, und diese waren die Basis für die Fülle der Volksbaustile, die sich nicht nur nach den Baustoffen, sondern auch nach der Art und Weise unterschieden, wie diese zur Dekoration genutzt wurden.

Ein einmal entwickelter Stil blieb meist zumindest einige Generationen lang aktuell, weshalb Häuser in Volksbauweisen oft schwer zu datieren sind. Dass sie im Laufe der Jahre häufig durch Anbauten erweitert wurden, macht die zeitliche Einordnung noch schwerer.

Wenn auch die Volksbauweisen manchmal die Stile widerspiegelten, die landesweit an den Häusern der Wohlhabenden praktiziert wurden, führte der Geldmangel doch zu Anpassungen. Baumaterial aus der Ferne zu holen, war für einfache Bürger generell zu teuer, und so verwendete man stattdessen die örtlichen Werkstoffe, was häufig mit Einschränkungen in der Gestaltung einherging. Außerdem handelte es sich bei den Kenntnissen der örtlichen Handwerker über Hocharchitektur oft nur um ein naives Verständnis einer begrenzten Zahl von Häusern, die für die höheren Schichten schon altmodisch waren. Es herrschte ein zäher Konservatismus, der aber die Phantasie nicht behinderte.

Regionale Unterschiede waren nicht nur durch das Materialangebot, sondern auch durch die ungleiche Verteilung des Wohlstands unter den einfachen Leuten bedingt. Die althergebrachte Konzentration des Wohlstands im Süden und Osten Englands führte dazu, dass dort schon früh feste Häuser entstanden. Wo jedoch der Großgrundbesitzer raffgierig war, hatten die freien Bauern (Yeomen genannt) und Kaufleute keinen Anteil an diesem Wohlstand; umgekehrt gab es viele scheinbar ärmere Gegenden, wo es die Yeomen zu etwas bringen konnten und daher zwar bescheidene, aber gute Häuser bauten. Unfruchtbares Land und ein tyrannischer Grundbesitzer zusammen konnten einfachen Leuten das Bauen völlig unmöglich machen. Die Yeomen von Kent waren durch die gesellschaftlichen und politischen Umstände vor allen anderen begünstigt. Lange vor dem Ende des Mittelalters waren sie für ihren Wohlstand berühmt. Tausende ihrer Fachwerkhäuser aus dem Mittelalter stehen noch, und viele davon sind erstaunlich groß. In Devon dagegen rissen die großen Grundbesitzer alles an sich, und die Häuser der Yeomen waren zumeist bescheiden. In einigen Teilen der Penninen im Norden Englands, wo die Yeomen von den neuen Industrien - vor allem den Webereien - profitierten, begannen sie nachweislich schon gegen Ende des Mittelalters, feste Häuser aus Stein zu bauen.

Diese sechs Häuser freier Bauern widerspiegeln einen Zeitraum von weniger als
200 Jahren. Ihre Anordnung hier entspricht
etwa ihren Standorten.
1 Bauernhaus in Heapey, Lancashire, 1696
aus hartem penninischem Kohlensandstein
gebaut. Die Dachziegel sind aus dem
gleichen Material. Die Form des Hauses mit
einem Hauptraum und zwei Nebenräumen
auf jeder Etage ist typisch für die westlichen
Penninen. AQ
2 Bauernhaus in Sowerby, West Yorkshire,
1662 in der für diese Region üblichen groß-

zügigen Weise gebaut, mit den charakteristischen, im Obergeschoss abgestuften Reihen
von Stabwerkfenstern. Das Material ist auch
hier Kohlensandstein. AQ
3 Kleines Fachwerkhaus in Stoneleigh, Warwickshire, um 1500 von einem Yeoman gebaut, der gerade wohlhabend genug war, um
überhaupt bauen zu können. Die Mauern
wurden später mit Ziegelausfachung erneuert. Die markanten, gebogenen Balken sind
typisch für Mittel- und Nordengland und einen Großteil von Wales, während man sie in
Ost- oder Südostengland nicht findet. AQ

4 Relativ ärmliche Steinkaten mit Stroh-
oder Pfannendächern. Thimbleby, Lincolnshire. AQ
5 An diesem Haus in East Chinnock, Somerset, 1637, kommen der örtliche Oolith und
die dazu passenden Dachziegel – welche
die wohlhabenden Yeomen der Gegend sich
leisten konnten – sehr gut zur Geltung. AQ
6 Wenigstens ein Jahrhundert früher wurde
das Bauernhaus in Northiam, East Sussex,
aus gutem Eichenholz gebaut. Es hat eine
dekorative, dichte Ständerkonstruktion und
keramische Dachziegel. AQ

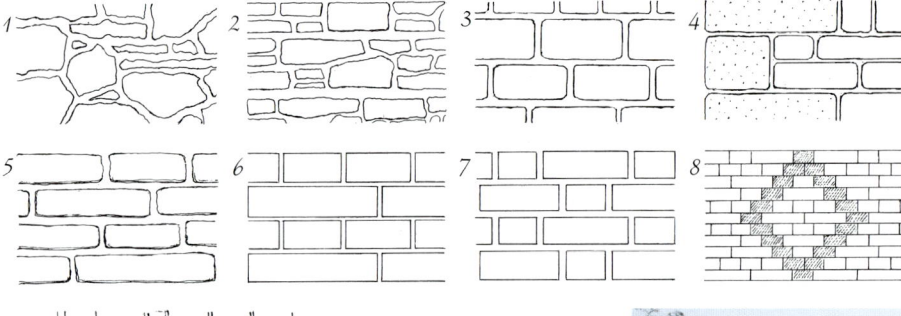

1 bis 4 Stein konnte prinzipiell auf drei Arten versetzt werden, wie die ersten drei Skizzen zeigen: unregelmäßig als Bruchstein, in groben oder in regelmäßigen Lagen. Die letzte Abbildung zeigt regelmäßig versetzte Steine mit größeren, fein bearbeiteten Blöcken als Ecksteine. Die Hausecken wurden oft von qualifizierteren Handwerkern gebaut.

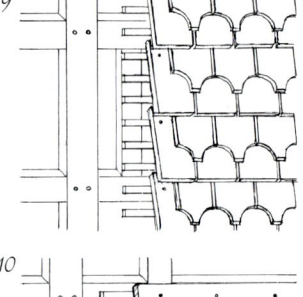

5 bis 8 Ziegel konnten mit den langen Seiten (Läufern) und kurzen Seiten (Bindern) nach außen in einem unregelmäßigen Muster verlegt werden, oder mit wechselnden Lagen von Läufern und Bindern im »englischen Verband«, oder mit wechselnden Läufern und Bindern in jeder Lage im »flämischen Verband«. Rautenmuster entstanden durch Einfügen von Glasursteinen zwischen die einfachen Ziegel.
9 Als gegen Ende des 17. Jhs. Ziegel populärer wurden als frei liegendes Fachwerk, verkleidete man viele Häuser mit Dachziegeln. Man hängte sie an Latten, die man auf das Fachwerk genagelt hatte. Besonders im 19. Jh. waren diese Platten oft dekorativ geformt.

10 Eine billigere Art der Verkleidung für Fachwerkwände war die Stülpschalung. Die Bretter konnten überlappend oder gefalzt, mit einer Nut zwischen je zwei Lagen, angebracht werden. Die Nadelholzbretter wurden meist weiß gestrichen.
11 In den östlichen Grafschaften Englands war Stuckverzierung gebräuchlich – gekerbte oder erhabene Muster im Putz der Fachwerkhäuser. Dieses Muster aus Ranken und Blumen ist aus Clare, Suffolk.
12 Ein Haus aus Ziegeln und Feuerstein in Sussex. Feuerstein wurde in Süd- und Ostengland viel verwendet. AQ

Die komplexen Muster örtlicher Baustoffe tragen zu der unerschöpflichen Faszination der Volksbauweisen bei. Im Süden und Osten Englands, in den westlichen Midlands und der östlichen Hälfte von Wales sowie im Tiefland von Yorkshire und Lancashire bestehen die älteren Häuser aus Holz. Ihre Rahmen wurden aufwändig dekoriert, mit bedeutenden Unterschieden zwischen den Regionen. Um 1700 herrschte die Ziegelbauweise vor, und nun zeigten sich die örtlichen Besonderheiten in den Mustern im Mauerwerk und der Form der imposanten Schornsteine.

Die gebirgigen Teile Englands (besonders der Westen und der Norden) und große Teile von Schottland und Wales haben reiche Steinvorkommen. Da dieser Stein schwer zu bearbeiten ist, blieben plastische Verzierungen auf markante Stellen wie z.B. Türöffnungen beschränkt. Nur wo es reichlich Stein von guter Qualität gab – zum Beispiel in dem jurassischen Kalksteingürtel, der sich von Dorset bis Yorkshire diagonal durch England zieht –, konnten die Steinmetze die einfacheren Häuser mit reichem plastischem Dekor versehen. Aber auch dort setzten die Kosten eine Grenze.

Eine charakteristische Form der Dekoration im Osten Englands sind Stuckornamente - eingekerbte oder erhabene Muster im Putz eines Fachwerkhauses. Meistens waren das regelmäßig wiederholte geometrische Formen, aber gelegentlich gab es auch kunstvollere Muster. Man findet sogar einige figürliche Kompositionen, Wappenbilder oder exotische Muster, die ganze Wände bedecken. Durch farbige Bemalung konnten sie zusätzlich hervorgehoben werden.

Auch durch die Kombination verschiedener Baustoffe konnte man Außenwände dekorativ gestalten. Im Süden und Osten Englands wurden traditionell Feuersteine mit Ziegeln kombiniert. Auch Kopfsteine und Kiesel bilden Muster mit Ziegeln.

Die industrielle Revolution, die den Transport von Baumaterial verbilligte, brachte das Ende für die Volksbaustile; im Norden allerdings wurden sie noch bis weit in das 19. Jahrhundert beibehalten. In der Mitte des 19. Jahrhunderts gab es eine Rückbesinnung auf die Volksbauweisen, aber das war kaum mehr als eine Maskerade. Der Erfindungsreichtum und die Energie, die der Volksarchitektur über Jahrhunderte eigen gewesen waren, erwiesen sich als unnachahmlich, und das ist wohl auch der Grund dafür, dass ein echtes ländliches Cottage oder Bauernhaus noch immer die Phantasie der Menschen fesselt.

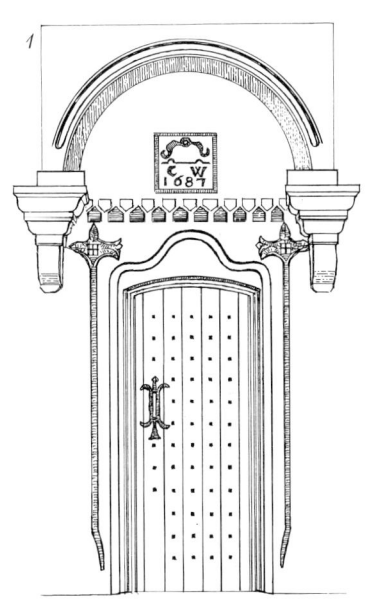
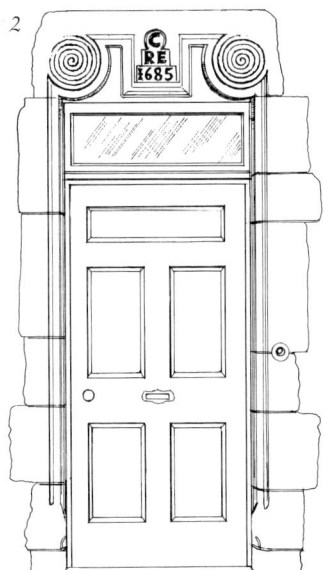

TÜREN

1 In den Yorkshire Dales haben Steinhäuser aus dem späten 17. und frühen 18. Jh. oft kunstvoll mit Bögen und Schnörkeln gestaltete Türöffnungen, auch Baujahr und Initialen des Besitzers sind angegeben.
2 Aus einem Bauernhaus in den Penninen, Yorkshire: Türsturz mit Rundfeldern und Inschrift.

3 In Südengland wurde eine nüchterne, wenn auch naive Version des landesweit üblichen Stils beliebt, wie in dieser klassisch inspirierten Tür in Burwash, East Sussex, um 1708. DM
4 Ebenfalls eine klassische Anleihe war der Türsturz in Muschelform. LL
5 In den ärmsten Bezirken, wo es viel regnete, wie in Cumbria, war ein einfacher geschlossener Vorbau wichtig.
6 An Innentüren wurden Latten und Planken, später auch Rahmen und Füllungen dekorativ gestaltet. Hier sind die Füllungen ungewöhnlich angeordnet und die Profilleisten naiv gestaltet. LL
7 Der Mittelteil dieser Plankentür aus dem 17. Jh. besteht aus Rahmen und Füllungen. LL
8 Die Rundbögen dieser einfachen, durch Scharnierbänder stabilisierten Türen widerspiegeln klassischen Geschmack. LL
9 Gedrückter Bogen und auffälliger Schlussstein über einer Innentür, Südwestengland.
10 An weniger wichtigen Türen gab es noch gotische Doppelbögen.
11 Profile am Sockel einer Türzarge.
12 An Türbeschlägen konnte der Schmied dekorativ tätig werden.

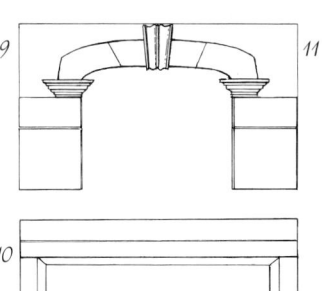

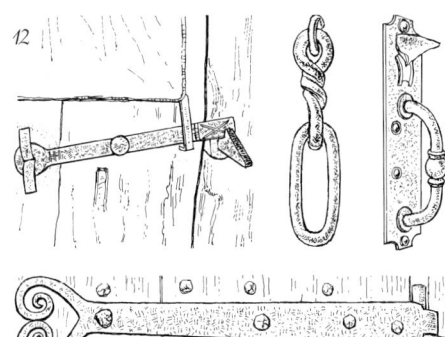

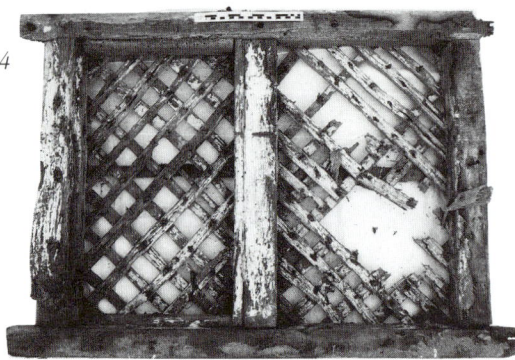

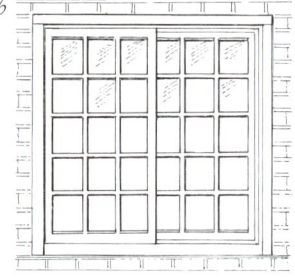

FENSTER

1 Als es gegen Ende des 16. Jhs. üblich wurde, Fenster zu verglasen, wurden verschiedene Anordnungen für die Scheiben erdacht. Meist setzte man sie, gestützt von Stäben und Holmen, zu größeren Fenstern zusammen. Diese Reihe von Scheiben mit Steinpfosten dazwischen, aus New Thames, Saddleworth, Manchester, ist aus dem späten 17. Jh. AQ

2 Zwei kleine Fenster aus Swinithwaite, North Yorkshire, 1692. Bei dem rechten wurde der Mittelpfosten entfernt und ein Schiebefenster eingesetzt. AQ

3 Die ersten Fenster, die man öffnen konnte, waren Schwenkflügel in Eisenrahmen. Das Beispiel aus dem 18. Jh. ist aus Gloucestershire.

4 Die Verwendung von Bleisprossen zum Halten der Scheiben könnte vom Muster des Haselnuss-Flechtwerks abgeleitet sein. Dieses Beispiel ist aus East Sussex. DM

5 In Küstenstädten setzte man vertikale Schiebefenster oft in Erker ein, um die Sicht besser genießen zu können.

6 Die alternative Form mit horizontal gleitenden Rahmen (»Yorkshire sliders«) kommt ohne Gegengewichte aus, doch durch die senkrechte

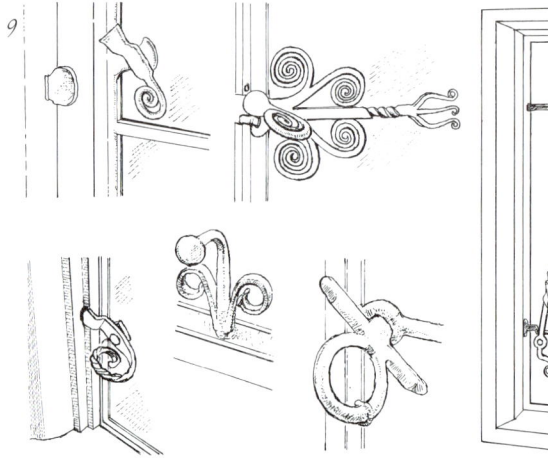

Fuge kann Regen eindringen.
7 Fensterläden waren von alters her in Gebrauch. Sie wurden einfach an vertikalen Scharnieren zurückgeklappt. Gegen Ende des 18. Jhs. strich man sie meist in hellen Farben, damit sie Licht in den Raum reflektierten. In größeren Häusern waren sie passend zur Täfelung gestaltet. LL

8 Drehbare Fenster wurden im 19. Jh. gebräuchlicher.

9 Schmiedeeiserne Fensterbeschläge aus dem 17. Jh., u.a. Vorreiber und Spreizen.

WÄNDE

Durch die Gestaltung der Innenwände wurden einzelne Räume hervorgehoben und die Bedeutung der Räume zueinander abgestuft.

1 Bei Fachwerkwänden fügte man zwischen den Balken Flechtwerk ein, das manchmal, wie in diesem Beispiel aus Warbleton, East Sussex, sichtbar blieb. Gewöhnlich wurde es jedoch verputzt und geweißt, wodurch die sichtbar bleibenden Balken sich als attraktives Muster von den weißen Flächen abhoben. DM

2 Planken zwischen den vertikalen Ständern waren wichtigen Räumen vorbehalten. Unser Beispiel zeigt eine Trennwand zwischen den Haupträumen eines Hauses in Chetnole, Dorset, aus dem 17. Jh. AQ

3 Mit dem Fortschreiten des 17. Jhs. entstanden ansehnliche Häuser in Volksbauweise, in denen man die Balkenkonstruktion manchmal durch eine Täfelung verdeckte, wie in diesem Haus von etwa 1740 in Charlton Kings, Gloucestershire. LL

4 Eine preisgünstigere Lösung war es, die Trennwand so zu bauen, dass die Balkenstellung wie eine Täfelung wirkte. Unser Beispiel stammt aus einem Haus in Avon, Südwestengland, aus der Mitte des 17. Jhs.

5 Gut versetzte Steine galten für Bauernhäuser immer als ausreichend, wie in diesem Haus von ca. 1500 in Lettaford, North Bovey, Devon, wo die hervorstehenden Deckenbalken eines Innenraumes auch dekorative Wirkung haben. AQ

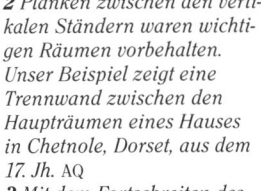

6 Verputzte Wände konnten innen wie außen plastische Ornamente tragen, oder ein durchgängiges Fischgrätenmuster aufweisen, wie hier im Ausschnitt gezeigt. AQ

7 Kraftvoll gerollter Dekor am Sockel einer vertäfelten Wand in einem Bauernhaus in Südwestengland, 1651. Mit ähnlichen Mustern konnte im oberen Teil der Wand ein Fries gebildet werden. LL

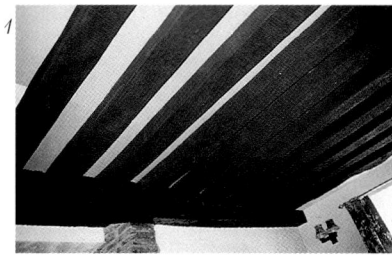

DECKEN

1 An den ersten Decken (unterschieden von offenen Dächern) gab es keinen Schmuck außer den frei liegenden Deckenbalken, die oft dichter als nötig verlegt wurden, um das teure Material zur Schau zu stellen. Das Beispiel aus Südwestengland ist aus dem 16. Jh. LL

2 Manchmal bildeten die Balken ein rechtwinkliges Karomuster, und ihre Unterseiten waren stark profiliert. Westfield, East Sussex. DM

3 Wo frei liegende Deckenbalken an den Kanten ausgekehlt waren, konnten die Auskehlungen mit einem dekorativen Element abschließen. Hier sind es einfache Voluten. LL

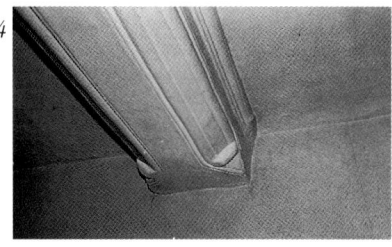

4 Ähnliche Gestaltungen mit unterbrochener Auskehlung gab es manchmal auch in Putz statt in geschnitztem Holz. Diese Decke in Thornbury, Avon, Südwestengland, ist vermutlich aus den 1680er Jahren. LL

5 Die gesamte Decke konnte verputzt und mit erhabenen oder vertieften Mustern verziert werden. Unser Beispiel aus Warbleton, East Sussex, hat einfache Kreissegmente in den Ecken. DM

6 Ausschnitt aus einer komplizierten, doch robust ausgeführten Putzdecke mit floraler Dekoration in einem Haus in Thornbury, Avon. Die erhabenen Trauben heben sich von den eingekerbten Blüten und Blättern ab. LL

FUSSBÖDEN

1 und **2** In der Volksbauweise waren Fußböden das Letzte, was verziert wurde. Einfache Steinplatten oder solide verlegte Bretter waren die Regel. LL

3 Im Erdgeschoss wurden Steinfußböden manchmal gefälliger gestaltet, indem man Muster aus Platten verschiedener Farben oder Platten im Wechsel mit kleineren Steinen oder Ziegeln bildete. LL

4 Kleine Steine oder sogar Kiesel, in Kreisen, Bögen oder Quadraten dicht verlegt, bildeten die attraktivsten Muster, waren aber schwer sauber zu halten. Die Abbildung zeigt ein Muster aus Montgomeryshire, Powys, Wales.

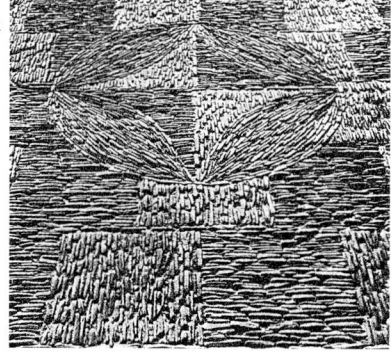

KAMINE

1 Einfassungen, Kaminsohlen und Eisenwaren – Kaminböcke, Kesselhaken, Dreh- und Aufhängevorrichtungen für den Bratspieß – waren oft ebenso dekorativ wie zweckmäßig. Manche Kamine hatten in der Seitenwand eine Backröhre. Fast alle diese Details sind an diesem Kamin aus Littleton, Avon, zu sehen. LL

2 Besonders im Norden Englands befanden sich die Feuerstellen oft in Kaminecken mit Sitzplätzen aus Holz oder Stein. LL

3 Über manchen Feuerstellen gab es einen kleinen Backofen. Oldbury on Severn, Avon. LL

4 Dieser Kamin aus einem Bauernhaus in Bromley bei London, 1599, hat außer der profilierten Einfassung auch einen großen Aufsatz mit groben Pilastern neben einem Rundfeld mit Phönix – ein sehr vornehmes Detail für ein einfaches Haus. AQ

5 Hier ist nur der hölzerne Sturz stark profiliert; manchmal setzen sich solche Profile aber auch an den senkrechten Steinpfeilern fort. LL

6 Steinkamin aus Devon mit umlaufenden Profilen und einer Nische für Kerze oder Wachsstock links oben. AQ

7 Farnblattmotive wurden seit dem Mittelalter verwendet; dieses Beispiel ist von 1664.

8 Kannelierte ionische Pilaster mit Kartusche.

9 Ein Kamin mit Initialen, Lilienmotiven und dem Baujahr aus Iron Acton, Avon.

10 Auch proportional überbetonte klassische Gesimse wurden verwendet.

11 In vielen Bauernhäusern gab es nur glatte Einfassungen. Die angedeuteten klassischen Konsolen kontrastieren hier mit dem kunstvollen industriell hergestellten Herd.

TREPPEN

Wenn die oberen Räume unbedeutend waren, wie im Mittelalter, waren die Treppen schlicht oder sogar roh. Oft führte nur eine einfache Leiter auf den Boden. Solche Aufstiege gibt es in vielen alten Bauernhäusern noch, meist neben dem Schornstein und hinter einer Tür verborgen. Vor dem 18. Jh. wurde in der Regel nicht im Obergeschoss geschlafen. Mit zunehmender Größe der Häuser waren die Treppen weniger steil, und sie wurden auch nicht mehr in eine Ecke gedrängt, sondern als Statussymbole großzügig gestaltet und dekoriert.

1 Einfache Wendeltreppe von etwa 1600. LL
2 Treppe mit gewundenen Balustern aus Pucklechurch, Avon, um 1680. LL
3 Getäfelte Treppe mit vierkantigen Antrittspfosten, gedrechselten Balustern und profiliertem Handlauf. East Sussex, Mitte 18. Jh. DM
4 Baluster auf der Basis klassischer Pfeiler, 1686; ein spätes Beispiel missverstandener klassischer Details der Zeit James' I. LL
5 Stärker verzierte Variante der gleichen Form, um 1675. LL
6 Das gleiche Muster konnte auf wenig mehr als wellige Planken reduziert werden. Icklesham, East Sussex. DM

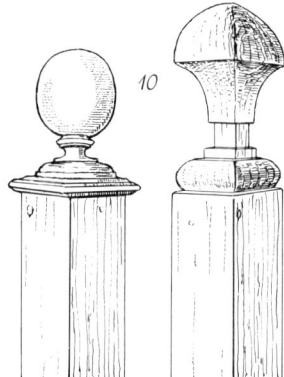

7 Gedrehte Baluster, elegant zu dritt auf jeder Stufe angeordnet, aus einem Bauernhaus in Westerleigh, Avon, frühes 18. Jh. LL

8 Einfache Balustrade in einem kleineren Haus des frühen 18. Jhs. LL

9 Die oberen Enden der Pfosten können verziert sein; hier mit grob geschnitzten Voluten. LL

10 Kugeln oder andere gerundete Knäufe waren angenehmer anzufassen und außerdem optisch attraktiv.

EINBAUMÖBEL

1 und **2** Lüftungsausschnitte in oder über Schranktüren hatten oft gefällige Formen, z. B. Voluten oder falsche Balustraden.
3 Eine steinerne Sitzbank schirmt den Kaminbereich ab.
4 Eine einfache Möglichkeit der Geschirraufbewahrung war ein Hängeregal. Wahrscheinlich 17. Jh.
5 Im 18. Jh. wurden große Geschirrschränke gelegentlich in die Kaminwand eingelassen. Manche hatten im unteren Teil Schubfächer.
6 Gewürzschränke ließ man in die Kaminwand ein, damit ihr Inhalt trocken blieb. Aus dem 17. Jh. gibt es kunstvoll verzierte Exemplare. Hier ein Beispiel aus dem frühen 18. Jh. aus Südwestengland.

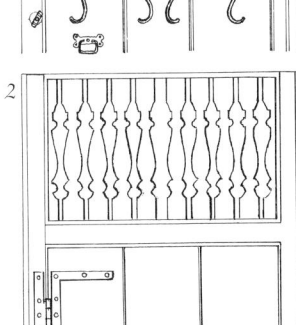

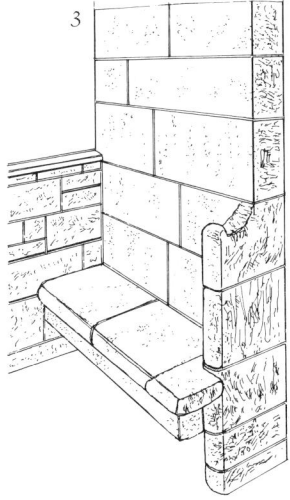

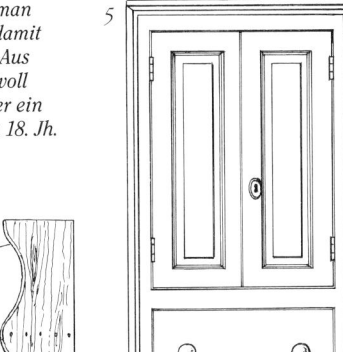

HOLZ

1 Das Gebälk eines Fachwerkhauses war leicht dekorativ zu gestalten – nüchtern mit dicht stehenden Ständern, oder auffällig mit Bögen innerhalb der Vierecke, die auch in Rautenform angeordnet werden konnten, wie an diesem Beispiel aus Gloucestershire, um 1600. LL
2 Die Türöffnung eines Fachwerkhauses konnte schön gestaltet werden, wie hier in Cerne Abbas, Dorset, mit geschnitzten Vierpässen und tief in den Türsturz eingekerbten Rosen. Die Enden der Deckenbalken, die das vorgebaute Obergeschoss tragen, wirken ebenfalls dekorativ.
3 Hier hat der Sturzbalken, der die Enden der Deckenbalken des vorgebauten Obergeschosses verdeckt, ein geschnitztes Muster aus vereinfachten Eichenblättern. Earls Colne, Essex.

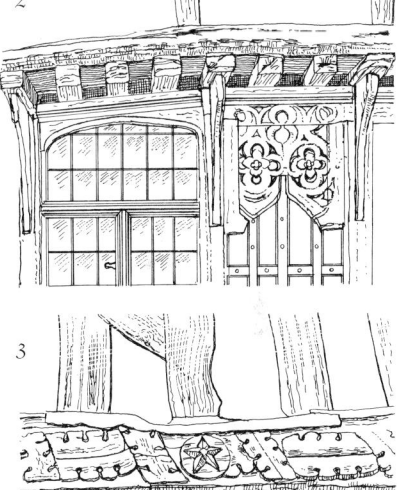

4 Hängeknäufe, ein Relikt der Gotik, wurden im 16. und frühen 17. Jh. an Häusern mit überhängendem Obergeschoss sehr geschätzt. Das Beispiel an einem vorgebauten Giebel ist von 1621. DM
5 Naiv klassische Voluten und andere Muster zierten manchmal die Konsolen unter den vorstehenden Deckenbalken. DM
6 Eckpfosten, die Überhänge stützten, konnten mit grotesken geschnitzten Figuren gestaltet sein. AQ

AMERIKANISCHE VOLKSBAUWEISEN

Durie House in Bergen County, New Jersey, aus dem frühen 18. Jh. ist ein Beispiel für die im Tal des Hudson, auf Long Island und im nördlichen New Jersey praktizierte holländische Bautradition. Das Mansarddachprofil entsteht durch eine Winkeländerung im Holzrahmen unter dem Dachfirst. Die Dachschräge ändert sich dann noch einmal, so dass ein von einfachen Holzpfosten getragenes Vordach entsteht. Die ausgestellte oder »fliegende« Traufkante spricht für flämischen Einfluss, der sich oft mit holländischen Stilen mischt. Die Gaubenfenster erhellen die Schlafräume im Obergeschoss. Ziegelschornsteine weisen auf große Kamine an den Stirnwänden hin. Die Außenhaut besteht aus Holz – schmale Stülpschalungsbretter an den Wänden und Schindeln auf dem Dach. Steildächer sind typisch für Häuser, die einem nördlichen Klima standhalten müssen. HABS

Der Begriff »Volksbauweisen« ist umstritten. In den Vereinigten Staaten gibt es verschiedene Typen von Architektur, die man ihm zurechnen sollte: Gebäude, die billiger gebaut wurden als solche in Hochstilen und daher deutliche ethnische und regionale Charakteristika aufweisen; Gebäude, die mit traditionellen Methoden für Auftraggeber auf dem Land und in der Provinz gebaut wurden; und Gebäude, in denen ethnische und regionale Traditionen mit gegenwärtigen Stilen zu interessanten Mischformen verschmelzen. In Häusern der Volksarchitektur trifft man mit großer Wahrscheinlichkeit eine Mischung: einige neue Ideen, etwas Tradition.

Das Ethnische an diesen Häusern stammt von Einwanderern oder deren Kindern, die beim Bauen Techniken und Grundrisse verwendeten, die sie aus ihren Herkunftsländern kannten. Diese Methoden konnten von den folgenden Generationen weiter gepflegt oder auch aufgegeben werden. Die wichtigsten ethnischen Einflüsse leiten sich von der ersten dauerhaften Kolonisierung Nordamerikas durch Europäer her – Spanier im 16. Jahrhundert, Franzosen, Holländer und Engländer im 17. Jahrhundert, gefolgt von Deutschen und Skandinaviern im 18. und 19. Jahrhundert. Alle Traditionen sind in die amerikanischen Volksbauweisen eingeflossen.

Beispiele aus dem 17. Jahrhundert stehen noch, wenn auch nur sehr wenige aus der Anfangszeit. Die Häuser des 20. Jahrhunderts dagegen werden nicht zu einer ethnischen, sondern eher zu einer nationalen Kultur beitragen, da das Material aus Großproduktion stammt und die Informationssysteme die Vereinzelung der Erbauer aufgehoben haben. Allerdings zeigen auch moderne Fertigteilhäuser regionale Abwandlungen, sobald sie aufgestellt und bewohnt sind.

Häuser in Volksbauweise wurden von den Bewohnern selbst oder von qualifizierten Handwerkern erbaut. Es gibt solche mit recht rustikalem Aussehen, aber auch sehr fein bearbeitete und liebevoll dekorierte Beispiele. Die meisten von ihnen sind in den Vereinigten Staaten natürlich verschwunden, entweder weil sie von vornherein nicht für die Dauer gedacht waren, oder weil die Besitzer sie, sobald ihre Mittel es erlaubten, durch etwas Imposanteres oder Moderneres ersetzten.

Die regionalen Charakteristika der Volksbauweisen rühren daher, dass die Erbauer sich nach Klima und Topografie eines Gebietes richten und das dort vorgefundene Material verwenden mussten. In Neuengland mit seinen strengen Wintern war das bevorzugte Material im 17. und 18. Jahrhundert Holz für das Fachwerk und für Außenverkleidungen; dazu kamen manchmal Ziegel oder Steine für Schornsteine, Sockel oder Grundmauern. Stark geneigte Fachwerkdächer lassen den Schnee abrutschen und schaffen einen geräumigen Dachboden. Holländische Siedler bauten im 17. Jahrhundert Häuser aus einer Reihe H-förmiger Rahmen aus schweren Balken, vor die Mauerwerk aus Ziegeln oder Steinen gesetzt wurde. Deutsche Siedler bauten im 18. Jahrhundert im Tal des Hudson River und in Pennsylvania Häuser aus Stein mit Fachwerkdächern. Andere Deutsche bauten im 18. und 19. Jahrhundert, sowohl im Norden (z.B. Wisconsin) als auch im Süden (North Carolina) in Fachwerkbauweise. Eine schwere Balkenkonstruktion wurde mit Ton, Ziegeln oder Stroh mit Lehm ausgefacht.

1 Jonathan Hager House, Hagerstown, Maryland, 1740. Stein war der bevorzugte Baustoff der Deutschen, die in diesem Gebiet siedelten. HABS
2 Die Ziegelbauweise gibt den

Stirnwänden dieses holländischen Hauses im Tal des Hudson ein interessantes Muster. HABS
3 Herrnhuter gründeten Mitte des 18. Jhs. in Old Salem, North Carolina, eine religiöse Gemein-

schaft. Das aus der Alten Welt übernommene Fachwerk wurde oft mit Stülpschalung verkleidet. HABS
4 Siedler in Neuengland gestalteten die Fassaden zunehmend

symmetrisch und ohne das vorgebaute Obergeschoss, das an Vorgängerbauten aus dem 17. Jh. zu finden ist. HABS
5 Adobehaus mit Flachdach, Tucson, Arizona. HABS

Das Erscheinungsbild der Außenwände wird oft nicht durch den Anstrich, sondern durch Naturmaterialien bestimmt.
1 Kiesel aus den Großen Seen wurden in Fischgräten- und anderen Mustern verlegt. Orleans County, New York, um 1830. HABS
2 Hölzerne Stülpschalung mit Wulst. Die frei liegende Kante ist profiliert. The Narbonne House, Salem, Massachusetts, 17. Jh. RS
3 Vierkantig geschnittene Stämme, an den Enden ausgekerbt und in einer komplizierten Zinkung zusammengefügt. Montevideo, Minnesota, Mitte 19. Jh. HABS
4 Der Ältestenraum in einem Haus in Hancock, Massachusetts, ist typisch für Shaker-Interieurs. Die Shakergemeinden bauten Mitte des 19. Jhs. in einem kargen, schmucklosen Stil. Die weiß verputzen Wände blieben unverziert. Möbel wurden sorgfältig nach dem Prinzip der Zweckmäßigkeit gestaltet. Einbauschränke sparten Platz und vereinfachten das Putzen. Die oben umlaufende Holzleiste diente nicht zum Schmuck, sondern war mit hölzernen Zapfen besetzt, an denen Stühle, Kleidungsstücke und andere tragbare Dinge aufgehängt werden konnten. Den Möbeln wurde meist der natürliche Holzton belassen, manchmal wurden sie aber auch in Orange, Grün, Blau und anderen kräftigen Farben pigmentiert. HABS

Steildächer deckte man mit Dachziegeln oder Schindeln. Ziegelmauern und Fachwerkdach war die bevorzugte Kombination für die großen Häuser in der Region Chesapeake, wogegen die kleinen Häuschen - meist nur aus einem Raum bestehend - ganz aus Holz gebaut wurden.

Im Tal des Mississippi und an der Golfküste entstanden im 18. Jahrhundert französische Siedlungen aus Häusern mit vertikalen Holzbalken mit Ausfachung aus Stein oder Erde, die Oberfläche oft glatt verputzt. Auch die horizontale Blockbauweise mit Kerbverbindung an den Ecken war beliebt. Glatte Wände findet man in den spanischen Siedlungen des 17. und 18. Jahrhunderts im Südwesten, wo das Klima heiß und trocken ist. Hier wurde viel mit Adobe- oder Lehmziegeln gebaut, die in Lagen übereinandergeschichtet wurden; die relativ flachen Dächer ruhten auf Holzbalken. Skandinavische Siedler bauten im 19. Jahrhundert im mittleren Westen in Blockbauweise mit Kerbverbindung, die Ritzen zwischen den Stämmen verschmierten sie mit Lehm. In den Prärien des Westens wurden Grassoden zu Wänden aufgeschichtet wie anderswo geschnittener Stein.

Die Auswirkungen der industriellen Technik auf das Bauen im frühen 19. Jahrhundert - Nägel aus Großproduktion,

elektrisch betriebene Sägewerke, Holzelemente per Postversand und Materialtransport auf dem landesweiten Schienennetz - bedeuteten nicht sofort das Ende für die traditionellen Stile und Methoden der Volksbauweise. Auch Mitte des 19. Jahrhunderts nutzten neu angekommene Siedler die traditionellen Methoden und das vor Ort gewonnene Material, denn nicht jeder Grenzbewohner hatte genügend Geld und Zugang zur Eisenbahn, so dass er die mit ihr transportierten Baustoffe hätte verwenden können. Die Volksbauweisen wurden andererseits durch die industriell produzierten Baustoffe »verbessert«, so dass z.B. ein Blockhaus manuell behauene Stämme und im Laden gekaufte Fenster haben konnte. Der wirkungsvollste Aspekt der Industriellen Revolution war wohl der Informationsaustausch. Die allgemeine Verfügbarkeit einschlägiger Literatur machte modische Architekturdetails allen Bauherren zugänglich, nicht nur einer Elite. Im gesamten 19. Jahrhundert wurden kleine, preiswerte ländliche Häuser gebaut, bei denen die Details an Kamin, Türen und Fenstern die Vertrautheit der professionellen Architekten mit dem neogriechischen, dem italienisierenden und anderen Stilen belegten, die aber dennoch dem örtlichen Geschmack angepasst waren.

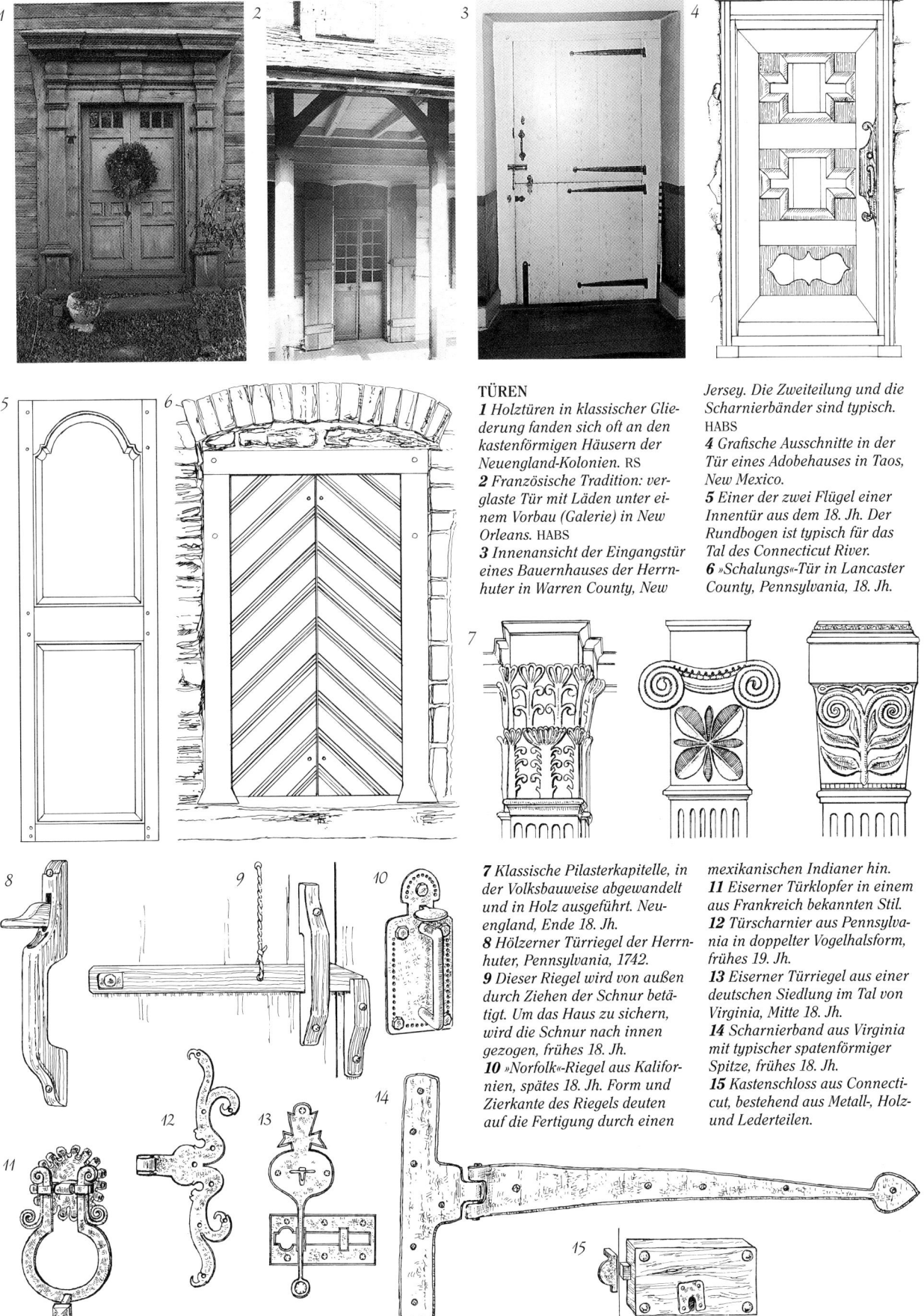

TÜREN

*1 Holztüren in klassischer Gliederung fanden sich oft an den kastenförmigen Häusern der Neuengland-Kolonien. RS
2 Französische Tradition: verglaste Tür mit Läden unter einem Vorbau (Galerie) in New Orleans. HABS
3 Innenansicht der Eingangstür eines Bauernhauses der Herrnhuter in Warren County, New Jersey. Die Zweiteilung und die Scharnierbänder sind typisch. HABS
4 Grafische Ausschnitte in der Tür eines Adobehauses in Taos, New Mexico.
5 Einer der zwei Flügel einer Innentür aus dem 18. Jh. Der Rundbogen ist typisch für das Tal des Connecticut River.
6 »Schalungs«-Tür in Lancaster County, Pennsylvania, 18. Jh.*

*7 Klassische Pilasterkapitelle, in der Volksbauweise abgewandelt und in Holz ausgeführt. Neuengland, Ende 18. Jh.
8 Hölzerner Türriegel der Herrnhuter, Pennsylvania, 1742.
9 Dieser Riegel wird von außen durch Ziehen der Schnur betätigt. Um das Haus zu sichern, wird die Schnur nach innen gezogen, frühes 18. Jh.
10 »Norfolk«-Riegel aus Kalifornien, spätes 18. Jh. Form und Zierkante des Riegels deuten auf die Fertigung durch einen mexikanischen Indianer hin.
11 Eiserner Türklopfer in einem aus Frankreich bekannten Stil.
12 Türscharnier aus Pennsylvania in doppelter Vogelhalsform, frühes 19. Jh.
13 Eiserner Türriegel aus einer deutschen Siedlung im Tal von Virginia, Mitte 18. Jh.
14 Scharnierband aus Virginia mit typischer spatenförmiger Spitze, frühes 18. Jh.
15 Kastenschloss aus Connecticut, bestehend aus Metall-, Holz- und Lederteilen.*

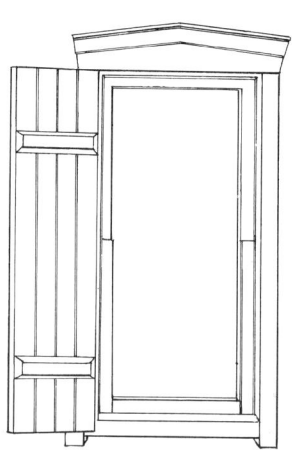

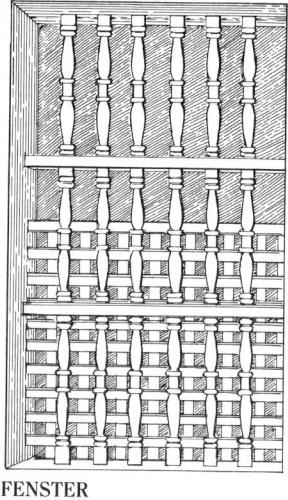

FENSTER

1 Frühes Fenster aus Massachusetts, um 1700.
2 Typisches Fenster eines Adobehauses in New Mexico.
3 Schlichtes, elegantes Schiebefenster aus einem Haus im Kolonialstil in Deerfield, Massachusetts. RS
4 Sichtschutz im spanischen Stil in St Augustine, Florida.
5 Kleine Fenster in einem Blockhaus in Wisconsin. In den einfachsten Blockhütten verschloss man die Fenster durch Schiebebretter oder Tierhäute. HABS
6 Einfache Fensterladenarretierung aus Massachusetts, um 1800.
7 Fensterladenzubehör: Riegelbolzen, Haken und Scharnierband.

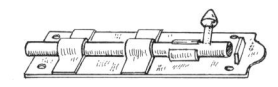

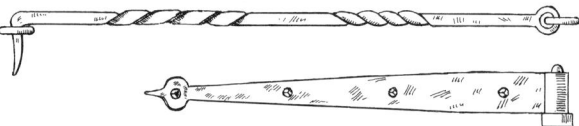

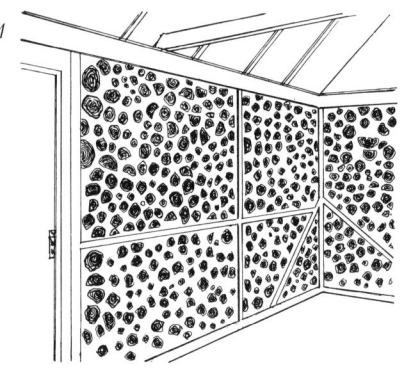

WÄNDE

1 »Ofenholz«-Wand aus kurzen Holzscheiten in Mörtel. Wisconsin.
2 Schlichte Gliederung in einem Shaker-Haus: Fußleisten und Hakenbretter.

DECKEN

In der amerikanischen Volksarchitektur lässt die Deckengliederung oft direkt die Konstruktionsmethode erkennen.

1 Das holländische Haus des 17. und 18. Jhs. wurde aus einer Serie von Holzrahmen

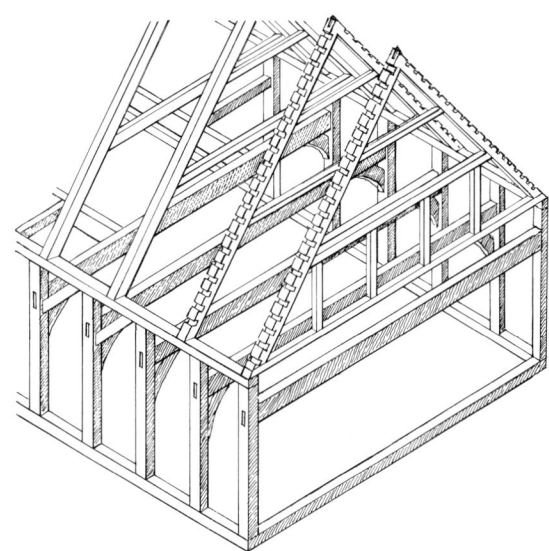

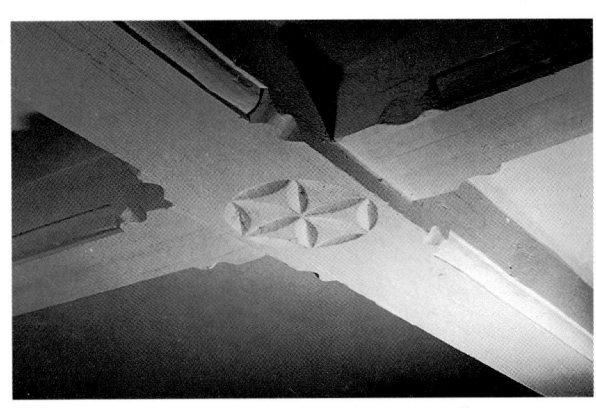

gebaut, deren obere Teile als tiefe Deckenbalken sichtbar blieben und durch Kopfstreben mit der Wand verbunden waren. Die Zeichnung unten links zeigt die Deckenbalken im konstruktiven Zusammenhang.

2 In dieser frühen Küche in Neuengland (Dover, Massachusetts, 1701) quert ein Tragbalken den Raum in der Mitte rechtwinklig zu den übrigen Deckenbalken und ruht auf dem Ziegelkamin.

3 Gelegentlich wurden die Deckenbalken dekorativ gestaltet. Die geschnitzte Rosette ist aus einem Haus in Surry County, Virginia. Auch die Formung der Balken ist bemerkenswert. HABS

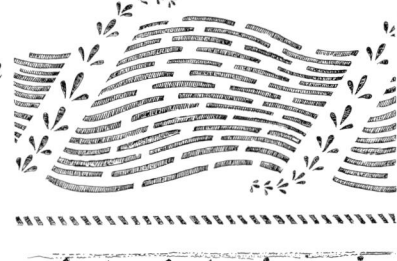

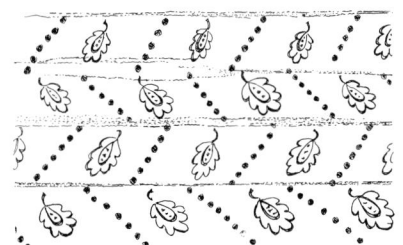

FUSSBÖDEN

1 Früher Navajo-Teppich mit typischem, markant geometrischem Muster.
2 Detail einer mit Schablone gemalten Kante, Neuengland, um 1790.

3 Teil eines mit Eichenlaub bemalten Fußbodens, Neuengland, frühes 18. Jh. Kürbisgelb wurde als Untergrund bevorzugt.
4 Ausschnitt aus einem Teppich aus Maine, frühes 19. Jh.

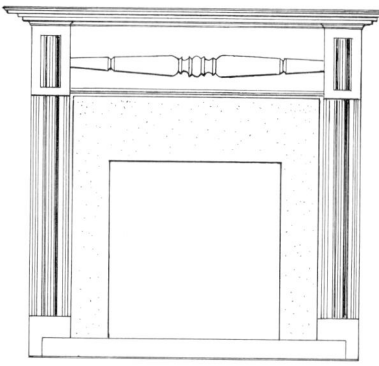

KAMINE
1 Kamin in der Küche eines holländischen Hauses in Kerhonkson, New York, mit gewölbtem Backofen und Kaminkran.

2 Gedrechselte Ornamente am Kaminfries sind typisch für kalifornische Adobehäuser.
3 Kleine, mit unregelmäßigen Steinen eingefasste Kaminöffnung mit einfachem

hölzernem Kaminsims. Monterey, Kalifornien. HABS
4 Dieser Kamin aus dem frühen 19. Jh. aus North Carolina zeigt eine rustikale Version

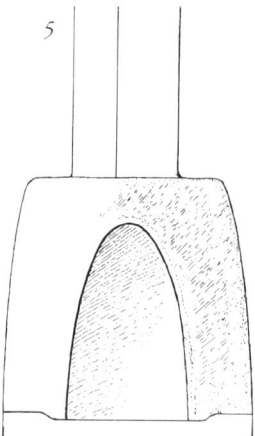
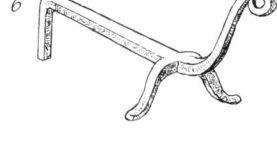
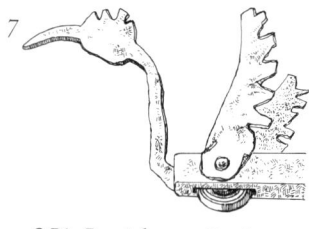

vertrauter klassischer Motive sowie Äderung, Marmorierung und dekorative Bemalung.
5 Grundtyp des Kamins (fogón) in Adobehäusern in New Mexico. Weil der Feuerraum klein ist, verwendete man kurze, vertikal angeordnete Scheite.

6 Die Bezeichnung Kaminböcke war manchmal wörtlich zu nehmen – oft hatten sie vereinfachte Tierformen.
7 Kaminkranich, an dem ein Kochtopf aufgehängt wurde, aus dem 18. Jh. Eine eingebaute Rolle diente zum Heben und Senken des Kessels.

TREPPEN
Selbst Häuser, die über dem Erdgeschoss nur einen nicht ausgebauten Boden hatten, brauchten irgendeine Art von Treppe.
1 In New Orleans und anderen heißen Gegenden führten oft Außentreppen in das Obergeschoss und manchmal (z. B. in einigen Häusern in St Augustine, Florida) gab es sogar eine Treppe zum flachen

Dach. Die Abbildung zeigt eine einfache, aus Holz gebaute Hoftreppe aus New Orleans. Seignouret House, um 1820. CRO
2 Breite Holztreppe in einem Shaker-Wohnhaus, dem der Kirchenfamilie in Hancock, Massachusetts. Die schlanken Baluster sind typisch. Die Wohnhäuser der Shaker waren für eine zölibatär lebende »Familie« geplant und hatten getrennte Schlafräume mit eigenen Fluren

und Treppenhäusern für Männer und Frauen. Das Lackieren von Handlauf und Balustern an Treppen wurde eigens durch das 1821 kodifizierte Recht der Glaubensgemeinschaft gestattet. HABS
3 Treppe eines Adobehauses in Monterey, Kalifornien. Die Gestaltung ist relativ primitiv; die einzige Dekoration ist eine einfache Schrägkante am Antrittspfosten. HABS

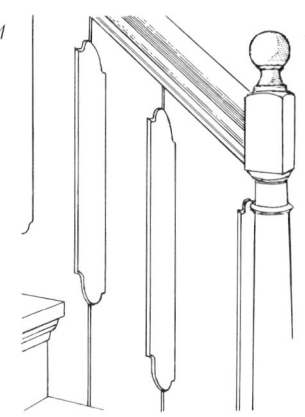

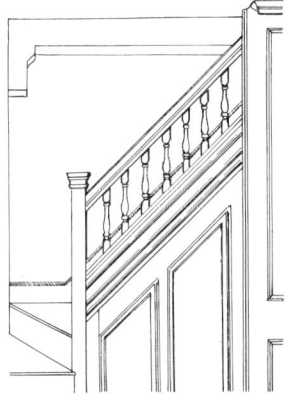

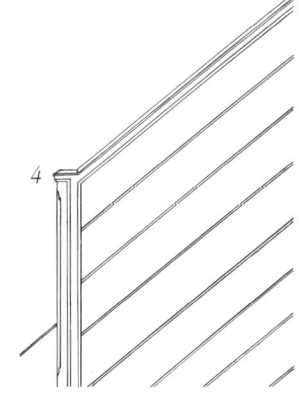

1 *Einfache Ausschnittmuster konnten eine Balustrade rhythmisch gliedern. Das Beispiel ist aus North Carolina, um 1790.*

2 *Schwamm- und Liniendekore an den Setzstufen, die Trittstufen blieben in der Regel unverziert.*

3 *Treppe aus Connecticut, frühes 18. Jh., teilweise mit einer getäfelten Wand eingehaust, darüber eine Balustrade.*

4 *Eine primitivere Form aus diagonal verlegten Brettern.*

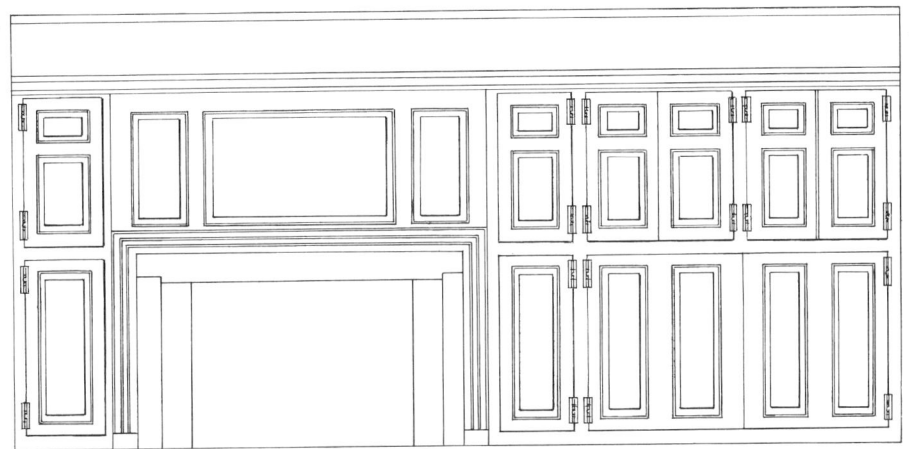

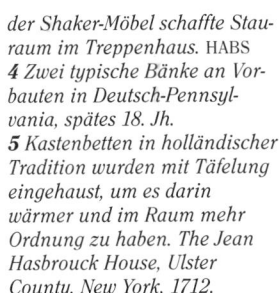

EINBAUMÖBEL

1 *Kleine Schränke in Rahmenbauweise an der Kaminwand waren typisch für Häuser der holländischen Kolonisten.*

2 *Shaker-Schrank aus dem späten 18. Jh., eines der frühesten Beispiele für Einbaumöbel bei den Shakern.*

3 *Eine Wand von eingebauten Schränken und Schubfächern in dem strengen, schmucklosen Stil*

der Shaker-Möbel schaffte Stauraum im Treppenhaus. HABS

4 *Zwei typische Bänke an Vorbauten in Deutsch-Pennsylvania, spätes 18. Jh.*

5 *Kastenbetten in holländischer Tradition wurden mit Täfelung eingehaust, um es darin wärmer und im Raum mehr Ordnung zu haben. The Jean Hasbrouck House, Ulster County, New York, 1712.*

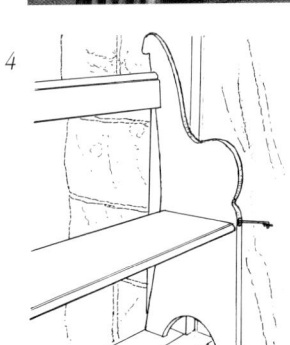

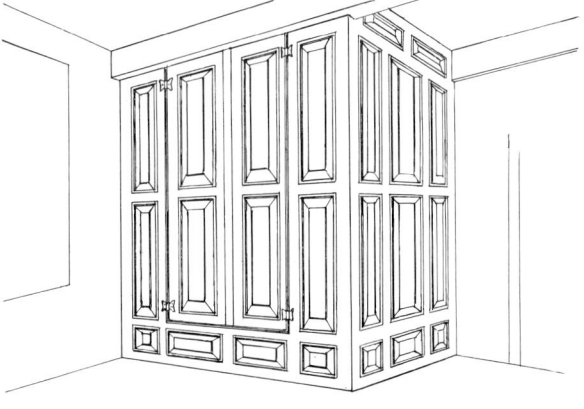

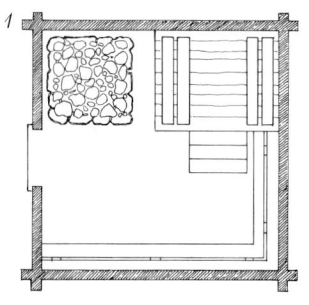
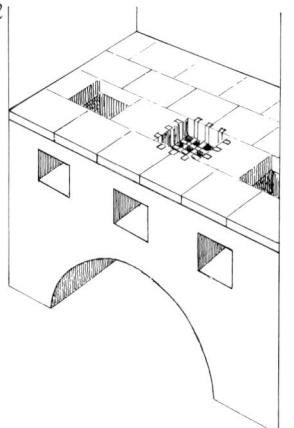
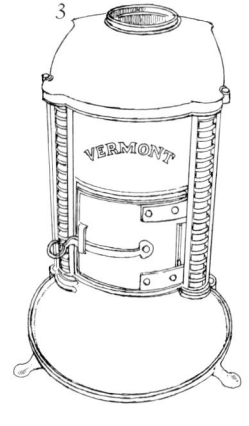
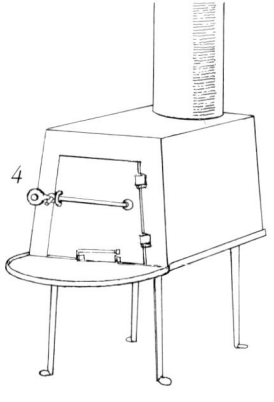

INSTALLATION
1 Die Sauna war ein wichtiger Teil des Blockhauses in Wisconsin. Sie wurde separat gebaut und enthielt einen Steinofen und hölzerne Bänke.
2 Spanischer Ofen mit drei Brennstellen aus St Augustine, Florida, um 1800.
3 Vermonter Variante des frei stehenden Sechsplatten-Heizofens aus dem frühen 19. Jh. Dieser Ofentyp, benannt nach der Anzahl der Gusseisenplatten, aus denen er zusammengesetzt war, wurde schon um 1760 von Deutschen in Pennsylvania gefertigt. Später entstanden Zehnplattenöfen, die auch zum Kochen dienten.
4 Shaker-Öfen standen in der Regel auf Beinen, die meist aus Gusseisen waren (wenngleich es auch solche aus Schmiedeeisen mit Pfennigfüßen oder in Geißfußform gab). Die Türen waren rechtsöffnend. Das Beispiel ist von ca. 1780.
5 Der Fünfplatten- oder Pfostenofen war ein anderer deutscher Ofentyp aus Pennsylvania. Er war an denselben Rauchabzug angeschlossen wie der Kamin im Nachbarraum, wie die Schnittdarstellung links zeigt. Die Vorderseite wurde oft mit biblischen Texten und Szenen geschmückt. Das abgebildete Beispiel mit der Jahreszahl stellt eine Hochzeit dar.

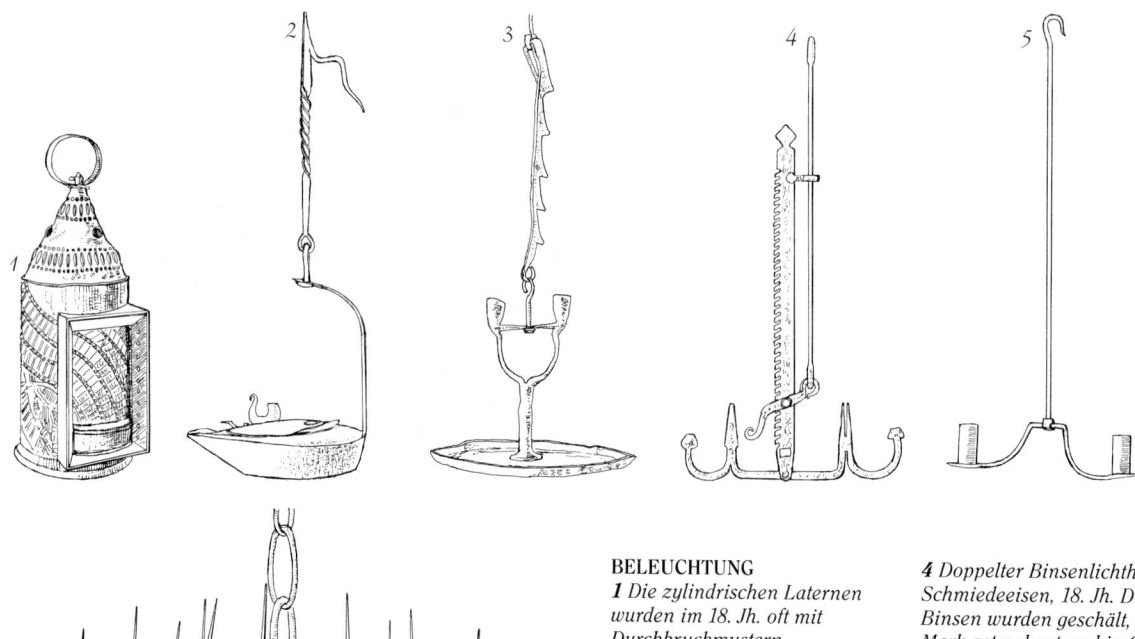

BELEUCHTUNG
1 Die zylindrischen Laternen wurden im 18. Jh. oft mit Durchbruchmustern geschmückt, rechteckige waren meist schlichter.
2 Die Bettylampe war eine verbesserte Form der Talglampe. Diese hat Dorn und Haken.
3 Hängender Kerzenhalter aus Schmiedeeisen, 18. Jh. Der Sägezahnmechanismus diente zum Einstellen der Höhe.
4 Doppelter Binsenlichthalter, Schmiedeeisen, 18. Jh. Die Binsen wurden geschält, ihr Mark getrocknet und in Öl getränkt, bevor es in die Enden des Halters gesteckt wurde.
5 Hängeleuchter für zwei Kerzen, mit Haken. Schmiedeeisen, 18. Jh.
6 Kronleuchter aus Schmiedeeisen. Die Kerzen wurden auf die Dorne gesteckt. Spätes 18. Jh.

METALL

1 Verschiedene Stiefelkratzer von ca. 1790 bis 1810. Stiefelkratzer wurden meist schlicht aus Schmiede- oder Gusseisen gefertigt und in der Nähe der Haustür befestigt. Alle abgebildeten Beispiele sind aus Neuengland.

2 Eisengitter mit gegossenen Verzierungen an der Eingangstür eines Hauses in der Chartres Street, New Orleans.

3 Schmiedeeisen wurde in New Orleans vor allem für Balkons verwendet. Hier wird durch die Reihung zarter gebogener Stäbe eine Reihe Spitzbögen gebildet.

Oft befand sich in der Mitte der Balustrade ein stark verziertes Feld. Manche Balkons wurden um die Hausecken herum geführt. Die Einführung gusseiserner Säulen ermöglichte einen Balkontyp, der bis an den Straßenrand reichte und überdacht war. HABS

4 Ein Balkon auf einer eleganten volutenförmigen Doppelkonsole – ein typisches Merkmal des alten New Orleans. HABS

HOLZ

1 Detail aus dem Geländer einer Veranda. Die flachen Holzplan-

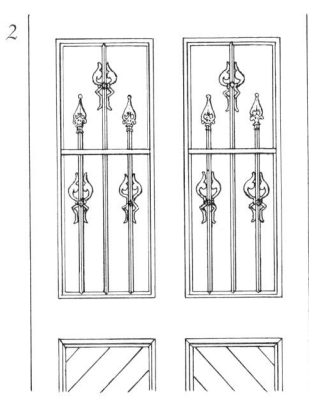

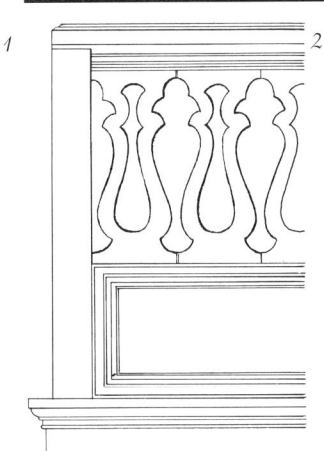

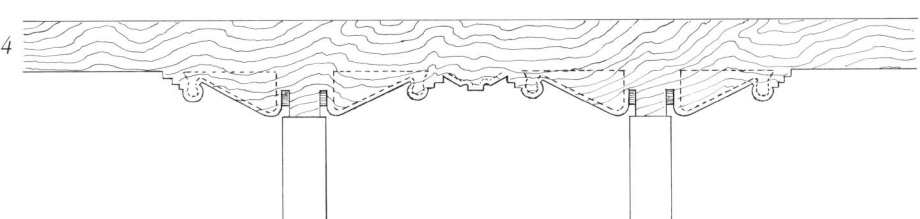

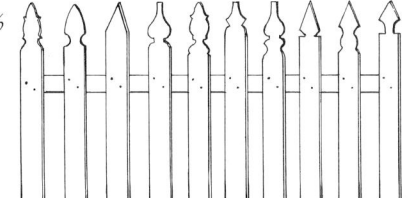

ken wirken durch bogige Ausschnitte wie Baluster. Casa de Pio Pico, Whittier, Kalifornien.

2 Fernandez-Llambias House, St Augustine, Florida. Aus der spanischen Holzbautradition kommen überdachte, bis zu 1,5 m breite Balkons. HABS

3 Typischer Straßenbalkon in St Augustine. Die ältesten Balkonpfosten sind vierkantig

und haben über dem Handlauf Schrägkanten.

4 Detail eines hölzernen Sturzes am Eingang eines Adobehauses in Taos, New Mexico.

5 In vielen »shotgun«-Häusern in New Orleans sind runde metallene Ventilatoren in die Laibung zwischen zwei Traufkonsolen eingelassen. CRO

6 Häufige Formen für die Spitzen von Zaunlatten.

RESTAURIERUNG UND WERTERHALTUNG

Historische Gebäude instand zu setzen und zu restaurieren ist lohnend und verantwortungsvoll, meist aber auch zeitraubend und kompliziert. Für alle bis auf die einfachsten Arbeiten braucht man Spezialisten. Den Architekten sollte man nie unberaten auswählen, sondern auf persönliche Empfehlung oder über Organisationen, die Erfahrung mit ähnlichen Projekten haben. Das Gleiche gilt für Bau- und andere Handwerker. Sicher können örtliche oder nationale Denkmalschutzämter bei der Auswahl behilflich sein. Historische Gebäude unterliegen entsprechend ihrem Alter, ihrer Bedeutung oder Lage meist besonderen Bauvorschriften oder Richtlinien; daher muss man sich vor jeder Arbeit bei den örtlichen Behörden oder Denkmalschutzgesellschaften vergewissern, was zulässig ist.

TÜREN

Eingangstüren. Die Eingangstür ist sehr wichtig für die Authentizität einer Fassade. Leider werden die handelsüblichen Modelle dem nicht gerecht. Eingangstüren dienten der Sicherheit, und ihre Verglasung ist ein relativ modernes Phänomen, ebenso die »ehrliche« Holzsichtigkeit an Füllungstüren des georgianischen, viktorianischen oder Föderalstils, die normalerweise gestrichen waren. Die Vernachlässigung des Anstrichs ist die wahrscheinlichste Ursache für Schäden. Türen müssen an allen sechs Flächen gestrichen werden: oben, unten, links und rechts, innen und außen. Nur so wird das Eindringen von Nässe verhindert, die anderenfalls zum Arbeiten des Holzes und damit zum Platzen und Rissigwerden führt. Bei Originaltüren geht Reparatur vor Ersatz, alle unpassenden Türen sollten ausgewechselt werden. Suchen Sie in Bergezentren nach einem historischen Äquivalent oder lassen Sie von einem kompetenten Bautischler eine neue Tür nach einem korrekten Muster anfertigen.

Innentüren. Innentüren sind sehr oft entweder durch moderne, glatte Türen ersetzt oder durch wiederholtes Wechseln der Schlösser und Beschläge im Laufe der Jahrhunderte geschwächt worden. Füllungstüren können feuerfest nachgerüstet werden, ohne dass das Aussehen allzu deutlich verändert wird. Manche Innentüren aus gepresstem Verbundstoff sehen mit geeignetem Anstrich gut aus und sind maßhaltiger und fester als die entsprechenden modernen Türen aus Holz. Schlechtes Schließen wird verursacht durch i) Dehnung und Lockerung von Verbindungen; ii) Abmodern durch Feuchtigkeit; iii) Verziehen durch unterschiedliche atmosphärische Bedingungen auf beiden Seiten; iv) abgenutzte oder lockere Scharniere und Beschläge; v) Bewegung im Baukörper. Beseitigen Sie die Ursache, bevor Sie die Tür reparieren oder auswechseln. Brennen oder beizen Sie alte Anstriche ab, bevor Sie die Tür neu streichen. Abbeizen durch Eintauchen kann Verbindungen lockern oder irreparabel zerstören. Zum Entfernen von Wachs oder Schellackpolitur werden vier Teile Essig, vier Teile Terpentin, vier Teile rohes Leinöl und ein Teil Brennspiritus gemischt. Hartholztüren tränkt man für eine Naturpolitur bis zur Sättigung mit einer Mischung aus 50% rohem Leinöl, 15% Amylacetat, 15% Terpentin und 10% gekochtem Leinöl.

Beschläge. Eine historische Tür sollte immer zum Stil passende Beschläge haben. Suchen Sie gebrauchte Stücke oder gute Kopien. Wenn noch Eisenteile vorhanden sind – einfache Riegel, Scharnierbänder etc. – kann der Schmied am Ort in vielen Fällen das Fehlende passend anfertigen. Ein guter Schlosser kann originale Riegel und Schlösser reparieren und sicher auch die großen, schweren Schlüssel dazu fertigen. Holzschlösser können imitiert werden, indem man ein normales Kastenschloss aus Metall mit Holz verkleidet.

PORTIKEN, VORDÄCHER UND VERANDEN

Falls Sie das Glück haben, einen Portikus als eleganten Haupteingang, eine Veranda oder einen überdachten Außenraum zu besitzen, lohnt sich die Reparatur oder Erneuerung.

Reparaturen. Der häufigste Schaden ist wohl das Eindringen von Nässe zwischen der Wand des Hauptgebäudes und dem Anbau. Zugeschnittene Abweisbleche müssen gut in der Hauswand befestigt und der Kontur des Anbaudaches angepasst werden, so dass die Oberfläche glatt ist.

Prüfen Sie Stützen von Vorbauten und Veranden auf Fäulnis und Schäden. Schwachstellen dort sind Hauptursache für das Absinken von Fußböden und strukturelle Spannungen, die zu Brüchen, Rissen und schließlich zum Einsturz führen. Steinprofile und Säulen können mit speziellen Epoxidharzmörteln ausgebessert werden, jedoch ist Vorsicht geboten, denn unterschiedliche Verwitterungseigenschaften können dazu führen, dass der an der Reparaturstelle anliegende echte Stein schneller zerfällt.

Ersatz. Bei schlimmen Schäden an Portikus oder Vorbau müssen einzelne Elemente ersetzt werden. Es gibt Säulen und Ziergiebel aus Faserputz oder Steinmasse zu kaufen, die in Frage kommen, wenn sie stilistisch passen. Glasfaser wirkt immer unpassend. Wenn eine Reparatur nicht mehr lohnt, bleibt oft nur noch ein vollständiger Neubau durch einen Steinmetz oder Zimmermann. Nach Möglichkeit sollte das Original kopiert werden; wenn davon zu wenig übrig ist, suchen Sie in alten Musterbüchern (von denen viele als Reprint erhältlich sind) nach einem ähnlichen Vorbau.

FENSTER

Kein anderes Fassadenelement bezeichnet Alter und Charakter eines Gebäudes genauer als die Fenster. Reparatur oder Ersatz müssen daher unbedingt einfühlsam erfolgen.

Reparaturen. Wenn ein Holz- oder Metallfenster nachweislich original ist, reparieren Sie es, wenn irgend möglich. Bauweise und Material (besonders bei Holz) sind besser als bei heutigen Nachbauten. Holz kann oft restauriert werden, indem man die verrotteten Teile entfernt und dann aus Epoxidharzspachtel das Fehlende in der alten Form ergänzt. Wenn die Stelle weder sichtbar noch konstruktiv wichtig ist, entfernen Sie das verdorbene Holz und versiegeln die Holzteile mit Epoxidharz. Oft kann ein guter Bautischler neue Holzstücke einfügen oder ganze Fensterelemente ersetzen, was sparsamer ist als das Auswechseln des kompletten Fensters. Beachten Sie, dass durch jede offene Fuge Nässe eindringt und dass die meisten Füllmassen eher Feuchtigkeit festhalten als Lücken abdichten.

Richtige Pflege, besonders regelmäßiges Streichen (mindestens alle drei Jahre) ist eine kluge Langzeit-Sparmaßnahme. Hydraporöse Farbe (die wasserfest ist, das Holz aber atmen lässt) spart Zeit und wirkt konservierend. Naturgebeiztes Holz ist ein modernes Phänomen, das es an historischen Fenstern nicht gibt. Faulende oder gerissene Fensterbänke sind zu reparieren oder auszuwechseln. Bei beschädigten Schiebefenstern können Gewichte, Rollen und Seile leicht abgenommen und ersetzt werden. Mit Kerzenwachs macht man Laufschienen leichtgängig und alte Seile geschmeidig. Wenn sehr dünne Glassprossen ersetzt werden müssen, kann ein Hartholz verwendet werden, um ihnen mehr Festigkeit zu geben. Profile sind genau zu kopieren, denn sie sind entscheidend für die historische Genauigkeit.

Ersatz. Wenn ein Originalfenster nicht mehr repariert werden kann und ersetzt werden muss, nehmen Sie es als Vorlage für eine exakte Kopie. Wenn die vorhandenen Fenster nicht mehr original sind, ziehen Sie Architekturbücher oder Häuser ähnlichen Alters zu Rate. Erliegen Sie nicht der Versuchung, plastbeschichtete Metallrahmen oder andere »wartungsfreie« moderne Alternativen zu verwenden, sie wirken *immer* unpassend.

Zugluft, Lärm und Klappern sind wohl die größten Probleme mit alten Fenstern. Sie alle können durch Einziehen von Zugluftdichtungen, am besten aus Bronze, deutlich vermindert werden, selbst bei Schiebefenstern. Es wird empfohlen, sie an der Oberkante des oberen Holms, an den benachbarten Holmen des oberen und unteren Rahmens und an der Unterkante des unteren Rahmens sowie an den vertikalen Pfosten anzubringen, damit das Fenster wetterdicht ist. Speziallieferanten übernehmen auch den Einbau. Schließen Sie Zugluft aus, ehe Sie an eine Doppelverglasung denken. Wenn die Probleme weiter bestehen, könnte man eventuell einige Rahmen dauerhaft feststellen und die Fugen abdichten, allerdings nur, wenn mit den übrigen Schieberahmen noch eine ausreichende Belüftung gewährleistet ist.

Doppelverglasung. An Flügelfenstern aus Metall oder Holz kann eine Doppelverglasung einfach und ohne Veränderung der Ästhetik möglich sein. Bei manchen Schiebefenstern ist das allerdings problematisch. Eine Doppelverglasung erfordert einen mehr als doppelt so breiten Falz, da die Glaskante eine bis zu 12 mm dicke Dichtung aus Silberfolie benötigt. Wenn der Falz schmaler ist, bleibt ein unschöner Überstand sichtbar, denn die Breite der Glassprossen sollte nicht erhöht werden. Bedenken Sie, dass es schwierig werden kann, das zusätzliche Gewicht der Doppelverglasung mit neuen Gegengewichten auszugleichen. Alternativ kann man auch mit richtiger Abdichtung und Verglasung sowie Dichtstemmen gute Ergebnisse erzielen. Erwägen Sie eine Zweitverglasung oder einfache gerahmte Glasscheiben auf der Innenseite der Fenster, die nur im Winter angebracht und in den wärmeren Monaten abgenommen werden, um Schäden durch Kondensation zu vermeiden.

LÄDEN

Außen. Regelmäßige Anstrich- und Pflegearbeiten sind notwendig. Es gibt auch ästhetisch ansprechende, wartungsfreie neue Läden aus Aluminium oder mit Kunststoffbeschichtung.

Innen. Innenläden wirken elegant, aber ihr praktischer Nutzen wird oft missachtet. Es ist durchaus lohnend, Innenläden wieder nutzbar zu machen, erhöhen sie doch im geschlossenen Zustand die Sicherheit und bieten eine sehr gute Wärme- und Schallisolierung. Gut gepflegte Läden und Fenster können zur Wärmeisolierung und Lärmminderung ebenso wirksam sein wie eine Doppelverglasung und sind dabei viel preiswerter und passender. Läden müssen mindestens alle fünf Jahre gestrichen werden. Achten Sie besonders auf alte Beschläge, die oft von raffinierter Gestaltung und Funktion sind.

GLAS

Fenster aus dem 18. Jahrhundert haben Glas, das nicht gegossen, sondern geblasen und geschleudert wurde. Mit ihren kleinen Fehlern erzeugen die auch als Kronglas bezeichneten Scheiben interessante Reflektionen, die einer Fassade Tiefe geben. Altes Glas sollte nach Möglichkeit erhalten werden; es bricht sehr leicht, und große Vorsicht ist vonnöten, besonders wenn Farbe mit dem Heißluftgerät abgebrannt wird. Wenn Sie ein Fenster zur Reparatur geben, sagen Sie ausdrücklich, dass das alte Glas verwendet werden soll. Kronglas ist heute schwer zu beschaffen und teuer. Ein brauchbarer und billiger Ersatz ist »Gewächshaus«- oder »Gärtnerei«-Glas – minderwertiges Flachglas. Nachgeahmte georgianische Butzenscheiben sollte man nicht verwenden. Ursprünglich waren sie eine preisgünstige Verglasungsart; es handelte sich um die ausgesonderten Mittelstücke von Kronglastafeln nach Abnahme des Haltestabes.

HOLZ AUSSEN

Schutz vor Feuchtigkeit. Pflege- und Anstricharbeiten dienen hauptsächlich dem notwendigen Schutz vor Nässe. Schwierige Reparaturen sollten einem Fachmann überlassen werden. Achten Sie besonders auf die empfindliche Nahtstelle zwischen Holz und Mauerwerk. Wasser muss mit guten Ablenkblechen von Verbindungen ferngehalten werden. Wo möglich, können moderne Dichtmittel und Mastix-Harze zum Füllen von Lücken und Löchern verwendet werden. In ungeschützten Verbindungsstellen oder unter einem Schutzanstrich eingeschlossenes Wasser kann nicht durch den Wind getrocknet werden und wirkt zerstörend.

Anstrich. Holz wird gestrichen, um das Eindringen von Wasser zu verzögern oder zu verhindern und das temperatur-

und feuchtigkeitsbedingte Arbeiten zu verringern. Holz im Außenbereich ist regelmäßig zu kontrollieren und, je nach Beanspruchung, mindestens alle drei bis fünf Jahre zu streichen. Wenn die Farbe Fehlstellen, Risse, Blasen oder Abplatzungen aufweist, muss sie vor dem Neuanstrich entfernt werden. Das ist auch nötig, um Profilen oder Details ihre durch alte Farbschichten verwischte Schärfe wiederzugeben. Arbeiten Sie vorsichtig mit einem handelsüblichen Abbeizer oder einem Heißluftgerät. Arbeiten Sie nie mit offener Flamme. Abbeizer muss vor dem Neuanstrich neutralisiert werden. Intakte Altanstriche werden mit Seife oder Waschmittel (alkalifrei) gewaschen und gründlich abgespült. Waschsoda eignet sich zum Entfernen von Schmutz. Reiben Sie die Fläche mit nassem und trockenem Schmirgelpapier ab, spülen sie ab und lassen sie vor dem Neuanstrich trocknen.

INNENWÄNDE

Mauerschäden. Innenwände können tragende Wände oder Trennwände sein und aus Mauerwerk oder Holz, manchmal auch aus primitiveren Baustoffen wie Strohlehm oder Adobeziegeln bestehen. Eine tragende Wand ist schadhaft, wenn sie Risse hat oder nicht mehr gerade steht. Suchen Sie sorgfältig nach der Ursache, denn die Stabilität des ganzen Gebäudes kann davon abhängen. Ziehen Sie im Zweifelsfall Fachleute zu Rate. Es hat keinen Zweck, dekorative Restaurierungsarbeiten zu beginnen, so lange bauliche Mängel bestehen.

Prüfen Sie, ob der Mauerschaden eine der folgenden Ursachen hat: i) Umbauten durch Voreigentümer, die bestimmte Bauelemente zusätzlich belastet haben; ii) Schwächung oder Schädigung von Dach- oder Dielenbalken oder anderen Wänden durch Vermodern oder iii) Durchbrüche oder Bohrungen für Ver- und Entsorgungsrohre.

Alle Wände müssen vor der Instandsetzung auch auf interne Mängel geprüft werden, auch wenn diese nicht so schwerwiegend sind wie sichtbare Schäden. Suchen Sie nach i) fehlender Bindung zwischen Ziegeln oder Steinen. Alter Kalkmörtel und selbst Lehm kann zerfallen sein, so dass kein Zusammenhalt mehr besteht. ii) Befall von Fachwerkbalken und/oder Putzlatten durch tierische Schädlinge oder Fäulnis. Letzteres ist meist durch Nässe bedingt. Vor Neubau oder Reparatur der Wand ist unbedingt die Ursache für die Nässe zu beseitigen.

Wandoberfläche. Die meisten alten Innenwände sind verputzt, manchmal wurden Stein-, Strohlehm- oder Adobewände aber auch direkt, ohne weitere Behandlung, gestrichen. Für unverputzte Wände sollte keine moderne Farbe verwendet werden; ein Kalk- oder Leimfarbenanstrich verfärbt sich nicht so leicht, falls Feuchtigkeit durchschlägt oder die Wand schwitzt, und er lässt das Mauerwerk atmen. Klopfen Sie Putzflächen nach hohlen Stellen ab, um festzustellen, ob Haftung oder Putzlatten schadhaft sind; zur Reparatur kann das Füllen kleiner Risse genügen, aber auch komplettes Abschlagen und Neuverputzen erforderlich sein. Sehr feine Risse können beim Renovieren mit behandelt werden. Größere Risse sind bis dorthin zu erweitern, wo der Putz wieder fest sitzt, mindestens aber auf 12 mm. Vor dem Füllen mit schnellbindendem Mörtel wie z.B. Stuckgips sind die benachbarten Flächen gut anzufeuchten. Bei Schäden an verputzten Lattenwänden kann es nötig sein, die Latten auszuwechseln, alternativ kann ein neuer »Keil« durch ein Stück galvanisiertes Streckmetall geschaffen werden, das man mit galvanisierten Nägeln oder Klammern an den intakten Latten befestigt. Achten Sie auf den Zustand von Hölzern, die zur Befestigung von Fußleisten und/oder Sockelleisten in das Mauerwerk eingelassen wurden. Sie können eine Ursache für Fäulnis sein und sollten möglichst durch Halterungen aus Nichteisenmetall ersetzt werden.

Zum Ausfüllen von Fehlstellen und Neuverputzen ist immer noch die Dreischichtmethode zu empfehlen, obgleich es modernen Einschichtputz gibt. Wählen Sie den für Ihren Zweck und die gewünschte Oberfläche empfohlenen Putz. Für Außenkanten (z.B. an einer Fensterlaibung) sollten nach Möglichkeit Kantenschutzleisten aus Holz verwendet werden; sie haben eine Längsnut, wodurch die Putzkante weicher wird. Alternativ drehen Sie eine Schraube in ein Stück Holz und ziehen damit eine Nut entsprechend der in einer benachbarten Kantenschutzleiste. Schutzleisten aus Metall lassen die Kanten zu hart erscheinen.

Tapete. Um das Alter einer Tapete festzustellen, müssen Farbe, Komposition und Drucktechnik sorgfältig beurteilt werden. Suchen Sie Reste von Originaltapeten hinter Fußleisten und Architraven, unter neueren Putzarbeiten und Täfelungen, aber auch in Einbauschränken und Kabinetten. Heben Sie auf, was Sie finden, selbst wenn Sie nicht wieder das gleiche Muster wollen; solche Fragmente können interessante Dokumente sein. Von Putz kann Tapete mit einer flachen Messerklinge abgehoben werden. Von Holz ist das schwieriger; unter Umständen sollte man das Holz mit abnehmen, um Schäden gering zu halten. Man kann Papierschichten auch mit Dampf von der Wand und voneinander trennen, aber das ist kompliziert und sollte nicht ohne den Rat eines Denkmalschutzexperten erfolgen.

Wenn eine historische Tapete reproduziert werden soll, wird ein Stück gebraucht, das an ein Gesims oder einen Sockel grenzt, also eine etwa vorhandene Kante zeigt, und das groß genug ist, um den Musterrapport erkennen zu lassen. In den vergangenen Jahren haben mehrere Firmen begonnen, alte Tapeten zu restaurieren und zu reproduzieren, und es gibt jetzt Reproduktionen von guter Qualität.

Fliesen. Fliesen sollen eine wasserdichte und pflegeleichte Oberfläche bilden, deshalb müssen schadhafte alte Fliesen abgenommen werden. Vorsichtiges Abhebeln und Abmeißeln des dahinter befindlichen Mörtels ist die sicherste Methode. Wenn die Fliesen wertvoll sind und sich schlecht lösen lassen, kann man sie auch zusammen mit dem Putzuntergrund abnehmen und diesen dann vorsichtig mit Meißel oder Winkelschleifer entfernen.

Alte Fliesen haben einen dickeren Scherben als moderne, und ihre Glasur war meist nicht klar, sondern opak, damit man die Feuchtigkeit nicht sah, die von hinten oder von den Fugen her eindrang. Sie wurden mit Kalkmörtel befestigt. Dieser kann mit einem handelsüblichen Essigreiniger von der Glasur entfernt werden. Die Reparatur abgeplatzter oder glasierter Fliesen ist schwierig und teuer und muss Fachleuten überlassen werden. Sehr kleine Stellen können mit klarem Epoxidharzlack retuschiert werden. Zerbrochene Fliesen reparieren Sie mit Kondensmilch – es klingt unwahrscheinlich, aber es funktioniert.

Trödelmärkte und Bergezentren sind gute Quellen für alte Fliesen. Es gibt auch Fliesenhersteller, die Reproduktionen anbieten, und einige fertigen sogar Fliesen nach Angaben des Kunden. Auch manche Töpfer arbeiten nach individuellen Anforderungen, aber es bedarf großer Geschicklichkeit, damit Scherben und Glasur kompatibel sind.

DEKORATIVE PUTZARBEITEN
Die Putzprofile an Decken und Gesimsen sind wichtige ornamentale Merkmale und mit bestimmend für den Stil eines historischen Hauses. Reparatur und Renovierung originaler Putzornamente sind anspruchsvolle und teure Arbeiten, sollten jedoch, wenn irgend möglich, in Angriff genommen werden. Sobald es allerdings um mehr als die einfachsten Reparaturen oder das Entfernen von Farbe geht, muss eine Fachfirma hinzugezogen werden.

Farbe abtragen. Ganz gewöhnlich aussehende Gesimse können, von alten Farbschichten befreit, verblüffend komplizierte und attraktive Details aufweisen. Farbe zu entfernen ist jedoch äußerst mühsam

und zeitraubend (und daher teuer, wenn man es nicht selbst tut). Leim- oder Kalkfarbe kann mit warmem Wasser und Waschsoda vorsichtig abgewaschen werden. Emulsionsfarbe löst man mit Hilfe von Dampf oder Brennspiritus. Für Ölfarbe ist meist ein handelsüblicher Abbeizer erforderlich, den man aber erst an einem kleinen Stück ausprobieren sollte. Vor allem muss er vor dem Neuanstrich neutralisiert werden. Wenn Sie glauben, dass Sie die ursprüngliche Oberfläche erreicht haben, sollten Sie noch vorsichtiger vorgehen; es könnte sein, dass Sie auf den Originalanstrich stoßen. Wenn das der Fall ist, dokumentieren Sie ihn für ihr Renovierungsprogramm durch Vergleich mit einer Farbtabelle.

Reparaturen. Sprünge und Haarrisse lassen sich recht leicht mit einem guten Spachtelgips oder Formgips füllen. Ursprünglich wurden die Grundformen des Gesimses an der Wand geformt, indem man eine Metallschablone über die frisch geputzte Fläche zog. Stücke zum Ausbessern können ebenso oder, einfacher, auf der Werkbank in eine Form gegossen und dann angebracht werden. Verzierungen wie Akanthusblätter und Kragen können mit Latex- oder anderen Formen gegossen werden, was viel Geschicklichkeit erfordert.

Erneuerung. Manchmal müssen die Putzdekorationen eines ganzen Raumes erneuert werden. Wählen Sie das richtige Profil durch Vergleich mit Räumen gleichen Ranges im selben Haus oder mit Hilfe von Nachschlagewerken (wie dem vorliegenden), die Beispiele aus der gleichen Zeit zeigen. Von industriell gefertigten Kunststoff- oder Glasfasermodellen ist abzuraten, da Profil und Maßstab meist nicht stimmen. Fachlieferanten für Putzornamente könnten jedoch geeignete Beispiele haben, wahrscheinlich solche aus Faserputz. Diese Entwicklung des 19. Jahrhunderts ist durch eingeschlossene Mull- und Holzpartikel fest und relativ leicht. Vermeiden Sie zu scharfe Kanten, wenn die übrigen Profile im Haus durch die Zeit abgeschliffen sind.

FARBE
Allzu leicht wird der Effekt guter Reparatur- oder Restaurierungsarbeiten durch unpassende Farben oder anachronistische Oberflächenbehandlung zunichte gemacht. Grundsätzlich sind in allen vor dem 20. Jahrhundert gebauten Häusern stark glänzende Farben zu vermeiden. Vor der georgianischen Zeit waren Hartholztüren, frei liegende Balken usw. meist naturbelassen (siehe TÜREN), dass dies aber danach noch üblich gewesen sei, ist ein Irrtum. Holzsichtigkeit ist eine neuzeitliche Mode, durch skandinavi-

sches Design beeinflusst. In Großbritannien liefern Fachfirmen noch Farben auf Bleibasis für Puristen, die an ihren Holzelementen das authentische, kalkige Weiß sehen wollen. Kalk- und Leimfarbe wirken ähnlich weich und eignen sich für Wände, die vor Feuchtigkeit nicht sicher sind. Moderne Vinylemulsionen wirken an alten Gebäuden unpassend, aber es gibt auch vinylfreie Emulsionen, die matt aussehen und die Oberfläche atmen lassen.

Bei der Außenrenovierung können moderne hydraporöse Farben den Vorbereitungsaufwand verringern. Eine Glanzappretur auf Acrylbasis kann die Haltbarkeit eines Außenanstrichs um ein oder zwei Jahre verlängern. Es lohnt immer, sich von einem guten Farbenlieferanten – nicht nur dem Einzelhändler am Ort – beraten zu lassen.

FUSSBÖDEN

Holz. Alte Dielen- oder Parkettfußböden bestehen aus Hartholz (Eiche, Ulme) oder Nadelholz (Kiefer, Fichte). Wenn sie in gutem Zustand sind, können ihre kräftigen, natürlichen Farben ein attraktiver Hintergrund für lose Teppiche sein. Ausbessern sollte man möglichst mit Stücken von passender Farbe. Breite Ritzen zwischen auf Stoß verlegten Brettern können durch Einkleben konischer Füllstücke geschlossen werden. Alte Politur entfernt man von Hartholzböden mit der unter TÜREN beschriebenen Mischung. Dann kann eine geeignete Fußbodenpolitur aufgetragen werden, bei großen Flächen am besten mit einer elektrischen Bohnermaschine. Kiefer gewinnt durch Schmirgeln und Versiegeln. Vorher muss sichergestellt werden, dass keine Nägel überstehen. Stark abgenutzte oder löcherige Fußböden schleift man zuerst mit grobem Schleifpapier diagonal und erst dann mit der Maserung. Schmirgelgeräte kann man ausleihen. Sie werden mehr Schmirgelpapier benötigen, als Sie glauben, und vergessen Sie nicht, eine Maske als Atemschutz zu tragen. Es ist eine anstrengende Arbeit, wenn man es gründlich tun will! Wenn die Farbe nicht gefällt, kann man das Holz vor dem Versiegeln beizen oder sogar streichen, wobei auf die Verträglichkeit der Beize oder Farbe mit dem Siegellack zu achten ist. Es sind viele Siegellacke für Holzfußböden auf dem Markt, die gebräuchlichsten davon sind auf PUR- oder Deoresinbasis. Zu stark glänzende oder kunststoffartig wirkende Oberflächen sind zu vermeiden. Puristen werden sich erinnern, dass die Fußböden bis Mitte des 18. Jahrhunderts unbehandelt gelassen und regelmäßig mit Sand gescheuert wurden.

Steinplatten. Diese sind sehr verschleißfest und brauchen wenig Pflege. Man kann sie von Zeit zu Zeit aufheben und auf einer Dichtungsbahn neu verlegen, sollte sie aber vorher nummerieren und notieren, wie sie zusammengehören. Die Fugen dürfen nicht zu breit sein und werden mit einem feinen Sand-/Zementmörtel verstrichen. Versiegeln Sie alten Schiefer und andere poröse Steine nach gründlicher Reinigung mit einem Teil gekochtem Leinöl und vier Teilen Terpentin, decken sie dann mit Packpapier ab und betreten sie 2–3 Tage nicht. Zur Reinigung fegen und nass wischen.

Linoleum. Linoleum ist der originelle Fußbodenbelag aus gemahlenem Kork, Holzmehl, Leinöl und Harzen auf einer Juteunterlage. Es ist empfindlich gegen darunter dringendes Wasser und gegen Alkalien. Linoleum sollte man nicht versiegeln, kann es aber mit einer Polieremulsion behandeln.

Teppiche. Zu ihrer Restaurierung muss der Rat des Fachmannes eingeholt werden. Teppiche *aller* Farben können auf Bestellung gefertigt werden und sind nicht utopisch teuer.

KAMINE

Marmorkamine waren im georgianischen und im Föderalstil populär. Später wurden sie manchmal überstrichen. Entfernen Sie die Farbe vorsichtig mit Abbeizer, aber machen Sie erst eine kleine Probe. Verfärbter Marmor wird mit einem Gemisch aus gleichen Teilen einer milden Seife, Branntkalk und Ätzkali bestrichen, das man nach mehreren Tagen abwischt. Zum Polieren von Marmor mischt man zwei Teile fein gesiebtes Waschsoda, einen Teil Bimsstein und einen Teil Kreide mit so viel Wasser, dass eine Paste entsteht, die man aufstreicht und nach einigen Stunden mit Wasser und Seife abwäscht. Mit Milch kann ein polierter Marmorkamin aufgefrischt werden.

Holzkamine haben oft sehr kunstvolle Ornamente, die nicht unbedingt geschnitzt sind, sondern auch aus einer Holzersatzmasse modelliert und überstrichen worden sein können. Um die feinen Details freizulegen, entfernen Sie die Farbe mit großer Vorsicht, damit nichts beschädigt wird; die Ornamente sind sehr zart und werden manchmal buchstäblich durch die Farbschichten zusammengehalten.

Gusseiserne Kamine waren im späten 19. Jahrhundert verbreitet. Ihre Restaurierung ist schwierig und darf nicht ohne den Rat von Fachleuten erfolgen. Ganz eigene Probleme gibt es mit Rosten aller Typen, oft infolge von Verwerfungen durch die Hitze. Bei schlimmen Schäden kann es sinnvoller sein, einen Ersatz zu beschaffen.

Gerissene Schamottesteine sind auszuwechseln oder mit feuerfestem Zement zu reparieren. Wenn die Kaminsohle defekt ist, prüfen Sie, ob deren Unterlage in Ordnung ist. Kaminsohlen müssen auf einer kräftigen Schicht nicht brennbaren Materials liegen – nicht auf dem Holzfußboden. Es kann erforderlich sein, Dielenlager zu beschneiden und Beton einzubringen. Durch Feuer infolge defekter Kaminsohlen oder Schornsteine sind mehr historische Häuser vernichtet worden als durch irgendeine andere Ursache. Kontrollieren Sie Kamine und Schornsteine vor der Benutzung sehr gründlich.

TREPPEN

Treppen sind in der Regel aus Holz oder aus Stein und haben eine Balustrade aus Metall oder Holz. Durch Zerfall, Abnutzung, tierische oder pilzliche Schäden nötig gewordene Reparaturen an Holzteilen kann in guter Zimmermann ausführen. Die hölzernen Wangen und Träger müssen gründlich geprüft und repariert werden, ehe man mit den sichtbareren Teilen beginnt. Die Reparatur von Steintreppen ist schwieriger und erfordert meist einen Fachmann. Abgenutzte Trittstufen und beschädigte Treppenkanten können mit Einsätzen aus neuem Stein ausgebessert werden, die man in Epoxidmörtel eingebettet in Taschen setzt. Eine plastische Reparatur kann mit einer Mischung aus Epoxidmörtel oder Harz und gemahlenem Stein erfolgen, ggf. mit einer Verstärkung aus Kupferdraht. Bei keiner Reparatur dürfen scharfe Kanten entstehen. Wenn eine Stufe um den Baluster herum beschädigt ist, schneidet man die Stelle aus und setzt mit eisenfreien Dübeln und Epoxidharz ein passendes Steinstück ein.

Wenn der Reparaturbedarf an einer Holztreppe sehr hoch und sie nicht besonders kunstvoll ist, ist es oft sinnvoll, sie nicht auszuflicken sondern zu ersetzen. Bestimmte Elemente, wie Handlauf oder Baluster, können in jedem Fall in die neue Treppe übernommen werden, oder man beschafft ähnliche Teile aus einem Bergezentrum. Es gibt industriell gefertigte Handläufe und Baluster, die für Nebentreppen akzeptabel sind, aber die Originalmodelle sind nicht zu übertreffen und sollten nach Möglichkeit kopiert werden.

TISCHLERARBEITEN UND PROFILE

Originale Tischlerarbeiten und Profile sollten nach Möglichkeit repariert werden. Wenn keine mehr vorhanden sind, stehen Sie vor der schwierigen und kostspieligen Aufgabe, den Charakter des Hauses mit sorgfältigen Neueinbauten wiederherzustellen. Geeignete historische Stücke kann man bei Bergefirmen finden oder neu anfertigen lassen. Besichtigen Sie ähnliche Häuser, um Muster zu suchen. Leider sind die handelsüblichen Tischlerarbeiten und Profile meist ungeeignet, da sie oft recht grob und historisch ungenau sind.

Die Gesamtheit der Tischlerarbeiten und Profile - Architrave, Fußleisten, Sockel usw. - sollte der Größe und gesellschaftlichen Bedeutung der Räume entsprechen. Hüten Sie sich davor, etwas zu kaufen, was in einem großen Vorführraum gut aussieht, in Ihrem eigenen Haus aber vielleicht völlig überproportioniert wirkt.

Profile und Tischlerarbeiten müssen zurückhaltend verwendet werden; sie sollen den Charakter des Hauses nicht verändern, sondern dessen Stil und gewachsene Persönlichkeit unterstreichen.

INSTALLATION

Öfen und Herde. Es ist populär geworden, alte Öfen und Herde zu restaurieren und zu benutzen. Wenn man solche Geräte von einer Bergefirma kauft, muss das Aussehen genau geprüft werden. Die funktionalen Teile sind leichter zu ersetzen und müssen meist ohnehin von einem Fachmann überarbeitet und angepasst werden. Die frühen Modelle enthielten viel vernickeltes oder emailliertes Gusseisen. Zwar kann die Beschichtung entfernt und neu aufgebracht werden, aber das ist teuer, und Fachleute dafür zu finden ist nicht leicht. Größere Defekte im Email kann man mit einer passenden Farbe retuschieren (zuerst mit Karosseriespachtel füllen), kleine Kratzer und Dellen können bleiben. Beschichtungen aus Porzellan zu erneuern ist teuer, und es ist oft schwer, die Farbe richtig zu treffen.

Rost kann ein Problem sein, das neben der Ästhetik auch die Funktion des Gerätes beeinträchtigt. Prüfen Sie deshalb besonders die Wände von Backofen und Brennstoffkasten.

Heizkörper. In historischen Gebäuden, die nicht mehr die Originalheizkörper haben, sollte man überlegen, wieder alte Modelle einzubauen. Man kann sie in Bergezentren finden oder bei Abbruchfirmen anfragen. Prüfen Sie sie sorgfältig auf Rost, besonders um die Anschlüsse. Wenn möglich, machen Sie eine Druckprobe mit Wasser, oder, wenn das nicht möglich ist, mit Druckluft, das ist aber nicht ganz so zuverlässig. Achten Sie beim Anschluss von alten Radiatoren an eine neue Anlage auf die Materialverträglichkeit, dazu berät Sie Ihr Installateur.

Die Hersteller achten mehr und mehr auf das Heizkörperdesign, wählen Sie daher die Armaturen sorgfältig aus, wenn eine neue Anlage installiert wird, und überlassen Sie das nicht der Vorliebe Ihres Klempners. Wenn Radiatoren in einem schön proportionierten Raum installiert werden müssen, erwägen Sie, ob sie verkleidet oder unter einem Fenstersitz versteckt werden können. Allerdings geht dabei etwas vom Wirkungsgrad verloren. Nie darf ein Heizkörper über die Sockelleiste hinausragen, es sei denn als Teil der Raumgestaltung.

Rohrleitungen. Wenn Sie ein historisches Haus renovieren, müssen Sie mit größter Wahrscheinlichkeit Drähte und Rohrleitungen neu verlegen. Alte Leitungen sind mit Vorsicht zu entfernen; oft ist es besser, sie nur durchzutrennen und an ihrem Platz zu belassen, als die Beschädigung der umgebenden Flächen zu riskieren. Wenn möglich, nutzen Sie bei der Neuverlegung die alten Rohrverläufe, um möglichst wenige Balken einkerben und Wände durchbrechen zu müssen.

Sanitärzubehör. Alte Badewannen, Waschbecken u.ä. bekommt man jederzeit in Bergezentren oder auf Abbruchbaustellen. Neue gusseiserne Badewannen sind zunehmend schwierig zu beschaffen, aber die alten sind oft noch so gut, dass man sie wieder verwenden kann.

Badewannen werden von Spezialfirmen entweder am Aufstellungsort neu emailliert oder, besser, mitgenommen. Alte Abplatzungen und Risse können mit Alleskleber ausgebessert werden, aber die Retusche mit Farbe ist fast immer sichtbar.

Alte Wasserhähne sind ein wichtiges Stilmerkmal. Sie können neu mit Chrom oder Messing beschichtet werden, und Ihr Installateur kann sie sicher in Ihre Anlage einbauen. Beim Abbau alter Hähne ist Vorsicht geboten. Sie wurden oft mit Kitt in die Wannen, Becken etc. eingesetzt, der jetzt härter sein kann als das umgebende Porzellan. Das kann zur Beschädigung des Porzellans führen.

BELEUCHTUNG

Lassen Sie alle alten Leuchten vor der Benutzung durch einen Elektriker auf Sicherheit prüfen. Alte Lampen können an moderne Sicherheitsnormen angepasst werden; alternativ bieten jetzt mehrere Fachfirmen gute Reproduktionen an. Die Montage alter Messingschalter kann problematisch sein, da ein Erdleiter benötigt wird. Auch hier gibt es moderne Reproduktionen, die den heutigen Sicherheitsnormen genügen.

METALL

Neuanstrich. Dekoratives Schmiede- und Gusseisen, zum Beispiel an Balkons und Geländern, ist oft verrostet, jedoch meist nicht so stark, wie es zuerst scheinen mag. Rost nimmt siebenmal so viel Raum ein wie nicht oxidiertes Eisen. Alle Eisenteile sind zu streichen, aus dekorativen Gründen wie auch als Korrosionsschutz. Alte Anstriche müssen mit der Drahtbürste bearbeitet oder abgekratzt werden, bis lockere Farbe und Rost vollständig abgetragen sind. Alte Farbe wird abgebrannt oder abgebeizt, das Metall mit Terpentin oder Farbverdünnung gereinigt und mit reichlich Wasser gespült. Folgen Sie beim Neuanstrich den Empfehlungen des Farbenherstellers. Zwei Schichten Rostschutzfarbe sind sinnvoller als ein zusätzlicher Deckanstrich.

Reparatur. Behalten Sie möglichst viel Originalmaterial. Wenn Teile ersetzt werden müssen, verwenden Sie ähnliches Material. Vorsicht bei Gusseisen; es ist sehr spröde und bricht leicht, wenn es Zugspannungen ausgesetzt wird. Risse in tragenden Teilen können elektrogeschweißt werden, doch müssen alle Schweißnähte durchgängig sein und vor dem Neuanstrich glattgeschliffen werden. Sorgen Sie dafür, dass Schweißnähte nicht die natürliche thermische und strukturelle Bewegung behindern; wenn diese Gefahr besteht, sollten lieber Platten und Schienen verwendet werden.

Dachentwässerung. Dachrinnen und Fallrohre sind meist aus Eisen, Blei oder Kupfer und bei guter Pflege lange haltbar. Die Alternativen aus Kunststoff, Aluminium und sogar Glasfaser wird der Denkmalbewusste lieber meiden. Ein für viele annehmbarer Kompromiss besteht darin, für die gut sichtbaren Fallrohre traditionelles und weiter oben modernes Material zu verwenden. Beachten Sie, dass eine profilierte Dachrinne oft wesentlicher Teil des Traufgesimses ist und nur durch eine ebensolche ersetzt werden sollte.

SICHERHEIT

Diebstahl von Architekturteilen wird gegenwärtig zu einem sehr ernsten Problem. Sorgen Sie dafür, dass ein leeres Gebäude gut gesichert und versichert ist. Bis die Restaurierung beginnt, sollten bestimmte Details wie z.B. Kamine eingehaust werden, um sie vor Beschädigung und vor begehrlichen Blicken zu schützen. Es ist immer ratsam, solche Stücke zu fotografieren und zu vermessen, um sie im Fall eines Diebstahls besser identifizieren zu können.

Peter Sutton, der Autor dieses Textes, betreibt mit Anthony Harrison das Architekturbüro Harrison Sutton Partnership, Fore Street, Totnes, Devon, England. Sie sind auf die Restaurierung historischer Gebäude, einschließlich von Immobilien von National Trust und English Heritage spezialisiert.

BIOGRAFIEN

Es folgen Kurzbiografien ausgewählter Architekten, Designer und anderer im Buch genannter Persönlichkeiten, die an der Entwicklung oder Verbreitung eines der hier behandelten Stile wesentlich beteiligt waren.

Aalto, Alvar (1898–1976). Finnischer Architekt und Formgestalter, der als Meister der Moderne höchst individuelle Gebäude mit großer Standortsensibilität entwarf. Zu seinen frühen Arbeiten gehören einige der ersten rationalistischen Gebäude in Skandinavien, besonders das beispielgebende Sanatorium (1929–1932) in Paimio, ein scharfkantiges, weißes Gebäude mit Streifenfenstern und frei tragenden Balkons. Nachdem Aalto sich von der Maschinenästhetik abgewandt hatte, zeigte er sein starkes Materialempfinden in der Verwendung von Holz (z. B. der finnische Pavillon in Paris 1937) und tendierte zur freien Form (z. B. der finnische Pavillon bei der Weltausstellung in New York 1939). Nach 1945 entwickelte er seine charakteristische Form der Moderne mit gerundeten Wänden, steilen und winkligen Dächern, viel Holz und Ziegeln und bewusstem Bezug auf das Umfeld; Beispiele sind Baker House (1946–1949), das MIT in Cambridge, Massachusetts; das Rathaus (1952) von Säynätsalo; das Kulturzentrum (1958) in Helsinki und die Vouksenniska-Kirche (1958) in Imatra. Aalto ist auch bekannt für seine Möbel aus modelliertem Sperrholz (z. B. der Bugholzstuhl Paimio, 1933, und frei tragende Stühle aus laminiertem Holz, 1946); Möbel produzierte er mit seiner Firma Artek sein ganzes Leben lang.

Ackermann, Rudolf (1764–1834). Englischer Verleger deutscher Herkunft. Er arbeitete als Kutschenbauer in Europa und London, wohin er etwa 1783 übersiedelte. 1795 gründete er in London Verlag und Druckerei Repository of Arts. Von 1809 bis 1828 gab er *Repository of Arts* heraus, eine einflussreiche Zeitschrift über Kunst, Architektur, Inneneinrichtung, Mode, Wissenschaft und andere Themen. Beiträge kamen u. a. von J. B. Papworth und A. C. Pugin. Möbelentwürfe, die 1822 im *Repository* erschienen, wurden 1823 als *Fashionable Furniture* nachgedruckt. Das *Repository* war bis etwa 1825 dem klassischen Stil verpflichtet, dann begann Pugin, Designs im gotischen Geschmack beizusteuern.

Adam, Robert (1728–1792). Schottischer Architekt und Designer und einer der beiden bedeutendsten Architekten im England des späten 18. Jahrhunderts (neben seinem Erzrivalen William Chambers). Als Sohn eines führenden schottischen Architekten unternahm er 1754–1758 eine Grand Tour nach Italien, wo er klassische Architektur studierte, auch vermaß er den Diokletianspalast bei Split. 1758 ließ er sich als Architekt in London nieder, wohin ihm später sein Bruder James folgte. Zu Adams frühen Arbeiten gehören der klassische Admiralty Screen (1759/60) in London und viele Interieurs, in denen er seinen leichten, eleganten Neoklassizismus vervollkommnete. Dieser stand zu dem vorausgegangenen, schwereren Palladianismus in ebenso starkem Kontrast wie zu dem nachfolgenden neogriechischen Stil. Zu den bekanntesten von Adam gestalteten Landhäusern gehören Harewood House (1759–1771), Kedleston Hall (ab 1759), Syon House (1760–1769), Osterley Park (1765–1780), Luton Hoo (1766–1774), Newby Hall (1767–1785) und Kenwood House (1767–1769). Von den späten 1760er Jahren an folgten viele schöne Stadthäuser in London. Immer bezog er die dekorativen Künste in die Gestaltung ein, und die Grundrisse enthielten ungewöhnliche, aus der Antike abgeleitete Formen (z. B. die Basilika-Halle, die Rotunde und die durch Säulen abgetrennte Apsis mit Kassettendecke). Als Dekoration dienten u. a. flache Felder mit Grotesken und Pilaster, elegante Farbkombinationen und zarte gemalte Ornamente aus Urnen, Festons und Bändern. Adam gestaltete auch große Gebäude in Edinburgh (z. B. die 1789 begonnene Universität) und malerische Schlösser (z. B. Culzean Castle, 1777–1792), deren rauem Äußeren er zarte, verfeinerte Interieurs gegenüberstellte. Der Adam-Stil fand weite Verbreitung durch *The Works in Architecture of Robert and James Adam* (1773–1778, 1779, 1822). Adams Ornamente wurden gegen Ende seiner Laufbahn zunehmend manieristisch und fanden in der ersten Hälfte des 19. Jahrhunderts viel Kritik. Nach der Londoner Ausstellung von 1862 kam es zu einer Erneuerung des Adam-Stils.

Adam, Robert (geb. 1948). Englischer Architekt. Nach Ausbildung am Polytechnic of Central London (1967–1973) folgte ein einjähriges Studium in Rom. 1977 zog er nach Winchester, wo sich die Büros von Robert Adam Architects jetzt befinden, die in großem Umfang vor allem Häuser planen. Er war an der Gründung von INTBAU beteiligt, einem internationalen Netzwerk traditionell orientierter Designer und Handwerker, ebenso bei National Housing Forum und Traditional Architecture Group.

Ashbee, C.R. (1863–1942). Englischer Architekt und Designer, der stark von John Ruskin und William Morris beeinflusst war, besonders von deren sozialen Reformideen. 1888 gründete er im Londoner East End die Guild and School of Handicraft. Die Schule schloss 1895, doch die Guild war noch viele Jahre lang ein wichtiges Zentrum der Arts-and-Crafts-Bewegung und stellte Möbel, Metallarbeiten, Schmuck, Emailarbeiten und Drucke her. Ashbee schuf einige beispielhafte Designs (z. B. schlichten Schmuck und Silberwaren im Arts-and-Crafts-Stil). Manche seiner Gebäude sind erhalten geblieben, u. a. einige Häuser in Cheyne Walk, London (1898/99), mit malerischer Massenverteilung wie in der Volksbauweise. In Chipping Campden, wohin er 1902 mit der Guild gezogen war, führte er viele Restaurierungen durch. Nach seiner Begegnung mit Frank Lloyd Wright im Jahr 1900 half er, dessen Ideen in Europa bekannt zu machen. Er schrieb auch mehrere Bücher, u. a. *A Book of Cottages and Little Houses* (1906), *Craftsmanship in Competitive Industry* (1908) und *Modern English Silverwork* (1909).

Audsley, George Ashdown (1838–1925). Schottischer Architekt und Designer. 1863 begannen er und sein Bruder William James Audsley in Liverpool zu arbeiten, wo sie zusammen mehrere Kirchen entwarfen. Am besten ist Audsley jedoch für seine Schriften bekannt, bei denen sein Bruder oft Mitautor war. Auf *Cottage, Lodge and Villa Architecture* (um 1868) und eine Reihe interessanter Bücher über japanische Kunst folgten die Musterbücher *Outlines of Ornament in the Leading Styles* (1881) und *Polychromatic Decoration as Applied to Buildings in the Medieval Styles* (1882). 1892 veröffentlichte Audsley gemeinsam mit Maurice Ashdown Audsley (evtl. ein Sohn) *The Practical Decorator and Ornamentist*, das in den Vereinigten Staaten sehr einflussreich wurde. Er übersiedelte dann nach New York und gab dort zusammen mit seinem Sohn Berthold Audsley weitere Designbücher heraus.

Baillie Scott, M.H. (1865–1945). Englischer Architekt und Designer. Er war ein berühmter Vertreter der Arts-and-Crafts-Bewegung in ihrer Spätphase, als sie internationalen Einfluss erlangte und als Vorstufe der frühen Moderne gesehen wurde. Baillie Scott verband in seinen Häusern die schlichte Volksbauweise mit neuen, offenen Grundrissen, wobei die Wohnräume sich um einen großen Kamin mit Sitzecke ordneten und zum Garten anstatt zur Straße gelegen waren. Zu seinen schönsten Häusern gehören Blackwell, Bowness (1898), The White House, Helensburgh, und The Garth, Cobham (1899). Seine schlichten, unverzierten Möbel, Metallarbeiten und Tapeten, oft in leuchtenden Farben, wurden bei der Arts-and-Crafts-Ausstellung in London 1896 gezeigt. In Europa wurde er durch seine ab 1895 erschienenen Artikel in *The Studio* bekannt sowie durch seine Interieurs im Palast des Großherzogs von Hessen in Darmstadt (Sitz der 1899 gegründeten Künstlerkolonie). Von ihm stammen auch beispielhafte Häuser für die Gartenstädte Hampstead und Letchworth (1904–1909). Er veröffentlichte seine frühen Arbeiten in dem Buch *Houses and Gardens* (1906). Seine in *Houses and Gardens* (1933) veröffentlichten späteren Arbeiten sind nicht mehr so unverwechselbar.

Behrens, Peter (1869–1940). Deutscher Architekt und Designer. Als eine der wichtigsten Persönlichkeiten in der Entwicklung der frühen Moderne war er an vielen der um 1900 gegründeten fortschrittlichen Künstlervereinigungen beteiligt. Er studierte zunächst Malerei und stellte in den 1890er Jahren aus. Dann begann er Entwürfe für Grafik und die dekorativen Künste zu fertigen. 1899 kam er zur Künstlerkolonie Darmstadt, wo er für sich selbst ein Haus entwarf. Am bekanntesten ist Behrens für seine Arbeit als Designer und Architekt (1907–1914) für AEG in Berlin, wo er das Konzept des integrierten Firmendesigns einführte, das Werbung, grafische Gestaltung, Industrieprodukte und Gebäude umfasste. Seine berühmte AEG-Turbinenfabrik in Moabit (1909) vereint eine monumentale, symbolische Gestalt mit moderner Stahl- und Glastechnologie und ist eine Ikone der frühen Moderne. Er entwarf auch Schriften, Bucheinbände, Logotypen, Gläser, Besteck, Stoffe und Möbel. In seinen späteren Gebäuden wandte er sich dem Neoklassizismus (z.B. deutsche Botschaft in St. Petersburg, 1911), dem Expressionismus (z.B. Bürohaus der IG Farben Hoechst, 1924) und schließlich dem Internationalen Stil zu. Alle großen Architekten der Moderne – Walter Gropius, Mies van der Rohe und Le Corbusier – haben zwischen 1908 und 1911 in seinem Büro gearbeitet.

Benjamin, Asher (1773–1845). Amerikanischer Architekt, der durch seine Musterbücher wesentlich an der Verbreitung des neoklassizistischen und des neogriechischen Stils in den Vereinigten Staaten beteiligt war. Nach anfänglicher Tätigkeit als Bauzimmermann an Charles Bulfinch's Connecticut State House in Hartford (1795) gab er 1797 *The Country Builder's Assistant* heraus. Dieses erste amerikanische Bauhandbuch stützte sich auf die Schriften von William Pain (der den Adam-Stil popularisierte), jedoch für den amerikanischen Gebrauch adaptiert. 1806 produzierte er (zusammen mit Daniel Raynerd) *The American Builder's Companion*, das den Einfluss des Föderalstils von Bulfinch zeigt. Das Werk war sehr populär und erlebte in den folgenden zwanzig Jahren mehrere Neuauflagen, wobei verschiedene neue Quellen einbezogen wurden, u.a. William Chambers. Benjamin führte von 1806 bis 1810 ein Architekturbüro in Boston, wo er drei Kirchen, das Exchange Coffee House und mehrere schöne Häuser auf Beacon Hill baute. Seine nächsten Bücher, *The Practical House Carpenter* (1830) – das populärste amerikanische Architekturbuch des 19. Jahrhunderts –, *The Practice of Architecture* (1833) und *The Builder's Guide* (1838) propagierten den neuen neogriechischen Stil.

Bing, Samuel (1838–1905). Deutscher Händler für dekorative Kunst. 1871 verließ er Deutschland, wo er in einer Keramikfabrik gearbeitet hatte, und eröffnete in Paris seinen ersten Laden. 1875 reiste er nach China und Japan, danach richtete er in Paris ein weiteres Geschäft ein, in dem er Objekte aus dem Fernen Osten verkaufte. Einer seiner Kunden war Louis Comfort Tiffany, und später wurde er Tiffanys Händler für Europa. Ende 1895 eröffnete er ein weiteres Geschäft unter dem Namen L'Art Nouveau, wo er Glas, Grafik, Metallarbeiten, Schmuck, Tapeten, Stoffe und Möbel anbot. Zu den dort vertretenen Künstlern gehörten Tiffany, Emile Gallé, Aubrey Beardsley, René Lalique, Walter Crane, William Morris, C.F.A. Voysey und Henry van de Velde. Bing hatte bei der Pariser Weltausstellung 1900 seinen eigenen Pavillon und spielte eine große Rolle bei der Verbreitung moderner Stile.

Breuer, Marcel (1902–1981). Ungarischer Architekt und Designer, der in Deutschland, England und den Vereinigten Staaten wirkte. Der Pionier der europäischen Moderne studierte und lehrte Möbelgestaltung am Bauhaus in Weimar (1920–1924) und Dessau (1925–1928). Dort entwickelte er neue, funktionale Formen mit klarer struktureller Gliederung, wie an seinem berühmten Stuhl Wassily (1925), einem der ersten im großen Maßstab produzierten Rohrstühle, dem frei tragenden Stahlrohrstuhl B32 (1928) und seinen schlichten, modularen Vorratsbehältern. Ab 1928 war er als Architekt und Innenarchitekt in Berlin tätig. 1935 übersiedelte er nach England und arbeitete mit dem Architekten F.R.S. Yorke zusammen, entwarf aber auch weiter Möbel (z.B. den Sperrholz-Liegestuhl Isokon, Satztische und Stapelstühle aus laminiertem Sperrholz). Er ging dann in die Vereinigten Staaten, lehrte Architektur in Harvard (1937–1947) und arbeitete bei Walter Gropius (1937–1941). Breuers amerikanische Häuser vereinen moderne Formen mit viel Holz und grobem Mauerwerk (z.B. Breuer House, New Canaan, Connecticut, 1947). Zu seinen späteren Werken gehören das Y-förmige UNESCO-Gebäude in Paris (1953–1958, mit anderen) und das Whitney Museum of American Art, New York (1966).

Britton, John (1771–1857). Englischer Architekturautor, bekannt durch mehrere wichtige Bücher über die Architekturgeschichte Englands, die sorgfältig gezeichnete Grundrisse und Details sowie richtungweisende Texte enthielten. Beispiele sind *The Architectural Antiquities of Great Britain* (1807–1826), *The Cathedral Antiquities of England* (1814–1835) und *Illustration of the Public Buildings of London* (1825–1828). 1821–1823 gab er *Specimens of Gothic Architecture* heraus, das er zusammen mit A.C. Pugin erarbeitet hatte. Seine genauen Dokumentationen mittelalterlicher Architektur waren eine sehr nützliche Quelle für die Neogotiker.

Bulfinch, Charles (1763–1844). Amerikanischer Architekt von landesweitem Ansehen und Einfluss. Er popularisierte den Adam-Stil oder Föderalstil in den gesamten Vereinigten Staaten. Nach einer zweijährigen Europareise (1785–1787) entwarf er mehrere Kirchen und das Connecticut State House (1795) in Hartford. 1795 wurde er mit dem Massachusetts State House in Boston beauftragt, einem der wichtigsten Gebäude der Periode in den Vereinigten Staaten. Er bezog sich dabei auf Somerset House in London, das William Chambers nur ein Jahrzehnt zuvor fertig gestellt hatte. Das State House mit einer vorspringenden Kolonnade in der Mitte und hoher Kuppel wurde zum Modell für die Capitole vieler Bundesstaaten. 1799 erhielt Bulfinch eine sehr verantwortungsvolle Stellung in der Verwaltung, in der er großen Einfluss auf die Umgestaltung Bostons hatte. Er entwarf viele kommunale und gewerbliche Bauten (z. B. India Wharf, Boston, 1807; University Hall, Harvard, 1814; Massachusetts General Hospital, 1823) und auch Wohnhäuser. Dabei entwickelte er einen recht schlichten Stil mit abgeschwächten neoklassizistischen Details. Seine frühen Kirchen mit ihren hohen Glockentürmen am Zusammenstoß von Hauptdach und Vordach waren Vorbild für den Kirchenbau in der Gegend. 1817 übernahm Bulfinch den Bau des Capitols in Washington als Architekt und führte die von Henry Latrobe begonnene Arbeit fort. Das begründete seinen Ruhm.

Burlington, Richard Boyle, 3. Earl of (1694–1753). Englischer Amateurarchitekt und Mäzen, einflussreichster Förderer des Palladianismus in England im 18. Jahrhundert. Er entschied sich für den Stil, nachdem 1715 Colen Campbells *Vitruvius Britannicus* und James Leonis Übersetzung von Palladios *Quattro libri dell'architettura* erschienen waren. Dann beauftragte er Campbell, die Renovierung von Burlington House von James Gibbs zu übernehmen; das wurde das erste streng palladianische Gebäude in London. Burlington besuchte Italien, um Palladios Gebäude zu studieren, und erwarb mehrere Originalzeichnungen Palladios sowie Drucke und Bücher. 1719 kehrte er mit seinem Protegé William Kent nach London zurück. Kent arbeitete an vielen Projekten mit ihm zusammen und seine *Designs of Inigo Jones* (1727) wurden von Burlington finanziert. Burlington entwarf palladianische Gebäude, vor allem Chiswick House, London (1725–1729), seine eigene Villa, die teilweise Palladios Villa Rotonda nachgestaltet war, und die Assembly Rooms in York (1732), die er von Palladios ägyptischer Säulenhalle ableitete, welche wiederum auf Vitruv fußte. Burlingtons Gönnerschaft erleichterte die Veröffentlichung vieler Fachbücher, u. a. einer besseren Übersetzung Palladios durch Isaac Ware. Diese Bücher lieferten die Vorbilder, die in ungezählte Musterbücher übernommen wurden. Damit verbreitete sich das palladianische Idiom in ganz Großbritannien und den Vereinigten Staaten.

Campbell, Colen (1673–1729). Schottischer Architekt, neben Lord Burlington einer der einflussreichsten Befürworter des Palladianismus im 18. Jahrhundert. Er begründete seinen Ruf durch die Herausgabe von *Vitruvius Britannicus* (1715–1717), einer Sammlung von ihm gefertigter Grundrisse und Zeichnungen von Häusern, die in den letzten ca. 100 Jahren gebaut worden waren. Er fügte eine Einleitung und einige eigene Arbeiten bei, die für den Stil von Palladio und Inigo Jones anstelle des Barock warben. Der große Erfolg des Buches trug zum Entstehen des Palladianismus bei und weckte ein allgemeines Interesse für Architektur. Campbell baute u. a. die neue Fassade von Burlington House, Piccadilly, nach einem Entwurf Palladios für einen Palazzo, einige schlichte Londoner Stadthäuser mit palladianischen Proportionen und einige bemerkenswerte Landhäuser, in die er klar erkennbare Elemente wie die kubische Halle und den Tempelportikus übernahm, die leicht reproduzierbare Modelle darstellten. Beispiele sind u. a. Wanstead House, Essex (1720; abgerissen) und Houghton Hall, Norfolk (1722–1729). Zu seinen kleineren palladianischen Villen gehören Stourhead, Wiltshire (1722) und Mereworth, Kent (um 1725), seine eigene Version von Palladios Villa Rotonda.

Chambers, Sir William (1723–1796). Englischer Architekt und Designer. Seine Arbeiten waren nicht so elegant wie die von Robert Adam, doch für die Popularisierung des Neoklassizismus in der zweiten Hälfte des 18. Jahrhunderts ebenso wichtig. Er trug auch viel zur Verbreitung exotischer chinesischer Formen bei. Von schottischer Abstammung, doch in Schweden geboren, war er zehn Jahre (1739–1749) bei der schwedischen Ostindienkompagnie, wo er mit Kunst und Design Chinas bekannt wurde. 1749 studierte er in Paris Architektur und lernte dort die französischen Strömungen kennen. Zwischen 1750 und 1755 unternahm er zwei ausgedehnte Reisen nach Rom. Ab 1757 unterrichtete er den Prince of Wales (den späteren Georg III.) in Architektur und veröffentlichte seine Lektionen und Entwürfe als *A Treatise on Civil Architecture* (1759), das eines der einflussreichsten Bücher seiner Zeit wurde. Für die Mutter des Prinzen legte er Kew Gardens mit exotischen Elementen an (z. B. seiner berühmten chinesischen Pagode, 1763). Sein Buch *Designs of Chinese Buildings, Furniture ... and Utensils* (1757) war bedeutsam für Gartengestaltung und Chinoiserie. Er wurde 1761 Königlicher Architekt (gemeinsam mit Adam) und 1782 Generalinspektor. Chambers arbeitete in verschiedenen Stilen, u. a. im französisch-italienischen Neoklassizismus (z. B. das Casino von Marino House, Dublin, 1758–1770); im englischen Palladianismus (z. B. Duddingston House, Midlothian,1763), und in gotischem Stil (z. B. Milton Abbey, Dorset, 1776). Sein bekanntestes Werk ist Somerset House, London (1776–1786), das an der Strandseite den Einfluss von Inigo Jones, an der Hofseite französischen Neoklassizismus zeigt. Somerset House belegte auch seine Geschicklichkeit beim Planen von Treppen und Interieurs, worunter einige frühe englische Beispiele des Stils Louis-seize sind.

Chippendale, Thomas (1718–1779). Englischer Möbeltischler; einer der bedeutendsten im London der 1760er und 1770er Jahre. Er richtete 1753 seine Werkstadt in St Martin's Lane ein, die damals ein Zentrum für Kunst und Künstler war. Er entwarf Möbel nicht nur für seine Firma, sondern auch für sein berühmt gewordenes Buch *Gentlemen and Cabinet-Maker's Director*, das 1754 erstmals erschien. Darin waren »Haushaltmöbel« in verschiedenen Stilen, von Rokoko bis chinesisch und gotisch abgebildet. Die dritte Auflage des bei Auftraggebern und Handwerkern beliebten Buches (1762) war noch breiter angelegt und enthielt auch Neoklassizismus. Diese Auflage war auch in den Vereinigten Staaten und Europa bedeutsam, wo Katharina II. von Russland und Ludwig XVI. von Frankreich Exemplare erwarben. Chippendales beste Möbel entsprachen dem eleganten Neoklassizismus von Robert Adam und William Chambers. Er arbeitete an einigen Interieurs mit Adam zusammen, z. B. an Harewood House, West Yorkshire, aber auch für andere Häuser in Yorkshire (z. B. Nostell Priory, Aske Hall und Newby Hall), für Wilton House in Wiltshire und Petworth House in West Sussex. Sein Sohn Thomas Chippendale Jun., der nach dem Tod seines Vaters das Geschäft übernahm, gilt vielen als innovativer; er fertigte schöne neoklassizistische Möbel für Stourhead (1797–1820).

Conran, Sir Terence (geb. 1931). Englischer Designer, der nach dem Zweiten Weltkrieg gutes, modernes Design für Möbel, Textilien und Haushaltwaren erfolgreich auf dem britischen Massenmarkt etablierte. 1956 baute er die Conran Design Group auf, die Möbel und Textilien für den Handel produzierte. 1964 eröffnete er seinen ersten »Habitat«-Laden in London, wo er mit Hilfe innovativer Präsentation attraktive, funktionale und preisgünstige Möbel, Stoffe, Glaswaren und Küchengeräte verkaufte. Obwohl er die »Habitat«-Kette in den 1990er Jahren verkaufte, besitzt er noch die Conran-Läden mit Filialen in London und anderswo, und hat Verbindungen zu Architekturtheorie und -praxis. Das Londoner Museum für industrielle Formgestaltung

(1989) wurde von seiner Conran Foundation finanziell unterstützt.

Cottingham, Lewis Nockalls (1787–1847). Englischer Architekt und Designer. Beim Restaurieren mittelalterlicher Kirchen erwarb er schon früh Kenntnisse über gotische Architektur. Vieles davon gab er durch seine Publikationen weiter, u.a. *Working Drawings of Gothic Ornaments* (1824) mit sehr schönen Zeichnungen. Er entwarf auch Möbel im gotischen Geschmack (z.B. für Snelston Hall, Derbyshire, 1840er Jahre), klassische Interieurs und Metallarbeiten sowohl im klassischen als auch im gotischen Geschmack. Einige der Letzteren waren in seinem einflussreichen Buch *Ornamental Metal Worker's Director* (1823, überarbeitet 1824) enthalten, das später als *The Smith's, Founder's and Ornamental Metal Worker's Director* (1845) herauskam. Seine Sammlung von Abgüssen, Zeichnungen und Fragmenten von gotischen Originalen bildete den Grundstock des Architekturmuseums in Westminster (jetzt im Victoria & Albert Museum).

Crane, Walter (1845–1915). Englischer Maler, Illustrator und Designer. Er war schon als Buchillustrator populär, bevor seine Karriere als Designer begann. Zunächst entwarf er Keramik, u.a. für Wedgwood. Nachdem er mit den Führern der Arts-and-Crafts-Bewegung bekannt geworden war, begann er in den 1870er Jahren Tapeten und bald auch Stickereien, Textilien, Teppiche, Mosaiken und Buntglas zu entwerfen. Er war Gründungsmitglied der Art-Workers' Guild (1884) und führte die davon abgespaltene Arts and Crafts Exhibition Society (1888), die viel dazu beitrug, die Ideen der Arts-and-Crafts-Bewegung im Ausland zu verbreiten. Crane war auch Lehrer, und er schrieb mehrere einflussreiche Bücher, u.a. *The Claims of Decorative Art* (1892), *The Bases of Design* (1898), *Line and Form* (1900) – die beiden Letzteren enthalten seine Vorlesungen an der Manchester School of Art – und *Ideals in Art* (1905). Viele seiner Bücher wurden übersetzt, und in den 1890er Jahren war Cranes Ruf in Europa gefestigt.

Davis, Alexander Jackson (1803–1892). Einer der einflussreichsten amerikanischen Architekten in der Mitte des 19. Jahrhunderts. Er half den neogriechischen Stil zu popularisieren und führte pittoreske italienisierende und gotisierende Formen ein. Von 1829 bis 1835 und noch einmal 1842/43 arbeitete er in New York als Partner von Ithiel Town, dem Architekten des nicht mehr existenten Connecticut State Capitol (1827–1831). Zusammen bauten sie zwei weitere monumentale Capitole: in Indianapolis (1831–1835, abgerissen) und in Raleigh, North Carolina (1833–1842), sowie das New York City Customs House (1833–1842). Sie verwendeten griechische Tempelformen, fügten aber meist eine zentrale Kuppel im römischen Stil hinzu. David arbeitete dann allein in verschiedenen Stilen weiter und baute Institutionen im klassischen Geschmack, italienisierende Villen und gotisierende Colleges. Am bekanntesten ist er wohl für seine malerischen ländlichen Villen, von denen einige als *cottages ornées* und viele als burgartige Herrenhäuser im gotischen Geschmack gestaltet waren. Sie gehörten zu den ersten dieses Stils in den Vereinigten Staaten (z.B. Lyndhurst, Tarrytown, New York, 1838, wofür er auch Möbel im gotischen Stil entwarf). Davis war ein guter Zeichner und stellte die Gebäude mit einem romantischen Hintergrund dar. Einen Teil seiner frühen Entwürfe veröffentlichte er in *Rural Residences, etc.* (1837). Viele weitere erschienen in den populären Büchern von A.J. Downing, u.a. *Cottage Residences* (1842) und *The Architecture of Country Houses* (1850), mit denen Davis landesweiten Einfluss erreichte.

Downing, A.J. (1815–1852). Amerikanischer Landschaftsgestalter und ländlicher Architekt, bekannt vor allem durch seine Artikel in der Zeitschrift *The Horticulturist* (1846–1852) und in Büchern wie *A Treatise on the Theory and Practice of Landscape Gardening Adapted to North America* (1841), *Cottage Residences* (1842) und *The Architecture of Country Houses* (1850). Diese Bücher, die er größtenteils zusammen mit Alexander Jackson Davis produzierte, gehörten zu den ersten dieser Art in den Vereinigten Staaten. Davis lieferte die Zeichnungen von Häusern vor ländlichem Hintergrund, darunter viele seiner eigenen neueren Villen und Cottages. Auch auf englische Quellen (z.B. John Claudius Loudon) wurde Bezug genommen. Downings Bücher waren ungeheuer erfolgreich und halfen die Ideale des Pittoresken in den Vereinigten Staaten populär zu machen. 1850 gründete er zusammen mit dem englischen Architekten Calvert Vaux eine Firma, die sich als eine der ersten in Amerika auf Landschaftsgestaltung spezialisierte. Downing förderte die Anlage von Stadtparks, für die Vaux zusammen mit Frederick Law Olmsted später berühmt wurde.

Dresser, Christopher (1834–1904). Schottischer Designer und Autor, einflussreicher Theoretiker des funktionalen Designs nach 1860. Er begann mit viel beachteten Vorlesungen und Schriften zur Verwendung der Botanik in den dekorativen Künsten. Sein erstes Buch über Formgestaltung war *The Art of Decorative Design* (1862). In den nächsten 30 Jahren war er als gewerblicher Gestalter von Silberwaren, Keramik, Glas, Möbeln, Metallwaren, Tapeten, Teppichen und Textilien erfolgreich. Sein Stil war oft abstrakt und geometrisch; er legte viel Wert auf unverfälschte Materialien und befürwortete die maschinelle Fertigung. Auch exotische Formen probierte er aus. 1876/77 besuchte er Japan und kehrte mit Kunstgegenständen zurück, die er für Händler gesammelt hatte. Danach veröffentlichte er sein bedeutendes Werk *Japan, Its Architecture, Art and Art Manufactures* (1882). Weitere maßgebliche Bücher waren *The Principles of Decorative Design* (1873) und *Modern Ornamentation* (1886).

Eastlake, Charles Locke (1833 oder 36–1906). Englischer Designer und Autor. Als ausgebildeter Architekt arbeitete er lange für das Institute of British Architects und die National Gallery in London. Am besten bekannt ist er für seine Schriften über Design und Ornament, besonders *Hints on Household Taste in Furniture, Upholstery and Other Details* (1868). Darin veröffentlichte er seine eigenen Entwürfe, die von den Arts and Crafts und vom Queen-Anne-Stil beeinflusst, materialgerecht und von klarer Konstruktion waren und geradlinige, geometrische Ornamente trugen. Besonders einflussreich war das Buch in den USA, wo ab 1872 sechs Auflagen erschienen und sich ein eigener »Eastlake«-Stil für Möbel entwickelte. Dieser dehnte sich später sogar auf die Architektur aus, besonders in Kalifornien, wo Häuser, die eigentlich dem Queen-Anne-Stil oder Stabstil angehörten, mit bogigen und gedrehten Ornamenten aus dem Möbelbau verziert wurden. Eastlake selbst distanzierte sich von beiden Stilen. Weitere Werke sind u.a. *A History of the Gothic Revival* (1872) und *Lectures on Decorative Art and Art-Workmanship* (1876).

Fry, E. Maxwell (1899–1987). Englischer Architekt, wichtiger Wegbereiter der Moderne im England der 1930er Jahre. 1932 lernte er Wells Coates kennen und wandte sich danach der Moderne zu; 1933 war er Gründungsmitglied der Gruppe MARS, die sich für die Moderne einsetzte. Zu seinen bekanntesten Arbeiten dieser Zeit gehören Privathäuser (z.B. Sun House, Hampstead, London, 1936) und mehrere Wohnblöcke mit billigen Wohnungen (z.B. Kensal House, North Kensington, London, 1936, mit anderen), die sorgfältig für standardisiertes Bauen geplant wurden. 1934–1937 arbeitete er mit Walter Gropius zusammen. Nach dem Zweiten Weltkrieg bauten Fry und seine Frau, Jane Drew, mit weiteren Partnern einige große Schulgebäude in Westafrika, wo sie die Moderne den dortigen tropischen Bedingungen anpassten und wichtige, gut recherchierte Bücher zum Thema verfassten (z. B. *Tropical Architecture in the Humid Zone*, 1956). Fry und Drew wirkten darauf hin, dass Le Corbusier 1950 mit der Planung der neuen Hauptstadt des Punjab in Chandigarh beauftragt wurde, wo sie selbst auch arbeiteten.

Geddes, Norman Bel (1893–1958). Amerikanischer Designer, der zunächst erfolgreich als Bühnengestalter tätig war und abgestimmte Kulissen, Kostüme und Beleuchtung für moderne Inszenierungen schuf. Um 1927 ging er zur Industrieformgestaltung über und gründete die erste einschlägige Firma in den Vereinigten Staaten. Dann entwickelte er futuristische Designs nach dem Prinzip der aerodynamischen Schnittigkeit. Dazu gehörten Autos, Busse, Lokomotiven, Ozeandampfer und Verkehrsflugzeuge (eines in Form einer riesigen Tragfläche) ebenso wie Gasherde, Kühlschränke, Radios, Interieurs und Fenstergestaltungen. Mit seinem Buch *Horizons* (1932) machte er seine Entwürfe populär. Sein Modell von »Metropolis«, der »Stadt von morgen« (1937), enthielt fortschrittliche Ideen zur Verkehrsregelung, während »Futurama«, sein Exponat für General Motors zur New Yorker Weltausstellung 1939, die städtischen Wolkenkratzer und Schnellstraßen der Zukunft vorwegnahm. Es war die Inspiration für seine *Magic Motorways* (1940), womit er die Gestaltung der amerikanischen Schnellstraßen der Nachkriegszeit beeinflusste.

Gibbons, Grinling (1648–1751). Englischer Holzschnitzer, der virtuose naturalistische Schnitzereien schuf und als bedeutendster englischer Vertreter des dekorativen Schnitzens gilt. In einer englischen Familie in Rotterdam geboren, lernte er vermutlich holländische und flämische Stillleben kennen, die für die Üppigkeit seiner späteren Blumen- und Fruchtschnitzereien Vorbild gewesen sein mögen. Etwa 1667 übersiedelte er nach England und wurde wohl durch den Tagebuchschreiber John Evelyn »entdeckt« und Charles II. vorgestellt. Den Großteil seiner sehr bedeutenden, verschwenderischen Barockschnitzereien fertigte Gibbons für den König, besonders in den Royal Apartments in Windsor Castle, Berkshire, 1677–1682. Er arbeitete auch an Kensington Palace in London

und an Hampton Court Palace. 1693 wurde er Schnitzmeister der Krone und arbeitete unter dem Generalinspektor Christopher Wren. In dessen St Paul's Cathedral in London fertigte er Schnitzwerk aus Eiche für den Chor (1696/97). Für private Auftraggeber schuf er z. B. den bekannten Carved Room (1692) in Petworth House, West Sussex, aber auch architektonischen Schmuck in Stein, Marmor und Bronze (z. B. an Blenheim Palace, 1708–1716). Außerdem gibt es von Gibbons und seiner Werkstatt auch Statuen und Grabdenkmale.

Gibbs, James (1682–1754). Schottischer Architekt, wichtigster Kirchenbaumeister in London im frühen 18. Jahrhundert. Er studierte in Rom bei Carlo Fontana Architektur und wurde nach seiner Rückkehr nach England 1708 ein einflussreicher Vertreter des Barock. Als Inspektor (1713–1715) der Fifty New Churches Commission in London baute er St Mary-le-Strand (1714–1723), deren Erfolg ihm den Auftrag für sein bekanntestes Werk sicherte: St Martin-in-the-Fields, Trafalgar Square (1726). Die Kombination von Tempelportikus und Turm an dieser Kirche wurde häufig nachgeahmt. Die seitlichen Fenster haben die nach ihm benannten »Gibbs'schen Einfassungen« (Fenstereinfassungen mit schwerer Rustika). Für private Auftraggeber baute er den Octagon Pavilion in Orleans House, Twickenham, und Sudbrook Park, Petersham (beide um 1720), sowie mehrere Monumentalbauten in Stowe (ab 1726). Ein wichtiges öffentliches Gebäude ist auch Radcliffe Camera, Oxford (1737–1749), eine überwölbte Rotunde in der Art des italienischen Manierismus. Als einer der ersten britischen Architekten schuf Gibbs bildhauerische Denkmale (z. B. in Westminster Abbey). Sein *Book of Architecture* (1728), das erste britische Buch, das dem Werk eines einzelnen Architekten gewidmet ist, enthielt Entwürfe für Interieurs und dekorative Elemente wie auch Gebäude. Dieses Buch, ebenso wie seine *Rules for Drawing the Several Parts of Architecture* (1732), war – besonders in den Vereinigten Staaten – sehr wichtig für die anhaltende Popularität seines Stils.

Gill, Irving (1870–1936). Amerikanischer Architekt, der bei Louis Sullivan in Chicago lernte und 1896 in San Diego ein eigenes Büro eröffnete. Seine frühen Bauten standen unter dem Einfluss des Schindelstils, doch gegen 1910 hatte er einen bemerkenswert schlichten, schmucklosen geometrischen Stil ausgebildet, dessen flache Dächer und glatte, geweißte Flächen durch Umpflanzung ge-

mildert wurden. Beispiele sind u. a. der La Jolla Women's Club (1912–1914) und Dodge House, Los Angeles (1914–1916). Eine so radikale Auffassung vertrat um diese Zeit lediglich Adolf Loos in Wien, erst in den 1920er und 1930er Jahren wurde sie in Europa allgemein übernommen. Anregung fand Gill wahrscheinlich in der spanischen Architektur in Kalifornien. Er verwendete auch gern armierten Beton, damals ein neues Material, und entwickelte Methoden des Bauens mit vorgefertigten Teilen.

Greene & Greene. 1893 gebildete Personengesellschaft der amerikanischen Architekten Charles Greene (1868–1957) und Henry Greene (1870–1954). Die als Zimmerleute und Architekten ausgebildeten Brüder wurden von den Arts-and-Crafts-Idealen von John Ruskin und William Morris sowie von der japanischen Holzbauweise beeinflusst. 1893 übersiedelten sie nach Kalifornien. Am bekanntesten sind sie für ihre nach 1900 entwickelten, beliebten kalifornischen Bungalows – niedrige Holzhäuser mit breiten Dachüberhängen, flachen Giebeln, Schindel- oder Holzverkleidung und Veranden (z. B. The Gamble House, Pasadena, 1909). Dieser Typ wurde viel imitiert, vor allem in Australien. Später kehrten die Brüder zu einem mediterranen Idiom mit Stuck und Fliesen zurück.

Griffin, Walter Burley (1876–1937). Amerikanischer Architekt. Er arbeitete 1901–1905 mit Frank Lloyd Wright zusammen, bevor er mit seiner Frau, Marion Mahony Griffin, ein eigenes Büro eröffnete. Von ihr stammen einige der besten Architekturzeichnungen der Periode. Griffin wurde für seine vom Präriestil beeinflussten Häuser bekannt, die massive zentrale Kamine und versetzte Geschosse aufwiesen. Im Gegensatz zu Wrights Bauten wurden die seinigen immer rauer und kubischer (z. B. Melson House, Mason City, Iowa, 1912). Am bekanntesten ist Griffin durch seinen Stadtentwicklungsplan für Canberra, die neue Hauptstadt Australiens, der die Ideale der Beaux Arts einfühlsam mit den topografischen Gegebenheiten vereint. Griffin entwarf auch einige bekannte Gebäude von kristalliner, abstrakter Form in Australien.

Gropius, Walter (1883–1969). Deutscher Architekt und Designer; einer der einflussreichsten Vertreter der europäischen Moderne, deren Theorien er dreißig Jahre lang in den Vereinigten Staaten lehrte. Er war besonders am Gesellschafts- und Industriebau interessiert und befürwortete die industrielle Produktion. Zu seinen frühen Arbeiten gehören das Fagus-Werk in Alfeld (1913) mit der ersten Glas-Vor-hangfassade und die Modellfabrik bei der Deutschen Werkbundausstellung in Köln (1914); beide waren Meilensteine in der Entwicklung der Moderne. Von 1919 bis 1928 war Gropius Direktor des Bauhauses, das zu einem Schwerpunkt der künstlerischen Avantgarde in Europa wurde. Seine geradlinigen Bauten aus Stahl und Glas für das Bauhaus in Dessau (1926) sind klarer Ausdruck des reinen Internationalen Stils. Gropius spielte ab 1929 auch in CIAM, dem internationalen Forum für moderne Architektur eine wichtige Rolle, und er entwarf Fertigteilhäuser und Wohnblöcke für den kommunalen Wohnungsbau. 1934 verließ er Deutschland und ging zunächst nach London, wo er sich mit Maxwell Fry zusammentat. Er entwarf Möbel für Isokon und baute Impington Village College in Cambridgeshire (1936–1939), einen modernen Komplex in Ziegelbauweise, der späteren englischen Bauten als Vorbild diente. 1937 ging Gropius in die Vereinigten Staaten und begann in Harvard zu lehren, wohin ihm Marcel Breuer später folgte. Sein eigenes Haus, das er sich 1938 in Lincoln baute, ein prismenförmiges Holzhaus mit Flachdach, war eines der ersten Häuser der Moderne in Massachusetts. Nach dem Zweiten Weltkrieg gründete er mit einer Gruppe junger Architekten TAC (The Architects' Collaborative), worin er einen starken Einfluss ausübte.

Halfpenny, William (gest. 1755). Englischer Architekt, hauptsächlich als fleißiger Verfasser von Architekturbüchern bekannt, die in England und Nordamerika enormen Einfluss hatten. Ein Beispiel ist *Practical Architecture* (1724), eines der ersten Bücher zum Palladianismus. Andere widmeten sich verschiedenen Stilen von Barock und Rokoko bis zur Gotik. Dazu gehörten *The Art of Sound Building* (1725), *New Designs for Chinese Temples* (1750), eines der ersten Bücher mit chinesischen Designs, *Twelve Beautiful Designs for Farmhouses* (1750) und *The Country Gentleman's Pocket Companion* (1753), das mit der Einbeziehung der Landschaft das Pittoreske vorwegnahm.

Haviland, John (1792–1852). In den Vereinigten Staaten tätiger englischer Architekt. Er kam 1816 nach Philadelphia, wo er zunächst lehrte. Sein *Builder's Assistant* (1818–1821) illustrierte aktuelle englische Architekturstile und stellte als erstes amerikanisches Buch die griechischen Säulenordnungen dar. Dann entwarf Haviland in Philadelphia einige schöne Gebäude im neogriechischen Stil (z.B. das Pennsylvania Institute, 1823, jetzt Philadelphia College of Art, und das Franklin Institute, 1825, jetzt Atwater Kent Museum). Er entwarf Kirchen, aber auch Gefängnisse mit radial panoptischem System. Eines davon sieht wie eine zinnenbewehrte gotische Burg aus (das beispielgebende Eastern State Penitentiary in Philadelphia, 1825), andere haben die Form ägyptischer Tempeleingänge (z.B. Trenton, New Jersey, 1832).

Hope, Thomas (1769–1831). Britischer Amateurdesigner und Mäzen. Er entstammt einer schottischen Familie, kam in Amsterdam zur Welt und machte von 1787 bis 1795 eine ausgedehnte Bildungsreise durch Europa und den Nahen Osten. Später folgten weitere Besuche in Europa. 1795 übersiedelte die Familie nach England. Hope begann, klassische Skulpturen und Keramik zu sammeln, und etwa 1800–1804 gestaltete er sein (nicht mehr existentes) Haus in Duchess Street, London, zum Hausmuseum um und machte es der Öffentlichkeit zugänglich. Darin gab es ein griechisches Zimmer mit neogriechischen Details und Möbeln, die nach Darstellungen auf alten Keramiken gestaltet waren und für das Regency maßgeblich wurden. Außerdem gab es ein indisches und ein ägyptisches Zimmer, dieses mit Möbeln im ägyptischen Geschmack. Diese Arbeiten dokumentierte er in seinem Buch *Household Furniture and Interior Decoration Executed for Designs by Thomas Hope* (1807). Er schrieb weitere Bücher über Architektur und Formgestaltung. Er befürwortete den neogriechischen Stil für Städte, gestaltete aber sein eigenes (nicht mehr existentes) Haus aus dem 18. Jahrhundert in Deepdene bei Dorking im Sinne des Pittoresken 1818–1823 zu einem Stilgemisch um.

Howard, Ebenezer (1850–1928). Englischer Theoretiker und Amateurplaner, der die einflussreichen Prinzipien der Gartenstadtbewegung entwickelte. Von Beruf war er Stenograf, und er wurde Teilhaber der vom Parlament bestellten Firma. Gleichzeitig interessierte er sich, vielleicht unter dem Einfluss utopischer Schriftsteller aus den Vereinigten Staaten, wo er 1872–1877 gelebt hatte, für die Überfüllung der Städte und die Entvölkerung der ländlichen Gebiete. Daraus resultierte sein Gartenstadtkonzept, das er in *Tomorrow: A Peaceful Path to Real Reform* (1898, überarbeitet 1902 als *Garden Cities of Tomorrow*) darlegte. Er stellte sich eine eigenständige Satellitenstadt von begrenzter Größe neben einer Großstadt vor, doch von einem grünen Gürtel von Ackerland umgeben und in Form angenehmer »ländlicher« Wohnbezirke, mit Einkaufs-, Kultur- und Erholungsangeboten geplant. 1899 gründete er die Garden City Association. Die wichtigsten nach seinen Ideen entwickelten Städte sind Letchworth (ab 1903 durch Parker & Unwin) und Welwyn Garden City, Hertfordshire (ab 1920). Sein Buch beeinflusste die Stadtplanung auch in anderen Teilen Europas, besonders in Deutschland, wo 1902 eine Gartenstadtbewegung entstand. Viele in England nach 1945 neu aufgebaute Städte widerspiegeln ebenfalls seine Ideen.

Hunt, Richard Morris (1827–1895). Herausragender und produktiver amerikanischer Architekt auf dem Gebiet des Gesellschaftsbaus. Er verbrachte als junger Mann zwölf Jahre in Europa (1843–1855) und studierte als erster Amerikaner an der Ecole des Beaux Arts. Daher kannte er die französische Neorenaissance aus erster Hand, die er in den Vereinigten Staaten zu popularisieren half. Er ist für eine Reihe von Herrenhäusern bekannt, die er jedes Mal in einem anderen Stil und jedes Mal üppiger gestaltete, zum Beispiel Griswold House in Newport, Rhode Island (1863) im Stabstil, Marble House in Newport (1892) im Neoklassizismus, The Breakers in Newport (1895) in italienischer Neorenaissance und Biltmore House bei Asheville, North Carolina (1895) im französischen Château-Stil – alle für die Familie Vanderbilt. Sein wichtigster Industriebau in New York war das Gebäude der *New York Tribune* (1876, abgerissen), das mit seinem spitzen Uhrturm einige Jahre lang das höchste Gebäude der Stadt war. Er entwarf auch den Eingangsflügel des Metropolitan Museum of Art, New York (1894–1902). Hunt trug zur Einführung professioneller Standards am Bau und einer Honorarordnung für Architekten bei, und er war auch an der Gründung des American Institute of Architects 1857 beteiligt.

Jefferson, Thomas (1743–1826). Amerikanischer Jurist, Staatsmann (1801–1809 Präsident) und autodidaktischer Architekt. Der Verfasser der Unabhängigkeitserklärung war auch als Architekt einflussreich. Er führte in den Vereinigten Staaten einen robusten Neoklassizismus ein, der auf antiker römischer Architektur und dem zeitgenössischen französischen Rationalismus fußte und einen Gegensatz zu dem leichteren Föderalstil bildete. Sein eigenes Haus, Monticello, Virginia (ab 1770), entwarf er zuerst als palladianisches Gebäude, doch durch spätere Änderungen wurde es zu einer weitgehend einstöckigen klassizistischen Villa aus Ziegeln mit einem Gartenportikus mit

Giebelfeld sowie einer flachen Kuppel. Sein Entwurf für das Virginia State Capitol in Richmond (1785–1799) beruhte auf dem antiken römischen Maison Carrée in Nîmes, das er kennen gelernt hatte, als er amerikanischer Botschafter in Paris war (1784–1789). Das Capitol war das erste Gebäude in den Vereinigten Staaten, das die Form eines klassischen Tempels hatte, und es war ein wichtiges Modell für viele öffentliche Gebäude jener Zeit in Amerika. Mit seiner Kenntnis europäischer Städte und klassischer Architektur beeinflusste Jefferson auch die Planung von Washington. Die von ihm entworfene University of Virginia, Charlottesville (1817–1826), eine Gruppe separater Pavillons für die Fakultäten um eine Grünfläche geordnet und mit Kolonnaden verbunden, beruht möglicherweise auf dem Château von Marly bei Versailles. Die Rotunde am Ende der Grünfläche war eine um die Hälfte verkleinerte Nachahmung des römischen Pantheons. Jefferson war ein findiger Planer, der geometrische Raumformen und praktische Ideen ausprobierte, z. B. für Dachfenster, Treppen und WCs.

Johnson, Philip (1906–2005). Amerikanischer Architekt. Als einer der herausragenden Vertreter der amerikanischen Architektur des 20. Jahrhunderts sorgte er zusammen mit Henry-Russell Hitchcock dafür, dass die Gebäude der Moderne in den Vereinigten Staaten ausgestellt wurden (1932), darunter sechs amerikanische Beispiele. Sie gaben auch das Buch dazu, *The International Style: Architecture since 1922* gemeinsam heraus, in dem der Begriff »Internationaler Stil« für die Architektur der frühen Moderne geprägt wurde. Johnson befürwortete diese wegen ihrer Ästhetik, jedoch ohne den sozialen Kontext, in dem sie in Europa stand. 1947 gestaltete er eine bedeutende Ausstellung und ein Buch über die Arbeit von Mies van der Rohe. Der Einfluss von Mies zeigt sich in Johnsons wohlbekanntem Glass House in New Canaan, Connecticut (1949), und er arbeitete mit Mies am Seagram Building, New York (1958), mit seinen Glas-Vorhangwänden. Sein späteres Werk spannte sich von einem reduzierten klassischen Stil (z. B. am New York State Theatre, 1964) bis zur späten Moderne und Postmoderne (z. B. an einer Reihe großer Bürogebäude wie das geometrische, glasverkleidete Pennzoil Place, Houston, 1976, und das AT&T Building mit seinem »Chippendale«-Giebel in New York, 1983, die er mit anderen zusammen entwarf).

Jones, Inigo (1573–1652). Englischer Architekt, der sehr viel zur Einführung einer rigorosen Interpretation klassischer Architektur in England beitrug, einschließlich der korrekten Verwendung der Säulenordnungen. Er bereiste vor 1606 mehrfach Europa und gestaltete zunächst höfische Masken. 1613/14 unternahm er mit Thomas Howard, dem 2. Earl of Arundel, eine Bildungsreise nach Italien, wo er als einer der ersten Engländer die Bauten Palladios und des alten Rom studierte. 1615 wurde Jones Surveyor of the King's Works, und er setzte seine Kenntnisse von Klassik und Renaissance in so wichtigen und neuartigen Gebäuden um wie Queen's House, Greenwich (1616–1618, 1629–1638) im Stil einer italienischen Villa, und Banqueting House, Whitehall (1622) im palladianischen Stil. In Covent Garden (1630/31) führte er europäische Stadtplanungsprinzipien ein, indem er eine von einheitlichen Häusern und Kolonnaden umgebene Piazza mit St Paul's Church am Ende anlegte. Diese erste rein klassizistische Kirche in England hat einen toskanischen Portikus, eine originale Interpretation im Sinne des Protestantismus. Später gestaltete er die Kirche um; sie erhielt ein klassizistisches Äußeres in Anlehnung an Palladio und einen großen korinthischen Portikus (1642; abgerissen). Jones' Bauten waren die Vorbilder für den von Lord Burlington ausgelösten Palladianismus im 18. Jahrhundert und erschienen in verschiedenen Büchern (z. B. *Designs of Inigo Jones* von William Kent, 1727, und *Designs of Inigo Jones and Others* von Isaac Ware, 1731).

Kent, William (1685–1748). Englischer Maler, Architekt und Designer. Er schuf Dekorationsprogramme und Möbel im manieristischen und frühbarocken Stil, palladianische Architektur und frühe Beispiele von gotischer Mode. Auch zur Entwicklung des englischen Landschaftsgartens trug er viel bei. Er verbrachte zehn Jahre in Italien, von wo er 1719 mit Lord Burlington nach England zurückkehrte und mit ihm das einflussreiche Buch *The Designs of Inigo Jones* (1727) produzierte. Er arbeitete für Burlington als Innenarchitekt und erhielt durch dessen Einfluss viele ehrenvolle Aufträge, zum Beispiel an Kensington Palace (1721–1727), das er einheitlich im Stil des italienischen Manierismus mit antiken Elementen gestaltete. Er war auch an vielen großen Landhäusern in England tätig, zunächst an der Innenausstattung, dann aber auch an Architektur und Gartengestaltung. Beispiele sind Holkham Hall, Chiswick House, Esher Place, Houghton Hall, Rousham, Stowe und Claremont. Die marmorne Eingangshalle in Form einer Apsis in Holkham (1735), die er wahrscheinlich mit Burlington und Thomas Coke entwarf, besitzt eines der elegantesten klassizistischen Interieurs in England, mit ionischen Säulen, Kassettendecke und großartigem Treppenhaus. 1735 wurde Kent Steinmetzmeister und stellvertretender Inspektor des königlichen Bauamtes, wo er seine wichtigsten Bauten schuf: das Schatzamt (1737) und Horse Guards (1748–1759), Whitehall, London. Diese waren sowohl von der Arbeit von Inigo Jones als auch von italienischer Renaissance- und Barockarchitektur beeinflusst. Sein Werk wurde durch John Vardy in *Some Designs of Mr Inigo Jones and Mr William Kent* (1744) popularisiert.

La Farge, John (1835–1910). Amerikanischer Maler und Designer. Der geachtete Landschafts- und Stilllebenmaler begann früh, japanische Drucke zu sammeln. In den 1870er Jahren wandte er sich den dekorativen Künsten zu. Bei der Innengestaltung von H. H. Richardsons Trinity Church in Boston (1877) schöpfte er aus Renaissance und Mittelalter und bezog auch andere Künste ein, besonders die Bildhauerei. Es war das erste derartige Dekorationsprogramm eines etablierten Malers und trug zur Entstehung der amerikanischen Renaissance bei. Auch mit Wandgemälden an öffentlichen Gebäuden wurde er beauftragt (z. B. St Thomas' Church, New York, 1878; Minnesota State Capitol, 1905; Baltimore Courthouse, 1907). La Farge schuf Buntglas, Skulpturen und Mosaiken auch für private Auftraggeber, hauptsächlich in New York und Newport, Rhode Island (z. B. die Familie Vanderbilt). Er ist für die Erfindung des opalisierenden Buntglases (1879) bekannt, das von Louis Comfort Tiffany und vielen anderen übernommen wurde und den Hauptbeitrag der Vereinigten Staaten zum Art nouveau darstellt. Er gestaltete auch als erster japanische Motive und florale Muster in Buntglas.

Lafever, Minard (1798–1854). Amerikanischer Architekt. Der gelernte Zimmermann führte ein erfolgreiches Architekturbüro in New York und arbeitete in verschiedenen historisierenden Stilen. Er entwarf mehrere Kirchen, u. a. die Church of the Saviour (1844, jetzt First Unitarian Church) und Church of Holy Trinity (1847), beide neogotisch und in Brooklyn, und die Egyptian Revival Whaler's Church in Sag Harbor (1844). Besser bekannt ist er für seine Bauhandbücher, besonders *The Modern Builder's Guide* (1833) und *The Beauties of Modern Architecture* (1835). Sie fußten auf britischen Quellen, vor allem *The Antiquities of Athens* (1762–1816) von James Stuart und Nicholas Revett, und förderten den neogriechischen Stil. Sein letztes Buch, *The Architectural Instructor* (1856), zeigt sein eklektisches Spätwerk, darunter Villen im gotischen und im italianisierenden Geschmack.

Langley, Batty (1696–1751). Englischer Architekt und Autor vieler einflussreicher Musterbücher für Architektur. Er arbeitete zuerst als Gärtner und war einer der ersten Verfechter der natürlichen Gartengestaltung, die er in Büchern wie *New Principles of Gardening* (1728) vertrat. Wie in vielen seiner Bücher stützte er sich dabei stark auf Arbeiten anderer. Langley war als Architekt erfolglos, doch seine Bücher über klassische Architektur, mit übersichtlichen Tafeln und Konstruktionsdetails, die sich vor allem an Bauunternehmer und Handwerker wandten, halfen eine Reaktion auf den vorherrschenden Palladianismus Lord Burlingtons in Gang zu bringen. Am bekanntesten sind seine gotischen Designs in *Ancient Architecture Restored* (1741/42, überarbeitet als *Gothic Architecture, Improved by Rules and Proportions*, 1747), das Entwürfe für Gebäude, aber auch für Details wie Kamine, Türen oder Fenster zeigt. Es enthält auch fünf »Gothic Orders«, einen von akademischen Autoren belächelten Versuch, Proportionsregeln für gotisierende Gebäude aufzustellen. Langleys gotische Entwürfe gehörten zu den ersten, die veröffentlicht wurden und einem breiten Publikum zugänglich waren, und sie trugen wesentlich zur Popularisierung der Neogotik in England und den Vereinigten Staaten bei.

Latrobe, Benjamin Henry (1764–1820). Englischer Architekt, in den Vereinigten Staaten als einer der bekanntesten Vertreter des Neoklassizismus tätig. Er studierte in Deutschland und arbeitete in England, wo er die neuesten klassizistischen Strömungen kennen lernte (besonders die Ideen der französischen Rationalisten und John Soanes), bevor er 1795 nach Amerika übersiedelte. Als erster voll ausgebildeter Architekt, der in den Vereinigten Staaten tätig war, begründete er seinen Ruhm mit der Bank of Pennsylvania in Philadelphia (1798, abgerissen), die eine kubische, überwölbte Mittelhalle mit ionischen Portiken hatte. Er entwarf auch Wasserwerke (in Philadelphia und später New Orleans) sowie das erste gotisierende Haus in den Vereinigten Staaten (Sedgeley, Philadelphia, 1799, abgerissen) mit recht oberflächlichen Details. Seine wichtigsten noch vorhandenen Gebäude sind das US-Capitol in Washington (1803–1817), wobei er William Thorntons Entwurf änderte und ein »Maiskolben«-

Kapitell erfand, und die römisch-katholische Kathedrale in Baltimore (1804–1818) mit Tempelfront, flacher Kuppel und schweren klassisch-römischen Details. Er stand Thomas Jefferson nahe und beriet ihn bei der University of Virginia. Viele von Latrobes anderen Arbeiten wurden abgerissen, aber er wirkte durch seine Schüler Robert Mills und William Strickland weiter.

Le Corbusier (1887–1965) [Charles-Edouard Jeanneret]. In der Schweiz geborener französischer Architekt, Maler und Designer, von 1920 bis zu seinem Tod die beherrschende Persönlichkeit der Moderne. Als Metallgraveur ausgebildet, arbeitete er bei Auguste Perret in Paris (1908/09) und Peter Behrens in Berlin (1910), danach reiste er ausgiebig durch Europa. 1917 zog er nach Paris, schloss sich der künstlerischen Avantgarde an und begann zu malen. Er rief auch die radikale Kunstzeitschrift *L'Esprit Nouveau* ins Leben. In mehreren Essays (von denen einige 1923 als *Vers une architecture* erschienen) arbeitete er die Theorie für seine Architektur jener Zeit aus: Verzicht auf alle historischen Vorbilder; rationale Gestaltung (»ein Haus ist eine bewohnbare Maschine«); Industrialisierung; und die »fünf Punkte zu einer neuen Architektur«: *piloti*, auf denen das Gebäude über dem Erdboden steht, Dachterrassen, freier Grundriss, freie Fassadenkomposition und durchgängige Fensterbänder. So wurden einige scharfkantige, weiße Villen gestaltet, die zu Ikonen der Moderne wurden, wie die Villa Stein in Garches (1928) oder die Villa Savoye in Poissy (1930). Ende der 1920er Jahre stand Le Corbusier an der Spitze der internationalen Moderne. Er war an der Stuttgarter Weißenhofsiedlung (1927) und am industriellen Wohnungsbau beteiligt, er nahm an den großen internationalen Wettbewerben teil und befürwortete die hoch mechanisierte Stadtplanung, die ab 1933 im internationalen Forum für moderne Architektur, CIAM, vorherrschte. 1945 begann Le Corbusier eine neue Ästhetik zu entwickeln, die auf dem kühnen Ausdruck nackten Betons mit Schalungsspuren (*béton brut*) basierte und von der später die britische Architektur-Brutal-Schule inspiriert wurde. Unité d'Habitation in Marseilles (1945–1952) ist ein Beispiel dafür, mit zweigeschossigen Appartements mit Einkaufsstraßen, kommunalen Dienstleistungen und einem Dachgarten, deren Proportionen Le Corbusiers Modulor-System von 1950 entsprechen. Er begann auch, im Gegensatz zu seinem früheren Streben nach utopischen, universellen Prototypen, einen individuellen Ansatz zu pflegen. Er schuf

einige poetische Bauten, besonders die skulpturale Notre-Dame-du-Haut, Ronchamp (1950–1955), die Maisons Jaoul mit Ziegel- und Betongewölben in Neuilly-sur-Seine (1951–1955), das Kloster Ste Marie-de-la-Tourette in Eveux-sur-l'Arbresle mit Zellen und Kreuzgang (1955–1959), und das Carpenter Center for the Visual Arts, Cambridge, Massachusetts (1963), das viele seiner Lebensanliegen vereinte. In Chandigarh, der neuen Hauptstadt des Punjab, schuf er die wichtigsten Regierungsgebäude (1951–1962) in Aufsehen erregenden plastischen Formen, meist aus Stahlbeton, und Häuser in Ahmedabad (1954–1956) mit seinen charakteristischen *Brises-soleil*. Le Corbusier war unermüdlich in der Propagierung seiner Ideen. Er zeigte und veröffentlichte seine Arbeiten ab 1930; überdies hielt er viele Vorlesungen und beschäftigte Studenten in seinem Büro, die später zur Verbreitung seines Einflusses in aller Welt beitrugen.

Loos, Adolf (1870–1933). Österreichischer Architekt. Er gilt als einer der wichtigsten frühen Wegbereiter der europäischen Moderne, da er schon etwa 10 Jahre vor dem allgemeinen Übergang zur Moderne in Europa eine rationale, schmucklose Bauweise praktizierte. Nach dreijährigem Aufenthalt in den Vereinigten Staaten (1893–1896) wurde er zum scharfen Kritiker der üppigen Stilrichtungen im Wien der Jahrhundertwende und befürwortete Einfachheit, Funktionalität und Verzicht auf überflüssige Ornamente. Zu seinen frühen Werken in Wien gehörten einige elegante Interieurs, z.B. das Café Museum (1899) und die Amerikanische Bar (1908), die er ohne Ornamente, aber mit luxuriösen Materialien wie Marmor und Holzfurnieren gestaltete. Am bekanntesten sind sein schlichter Bau für Goldman & Salatsch (1910, »Loos-Haus«) und einige private Häuser in Wien: das Steinerhaus (1910), das Hornerhaus (1912) und das Scheuhaus (1913). Hier verwendete er erstmals Stahlbeton, Flachdächer, weiße Kuben und freie, offene Grundrisse. Loos wirkte am stärksten durch seine Schriften, besonders durch seinen berühmten Aufsatz »Ornament und Verbrechen«, der weite Verbreitung fand. Auch sein Beitrag zur Ausschreibung für den Turm der *Chicago Tribune* (1922) trug zu seiner Bekanntheit bei: ein Wolkenkratzer in Form einer riesigen dorischen Säule. In den frühen 1920er Jahren wurde Loos Chefarchitekt für Wohnungsbau der Stadt Wien. Er baute auch andere einflussreiche Häuser: das Müllerhaus in Prag (1930) war eines der ersten mit versetzten Geschossen.

Lubetkin, Berthold (1901–1990). Britischer Architekt russischer Abstammung, der einige der bekanntesten Bauten der frühen Moderne in Großbritannien schuf. Er studierte und arbeitete in Moskau, Berlin und Paris, wo er die europäische Avantgarde und die gesellschaftlichen Ideale der Moderne kennen lernte. 1931 übersiedelte er nach London und bildete dort eine Kooperative, Tecton (1932–1938), von der die einflussreichen Highpoint-Wohnblocks in Highgate (1936, 1938), das Finsbury Health Centre (1938) und Gebäude im Londoner Zoo gebaut wurden, z.B. der skulpturale Pinguin-Pool (1934). Die ausgeklügelten Betonkonstruktionen dieser Gebäude machten ihn international berühmt.

Lutyens, Sir Edwin (1869–1944). Englischer Architekt, der vor allem für seine vielen schönen Häuser in traditionellen Stilen bekannt ist. Die frühesten, von der volkstümlichen Bauweise der Arts and Crafts beeinflussten, gehören zu seinen besten (z.B. Deanery Garden, Sonning, 1899–1902). Das waren romantische, giebel- und schornsteinreiche Kompositionen, viele mit Gärten nach Entwürfen von Gertrude Jekyll, für die Lutyens Munstead Wood in Godalming (1896) gebaut hatte. Spätere Häuser sind oft stärker eklektisch (z.B. das klassizisierende Heathcote in Ilkley, 1906, oder das zinnenbewehrte Castle Drogo in Devon, 1910–1930). Seine bedeutendste Arbeit für öffentliche Auftraggeber war der monumentale Beaux-Arts-Plan für Neu-Delhi, die neue Hauptstadt Indiens (1912), wo er 1912–1930 das Haus des Vizekönigs baute. Er wurde auch für eindrucksvolle Kriegerdenkmale bekannt, besonders in Whitehall (1920) und Thiepval (1927–1932), sowie für die neogeorgianische britische Botschaft in Washington (1928).

McKim, Mead & White. Amerikanische Architekturfirma, 1879 von Charles F. McKim (1847–1909), William Mead (1846–1928) und Stanford White (1853–1906) gegründet. Die damals produktivste und einflussreichste Firma schuf elegante klassische Gebäude, die zum Begriff der »Amerikanischen Renaissance« führten, in der Zeit, als die Vereinigten Staaten zur Weltmacht aufstiegen. Sie begründete ihren Ruf mit Häusern in Newport, Rhode Island, meist im Queen-Anne- oder Schindelstil (wie das Isaac Bell Jr House, 1881/82) mit vereinzelten Kolonialstil-Details. Mitte der 1880er Jahre wurden die Arbeiten der Firma deutlicher historisierend, französische und italienische Renaissance wurde einbezogen (z.B. die Villard Houses im Stil der italie-

nischen Renaissance, 1886), ebenso die Neogotik. Ihr reifer Stil (von Ende der 1880er Jahre an) zeichnet sich durch einen monumentalen Klassizismus aus; dieser galt als der angemessenste Stil für die Vereinigten Staaten, in denen man das Produkt der Renaissancewelt des 16. Jahrhunderts sah. Die Firma stützte sich dabei auf mehrere Quellen aus Klassik und Renaissance, wie bei der Boston Public Library (1887–1895) im Stil eines Palazzo und dem neoklassizistischen Rhode Island State Capitol in Providence (1891–1903). Die von McKim, Mead & White gebaute Columbia University in New York (1893/94) war von Thomas Jeffersons University of Virginia beeinflusst. Für die Innengestaltung dieser Gebäude wurden viele Künstler bemüht. Der von der rationalistischen Chicagoer Schule kritisierte Neoklassizismus der Firma feierte 1893 bei der World's Columbian Exhibition in Chicago Triumphe. Die Firma war ein wichtiges Übungsfeld für Architekten, und ihr *A Monograph of the Work of McKim, Mead and White* (1915) beeinflusste noch 25 Jahre lang verschiedene Architekturschulen.

Mackintosh, Charles Rennie (1868–1928). Schottischer Architekt und Designer. Er war der wichtigste britische Vertreter des Art nouveau, von dem er eine geometrische, stilisierte Variante entwickelte, die großen Einfluss auf die Sezessionisten in Europa hatte. Zu seinen bekanntesten Projekten gehören die Glasgow School of Art (1896–1909), an der er erstmals eine Fassade voll verglaste und ein bemerkenswertes strukturelles Interieur für die Bibliothek schuf, weiter elegante Interieurs für vier Teesalons in Glasgow (z.B. die Willow Tea-Rooms, 1903) und The Hill House in Helensburgh (1904). Im Interieur von The Hill House finden sich stilisierte Art-nouveau-Dekore in Wandfriesen, Teppichen, Buntglas, Metall und Möbeln als vereinheitlichendes Programm. Mackintosh kontrastiert spitz zulaufende, geradlinige Formen mit Quadraten und zartfarbigen floralen Motiven sowie weiß gestrichene Wände mit Holztäfelungen. Das schlichte, raue Äußere des Hauses ist von traditioneller schottischer Architektur und durch Arbeiten C.F.A. Voyseys beeinflusst. Zusammen mit Margaret Macdonald (die er 1900 heiratete), ihrer Schwester und deren späterem Ehemann stellte Mackintosh grafische Designs und Gemälde in London bei der Arts and Crafts Society aus (1896). Das zog einen Artikel in *The Studio* nach sich, ebenso eine Einladung, Ausstellungsstücke für die Wiener Sezession (1900) zu gestalten. Damit wurde Mackintosh in Europa be-

rühmt. Nach 1916 produzierte er in London schöne Textilien.

Marot, Daniel (1661–1752). Französischer, in den Niederlanden tätiger Architekt und Designer. Er hatte sehr großen Einfluss auf die Verbreitung des Barockstils Louis-quatorze in den Niederlanden und England. Zunächst war er Kupferstecher in Paris. Nach der Aufhebung des Ediktes von Nantes 1685 floh er in die Niederlande, wo seine Kenntnis der zeitgenössischen französischen Moden ihm zu einer erfolgreichen Laufbahn als Hofdesigner verhalf; als solcher vereinheitlichte er Interieurs und Architektur in einer bis dahin nie gesehenen Weise. Seine bedeutendsten Designs schuf er für die königliche Sommerresidenz Het Loo (ab 1690) und den Binnenhof in Den Haag (1698). Nach der Thronbesteigung durch William und Mary arbeitete er 1694–1697 auch in Hampton Court und führte seine Ideen in England ein. Um 1703 begann er, seine Entwürfe für Gebäude, Interieurs, Möbel, Metallarbeiten, Skulpturen und Gärten in neuen Stichen zu veröffentlichen, die ein wichtiges Dokument zum Stil Louis-quatorze sind. In der Folge baute er in Den Haag eindrucksvolle Stadthäuser und nahm Anbauten am Huis ten Bosch vor.

May, Hugh (1621–1684). Englischer Architekt. Mit der Restauration kehrte er aus holländischem und französischem Exil zurück und erhielt mehrere offizielle Aufträge. Er ist für die Einführung eines schlichten Klassizismus ähnlich der damaligen holländischen Bauweise bekannt, oft Ziegelbauten mit Details aus Stein und palladianischen Motiven, wie dem zentralen Giebeldreieck und Pilastern. Sein wichtigstes noch vorhandenes Werk in diesem Stil ist Eltham Lodge in Kent (1664). Die barocken Staatsräume in Windsor Castle (1675–1684), die er mit Grinling Gibbons und dem Maler Antonio Verrio schuf und die größtenteils nicht mehr existieren, waren ebenso einflussreich wie seine äußeren Anbauten an Windsor im mittelalterlichen Stil, die er dem originalen Teil anpasste. Sie waren Anregung für den burgartigen Stil, den John Vanbrugh in den 1720er Jahren und später die Architekten des Picturesque movement übernahmen.

Mies van der Rohe, Ludwig (1886–1969). Amerikanischer Architekt und Designer deutscher Abstammung. Er war, neben Le Corbusier und Walter Gropius, einer der drei Meister der europäischen Moderne, und seine raffinierten Glas-Vorhangwände hatten weltweit enormen Einfluss auf die Architektur des 20. Jahrhunderts.

Im Bauhandwerk ausgebildet, lernte er durch die Arbeit im Büro von Peter Behrens den Klassizismus schätzen. In den 1920er Jahren begann er in seinen berühmten visionären Zeichnungen für Wolkenkratzer aus Glas und Bürogebäude aus Beton, das Potenzial neuer Baustoffe auszuloten (1921–1923). Er leitete die Weißenhofsiedlung in Stuttgart (1927), eine Haus- und Wohnungsausstellung der radikalen Moderne, die als entscheidender Moment in der Schaffung des Internationalen Stils gesehen wird. Dort stellte Mies auch seine frei tragenden Stahlstühle vor. Sein deutscher Pavillon in Barcelona (1929), eines der einflussreichsten Gebäude des 20. Jahrhunderts, war die reine Verkörperung seiner Vorstellungen, mit offenem Grundriss, zwischen Fußboden und Dach hängenden gläsernen und marmorverkleideten Wänden und fein gegliederten Stahlsäulen. Mies entwarf weiterhin Möbel, z. B. einen S-förmigen frei tragenden Stuhl und seinen berühmten »Barcelona«-Sessel mit überkreuzten Beinen, und er war kurzzeitig Direktor des Bauhauses (1930–1932). 1938 übersiedelte er nach Chicago und begann am Illinois Institute of Technology zu lehren, wo er Generationen von Studenten stark beeinflusste; auch gestaltete er den Campus und einige Gebäude neu. Hier und in seinem berühmten Pavillon aus Stahl und Glas, dem Farnsworth House, Plano, Illinois (1945–1950), entwickelte er seinen minimalistischen Stil weiter, der noch verfeinert wurde an einigen beispielhaften Hochhäusern des Internationalen Stils nach 1950 (z. B. Lake Shore Drive Apartments, Chicago, 1951; Seagram Building, New York, 1958, beide mit anderen). Seinem Ansatz mit bewusst flexiblen, offenen Grundrissen und universellen Konstruktionsmethoden folgten ungezählte Architekten, von denen Skidmore, Owings & Merrill wohl die bekanntesten sind. In weniger kundigen Händen wurde der Stil oft verfälscht und falsch angewandt, was bei den Vertretern der Postmoderne heftige Kritik auslöste.

Mills, Robert (1781–1855). Amerikanischer Architekt, wichtiger Vertreter des Neoklassizismus. Er sah sich selbst als den ersten im Lande geborenen und ausgebildeten Architekten der Vereinigten Staaten. Beeinflusst von Thomas Jefferson und Benjamin Henry Latrobe, mit dem er 1803–1808 zusammenarbeitete, entwarf er einige robuste runde oder achteckige Kirchen nach dem Vorbild des römischen Pantheons, mit flachen Kuppeln und Portiken mit Giebelfeld (z. B. Monumental Church, Richmond, Virginia, 1817). Seinen Ruf verdankt er

dem Washington-Denkmal in Baltimore (1813–1842), der ersten Denkmalsäule, die in den Vereinigten Staaten aufgestellt wurde. In South Carolina entwickelte er 1820–1829 feuerfeste Bauten mit gemauerten Gewölben, wie in der palladianisch gestalteten Irrenanstalt von Columbia (1827) und dem County Record Building, Charleston (1827; jetzt South Carolina Historical Society). 1830 zog Mills nach Washington, wo seine bedeutendste Arbeit das feuersichere Bundesschatzamt war (1836–1842), eines der schönsten neogriechischen Gebäude in den Vereinigten Staaten, mit langer ionischer Kolonnade und modularem Grundriss im Sinne des französischen Rationalismus. Mills gestaltete auch das Washington-Monument in Washington (fertig gestellt 1884). Obgleich sein Plan nicht voll verwirklicht wurde, ist dieser Obelisk eines der höchsten gemauerten Bauwerke der Welt und das berühmteste Denkmal der Vereinigten Staaten.

Morris, William (1834–1896). Englischer Designer und Autor, maßgeblich an der Ausformung der Philosophie der Arts and Crafts beteiligt. Unter dem Einfluss der Ideen von John Ruskin glaubte er, dass mit Hilfe der Künste eine bessere Welt für alle geschaffen werden könne. Für kurze Zeit ließ er sich von dem Neogotiker G. E. Street in Architektur ausbilden und lernte dort Philip Webb kennen. Dann wandte er sich Malerei und Design zu. 1859 beauftragte er Webb, The Red House in Bexleyheath, Kent, zu bauen, ein schlichtes, malerisches Ziegelhaus in volkstümlicher Bauweise, das als erstes Haus der Arts-and-Crafts-Bewegung gilt. Morris dekorierte es gemeinsam mit seinen Freunden, und 1861 gründete er eine kooperative Designfirma, die Buntglas, Möbel, Fliesen und Tapeten herstellte. Morris war ein äußerst geschickter Gestalter von Tapeten, Textilien und später auch Teppichen, für die er prächtige Muster auf der Grundlage natürlicher Formen schuf. Die Produkte der Firma halfen, Künstler und Architekten wieder für dekorative Künste und Inneneinrichtung zu interessieren. 1877 gründete Morris, entgegen den damaligen Restaurierungstechniken, eine Gesellschaft zum Schutz historischer Gebäude, womit er eine Bewegung zur Bewahrung des natürlichen Lebensumfelds etablierte. In den 1880er Jahren begann er seine Vorlesungen und Essays herauszugeben (z. B. *Hopes and Fears for Art*, 1882). Sein Einfluss war enorm, wie die Organisationen zeigen, die in den 1880er Jahren gegründet wurden (z. B. durch C. R. Ashbee). Seine letzte Unternehmung war die Gründung der Kelmscott Press (1891), für die

er Schriften und Buchdekorationen entwarf.

Nash, John (1752–1835). Englischer Architekt. Bedeutendster Vertreter des Pittoresken und des Regency in England, der das Gesicht Londons und des englischen Wohnhauses mit verändert hat. Zu seinen frühen Werken gehören einige spekulative Bauten mit Stuck (1777–1782), einem später in London sehr verbreiteten Material. Um 1800 war er ein gefragter Landhausarchitekt, zunächst (1796–1800) mit Humphry Repton; er plante Häuser mit asymmetrischen Grundrissen entsprechend ihrer pittoresken Umgebung. Nash baute sowohl Villen im italienisierenden Stil (z. B. Cronkhill, Shropshire, 1802) als auch burgartige Häuser (z. B. Luscombe, Devon, 1800). Für kleinere Häuser verwendete er rustikale Formen des *cottage orné* und Strohdächer, wie in Blaise Hamlet, Henbury (1811), einem Modell für künftige Wohnanlagen. 1806 bekam Nash eine unbedeutende öffentliche Stellung, wodurch er seine großen Werke in London schaffen konnte. Er plante Regent's Park im Sinne des Neoklassizismus, mit einer Reihe bogenförmiger Straßen und Reihenhäusern mit schlossähnlichen Stuckfassaden (1811–1828), sowie einige Villen und Cottages in Park Village (ab 1825), das ein Prototyp der Gartenstadt wurde. Mit der Anlage von Regent Street (ab 1812) als elegante Prozessionsstrecke von Regents' Park zur Residenz des Prinzregenten (des späteren George IV.) gab er dem Londoner Westend ein neues Gesicht. Er baute All Souls am Langham Place (1825) als Blickpunkt der Anlage, und er entwarf die Carlton House Terraces (1826), St James's Park und Trafalgar Square. Für den Prinzregenten gestaltete Nash den Royal Pavilion in Brighton mit zwiebelförmiger Kuppel (1815–1822) und chinesischen Ornamenten. Weniger erfolgreich war er mit der Umgestaltung von Buckingham House (1825–1830) zum königlichen Palast, mit Triumphbogen am Tor (Marble Arch, 1851 in den Hyde Park umgesetzt). Als George IV. 1830 starb, wurde Nash entlassen und Buckingham Palace von anderen fertig gestellt.

Neutra, Richard (1892–1970). Amerikanischer Architekt österreichischer Abstammung. Als einflussreicher Vertreter der europäischen Moderne in den Vereinigten Staaten wurde er vor allem dafür bekannt, wie er die Maschinenästhetik der Moderne mit der Landschaft Kaliforniens verband. Wie sein Landsmann Rudolf Schindler stand er unter dem Einfluss von Frank Lloyd Wright und Alfred Loos. Er kam 1923 nach Amerika, arbeitete in

Chicago und 1924 für einige Monate bei Frank Lloyd Wright, bevor er zu Schindler nach Los Angeles ging. Sein Ruf gründet auf seinem Lovell House (Health House), das er 1929 in den Bergen bei Los Angeles baute, mit geradlinigen Strukturen aus Stahl, Glas und Beton, die wie auf einer Bühne zur Geltung kommen, und mit schönen Aussichten von mehreren Terrassen. Später entwarf Neutra Schulen, Appartements und Häuser. Zu den besten Beispielen gehören sein eigenes Haus aus mehreren Ebenen in Silver Lake (1933, 1964), das Josef von Sternberg House, Los Angeles (1936) und das Kauffman House in Palm Springs (1946), eine elegante Komposition von Fenster-, Wand- und Dachflächen, die an Mies van der Rohe erinnert, aber brillant vor der Gebirgskulisse platziert ist. In seinen späteren Häusern begann er mit steilen Dächern, Holz, Ziegeln und Bruchsteinen zu arbeiten. In den 1950er Jahren wirkte Neutra an mehreren großen Aufträgen mit anderen zusammen.

Nicholson, Peter (1765–1844). Schottischer Architekt. Der gelernte Möbeltischler arbeitete in Glasgow erfolgreich als Architekt; er baute mehrere Häuser und plante die Stadt Ardrossan. 1810 ließ er sich in London nieder. Am bekanntesten ist er durch seine vielen Schriften über Mathematik, Perspektivlehre und Architektur. Zuerst erschienen *The New Carpenter's Guide* (1792) und *Principles of Architecture* (1795–1798). Diese und spätere Bücher waren sehr einflussreich; sie boten konstruktive Details für Gebäude (z.B. *New Practical Builder and Workman's Companion*, 1823; *Carpenter, Joiner & Builder's Companion*, 1846) sowie für Möbel *(Practical Cabinet-Maker, Upholsterer and Complete Decorator*, 1826/27).

Palladio, Andrea (1508–1580). Italienischer Architekt, bekannt als einer der großen Architekten der Hochrenaissance, dessen Bauten dauerhaften und weitreichenden Einfluss ausübten. Er lernte Steinmetz in Vicenza und kam dort mit einflussreichen, klassisch gebildeten Auftraggebern in Kontakt, die ihn zum Studium der Antike ermutigten. Von dieser versuchte er zunächst eine moderne Villenarchitektur abzuleiten, die Elemente antiker römischer Bauten mit Formen der örtlichen Volksbauweise verband. Nach und nach perfektionierte Palladio dieses Ideal in einer Reihe berühmt gewordener ländlicher Villen, in denen sich ein anspruchsvolles Äußeres mit der Funktion eines landwirtschaftlichen Zentrums verband. Die meisten seiner reifen Villen haben Tempelfronten mit Giebel-

feld (angebaut, als Risalit oder zurückgesetzt; zweigeschossig oder mit riesiger Säulenstellung) und einen dreigeteilten Aufriss. Durch ausholende Seitenflügel, offene Arkaden und Portiken oder große Treppenfluchten greifen sie in die Umgebung hinein. Berühmte Beispiele sind u.a. Villa Barbaro, Maser (1558), Villa Emo bei Treviso (um 1559 begonnen) und die höchst einflussreiche Villa Rotonda bei Vicenza (1565/66 begonnen), die über vier große Portiken mit der Landschaft verbunden ist. Für die Fassaden seiner Stadtpaläste in Vicenza nutzte Palladio formalere Renaissancemotive, oft auch große Säulenordnungen (z.B. Palazzo Valmarana, 1565–1571), aber er experimentierte auch mit offenen Loggien (Palazzo Chiericati, um 1580). Indessen war sein öffentliches Ansehen bereits durch die glänzende Rekonstruktion der Loggia um das mittelalterliche Rathaus von Vicenza (Basilica, 1548 begonnen) gefestigt. Er entwarf auch bedeutende Kirchen in Venedig, wofür er ein System ineinandergreifender Giebelfelder entwickelte (z.B. San Giorgio Maggiore, 1566 begonnen; Il Redentore, 1576 begonnen). Die Eleganz und klare Raumkomposition von Palladios Wohnbauten galt als ideal für Häuser und Villen von Aristokraten, da sie zwischen Bürgerlichem und Fürstlichem vermittelte. Das war auch der Stimulus für den Palladianismus des 18. Jahrhunderts, insbesondere in England, Irland und den Vereinigten Staaten. Palladios Theorien und Arbeiten erlangten weitreichenden Einfluss durch seine eigenen *Quattro libri dell'architettura* (1570), die erstmals 1715 von James Leoni ins Englische übersetzt wurden, sowie durch *Idea dell'architettura universale* (1615) seines Schülers Vincenzo Scamozzi.

Papworth, J.B. (1775–1847). Englischer Architekt und Designer. Er war ein produktiver und erfolgreicher Praktiker und trug zugleich durch seine Schriften viel zur Verbreitung der Ideen des Pittoresken bei. Als Architekt wandte er verschiedene Stile an und arbeitete an Landhäusern, Stadtrandvillen und Gartenhäusern (z.B. in Claremont, 1817). Er beteiligte sich auch an der Planung städtischer Siedlungen (z.B. Lansdowne Place, Cheltenham, 1829), und er war einer der ersten, die Gusseisen einsetzten. Er lieferte Entwürfe für Cottages und Zierbauten für Rudolf Ackermanns *Repository of Arts*, die im Nachdruck als *Rural Residences* (1818) und *Hints on Ornamental Gardening* (1832) ausgesprochen populär wurden. Außerdem entwarf er Möbel, Silber und Buntglas.

Parker & Unwin. Englische Architekturfirma von Barry Parker (1867–1947) und Raymond Unwin (1863–1940), von 1896 bis 1914 aktiv. Die Partner waren Wegbereiter moderner Stadtplanung und sind vor allem für ihre einflussreichen Entwürfe für die Gartenstädte Letchworth (ab 1904) und Hampstead, London (ab 1905) bekannt. Ihre frühen Arbeiten standen unter dem Einfluss der Arts-and-Crafts-Bewegung. 1901 erhielt Unwin von der Gartenstadtvereinigung den Auftrag zum Bau einer Modellsiedlung für die Rowntree Company in New Earswick bei York (ab 1902). Seine Theorien zum Wohnbau veröffentlichte er in *Cottage Plans and Common Sense* (1902). 1903 wurde er von Ebenezer Howard, dem Gründer der Gartenstadtbewegung, gebeten, bei der Suche nach einem Standort für die erste Gartenstadt behilflich zu sein, und er bekam dann auch den Auftrag zur Planung in Letchworth. Die von Ackerland umgebene Stadt wurde mit baumbestandenen Straßen und ländlichen Häusern angelegt, die sich um Grünanlagen oder Sackgassen gruppierten. Sie war in unterschiedliche Nutzungsbereiche gegliedert, darunter auch ein Industriegebiet, und sie spielte eine Rolle bei der Formulierung des Stadtplanungsgesetzes von 1909. In der Gartenstadt Hampstead gab es eine größere Vielfalt an Haustypen, viele davon nach Entwürfen von Parker & Unwin (z.B. Reynolds Close, 1910/11). Unwins Buch *Town Planning in Practice* (1909) wurde ein Standardwerk, und seine Ideen waren sehr einflussreich, besonders in Deutschland. Unwin arbeitete dann in Wohnungsbau und Planung für die Regierung. Parker blieb in der Praxis; er erschloss Wythenshawe, Manchester, mit gärtnerisch gestalteten, für Autos befahrbaren Straßen.

Pugin, A.W.N. (1812–1852). Englischer Architekt und Designer, einflussreichster Verfechter der Neogotik in England. Dass fast alle christlichen Kirchen des 19. Jahrhunderts neogotisch sind, hat viel mit ihm zu tun. Sein Vater, der Architekt A.C. Pugin, war bekannt für seine der Gotik gewidmeten Bücher (z.B. *Specimens of Gothic Architecture*, 1821–1823; *Pugin's Gothic Furniture*, 1827). Der junge Pugin arbeitete an diesen Büchern mit und erhielt 1827 den Auftrag, gotische Möbel für Windsor Castle zu entwerfen. 1832 begann er, mittelalterliche Architektur in Großbritannien und Europa zu studieren. Seine Neigung zur Gotik als der einzig schönen und wahren Architektur bekräftigte er durch seinen Übertritt zum Katholizismus (1835), und er wurde früh für seine Argumentation in *Contrasts* (1836) bekannt, einem Vergleich schöner mittelalterlicher Gebäude mit schlechten Beispielen aus dem 19. Jahrhundert. 1837 gründete er seine eigene Firma und baute mehrere katholische Kirchen in den gotischen Stilrichtungen Early English, Decorated und Perpendicular (z.B. St George's Cathedral, Southwark, London, 1848; St Augustine, Ramsgate, 1845–1851; St Giles, Cheadle, 1846). Seine Kirchen litten oft an Finanzierungsproblemen, aber sie waren archäologisch genauer als frühere gotische Designs, und er legte Wert auf die Wiedereinführung des Lettners. Er fuhr auch fort, gotische Möbel und Ziergegenstände zu entwerfen, u.a. Metallarbeiten, Buntglas, Tapeten, Teppiche und Fliesen. Am bekanntesten sind seine üppigen Interieurs und Ausstattungen (1844–1851) im gotischen Geschmack für das neue, neogotische Parlamentsgebäude von Charles Barry. Pugin wirkte weithin durch seine Schriften, wie *Gothic Furniture in the Style of the 15th Century* (1835), *The Glossary of Ecclesiastical Ornament and Costume* (1844), das zur Wiedereinführung vieler Gegenstände in das kirchliche Ritual führte, und *True Principles of Pointed or Christian Architecture* (1841), die ein Verständnis der gotischen Strukturen und einen proto-funktionalistischen Gestaltungsansatz erkennen lassen.

Repton, Humphry (1752–1818). Englischer Landschaftsgestalter, wichtiger Verfechter der »natürlichen« Landschaftsgestaltung, die den Charakter eines Grundstücks zu unterstreichen sucht. Er entwickelte den Ansatz von Capability Brown aus der vorigen Generation weiter, indem er – zunehmend formale – Gärten dichter an die Häuser anschloss und Landschaftseffekte des Pittoresken zu »Nützlichkeit und Bequemlichkeit« vereinte. Von 1796 bis 1800 arbeitete er mit John Nash zusammen, und sie schufen einige der ersten Pläne für asymmetrische Häuser, die durch pittoreske Grundstücke und Landschaftsgestaltung ergänzt wurden (z.B. Luscombe Castle, Devon, 1800). Repton erarbeitete dann zusammen mit seinem Sohn, dem Architekten John Adey Repton, wichtige Entwürfe in einem frühen neogotischen Stil (»Queen Elizabeth's Gothic«) und entwarf auch selbst Vorstadtvillen. Seine wichtigsten späteren Entwürfe wurden in Woburn (1804), Uppark (1810), Sheringham (1812) und Endsleigh (1814) ausgeführt. Repton war für seine »Roten Bücher« bekannt, in denen er Bauberichte festhielt und seine Vorschläge illustrierte, indem er durch Auflegen von Pausen die Baustelle vor und nach der vorgeschlagenen Veränderung zeigte. Seine einflussreichen Ideen und Entwürfe wurden in

Büchern veröffentlicht, z.B. *Sketches and Hints on Landscape Gardening* (1795), *Observations on the Theory and Practice of Landscape Gardening* (1803) und *An Enquiry into the Changes of Taste in Landscape Gardening* (1806).

Richardson, Henry Hobson (1838–1886). Amerikanischer Architekt. Er war einer der originellsten Architekten seiner Zeit und ist für die von ihm entwickelte einflussreiche »Richardson-Romanik« bekannt, einen entschieden amerikanischen Stil, der eine Abwendung von den europäischen Neo-Stilen bedeutete. Er tauchte zuerst an der Brattle Square Church in Boston (1873) auf und wurde an der Trinity Church in Boston (1873–1877) vervollkommnet, die aus massivem, grob behauenem Stein in untersetzten, pyramidalen Proportionen und mit runden Bögen gebaut war. Dieser Bau begründete Richardsons Ruf und wurde viel kopiert. Danach adaptierte er den Stil für verschiedene Gebäudetypen und eliminierte nach und nach die historisierenden Details bis auf die typischen, tiefen syrischen Eingangsbögen. Unter den denkwürdigsten Beispielen sind Bibliotheken (z.B. Crane Library, Quincy, 1883), Bahnhöfe und das Allegheny County Courthouse and Jail in Pittsburgh (1888). Das bekannteste Beispiel in diesem Stil ist ein gewerbliches Gebäude, der monumentale Marshall Field Store in Chicago (1887, abgerissen) mit innerem Eisenrahmen und Fassaden aus schmucklosem, grob behauenem Mauerwerk mit riesigen Bögen. Dieses Gebäude hatte besonderen Einfluss auf die Chicagoer Schule und gilt als wichtiger Schritt auf dem Weg zur rationalen Moderne. Richardson war auch für seine Häuser im Schindelstil bekannt, bei denen er das gesamte Äußere mit Schindeln verkleidete und die Grundrisse um große Wohndielen herum ordnete (z.B. Stoughton House, Cambridge, Massachusetts, 1883).

Ruskin, John (1819–1900). Englischer Maler und Autor. Er war einer der bedeutendsten Kunstkritiker des 19. Jahrhunderts und beeinflusste sowohl die Neogotik als auch die spätere Arts-and-Crafts-Bewegung. Er schrieb sehr viel über zahlreiche Themen, insbesondere über Malerei, und in seinen Schriften über Architektur versuchte er, Gestaltungsprinzipien herzuleiten und die Vorherrschaft der Gotik zu festigen. Ein wichtiges frühes Werk, *The Seven Lamps of Architecture* (1849), formulierte die Prinzipien Opfer (den edelsten und schönsten Werken), Echtheit (in Material und Konstruktion), Kraft (der Komposition), Schönheit (von der Natur inspi-

riert), Leben (durch manuelle Fertigung angeregt), Erinnerung (für Dauer gebaut) und Gehorsam (gegen eine Liste gebilligter romanischer und gotischer Stilrichtungen). *The Stones of Venice* (1851–1853), eine detaillierte Studie der Architektur von Venedig, war maßgeblich für die Popularisierung der gotischen Details und des farbigen Mauerwerks von Venedig. Das Buch enthielt auch ein vielgelesenes Kapitel über den Wert der handwerklichen Arbeit, wovon vieles in die später von William Morris und der Arts-and-Crafts-Bewegung vertretene Theorie einging.

Schindler, Rudolph (1887–1953). Amerikanischer Architekt österreichischer Abstammung, von Adolf Loos beeinflusst und einer der Wegbereiter der Moderne in den Vereinigten Staaten. 1914 kam er nach Chicago und trat 1916 in das Büro von Frank Lloyd Wright ein. 1921 eröffnete er in Los Angeles sein eigenes Büro und begann, revolutionäre Häuser zu entwerfen, die zu den ersten des Internationalen Stils in Amerika gehörten. Einige der bekanntesten sind Schindler House, Hollywood (1922) mit einer innovativen Konstruktion aus schräggestellten Betonplatten und mehreren Terrassen, welche den Wohnbereich erweitern, und Lovell Beach House, Newport Beach (1925/26), eine Aufsehen erregende Konstruktion aus Betonrahmen und Wandebenen mit komplexen Innenräumen. Er arbeitete eine kurze Zeit mit seinem Landsmann Richard Neutra zusammen und entwickelte dann seinen Stil in einer Serie von Häusern weiter, die oft für großartige Lagen auf Bergkuppen gedacht waren (z.B. Fitzpatrick House, Hollywood, 1936). Seine Arbeiten konnte man meist am komplexen strukturellen Ausdruck erkennen, und oft waren sie mit Holz verkleidet.

Shaw, R. Norman (1831–1912). Britischer Architekt. Als einer der produktivsten und erfolgreichsten Architekten des späten 19. Jahrhunderts schuf er einflussreiche Gebäude in verschiedenen Stilen, vor allem im erneuerten Queen-Anne-Stil, die dazu beitrugen, die Vorherrschaft des hochviktorianischen Historismus zu brechen. Er arbeitete für G.E. Street (1859–1862) und begann als überzeugter Anhänger des Mittelalters mit streng neogotischen Kirchen. Für den Wohnbau entwickelten er und sein Freund W.E. Nesfield den malerischen altenglischen Stil (z.B. Cragside, Northumberland, 1869–1885, wofür er Möbel und Interieurs entwarf. In London baute er im erneuerten Queen-Anne-Stil mit roten Ziegeln, Details aus weißem Stein und holländischen Giebeln (z.B. Lowther

Lodge, Kensington, 1875; jetzt Royal Geographical Society). Häuser im Queen-Anne- und im altenglischen Stil entstanden in der ersten Londoner Garten-Vorstadt, Bedford Park (1877–1880), während New Scotland Yard, London (1890) und die White Star Line Offices in Liverpool (1898) wie schottische Burgen aussehen. Die späteren Arbeiten standen der Klassik näher (z. B. das neobarocke Piccadilly Hotel, 1905–1908). Shaw arbeitete mit Eisenrahmen, um unabhängige Grundrisse oder frei tragende Fassaden zu erreichen, und an Portland House in London (1908), seinem letzten Bau, verwendete er erstmals Stahlbeton. Jeder einzelne von ihm praktizierte Stil fand viele Nachahmer und hatte einen starken Einfluss auf die Arts and Crafts.

Soane, Sir John (1753–1837). Englischer Architekt. Er gilt als originellster britischer Architekt und entwickelte eine eigene, abstrakte Form des Neoklassizismus mit geometrischen Formen und abgeschwächten Details. Als Sohn eines Maurers lernte er bei George Dance und arbeitete 1772–1777 bei Henry Holland, bevor er mit einem Stipendium der Royal Academy nach Italien ging. Zu Beginn seiner Laufbahn baute er einige kleine klassische Häuser, führte aber bald neuartige Interieurs mit Dachfenstern in Form pilzförmiger Kuppeln ein (z. B. in Wimpole Hall, Cambridgeshire, 1791). Eine seiner bekanntesten Arbeiten war die Bank of England (1788–1823, abgerissen), zu der das große kreuzförmige Stock Office mit seinen einfachen Tonnen- und Kreuzgewölben gehörte, das von oben durch eine flache Mittelkuppel und Lunetten beleuchtet wurde. Ähnliche Ideen erprobte Soane auch an seinen vornehmsten Landhäusern, wie Tyringham in Buckinghamshire (1793–1797) und seinem eigenen Haus, Pitzhanger, Ealing (1800–1804). Sein Londoner Haus in Nr. 13 Lincoln's Inn Fields (1812–1824) war als Hausmuseum geplant, das seinen gesammelten Abgüssen, Fragmenten, Urnen, Skulpturen, Gemälden und Büchern Platz bot. Die Raumgrundrisse greifen ineinander, und es gibt kontrastierende Beleuchtungseffekte. Seine berühmte Dulwich College Picture Gallery in London (1811–1814) entwarf Soane als primitivistische Konstruktion aus zurückgesetzten Ebenen, einfachen Bögen und minimalen, abstrakten Ornamenten. Sein Stil wurde von den akademischen Architekten des späten 19. Jahrhunderts kritisiert, fand jedoch im 20. Jahrhundert erneut Anerkennung.

Street, G. E. (1824–1881). Englischer Architekt, prominenter Vertreter der Neogotik in der stärker eklektischen Phase nach A. W. N. Pugin. Er arbeitete 1844–1849 für George Gilbert Scott I, bevor er seine eigene Firma gründete und hauptsächlich Kirchen baute. 1850 wurde er Diözesanarchitekt in Oxford (später auch in York, Winchester und Ripon) und führte seine Theorien zur Entwicklung der Kirchengestaltung in *The Ecclesiologist* (1850–1853) aus. Er bereiste regelmäßig den Kontinent und veröffentlichte *Brick and Marble in the Middle Ages* (1855) über die Architektur Norditaliens und *Some Account of Gothic Architecture in Spain* (1865). Das Erstere trug zur Popularisierung des polychromen Mauerwerks bei, wie es Street an seinem ersten bedeutenden Bau in London, St James the Less, Westminster (1859–1861) verwendete. Er entwarf auch Einrichtungsgegenstände, Buntglas, Metallarbeiten, Holzarbeiten und Fliesenfußböden für Kirchen. Unter seinen weltlichen Bauten gibt es Häuser verschiedener Stilrichtungen (z. B. Holmdale, Holmbury St Mary, 1876, im altenglischen Stil). Bis heute am besten bekannt sind seine Royal Courts of Justice in London (1868–1882), wo er die gotischen Formen des 13. Jahrhunderts, malerisch neu kombiniert, für ein wichtiges weltliches Gebäude verwendet. Sein Einfluss auf jüngere Architekten war groß. Viele von ihnen arbeiteten in seinem Büro (z. B. Philip Webb, R. Norman Shaw und William Morris).

Strickland, William (1788–1854). Amerikanischer Architekt, Schüler von Benjamin Henry Latrobe und einflussreicher Vertreter des neogriechischen Stils in der öffentlichen Architektur. Ersten Ruhm erwarb er mit seiner Second Bank of the United States in Philadelphia (1818–1824), die zwei dorische Portiken nach dem Vorbild des Parthenons hat. Als stilreinstes neogriechisches Gebäude seiner Zeit in den USA war es von großem Einfluss. 1825 besuchte Strickland Großbritannien, um britische Transportsysteme kennen zu lernen (1826 erschien *Reports on Canals, Railways, Roads and Other Subjects*); dadurch wurde die Einführung der neuesten britischen Technologien in Amerika erleichtert. An seinen Gebäuden der folgenden Jahre in Philadelphia ist der Einfluss des britischen Neoklassizismus zu erkennen, z. B. am Naval Asylum (1826–1833) mit seinen gusseisernen Balkonstützen und am Philadelphia Merchants' Exchange (1832–1834) mit halbrundem Säulenportikus unter einer hohen Laterne. Das 1844–1859 an erhöhter Stelle gebaute Tennessee State Capitol in Nashville hat auf allen Seiten ionische Vorhallen und eine hohe Laterne auf dem Dach. Strickland entwarf auch die Egyptian Revival First Presbyterian Church in Nashville (1851).

Sullivan, Louis H. (1856–1924). Amerikanischer Architekt und Designer. Als führende Gestalt der Chicagoer Schule in den 1890er Jahren stand er auch bei der Suche nach einer neuen rationalen Architektur vornan, die er mit zarten, organischen Ornamenten gliederte. Von 1879 bis 1895 arbeitete er in Chicago mit dem Ingenieur Dankmar Adler zusammen. Ihr erstes wichtiges Werk, das Auditorium Building (1889) in Chicago, war noch stark der Richardson-Romanik verpflichtet. Ihr erster Stahlskelettbau, das Wainwright Building in St Louis (1890/91), entsprach Sullivans bekannter Theorie der Fassadengestaltung nach klassischer Ordnung: ein vertikaler »Schaft« identischer Büroetagen zwischen einem »Sockel« für öffentliche Bereiche und einem »Gebälk« mit Wintergärten und ornamental gestalteten Zwickeln, Friesen und Gesimsen. Dieser Ansatz wurde am Guaranty Building in Buffalo (1894/95) weiter ausgearbeitet. An Sullivans letztem kommerziellen Gebäude, dem niedrigen Carson, Pirie & Scott Store in Chicago (1899–1901), war die Fassade vom strukturellen Raster bestimmt und die Dekoration auf ein Minimum reduziert. Sullivan gab mehrere ausdrucksstarke Schriften mit seinen Architekturtheorien heraus (z. B. *Kindergarten Chats*, 1902/03, und *System of Architectural Ornament*, 1924). Er hatte großen Einfluss unter den jüngeren Architekten (einschließlich Frank Lloyd Wright), die zur Chicagoer Schule gehörten und die Opposition gegen die Stilrichtungen der Beaux Arts anführten. Zu den späten Arbeiten Sullivans gehörten einige massive, ornamentale Bankgebäude in Kleinstädten des Mittleren Westens sowie Bradley House in Madison (1909).

Swan, Abraham (aktiv 1745–1768). Englischer Architekt. Der gelernte Zimmermann und Tischler ist heute durch seine einflussreichen Veröffentlichungen mit Entwürfen für palladianische Gebäude und Rokoko-Interieurs bekannt. Beispiele sind *The British Architect: Or the Builder's Treasury of Staircases* (1745), dessen Neuauflage 1775 als erstes Architekturbuch in Nordamerika gedruckt wurde, *A Collection of Designs in Architecture* (1757), *One Hundred and Fifty New Designs for Chimney Pieces* (1758) und *The Carpenter's Complete Instructor in Several Hundred Designs* (1768). Sie waren in Nordamerika sehr erfolgreich; einige von ihnen waren dort schon vor 1776 auf dem Markt.

Tiffany, Louis Comfort (1848–1933). Amerikanischer Designer und Maler. Der Sohn von Charles Louis Tiffany, dem Begründer der berühmten New Yorker Juwelierfirma, studierte in den Vereinigten Staaten und Paris Malerei. In den späten 1870er Jahren wandte er sich den dekorativen Künsten zu. Er erprobte Buntglastechniken und entwarf dazu geometrische Muster und Landschaften in strahlenden Farben und mit Kräuseleffekten. Er gründete eine erfolgreiche Designfirma (1879–1883), die mehrere eklektische Interieurs schuf (z. B. im Weißen Haus in Washington, 1883) und unter dem Einfluss der britischen Bewegungen der Arts and Crafts und des Ästhetizismus stand. 1885 gründete er die Firma Tiffany Glass, die im fließenden Art-nouveau-Stil produzierte (z. B. Tischleuchten) und neue irisierende Glassorten und ein raues »Lavaglas« entwickelte. Tiffany war in Samuel Bings Geschäft in Paris und bei den Ausstellungen in Chicago 1893 und Paris 1900 vertreten. Er entwarf auch einige Häuser, darunter das eklektische Laurelton Hall, Oyster Bay (1902–1904, abgerissen), wo er eine Künstlerstiftung einrichtete.

Town, Ithiel (1784–1844). Amerikanischer Architekt, einer der Wegbereiter des neogriechischen Stils. Zu seinen frühen Werken gehörte die Trinity Church in New Haven (1814) im gotischen Geschmack. Ab 1816 befasste er sich mit Brückenbau und erfand einen guten Fachwerkbrückenträger (1820). Seine späteren Bauten waren entschieden neogriechisch, wie an Häusern wie Bowers House, Northampton (1826) und dem Connecticut State Capitol in New Haven (1827–1831, abgerissen) zu sehen ist, in einer pseudo-peripteralen dorischen Richtung. Nach einer Reise durch Europa, wo er den Grundstein für seine umfangreiche Sammlung von Büchern und Drucken legte, gründete er eine Firma (1829–1835) mit Alexander Jackson Davis, mit dem er einige der großartigsten neogriechischen Gebäude der Vereinigten Staaten schuf: Indiana State Capitol in Indianapolis (1831–1835, abgerissen), bei dem eine dorische Tempelform von einer monumentalen römischen Kuppel gekrönt wurde; North Carolina State Capitol in Raleigh; New York Customs House (beide 1833–1842); die französische Kirche du Saint Esprit in New York im ionischen Stil (1831–1834) und viele kleinere Gebäude. Später wirkte Town an weiteren Brücken mit, beteiligte sich aber auch 1837 mit Davis an der Ausschreibung für das Illinois State Capitol und an der Überarbeitung der Pläne für das Ohio State Capitol in Columbus (1839).

Venturi, Robert (geb. 1925). Amerikanischer Architekt und Designer, Pionier der Postmoderne, in der er Alternativen zur Uniformität des Internationalen Stils sucht. Sein erster Versuch damit war Vanna Venturi House, Chestnut Hill, Pennsylvania (1962, mit John Rauch), das einen eklektischen Mix von Elementen darstellt, vom Sprenggiebel nach dem Vorbild des italienischen Barock bis zu Fensterbändern und einer Raumordnung in der Art von Le Corbusier. In seinen einflussreichen Büchern *Complexity and Contradiction in Architecture* (1966) und *Learning from Las Vegas* (1972, mit anderen) befürwortet er ein mehrdeutiges, symbolisches Stilvokabular, das »Erinnerung« und das Gewöhnliche statt der utopischen Visionen der Moderne umfassen soll. Illustriert wird dies durch seine Feuerwehrgebäude (»dekorierte Schuppen«) in Columbus, Indiana (1966) und New Haven (1974). Andere Bauten sind übertriebene Neuinterpretationen des Schindelstils (z. B. die Häuser von Trubeck und Wislocki auf Nantucket Island, 1970). Öffentliche Gebäude wie der Anbau der Londoner Nationalgalerie (1987–1991) stehen in klassischer Tradition, »deformiert« durch die Einwirkung der modernen Kultur. Mit Rauch und seiner Frau, Denise Scott Brown, arbeitet Venturi auch an Ausstellungs- und Produktdesign für Möbel, Textilien und Haushaltzubehör.

Voysey, C. F. A. (1857–1941). Englischer Architekt und Designer. Als einer der einflussreichsten Vertreter der altenglischen Strömung in der Spätphase der englischen Arts-and-Crafts-Bewegung baute er Häuser, die als Vorläufer der Moderne betrachtet worden sind. Zu seinen frühen Arbeiten gehörten Dessins für Tapeten und Textilien, die er auch in seinem gesamten weiteren Leben entwarf. Ab 1888 schuf er eine Reihe einfacher Landhäuser, die Funktionalität und Sparsamkeit mit freien, bequemen Grundrissen verbanden und sich harmonisch in die Umgebung einfügten. Im Gegensatz zu den malerischen Kompositionen des erneuerten Queen-Anne-Stils waren seine Häuser schlicht, abstrakt und keinem bekannten Stil zuzuordnen; sie hatten im Wesentlichen rechtwinklige Massen, Steildächer und horizontal gruppierte Fenster. Mit ihren Giebeln, Pfeilern und Schornsteinen wirkten sie oft sehr plastisch, und ihre schlichten Oberflächen waren mit Steinputz überzogen, wie in Perrycroft bei Malvern (1893) und Sturgis House, Hog's Back bei Guildford (1896). Letzteres, ein langes, niedriges Gebäude, hat an einem Ende einen großen asymmetrischen Giebel und lange Fensterbänder.

Voyseys bekanntestes Haus ist The Orchard, Chorleywood (1899–1900) mit Doppelgiebel. Er gestaltete darin das gesamte Zubehör, Möbel, Kamine, Metallarbeiten, Tapeten und Textilien. Seine Möbel waren schlichter und leichter als die meisten der Arts and Crafts, und er fertigte auch Entwürfe für Maschinenmöbel. Voyseys Häuser, die mit zeitgenössischen Werken von Frank Lloyd Wright verglichen worden sind, haben zahllose Bauherren in den 1920er und 1930er Jahren angeregt, und sein Ansatz liegt auch den Arbeiten von Parker & Unwin zugrunde.

Walpole, Horace (1717–1797). Englischer Amateurarchitekt und Autor, bekannt vor allem für seine Rolle bei der Förderung der Neogotik an seinem eigenen Haus, Strawberry Hill in Twickenham, London (1753–1776). 1750 bildete er mit zwei befreundeten Amateurarchitekten, John Chute und Richard Bentley, ein »Geschmackskomitee«, das ihn bei der Umgestaltung beraten sollte. Später wurden auch professionelle Architekten wie Robert Adam und James Essex einbezogen, doch Walpole entschied über die Gestaltung und stützte sich dabei stark auf mittelalterliche Kathedralen sowie auf Musterbücher. Der erste, östliche Teil des Hauses hatte einen klassizisierenden Aufriss im gotischen Geschmack. Später kamen ein zinnenbewehrter runder Turm an der Südwestecke und ein Anbau mit freiem Grundriss an der Westseite hinzu. Historischen Vorbildern folgte auch die Inneneinrichtung, wie Kamine, Raumteiler, Türen, Möbel und Tapeten. Strawberry Hill war das erste Hauptwerk der Neogotik und wurde durch *A Description of the Villa of Mr Horace Walpole at Strawberry Hill* (1774, 1784) sowie durch Walpoles Schauerroman *The Castle of Otranto* (1765) popularisiert. Dessen historisierender Ansatz trug zur Verbreitung der Neogotik bei; die asymmetrische Komposition war Vorbild für das Pittoreske.

Walter, Thomas Ustick (1804–1887). Einer der führenden amerikanischen Architekten in der Mitte des 19. Jahrhunderts. Er lernte zunächst Maurer bei seinem Vater, der William Stricklands neogriechische Second Bank in Philadelphia baute. 1831 machte er sich selbstständig und hatte sofort Erfolg mit dem Bau des schönen, neogriechischen Girard College for Orphans in Philadelphia (1833–1848). Damit wurde er landesweit bekannt und hatte viele Entwürfe für schlichte, monumentale Gebäude zu liefern, meist in Form griechischer Tempel. 1851 wurde er mit Planungen für Anbauten an das Capitol in Washington beauftragt. Er schuf ein großes neues Gebäude mit neogriechischen Kolonnaden, Portiken und Verzierungen. Als Blickfang für den Komplex setzte er dem ursprünglichen Capitol eine große Kuppel mit barocker Silhouette auf, die auf einem schlanken Zylinder aus Säulen ruht und aus Gusseisen gebaut wurde. Am Ende des Bürgerkrieges fertig gestellt, avancierte sie zum Symbol der nationalen Einheit und fand häufige Nachahmung. Außerdem war sie ein Stimulus für die sich entwickelnde Eisenindustrie.

Webb, Philip (1831–1915). Englischer Architekt und Designer. Neben R. Norman Shaw einer der bedeutendsten Architekten der altenglischen Strömung im 19. Jahrhundert, die sich von den hochviktorianischen historisierenden Stilen abwandte und die »Abwesenheit des Stils« suchte. Während seiner Arbeit im Büro des Neogotikers G. E. Street von 1854 bis 1859 lernte er seinen lebenslangen Freund William Morris kennen, der ihn beauftragte, The Red House in Bexleyheath zu bauen (1859–1861). Dieses gilt als erstes Haus der Arts-and-Crafts-Bewegung, und Webb baute es in einer traditionellen, volkstümlichen Bauweise aus roten Ziegeln, die seiner Meinung nach dem englischen Klima, dem Standort und der zeitgenössischen Baupraxis angemessen war. Die malerische Komposition, betont durch tiefe Vorhallen und steile Dächer, wurde durch die Anordnung der Räume bestimmt. Webb war dann auch an der von Morris gegründeten Kooperative zur Produktion dekorativer Gebrauchsgegenstände beteiligt und entwarf für sie Kamine, Glas, Metallarbeiten und Möbel im gotischen Geschmack. Einige von Webbs späteren Häusern waren symmetrischer, hatten Giebel und hohe Schornsteine, und einige wurden als befestigte Häuser gestaltet (z.B. Standen, East Grinstead, 1891–1894). Zu den wenigen Bauten von ihm, die keine Wohnhäuser sind, gehört das Bürohaus Bell Brothers in Middlesbrough (1891) im erneuerten Queen-Anne-Stil mit bogenförmigen Brüstungsmauern. Webb gehörte auch zu den ersten Denkmalschützern; er arbeitete in Morris' Gesellschaft zum Schutz historischer Gebäude mit.

Wren, Sir Christopher (1632–1723). Einer der größten englischen Architekten überhaupt; von ihm stammen einige der bedeutendsten und maßgeblichsten Bauten des englischen Barock. Bis über sein 30. Lebensjahr hinaus widmete er sich wissenschaftlichen Studien, wobei er ein Experte in Geometrie wurde und 1657 in London sowie 1661 in Oxford zum Professor für Astronomie berufen wurde. Seine Fähigkeiten in Mathematik und den angewandten Wissenschaften mögen dazu geführt haben, dass er sich als begabter Amateur auch mit Architektur befasste und das Sheldonian Theatre in Oxford und Pembroke College Chapel in Cambridge entwarf (beide 1663). 1665/66 besuchte er Paris und studierte klassische und barocke Gebäude. Diese Erfahrung kam ihm nach dem großen Brand von London (1666) zugute, als er Wiederaufbaukommissar und 1669 auch königlicher Bauinspektor wurde. Er wirkte an der Gestaltung von 51 neuen Pfarrkirchen mit, wobei er einen klassischen Ansatz wählte, der in England fast beispiellos war (z.B. St Stephen, Walbrook, 1672–1687). Er erfand auch klassische Turmformen (z.B. St Mary-le-Bow, Cheapside, 1670–1677). Sein Meisterwerk, St Paul's Cathedral (1675–1709), ist ein gelehrter Essay in italienischem Barockklassizismus, gekrönt von einer großen, neuartigen halbkugelförmigen Kuppel. An Wrens wichtigen königlichen Bauten finden sich ein schlichter Klassizismus in Ziegeln und Stein nach holländischem Vorbild am Royal Hospital in Chelsea (1682–1689), ein monumentaler französischer Klassizismus in Ziegeln und Stein an Hampton Court Palace (1689–1701) und eine dramatische Barockkomposition mit Perspektiveffekten am Royal Naval Hospital in Greenwich (1695–1735, von anderen fertig gestellt). Von Wren stammen weitere wichtige Bauten in Cambridge und Oxford (z.B. der obere Teil von Tom Tower, Christ Church, 1681/82, den er in einer klassizisierenden gotischen Stilrichtung baute).

Wright, Frank Lloyd (1869–1959). Amerikanischer Architekt und Designer, einer der größten Meister des 20. Jahrhunderts. Er wird nach wie vor viel bewundert, obgleich er höchst individualistisch arbeitete, stets und ständig originelle Lösungen entwickelte und die Hauptströmungen der Architektur relativ wenig beeinflusste. Nach seiner Tätigkeit für Louis Sullivan in Chicago (1888–1893) begann er eine immer abstraktere Gestaltungsweise zu pflegen, die in seinen ersten neuartigen Gebäuden kulminierte: Larkin Office Building in Buffalo (1903–1906, abgerissen), Unity Temple, Oak Park, Illinois (1905–1908) und seinen berühmten Präriehäusern zwischen 1901 und 1913 (z.B. Willitts House, Highland Park, Illinois, 1902; Robie House, Chicago, 1908–1910). Die Räume darin hatten asymmetrische Grundrisse und gingen in Gartenterrassen über, besaßen jedoch einen massiven Kamin als eine Art Anker; die Horizontalen wurden durch weit überstehende Dächer, Fensterbänder und vorstehende Sockel betont. Ein dekorativerer Ansatz wurde mit Midway Gardens in Chicago (1913, abgerissen) und dem Imperial Hotel in Tokio (1916–1922, abgerissen) eingeleitet, wo er die Oberflächen mit Prismen verzierte. Das setzte sich in den 1920er Jahren mit seinen kubischen Häusern aus Betonplatten fort, die beim Gießen mit textilähnlichen Mustern versehen worden waren (z.B. Millard House, Pasadena, California, 1923). 1935 begann ein neuer Abschnitt in Wrights Karriere mit Fallingwater bei Pittsburgh, Pennsylvania, einer dramatischen Komposition der Moderne, mit Steinwänden und frei tragenden Betonterrassen über einen Wasserfall gebaut. Danach entwickelte er die schlichten, geradlinigen Usonian Houses als Billigvariante der Präriehäuser und baute im Laufe der Zeit über hundert davon. Im Gesellschaftsbau entwickelte er einen zunehmend geometrischen Ansatz mit runden Formen in den Johnson Wax Buildings in Racine, Wisconsin (1938, 1944–1950) und dem spiralförmigen Guggenheim-Museum in New York (1943, 1959). Er arbeitete auch mit dreieckigen Rastern und frei tragend aus einer Mittelsäule wachsenden Fußböden (z.B. Harold Price Tower, Bartlesville, Oklahoma, 1956). Für viele seiner Gebäude entwarf Wright Zubehör und Möbel, von geometrisch gemustertem Buntglas, komplexen Bücherschränken und gepolsterten Sitzbänken bis hin zu metallenen Büromöbeln und Aktenschränken. Sein Werk wurde 1910 in Berlin erstmals umfassend veröffentlicht und fand die Bewunderung vieler Architekten der aufkommenden Moderne. Noch größer war sein Einfluss auf die Schüler der Taliesin-Studiengemeinschaften, die er zunächst in Spring Green, Wisconsin (1932) und später auch in der Nähe von Phoenix, Arizona gründete (Taliesin West, 1938). In den 1930er Jahren hielt er viele Vorlesungen und gab einen Teil davon unter dem Titel *Modern Architecture* (1931) heraus; weitere Bücher waren *The Disappearing City* (1932), *The Future of Architecture* (1953) und *The Natural House* (1954).

GLOSSAR

Abakus, Deckplatte In der klassischen Architektur die flache Platte direkt auf dem Säulenkapitell.

Abdeckleiste, Leiste Flache, vierkantige Leiste zwischen anderen Leisten, auch der schmale Steg zwischen den Kannelen am Schaft einer Säule.

Abfangträger Langer horizontaler Träger, der einen Kamin oder eine andere Öffnung überspannt; auch der wichtigste horizontale Riegel in einem Fachwerkhaus.

Abschrägung, Schmiege, Facettierung Kantenabschrägung u.a. bei Fenster- und Türgewänden oder Kaminöffnungen.

Adam-Stil Von den Brüdern Robert und James Adam in der zweiten Hälfte des 18. Jahrhunderts in Großbritannien vertretene Strömung des Klassizismus. Vor allem der Architekt und Innenarchitekt Robert Adam (1728–1792) prägte mit seinen Entwürfen für Möbel, Metallarbeiten, Teppiche und Kaminverkleidungen zwischen 1760 und 1780 die Einrichtung zahlreicher Häuser in England, aber auch in Frankreich und Amerika.

Ädikula Wörtlich »kleines Haus«, Umrahmung für eine Nische, eine Tür- oder Fensteröffnung, meist aus zwei Säulen oder Pilastern gebildet, die einen Sturz oder ein Giebelfeld tragen.

Adobe-Ziegel Ungebrannte, sonnengetrocknete Lehmziegel, wie sie zum Hausbau im Südwesten der Vereinigten Staaten verwendet werden.

Aesthetic Movement (ästhetische Bewegung) Eine Richtung in der Designreformbewegung der 1860/70er Jahre, deren Hauptimpuls L'art pour l'art (Kunst um der Kunst willen) war. Stark von japanischer Dekoration, englischem Wohnraumdesign des späten 17. und frühen 18. Jahrhunderts und vom blau-weißen chinesischen Porzellan beeinflusst.

Akanthus Plastische Verzierung aus stilisierten, gezackten Blättern an korinthischen und Kompositsäulen und Friesen.

Akroterion, Stirnziegel Verzierter Eckstein oder Firstziegel.

Anaglypta Eine gepresste, reliefartige leichte Wandtapete, die preiswerte Version der Linkrusta.

Anthemion Antikes Ornamentband aus Blättern und Blüten des Geißblatts.

Antrittspfosten Der Pfosten am Ende einer Treppe, meist mit Handlauf und Wange verbunden; bei einer Wendeltreppe der Mittelpfosten, um den die Treppe sich windet.

Antrittstufe Die unterste Stufe eines Treppenlaufes, dessen Trittstufe einen gebogenen Abschluss hat.

Architrav Der profilierte Rahmen um eine Fenster- oder Türöffnung; in der klassischen Architektur der waagerechte, den Oberbau tragende Hauptbalken über Säulen, Pfeilern oder Pilastern.

Arkade, Bogengang Ein durch Bogenstellungen auf Pfeilern oder Säulen begrenzter Durchgang.

Art déco (frz.) Von ca. 1910 bis 1940 vorherrschender, für seine auffälligen Farben und geometrischen Formen bekannter Designstil. Der Name rührt von der *Exposition des Arts Décoratifs et Industriels Modernes* in Paris 1925 her.

Art nouveau (frz.) Von den 1890er Jahren bis um 1910 in Europa populärer Stil der dekorativen Kunst auf der Basis von wellenförmigen Kurven, fließenden Linien, Asymmetrie und organischen Formen.

Arts and Crafts (engl.) Von dem britischen Designer William Morris begründete Künstlerbewegung im 19. und frühen 20. Jahrhundert, die eine Rückkehr zu Einfachheit und Funktionalität des Designs sowie Qualität des Materials und der Verarbeitung zum Ziel hatte.

Astragal, Perlstab Ionisches Zierelement aus runden und länglichen Perlen mit Zwischenplättchen an Kapitellen, Gebälk und Kassettendecken.

Aufgesattelte Treppe Treppe, bei der das Profil von Tritt- und Setzstufen an der Seite sichtbar, d.h. nicht durch eine Wange verdeckt ist. Auf den Trittstufen steht die Balustrade.

Aufriss Maßstabgerechte Zeichnung der Außenansichten eines Gebäudes.

Auge (oculus) Runde Öffnung in einer Mauer oder an der Oberseite einer Kuppel.

Ausfachung Das Mauerwerk zwischen den Balken eines Fachwerkhauses.

Ausleger, Tragarm Träger oder Konstruktion, die horizontal über ihre Stütze herausragt, gehalten durch die Hebelkraft des am eingebauten Ende einwirkenden Gewichtes (der Struktur).

Bakelit Aus Kunstharzen hergestellter Kunststoff.

Baluster Kurze, meist gedrechselte Säulen, die mit dem Handlauf ein offenes Geländer (Balustrade) bilden.

Beschlagwerk Dekoration aus verschlungenen Streifen, die entweder aufgesetzt oder aus dem Holz, Stein oder Stuck herausgearbeitet wurden. Häufig an Blenden, Decken und Gesimsen.

Bettylampe Amerikanische Öllampe in Schiffsform.

Bilderleiste Leiste im oberen Teil der Wand, an der Bilder aufgehängt werden können.

Binder Ziegel, von dem im Verbund nur die Stirnseite zu sehen ist.

Birnstab Stabartiges Schmuckprofil mit birnenförmigem Querschnitt zur architektonischen Formung von Gewölberippen, Fensterlaibungen und Portalgewänden.

Bleisprossen Gegossene Bleistege, meist mit H-Querschnitt und eingelötet, zum Halten kleiner Scheiben in Fenstern.

Blendbogen Eine bogenförmige Blende, die als Gliederung oder Dekoration einer geschlossenen Wandfläche vorgelegt ist.

Blockverband, Verbund Mauerwerk mit wechselnden Schichten von Bindern und Läufern.

Diele, Dielenholz Holzbelag oder Schalung aus Nadelholz, meist Fichte oder Kiefer.

Boiserie (frz.) Mit geschnitztem Flachrelief verzierte Holztäfelung.

Brettertür, Lattentür Tür aus vertikalen Brettern, die von zwei oder mehr horizontalen, über die Rückseite genagelten Brettern gehalten werden.

Brüsseler Teppich Flachgewebter Teppich mit ungeschnittenem Schlingenflor.

Brüstung Geschlossenes Wandstück als Brustwehr; niedrige Mauer über der Außenwand eines Gebäudes.

Brutalismus Weltweite architektonische Bewegung der 1950er Jahre, die kompromisslos Konstruktion und Material in Bauwerken sichtbar machte, um das Technologische der Zeit zu betonen. Charakteristisch ist die häufige Verwendung von *béton brut* (Sichtbeton) und die freiliegende, nicht unter Verputz verborgene Installation.

Carreaux d'octagones (frz.) Fußbodenmuster, bei dem kleine schwarze Rauten an die Schnittpunkte von helleren Steinplatten gelegt werden.

Chinoiserie Europäische Interpretation chinesischer Kunst und Zierformen, populär vom späten 17. bis in das 19. Jahrhundert.

Chintz Bedruckter Baumwollstoff mit Glanzappretur.

Churriguerismus Von José Churriguerra (1650–1723) geschaffener spanisch-mexikanischer Dekorationsstil des frühen und mittleren 18. Jahrhunderts, gekennzeichnet durch verschwenderischen Oberflächenschmuck.

Coadestein (engl.) Künstlicher Schmuckstein, im späten 18. und im 19. Jahrhundert in der von Eleanor Coade gegründeten Firma in England hergestellt und für die verschiedensten Urnen, Plastiken und architektonischen Elemente verwendet.

Colonial Revival Die Zeit 100 Jahre nach Unterzeichnung der amerikanischen Unabhängigkeitserklärung 1776, in der der Kolonialstil möglichst authentisch reproduziert wurde.

Composition (engl.) Masse aus Papier oder Holzschliff mit Schlämmkreide und Leim für aufgesetzte plastische Dekorationen.

Cottage Kleines Landhaus, Landarbeiterhaus

Cottage orné (frz.) Malerisch aufgebautes, bewusst rustikal gestaltetes englisches Landhaus vorwiegend in Parks des späten 18. und frühen 19. Jahrhunderts unter Verwendung von Strohdächern, Holzverkleidungen und roh behauenen Balken.

Dachpfanne Dachziegel mit S-förmigem Querschnitt.

Dachsteg Plattform oder schmaler Steg auf dem Dach, in den Küstenstädten Neuenglands oft benutzt, um nach hereinkommenden Schiffen Ausschau zu halten.

Deckenträger Parallel verlegte horizontale Balken als Auflager für Dielenbretter.

Dorische Ordnung Früheste und schlichteste der klassischen Ordnungen. Dorische Säulen haben in der Regel keine Basis, der Schaft ist dick und breit kanneliert, das Kapitell besteht aus wulstartigem Kissen (Echinus) und aufliegender quadratischer Deckplatte (Abakus).

Dreipass Aus Kreissegmenten gebildeter dreilappiger Kreis oder Bogen.

Drogett Steifer Fußbodenbelag aus Stoff, mit dem Bretter oder ein guter Teppich vor Abnutzung geschützt wurden.

Ebonisiertes Holz Schwarz gebeiztes und poliertes Holz, Imitation von Ebenholz.

Echinus Verbindungsstück zwischen Säulenschaft und Deckplatte (Abakus) des dorischen Kapitells.

Ecksteine Behauene Steine an den Ecken eines Gebäudes.

Eierstab Konvexe Zierleiste aus plastischen Ovalen und Pfeilspitzen im Wechsel.

Empire (frz.: Kaiserreich) Unter Napoleon I. (1804–1815) entwickelter Stil. Spielart des Klassizismus, stark von der Architektur des römischen Kaiserreichs beeinflusst.

Enkaustik-Fliesen Keramische Fliesen mit einem eingelegten Muster aus Schlicker.

Erker Geschlossener polygonaler, halbrunder oder rechteckiger Anbau an einer Fassade oder Gebäudeecke.

Fachwerk Bauweise, bei der vertikale und horizontale Holzbalken das Gerüst für die Wand bilden, das dann mit Latten und Putz (Ausfachung), Stöcken und Lehm oder Ton (bestrichenes Geflecht), Stein oder Ziegeln ausgefüllt wird.

Faltwerkpaneel Holztäfelung, deren einzelne Tafeln mit einem Schnitzmotiv wie vertikale Leinenfalten verziert sind, in der Tudorzeit gebräuchlich.

Fase, Schrägkante Die Fläche, die entsteht, wenn man die Kante eines viereckigen Stückes Holz, Stein usw. abschneidet, normalerweise im Winkel von 45°.

Fasenabschluss Die dreieckige Fläche am Übergang von einer Fase zu einer scharfen Kante.

Faszie, Gurtsims, Bund Leicht vorspringendes waagerechtes, bandartiges Bauglied, ursprünglich am ionischen und korinthischen Architrav.

Fayence Zinnglasierte Keramik.

Feld Oberer Wandteil, zwischen Fries bzw. Gesims und Sockelleiste.

Fenstersprossen Stäbe, meist aus Holz, welche die Glasscheiben im Fenster halten. Auch Astragale genannt.

Feston An zwei Punkten gehaltenes, drapiertes Stück Stoff; plastische oder malerische Darstellung eines solchen; Girlande aus Bändern, Blumen, Früchten und/oder Blättern.

Feuerschutz Dicke Eisenplatte im Hintergrund einer Feuerstelle, welche die Wand schützt und die Hitze reflektiert.

Finial Dekorativer Knauf, z.B. an Möbeln.

Firstbekrönung Dekorative Oberkante an einem Wandschirm, einer Wand oder einem Dach.

Flämischer Verbund Mauerwerkstyp, bei dem eine Schicht Läufer und eine Schicht Binder abwechseln.

Föderalstil Der amerikanische klassizistische Stil um 1789 bis um 1830. Lebte als Federal Revival wieder auf.

Französischer Empirestil siehe **Empire**

Französisches Fenster Zweiflügeliges Fenster, das bis zum Boden reicht.

Fries Dekorativer, durch Malerei, Ornamentik und figürliche Darstellungen geschmückter Flächenstreifen zur Gliederung von Architekturteilen; auch Mittelteil eines Gebälks.

Füllung mit abgeplatteter Kante Füllung einer Täfelung mit glattem, erhabenen Feld.

Furnier Dünnes, vom vollen Holz abgeschnittenes Deckblatt, das als dekorative Oberfläche auf weniger wertvolles Holz aufgeklebt wird.

Textiler Belag Dick lackierter Leinwandbelag, der durch Bemalung einen teureren Bodenbelag nachahmt, z.B. Teppich, Parkett oder Fliesen.

Galerie Mezzaningeschoss über dem Hauptraum im Inneren eines Hauses; auch ein langer Raum, ursprünglich für Freiübungen, später zum Ausstellen von Bildern.

Gaube Ein überdachter Vorsprung in der Dachschräge, meist mit Fenster.

Gebälk In der klassischen Architektur der obere Abschluss einer Ordnung, bestehend aus Architrav, Fries und Gesims.

Gefalzte Fuge Verbindung zwischen zwei Stücken Holz, die überblattet worden sind, so dass die Oberfläche glatt ist.

Gefederte Fuge Die Verbindung zweier genuteter Bretter durch einen Holzstreifen.

Georgianischer Stil Während der Herrschaft der vier englischen Könige dieses Namens vorherrschender Stil: George I. (1714–1727), George II. (1727–1760), George III. (1760–1820) und George IV. (1820–1830). Lebte als Georgian Revival wieder auf.

Geritzt, gekerbt Tief graviert oder geschnitzt.

Gesims Eine vorstehende Leiste an der Stelle, wo Decke bzw. Dach und Wand aufeinander treffen. In der klassischen Architektur der überstehende obere Teil eines Säulengebälks.

Gesprengter Giebel Giebelfeld, dessen Krone eine Lücke hat. Darin manchmal eine Urne oder ein anderes Motiv. Die Unterbrechung kann sich auch in der Basis befinden.

Gespundete Fuge Holzverbindung, bei der die Kante eines Brettes einen Spund hat, der in die Nut an der Kante eines anderen Brettes passt.

Gewände Der gerade, vertikale Teil einer Tür- oder Fensteröffnung oder eines Bogens.

Gewölbegrat Der Grat an der Schnittstelle gewölbter Oberflächen.

Gibbs'sche Einfassung Rustizierte Tür- oder Fenstereinfassung mit abwechselnd großen und kleinen Steinen, benannt nach dem britischen Architekten James Gibbs (1682–1754).

Giebel Abschließender Außenwandteil eines Gebäudes mit Satteldach sowie Zierform über Portalen, Fenstern und Wandnischen.

Giebelfeld, Ziergiebel (pediment) Flacher Giebel über Portikus, Tür oder Fenster; ähnliche dreieckige Schmuckelemente über Türöffnungen, Kaminen oder anderen Architekturteilen. Ein oben offenes Giebelfeld heißt Sprenggiebel oder gesprengter Giebel.

Girandole Kerzenleuchter, dessen Arme mit einer Platte an der Wand oder am Kaminaufsatz befestigt sind.

Gitterwerk Ausgeschnittene geometrische Muster aus sich kreuzenden oder sich durchdringenden, horizontal und vertikal verlaufenden Bändern (z.B. Mäander).

Godronierung Fortlaufendes Muster aus vertikalen oder diagonalen konvexen Bögen oder Lappen.

Guilloche (frz.) Dekor aus verflochtenen Bändern in Form von Kreisen oder Schlingen.

Halbtür Kleine separate Tür in einer großen Tür oder einem Tor.

Hängeknauf, Abhängling Von einer Decke oder einem Treppenpfosten herabhängender, knaufartiger Schlussstein.

Hauptgeschoss, Belétage Das wichtigste Geschoss eines Hauses, in dem sich die Empfangsräume befinden.

Herme Kopf oder Büste auf rechteckigem Pfeiler; urspr. Kultmal für Schutzgott Hermes.

Höhenfries Fläche unter der obersten Leiste oder dem Gesims an einer Tür oder einer Wand.

Hohlkehle, Trochilus Konkave Eintiefung mit Profilquerschnitt in Form eines Kreis- oder Ellipsensegmentes, z.B. am Fuß von Säulen zwischen Torusleisten.

Hohlleiste Eine konkave Leiste von ungefähr viertelkreisförmigem Querschnitt, typisch für Deckengesimse.

Ionische Ordnung Eine der klassischen Säulenordnungen, gekennzeichnet durch kannelierte Säulen und auffällige Voluten an den Kapitellen.

Italienisches Leistenwerk Schwere, breite Profilleiste, meist um einen Kamin.

Iznik Glasierte Keramik aus osmanischer Zeit, benannt nach ihrer Herkunft aus der gleichnamigen Stadt in Westanatolien, erlebte vom späten 15. bis 17. Jahrhundert ihre Blütezeit.

Jacobean Revival Wiederaufleben des Stils aus der Zeit James' I. (1603–1625) in Großbritannien in den 1890er Jahren.

Japonierung Bemalung und Lackierung, die orientalische Lackarbeit nachahmt.

Kaminaufsatz Dekorative Gestaltung über einem Kamin, oft mit einem Gemälde oder einem Spiegel.

Kaminbesteck Geräte zur Unterhaltung des Feuers, meist Schaufel, Schürhaken und Zange.

Kaminböcke Stützen für die Scheite im Kamin.

Kaminecke Aussparung neben dem Kamin, in der oft eine Bank steht.

Kamineinfassung Umrahmung des Kamins und Kaminaufsatz.

Kamineinsatz Sims an der Seite oder Rückseite des Kamins oder Rostes zum Warmstellen eines Topfes oder Kessels.

Kamineinsatzgitter Gusseisernes Gitter, in dem der Feuerrost zwischen zwei flachen Einsätzen über dem Boden gehalten wird. Die flache Vorderseite ist gewöhnlich mit Ornamenten oder Rundstäben versehen.

Kaminsohle Der meist in den Raum hineinragende Boden des Kamins.

Kaminvorsatz Schirm vor dem Kamin, der verhindert, dass glühende Kohlen den Fußboden oder Teppich beschädigen.

Kaminvorsprung Das Bauteil aus Stein, Ziegeln oder Zement, das in den Raum hineinragt und den Kaminschacht enthält.

Kämpfer Vorspringende Tragplatte zwischen Stütze (Mauer, Pfeiler, Säule, Kapitell) und Bogen oder Gewölbe.

Kannelierung Flache vertikale Nuten am Schaft einer Säule.

Kapitell Kopf einer Säule, eines Pfeilers oder eines Pilasters am Treffpunkt von Stütze und Last.

Karnies Zierglied mit S-förmig gekrümmtem Profil. Entweder als steigender Karnies oder fallender Karnies oft als Zwischenglied an einem Pfeiler oder Gesims angebracht.

Kartusche Runde oder ovale Tafel, häufig mit Inschrift oder Wappen.

Karyatide Menschliche Figur, meist weiblich, die ein Säulengebälk trägt.

Kassettendecke Decke, bei der die Träger und Dielenbalken ein regelmäßiges Muster vier- oder mehreckiger tiefliegender Fächer oder Kassetten bilden, die oft plastisch oder farbig verziert wurden.

Kehlleiste, Hohlkehle, Hohlleiste Große konkave Kehlung zwischen Wand und Decke.

Keilstein Jeder der keilförmigen, radial angeordneten Steine oder Ziegel in einem Bogen oder Gewölbe.

Kielbogen, Ogive, Ogee-Bogen Aus zwei umgekehrten Kurven gebildeter, leicht S-förmiger Spitzbogen.

Klassischer Stil, Klassizismus In Deutschland allgemein gebräuchliche Bezeichnung für den auf Formen und Ornamenten der griechischen und römischen Antike beruhenden Stil, der von ca. 1760 bis ca. 1830 dauerte. In den westlichen und nördlichen Ländern entstand in Weiterführung der Gedanken der Renaissance bereits im 17. Jahrhundert ein Stil, der in der internationalen Kunstwissenschaft klassischer Stil genannt wird. Die Stilstufe, die hierauf folgt und die man in Deutschland Klassizismus nennt, heißt in diesen Ländern Neoklassizismus.

Kolonialstil Ein hauptsächlich von England und Holland beeinflusster Architekturstil in den USA, der in der Zeit zwischen der Gründung der ersten europäischen Niederlassungen und dem Unabhängigkeitskrieg die nordamerikanische Baukunst prägte.

Kolonnade Säulengang mit waagerechtem Gebälk.

Kolzalampe Lampe mit Doppelzylinder, in der Raps- oder Kolzaöl oder andere pflanzliche oder tierische Öle verbrannt wurden; im 19. Jahrhundert verbreitet.

Kompositordnung Eine der klassischen Ordnungen der Architektur. Die Säulenkapitelle vereinen korinthische Akanthusblätter mit ionischen Voluten.

Konsole Aus der Mauer hervorkragendes, oft volutenförmiges Tragelement, das anderen Bauteilen als Auflage dient.

Konsoltisch Ein kleiner Tisch, der mit Konsolen an der Wand befestigt ist, oft kunstvoll geschnitzt, vergoldet und mit Marmorplatte.

Korinthische Ordnung Letzte und dekorativste der klassischen Ordnungen der Architektur. Die Säulen sind schlank, meist kanneliert, und haben kunstvoll mit Akanthusblättern verzierte Kapitelle.

Krabbe, Kriechblume Dekoratives Blattmotiv der Gotik an schräg verlaufenden Architekturgliedern, wie Giebeln, Turmspitzen und Baldachinen.

Krage, Konsole Kleine Zierkonsolen, in einer Reihe als Stützen für den oberen Teil eines korinthischen oder Kompositgesimses.

Kreisabschnitt, Pass Lappen oder blattförmiger Bogen zwischen zwei Schnittstellen in einem Bogen oder Kreis.

Kreuzblume, Blätterknauf, Finial Bekrönendes Schmuckelement auf der Spitze eines Turmes, Giebels etc.

Kreuzgratgewölbe Aus zwei identischen, sich in der Mitte durchschneidenden Tonnengewölben gebildetes Gewölbe.

Kronglas Frühe Form des Fensterglases, aus geblasenen Scheiben geschnitten.

Kuppel Eine meist kleine Haube auf einem Dach oder einem Türmchen.

Kyma Doppelkurviges Profil, oben konvex und unten konkav oder umgekehrt.

Laibung Innere Fläche einer Türeinfassung oder Fensteröffnung, zwischen der Kante des Rahmens und der Außenfläche der im rechten Winkel anschließenden Wand.

Lambris (frz.) Die einfache, frühe Form der Holzvertäfelung, in voller oder halber Wandhöhe. Auch Verkleidung aus Marmor oder Stuck.

Lamelle Einer von vielen überlappenden Streifen (z. B. bei Fensterläden).

Läufer Ziegel, von dem im Verbund nur die Langseite zu sehen ist.

Linkrusta Eine geprägte Tapete, die überstrichen und lackiert wurde; ab Ende des 19. Jahrhunderts populär.

Linoleum Fußbodenbelag aus komprimiertem Kork, Holzstaub und Leinöl mit Jute oder starker Leinwand als Träger.

Loggia Galerie mit Säulen oder Pfeilern, die mindestens auf einer Seite offen ist.

Louis-quatorze Stil in Architektur und dekorativen Künsten, der in Frankreich während der Herrschaft Ludwigs XIV. (1643–1715) vorherrschend war.

Louis-quinze Stil in Architektur und Kunsthandwerk, populär während der Herrschaft Ludwigs XV. (1715–1774) in Frankreich.

Louis-seize, auch *Goût Grec* (frz.) Griechischer Geschmack als zeitgenössischer Ausdruck für den Frühklassizismus in Frankreich zur Zeit Ludwigs XVI. (1774–1792).

Lünette Halbkreisförmiges Bogenfeld über Türen und Fenstern.

Lüsterglas Irisierendes Glas, wie z. B. von Tiffany in den Vereinigten Staaten hergestellt.

Mäander Geometrischer Dekor aus fortlaufenden rechtwinkligen Linien, nach dem vielfach gewundenen Fluß Maiandros in Kleinasien benannt.

Mansarddach Dach mit zwei verschiedenen Schrägen, die untere fast senkrecht, um die Dachgeschossräume zu Wohnzwecken auszubauen.

Marmorierung In Marmorart bemalt oder gebeizt.

Maßwerk Durchbrochenes Muster von ornamental angeordneten, einander überschneidenden Rippen, meist im Oberteil gotischer Fenster. Auch als so genanntes Blendmaßwerk auf massiven Wandflächen.

Mauerkrone Obere Abdeckung einer Mauer.

Medaillon siehe **Rose**

Metopen Die glatten oder plastisch verzierten Quadrate zwischen den Triglyphen an einem dorischen Fries.

Modulor Ein von Le Corbusier in seiner Schrift »Le Modulor« (1951) aufgebautes Proportionssystem, das auf der menschlichen Figur beruht.

Moiré (frz.) Stoff oder Tapete, meist aus Seide, mit wässrig oder wellig wirkender Oberfläche (Wasserlinienmusterung).

Nagelrahmen Genagelter Schwartenrahmen. Einfache Fachwerkart, in den Vereinigten Staaten verbreitet.

Nasen Vorsprünge an den Schnittstellen der Pässe beim gotischen Maßwerk.

Neogotik Der Gotik nachempfundene Baugestaltung, in England um 1720 beginnend. Die erste Phase des *Gothic Revival* war die englische »Rokoko-Gotik«, in der gotische Architekturformen frei verwendet wurden. Seit dem späten 18. Jahrhundert war die Neogotik als Bestandteil des Historismus in Europa verbreitet.

Neoklassizismus In den nordwestlichen Ländern Europas Bezeichnung für die Stilstufe der Kunst, die in Deutschland Klassizismus genannt wird.

Oberlicht Fenster über einer Tür, meist halbkreisförmig.

Ochsenauge Kreis- oder ellipsenförmiges Fenster, besonders im Barock verbreitet.

Orangerie Gewächshaus oder anderes verglastes Gebäude, in dem Orangen oder andere empfindliche Pflanzen gehalten werden.

Ordnung, Säulenordnung In der klassischen Architektur eine bestimmte Form von Säulen und Gebälk, jede mit ihren eigenen, unverwechselbaren Proportionen und Teilen. Die fünf Ordnungen sind dorisch, ionisch, korinthisch, toskanisch und Komposit. Die ersten drei stammen von der antiken griechischen Architektur, toskanisch und Komposit sind römi-

sche Adaptionen der älteren griechischen Vorbilder.

Palisade Stützwerk aus eingerammten Pfählen zur Untergrundbefestigung von Bauten; fester Holzzaun.

Palladianismus Interpretation des von dem italienischen Architekten Andrea Palladio (1508–1580) entwickelten klassischen Stils. Der Palladianismus wurde in England im frühen 18. Jahrhundert durch Lord Burlington und Colen Campbell erneuert und beeinflusste die amerikanische Architektur im späten 18. Jahrhundert.

Palladio-Motiv siehe **Venezianisches Fenster**

Palmette Pflanzenornament aus gefächerten palmenähnlichen Blättern.

Papiermaché Ein kostengünstiges, aus Papierbrei gewonnenes Material, aus dem verschiedene Schmuckelemente für Innenräume geformt wurden.

Parkettarbeit, Parketterie Kleine, verschiedenfarbige Hartholzstücke, als geometrisches Fußbodenmuster verlegt.

Patera Kleines ovales oder rundes Ornament in der antiken Architektur, auf der Stilisierung einer Opferschale beruhend, oft mit Blumen oder Blättern verziert.

Pendentif, Eckzwickel, Kuppelzwickel Konkave, dreieckige Eckwölbung unter einer Kuppel in einem quadratischen Raum.

Perpendicular-Stil Sonderform der englischen Hoch- und Spätgotik. Der Name bezieht sich auf die vorwiegend senkrechten Linien des Stabwerks, mit dem die breiten, hohen Fenster und Wände gegliedert sind.

Pfeiler Massives vertikales Mauerstück zwischen Fenstern etc., Auflage für Stürze oder Bögen. Auch eine senkrechte Stütze aus festem Mauerwerk z. B. für Tore. Rechteckiger oder polygonaler Querschnitt.

Pfeilerspiegel Hoher, schmaler Spiegel zwischen zwei Fenstern.

Pfette Langes, horizontales Bauteil eines Fachwerkdaches, das eine Zwischenstütze für die Sparren bildet.

Pfosten Die senkrechten Balken im Fachwerk.

Piazza Amerikanischer Ausdruck für eine breite Veranda, deren Dach von Säulen getragen wird.

Pilaster Außen- und Innenwänden flach aufliegender Wandpfeiler, der aus Basis, Schaft und Kapitell besteht. Auch zur Einfassung von Türen, Kaminen usw. verwendet.

Picturesque siehe das **Pittoreske**

Pittoreske, das. Begriff für die »malerische« Strömung vorwiegend in England im 18. und frühen 19. Jahrhundert, mit einer Vorliebe für Asymmetrisches und Rustikales, z. B. *cottages ornés*.

Plinthe, Sockel Rechteckige oder quadratische Fußform von Säule, Pfeiler oder Postament.

Porphyr Hartes, feinkörniges Gestein von roter oder purpurner Farbe mit weißen Kristallen gesprenkelt, auch graue und grüne Eruptivgesteine gleicher Struktur.

Portikus Von Säulen oder Pfeilern gestützter Vorbau eines Gebäudes an den mit Haupteingängen versehenen Fassaden.

Profilierte Schmuckleisten Leisten, mit denen die unregelmäßige Fuge zwischen Bauteilen unterschiedlicher Größe verdeckt wird, besonders beliebt für Täfelungen im späten 17. und im 18. Jahrhundert.

Profilziegel Ziegel mit schmückendem Profil.

Putti Nackte kleine Knaben mit oder ohne Flügel, vorwiegend in der italienischen Renaissance und im Barock.

Quader Behauener Steinblock zum Bauen.

Queen-Anne-Stil Nach Königin Anne (1702–1714) benannte englische Stilrichtung mit zurückhaltenden klassischen Formen.

Querfries Horizontaler Teil des Rahmens einer Tür, Täfelung usw.

Rauputz, Edelputz Raue Außenwandgestaltung, bei der Kieselsteine in den Zement eingebettet sind.

Regency Benannt nach dem britischen Prinzregenten, der von 1811–1820 für seinen Vater regierte, bevor er als George IV. König wurde. Eigenname für den britischen Klassizismus von ca. 1800–1830.

Regulierbarer Rost Feuerrost mit beweglicher Eisenplatte im Rauchzug, womit der Zug reguliert werden kann.

Reihenhaus Eines von mindestens drei aneinander gebauten Häusern, die eine gerade oder gekrümmte Reihe bilden.

Richardson-Romanik Nach dem amerikanischen Architekten Henry Hobson Richardson (1838–1886) benannt, der um 1860 in Paris studiert hatte und einen äußerst kraftvollen, neuromanischen Stil bevorzugte.

Riegel Horizontales, quer über einer Tür oder im Mittel- oder Oberteil eines Fensters angeordnetes Bauteil.

Rinceaux (frz.), Blattfries, Laubfries Ornament aus gerolltem Laub, meist Weinlaub.

Rocaille (frz.) Die im Rokoko beliebten unregelmäßigen Stein- und Muschelornamente.

Rose Radiales plastisches Ornament an einer Putzdecke, in dessen Mitte eine Hängeleuchte befestigt ist. In den Vereinigten Staaten als Medaillon bezeichnet.

Rosette Ornament in Form einer stilisierten Rose.

Rundstab, Riffelung Dekor aus schmalen konvexen Wölbungen, in parallelen Streifen angeordnet und durch Nuten getrennt.

Rustika Mauerwerk aus großen, grob zugehauenen Blöcken und tiefen Fugen, mit dem man an der Außenseite eines Gebäudes das Untergeschoss oder auch die Einfassungen von Türen und Fenstern betonte.

Säule Vertikales, stützendes Bauglied mit rundem Querschnitt, meist leicht konisch (Entasis). In der klassischen Architektur besteht sie aus Basis, Schaft und Kapitell.

Scagliola, Stuckmarmor Marmorimitat für Oberflächen in architektonischen Innenräumen, bestehend aus gehärtetem und poliertem Gips mit Marmorsplittern.

Schaft Vertikaler Hauptteil einer Säule zwischen Basis und Kapitell; in der mittelalterlichen Architektur auch eine der dünnen Säulen eines Pfeilers an einer Tür- oder Fenstereinfassung.

Schiebefenster Fenster mit Schieberahmen, d. h. verglasten Holzrahmen, die mit Hilfe von Gegengewichten in vertikalen Führungen auf und ab gleiten. Die Standardform besteht aus zwei beweglichen Rahmen und heißt Doppel-Schiebefenster.

Schießscharte Schmale Wehrmaueröffnung, deren Gewände abgeschrägt sind, so dass die Öffnung innen breiter ist als außen.

Schindeln Holzplatten zur Verkleidung von Außenwänden, besonders an amerikanischen Schindelhäusern.

Schlagleiste Sekundäres vertikales Teil des Rahmens an Türen, Fenstern, Täfelungen usw.

Schlüssellochschild Metallplatte als Schlüssellocheinfassung.

Schlussstein Vorspringendes Ornament, z. B. Kugel oder Knauf, oft plastisch gestaltet, am Schnittpunkt von Rippen an Decken oder Gewölben; auch der Stein im Scheitel eines Bogens oder Gewölbes.

Schwanenhalsgiebel Gesprengter Giebel mit S-Bögen, wie zwei einander zugewandte Schwanenhälse.

Seitenstück Der wichtigste vertikale Rahmenteil an einer Tür, Täfelung usw.

Setzstufe Vertikaler Teil einer Treppenstufe.

Shotgun-Haus Ein Haus, das mit dem Giebel zur Straße steht und dessen Räume sich hintereinander reihen. Wer mit dem Gewehr durch die Vordertür schießt, schießt auch gleich durch alle weiteren Türen.

Sockel Unterer Wandteil, von der Sockelleiste bis zur Fußleiste.

Sockelleiste Eine Zierleiste an der Wand als oberer Abschluss des Sockels; sie verhindert, dass gegen die Wand geschobene Stühle diese beschädigen.

Souterrainvorplatz Ein begrenzter Bereich im Freien unter dem Erdgeschossniveau, der Licht und Luft für das Kellergeschoss bringt.

Spanish Revival, Spanish Colonial Revival Ein Wiederaufleben spanischer und maurischer Architekturstile aus Mittelalter, Renaissance und Barock in den USA, vor allem in Florida und Kalifornien, um 1915–1930.

Spindel Dünne, gedrehte Säule, die in Reihen z. B. in Treppengeländern verwendet wird.

Spitzkehle V-förmige Nut entlang einer Leiste oder zwischen Profilen.

Stabwerk, Stab Senkrechtes Bauteil, das ein Fenster oder eine andere Öffnung unterteilt.

Stocklaterne, Kohlenpfanne Metallschale oder -korb, auf einem Pfosten stehend oder herabhängend und mit brennbarer Substanz gefüllt, als Lichtquelle.

Strohdach Dachdeckung mit dicht gepacktem Stroh oder Ried.

Strohlehm In Großbritannien verwendetes Baumaterial aus Ton und gehäckseltem Stroh.

Stuck Leicht formbare, schnell trocknende Masse aus Kalk, Gips und Sand, seit der Antike als Flächenschmuck bekannt. Seit Renaissance und Barock bevorzugtes Mittel der plastischen Innenraumdekoration, im 19. Jahrhundert häufig an Fassaden verwendet.

Stuckverzierung Ornamentputz an Wänden und Decken, vor allem außen an Fachwerkhäusern, oft Figuren und Weinreben darstellend.

Stülpschalung Die überlappenden keilförmigen Bretter in der Außenverkleidung eines Fachwerkhauses.

Sturz Träger aus Holz oder Stein an der Oberseite einer Öffnung, z. B. einer Tür- oder Fensteröffnung.

Supraporte Zierfeld über einem Türsturz, oft mit einer beschnitzten Täfelung, Stuck oder Malerei.

Tapetentür Eine geheime, wandbündige und passend zur Wand dekorierte Tür.

Taustab Schiffstauähnlich gedrehter Zierstab. Häufig angewendet als Portalschmuck.

Terrakotta Unglasierter, gebrannter Ton für Fliesen, architektonischen Schmuck, Pflanzkübel usw.

Terrazzo Geschliffene Fläche aus Marmor- oder Steinsplittern in Mörtel als Fußboden- oder Wandoberfläche.

Tonnengewölbe Gerades, gleichmäßig gerundetes Gewölbe mit halbkreisförmigem oder halbelliptischem Profil.

Torus Große konvexe Profilleiste von halbkreisförmigem Querschnitt, ursprünglich Wulst der attischen Säulenbasis.

Tragbalken Hauptsparren oder tragender Balken, meist über die ganze Breite eines Raumes.

Träger Holzkonstruktion in Form einer Brücke oder eines großen Kragarms als Auflage für Balken, z.B. in einem Dach.

Tragstein Herausragender Stein oder Holzblock, oft plastisch gestaltet, als Auflager für ein horizontales Bauteil, z.B. einen Träger.

Traufe Die waagerechte untere Kante und Regenwasserablaufseite des Dachvorsprunges an der Langseite eines Daches.

Traufgesims Dekoratives hölzernes Gesims unter der Traufe, im späten 17. und frühen 18. Jahrhundert sehr beliebt.

Treibarbeit Reliefmuster in Metall, das durch Hämmern von der Rückseite entsteht.

Treppe mit Lichtwange Bezeichnung für eine Treppe, bei der die freien Enden der Tritt- und Setzstufen durch ein diagonales Bauteil verdeckt sind, auf dem auch die Balustrade ruht.

Treppenkante Die abgerundete Kante der Trittstufe, die über die Setzstufe hinausragt.

Treppenlauf Eine Stufenreihe, die nicht von einem Absatz unterbrochen wird.

Treppenprofil Die Sichtseiten von Tritt- und Setzstufen bei der aufgesattelten Treppe. Auch das ausgeschnittene oder geschnitzte Ornament, das dort angebracht wird.

Treppenwange Eines von zwei schrägen Bauteilen, welche die Enden der Tritt- und Setzstufen einer Treppe halten.

Triglyphen Die hervorstehenden, durch senkrechte Einkerbungen geteilten Blöcke zwischen den Metopen an einem dorischen Fries.

Trittstufe Die horizontale Fläche einer Stufe.

trompe l'œil (frz.) Augentäuscherei. Dekorativer Effekt, z.B. ein gemaltes architektonisches Detail oder ein Durchblick, mit dem Anschein von Realität.

Tropfen Kleine tropfenartige Vorsprünge, meist unter den Triglyphen an dorischen Architraven.

Trophäen Plastisches Ornament aus dekorativ angeordneten Waffen, meist um einen Brustpanzer, Helm oder Schild. Nachahmung griechischer Siegesdenkmäler (Tropaion).

Tudorstil Englischer Stil während der Zeit, in der das Haus Tudor die Herrschaft innehatte (1485–1603), beeinflusst von der italienischen und der französischen Renaissance.

Tür-, Fenstergesims siehe **Verdachung**

Türkischer Teppich In England hergestellter Teppich im türkischen Stil, gekennzeichnet durch auffällige Farben, besonders Rot und Blau, und geometrische Muster aus stilisierten Naturformen wie Früchten und Blumen; oft mit Bordüre.

Türeinfassung Die Einfassung aus Ziegeln, Stein oder Holz um eine an Scharnieren schwenkbare Tür.

Tympanon Halbkreisförmiges Feld zwischen einem Tür- oder Fenstersturz und dem darüber befindlichen Bogen; auch das meist dreieckige Feld zwischen den profilierten Rändern eines Giebelfeldes.

Unterfläche Unterseite eines Balkens, Bogens oder anderen Architekturelementen, auch die Laibung des Tür- oder Fenstersturzes.

Velin Feines Pergament aus Kalbs-, Zickel- oder Lammhaut; auch ein ähnlich aussehendes dickes, cremefarbenes Papier.

Venezianisches Fenster, Palladio-Motiv, Serliana Dreiteiliges Fenster, bestehend aus breiterem Mittelbogen und zwei flankierenden hoch-rechteckigen Öffnungen, die durch ein Abschlussgebälk in Höhe des Bogenkämpfers zusammengefasst werden.

Veranda Überdachte, sonst offene Galerie, Vorhalle oder Balkon, von Pfosten gestützt.

Verdachung Vorstehende Profilleiste über Türen, Fenstern und anderen Öffnungen zum Schutz vor Regen. Auch Wasserablaufrinne genannt.

Vierpass Aus Kreissegmenten gebildeter vierlappiger Kreis oder Bogen.

Viertelstab Breite konvexe Zierleiste, deren Querschnitt ein Viertelkreis ist.

Volksbauweisen Der Begriff umfasst einfache, oft ländliche Architektur ohne oder fast ohne stilistischen Anspruch sowie rein regionale Stile und Bauweisen, die auf einem Missverständnis von Formen der Hocharchitektur beruhen.

Volute In der klassischen Architektur spiralförmig aufgerollte plastische Verzierung, besonders charakteristisch als Kapitell der ionischen Säule. Auch schnörkelförmiges Stützelement als Wandverstärkung oder Konsole.

Walmdach Dach mit vier Schrägen.

Wandsäule Mit einer Wand verbundene Säule oder Halbsäule.

Wangen Die abgeschrägten Seiten der Kaminöffnung.

Wappenbild In der Heraldik die Gesamtdarstellung des Wappens mit Schild, Helm, Helmschmuck und Motto.

Wassermörtel, Römischer Zement Patentierter Putz, ähnlich dem Stuck.

Wellenband Klassisches Friesornament aus einer Reihe wellenartiger Schnörkel, auch Laufender Hund genannt.

Wilton-Teppich Weicher Teppich mit aufgeschnittenem Schlaufenflor.

Winddiele Ein breites, flaches Brett zum Abdichten des Raumes unter dem Dach, zwischen den Dachziegeln und der Wand an der Giebelseite. Winddielen sind oft mit Schnitzwerk oder Durchbrucharbeit verziert.

Zahn Einer aus einer Reihe kleiner Blöcke, die eine Ornamentreihe bilden, vor allem in Leisten der korinthischen, ionischen und Kompositordnung, zusammen **Zahnschnitt** oder **Zahnschnittgesims**.

ZED [Zero (Fossil) Energy Development] Britische Bewegung, die sich z.B. für den Bau von Niedrigenergiehäusern einsetzt.

Zinnen Zacken der Brüstungsmauer einer mittelalterlichen Wehranlage.

Zweiläufige Treppe Zwei parallele Treppenläufe mit einem Absatz dazwischen.

Zwickel Die annähernd dreieckige, meist auf einer Spitze stehende Fläche zwischen der Rundung eines Bogens und dem rechteckigen Rahmen darüber; auch die Fläche zwischen zwei Bögen und dem darüber liegenden horizontalen Gesims.

Zwischenpodest Absatz auf halber Höhe einer Treppenflucht.

AUTOREN

Stephen Calloway, Herausgeber und Redakteur, Autor der Kapitel über den frühgeorgianischen Stil und die Regency-Periode, war früher Kurator für Gemälde am Victoria and Albert Museum in London. Er ist hauptberuflich als Autor, Dozent und Berater für Architektur, Innenarchitektur und Geschichte des Geschmacks tätig. Buchveröffentlichungen u. a.: *Twentieth Century Decoration* und *Baroque Baroque*; regelmäßige Beiträge in verschiedenen Periodika, u. a. *The World of Interiors, House and Garden* und *Elle Decoration*.

Elizabeth Cromley, beratende Redakteurin und Verfasserin des Kapitels über Amerikanische Volksbauweisen, ist Professorin für Architekturgeschichte und Vorsitzende der Abteilung Architektur an der State University of New York, Buffalo. Sie ist Autorin von *Alone Together: A History of New York's Early Apartments* und hat zwei Essay-Sammlungen für die von der University of Tennessee Press veröffentlichte Reihe »Perspectives in Vernacular Architecture« mit herausgegeben: *Gender, Class and Shelter* und *Shaping Community*.

Richard Hewlings (Barock) arbeitet als Inspektor für antike Denkmale und historische Gebäude für English Heritage. Er hat für verschiedene Periodika geschrieben, u. a. für *New Statesman, The Spectator, The Observer, The Independent, Architectural Review* und *The Architect's Journal* sowie für akademische Zeitschriften. Er ist Redakteur des *Georgian Group Journal*.

Thomas Jayne (Amerikanisch-viktorianische Stile), Stipendiat des Winterthur Program in Early American Culture, hält Vorträge und schreibt über verschiedene Aspekte der Architektur und Gesellschaft. Er leitet ein eigenes Design-Unternehmen mit Sitz in New York City, das sich auf Restaurierung und Dekoration von historischen Gebäuden spezialisiert hat.

Stephen Jones (Spätgeorgianischer Stil, Arts and Crafts) ist Kunsthistoriker und Schriftsteller. Früher leitete er Thomas Gainsborough's House in Suffolk sowie das Leighton House Museum in London. Derzeit ist er Direktor von Spencer House, London, und schreibt regelmäßig für den *Sunday Telegraph, Country Life* und andere Zeitschriften.

Margaret Knight (Art nouveau, Die 20er und 30er Jahre) war am Victoria and Albert Museum in London tätig, wo sie Vorlesungen und Kurse über Kunst und Formgestaltung im 19. und 20. Jahrhundert hielt und an der Konzeption der Ausstellung über das 20. Jahrhundert mitwirkte. Seit 1994 ist sie Dozentin und Mitautorin von *In the Deco Style, The House of Liberty* sowie von zwei Sammler-Leitfäden zum Art nouveau bzw. Art déco.

William J. Macintire (Kolonialstil) ist Absolvent des Winterthur Program in Early American Culture, Künstler und Architekturhistoriker beim Denkmalschutzamt von Kentucky.

Jonathan Poston (Föderalstil und Empire) ist Leiter von Denkmalschutzprogrammen der Historic Charleston Foundation. Er ist außerordentlicher Professor am College of Charleston und hat mehrere Artikel über regionalen Denkmalschutz geschrieben.

Alan Powers (Moderne, Von der Moderne zur Postmoderne, Gegenwart) ist Bibliothekar am Prince of Wales's Institute of Architecture, London. Er hat mehrere Bücher über englische Architektur und dekorative Künste sowie zahlreiche Zeitschriftenartikel veröffentlicht. Er hat auch einen Namen als *topographical artist* und als Grafiker.

Anthony Quiney (Britische Volksbauweisen) ist Professor für Architekturgeschichte an der University of Greenwich. Er ist Verfasser mehrerer Bücher, u. a. *Period Houses, The Traditional Buildings of England* und *Kent Houses*. Er arbeitet zur Zeit an einem Buch über britische Stadthäuser im Mittelalter.

David L. Reese (Amerikanische Beaux Arts) ist Kurator von Gracie Mansion, der Residenz des Bürgermeisters von New York City. Zuvor war er Kurator am Abigail Smith Museum in New York; er hat einen Master-Abschluss in Architekturgeschichte und Denkmalschutz der University of Virginia.

Simon Thurley (Tudorzeit und Zeit James' I.) ist Kurator des Historic Royal Palaces. Sein Buch über die Schlösser der englischen Könige von 1450 bis 1550 baut auf seiner Doktorarbeit am Courtauld Institute auf. Früher war er für English Heritage tätig.

Robin Wyatt (Britisch-viktorianischer Stil, Edwardianischer Stil) arbeitet für English Heritage und ist hauptsächlich für die Erhaltung ihrer historischen Immobilien in London verantwortlich. Er ist ein ehemaliger Meister der Art Worker's Guild und schreibt regelmäßig für die Zeitschrift *Home and Garden*.

WEITERFÜHRENDE ADRESSEN

GROSS-BRITANNIEN

ARCHITEKTURELEMENTE

Architectural Antiques
351 King Street,
London W6 9NH
(020) 8741 7883

Architectural Heritage
Taddington Manor,
Taddington,
nr Cutsdean,
Cheltenham,
Gloucestershire GL54 5RY
(01386) 584414
www.architectural-
heritage.co.uk

Baileys Home and Garden
Whitecross Farm,
Bridstow,
Ross on Wye,
Herefordshire HR9 6JU
(01989) 563015
www.baileyshomeandgarden.
com

Brighton Architectural
  Salvage
33–34 Gloucester Road,
Brighton,
Sussex BN14 4AQ
(01273) 681656

Easy Architectural
  Salvage Yard
Bowling Green St,
Edinburgh EH6 5NX
(0131) 554 7077
www.easy-arch-salv.co.uk

LASSCO (London
  Architectural Salvage
  and Supply Co.)
St Michael's,
Mark Street,
off Paul Street,
London EC2A 4ER
(020) 7749 9944
www.lassco.co.uk

Pattisons Architectural
  Antiques
108 London Road,
Aston Clinton,
Buckinghamshire HP22 5HS
(01296) 632300
www.ddd-uk.com

Walcot Reclamation
108 Walcot Street,
Bath BA1 5BG
(01225) 444404
www.walcot.com

BÄDER

Antique Bathrooms of
  Ivybridge
Erme Bridge Works,
Ermington Rd,
Ivybridge,
Devon, PL21 9DE
(01752) 698250/691456
www.antiquebaths.com

Barwill Traditional Taps
Barber Wilsons and Co. Ltd,
Crawley Road,
Wood Green,
London N22 6AH
(020) 8888 3461
www.barwil.co.uk

Heritage Bathrooms
Unit 1A, Princess Street,
Bedminster,
Bristol BS3 4AG
(0117) 963 3333

Stiffkey Bathrooms
89 Upper St Giles Street,
Norwich
Norfolk NR2 1AB
(01603) 627850
www.stiffkeybathrooms.com

BAUMATERIAL

Conservation Building
  Products
Forge Works,
Forge Lane,
Cradley Heath,
Warley,
West Midlands B64 5AL
(01384) 569551
www.conservationbuilding-
products.com

Dorset Reclamation
Cow Drove, Bere Regis,
Wareham,
Dorset BH20 7JZ
(01929) 472200
www.dorsetreclamation.co.uk

UK Marble
21 Burcott Road,
Hereford HR4 9LW
(01432) 352178
www.ukmarble.co.uk

Vitruvius
44 Linford Street,
London, SW8 4UN
(020) 7627 8034
www.vitruviusltd.co.uk

York Handmade Brick Co.
Forest Lane,
Alne,
North Yorks.YO61 1TU
(01347) 838886
www.yorkhandmadebrick.co.uk

EINBAUMÖBEL

Anthony Warwick
73 London Road,
Copford,
Colchester, CO6 1LG
(01206) 211227
www.anthonywarwick.co.uk

Archer and Smith Ltd
Manor House,
Hidson Road,
Chiseldon,
Swindon SN4 0LN
(01793) 740375
www.archersmith.com

Distinctive Country Furniture
30 Arlington Close,
Yeovil,
Somerset, BA21 3TB
(01935) 424858
www.distinctivecountry-
furniture.co.uk

Japac Designs
St Saviour's Church,
Whitstable Road,
Faversham,
Kent ME13 8BD
(01795) 537062
www.parkmall.co.uk

WINTERGÄRTEN

Amdega Conservatories
Faverdale,
Darlington,
Co. Durham DL3 0PW
(0800) 591523
www.amdega.co.uk

Apropos
Greenside House,
Richmond Street,
Ashton-under-Lyne,
Manchester, OL6 7ES
(0870) 777 0320
www.clearspan.co.uk

David Fennings
  Conservatories
Sunrise Business Park,
Blandford Forum,
Dorset DT11 8ST
(01258) 459259
www.davidfennings-
conservatories.co.uk

Room Outside
Lakeside House
Quarry Lane,
Chichester,
West Sussex PO19 8NY
(01243) 538999
www.buildingdesign.co.uk

Rutland County Ltd
Stoneycroft House,
Edmondthorpe,
Rutland,
Leicestershire LE14 2JW
(01572) 787979
www.rutland-county.co.uk

Vale Garden Houses Ltd
Melton Road,
Harlaxton, nr Grantham,
Lincolnshire NG32 1HQ
(01476) 564433
www.valegardenhousesltd.com

TÜREN

Architectural Components
4–8 Exhibition Road,
London SW7 2HF
(020) 7584 6800
(020) 7581 3869
www.doorhandles.co.uk

Brassart
78 Attwood Street,
Lye, Stourbridge,
West Midlands DY9 8EG
(01922) 740512
www.brassart.co.uk

Mackinnon and Bailey
119 Floodgate Street,
Birmingham B5 5SR
(0121) 6432233
www.mackinnons.co.uk

Renaissance London
193–195 City Rd,
London, EC1V 1JN
(020) 7251 8844
www.renaissancelondon.com

KAMINE

Acquisitions Fireplaces Ltd
24–26 Holmes Road,
London NW5 3AB
(020) 7482 2949
www.acquisitions.co.uk

Amazing Grates
61–63 High Road,
East Finchley,
London N2 8AB
(020) 8883 9590

Chesney's Antique
  Fireplace Warehouse
194–200 Battersea Park Road,
London SW11 4ND
(020) 7627 1410
www.chesneys.co.uk

Chiswick Fireplace Company
68 Southfield Road,
Chiswick,
London W4 1BD
(020) 8995 4011

Dowding Metalcraft Ltd
Unit 41
Mulberry Road,
Canvey Island,
Essex SS8 0PR
(01268) 684205

Hallidays
The Old College,
Dorchester-on-Thames,
Oxfordshire OX10 7HL
(01865) 340028/340068
www.hallidays.com

H. & R. Johnson Tiles Ltd,
Harewood Street,
Tunstall, Stoke-on-Trent,
Staffordshire ST6 5JZ
(01782) 575575
www.johnson-tiles.com

Overmantels
66 Battersea Bridge Road,
London SW11 3AG
(020) 7223 8151
www.overmantels.co.uk

Petit Roque
5A New Road,
Croxley Green,
  Rickmansworth,
Hertfordshire WD3 3EJ
(01923) 779291

FUSSBÖDEN

Crucial Trading Ltd
79 Westbourne Park Road,
London W2 5QH
(020) 7221 9000
www.crucial-trading.com

Dalsouple Direct Ltd
PO Box 140
Bridgewater
Somerset TA5 1HT
(01984) 667233
www.dalsouple.com

S. Frances
82 Jermyn Street,
St James's,
London SW1Y 6JD
(020) 7976 1234

Original Style
Falcon Road,
Sowton Industrial Estate,
Exeter,
Devon EX2 7LF
(01392) 473000
www.originalstyle.com

Paris Ceramics
583 Kings Road,
London SW6 2EH
(020) 7371 7778
www.parisceramics.com

Woodward Grosvenor
  and Co. Ltd
Stourvale Mills,
Green Street,
Kidderminster DY10 1AT
(01562) 820020
www.woodwardgrosvenor.co.uk

EISENWAREN

Architectural Metal Design Ltd
Unit 224-7,
Fielding Street,
London SE17 3HE
(020) 7703 6633

Ballantine Boness Iron Co.
Links Road, Bo'ness,
West Lothian,
Scotland EH51 9PW
(01506) 822721/281281
www.creativeironworks.co.uk

The Beardmore Collection
  and Farmer Bros
319–321 Fulham Road,
London SW10 9Ql
(020) 7351 5444
www.beardmore.co.uk

Britannia
Old Coach House,
Draymans Way,
Alton,
Hampshire GU34 1AY
(01420) 84427
www.britannia.uk.com

Capricorn Architectural
  Ironwork
Tasso Forge,
56 Tasso Road,
London W6 8LZ
(020) 7381 4235

The Cast Iron Shop
R. Bleasdale (Spirals) Ltd
394 Caledonian Road,
London N1 1DW
(020) 7609 0934

Grahamston Iron Co. Ltd
Bankside Works,
Benfield Way,
Braintree,
Essex CM7 3YS
(01376) 331527

KÜCHEN

Commodore Kitchens Ltd,
Acorn House,
120 Gumley Road,
Grays,
Essex RM20 4XP
(01375) 382323
www.commodorekitchens.co.uk

Crabtree Kitchens
17 Station Road,
Barnes,
London SW13 0LF
(020) 8392 6955
www.crabtreekitchens.co.uk

Hygrove Kitchens
152-4 Merton Road,
Wimbledon,
London SW19 1EH
(020) 8543 1200/6520
www.hygrovefurniture.co.uk

Harvey Jones Kitchens
57 New Kings Road,
London SW6 4SE
(0800) 917 2340
www.harveyjones.com

Kitchen Art
5-6 The Centre,
Beaconsfield Road,
Farnham Common,
Buckinghamshire SL2 3PP
(01753) 646631

Plain English
Stowupland Hall,
Stowupland,
Stowmarket,
Suffolk IP14 4BE
(01449) 774028
www.plainenglishdesign.co.uk

Plain & Simple Kitchens
1 Filmer Studios,
75 Filmer Rd,
London, SW6 7JF
(020) 7731 2530
www.plainandsimplekitchens.
  com

Robinson and Cornish
St George's House,
St George's Road,
Barnstaple,
Devon EX32 7AS
(01271) 329300
www.robinsonandcornish.co.uk

Smallbone
Hopton Industrial Estate,
London Road,
Devizes,
Wiltshire SN10 2EU
(01380) 729090
www.smallbone.co.uk

Wood Workshop
28 Chestnut Road,
London SE27 9LF
(020) 8670 8984

KÜCHENHERDE

Aga
Glynwed Consumer
and Building Products Ltd,
PO Box 30, Ketley,
Telford,
Shropshire TF1 4DD
(01952) 642000
www.aga-rayburn.co.uk

The Aga Exchange
Cow Drove, Bere Regis,
Wareham,
Dorset BH20 7JZ
(01929) 4722000
www.dorsetreclamation.co.uk

Coalbrookdale
Glynwed Consumer
and Building Products Ltd,
PO Box 30, Ketley,
Telford,
Shropshire TF1 4DD
(01952) 642000
www.aga-rayburn.co.uk

Godin
Morley Stove Company,
Marsh Lane,
Ware,
Hertfordshire SG12 9QB
(01920) 468002
www.morley-stoves.co.uk

The Hotspot
53/55 High Street,
Uttoxeter,
Staffordshire ST14 7JQ
(01889) 565411

Stanley Cookers (GB) Ltd,
Abbey Road,
Wrexham Industrial Estate,
Wrexham,
Clwyd LL13 9RF
(01978) 772922
www.stanley-cookers.com

BELEUCHTUNG

Albert Bartram
177 Hivings Hill,
Chesham,
Buckinghamshire HP5 2PN
(01494) 783271
www.ravencom.demon.co.uk

Chelsom Ltd
Heritage House,
Clifton Road,
Blackpool,
Lancashire FY4 4QA
(01253) 831400
www.chelsom.co.uk

John Cullen Lighting
585 King's Rd,
London, SW6 2EH
(020) 77371 5400
www.johncullenlighting.co.uk

Danico Brass Ltd
31–33 Winchester Road,
London NW3 3NR
(020) 7483 4477

Forbes and Lomax Ltd
205A St John's Hill,
London SW11 1TH
(020) 7738 0202
www.forbesandlomax.co.uk

Jones Antique Lighting
194 Westbourne Grove,
London W11 2RH
(020) 7229 6866

Sugg Lighting
Sussex Manor Business Park,
Gatwick Road,
Crawley,
West Sussex RH10 9GD
(01293) 540111
www.sugglighting.co.uk

Christopher Wray's Lighting
  Emporium
591–593 Kings Road
London SW6 2YW
(020) 7751 8701
www.christopher-wray.com

Oliver Burns Interiors
Dalton House House,
Catherine Street,
St Albans,
Hertfordshire, AL3 BP
(01727) 814170
www.oliverburnsinteriors.com

TREPPEN

Bisca
Sawmill Lane
Helmsley
North Yorkshire YO62 5DQ
(01439) 771702
www.bisca.co.uk

Miller Shopfitting
Unit 2, St Clements Centre,
St Clements Road,
Nechells,
Birmingham B7 5AF
(0121) 322 2272

Yeo Valley Joinery Co. Ltd
Unit 11, Lynx Crescent,
Weston-super-Mare,
Somerset BS24 9DJ
(01934) 623344

WÄNDE

Aristocast Originals Ltd
2 Wardsend Road,
Sheffield S6 1RQ
(0114) 269 0900
www.plasterware.net

Alexander Beauchamp
Appleby Business Centre,
Appleby Street,
Blackburn,
Lancashire BB1 3BL
(01254) 691133
www.alexanderbeauchamp.com

Kenneth Clark Ceramics
The North Wing,
Southover Grange,
Southover Road,
Lewes,
East Sussex BN7 1TP
(01273) 476761
www.kennethclarkceramics.
  co.uk

Colefax and Fowler
39 Brook Street,
London W1Y 2JE
(020) 7493 2231
www.colefaxantiques.com

Belinda Coote Tapestries
Unit 3/14,
Chelsea Harbour Design Centre,
London SW10 0XE
(020) 7376 4486
www.wattsofwestminster.com

WG Crotch Ltd
10 Tuddenham Avenue,
Ipswich,
Suffolk IP4 2HE
(01473) 250349

Fine Art Mouldings Ltd
Unit 6,
Roebuck Road Trading Estate,
Roebuck Road,
Hainault, Ilford
Essex IG6 3TU
(020) 8502 7602

Fired Earth Interiors
3 Twyford Mill
Oxford Road
Adderbury
Oxfordshire OX17 3SX
(01295) 812088
www.firedearth.com

Hamilton Weston
  Wallpapers Ltd
18 St Mary's Grove,
Richmond,
Surrey TW9 1UY
(020) 8940 4850
www.hamiltonweston.com

Jackfield Tile Museum
Ironbridge,
Telford,
Shropshire TF8 7AW
(01952) 884124
www.ironbridge.org.uk

H. & R. Johnson Tiles Ltd
Harewood Street,
Tunstall,
Stoke-on-Trent ST6 5JZ
(01782) 575575
www.johnson-tiles.com

The Original Tile Company
23A Howe Street,
Edinburgh EH3 6TF
(0131) 556 2013

Osborne and Little
304–308 Kings Road,
London SW3 5UH
(020) 7352 1456
www.osborneandlittle.com

Sanderson
112–120 Brompton Road,
London SW3 1JJ
(020) 7584 3344
www.sanderson-online.co.uk

Watts of Westminster
Unit 3/14,
Chelsea Harbour
  Design Centre,
London SW10 0XE
(020) 7376 4486
www.wattsofwestminster.com

Zoffany
Chalfont House,
Oxford Road,
Denham,
Hertfordshire UB9 4DX
(08708) 300350
www.zoffany.co.uk

FENSTER

The Art of Glass
Holy Trinity Church,
Greenhill,
Blackwell,
Worcestershire B60 1BL
(0121) 445 6537
www.theartofglass.com

Barron Glass
Unit 4, Old Coalyard Farm
  Estate,
Northleach,
Gloucestershire GL54 3HE
(01451) 860282

Copycats
The Workshop,
29 Maypole Road,
Ashurst Wood East,
East Grinstead,
West Sussex RH19 3QN
(01342) 826 066
www.copycatsweb.co.uk

Goddard and Gibbs Studios
Marlborough House,
Cook Road,
Stratford,
London E15 2PW
(020) 8536 0300
www.goddard.co.uk

The Original Box Sash
  Window Company
29–30 The Arches,
Alma Road,
Windsor,
Berkshire SL4 1QZ
(0800) 783 4053
www.boxsash.com

Sashy and Sashy
The Saw Mill,
Drayton Road,
Tunbridge,
Kent TN9 2BE
(01732) 773626

HOLZARBEITEN

Artisan Joinery
The Granary,
Grange Farm,
Lindfield,
Sussex
(01444) 484491

AW Champion Ltd
Champion House,
Burlington Road,
New Malden,
Surrey KT3 4NB
(020) 8 949 1621
www.championtimber.com

Houghtons of York
Common Road,
Dunnington,
York Y01 5PD
(01904) 489193

Jak Products
Glebe Cottage,
Hunsingore, nr Wetherby,
North Yorkshire LS22 5HY
(01423) 358216

JSR Joinery Eastern Ltd
Unit 1, Woodpecker Court,
Poole Street,
Great Yeldham,
Halstead,
Essex CO9 4HN
(01787) 237722

Syntonic
4 Woodville Road
Thornton Heath
Surrey CR7 8LG
(020) 8778 7838
www.syntonic.co.uk

Winther Browne
Nobel Road,
Eley Estate,
London N18 3DX
(020) 8803 3434
www.wintherbrowne.co.uk

WEITERE NÜTZLICHE
QUELLEN

British Ceramic Tile Council
Federation House,
Station Road,
Stoke-on-Trent ST4 2RU
(01782) 747147
www.thepotteries.org

British Decorators'
Association
32 Coton Road,
Nuneaton,
Warwickshire CV11 5TW
(0247) 635 3776
www.british-decorators.co.uk

British Wood Preserving and
Damp Proofing Association
1 Gleneagles House,
Vernon Gate,
Derby DE1 1UP
(01332) 225100
www.bwpda.co.uk

Building Conservation
Directory
High Street,
Tisbury,
Wiltshire SP3 6HA
(01747) 871717
www.buildingconservation.com

Cadw (Welsh Historic
Monuments)
Plas Carew,
Unit 5/7 Cefn Coed,
Parc Nantgarw,
Cardiff CF15 7QQ
(01443) 336000
www.cadw.wales.gov.uk

Chartered Institution of
Building Services
Engineers (CIBSE)
Delta House,
222 Balham High Road,
London SW12 9BS
(020) 7675 5211
www.cibse.org

Chartered Society of
Designers
5 Bermondsey Exchange,
179–181 Bermondsey Street,
London SE1 3UW
(020) 7357 8088
www.csd.org.uk

Civic Trust
259–269 Winchester House
Old Marylebone Road
London NW1 5RA
(020) 7170 4299
www.civictrust.org.uk

Construction Confederation
55 Tufton Street,
London SW1P 3QL
(0870) 898 9090
www.construction-
    confederation.co.uk

English Heritage
PO Box 569,
Swindon SN2 2YP
(0870) 333 1181
www.english-heritage.org.uk

The Georgian Group
6 Fitzroy Square,
London W1T 5DX
(020) 7529 8920
www.georgiangroup.org.uk

The Guild of Master
Craftsmen
166 High Street,
Lewes,
Sussex BN7 1XU
(01273) 488005
www.thegmcgroup.com

Historic Houses Association
2 Chester Street,
London SW1X 7BB
(020) 7259 5688
www.hha.org.uk

Historic Scotland
Longmore House,
Salisbury Place,
Edinburgh EH9 1SH
(0131) 668 8600
www.historic-scotland.gov.uk

National Monuments
Record Centre,
Kemble Drive,
Swindon SN2 2GZ
(01793) 414600
www.english-heritage.org.uk

The National Trust
36 Queen Anne's Gate,
London SW1H 9AS
(020) 7222 5097
www.nationaltrust.org.uk

Paint Research Association
Waldegrave Road,
Teddington,
Middlesex TW11 8LD
(020) 8614 4800
www.pra.org.uk

Royal Commission on
the Ancient and Historical
Monuments of Scotland
John Sinclair House,
16 Bernard Terrace,
Edinburgh EH8 9NX
(0131) 662 1456
www.rcahms.gov.uk

Royal Commission on
the Ancient and Historical
Monuments of Wales.
Crown Building
Plas Crug
Aberystwyth SY23 1NJ
(01970) 621200
www.rcahmw.org.uk

Royal Incorporation of
Architects in Scotland
15 Rutland Square,
Edinburgh EH1 2BE
(0131) 229 7545
www.rias.org.uk

Royal Institute of
British Architects (RIBA)
66 Portland Place,
London W1B 4AD
(020) 7580 5533
www.riba.org

Royal Institute of Chartered
Surveyors (RICS)
Surveyor Court,
Westwood Way,
Coventry CV4 8JE
(0870) 333 1600
www.rics.org

The Society for the Protection
of Ancient Buildings
37 Spital Square
London E1 6DY
(020) 7377 1644
www.spab.org.uk

The Victorian Society
1 Priory Gardens, Bedford
Park,
London W4 1TT
(0870) 774 3698
www.victorian-society.org.uk

PERIODIKA

Architectural Design,
Building Design,
Country Homes and Interiors,
Country Life,
Country Living,
Elle Decoration,
English Heritage Magazine,
Essential Kitchen,
Bathroom and Bedroom
    Magazine,
Historic House,
Historic Houses,
Castles and Gardens Annual,
Home,
Home Flair,
Homes and Antiques,
Homes and Gardens,
Homes and Ideas,
House and Garden,
House Beautiful,
Individual Homes,
Kitchens,
Bedrooms,
Bathrooms,
National Trust Magazine,
Period House,
Period House and its Garden,
Period Living and Traditional
Homes,
Victorian Society Annual,
World of Interiors

NORDAMERIKA

ARCHITEKTURELEMENTE

Antiquarian Traders
9031 West Olympic Boulevard,
Beverly Hills, CA 90211
001 (310) 247-3900
and
399 Lafayette Street,
New York, NY 10003
(212) 260-1200
www.antiquariantraders.com

Architectural Accents
2711 Piedmont Road,
Atlanta, GA 30305
(404) 266-8700

Architectural Antiques
121 East Sheridan Avenue,
Oklahoma City, OK 73104
(405) 232-0759
www.architecturalaccents.com

Architectural Antiques Exchange
715 North Second Street,
Philadelphia, PA 19123
(215) 922-3669
www.architecturalantiques.com

Architectural Antiques, Inc.
1330 Quincy Street NE,
Minneapolis, MN 55413
(612) 332-8344
www.archantiques.com

Architectural Antiquities
Indian Point Lane,
Harborside, ME 04642
(207) 326-4938
www.archantiquities.com

The Architectural Bank
1824 Felicity Street,
New Orleans, LA 70113
(504) 523-2702

Berkeley Architectural Salvage
2741 Tenth Street,
Berkeley, CA 94710
(415) 849-2025

Coronado Wrecking & Salvage
4200 Broadway Boulevard SE,
Albuquerque, NM 87105
(505) 877-2821
www.coronadowrecking.com

Elizabeth Street
210 Elizabeth Street,
New York, NY 10012
(212) 941-4800
www.elizabethstreetgallery.com

The Emporium
1800 Westheimer,
Houston, TX 77098
(800) 528-3808
www.the-emporium.com

Gargoyles, Ltd.
512 South Third Street,
Philadelphia, PA 19147
(215) 629-1700
www.gargoylesltd.com

Great Gatsby's
5070 Peachtree Industrial Boulevard,
Atlanta, GA 30341
(770) 457-1905
www.gatsbys.com

Irreplaceable Artifacts of North America, Inc.
14 Second Avenue,
New York, NY 10003
(212) 777-2900
www.irreplaceableartifacts.com

Lost City Arts
18 Cooper Square,
New York, NY 10003
(212) 375-0500
www.lostcityarts.com

Materials Unlimited
2 West Michigan Avenue,
Ypsilanti, MI 48197
(800) 299-9462
www.materialsunlimited.com

Ohmega Salvage
2400 San Pablo Avenue,
Berkeley, CA 94702
(510) 204-0767
www.ohmegasalvage.com

Sylvan Brandt
651 East Main Street,
Lititz, PA 17543
(717) 626-4520
www.sylvanbrandt.com

The Renovation Source
3512 North Southport,
Chicago, IL 60657
(773) 327-1250

United House Wrecking
535 Hope Street,
Stamford, CT 06906-1300
(203) 348-5371
www.unitedhousewrecking.com

Urban Archaeology
143 Franklin Street,
New York, NY 10013
(212) 431-4646
www.urbanarchaeology.com

Urban Artifacts
4700 Wissahickon Avenue,
Suite 111,
Philadelphia, PA 19144
(215) 844-8330
www.urbanartifactsonline.com

TÜREN UND FENSTER

Allied Window, Inc.
11111 Canal Road,
Cincinnati, OH 45241
(800) 445-5411
www.alliedwindow.com

Andersen Windows
100 Fourth Avenue North,
Bayport, MN 55003
(888) 888-7020
www.andersonwindows.com

Architectural Components
26 North Leverett Road,
Montague, MA 01351
(413) 367-9441
www.architecturalcomponents-inc.com

Artistic Glass
2106-2112 Dundas Street West,
Toronto, ON M6R 1W9
(416) 531-4881 and
12 Crane Road
Glenwood, NY 14069
(716) 592-2953
www.artisticglass.ca

The Atrium Door & Window Company
P.O. Box 226957,
Dallas, TX 75222-6957
(214) 630-5757
www.atriumcomp.com

Blenko Glass Company
P.O. Box 67,
Milton, WV 25541
(877) 425-3656
www.blenkoglass.com

Hope's Windows, Inc.
P.O. Box 580,
84 Hopkins Avenue,
Jamestown, NY 14702-0580
(716) 665-5124
www.hopeswindows.com

Jennifer's Glass Works
4875 South Atlanta Road,
Vinnings, GA 30080
(404) 355-3080
(800) 241-3388
www.jennifersglassworks.com

Lamson-Taylor Custom Doors
3 Tucker Road,
South Ackworth, NH 03607
(603) 835-2992
www.celticwood.com

National Windows
2201 North 29th Avenue,
Birmingham, AL 35207
(339) 252-7157
(800) 888-3609
www.natwin.com

Shuttercraft
15 Orchard Park,
Madison, CT 06443
(203) 245-2608
www.shuttercraft.com

Weather Shield
1 Weather Shield Plaza,
P.O. Box 309,
Medford, WI 54451
(800) 477-6808
www.weathershield.com

Woodstone
P.O. Box 223,
Westminster, VT 05158
(802) 722-9217
www.woodstone.com

KAMINE UND ÖFEN

Bryant Stove Works, Inc.
27 Stovepipe Alley,
Thorndyke, ME 04986
(207) 568-3665

Buckley Rumford Fireplace Co.
1035 Monroe Street,
Port Townsend, WA 98368
(360) 385-9974
www.rumford.com

Classic Cast Stone of Dallas, Inc.
3162 Miller Drive North,
Garland, TX 75042
(972) 276-2000
www.classiccaststone.com

The Country Iron Foundry
65 12th Street South,
Naples, FL 34102
(800) 233-9945
www.firebacks.com

Danny Alessandro, Ltd.
223 East 59th Street,
New York, NY 10022
(212) 759-8210
www.alessandroltd.com

Elmira Stove Works
232 Arthur Street South,
Elmira, ON N3B 2P2
(519) 669-5103
(800) 295-8498
www.elmirastoveworks.com

Rais & Wittus, Inc.
40 Westchester Avenue,
P.O. Box 120,
Pound Ridge, NY 10576
(914) 764-5679
www.raiswittus.com

Readybuilt Products
1215 Leadenhall Street,
Baltimore, MD 21223,
(410) 332-4746
(800) 626-2901
www.readybuilt.com

FUSSBÖDEN

ABC Carpet & Home
888 Broadway,
New York, NY 10003
(212) 473-3000
(800) 888-7847
www.abchome.com

Aged Woods
2331 East Market Street,
York, PA 17402
(717) 840-0330
(800) 233-9307
www.agedwoods.com

Albany Woodworks
P.O. Box 729,
Albany, LA 70711
(225) 567-1155
(800) 551-1282
www.albanywoodworks.com

American Olean Tile Co.
7834 C.F. Hawn Freeway
Dallas, TX 75216
(214) 398-1411
www.aotile.com

Authentic Pine Floors Inc.
4042 Highway 42,
Locust Grove, GA 30248
(770) 957-6038
(800) 283-6038
www.authenticpinefloors.com

Carlisle Wide Plank Flooring
1676 Route Nine,
Stoddard, NH 03464
(800) 595-9663
www.wideplankflooring.com

Country Floors, Inc.
15 East 16th Street,
New York, NY 10003
(212) 627-8300
www.countryfloors.com

Designs in Tile
P.O. Box 358,
Mount Shasta, CA 96067
(530) 926-2629
www.designsintile.com

Goodwin Heart Pine Company
106 Southwest 109 Place,
Micanopy, FL 32667
(352) 466-0339
(800) 336-3118
www.heartpine.com

Kentucky Wood Floors
P.O. Box 33276,
Louisville, KY 40232
(812) 256-2164
(866) 273-8478
www.kentuckywood.com

Mountain Lumber
Ruckersville, VA
(800) 445-2671
(434) 985-3646
www.mountainlumber.com

Natural Wood Flooring, Inc.
(800) 726-7463
www.naturalwood.net

Patterson, Flynn & Martin, Inc.
79 Madison Avenue,
New York, NY 10016
(212) 223-0357
www.fschumacher.com

Stark Carpet Corporation
979 Third Avenue, Suite 1102,
New York, NY 10022
(212) 752-9000
www.starkcarpet.com

Tarkett Wood Floors
2225 Eddie Williams Road,
Johnson City, TN 37601
(423) 979-3700
www.harris-tarkett.com

KÜCHEN- UND
BADEINRICHTUNG

Alno Network USA
1 Design Center Place,
Suite 643,
Boston, MA 02210
(617) 482-2566
www.alno.com

**Christopher Peacock Bespoke
English Cabinetry**
151 Greenwich Avenue,
Greenwich, CT 06830
(203) 862-9333
www.peacockcabinetry.com

Downsview Kitchens
2635 Rena Road,
Mississauga, ON L4T 1G6
(905) 677-9354
www.downsviewkitchens.com

The Kennebec Company
1 Front Street,
Bath, ME 04530
(207) 443-2131
www.kennebeccompany.com

Merillat Industries, Inc.
2384 Cedar Key Drive,
Lake Orion, MI 49221
(248) 393-8340
www.merillat.com

BELEUCHTUNG

American Period Lighting
3004 Columbia Avenue,
Lancaster, PA 17603
(717) 392-5649
www.americanperiod.com

Authentic Designs
The Mill Road,
West Rupert, VT 05776-0011
(800) 844-9416
www.authentic-designs.com

B&P Lamp Supply, Inc.
843 Old Morrison Highway,
McMinnville, TN 37110
(931) 473-3016
www.bplampsupply.com

Brandon Industries
1601 West Wilmeth Road,
McKinney, TX 75069
(800) 247-1274
www.brandonindustries.com

City Lights
2226 Massachusetts Avenue,
Cambridge, MA 02140
(617) 547-1490
www.citylights.nu

Conant Custom Brass
270 Pine Street,
Burlington, VT 05402
(802) 658-4482
(800) 832-4482
www.conantcustombrass.com

Hammerworks
6 Fremont Street,
Worcester, MA 01603
(508) 755-3434
www.hammerworks.com

Hurley Patentee Lighting
464 Old Route 209,
Hurley, NY 12443
(845) 331-5414
www.hurleypatenteelighting.com

King's Chandelier Company
729 South Van Buren Road,
Eden, NC 27288
(363) 623-6188
www.chandelier.com

Progress Lighting
P.O. Box 5704,
Spartanburg, SC 29303-5007
(864) 599-6000
www.progresslighting.com

**Rejuvenation Lamp &
Fixture Co.**
2550 Northwest Nicolai Street,
Portland, OR 97214
(888) 401-1900
www.rejuvenation.com

Roy Electric Co., Inc.
22 Elm Street,
Westfield, NJ 07090
(800) 366-3347
www.royelectriclighting.com

Turn of the Century Lighting
112 Sherbourne Street,
Toronto, ON M5A 2R2
(416) 362-6203
www.turnofthecentrylighting.
com

Versailles Lighting, Inc.
242 West 30th Street, Ninth
Floor,
New York, NY 10001
(212) 564-0240
(888)564-0240
www.versailleslighting.com

Victorian Lighting Works
251 South Pennsylvania
Avenue,
Centre Hall, PA 16828
(814) 364-9577
www.vlworks.com

METALLARBEITEN

AA Abingdon Affiliates, Inc.
2149-51 Utica Avenue,
Brooklyn, NY 11234
(718) 258-8333
www.abbingdon.com

Architectural Iron Company
104 Ironwood Court,
P.O. Box 126,
Milford, PA 18337
(570) 296-7722
(800) 442-4766
www.architecturaliron.com

Chelsea Decorative Metal Co.
8212 Braewick Drive,
Houston, TX 77074
(713) 721-9200
www.thetinman.com

Erie Landmark Company
637 Hempfield Hill Road,
Columbia, PA 17512
(800) 874-7848
www.erielandmark.com

The Iron Shop
400 Reed Road,
P.O. Box 547,
Broomall, PA 19008
(610) 544-7100
(800) 523-7427
www.theironshop.com

**Moultrie Manufacturing
  Company**
1403 GA Highway 133 South,
Moultrie, GA 31768
(229) 985-1312
(800) 841-8674
www.moultriemanufacturing.
  com

Steptoe & Wife Antiques, Ltd.
90 Tycos Drive,
Toronto, ON M6B 1V9
(416) 780-1707
(800) 461-0060
www.steptoewife.com

Stewart Iron Works Co.
20 West 18th Street,
P.O. Box 2612,
Covington, KY 41012
(859) 431-1985
www.stewartironworks.com

Wind & Weather
147 East Laurel Street,
Fort Bragg, CA 95460
(707) 964-1284
(800) 922-9463
www.windandweather.com

WÄNDE UND DECKEN

**A.F. Schwerd
  Manufacturing Co.**
3215 McClure Avenue,
Pittsburgh, PA 15212
(412) 766-6322
www.schwerdcolumns.com

Architectural Paneling, Inc.
979 Third Avenue, Suite 919,
New York, NY 10022
(212) 371-9632
www.apaneling.com

Bradbury & Bradbury
P.O. Box 155,
Benicia, CA 94510
(707) 746-1900
www.bradbury.com

Chadsworth's 1.800.COLUMNS
P.O. Box 53268,
Atlanta, GA 30355
(404) 876-5410
(800) 265-8667
www.columns.com

Craftsman Lumber Company
436 Main Street,
P.O. Box 222,
Groton, MA 01450
(978) 448-6336
www.craftsmanlumber.com

**Cumberland Woodcraft
  Co., Inc.**
P.O. Drawer 609,
Carlisle, PA 17013-0609
(717) 243-0063
(800) 367-1884
www.cumberlandwoodcraft.com

Decorators Supply Corp.
3610 South Morgan Street,
Chicago, IL 60609
(773) 847-6300
www.decoratorssupply.com

Driwood
P.O. Box 1729,
Florence, SC 29503
(843) 669-2478
www.driwood.com

Empire Woodworks Co.
1717 Highway 281,
P.O. Box 407,
Blanco, TX 78606
(800) 360-2119
(830) 833-2119
www.empirewoodworks.com

Gold Leaf Studios
1523 22nd Street Northwest,
Washington, DC 20037
(202) 833-2440
www.goldleafstudios.com

**Hyde Park Fine Art of
  Mouldings, Inc.**
29-16 40th Avenue,
Long Island City, NY 11101
(718) 706-0504
www.hyde-park.com

Joseph Biunno
129 West 29th Street,
New York, NY 10001
(212) 629-5630
www.antiquefurnitureusa.com

Mad River Woodworks
P.O. Box 1067,
Blue Lake, CA 95525-1067
(707) 668-5671
www.madriverwoodworks.com

Martha's Victorian Millwork
2927 Rucker Avenue,
Everett, WA 98201
(425) 258-1744
(866) 258-1744
www.marthasmillwork.com

MB Historic Decor
P.O. Box 1255,
Quechee, VT 05059
(802) 295-8001
(888) 649-1790
www.mbhistoricdecor.com

Pagliacco
P.O. Box 229,
Woodacre, CA 94973
(415) 488-4333
www.pagliacco.com

Raymond Enkeboll Designs
16506 Avalon Boulevard,
Carson, CA 90706
(310) 532-1400
(800) 745-5507
www.enkeboll.com

San Francisco Victoriana
2070 Newcomb Avenue,
San Francisco, CA 94124
(415) 648-0313
www.sfvictoriana.com

Stone Legends
301 Pleasant Drive,
Dallas, TX 75217
(800) 398-1199
www.stonelegends.com

**Stromberg's Architectural
  Stone**
4400 Oneal Street,
Greenville, TX 75401
(903) 454-0904
www.strombergarchitectural.
  com

Vintage Wood Works
Highway 34,
P.O. Box 39,
Quinaln, TX 75474
(903) 356-2158
www.vintagewoodworks.com

WEITERE NÜTZLICHE
QUELLEN

**The National Trust for
  Historic Preservation**
1785 Massachusetts Avenue
  Northwest,
Washington, DC 20036-2114
(800) 944-6847
www.nationaltrust.org

**New York Landmarks
  Conservancy**
141 Fifth Avenue,
New York, NY 10010
(212) 995-5260
www.nylandmarks.org

Urban Center Books
457 Madison Avenue,
New York, NY 10022
(212) 935-3592
(800) 352-1880
www.urbancenterbooks.org

ZEITSCHRIFTEN
UND BÜCHER

*Architectural Digest,
Canadian House and Home,
Country Living,
Country Home,
Elle Decor,
Fine Homebuilding,
Preservation,
Homes and Cottages,
House Beautiful,
House & Garden,
Metropolitan Home,
Old-House Journal,
Southern Accents,
Southern Living,
Traditional Homes*

Carley, Rachel, *The Visual Dictionary of American Domestic Architecture*, Owl Books, New York 1997; Garrett, Wendell, *Classic America and Victorian America*, Universe, New York 1996; Gottfried & Jennings, *American Vernacular Design 1870-1940*, Van Nostrand Reinhold, New York 1987; Harris, Cyril M., *Dictionary of Architecture and Construction*, McGraw-Hill, New York 2000; Highsmith, Carol M./Landphair, Ted, *America Restored*, Wiley & Sons, Ltd., Hobocken, NJ, 1995; Kennedy, Roger G., *Greek Revival America*, Stewart, Tabori & Chang, New York 1989; Kitchen, Judith L., *Caring for Your Old House*, Wiley & Sons, Ltd., Hoboken, NJ, 1995; McAlester, Virginia und Lee, *A Field Guide to American Houses*, Knopf, New York 1984; Poppeliers, John, et al, *What Style Is it?*, Wiley & Sons, Ltd., Hoboken, NJ, 2003; Savage, Beth L. (Hrsg.), *African American Historic Places*, Wiley & Sons, Ltd., Hobocken, NJ, 1995; Thornton, Peter, *Authentic Decor*, Seven Dials Press, 2001.

BIBLIOGRAFIE

Abercrombie, Patrick, *The Book of the Modern House*, Hodder and Stoughton, London 1939

Adams, Steven, *The Arts and Crafts Movement*, Apple Press, London 1987

Adams, William Howard, *Jefferson's Monticello*, Abbeville, New York 1983

Adburgham, Alison, *Liberty's: The Biography of a Shop*, Alan and Unwin, London 1975

Airs, Malcolm, *Tudor and Jacobean: A Guide and Gazetteer*, The Buildings of Britain series, Barrie and Jenkins Ltd, London 1982

Albrecht, Donald, *Designing Dreams: Modern Architecture in the Movies*, Thames and Hudson, London 1987

Allwood, John, *The Great Exhibitions*, Studio Vista, London 1977

Amery, Colin (Hrsg.), *Period Houses and their Details*, Butterworth Architecture, London 1974

Anderson, T. J.; Moore, E. M.; Winter, R. W., *California Design 1910*, California Design Publications

Andrews, Wayne, *Architecture in Early New England*, Stephen Greene Press, Brattleboro, Vermont 1973

Artley, A. (Hrsg.), *Putting Back the Style*, Evans Brothers, London 1982

Aslet, Clive; Powers, Alan, *The National Trust Book of the English House*, Viking, New York 1985, Penguin Books Ltd, England, 1986

Aslin, Elizabeth, *The Aesthetic Movement*, Ferndale, London 1969

Barrett, Helena; Phillips, John, *Suburban Style, The British Home 1840–1960*, Macdonald Orbis, London 1987

Battersby, Martin, *The World of Art Nouveau*, Arlington Books, London 1968
The Decorative Twenties, Studio Vista, London 1969
The Decorative Thirties, Studio Vista, London, Walker and Co., New York 1971

Bayer, Patricia, *Art Deco Source Book*, Phaidon, Oxford 1988

Beard, Geoffrey, *Decorative Plasterwork in Great Britain*, Phaidon, London 1975
Craftsmen and Interior Decoration in England 1660–1820, J. Bartholemew, Edinburgh 1986

Belcher, John; Macartney, Mervyn E., *Later Renaissance Architecture in England*, 2 Bde., Batsford, London 1901

Blom, Benjamin, *A Monograph of the Works of McKim Mead and White 1879–1915*, New York 1973

Blomfield, Sir Reginald, *History of Renaissance Architecture in England*, 2 Bde., George Bell and Son, London 1897

Boris, Eileen; Caklan, Wendy, *The Art that is Life – The Arts and Crafts Movement in America 1875–1920*, Boston Museum of Fine Arts, Boston 1987

Brandon-Jones, John, et al, *C. F. A. Voysey: Architect and Designer 1857–1941*, Lund Humphries, London 1978

Brooks, H. Allen, *The Prairie School: Studies from the Western Architect*, Van Nostrand Reinhold, Toronto 1972

Brown, Patrick, *South West England*, Morland Publishing, Ashbourne 1981

Brown, Roderick (Hrsg.), *The Architectural Outsiders*, Waterstone, London 1985

Brunhammer, Yvonne, *The Nineteen-Twenties Style*, Hamlyn, London 1969

Brunskill, R. W., *Illustrated Handbook of Vernacular Architecture*, Faber and Faber Ltd, London, 3. Aufl. 1987

Burke, Doreen Bolger, et al, *In Pursuit of Beauty*, The Metropolitan Museum of Modern Art/Rizzoli International Publications, Inc., New York 1986

Bush, Donald J., *The Streamlined Decade*, New York 1975

Byrne, A., *London's Georgian Houses*, Georgian Press, London 1986

Calloway, Stephen, *Twentieth Century Decoration*, Weidenfeld and Nicholson, London/Rizzoli International Publications, Inc., New York

Calloway, Stephen; Jones, Stephen, *Traditional Style: How to Recreate the Traditional Period Home*, Pyramid Books, London 1990

Carrington, Noel, *Design in the Home*, Country Life, London 1933

Cerwinske, Laura, *Tropical Deco: The Architecture and Design of Old Miami Beach*, Rizzoli, New York 1981

Chambers, James, *The English House*, Methuen/Thames Television International, London 1985

Clark, Robert Judson, *The Arts and Crafts Movement in America 1876–1916*, Princeton University Press, New Jersey 1973

Condit, Carl Wilbur, *American Building: materials and techniques from the first colonial settlements to the present*, University of Chicago Press, Chicago and London 1982

Conner, Patrick, *Oriental Architecture in the West*, Thames and Hudson, London 1979

Cook, Olive; Smith, Edwin, *English Cottages and Farmhouses*, Thames and Hudson, London 1954

Cooper, Nicholas, *The Opulent Eye*, Butterworth Architecture, London 1976

Crane, Walter, *The English Revival of Decorative Art*, 1892

Creighton, Thomas H.; Ford, Katherine M., *Contemporary Houses – evaluated by their owners*, Reinhold Publishing Corp., New York 1980

Croft-Murray, Edward, *Decorative Painting in England 1537–1837*, 2 Bde., Country Life Books, Feltham 1970

Cruickshank, Dan; Wyld, Peter, *London: The Art of Georgian Building*, Butterworth Architecture, London 1975

Cunnington, Pamela, *How Old is Your House?*, Alpha Books, Sherborne 1988

Davie, W. Galsworthy, *Old English Doorways*, Batsford, London 1903

Davies, Karen, *At Home in Manhattan; Modern Decorative Arts 1925 to the Depression*, Yale University Press, New Haven 1983

Davis, Terence, *John Nash, The Prince Regent's Architect*, Country Life, London 1966
The Gothick Taste, David and Charles, 1974

Downes, Kerry, *English Baroque Architecture*, A. Zwemmer Ltd., London 1966

Dutton, R., *The English Interior 1500–1900*, Batsford, London 1948

Eames, Penelope, *Furniture in England, France and the Netherlands from the Twelfth to the Fifteenth Century*, Furniture History Society, London 1977

Edis, Robert W., *Decoration and Furniture of Town Houses*, Kegan Paul, London 1881

Edwards, R. (Hrsg.), The Connoisseur Period Guides: *Tudor 1500–1603; Stuart 1603–1714; Early Georgian 1714–1760; Late Georgian 1760–1810; Regency 1810–1830; Early Victorian 1830–1860*, London 1976–1978

Field, Wooster Bard, *House Planning*, McGraw Hill, New York und London 1940

Fisher, Richard B., *Syrie Maugham*, Duckworth 1970

Fleming, John; Honour, Hugh; Pevsner, Nikolaus, *Lexikon der Weltarchitektur*, 3. Aufl., Prestel, München 1992

Ford, James; Ford, Katherine M., *The Modern House in America*, Architectural Book Publishing Company, New York 1940

Forman, Henry C., *Early Manor and Plantation Houses of Maryland*, Easton, Maryland, H.C. Forman, 1934 *Maryland Architecture: A Short History from 1634 through the Civil War*, Tidewater Publishers, Cambridge, Maryland, 1968

Fowler, John; Cornforth, J., *English Decoration in the Eighteenth Century*, Barrie and Jenkins, London 1978

Frankl, Paul, *Space for Living from New Dimensions*, Payson and Clarke, New York 1928

Garner, T.; Stratton, A., *Domestic Architecture of England during the Tudor Period*, 2 Bde., Batsford, London, 2. Aufl. 1929

Gilbert, Christopher, et al, *Country House Floors 1660–1850*, Leeds City Art Galleries, 1987

Gilliat, Mary, *English Style*, Bodley Head, London 1967

Gillies, Mary Davies, *McCall's Book of Modern Houses*, Simon and Schuster, New York 1951

Gillon (Jnr), Edmond V., *Early Illustrations and Views of American Architecture*, Dover Publications Inc., New York 1971

Gillon (Jnr), Edmond V.; Lancaster, Clay, *Victorian Houses – A Treasury of Lesser-known Examples*, Dover Publications Inc., New York/London 1973

Girouard, Mark, *Robert Smythson and the Architecture of the Elizabethan Era*, Country Life, London 1966 *Sweetness and Light – The »Queen Anne« Movement, 1860–1900*, Oxford University Press, 1977 *Life in the English Country House: A Social and Architectural History*, Yale University Press, New Haven/London 1978

Glancey, Jonathan, *New British Architecture*, Thames and Hudson, London 1989

Glassie, Henry, *Folk Housing in Middle Virginia: A Structural Analysis of Historic Artifacts*, University of Tennessee Press, Knoxville 1975

Gloag, J., *Early English Decorative Detail*, Tiranti, London 1965

Godfrey, Walter H., *The English Staircase*, London 1911

Goodnow, Ruby Ross, *The Honest House*, The Century Co., New York 1914

Gotch, J. Alfred, *Architecture of the Renaissance in England*, 2 Bde., Batsford, London 1894

Grief, Martin, *Depression Modern; The Thirties Style in America*, Universe Books, New York 1975

Guild, Robin, *The Complete Victorian House Book*, Sidgwick and Jackson, London 1989

Hamlin, Talbot, *Greek Revival Architecture in America*, Oxford University Press, 1944

Handlin, David P., *American Architecture*, Thames and Hudson, London 1985

Harris, John, *English Decorative Ironwork 1610–1836*, Tiranti, London 1960

Harris, John; Lever, Jill, *Illustrated Glossary of Architecture*, Faber and Faber, 1966

Haslam, Malcolm, *In the Nouveau Style*, Thames and Hudson, London 1989

Hill, Oliver; Cornforth, John, *English Country Houses: Caroline 1625–1685*, Country Life Ltd, London 1966

Hills, Nicholas, *The English Fireplace – Its Architecture and the Working Fire*, Quiller, London 1983

Hoever, O., *A Handbook of Wrought Iron from the Middle Ages to the end of the Eighteenth Century*, Thames and Hudson, London 1962

Hoffmann, Donald, *Frank Lloyd Wright's Robie House: The Illustrated Story of an Architectural Masterpiece*, Dover Publications, Inc., New York 1984

Hope, Alice, *Town Houses*, Batsford, London 1963

Howarth, Thomas, *Charles Rennie Mackintosh and the Modern Movement*, Routlege and Kegan Paul, London 1952

Hussey, Christopher, *Early Georgian English Country Houses*, Country Life, London 1955

Hussey, Christopher; Cornforth, John, *English Country Houses Open to the Public*, Country Life, London, 4. Aufl. 1964

Ingle, Marjorie I., *The Mayan Revival Style: Art Deco Mayan Fantasy*, Peregrine Smith, Inc., Salt Lake City 1984

Ison, Walter, *The Georgian Buildings of Bristol*, Faber and Faber, London 1952/1978

Jackson, Alan, *Modern Over Miami*, 1937

Jencks, Charles A., *Language of Post Modern Architecture*, Academy Editions, London 1987

Johnson, Diane Chalmers, *American An Nouveau*, Harry N. Abrams, Inc., New York 1979

Jourdain, Margaret, *English Interiors in Smaller Houses – from the Restoration to the Regency 1660–1830*, Batsford, London 1923 *English Decorative Plasterwork of the Renaissance*, Batsford, London 1926 *English Interior Decoration 1500–1830*, Batsford, London 1950

Kaplan, Sam Hall, *LA Lost and Found; An Architectural History of Los Angeles*, Viking, Harmondsworth 1987

Kaplan, Wendy, *»The Art that is Life«: The Arts and Crafts Movement in America 1875–1920*, Little, Brown and Co., New York 1987

Kaufmann (Jnr), Edgar, *Fallingwater: A Frank Lloyd Wright Country House*, Architectural Press, London 1986

Kaufmann, Henry, *Early American Ironware: Cast and Wrought*, Charles E. Tuttle, Rutland, Vermont, 1966

Kelly, A., *The Book of English Fireplaces*, Country Life Books, Feltham 1968

Kelly, Frederick, *Early Domestic Architecture in Connecticut*, Yale University Press, New Haven 1924

Kenna, Rudolph, *Glasgow Art Deco*, Drew, Glasgow 1985

Kennedy, Roger G., *Greek Revival America*, National Trust for Historic Preservation/Stewart Tabori and Chang, New York 1989

Kimball, Sidney Fiske, *Domestic Architecture of the American Colonies and the Early Republic*, Dover Publications Inc., New York 1966

Klein, Dan, et al, *Ln the Deco Style*, Rizzoli Publications International, Inc., New York 1986

Koch, Wilfried, *Baustilkunde. Das Standardwerk der europäischen Baukunst von der Antike bis zur Gegenwart*, 2 Bde., München 1998

Köpf, Hans, *Bildwörterbuch der Architektur*, Kröner, Stuttgart 1999

Kruft, Hanno-Walter, *Geschichte der Architekturtheorie. Von der Antike bis zur Gegenwart*, Beck, München 1985

Lambton, Lucinda, *Vanishing Victoriana*, Elsevier Phaidon, Oxford 1976

Langdon, Philip, *American Houses*, Stewart, Tabori and Chang, Inc., New York 1987

Lesieutre, Alain, *The Spirit and Splendour of Art Deco*, Paddington Books, New York/London 1974

Lewis, Arnold, et al, *The Opulent Interiors of the Gilded Age*, Dover Publications, Inc., New York 1987

Lipman, Jean; Winchester, Alice, *The Flowering of American Folk Art (1776–1876)*, Viking, New York 1974

Lister, Raymond, *Decorative Wrought Ironwork in Great Britain*, G. Bell and Sons, London 1957

Decorative Cast Ironwork in Great Britain, G. Bell and Sons, London 1960

Lloyd, Nathaniel, *A History of the English House: from Primitive Times to the Victorian Period*, Architectural Press, London 1931
A History of English Brickwork, H. G. Montgomery, London 1936

Loth, Calder; Trousdale Sadler, Julius (Jnr), *The Only Proper Style: Gothic Architecture in America*, New York Graphic Society, Boston 1975

Lynn, Catherine, *Wallpaper in America, from the 17th century to World War I*, Norton 1980

Maass, John, *The Gingerbread Age*, Rinehart and Co. Ltd., 1957

The Victorian Home in America, Hawthorn Books, Inc., 1972

McAlester, Virginia and Lee, *A Field Guide to American Houses*, Alfred A. Knopf, New York 1990

Macarthy, Fiona, *All Things Bright and Beautiful – Design in Britain 1830 to Today*, Alan and Unwin, London 1972

MacQuoid, Percy; Edwards, Ralph, *The Dictionary of English Furniture*, Country Life Ltd, London 1924–1927, 3 Bde., 1954, 3 Bde.

A History of English Furniture, Victoria and Albert Museum, London 1955

Marshall, H. G. Hayes, *Interior Decoration Today*, F. Lewis Ltd, 1938

Mercer, Henry, *The Bible in Iron; or the Pictured Stoves and Stove Plates of the Pennsylvanian Germans*, Poylestown, Pa Bucks County Historical Society, 1914

Metcalf, Pauline C., *Ogden Codman and the Decoration of Houses*, David R. Godine Publisher, 1988

Miller, Duncan, *Interior Decorating*, »How to do it« series, No. 13, The Studio Publications, London 1937

Morrice, Richard, *Stuart and Baroque: A Guide and Gazetteer*, Buildings of Britain series, Barrie and Jenkins Ltd, London 1982

Morrison, Hugh, *Early American Architecture; from the first colonial settlements to the national period*, Dover Publications Inc., New York/London 1987

Moss, Roger W., *Lighting for Historic Buildings: A Guide to Selecting Reproductions*, The Preservation Press, National Trust for Historic Preservation, 1988

Muthesius, Hermann, *Das englische Haus. Entwicklung, Bedingungen, Anlage, Aufbau, Einrichtung und Innenraum*, 3 Bde., E. Wasmuth, Berlin 1904, Reprint Berlin 1999

Muthesius, Stefan, *The English Terraced House*, Yale University Press, New Haven/London 1982

Naylor, Gillian, *The Arts and Crafts Movement*, Studio Vista, London 1971

Oman, C.; Hamilton, Jean, *Wallpapers: A History and Illustrated Catalogue of the Collection of the Victoria and Albert Museum*, P. Wilson/Sotheby Publications, London 1982

Orr, Christina, *Addison Mizner: Architect of Dreams and Realities*, Norton Gallery of Art

Osborne, A. L., *Dictionary of English Domestic Architecture*, Country Life, London 1954

Owsley, David; Rieder, William, *The Glass Drawing Room from Northumberland House*, Victoria and Albert Museum, London 1974

Patmore, Derek, *Modern Furnishing and Decoration*, The Studio Publications, London 1936

Colour Schemes and Modern Furnishing, The Studio Publications, London 1947

Pearce, David, *London's Mansions*, Batsford, London 1986

Pevsner, Nikolaus, *Architektur und Design. Von der Romantik zur Sachlichkeit*, München 1971

Powers, Alan, *Oliver Hill Architect and Lover of Life 1887–1968*, Mountain Publications, London 1989

Quiney, Anthony, *Period Houses: A Guide to Authentic Architectural Features*, George Philip Ltd, London 1989

Ramsay, Stanley C.; Harvey, J. D. M., *Small Georgian Houses and Their Details 1750–1820*, Butterworth Architecture, London 1977

Robertson, Alan, *Architectural Antiques*, Unwin Hyman, 1987

Robertson, E. G. and J., *Cast Iron Decoration*, Thames and Hudson, London 1977

Robinson, John Martin, *Latest Country Houses*, Bodley Head, London 1984

Rowan, Alistair, *Garden Buildings*, Country Life, Feltham 1968

Saint, Andrew, *Richard Norman Shaw*, Yale University Press, New Haven 1976

Schmidt, Carl F., *The Victorian Era in the United States*, New York 1971

Schrader, Mila; Voigt, Julia, *Bauhistorisches Lexikon. Baustoffe, Bauweisen, Architekturdetails*, Ed. Anderweit, Suderburg-Hösseringen 2003

Scully, Vincent J., *The Shingle Style and The Stick Style*, Yale University Press, New Haven/Oxford University Press, London, 2. Aufl. 1971

Scully, Vincent; Downing, Antoinette, *The Architectural Heritage of Newport, Rhode Island 1640–1916*, Bramhall House, New York 1967

Sergeant, John, *Frank Lloyd Wright's Usonian Houses: the case for organic architecture*, Whitney Library of Design (Watson-Guptill Publications), New York 1975

Service, Alastair, *Anglo Saxon and Norman: a guide and gazetteer*, The Buildings of Britain series, Barrie and Jenkins Ltd, London 1982

Shopsin, William C.; Glaser Broderick, Mosette, *The Villard Houses*, Viking/Municipal Art Society, New York 1980

Shuffrey, L. A., *The English Fireplace*, Batsford, London 1912

Sitwell, Sacherville, *British Architects and Craftsmen*, Batsford, London 1945

Smithells, Roger; Woods, John S., *The Modern Home*, F. Lewis, Benfleet 1936

Spencer, I.; Brown, A., *The Prairie School Tradition*, 1979

Staebler, Wendy W., *Architectural Detailing in Residential Interiors*, Whitney Library of Design (Watson-Guptill Publications), New York 1990

Stickley, Gustav, *The Best of Craftsman Homes*, Peregrine Smith, Inc., Santa Barbara 1979

Strattan, Arthur, *The English Interior*, Batsford, London 1920

Summerson, John, *The Classical language of Architecture*, Thames and Hudson, London 1980

Sykes, C.S., *Private Palaces*, Chatto and Windus, London 1985

Thornton, Peter, *Seventeenth-Century Interior Decoration in England, France and Holland*, Yale University Press, New Haven 1978 *Authentic Decor: The Domestic Interior 1620–1920*, George Weidenfeld and Nicolson Ltd, London 1984

Todd, Dorothy; Mortimer, Raymond, *The New Interior Decoration*, Batsford, London 1929

Tumor, R., *The Smaller English House*, 1952

Uecker, Wolf, *Art Nouveau and Art Deco Lamps and Chandeliers*, 1986

Waterman, Thomas; Barrows, John, *Domestic Colonial Architecture of Tidewater Virginia*, Charles Scribners and Sons, New York 1932

Watkin, David, *Regency: A Guide and Gazetteer*, The Buildings of Britain series, Barrie and Jenkins Ltd, London 1982

West, Trudy, *The Fireplace in the Home*, David and Charles, Newton Abbot 1976

Wilson, M., *William Kent: Architect, Designer, Painter, Gardener 1685–1748*, Routledge and Kegan Paul, London 1984

Wilson, Richard Guy, *McKim, Mead and White Architects*, Rizzoli, New York 1983

Wise, Herbert H., *Attention to Detail*, Perigee Books, New York 1979

Yerbury, F.R., *Georgian Details of Domestic Architecture*, London 1926

Yorke, F.R.S., *The Modern House*, Architectural Press, London 1934

DOVER-REPRINTS

Historische Musterbücher und Kataloge über Architektur wurden in zahlreichen Verlagen nachgedruckt, am bekanntesten ist Dover Publications, Inc., zu dessen Angebot die folgenden Reprints zählen:

The American Builder's Companion, R.P. and C. Williams, 6. Aufl. 1827, Reprint New York 1969

The Architect, or Practical House Carpenter (1830), L. Coffin, Boston 1844, Reprint New York 1988

The Architecture of Country Houses, A.J. Downing, New York, Reprint 1969

Authentic Victorian Stoves, Heaters, Ranges, Etc., Floyd, Wells and Co., Royersford 1898, Reprint New York 1988

Bicknell's Victorian Buildings: Floor Plans and Elevations for 45 Houses and Other Structures, A.J. Bicknell and Co., New York 1878, Reprint New York 1979

Country Houses and Seaside Cottages of the Victorian Era, William T. Comstock, New York 1883, Reprint New York 1989

Early Connecticut Houses: An Historical and Architectural Study, Norman Isham et al., New York 1900, Reprint New York 1965

Gerald K. Geerlings Wrought Iron in Architecture: An Illustrated Survey, Charles Scribner's Sons, New York/ London 1929, Reprint New York 1983

Greek Revival Architecture in America, Talbot Hamlin, Oxford University Press, London 1944, Reprint New York 1964

Montgomery Ward and Company, Catalogue no. 57, Spring and Summer 1895, Reprint New York 1969

Mott's Illustrated Catalog of Victorian Plumbing Fixtures for Bathrooms and Kitchens, The J.L. Mott Iron Works, New York 1888, Reprint New York 1987

Picture Book of Authentic Mid-Victorian Gas Lighting Fixtures, Mitchell, Vance and Co., 1876, Reprint New York 1984

Roberts' Illustrated Millwork Catalog: A Sourcebook of Turn of the Century Architectural Woodwork, E.L. Roberts and Co., Chicago 1903, Reprint New York 1988

Sloan's Victorian Buildings, E.S. Jones and Co., Philadelphia 1852, Reprint New York 1980

Turn-of-the-Century Houses, Cottages and Villas, R.W. Shoppell et al., Shoppell's catalogues, 1880–1900, Reprint New York 1983

Victorian Cottage Residences, Andrew Jackson Downing, Reprint New York 1981

Victorian Domestic Architectural Plans and Details, William T. Comstock, New York 1881, Reprint 1987

A Victorian House Builder's Guide, George. E. Woodward, New York 1869, Reprint New York 1988

Victorian Patterns and Designs in Full Colour, George Ashdown Audsley and Maurice Ashdown Audsley, New York, Reprint New York 1988

Den interessierten Lesern wird empfohlen, eine der Dover-Buchhandlungen zu kontaktieren:

18 Earlham Street, London WC2; tel. +44 (071) 836 2111

180 Varick Street, New York, NY 10014; tel. 001 (212) 255 3755

REPRINTS AUS ANDEREN VERLAGEN

A Suburban House and Garage, The White Pine Series of Architectural Monographs, Bd. 2, No. 4, August 1916

A White Pine House, The White Pine Series of Architectural Monographs, Bd. 3, No. 4, August 1917

A White Pine House for the Vacation Season, The White Pine Series of Architectural Monographs, Bd. 4, No. 4, August 1918

Illustrated Catalogue of American Hardware of the Russell and Erwin Manufacturing Company, 1865, The Association for Preservation Technology, 1980

Victoriana – Floor plans and Renderings from the Gilded Age, Eugene Mitchell, Van Nostrand Reinhold Co., 1983

Victorian Home Building: A Transcontinental View, E.C. Hussey, ursprünglich erschienen unter dem Titel *Home Building: A Reliable Book of Facts*, Leader and Van Hoesen, New York 1876, Reprint American Life Foundation, Watkins Glen, New York 1976

Villas and Cottages, Calvert Vaux, Harper and Brothers, New York 1857, Reprint Da Capo Press, New York 1968

Woodward's National Architect, George E. Woodward, New York 1869, Reprint Da Capo Press, New York 1975

BILDNACHWEIS

DANK DES HERAUSGEBERS

Das Buch *Häuser, Stile, Interieurs* ist in hohem Maße ein Gemeinschaftswerk, ähnlich dem Bau eines Hauses, für dessen Werden von den ersten Planungen bis zur Vollendung die Kenntnisse und Fertigkeiten vieler Einzelner gefragt sind. Die wesentliche Grundlage des Werkes war das gründliche und detaillierte Wissen, das die einzelnen Autoren und Autorinnen in ihre jeweiligen Kapitel eingebracht haben. Alle Beteiligten haben viel mehr gegeben, als ihre Pflicht gewesen wäre, und ohne ihre Begeisterung, ihre Sachkenntnis und Geduld hätte das Buch nicht entstehen können. Auch den kreativen Mitarbeitern des Verlages, einschließlich der Illustratoren und Fotografen, gebührt herzlicher Dank. Besonders sollen diejenigen erwähnt werden, die das Projekt von Anfang bis Ende betreut, bei den Nachforschungen geholfen und die riesigen Mengen von Text- und Bildmaterial mit Effizienz und nie versiegender Fröhlichkeit geordnet haben. Ganz herzlich möchte ich auch den vielen Museumsdirektoren, öffentlichen Einrichtungen und Organisationen und vor allem den privaten Hausbesitzern danken, die uns freundlich zum Fotografieren Zutritt gewährten, was oft mit beträchtlichen Umständen für sie selbst verbunden war.

Schließlich ist es mir eine große Freude, unsere außerordentliche Dankbarkeit gegenüber einem nicht genannt sein wollenden Freund zu erwähnen, der uns großzügig seine unvergleichliche Sammlung von Fachliteratur, Musterbüchern und Handelskatalogen zum Studium und zum Fotografieren zur Verfügung stellte.

Dank und Anerkennung der Herausgeber gelten folgenden Personen für fachliche Beratung und wertvolle Hilfen: Dr. N. Alcock, Leamington Spa, England; John Biggs, Bournemouth, Dorset; Merill Carrington, London; Dr. Christopher Currie, Institute of Historical Research; A. Stuart Gray, Hampstead Garden Suburb, England; Linda Hall, Middlesex; Ruth H. Kamen, Royal Institute of British Architects, London; Paul F. Miller, Newport, Rhode Island; Tom Savage, Charleston, South Carolina; Wendy Potts, Bournemouth, England; John Stubbs, New York City; Peter Sutton, Totnes, England; Penny Thompson, Russell-Cotes Art Gallery and Museum, Bournemouth, England; Mark Wenger, Williamsburg, Virginia.

Kuo Kang Chen gebührt Dank für die Unterstützung bei der grafischen Gestaltung der Kombination von Fotos und Zeichnungen.

Laura Arnette, Peter Bejger, Fayal Greene, Carol Hupping, Caroline Russell, James Elliott Benjamin, Francis Graham, Melanie Mills, Deirdre Nolan, Emma Rance, Lee Roberts und Jeff Wilkinson leisteten unschätzbare Hilfe bei der Recherche.

Andrew Adams, James Elliott Benjamin, Mike Brown, Stephen Calloway, Elizabeth Cromley, Philip Dole, Kim Furrokh, Mike Gray, Linda Hall, David Martin, Alan Powers, Anthony Quiney, Peter Sutton, Simon Thurley, Sarah Polden, Robert Saxton und Katie True stellten freundlicherweise eigene Fotos für dieses Buch zur Verfügung.

Sarah Boothby, Camilla Costello, Diana Lanham (National Trust, London) und Francesca Scoones (National Trust, London) gaben wichtige Hilfen unterschiedlicher Art.

Elain Harwood, Gordon und Ursula Bowyer und William Morgan ist für die Beschaffung von Bildern für die vorliegende, erweiterte Ausgabe zu danken. Carol Hupping und Emma Shackleton (Großbritannien) und Fayal Greene (Vereinigte Staaten) stellten die Lieferantenverzeichnisse zusammen, die von Barbara Mellor bzw. von Françoise Vulpe und Johanna Goering aktualisiert wurden.

Die Herausgeber und der Redakteur sind den Personen und Institutionen besonders verpflichtet, die der Fotografin Kim Sayer gestatteten, in ihren Häusern zu fotografieren. In den nachfolgenden Fotonachweisen werden die Besitzer nicht in jedem Fall genannt; einige zogen es vor, anonym zu bleiben. Der hier verwendete Buchstabenschlüssel kehrt im gesamten Buch in den Bildunterschriften wieder. Neben Häusern und Hausbesitzern nennt das Verzeichnis auch die Personen, die eigene Fotos zur Reproduktion zur Verfügung gestellt haben. Einige Codes beziehen sich auf historische Bücher in privaten Sammlungen, die von Ian B. Jones fotografiert wurden. Ein © hinter einem Namen bezeichnet den Inhaber der Rechte an den Fotos, deren Urheberrechte nicht bei den Herausgebern liegen.

BILDNACHWEIS

A	Batty Langley, *A Sure Guide to Builders*, 1729		AT	R. Lugar, *Architectural Sketches for Cottages, Rural Dwellings and Villas*, London, 1823
AA	Andrew Adams ©		AV	Aktiva Systems Ltd ©
AB	Asher Benjamin, *The Architect, or Practical House Carpenter*, 1830		B	Batty Langley, *The Builder's Compleat Assistant*, 1738
ABA	Asher Benjamin, *The American Builder's Companion*, 6. Aufl., 1827		BA	James Gibbs, *A Book of Architecture*, London, 2. Aufl., 1739
AC	Anaglypta, illustrierter Katalog, 1926		BB	Bishopsbarn, York; Dank an Major und Mrs Lane
ACG	T. Mawson, *The Art and Craft of Garden Making*, Batsford, London, 4. Aufl., 1912		BC	Prof. H. Adams, *Building Construction*, Cassell, London
AD	Crooked Pightle, Crawley, nr. Winchester (Robert Adam); Dank an Robert Adam, Winchester Design (Architects)		BD	Mit Dank an B&D Design
			BE	Berry's Electric Ltd, *Berry's Heating of Today*, London
AE	A. Emanuel and Son Ltd, Gesamtverzeichnis, 1901, London		BF	*Beautiful Rooms*, The Wallpaper Manufacturers Ltd, Manchester, um 1910
AG	*Gas, The National Fuel*, Ascot Gas Water Heaters Ltd, London, 1935		BG	Belling Electric Heating and Cooking, illustrierter Katalog, Enfield, Middlesex, 1958
AH	Avenue House, Ampthill Bedfordshire; Dank an Simon Houfe		BH	Courtesy of Glynn Boyd Harte, Dolphin Studio ©
AHH	Abraham Hasbrouck House, New Paltz, New York; mit freundlicher Genehmigung der Huguenot Historical Society ©		BHL	Belton House, Lincolnshire; mit freundlicher Genehmigung von The National Trust ©
AHMM	Allford Hall Monaghan Morris/Matthew Chisnall ©		BI	A.J. Bicknell and Company, *Bicknell's Village Builder and Supplement*, 1878
AJD	A.J. Downing, *Cottage Residences, Aufl. v.* 1873		BIL	Biltmore Estate, Ashville, North Carolina ©
AK	Rudolf Ackermann, *Repository of Arts, Literature, Fashions Etc*, London, frühes 19. Jahrhundert		BIS	Bisca ©
			BJ	Batty Langley, *The Builder's Jewel*, London, 1746
AL	Ashley Hall School, Charleston, South Carolina (Patrick Duncan House)		BJB	Bayliss, Jones and Bayliss, illustrated catalogue of iron handles, fencing, field and entrance gates, Wolverhampton, 1891
ALY	Alamy			
AM	Mit freundlicher Genehmigung des Ashmolean Museum, Oxford ?		BL	Batty Langley, *Builder's and Workman's Treasury of Designs, Aufl. v.* 1770
AMT	The Amtico Company ©		BLH	Blustin Heath Design ©
AOH	*About Our Homes*, 8. Aufl.		BM	*The Builder's Magazine*, 2. Aufl., London, 1779
AP	Andrea Palladio, *Il primo libro dell' architettura*, ins Englische übertragen von Godfrey Richards, London, 11. Aufl., 1729		BO	New York; Dank an Raf Borello
			BOD	Mit freundlicher Genehmigung der Bodleian Library, Oxford ©
APR	Architectural Press, London ©		BON	Bonhams Auction House
AQ	Anthony Quiney ©		BP	Boulton and Paul, Gesamtverzeichnis, 1898
AR	*The Ideal Fitter*, American Radiator Company, 1904		BR	Burbage Road, London; Dank an Barbara Cantor
ARC	Arcaid/Photography by Alan Weintraub 486 (6) und Richard Bryant 519 (10) ©		BS	John Bolding and Sons Ltd, Katalog, London, um 1925
			BSR	Brookes Stacey Randall Architects/James McMillan ©
ARI	Angelo Rinaldi ©		BT	Bennett's »Tungit« Wood Flooring Company, Katalog, London
ART	Artcoustic Loudspeakers ©			
AS	Abraham Swan, *The British Architect, Aufl. v.* 1758		BTD	Bennett Doors ©
			BTW	Bennett Windows ©
ASA	Abraham Swan, *A Collection of Designs in Architecture*, 1757		BU	*Builder's Practical Director*, hrsg. v. J. Hagger, London, um 1865

BUL   Bulthaup

BV   The »Boyle« System of Ventilation, Katalog, London, 1899

BW   Bartow-Pell Mansion, Bronx, New York

BZ   Belsize Architects, www.belsizearchitects/Nicholas Kane ©

C   Chastleton House, Oxfordshire; Dank an Mrs A. Clutton-Brock

CA   Carron Company, architect's catalogue, 1913

CAF   Chicago Architecture Foundation

CB   Isaac Ware, *The Complete Body of Architecture*, London, 1756

CBA   Cotterell Bros, *Wallpapers, Latest Designs in stock*, Katalog, Bristol, 1914

CBB   Cotterell Bros, Katalog, Bristol, 1937

CBC   Charles Barclay Architects/ Charles Barclay ©

CC   Catesby's *Cork Lino, Attractive Patterns*, Katalog, London, um 1925

CF   Carter and Co. Ltd, Carters Fires, Katalog, Poole, Dorset, um 1929

CG   M.F. Cummings, *Cummings' Architectural Details*, New York, 1873

CH   C. Hindley and Son, Katalog, London, um 1880

CHS/B   Chicago Historical Society/ Hedrich-Blessing ©

CHS/H   Chicago Historical Society/Ken Hedrich, Hedrich-Blessing ©

CI   Mit freundlicher Genehmigung von Christie's, London ©

CJ   C. Jennings and Co. Ltd, Preisliste, um 1910

CK   William T. Comstock, *Modern Architectural Designs and Details*, New York, 1881

CL   G. A. and W. J. Audsley, *Cottage, Lodge and Villa Architecture*, um 1860

CLB   Carlisle Brass ©

CM   *The Contractor's, Merchant's and Estate Manager's Compendium*, London, 1900

CN   Casa Nueva, Los Angeles; Dank an Max A. van Balgooy, Workman and Temple Family Homestead Museum

CN/B   Michael Wickham © House and Garden, Condé Nast, UK

CNY   Mit freundlicher Genehmigung von Christie's, New York ©

CO   Carron Company, Katalog, Stirlingshire, Scotland, um 1895

COL   Colchester Museum, Essex; Dank an Oliver Green

CP   John Britton, *The History and Description of Cassiobury Park*, London, 1837

CR   Cragside, Northumbria; mit freundlicher Genehmigung von The National Trust ©

CRO   Elizabeth Cromley ©

CS   Derek Patmore, *Colour Schemes and Modern Furnishing*, The Studio, London, 1945

CT   Mit freundlicher Genehmigung von The Charleston Museum, Charleston, South Carolina ©

CU   George Smith, *Cabinet-Maker's and Upholsterer's Guide*, 1826

CV   Cliveden, Germantown Avenue, Philadelphia, Pennsylvania; ein vom National Trust for Historic Preservation mit verwalteter Besitz

CW   Cooper Hewitt Museum, New York City (Andrew Carnegie Mansion)

CWF   Mit freundlicher Genehmigung der Colonial Williamsburg Foundation ©

D   Doulton and Company, illustrierter Katalog, London, 1887

DA   Doulton and Company Ltd, Katalog, 1904

DAV   Richard Davies ©

DB   Debenham House, London; mit freundlicher Genehmigung von Richmond Fellowship ©

DBL   Spezialfotografie von Dominic Blackmore

DC   Spitalfields, London; Dank an Dan Cruickshank

DD   J. Aldam Heaton, Designer and Decorator, Katalog, London, um 1885

DE   Abraham Swan, *Designs in Architecture*, 1757

DF   D. F. Company Ltd, Katalog, 1910

DG   The Davis Gas Stove Co. Ltd, *Up-to-date Gas Heating Stoves*, Katalog, London, 1901

DH   Drayton Hall, Charleston, South Carolina, im Besitz des National Trust for Historic Preservation; Dank an Christine Castaneda

DHH   Drayton Hall, Charleston, South Carolina/Gene Heizer ©

DI   Mit Dank an Diligence International

DK   Mit freundlicher Genehmigung von Dickens' House, Doughty Street, London

DM   David and Barbara Martin, Robertsbridge, Sussex ©

DO   G. A. and M. A. Audsley, *The Practical Decorator and Ornamentist*, Blackie, Glasgow, 1892

DOS   Dransfield Owens de Silva Architects/Rupert Truman ©

DP   Dalsouple Rubber ©

DR   David Rowell and Company, illustrierter Katalog, Westminster, London, um 1900

DS   Spitalfields, London; Dank an Denis Severs

EA   Lewis F. Day, *Every-day Art*, B.T. Batsford, London, 1882

EB   »Evered« Brassfoundry, illustrierter Katalog, Birmingham, um 1910, aktualisiert 1925

EC   Eagle Combination Grates, Katalog, Birmingham, um 1935

ECO   Ecologic Chartered Architects/James Jordan ©

ECR   Benjamin Count of Rumford, *Essays*, 5. Aufl., vol. I, London, 1800

EF   Edifice ©

EG   Willow Road, London (Ernö Goldfinger); Dank an Ursula Goldfinger

EH   Edward Hoppus, *The Gentleman's and Builder's Repository*, 1738

EHW   Elain Harwood ©

EL   Ebnall House, Shrewsbury; Dank an Dr. Gordon Rose

EO   Henry Shaw, *Examples of Ornamental Metal Work*, 1836

EOF   © 2005 Eames Office LLC (www.eamesoffice.com)

EP   E. L. Tarbuck, *The Encyclopaedia of Practical Carpentry and joinery*, London, um 1860

ER   Erco Lighting Ltd.

ES   The Elms, Newport, Rhode Island; mit freundlicher Genehmigung der Preservation Society of Newport Country; Dank an Monique Panaggio

ESM   Eldridge Smerin/Lyndon Douglas Photography ©

EST   Peter Aaron ©/Esto

FG   Frances Goodwin, *Domestic Architecture*, vol. 3, 2. Aufl., 1843

FH   Forest Hills, Queens, New York; Dank an Rosalind Esakoff

FJ   Mit Dank an Sheila Fitzjones PR/Diligence International, B&D Design und Platonic Fireplace Company photography by Jake Fitzjones ©

FL   Floyd, Wells and Company, Royerford, Pennsylvania, Katalog, um 1898

FLY   Frankl + Luty ©

FO   Dobbie and Forbes and Company, Katalog, Larbert, Schottland, um 1910

FP   F. Pratten and Company Ltd, Katalog Nr. 42, Bath, 1936

FR   S. Franses Ltd ©, 82 Jermyn St, St James's, London SW1

FRE   Michael Freeman ©

FS   Flos ©

GB   Gaillard-Bennett House, Charleston, South Carolina

GBV   *Regolla delli Cinque Ordini D'Architettura di M. Giacomo Barozzio da Vignola*, 1620

GE   The Grange, Drexel Hill, Philadelphia, Pennsylvania; Dank an Mrs Ackerman

GEC   General Electric Company, Gesamtverzeichnis, vol. III, London, 1911–12

GF   George Farmiloe and Sons, Gesamtverzeichnis, London, 1891

GFB   George Farmiloe and Sons Ltd, Katalog Nr. 9, London, 1901

GG   Gamble House, Pasadena (Charles und Henry Greene); Dank an Ted Bosley

GH   Gibbons Hinton and Company Ltd, Katalog, Brierley Hill, South Staffordshire, um 1905

GHT   Giulia Hetherington ©

GJ   G. Jackson and Sons Ltd, *Fireplaces*, London, um 1935

GJA   George Jackson and Sons, *Examples of Architectural Ornaments*, 2 Bände, London, 1889

GL   Gravel Lane, Houndsditch, London

GP   Gregory Phillips Architects/ Photography by Peter Johnston 511 (12) und Paul Smoothy 511 (13) & 520 (5) ©

GPB   *Leadwork by George P. Bankart*, Katalog, Nottingham, um 1910

GR   John P. White, *Garden Furniture and Ornament*, Katalog, Bedford, um 1908

GS   Gardiner, Sons and Company Ltd, Bristol, illustrierter Katalog, um 1900–1905

GUB   Gordon & Ursula Bowyer ©

GV   Argyle Square, London; Dank an Gavin Stamp

GW   George Williams House, Charleston, South Carolina (Calhoun Mansion)

H   *Furniture by Harrods*, Katalog, um 1910

HA   Hale House, mit Erlaubnis von Heritage Square Museum, Los Angeles, California

HABI   Habitat UK

HABS   Historic American Building Survey, Library of Congress, Washington D.C.

HB   Hedrich Blessing Photographers/Jon Millar, Illinois ©

HD   H. and C. Davis and Company, *Pattern Book of Best Cast Brass Foundry*, London, 1888

HE   *Health and Healthy Homes*, The Sanitary Engineering and Ventilation Company, London, 1877

HEG   H. E. Gaze Ltd, Katalog, um 1920

HEI   Thomas A. Heinz, Illinois ©

HF   Thomas Hope, *Household Furniture and Interior Decoration*, 1807

HG   M. H. Baillie Scott, *Houses and Gardens*, London, 1906

HH   Mit freundlicher Genehmigung von Home House, Portman Estate, London

HHF   W. Shaw Sparrow, *Hints on House Furnishing*, 1909

HHH   Hammond-Harwood House, Annapolis, Maryland ©

HI   C. L. Eastlake, *Hints on Household Taste*, Longmans, London, 1872

HJJ   *Description of The House and Museum of Sir John Soane*, London, 1836

HL   The Hill House, Helensburgh, Scotland; mit freundlicher Genehmigung von National Trust for Scotland

HP   Huncoat Plastic Brick Terracotta Works, Katalog, Accrington, um 1910

HS   Hampton and Son, illustrierter Katalog, London, 1892

HSA   Hampton and Son, London, illustrierter Katalog, London, um 1910

HSMC   Mit freundlicher Genehmigung von Historic St Mary's City, Chesapeake, Maryland ©

HU   Hudson Architects ©

IB   Spezialfotografie von Ian Booth

IH   Ian Hay/Alessandra Santarelli ©

IN   William Ince and Thomas Mayhew, *The Universal System of Household Furniture*, 1759–1762

IJT   I. and J. Taylor, *Ornamental Iron Work*, 1795

IW   Isaac Ware, *The Complete Body of Architecture*, 1756

JB   Messrs Johnson Bros and Company, *Studies of Wrought Iron Entrance Gates*, Katalog, London, Mai 1873

JBE   James Elliott Benjamin ©

JC   John Carwitham, *Various kinds of Floor Decoration represented both in Plano and Perspective Being useful Designs for Ornamenting the Floors of Halls, Rooms, Summer Houses, etc. Whether in Pavements of Stone, or Marble, or with Painted Floor Cloths. In Twenty four Copper Plates*, 1739

JE   The Thematic House, London (Charles Jenck)

JG   John Goldicutt, *Specimens of Ancient Decorations from Pompeii*, 1825

JGA   James Gorst Architects/ Stephen Tierney ©

JGL   Juicy Glass/www.juicyglass. com ©

JI   Jocasta Innes Designs ©

JM   James Malton, *An Essay on British Cottage Architecture*, 1798

JMR   Spezialfotografie von James Merrell

JNP   John Plaw, *Rural Architecture*, 1794

JP   John Plaw, *Ferme Orné*, 1795

JS   S. C. Johnson and Son Ltd, *The Proper Treatment for Floors, Woodwork and Furniture*, 1924

JW   John Wright and Company Ltd, leaflet, Birmingham

KE   Robert Kerr, *The Gentleman's House*, John Murray, London, 1871

KF   Mit freundlicher Genehmigung von Kenmore Association, Fredericksburg, Virginia ©

KH   Mit freundlicher Genehmigung von Keats' House, Hampstead, London

KT   Katie True, New York ©

KW   Kentish Wallpaper Company, *Artistic Wallpapers*, Musterbuch, 1932

L   Liberty's Solid Oak Panelling, Katalog, Regent Street, London, um 1910

LF   Louis G. Ford, Katalog Nr. 41, Eastbourne, um 1935

LG   Leighton House, London (Royal Borough of Kensington and Chelsea); Dank an Joanna Banham

LH   Longfellow House, Cambridge, Massachusetts; mit freundlicher Genehmigung von Eastern National Park and Monument Association ©

LHT   Mit freundlicher Genehmigung von Lamport Hall Trust ©

LL   Foto von Linda Hall, Middlesex ©

LIF   Sir John Soane Museum, Lincoln's Inn Fields, London

LP   *Laxton's Price Book*, London, 1878

LSH   Mit freundlicher Genehmigung von Linley Sambourne House, London

LV   Lavenham, Suffolk

M   Mit freundlicher Genehmigung von The Minories Art Gallery, Colchester, Essex

MA   Metal Agencies Co. Ltd, Katalog Nr. 56, Bristol, 1932

MAA   Metal Agencies Co. Ltd, Katalog Nr. 66, Bristol, 1937

MB   *Mason's Bricklayer's, Plasterer's and Decorator's Practical Guide*, James Hagger, London, um 1865

MBK   Spezialfotografie von Michael Banks

MC   Macfarlane's Castings, Katalog, 6. Aufl., 2 Bände, Glasgow, 1882

MCA   Macfarlane's Castings, Katalog, 7. Aufl., Bd. I, Glasgow, 1907

MD   C. Middleton, *Designs for Gates and Rails*, 1806

ME   Messenger and Company Ltd, Katalog, Loughborough, um 1910

MH   *Modern House Construction*, hrsg. v. G. Lister Sutcliffe, Bd. I, Gresham Publishing Company, 1909

MHA   James Ford and Katherine Morrow, *The Modern House in America*, Architectural Book Publishing Company, Inc., New York, 1940

MI   Milton Castings, MacDowall, Steven and Company Ltd, Katalog, London, um 1900

MID   G. A. Middleton, *Modern Buildings*, Bd. II, Caxton Publishing Company, London

MJ   Morris-Jumel Mansion, New York; Dank an Susannah Elliott

MJB   Mike Brown ©

ML/B   Minard Lafever, *The Modern Builder's Guide*, 1833; mit freundlicher Genehmigung der Charleston Library Society, Charleston, South Carolina ©

ML/C   Minard Lafever, *Beauties of Modern Architecture*, 1835; mit freundlicher Genehmigung der Charleston Library Society, Charleston, South Carolina ©

MM   Michael Main Ltd, Architectural Antiques ©, The Old Rectory, Cerrig-y-Drudion, Corwen, North Wales LL21 0RU

MO   Moulton Manor, Richmond, Yorkshire; Dank an Captain Vaux

MOR   Michael Moran, New York ©

MOT   J.L. Mott Iron Works, New York and Chicago catalogue G, 1888

MOU   Kate Mount ©

MP   Mount Pleasant, Philadelphia; Dank an Philadelphia Museum of Art

MR   Marble Hill House, Twickenham, Middlesex

MT   Minton Hollis and Company, Minton Tiles, Katalog, Stoke-on-Trent, 1910

MU   Moulton Hall, Richmond, Yorkshire; Dank an Hon. John und Lady Eccles

MV   Mount Vernon Ladies Association of the Union, Virginia ©

MW   Matthew Weinreb ©

MX   Joseph Moxon, *Mechanick Exercises*, 1703

MY   Mit freundlicher Genehmigung des Museum of the City of New York ©

NA   Newport Art Museum, Newport, Rhode Island (Griswold House); Dank an Mark Simmons

NB   N. Burst and Company, Katalog, London, um 1900

NC   Nicholls and Clarke Ltd, Katalog Nr. 11, London, 1906

NCA   Nicholls and Clarke Ltd, Katalog, Shoreditch, London, 1912

NE   Nico Electric Lighting, Katalog, 1930–1931

NH   Newby Hall, North Yorkshire

NHH   Nichols-Hunter House, Newport, Rhode Island; mit freundlicher Genehmigung der Preservation Society of Newport County

NM   Spezialfotografie von Neil Marsh

NN   Peter Nicholson, *The New Practical Builder*, Aufl. v. 1825

NP   J. Molinson, *New Practical Window Gardener*, Groombridge and Son, London, 1877

NR   Nathaniel Russell House, Charleston, South Carolina; Dank an J. Thomas Savage

NW   Newmarket Palace, Cambridgeshire ©

O   Olana, Hudson River Valley, New York; Dank an James Ryan

OB   O'Brien Thomas and Company, Katalog, Rotheram, London, 1911

OC   Octagon, Orleans House

OE   Claygate Brickfields Ltd, *Old English Fireplaces*, Katalog, Surrey, 1929

OH   H. J. Jennings, *Our Homes and How to Beautify Them*, 2. Aufl., Harrison and Sons, London, 1902

OL   Landfall, Poole, Dorset (Oliver Hill); Dank an Dr. und Mrs C.E. Upton

OM   Old Merchants House, New York; Dank an Elizabeth Churchill Cattan

OPG   Octopus Publishing Group

OU   Sussex, England (John Outram)

OUP   Auf der Grundlage eines Plans in R.T. Guntler's *The Architecture of Sir Roger Pratt*, Oxford University Press

P   Paycockes, Coggeshall, Essex; mit freundlicher Genehmigung des National Trust ©

PA   Palliser and Company, *Palliser's American Architecture*, New York, 1888

PAR   Paul Archer Design/ Jonathan Moore ©

PB   Peter Nicholson, *Practical Builder*, London, 1822

PBJ   Peter Blundell-Jones ©

PC   A.W.N. Pugin, *True Principles of Pointed and Christian Architecture*, London, 1841

PD   Philip Dole, Oregon ©

PE   Sydney Perks, *Residential Flats*, B.T. Batsford, London, 1905

PP   Pryke and Palmer, illustrierter Katalog, London, 1896

PPA   Pryke and Palmer, illustrierter Katalog, London, 1906

PL   William Salmon, *Palladio Londiniensis*, London, 8. Aufl., 1773

PM   Spezialfotografie von Peter Marshall

PO   Alan Powers ©

PR   Privatsammlung

PS   Peter Sutton ©

PSM   Peter Smith ©

PT   Mit Dank an Platonic Fireplace Company

PW   Parker, Winder and Achurch Ltd, The »Devon« Fire, Katalog, Birmingham, um 1920

PY   Tim Pyne ©

RA   *The Works in Architecture of Robert and James Adam*, 3 Bände, 1778

RB   Rowe Bros and Company Ltd, Builders' Ironmongery, illustrierter Katalog, Birmingham, 1935

RBA   Rowe Bros and Company Ltd, Katalog, Bristol, 1937

RC   Russell-Cotes Art Gallery and Museum, Bournemouth ©; Dank an Penny Thompson

RE   Richard Elsam, *The Practical Builders's Perpetual Price Book*, 1825

RG   Dank an Roderick Gradidge, Elliot Road, Chiswick

RH   Red House, Bexleyheath, bei London; Dank an Mr und Mrs Edward Hollamby

RIBA Royal Institute of British Architects, London ©

RL Robert Lewis and Company, »Anaglypta« relief decorations, Katalog, Cardiff

RM Richard Murphy Architects ©

RMA Rick Mather Architects ©

RO E.L. Roberts and Company, Gesamtverzeichnis, Chicago, 1903

ROC Paul Rocheleau, Richmond, Massachusetts ©

RR J.B. Papworth, *Rural Residences, London*, 1818

RS Robert Saxton ©

RU Shirley Hibberd, *Rustic Adornments*, London, 1857

RW Manitoga, The Russel Wright Design Center/Masca ©

RY Reynaers Aluminium ©

S *The Studio*, Sommer-Spezialausgabe, 1901: Modern British Domestic Architecture and Decoration

SA Sarum Chase, London

SAL Mit freundlicher Genehmigung des Salve Regina College, Newport, Rhode Island (Watt Sherman House)

SB Steven Bros and Company, section III, Rain Water »Plumbing« Sanitary Castings catalogue, um 1885

SC Sandeman and Company, Illustrated catalogue of general brass foundry, London, 1895

SCA Mit freundlicher Genehmigung von Scalamandré, New York ©

SCY Stephen Calloway ©

SE Sebastiano Serlio, *The First Book of Architecture*, gedruckt für Robert Peake, London, 1611

SF L.N. Cottingham, *The Smith and Founder's Director*, London, 1824

SG Sam Gratrix Jnr and Brothers Ltd, Illustrated catalogue of brass fittings, Manchester, 1911

SH Strawberry Hill, Twickenham, Middlesex; Dank an St Mary's College

SHU Julius Shulman, Los Angeles, California ©

SI John Simpson & Partners, London

SK Sears, Roebuck and Company, *Our Special Catalog for Home Builders*, Chicago, 1910

SKI Skinner Inc ©

SM St Martin's, Oxford; Dank an Ben Lenthall

SN Samuel Sloan, *The Model Architect*, E.S. Jones and Company, Philadelphia, 1852

SNG Sophie Nguyen Architects/Grant Smith ©

SO Mit freundlicher Genehmigung von Sir John Soane's Museum, London ©

SP Sarah Polden©

SR West Hollywood, California (Rudolph Schindler); Dank an Robert Sweeney

SS Selden and Son, illustrierter Verkaufskatalog, Juni 1902, London

ST Stencil House, Shelburne Museum, Shelburne, Vermont ©, Foto von Ken Burris

STE Stephenson/Bell, Architects and Planners

SU Sutton House, Hackney, London; Dank an Mike Gray ©

SUM Zeichnung von Alison Shepherd ©, reproduziert in John Summerson's *Georgian London*, Barrie and Jenkins, Aufl. v. 1988

SUT G. Lister Sutcliffe, Hrsg., *Modern House Construction*, London, 1909

SV John Ruskin, *The Stones of Venice*, vol. I, 4. Aufl., George Allen, 1886

SW G. Jennings, The South Western Pottery, Katalog, 1874

TA Sebastian le Clerc, *A Treatise of Architecture*, London, 1724

TAL B.J. Talbert, *Examples of Ancient and Modern Furniture etc.*, R.O. Rickatson, 1876

TB Christopher Dresser, *Truth, Beauty, Power; Principles of Decorative Design*, 2. Aufl., Cassell, Petter and Galpin, London

TC Tynecastle, illustrierter Katalog, Edinburgh, um 1900

TCH Thomas Chippendale, *The Gentleman and Cabinet Maker's Director*, 3. Aufl., 1762

TCM W. Young, *Town and Country Mansions*, London, 1879

TE Tenement House, Glasgow; mit freundlicher Genehmigung von National Trust for Scotland

TEC TECTA ©

TG The Studio, Highgate, London (Tayler and Green); Dank an S. O'Rhiordan

TH Thorpe Hall, Northamptonshire; mit freundlicher Genehmigung der Sue Ryder Organization

TI *Timber Homes by Bolton and Paul Ltd*, Norwich, um 1937

TIG Stanley Tigerman/Tigerman McCurry Architects/Philip Turner ©

TL Taylor and Law Bros, Mouldings, Architraves, Skirtings etc, Katalog, Bristol, um 1890

TP Thomas Parsons and Sons, *Ornamental Decoration*, London, 1909

TT The Tintawn Weaving Company ©

TW T. and W. Farmilow Ltd, Katalog, London, 1909

TY Simon Thurley ©

UD *Universal Design Book*, Chicago, 1903

UE Michael & Eli Nathenson, Unique Environments, 32 Fellows Road, London NW3 3LH ©

UI Mit freundlicher Genehmigung des Ukrainian Institute, New York

UN Unique Interieur ©

UP Spezialfotografie von Simon Upton

US Urban Salon Architects/Phil Sayer ©

USM Urban Space Management ©

VC *Villa and Cottage Architecture*, Blackie and Son, Glasgow, Edinburgh und London, 1869

VE Stony Creek, Connecticut (Venturi, Scott Brown and Associates); Dank an Mr und Mrs George Izenour

WA Warne's Rubber Flooring and Tiling, Barking, Essex, um 1937

WC William Cooper, Gesamtverzeichnis, London, 1893

WD *Woodward's National Architect*, New York, 1869

WE Westco (Western Cork Ltd) ©

WF Wallpaper catalogues, mit freundlicher Genehmigung von Warner Fabrics

WG Waring and Gillow, Gesamtverzeichnis, London, um 1910

WGE Waring and Gillow Ltd, *The Carpet Book*, London, um 1910

WH Winslow Hall, Buckinghamshire; Dank an Sir Edward und Lady Tomkins

WHP William Halfpenny, *The Modern Builder's Assistant*, 1742

WI Foto von Wildlife Matters, Battle, Sussex ©

WK Wilkinson King Architects and Designers ©

WKA Walker Architecture/Mark Walker ©

WL *Souvenir of Wickham Hall, Kent*, 1897

WM Mit freundlicher Genehmigung von William McDonough Architects, New York ©

WMO William Morgan Architects ©

WN Manders Brothers Ltd, Winslow Wallpapers, Katalog, 1952/53

WO Mit freundlicher Genehmigung von Woodward Grosvenor and Co. Ltd, Kidderminster; Dank an Geoffrey C. Smith

WP William Pain, *Practical House Carpenter*, 1766

WPB William Pain, *The Practical Builder*, 4. Aufl., 1779

WS Walter Segal Self Build Trust/Peter Cook ©

WT Woodland Terrace, Philadelphia, Pennsylvania; Dank an Lauren Leatherbaum und Bill Owen

WW William Wood and Son Ltd, Katalog, Taplow, Buckinghamshire

YM Young and Marten, Catalogue of builders' requisites, 1910

YMA Young and Marten Ltd, Katalog, London, um 1910

YH Yaffle House, Dorset; Dank an Peter Holguette

YS John Reid, *The Young Surveyor's Preceptor*, 1848

ZD www.zedfactory.com ©

INDEX

Kursiv gesetzte Seitenzahlen beziehen
sich auf Bildunterschriften

A
Aalto, Alvar 449, 469, 486, 552
Abbotsford, Roxburgh *197*
Abendrath Brothers (New York) *405*
abgeplattete Füllung *142*
Aborte 39, 69, 102, 131, 165, *196*, 227
Abraham Hasbrouck House, New York *106*
Achteckhäuser *304*
Ackermann, Rudolf *171*, *189*, 552
Adam, Robert (geb. 1948) *508*, *519*, 552
Adam, Robert und James 136, *136*, 137,
    137, 140, 141, 142, 143, 146, 147, 148,
    149, *150*, 151, 152, *152*, 154, *155*, 157,
    159, *166*, *167*, *168*, 204, 219, 552
Adams and Adams (Vereinigte Staaten)
    319
Adamsez *497*
Adam-Stil *139*, *141*, *144*, *148*, *156*, *165*,
    210, *255*, *359*, *363*, *366*, *367*, *371*, *373*,
    432
Adelphi, London *136*
Adjaye, David 507
Adobehäuser *538*, *539*, *540*, *542*, 545
AEM Architects *521*
Aesthetic movement *239*, *250*, *279*, *281*,
    284, *286*, 307, 308, *310*, 312, 315, *317*,
    319, *320*, 321, *322*, *323*, *324*, *331*, 333,
    334
AGA-Herde *436*, 516
ägyptische Stile 137, *141*, 172, 174, 181,
    188, *189*, 272, *429*
Akanthusornament *55*, *56*, *66*, 159
Aktiva *524*
Aldington & Craig *478*
Aldington, Peter *474*, *478*, 494
Aldrich, Chester H. 385
Alexander, Christopher 477
Allford Hall Monaghan Morris *518*
Aluminaire House, Long Island 450
American Builder's Companion, The
    (1827) 205
American Encaustic Tiling Company 321,
    331, 346
American Manufacturing Company *390*
American Radiator and Standard
    Corporation (New York) *442*
American Radiator Company *412*
American Woman's Home (1869) 293
Amerikanischer Kolonialstil 106–135
Amonite order *175*
Amtico Company *513*
Anaglypta *246*, *248*, 249, *355*, *363*, 364,
    365, *366*, *366*, *367*
Andrew Carnegie Mansion, New York *384*,
    391, *392*, *412*
Angus, Peggy 487
Anrichten/Geschirrschränke 100, *101*,
    164, *263*, 535
Anthemienmotiv *167*, *168*, 183, *201*
Appartementhäuser *354*, *354*, 454, *455*
Archer, Paul *510*, *512*, *520*
*Architect, or Practical House Carpenter,
    The* (1830) *212*, *215*, *220*, *223*, *231*
Architect, The (1915/17) *319*, 335
Architectural Forum 451
*Architectural Sketches for Cottages, Rural
    Dwellings and Villas* (1823) *179*
Architecture of Country Houses, The
    (1850) *273*, *277*, *286*
»Architektur ohne Architekten« 476 f.
Arcquitectonica *502*
»Arctic«-Lampen 380
Argandlampen *166*, *166*, 197, 228, *228*
Armarien 38, *38*
Armstrong Floors 487
Art Amateur (1880) *311*

Art déco 416 f., *416*, 418, 420, *421*, 422,
    423, *425*, 430, *431*, 433, *434*, *437*,
    439, *445*, 446, 462, *502*
Art nouveau 336–353, 355, 356, *358*, *359*,
    360, *365*, *367*, 370, 378, 381, *382*
Artcoustic *506*
Artex 486
Arts and Architecture 472
Arts and Crafts *292*, 306–335, 336, 355,
    377, 380
Ashbee, C.R. *316*, *322*, 552
Ashfold House, Sussex *519*
Aston Hall, Birmingham *28*, *45*, *191*
Astwerk 202
Audsley, George Ashdown und Maurice
    Ashdown *247*, 249, *250*, *286*
Audsley, W. und G. *243*, *260*
Aufbewahrungssysteme 520 f.
Ausgussbecken *196*, *227*, *265*, *444*
Austin's *423*
Austritte 167, *168*
Axminster-Teppiche *252*, *369*
Ayrton, Maxwell *382*

B
Babb, Cook and Willard *384*, *391*, *411*,
    412
Bacon's Castle, Virgina *106*
Badewannen und Bäder 227, *265*, 299,
    299, 351, *351*, 378, 411, *411*, 412, *412*,
    442, *442*, *443*, 466, 497, *497*, 522 f.
    siehe auch Duschen, Waschbecken
Bailey House, Los Angeles *483*
Baillie Scott, M.H. 307, *307*, *309*, *319*,
    324, *325*, 552 f.
Balkons *53*, 71, *71*, *135*, 167, *168*, *169*,
    178, 198, *199*, *200*, *201*, 229, *230*, 268,
    303, *382*, *383*, *388*, *414*, 446, *466*, 468,
    468, *537*, 545
Baluster 35, *36*, *37*, *66*, *67*, *98*, *99*, 104,
    126, *127*, *128*, 159, *161*, 231, 259, *261*,
    326, *327*, *328*, *375*, *376*, 492, 501, *519*,
    534
Bankart, G.P. 366
Barbon, Nicholas 41
Barbreck House, Argyll *150*
Barclay, Charles *509*
Barefoot, Peter *478*
Barn, The, Exmouth *306*
Barnicoat, J.M. *498*
Barock *37*, 40–71, *78*, *83*, *89*, *105*, 446
Baronialstile *191*, 370, *434*
Barrett Lloyd Davis *519*
Bars *409*
Bartow-Pell Mansion, New York *209*, *219*,
    221, *223*, *224*, *227*, *229*
Bath, Avon *89*, *102*, *105*, 136, *140*, *141*,
    145, *167*, *168*
Bathyscafocus-Feuer *514*
Baugesetze 72, 81, *82*, 136 f., *144*, 170,
    202
Bauhaus 467
Bauordnungen *502*, 503
Bayliss, Jones and Bayliss 269
Beaufait-Drehtür *226*
Beauties of Modern Architecture (1835)
    210, *217*
Beaux Arts (Vereinigte Staaten) 384–415
Bedford Park, London 306, *313*, 334, *334*
BedZed *505*, *505*
Beech, Gerald *473*, *479*
Beecher and Stowe 293
»Beeton«-Herde *374*
Behrens, Peter *433*, 553
Beleuchtung 498 f., *524*
    Nachtlampen *234*, *445*
    Schottlampen *524*
    Faseroptiklampen *519*

Petroleumbeleuchtung 301, *301*
Leuchtdioden *524*
Binsenlichter 70, 132, *544*
Punktleuchten *445*, *524*
    siehe auch Kerzen,
        verschiedene Leuchten
Belling Company *433*
Belsize Architects *510*, *512*, *515*, *516*, *518*,
    520, *523*
Belton House, Lincolnshire *91*
Belüftung *23*, 234, *266*, *270*, 312, *314*,
    370, *390*, 454
Belvoir Castle, Nottinghamshire *184*
Benjamin, Asher 205, 206, 207, *209*, *212*,
    215, *220*, *223*, *230*, *231*, 553
Bennett's Wood Flooring Company *368*
Benson and Company *332*, *332*, 380
Bentley Wood, East Sussex *450*, *465*
Bentley, Richard *95*, *100*
Beschlagwerk 13, 14, 24, *25*, *26*, *28*, *29*,
    37, 44, *46*, *55*, *66*, *270*, 394, *402*
Bestline *467*
Betten *56*, 129, *440*, *464*, *464*, *543*
Betty-Lampen 132, 228, *544*
Bibliotheken 68, *68*, *100*, 162, *163*, *164*,
    195, *195*, *263*, 297, *297*, *298*, *329*, *330*,
    377
Biddle, Owen 206
Bidets *300*, *379*, *443*, 466, *466*
Bigelow, Erastus B. *288*
Bing, Samuel 336, 553
Birge (M.H.) and Sons 342
Birmingham Guild of Handicraft *333*
Bisca *509*, *519*
Bitter, Karl 385
Black Barn, Michigan *493*, *500*
Blackie. W.W. *336*
Blaise Hamlet 171
Blanco-White, Justin *469*
Blockhäuser (Vereinigte Staaten) *539*
Blundell-Jones, Peter *519*
Blustin Heath Architects *508*
Boiler *300*, *412*, *497*
Bonnington, John S. *479*, *491*
Book of Architecture (James Gibbs, 1728)
    75, *89*
Boontje, Tord *524*
Boorde, Andew 39
Boston, Massachusetts 205, *205*, *211*,
    213
Boston, Peter *501*
Boughton, John W. *287*
Bowler House, Bar Harbor *415*
Bowyer, Gordon und Ursula *472*, *473*, *478*,
    481, *486*, *493*, *498*
Boyde Hart, Glynn *513*
Boyle, Robert 234, *266*
Brandt, Edgar 446, *446*
Bratspieße 93
Breuer, Marcel 469, 473, 553
Brick and Marble from Northern Italy 232
Briefkästen/Briefschlitze *238*, *241*, *359*
Briggs, Robert A. *354*
Brighton, Sussex 167, *177*, *194*
Bristol, Avon *200*
British Architect, The (1745) *124*
Britton, John *195*, 553
Broderie 59
Brookes Stacey Randall *507*, *523*
Broughton Castle, Oxfordshire *38*
Brown, Neave *479*, *493*
Brücken 120, 345, *400*, 430, 458, *513*, 541
    siehe auch Teppiche
Brüsseler Teppiche 185, *186*, *288*, *400*
Bücherschränke 68, *68*, *101*, 225, *225*,
    410, 439, *440*
Buckland, William *107*, *109*, *111*, *127*
Buff, Straub and Hensman *471*
Buffets 69

Builder, The 233
Builder's Assistant, The (1819) 206
Builder's Compleat Assistant, The (sic)
    (1738) 83
Builder's Director or Bench-Mate (1751)
    94
Builder's Jewel, The (1746) 75
Builder's Magazine, The (1778) *158*, *168*,
    169
Builder's Practical Director, The 233
Building News, The 233
Bulfinch, Charles 205, *211*, *213*, 553
»Bullaugen« *423*
Bulthaup 516
Bungalows *360*, 416, 447
Buntglas *241*, 280, *282*, 308, *310*, 312,
    360, *389*, *393*, 418, *423*, *424*, 484
Burkeman, Cathy *515*
Burlington, Lord 72, 554
Büro in der Wohnung 506
Butterwell Farm, Cornwall *509*, *511*
Byker Estate, Newcastle-upon-Tyne *502*

C
Cabinet Maker's and Upholsterer's Guide
    (1826) *181*
Cadbury-Brown, H.T. *475*, *478*
Campbell, Colen 72, *72*, *86*, *98*, 554
Carlos Zapata Design Studio *519*
Carr, A.C.E. *325*
carreaux d'octogones *91*, *153*
Carrere, John M. 385
Carron Company 187, *191*, *254*, *256*, *258*,
    372
Carter, Cyril *458*
Carwitham, John *92*
Casa Nueva, Los Angeles *416*, *417*
Case Study Houses, Los Angeles 459, *470*,
    479, 490, *493*
Cassiobury Park, London *195*
Castle Drogo, Devon *331*, *331*
Castle Howard, Yorkshire *67*
Cedar House, Perthshire *511*, *517*
Cedarwood, Liverpool *473*, *479*, 490, *493*
Centrebrook Architects *515*
Chambers, Sir William 136, 159, 554
Charles, Prince of Wales 503, 504
Charleston, South Carolina 205, *204*, 216,
    217
Chastleton House, Oxfordshire *12*, *13*, *15*,
    35
Chatsworth House, Derbyshire *67*
Cheltenham, Gloucestershire *199*
»Chemosphere« House, Hollywood *481*
Chermayeff, Serge *450*, *463*, *465*, 468
»chinesisches Chippendale« *135*
chinesische Stile/Chinoiserie *82*, *96*, *99*,
    142, *156*, *168*, 172, 174, 181, *321*
Chippendale, Thomas *87*, *96*, *97*, *124*, *168*,
    554
Church Cottages, Bristol *512*
Church, Frederic E. *314*
Church, Thomas 472
Circus Architects *512*, *518*
*City and Country Builder's and
    Workman's Treasury, The* (1745) 89
*City and Country Workman's Remem-
    brancer* (1745) 77
Clark (George M.) Company *405*
Cliveden, Philadelphia *108*, *110*, *112*, *114*,
    117, *123*
Coadestein 137, *139*, 143, *144*, 148
Cocktailbars 439
Codman, Ogden 355, *390*, 395, *410*, *414*
Codman, Samuel *395*
Cohen, William M. *521*
Coleshill, Berkshire *41*
Collcutt, T.E. *322*

Collection of Designs in Architecture, A (1757) *72*

Colonial Revival 272, 275, 276, *279, 281, 282*, 297, *304*, 386, 387, *388, 390*, 391, *391, 393*, 394, *395*, 397, 399, 406, *406, 407, 408*, 409, *410*, 413, *413*, 415, *415, 422*

Complete Body of Architecture, A (1756) *76*

Comstock, William T. *290*

Conners House, Florida *509*

Conran, Terence 554, *476, 495*

Container City II, London *504*, 505

Contemporary-Stil 474, *485*, 488

Cooper (William) and Company 271, 383

Corbin, P. und F. *421*

Cordelora *366*

Cornelius Vanderbilt II House, New York *404*

Cornell (J.B.) Foundry (New York) 333

Cottage, Lodge and Villa Architecture 243, *260*

cottages ornés 171, *171*

»Cottage-Stil« (viktorianisch) *232*

Cottingham, L.N. *184, 197*, 198, *201*, 381, 554

Country Gentleman Magazine, The 355

Cours complet d'architecture (1691) *59*

Craftsman, The 307, *316*, 320, 327, 330, 335

Craftsman-Stil 308, *313*, 320, 330, 331

Cragside, Northumbria 235, 240, 250, 259, *263, 285, 321*

Crane, Walter *316*, 321, 554 f.

Cray Clearing, Henley *479*

Creek Vean, Cornwall *480, 482, 492*

Crittall, F.W. *467*

Crittall, Firma 454, *454, 455*

Crooked Pightle, Hampshire *508*

Cubitt (James) & Partners *479, 497*

Cubitts Reinforced Concrete 355

Cullinan House, London *474, 490*

Cummings' Architectural Details (1873) *290*

D

Dächer, Fachwerk- *28*

Dalen, Dr. Gustav *436*

Dalsouple Ltd *513*

Dana House, Springfield (Ill.) *339*

Davies (H. und C.) and Company *260*

Davis, Alexander *209*, 555

Dawson, Nelson *325*

Day, Lewis F. *261, 311*

Day, Robin *475*

de Clermont, Andien *90*

de Morgan, William *317*, 321, *324, 331*

De Stijl 448

Debenham House, London *310, 323*

Decken 486, 512

tapezierte *285*, 318, 366

Kassettendecken 27, 88, 149, *150*, 216, 397, *398*

Stuckdecken 115

Rosetten 149, *184*, 216, *217*, 249, *250, 285, 286, 366*

Stahl 366, *367, 398*

Deckleisten *10, 142*

Decoration of Houses, The (1898) 355

Decorator and Furnisher (1886) *320*

Decorator and Ornamentist (1892) *247, 250*

Decorum, Theorie vom 40 f., *41*

Dekonstruktion 504

Delano, William A. 385

Delfter Fliesen *125, 156*

Design Council 475

Designs for Gates and Rails (1806) *203*

Designs of Inigo Jones (1727) 121

deutscher Kolonialstil 536, *537, 539, 543, 544*

Deutscher Werkbund 448

Dewhurst, Richard *521*

Dickens' House, London *176, 184*

Dietary of Health, The (1540) *39*

»Dirty House«, London 507

Dixon, Jeremy 503

Dordoni, Rodolfo *524*

Doric House, Bath *194*

Dorn, Marion 417

Douglas House, Lake Michigan *476, 488*

Doulton and Company *243, 264*, 346, *378*

Downing, A.J. 273, 277, 283, *283, 284, 286, 298, 305*, 555

Dransfield Owens De Silva *511, 512*

Drayton Hall, South Carolina *110*, 115, *117, 119, 120, 121, 124, 126, 133*

Dresser, Christopher *246*, 320, *320, 555*

Dreyfuss, Henry *441*

Drummond, William E. *350*

Drysdale House, Atlantic Beach *512, 525*

Dufour, Joseph *214*

Dugdale and Ruhemann, *465*

Dunehouses, Atlantic Beach *479, 483, 492, 500*

Dunster, Bill 505, *505*

Duravit *523*

Durie House, New Jersey *536*

Duschen 264, *299*, 351, *351, 378, 379*, 442, *443*, 466, *497*

Dylan Morgan House, Atlantic Beach *510*

Dymaxion House 450

E

Eames House, Santa Monica *472, 482*

Eames, Charles and Ray 472, 475, *482, 494*

Earl Butler House, Des Moines 450 f., *451*

»Easier Living«, Serie 471

Eastlake, C.L. 274, 555

Eastlake-Dekor *274, 275, 282, 300*

Ebnerite-Fußböden *369*

Ecole des Beaux Arts 384

Ecologic Architects *505*

Edinburgh *136, 161, 168, 176*

Edis, Robert W. *324, 325*

Edisons elektrische Beleuchtung 301

Edward C. Waller House, Illinois *327*

Edwardianischer Stil 354–415

Eierstäbe *148*

Einbaumöbel *471*, 474, *476, 477*, 494 ff.

Eisenman, Peter *476*, 504

»Electra House«, London 507

Electrolux (London) *441*

Elektrizität, Einführung der 267, 301, 332, *344*, 352, 366, 380, 405, 413

Ellwood, Craig 472

Elsam, Richard *171*

Elsley, Thomas *311, 316*

Eltham Lodge, Kent 42, *42*, 48, *61*

Emanuel, Charles *311*

Encyclopaedia of Carpentry and joinery 243, *247*

Encyclopaedia of Practical Carpentry, The 233

»English Country House Look« 502 f.

English House Design (1911) 355

Eppenstein, James F. *441*

Erco *524*

Erdtoiletten 102

Erhaltung von Gebäuden 477, 502, 507

Erith, Raymond *475, 503*

erneuerter klassischer Stil 223, 503, *503*

Erskine, Ralph 502

»Est«-Deckenfluter *524*

etruskische Dekore 138, *141, 155, 181*

Examples of Ornamental Metal Work (1836) *193*

Exposition Internationale des Arts Décoratifs 416

Eyre, Wilson 307

F

Fachwerk *272*

Fachwerkhäuser 13, *14, 15, 22, 28*, 473, *526, 527*, 528, *531, 535*

Fallingwater, Pennsylvania 450, 456, *460*

Faltwerktäfelung 24, *25, 26, 38*, 316, *420*

Farmiloe (George) and Company *270, 379*

Farn-Gewächshäuser *271*

Farnley Hey, Yorkshire *496, 499*

Farnsworth House, Piano *470*, 473

Faulbehälter *412*

Femandez-Llambias House, St Augustine 545

Fenster 480–483, 510 f.

Erker 21, 242, 244, 281, 282, 312, 360, 362, 377

Bogen 180, 360

Flügel 20, 22, 23, 50, 81, 82, 112, 113, 114, 180, 242, 245, 312, 362, 393, 423, 424, 530

Gauben 82, 144, 280, 281, 361, 392, 425

Giebelfenster 281

Scheinfenster *114*

Klappen 423

Lunetten 211

Stabwerk 20, *20, 21, 22*, 50, *50, 51*, 312, *530*

Erkerfenster *20, 21, 22*, 312, *482*

Bildfenster 454, *511*

Schiebefenster *10*, 50, *51, 52*, 81, *82, 83, 84*, 112, *112, 113, 114*, 137, 143, *144*, 148, *167*, 178, *180*, 211, *211*, 242, *242*, 243, 244, *245, 280, 281, 282*, 312, 360, *361, 362, 393, 422, 425, 530*

Dachfenster *482, 511*

siehe auch Loggiatüren

Fensterladen *84*

Ferme Ornée (1795) *202*

Ferrum House, Harpenden *479, 491*

Festival of Britain 474

Feuerschilde *32*, 60, *62, 64*, 125, 219, *333*

Finella, Cambridge (England) *452*, 457, *457*, 458

Fiske, J.W. (New York) *303*

Fliesen

Delfter 125, 156

an Kaminen *125, 156*, 253, *254, 256*, *291*, 321, *325*, 346, 370, *371, 373*, 432

in Fußböden 30, 59, 251, *252*, 287, *288*, 331, 345, 351, 368, *369, 400, 419*, 430, *487, 513*

Minton *290*

Wandfliesen *248, 338, 343, 365, 396, 427, 485*

von William de Morgan *310, 317*, 321, *324, 331*

Flos Lighting *499, 524*

Floyd, Wells and Company (Penn.) *292*

Föderalstil *128*, 204–231, *278, 393*

Foggo, Peter *500*

Ford, Louis G. *425*

Forest Hills, Queens, New York *384, 396, 407, 411*

Foster House, Grantham *481*

Foster, Norman *480*, 504

Fowler, John 502 f.

François-Premier-Stile *384*, 385, 387, 391, *391, 392*, 397, 401, *401, 406*, 414

Frankl + Luty *525*

Frankl, Paul 416

Frankli-Öfen *125*, 219, *222*

französischer Einfluss

in Großbritannien 42, *59, 155*, 170, *189*, 274, *275, 358*, 381, *422, 468*

in den Vereinigten Staaten 205, *281, 288*, 385, *385, 386*, 387, *388, 389, 390*, 391, *391, 393*, 394, *396*, 399, 401, *403, 404*, 406, *406*, 410, 412, *412, 414, 414*, 422, 538, *539*

frei stehende Roste 60, 93, *97, 158*, 253, *256, 257, 322, 370*

French Deco *419*

Fretton, Tony 507

Frink (I.P.) Company (New York) 332

From Kitchen to Garret (1893) 267

Fry, E. Maxwell 448, *468*, 555

Fry, H.L. and W.H. *322*

Fuchsienleuchte *524*

Fuller, Buckminster 450, 472, 476

Fünf Ordnungen der Architektur 42

Fußböden 487, 512, *513*

Fußbodenbeläge, textile 120, *120*, 218, *251*, 259, 287

Future Systems 504, *504, 508, 510, 516*

G

Gaillard-Bennett House, Charleston *204, 211*, 216, *224, 224*, 229

Gamble House, Pasadena *306, 307*, 340, *344, 323, 330, 334, 332, 334*

Gap house, London 507

Garagen 447, *447*

Garden Cities of Tomorrow (1898) 355

Garderoben 39, *39*

Gardiner and Sons Ltd (Bristol) *325, 371, 376, 382*

Gardiner, Stephen *483*

»Garland«, Leuchte *524*

Gartengestalter, Einfluss der 202

Gartenstadt Hampstead, London *310, 314*, 355

Gartenstädte/-vorstädte 234, 355

Gas, Einführung 197, 228, 253, 258, 264, 267, 293, 301, *301*, 380

Gaze (H.E.) Ltd. *367*

Geddes, Norman Bel *436*, 555

»geheime Stühle« 227

Gehry, Frank 504

gemütliche Ecken 262, *262, 263*, 297, *305, 377*

General Electric Company 374, 380, 405, *491*

Gentleman and Cabinet Maker's Director, The (1762) 87, 97

Gentleman's and Builder's Repository, The (1738) 82

Gentleman's House, The 232

George, Prince of Wales (Prinzregent) 170

georgianischer Stil 72–105, 106, *106, 107, 112*, 125, *127*, 134, *134*

spätgeorgianischer Stil 136–169, *194*

neo-georgianischer Stil

in Amerika 385, *389, 390, 393*, 394, 397, *401*, 406, *406, 410*

in Großbritannien 174, *255, 262*, 363, 366, 370, *371*, 381

Geschirrspülmaschinen *491*

»Gespensterstil« 336

Gewächshäuser *245*, 383

Gewürzschränke 68, *535*

Gibbes House, Charleston *217*

Gibbons, Grinling 43, *55, 63, 64*, 556

Gibbs, James *75, 76, 77, 83, 87, 89, 95, 97, 99*, 104, 107, *110, 134*, 556

Gießereien 198, 229, 268, 381

Gilbert, C.P.H. *384, 401*

Gill, Irving 556

Gillis and Geoghegan (New York) *412*

Gimson, Ernest *313*, 332

Girandolen/Wandleuchter 103, *157*, 166, *166*, 228, *228*

Gitter/Geländer 71, 104, *105, 133*, 161, *167, 168, 194*, 200, 230, 268, 270, *302, 303*, 333, 353, *382*, 414, *414, 468*

Glasgow 233, *234, 263, 284*, 336, *347*

Glass House, New Canaan 504

Glasziegel 422, 456, 510, *511*

»Globall«, Leuchte *524*

Goff, Bruce 504

Goldfinger, Ernö 450, 451, 454, *454*, 456, 460, 462, 468, *490*

Goldicutt, John *182, 185, 186*

Gooday, Leslie *493*

Gorst, James 505

Gorton and Lidgerwood Company (New York) *412*

gotischer Stil

in Großbritannien *17, 84*, 137, *139, 141, 144, 151*, 172, 174, *175, 178, 179*, 181, *188, 190, 191*, 232 f., *232, 238, 239*, 242, *244, 254, 257, 260*, 326, *373*

in den Vereinigten Staaten 213, 272, *273, 274, 276, 279, 281, 285*, 290, *294, 295*, 297, 385 f., *397, 401*, 408

Gough, Piers 503

Gradidge, Roderick *521*

Gratrix, Manchester *241*

Graves, Michael 503, *503, 514*

Greenaway, Kate 321, *322*
Greene, Charles und Henry 306, 307, *307*, *310, 311*, 312, *312, 317*, 318, 326, *327*, *328, 330*, 331, 333, *333, 334, 335*, 556
griechischer Einfluss in Großbritannien *139, 140*, 149, *151*, 154, 171, *173*, 174, *175*, 181, 183, *184, 194, 195*
Griffin, W. B. *322*, 556
Grimshaw, Nicholas 504
Grimsthorpe Castle, Lincolnshire 88
Gropius, Walter 448, *448*, 451, 454, *455*, 462, *463*, 468, 469, 556
Guard, Mark 507
Guerin (P.E.) company (New York) *392*
Gunston Hall, Virginia *111*
Gwathmey, Charles *476*, 504
Gwynne, Patrick 463, *494, 501*

H
Habitat 476, *495, 499*, 524
Hadfield, George 206
Hagan, Jo 507
Hahnenkopfstil 44, *49, 52, 66*
Halbtüren *18*
Hale House, Los Angeles *272, 276, 302*
Halfpenny, William 73, 556
Hammond-Harwood House, Annapolis *107, 110, 114, 127*
Hampton and Sons 239, *247, 251, 252*, 355
Hampton Court Palace, London 30, *53, 63*
Handel and Company (Vereinigte Staaten) 352
Handtuchhalter *443, 466, 466*, 497
Hängegriffe *80*
Hanley House, Oregon *278*
Harington, Sir John *39*
Harrison, Henry *515*
Harrods *368*
Harvey, Robert *484, 491*
Hastings, Thomas 385
Haviland, John 204, 557
Hay, Ian *518*
Heaton J. Aldam *250*
Heizöfen 131, 165, *165*, 227, *300*, 331, *331*, 488, *514*, 544
Heningsen, Poul 498
Henry Osborne Havemeyer House, New York *309*
Henry Villard House, New York *404*
Herbert Bruning House, Wilmette *450*
Herbert, Henry, 9. Earl of Pembroke *72*
Herter, Gustave und Christian 385
High Cross House, Dartington 449, *450*, 451
High Sunderland, Galashiels *495*
Highpoint-Wohnblock, London *455*
High-Tech-Bewegung 480, 500, 504
Hill House, Helensburgh *336, 338, 339, 341, 342, 343, 345, 346, 348, 349, 350, 352, 353*
Hill, Oliver 417, *443, 448*, 462, *462*
Hilltop House, Florida *484, 486*
Hindley (C.) and Sons *254, 263*
Hints on Household Taste (1872) *252*
Holländischer Einfluss in England 13, *40*, 42
Holländischer Kolonialstil *106, 129*, 536, *536, 537, 541, 542, 543*
Holz 480, 486, 500, *501, 512*, 525
Holzfabriken, Kataloge der *390*
Holzschnitzerei *10, 55*
Holzverschalung *25, 538*
Home House, London *136, 140, 143, 146, 153, 155, 159, 166*
Homer, Winslow *322*
Hood, Raymond 416
Hope, Thomas 195, *195, 557*
Hopes Katalog (1934) *423*
Hopkins and Dickinson *390*
Hopkins House, London *505*
Hopkins, Michael *492*, 504, *505*
Hoppus, Edward *82, 96*
Hörner (an Schiebefenstern) *242*
Hot Dog House, Harvard *500*
House and Garden, Zeitschrift 475

House Beautiful Building Annual (1925) *438*
House Beautiful Furnishing Annual, The (1926) *431*
House Beautiful, Zeitschrift 473
House VI, West Cornwall *476*
Howard, Ebenezer 355, 557
Hudnut, Joseph 472
Hudson Architects *511, 513, 518, 519*
Humphreys, Mary Gay *289*
Hundegitter *37*
Hunt, Richard Morris 384, 391, 414, 557
Hunter House, Rhode Island *110, 117, 123, 128, 135*

I
Imben, Dominique *514*
Ince, W. *96, 101*
Induroleum *458*
Innes, Jocasta 512, *513*
Isaac Fletcher House, New York *384*
islamische Einflüsse *310*, 315, *317*, 321
italienischer Einfluss
    in Großbritannien 13, 42, *73*
    in den Vereinigten Staaten *272, 272, 274, 274*, 276, *277, 282, 284, 285, 286, 290*, 294, *295, 319, 388, 396, 399, 404, 406, 406*, 412, 414, *414, 415*

J
J. Piermont Morgan House, New York *408*
J.J. Glessner House, Chicago *273*
Jack, George *324*
Jackson (George) and Sons *250*
Jacobean Revival 386, 394
Jacobsen, Arne 475
Jalousien *391*
japanische Einflüsse 306 f., 315, *319, 322, 327, 331, 332, 334*, 355, *506*
Jay, William 205, *204, 217*, 225
Jeckyll, Thomas 315, 333
Jefferson, Thomas 205, *212, 218*, 225, *226*, 557
Jeffrey and Company *317*
Jencks, Charles 503, *503, 521*
Jenn-Air *491, 517*
Jennings, George *266*
John Storer House, Los Angeles *316*
Johnson, Francis 475, *486, 492*
Johnson, Philip 457, 504, 557
Jonathan Hager House, Hagerstown *537*
Jones, Inigo 40, *56, 58, 61, 86, 96*, 557 f.
Jones, William *94*
Joseph Reynolds House, Rhode Island *124*
Juicy Glass *509*

K
Kahn, Louis *477, 478, 493*
Kaminaufsätze 31, *33*, 60, *60, 63, 96, 123, 222*, 253, *255, 290, 291, 292, 323, 324*, 401, *402*, 546
Kaminböcke 31, *34, 64*, 93, *121, 125*, 219, *222, 292, 325, 373, 404, 435, 541*
Kamine 488 f., *514 f.*
Kaminecken *262*, 321, *323, 330*, 370, *377, 432, 533*
Kamineinsatzgitter 93, *97*, 137, 154, *155, 156, 158*, 187, *190, 191*
Kaminheizer *292*
Kamintüren *64*, 156
Kastenbetten *284, 543*
Kastengesims *90*
Kauffmann, Angelika 149
Keats' House, London *171, 180*
Keay, Lancelot *454*
Keck, George Fred *450*
Kedlestone Hall, Derby *157*
keltische Stile *335*, 353
Kelvinator *491*
Kenmore, Fredericksburg *118, 119, 122*
Kent, William *72*, 94, *121*, 558
Keogh (C.B.) and Company *277*
Kerr, Robert *232*
Kerzen 70, 103, 197, *132*, 267
Kholucy, Shawn *519*

Kimbolton Castle, Cambridgeshire *47*
King's Manor, York *46*
Kissen auf dem Fußboden *476*
Kleiderschränke 297, 377, *410, 439*
Klint, Kaare 498
Knight, Christopher *483*
Koenig, Pierre *470*, 472, *483, 491*
Kohler Company (Wisconsin) 299, 443
Kolzalampe 166, *167*, 197
Konsolstil *286*
Korman House, Pennsylvania *477, 478, 493*
Kraetsch & Kraetsch 451
Krier, Leon 503
Kronleuchter 70, *70, 71*, 103, 132, *132*, 166, *166, 197*, 228, *228, 267, 301*, 332, *413, 413*, 544
Küchen *107*, 129, *227, 284*, 293, 297, *298, 416*, 442, 461, *465*, 471, 476, 490 f., 494, 516 f.
Küchenherde 93, *191*, 196, 219, 258, *258*, 293, *293, 374, 374, 405, 405*, 436, *436*, 461, *461, 491*
Kühlschränke *441, 491*
Kunststoffe 498
Kupferkessel *102*, 196

L
La Farge, John 340, 385, *393, 404*, 558
Läden *52*, 81, *84*, 112, *113, 114, 145*, 178, *179*, 280, *281, 362*, 425, *530, 540*
Lafever, Minard 207, *208, 210*, 215, *217*, 558
Lambertson House, Atlantic Beach *504*
Lampe »Flower pot« *524*
Lampenbögen *166*
Lampenschirme 498, *498, 499*
Landfall, Poole, Dorset 448, *453*, 462, *462, 468*
Lange, Emile *310*
Langlands, Iain *478*
Langley, Batty 75, *77, 79, 83, 89, 92*, 94, *96*, 558
Laternen 70, *70*, 103, *103*, 132, 166, *166*, 228, *228*, 544
Latrobe, Benjamin Henry 204, 558
Lautner, John *481, 486*
Lavenham, Suffolk *18, 20, 29*
le Clerc, Sebastien *82*
Le Corbusier 448, 451, 456, 462, 466, 474, 558 f.
Le Pautre, Jean *56, 64*
Leamington Spa, Warwickshire *199*
Leighton House, Kensington *320, 329*
Leistenprofile *10*
Lescaze, William 449, *450*, 451
Letchworth Garden City 355
Liberty, Designs von *336, 342, 353*
Lightolier (New York) *445*
Lincrusta *246, 248*, 355
Linoleum 251, *259*, 287, 368, *368*, 430, *431*, 458, *487, 513*
Littman Goddard Hogarth 506, *512*
Liverpool *454*
London *41, 47, 81, 85, 143, 150*, 165, *174, 176*, 233, 234
    Adelphi *136, 136*
    Bedford Park 334
    Appartementhäuser *354, 354*
    Nash, Reihenhäuser von 137
Loos, Adolf 448, 559
Louis XIV-Stil *oder* Louis quatorze *188, 354, 392*
Louis XV-Stil *oder* Louis quinze 354
Louis XVI-Stil *oder* Louis seize *247*, 354, *411*
Lovell Beach House, California *449*
Low (J. und J.G.) Art Tile Works (Mass.) 321, *331*
Lowther (R.) and Company *245*
Lubetkin, Berthold 451, *452, 453, 454, 457, 459*
Lugar, R. *179*
Luscombe Castle, Devon *144*
Lutyens, Edwin 307, *310*, 331, *331, 371, 425, 438*, 559

Lyons, Eric 473 f.

M
Mäandermuster *161, 168, 220*, 411
MacDonald, D. *511*
Macdonald, Margaret 336, *352*
Macfarlane's (in Glasgow) 260, 269, 378
Mackintosh, Charles Rennie, 336 f., *336, 337*, 338, *338, 339*, 340, *341*, 342, *342, 343*, 344, 345, *345*, 346, *346, 347*, 348, *349*, 350, *350*, 351, *352, 353*, 559 f.
Mackmurdo, A. H. *352*
mae architects *504*
»Magicoal«-Feuer *433*
Maher, George H. *324*
mährische/Herrnhuter Stile *111*, 131, *227, 537, 539*
Maison Jaoul, Neuilly 474
Manigault, Gabriel 205
Mansarddächer 274, *280*
Marble Hill House, Twickenham *72*
Marot, Daniel 68, *560*
Marsh, George *484, 485, 487, 499*
Mason's Bricklayer's, Plasterer's and Decorator's Practical Guide (1868) *249, 251*
Mason's Patent Ironstone *188*
Mather, Rick *515*
Matten 30, *30*, 218, 287
Maufe, Edward 453, *455, 458*
Maugham, Syrie 417, *440*
Maurer-Becker, Dorothee *524*
maurischer Einfluss *375, 402, 408*
Maw Company 251
May, Hugh *51, 61*, 560
McClary Manufacturing Company *491*
McComb, John 205
McDonough, William *519, 523*
McGrath, Raymond 457, *457*, 458, *463*
McIntire, Samuel 205, *208*
McKim, Charles F. 386
McKim, Mead and White 273, *385, 388, 391, 408, 414*, 559
McKnight Kauffer, E. 417
»Mefistole«, Deckenleuchten *499*
Meier, Richard *476, 488*, 504
Mellow, Meigs and Howe Company 416
Mendelsohn, Erich 463
Mercer, Henry Chapman *322*
Merrill, Scott *502*
Messenger and Company *383*
Metall 500, *501*, 525
    siehe auch einzelne Metalle
Metamorphosis of Ajax; a Cloacinean Satire (1596) 39
M-House, Essex *504*
Miami Beach, Florida 417, *419, 423, 430, 446*
Michelangelo 42
Middleton, C. *203*
Mies van der Rohe, Ludwig 448, *470*, 473, 480, 560
Mietshäuser *284*
Miller, Duncan 417
Mills, Robert 204, 560
Milne, Oswald P. 355
Minimalismus 506 f., *517*, 525
Minton, Fa. 251, *290*, 321, *325, 326*
Mirman House, Kalifornien *517*
Mission Revival *siehe* Spanische Stile
Mitchell, Arnold *309, 324*
Mizner, Addison 385, 413, *429*
Modern Architectural Designs and Details (1881) *290*
Modern Builder's Assistant, The (1742) *73*
Modern Builder's Guide (1797) 206
Modern Builder's Guide, The (1833) *208, 215*
Moderne 416, 417, 418, 448–469, 473, *479, 508*
Mollison, John *245*
Monticello, Virginia *218, 226*
Moore, Henry *450*
Moore, Lydon, Turnbull & Whitaker *496*
More Colour Schemes for the Modern Home (1938) 417

Morgan, William *474, 479, 483, 486, 492, 500, 504, 509, 510, 525*
Morphosis *523*
Morris and Company 307, 326, *327*
Morris and Company, William 307, *314, 328, 330*
Morris, Roger *72*
Morris, William *283,* 306, 307, *314, 316, 317,* 318, *318,* 320, *320, 326,* 329, *395,* 560, 561
Morris-Jumel Mansion, New York *205, 207, 209, 218, 224, 231*
Morrison, Jasper *524*
Morton and Company *345*
Morton, Gavin 345
Mosaik 185, *185, 186,* 369, 400, 458
Mossberg House, South Bend *451*
Mott (J.L.) Iron Works (New York) 299, *325, 412*
Moulton Hall, Yorkshire *40, 43, 47, 52*
Moulton Manor, Yorkshire *40, 50*
Mount Pleasant, Philadelphia *106, 110, 114, 117, 123*
Mount Vernon, Virginia *119,* 205, 277, *225,* 231
Murphy, Richard *510, 517*

N
Nagelrahmen 272
Narbonne House, Salem, Massachusetts *538*
Nash, John 137, *139, 144, 148, 151,* 170, 171, *184, 194,* 561
Nathaniel Russell House, Charleston *216, 221*
Navajo-Teppiche *541*
Nelson, Paul 416, *441*
Neobarock *327*
neo-georgianischer Stil 475, *492,* 503
neogotischer Stil *77, 78, 80, 82, 90, 94, 95, 96, 97,* 100, *103,* 167
neogriechischer Stil in Amerika *204,* 206, 207, *208, 209, 210,* 211, *211, 212, 213,* 214, *215,* 216, *218,* 221, 223, 224, 225, *226, 227, 229, 230,* 231, *231*
neoklassizistische Stile
  in Amerika 205, *206, 208, 213, 222,* 223, *231,* 231, *281,* 289
  in Großbritannien 88, 136, *142,* 146, 149, 152, *155,* 170
Neopren-Gummi 480, *482*
Neorenaissance/Renaissance Revival *278, 290, 291,* 321, *384, 387, 390,* 391, *395, 397, 398,* 401, *401, 402, 403,* 407, *408, 413*
Nether Lypiatt Manor, Gloucestershire *46*
Neuengland 106, *109, 111,* 126, 536, *537, 539, 541, 545*
Neuer Brutalismus 474
Neutra, Richard *449,* 450, *460,* 561
New Castle, Delaware *124*
New Farm, Great Dunmow *467*
New Home, The (1903) 375
New Orleans 229, 277, *545*
New Practical Builder (1825) *175, 179, 193*
New Practical Builder and Workman's Guide, The (1823) 170, *170, 171*
New Practical Window Gardener, The (1877) *245*
New Urbanism 503
Newby Hall, Yorkshire *140, 145, 153*
Newman, Alfred A. *333*
»New York Five« *476,* 504
Nguyen, Sophie *517*
Nicholas L. Anderson House, Washington DC *408*
Nicholls and Clarke *359, 374*
Nicholson, Peter 170, *170, 171, 175, 179, 186, 188, 193,* 561
Niederlande *40,* 42
Norberg-Shulz, Christian 477
Northrop, H.S. *398*

O
O'Brien Thomas and Company *374*

Oak Park, Illinois 337, *340, 344, 347,* 353
Oberlichter 77, 138, *139, 174, 177, 209, 237, 269,* 276, 353, *353,* 389, 414, *414*
offener Wohnungsgrundriss 470, 473, 480, *488, 489, 490*
Olana, Hudson River Valley *310, 314, 315, 328, 335*
Old Merchant's House, New York *209, 224,* 229
Orange House of the Future, Hertfordshire *520*
Ordnungen, klassische 13, *41,* 42, *45,* 76, *81,* 85, 175
Orefelt, Gunnar *520*
orientalische Einflüsse *82, 96, 99, 142, 168,* 174, 318, *319, 335,* 409, *415*
Orleans House, Twickenham *83, 87, 95*
Ornamental Decoration (1909) *359, 367*
Ornamental Iron Work (c.1795) *161*
Ornamental Timber Gables of the 16th Century (1831) *271*
»Ornament und Verbrechen« (1908) *448*
Osborne Lodge, Cheltenham *194*
Osram (GEC) Ltd *499*
Our Homes and How to Make the Best of Them (1909) 355
Outram, John *502, 508, 513, 521*
Owen (William) Foundry *256*

P
Pain, William *147,* 204, *208, 210, 215, 217, 220,* 223, 225, *226*
Palisaden *269, 271*
Palladianismus *72,* 74, *79, 81, 82, 86,* 88, *89, 94,* 136, *145,* 149, 157
  in Amerika *110,* 112, *113, 114, 115, 126, 134,* 204, 211, *212, 213, 393*
Palladio Londoniensis (1734) *75, 109*
Palladio, Andrea *45,* 72, 561
Palladiomotiv *siehe* Venezianisches Fenster
Panton, Mrs. 267
Panton, Verner *524*
»Papierstuck« 366, *366*
Papworth, J.B. *198, 200,* 202, *203,* 561
Pariser Ausstellung 1925 416 f.
Parker and Unwin 355, 562
Parkett *59, 92,* 152, *186, 218,* 251, *252, 287, 287, 288,* 345, *368, 368,* 399, *399, 400,* 430, *431,* 487
Parsons (Thomas) and Sons *359, 363, 367*
Paterae *76*
Patrick Duncan House, Charleston 204, *204, 205, 206,* 223
Patton Residence, Illinois *324*
Pawson, John 506
Paycockes, Coggershall, Essex *14, 27*
Peabody and Sterns *408*
Peacock, Thomas Love 232
Peabody and Sterns *408*
persische Stile *398,* 410, *413*
Petworth House, Sussex *53*
Pflastersteine 30, *538*
Philadelphia *272*
Phillips, Gregory *511, 520*
Phoenix Iron Works *303*
photobolischer Schirm 454
Pierce Allan *523*
Pierce, Edward *55*
Pietz, Paul F. *511*
Pilkington Company 346
Piper Building, London *507, 517, 521*
Pitshanger Manor, Ealing *151*
Platonic *515*
Plaw, John *136,* 202
Pollen, Francis *479*
pompejische Dekore 138, *141, 155, 156, 181*
Pop-Stil *485*
Portiken *207, 231*
Postmoderne *500,* 503, *503,* 504
Poundbury, Dorset 503
Powell, Geoffrey *488*
Practical Builder (1822) *186, 188*
Practical Builder, The (1772) 204, *208, 217, 220*

Practical Builder's Perpetual Price Book (1825) *171*
Practical Decorator and Ornamentalist, The (1892) *274,* 250, *284, 286*
Practical House Carpenter (1766) 204, *215, 222, 231*
Practical Masonry 233
Practice of Architecture (1833) 230
Prärieschule *336,* 337, *340, 344,* 346, *350*
Price, Bruce 306
Prince, Bart 504
Principles of Decorative Design (1879) 246
Pryke and Palmer *241, 245,* 251, *252,* 256
Prys-Thomas, Dewi *473, 479, 481, 493*
Pugin A.W.N. 232, *241, 247,* 271, 562
Purismus 448
Putzarbeiten 24, *24, 25, 26, 27, 28, 29,* 30, *57, 57, 58,* 73, *85, 86,* 88, *88, 90,107,* 115, 118, *118, 119, 147,* 149, *149, 150, 184,* 216, *216, 217,* 285, *285, 286,* 364, *394,* 397, *397, 456, 531, 532*
  Faserputz *249,* 366
  Putz und Teppiche 152

Q
Quaker Barns, Norfolk *513, 518*
Quarto, Deckenfluter *499*
Queen's House, Greenwich *40, 61, 67*
Queen-Anne-Häuser *42, 47, 52*
Queen-Anne-Stil, erneuerter
  in Amerika *272, 272, 274, 274, 277, 280, 281, 284,* 286, *290, 292, 295, 296, 297, 298,* 302, *303,* 304, *305,* 306, 311, *410, 415,* 422
  in Großbritannien 233, *254,* 306, *309, 310, 311,* 331, 334, *334, 354,* 356, *357, 358,* 360, *361,* 370, *373, 383, 422, 423,* 424
Quennell, C.H.B. *316*

R
Radiatoren *300, 379, 412,* 447, *447*
Ramsden, O. *325*
Randall, Nile *507*
Randolph and Clowes (Connecticut) *412*
Rathbone Fireplace Manufacturing Company (Michigan) *325*
Rathbone, Sard and Company (Albany, New York) *331*
Rauchfänge *15,* 488
Raumteiler 470, *473, 485, 495, 496*
Rawlins, John *217*
Rebecca, Biagio 149
Recycling-Werkstoffe 505
Red House, Bexleyheath 306, *308, 318, 323, 326,* 329
Regency *170-203,* 204, *204*
Regency Revival 385, *403, 406*
Regenwasser-Einlauftöpfe *39, 69,* 102, *102, 131,* 165, *165,* 196, 227, *266, 331, 351,* 379, *444,* 446
Registerroste/regulierbare Roste 93, 187, *253, 255, 256,* 257
Reid, John *178*
Reihenhäuser *72* f., *73,* 136, 170, 232 f., *233, 238, 272,* 356
Reliefschnitzerei 214
Repository of Arts, Literature, Fashions Etc. 171, *189*
Repton, Humphry 202, 562
Revere, Paul *125*
Reynolds-Stephens, W. *325*
Ricardo, Halsey *323*
Richardson, Henry Hobson 275, 306, *408,* 562
Richardson-Romanik 272, 275, *277, 296, 388,* 408
Riegel *17, 18,* 52, *80,* 210, *529, 539*
Riley, Jeff *515*
Rinceaux *86,* 199
Robert R. Blacker House, Pasadena *327*
Roberts (E.L.) and Company 304, *341, 388, 393, 398*
Robie House, Chicago *339, 340, 347,* 348
Robson, Robert *249,* 252

Rogers, Richard *480, 482, 501,* 504
Rokoko *86,* 88, *89, 96, 97, 98,* 114, *141,156,157*
  Neorokoko *190, 283, 284, 285,* 289, *291, 293, 301,* 413, *413*
  des Südens (Vereinigte Staaten) 277
Romanik *siehe* Richardson-Romanik
romantische Strömung 171, *171*
römische Stile *47, 49, 56, 86,147,* 150, *151, 174, 181,* 183, *186,* 205, *212, 292,* 388
Römischer Zement 137, 170
Rosequist, Ivy *511, 515*
Rossi, Domenico de *47*
Rotch and Tilden *415*
Rowell (David) and Company *360*
Royal Pavilion, Brighton *172, 194*
Rudofsky, Bernard 476, 477
Rudolph, Paul *484*
Rumford, Count 154, *155,* 187
Rural Residences (1818) *198, 200, 203*
rus in urbe 202
Ruskin, John 232, *237, 242, 243,* 306, 562
Ryder & Yates *479, 482,* 486, *491*
Ryder, Gordon *483, 484 siehe auch* Ryder & Yates

S
Saarinen, Eero *475, 497*
Saarinen, Eliel 416
Saint-Gaudens, Augustus 385, *404*
Sakier, George *444*
Salmon, William 75, 107, *109*
»Saltbox«-Häuser 107
Sam Brown House, Oregon *204*
Sanitäranlagen 39, 69, 102, 131, 165, 196, 227, 234, 264, 354, 378, *412*
Sanitas-Waschbecken *412*
Sauna *544*
Scarpa, Tobia *499*
Schablonenmuster 54, *120, 215, 218, 247, 248, 250, 261,* 285, *285,* 315, *315,* 318, *343, 344, 363, 485, 513, 541*
Scharniere 18, *49, 111, 241,* 310, *390*
Schindelstil *272, 273, 275, 277, 279, 280, 282, 284,* 289, *294, 295, 296,* 297, *298, 304, 305, 334, 385, 392, 393,* 406, *415, 415*
Schindler, Rudolph 450, 451, 456, *457, 459, 460, 462, 464, 467, 469,* 563
Schlafcouch *440*
Schlösser *17, 44, 49, 111,* 210, *311,* 359
schmetterlingsförmiger Grundriss 306
schottische Volksbauweisen *336*
Schweizerhausstil 272
Schwerdt, John *490*
Schwingflügel *243*
Scott, Sir Walter 197, 232
Scottish Baronial (viktorianisch) *232*
Sears, Roebuck and Company (Chicago) *293,* 400, *405*
Seaside, Florida *503*
Seaton Delaval Hall, Northumberland 43
Segal, Walter *502, 502*
Selbstbauhäuser *502, 502*
Selden and Son *245*
Selden, John *55*
Serlio, Sebastiano *61, 77*
Shaker-Stil *538, 540, 542, 543, 544*
Shanks (Bristol) *443, 497*
Shaw, Henry *193*
Shaw, Richard Norman 232, *250, 254, 259, 274,* 306, *312, 321,* 332, 334, 563
Shawms, Cambridge (England) *469*
Sheats-Goldstein House, Los Angeles *486*
Shiells, R. Thornton 233
Shirley Plantation, Virginia *125*
Shrub's Wood, Chalfont St Giles *463, 465*
Shultze, Philip Trammell 475
Silver Studio 342
Silvestrin, Claudio 506
Simpson, John *519*
Sitzbänke *38, 38,* 297, 307, *329*
skandinavische Einflüsse 467, 474, 475, *498*
  in den Vereinigten Staaten 538

Skidmore, M. und G. *191*
Skulpturengalerien *137*
Sleter, Francesco *88*
Sloan, Samuel *304*
»Smartscheme«-Feuer *515*
Smerin, Eldridge *507*, *507*, *518*
Smith and Founder's Director, The (1824) *184*, *197*, 198, *201*, 381
Smith, George Washington *428*
Smith, Harold *325*
Smith's Right Hand, The (1756) *99*
Snowdon, Lord *452*
Soane, Sir John 149, *151*, 154, *157*, 170, *171*, *173*, *176*, *180*, *182*, *183*, *187*, 188, *190*, *192*, *193*, 195, *502*, 563
Sofas *410*
Somerset House, London *59*
Sommerteil *404*
Sorriano, Raphael *472*
Sottsass, Ettore *499*
Space Crafts Architects *507*
Spaliere, Gitterwerk *203*, 271, 383, *383*
SPAN 473 f.
spanische Stile 318, 385, 397, 399, 401, 413, 414, 446, *540*, 545
   Colonial Revival 326, 386, 399, *416*, 418, *420*, 424, 428, *428*, 429, 430, *434*, 437, 437
Sparrow, Walter Shaw 355
Specimens of Ancient Decoration from Pompeii (1825) *182*, 186
Speer House, Miami *502*
Speisenaufzüge *263*, 464
Spence, Basil *468*, *481*, *493*
Spencer and Powers *327*
Spender House, Essex *501*
Sperrholz 452, 456
Spiegelglas 60, *157*
Spindelreihungen *335*, *395*, 406, *408*, 415
Spitalfields, London *73*, *77*, *78*, *80*, 85, 101, *105*
St Ann's Hill, Chertsey *463*
Stabstil 272, 274, *279*, *290*, 304, *304*
Stahl 472 f., *474*, 480
Stam, Mart 448
Standard Gas Equipment Corporation *436*
Stanmore Hall, Middlesex *327*
Starr, Fellows and Company (New York) *301*
Steinbaumethoden *528*
Steinbrüche 20
Steinplatten 30, *30*, 59, 152, *153*, 185, 251, 320, *532*
Stephenson Somerville Bell *525*
Stereo-Relief Decorative Company (New York) *398*
Stern, Robert *513*
Steven Brothers and Company *266*
Stewart (T.B.) and Company (New York) *290*
Stickley, Gustav 307, 320, *324*, *325*
Stiefelkratzer 133, *133*, 230, *269*, *333*, *382*, 545
Stilnovo *499*
»Stockbroker Tudor« *417*
Stocklampen 228
Stonecrop, Campden Hill *484*
Stones of Venice, The (1851) 232, 242, *243*
Strachey, J. St Loe 355
Stratton Park, Hampshire *483*
Strawberry Hill, Twickenham *80*, *87*, *90*, *95*, *97*, 99, *100*, 257
Street, G.E. 232, 326, 563
Strickland, William 205, 206, 563
Strom, Holger *498*
Stuck 73, 85, 137, 146, 170
Stuckmarmor 93, *186*
Stuckornamente 53, 528, *528*
Studio d'Architettura Civile (1702) *47*
Studio Yearbook of Decorative Art, The (1924) *322*
Studio, The 307, *309*, 311, *316*, 323, *325*, *327*, *335*, 337, *353*
Stuhl »Ameise« *475*
Stülpschalung *528*

Sullivan, Louis H. 307, *309*, 313, *316*, 319, *325*, *327*, *328*, *335*, 448, 563
Sure Guide to Builders, A (1729) 79, *89*
Sutton Place, Guildford *21*
Swan, Abraham *72*, *98*, *124*, 564
Syon House, London 152, 168

T
Täfelungen 24, *25*, *26*, *48*, 54, *54*, *55*, 68, *68*, *73*, 85, *85*, *86*, 108, *110*, *111*, 115, *117*, 146, 214, *214*, 246, *247*, 283, *284*, *285*, 315, 342, 394, *394*, *426*, *427*, 484
Taland, Nigel *522*
Talbert, Bruce *285*
Taliesin West, Arizona *469*
Tapeten 54, 73, 85, 115, *117*, 146, *148*, 214, *214*, 246, *247*, 283, *283*, *284*, 315, *316*, *317*, 342, *343*, 363, *365*, *395*, 417, *426*, *427*, 428, 456, 484, *485*, *497*, *513*
   siehe auch tapezierte Decken
Tarbuck, E.L. *247*
Taylor and Green 453, *455*, 460, 462
Taylor, I. und J. 161
Team 4 *480*, *482*, *492*
Tecton 453, *454*
Templar, E.A. *347*
Tennyson, Alfred Lord 232
Teppiche 59, 91, 120, 152, 185, *186*, 218, *218*, 251, *252*, 259, *259*, 275, 287, *288*, 294, 320, 345, *345*, 349, *369*, 400, 417, *430*, *431*, 487, *513* *siehe auch* Brücken
Teppichstangen 259, *259*, 492
Terrakotta 233, 242, 399
Terrazzo 399, *430*
Terry, Quinlan 503
»Tesella Uniforma«, Mosaik *369*
The Elms, Newport, Rhode Island *396*, *407*, *411*
The Homewood, Esher *463*, *467*
Thematic House, London *503*
Theodore M. Irwin House, Pasadena *312*
Thomas, David *500*
Thompson-Tappan Company *491*
Thomson, Alexander 233
Thornton, William *47*
Thorpe Hall, Northamptonshire *42*, *47*, 54, *57*, *60*, 65, *67*
Tiffany Studios *309*, 310, *332*, 336, 340, *341*, 352, *352*
Tiffany, Louis Comfort 385, *347*, 564
Tigerman, Stanley *493*, *500*
Tijou, J. *71*
Tintawn Carpet Company *513*
Toiletten *siehe* Wasserklosetts
Tomorrow's House 451
Tore 71, *71*, 133, *133*, 135, 167, *168*, *169*, *199*, *203*, 230, *231*, *268*, *269*, 271, 302, *333*, *333*, *335*, *353*, *382*, *383*, *415*, *447*
Town and Country Mansions (1879) 232
Town, Ithiel 206, *209*, 564
Treatise of Architecture, A (1724) *82*
Treppen 492 f., *501*, 518 f.
   mit Lichtwange *11*, 35, 98
   aufgesattelt 66, 98, 192
   Wendeltreppen 35, *260*, 462, *462*, *492*, *492*, *493*, *518*, *534*
trompe-l'-oeil-Effekte *26*, *88*, *92*, *194*, *426*, *456*
Troughton & Young *498*
Tudorbethan *363*, 417, *420*, 422, 424, 428, *429*, 432, 437, *437*, 446, 447
Tudorstil 12–39, 397
   erneuerte Tudorstile *106*, *250*, 355, 366, 370, *370*, *371*, 383, 385 f., *387*, *389*, 391, 394, *396*, 399, *402*, *403*, 406, 409, *409*, 415, 447
Tugendhat House, Brno 480
Türen und Türbeschläge 478 f., 508 f.
   Türklopfer 49, 142, 177, 210, 236, 241, 311, 390, 539
   Loggiatüren 143, 144, 178, 179, 180, 212, 213, 362, 392, 393, 425, 455, 509
   Tapetentüren *162*, *177*
   Supraporten *141*, *239*
türkische Ecken *siehe* gemütliche Ecken

türkische Stile 172, 181, *410*
türkische Teppiche 91, 185
Turn End, Buckinghamshire *474*
Turnerelli, Peter *188*
Tutte l'Opere d'Architettura (1584) 77
Tuttle and Bailey *446*
Tuxedo Park, New York 306
Tynecastle Company 363, *363*, 366

U
Umbau zu Lofts 506, *512*
Umweltbelange 505, 510, 525
Una Idea Architects *519*
Unique Environments *508*
unterbrochene Auskehlung *532*
Urban Salon *520*
Urban Space Management 505
Urban, Joseph 416, *440*

V
Vardy, John 96
Various Kinds of Floor Decorations Represented Both in Plan and Perspective (1739) *92*
Vassall-Longfellow House, Massachusetts *134*
Vedder, Elihu *333*
Venesta Company 452
Venezianische Fenster 50, *53*, *83*, 112, *113*, *145*, 244, *393*
Venturi, Robert 503, 564
Venturi, Scott Brown and Associates *508*, 510, 515, *521*
Verandatreppen *303*
Veranden 167, *199*, *200*, 268, *303*, 304, *304*, *305*, 334
Verglasung, Entwicklung der 12 f., 20, *23*
Vers Une Architecture 448
Victorian Cottage Residences (1842) 277
Viertelstäbe *10*
Vignola, Giacomo Barozzio da *42*
viktorianische Stile
   amerikanisch 272–305
   britisch 232–271
Villa Montezuma, San Diego 275, *282*
Vitruvius Britannicus (1717) *86*
Volksbauweisen
   amerikanisch 536–545
   britisch 22, 526–535
Vorbauten/Vordächer 16, *38*, 108, *109*, 167, *169*, 174, *199*, *200*, 230, 236, *237*, 269, *271*, *277*, *278*, 304, 334, *339*, *382*, 383, 415, *415*, *416*, 418, *419*
Vorsatzbänke *291*
Voysey C.F.A. 307, 308, *309*, 311, *312*, *322*, 326, *343*, *345*, 348, 564
Vyne, The, Hampshire 40

W
Walker Architecture *517*
Walpole, Horace *80*, *97*, 99, *100*, 564 f.
Walter, Thomas U. 206, 565
Walton, Allan 417
Walton, George *341*, 348, *348*
Wände 484 f., *512*, *513*
   verspiegelt 417, 426
   »Ofenholz« *540*
   siehe auch Fliesen, Tapeten
Wandgemälde 417, 426, 456, *456*
Wandleuchter 70, *70*, 132, *132*, *166*, 196
Wandteppich 54, 315, 394
Ward, Dr Nathaniel *245*
Ward'sche Farnkästen *245*
Ware, Isaac *76*
Waring and Gillow *369*
Warner Fabrics *513*
Warner House, London *518*
Warren, Fuller and Company 315
Waschbecken 265, *300*, 379, 411, 412, *412*, 441, 442, 444, *497*, 522, *522*, *523*
Waschraum *264 siehe auch* Wasserklosetts
Waschtische 264, *300*
Waschwannen *300*
Washington, George 205, *217*, *225*, 231

Wasserhähne 265, *300*, 351, *379*, 411, 412, *444*, 466, *466*
Wasserklosetts *39*, 264, *264*, *266*, 299, *299*, *300*, 379, 411, *411*, 412, *412*, 442, *443*, *466*
Wasserspeier *300*
Wasserversorgung 69, 165, 196
Webb, John 56, 64
Webb, Philip 306, *308*, 319, 323, 326, 565
Webber, Kern 416
Weinkeller *195*
Wells Mackereth *507*, *517*, *521*
Westco Ltd *513*
Western Architect, The (1914) 327
Wetterfahnen *71*, 133, *133*, 270, 302, *303*, 353, *353*, *382*, 446, *446*
Wewerka, Stephan *517*
Wharton, Edith 355
Whistler, James Abbott McNeill 315
Whistler, Rex 417
White (J.P.) and Company 383, *383*
White Fox Lodge, Sussex *490*, *497*
White, James *186*
White, Stanford 307, 386
Wickham Hall, Kent *262*
Wilkinson King *511*
Williamsburg, Virginia *122*
Willmott, Ernest 355
Wilson, Colin St. John *488*, *491*, *492*
Wilton-on-the-James, Virginia *107*
Wimpole Hall, Cambridgeshire *157*
Winddielen *15*, *271*, 304, *305*, 334, *334*, *383*, 415
Winslow Hall, Buckinghamshire *42*, *52*
Wintergärten *271*, 353, *383*
Wohnen im Freien 471 f., *474*, *483*
Wolvesey Palace, Winchester *45*
Womersley, Peter *495*, *496*
Wood, John 75
Woodward Grosvenor and Company *186*
Woodward's National Architect (1869) *277*, *279*, *290*, *295*, *301*
Wren, Sir Christopher *42*, *52*, 64, 104, 306, 565
Wright, Frank Lloyd 307, *316*, 319, *322*, *327*, *335*, 336, *336*, 337, *339*, 340, *340*, 344, *344*, 346, *347*, 348, 350, *352*, 353, 416, 440, 448, 449, *449*, 450, 451, *451*, 456, 459, *460*, 469, *469*, 473, 486, 504, 565
Wright, Mary and Russel *460*, 470, 471, *479*, 490, *493*, *501*

Y
Yaffle House, Poole, Dorset 453, *454*, 455, *458*, 460
York Wallpaper Company 342
Yorkshire sliders *530*
Young and Marten 357, *359*, 371, *379*, 380, *382*
Young Carpenter's Assistant, The (1805) 206
Young Surveyor's Preceptor, The 178
Young, John *519*
Young, William 232

Z
Zäune 133, *133*, 134, *135*, *199*, *203*, 231, 270, 271, 334, *335*, *415*, *447*
Zedfactory Architects *505*
Zentralheizung *488*
Ziegelmauerwerk 13, 137, *474*, 485, 528
Zucker (Alfred) and Company *398*
Zweiter Empirestil 274, *280*, *281*, 302, *303*